WASHINGTON

SEATTLE DEATH RECORDS

1881-1907

South King County Genealogical Society

HERITAGE BOOKS
2023

HERITAGE BOOKS
AN IMPRINT OF HERITAGE BOOKS, INC.

Books, CDs, and more—Worldwide

For our listing of thousands of titles see our website
at
www.HeritageBooks.com

Published 2023 by
HERITAGE BOOKS, INC.
Publishing Division
5810 Ruatan Street
Berwyn Heights, MD 20740

Copyright © 1998 South King County Genealogical Society

Heritage Books by the author:
King County, Washington Deaths, 1891–1907
Seattle Death Records, 1881–1907

All rights reserved. No part of this book may be reproduced or transmitted in any form or by any means, electronic or mechanical, including photocopying, recording or by any information storage and retrieval system without written permission from the author, except for the inclusion of brief quotations in a review.

International Standard Book Number
Paperbound: 978-0-7884-1030-7

Table of Contents

Preface	v
Acknowledgements	vii
The King County Almshouse and Hospital	ix
Index to Cities and Towns of King County	x
Map of King County, Washington	xi
Place Names	xiii
Institutions	xvii
Sources	xviii
Seattle Death Records Index	1

PREFACE

Information contained in the following pages has been extracted from microfilmed records of the Seattle-King County (Washington) Health Department entitled "Seattle Death Records", covering the period September 5, 1881, to May 17, 1907. These records are *not confined* to Seattle deaths but also include many in outlying areas of King County, as well as deaths in other states and territories.

The *original* records contain a great deal of information of interest to genealogists. However, due to space limitations, these abstractions list only name of deceased, date of death, age, sex, place of birth, and place of death. The complete death record may show, in addition, date of birth, race, marital state, residence, occupation, name and birthplace of father, maiden name and birthplace of mother, and cause of death.

Every effort was made to transcribe these records as accurately as possible. Obvious errors (such as spelling, dates, or sex) were not corrected by the transcriber, in an effort to maintain the authenticity of the original record. One of the major difficulties faced by the transcribers was poor or unfamiliar handwriting; the other was occasional poor quality of the microfilm. These problems made errors inevitable, and this should be kept in mind by the researcher.

The abstracted records on the following pages are headed as follows: S (set), R (reel), Page, Recor (record), LastNames, FirstNames, Deat (year of death), Mn (month of death), Dt (day of death), Age, S (sex), DeathPlace, bir (birthplace).

ACKNOWLEDGEMENTS

The State of Washington did not require that counties record deaths until 1907. Records prior to that time (if recorded at all) were kept at the County level and were incomplete and inconsistent.

Records of deaths in Seattle and King County from 1881 to 1907 survive on microfilm housed at the State Archives Regional Branch, located at Bellevue Community College in Bellevue, Washington.

Recognizing the genealogical and historical importance of these records, in 1991 the South King County Genealogical Society began the project of extracting and indexing information "hidden" on this microfilm. When this work began, no one could have imagined that it would take our dedicated volunteers hundreds of hours over a period of six years to complete, and that their efforts would provide access to over *20,000* death records in the Seattle and King County region.

SOUTH KING COUNTY GENEALOGICAL SOCIETY VOLUNTEERS:

Project Chairman: Virginia Stewart

Extractions:
- Annamae Chandler
- Dolores Halstead
- Mary Kilbourn
- Helen Lewis
- Emma Livermore
- Margaret Stanchfield
- Wilton Whisler

Word Processing:
- Linda Adams
- Gloria Barnes
- Mary Lou Barrett
- Betty Cooper
- Paula Corner
- Ted Hastings
- Barbara Heutchy
- Dave Heutchy
- Eric Heutchy
- Fay Loux
- Tammi McKinley
- Jackie Ringstad
- Donna Stewart
- Loma Taylor
- Valorie Zimmerman

Special Thanks:
Philippa Stairs
Research Assistant
Washington State Archives
Puget Sound Regional Branch

South King County Genealogical Society
1998

SPECIAL COLLECTIONS DIVISION
UNIVERSITY OF WASHINGTON LIBRARIES

Negative No.: UW 15998

THE KING COUNTY ALMSHOUSE AND HOSPITAL

Constructed in 1893-1894 on the site of The County Farm (Poor House), this facility was originally founded and run by the Vancouver Sisters of Providence. Located near the banks of the Duwamish River in the Georgetown area of present-day Seattle, the King County Hospital provided medical care to the indigent until the 1950's, when the building was razed.

INDEX TO CITIES & TOWNS IN KING COUNTY

NAME	SECTION	TWP. N.	RG E. E.
Des Moines	8	22	4
Day City	3	26	5
Derby	22	26	5
Donelly	18	24	6
Durham	2	21	7
Edgewater	18	25	4
Enumclaw	24	20	6
Elliott	25	23	5
Eddyville	27	22	6
Eagle Gorge	35	21	8
Fremont	18	25	4
Franklin	18	21	7
Falls City	15	24	7
Falls City Orig	22	24	7
Gilman	34	24	6
Green River	30	21	6
Grand Ridge	26	24	6
Houghton	17	25	5
HettieBell Sprs	6	24	6
Hot Springs	21	20	10
Inglewood	29	25	6
Juanita	32	26	5
Jacobson	13	26	5
Kirkland	6	25	5
Kent	24	22	4
Keith	10	25	4
Kangley	4	22	7
Latona	17	25	4
Lake	22	26	4
Lisabeula	11	22	3
Lewisville	36	22	4
Lester	23	20	10
Maury	23	22	3
Maple Leaf	27	26	4
Maple Valley	9	22	6
Monohan	8	24	6
Maywood	11	20	9
Newcastle	27	24	5
Novelty	25	26	6
North Bend	9	23	8
Niblock	1	23	7
Northrup	21	25	5
Orillia	36	23	4
O'Brien	12	22	4
Olney	27	24	6
Osceola	28	20	6
Pontiac	2	25	4
Pialschie	36	22	4
Peterson	20	23	6
Palmer	10	21	7
Preston	32	24	7
Quartermaster	19	22	3
Quarry Spur	34	24	6
Ravenna	9	25	4
Ross	15	25	5
Renton	17	23	5
Richmond Beach	2	26	3
Rainier Beach	2	25	4
Redmond	11	25	5
Raging River	22	24	7
Seattle		25	4
" South	17	24	4
" East	11	24	4
Seattle (West)	11	24	3
South Park	32	24	4
Steel's	11	25	4
Slaughter (changed to Auburn)			
Sunnydale	20	23	4
Stuck	25	21	4
Snoqualmie	31	24	8
" Falls	30	24	8
Sallal Prairie	24	25	8
Sherwood	4	22	7
Star Lake	27	22	4
Springbrook	6	22	5
Stevens City		26	13
Tolt	16	25	7
Terrence	10	26	4
Talbot	30	23	5
Vashon	29	23	3
Verds	3	26	5
Veazie	5	20	7
Woodinville	9	26	5
Wayne	7	26	5
Wold's Spur	16	24	6
Wilderness	22	22	6
Wabash	8	20	6
Yesler	15	25	4
York	27	26	5

LITHO SEATTLE

Excerpted from Official Map of King County, Washington
Ames & Adams   Seattle, Washington 1895

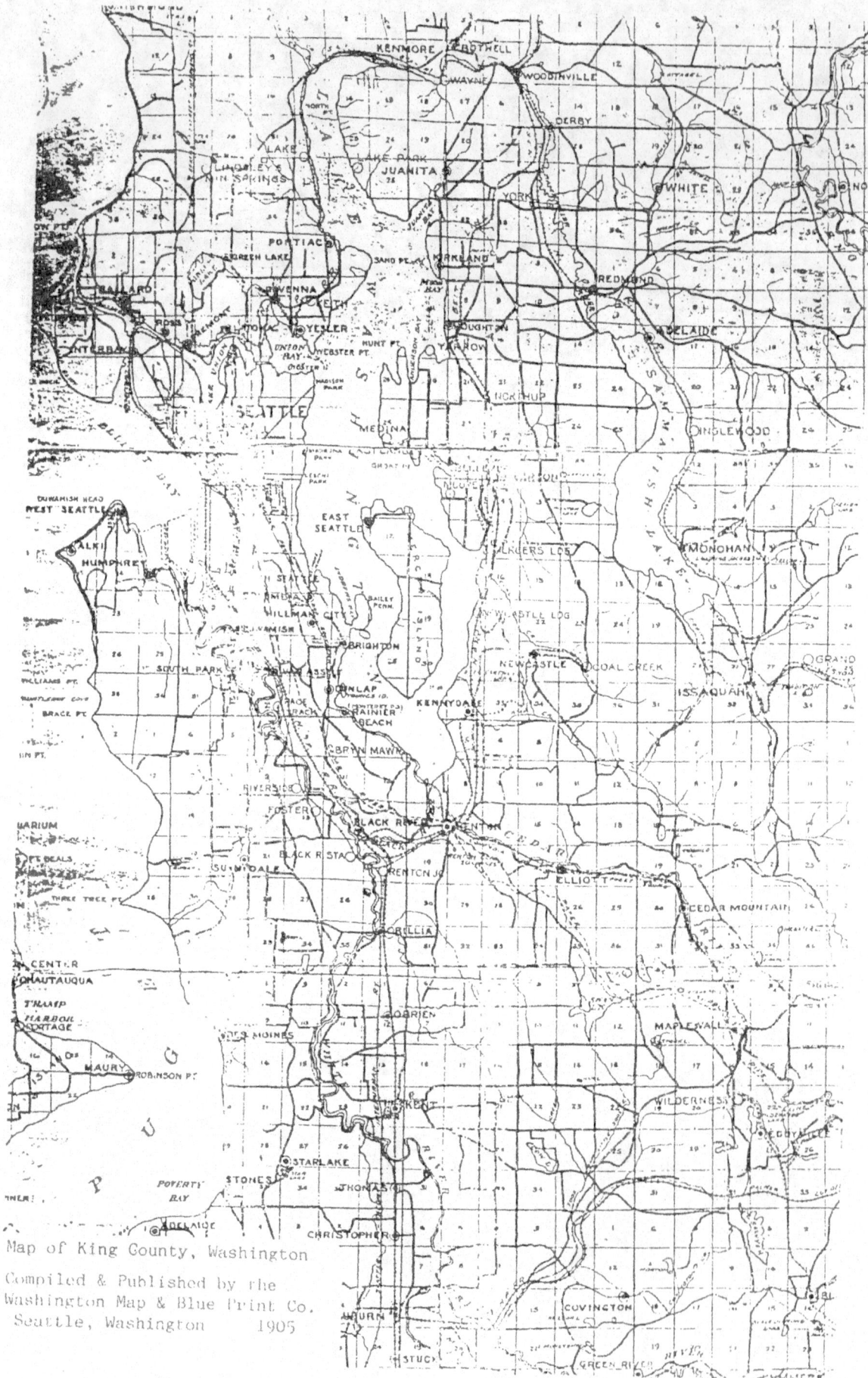

Map of King County, Washington

Compiled & Published by the
Washington Map & Blue Print Co.
Seattle, Washington   1905

PLACE NAMES

Adelaide - A flag station on the Snoqualmie Branch of the Northern Pacific Railway, 32 miles n.e. of Seattle.

Adelaide - A village post office on Admiralty Inlet, 20 miles south of Seattle, 7 miles north of Tacoma.

Alderton - Post office and railroad station in Pierce County, 13 miles s.e. of Tacoma.

Algona - 21 miles south of Seattle (formerly Valley City).

Alice Creek - A railway station 50 miles east of Seattle.

Alki Point - A summer resort in the City of Seattle on Puget Sound.

Allentown - A station on the Puget Sound Electric Railway, 8 1/2 miles south of Seattle on the Duwamish River.

Auburn - 22 miles south of Seattle, near the Green River (formerly Slaughter).

Ballard - A northern suburb of Seattle, annexed in 1908.

Barneston - A town on Cedar River, 28 miles s.e. of Seattle.

Bellevue - A suburban town and post office 3 miles east of Leschi Park (Lake Washington), Seattle.

Berlin - A mining town on the Great Northern Railway and Skykomish River, 45 miles n.e. of Seattle.

Black Diamond - A coal-mining town, settled in 1881, 30 1/2 miles s.e. of Seattle.

Black River - A railway station, 7 miles south of Georgetown (Seattle).

Bothell - A village on the east shore of Lake Washington, settled in 1882, 13 1/4 miles n.e. of Seattle.

Boulevard - A suburb of Seattle, about 4 miles south.

Brighton (also called Brighton Beach) - A station on the Seattle, Renton and Southern Railway and Lake Washington, within the city limits of Seattle, 5 miles south of downtown.

Brooklyn - A settlement on Puget Sound, in Kitsap County.

Bruce - A station on the Columbia and Puget Sound Railway, near Black Diamond.

Burton - A village on Quartermaster Harbor, settled in 1892, 19 miles south of Seattle, 9 miles north of Tacoma.

Canton - A station on the Northern Pacific Railway.

Carbonado - A coal-mining town on the Carbon River, 5 1/2 miles south of Buckley in north central Pierce County.

Cedar Lake - A lake in King County, 10 miles south of North Bend.

Cedar Mountain - A station on the Columbia and Puget Sound Railway, 18 1/2 miles s.e. of Seattle.

Charleston - A town across Sinclair Inlet from Bremerton, in central Kitsap County (now West Bremerton).

Chautauqua - A village on the east side of Vashon Island, Puget Sound, 14 miles s.w. of Vashon.

Cherry Valley - (near Duvall)

Christopher - 21 miles south of Seattle and 1 3/4 miles north of Auburn.

Coal Creek - 20 1/2 miles east of Seattle.

Cokedale - A community 4 miles n.e. of Sedro-Woolley, in west central Skagit County.

Columbia (Station) - A station on the Seattle, Renton and Southern Electric Railway, within the city limits of Seattle, 3 1/2 miles south of downtown.

Cumberland - A coal-mining town, first settled in 1888, 47 miles s.e. of Seattle.

Decatur - On the west shore of Decatur Island on Reads Bay, in s.e. San Juan County.

Derby (see Hollywood)

Des Moines - 12 miles south of Seattle on Puget Sound.

Dunlap - A station and post office on the Seattle, Renton and Southern Electric Railway, within the city limits of Seattle, 6 1/2 miles south of downtown.

Durham - 46 miles east of Tacoma, near Palmer.

Duvall - A village on the Snoqualmie River, 14 miles east of Seattle.

Duwamish - A station on the Puget Sound Electric Railway, 8 1/4 miles south of Seattle, located on the Duwamish River.
Eagle Gorge - Located on the Green River, 40 miles s.e. of Seattle.
Eagle Harbor - On east shore of Bainbridge Island, in east central Kitsap County.
Earlington - A village on the Black River, 11 miles south of Seattle and 1 mile west of Renton.
Edgewater - Located north of Seattle city limits on the north shore of Lake Union, east of Fremont.
Edgewood - A station on the Puget Sound Electric Railway (Sea-Tac line), 3 miles north of Milton.
Elliott - A post office and railway station, 15 1/2 miles s.e. of Seattle and 3 1/2 miles east of Renton, on the Cedar River.
Elliott Bay - That part of Puget Sound on which Seattle is located.
Enumclaw - A town 25 miles s.e. of Seattle, 28 miles east of Tacoma.
Fairview - A suburb of Seattle, 7 miles south of same.
Fall City - A town, settled in 1875, on the Snooqualmie River and junction of Raging rivers, 52 miles east of Seattle.
Fort Lawton - A U. S. military post, within the city limits of Seattle, 5 miles north of downtown.
Fort Steilacoom - Site of Western Washington Hospital for the Insane, 1 1/2 miles east of Steilacoom, n.w. Pierce County.
Foster - A station on the Puget Sound Electric Railway and the Duwamish River, 9 1/2 miles south from Seattle. Settled in 1853.
Franklin - A coal-mining town, settled in 1888, on the Green River, 33 1/2 miles s.e. of Seattle.
Fremont - A post office sub-station of Seattle (north).
Georgetown - Within the Seattle city limits, 3 1/2 miles south of downtown.
Gilman - A landing on the west shore of Mercer Island (east of Seattle, Lake Washington).
Green Lake - A post office sub-station of Seattle.
Green River - A post office 32 miles s.e. of Seattle, on the Green River.
Green River Hot Springs - On the Northern Pacific Railway, 63 miles s.e. of Seattle.
Greenwood - 6 miles north of Seattle.
Henry - 10 1/4 miles north of Seattle.
Henry's Switch - A station on the Columbia and Puget Sound Railway at the crossing of the Northern Pacific Railway (Palmer Cutoff), 27 1/2 miles s.e. of Seattle.
Hillman City - A station on the Seattle, Renton and Southern Electric Railway, within the city limits of Seattle, 4 miles south of downtown.
Hobart - A village on Cedar River, 26 miles s.e. of Seattle.
Hollywood - A station on the Snoqualmie branch of the Northern Pacific Railway and Squak Slough, 22 miles n.e. of Seattle, 4 miles south of Bothell.
Houghton - A post office on Lake Washington, 4 miles n.e. of Seattle.
Index - A mining town at Skykomish River forks, in south central Snohomish County.
Interbay - A station on the Great Northern and Northern Pacific Railways, in Seattle.
Issaquah - A town east of Seattle.
Juanita - A village on Juanita Bay, east side of Lake Washington, 10 miles n.e. of Seattle.
Kanasket - A general transfer station for all trains of the Northern Pacific Railway between Seattle and Tacoma and all points south and east, 42 miles s.e. of Seattle.
Kangley - First settled in 1888, 46 miles s.e. of Seattle and 18 miles s.e. of Enumclaw.
Keith - A station on the Northern Pacific Railway, 11 miles n.e. of Seattle.
Kenmore - A post office on Lake Washington, 19 miles north of Seattle and 3 miles south of Bothell.
Kennydale - A post office on Lake Washington, 3 miles north of Renton and 15 1/2 miles s.e. of Seattle.
Kent - A city (originally Titusville) situated in the White River Valley, 16 miles south of Seattle.
Kerriston - A town settled in 1891 on the Northern Pacific Railway and Raging River, 55 miles east

of Seattle and 12 miles west of Enumclaw.

Kirkland - A town situated on Lake Washington, 4 1/2 miles east of Seattle.

Lake Washington - A lake 30 miles long at the eastern city limits of Seattle.

Latona - A station on the Northern Pacific Railway, 7 miles north of Seattle (city depot).

Leary - A station on the Northern Pacific Railway, 6 miles west of Palmer.

Lester - A town on the Northern Pacific Railway and the Green River, 63 miles by rail s.e. of Seattle.

Madison Park - In Seattle, 3 miles n.e. of downtown, on the west side of Lake Washington.

Madrona Park - In Seattle, 3 miles east of downtown, on Lake Washington.

Magnolia Beach - A summer resort on Puget Sound, 25 miles s.w. of Seattle.

Maple Valley - A town on the Cedar River, 23 miles s.e. of Seattle, 11 miles east of Renton.

Maury Island - 16 miles s.w. of Seattle and s.e. of Vashon Island in Puget Sound.

Medina - A village on the east side of Lake Washington, 4 miles n.e. of Leschi Park, Seattle.

Mercer Island - An island in Lake Washington.

Meredith - A station on the Puget Sound Electric Railway, 20 miles south of Seattle and 2 miles north of Auburn.

Meydenbauer Bay - An arm of Lake Washington.

Monohan - A town on Lake Sammamish, 38 miles s.e. of Seattle and 4 miles north of Issaquah.

Muckleshoot Indian Reservation - On the White River, 25 miles south of Seattle, east of Auburn.

Newcastle - A town on the east side of Lake Washington, settled in 1870, 6 miles s.e. of Seattle (Leschi Park) and 6 miles n.e. of Renton.

North Bend - A town (formerly Mountain View) in the upper valley of the three branches of the Snoqualmie River at the foot of the west slope of the Cascade Mountains; 40 miles east of Seattle.

Northrup - A landing on the east shore of Lake Washington.

Novelty - A post office on the Snoqualmie River, 18 miles n.e. of Seattle.

O'Brien - A station and post office, 14 1/2 miles south of Seattle and 1 1/2 miles north of Kent.

Orillia - 12 miles south of Seattle and 4 miles north of Kent.

Osceola - A post office 40 miles s.e. of Seattle, north of Enumclaw.

Palmer - A station situated on the Green River, 42 miles s.e. of Seattle, 9 miles north of Enumclaw.

Pontiac - A village on the west side of Lake Washington, 3 miles n.e. of Seattle city limits.

Portage - A village post office on Vashon Island, 18 miles s.w. of Seattle.

Port Blakely - Located on the north shore of Blakely Harbor, s.e. Bainbridge Island, in east central Kitsap County.

Port Gamble - A town at the n.w. entrance to Port Gamble Bay, east shore of Hood Canal, in north Kitsap County.

Port Susan - A channel of Puget Sound between Camano Island in Island County and the mainland in Snohomish County.

Preston - A post office and village on Raging River, 14 miles (air) east of Seattle, 7 miles east of Issaquah.

Quartermaster - A settlement on Quartermaster Harbor (Vashon Island).

Quartermaster Harbor - An inlet, 15 miles s.w. of Seattle in Puget Sound, separating Maury Island from Vashon Island.

Rainier Beach - A station on the Seattle, Renton and Southern Railway within the city limits of Seattle, 7 miles south of downtown.

Ravenna Park - In the n.e. part of Seattle, on Lake Washington.

Ravensdale - A mining town 35 miles s.e. of Seattle and 18 miles east of Kent.

Redmond - A town and post office on Squak Slough and the Snoqualmie Branch of the Northern Pacific Railway, 10 miles east of Seattle.

Redondo - A post office on Puget Sound, first settled in 1881, 18 miles south of Seattle and 8 miles west of Auburn (formerly Stone's Landing).

Renton - A town on the Cedar River, 12 miles s.e. of Seattle.

Renton Junction - A station on the Puget Sound Electric Railway, about 10 1/2 miles south of Seattle.

Richmond Beach - A suburb 6 miles north of Seattle on the shores of Puget Sound.

River Park - A suburb of Seattle, 2 miles south.

Riverton - A station on the Puget Sound Electric Railway, 9 miles south of Seattle.

Riverton Heights - A small settlement located between Riverton and Sunnydale.

Ronald - 10 3/4 miles north of Seattle.

Ross - Located north of Seattle, west of Lake Union.

Salmon Bay - Waterway between Puget Sound and Lake Union.

Sammamish - On the east shore of Lake Sammamish, 10 miles east of Seattle.

Sidney - A town on the south shore of Sinclair inlet, directly across from Bremerton, in central Kitsap County (now Port Orchard).

Selleck - A town 46 miles s.e. of Seattle, 18 miles s.e. of Enumclaw.

Sherwood - A post office on the Cedar River, 30 miles s.e. of Seattle, 6 miles from Maple Valley.

Skykomish - A town, settled in 1892, 85 miles by rail n.e. of Seattle.

Slaughter (see Auburn)

Smith's Cove - Site of Great Northern docks and elevators in Seattle.

Snoqualmie - A town on the Snoqualmie River, 56 miles s.e. of Seattle.

Snoqualmie Falls - On the Snoqualmie River, 54 miles by rail east of Seattle.

South Alki - A suburb of Seattle.

Star Lake - A town on Star Lake, 3 miles n.w. of Thomas.

Steilacoom - Oldest incorporated town in Washington, 3 miles south of Fox Island in Pierce County.

Stone's Landing - A post office on Puget Sound, first settled in 1881; 18 miles south of Seattle, 8 miles west of Auburn (later Redondo).

Summit - A railroad siding between the Cascade Tunnel and Wellington on the Great Northern Railway.

Sumner - A town in the Puyallup Valley, 7 1/2 miles east of Tacoma, in north central Pierce County.

Sunnydale - Located south of Seattle, between Riverton and Foster on the n.e. side and Puget Sound on the other (5 miles from South Park).

Sunnydale - A landing on the east shore of Lake Washington.

Taylor - A town settled in 1892, 32 miles s.e. of Seattle.

South Park - A suburb in South Seattle.

Thomas - Located 18 miles south of Seattle, 2 miles south of Kent.

Tolt - A village on the Snoqualmie River, 20 miles east of Seattle, 12 miles n.e. of Issaquah.

Tukwila - A town, first settled in 1903, known then as Garden Station, situated on the hills overlooking the Duwamish River; 9 1/2 miles south of Seattle, 3 miles west of Renton.

Van Asselt - A post office and station on the Puget Sound Electric Railway, 5 miles south of downtown.

Vashon - A town on the east side of Vashon Island, settled in 1880.

Vashon Island - An island in Puget Sound, 16 miles s.w. of Seattle.

Veazie - 30 miles s.e. of Seattle, 5 miles north of Enumclaw.

Wabash - 30 miles south of Seattle, 6 miles n.w. of Enumclaw.

Walsh - A station on the Maple Valley branch of the Columbia and Puget Sound Railway, 28 1/2 miles s.w. of Seattle.

Wellington - A station on the Great Northern Railway, 106 miles by rail east of Seattle, 35 miles east of Snohomish.

West Seattle - That part of the city of Seattle on the west shore of Elliott Bay.
Woodinville - A town on Sammamish Creek, 10 miles n.e. of Seattle, 2 miles east of Bothell.
Yarrow - On the east shore of Lake Washington, 2 miles south of Kirkland.
Yesler - A town, known as Yesler Station, at the n.e. city limits of Seattle on the north shore of Union Bay.
Yew - A post office 8 miles south of Snohomish, in s.w. Snohomish County.
York - A post office substation within the city limits of Seattle, 2 1/2 miles south of downtown.
Youngstown - A suburb of Seattle on the west side of Elliott Bay.

INSTITUTIONS

Florence Crittendon Rescue Mission
    Located in Dunlap, 6 1/2 miles south of downtown Seattle.

King County Hospital and Poor Farm
    Located on County Road, 5 miles south of Seattle (Duwamish Cemetery located at east end of Poor Farm).

Monod Hospital and Training School for Nurses
    2815 1st Avenue, Seattle.

Providence Hospital (under auspices of Sisters of Charity)
    Between 5th and 6th avenues and Madison and Spring streets, Seattle.

Seattle General Hospital and Training School for Nurses
    909 5th Avenue, Seattle.

Seattle Maternity Hospital
    2823 1st Avenue, Seattle.

Wayside Mission Hospital
    Foot of Jackson Street, Seattle.

Western Washington Hospital for the Insane
    Fort Steilacoom, 1 1/2 miles east of Steilacoom in n.w. Pierce County.

SOURCES

Cardle, Doug, *About Those King County Place Names*, Seattle, Coastal Press, 1989

Hitchman, Robert, *Place Names of Washington*, Washington State Historical Society, 1985

King County Directory, Vol. 1911-12, Seattle, R. L. Polk and Co., October 1911

Oregon and Washington Gazeteer and Business Directory, 1903-1904, R. L. Polk and Co.

Oregon, Washington and Idaho Gazeteer and Business Directory, 1889-1890, Vol. IV, Portland, R. L. Polk and Co.

Seattle City Directory, 1899, Seattle, Polk's Seattle Directory Co., 1899

Seattle City Directory, 1903, Seattle, Polk's Seattle Directory Co., 1903

Seattle City Directory, 1909, Seattle, Polk's Seattle Directory Co., 1909

Second Annual Seattle City Directory, 1891-2, Seattle, Corbett and Co.

Washington and Oregon Gazeteer and Business Directory, 1907-1908, Seattle, R. L. Polk and Company

S	R	Page	Recor	LastName	FirstNames	Deat	Mn	Dt	Age	S	DeathPlace	Bir
S	3	0015	00290	Abbay	John Alexander	1905	Sep	27	080	M	1612 Melrose Ave	KY
S	3	0130	02589	Abbott	(Infant)	1906	Dec	27	s/b	F	255 Etruria	WA
S	1		02102	Abbott	Abner	1891	Jan	02	025	M	3rd & King Sts.	---
S	3	0036	00706	Abbott	Charlotte	1906	Jan	01	071	F	208 21st Ave	NY
S	3	0190	03802	Abbott	Dora (Mrs.)	1905	Jun	27	028	F	Tourist Hotel	---
S	2	0127	02044	Abbott	Emily	1899	-	-	-	F	Sprague, WA	---
S	1	0001	00612	Abbott	G.D.	1888	Sep	10	028		Grace Hosp.	
S	1		01539	Abbott	G.F.	1890	Sep	09	061	M	Seattle	---
S	3	0190	03793	Abbott	J. C.	1905	Jun	27	030	M	Wayside Emerg. Hosp.	---
S	2	0047	00056	Abbott	Robert	1895	Feb	13	063	M	Fremont	CND
S	2	0041	00398	Abbott	Susan	1894	Sep	02	08m	F	Hse of Good Shepherd	
S	1	0001	00309	Abegg	Mrs.	1884	Feb	20	030	F	Seattle	SEA
S	3	0077	01532	Abell	Gideon H.	1906	Jun	23	047	M	Wayside Emergency Hospital	CN
S		0042	00839	Abernathy	Oliver	1903	Sep	03	028	M	400 Ward Street	SCT
S	2	0040	00379	Abernethy	Oliver	1894	Aug	30	058	M	821 High	IRL
S	2	0047	00041	Able	Albert F.	1895	Feb	01	043	M	6 blks E. Madison St P.M.	
S	2	0127	02064	Abraham	Alfred	1899	Nov	14	028	M	Providence Hosp.	AUT
S	1		01570	Abrahams	Julius	1890	Sep	21	029	M	Providence Hospital	---
S	3	0001	00007	Abrahamson	Betrand H.	1905	Jul	19	002	M	Riverside, WA	WA
S	1	0001	01160	Abrahamson	Fred	1890	Jan	15	025	M	Prov. Hosp.	
S	3	0164	03263	Abramof	Alexander	1907	Apr	09	04m	M	710 N. 65th	WA
S	2	0081	00292	Abrams	Jacob	1897	Jul	14	038	M	Ross W.	IN
S	3	0135	02695	Abrashem	M	1904	Oct	28	065	M	1003 Yesler Way	RUS
S	3	0140	02795	Abt	Andrew	1904	Nov	14	078	M	Providence Hosp	GER
S		0001	00009	Ackerman	J.W.	1903	Mar	05	077	M	Green Lake	NY
S	3	0184	03668	Ackerman	Stephen W.	1905	May	20	067	M	166 Blewitt Ave	NY
S	3	0156	03105	Ackery	Geo. B.	1907	Mar	23	019	M	Providence Hosp.	SYR
S	1	0001	01083	Ackland	Torra Etta	1889	Dec	04	002	F	Seattle	
S	3	0009	00180	Ackley	Lloyd	1905	Aug	23	01m	M	West Seattle	sme
S	3	0139	02776	Acklin	Ronald M.	1907	Feb	01	004	M	1825-5th Ave. W.	MT
S	3	0023	00448	Acorn	Infant	1905	Oct	12	s/b	M	718 34th Ave	SEA
S		0116	02324	Acteson	George W.	1904	Aug	10	004	M	6561 4th Ave. N.	WA
S	2	0113	02246	Adams	Alfred	1901	Dec	24	036	M	Prov. Hosp.	MO
S		0013	00504	Adams	C.W.	1892	Dec	12	067	F	9th & Terrace	
S	2	0127	02045	Adams	Caroline	1899	Jul	01	-	F	Sedro Woolley, WA	---
S	2	0096	00850	Adams	E. A.	1898	May	18	045	M	3rd & Yesler Way	---
S	2	0121	02408	Adams	Earl	1902	Feb	03	004	M	1513 5th Ave.	SEA
S	1	0229	02333	Adams	Elihu B.	1891	May	04	035	M	1816 Madison St.	CND
S		0080	01589	Adams	Elizabeth	1904	Feb	27	055	F	at sea b.Quebec	
S	2	0110	02186	Adams	Ernest	1901	Dec	03	001	M	Interbay	WA
S	2	0138	02725	Adams	Ham	1902	Apr	30	035	M	1216 2nd Ave. b.Washington, DC	
S	3	0053	01045	Adams	Herbert	1906	Mar	21	06m	M	1423 - 33rd Ave.	
S	2	0070	01391	Adams	J. Q.	1904	Jan	16	064	M	608 22nd Ave.	NY
S	2	0104	01148	Adams	James	1898	Sep	20	077	M	217 Lenora St.	IRL
S	3	0053	01047	Adams	James	1906	Mar	23	071	M	1912 - 9th Ave.	SCT
S	2	0121	01804	Adams	Jas.	1899	Jul	16	02m	M	1324 7th Ave.	Sea
S	2	0101	01029	Adams	John P.	1898	Jul	30	-	M	Gilman	---
S	3	0072	01428	Adams	John Quincy	1906	May	06	075	M	Lakewood	IN
S	-	0146	02863	Adams	Joseph	1902	May	29	040	M	Wellington, WA	---
S	2	0010	00189	Adams	Joseph (Rev.)	1900	Mar	07	065	M	303 Boren	---
S	2	0112	02238	Adams	Leo	1901	Dec	24	065	M	Prov. Hosp.	ITL
S	3	0164	03281	Adams	Mary Jane	1905	Feb	25	079	F	224 1/2 Third Ave	ME
S	3	0071	01405	Adams	Maud E.	1906	May	31	02m	F	3817 Aurora	WA
S	2	0394	02648	Adams	Mrs. Georgie	1891	Oct	19	027	F	cor Florence & Baker Sts.	---
S	2	0089	00614	Adams	Mrs. Mattie	1898	Feb	11	029	F	301-1/2 Jackson St.	VT

S	R	Page	Recor	LastName	FirstNames	Deat	Mn	Dt	Age	S	DeathPlace	Bir
S	3	0191	03709	Adams	N.S.	1907	Jun	26	c50	M	King Co. Hosp., Georgetown	---
S	2	0056	00486	Adams	Nathaniel	1895	Oct	26	001	M	115 Lewis	Sea
S	2	0060	00024	Adams	Nellie L.	1896	Jan	19	018	F	1626 7th	
S	2	0055	01100	Adams	P. G.	1901	Jan	18	04m	M	706 Battery	SEA
S	-	0148	02915	Adams	S. C.	1902	Jun	11	060	M	Seattle Gen. Hosp.	NC
S	3	0038	00758	Adams	Soctr ?	1906	Jan	17	035	M	1422 Western Ave	TRK
S	2	0042	00462	Adams	Theodore	1894	Oct	22	046	M	Prov. Hosp.	GER
S	2	0089	01770	Addis	Baby	1901	Jul	08	9da	M	Ballard	WA
S	2	0089	01762	Addis	Baby	1901	Jun	10	11d	F	Ballard	WA
S	-	0162	03183	Addlman	Loren E.	1902	Aug	09	021	M	Lake Wash.	MN
S	1	0001	01169	Adelid	Thomas O.	1890	Feb	21	030	M	Prov. Hosp.	
S	3	0043	00851	Adler	Hazel	1906	Feb	09	007	F	Seattle	WA
S	2	0099	00908	Adler	Henry	1898	Jul	08	023	M	Seattle	WI
S	2	0042	00830	Adsam	Myrtle	1900	Oct	15	005	F	215 W Bell St	SEA
S	1	0001	00278	Adv		1883	Sep	04			Providence Hosp.	
S	2	0186	03671	Agassiz	Geo.	1902	Dec	31	s/b	M	Colonade Hotel	SEA
S		0031	00039	Agatte	Sophie	1894	Jan	27	014	F	Fremont	
S	1	0001	00802	Ager	Andrew	1889	Mar	17	030	M	Prov. Hosp.	USA
S		0032	00064	Agew	J.B.	1894	Feb	10	030	F	14th & Seneca	
S	3	0124	02475	Agnew	Frank L.	1906	Dec	17	044	M	508-15th Ave.	CA
S	2	0032	00625	Agnew	Hugh	1900	Aug	02	038	M	Prov. Hosp. b. America	---
S		0033	00644	Ah	Gong	1903	Jul	25	027	M	Hamilton, WA	CHN
S		0096	01918	Ah	Toy	1904	May	11	038	M	Wa Chong Block Room 53	CHN
S	3	0179	03570	Ah Chang	(Chinaman)	1905	Apr	20	030	M	Smith's Cover	CHN
S	2	0036	00199	Ah Hem	Look	1894	May	02	029	M	512 Washington	CHN
S	2	0110	01379	Ahern	Elmer E.	1899	Jan	02	04m	M	502 17th Ave. N.	Sea
S		0113	02259	Ahl	John (Mrs.)	1906	Oct	21	060	F	Eldon, WA	---
S	-	0166	03257	Ahlberg	baby	1902	Sep	19	03m	M	14th Ave. W.	SEA
S		0034	00665	Ahlstrom	Wesley	1903	Jul	31	02m	M	2218 Elliot Avenue	SEA
S	3	0073	01455	Ahrendt	William	1906	Jun	02	056	M	Wayside Emergency Hosp.	un
S	1		02113	Aiken	infant	1891	Jan	26	-	M	Mary St.	Sea
S	2	0358	02578	Aiken	John Henry	1891	Sep	10	014	M	Front&Spring St. b.Sacrmnto	CA
S	2	0115	01584	Ainslie	Duncan	1899	Apr	02	016	M	709 Maynard	WA
S	2	0095	00822	Ainslie	Eva J.	1898	May	06	13m	F	1134 10th Ave. S.	SEA
S	3	0136	02720	Ainslie	Ida M. Mrs.	1907	Jan	28	043	F	618-6th Ave.	NY
S	2	0018	00360	Ainsworth	Willard A.	1900	Apr	--	003	M	San Jose, CA	WA
S	3	0150	02993	Ajax	Ethel May	1904	Dec	02	029	F	San Francisco	NY
S		0008	00294	Akane	Annie	1892	Jul	19	025	F	Stewart St. (b.Pt.Orchard	
S	3	0060	01189	Akers	Wm. J	1906	Apr	20	044	M	2755 Yesler Way	NY
S	3	0165	03292	Akimoto	W.	1907	Apr	14	035	M	Seattle Gen. Hosp.	JPN
S		0099	01968	Akin	Beth	1904	May	30	06m	F	3065 Evanston Avenue	Sea
S	2	0113	01492	Akin	Grace	1899	Feb	02	05m	F	Butte, MT	---
S		0111	02208	Akita	O. (Mrs.)	1904	Jul	18	042	F	Cor. 4th Ave. & Wash. St.	JPN
S	2	0126	02511	Alaherty	Jno Leonard	1901	Apr	16	009	M	Douglal, Alaska	OR
S	-	0168	03302	Albee	Gale	1902	Sep	16	013	M	429 Wilbert, Ballard, WA	WA
S	2	0126	01993	Albee	Nancy M. C.	1899	Oct	12	085	F	1222 Norman St.	---
S	3	0136	02723	Albel	August	1904	Oct	06	085	M	King County Hosp	GER
S	2	0128	02083	Albelch	Mary	1899	Nov	23	066	F	1208 6th Ave.	IRL
S	2	0046	00039	Albers	Geo. H.	1895	Jan		071		Charleston	
S	1	0001	00184	Albert	Jack	1883	Apr	16	030	M	Seattle	FRN
S	2	0117	01678	Albertson	John	1899	May	05	050	M	2nd & Jackson St.	DNK
S	2	0074	00019	Albin	Carl A.	1897	Jan	15	013	M	624 Taylor St.	IL
S	2	0090	00629	Albin	Mrs. M. C.	1898	Feb	19	045	F	624 23rd Ave. S.	NRY
S		0003	00051	Albright	Fred L.	1903	Mar	25	036	M	162 - 21st Avenue	NY
S	2	0379	02619	Albright	infant	1891	Oct	02	02w	M	Day Nursery/4th Ward	Sea

S	R	Page	Recor	LastName	FirstNames	Deat	Mn	Dt	Age	S	DeathPlace	Bir
S	3	0193	03863	Albright	Infant	1905	Jun	08	---	F	1525 6th Ave	SEA
S	2	0048	00103	Albright	Joseph H.	1895	Mar	16	048	M	Seattle Nat Bk Bldg	PA
S	2	0083	00367	Alcorn	infant	1897	Sep	21	06m	M	1602 8th Ave. S.	SEA
S	3	0149	02971	Alcorn	Lucy E	1904	Nov	28	027	F	2224 1/2 Fifth Ave	IN
S	3	0150	02992	Alden	(Infant)	1907	Feb	08	s/b	F	Pacific Hosp.	Sea
S	2	0120	02383	Alden	Annie	1902	Jan	02	067	F	Ballard	SWD
S	2	0368	02598	Alderman	Annie Lilian	1891	Sep	18	03m	F	S. 12th & Atlantic Sts.	Sea
S	2	0117	01681	Aldrich	E. E.	1899	May	07	042	M	Providence Hosp.	CA
S	3	0184	03684	Aldrich	Olivia P.	1905	May	29	038	F	2712 E Union St	CND
S	1	0001	00252	Ale	Mrs.	1883	Sep	04		F	Seattle	Wa
S	2	0120	01760	Alexa-	Josephine	1899	Jun	20	038	F	1209 Aloha St.	RUS
S	2	0051	01019	Alexander	A.	1900	Dec	25	021	M	319 Nob Hill	MO
S	2	0100	01010	Alexander	Bryan	1898	Jul	26	001	N	9th Ward	Sea
S	2	0084	00426	Alexander	C. A.	1897	Oct	01	037	M	Spokane, WA	---
S	2	0051	01006	Alexander	Chas	1900	Dec	14	051	M	615 1st S	MA
S	3	0179	03565	Alexander	Eliza	1907	May	28	057	F	725-16th Ave.	SCT
S		0032	00626	Alexander	Hillel	1903	Jul	04	033	M	Providence Hospital	CA
S	3	0122	02424	Alexander	Jacob J.	1906	Dec	03	042	M	3831 Bagley Ave.	IA
S	3	0130	02593	Alexander	Leonard B.	1907	Jan	01	069	M	2142 N. 62nd	MA
S	2	0056	01101	Alexander	M. E.	1901	Jan	18	051	F	319 Nob Hill	MO
S	2	0092	00687	Alexander	Mary	1898	Mar	24	009	F	319 Nob Hill	WI
S	3	0071	01425	Alexander	Nicholas	1904	Jan	27	005	M	753 Lake View Ave.	Sea
S	-	0175	03436	Alexander	Paniel (Daniel?) Y.	1902	Oct	30	063	M	Providence Hosp.	PA
S	2	0070	00404	Alexander	V. A.	1896	Jul	09	03m	F	Sydney b.Sydney,	---
S	2	0082	00346	Alexander	Virginia	1897	Sep	01	016	F	513 5th Ave.	CND
S	2	0121	01807	Alexman	Norman	1899	Jul	18	018	M	1429 5th Ave.	WA
S	2	0061	01208	Alford	James	1901	Feb	19	026	M	1216 2nd Ave	AK
S	2	0054	00346	Algar	Henry S.	1895	Sep	01	050	M	22 4 Lane	
S	3	0152	03027	Alice	Mary	1904	Dec	29	040	F	West Wash Hosp for Insane	ITL
S	2	0059	01199	Aligand	Bertha	1901	Feb	17	030	F	109 21st Ave	GER
S	2	0660	00269	Allard	Lucien	1896	Jul	08	002	F	217 Day St	Sea
S		0082	01644	Allbright	Katherine	1904	Mar	17	020	F	1418 Yesler Way	WI
S	3	0066	01319	Allemandi	Infant	1906	Apr	30	s/b	M	1901 Grand St.	Sea
S	2	0066	01302	Allen	(Baby)	1901	Mar	19	003	M	1320 - 5 Ave	SEA
S	3	0182	03627	Allen	(Infant)	1907	May	08	s/b	F	1110-26th Ave.	WA
S	2	0092	00693	Allen	A. S.	1898	Mar	25	035	M	Providence Hosp.	---
S	3	0181	03601	Allen	Adalaide B.	1907	May	14	064	F	Edmonds, WA	---
S	2	0088	00579	Allen	Adam H.	1898	Jan	29	017	M	West Seattle	SCT
S		0009	00174	Allen	Archie	1903	Apr	10	06m	M	24th S. & Day	OR
S		0063	01264	Allen	Artemus A.	1903	Dec	12	038	M	4053 2nd Ave. NE	PEI
S		0021	00268	Allen	Barbara	1893	Jul	05	051	F	11th & Madison	
S	2	0055	00381	Allen	Beatrice	1895	Sep	24	07w	F	614 Florence	Sea
S	3	0155	03100	Allen	Benjamin Budlong	1905	Jan	19	058	M	202 14th Ave	NY
S	2	0050	00181	Allen	C.	1895	Apr	19	003	M	Co. Hosp.	
S	3	0069	01376	Allen	Catherine Helen	1906	May	20	006	F	4222 Burke Ave.	Sea
S	1	0001	01063	Allen	Chris	1889	Nov	29	005	M	710 Sunset	
S	1	0001	00060	Allen	Clara	1882	Mar	12	002	F	Seattle	US
S	2	0124	01951	Allen	David	1899	Sep	27	082	M	717 7th Ave. S.	TN
S	1	0001	00597	Allen	Eddie	1888	Aug	27	09m	M	corner of Wall & West St	
S	3	0143	02865	Allen	Estella	1904	Nov	05	025	F	King County Hosp	IN
S	3	0162	03235	Allen	Esther May	1905	Feb	09	001	F	1315 Boylston Ave	IL
S	2	0112	02228	Allen	Fred A.	1901	Dec	20	033	M	1718 14th Ave.	MO
S	1	0001	00420	Allen	G.M.	1885	Jan	14	005	M	Seattle	SEA
S		0195	03836	Allen	Henry A.	1903	Feb	16	033	M	Woodland Park	MI
S	2	0315	02492	Allen	infant	1891	Jul	30	s/b	M	Bush St.	Sea

S	R	Page	Recor	LastName	FirstNames	Deat	Mn	Dt	Age	S	DeathPlace	Bir
S	2	0088	01757	Allen	Infant	1904	Mar	16	---	F	2119 First Ave.	Sea
S	2	0114	02278	Allen	J. Lynch	1901	Dec	04	025	F	Prescott, AZ.	MN
S	3	0147	02944	Allen	Jack	1904	Dec	23	037	M	Pacific Hosp	SWD
S		0038	00761	Allen	Jannie G.	1903	Aug	04	041	F	1610 Second Avenue	SWD
S		0022	00308	Allen	Jessie Mrs.	1893	Aug	10	020	F	918 4th	OR
S	2	0038	00306	Allen	John	1894	Jul	29	045	M	Ross	
S	-	190	3739	Allen	John Baird	1903	Jan	28	057	M	505 Harvard Ave. N.	IN
S	3	0013	00257	Allen	John J.	1905	Sep	22	060	M	1422 N 52nd St	NY
S	3	0177	03537	Allen	John James	1907	May	24	027	M	407 Yesler Way	WI
S	1	0001	01048	Allen	Julia A. Mrs.	1889	Nov	05	079	F	805 Madison	TN
S		0016	00051	Allen	Kittie	1893	Feb	09	019	F	King St.	OR
S	2	0073	00541	Allen	Lottie M.	1896	Dec	20	016	F	Georgetown, WA	---
S	2	0127	02040	Allen	Lucinda	1899	Sep	23	087	F	Orting, WA	ME
S	2	0157	03083	Allen	Mary Mildred	1902	Aug	07	02m	F	1915-1/2 9th Ave.	SEA
S	1	0001	00091	Allen	Mary Olive	1882	Jun	24	004	F	Seattle	USA
S	3	0178	03559	Allen	Mrs Annie	1905	Apr	02	024	F	Providence Hosp	CND
S	2	0128	02081	Allen	Nest	1899	Nov	22	04m	M	1205 Yesler	Sea
S	2	0187	03692	Allen	Rowena	1903	Jan	10	009	F	Seattle Gen.Hosp. b.Tacoma,	WA
S	2	0078	00161	Allen	Roy	1897	Apr	11	078	M	Georgetown, WA	WA
S	3	0138	02753	Allen	S G	1904	Oct	29	051	M	Wayside Emergency Hosp	---
S	2	0088	01760	Allen	Willie	1901	Jul	07	006	M	Black River	WA
S	2	0363	02587	Allen	Wm.	1891	Sep	13	024	M	Grace Hosp.	OR
S		0113	02251	Allenby	Mary (Mrs.)	1906	Oct	16	032	F	Columbia, WA	DE
S	-	0147	02880	Allenby	Victor	1902	Jun	07	14d	M	9th S. & Walker	SEA
S	2	0070	00416	Allenr	L. T.	1896	Oct	12	079	M	1222 Norman St.	ME
S	3	0169	03376	Allison	Grace E	1905	Mar	12	048	F	2223 8th, Ward 6, Seattle	OH
S	3	0183	03642	Allison	Granville	1907	Jun	01	075	M	3830 Aurora	OH
S	2	0082	01633	Allison	Helen	1901	Jun	25	010	F	2223 - 8 Ave.	WA
S	3	0062	01239	Allison	Jane	1906	Apr	16	072	F	119 No. 74 St.	ENG
S	2	0051	00225	Allsue	Maggie	1895	Apr	17		F	Charleston	
S	3			Allyn	Harriate Celest	1906	Apr	24		F	Issaquah, WA	CND
S	3	0063	01245	Allyn	Hattie C. (Mrs.)	1906	Apr	24	040	F	Providence Hosp.	CND
S	3	0187	03728	Alm	Cecil A.	1905	May	20	002	M	Moxee Valley, WA	SEA
S		0082	01636	Alma	Catherine	1904	Mar	14	100	F	557 72nd Ave. N.	Sea
S		0019	00190	Almstead		1893	May	20	03w	F	Mercer & Willow	Sea
S		0020	00201	Almstead	Olena	1893	May	30	023	F	Mercer & Birch	
S	2	0112	01481	Alonsen	Cynthia	1899	Feb	17	041	F	209 25th Ave. S.	CND
S	2	0059	01195	Alood	C. Beulah	1901	Feb	15	036	F	217 3rd Ave	WI
S	2	0050	00159	Alperin	Jacob	1895	Apr	17	030	M	3rd & Union	ROM
S	2	0042	00825	Alport	John	1900	Oct	13	031	M	Wayside Mission	DNK
S		0116	02319	Alps	Fritz	1906	Nov	09	039	M	5th Ave. & Terrace	GER
S	2	0063	00153	Alsop	A.A.	1896	Apr	17	049	M	Police Hdqtrs	
S	3	0153	03059	Alsted	Hogan	1905	Jan	02	080	M	2416 Washington St	GER
S	1		01513	Alston	A. B. (Mrs.)	1890	Aug	25	057	F	Providence Hospital	---
S	3	0171	03416	Alstrom	Frank	1905	Mar	28	02m	M	911 Sevewin Ave	SEA
S	2	0099	00953	Altman	Nellie	1898	Jun	28	030	F	Providence Hosp. b.San Fran	CA
S		0025	00409	Alverd	Marcus	1893	Sep	28	052	M	Prov. Hosp.	
S	2	0107	02121	Alverson	Linda	1901	Nov	10	032	F	Monad Hosp.	IA
S		0003	00096	Alvoid	Carrie	1892	Apr	08	023	F	Kent, WA	
S	1	0001	00133	Alvorson		1882	Oct	15	018	M	Seattle	USA
S	3	0103	02050	Amason	Bjung	1904	Jun	10	055	F	Seattle Gen. Hospital	ICE
S	3	0028	00558	Amato	Infant	1905	Nov	14	s/b	F	1314 Yesler Way	SEA
S	3	0193	03859	Amble	Andria Simano	1905	Jun	19	023	F	South Park	NRY
S	2	0021	00412	Ambrose	A. T.	1900	May	17	034	M	Prov. Hosp.	OR
S	3	0197	03944	Ambrose	Annie	1905	Jul	27	026	F	2107 8th Ave	DNK

S	R	Page	Recor	LastName	FirstNames	Deat	Mn	Dt	Age	S	DeathPlace	Bir
S	1	0001	00009	Ambrow	an Indian	1881	Sep	29		M	Providence Hosp.	
S	2	0044	00519	Amery	Lilly	1894	Nov	10	029	F	Latona	MN
S	3	0031	00611	Ames	Leroy	1905	Dec	16	032	M	216 Fairview Ave	WI
S	3	0142	02830	Amesbury	James	1907	Feb	03	089	M	Prov. Hosp.	unk
S	3	0181	03604	Amli	Agnes	1907	May	17	023	F	Georgetown	NRY
S	3	0103	02060	Ammerman	Vera May	1904	Jun	11	002	F	1109 25th Ave.	Sea
S	2	0089	00616	Ammon	Andrew S.	1898	Feb	12	048	M	Commercial & King Sts.	---
S	2	0116	01630	Amon	Emma M.	1899	Apr	23	5.5	F	25th & Madison Sts.	WA
S	2	0071	00463	Amor	Jos. L.	1896	Nov	07	065	M	Providence Hosp.	---
S		0025	00410	Amos	Mabel	1893	Sep	28	001	F	814 So. 10th	
S	2	0108	01303	Amsler	Mrs. A.	1898	Nov	26	037	F	Georgetown, WA	NY
S	2	0064	00184	Amunds	Armand	1896	May	06	057	M	914 James St	WI
S	3	0002	00039	Amundson	Anthony	1905	Aug	03	045	M	8212 1st Ave	MN
S	2	0050	00994	Anatto	A.	1900	Dec	12	022	M	2nd & Jackson	ITL
S		0004	00131	Anborn	Abbie J.	1892	Apr	05	050	F	9th & Ward (b.St.Johnsbury,	VT
S	2	0083	01642	Ancar	Darleen	1901	Jun	29	14d	F	533 Marion	WA
S	3	0193	03854	Andel	Adolphus	1905	Jun	14	030	M	Valdez, AK	IL
S	2	0107	02122	Anders	William	1901	Nov	10	025	M	Sea. Gen. Hosp.	NY
S	3	0111	02212	Anderson	(Baby)	1906	Oct	26	03d	M	1819 Minor Ave.	Sea
S	3	0105	02090	Anderson	(Baby)	1906	Sep	14	s/b	M	714 Blewett	Sea
S	3	0121	02402	Anderson	(Infant)	1906	Oct	13	s/b	M	1840-10th Ave. S.	WA
S	3	0161	03205	Anderson	(Infant)	1907	Mar	09	s/b	M	2014 Ingersoll Pl.	WA
S	1	0001	00144	Anderson	A.	1882	Oct	31	033	M	Seattle	USA
S	2	0367	02596	Anderson	A.	1891	Sep	17	027	M	Joy St., 4th Ward	---
S	2	0069	00368	Anderson	A. (Mrs.)	1896	Sep	04	052	F	Seattle	VA
S	2	0085	01694	Anderson	A. C.	1901	Jul	06	037	F	323 Dexter	SWD
S	2	0410	02680	Anderson	A. D.	1891	Nov	14	023	M	Providence Hosp.	SWD
S	3	0061	01201	Anderson	A.B.	1906	Apr	21	022	M	foot of King St.	unk
S	1		02155	Anderson	Ada	1891	Feb	22	07m	F	13 Lenora St.	Sea
S		0022	00277	Anderson	Adolphe	1893	Jul	14		M	Prov. Hosp.	
S	-	0173	03408	Anderson	Agnes	1902	Oct	26	09m	F	Ballard, WA b.Ballard, WA	
S	1	0001	00027	Anderson	Albert	1881	Dec	29	002	M	Seattle	US
S		0044	00874	Anderson	Albert	1903	Sep	15	027	M	Providence Hospital	MN
S	2	0178	03496	Anderson	Albin	1902	Nov	04	033	M	University Grounds	SWD
S	2	0099	00981	Anderson	Alfred	1898	Jul	08	008	M	1317 - 10th Ave. S.	Sea
S	2	0124	02466	Anderson	Alfred	1902	Feb	19	035	M	Prov. Hosp.	SWD
S	-	0173	03412	Anderson	Alfred	1902	Oct	30	019	M	Georgetown, WA	ME
S	2	0089	00595	Anderson	Alfredina M.	1898	Feb	01	058	F	corner Cherry & 4th St.	IA
S	3	0154	03077	Anderson	Algert	1907	Mar	17	029	M	4313 Whitman Ave.	SWD
S	3	0047	00930	Anderson	Alice Jessie	1906	Feb	18	021	F	4211 Brooklyn Ave.	PA
S	3	0188	03760	Anderson	Allbreckt Daniel	1907	Jun	28	006	M	627 Post	PA
S	2	0035	00158	Anderson	Alma C.	1894	Apr	09	033	F	2027 10th	SWD
S	2	0016	00302	Anderson	Alma H.	1900	Apr	10	01m	M	233 2nd Av N	SEA
S		0024	00357	Anderson	Alvin	1893	Sep	02	07m	M	7th & Lenora	Sea
S	1	0241	02355	Anderson	Anders	1891	May	16	034	M	12th & Plummer Sts.	DNK
S	2	0420	02700	Anderson	Andrew	1891	Nov	28	030	M	Division & Williamson Sts.	SCT
S		0013	00503	Anderson	Andrew K.	1892	Dec	12	044	M	1620 10th	
S	2	0021	00420	Anderson	Andrew W.	1900	May	19	039	M	Prov. Hosp.	SWD
S	2	0087	01733	Anderson	Anna	1904	Mar	17	031	F	George Town	SWD
S	1	0001	01010	Anderson	Annie	1889	Oct	19	044	F	1212 6th ave	NRY
S	1	0241	02366	Anderson	Annie	1891	May	23	024	F	125 Rose St.	NRY
S	2	0056	00488	Anderson	Anton	1895	Oct	28	058	M	Seattle Gen Hosp	SWD
S	2	0108	01310	Anderson	Astrid A.	1898	Dec	04	10w	M	421 Cedar St.	Sea
S		0023	00326	Anderson	August C.	1893	Aug	21	020	M	Prov. Hosp.	Sea
S	3	0126	02519	Anderson	August Charles	1906	Dec	27	075	M	322 Cherry	SWD

S	R	Page	Recor	LastName	FirstNames	Deat	Mn	Dt	Age	S	DeathPlace	Bir
S	1	0273	02408	Anderson	August L.	1891	Jun	21	02h	M	Denny & Hoyt Addn b.Fremont	WA
S	1	0001	00625	Anderson	Baby	1888	Sep	23	01m		Lake St	
S	1	0001	00818	Anderson	Baby	1889	Mar	31	001		Btw Depot & Harrison St.	USA
S	2	0073	00521	Anderson	baby	1896	Dec	20	24h	M	1017 Rose St.	SEA
S	2	0138	02722	Anderson	baby	1902	Apr	10	s/b	M	110 11th Ave.	SEA
S	2	0124	01918	Anderson	Ben	1899	Sep	06	045	M	315 Jefferson St.	SWD
S	2	0093	01846	Anderson	Ben	1901	Aug	12	030	M		
S		0005	00092	Anderson	Beret	1903	Mar	06	072	F	Ballard	NRY
S	3	0182	03630	Anderson	Bernard	1905	May	08	009	M	4009 Stone Ave	ND
S	2	0157	03081	Anderson	Blanche	1902	Aug	06	13d	F	1105 Sturges Road	SEA
S	2	0027	00521	Anderson	C.	1900	Jun	12	036	M	Co. Hosp.	DNK
S	3	0006	00103	Anderson	C.	1905	Aug	23	040	M	118 Washington	UN
S	1	0001	01087	Anderson	Charles	1889	Dec	14	050	M	608 Union St.	NRY
S	2	0088	01751	Anderson	Charles	1904	Mar	19	060	M	Hobart WA	---
S	2	0041	00814	Anderson	Chas	1900	Oct	08	045	M	Prov. Hosp.	SWD
S		0004	00140	Anderson	Chas.	1892	Apr	10	030	M	Richmond, WA	SWD
S		0027	00501	Anderson	Chas.	1893	Nov	22	027	M	No. Farm	SWD
S	2	0052	00264	Anderson	Chas.	1895	Jun	28		M	Franklin	SWD
S	3	0128	02546	Anderson	Chas.	1906	Nov	05	027	M	Blake Island	NRY
S	2	0092	00673	Anderson	Chas. W.	1898	Mar	18	005	M	Edgewater	WA
S	2	0097	00870	Anderson	Christen	1898	May	30	048	M	Providence Hosp.	---
S		0051	01023	Anderson	Christiana	1903	Oct	23	035	F	Providence Hospital	---
S	2	0098	01958	Anderson	Clifford	1901	Sep	26	015	M	Ballard	MN
S	3	0088	01753	Anderson	Cynthia M.	1906	Aug	02	092	F	2814 - Wash. b.Ontario	CND
S	2	0088	00570	Anderson	Daisy	1898	Jan	20	001	F	1312 5th Ave.	SEA
S	2	0090	00653	Anderson	David	1898	Feb	05	006	M	Ballard, WA	SEA
S	2	113	1515	Anderson	E. H.	1899	Mar	09	040	M	Providence Hosp.	---
S	2	0093	01841	Anderson	Edward	1901	Aug	24	018	M	Salmon Bay	SEA
S	1	0001	00139	Anderson	Eliza P.	1882					Seattle	
S	3	0138	02760	Anderson	Elizabeth	1904	Nov	01	064	F	510 Fifth Ave	GER
S	3	0196	03910	Anderson	Elizabeth	1905	Jul	16	077	F	438 77th N	AL
S	2	0366	02593	Anderson	Ella	1891	Sep	16	14m	F	5th & Brock St, 7th Ward	Sea
S		0028	00556	Anderson	Elna Grace	1903	Jul	04	018	F	4273 Winslow Place	IL
S		0051	01011	Anderson	Emil	1903	Oct	19	026	M	Seattle General Hospital	SWD
S	1	0001	00362	Anderson	Emily	1884	Jul	15	007	F	Seattle	USA
S	1	0001	00657	Anderson	Emley A.	1888	Oct	24			Spring St.	
S	2	0002	00046	Anderson	Emma	1892	Jan	27	03m	F	1923 7th St.	Sea
S	2	0101	02014	Anderson	Emma	1901	Oct	18	030	F	Prov. Hosp.	SWD
S	3	0047	00924	Anderson	Emma Lee	1906	Feb	03	014	F	4211 Brooklyn Ave.	WA
S	-	0171	03373	Anderson	Erwin A.	1902	Oct	28	001	M	Green Lake	SEA
S	2	0089	01783	Anderson	Evaline	1904	Apr	06	027	F	21st & Jefferson St.	AR
S		0061	01220	Anderson	Frances	1903	Oct	09	023	F	Dawson, Y.T.	CA
S	3	0123	02459	Anderson	George	1906	Dec	09	077	M	Wayside Emer. Hosp.	PA
S	3	0155	03086	Anderson	Gladys L	1905	Jan	14	10m	F	3700 Wallingford Ave	SEA
S	3	0077	01523	Anderson	Gottfred ?	1906	Jun	24	035	M	Providence Hospital	SWD
S	2	127	2047	Anderson	Gus	1899	Nov	01	026	M	Providence Hosp.	SWD
S	3	0038	00743	Anderson	Gustaf	1906	Jan	12	075	M	4208 3rd Ave NW	SWD
S	3	0146	02912	Anderson	Gustaf	1907	Feb	25	079	M	303-42nd St. N.W.	SWD
S	1	0001	00124	Anderson	Gustaus	1882	Oct	31	034	M	Seattle	SWD
S		0031	00611	Anderson	Gustave	1903	Jul	28	039	M	501 Maynard Avenue	SWD
S	2	0086	01708	Anderson	H. N.	1901	Jul	12	5mo	M	Fremont	WA
S	3	0075	01488	Anderson	Hannah	1904	Feb	04	040	F	1958 8th Ave. W.	NRY
S	2	0102	02039	Anderson	Hans	1901	Oct	22	040	M	Prov. Hosp.	NRY
S	1	0254	02369	Anderson	Hattie	1891	May	25	08m	F	127 Willow St.	Sea
S	3	0190	03782	Anderson	Hedda	1907	Jun	01	023	F	Los Angeles, CA	KS

S	R	Page	Recor	LastName	FirstNames	Deat	Mn	Dt	Age	S	DeathPlace	Bir
S	-	154	3032	Anderson	Henry	1902	Jul	18	040	M	Florence Hosp.	CA
S	3	0193	03851	Anderson	Herman Von Fenner	1905	May	02	003	M	Yukon Territory	AK
S	2	402	2664	Anderson	Hilda Mathilda	1891	Oct	31	10w	F	West Seattle	Sea
S	3	0021	00401	Anderson	Howard	1905	Oct	06	043	M	Providence Hosp.	IA
S			01389	Anderson	infant	1890	Jun	21	s/b	M	1123 Columbia St.	Sea
S	1		01921	Anderson	infant	1890	Oct	21	s/b		5th & James Sts.	Sea
S	1	0267	02396	Anderson	infant	1891	Jun	09	06m	F	1652 7th St.	Sea
S	2	0069	00364	Anderson	infant	1896	Sep	02	05w	M	920 Lakeview Ave.	SEA
S	2	0068	00322	Anderson	infant	1896	Aug	17	02m	M	315 10th Ave.	SEA
S		0003	00043	Anderson	J.	1903	Mar	19	035	M	Second Avenue + Jackson	---
S	2	0083	00353	Anderson	J. T.	1897	Sep	05	023	M	324 Knob Hill	PA
S	2	0041	00392	Anderson	J.O.	1894	Aug	24		M	Franklin	
S	2	160	3155	Anderson	Jas.	1902	Aug	10	034	M	King County Hosp.	AR
S	2	0072	00505	Anderson	Johann	1896	Dec	06	076	F	311 Prince Wm. St.	SWD
S	2	0404	02668	Anderson	John	1891	Nov	04	027	M	Grace Hosp.	USA
S		0017	00111	Anderson	John	1893	Mar	27	030	M	Grace Hosp.	SWD
S	2	0061	00053	Anderson	John	1896	Feb	05	035	M	Prov Hosp	SWD
S	2	0082	00344	Anderson	John	1897	Sep	01	033	M	Providence Hosp.	SCT
S	2	0088	00580	Anderson	John	1898	Jan	29	027	M	Providence Hosp.	FIN
S		136	2698	Anderson	John	1902	Apr	28	040	M	Seattle Gen. Hosp.	SWD
S	3	0125	02498	Anderson	John	1904	Sep	08	049	M	Wayside Mission	---
S	3	0085	01694	Anderson	John Alfred	1906	Jul	08	004	M	Providence Hosp.	WA
S	3	0143	02859	Anderson	John B	1904	Nov	30	025	M	Seattle General Hosp	MN
S	1	0001	01164	Anderson	John C.	1890	Feb	20	024	M	Auzura House 3rd & Main	
S	2	0043	00474	Anderson	John F.	1894	Oct	27		M	West St. House	
S		0049	00976	Anderson	Jonas	1903	Oct	02	085	M	2015 Eighth Avenue	SWD
S	1	0001	00363	Anderson	Josephine	1884	Aug	01	002	F		USA
S	3	0104	02084	Anderson	Julia	1904	Jun	23	040	F	308-1/2 Columbia St.	CA
S	2	0093	00718	Anderson	Julia C.	1898	Mar	14	035	F	Ballard, WA	SWD
S		0081	01614	Anderson	Katie	1904	Mar	07	020	F	Providence Hospital	MN
S		0024	00373	Anderson	Laura J.	1893	Sep	07	02m	F	2015 8th St.	Sea
S	3	0090	01790	Anderson	Lena (Mrs.)	1906	Aug	09	042	F	Wayside Emergency Hospital	SWD
S		0042	00828	Anderson	Leo	1903	Sep	01	003	M	408 Harrison	SEA
S	2	0043	00487	Anderson	Lillian G.	1894	Oct	28	025	F	Knight & Rose	KS
S	2	129	2136	Anderson	Louis	1899	Dec	22	040	M	Providence Hosp.	SWD
S	2	0117	01656	Anderson	Louis	1899	Apr	05	009	M	Duwamish	WA
S	3	0024	00468	Anderson	Louise B.	1905	Nov	09	01m	F	4105 Aurora Ave	SEA
S	2	0051	01017	Anderson	M.	1900	Dec	21	10m	F	1121 E Madison	SEA
S	3	0147	02926	Anderson	Maria	1904	Dec	17	082	F	1503 17th Ave	SWD
S		0004	00146	Anderson	Marion Henderson	1892	Apr	14	14d	F	5th & James	Sea
S	1	0001	00666	Anderson	Martha	1888	Oct	27	02m		10th St. South Seattle	
S	2	0043	00498	Anderson	Martha	1894	Oct	26	048	F	Salmon Bay	NRY
S	3	0154	03070	Anderson	Martha	1907	Mar	16	087	F	314 Thomas	NRY
S	2	0088	00542	Anderson	Mary B.	1898	Jan	07	016	F	2509 Elliott Ave.	---
S	2	0061	00077	Anderson	Mary E.	1896	Feb	29	010	F	506 Maynard Ave	
S	2	0087	01740	Anderson	Mathilda	1901	Jul	30	036	F	208 - 6 Av N	SWD
S	1	0001	00987	Anderson	Mattie	1889	Jul	02	024	F	225 Pike St.	
S	1	0001	00926	Anderson	Mattie	1889	Jul	02	025	F	3rd & Pike	
S	3	0080	01584	Anderson	Mert F.	1906	Jun	26	03m	M	Marysville	Sea
S		0016	00305	Anderson	Minnie	1903	May	02	038	F	Seattle General Hospital	SWD
S	3	0149	02976	Anderson	Mrs Andy G	1904	Dec	06	062	F	413 20th Ave N	NRY
S	3	0143	02860	Anderson	Mrs. Emma	1907	Feb	15	037	F	Prov. Hosp.	SWD
S	3	0184	03671	Anderson	Mrs. Hilda	1907	Jun	07	024	F	1900-10th S.	SWD
S	3	0124	02479	Anderson	N P	1904	Sep	03	052	M	1216 Tenth Ave S	SWD
S	2	0109	01360	Anderson	Nels	1898	Dec	08	039	M	Ballard, WA	NRY

S	R	Page	Recor	LastName	FirstNames	Deat	Mn	Dt	Age	S	DeathPlace	Bir
S		137	2704	Anderson	Nickolas	1902	Apr	01	046	M	King County Hosp.	DNK
S	2	0127	02039	Anderson	Olaf	1899	Oct	21	036	M	County Hosp.	SWD
S	2	0124	02476	Anderson	Olaf August	1902	Feb	24	023	M	1313 Denny Way	SWD
S	1	0001	00503	Anderson	Ole	1885	Dec	25	040	M		NRY
S	2	0091	00663	Anderson	Ole	1898	Feb	25	085	M	Wellington, WA	---
S	3	0070	01387	Anderson	Olena	1906	May	26	081	F	2030 - 7th Ave.	NRY
S	-	0150	02948	Anderson	Olof	1902	Jun	12	069	M	S. Seattle, WA	SWD
S	2	0060	00013	Anderson	Otto	1896	Jan	11	042	M	Prov. Hosp.	SWD
S	2	0021	00413	Anderson	Otto	1900	May	17	046	M	1920 6th Av	SWD
S	3	0103	02047	Anderson	Ovie	1905	Mar	05	034	M	Steel Creek Forty Mile, Y.T USA	
S	1	0001	00734	Anderson	Peter	1889	Jan	13	031	M	Prov. Hosp.	
S	2	0040	00388	Anderson	Peter	1894	Aug	23	027	M	Pt. Townsend	
S		0100	01997	Anderson	Raemond	1904	May	09	013	M	725 Clyde St., Ballard	ID
S	-	0161	03163	Anderson	Ragna Matilda	1902	Aug	16	09d	F	Ballard,WA b.Ballard, WA	
S	3	0162	03239	Anderson	Ralph A.	1907	Apr	04	002	M	2017-8th Ave.	WA
S	3	0081	01607	Anderson	Raunning	1906	Jul	03	091	F	1504 Yesler	NRY
S	3	0126	02523	Anderson	Robert	1904	Sep	16	040	M	117 Washington St	SWD
S	2	0094	00751	Anderson	Robt.	1898	Apr	12	10m	M	2327 6th Ave.	SEA
S		0011	00218	Anderson	Roy	1903	Apr	26	07d	M	2210 Howard N.	SEA
S	2	0027	00524	Anderson	Roy V.	1900	Jun	20	06m	M	Ballard	WA
S	1	0001	01050	Anderson	Rudolph	1889	Nov	06	040	M	Prov. Hosp.	
S	2	0084	00416	Anderson	S. O.	1897	Oct	28	03m	F	1326 14th Ave.	SEA
S	1	0001	00968	Anderson	Sadie	1889	Sep	13	040	M	Seattle 5th St.	
S		0023	00317	Anderson	Sarah T.	1893	Aug	16	057	F	South Seattle	ME
S		0005	00187	Anderson	Scroggs	1892	May	08	069	M	Sunnydale, WA	PA
S		0028	00546	Anderson	Selma	1893	Dec	12	035	F	3113 Water	NRY
S	2	0124	01943	Anderson	Sigrid	1899	Sep	24	028	F	920 Lv Ave.	SWD
S	2	0077	00139	Anderson	Stanley	1897	Apr	04	002	M	712 Harrison St.	SEA
S	3	0073	01461	Anderson	Thomas	1904	Jan	07	029	M	King Co. Hospital	NRY
S		0032	00049	Anderson	Thos.	1894	Jan	11	060	M	S. Seattle	
S	3	0084	01664	Anderson	Vanner	1906	Jul	21	07m	M	2509 1st	Sea
S	2	0108	02155	Anderson	Victor	1901	Nov	16	015	M	Ballard	SWD
S	2	0066	01310	Anderson	W.	1901	Mar	22	001	M	Alaska Hotel	WI
S	2	0031	00601	Anderson	W. W. (Mrs.)	1900	Jun	16	---	F	S. S. Olympia	---
S	3	0004	00067	Anderson	Walter	1905	Aug	14	040	M	Minor Hotel	UN
S	2	0185	03641	Anderson	William	1902	Dec	18	022	M	Ballard, WA	FIN
S	3	0055	01096	Anderson	William	1906	Mar	04	072	M	Grays Harbor, WA	unk
S	2	0107	01264	Anderson	Winfried	1898	Nov	14	016	F	134 16th Ave.	CND
S	2	0059	01191	Anderson	Wm.	1901	Feb	13	026	M	1021 E. Madison b Chicago	---
S		0083	01658	Anderson	Wm. R.	1904	Mar	22	002	M	2203 6th Ave.	OR
S	3	0133	02642	Anderson?	Nils	1907	Jan	13	062	M	Wayside Emerg. Hosp.	---
S		0096	01907	Ando	K.	1904	May	06	025	M	Providence Hospital	JPN
S	3	0183	03664	Andreas	Joseph	1905	May	20	055	M	1416 10th Ave S	GER
S	2	0118	02362	Andres	Florence	1904	Aug	22	04m	F	1122 8th Ave	Sea
S	3	0131	02612	Andresen	Peer	1907	Jan	08	023	M	715 Spring	NRY
S		0061	01209	Andress	John	1903	Nov	16	050	M	King Co. Hospital	GRC
S	2	0056	00398	Andrew		1895	Sep	24	01m	M	Ballard b.Ballard	
S	3	0081	01617	Andrews	A. L.	1906	Jul	05	044	M	2117 14th S.	IRL
S		0013	00478	Andrews	Amelia	1892	Nov	28	040	F	12th Cor. Town	
S		0135	02676	Andrews	Aminyer	1902	Apr	25	021	F	Edgewater, WA	SEA
S	3	0151	03001	Andrews	Annie	1907	Mar	01	025	F	Prov. Hosp.	IRL
S	2	0079	00215	Andrews	baby	1897	Jun	08	01h	M	2310 1st Ave.	SEA
S	2	0047	00066	Andrews	Chas	1895	Feb	19	010	M	Harrison & Poplar	WA
S		0033	00653	Andrews	Chas	1903	Jul	05	028	M	Nome, Alaska	PA
S		0013	00481	Andrews	Ed W.	1892	Nov	16	07m	M	703 11th	Sea

S	R	Page	Recor	LastName	FirstNames	Deat	Mn	Dt	Age	S	DeathPlace	Bir
S	2	0127	02066	Andrews	Elsie D.	1899	Nov	15	015	F	2213 2nd Ave.	---
S	2	0086	01710	Andrews	Fannie K.	1904	Mar	31	086	F	6056 6th Ave.. N.E.	SCT
S	3	0174	03469	Andrews	Forrest C	1905	Mar	23	046	M	Lopez	---
S		0079	01581	Andrews	Harriet L.	1904	Feb	16	058	F	West Seattle	OH
S	2	0066	00244	Andrews	John	1896	Jun	10	064	M	Genl Hosp	
S	2	0039	00335	Andrews	Joseph F.	1894	Aug	07	001	M	Lombard & Harrison	Sea
S	1		02083	Andrews	L. B.	1891	Jan	10	03m	M	-	Sea
S	1	0001	00170	Andrews	Mary	1883	Feb	08	055	F	Seattle	FRN
S	2	0117	01668	Andrews	Mary	1899	Apr	23	040	F	County Hosp.	---
S	2	0036	00217	Andrews	Matella B.	1894	May	15	021	F	Prov Hosp	KS
S		0043	00855	Andrews	Mrs. Annetta	1903	Sep	08	023	F	Monod Hospital	NRY
S	2	0084	00407	Andrews	N. P.	1897	Oct	18	047	M	721 Weller St.	NRY
S	1	0001	00533	Andrews	Peter	1886	Apr			M	Seattle	
S	1	0001	00056	Andrews	Stephen P.	1882	Mar	06	048	M	Seattle	US
S		0001	00005	Andrison	Lula	1903	Mar	01	016	F	2010 E. Madison	MS
S	2	0119	02370	Anfderherde	Chas. R.	1902	Jan	13	023	M	1105 5th Ave.	OH
S	2	0117	02335	Anfderheroe	Elizabeth J.	1902	Jan	14	081	F	E. 70th St.	ENG
S	2	0092	00672	Anfelder (?)	Henry	1898	Mar	17	071	M	10th Ave. & Yesler Way	GER
S	3	0174	03471	Angelo	Infant	1905	Mar	01	s/b	M	518 Pontius Ave	SEA
S	3	0150	02990	Angelo	James G.	1907	Feb	27	035	M	Vancouver, BC	unk
S	3	0136	02718	Angelsburg	Mary E.	1907	Jan	22	047	F	Providence Hosp.	IA
S	3	0120	02400	Anger	Flora E.	1906	Nov	29	035	F	28 Albertson	ON
S	2	0058	00550	Anglin	Walter F.	1895	Dec	04	020	M	Seattle Gen Hosp	CA
S	2	0054	00321	Angline	Mary L.	1895	Aug	19	042	F	208 10th	
S	2	0095	00817	Angus	James	1898	May	02	045	M	City Jail	KS
S	2	0064	00165	Anible	F.D.	1896	Apr	26	032	M	319 Pearl St	MI
S	2	0415	02691	Aniegh	Harry L.	1891	Nov	21	025	M	Fireman (sic)	---
S	2	0342	02546	Anish	Yosheo	1891	Aug	27	015	M	411 Jackson St.	JPN
S	2	0064	00179	Annabella	F.D.	1896	Apr	26	032	M	319 Pearl St	MI
S	3	0185	03690	Annala	John	1905	May	31	048	M	1031 Grant St	FIN
S	1	0001	00407	Annesley	J.H.	1884	Nov	19	033	M	Seattle (b.Bridgeport)	
S		0031	00031	Annespaugh	Wm. B.	1894	Jan	17	10w	M	1003 Hyde	Sea
S	2	0068	00334	Anrud	H.	1896	Aug	24	005	M	Seattle	SEA
S	3	0192	03823	Ansen	(Infant)	1907	Jun	19	s/b	F	1109-10th Ave. S.	Sea
S	1		2147*	Anset	John	1891	Feb	18	-	-	Rollins St.	NRY
S	2	0053	00274	Anson	John	1895	Jul	16	030	M	708 S.8th	
S		0060	01192	Anspaugh	John N.	1903	Nov	26	069	M	Providence Hospital	OH
S	3	0039	00762	Anthony	Henry Levi	1906	Jan	18	07m	M	1813 24th Ave	SEA
S	3	0171	03414	Anthony	Ivy Opal	1907	Apr	29	008	F	Everett, WA	---
S		0084	01672	Antonsen	C.	1904	Mar	27	029	M	City Jail	---
S	3	0165	03281	Anustasakes	George K.	1907	Apr	11	045	M	Providence Hosp.	GRC
S	-	0173	03413	Appenays	Edward	1902	Oct	01	024	M	Lawson, WA	PA
S		0005	00173	Apple	Baby	1892	Apr	29	12d	F	222 Virginia	Sea
S	3	0178	03556	Appleton	Frank H.	1907	May	24	032	M	Seattle Gen. Hosp.	IA
S	2	0065	01297	Araki	Skikasuk	1903	Dec	27	024	M	Seattle Gen. Hosp.	JPN
S		0052	01030	Arbuckley	Claude	1903	Oct	26	026	M	First and Spruce	---
S	2	0096	00848	Archer	E.	1898	May	17	070	M	Providence Hosp.	SCT
S	1	0001	00779	Archer	Joshua	1889	Feb	27	027		Prov. Hosp.	USA
S	3	0155	03098	Archer	Mary W.	1907	Mar	22	068	F	1504-18th Ave.	WV
S	1	0001	01146	Arelland	Herman Harold	1890	Jan	05	025	M	Prov. Hosp.	
S	2	0025	00498	Arey	Albert	1900	Jun	16	021	M	1315 1st Av	WA
S	2	0046	00005	Argeus	Infant	1895	Jan	08	03m	M	817 8th	Sea
S	2	0065	00215	Arie	Louisa	1896	May	30	036	F	75 Pine St	
S	2	0036	00204	Aries	Mary	1894	May	07	13m	F	Pine & Fremont	WA
S		0010	00187	Arleff	Antone	1903	Apr	08	040	M	Second and James	---

S	R	Page	Recor	LastName	FirstNames	Deat	Mn	Dt	Age	S	DeathPlace	Bir
S	2	0046	00033	Arles	Ed J.	1895	Jan	29	028	M	3rd & Seneca	
S	2	0026	00510	Arlett	Mary J.	1900	Jun	25	005	F	318 Wall	SEA
S	3	0189	03780	Armour	Thomas	1905	Jun	21	033	M	Providence Hosp.	CND
S	2	0045	00568	Armour	Victor	1894	Dec	23	037	M	1575 2nd	CND
S	2	0043	00848	Armstead	Marie	1900	Oct	25	030	F	Prov. Hosp.	OR
S		0034	00667	Armstrong	Albert W.	1903	Jul	26	03m	M	2223 Second Avenue N.	SEA
S	2	0067	00276	Armstrong	Anna	1896	Jul	16	047	F	Prov Hosp	CND
S		0117	01675	Armstrong	Bessie	1899	May	02	027	F	Seattle Gen. Hosp.	---
S	-	0149	02925	Armstrong	Catherine	1902	Jun	27	066	F	814 Howell	PA
S		0021	00256	Armstrong	Chas.	1893	Jun	11	029	M	Pt. Blakeley	
S	2	0076	00110	Armstrong	Frank	1897	Mar	21	058	M	Providence Hosp.	SWD
S	3	0112	02239	Armstrong	George S.	1906	Oct	02	048	M	Spokane	n/s
S	3	0134	02667	Armstrong	Gladys	1904	Oct	19	001	F	1204 Washington St	OH
S	1		01526	Armstrong	Hayden	1890	Sep	02	03m	M	210 11th St.	Sea
S		0116	02312	Armstrong	J. L.	1904	Aug	02	050	M	Providence Hospital	---
S	3	0152	03029	Armstrong	James T.	1907	Mar	06	073	M	1408-6th Ave.	WLS
S		0081	01606	Armstrong	John	1904	Mar	02	027	M	Wayside Mission Hospital	---
S		0021	00273	Armstrong	John F.	1893	Jul	08	006	M	Alton St.	OH
S	2	0083	00364	Armstrong	M. V.	1897	Sep	14	010	F	Corner 4th & Olive Sts.	GA
S	3	0171	03404	Armstrong	Noah	1907	Apr	21	084	M	West Seattle, WA	CND
S	2	0064	01271	Armstrong	R. W.	1901	Mar	07	002	M	Fremont b GreenLake	---
S		0022	00307	Armstrong	Robt.	1893	Aug	09	057	M	Prov. Hosp.	
S	2	0049	00978	Armstrong	Thos	1900	Dec	05	029	M	S. G. Hosp	CA
S	2	0086	01718	Armstrong	W. J.	1904	Feb	29	042	M	At Sea	---
S	2	0045	00899	Armstrong	Wm	1900	Nov	07	041	M	Prov. Hosp.	US
S		0048	00956	Arndt	John	1903	Sep	23	050	M	McKinley Hill	---
S		0060	01191	Arnekleo	Edward	1903	Nov	22	040	M	Seattle Gen. Hosp.	NRY
S	1	0001	01213	Arnela	Alpie	1890	Mar	15	09m	M	West St btw Pike & Union	
S	3	0112	02226	Arnert	George D.	1906	Oct	31	031	M	1110 Cherry	OH
S	3	0184	03678	Arnes	Ellen M.	1905	May	26	072	F	2212 3rd Ave	ME
S		0008	00285	Arneshong	Felix Leonard	1892	Jul	12	04m	M	210 S. 11th	Sea
S		0077	01545	Arneson	Alma L.	1904	Feb	25	001	F	N.61st & Corliss b.GreenLk	
S		0081	01609	Arneson	Baby	1904	Mar	06	06m	M	Green Lakke	Sea
S	3	0075	01487	Arneson	Nels	1904	Feb	03	029	M	2318 N. 60th St.	NRY
S	3	0125	02489	Arney	Albert B	1904	Sep	06	02m	M	904 First Ave W	SEA
S	3	0110	02187	Arney	Hannah Ganner	1906	Oct	20	068	F	Sea. Gen. Hosp.	ENG
S	3	0137	02727	Arniel	Rose	1904	Oct	10	02m	F	Columbia City	WA
S	2	0122	01855	Arnold	Andrew G.	1899	Aug	04	003	M	Bay	Sea
S	2	0061	00057	Arnold	Anna	1896	Feb	08	022	F	1923 7th Ave	MN
S	3	0039	00774	Arnold	Annie Alice	1906	Jan	24	033	F	8017 2nd Ave NE	IL
S	1	0001	01018	Arnold	Ernest	1889	Oct	11	006	M	321 Rollins St.	
S	2	0111	01421	Arnold	Gianoille S.	1899	Jan	23	069	M	Seattle Gen. Hosp.	IL
S	3	0189	03776	Arnold	Glen	1905	Jun	18	001	M	1111 E Olive St	SEA
S	2	0075	00068	Arnold	Gracie	1897	Feb	20	10m	F	2816 Elliott Ave.	SEA
S	1	0001	01232	Arnold	Joseph	1890	Mar	04	001	M		ND
S	3	0192	03826	Arnold	Kate	1905	Jun	03	062	F	South Park	GER
S		0003	00079	Arnold	L.J.	1892	Feb	26	041	F	No.13 Vine	IL
S	2	0105	01196	Arnold	Lillian Esther	1898	Oct	09	05m	F	2876 Elliot Ave.	Sea
S	2	0108	01297	Arnold	M.	1898	Nov	21	068	M	King Co. Hosp.	USA
S	2	0003	00046	Arnold	Silas G.	1900	Jan	23	05d	M	2816 Elliott Ave.	Sea
S	2	0069	00383	Arnold	Theresa	1896	Sep	17	058	F	2725 Waters St.	---
S		0019	00156	Arnold, J.H.	Tom's children	1893	Apr			F	7th & Lane	NE
S	2	0099	00964	Arnondt	D. A.	1898	Jun	16	044	M	So. Seattle	FRN
S	2	0309	02480	Arnott	Wm.	1891	Jul	22	045	M	Providence Hosp.	---
S	3	0069	01362	Arntsen	Andrew	1906	May	17	073	M	1524-1/2 Western Ave.	NRY

S	R	Page	Recor	LastName	FirstNames	Deat	Mn	Dt	Age	S	DeathPlace	Bir
S	3	0168	03358	Arntson	Aldolph J.	1907	Apr	28	018	M	300 Ball	WI
S	3	0158	03156	Arthur	Edward	1905	Jan	17	060	M	1122 Main St	NY
S		0109	02169	Arthur	Infant	1904	Jun	25	s/b	M	209 12th Ave.	Sea
S	2	0318	02498	Arthur	Isaac	1891	Aug	03	068	M	Grace Hosp.	WLS
S	2	102	2032	Arthur	J. Otis	1901	Oct	04	26	M	Union Depot	MA
S	3	0006	00114	Arthur	Lena Clara	1905	Aug	30	06m	F	818 Norman St	SEA
S		0019	00177	Arthur	Paul	1893	May	07	027	M	1220 Main	IA
S		0018	00140	Arthur	Ralph	1893	Apr	12	029	M	1220 Main	IA
S	3	0011	00212	Arthur	Thomas Percival	1905	Sep	06	030	M	Providence Hosp.	ENG
S		0197	03386	Ash	Annie	1903	Feb	16	09m	F	Ballard	WA
S	3	0132	02628	Ash	James	1907	Jan	15	054	M	114-24th Ave. S.	
S	2	0052	00259	Ashbridge	John	1895	Jun	05	033	M	Co. Hosp.	
S		0096	01914	Ashbridge	Reta	1904	May	10	012	F	123 6th Ave. N.	WA
S	2	0068	00348	Ashcroft	F.	1896	Aug	30	038	M	2808 2nd Ave.	---
S	2	0058	00549	Ashenfetter	? C.	1895	Dec	03	036	M	Univ of Wash.	
S	2	0069	00374	Ashley	Hazell	1896	Sep	07	02m	F	606 Jackson St.	SEA
S	3	0167	03340	Ashling	Boyd	1907	Apr	25	11m	M	918 Washington	WA
S	2	126	2024	Ashman (?)	Emily	1899	Oct	21	054	F	Fremont	CND
S	1	265	2391	Ashton	Frank	1891	Jun	08	-	M	Providence Hosp.	---
S	2	127	2540	Ashton	Inft	1902	Mar	02	03h	M	1621 Grant	SEA
S	3	0198	03965	Ashton	Oliver Cromwell	1905	Jul	19	069	M	Washington Hotel	MA
S	3	0165	03300	Ashton	Thomas Graveson	1905	Feb	08	011	M	Near Fort Lawton	CA
S	3	0037	00736	Ashworth	William	1906	Jan	10	065	M	1414 Ewing St	ENG
S	2	144	2829	Ask	Johanna	1902	May	01	058	F	Skagway, AK	NRY
S		0024	00382	Askam	Infant	1893	Sep	09	04m	M	7 & Jefferson	Sea
S			1273	Askam	Maria Grace	1890	Apr	28	28d	F	7th & Jefferson Sts.	Sea
S	2	126	2502	Askew	Cathie O.	1902	Feb	18	037	F	Ft. Blakely	CND
S	3	0166	03324	Assalts	Gertrude	1905	Feb	19	023	F	Georgetown, WA	ITL
S	1	0001	00305	Assory	Maggie	1884	Feb	13	028	F	Seattle	IRE
S	2	0082	00348	Astam	infant	1897	Sep	03	01m	M	Jackson St. btwn 7th & 8th	SEA
S		115	2301	Astenhagen	Alphonse R.	1904	Aug	03	017	M	1001 E. Pike	CA
S		0020	00219	Asya	Michael	1893	May	13			Pt. Gamble	
S	3	0185	03684	Athanasades	Gust	1907	Jun	09	013	M	Prov. Hosp.	GRC
S	3	0157	03123	Atkins	Henry	1907	Mar	25	023	M	110 W. Blewett	MO
S	2	0070	00409	Atkins	Mary J.	1896	Oct	06	062	F	325 Columbia	---
S	3	0071	01407	Atkins	Mildred M.	1906	May	03	01m	F	North 60th St.	OR
S	1	0001	00117	Atkinson	Katherine	1881	Sep	23		F	Hospital	
S	1	264	2389	Atkinson	Maggie Wilson(?)	1891	Jun	07	023	F	721 Front St.	---
S	3	0147	02934	Atkinson	Richard	1907	Feb	21	c55	M	Western Ave.	NY
S	2	0095	00795	Atkinson	W. B.	1898	Mar	15	045	M	King Co. Hosp. b.Pittsburg,	PA
S	3	0034	00669	Atterbery	Infant	1905	Dec	01	26d	M	Brighton Beach	sme
S		0004	00149	Atwood	Alexander	1892	Apr	18	068	M	6th & Wash.	
S	2	0038	00300	Atwood	Julia	1894	Jul	25	065	F	1116 Prince William	MA
S	2	0036	00197	Aubel	Elizabeth	1894	May	01	063	F	811 East St	
S	2	0035	00169	Aubel	Infant	1894	Apr	16	01d	M	East St	Sea
S	3	0181	03613	Aubert	Catherine A.	1907	May	22	068	F	Tumwater, WA	---
S	3	0074	01466	Auborn	Orin C.	1906	Jun	07	074	M	318 - 25th Ave.S	NY
S	2	0083	01657	Aubrey	Wm	1901	Jun	06	059	M	Co. Hosp.	OH
S	2	102	1084	Auckland	infant	1898	Aug	27	01d	M	1452 20th Ave.	Sea
S	2	0077	01536	Audruss	D. E.	1901	May	19	059	M	End of Madison	OH
S	3	0026	00508	Augustine	Robert	1905	Nov	27	051	M	Wayside Emerg. Hosp.	NY
S	2	0087	00525	Aulbrecht	Frank	1897	Dec	19	043	M	Duwamish, WA	GER
S	3	0085	01700	Aumiller	Mary Louise	1906	Jul	18	001	F	315 Columbia	WA
S	3	0092	01844	Ausland	H. O.	1904	Apr	08	045	M	Seattle Gen. Hospital	un-
S	2	0065	00209	Ausman	Elizabeth	1896	May	26	063	F	411 Albert	GER

S	R	Page	Recor	LastName	FirstNames	Deat	Mn	Dt	Age	S	DeathPlace	Bir
S	2	110	1378	Ausom	H. A.	1899	Jan	02	054	M	2012 Madison St.	NRY
S	2	0056	00393	Austig	Sam	1895	Sep	06	020	M	Co. Hosp.	NY
S	3	0141	02808	Austin	Agnes	1904	Nov	20	18d	F	1215 Denny Way	SEA
S	3	0127	02535	Austin	Alonzo B.	1906	Dec	29	063	M	Providence Hosp.	ME
S	2	312	2486	Austin	Clifford	1891	Jul	27	02m	M	Florence & Cullen Sts.	IL
S	3	0159	03166	Austin	Edward	1905	Jan	30	027	M	3rd Ave S & Washington St	---
S	2	0057	00496	Austin	Frank S.	1895	Oct	14	051	M	Co. Hosp.	
S	1	0001	01114	Austin	Gracie	1890	Jan	05	05m	F	Seattle	SEA
S	3	0077	01524	Austin	Milan D. or P.	1906	Jun	26	064	M	7315 Woodlawn Park Ave.	VT
S	1	0001	00629	Austin	Nick Olson George	1888	Sep	26	060	M	Prov. Hospital	
S	3	0076	01506	Austin	Otter	1904	Feb	13	04m	M	1011 Pine St.	Sea
S	3	0011	00204	Austin	Rachel Agnes	1905	Sep	04	002	F	503 Main ST	OH
S	2	118	1697	Austin	W. E.	1899	May	15	062	M	420 Eastlake	NY
S		0039	00774	Austin	Wm. E.	1903	Aug	21	036	M	Wayside Mission	NY
S	1	0001	00373	Austrion	W.S.	1884	Aug	29	030			
S	2	0079	1573	Auton	W. Douglas	1901	May	26	01m	M	Wash.	WA
S	2	0037	00735	Averill	Hannah E.	1900	Sep	03	060	F	1511 Second Av	ME
S	2	0045	00574	Avery	Anna	1894	Dec	29	047	F	1428 7th St	MI
S		0113	02249	Avery	Bertrand A. Jr.	1904	Jul	02	003		1735 26th Ave.	Sea
S	3	0056	01110	Avery	Caroline Magdaline	1906	Mar	15	029	F	Meadowdale, Snohomish Co., WA	IA
S		0004	00077	Avery	Geo	1903	Mar	21	029	M	Seattle General Hospital	---
S	3	0174	03464	Awaya	Yuki	1907	May	10	024	F	Fenjii Hotel, Maynard Ave.	JPN
S	3	0137	02734	Ayama	R	1904	Oct	21	036	M	Bellevue, WA	JPN
S	-	192	3793	Ayers	Edward	1902	Oct	20	026	M	AL	---
S	2	0080	00257	Ayers	Eliza	1897	Jul	15	057	F	12th Ave. & E. Cherry St.	CA
S	2	180	3539	Ayers	Frederick	1902	Nov	24	058	M	307 26th Ave.S. b. London,	ENG
S	3	0191	03807	Ayers	William M.	1907	Jun	24	c55	M	Near "The Meadows"	IL
S	2	145	2847	Ayling	Jas.	1902	May	23	074	M	Edmonds, WA	ENG
S	3	0049	00965	Ayton	Rachael Bernice	1906	Feb	09	003	F	West Seattle b.West	Sea
S	2	0091	00688	Azerst	Jenny	1898	Mar	11	013	F	407 Vine St.	nr)
S	2	0100	01996	Baasch	Theo.	1901	Oct	10	050	M	1st & Blanchard	GER
S	3	0062	01231	Baatz	Fred C.	1906	Apr	28	046	M	Providence Hosp.	PRS
S	1		2186	Babbett	Myrtle May	1891	Mar	31	05m	F	Lake St.	NE
S	2	0004	00061	Babcock	Chas P.	1900	Jan	30	060	M	Prov. Hosp	UNK
S	2	113	1528	Babcock	Chas. A.	1899	Mar	17	006	M	foot of Norman St.	---
S	2	0035	00681	Babcock	Harley D	1900	Aug	25	05m	M	Tide Flats	SEA
S	2	0127	02539	Babcock	Nellie	1902	Mar	08	019	F	218 10th Ave. S.	MO
S	2	0119	02384	Babcock	Raymond	1904	Aug	28	001	M	E 70th St & Greenlake	Sea
S	1	0001	00107	Babcock	W.M.	1882	Aug	24	054	M	Hospital	
S	2	0084	01670	Baber	Benina	1901	Jun	22	030	F	Co. Hosp.	KY
S	2	0064	00192	Baby et Mrs. Rythie		1896	May	13		F	813 Alder	
S	3	0093	01852	Bach	William	1904	Apr	20	051	M	2nd & Virginia	NY
S	3	0104	02076	Bachelder	(Baby)	1906	Sep	21	s/b	-	Everett	sme
S		0035	00686	Bachelder	Susan	1903	Aug	08	015	F	811 Spruce	CA
S	2	0015	00284	Bachman	(Infant)	1900	Apr	04	12h	M	Fremont	SEA
S	3	0038	00754	Bachman	August B.	1906	Jan	15	038	M	924 23rd Ave	GER
S	2	0069	00359	Bachtell	G.	1896	Aug	22	002	F	Yesler Ave.	---
S		0082	01642	Back On	Chinaman	1904	Mar	16	032	M	220 4th Ave. S. (rear)	CHN
S	2	0080	01586	Backer	M. William	1901	May	29	071		Tacoma	
S	3	0145	02896	Backman	Albert	1907	Feb	21	041	M	81 Virginia	SWD
S		0112	02227	Backman	Infant	1904	Jul	24	03d	M	561 Ward St.	Sea
S	2	0059	01185	Backus	A. Lue	1901	Feb	12	048	F	1122 Jefferson	NY
S	2	0038	00279	Backus	Vernon E.	1894	Jul	09	011	M	Lake Union	PA
S	3	0176	03512	Bacon	Mrs Cloe A	1905	Apr			F	1441 23rd Ave	WI
S	3	0087	01730	Badenhaur	Otto A.	1906	Jul	25	027	M	Palmer Junction	NY

S	R	Page	Recor	LastName	FirstNames	Deat	Mn	Dt	Age	S	DeathPlace	Bir
S	3	106	2119	Badie	Ben	1904	Jun	28	040	M	Seattle Gen. Hospital	---
S		109	2170	Badie	Benj.	1904	Jun	28	040	M	Seattle Gen. Hospital	---
S	3	0012	00231	Baeeher	Salesia	1905	Sep	12	03m	F	521 Yesler Way	SEA
S	2	122	1859	Baer	Sam'l	1899	Aug	07	076	M	Providence Hosp.	TN
S		0006	00117	Baer	Sig	1903	Mar	25	052	M	Friday Harbor	---
S	1	0001	00530	Bagley	Alvin	1886	Apr	21	083	M	2nd Ward Seattle	NY
S	1	0001	00251	Bagley	Chas.M.	1883	Sep	04	003	M	Seattle	USA
S	3	0178	03549	Bagley	Daniel	1905	Apr	27	086	M	900 2nd Ave N	PA
S	2	186	3663	Bagley	infant	1902	Dec	17	s/b	M	Ballard, WA b.Ballard, WA	
S	3	0138	02752	Bagley	Infant	1904	Oct	31	s/b	M	Ballard	SEA
S	1	0001	00211	Bagley	James	1883	May	28	016	M	Seattle	
S		0097	1945	Bagley	John J.	1904	May	20	049	M	1225 Franklin Ave.	MI
S	3	0065	01296	Bagwell	Edith Edna	1906	Apr	14	025	F	Green River Hot Springs	NE
S	2	0037	00273	Baht	Bertha	1894	Jul	03	027	F	1st Ward	AUS
S	3	0198	03952	Bailey	Augusta (Mrs.)	1905	Jul	30	026	F	Wayside Emerg. Hosp.	MN
S		0018	00343	Bailey	Burton	1903	May	17	028	M	Providence Hospital	OH
S	2	113	2260	Bailey	Charlotte	1901	Dec	29	019	F	Prov. Hosp.	SEA
S	2	125	1981	Bailey	Clare J.	1899	Oct	05	023	F	2111 - 3rd Ave.	Sea
S	2	0025	00492	Bailey	E. C. (Mrs>)	1900	Jun	10	030	F	Chilberg Blk	CO
S	2	139	2743	Bailey	E. J.	1902	May	04	039	M	1126 14th Ave.	ENG
S	1	0001	01150	Bailey	Edwin Stanley	1890	Jan	27	01m	M	3rd & Seneca	SEA
S		0032	00061	Bailey	F.J.	1894	Feb	08	019	M	2109 3rd	KS
S	2	0072	1430	Bailey	G. W.	1901	Apr	21	065	M	M. P. Cem.	USA
S	3	0194	03879	Bailey	Gideon S.	1905	Jul	03	067	M	Beacon Hill	CND
S	3	0177	03427	Bailey	Helena	1905	Apr	19	039	F	Providence Hosp	ENG
S		0008	00295	Bailey	Henry Wm.	1892	Jul	19	002	M	Dry Dock Hotel	Sea
S		0037	00733	Bailey	Infant	1903	Aug	20	07d		Monod Hospital	SEA
S	3	0002	00021	Bailey	Infant	1905	Jul	13	---	M	1316 29th Ave S	SEA
S	3	0076	01518	Bailey	Infant	1906	Jun	20	01d	M	1316 - 29th So.	Sea
S	3	0053	01052	Bailey	John	1906	Mar	24	043	M	3811 Interlake Ave.	NS
S	3	0051	01007	Bailey	John M.	1906	Mar	03	033	M	Pacific Hospital	NC
S	2	0049	00122	Bailey	Leonard	1895	Mar	31	002	M	2nd & Lenore	Sea
S	2	123	1887	Bailey	Louis R.	1899	Aug	30	08m	M	2503 Jackson St.	MN
S		100	1998	Bailey	Mark Sr.	1904	May	12	081	M	4210 N. Stevens St., Tacoma	---
S	2	423	2707	Bailey	Merrill	1891	Dec	01	08m	M	Skokomish Indian Agency	---
S	2	431	2722	Bailey	Mrs. Lannie	1891	Dec	12	059	F	1611 3rd St.	---
S	3	0106	02105	Bailey	Mrs. Mary	1906	Oct	01	053	F	214 Lenora St.	GER
S	-	165	3250	Bailey	Nora Addie	1902	Sep	16	054	F	Seattle Gen. Hosp.	WI
S	3	0089	01764	Bailey	Norman C.	1906	Aug	05	017	M	Seattle General Hospital	WA
S	3	0122	02421	Bailey	Roy Kimberly	1906	Dec	01	012	M	801-34th Ave.	OR
S	3	0018	00352	Bailey	Thomas	1905	Oct	08	044	M	Seattle Gen. Hosp.	ME
S	1	0001	00147	Bailey	W.	1882	Nov	10	034	M	Seattle	USA
S	2	0054	00324	Baillargeon	Affie	1895	Aug	23	029	F	317 Harvard N. b.Pt.Gamble	
S	2	0040	00372	Baillargeon	Helen	1894	Aug	29	03m	F	5th & Howard	WA
S	2	0059	01187	Baillargeon	V. Paul	1901	Feb	09	005	M	431 Harvard	Sea
S	3	0154	03068	Bain	Mamie	1907	Mar	15	001	F	2409 N. 65th	WA
S	2	0080	00258	Bain	Mary J.	1897	Jul	16	047	F	207 Marion St.	---
S	3	0154	03072	Baiocchi	Frances	1907	Mar	16	024	F	Prov. Hosp.	IL
S	3	0008	00755	Baiochi	Frank	1903	Aug	30	001	M	62 W. Bell Street	SEA
S	2	125	2491	Bair	Oscar	1902	Feb	22	40	M	Contagion Hosp.	
S	3	0139	02772	Baird	Andrew	1907	Jan	27	048	M	Providence Hosp.	---
S	2	0085	00459	Baird	Grover C.	1897	Nov	19	005	M	1410 Denny Way	SEA
S	3	0123	02457	Baird	Harold B.	1906	Dec	08	024	M	Seattle Gen. Hosp.	MA
S	2	0051	01002	Baird	J. M.	1900	Dec	17	050	M	1018 E. Alder	IL
S	2	0085	00458	Baird	Lucy	1897	Nov	18	006	F	1410 Denny Way	SEA

S	R	Page	Recor	LastName	FirstNames	Deat	Mn	Dt	Age	S	DeathPlace	Bir
S		0029	00574	Baird	Wm. J.B.	1893	Nov	30	024	M	Cle Elum	WV
S		0002	00052	Baire	G.A.	1892	Jan	30	060	M	2714 2nd	PA
S	1	0001	00800	Baisbromi	Ada	1889	Mar	14	003	F	Corner 11th & Howell St.	
S	1	0001	00790	Baisbromi	Frank	1889	Mar	10	007	M	Corner 11th & Howell St.	
S	2	0090	01786	Baisley	Maud S.	1904	Apr	08	024	F	24 Galer b.New Brunswick	
S	2	0094	1879	Baiuley	Chas. Frederick	1901	Sep	07	011	M	1047 Belmont Pl.	WA
S	3	0137	02739	Baker	Alfred J	1904	Oct	25	046	M	W. Wash. Hosp for Insane	CND
S	2	0075	00055	Baker	Allice M.	1897	Feb	08	022	F	714 3rd Ave.	---
S	3	0139	02782	Baker	Birdie Catherine	1904	Nov	12	008	F	Lakewood Station	IA
S	1	0001	00286	Baker	Catherine	1883	Sep	24	003	F	Seattle	USA
S	3	0126	02513	Baker	Charles J.	1906	Dec	19	066	M	Seattle Gen. Hosp.	OH
S		0014	00511	Baker	David	1892	Dec	19	063	M	59th Dearborn	
S	2	0086	1713	Baker	E. Ann --?	1901	Jul	17	050	5	23 E. Lake	OH
S	2	0001	00011	Baker	Edw'd	1900	Jan	06	065	M	National Hotel	---
S	3	0180	03584	Baker	Emma M.	1907	May	31	029	F	1007-25th N.	IL
S		0030	00586	Baker	Fannie	1903	Jul	17	047	F	Pest House	OR
S	2	0098	00920	Baker	Frank	1898	Jun	10	12d	M	Fremont, WA b.Fremont, WA	
S	3	0177	03531	Baker	Frank M	1905	Apr	18	029	M	308 5th Ave S B:Chicago	IL
S	3	0081	01612	Baker	Gladys	1906	Jul	05	02m	f	Wayside Em. Hosp.	Sea
S	2	0048	00090	Baker	Hazel	1895	Mar	06	004	F	216 S.11th St.	Sea
S	3	0049	00970	Baker	Infant	1906	Feb	18	18d	F	State Street, Ballard	WA
S		0020	00208	Baker	J.H.	1893	May	25	037	M	Prov. Hosp.	
S	2	0038	00753	Baker	Jack	1900	Sep	16	040	M	4th & Main	---
S		0015	00017	Baker	John A.	1893	Jan	19	052	M	319 Willow	NY
S	2	0028	00544	Baker	Katie	1900	Jul	03	04m	F	518 3rd Av S	WA
S		0194	3832	Baker	Lizzie	1903	Feb	13	061	F	473 Blewett	TX
S	2	122	1869	Baker	M. M.	1899	Aug	16	029	M	2114 Western Ave.	OH
S	2	0048	00110	Baker	Margaret M.	1895	Mar	21	053	F	517 Pike	
S	3	0047	00937	Baker	Melinda C.	1906	Feb	24	041	F	2351 - 57th Ave. No.	OR
S		0001	00020	Baker	Mrs. Julia	1903	Mar	12	079	F	881 1/2 Second Avenue	ME
S	2	0061	01201	Baker	Namonia	1901	Feb	18	07m	f	Latona	SEA
S	1	0001	00516	Baker	Otto	1886	Apr	21	037	M	8th St. 2nd Ward	GER
S	1	0001	00287	Baker	Richard	1883	Sep	24	005	M	Seattle	USA
S		0018	00127	Baker	Robert	1893	Mar	29	045	M	Edmonds	
S	2	0084	00419	Baker	Theo	1897	Oct	29	09m		1216 Queen Anne Ave.	SEA
S	3	0048	00942	Baker	Thomas	1906	Feb	28	078	M	619 - 13th Ave. No.	ENG
S		0002	00077	Baker	Winston A.	1892	Feb	24	12d	M	No.227 Poplar	Sea
S	2	0055	00370	Bakerrell	Abbie	1895	Sep	16	003	F	Marietta	Sea
S		0002	00021	Bakewell	Sidney James	1903	Mar	13	007	M	Providence Hospital	SEA
S	2	0051	00222	Bakken	Fauerlo, Jr.	1895	May	29	023	M	1514 ? St.	NRY
S	3	0098	01931	Bakken	Lauritz	1906	Sep	02	064	M	First Ave. & Pike	NRY
S	3	0072	1441	Balch	Minnie M.	1904	Jan	22	026	F	Providence Hospital	WA
S	3	0171	03415	Balcom	Lue	1905	Mar	27	052	F	410 Wall St	MI
S	3	0043	00842	Baldie	Fred	1906	Feb	05	067	M	Seattle	NY
S	2	123	1906	Baldwin	-	1899	Aug	17	045	M	Tacoma, WA	USA
S	2	0022	00439	Baldwin	Chas. M.	1900	May	28	044	M	Old Raineer	OH
S	3	0069	01378	Baldwin	D. (Mrs.)	1906	May	23	068	F	16 Ave.NE & E.65th St.	PA
S	3	0120	02385	Baldwin	George E.	1906	Nov	11	039	M	Goldfield, ID	ID
S	2	111	1423	Baldwin	infant	1899	Jan	25	02w	F	Seattle Central	Sea
S	2	0068	00328	Baldwin	J.	1896	Aug	22	044	M	Providence Hosp.	SCT
S	2	0065	01292	Baldwin	L. F.	1901	Mar	13	020	F	1516 6th Ave	CA
S	2	0035	00172	Baldwin	Lena S.	1894	Apr	18	051	F	1707 10th St.	US
S	3	0034	00665	Baldwin	Mary M. (Mrs.)	1905	Dec	27	085	F	5722 E Green Lake Blvd	VT
S	2	0071	1415	Baldwin	R. M.	1901	Apr	16	062	M	2018 4 Ave.	MN
S	3	0171	03422	Baldwin	William L	1905	Mar	27	078	M	4615 Aurora	CT

S	R	Page	Recor	LastName	FirstNames	Deat	Mn	Dt	Age	S	DeathPlace	Bir
S		0021	00252	Baldwin	Wm.H.	1893	Jun	30	030	M	220 So. 12th	
S	3	0068	01348	Balentine	David	1906	Apr	16	--	M	N. and S. Dock	SCT
S	3	0043	00848	Baler	Albert R.	1906	Feb	07	021	M	Seattle	IA
S	1	0001	00379	Bales	W.A.	1884	Oct	04	15m	M	Seattle	USA
S	2	0071	00448	Balkwill	Agnes	1896	Oct	16	055	F	Salmon	CND
S	3	0105	02087	Ball	(Infant)	1906	Sep	10	s/b	M	2412-8th Ave.	Sea
S	2	112	1469	Ball	Chas. E.	1899	Feb	11	006	M	1415 1st Ave.	---
S	3	0074	01467	Ball	Infant	1904	Jan	06	s/b	F	1920 5th Ave.	Sea
S	2	119	2363	Ball	Infants (Male & Female)	1902	Jan	28	01d	B	Seattle Gen. Hosp.	SEA
S	1	0001	00754	Ball	J.B.	1889	Feb	05	058	M	Pest House	
S	3	0067	01340	Ball	Michael	1906	May	07	076	M	936 - 19th Ave.	GER
S	2	117	1655	Ball	Mrs. Celia	1899	Apr	04	048	F	County Hosp.	NY
S		0004	00141	Ballard	Chas.D.	1892	Apr	10	025	M	Jackson St. Lake Wash.	
S	2	0083	00388	Ballard	Clay	1897	Oct	03	032	M	2921 King St.	---
S	1	0001	00438	Ballard	G.L.	1885	Mar	21	09m	F	Seattle	SEA
S	2	0039	00334	Ballard	Georgie	1894	Aug	06	02m	F	Commercial & Marion	
S	3	0096	01911	Ballard	Infant	1906	Aug	01	s/b	M	164 21st Ave.	WA
S		0022	00297	Ballard	James	1893	Jul	18	065	M	Sammamish Lk.	VA
S	3	0169	03369	Ballard	Martin D.	1907	Apr	26	074	M	22 West Highland Dr.	IN
S	2	0065	00228	Ballard	S.L.	1896	May	26		F	Victoria, BC	
S	2	0026	00519	Ballentyne	Geo. P.	1899	Aug	31	033	M	Dawson, Y.T.	MA
S	3	0132	02635	Ballinger	Joseph M	1904	Oct	08	035	M	Seattle General Hosp	IL
S	3	0087	01724	Ballinger	Richard Henry	1906	Jul	23	074	M	Lake McAller	KY
S	2	106	1248	Ballister	C. T. L.	1898	Nov	01	068	M	2324 Elliott Ave.	ME
S	2	0043	00859	Ballong	Wm T.	1900	Oct	29	053	M	Steilacoom	CND
S	2	0079	1579	Ballow	Inft.	1901	May	09	15d	F	Ballard	WA
S	1	0001	00300	Balston	Lillie		Nov	05	001	F	Seattle	USA
S	2	111	1425	Baltes	Tom	1899	Jan	26	076	M	nr Green Lake	---
S	-	163	3213	Baltuff	baby	1902	Sep	03	08m	M	2116 E. Madison St.	SEA
S	2	0074	00025	Baltz	August	1897	Jan	23	047	M	City dock	GER
S		0115	02295	Baltz	Infant	1904	Jul	27	s/b	M	617 7th Ave.	Sea
S	3	0170	03399	Balzano	Vincent	1907	Apr	18	029	M	North Bend, WA	ITL
S	3	0171	03402	Banchero	Delaide	1907	Apr	19	001	F	Georgetown, WA	WA
S		0002	00068	Bandstetter	Samuel	1892	Feb	15	021	M	Prov. Hosp. (b.Princeville,	MI
S	2	0061	01204	Bane	H. Thos	1901	Feb	19	056	M	1108 10 Ave S	ENG
S	2	0071	1405	Bane	I. Adie	1901	Apr	12	026	F	Prov. Hosp.	WA
S	3	0187	03744	Bane	Infant	1905	May	19	s/b	F	309 10th Ave N	SEA
S	2	100	1987	Bang	Fred	1901	Oct	05	052	M	Seattle Gen.	
S	2	137	2715	Bangs	J. B.	1902	Apr	23	069	M	Ballard, WA	ME
S		0003	00049	Bangs	Marshall D.	1903	Mar	23	057	M	612 - 11th Avenue	ME
S	3	0142	02843	Banholzer	John	1904	Nov	01	050	M	Foot of Harrison St	---
S	3	0045	00891	Bankert	Paul Leroy	1906	Feb	22	10m	M	2507 E. Madison	Sea
S	3	0126	02512	Banks	A.J. (Mrs.)	1906	Dec	18	044	F	Providence Hosp.	
S	1	0001	00548	Banks	Clara	1887	Aug	18	10m	F		
S		0024	00479	Banks	Emma H.	1903	Jun	19	058	F	707 N Prospect Street	PA
S	3	0154	03070	Banks	F G	1905	Jan	05	044	M	1905 5th Ave	NRY
S	3	0160	03196	Banks	William J	1905	Jan	28	050	M	Brighton Beach	WI
S		0014	00513	Bansett	Frank	1892	Dec	23	035	M	4th & Pike	MI
S	2	101	1061	Banthon	Wilhelm	1898	Aug	11	079	F	612-1/2 9th Ave.	---
S	2	0086	1708	Bantz	Rebecca J.	1904	Mar	30	052	F	Seattle Gen. Hospital	WV
S	3	0135	02696	Baraco	Andrew	1904	Oct	28	060	M	1524 6th Ave	ITL
S	2	158	3104	Barager	Geo. T.	1902	Aug	13	071	M	1012 Boylston Ave.	NY
S	3	0056	01121	Barbatte	Leonard	1903	Nov	10	01m	M	2458 Atlantic Ave.	Sea
S	3	0017	00321	Barbee	Fannie B.	1905	Sep	24	062	F	Columbia City	MO
S	3	0188	03758	Barbee	Lulu (Mrs.)	1905	Jun	06	041	F	Seattle Gen. Hosp.	IL

S	R	Page	Recor	LastName	FirstNames	Deat	Mn	Dt	Age	S	DeathPlace	Bir
S		0012	00453	Barber		1892	Nov	03	05w	F		Sea
S	2	0097	1924	Barber	Dagmar	1901	Sep	26	027	F	415 Madison	WI
S	2	0051	00200	Barber	Emma	1895	May	05	021	F	214 W. Battery	CND
S		0028	00541	Barber	Emmet	1893	Dec	10	020	M	Lake Union	MO
S	2	0039	00331	Barber	Robert	1894	Aug	05	050	M	214 W. Battery	CND
S	-	152	2983	Barbour	Wm. G.	1902	Jul	08	046	M	Seattle Gen. Hosp.	SCT
S	2	0083	00362	Barclay	Susanna	1897	Sep	11	10m	F	728 25th Ave. S.	SEA
S	2	112	1489	Barcley (?)	Clare Leon	1899	Feb	26	025	M	601 Main St.	---
S	3	0136	02710	Barcus	Garnet Freeman	1907	Jan	29	02m	M	2314-1st Ave.	WA
S	3	0167	03321	Barcus	Greta S.	1907	Apr	20	06m	F	2314-1st Ave. rear	WA
S		0027	00493	Barden	Roy	1893	Nov	13	005	M	446 Harrison	MN
S	2	0089	1765	Bardon	Charles	1901	Jul	01	3mo	M	So. Seattle	Sea
S	2	0068	1346	Bardon	Henry	1901	Mar	10	001	M	So. Seattle	CND
S	2	0128	2555	Barecevich	Kate	1902	Mar	14	043	F	535 Western Ave.	AUS
S	2	0042	00836	Barect	Ernest	1900	Oct	20	040	M	2d Av & Wash St	---
S	2	125	2497	Barene	Geo.	1902	Feb	05	11m	M	Ballard	SEA
S	3	0093	1860	Barg	Alexander	1904	Apr	06	035	M	Fir WA	FIN
S	3	0110	02192	Bargen	Phil	1906	Oct	20	001	M	2012 Roys Terrace	Sea
S	3	0143	02851	Barger	David E	1904	Nov	19	043	M	Seattle General Hosp	PA
S		0025	00493	Baricklow	Leona	1903	Jun	29	006	F	716 Felevitt Avenue	SD
S	3	0182	03622	Baries	Emil	1907	May	31	054	M	Vancouver, BC	---
S	3	0187	03739	Baril	Eliza May	1907	Jun	23	020	F	Providence Hosp.	MN
S		0022	00303	Barker		1893	Aug	06	057	M	208 So. 6th	
S	1		2158	Barker	Alfred Lee	1891	Feb	23	001	M	314 Madison St.	Sea
S	2	0102	2024	Barker	Amauda	1901	Oct	25	037	F	1200 1st Ave. S.	ENG
S	2	0028	00548	Barker	Gredie E.	1900	Jul	06	015	F	2016 2nd Av	IL
S		0049	00967	Barker	Joshua B	1903	Sep	10	051	M	Juanita, WA	ME
S	1	No #		Barker	Minerva Thomas	1890	Oct	27	043	F	Lewis St. nr Eagle	---
S	3	0157	03145	Barker	Mrs Louisa A	1905	Jan	31	075	F	1032 Jackson St	NY
S	2	0094	1870	Barker	Oliver P.	1901	Sep	03	056	M	Prov. Hosp.	MI
S	3	0008	00141	Barker	Richard	1905	Jul	17	054	M	Columbia	CND
S	2	111	1427	Barker	Sophrina	1899	Jan	27	043	F	1st Ave. btwn Seneca & Univ	NY
S	1	0001	00450	Barker	Wm.	1885	Apr	29	036	M		ENG
S	3	0102	02028	Barkley	Baby	1906	Sep	27	02m	F	3206 Main	Sea
S	2	182	3586	Barkley	Mary	1902	Dec	19	08m	F	3206 Main St.	SEA
S	2	340	2542	Barkley	Robert	1891	Aug	24	06m	M	2312 2nd St.	Sea
S	1	0001	00801	Barlett	Nathenial	1889	003	15	065	M		
S	3	0022	00426	Barley	Samuel R.	1905	Oct	18	067	M	Columbia City	PA
S		132	2616	Barlow	Jas.	1902	Mar	24	076	M	King Co. Hosp.	IRL
S	3	0057	1140	Barnard	Annah L.	1903	Nov	17	051	1	528 Belmont	OH
S	3	0077	1527	Barne	Arthur	1904	Feb	17	021	M	408 Lenora St.	CND
S	2	0070	00401	Barnecot	H.	1896	Sep	10	10m	M	Seattle	SEA
S	3	0077	01539	Barnert	H. S.	1906	Jun	29	055	M	Providence Hospital	un
S	3	0156	03119	Barnes	Al	1905	Jan	23	040	M	1st Ave & Madison	---
S	-	169	3321	Barnes	baby	1902	Sep	30	s/b	M	2814 Dearborn	SEA
S	3	0179	03579	Barnes	Benjamin H.	1907	May	31	11m	M	1947 N. Broadway	WA
S	3	0176	03508	Barnes	Charles M.	1907	May	19	073	M	Broadway Hosp.	IL
S		133	2623	Barnes	Chas. G.	1902	Apr	01	022	M	Seattle Gen. Hosp.	WA
S	3	0163	03243	Barnes	Elmer	1907	Apr	05	016	M	Metropolitan Hosp.	MO
S	2	123	1884	Barnes	Helen	1899	Aug	29	11m	F	818 Spruce St.	Sea
S	2	0057	01126	Barnes	James	1901	Jan	16	079	M	19 Harrison	ENG
S	2	0099	1968	Barnes	Kate (Mrs.)	1901	Aug	15	024	F	Lynn Canal	
S	3	0104	02066	Barnes	Lulu Wallace	1906	Sep	16	034	F	West Seattle	MO
S	2	0049	00967	Barnes	Mary	1900	Nov	18	---	F	Seattle	---
S		0015	00028	Barnes	Mary E.	1893	Jan	27	s/b	F	2400 West	

S	R	Page	Recor	LastName	FirstNames	Deat	Mn	Dt	Age	S	DeathPlace	Bir
S	3	0154	03064	Barnes	Mary W.	1907	Mar	14	052	F	3014 Wallingford	OH
S	3	0027	00524	Barnes	Sarah B.	1905	Nov	16	070	F	1947 N Broadway	NY
S	3	0058	1153	Barnes	Wm. St. M.	1903	Nov	22	040	M	Ft. of Yesler Way	ENG
S	3	0089	01776	Barnett	Agnes Madalene	1906	Aug	10	002	F	1700 15th Ave.So.	WA
S	3	0157	03128	Barnett	David S.	1907	Mar	26	068	M	Providence Hosp.	IN
S	2	104	1144	Barnett	Martha	1898	Sep	16	07m	F	419 Cedar St.	
S		108	2152	Barnett	Orrien E.	1903	Jul	09	---	M	Marahui Minda	---
S	3	0146	02908	Barney	Esther	1907	Feb	19	002	F	2223-1/2-8th Ave.	WA
S	3	0197	03933	Barney	Mary Heath	1905	Jul	24	051	F	1424 Harvard Ave "A"	IL
S	1	0001	00570	Barnhard	Emil	1888	Aug	03	014		Corner 9th Charles St.	
S	2	0014	00277	Barnhart	Edwin	1900	Apr	02	09m	M	2133 Elliott Av	IA
S	3	0028	00541	Barnski	Henry	1905	Nov	20	03d	M	Ballard	sme
S	1	0001	00630	Barr	Addie	1888	Sep	29	06w	F	Corner 3rd & John St.	
S	2	188	3698	Barr	Henry W.	1903	Jan	13	061	M	1025 Kilbourne St.	TN
S	3	0042	00833	Barr	Infant	1906	Feb	02	01d	F	317 Prospect St.	Sea
S	2	0027	00538	Barr	Maud	1900	Jul	01	017	F	Hotel Perrni	CND
S	2	126	2012	Barr	Wm.	1899	Oct	25	040	M	Providence Hosp.	---
S	2	0068	1362	Barrett	Ann	1904	Jan	03	047	F	No. 59th St. & 5th Ave. NE	ENG
S	1	0001	00930	Barrett	Baby	1889	Jul	04	02m		Near Madison	
S	3	0180	03588	Barrett	Charles Baker	1907	May	29	056	M	Prov. Hosp.	NY
S	2	0043	00496	Barrett	Ellen	1894	Oct	08	017	F	Ballard	
S	2	0090	00625	Barrett	Ellen	1898	Feb	17	048	F	Providence Hosp.	WI
S	2	0049	00129	Barrett	John	1895	Mar	16	06m	M	Ballard b.Ballard	WA
S	1	0001	00611	Barrett	Rufus	1888	Sep	11	040		10th St.	
S	3	0007	00134	Barrett	Thomas	1905	Aug	23	063	M	Gr. Northern Hotel,GN Docks	UN
S		0024	00475	Barrett	W. Joana	1903	Jun	18	044	F	420 Seneca	WA
S	1	0001	00819	Barrett	Wm.	1889	Apr	01	01d			SEA
S	-	171	3358	Barrette	Mary	1902	Oct	22	033	F	364 Denny Way	GER
S		0027	00499	Barrichler	Ruth	1893	Nov	18	05m	F	Fremont	
S	2	0070	1389	Barrington	York	1901	Apr	06	028	M	S. G. Hosp	WA
S		0028	00533	Barritt	Catherine	1893	Dec	08	075	F	2027 2nd	
S		0025	00422	Barrmeir	Ralph	1893	Oct	01	08m	M	110 Box	Sea
S	3	0138	02749	Barron	Infant	1904	Oct	12	s/b	M	1100 Harrison St	SEA
S	2	0054	01066	Barron	P.	1901	Jan	07	050	M	Prov. Hosp.	GER
S	2	0063	00137	Barrou	John	1896	Apr	07	034	M	111 Virginia St	MN
S	2	351	2563	Barry	Alice	1891	Sep	03	036	F	6th & Main Sts.	---
S		0018	00359	Barry	Infant	1903	May	24	05d	M	2804 Western Avenue	SEA
S	2	0045	00560	Barry	Julia	1894	Dec	12	057	F	605 Spring	ENG
S	3	0071	01401	Barry	William	1906	May	19	040	M	Wayside Emergency Hosp.	un
S	2	0035	00694	Barry	Wm. J.	1900	Aug	30	027	M	513 Union St	WA
S	1		1522	Bartel	August	1890	Aug	31	048	M	Providence Hospital	GER
S	1		2228	Bartel	H. L.	1891	Mar	11	066	M	Providence Hosp.	---
S	3	0182	03640	Bartel	Mary P. (Mrs.)	1905	May	09	045	F	2310 Franklin Ave	GER
S	3	0171	03416	Bartell	(Infant)	1907	Apr	07	s/b	M	2058-14th Ave. W.	WA
S	2	0075	00056	Bartell	Wm.	1897	Feb	08	026	M	Providence Hosp.	---
S		0013	00260	Barter	Mary	1903	Apr	17	071	F	Ballard	ENG
S	1	0001	00335	Barth	Anna	1884	May	04	007	F	Seattle	USA
S	3	0075	1500	Barth	George F.	1904	Feb	09	023	M	825 16th Ave.	OH
S	2	157	3079	Barth	Oscar H.	1902	Aug	04	016	M	435 1st Ave. N.	WI
S	3	0052	01030	Bartholness	A.	1906	Mar	14	045	M	Wayside Emergency Hospital	
S	3	0193	03855	Bartholomew	Mark Charles	1905	Jun	15	060	M	Georgetown	NY
S		0196	3371	Bartlett	Catherine	1903	Feb	13	081	F	410 First Avenue W	DE
S		117	2335	Bartlett	Eliza	1904	Aug	15	068	M	Providence Hospital	---
S	2	0115	2287	Bartlett	Fred	1901	Dec	12	022	M	Everett Hosp.	
S	3	0092	1841	Bartlett	George C.	1904	Apr	30	050	M	Providence Hospital	IL

S	R	Page	Recor	LastName	FirstNames	Deat	Mn	Dt	Age	S	DeathPlace	Bir
S	3	0162	03245	Bartlett	Guy C	1905	Feb	10	022	M	Seattle General Hosp	IA
S	3	0074	01477	Bartlett	Infant	1904	Jan	31	000	M	Seattle Gen. Hosp.	Sea
S	2	0127	2523	Bartlett	John J.	1902	Mar	02	049	M	1008 1/2 1st Ave.	WV
S		0020	00223	Bartlett	Josephine	1893	Jun	04	043	F	Madison nr. Lake Wash.	
S	-	172	3385	Bartlett	Mrs. Mary	1902	Oct	27	035	F	611 Pike St.	---
S			1296	Bartlett	Robert M.	1890	May	18	022	M	Providence Hosp. b.San Fran	CA
S		0023	00344	Bartlett	Wm.	1893	Aug	08	021	M	Bay	
S	3	0169	03379	Bartley	Conroy	1905	Mar	13	048	M	749 12th S, Ward 2	ENG
S	2	0065	00204	Barto	(Infant)	1896	May	23	06h	M	2209 6th St	Sea
S		0021	00416	Barto	Katie A	1903	May	24	037	F	Providence Hospital	ITL
S		0021	00269	Barto	Richard	1893	Jul	06	001	M	Seattle	
S	1	0001	01202	Barto	Samuel	1890	Mar	17	072	M	117th No. 9th	
S	3	0001	00017	Bartoldi	Edith M.	1905	Jul	28	09m	F	Georgetown	WA
S		0012	00463	Bartolet	Mary	1892	Nov	12	035	F	(b.Barker Co.,	PA
S	2	0097	00898	Barton	---	1898	Jun	01	05m	F	3rd Ave. & Denny Way	SEA
S	2	124	1948	Barton	T. J.	1899	Sep	25	030	M	Lake Union	---
S		0033	00097	Barton	Thos. S.	1894	Mar	04	051	M	Gould St.	MD
S	3	0181	03606	Bartow	Allen H.	1907	May	19	009	M	Bartow, WA	---
S		0046	00922	Bartsch	Katherine	1903	Sep	20	020	F	Providence Hospital	IL
S	2	0093	1850	Barunm	A. V.	1901	Aug	09	064	M	Clearbrook	MI
S		0016	00320	Basal	Eddie	1903	May	10	001	M	26th and E. Denney Way	SEA
S	3	0010	00198	Basco	B.	1905	Sep	02	030	M	Providence Hosp.	PHL
S	2	0050	00168	Baser	Harry L.	1895	Apr	26	031	M	Prov House	CND
S	1	0001	00619	Bashr	George	1888	Sep	13	032	M	Lk. Union Laundry	
S	2	102	1066	Basmersen	Marie C.	1898	Aug	15	033	F	1308 5th Ave.	DNK
S	2	110	1403	Bass	Mary A.	1899	Jan	15	032	F	324 26th Ave. S.	TX
S	3	0136	02706	Bass	Mrs. Nellie	1907	Jan	30	042	F	Providence Hosp.	ENG
S	2	0106	2108	Bassch	Wm. F.	1901	Nov	16	077	M	1821 Howard	GER
S		0030	00594	Bassett	Mary	1903	Jul	06	036	F	4208 Wallingford Avenue	IRL
S		0012	00238	Bassett	Phoebe A.	1903	Apr	15	023	F	Monod Hospital	---
S	2	102	2035	Bassett	S. P.	1901	Oct	11	044	M	6th Ave. S. & King	NY
S	3	0031	00603	Batchelder	Frank L.	1905	Dec	15	034	M	1827 4th Ave W	NH
S	2	0094	00776	Batchelder	J. M.	1898	Apr	20	049	M	McDougal's Store	---
S	2	0089	01780	Batchelder	Juliet M.	1904	Apr	07	01m	F	2206 Queen Anne Ave.	Sea
S		0026	00431	Batchelor	Everson	1893	Oct	07	048	M	Prov. Hosp.	
S	-	168	3310	Bateman	Harry A.	1902	Sep	13	049	M	Georgetown, WA	PA
S	-	152	2978	Bateman	Jemima	1902	Jul	06	10d	F	Green Lake	SEA
S	3	0165	03295	Bates	(Infant)	1907	Apr	14	01d	F	713-16th Ave.	WA
S	1		2079	Bates	Ada E.	1891	Jan	07	033	F	North Bend Station, WA	GA
S	-	151	2957	Bates	Alfred	1902	Jun	29	039	M	King County Hosp.	ENG
S	2	0041	00817	Bates	America M	1900	Oct	09	053	F	609 Yesler	IA
S	2	105	2091	Bates	C.A.	1901	Nov	07	45a	M	917 - 3e Ave.	USA
S	1	0001	00222	Bates	Carrie	1883	Jul	02	024	F	Seattle	
S	3	103	2059	Bates	Dica L.	1904	Jun	11	023	F	1610 4th Ave.	---
S		0098	1964	Bates	E. W.	1904	May	27	030	M	Wayside Mission Hospital	---
S	2	0069	00363	Bates	Gladys	1896	Sep	02	10m	F	Yakima & Park Sts.	SEA
S	2	0090	1796	Bates	Harry	1901	Aug	15	02d	M	125 19th Ave.	Sea
S	2	122	2438	Bates	Infants - Twins	1902	Feb	12	s/b	F	125 19th Ave.	SEA
S	2	416	2692	Bates	Jesse	1891	Nov	21	010	F	Ballard, WA b.Muskigon,	MI
S	2	0069	00388	Bates	Lanier	1896	Sep	25	043	F	Yakima & Park Sts.	---
S	2	0044	00542	Bates	Raymond	1894	Nov	29	001	M	42-1/2 Yesler Ave.	Sea
S	2	0094	00785	Bates	Simon St. V.W.	1898	Apr	24	04m	M	12th & Mercer Sts.	SEA
S	3	0011	00207	Bates	William	1905	Sep	04	040	M	Wayside Emerg. Hosp.	---
S	-	167	3285	Bathgate	Chas.	1902	Sep	24	075	M	604 11th Ave. b.N.	WLS
S	2	117	1648	Batneu	Lyda (?) B.	1899	Apr	30	003	F	822 Eastlake	Sea

S	R	Page	Recor	LastName	FirstNames	Deat	Mn	Dt	Age	S	DeathPlace	Bir
S	1		2129	Batson	Geo. H.	1891	Feb	05	2.5	M	South Seattle	---
S	1	0001	01138	Batson	George	1890	Jan	03	024	M	So. Seattle	
S	3	0131	02603	Battelle	Lawrence R.	1907	Jan	06	013	M	4208-14th Ave. N.E.	OR
S		0016	00310	Battenfield	Samuel R.	1903	May	04	063	M	415 Lenora	OH
S	2	0005	00091	Battle	Mary Ann	1900	Feb	03	071	F	1114 - 4th Av	GA
S	3	0005	00092	Battle	Nicholas William	1905	Aug	22	085	M	1114 4th Ave	GA
S	2	0066	00237	Battuff	F.G.	1896	Jun	02	014	F	1007 Republican	MN
S	2	0086	00479	Bauche	E. N.	1897	Nov	28	034	M	Providence Hosp.	MA
S		0006	00114	Baudy	Chas	1903	Mar	24	025	M	Taylor Sta.	---
S	2	183	3612	Bauer	Fred Joe	1902	Dec	29	044	M	Providence Hosp.	MN
S	2	0100	1989	Bauer	Mary	1901	Oct	05	045	F	526 28th Ave.	GER
S	3	0183	03641	Bauer	Pearl Major	1907	Jun	01	024	F	1009 E. Jefferson	IL
S		0038	00753	Baum	Margaret (Mrs.)	1903	Aug	29	070	F	218 Fifth Avenue	GER
S	2	0051	00205	Bauman	Daniel	1895	May	14	033	F	1426 1/2 Front	GER
S	3	0132	02643	Baumgartner	Joseph	1904	Oct	01	039	M	Lake Station	GER
S	2	0053	00281	Bauson	Eliza	1895	Jul	23	024	F	416 Marion	
S	2	0024	00466	Baustlen	Michael	1900	May	27	018	M	Co. Hosp.	NAM
S		0197	3391	Baxa (Baya) ?	Mr.	1903	Feb	24	034	M	S. Park	NY
S	3	0120	02392	Baxter	Alice L.	1906	Nov	18	043	F	417 Crawford W., Ballard	WI
S	2	157	3088	Baxter	baby	1902	Aug	09	04m	M	1420 5th Ave. rear	SEA
S		0080	1602	Baxter	Charles	1904	Mar	01	055	M	1312 46th Ave. N.	CND
S	2	114	1540	Baxter	Daniel K.	1899	Mar	22	072	M	4th & Yesler Sts.	---
S	1		1558	Baxter	Henry C.	1890	Sep	14	046	M	Bellview Hotel, Seattle	VT
S	3	0073	1449	Baxter	James F.	1904	Jan	04	035	M	Needles CA	OH
S		0013	00257	Baxter	John E.	1903	Apr	13	050	M	Ballard	ENG
S		0005	00097	Baxter	Wm.	1903	Mar	10	074	M	Ballard	ENG
S		0014	00261	Baxwell	Louise Sarah	1903	Apr	28	044	F	Ballard	CND
S	2	0090	1788	Bay	Chas. E.	1901	Aug	07	006	M	2119 6th Ave.	IL
S	2	0022	00428	Bayer	Augusta A.	1900	May	23	049	F	313 27th Av N	MI
S	1	0001	00345	Bayer	Paul	1884	May	30	11m	M	Seattle	GER
S	2	0088	1742	Bayles	Georgia	1901	Jul	30	032	F	West Seattle	MO
S	3	0072	01425	Bayley	Julia Palmer	1906	May	03	065	F	Snohomish	un
S		0061	1206	Bayne	Perry	1903	Nov	12	057	M	Ballard WN	IN
S	2	0090	1780	Bayrad	Chas.	1901	Aug	17	050	M	Prov. Hosp.	USA
S	3	0134	02672	Beach	(Baby)	1907	Jan	18	21d	M	Pacific Hosp.	WA
S	3	0151	03018	Beach	Elsie	1907	Mar	04	018	F	2200-4th Ave.	KS
S	3	0128	02563	Beach	Wm L	1904	Sep	30	072	M	1413 Summit Ave	SC
S	1		2202	Beacheman	Paul	1891	Mar	24	035	M	Taylor St.	FRN
S	1		2201	Beadles	John H.	1891	Mar	24	051	M	Providence Hosp.	---
S	2	0035	00684	Beake	Thos Dawes	1900	Aug	28	001	M	411 Terry Av	SEA
S	3	0029	00562	Beale	Infant	1905	Nov	21	s/b	M	554 81st Ave	SEA
S	3	0128	02559	Beale	M.F.	1906	Dec	14		M	Hoquiam, WA	
S	3	0019	00366	Beale	Walter	1905	Oct	17	043	M	1303 3rd Ave	ENG
S	2	0100	00996	Beals	Arthur H.	1898	Jul	17	039	M	Steamship Arizona	IN
S		0084	1669	Beals	Thomas	1904	Mar	29	049	M	Providence Hospital	---
S	1	0001	00586	Bean	Ernest	1888	Aug	18	018	M	Green Lane	
S	3	0078	01560	Bean	Grace M.	1906	Jun	17	027	F	1511 - 3rd Ave.	NE
S	2	115	1606	Bean	Jas. R.	1899	Apr	12	076	M	399 Bellevue N.	---
S	2	0057	01122	Bean	John H.	1901	Jan	27	065	M	Fremont	IL
S	2	0054	01072	Bean	Levi	1901	Jan	10	057	M	1516 6th Ave	IN
S	1		2053	Bean	Le___ett W.	1890	Dec	19	053	M	Grace Hospital	---
S	2	0054	00350	Beanault	Nellie	1895	Sep	03	006	F	913 Pine	
S		0014	00519	Bear	James	1892	Dec	27	059	M	Boren & Fremont	ME
S	2	140	2767	Beardsley	Aubrey	1902	May	14	05m	M	Georgetown, WA b.Kent,	WA
S	3	0073	01456	Beardsley	Harry	1906	Jun	02	056	M	1614 Eastlake Ave.	ME

S	R	Page	Recor	LastName	FirstNames	Deat	Mn	Dt	Age	S	DeathPlace	Bir
S		0027	00536	Bearnsey	Clarles	1903	Mar	04	035	M	Dawson, N.W.T.	USA
S	2	0060	00014	Beasley		1896	Jan	14	045	M	Gen. Hosp.	
S	-	190	3754	Beaton	Evelyn Forrest	1903	Jan	09	003	F	Seattle Gen.Hosp b.Pt.Mad.,	WA
S	3	0170	03394	Beaton	Thomas	1907	Apr	13	066	M	Fort Steilacoom, WA	---
S	2	0096	00833	Beattie	Ellen	1898	May	11	029	F	Providence Hosp.	IA
S		0029	00580	Beattie	George L.	1903	Jul	08	027	M	Ruby Saloon, Washington St	---
S		0010	00194	Beattie	J.J.	1903	Apr	17	045	M	Providence Hospital	SCT
S	3	0166	03306	Beattie	James Moore	1907	Apr	16	005	M	18th Ave. N. & E. Aloha	WA
S	3	0156	03112	Beattie	Mary Jeanette	1905	Jan	22	008	F	Pacific Hosp	SEA
S		0117	02330	Beatty	Albert E.	1904	Aug	15	03m	M	1308 Fifth Ave.	Sea
S	2	120	1767	Beatty	baby	1899	Jun	24	02m	M	811 21st Ave.	Sea
S		0027	00490	Beatty	Infant	1893	Nov	13	08h	M	Walla Walla Add	Sea
S	2	0039	00319	Beatty	J.S.	1894	Jul	27		M	Snohomish Co.	
S	2	0035	00697	Beatty	John W.	1900	Aug	07	042	M	Nome, AK	CA
S	1	0001	00244	Beatty	Wn.	1883	Aug	12	052	M	Seattle	IRE
S	1	0001	00258	Beau	Willie	1883	Aug	06	016	M	Seattle	USA
S	1	0001	00243	Beau	Willie	1883	Aug	06	011	M	Seattle	USA
S	2	0001	00004	Beauchard	Don M.	1900	Jan	03	056	M	1425 Yesler Ave.	SCT
S	1		1478	Beaudett	Mary Minnie	1890	Aug	10	5.5	F	13 Lenora St. b.Polk Co.(	NR)
S	3	0191	03805	Beaudreau	John Bradley	1907	Jun	23	043	M	Riverside, WA	CND
S		0193	3812	Beaumont	Alfred	1903	Feb	03	045	M	Providence Hospital	Eng
S	2	0010	00197	Beaumont	J.R.	1900	Mar	11	028	M	718 5th Ave	---
S	3	0044	00864	Beaury	Robert	1906	Feb	14	050	M	Prov. Hosp.	NY
S	2	0065	00208	Bechdolt	Jean	1896	May	25	051	F	1919 10th Ave	NY
S	2	0059	01168	Bechel	Elevenia	1901	Feb	04	045	F	511 Yesler Way	MO
S	2	125	1991	Bechen	Henry	1899	Oct	11	055	M	Green Lake	---
S	2	112	1478	Beck	Abela	1899	Feb	16	039	F	402 6th Ave.	SWD
S	2	0088	00575	Beck	C.	1898	Jan	28	035	M	Merchants Hotel	---
S	2	0053	00289	Beck	Clara	1895	Jul	11	015	F	Ballard b. Dakota	
S	1	0001	00083	Beck	Gertrude	1882	Jun	01	10w	F	Seattle	USA
S	3	0015	00291	Beck	Infant	1888	Jan	10	001	F	Walla Walla, WA	---
S	3	0169	03372	Beck	Irene	1890	Sep	14	002	F	Ballard, WA	WA
S	2	368	2597	Beck	Irene	1891	Sep	18	003	F	Seattle	Sea
S	2	0080	00251	Beck	Jacob	1897	Jul	07	040	M	Providence Hosp.	---
S		0042	00838	Beck	James E.	1903	Sep	02	040	M	1805 Bellevue	IL
S	3	0187	03740	Beck	Kestua	1907	Jun	23	001	F	4th & Boundary	SWD
S	3	0079	01565	Beck	L. A.	1906	May	20	077	M	King.Co.Hosp.,Georgetown,	NRY
S		0029	00575	Beck	Lafayette S.	1903	Jul	13	078	M	Brooklyn	KY
S	3	0095	01897	Beck	Lydia A.	1906	Aug	20	025	F	Creswell, Ore.	--
S	2	112	1463	Beck	Myrtle	1899	Feb	09	02m	F	813 Alder St.	Sea
S	2	0063	00121	Beck	Sarah A.	1896	Mar	29	067	F	Ravenna Park	
S	1	0001	01044	Beck	Vincent	1889	Oct	29	003	M	Ballard	
S		0193	3799	Becker	Infant	1903	Jan	14	s/b	M	Fourth and Spring	Sea
S	2	0049	00969	Becker	Oscar B.	1899	Sep	20	---	M	New York	NY
S	3	0042	00829	Beckett	Infant	1906	Jan	28	s/b	M	200 Roy St	Sea
S	2	382	2624	Beckham	Clarence Joseph	1891	Oct	04	22m	M	Wilford St./2nd Ward	Sea
S	2	348	2558	Beckman	infant	1891	Sep	02	14d	M	112 Eaton St.	Sea
S	1	0001	00845	Beckman	Joseph	1889	May	22	040		Lake Union	
S	2	0062	01222	Beckson	John H.	1901	Feb	17	076	M	S. Seattle	NY
S	2	0076	00084	Beckwith	D.	1897	Feb	10	076	F	West Seattle, WA	---
S	3	0043	00844	Beckwith	Miss E.	1906	Feb	06	070	F	Seattle	OH
S	3	0017	00336	Bedell	D. S.	1905	Oct	01	077	M	912 N 41st St	KY
S	3	0185	03700	Bedwell	Sarah M.	1905	May	10	020	F	4535 10th Ave NE	MO
S	3	0175	03505	Bee	Antone Frithjof	1905	Apr	10	015	M	1121 7th Ave N	NRY
S		0006	00233	Beebe	Ada	1892	Jun	11	019	F	Prov. Hosp.	OR

S	R	Page	Recor	LastName	FirstNames	Deat	Mn	Dt	Age	S	DeathPlace	Bir
S	3	0079	1563	Beebe	Brewster	1906	Jun	24	035	M	Prov. Hosp.	IL
S	2	0086	1717	Beebe	C. Silas	1901	Jul	18	058	M	Green Lake	CT
S	2	106	2115	Beebe	Charlie	1901	Nov	19	03m	M	Green Lake	SEA
S	3	0187	03740	Beebe	Infant	1905	May	23	s/b	M	622 11th Ave N	SEA
S	3	0184	03670	Beebe	Rose A.	1905	May	23	032	F	622 11th Ave N	MN
S	2	0006	00119	Beede	Geo K.	1900	Feb	13	056	M	1011 Yesler Way	ME
S		0195	3835	Beede	Theresa	1903	Feb	16	050	F	Lechi Park	WI
S	1	192	2266	Beedy	Thomas	1891	Apr	02	001	M	Duwamish b.Castle Rock,	CO
S		0027	00487	Beekwith		1893	Nov	10	01h	M		Sea
S	2	0085	1690	Beers	Dr. A. O.	1904	Mar	11	028	M	Providence Hospital	---
S	2	118	1683	Beesman	Victor	1899	May	08	002	M	924 21st Ave.	Sea
S	2	0121	02418	Beeson	Elizabeth Elmer	1904	Aug	27	012	F	125 30th Ave	Sea
S	3	0180	03585	Beeson	Louis J.	1907	May	31	051	M	1717-12th Ave.	NRY
S	2	143	2800	Begg	Earl Austin	1902	May	22	12d	M	416 30th Ave.	SEA
S	2	0001	00039	Begg	W. D.	1892	Jan	24	089	M	Ballard, WA	---
S	1	0001	00876	Begley	Catherine	1889	May		049		5th & Jefferson	
S		0007	00246	Behenke	Henry	1892	Jun	16	03m	M	Fremont	
S		196	3860	Behins	Ward H.	1903	Feb	28	08m	M	114 Stewart	IL
S	1	0001	01212	Behley	Catherine	1890	Mar	20	077	F	604 Battery	GER
S	2	109	2172	Behm	Baby	1901	Nov	21	07d	M	Ballard	SEA
S	2	117	1664	Behm	infant	1899	Apr	11	-	M	Ballard, WA	WA
S	1		2143	Behnke	Elvina	1891	Feb	14	042	F	nr Broadway & Well St.	GER
S		0062	1244	Behrens ?	George W.	1903	Dec	05	022	M	416 15th Ave. N.	WI
S	1	0001	00463	Behrman	Emma	1885	Jun	16	023	F	Seattle	CA
S	2	0064	00156	Behrman	Eugene	1896	Apr	18	047	M	Prov Hosp	
S	2	106	1254	Behrns	John	1898	Nov	05	079	M	11th Ave. & E. Spring St.	GER
S	2	124	1923	Bein	Chas R.	1899	Sep	09	002	F	1315 Wash.	NY
S	3	0068	01352	Beitz	Charles	1906	May	12	035	M	Wayside Emergency Hospital	un
S	3	0103	02042	Beitz	Mary Annette	1906	Sep	29	047	M	1634 7th Av.	FRN
S	3	102	2029	Bekken	Jullia J.	1904	May	31	027	F	Ballard	NRY
S	3	0104	02079	Bekker	M.	1906	Sep	24	023	M	King Co. Hosp.	JPN
S		0028	00509	Belami	Michael	1893	Nov	28	026	M	Prov. Hosp.	
S		0061	1219	Belan	G. F.	1903	Nov	01	040	M	Redmond Station	---
S	3	0167	03347	Belander	Clifford	1905	Mar	01	05m	M	Interbay	WA
S		0008	00156	Belbee	Ella G.	1903	Apr	04	042	F	2205 Eighth Avenue	VT
S	2	0088	1749	Belcher	Frank J.	1901	Mar	18	032	M	Dawson, Y.T.	PA
S	3	0143	02847	Belcher	Mary C	1904	Nov	07	060	F	2nd Ave & Virginia St	IN
S		0027	00498	Belden	Alice	1893	Nov	17	020	F	605 7th	MA
S	2	0023	00456	Beldin	Mrs.	1900	May	06	036	F	Co. Hosp.	MI
S		0033	00660	Belenge	Infant	1903	Jul	16	s/b	M	214 Wall Street	SEA
S	3	0181	03618	Belfard	Martha S.	1907	May	27	066	F	Pt. Angeles	---
S		0008	00155	Belford	D.J	1903	Apr	04	045	M	Providence Hospital	IL
S		0025	00486	Belkland	Sm. Henry	1903	Jun	24	054	M	1521 7th Avenue	IL
S	3	0108	02157	Belknap	Bertha R.	1906	Oct	14	043	F	1521-7th Ave.	PA
S	2	117	2333	Bell	Alice J.	1902	Jan	13	046	F	Monad Hosp.	NY
S	2	0091	00676	Bell	Allen Bruce	1898	Mar	08	008	M	511 2nd Ave. b.Portland,	MI
S	2	102	2040	Bell	Archibald	1901	Oct	23	050	M	Seattle Gen.	USA
S	3	0174	03482	Bell	Archibald T	1905	Apr	01	038	M	Providence Hosp	MO
S	2	0049	00977	Bell	Art	1900	Dec	04	007	M	1507 Harvard	IL
S	1	0001	00284	Bell	Austin	1883	Sep	14		M	Seattle	USA
S	1	0001	00392	Bell	Austin	1884	Sep	09	038	M	Seattle	CAN
S	2	333	2528	Bell	baby	1891	Aug	17	s/b	F	2311 5th St.	Sea
S	2	327	2515	Bell	Belinda	1891	Aug	09	020	F	Providence Hosp.	---
S			1254	Bell	Cecil V.	1890	Apr	21	09m	M	2306 Front St. Seattle	Sea
S	1	0001	00318	Bell	Ezekiel Mrs.	1884	Mar	05	084	F	Seattle	

S	R	Page	Recor	LastName	FirstNames	Deat	Mn	Dt	Age	S	DeathPlace	Bir
S	3	0166	03313	Bell	George H	1905	Feb	05	080	M	Denver, CO	OH
S	1	0001	00940	Bell	George K.	1889	Jul	13	032	M	Lake & 16th St.	
S	1	0001	00803	Bell	Hanies	1889	Mar	17	004	M	Corner 9th & Seneca St.	USA
S	1	0001	00737	Bell	Hugh Miller	1889	Jan	15	035	M	Harrison St.	
S	2	0095	00816	Bell	infant	1898	May	02	02d	M	1221 20th Ave.	SEA
S	2	179	3535	Bell	infant	1902	Nov	13	---	F	344 17th Ave. N.	SEA
S		0114	02277	Bell	Infant	1906	Oct	13	s/b	F	4273 Woodland Park Ave.	WA
S			1300	Bell	Isova	1890	May	05	037	F	Seattle	MI
S		0014	00528	Bell	Issac	1892	Dec	29	077	M	Prov. Hosp.	
S	2	0070	00392	Bell	Jeannie (Mrs.)	1896	Sep	27	077	F	Whitty St.	---
S	1		2061	Bell	Joseph	1890	Dec	24	035	M	Madison St.	---
S	3	0033	00644	Bell	Mona	1905	Dec	29	03m	M	2123 6th Ave	SEA
S	2	107	2128	Bell	Mrs. Agnes	1901	Nov	21	059	F	Sea. Gen. Hosp.	USA
S	1	0001	00864	Bell	R.R.	1889	Apr	23	038	M	Bell Ave	
S	3	0241	02808	Bell	Robert	1907	Feb	07	019	M	Pacific Hosp.	PE
S	2	113	2245	Bell	Sam E.	1901	Dec	24	057	M	Prov. Hosp.	PA
S	2	0014	00264	Bell	Samuel M	1900	Mar	15	023	M	Index, WA	NC
S	3	0178	03551	Bell	Sarah E	1905	Apr	28	045	F	44 Broad St B:Portland	OR
S	1	216	2297	Bell	Sherman	1891	Apr	13	024	M	Providence Hosp.	CND
S	3	0157	03142	Bell	Wilda	1905	Jan	29	013	F	1000 E Columbia St	WA
S	3	0110	02194	Bell	Winifred Allen	1906	Oct	20	041	F	St. Lukes Hosp.	NY
S	1	0001	00957	Bell	Wm.	1889	Jul	18	005		Prov. Hosp.	
S	2	127	2529	Bellamay	Edna A.	1902	Mar	04	004	F	1156 Republican	WA
S			1402	Beller	A. B.	1890	Jul	04	024	M	Belvue Hotel	BAV
S	2	0075	00059	Belleu	Edward	1897	Feb	14	065	M	Providence Hosp.	---
S	2	0079	1570	Belling	Chas.	1901	May	25	058	M	Co. Hosp.	GER
S	3	0082	01638	Bellinger	Lulu C.	1906	Jul	14	020	F	412 23rd So.	NE
S	3	0131	02613	Bellingham	Clara Jane	1907	Jan	09	025	F	406 Taylor	ENG
S	2	0049	00961	Bells	Sm'l	1900	Nov	20	054	M	Ballard	IL
S	2	0097	1935	Belman	Norman	1901	Sep	08	09m	M	413 Maynard Ave.	WA
S	3	0028	00556	Belmont	Infant	1905	Nov	11	s/b	M	109 2nd Ave S	sme
S	3	0113	02248	Belonito	William	1906	Oct	13	037	M	Denver, CO	unk
S	2	356	2574	Belstad	Arthur	1891	Sep	16	03m	M	2221 2nd St.	Sea
S	3	0001	00006	Belton	Thomas	1905	Jul	18	035	M	Palmer, WA	UN
S	2	0084	1684	Belz	Laurence	1904	Mar	30	080	M	132 20th Ave. N.	GER
S	2	124	2478	Beman	Caroline	1902	Feb	12	072	F	1415 E. Fir	OH
S	3	0160	03195	Bement	Louis	1907	Mar	28	023	M	Renton	IL
S	3	0065	01281	Bemgne	Agastino	1906	Apr	23	040	M	Palmer, King Co., Wn.	unk
S	2	122	2432	Bemis	C. C.	1902	Feb	10	073	M	Green Lake	NY
S	-	191	3759	Bemis	Hannah	1903	Jan	21	068	F	920 1st Ave. N.	NY
S	2	127	2052	Bemis	Jennie S.	1899	Nov	03	022	F	1632 10th Ave. N.	WA
S	2	188	3709	Bemis	L. C.	1903	Jan	19	035	M	foot of Pine St.	WI
S		0007	00240	Ben		1892	Jun	15	033	M	5th St.	CHN
S	3	0157	03130	Ben	Toy	1907	Mar	26	038	M	Providence Hosp.	CHN
S	3	0099	01973	Ben	Wong	1906	Sep	15	025	M	418 Wash.	CHN
S	3	104	2066	Benberg	William A.	1904	Jun	17	045	M	123 Lake Dell Ave.	GER
S	2	106	1255	Benedict	Irene	1898	Nov	05	007	F	115 Stewart St.	Sea
S	-	147	2894	Benedict	Maxwell R.	1902	Jun	11	002	M	4714 Brooklyn Ave.	WA
S	3	0086	01718	Benedict	Samuel S.	1906	Jul	13	062	M	West Seattle	OH
S	2	0086	00483	Benetina	Jas. H.	1897	Nov	15	018	M	Salmon Bay	---
S	3	0165	03291	Benford	George Alvin	1905	Feb	26	001	M	1607 19th Ave	SEA
S	3	0013	00250	Bengel	Grace Helen	1905	Sep	17	06m	F	4428 Bagley Ave	SEA
S			1409	Bengel	Mable	1890	Jul	11	05m	F	1306 7th St.	Sea
S	3	0102	02027	Benham	William H.	1906	Sep	27	050	M	Pacific Hospital	IA
S		100	1988	Benhayon	Connie	1904	May	31	08m	F	12th Ave.. N.	CA

S	R	Page	Recor	LastName	FirstNames	Deat	Mn	Dt	Age	S	DeathPlace	Bir
S	1	0001	00178	Benjamin	Arthur	1883	Apr	02	06m	M	Seattle	USA
S	2	161	3156	Benjamin	Emery Lee	1902	Aug	11	021	M	Good Lake, WA	OR
S	3	0085	01690	Benjamin	Infant	1906	Jul	30	02m	F	151 17th Ave.	Sea
S	2	107	1257	Benjamin	Mary E.	1898	Nov	06	065	F	528 1st Ave.	CT
S	1	0001	01016	Benjamin	May	1889	Oct	09	014	F	Seattle	WA
S	2	0037	00734	Benjamin	Wm R.	1900	Sep	03	04m	M	503 Maynard	SEA
S	2	0094	1872	Benjamin	Wm. Raymond	1901	Sep	04		M	418 8th Ave. S.	SEA
S		0024	00352	Benner	Aela	1893	Aug	29	024	F	Ballard	ME
S	2	119	2378	Benner	Bosa	1902	Jan	31	024	M	Prov. Hosp.	WA
S	3	0191	03813	Bennett	(Infant)	1907	Jun	01	s/b	M	5608-3rd N.W.	Sea
S	2	117	1649	Bennett	Amelia H.	1895	Aug	27	052	F	Medicine Hat, Canada	---
S	3	0170	03392	Bennett	Anna	1905	Mar	18	080	F	3621 Greenwood, Ward 9	IDA
S	2	0048	00097	Bennett	Bessie	1895	Mar	12	005	F	108 Rochester Ave	Sea
S		0033	00107	Bennett	Bessie L.	1894	Mar	09	027	F	McLane & Decatur	
S	2	428	2717	Bennett	Bryan L.	1891	Dec	10	021	M	Latona, Seattle	NY
S	3	0160	03190	Bennett	Ellen	1905	Jan	18	20d	F	Lake Sammamish, WA	WA
S		0035	00691	Bennett	Floyd E.	1903	Aug	04	03d	M	Brooklyn	SEA
S	3	0103	02056	Bennett	Francis	1906	Sep	03	001	M	West Seattle	Sea
S	3	0190	03794	Bennett	Joshua E.	1905	Jun	28	066	M	Seattle Gen. Hosp.	NY
S	3	0010	00197	Bennett	Mary E.	1905	Sep	01	045	F	4403 4th Ave NW	VT
S	2	0071	00465	Bennett	Matilda	1896	Nov	08	028	F	Florence House	---
S	2	179	3526	Bennett	Mrs. E. J.	1902	Nov	27	025	F	King Co. Hosp.	BC
S	2	0122	02437	Bennett	Sarah E	1904	Aug	11	050	M	West Seattle	ENG
S	3	0127	02531	Bennett	Vera	1904	Sep	17	006	F	1535 Fifth Ave	NS
S	3	0166	03309	Bennett	William P	1905	Feb	26	036	M	Seattle Gen Hosp B:Nyack	NY
S	2	0055	00369	Bennett	Wm. M.	1895	Sep	15	063	M	Prov. Hosp.	
S	1	0001	00546	Benning	Henry	1887	Aug	08	045	M		
S	3	0054	01073	Benois	Joseph	1906	Mar	29	055	M	Wayside Emergency Hospital	
S	2	0095	1888	Bensa	Wm.	1901	Sep	12	037	M	Prov. Hosp.	GER
S	1	0001	00772	Benson	A. Mrs	1889	Feb	25	042	F		
S		0117	02330	Benson	August	1906	Nov	16	057	M	Prov. Hosp.	SWD
S	3	0151	03007	Benson	August	1907	Mar	02	045	M	Metropolitan Hosp.	SWD
S	3	0150	02998	Benson	Bernard	1904	Dec	07	040	M	West Wash Hosp for Insane	NRY
S		0013	00495	Benson	Chas.	1892	Dec	04	023	M	Prov. Hosp.	
S	2	130	2148	Benson	Chas.	1899	Dec	31	048	M	Providence Hosp.	SWD
S	3	0122	02433	Benson	Emmiline G.	1906	Dec	03	062	F	2261-14th Ave. W.	ME
S	3	0145	02883	Benson	Erika	1907	Feb	19	080	F	2814-3rd Ave.	NRY
S	3	0178	03551	Benson	Flora A.	1907	May	27	050	F	712 N. 71st	NH
S	2	0083	00378	Benson	H. M.	1897	Sep	28	04m	M	9th Ave. S. & Addition St.	SEA
S	3	0181	03612	Benson	Infant	1905	Apr	22	s/b	M	914 Norman St.	SEA
S		0007	00128	Benson	Inft	1903	Mar	10	s/b	F	Ballard	Bal
S		137	2702	Benson	Laura	1902	Mar	03	009	F	Ballard, WA	WI
S	2	0098	00921	Benson	Laura B.	1898	Jun	11	021	F	Providence Hosp.	MI
S	2	0025	00485	Benson	Lucy A.	1900	Jun	08	076	F	722 Madison	ME
S	2	0085	1685	Benson	Olaf	1901	Jul	02	063	M	West & Virginia	SWD
S	3	0098	01933	Benson	Vera Juanita	1906	Sep	03	001	F	2721 Madison	WA
S	2	0062	01223	Bentley	A. Roy	1901	Feb	26	024	M	2nd & Washington	NV
S	3	0136	02718	Bentley	Elizabeth	1904	Oct	28	063	F	3622 Woodlawn Ave	ENG
S	2	0079	00210	Bentley	John C.	1897	Jun	03	05m	M	2220 7th St. b. 2220 7th,	WA
S	3	0171	03412	Bentley	Mark Harry	1907	Apr	26	023	M	Black Diamond, WA	CO
S	2	0085	1686	Bentley	Will	1904	Mar	19	030	M	2nd Ave. S. & Main St.	MO
S	-	171	3364	Bently	Helen M. (Mrs.)	1902	Oct	24	050	F	Monod. Hosp.	---
S	2	123	2443	Benton	Barrett Phillip	1902	Feb	16	16m	M	2639 Irvina St.	SEA
S	3	0046	00914	Benton	Charles	1906	Feb	27	040	M	Providence Hospital	
S	3	0128	02542	Benton	Mary E.	1906	Dec	29	065	F	4325 Phinney	OH

S	R	Page	Recor	LastName	FirstNames	Deat	Mn	Dt	Age	S	DeathPlace	Bir
S	2	0033	00660	Benton	Mills (Mrs.) ?	1900	Aug	18	077	F	923 18th Ave	PA
S	1	0001	01088	Bents	Frederick	1889	Dec	15	058	M	3rd St btw Wash. & Yesler	
S	2	117	1677	Bentson	Ole L.	1899	May	04	065	M	1613 Grant St.	---
S	1	0001	00262	Bentty	William	1883	Aug	12	038	M	Seattle	USA
S	2	105	1212	Beol	John	1898	Oct	17	022	M	Queen Anne Hill	WI
S	3	0091	01811	Berecochea	Joe	1906	Aug	15	01m	M	804 9th Ave. No.	WA
S	3	0160	03193	Beresford	Mrs. Minnie	1907	Mar	26	032	F	Rainier Beach	IL
S	3	0094	01871	Berg	Fred	1906	Aug	01	040	M	Kelly, Wash.	--
S	2	0040	00382	Berg	Fred N.	1894	Aug	07	01d	M	Ballard b.Ballard	
S			1271	Berg	Gus	1890	Apr	13	035	M	West St.	---
S	3	0159	03175	Berg	Gustav	1905	Jan	02	024	M	South Seattle	SWD
S	2	141	2780	Berg	Ida	1902	May	17	029	F	110 4th Ave. N.	SWD
S	3	0094	01874	Berg	J. B.	1906	Aug	05	047	M	Ballard, Wn.	NRY
S	3	0158	03155	Berg	John	1905	Jan	15	025	M	Providence Hosp	---
S	3	103	2046	Berg	John Clarance	1904	Jun	07	10m	M	919 4th Ave.	MT
S	2	0096	00829	Berg	Knute	1898	May	10	052	M	113 Albert St.	NRY
S			1414	Berg	Maggie	1890	Jul	13	007	F	Charles & 10th Sts.	SWD
S	3	0185	03683	Berg	Mrs. Martha	1907	Jun	09	061	F	1221 Main	SWD
S	2	0074	00003	Berg	Severt	1897	Jan	01	017	M	1012 Charles St.	SWD
S	2	127	2534	Bergen	B. H.	1902	Mar	05	073	M	6321 4th Ave. NE	KY
S	3	0132	02636	Bergen	Charles D.	1907	Jan	16	035	M	216-36th Ave. N.	
S	3	0008	00153	Bergen	Maria	1905	Aug	09	05m	F	Columbia City	OR
S	2	0099	00949	Berger	Daniel	1898	Jun	26	072	M	567 Jackson St.	PA
S	3	0096	01912	Berger	Infant	1906	Aug	01	s/b	M	Interbay	WA
S	2	0070	00400	Berger	Sophia	1896	Sep	06	063	F	Yesler Way.	GER
S		0062	1245	Bergerow ?	Louis	1903	Dec	05	060	M	Seattle Gen. Hosp.	---
S	3	0055	01088	Bergerson	Louis	1906	Mar	27	034	M	Providence Hospital	NRY
S	2	0054	00333	Berggren	Geo. W.	1895	Aug	28	06m	M	908 Prospect	Sea
S		0014	00514	Bergh	Edward	1892	Dec	23	022	M	Prov. Hosp.	SWD
S	2	112	2235	Bergin	Chas. A.	1901	Dec	23	012	M	802 9th Ave. S.	SEA
S	2	117	2322	Berginger	John	1902	Jan	11	051	M	Seattle Laundry	CHL
S		0006	00203	Berglin	Adolph Otto	1892	May	20	03w	M	1429 Front	Sea
S		0039	00764	Berglin	August	1903	Aug	10	024	M	Fifth Avenue & Union	---
S		0005	00190	Berglin	Matilda	1892	May	12	021	F	1429 4th St.	SWD
S	2	0050	00192	Berglin	O.	1895	May	01	038	M	1800 6th St	NRY
S	3	0144	02872	Bergman	Anders	1907	Feb	16	076	M	Pacific Hosp.	SWD
S	2	0002	00033	Bergman	Florence Blanche	1900	Jan	17	009	F	211 Vine St.	Sea
S	2	0089	00609	Bergman	Peter	1898	Feb	08	036	M	2nd & Vine Sts.	---
S	-	171	3362	Bergquest	infant	1902	Oct	23	---	M	801 Columbia St.	SEA
S	2	0078	1551	Bergquist	Steima	1901	May	26	069	F	Fremont	SWD
S	3	0099	01977	Bergstrand	Sophia	1906	Sep	12	067	F	419 5th Av.	SWD
S	3	0062	01232	Bergstrom	Carl	1906	Apr	29	070	M	Greenlake	unk
S	1		1985	Bergstrom	Cary (Mrs.)	1890	Nov	09	055	F	foot of Elaine St.	SWD
S	-	176	3457	Bergstrom	Charlotte	1902	Nov	07	018	F	Interbay, Wa	MI
S	2	0061	00047	Bergstrom	Elise	1896	Jan	24	008	F	Ballard	MI
S	2	103	1104	Bergstrom	Louis	1898	Aug	20	042	M	Ballard, WA	SWD
S	3	0062	01234	Bergum	Infant	1906	Apr	30	05d	M	2423 Eighth Ave. West	Sea
S	3	0155	03091	Bergum	Odin Nelson	1905	Jan	17	02d	M	1529 3rd Ave W	SEA
S	3	0170	03393	Berictz	Bernard	1905	Mar	18	047	M	Providence Hosp	---
S	3	0055	01098	Berigon	Edward	1906	Mar	06	042	M	Tuscon, Arizona	CND
S	-	167	3286	Berklund	Ole	1902	Sep	25	020	M	Seattle Gen Hosp.	NRY
S	3	0184	03677	Berkman	Bernard	1907	Jun	08	003	M	1214 Columbia	Sea
S		0030	00599	Berkovich	Katherina	1903	Jul	21	023	F	2200 Second Avenue	AUS
S	3	0184	03670	Berkovich	Mrs. Antonia	1907	Jun	07	024	F	Prov. Hosp.	AUS
S	2	0095	1884	Bern	Lottie	1901	Sep	08	002	F	Green Lake	AK

S	R	Page	Recor	LastName	FirstNames	Deat	Mn	Dt	Age	S	DeathPlace	Bir
S		0063	1256	Bernard	John F.	1903	Dec	07	045	M	Providence Hospital	CA
S			1266	Bernard	Oliver	1890	Apr	26	041	M	Grace Hospital	---
S	3	0022	00432	Bernard	Sarah Elizabeth	1905	Oct	28	044	F	Anacortes, WA	UN
S	2	0092	00690	Bernard	Toren	1898	Mar	24	023	M	1915 Yesler Way	IA
S		0026	00459	Bernaw	Infant	1893	Oct	26	01d	M	1523 6th	Sea
S	2	0072	1426	Berneche	Josp.	1901	Apr	19	037	F	Prov. Hosp.	CND
S	2	406	2673	Bernhard	Beno	1891	Nov	07	004	M	Fairhaven, WA b.Chicago, IL	
S	2	0025	00481	Bernhard	Lola	1900	Jun	05	029	F	Pacific House	---
S	2	404	2669	Bernhart	Hattie	1891	Nov	04	004	F	Fairhaven, WA b.Chicago, IL	
S		0033	00082	Bernhug	Hilda	1894	Feb	26	15m	F	Yakima Ave.	Sea
S		0026	00515	Bernsson ?	Alex	1903	Jun	05	025	M	Snoqualmie, WA	SWD
S		0007	00269	Bernstein	L.D.	1892	Jul	02	040	M	14th & A St., Tacoma	GER
S	3	0064	01276	Berolski	Mose	1906	Apr	18	002	M	Bellingham, Wn.	unk
S	3	0139	02770	Berridge	Maurice E.	1907	Jan	29	051	M	Los Gatos, CA	MI
S	2	0035	00693	Berry	(Infant)	1900	Aug	23	11d	M	Green Lake	SEA
S		0025	00392	Berry	A.W.	1893	Sep	15	025	M	Prov. Hosp.	
S	3	0146	02902	Berry	Carrie B.	1907	Feb	24	060	F	960 John	WV
S		0002	00065	Berry	Edward	1892	Feb	13	058	M	near Columbia Electric R.R.	MI
S		0022	00304	Berry	Eleanor	1893	Aug	07	027	F	2011 5th	ME
S	2	0079	00222	Berry	Geo. W.	1897	Jun	17	041	M	1524 23rd Ave.	VA
S		0045	00901	Berry	Gustaf	1903	Sep	24	041	M	Police Station	FIN
S	3	0019	00374	Berry	Infant	1905	Oct	19	01d	M	525 25th Ave S	SEA
S	1	0001	01098	Berry	Ralph C.	1889	Dec	02	001	M	Corner West & Union	SEA
S	2	0065	00222	Bersch	Jacob	1896	May	25		M	King Co Hosp	
S	3	0051	01003	Bersie	Hiram W.	1906	Mar	02	071	M	414.5 - 12th Ave.So.	PA
S	3	0164	03275	Bertch	Rachael, Mrs	1905	Feb	20	061	F	922 Taylor Ave B:Philadel	PA
S	-	169	3319	Bertellson (?)	twins	1902	Sep	21	s/b	F	&M Alaska Comm. Hotel	SEA
S		0055	1097	Bertelson	Infant	1903	Oct	22	s/b	M	4300-27th Avenue W	SEA
S		0044	00871	Bertelson	Morton	1903	Sep	14	072	M	3016 24th Avenue W.	DNK
S		1087		Bertoldi	Angelica	1093	Oct	27	038	M	Georgetown	AUS
S	3	0131	02625	Berton	George Edward	1904	Oct	05	03m	m	1909 Boren Ave B:Everett	WA
S	2	0082	00319	Berton	Irene	1897	Aug	21	01m	F	4th & Yesler Sts.	SEA
S	3	0131	02617	Bertram	Charles J.	1907	Jan	10	042	M	2nd Ave. & Union	NY
S	3	0060	01196	Bertram	Samuel J.	1906	Apr	20	026	M	Sea.Gen.Hosp.	KY
S	3	0184	03671	Bertrand	Oles	1905	May	24	021	M	204 9th Ave	WA
S	2	0063	00129	Beskett	Ma	1896	Mar	15	076	F	Duwamish River	MO
S		0004	00134	Besmere	A.	1892	Apr	06	043	M	Cor. Day & Bush	NY
S	2	128	2098	Bessamer	Rhoda A.	1899	Dec	02	075	M	67 Stewart St.	NY
S		0026	00446	Besstrong	Erich	1893	Oct	16	001	M	2209 8th	SWD
S	3	0105	02084	Best	(Infant)	1906	Sep	06	s/b	F	351-17th Ave. N.	WA
S	2	0070	01399	Best	Helen	1904	Jan	17	05m	F	2514 13th Ave. So.	Sea
S	3	0071	1414	Beste	Margarete	1904	Jan	22	041	F	52 Ave. N. & Keystone Pl.	GER
S		0007	00255	Besty	Duncan	1892	Jun	26	030	M	Prov. Hosp.	CND
S	2	0094	00768	Bethel	Margueritta	1898	Apr	17	057	F	Providence Hosp.	ENG
S	2	0088	00550	Bethell	Edward	1898	Jan	12	059	M	116 Irving St.	ENG
S	1	0001	00932	Bether	Charles	1889	Jul	05	03w	M	3rd & Vine	
S	2	439	2739	Bettner	August	1891	Dec	27	062	M	Grace Hosp.	---
S		0037	00740	Beucker	Arnaldine ? (Mrs.)	1093	Aug	24	075	F	2611 Western Avenue	GER
S	2	0076	1518	Bevan	Edwin	1901	May	13	001	M	10 & S. McCullough	WA
S	2	0068	00317	Beverly	F. N.	1896	Aug	11	058	M	Providence Hosp.	WV
S	3	0041	00819	Beyer	Augusta	1906	Jan	24	074	F	South Park	GER
S	2	114	1561	Bic-nr	Chas.	1899	Mar	01	046	M	4 miles N. of Green Lake	GER
S	2	0031	00603	Bichel	John	1900	Jul	09	078	M	Co. Hosp.	GER
S			1252	Bickers	William	1890	Apr	17	035	M	Seattle Police Station	---
S	3	0077	01536	Bidlake	Harriet S.	1906	Jun	27	077	F	Providence Hospital	ENG

S	R	Page	Recor	LastName	FirstNames	Deat	Mn	Dt	Age	S	DeathPlace	Bir
S	2	0037	00264	Bieber	Katherine	1894	Jun	29	066	F	207 Ash St	
S	2	0117	2340	Biedenweg	John	1904	Aug	16	078	M	Providence Hospital	GER
S	2	0078	00169	Biedlove	F. M.	1897	May	02	078	M	4th Ave. btwn 8th & Pine	USA
S	3	0101	02005	Biegert	John G.	1906	Sep	22	037	M	3808 Eastern Ave.	GER
S	2	0024	00472	Biegest	Martin	1900	Jun	01	02m	M	Latona	WA
S	3	0123	02444	Bielenberg	C.	1906	Dec	06	074	M	327 Bellevue Ave. N.	GER
S	2	125	1955	Biersner	Murf	1899	Sep	29	002	M	816 16th Ave.	Sea
S	2	0007	00132	Bietter	Gust	1900	Feb	21	033	M	16 Nevada House	EUR
S	2	0064	00190	Bigelow	Hellen T.	1896	May	10	037	F	Genl Hosp	
S	3	0010	00195	Biggers	Elsie	1905	Sep	01	059	F	2115 Judkins St	OH
S	2	0081	1611	Biggers	Robt.	1901	Jun	17	053	M	1511 - 2 Ave.	CND
S	2	0063	01244	Biggins	Thos	1901	Feb	25	065	M	Co. Hosp.	KY
S	1	204	2290	Biggs	Agnus	1891	Apr	11	10d	F	rm 485 Front St.	Sea
S	3	0175	03502	Biggs	Lizzie	1905	Apr	09	048	F	2320 1/2 First Ave	WLS
S	3	0169	03376	Bigham	Edward	1907	Apr	03	035	M	Co. Hosp.	CA
S	3	0242	02825	Bigley	(Baby)	1907	Feb	12	01d		2011 E. Cherry	WA
S	1	0001	00110	Biglow	D.J.	1882	Aug	27	027	M	Hospital	USA
S	3	0191	03818	Bigsby	(Infant)	1907	Jun	13	s/b	-	Seattle Gen. Hosp.	Sea
S	2	0047	00052	Biles	Nancy M.	1895	Feb	09	084	F	1512 5th	TN
S		0195	3853	Bilione	Giacomo	1903	Feb	24	024	M	Providence Hospital	ITL
S	2	0081	00306	Bill	Mary	1897	Aug	08	001	F	114	---
S	2	0082	1623	Billinger	M. C.	1901	Jun	12	045	M	Union Bay Works	PA
S			1270	Billingham	Ethel May	1890	Apr	01	001	F	406 Birch	---
S	2	0075	1484	Billings	Fred	1901	Apr	20	036	M	Camano Is.	SWD
S	3	0054	01077	Billings	Infant	1906	Mar	31	04d	M	167 - 27th Ave.	Sea
1	2	116	1620	Billiup	Fred	1899	Apr	18	025	M	Providence Hosp.	WA
S	3	0066	01307	Bilodeaux	Infant	1906	Apr	03	s/b		55 Vine St.	Sea
S	3	0136	02715	Bilz	Minnie	1904	Oct	24	030	F	Monad Hosp	---
S	2	0068	00347	Bingham	A. C.	1896	Aug	29	11m	M	Seattle b. Tacoma, WA	
S	3	0135	02702	Bingham	Hortense	1904	Oct	01	009	F	145 28th Ave	OH
S	3	103	2054	Bingham	Lulu	1904	Jun	11	036	F	Seattle Gen. Hospital	MO
S		0024	00472	Bintz	Joseph	1903	Jun	13	040	M	3rd and Cherry	---
S	2	0064	01264	Bionchia	Migi	1901	Mar	03	056	M	Prov. Hosp.	ITL
S	2	185	3651	Birch	Joseph	1902	Dec	05	036	M	Hoonah, AL	CND
S		0018	00122	Birch	Nicholas	1893	Mar	12	039	M	Everett	WI
S	3	0180	03582	Birchfield	Matilda Isabella	1907	May	31	049	F	1615 E. Mercer	OH
S	3	0039	00777	Bird	Charles L.	1906	Jan	27	079	M	525 Westlake Ave	VT
S	3	0099	01969	Bird	Ernest Earl	1906	Sep	14	003	M	1610 E.Spruce	MN
S	2	0070	00407	Bird	F. W.	1896	Oct	03	010	M	823 Dearborn St.	SEA
S		0025	00425	Bird	Infant	1893	Oct	04	01m	M	505 McClair	
S	1	0001	00153	Bird	Isabella P.	1883	Jul	27	028	F	Seattle	USA
S	2	0071	1420	Bird	James	1901	Apr	19	045	M	210 Yesler	PA
S	3	0028	00552	Bird	John	1905	Nov	11	048	M	Tenapat, NV	---
S		0020	00200	Bird	Margaret	1893	May	29	005	F	823 Dearborn	
S	3	0178	03565	Bird	Mrs Harriet E	1905	Apr	06	067	F	1211 1/2 Main St	VA
S	1	0001	00008	Birdlong	George P.	1881	Sep	30	059	M	Sea. W.T.	US
S	2	0042	00444	Birdwell	Chas H.	1894	Oct	03	027	M	S. 3rd & Main	O.
S	2	0052	00249	Birkell	Albert	1895	Jun	25	012	M		KS
S	2	0052	00250	Birkell	Wm.	1895	Jun	25	011	M		KS
S	3	0103	02058	Birnscoff	Fred	1906	Sep	05	030	M	Bernscoff	--
S	1		1574	Birss	Chas. L.	1890	Sep	22	03m	M	512 8th St.	Sea
S	1	0001	01023	Bishell	Willit A.	1889	Oct	21	013	M	8th, 2nd	
S	3	0161	03214	Bishen	Josephine	1905	Jan	30	s/b	F	322 Howard Ave N	SEA
S	3	0101	02019	Bishop	Isaac	1906	Sep	24	064	M	Providence Hosp.	--
S		0117	02340	Bishop	John Henry	1906	Nov	19	041	M	Prov. Hosp.	OH

S	R	Page	Recor	LastName	FirstNames	Deat	Mn	Dt	Age	S	DeathPlace	Bir
S	-	154	3030	Bishop	Margaret Frances	1902	Jul	24	050	F	2823-1/2 1st Ave.	IL
S	2	0085	1703	Bishop	Walter James	1904	Mar	27	031	M	214 Seneca St.	KS
S	3	0172	03423	Bissell	Blair	1907	May	01	017	M	Metropolitan Hosp.	IA
S	2	0115	2283	Bissell	Enoch	1901	Dec	13	031	M	Oakland, CA.	PA
S	2	0011	00202	Bissell	Wm	1900	Mar	13	065	M	418 Pike St	GER
S	2	0099	1974	Bissill	Fay E.	1900	Sep	07	001	F	Georgetown	WA
S			1411	Bixby	Mary A.	1890	Jul	12	060	F	West St.	NH
S			1340	Bjarnason	Berger	1890	Jun	07	046	M	Smiths Cove	SWD
S	3	105	2098	Bjarnson	Mary	1904	Jun	17	019	F	Smith's Cove	UT
S	3	0137	02735	Bjerken	Conrad	1904	Oct	19	040	M	Kerriston, WA	---
S		0046	00906	Bjorklund	Nels	1903	Sep	25	020	M	Providence Hospital	SWD
S	2	114	1560	Bjorson	T. M.	1899	Mar	01	050	M	- - Co.	NRY
S	2	130	2152	Blabon	Jos. E.	1899	Dec	11	070	M	Fir, WA	ME
S		0052	1044	Black	Carrie	1903	Oct	17	040	F	619½ - 1st Avenue S.	IRL
S	2	0090	00620	Black	Edward	1898	Feb	13	040	M	City Hall alley way	PA
S	2	0035	00192	Black	Fannie	1894	Apr	21	081	F	Bukuns Landing, Lk Wash.	
S	2	0125	2498	Black	Hugh	1902	Feb	05	049	M	King Co. Hosp.	CND
S	3	0074	01476	Black	Infant	1904	Jan	29	s/b	M	Monod Hosp.	un-
S	3	0188	03758	Black	John W.	1907	Jun	27	049	M	2728 Boylston Ave. N.	OH
S	3	0074	01482	Black	Mary Josephine	1904	Feb	01	033	F	537 19th Ave. b.NewBrunswck	
S	3	0130	02594	Black	Mary Maria (Mrs.)	1907	Jan	01	072	F	Near Ravenna Park	PA
S	2	130	1257	Black	Sidney	1899	Dec	21	005	M	Ballard, WA	WA
S	2	0040	00357	Black	Thos.	1894	Aug	20	032	M	LaTona	M
S	1	0001	00760	Black	William	1889	Feb	13	054	M	211 Wash. St.	
S	2	119	1744	Blackburn	Eveline May	1899	Jun	09	03m	F	108 7th Ave. N.	Sea
S		0020	00204	Blackburn	Mary A.	1893	May	30	057	F	Prov. Hosp.	
S	1	0001	00841	Blackburn	Orin	1889	May	06			John & Poplar St.	
S	2	109	1370	Blackett	Mrs. Lilly G.	1898	Dec	27	023	F	Los Angeles, CA	OH
S	3	0069	01136	Blackistone	Mary	1906	May	19	039	F	320 Melrose Ave. N.	NY
S	2	0087	1730	Blacklidge	A. P.	1901	Jul	27	041	M	Prov. Hosp.	
S	2	0072	00502	Blackman	G. C.	1896	Dec	02	010	M	922 Weller St.	SEA
S	-	156	3060	Blackman	Orlando	1902	Jul	12	035	M	Tolt, WA	ME
S	3	0044	00878	Blackwell	Harry G.	1906	Feb	18	060	M	1617 Harvard Ave.	NJ
S	2	0057	00493	Blagg	Hazel	1895	Oct	07	012	F	Van Asselt	IN
S	2	128	2074	Blain	Julia A.	1899	Nov	18	042	F	2513 6th Ave.	ME
S	2	0047	00940	Blaine	David	1900	Nov	26	076	M	524 Highland	NY
S	2	0064	01275	Blaine	Florence E.	1901	Mar	09	045	F	422 Highland	PA
S		110	2190	Blaine	James Glenn	1904	Jul	13	022	M	422 W. Highland Drive	PA
S	1	0001	01119	Blaine	John M.	1890	Jan	09	047	M	Prov. Hosp.	
S		0004	00076	Blair	Emma	1903	Mar	21	029	F	2603 Washington	WI
S	3	0009	00162	Blair	James W.	1905	Aug	15	055	M	Walsh, WA	---
S	2	0028	00556	Blair	Jas.	1900	Jul	10	067	M	Prov. Hosp.	---
S	3	0102	02025	Blair	John S.	1906	Sep	26	083	M	2143 N.E. 51st	IRL
S	2	0051	00215	Blair	Loid H.	1895	May	18	001	M	519 1/2 Pine	Sea
S	1	0001	00529	Blair	O.P.	1886	Apr	25	056	M	Seattle	
S	1	0001	00564	Blair	Susie	1887	Oct	26	022	F		
S	2	0038	295	Blair	Tudor G.	1894	Jul	21	030	M	Lake Washington	
S	3	0138	02759	Blaisdell	Wm R.	1907	Jan	27	040	M	Near Morohon	ME
S	3	0011	00213	Blake	Carrie M.	1905	Sep	06	039	F	Seattle Gen. Hosp.	MI
S		0007	00132	Blake	Inft	1903	Mar	14	s/b	F	411 - 12th Avenue	SEA
S	3	0170	03383	Blake	Mable L.	1907	Apr	06	004	F	Georgetown, WA	WA
S	3	0163	03261	Blakely	Alice M	1905	Feb	17	020	F	1200 6th Ave N	WA
S	2	101	1060	Blakemy	Genie	1898	Aug	11	06m	F	2223 6th Ave.	Sea
S	2	117	1661	Blakeslee	F. E.	1899	Apr	10	-	M	N. Yakima, WA	---
S	3	0138	02742	Blakeslee	George M.	1907	Jan	17	042	M	North Bend, WA	---

S	R	Page	Recor	LastName	FirstNames	Deat	Mn	Dt	Age	S	DeathPlace	Bir
S	3	0012	00237	Blakesley	Infant	1905	Sep	15	02d	F	Pacific Hosp.	SEA
S		0097	1930	Blakney	Clement	1904	May	16	039	M	Seattle Gen. Hospital	CND
S	2	0069	00358	Blakney	J. A.	1896	Aug	20	067	M	Houghton, WA	NB
S	3	0189	03779	Blakney	Mary (Mrs.)	1905	Jun	21	074	F	609 8th Ave S	IN
S		0009	00171	Blanas	Johannes	1903	Apr	10	08m	M	227 Second Avenue W	SEA
S	1	297	2456	Blanbarg	Lewis	1891	Jul	12	007	M	Providence Hosp.	---
S	2	0049	00131	Blanch	Thomas	1895	Mar	21	024	M	Near O'Brien	unk
S	1	0001	00028	Blanchard		1881	Nov			F	Seattle	US
S	3	0090	01804	Blanchard	Agneiouse L.	1904	Apr	17	005	F	318 Fairview Ave b.N.Yakima	
S	2	180	3538	Blanchard	baby	1902	Nov	21	---	M	Green Lake b.Green Lake, WA	
S		0017	00086	Blanchard	Frank R.	1893	Mar	11	039	M	Randolph ?	WI
S	3	0128	02557	Blanchard	Genevieve	1904	Sep	28	04m	F	311 1/2 Fairview Ave	SEA
S	1	0001	00336	Blanchard	Harry	1884	May	04	059	M	Seattle	USA
S		0023	00320	Blanchard	Jas. A.	1893	Aug	17	078	M	Lake View & Park St.	NY
S	2	0052	00251	Blanchard	Lewis F.	1895	Jun	25	016	M		NY
S	1	0001	00870	Blanchard	M.	1889	May	03	083		2nd St.	
S	-	156	3068	Blanchard	Mary	1902	Jul	29	078	F	721 Marion St.	CND
S	2	0020	00390	Blanchfield	Thos	1900	May	05	034	M	Prov. Hosp.	NRY
S	1		1560	Blank	Antonia	1890	Sep	15	025	F	1229 King St.	GER
S	2	0016	00311	Blank	E.	1900	Apr	12	044	M	Prov. Hosp.	GER
S	-	0168	03306	Blanton	Minnie	1902	Sep	22	---	F	Rawlins, WY	---
S	3	0022	00438	Blatchford	Mary	1905	Sep	20	04m	F	Nome, AK	sme
S	2	0061	00040	Blauden	Chas E.	1896	Jan	07	027	M	Co. Hospital	CA
S	2	159	3124	Blay	Elmer	1902	Aug	20	040	M	Meetum Station	WI
S	3	0092	01839	Blekum	Cleve Horley	1906	Aug	25	04m	M	2442 6th Ave. W.	Sea
S		0004	00129	Blessington	R.	1892	Apr	04	032	M	Grace Hosp.	
S	3	0181	03611	Blethen	Infant	1905	Apr	18	s/b	F	5th Ave W & Comstock St	SEA
S	2	0065	01300	Bleucher	F.	1901	Mar	18	043	M	507 Seneca	GER
S	3	0068	01358	Blevans	Walter	1906	May	16	025	M	Sea.Gen.Hosp.	un
S	2	0076	00079	Blewett	infant	1897	Feb	16	s/b	M	608 Olive St.	SEA
S	3	0183	03655	Blinn	William P.	1905	May	14	047	M	613 E Pine St	NY
S		0034	00679	Blix	Infant	1903	Aug	07	03m	M	4201 Gilman Avenue	SEA
S	1	241	2361	Block	baby	1891	May	19	22h	F	Jackson St.	Sea
S	2	0085	00437	Bloget	Wm.	1897	Oct	26	070	M	County Hosp.	MA
S	2	0074	00012	Blom	Wm.	1897	Jan	08	028	M	Providence Hosp.	GER
S	2	0083	00363	Blomquist	G. A.	1897	Sep	13	002	M	1804 Howard St.	SEA
S	3	0174	03467	Blomskey	Ingeborg	1905	Mar	07	021	F	Riverside, CA	---
S	3	0084	01667	Blondin	Dominque	1906	Jul	23	070	M	Wayside Emer. Hosp.	CND
S	3	0057	1128	Bloom	C. L.	1903	Nov	14	017	M	307 E. Denny Way	PA
S	1	0001	01082	Bloomer	Walter	1889	Dec	02	027	M	Near Monahan St	MN
S	1	0001	01072	Bloomer	Walter C.	1889	Dec	02	026	M	Squak Lake	
S	2	0032	00622	Bloomingdale	Herman	1900	Jul	30	---	M	Victoria, B.C. CND	---
S	2	0063	00142	Bloomquist	Rudolph	1896	Apr	11	012	M	Seattle	MN
S	1	266	2394	Bloomstrand	?	1891	Jul	09	03h	M	Rm 26, Grand Hotel	Sea
S	3	0158	03155	Bloomstrand	Frank	1907	Mar	31	049	M	Wayside Emer. Hosp.	SWD
S	3	103	2062	Bloonquist	Andrew W.	1904	Jun	12	018	M	Smith's Cove	FIN
S	3	0146	02912	Blossom	Infant	1904	Dec	13	01d	M	541 23rd Ave	SEA
S	2	361	2583	Blost	Mima	1891	Sep	12	023	F	Howell & Depot Sts.	GER
S	1	0001	00315	Blower	J.E. (2 children)	1884		08	004		Seattle	
S	1	0001	00315	Blower	J.E. (2 children)	1884		14	006		Seattle	
S	2	0049	00150	Bloxham	G.W.	1895	Apr	10	027	M	Edgwater	PA
S	2	0036	00212	Blueberry	(Infant)	1894	May	12	03m	M	813 Alder	Sea
S	3	0130	02587	Bluett	Dr. W H	1904	Sep	03	056	M	Green River Hot Springs	---
S		0098	1947	Blum	Charles	1904	May	19	033	M	Wayside Mission Hospital	GER
S	3	0144	02873	Blumenthal	Jennie	1907	Feb	16	004	F	712-9th Ave. S.	WA

S	R	Page	Recor	LastName	FirstNames	Deat	Mn	Dt	Age	S	DeathPlace	Bir
S	1	282	2425	Blummer	infant	1891	Jun	30	s/b	F	Pearl St.	Sea
S	2	408	2676	Blumquist	H. F.	1891	Nov	10	028	M	Providence Hosp.	---
S	2	0012	00234	Blumquist	Julius	1900	Mar	24	030	M	524 1st Ave S	GER
S	2	0047	00062	Blumtack	Theodore	1895	Feb	17	041	M	108 S. 6th	
S	3	0059	01163	Blundin	Minnie E.	1906	Apr	05	043	F	Prov. Hosp.	IL
S		0020	00220	Blyth	Joseph	1893	May	19	059	M	Ballard	
S		197	3376	Boardman	Thos W.	1903	Feb	26	042	M	1418 Sixth Avenue	ME
S	1	216	2298	Boarman	Mrs. Mary Mills	1891	Apr	13	066	F	11th & Main Sts.	---
S	3	0076	01511	Boatz	Mary	1906	Jun	20	01m	F	24th So. & Holgate	Sea
S	2	0068	00343	Bobi	--	1896	Aug	27	---	M	International Hotel	KS
S	1	0001	01224	Bocquin	Louis	1890	Mar	08	053	M	Madison St.	FRN
S	2	0044	00537	Bodart	Alonzo	1894	Nov	26	045	M	Prov. Hosp	
S		0030	00596	Boddy	Harold Wesley	1903	Jul	23	004	M	119 Seventh Avenue	SEA
S	3	0030	00596	Boden	John	1905	Dec	12	030	M	2nd Ave S & Washington St	---
S		0008	00280	Bodmeyer	Frances	1892	Jul	09	01m	F	Prov. Hosp.	Sea
S		193	3804	Bodnich	John	1903	Jan	24	p/m	M	2221 Western	Sea
S	3	0075	01487	Bodum	Louis D.	1906	Jun	12	032	M	Providence Hospital	IA
S	-	170	3345	Boe	D.	1902	Oct	10	062	M	Latona	GER
S		0007	00135	Boehrig	Infts (M&F)	1903	Mar	25	s/b		1220 First Avenue S.	SEA
S	1	0001	00255	Boerman	Chas.O.	1883	Aug	02		M	unknown	GER
S	1	0001	00238	Boernea	Chas.	1883	Aug	02		M	Seattle	GER
S	1	0001	00431	Boethzer		1885	Mar	05	007	F		
S	2	139	2741	Boetzke	W. E.	1902	May	02	027	M	McMurray, WA b.New York Cit	NY
S	2	110	2190	Bogan	Frank	1901	Dec	04	045	M	407 1/2 Yesler Way	IRL
S		0026	00452	Bogardes	Clara	1893	Oct	20		F		
S	1	204	2271	Bogardus	infant	1891	Apr	03	01m	M	1212 6th St., 5th Ward	Sea
S	2	187	3678	Bogardus	John J.	1903	Jan	03	074	M	1821 17th Ave.	NY
S	1		1482	Bogardus	Robert Wm.	1890	Aug	12	04m	M	Madison & Williamson Sts.	Sea
S	3	0148	02965	Bogart	Charles A	1904	Dec	25	043	M	Cor Phinney Ave & Grant St	CA
S	3	0098	01947	Bogart	Linden	1906	Sep	07	--	M	Seattle Gen. Hosp.	WA
S	2	188	3701	Boggs	Dorothy A. C.	1903	Jan	15	02m	F	102 10th Ave. N.	SEA
S	3	0131	02618	Bohall	(Infant)	1907	Jan	10	01d	M	1819 Minor Ave.	WA
S	2	0041	00813	Bohl	Elmer	1900	Oct	08	01m	M	2301 1/2 Jackson	SEA
S		0032	00044	Bohne	Fritz J.	1894	Jan	29	065	M	Depot & Albert	
S	-	192	3780	Boishen	P. N.	1903	Jan	13	077	M	Ballard, WA	NRY
S	3	107	2127	Boitana	Mary	1904	Jun	02	027	F	Georgetown	ITL
S	3	0065	01287	Boitano	Dominice	1906	Apr	29	068	M	Reservation, Tacoma, Wn.	ITL
S	3	0166	03308	Bolander	Clyde Burnett	1907	Apr	16	07m	M	1316-1/2-7th Ave.	WA
S	2	182	3581	Bolby	Joseph H.	1902	Dec	18	006	M	Greenlake	CO
S	3	0186	03707	Bolduc	George	1905	May	20	028	M	Seattle Gen. Hosp.	CND
S	2	0076	00087	Bolerands	Virginia	1897	Feb	12	---	F	Fowlers, VA	---
S	3	0127	02534	Bolin	Elijah E	1904	Sep	21	031	M	Providence Hosp	IN
S	1		2191	Bolin	John	1891	Mar	29	050	M	13 Lenora St.	---
S	2	178	3512	Bolinger	Chas. W.	1902	Nov	26	024	M	Rochester Hotel	IA
S	-	167	3284	Bolinger	Sallie A.	1902	Sep	23	054	F	Providence Hosp.	OH
S	1	0001	01197	Bolle	G.A.	1890	Mar	17		M	Prov. Hosp.	
S	3	0099	01967	Bollin	Amanda	1906	Sep	13	008	F	Great Northern Train	MN
S	2	0043	00473	Bollman	Frederick	1894	Oct	27		M	West St. House	
S	2	0089	00617	Bollong	Hector	1898	Feb	12	036	M	1st Ave. S.	---
S	2	0056	01109	Bolom	Geo	1901	Jan	23	019	M	319 Jefferson	IRL
S	3	0123	02452	Bolstad	Allen H.	1906	Dec	11	024	M	919 Boylston N.	WI
S	2	126	2010	Bolstad	George A.	1899	Oct	23	06w	M	217 Minor	Sea
S	1	254	2376	Bolster	baby	1891	May	28	s/b	F	-	Sea
S	1	0001	00541	Bolten	Chas.	1886	Feb	08	045	M	Prov. Hospital	
S		112	2238	Boltz	Clara	1904	Jul	28	028	F	617 7th Ave.	GER

S	R	Page	Recor	LastName	FirstNames	Deat	Mn	Dt	Age	S	DeathPlace	Bir
S	1		2054	Boman	Geo. M.	1890	Dec	19	046	M	Fremont, WA	---
S	2	0036	00234	Boman	John	1894	May	11	050	M	Monte Cristo	
S		0098	1963	Bombeau	Mary	1904	May	27	034	F	Wayside Mission Hospital	---
S	2	308	2477	Bomberg	Fritz	1891	Jul	20	021	M	cor Pearl & King Sts.	GER
S	1	0001	00673	Bomilla	Maggie G.	1888	Nov	06	028	F	corner 4th & Terrace St.	
S	3	0011	00205	Bomsta	Richard H.	1905	Sep	04	---	M	721 82nd Ave	WA
S		0019	00179	Bonanortti	Romano	1893	May	10	080	M	207 So. 6th	
S	3	0170	03387	Bonar	J.W.	1907	Apr	10	041	M	King Co. Hosp., Georgetown	KY
S	2	0049	00124	Bonchitt	Jim	1895	Mar	05	040	M	Auburn	WA
S	2	129	2112	Bond	Chas.	1899	Dec	08	004	M	2207 4th Ave.	WA
S	3	0173	03449	Bond	Ethel Tressa	1905	Mar	03	007	F	South Seattle	MN
S	3	0054	01071	Bond	Hiram G.	1906	Mar	29	068	M	1116 Boylston Ave.	NY
S	2	122	1837	Bond	infant	1899	Jul	25	-	F	Columbia City	---
S	2	0111	2220	Bond	Joseph	1901	Dec	17	067	M	1316 4th Ave.	ENG
S	-	172	3381	Bondhus	Ivan T.L.	1902	Oct	26	046	M	Seattle Gen. Hosp.	NRY
S	3	0016	00306	Bonen	George L.	1905	Sep	10	027	M	Everett, WA	---
S		0014	00273	Bonen	Infant	1903	Apr	07	---	M	21st and Yesler	SEA
S	3	0158	03141	Bonnalie	George W.	1907	Mar	18	c40	M	Police Headquarters	---
S	2	160	3142	Bonnell	Emma	1902	Aug	03	058	F	King County Hosp.	FRN
S		0015	00021	Bonnell	John	1893	Jan	20	062	M	515 Main	
S	2	0053	00275	Bonner	Infant	1895	Jul	18	10d	M	927 High	Sea
S	2	189	3720	Bonney	Eunice E.	1903	Jan	22	062	F	1221 Summit	AR
S	2	335	2531	Bonney	J. T.	1891	Aug	18	059	M	Grace Hosp. b.Hamilton, NY	
S	3	0133	02648	Bonney	Peter	1907	Jan	13	066	M	Providence Hosp.	ME
S	3	0183	03658	Bonning	Charles	1905	May	15	038	M	1412 5th Ave	ENG
S	2	321	2504	Bonny	-	1891	Aug	05	s/b	M	Seattle	Sea
S	2	0010	00193	Bonouvant	C. W.	1900	Mar	09	058	M	Prov. Hosp.	---
S	2	0097	00869	Booker	Steve	1898	May	27	037	M	214 Main St.	OH
S	2	0093	00717	Bookmeyer	Henry S.	1898	Mar	09	034	M	Skagway, AK	PA
S		0012	00233	Boole	Emma G.	1903	Apr	11	040	F	427 N. Broadway	NV
S	2	0040	00370	Boone	Annabelle	1894	Aug	28	032	M	1104 7th	NB
S	2	0046	00001	Boorotti	John B.	1895	Jan	01	033	M	Prov. Hosp.	
S	3	0103	02044	Booth	Elizabeth	1906	Sep	29	084	F	3644 Linden Ave.	ENG
S		0025	00406	Booth	Geo.F.R.	1893	Sep	24	019	M	502 Jefferson	
S	2	128	2085	Booth	Iva	1899	Nov	25	026	F	537 Fairview Ave.	OH
S	-	152	2977	Booth	Jas.	1902	Jul	05	082	M	Fremont	ENG
S	3	0144	02870	Booth	John	1907	Feb	16	069	M	3042-15th Ave. W.	CND
S	-	167	3278	Booth	L.A.	1902	Sep	14	037	M	Occidental & Washington Sts	IL
S	2	188	3712	Booth	Lavina Mary	1903	Jan	19	03h	M	515 Pontius	SEA
S	1	192	2260	Booth	M. J.	1891	Apr	01	034	-	Providence Hosp.	---
S	1		2112	Booth	Norman O.	1891	Jan	26	022	M	502 5th St. b.Port Townsend WA	
S		0021	00239	Booth	NR	1893	Jun	16	053	M	1416 2nd	
S	2	0037	00250	Booth	Thos. J.	1894	Jun	15	016	M	5th & Jefferson	Sea
S	3	0093	01855	Booth	William	1904	Mar	25	035	M	Madison WA	
S	2	0120	02394	Boothby	Twin Infants	1904	Aug	29	01d	M	1011 Harrison St	Sea
S	2	105	1190	Booz	Mrs. Katie	1898	Oct	07	029	F	Seattle Gen. Hosp.	NY
S	3	0118	02355	Boque	Susan Mrs.	1906	Nov	24	059	F	116-16th Ave.	MO
S		0003	00045	Borcich	Felice	1903	Mar	20	036	M	Monod Hospital	AUS
S			1325	Bordan	Bessie	1890	May	25	006	F	Sutter St.	---
S	3	0038	00760	Bordeaux	Knox P.	1906	Jan	18	003	M	14th Ave S & E Valley	WA
S		0018	00341	Borden	Arlyn	1903	May	18	004	F	53 Bell Street	WA
S	2	127	2054	Bordenstene	Kenneth C.	1899	Nov	06	010	M	Providence Hosp.	USA
S	2	129	2126	Borella	Anthony	1899	Dec	17	068	M	408 Terrace	ITL
S	1	0001	01077	Borella	Laura	1889	Dec	06	017	F		
S		0034	00135	Boren	Lucia A.	1894	Mar	27	063	F	2223 4th	

S	R	Page	Recor	LastName	FirstNames	Deat	Mn	Dt	Age	S	DeathPlace	Bir
S	2	0048	00082	Boreny	Mary	1895	Feb	26	029	F	Ballard	
S		0005	00168	Borg	Mary	1892	Apr	25	011	F	Salmon Bay	SWD
S	1	0001	00395	Borgel	Mary J.	1884	Sep	18	044	F	Seattle	
S	2	0027	00531	Borgetto	Peter	1900	Jun	26	031	M	Cascade Tunnel	ITL
S	2	0024	00474	Borgford	Edwd J.	1900	Jun	02	004	M	2030 1st	SEA
S	2	0097	00868	Borin	Marjory O.	1898	May	27	033	F	323 15th Ave. N.	IRL
S	2	0041	00804	Bormand	Eugene	1900	Oct	03	045	M	Foot of Stewart	FRN
S		0055	01100	Borothy	Infant	1903	Nov	01	02m	F	813 Alder Street	SEA
S	3	0094	01869	Borsce	Rose	1906	Jun	23	060	F	Georgetown	IRL
S	3	0047	00931	Borseth	John J.	1906	Feb	19	031	M	Pacific Hospital	NRY
S	2	0078	00189	Borstler (?)	John	1897	May	27	068	M	306 6th Ave.	GER
S	3	0058	01141	Bortner	Infant	1906	Mar	06	s/b	F	407 - 5th Ave.	Sea
S	1	0001	00381	Borward	R.G.	1884	Oct	04	15m		Seattle	USA
S	3	0102	02037	Boryer	Ruben King	1906	Sep	30	05m	M	157 26th Ave.	Sea
S	2	107	1289	Bosch	John	1898	Apr	04	022	M	Schooner Hera	WI
S		0002	00037	Bose	Joseph	1903	Mar	15	030	M	Second Aven + Washington St	CHN
S	2	0065	00218	Bosket	Wm.	1896	May	12	072	M	Black River Jct.	MO
S	3	0099	01976	Bosqui	Helen Elizabeth	1906	Sep	10	008	F	506 11th Av.N.	CA
S	3	0178	03553	Bossche	August Van Der	1905	Apr	30	042	M	Grant & Connecticut St	BLG
S	2	411	2682	Bossman	Harry	1891	Nov	15	045	M	Providence Hosp.	---
S	3	0123	02453	Bossman	Joseph J	1904	Aug	10	021	M	Skagway, AK	NJ
S	1		No #	Bostain	infant	1890	Oct	20	s/b	M	100 S. 9th	Sea
S	2	0094	00750	Bostenu ?	Anna Rateina	1898	Apr	12	082	F	8th & Virginia	SWD
S	3	0172	03436	Bostock	Charles	1905	Mar	14	037	M	Elgin House	---
S	3	0132	02631	Boston	James	1907	Jan	10	038	M	Wayside Emer. Hosp.	
S	2	115	1574	Bostwick	Harry	1884	Sep	-	03m	M	Hastings, NE	---
S	3	0038	00753	Bostwick	Nathaniel W.	1906	Jan	14	073	M	1208 Pine St	NY
S	2	115	1573	Bostwick	Pearl	1884	Jan	-	006	F	Hastings, NE	---
S		0078	1560	Boswell	Joseph M.	1904	Feb	22	042	M	Seattle Gen.Hosp.	GA
S	-	161	3159	Bosworth	Theron S.	1902	Mar	14	034	M	Dawson	PA
S	2	123	1883	Botnan	Cecelia	1899	Aug	29	045	F	306 Pontius Ave.	NRY
S	3	0178	03547	Botta	(Infant)	1907	May	26	01m	F	218-10th Ave. S.	WA
S	1		2150	Botts	Charley	1891	Feb	19	023	M	Grace Hospital	KY
S	3	0147	02931	Bouch	Mary	1904	Dec	15	044	F	Wayside Emergency Hosp	ENG
S		0027	00507	Bouchard	Francis	1893	Nov	26	055	M	Prov. Hosp.	
S	2	0061	01206	Boudgoust	Peter	1901	Feb	22	005	M	2421 1/2 West	PA
S	2	0066	00255	Bouin	Jos.	1896	Jun	26	050	M	Prov Hosp	FRN
S	2	0041	00406	Boule	Ann	1894	Sep	07	064	F	Yakima & Weller	
S	2	105	1211	Boule	Percy W.	1898	Oct	16	05w	M	2514 3rd Ave.	Sea
S		0031	00612	Boulette	Davis	1903	Jul	25	053	M	318 Second Avenue N.	CND
S	-	150	2946	Bouncall	Mary Ann	1902	Jun	11	072	F	Snohomish, WA	---
S	3	0125	02492	Boundy	William	1904	Sep	05	052	M	N Fifty Seventh St	ENG
S	2	109	1345	Bounsall	John	1898	Dec	24	078	M	415 Summit Ave.	---
S	3	0167	03335	Bourgett	Arthur James	1905	Feb	04	037	M	Ballard, WA	CND
S	2	0087	01744	Bourqauet	Theophelus	1904	Mar	28	001	M	Ballard,Wn. b.Manitoba	
S	3	0018	00342	Boursier	Mary	1905	Oct	05	040	F	Providence Hosp.	FRN
S	3	0056	01119	Bout	Gus	1906	Mar	26	040	M	Kanasket, King Co., WA	unk
S	2	0062	00105	Bouum	Thos.	1896	Mar	13	028	M	2012 6th Ave	NRY
S	3	0030	00588	Bova	Frankie	1905	Dec	10	18m	M	1718 State St	NY
S	1	0001	01043	Bovey	N.R.	1889	Nov	02	056	M	Seattle, Broadway	MD
S	3	0132	02641	Bovingdon	George	1904	Oct	09	011	M	1403 12th Ave	NY
S	3	0110	02191	Bow	Abbie L.	1906	Oct	14	040	F	428 Malden Ave.	VT
S		0006	00196	Bow	Earl W.	1892	May	17	01m	M	917 Elaine St.	Sea
S		0009	00165	Bow	Edgar W.	1903	Apr	07	022	M	1014 Harvard Avenue N.	SEA
S	3	0073	1459	Bow	Richard	1904	Jan	30	007	M	Orilla WA	WA

S	R	Page	Recor	LastName	FirstNames	Deat	Mn	Dt	Age	S	DeathPlace	Bir
S		0062	1233	Bowden	Alice	1903	Dec	01	036	F	315 Lenora St.	OR
S	2	0062	01225	Bowden	Eddia	1901	Feb	27	003	M	1616 1/2 7th Ave S	WA
S	2	0110	02200	Bowe	Geo. W.	1901	Dec	08	045	M	Interbay	PA
S	3	0135	02691	Bowen	Arthur LeRoy	1907	Jan	26	05m	M	608 Minor Ave. N.	WA
S	3	0012	00230	Bowen	Grace E. V.	1905	Sep	11	024	F	Providence Hosp.	MT
S	1		1479	Bowen	Hazel	1890	Aug	10	004	F	Elaine St.	---
S	1	0001	00293	Bowen	infant	1883	Oct	14			Seattle	Sea
S	2	0056	00489	Bowen	Loraine	1895	Oct	29	04m	F	Front St	Sea
S	2	0074	1479	Bowen	M. Helen	1901	Apr	29	065	F	Port Blakely	NY
S	2	0097	1926	Bowen	Woodward R.	1901	Sep	26	024	M	706 E. Denny Way	CA
S	2	0090	00624	Bower	Amelia J.	1898	Feb	15	026	F	721 Terry Ave.	---
S		0101	02021	Bower	Infant	1904	May	05	s/b	M	1520 7th Ave.	Sea
S	3	0061	01219	Bower	Infant	1906	Apr	25	01d	M	3432 Woodlawn Ave.	Sea
S	3	0062	01226	Bower	Infant	1906	Apr	30	06d	M	3432 Woodland Ave.	Sea
S	2	119	1738	Bowers	Edwin	1899	Jun	05	005	M	Fremont, WA	---
S		0013	00242	Bowers	Porter S.	1903	Apr	23	022	M	115 Maynard	IN
S	3	0177	03537	Bowers	Walter Edin	1905	Apr	20	033	M	2201 Harvard Ave	IA
S	2	0039	00346	Bowes	Preston	1894	Aug	14	017	M	Ross	
S	3	0156	03119	Bowlby	Harriet E.	1907	Mar	25	027	F	364 North 77th St.	CO
S	2	0110	2191	Bowles	James	1901	Dec	05	034	M	Madison St.	IN
S	3	0010	00193	Bowman	Amanda C.	1905	Sep	01	078	F	Highland Pl & Lee St	VA
S	3	0065	01294	Bowman	Anne Bonfield	1906	Apr	07	058	F	Pacific Grove, Cal.	NJ
S	3	0130	02598	Bowman	Carrie L	1904	Sep	21	044	F	Wildwood Station	CND
S	-	168	3304	Bowman	Elizabeth	1902	Sep	19	043	F	Georgetown, WA	ENG
S	2	101	1035	Bowman	Erick Salem	1898	Jul	01	005	M	Ballard, WA	WA
S	2	0102	2021	Bowman	Glenn C.	1901	Oct	24	020	M	1620 Warren	SEA
S		0062	01230	Bowman	Infant	1903	Nov	25	s/b	M	902 Boren Ave.	Sea
S	2	0005	00095	Bowman	J. H.	1900	Feb	04	065	M	215 Lenora	PA
S	3	0178	03558	Bowman	James H.	1907	May	25	065	M	York Sta.	IL
S	3	0125	02486	Bowman	James Harvey	1904	Sep	05	078	M	1403 Second Ave N	PA
S	3	0065	01289	Bowman	Julia J.	1906	Apr	30	069	F	King Co. Hospital	VA
S	3	0140	02798	Bowman	Louise W	1904	Nov	16	030	F	1207 Minor Ave N	SWD
S	2	0076	00100	Bowman	Mary	1897	Mar	06	040	F	1421 15th Ave.	---
S		0026	00503	Bowman	Wm.	1903	Jun	10	071	M	408 E. Galer	PA
S	2	0073	00523	Boyce	Ann	1896	Dec	28	045	F	213 Ash St.	---
S	2	0068	1355	Boyce	G. P.	1901	Mar	31	070	M	Ballard	DE
S	1	0001	00303	Boyce	Sarah A.	1884	Feb	06	048	F	Seattle	USA
S	2	103	1113	Boyce	Theresa	1898	Sep	02	035	F	Seattle Gen. Hosp.	KY
S	2	0074	00002	Boyces	Jas.	1896	May	30	060	M	215 Ash St.	---
S		0011	00217	Boycroft	Leo L.	1903	Apr	26	016	M	Providence Hospital	SEA
S	1		1575	Boyd	Earle J.	1890	Sep	22	05m	M	5th & Stewart Sts.	Sea
S		0108	02148	Boyd	Elizabeth	1904	Jun	28	084	F	Dunlap Station	IRL
S	1	0001	00893	Boyd	Freddie	1889	Jun	15	03m	M		
S	3	0057	01122	Boyd	Grace W.	1906	Mar	30	045	F	Tacoma	IA
S	2	0035	00687	Boyd	J. H.	1900	Aug	28	084	M	2228 3/4 1st Av	PA
S	3	0190	03781	Boyd	Martha A.	1907	Jun	29	074	F	Columbia Station	IN
S	3	0090	01793	Boyd	Mary N.	1906	Aug	13	08h	F	708 Jefferson	WA
S	2	0038	00294	Boyd	Mildred	1894	Jul	20	08h	F	1019 10th St	Sea
S	3	0189	03766	Boyd	Pearl	1905	Jun	14	021	F	11 W Republican	ND
S	3	0003	00045	Boyd	Rosella	1905	Aug	07	04m	F	621 Beach Dr	SEA
S	3	0142	02831	Boyd	Susan	1904	Nov	26	058	F	1906 E Madison St	IN
S		0013	00490	Boyd	Thos.H.	1892	Dec	02	035	M	310 James	PA
S	1	0001	00607	Boyden	H.	1888	Sep	06	28m		across the bay	
S	2	0113	01491	Boyden	James E.	1899	Jan	31	045	M	Traill, B.C., Canada	
S	3	0153	03061	Boyden	Richard	1905	Jan	05	037	M	207 Fifth Ave S	---

S	R	Page	Recor	LastName	FirstNames	Deat	Mn	Dt	Age	S	DeathPlace	Bir
S	3	0043	00859	Boyer	Mildred	1906	Feb	11	03m	F	1427 Dean St.	Sea
S	2	0048	00104	Boyes	C.	1895	Mar	16	030	F	Seattle Central Hotel	SWD
S	1	0001	00794	Boyide	Sadie E.	1889	Mar	12	034	F	Corner 10th & Charles St.	
S	3	0161	03204	Boyington	(Infant)	1907	Mar	09	s/b	M	2330-1/2-1st Ave.	WA
S	3	0171	03406	Boyington	Elizabeth	1907	Apr	22	064	F	Ballard, WA	NY
S		0021	00402	Boyker	Wm R.	1903	May	27	075	M	Kent, WA	CND
S	2	0094	00758	Boyle	Albert	1898	Apr	12	003	M	22nd Ave. & Alder St.	SEA
S	1	0001	00706	Boyle	Chas.E.	1888	Dec	15	052	M	Occidental Hotel	
S	3	0039	00770	Boyle	J.	1906	Jan	23	043	M	Wayside Emerg. Hosp.	UN
S	2	0036	00704	Boyle	M. G. (Mrs)	1900	Aug	07	031	F	Vancouver, BC	---
S	3	0155	03095	Boyle	Martin Edwin	1905	Jan	16	003	M	201 22nd Ave	SEA
S	1	0001	00889	Boyle	Mike	1889	Jun	09	030	M		
S	1	0001	00990	Boyle	T.J.	1889	Sep	01	043	M	Seattle	
S	2	0077	00155	Boyle	Wm. H.	1897	Apr	18	004	M	23rd & E. Alder Sts.	SEA
S		0021	00264	Boyle	Wm.H.	1893	Jul	04	019	M	Third N.	
S	3	0182	03639	Bozamen	Nick	1907	May	30	022	M	Prov. Hosp.	AUS
S	2	0088	00572	Bozarth	baby	1898	Jan	22	05m	F	1018 30th Ave.	SEA
S		129	2574	Bozzano	Antonio	1902	Mar	22	042	M	Providence Hosp.	ITL
S		0029	00579	BPellemire	Grace Cecelia	1903	Jul	15	003	F	1512 Fourth Avenue	OH
S	2	0063	01254	Braas ?	Lena	1901	Feb	05	024	F	W. Seattle	CA
S	2	113	1503	Brabon	Chas.	1899	Mar	06	30M	M	Portius Add. N.	---
S	1	0001	01012	Brace	Eleta	1889	Oct	16	081	F	1514 Front St	MO
S	3	0196	03923	Brace	Harry Warren	1905	Jul	21	06m	M	2636 Broadway, #7	SEA
S	-	175	3453	Brace	Lottie	1902	Nov	05	022	F	Providence Hosp.	PA
S	3	0054	01067	Brace	Louis John	1906	Mar	30	070	M	811 East Aloha St.	CND
S	2	0057	00524	Brace	Wm.	1895	Nov	21	027	M		CND
S	2	0088	1754	Bracht	Max	1901	Jul	14	033	M	Port Gamble	GER
S	2	122	1875	Bracken	Christena	1899	Aug	21	076	F	564 Lee St.	NRY
S		193	3806	Bracken	Infant	1903	Jan	27	s/b	M	115 Maynard	Sea
S	2	0105	2095	Bracken	Myrtle	1901	Nov	07	001	F	Fremont	SEA
S	3	0112	02232	Bracken	S.	1906	Sep	25	unk	M	Cleary Creek, AK	unk
S		0025	00414	Brackenburg	Mary	1893	Sep	13	050	F	Ballard	NY
S	3	0152	03034	Brackett	Mrs. Elizabeth	1907	Mar	07	045	F	9th & Madison	ME
S	1	0001	00229	Brackett	Wm.	1883	Jul	26	041	M	Seattle	USA
S	1	0001	01103	Bradburg	Edward T.	1889	Dec	18	033	M	105 Dexter St.	
S	3	0174	03467	Braden	Mrs. Eva	1907	May	10	037	F	Minor Hosp.	MA
S	3	107	2139	Bradford	Rena	1903	Jul	21	025	F	Hamahama River, Mason Co.WA	IA
S		0046	00913	Bradley	Charles H.	1903	Sep	27	048	M	1325½ Jackson Street	ENG
S	2	0057	00514	Bradley	Chas.	1895	Nov	11	039	M	1423 6th	
S	2	125	1968	Bradley	Henry J.	1899	Sep	15	024	M	Sultan, WA	---
S	2	144	2836	Bradley	J. A.	1902	May	09	035	M	Ketchikan, AK	---
S	2	0071	01411	Bradley	J. Milton	1901	Apr	15	085	M	National Hotel	NY
S	1		1967	Bradley	Jane A.	1890	Oct	30	02m	F	Palmer House	Sea
S	2	103	2055	Bradley	John	1901	Oct	02	035	M	Black River Junction	USA
S	1	0001	00441	Bradley	Josephine	1885	Mar	27	023	F	Seattle	MO
S	1	0001	00033	Bradley	Oscar	1881	Jan	17	04m	M	Cor.7th Union St.	US
S	2	0111	2212	Bradley	Richard (Capt.)	1901	Nov	30	057	M	123 16th Ave.	ME
S		0037	00732	Bradow	Joseph	1903	Aug	19	051	M	221 Second Avenue N.	MY
S	3	0183	03646	Bradshaw	(Infant)	1907	Jun	02	10d	M	6039-7th N.W.	WA
S	3	0076	01524	Bradshaw	Lenora	1904	Feb	17	005	F	Green Lake	Sea
S	2	0094	1866	Bradshaw	Willis	1901	Sep	02	07m	M	Green Lake	SEA
S	2	125	2486	Bradwell	Elizabeth	1902	Feb	27	034	F	S. Seattle	CA
S	1	0001	00459	Bradwitch	Mrs.	1885	May	22	022	F	Seattle	MA
S	3	0002	00031	Brady	Charles	1905	Aug	01	030	M	Wayside Emerg. Hosp.	UN
S	2	125	2490	Brady	Frank	1902	Feb	22	17	M	Prov. Hosp.	CND

S	R	Page	Recor	LastName	FirstNames	Deat	Mn	Dt	Age	S	DeathPlace	Bir
S	3	0162	03236	Brady	Infant (premature)	1905	Feb	09	01d	M	1116 Broadway	SEA
S		108	2153	Brady	Michael	1903	Jan	12	---	M	Manila P.I.	---
S	2	121	1821	Bragg	E. H.	1899	Jul	29	061	M	3 Sunset Row	---
S	3	106	2122	Bragg	Hilma	1904	Jun	12	036	F	Wayside Mission Hospital	FIN
S		0045	00897	Braggins	James	1903	Sep	22	088	M	Seattle General Hospital	ENG
S	1	0001	01250	Braielard	Anna A.	1890	Mar	02	08m	F	Corner 9th & Stewart	SEA
S		0028	00546	Braine	Infant	1903	Jun	04	s/b	F	4212 Latona Avenue	SEA
S	2	123	2441	Brake	A. J. Wm.	1902	Feb	13	065	M	Wayside Mission	
S	3	0143	02863	Braman	James A	1904	Nov	04	046	M	Bremerton, WA	---
S	3	0139	02769	Bramen	Belle	1904	Nov	05	040	F	Seattle General Hosp	---
S	1	0001	00697	Bran	James C.	1888	Dec	02	055	M	unknown	
S		0045	00893	Brand	Garfield Nicholas	1903	Sep	20	009	M	601 James Street	SEA
S		0008	00301	Brand	Infant	1892	Jul	23	01m	M	Harrison St.	Sea
S		0009	00331	Brand	John	1892	Aug	08	054	M	small boat in Elliott Bay	
S	2	0044	00874	Brand	Margaret Y	1900	Oct	12	018	F	1018 South St	MN
S	3	0186	03711	Brandenthaler	Peter	1905	May	26	053	M	112 Roy St	AUS
S	1	288	2438	Brandon	Earl	1891	Jul	04	03m	M	421 Washington St.	Sea
S		0037	00728	Brandon	Susie	1903	Aug	17	02d	F	214 Fourth Avenue S.	SEA
S	2	0033	00642	Brandt	Geo.	1900	Aug	10	055	M	705 Boren Ave N	GER
S	3	0061	01216	Brandt	Helen	1906	Apr	26	01m	F	1015 E.Pine St.	Sea
S	2	102	1064	Braner	John	1898	Aug	14	081	M	507 Pontiac Add.	GER
S	1	0001	00472	Branigan	Matthew	1885	Aug	05	05m	M	Wa. St. 1st Ward	
S	2	0038	00308	Branke	Martha	1894	Jul	30	019	F	702 Box	
S	-	164	3230	Brann	A. C.	1902	Sep	05	025	M	919 Dexter Ave.	TN
S		0056	1107	Brann	Etta L.	1903	Nov	02	059	F	605 University Street	MS
S	2	0080	00240	Brannan	P. E.	1897	Jun	04	003	M	Cedar Mountain	---
S		0010	00382	Brannan	Samuel	1892	Sep	16	015	F	Prov. Hosp.	
S		0027	00478	Brannick	Wm.	1893	Nov	04	060	M	Prov. Hosp.	
S	2	121	1823	Brannigan	Geo.	1899	Jul	04	030	M	Elliott Bay	---
S		0010	00385	Brannigan	Infant	1892	Sep	19	s/b	M		
S	1	0001	01000	Bransen	Jessie Mrs.	1889	Oct	08	020	F	Seattle	PA
S	1	229	2338	Branson	Isaac N.	1891	May	06	064	M	-	---
S		110	2204	Branson	Mary R.	1904	Jul	16	070	F	Seattle Gen. Hospital	IN
S	2	102	1075	Brant	Eddie	1898	Aug	22	008	M	Ballard, WA	Sea
S	2	119	1757	Brantigame	John C.	1899	Jun	17	081	M	6th & Pine Sts.	GER
S	2	0033	00650	Brantizan	John C. (Mrs.)	1900	Aug	13	067	F	608 6th Ave	OH
S		0006	00116	Brasen	A.A.	1903	Mar	25	024	M	Baker Street - Ballard	SEA
S	3	0147	02930	Brassard	Napoleon	1904	Dec	12	038	M	Wayside Emergency Hosp	---
S	3	0113	02247	Brassington	Matilda M.	1906	Oct	13	028	F	Columbia, WA	ENG
S	3	0195	03886	Bratt	Gust	1905	Jul	06	054	M	Providence Hosp.	SWD
S	3	0071	1420	Brauer	Pauline	1904	Jan	25	082	F	507 Pontius Ave.	GER
S	2	0082	1631	Brauntigae	M. Margaret	1901	Jun	25	039	F	1610 - 6 Ave.	CND
S	1	0001	00505	Brawley		1886	Jan	15	001		Seattle	SEA
S	2	0011	00204	Brawley	DeWitt Clinton	1900	Mar	14	057	M	303 9th Ave S	PA
S	2	0058	01156	Brawley	H. H.	1900	Dec	29	014	M	Redlands CA	SEA
S	2	0070	1398	Brawley	William R.	1904	Jan	16	064	M	9th Ave. & Main St.	PA
S	2	0101	02012	Bray	Hannah	1901	Oct	18	047	F	Hotel Barker	WI
S		0062	1237	Bray	Mildred	1903	Dec	03	038	F	Wayside Mission Hospital	ENG
S		0064	1279	Bray	W. J.	1903	Dec	11	036	M	721 Virginia St.	WI
S	3	0057	01134	Bray	William	1903	Nov	16	07m	M	714 Virginia St.	Sea
S		100	2000	Brazeau	Celina	1904	May	13	070	F	Kirkland WN	CND
S	1	0001	00631	Brazille	Freddie R. (A.H.Swafe's ch	1888	Oct	01	007	M	Prov. Hosp.	
S	3	0186	03710	Breazeale	Kathleen	1907	Jun	15	022	F	2711 Elmwood Pl.	WA
S	2	0056	00395	Bredenstine	Wm. V.	1895	Sep	16	065	M	River Park	
S	1		2093	Bree	George	1891	Jan	18	053	M	1412 5th St.	---

S	R	Page	Recor	LastName	FirstNames	Deat	Mn	Dt	Age	S	DeathPlace	Bir
S	-	151	2970	Breece	E. C.	1902	Jul	03	045	M	Woodland Park	OH
S	1	0001	00894	Breed	Baby	1889	Jun	15	10m		Broadway St.	
S	2	118	1706	Breese	B. L.	1899	May	22	068	M	Brooklyn	VT
S		0024	00387	Bregert	Lydia	1893	Sep	12	06m	F	1613 7th St.	Sea
S	2	0121	02408	Breiding	Henry	1904	Aug	05	053	M	2111 First Ave	GER
S	1		No #	Breitcke	Mary	1890	Oct	14	03m	F	Near Smith Cove	Sea
S		132	2602	Breituna	infant	1902	Mar	07	p/m	M	919 Yakima St.	SEA
S	3	0177	03530	Brelle	Frederick	1907	May	22	060	M	1417-17th Ave.	GER
S	2	0082	1628	Breman	Jas.	1901	Jun	24	045	M	1st & Spring	IRL
S		0049	00974	Breman	Paul	1903	Sep	25	06m	M	W.C.H. Green Lake	WA
S		0026	00449	Bremay	Andrew	1893	Oct	19	016	M	Prov. Hosp.	
S	1		2125	Bremer	John H.	1891	Feb	02	069	M	7th & Jefferson Sts.	PA
S	3	0150	02998	Bremond	John	1907	Mar	01	065	M	27 Ave. N. & Galer	FRN
S	2	0052	00245	Brendle	Geo.	1895	Jun	21	040	M	Ft of S 8th St.	GER
S	2	0071	1408	Brengan	J. A.	1901	Apr	14	004	M	2814 2 Ave.	WA
S	3	0167	03342	Breniser	Infant	1905	Feb	10	s/b	M	1912 Yesler Way	SEA
S	2	0096	1912	Brennan	Infant	1901	Sep	22	01d	F	2616 1st Ave.	SEA
S	3	0144	02861	Brennan	Lucie C.	1907	Feb	15	022	F	2620-1st Ave.	NY
S	3	0056	01116	Brennan	Michael	1906	Mar	23	040	M	King Co. Hospital	NY
S	2	115	1580	Brennan	Retta M.	1899	Apr	01	010	F	1428-1/2 30th Ave.	WA
S	2	0048	00081	Brennen	Thos.	1895	Feb	14	062	M	County Hosp	
S	3	0032	00638	Brennon	Andrew	1905	Dec	29	019	M	911 Connecticut St	SEA
S	1		1453	Brensen	J.S.	1890	Aug	01	03m	M	Near Seattle	Sea
S	2	0032	00638	Brent	N. M.	1900	Aug	09	088	M	208 23d Ave. S.	VA
S	2	0038	00277	Breon	John Ed.	1894	Jul	08	045	M	Ivy & Lake Sts	
S	3	0172	03436	Bresee	Sarah J.	1907	May	03	068	F	1321-1/2-3rd Ave.	---
S	2	0089	00588	Breslin	Katie	1898	Jan	15	043	F	County Hosp.	---
S	3	0103	02050	Breslin	Margie	1906	Aug	30	020	F	Bellingham, WA	--
S	3	107	2135	Bressler	Samuel	1904	Jun	12	040	M	King Co. Hospital	IA
S	2	0085	00441	Bretland	Dorothy	1897	Nov	03	003	F	508 Henstin St.	OH
S	2	0085	00448	Bretland	Herbert S.	1897	Nov	08	05m	M	1916 5th St.	SEA
S	1	0001	00583	Brevick	Cornilius	1888	Aug	14	002		Brown Addition	
S	2	0007	00137	Brewer	Anna L	1900	Feb	23	067	F	1208 9th Av S	MO
S	2	0056	01108	Brewer	E.	1901	Jan	23	014	F	House of Good Shep.	ID
S	2	185	3647	Brewer	Henry	1902	Dec	26	042	M	King County Hosp.	MO
S		198	3906	Brewer	Infant	1903	Feb	19	pre	M	1625 First Avenue W	SEA
S	3	0099	01965	Brewer	Sarah Elizabeth	1906	Sep	11	032	F	529 21st Av.	IA
S	2	0064	00173	Brewster	Kittie	1896	Apr	09	016	F	Fremont b. North Bend	
S		0022	00436	Brian	Infant	1903	Jun	04	s/b	F	Latona	WA
S	2	105	2089	Brickford	Isaac T.	1901	Nov	05	67	M	1603 - 30 Ave.	NH
S	2	0087	00520	Brickitt	Mary J.	1897	Dec	07	036	F	Brighton Beach	NY
S	3	0113	02250	Bricks	Frank	1906	Oct	15	060	M	Georgetown	MD
S	3	0119	02380	Bridcotti	John	1906	Nov	02	043	M	Cascade Tunnel	unk
S	3	0175	03486	Bridgeford	Mrs. Frances P.	1907	May	12	053	F	1420 Boylston	WI
S		0005	00085	Bridgeman	Anne (Mrs.)	1903	Mar	29	037	F	Providence Hospital	IL
S		0016	00048	Bridges	Andrew C.	1893	Feb	05	08m	M	15th & Canal	Sea
S	2	0044	00524	Bridges	Andrew C.	1894	Nov	15	10m	M	S. 15 & Canal	Sea
S	1	0001	00391	Bridges	infant	1884	Sep	05	06w	M	Seattle	
S	3	0189	03777	Bridges	Robert	1907	Jun	28	053	M	Providence Hosp.	---
S		0003	00050	Bridges	Sarah J.	1903	Mar	25	053	F	2412 Fourth Avenue	OH
S	2	158	3111	Briggs	B.F.	1902	Aug	17	070	M	605 Spring	MA
S		0044	00865	Briggs	Charles Kenneth	1903	Sep	13	04m	M	1117 Fifth Avenue	SEA
S	1		2041	Briggs	Edwd.	1890	Dec	12	036	M	7th near Olive	USA
S	3	0156	03108	Briggs	Oliver H.	1907	Mar	24	072	M	Metropolitan Hosp.	MA
S		132	2607	Bright	baby	1902	Mar	13	s/b	F	529 - 18th Ave. N.	SEA

S	R	Page	Recor	LastName	FirstNames	Deat	Mn	Dt	Age	S	DeathPlace	Bir
S	3	0032	00639	Bright	Infant	1905	Dec	29	01d	M	Pacific Hosp.	SEA
S	1	0001	00283	Bright	Ino	1883	Sep	14		M	Seattle	USA
S	2	0058	01143	Brightness	B. T.	1901	Jan	06	---	M	Killisnoo, AK	---
S	3	0185	03688	Brinckenhoff	Walter	1905	May	31	079	M	518 8th Ave	NY
S	3	0090	01800	Brine	Jessie Edith	1906	Aug	14	07d	F	4212 Latona Ave.	Sea
S	3	0184	03680	Bringham	Mattie A.	1905	May	28	040	F	1940 5th Ave W	IL
S	1	0001	00103	Brink	Anna Mary	1882	Jul	12	007	F	Seattle	
S	3	0009	00168	Brinns	Claude	1905	Aug	25	029	M	Fanny Paddock Hosp.,Tacoma	---
S	2	0020	00381	Brintnall	L. W.	1900	May	03	073	M	Monad Hosp.	NJ
S	1	0001	00675	Briscoe	E.	1888	Nov	06	028		Front St.	
S	2	0027	00533	Britain	Grover C.	1900	Jun	21	012	M	Ballard	SEA
S	3	0148	02953	Britian	Vernon A.	1907	Feb	06	013	M	Ballard, WA	WA
S	2	0077	1529	Brittain	E. Chas.	1901	May	16	035	M	68 Battery	IL
S		0006	00210	Brittain	Geo.	1892	May	24	032	M	Prov. Hosp.	
S		0009	00351	Brittain	Geo.E.	1892	Aug	22	030	M	Prov. Hosp.	CND
S	3	0154	03076	Britten	James S.	1907	Mar	17	046	M	Genesee St.	MI
S	3	0153	03059	Britten	Mrs. Elizabeth	1907	Mar	13	067	F	903 Pine St.	CT
S		0006	00224	Brittian	James	1892	Jun	01	057	M	Concord, CA	PA
S		0021	00257	Britton	Burke	1893	Jun	15	003	M	Ballard	
S	-	154	3034	Britton	Robert	1902	Jul	22	075	M	Providence Hosp. b.London,	ENG
S	2	118	1716	Broad	Emanuel	1899	May	29	036	M	on patrol wgn,5th & Madison	---
S	-	163	3203	Broberg	Herbert	1902	Aug	30	04m	M	1311 Republican St.	SEA
S	2	0098	00909	Brock	Reginald W.	1898	Jun	05	02m	M	813 Alder St.	SEA
S			1410	Brockett	Randall	1890	Jul	12	09m	M	Waller St.	Sea
S		0055	1093	Brockman	Infant	1903	Oct	07	s/b	M	314 Federal Avenue	SEA
S	2	100	1013	Brockway	Chauncey	1898	Jul	27	063	M	Providence Hosp.	MI
S	2	0017	00321	Brockway	E. (Mrs)	1900	Apr	15	059	F	Prov. Hosp.	CND
S		0050	1002	Broderick	Anna Murphy	1903	Oct	15	039	F	Seattle, General Hospital	NY
S	2	0070	01389	Broderick	John M.	1904	Jan	14	06m	M	1515 Barrett b.Interbay	
S	3	0098	01929	Brodhum	Charles J.	1906	Sep	02	09m	M	2027 13th So.	Sea
S	3	0071	01415	Brodie	E. L.	1904	Jan	23	055	M	622 University	un-
S		0032	00072	Brodie	Emeline	1894	Feb	17	051	F	1405 Front	
S	3	0191	03820	Broecke	(Infant)	1907	Jun	14	s/b	M	Hillman City	Sea
S	2	0063	00133	Broffle	John	1896	Apr	04	049	M	1421 Main St.	
S	3	0031	00608	Brogan	Alice Josephine	1905	Dec	18	007	F	1108 25th Ave	MT
S	2	0088	1743	Brogan	James	1901	Jul	31	049	M	Green River Hot Springs	IRL
S	2	0092	00681	Brogan	John	1898	Mar	20	045	M	Providence Hosp.	---
S	-	146	2877	Brogan	John M.	1902	Jun	07	045	M	Providence Hosp.	WI
S	2	0068	00329	Broge	Mary	1896	Aug	22	044	F	210 S. 7th St.	ITL
S	2	0082	00335	Brokaw	Grace E.	1897	Aug	17	034	F	Stanwood, WA	WI
S	2	0075	1487	Bromco	Frank	1901	May	01	069	M	Lake Dell	AUS
S	2	0083	1652	Bromley	Harry	1901	Jun	15	029	M	Dawson N.W.T.	AUT
S	3	0188	03750	Bronaugh	Harry	1907	Jun	25	005	M	Seattle Gen.	ID
S		0048	00945	Bronger	Irwin	1903	Sep	13	022	M	King County Hospital	KY
S	3	0058	01144	Bronk	Infant	1906	Mar	22	s/b	M	3800 - 12 Ave.W.	Sea
S	-	176	3467	Bronnum	M. C.	1902	Nov	11	042	M	Providence Hosp.	NRY
S	3	0171	03420	Bronson	E	1905	Mar	25	066	M	Wayside Emergency Hosp	---
S	2	129	2144	Bront	Oscar	1899	Dec	29	039	M	near Ballard, WA	DNK
S		0030	00589	Brook	Ruth	1903	Jul	19	003	F	713 N. Broadway	SEA
S	2	185	3646	Brooke	Henry W.	1902	Dec	25	040	M	Baltimore, MD	---
S		0027	00471	Brooks	A.A.	1893	Oct	22	025	M	Portland, OR	US
S	3	0038	00741	Brooks	Andrew	1906	Jan	11	073	M	Providence Hosp.	UN
S		0039	00777	Brooks	Capt. John W.	1903	Aug	30	039	M	528 - 24th Avenue S.	WY
S	3	0132	02637	Brooks	Charles M.	1907	Jan	19	064	M	4133 Lindon Ave.	NY
S	2	112	1477	Brooks	D. A.	1899	Feb	15	048	M	Ross	---

S	R	Page	Recor	LastName	FirstNames	Deat	Mn	Dt	Age	S	DeathPlace	Bir
S	2	0080	00242	Brooks	H. C.	1897	Jun	22	078	F	Arlington, WA	TN
S	2	0089	1768	Brooks	Homer E.	1901	Jul	15	065	M	Columbia City	OH
S	3	0105	02094	Brooks	Infant	1904	Jun	25	03d	M	2300 4th Ave.	WA
S		0108	02163	Brooks	Infant	1904	Jun	06	s/b	M	Seattle Gen. Hospital	Sea
S	2	0015	00282	Brooks	Joseph	1900	Apr	04	063	M	1506 14th	NY
S	3	0102	02041	Brooks	Manly Curtiss	1904	Jun	04	004	M	1819 16th Ave.	Sea
S	3	0173	03454	Brooks	Mrs Eunice	1905	Mar	16	085	F	South Park	MA
S		0024	00465	Brooks	Mrs. Lillie	1903	Jun	11	041	F	Wayside Mission	KY
S	3	0130	02597	Brooks	Norman	1904	Sep	19	003	M	South Park, WA	WA
S	2	0045	00572	Brooks	Queeny	1894	Dec	25	02m	F	Weller & Thomas	Sea
S	2	0121	02420	Brooks	Rollie	1904	Aug	23	014	M	2105 1/2 First Ave	WI
S	2	0068	00316	Brooks	W. C.	1896	Aug	11	020	M	Lake Washington	NY
S	2	0031	00619	Brophy	Edwin H.	1900	Jun	08	022	M	S.S. Olympia, N. P. Ocean	WA
S		0020	00384	Brorne ?	David H.	1903	May	08	021	M	Van Asselt	OH
S	2	0061	00060	Broth	Harry E.	1896	Feb	09	019	M	207 Marion St	Sea
S	1	0001	00205	Brotherhood	Thos.	1883	May	11	065	M	Seattle	USA
S	2	0075	00076	Brothers	infant	1897	Feb	26	07d		216 Lincoln St.	---
S	1	0001	00066	Brotonlee	William	1882	Apr	17	060	M	Providence Hosp.	US
S	2	0062	00107	Browder	Baby	1896	Mar	13	02d	F	1822 7th Ave	Sea
S	2	0099	1961	Brower	Geo.	1901	Sep	26	064	M	West Seattle	NY
S		110	2194	Brower	Quin D.	1904	Jul	14	013	M	1411 6th Ave.	IA
S		0027	00472	Brown	Alex	1893	Nov	01	055	M	Morning Star Saloon	
S	2	0038	00281	Brown	Alfred	1894	Jul	09	08m	M	Fremont b.Fremont	WA
S	2	117	1660	Brown	Amos	1899	Apr	09	066	M	San Francisco, CA	NH
S	2	0095	00826	Brown	Annie	1898	May	08	029	F	Providence Hosp.	---
S	2	0091	00690	Brown	Arthur V.	1898	Mar	11	07m	M	913 Lenora St.	SEA
S	2	0039	00323	Brown	Baby	1894	Aug	01	03m	F	1104 7th St	Sea
S		196	3862	Brown	Baby	1903	Feb	27	02m	M	208 Ninth Avenue S.	SEA
S	2	0100	1995	Brown	Barnett	1901	Oct	08	050	M	Prov. Hosp.	CND
S	2	0072	00495	Brown	C. H.	1896	Nov	12	035	M	Everett, WA	SWD
S	2	104	1178	Brown	C. L.	1898	Sep	16	-	M	Juneau, AK	---
S		134	2643	Brown	C.A.	1902	Apr	08	050	M	Providence Hosp.	---
S	3	0027	00530	Brown	Catherine	1905	Nov	05	047	F	Georgetown	CND
S	2	0103	2053	Brown	Charles	1900	Oct	09	078	M	Valdez, Alaska	GER
S	3	0189	03767	Brown	Charles	1905	Jun	15	049	M	Wayside Emerg. Hosp.	CND
S	2	0098	00934	Brown	Chas.	1898	Jun	17	028	M	Providence Hosp.	RUS
S	2	0070	1399	Brown	Chas.	1901	Apr	09	040	M	613 4 St.	USA
S		0029	00567	Brown	Chas. R.	1893	Dec	27	037	M	4th & Spring	
S		0047	00925	Brown	David A	1903	Sep	25	034	M	6544 First Avenue N.E.	ENG
S	2	0044	00868	Brown	Donald C.	1900	Oct	04	075	M	Georgetown	SCT
S	-	154	3033	Brown	Donald J.	1902	Jul	18	005	M	558 Aloha St.	ME
S	3	0160	03192	Brown	Donald McLean	1905	Jan	23	044	M	Georgetown, WA	CND
S	1	0001	01008	Brown	Dora	1889	Oct	18	006	F	New Poplar Place	SEA
S	2	432	2725	Brown	Edwin Franklin	1891	Dec	14	004	M	Olympic House, West St.	MA
S	2	0050	01000	Brown	Edwin H.	1900	Dec	14	048	M	4th & Jefferson	WI
S	3	0002	00030	Brown	Elizabeth M. (Mrs.)	1905	Aug	01	052	F	Providence Hosp.	IRL
S	2	0039	00765	Brown	Emecilia	1900	Sep	23	050	F	Prov. Hosp.	MI
S	2	158	3097	Brown	Ernest	1902	Aug	12	05m	M	1059 Harrison St. E.	SEA
S	3	0072	01426	Brown	Ethel Gladys	1904	Jan	27	009	F	cor.Melrose & Pine b.Boston	
S	2	0046	00024	Brown	Evelyn	1895	Jan	24	11m	F	422 Broadway	Sea
S	2	0049	00151	Brown	Evelyn	1895	Apr	10	02d	F	2138 Madison	Sea
S	2	0069	00362	Brown	F. W.	1896	Sep	02	06w	M	3010 Dearborn St.	SEA
S		0053	1056	Brown	Frank B.	1903	Oct	02	022	M	near Columbia	WI
S	2	0066	1318	Brown	Fred	1901	Mar	21	025	M	Prov Hosp	IL
S	1	0001	00582	Brown	Frederick A.	1888	Aug	11	003	M	8th St.	

S	R	Page	Recor	LastName	FirstNames	Deat	Mn	Dt	Age	S	DeathPlace	Bir
S	1		2209	Brown	Gottfried	1891	Mar	05	021	M	foot of Lenora St.	NRY
S		0013	00243	Brown	Harriett	1903	Apr	28	038	F	Monod Hospital	CND
S	2	0039	00317	Brown	Harry D.	1894	Jul	24	003	M	River Park	SWD
S		0015	00295	Brown	Henrietta	1903	Apr	30	031	F	713 Harvard Avenue N.	WI
S	2	0001	00018	Brown	Homer H.	1892	Jan	11	061	M	Edgewater, WA	---
S	2	0012	00239	Brown	Ida	1900	Mar	27	022	F	Henry & E Lora	WA
S	1	263	2388	Brown	infant	1891	Jun	06	21d	M	821 S. 8th	Sea
S	2	0061	00064	Brown	Infant	1896	Feb	13	09h	M	1134 S.12 Ave	Sea
S		0055	1091	Brown	Infant	1903	Oct	03	s/b	F	1015 Yesler Way	SEA
S	3	0194	03869	Brown	Infant	1905	Jun	27	---	M	Kirkwood Place	SEA
S	3	0105	02086	Brown	Infant	1906	Sep	09	s/b	M	2024-3rd Ave.	WA
S		0118	02348	Brown	Infant	1906	Nov	20	09d	M	906-2nd Ave.	WA
S	3	0171	03417	Brown	Infant	1907	Apr	15	s/b	F	715 Spring	WA
S		0004	00074	Brown	Isiah M.	1903	Mar	16	051	M	215 - 16th Avenue N.	OH
S	1		1969	Brown	J.	1890	Oct	31	060	M	American Hotel	---
S	2	0080	00264	Brown	J. H.	1897	Jul	21	021	F	General Hosp.	USA
S	1		1606	Brown	J. W.	1890	Oct	14	058	M	Providence Hospital	---
S	1	0001	00746	Brown	J.R.	1889	Jan	24				
S	2	0057	00517	Brown	James	1895	Nov	16	057	M	Elliott Bay	unk
S	2	0048	00952	Brown	James	1900	Oct	09	057	M	Alaska	NB
S	2	0072	00499	Brown	James A.	1896	Dec	01	032	M	Providence Hosp.	---
S	2	129	2118	Brown	Jas. H.	1899	Dec	11	044	M	Providence Hosp.	---
S		0027	00502	Brown	Jeanie M.	1893	Nov	22	065	F	717 Jefferson	IRL
S	2	158	3112	Brown	Jennie McPhee	1902	Aug	17	030	F	Seattle Gen. Hosp.	NS
S	2	0096	00863	Brown	John	1898	May	25	050	M	King & Weller Sts.	---
S	2	106	1247	Brown	John	1898	Oct	12	048	M	Wellington, WA	---
S	3	0125	02495	Brown	Joseph	1906	Dec	22	077	M	820-16th Ave.	GER
S		0013	00501	Brown	Julius	1892	Dec	09	030		Prov. Hosp.	
S		0011	00418	Brown	Laura T.	1892	Oct	07	02m	F	5th St.	Sea
S	2	0071	1411	Brown	Lewis	1904	Jan	22	035	M	2nd Ave.S. & Washington St.	---
S	2	0067	01326	Brown	M. Chas	1901	Mar	26	065	M	Police Hdq	MA
S	2	310	2481	Brown	Mabel	1891	Jul	23	05m	F	2010 West St.	Sea
S	1		2016	Brown	Maggie (Mrs.)	1890	Nov	25	047	F	Jackson St. nr Alton	NS
S	2	421	2703	Brown	Marshall	1891	Nov	28	045	M	Grace Hosp.	---
S	2	0041	00808	Brown	Martha	1900	Oct	06	037	F	Prov. Hosp.	ENG
S	3	0097	01922	Brown	Mary	1906	Sep	01	11d	F	1433 33rd Ave.	WA
S	3	0156	03114	Brown	Mary Etta	1905	Jan	22	018	F	911 Jackson st	ON
S	2	0098	00940	Brown	Mary F.	1898	Jun	21	018	F	Central Hotel b.Whidbey Is,	WA
S	2	0079	00230	Brown	Matilda	1897	Jun	20	034	F	General Hosp.	IL
S		0193	3814	Brown	May Isabell	1903	Feb	04	04m	F	2122 1st Avenue	WA
S	3	0122	02427	Brown	Milton W.	1906	Dec	04	034		104 Seneca	IL
S	1	0001	00573	Brown	Mrs. J.C.	1888	Aug	07	030	F	Grace Hospital	
S		0002	00025	Brown	Mrs. Lucy D.	1903	Mar	13	045	F	1425 - 29th Avenue	IA
S	3	0142	02826	Brown	Mrs. Mary	1907	Feb	06	079	F	155 Dravus	SCT
S	2	0061	00066	Brown	Nellie	1896	Feb	18	039	F	619 Bush St	US
S	2	0099	00959	Brown	Nellie	1898	Jun	07	025	F	Skagway, AK	---
S	3	0194	03873	Brown	Nellie (Mrs.)	1905	Jul	01	032	F	2250 57th Ave	NY
S	3	0091	01825	Brown	Pershorlan	1904	Apr	24	017	F	710 Stewart St.	Sea
S	1	0001	01145	Brown	Peter	1890	Jan	23	066	M	2011 West St.	SWD
S		0009	00349	Brown	Peter	1892	Aug	21	08m	M	Fremont (b.Fremont	
S		0008	00150	Brown	Pircilla J.	1903	Apr	03	059	F	201 Dexter Avenue	PA
S	2	0050	00160	Brown	Rena C.	1895	Apr	18	034	F	Fremont	NRY
S	2	0040	00366	Brown	Robt.	1894	Aug	26	085	M	125 Bismark	CT
S	1	0001	00720	Brown	Robt. L.	1888	Dec	29	048	M	Bismark St. at Lake Union	
S	2	0049	00126	Brown	Sarah	1895	Mar	10	068	F	Duwamish	IRL

S	R	Page	Recor	LastName	FirstNames	Deat	Mn	Dt	Age	S	DeathPlace	Bir
S	1		1483	Brown	Thomas	1890	Aug	12	023	M	Providence Hospital	ENG
S	2	0064	00158	Brown	Thomas	1896	Apr	18	082	M	5th Ave & Blain	MA
S	2	0052	01028	Brown	Wayne	1900	Dec	28	015	M	201 Dexter	PA
S	3	0170	03387	Brown	William	1905	Mar	16	089	M	412 29th Ave	SCT
S	2	0085	1686	Brown	Wm	1901	Jul	02	040	M	Morans Yard	
S		0002	00040	Brown	Wm	1903	Mar	18	023	M	Wayside Mission	---
S	2	0099	1967	Brown	Zeriah	1900	Feb	08	08d		Anaconda, Montana	
S		0045	00887	Browne	H. Tilly	1903	Sep	18	049	M	911-6th Avenue	IRL
S	1	0001	00862	Browne	J.B.	1889	Apr	20	055		Bellevue House	
S	-	176	3463	Brownfield	Chas. H.	1902	Nov	10	038	M	Seattle Gen. Hosp.	WA
S	2	0042	00446	Brownfield	Chas. Theod.	1894	Oct	06	022	M	210 Lakeview	PA
S	2	115	1583	Brownfield	D. F.	1899	Apr	02	075	M	Seattle Gen. Hosp.	VA
S		0032	00070	Brownfield	Fred	1894	Feb	14	017	M	Prov. Hosp.	
S	2	0036	00200	Brownfield	Gideon	1894	May	02	055	M	Prov Hosp	
S	2	0052	01024	Brownfield	H. I.	1900	Dec	28	05m	F	209 9th Ave N	SEA
S	2	0079	00209	Brownfield	Ida L.	1897	Jun	02	05m	F	1320 John St.	SEA
S	1	0001	00912	Brownfield	J.W.	1889	Jun	26	022		Lake Union	
S		0025	00492	Brownfield	R.J.	1903	Jun	27	019	M	148 - 29th Avenue	KS
S		0006	00225	Brownfield	Ronald M.	1892	Jun	02	001	M	4th & Virginia	Sea
S	3	0118	02352	Brownie	James	1906	Nov	23	052	M	416 W. Crockett	ENG
S			1385	Browning	Florence	1890	Jun	15	023	F	7th St.	---
S	-	156	3064	Browning	Florence Louise	1902	Jul	25	033	F	Coupeville, WA	CA
S	2	0099	00966	Brownly	Cynthia	1898	Jun	26	065	F	So. Seattle	---
S	2	108	2156	Brownson	Loyd	1901	Nov	17	04m	M	265 Leary Ave., Ballard	SEA
S	1		No #	Browrigg	John	1890	Oct	13	036	M	-	IRL
S		0008	00143	Brubiicich	Stella	1903	Apr	07	024	F	62 Wall	Aus
S	1	0001	00509	Bruce	Bertie	1886	Jan	27	003	F	Seattle	SEA
S	2	0085	01700	Bruce	E. Dora	1901	Jul	08	031	F	S. G. Hosp.	IL
S	2	0054	01076	Bruce	G. W.	1901	Jan	12	075	M	Prov. Hosp.	ME
S		0010	00353	Bruce	Rufus L.	1892	Aug	23	060	M		
S	2	0083	00385	Bruce	Wm.	1897	Sep	21	035	M	Snohomish Co. Mosher Camp	---
S	2	0092	1821	Bruckart	D. W.	1901	Aug	24	050	M	Alki Point	PA
S	2	124	1934	Brucker	Mrs. Lucy	1899	Sep	18	034	F	30th Ave. S.	---
S	2	107	1284	Bruer	baby	1898	Nov	28	-	M	219 Wall St.	Sea
S	3	0050	00983	Bruer	Ingwer J.	1906	Jan	23	040	M	Cape Beale, B.C.	GER
S		0005	00162	Bruhst	Edward	1892	Apr	22	016	M	Randolph St.	GER
S	3	0096	01919	Brun	Infant	1906	Aug	25	s/b	-	404-1/2 6th Ave.So.	WA
S		0194	03815	Brun	J.H.	1903	Feb	05	042	M	Providence Hospital	SWD
S		0015	00002	Brundage	Nellie J.	1893	Jan	01	030	F	Front & Pine	NY
S	3	0145	02900	Bruner	Elizabeth A.	1907	Feb	22	067	F	714-1st Ave. N.	IN
S	3	0122	02437	Brunn	Jacob	1906	Dec	05	071	M	3715-9th Ave. S.	GER
S	3	0168	03353	Bruno	Valelo	1907	Apr	27	036	M	810 Judkins	ITL
S	3	0157	03126	Brunt	Alice M	1905	Jan	26	06m	F	311 Portland Ave	SEA
S	2	0008	00151	Bruser ?	Chas C	1900	Feb	02	045	M	Henry Switch	SWD
S			1364	Brusht	Emma	1890	Jun	21	03m	F	Ninth St.	WA
S		0115	02290	Bruskevith	Infant	1904	Jul	04	s/b	F	Columbia City WA	Sea
S	3	0097	01924	Bruso	Georgie	1906	Sep	02	010	F	Minor Hosp.	CA
S	2	0008	00159	Bruson ?	David	1900	Feb	15	055	M	Douglas Island, AK	IL
S		0012	00461	Bruster	Chas.	1892	Nov	11	032	M	Prov. Hosp.	
S	3	0186	03706	Bryan	Edith B.	1905	May	18	031	F	2020 6th Ave	NJ
S		0029	00550	Bryan	Edna R.	1893	Dec	15	050	F	618 Dexter	
S	3	0025	00483	Bryan	Frances B.	1905	Nov	17	051	F	1952 5th Ave W	MA
S	3	0067	01328	Bryan	Johanna E.	1906	May	03	073	F	1209 - 7th Ave.	MA
S	-	162	3193	Bryan	Lee	1902	Aug	30	01m	M	1914-1/2 6th Ave.	SEA
S	3	0188	03759	Bryan	Minnie (Mrs.)	1905	Jun	06	042	F	Wayside Emerg. Hosp.	MO

S	R	Page	Recor	LastName	FirstNames	Deat	Mn	Dt	Age	S	DeathPlace	Bir
S	2	0082	00321	Bryan	Sabrian	1897	Aug	24	066	F	Fremont, WA	OH
S	2	0087	00521	Bryant	A. M.	1897	Dec	07	040	M	Ballard, WA	ME
S	1	0001	00553	Bryant	Arthur	1887	Sep	14	06m	M		
S		0018	00353	Bryant	Gertrude L.	1903	May	24	011	F	324 - 29th Avenue S.	SEA
S	3	0092	1828	Bryant	Harry	1904	Apr	24	035	M	Providence Hospital	ME
S	3	0013	00254	Bryant	Infant	1905	Sep	22	01d	F	Seattle Gen. Hosp.	SEA
S	2	0023	00458	Bryant	Izaima S.	1900	May	09	072	F	Ballard	ME
S	2	0045	00553	Bryant	M. Annie	1894	Dec	05	065	F	113 7th St	
S	1	0001	00302	Bryant	Mary	1884	Feb	05	10m	F	Seattle	USA
S	1	0001	00213	Bryant	Richard	1883	Jun	04		M	Seattle	USA
S	3	0147	02937	Bryant	Samuel F	1904	Dec	19	039	M	200 25th Ave S	MA
S	3	0070	01386	Bryant	Silas Wellington	1906	May	26	042	M	SE Seattle	PA
S	2	128	2082	Bryant	Stewart	1899	Nov	22	016	M	Providence Hosp.	USA
S		0025	00490	Bryant	Wm. J.	1903	Jun	24	061	M	408 Queen Anne Avenue	---
S	1		2024	Brydesen	J.	1890	Dec	01	024	M	Providence Hosp.	SWD
S	2	0053	01058	Brys	Lena	1901	Jan	01	026	F	1101 King St	MO
S	2	0075	0042	Buchan	Alex	1897	Jan	29	---	M	Steilacoom, WA	---
S	2	0082	00338	Buchanan	A.	1897	Aug	18	015	M	Skykomish, WA	UT
S	2	0087	00515	Buchanan	Aurilla	1897	Dec	30	063	F	115 23rd Ave. S.	---
S	2	0010	00190	Buchanan	Edgar	1900	Mar	08	023	M	Prov. Hosp.	---
S	2	0056	00487	Buchanan	Edwin	1895	Oct	27	037	M	3rd & Madison	VA
S	2	0029	00568	Buchanan	Ella M.	1900	Jul	13	030	F	S. G. Hosp.	CA
S	1	204	2283	Buchanan	infant	1891	Apr	09	10d	M	Farm St., 8th Ward	Sea
S	3	0167	03328	Buchanan	James N	1905	Feb	24	042	M	San Francisco, CA	NH
S		0038	00762	Buchanan	John	1903	Aug	05	060	M	Providence Hospital	IRL
S	2	329	2519	Buchanan	Mrs. Abbie M.	1891	Aug	12	031	F	Kirkland	VT
S	3	0175	03500	Buchannan	James Oliver	1905	Apr	09	069	M	118 Queen Anne	PA
S	3	0164	03274	Buchanon	Angus George L	1905	Feb	25	009	M	703 21st Ave B:Brit Columb	CND
S	1	0001	01015	Buchegger	John	1889	Oct	09	040	M	Lake St. near Lake Union	
S	2	0045	00557	Buchiger	Theresia	1894	Dec	09	054	F	410 McClain	AUS
S	3	0091	01808	Buck	Franklin A.	1904	Apr	19	09m	M	921 16th Ave.	Sea
S	2	110	1411	Buck	Jennie M.	1899	Jan	19	061	F	1233 17th Ave.	---
S	2	0001	00023	Buck	Mary A.	1892	Jan	14	083	F	2208 2nd b.Portland,	ME
S		0003	00116	Buckaman	Duncan	1892	Mar	23	038	M	Prov. Hosp.	
S	2	125	2488	Buckanan	Margarett M.	1902	Feb	27	19	F	1106 E. Thomas	WA
S	-	167	3294	Buckley	Charlotte	1902	Mar	13	031	F	Dawson, Yukon Terr.	CND
S	2	0064	00164	Buckley	John	1896	Apr	25	02m	M	6th & Wash	Sea
S	1		2064	Buckley	Joseph	1890	Dec	28	060	M	Sea. Hotel @R.R.Ave&Jackson	---
S	2	0084	00392	Buckley	Marguerite	1897	Oct	05	004	F	610 8th Ave.	MT
S		0003	00056	Buckley	Marths (Mrs.)	1903	Mar	27	029	F	2224 Seventh Avenue	IRL
S	3	0196	03912	Buckley	Nancy (Mrs.)	1905	Jul	18	028	F	6th Ave & Columbia	IL
S	1	241	2364	Bucklin	Aubrey W.	1891	May	21	004	M	213 Poplar b.Pt. Madison,	WA
S	2	0017	00326	Buckman	Mary H. A.	1900	Apr	17	080	F	817 12th Ave S	NY
S	3	0126	02510	Buckner	Neona May	1906	Dec	27	032	F	2633 Day	BC
S	3	0071	01413	Buddaby or Burdaby	Wm. R.	1906	May	18	035	M	Arlington Hotel	un
S		0011	00408	Budden	Chas.W.	1892	Sep	30	15m	M	200 Sutter	Sea
S	2	111	1439	Buddlie	Tom R.	1899	Jan	18	040	M	Steilacoom Asylum	CND
S	3	0016	00314	Buddnick	Matteo	1905	Sep	17	035	M	King Co. Hosp.	AUS
S		195	3849	Buddress	Alcon N.	1903	Feb	22	14d	M	Monod Hospital	SEA
S	1	0001	00712	Bude	Jeffery	1880	Dec	25	005		Corner 2nd Blanchard St.	
S	3	0166	03316	Budinich	(Infant)	1907	Apr	17	08h	F	66 Vine	WA
S	3	0151	03006	Budlong	George E.	1907	Mar	01	056	M	Prov. Hosp.	NY
S	2	107	2125	Bue	Ole C.	1901	Nov	18	045	M	Sea. Gen. Hosp.	NRY
S	3	0146	09208	Bueklin	George	1904	Dec	10	038	M	3624 Dayton Ave	ME
S	3	0184	03667	Buell	Clanence M.	1907	Jun	07	072	M	2446 E. Valley	---

S	R	Page	Recor	LastName	FirstNames	Deat	Mn	Dt	Age	S	DeathPlace	Bir
S	1		2108	Buell	Horace Edgar	1891	Jan	24	02y	M	101 Grant St. Bridge	MEX
S	3	0159	03171	Buell	Lillian Blanche	1907	Mar	08	025	F	Kent	ME
S	2	0057	00518	Buell	Royal	1895	Nov	16	011	M	Elliott Bay	MI
S	2	0053	00304	Buer	Karl	1895	Aug	07	04m	M	Seagrove Bldg. Virginia St	Sea
S	3	0073	01447	Bufford	Warren	1904	Jan	14	001	M	Van Asselt,WA b.Van Asselt	
S	2	0095	00794	Bufonchio	Joe	1898	Apr	30	010	M	Jackson St & 3rd Ave b.Wash	DC
S	2	0053	01057	Bugan	Catherine	1901	Jan	01	002	F	711 Wash	SEA
S	2	106	1236	Buger	John	1898	Oct	05	045	M	Kent, WA	---
S	2	0078	1553	Buggs	Baby	1901	May	28	07d	M	2616 Madison	WA
S	3	0134	02673	Bugh	W.E.	1907	Jan	18	c23	M	Wayside Emerg. Hosp.	---
S	2	0074	0037	Bugle	H. G.	1897	Jan	05	031	-	Fort Steilacoom, WA	IL
S		0049	00975	Buhler	Viola E.	1903	Oct	02	024	F	2106 Fifth Avenue W	NE
S	2	111	1445	Bull	Annie R.	1899	Jan	28	023	F	Steilacoom Asylum	WLS
S	2	145	2852	Bullard	Samuel	1902	May	27	035	M	Str. Valencia	---
S	2	0068	00338	Bullene	--	1896	Aug	25	074	M	Seattle	---
S		0013	00497	Bullene	Arthur	1892	Dec	05		M	Prov. Hosp.	
S		0034	00124	Bulloch	F.R.	1894	Mar	22	032	M	Drexel & Gould St.	
S	3	0129	02574	Bullock	R Ballard	1904	Sep	13	041	M	Providence Hosp	MS
S	3	0015	00289	Bullock	Rollin	1905	Sep	26	056	M	Seattle Gen. Hosp.	---
S	1	0001	01032	Bumgart	Anton	1889	Oct	27	018	M	10th & Dearborn	IL
S	1	229	2334	Bumpus	Oliver	1891	May	04	073	M	1226 Jackson St.	---
S	2	107	1270	Bunbaum	Margaret M.	1898	Nov	20	06m	F	724 Seneca St.	WI
S		0044	00966	Bunch	Thomas J.	1903	Aug	25	053	M	Foot of Yessler Way	KY
S	3	0082	01630	Bundy	Irene	1906	Jul	11	09m	F	2208 E. Jefferson	Sea
S	1	0001	00011	Bundy	J.H.	1881	Oct	==	047	M	Sea. W.T.	US
S	2	0066	1317	Bundy	Jessie	1903	Dec	07	08m	F	713 23rd Ave.So.	WA
S	3	0142	02841	Bundy	LeRoy	1904	Nov	30	08m	M	528 23rd Ave S	SEA
S	1		2126	Bunell	Hawell M.	1891	Feb	04	040	M	Foot of Yesler Ave.	IA
S	1	192	2253	Bungard	W. B.	1891	Mar	22	030	M	Providence Hosp.	---
S	2	0057	01131	Bunini	C.	1901	Jan	30	001	F	1630 7th Ave	SEA
S	2	144	2830	Bunker	D. W. Mrs.	1902	May	01	047	F	Alderton	USA
S	3	0013	00248	Bunn	Hazel	1905	Sep	18	018	F	2709 17th Ave S	USA
S		0099	1971	Bunn	Sally	1904	May	02	079	F	2709 17th Ave. S.	NY
S	3	0057	01133	Buntage	Anna M.	1906	Mar	17	065	F	Rainier Beach, WA	IL
S		0005	00090	Burbank	Howard E.	1903	Mar	01	041	M	Fruitvale, CA	ME
S	3	0166	03315	Burch	Doevin	1905	Feb	06	014	M	South Seattle	MN
S	3	0023	00441	Burdash	Edward	1905	Oct	16	030	M	Monroe, WA	MN
S	3	0162	03229	Burdett	Doris Madoline	1907	Apr	02	007	F	Prov. Hosp.	ENG
S		0012	00226	Burdett	Janie	1903	Apr	04	025	F	Providence Hospital	Md
S	2	182	3590	Burdett	W. J.	1902	Dec	22	033	M	2614 Judkins	USA
S	2	0024	00477	Burdette	John	1900	Jun	04	028	M	Prov. Hosp.	ITL
S	3	0029	00572	Burdick	Birdie A.	1905	Dec	04	008	F	1214 E Cherry St	CA
S	-	148	2899	Burdict	Gracia May	1902	Jun	18	023	F	2nd & Washington	PA
S			1418	Buregert	Amos	1890	Jul	15	054	M	Yesler & Williams Sts.	---
S		0031	00603	Burg	Chas A.	1903	Jul	22	022	M	Lake Union	SWD
S	2	0100	1986	Burge	Arthur William	1901	Oct	05	010	M	Seattle Gen.	ID
S	2	0123	02444	Burgenet	Alexander	1902	Feb	14	050	M	500 1/2 6th Ave. S.	USA
S	2	0064	01261	Burger	Katie	1901	Mar	01	028	F	711 Washington	PA
S		0006	00219	Burgess	Harvey C.	1892	May	30	026	M	In mountains	MA
S	1	0001	00522	Burgess	Mary Ann	1886	Apr	13	064	F	3rd Ward Seattle	ME
S	2	0074	00030	Burgle	Albert	1897	Jan	27	026	M	9th & Premium Sts.	---
S	3	0024	00476	Burian	Emma	1905	Nov	13	065	F	Spring Place	GER
S	2	0124	2470	Burian	G.	1902	Feb	21	066	M	1020 Spring Place	GER
S	2	0087	1745	Burimane	Marjin	1904	Mar	28	059	M	King Co. Hospital	NY
S	2	0086	1725	Burk	M. Maude	1904	Mar	08	050	F	King Co. Hospital	SPN

S	R	Page	Recor	LastName	FirstNames	Deat	Mn	Dt	Age	S	DeathPlace	Bir
S	1		1578	Burke	A. D.	1890	Sep	23	028	M	Providence Hospital	---
S	2	0054	00337	Burke	Danel	1895	Aug	03	059	M	Ballard	IRL
S	2	0038	00304	Burke	Eliza	1894	Jul	27	045	F	6th & Wall	---
S		113	2251	Burke	Harold Moore	1904	Jul	05	021	M	Lake Wash.	CND
S	2	180	3559	Burke	infant	1902	Dec	06	01h	M	Summit & Seneca Sts.	SEA
S	2	0096	1918	Burke	Infants	1901	Sep	13	01d	M	Monod Hosp.	SEA
S	3	0135	02692	Burke	James	1904	Oct	27	035	M	Minor Hotel	---
S	3	0166	03310	Burke	James E	1905	Feb	01	040	M	W Wash Hosp for Insane	NY
S	2	182	3579	Burke	Jennie A.	1902	Dec	16	030	F	224 10th Ave. S.	WI
S	2	0079	00227	Burke	John	1897	Jun	20	045	M	Providence Hosp.	IRL
S	2	125	2485	Burke	John	1902	Feb	25	35a	M	County Jail	ME
S	1	0001	00266	Burke	Lottie M.	1883	Aug	12	05m	F	Seattle	IRE
S	3	0134	02676	Burke	Mary Etta E.	1907	Jan	22	046	F	121 W. Etrura	---
S	3	0174	03466	Burke	Thomas	1907	May	10	040	M	Providence Hosp.	OH
S	3	0188	03756	Burke	Thomas Henry	1905	Jun	06	031	M	166 Thomas St	NJ
S		152	2994	Burkeland	Ole	1902	Jul	13	019	M	Seattle Gen. Hosp.	NRY
S	0	0032	00068	Burkett	Calvin	1894	Feb	13	073	M	Prov. Hosp.	---
S	3	0143	02858	Burkett	Elizabeth	1907	Feb	14	077	F	815-16th Ave.	unk
S	2	0017	00324	Burkett	Herbert	1900	Apr	16	039	M	710 Terry	ME
S		0010	00381	Burkman	Chas.	1892	Sep	16	070	M	216 Lake	SWD
S	2	0072	00469	Burkman	Frank C.	1896	Nov	12	038	M	722 Dexter Ave.	---
S	3	0143	02851	Burkman	John F.	1907	Feb	13	048	M	Prov. Hosp.	IL
S	2	0075	00054	Burkman	Mary A.	1897	Feb	08	070	F	2120 4th Ave.	---
S		0003	00081	Burn	Annie	1892	Feb	26	020	F	Rear 227 Poplar	PA
S	1	298	2459	Burn	Georgie	1891	Jul	13	05h	M	2818 Water St.	Sea
S		0006	00217	Burn	Henry	1892	May	27	030	M	Georgetown	---
S	2	0034	00664	Burnby	Elizabeth	1900	Aug	19	032	F	2511 4th Av	PRT
S	2	0018	00354	Burnell	Fred E.	1900	Apr	30	07m	M	338 Lea	SEA
S	-	165	3251	Burnell	Hannah M.	1902	Sep	16	086	F	3433 Meridian	MA
S	2	111	1428	Burnell	Lotto Edwd	1899	Jan	27	001	M	Edgewater	WA
S	1		2077	Burner	Harry V.	1891	Jan	06	11m	M	Green St & Yesler b.Oakland	CA
S	-	170	3339	Burnett	Arthur s.	1902	Oct	06	008	M	Green Lake	MI
S	2	182	3592	Burnett	Chas. S.	1902	Dec	22	056	M	General Hosp.	OH
S		0006	00213	Burnett	Frank	1892	May	25	045	M	So. Seattle	---
S			1386	Burnett	H. H.	1890	Jun	16	063	M	-	---
S	3	0061	01214	Burnett	Hiram	1906	Apr	25	088	M	3433 Meridian Ave.	MA
S		0004	00061	Burnett	Hubert H.	1903	Mar	03	022	M	Providence Hospital	IA
S	3	0104	02064	Burnett	Russell M.	1906	Sep	14	042	M	Portland, OR	--
S	2	0067	00310	Burnett	V.M.	1896	Aug	06	007	F	Green Lake	SEA
S	2	427	2715	Burnham	C. F.	1891	Dec	07	-	M	Haller City, WA	---
S	2	0036	00720	Burnley	Bertha L.	1900	Aug	29	010	F	Salt Spring Isl, BC	---
S	2	0081	00305	Burnley	E.	1897	Aug	07	11d	F	5th St.	SEA
S	2	0073	00512	Burnley	Martha	1896	Dec	13	10m	F	513 Main St. b.513 Main	WA
S	2	0081	1603	Burns	A. Jane	1901	Jun	14	049	F	1415 - 11th Ave.	CND
S	2	0087	00528	Burns	Alex	1897	Dec	21	023	M	Oakland, CA	CND
S	2	0075	00066	Burns	baby	1897	Feb	19	10m	F	412 4th Ave.	---
S		0056	1106	Burns	Capt Francis J.	1903	Nov	03	063	M	1111 Spring Street	NY
S	2	0073	1452	Burns	Della	1901	Apr	30	007	F	423 Boren	WA
S	1	0001	00738	Burns	Emma	1889	Jan	15	032	F	2225 Front St.	---
S	2	0098	00914	Burns	Frank J.	1898	Jun	06	063	M	115 Valley St.	---
S		0025	00402	Burns	Grace F.	1893	Sep	21	03m	F	4-- Madison	Sea
S	3	0183	03647	Burns	J.J.	1907	Jun	02	065	M	Prov. Hosp.	---
S	2	0094	00774	Burns	James M.	1898	Apr	20	21d	M	Seattle	SEA
S			1316	Burns	John	1890	May	06	047	M	-	IRL
S	3	0134	02685	Burns	John	1904	Oct	26	037	M	Cape Nome Saloon	---

S	R	Page	Recor	LastName	FirstNames	Deat	Mn	Dt	Age	S	DeathPlace	Bir
S	2	123	1878	Burns	Lona E.	1899	Aug	22	003	F	1121 Boren St.	Sea
S	3	0168	03363	Burns	Louisa C A	1905	Mar	06	043	F	412 Boren Ave N	CND
S	3	0062	01228	Burns	M.	1906	Apr	27	042	M	Wayside Emergency Hospital	unk
S	3	0144	02872	Burns	Margaret	1904	Nov	11	070	F	South Park	IRL
S	2	0042	00435	Burns	Mary	1894	Sep	08		F	Port Angeles	
S	2	0094	00770	Burns	Mary A.	1898	Apr	18	032	F	3025 West St.	NY
S	2	0028	00541	Burns	Pat'k	1900	Jul	02	037	M	316 Marion	IL
S	2	118	1715	Burns	Peter F.	1899	May	29	044	M	1509 Yesler	---
S	2	0040	00389	Burns	Terrence	1894	Aug	23	040	M	Co. Farm	ENG
S	3	0119	02369	Burnside	John Harold Jr.	1906	Nov	28	20d	M	Minor Hosp.	WA
S	2	0040	00367	Burnson	Vurn	1894	Aug	26	001	M	Beach St	Sea
S		0038	00763	Burr	Grier Walter	1903	Aug	08	027	M	Providence Hospital	MO
S	2	0005	00086	Burrell	Jas R.	1900	Jan	29	048	M	Goldendale, WA	SCT
S	1	0001	00743	Burrell	Olivia	1889	Jan	20	01m		Corner 8th & Weller St.	
S	2	184	3624	Burress	Nellie A.	1902	Dec	15	014	F	New Western Hotel	IN
S	2	0003	00060	Burrill	Jas P.	1900	Jan	29	048	M	-----	SCT
S	3	0037	00723	Burrington	Myra Belle (Mrs.)	1906	Jan	06	044	F	Metropolitan Hosp.	WI
S	3	0138	02764	Burroughs	Joseph	1904	Nov	03	032	M	116 31st Ave	ENG
S	1	0001	00456	Burroughs	S.L.	1885	May	19	046	F	Seattle	
S	2	0092	00697	Burrows	Alice A.	1898	Mar	26	14m	F	Latona, WA b.Latona, WA	
S	-	162	3184	Burrows	Chas. P.	1902	Aug	09	031	M	Alki Point, WA	OR
S		0011	00398	Burrows	Estella	1892	Sep	25	01m	F	Latona (b.Latona	
S	2	0067	1326	Burrows	J. C.	1903	Dec	01	04?	M	Woodinville WA	---
S	3	0152	03040	Burrows	Mary E.	1907	Mar	08	10m	F	3819 Corliss Ave.	WA
S		0195	3847	Burrows	Stephen	1903	Feb	21	074	M	6709 Weedin A. Green Lake	NY
S	2	0025	00497	Burse	Lillie	1900	Jun	15	022	F	314 5th Av S	CA
S	2	0051	01005	Burt	Wm.	1900	Dec	19	065	M	Interbay	ENG
S	2	125	1956	Burton	Chas Lee	1899	Sep	29	08m	M	211 Vine St.	WA
S	3	0100	01998	Burton	Elmer	1906	Sep	19	006	M	8th Av.S. & Lane St.	CO
S		0063	01265	Burton	Freddena O.	1903	Dec	13	001	F	607 22nd Ave.	Sea
S	1	0001	00997	Burton	Henry	1889	Oct	12	030	M	Prov. Hosp.	ENG
S	2	186	3674	Burton	Henry W.	1902	Dec	30	037	M	116 Washington St.	CND
S	2	0076	00113	Burtrom	Inneborg	1897	Mar	23	053	F	General Hosp.	NRY
S	2	104	1151	Burtschell	Wm.	1898	Sep	23	050	M	1215 8th Ave. S.	---
S	2	336	2534	Burtt	Harry E.	1891	Aug	21	06m	M	Dione, N. of Madison	---
S	3	0174	03474	Buruske	Infant	1905	Mar	12	s/b	M	Georgetown	SEA
S	2	0048	00951	Burwell	Annie B.	1900	Nov	15	056	F	Ballard	OH
S	-	150	2947	Burwell	J. H.	1902	Jun	11	058	M	Ballard, WA	OH
S	-	154	3019	Burwell	Marion	1902	Jul	25	001	F	Madrona, WA	SEA
S	1	0001	00465	Burwell	S.	1885	Jun	27	076	M	Seattle	
S	2	0066	1315	Burwell	S. Austin	1901	Mar	23	087	M	2210 - 4 Ave	CT
S		0007	00238	Bus	Louis	1892	Jun	13	036	M	Prov. Hosp.	
S	2	119	1754	Busby	Dewey	1899	Jun	16	02m	M	509 Maynard St.	WA
S	1	0001	00212	Busche	Wm.	1883			003	M	Seattle	USA
S	2	123	1909	Buschell	Geo.	1899	Aug	26	053	M	Port Blakely, WA	---
S	2	124	1928	Bush	Aug.	1899	Sep	16	032	M	Lake Union	---
S		0029	00567	Bush	Chas	1903	Jul	10	038	M	4023 - 11th N.E.	IA
S	2	129	2123	Bush	Geo. S.	1899	Dec	13	033	M	114 Denny Way	IL
S		0035	00689	Bush	Henry	1903	Aug	09	042	M	Providence Hospital	GER
S	3	0161	03207	Bush	Infant	1905	Jan	06	s/b	F	329 5th Ave	SEA
S	3	0158	03148	Bush	Infant	1905	Jan	06	02d	F	329 5th Ave	SEA
S	3	0026	00509	Bush	Martha Smith	1905	Nov	28	060	F	2431 10th Ave N	NY
S	2	0100	00989	Bush	Mrs. Libby	1898	Jul	12	038	F	Seattle Gen. Hosp.	---
S	1	216	2312	Bush	Teresia	1891	Apr	22	006	F	nr Madison St. Power House	NY
S	2	0069	00351	Bush	Wm. S.	1896	Aug	31	068	M	Seattle	NY

S	R	Page	Recor	LastName	FirstNames	Deat	Mn	Dt	Age	S	DeathPlace	Bir
S	1		1544	Bushell	Helen Catherine	1890	Sep	04	004	F	415 Wilfred St.	Dak
S	2	0069	00381	Bushell	John	1896	Sep	15	001	M	1930 8th Ave.	SEA
S	3	0023	00458	Bushman	Elizabeth (Mrs.)	1905	Nov	04	079	F	212 22nd Ave	GER
S	2	0053	01048	Bushy	Ella	1900	Dec	30	020	F	Ballard	---
S	3	0125	02498	Buss	Evelyn	1906	Dec	20	029	F	6th Ave. S. & King	GER
S	3	0080	01596	Bussanich	Infant	1906	Jun	26	s/b	M	127 N.5th	Sea
S	2	0077	00120	Bussavick	Antonia	1897	Mar	27	039	F	West Pike St.	GRC
S	3	0028	00543	Butchard	George	1905	Nov	21	033	M	Redmond, WA	CND
S		0009	00348	Buterfield	Lena	1892	Aug	21	06m	F	2310 Jackson	Sea
S	2	0043	00485	Butler	Alden G.	1894	Oct	27	065	M	West St. House	
S	3	0190	03792	Butler	Cornelia G.	1905	Jun	28	054	F	2022 8th Ave	MO
S	2	0063	01248	Butler	D.	1875	Jul	--	---	F	Cincinnati	---
S	1	0001	00858	Butler	Ella	1889	Apr	14	011		1214 2nd	
S	3	0186	03724	Butler	Frank W.	1905	May	15	050	M	Hobart, WA	---
S		0197	3390	Butler	Fred	1903	Feb	22	004	M	S. Seattle	WA
S	1	0001	00556	Butler	H.S.	1887	Sep	25	060	M		
S		0024	00354	Butler	Infant	1893	Aug	30	03m	M	Yesler (b.Yesler
S	2	0122	02441	Butler	Infant	1904	Aug	14	03m	-	Castle Rock, WA	---
S	2	0099	00969	Butler	James	1898	Jul	??	023	M	Elliott Bay	ENG
S		0078	1546	Butler	James	1904	Feb	25	040	M	2nd Ave. S. & Washington St	---
S	2	0090	00633	Butler	Lillins	1898	Feb	22	054	F	110 5th Ave S.	---
S	3	0175	03497	Butler	Mrs Mary	1905	Apr	07	059	F	108 5th Ave S	IRL
S	2	0059	01171	Butler	R. Nancy	1901	Feb	05	074	F	109 Nob Hill	IN
S	3	0150	02984	Butler	Richard A.	1907	Feb	23	072	M	Renton Junction	PA
S	1		2047	Butler	Selina (Mrs.)	1890	Dec	15	068	F	1006 Howell St.	---
S		0009	00314	Butler	Susan	1892	Jul	29	067	F	316 Birch	ME
S	3	0089	01779	Butler	William Preston	1906	Aug	09	001	M	2586 5th Ave.W.	OR
S	1	0001	00425	Butluer	E.	1885	Jan	31	104		Seattle	
S	2	0066	01324	Butson	Nellie	1903	Dec	23	017	F	709 Washington St.	ND
S	2	0063	01246	Butt	Emma	1901	Feb	24	043	F	S. Seattle	PA
S	2	0061	00051	Butter	Hillory	1896	Feb	03	076	M	1508 4th Ave	VA
S	3	0064	01267	Butter (Butler?)	Leon	1906	Apr	11	017	M	Renton, King Co.	unk
S	1	0001	00725	Butterfield	(baby)	1889	Jan	06	002		Corner 7th & King St.	
S	2	0055	00354	Butterfield	Ellen M.	1895	Sep	05	06m	F	175 Rechestrichs	Sea
S	1	0001	00467	Butterfield	Jerome	1885	Jul	12	038	M	Seattle	
S	-	162	3180	Butters	Chas.	1902	Aug	03	---	M	Ballard, WA	---
S	2	0016	00313	Butterworth	Thos.	1900	Apr	12	026	M	Prov. Hosp.	NJ
S	2	0077	00135	Button	Ang Claire	1897	Apr	03	003	F	611 4th Ave. b.Colefax,	WA
S	3	0149	02968	Button	Chas E.	1907	Feb	12	025	M	Phoenix, AZ	NY
S	-	146	2861	Button	Franc Harriet	1902	May	29	023	F	733 Beacon Pl.	NY
S	2	0065	1292	Buttrick	Phillip	1903	Dec	22	022	M	1227 Jackson St.	RUS
S	3	0043	00845	Butts	Catherine A.	1906	Feb	06	075	F	Seattle	CT
S	2	0034	00670	Butts	Geo.	1900	Aug	20	049	M	Prov. Hosp.	GER
S		0021	00237	Buxbaum	Infant	1893	Jun	14	s/b	M	811 Madison	
S		109	2183	Buxbaum	Willie	1904	Jul	09	010	M	321 5th Ave. N.	WI
S	3	0148	02961	Buxton	Mrs Emma	1904	Dec	29	040	F	19th Ave & Aloha St	CA
S			1284	Buxton	Sarah H.	1890	Apr	03	087	F	1408 - 3rd	VT
S	2	0042	00456	Buzby	Jas	1894	Oct	15	07w	M	118 Lombard	Sea
S		0031	00029	Buzby	Jas.	1894	Jan	17	076	M	2546 Madison	
S	3	0059	01170	Buzby	Margaret B.	1906	Apr	10	085	F	1717 - 22nd Ave.	NY
S	1	0001	00979	Byarnson	Theo.	1889	Sep	27	005	M	Harrison St.	CND
S	1	0001	00151	Byer	John	1883	Jan	14	06m	M	Seattle	USA
S	2	0072	1427	Byers	A. Geo.	1901	Apr	20	06m	M	1709 23rd Ave.	WA
S	3	0149	02977	Byers	Harriett	1907	Feb	20	085	F	Hanford, King Co.	PA
S	2	0062	00110	Byers	Unis	1896	Mar	17	007	F	1012 Stacy Ave	IA

S	R	Page	Recor	LastName	FirstNames	Deat	Mn	Dt	Age	S	DeathPlace	Bir
S	1	0001	00846	Byholt	Nettie E.	1889	May	27	011	F	314 Orion St.	
S	3	0124	02481	Byler	Ethel May	1904	Sep	03	034	F	Providence Hospital	IL
S	1	241	2357	Bynn	John O.	1891	May	18	050	M	Mercer Island	---
S	3	0091	1820	Byrne	Edward	1904	Apr	20	022	M	805 10th Ave.	IRL
S	3	0128	02547	Byrne	Kate C.	1906	Nov	16	046	F	St. Thomas Hsp., San F., CA	IN
S	2	128	2089	Byrnes	J.W.	1899	Nov	25	060	M	Providence Hosp.	IRL
S	3	0133	02657	Bywater	Maggie	1904	Oct	11	064	F	1609 E Fir St	US
S	1	0001	00670	C---(nr)	Peter	1888	Nov	01	042	M	Prov. Hosp.	
S	3	0179	03562	Cabanski	Scoita	1907	May	27	060	F	132 Warren Ave.	KY
S	2	0035	00161	Cabauski	Flora	1894	Apr	10	011	F	132 Warren St	
S		0083	1655	Cabel	Anna	1904	Mar	21	077	F	633 Hillman Pl.	NY
S		0015	00290	Caber	Clyde	1903	Apr	28	08m	M	Ballard	SEA
S	3	0198	03946	Cable	Infant	1905	Jul	28	04d	M	421 Cherry St	SEA
S	3	0092	01831	Cade	Elizabeth	1906	Aug	24	084	F	3636 1st Ave. N.	TN
S	2	0095	00803	Cade	G. W.	1898	Apr	05	021	M	King Co. Hosp.	IA
S	2	0051	01008	Cade	Walter M.	1900	Dec	19	026	M	Prov. Hosp.	IN
S	1		2184	Cady	Alfred	1891	Mar	04	001	M	cor Willow & Farr Sts.	---
S	2	0092	1839	Cady	Evelyne	1901	Aug	15	010	F	Ballard	WA
S	2	183	3607	Cady	Helen Mary	1902	Dec	25	02d	F	1610 Minor Ave.	SEA
S	1		2157	Cady	Joseph	1891	Feb	23	017	M	Willow St. b.Salt Lake City	UT
S	3	0150	02997	Caen	Daniel L	1902	Apr	25	058	M	Everett, WA	---
S	3	0182	03629	Caffrey	Elzabeth	1905	May	07	026	F	213 Clay St	ENG
S	3	0086	01707	Caffrey	Mary Agnes	1906	Jul	28	021	F	1808 23rd So.	IL
S	3	0167	03327	Caglis	J.	1907	Apr	21	026	M	Providence Hosp.	ITL
S	2	0121	02419	Cahill	Flora	1904	Aug	31	019	F	655 Yesler Way	WA
S	2	0115	02289	Cahill	Jerimiah	1901	Dec	20	057	M	Near Palmer Junction	IRL
S		113	2265	Cain	Edward C.	1904	Jul	06	019	M	N. Yakima WA	---
S	2	0086	00493	Cain	Leslie	1897	Dec	04	004	M	nr Lake Union	SEA
S	2	0086	1709	Cain	William	1901	Jul	14	035	M	8th & Stewart	USA
S	3	0058	1156	Caine	Alfred A.	1903	Nov	24	047	M	1422 22nd Ave. S.	MI
S		0031	00025	Caine	Sammuel	1894	Jan	16	030	M	Puget Sound	
S	2	0026	00517	Cairns	Chas. C.	1900	Jun	29	004	M	1112 Denny Way	WA
S	3	0189	03762	Cairns	Mary McDonald	1907	Jun	02	mns	F	Sea. Gen. Hosp.	WA
S	3	0127	02537	Calcutt	Harriett J.	1906	Dec	31	073	F	Providence Hosp.	CND
S	2	0041	00415	Caldwell	Andrew	1894	Sep	19	076	M	White & Taylor	IN
S	2	0079	00219	Caldwell	Chas.	1897	Jun	15	064	M	710 32nd Ave.	PA
S	2	0007	00138	Caldwell	G. (Dr)	1900	Feb	22	051	M	9th & Stewart	TN
S	3	0104	02076	Caldwell	Henry Russell	1904	Jun	19	023	M	910-1/2 Pine St.	Sea
S		193	3800	Caldwell	Infant	1903	Jan	16	s/b		27th Avenue & Roy	Sea
S	3	0087	01734	Caldwell	Infant	1906	Jul	11	s/b		710-1/2 Bell	Sea
S	3	0156	03118	Caldwell	Sister Mary of St Isabella	1905	Jan	23	054	F	413 9th Ave	IRL
S	2	118	1692	Calella	Andonia	1899	May	13	029	F	1312 Yesler Ave.	ITL
S	3	0123	02463	Calella	Infant	1904	Aug	15	---	M	2652 Atlantic St	SEA
S	2	0096	00828	Calhoun	Ellen Mini	1898	May	10	060	F	914 1st Ave. N.	ENG
S	3	0129	02568	Calhoun	F.B.	1906	Dec	23	028	M	Denio, OR	WI
S	3	0038	00751	Calhoun	John J.	1906	Jan	15	063	M	Pacific Hosp.	NY
S	1	0001	00831	Calhoun	Mary C.	1889	Apr	20	027	F	Willow & Depot St.	
S		0018	00128	Calhoun	R.F.	1893	Mar	30	021	M	Palmer	
S	2	0043	00495	Calighan	John	1894	Oct	07	045	M	Co. Hosp.	
S		0001	00019	Calis-Ene	Sylvia	1903	Mar	12	005	F	1165 Republic	SEA
S	3	0123	02449	Calkins	David S.	1906	Dec	07	084	M	1610 E. Pike	NY
S	2	0038	00298	Calkins	Mary	1894	Jul	23	081	F	115 Warren	NY
S	1		1469	Calkins	NR S.	1890	Aug	07	080	M	115 Waren St.	---
S		0078	01552	Calkins	Oscar M.	1904	Feb	17	026	M	Cor. 1st Ave. & Battery	MI
S	3	0139	02770	Callaghan	Mrs Kate	1904	Nov	07	044	F	Providence Hosp	NY

```
S R Page Recor LastName          FirstNames              Deat Mn  Dt  Age S DeathPlace                   Bir
= = ==== ===== ================  ======================  ==== === == === = ============================ ===
S 2 0071 01407 Callahan          Daniel E.               1904 Jan 20 014 M Wayside Mission Hospital     ME
S 2 0083 00382 Callahan          J. M.                   1897 Sep 14 032 M Harrison, Idaho              MN
S 2 113  1525  Callahan          John                    1899 Mar 14 030 M 1st & University             MO
S 3 0023 00452 Callarman         Infant                  1905 Oct 30 s/b M 216 Dexter Ave               SEA
S 2 105  1194  Callen            James                   1898 Oct 08 065 M 1023 Terry Ave.              IRL
S 3 0095 01885 Callister         Archibald               1906 Aug 15 010 M 809 Campbell Av, Vancovr,BC
S   134  2653  Callman           infant                  1902 Apr 14 --- M Lincoln Appts.               SEA
S   0021 00249 Calolla           Infant                  1893 Jun 27 01d M 14th & Yesler
S 2 115  1578  Calver            Richard                 1899 Mar 25 -   M New England Hotel            ---
S 3 0019 00362 Calvert           Louisa A.               1905 Oct 16 066 F 1106 1st Ave                 OH
S 1 0001 00355 Cam               Rosa                    1884 Jul 06 080 F Seattle                      USA
S 3 0176 03514 Camehl            John H                  1905 Apr        M 30th & E Cherry              GER
S 2 0088 00554 Cameron           A.                      1898 Jan 14 057 M Dexter-Horton Bank           ON
S 2 100  1017  Cameron           A. E.                   1898 Jul 27 04m M 5th Ave. & Cedar Sts.        Sea
S 3 0152 03024 Cameron           Allen W.                1907 Mar 05 026 M 38 & Genesee                 MI
S 3 0164 03267 Cameron           Charles                 1907 Apr 09 c30 M 1504-18th Ave.               CND
S 3 0093 01842 Cameron           Cherlock Homer          1906 Aug 27 07m M 1013 1st Ave.                WA
S 2 0015 00291 Cameron           Don (Mrs.)              1900 Apr 06 051 F S. G. Hosp.                  PA
S 3 0084 01676 Cameron           Donald                  1906 Jul 24 055 M 153-1/2 9th Ave. b.NewBruns CND
S 2 0018 00343 Cameron           Geo. E.                 1900 Apr 25 034 M 1420 E Madison               IL
S 3 0127 02540 Cameron           Hannah T                1904 Sep 22 050 F Providence Hosp              CND
S - 163  3212  Cameron           Hugh                    1902 Sep 01 040 M Providence Hosp.             ---
S 3 0074 01474 Cameron           Infant                  1904 Jan 26 s/b F 1317 Yesler Way              Sea
S 2 0048 00958 Cameron           James                   1900 Nov 07 052 M W. Seattle                   CND
S 2 409  2678  Cameron           John                    1891 Nov 12 027 M Providence Hosp.             ---
S   0197 03392 Cameron           John                    1903 Feb 26 040 M King County Hospital         SCT
S 2 0064 00157 Cameron           Mrs. A.                 1896 Apr 18 048 F 338 Taylor St                IL
S 3 0040 00793 Cameron           Sam C.                  1906 Jan 10 014 M 85 & County Rd               KS
S   0015 00036 Cames             Chas.                   1893 Jan 23 025 M S. Clallam                   MN
S 2 0017 00335 Camlet            N. C.                   1900 Apr 23 055 M West & Seneca                ---
S 2 0055 00365 Camley            James                   1895 Sep 13 066 M Prov. Hosp.
S 2 0121 02409 Campbell          A H                     1904 Aug 05 087 M 333 W 41st St                PA
S   0096 1925  Campbell          Alice M.                1904 May 13 043 F 2310  3rd Ave.               WI
S   0007 00261 Campbell          Baby                    1892 Jun 29 01d M 319 Ash                      Sea
S   0027 00500 Campbell          Baby                    1893 Nov 20 02d F 1015 Spring                  Sea
S 3 0181 03609 Campbell          Betsy                   1907 May 20 092 F Youngstown, WA               ME
S 3 0001 00013 Campbell          Charles H.              1905 Jun 12 034 M Fairbanks, AK                UN
S 2 0040 00363 Campbell          Daniel                  1894 Aug 24 053 M Prov. Hosp
S   0007 00263 Campbell          David                   1892 Jul 01 021 M 601-1/2 Yesler               SCT
S 3 0154 03077 Campbell          Effie G                 1905 Jan 10 049 F 117 E 16th St                IA
S 2 0115 2291  Campbell          Florence                1901 Dec 24 031 F Tacoma                       MO
S 3 0067 01330 Campbell          Frank                   1906 May 04 006 M 521 - 16th Ave.              CA
S - 150  2954  Campbell          Gerald E.               1902 Jun 27 027 M Whatcom, WA                  USA
S 2 0035 00183 Campbell          Grove Harry Clay        1893 Feb 12 013 M Victoria, BC                 CA
S 2 0048 00107 Campbell          Henry                   1895 Mar 18 050 M Prov Hosp
S 1 0001 00167 Campbell          infant                  1883 Mar 03     M
S 2 0061 00054 Campbell          Infant                  1896 Feb 06 02d M Knight & Williamson          Sea
S 2 0070 00394 Campbell          infant                  1896 Sep 29 04d F Fremont         b.Fremont, WA
S   0022 00423 Campbell          Infant                  1903 May 05 s/b M 314 Pine Street              WA
S 3 0077 01533 Campbell          Infant                  1904 Feb 21 04m M 3136 Grand Blvd. b.Interbay ---
S 1      2034  Campbell          infant of Mrs. Caroline 1890 Dec 07 s/b F 2122 7th St.                 Sea
S 1 0001 00901 Campbell          James                   1889 Jun 21 061 M
S 3 0137 02728 Campbell          James                   1907 Jan 02 061 M 2 mi. NE of Calvary Cemtery ENG
S 2 145  2844  Campbell          Jennie May E.           1902 May 19 002 F Brighton Beach, WA           AK
S 1      No #  Campbell          John                    1890 Oct 24 055 M Weston, Wash.                ---
```

S	R	Page	Recor	LastName	FirstNames	Deat	Mn	Dt	Age	S	DeathPlace	Bir
S	2	0065	1301	Campbell	John	1903	Dec	28	088	M	1704 17th Ave.	SCT
S	2	0098	01947	Campbell	John J.	1901	Sep	11	021	M	Near Wellington	IRL
S	3	0052	01039	Campbell	John S.	1906	Mar	18	056	M	1314 Horrell St.	CND
S	3	0045	00895	Campbell	Joseph H.	1906	Feb	24	028	M	5th & Madison	SC
S	3	0005	00096	Campbell	Maletta	1905	Aug	22	05m	F	373 83rd Ave	WA
S	1	229	2326	Campbell	Mary A.	1891	May	02	02m	F	Rm 32, Kinnear Bldg.	Sea
S		0002	00036	Campbell	Miss Mabel	1903	Mar	13	020	F	Providence Hospital	---
S	3	0104	02082	Campbell	Murdock	1904	Jun	23	043	M	926 Blewitt Ave. b.Ontario	
S	2	0070	1394	Campbell	N. May	1901	Apr	07	025	F	Prov Hosp	MI
S	3	0127	02528	Campbell	Patrick James	1904	Sep	17	001	M	1526 East Fir St	Sea
S	3	0073	01453	Campbell	Robert George	1904	Jan	08	030	M	Victoria B.C.	MI
S		0033	00115	Campbell	Robt.	1894	Mar	14	040	M	3rd & Columbia	PA
S	1	0001	00854	Campbell	S.S.	1889	Apr	09	01m		Green St.	
S	2	0089	1772	Campbell	Samuel	1901	Jun	30	068	M	Near Sumner, Wash.	CT
S	2	138	2733	Campbell	Samuel C.	1902	Apr	29	078	M	6th Ave. N. & Holliday	MA
S	3	0123	02450	Campbell	Silas	1904	May	10	050	M	Dawson, Yukon Territory	US
S	1	0001	00196	Campbell	Stewart	1883	May	24	030	M	Seattle	USA
S	3	0183	03660	Campbell	Thomas A.	1907	Jun	06	040	M	Sea. Gen.	---
S	2	0022	00432	Campbell	Thos. H.	1900	May	26	058	M	Prov. Hosp.	RI
S	3	0162	03235	Campbell	Vernet Wilson	1907	Apr	03	013	M	1535-24th Ave.	WA
S	2	178	3500	Campbell	W.. M.	1902	Nov	16	065	M	313 2nd Ave. N.	CND
S	2	0094	00784	Campbell	Wm.	1898	Apr	23	070	M	1516 17th Ave.	---
S	-	190	3750	Canavan	Nora	1903	Jan	03	060	F	2011 13th Ave. S.	IRL
S	3	0058	01160	Cane	William	1906	Apr	04	046	M	2583 - 7th Ave.W.	ENG
S		0021	00411	Canfield	Sarah Wells	1903	May	10	057	F	1535 - 17th Avenue	CT
S	2	0054	00314	Canning	Thos. F.	1895	Aug	15	025	M	S 2nd & Washington	CA
S	1	0001	01223	Cannon	Adam	1890	Mar	10	072	M	1517 2nd Ave	LA
S	-	156	3059	Cannon	George	1902	Jul	09	022	M	Franklin, WA	NC
S	3	0089	01761	Cannon	Morgan C.	1906	Aug	01	025	M	515 Yesler Way	--
S	2	0029	00573	Canode	H. F.	1900	Jul	16	039	M	Providence Hosp.	---
S	-	149	2918	Cantelo	Frank	1902	Jun	13	076	M	Fremont, WA	ENG
S	2	365	2591	Cantiene	G. C.	1891	Sep	15	072	M	Providence Hosp. 5th Ward	---
S	1	0001	01006	Cantin	Fred L.	1889	Oct	14	023	M	Prov. Hosp.	CA
S	2	0074	00036	Cantine	E. J.	1897	Jan	06	033	F	Helena, MT	---
S		0044	00870	Canton	Infant	1903	Sep	14	01d	M	1526 Valentine Place	SEA
S	3	0085	01696	Cantwell	Morgan (Mrs.)	1906	Jul	11	046	F	612 Highland Drive	WI
S	3	0150	03003	Capard	Margaretta	1904	Dec	15	01m	F	Georgetown	SEA
S	3	0176	03507	Capardo	Louis	1905	Apr			F	701 1/2 Washington St	SEA
S	3	0181	03602	Capbollo	Josepha	1907	May	14	001	M	Georgetown	WA
S	2	0046	00016	Capecie	Clotilite	1895	Jan	19	027	F	611 4th St	
S	3	0073	01464	Capell	Benjamin	1904	Jan	23	038	M	Woodinville, WA	un-
S		0083	01664	Capelle	Salvatore	1904	Mar	26	001	M	1321 20th Ave.So.	Sea
S	2	0094	00749	Capone	Sebastian	1898	Apr	11	045	M	6th & King Sts.	ITL
S	2	103	1125	Capps	Chas.	1898	Sep	08	040	M	Epler Block	CO
S	1	216	2305	Carberry	Irene	1891	Apr	17	006	F	Waller St.	---
S		135	2670	Carberry	Raymond	1902	Apr	18	05m	M	Green Lake	SEA
S	3	0027	00525	Carby	Nellie (Mrs.)	1905	Nov	17	023	F	1509 1st Ave	---
S	-	175	3444	Card	Azro E.	1902	Nov	02	04m	M	429 Ewing St. b.Fremont, WA	
S		0024	00377	Cardiff	D.M.	1893	Sep	08	02d	M	218 Box	Sea
S		136	2683	Cardwell	Grace	1902	Apr	28	010	F	817 23rd Ave.	OR
S	2	0123	2457	Carelovick	George	1902	Feb	18	054	M	Prov. Hosp.	FRN
S	2	0050	00161	Carey	Ada	1895	Apr	23	023	F	Depot & Bwy	MN
S	3	103	2048	Carey	Agethe M.	1904	Jun	08	008	F	1206 10th Ave. S.	IL
S	2	187	3687	Carey	Austin George	1903	Jan	03	016	M	111 Virginia St.	MT
S	3	0092	01825	Carey	E.J.	1906	Aug	21	050	M	652 N.73rd	OH

S	R	Page	Recor	LastName	FirstNames	Deat	Mn	Dt	Age	S	DeathPlace	Bir
S		0004	00133	Carey	John	1892	Apr	05	038	M	Gilman, WA	
S	2	0051	00230	Carey	Mary	1895	May	23	028	F	Duwamish	AK
S	2	0076	00115	Carey	Nellie	1897	Mar	25	038	F	Providence Hosp.	---
S	2	0019	00365	Carey	Susan J.	1900	Apr	10	027	F	South Seattle	IL
S	3	0030	00599	Carey	T. J. (Mrs.)	1905	Dec	14	031	F	1213 Main St	IRL
S	2	0005	00100	Cargrove	Thos	1900	Feb	07	050	M	Prov. Hosp.	IRL
S	3	0083	01656	Carignan	Joseph	1906	Jul	15	040	M	512 12th	CND
S	1	260	2382	Carkeek	Annie	1891	Jun	05	?	F	Pike btwn Front & West Sts.	---
S	3	0053	01044	Carkeek	Annie	1906	Mar	21	023	F	423 - 1st Ave. West	ENG
S	1	0001	00473	Carkeek	Archie	1885	Aug	07	003	M	Third Ward	Sea
S	1		1992	Carkeek	infant of Mrs. Wm.	1890	Nov	11	s/b	F	703 Madison St.	Sea
S	2	0071	00457	Carkeek	Stephen	1896	Nov	04	047	M	1921 10th Ave.	ENG
S	2	182	3588	Carle	Thos. J.	1902	Dec	23	075	M	1302 Valldy St.	WV
S			1286	Carleson	William	1890	May	22	040	M	Front St.	---
S	3	0001	00003	Carlich	Grace	1905	Jul	16	017	F	Brighton Beach	OH
S		0046	00909	Carlile	Marry A.	1903	Sep	26	072	F	Fifth Avenue NE & 80th St	OH
S	1	0001	00368	Carlin	infant	1884	Aug	10	16d	M	Seattle	USA
S		0098	01959	Carlise	Madge	1904	May	24	04m	F	605 University Street	Sea
S	2	0127	2525	Carlisle	Andrew G.	1902	Mar	03	014	M	1129 Summit	
S	3	0001	00016	Carlisle	James	1905	Jul	12	045	M	Kitsap County, WA	UN
S	-	166	3261	Carll	Albert	1902	Sep	29	056	M	Foot of Bay	ME
S	2	0035	00178	Carlon	Charles	1894	Apr	24	038	M	5th WD	WA
S	2	126	2516	Carlson	(Baby)	1902	Feb	06	s/b	F	510 Olive St	SEA
S	2	0036	00716	Carlson	(Infant)	1900	Aug	28	---	?	Ballard	---
S	1	0001	01054	Carlson	A.W.	1889	Nov	05	030	M	Prov. Hosp.	
S	1	0001	01036	Carlson	Alex	1889	Oct	21	023	M	Prov. Hosp.	SWD
S	2	0081	00273	Carlson	Anna	1897	Jul	23	024	F	Minor Ave. N.	SWD
S	2	0086	01722	Carlson	Augusta	1904	Mar	10	036	F	Phoenix AZ	SWD
S	2	0087	1735	Carlson	C. J.	1904	Mar	19	037	M	Phoenix AZ	SWD
S	3	0095	01882	Carlson	C. J.	1906	Aug	12	040	M	West.Wash.Hosp.for Insane	SWD
S	3	0187	03723	Carlson	Carl John Theodore	1907	Jun	19	002	M	2808-20th S.	WA
S	3	0073	1455	Carlson	Carrie	1904	Jan	15	026	F	King Co. Hospital	AK
S	2	109	1366	Carlson	Edwd	1898	Dec	17	001	M	Ballard, WA b.Ballard, WA	
S	3	0088	01750	Carlson	Ellen	1906	Aug	05	02m	F	217 13th	Sea
S	2	0061	01203	Carlson	Fred	1901	Feb	19	024	M	Prov. Hosp.	FIN
S	2	119	1721	Carlson	Geo. E.	1899	May	03	-	M	Skagway, AK	---
S	3	0111	02211	Carlson	Greta	1906	Oct	25	01d	F	1206 Republican	Sea
S	2	0110	01383	Carlson	infant	1899	Jan	03	04h	F	913 Lenora St.	Sea
S	2	104	2071	Carlson	Infant	1901	Oct	24	s/b	M	Ballard	WA
S	2	0065	01303	Carlson	Infant	1903	Dec	28	12h	M	13 Ave. S. near Lake St.	Sea
S			1277	Carlson	John	1890	Apr	04	022	M	West Seattle	---
S	-	190	3744	Carlson	John E.	1903	Jan	30	023	M	N. P. Yards	SWD
S	2	0079	00205	Carlson	John J.	1897	May	30	01m	M	813 Alder St.	SEA
S	2	182	3591	Carlson	John Oscar	1902	Dec	22	038	M	Monod Hosp.	SWD
S	3	0028	00550	Carlson	Jonas	1905	Oct	03	060	M	Killisneio, AK	---
S	2	120	1778	Carlson	Karen	1899	Jun	30	053	F	Arlington Hotel	---
S	2	0055	00360	Carlson	Lawrence	1895	Sep	09	03h	M	Farin & Dexter	Sea
S	3	0044	00879	Carlson	Lillian O.	1906	Feb	18	021	F	322 W. Roy St.	OR
S		0003	00103	Carlson	Lilly	1892	Mar	17	006	F	Prov. Hosp. (b.Chicago, IL	
S		135	2663	Carlson	M.	1902	Apr	17	035	M	County Jail	SWD
S	3	0191	03806	Carlson	Mary A.	1907	Jun	23	010	F	Georgetown, WA	MN
S	2	0067	00273	Carlson	N.	1896	Jul	11	034	M	Prov Hosp	CA
S		0022	00279	Carlson	Nils	1893	Jul	18	046	M	Prov. Hosp.	
S	3	0144	02876	Carlson	Oscar Elven	1907	Feb	17	003	M	1523-1st Ave. W.	WA
S	1	0001	00848	Carlson	Ray	1889	May	31	14m	M	2225 Front St.	

S	R	Page	Recor	LastName	FirstNames	Deat	Mn	Dt	Age	S	DeathPlace	Bir
S	3	0138	02757	Carlson	Swan	1907	Jan	25	026	M	Near Richmond Beach	SWD
S	3	0168	03354	Carlson	Victor	1907	Apr	17	c40	M	Near Standard Oil Co. Plant	---
S	3	0078	01557	Carlton	Kid or Kio M.	1906	Jun	15	035	M	Davenport H./ 3rd & Wash.	un
S	3	0035	00699	Carly	Infant	1905	Dec	10	s/b	M	2010 2nd Ave N	SEA
S	2	0122	02438	Carmen	Sira	1904	Aug	12	050	M	W Wash Hosp for Insane	---
S		0005	00171	Carmichael	Albina	1892	Apr	26	024	F	Grace Hosp.	GER
S	2	141	2783	Carmichael	Elizabeth L.	1902	May	18	010	F	130 31st Ave. S.	WA
S	3	0189	03773	Carmichael	Nellie M.	1905	Jun	18	037	F	Providence Hosp.	MA
S	2	0053	01060	Carmicheal	Duncan	1901	Jan	03	034	M	1620 4th Ave	NB
S	3	0174	03481	Carmines	Manuel	1905	Apr	01	054	M	1st Ave S & Connecticut	ITL
S	2	0103	2060	Carmishall	Wm.	1901	Oct	12	043	M	Ballard	OH
S		110	2197	Carmody	John	1904	Jul	14	045	M	Seattle Gen. Hospital	MI
S		0194	3818	Carmon	Charlotte F.	1903	Feb	06	077	F	3615 Interlake Ave	ENG
S	1		1439	Carn	Beatrice	1890	Jul	25	06m	F	Rollin	Sea
S	3	0187	03733	Carnahan	Edwin J.	1907	Jun	22	050	M	Seattle Gen. Hosp.	PA
S	3	0091	1823	Carnahan	Mary	1904	Apr	23	038	F	4030 10th Ave. NE	IA
S	3	0008	00149	Carney	Phillip	1905	Aug	06	022	M	Hillman	SSI
S	3	0088	01757	Carney	Thos.	1906	Aug	04	13m	M	1713 19th S.	WA
S	2	0058	00554	Carnley	Patrick	1895	Dec	09		M	Elliott Bay	
S	3	0137	02742	Carns	Charles Edwin	1904	Oct	03	036	M	Naval Hospital	OH
S	1	0001	00616	Carny	Mary	1888	Sep	18	05m	F	Dearborn St.	
S	-	164	3222	Caroher	Gertrude Blanche	1902	Sep	06	021	F	Providence Hosp.	CA
S		0029	00584	Carolan	James C.	1893	Dec	18	040	M	Gilman	
S	1	241	2344	Caron	Joseph	1891	May	09	065	M	Providence Hosp.	CND
S	3	0108	02155	Carpenter	Adelbert	1906	Oct	13	065	M	620 Lee	NY
S	2	0017	00329	Carpenter	Adelia	1900	Apr	20	059	F	1713 3rd Av	NY
S		0022	00312	Carpenter	Ara	1893	Aug	13	065	M	2713 3rd	NY
S	2	110	1398	Carpenter	Ethiel	1899	Jan	12	034	M	3rd & Cedar	NY
S		0019	00369	Carpenter	Gleason	1903	May	29	10d	M	1427 - 13th Avenue	SEA
S	1		1978	Carpenter	Ira B.	1890	Nov	06	033	M	Snohomish, Wash.	MI
S	3	0137	02725	Carpenter	J.W.	1906	Oct	06	---	M	Fairbanks, AK	---
S	2	116	1607	Carpenter	Lillian G.	1899	Apr	13	037	F	Ross, WA	MN
S	2	125	1992	Carpenter	Sarah A.	1899	Oct	12	066	F	1100 Terrace	---
S	2	0026	00506	Carper	Baby	1900	Jun	19	14d	M	863 20th Av	SEA
S	2	0082	1638	Carr	Baby	1901	Jun	28		F	Denny	WA
S	-	172	3387	Carr	Capt. Frank H.	1902	Oct	01	040	M	Tacoma, WA	PA
S	1	0001	00224	Carr	Catherine	1883	Jul	06	050	F	Seattle	IRE
S	2	0045	00884	Carr	Clark M.	1900	Oct	28	022	M	Lake Wash	NY
S	3	0015	00285	Carr	Elizabeth E.	1905	Sep	17	052	F	1522 29th Ave	IA
S	3	0081	01611	Carr	Glandia H.	1906	Jul	05	015	F	472 31st So. b.Kent	WA
S	-	156	3057	Carr	Jefferson	1902	Jul	02	077	M	County Hosp.	---
S	2	0053	01051	Carr	John	1900	Dec	27	034	M	Co. Hosp.	ENG
S	3	0174	03470	Carr	John Wm	1907	May	11	042	M	Pacific Hosp.	ENG
S	3	0089	01769	Carr	Joseph	1906	Aug	07	069	M	2627 Ashworth Ave.	IL
S	3	0098	01943	Carr	Lulu Visla	1906	Sep	09	--	F	2119 1st Ave.	MO
S	2	0051	00232	Carr	Mary E.	1895	Jun	01	031	F	2560 Madison St.	
S	1	0001	00006	Carr	Olivia	1881	Sep	15	053	F	Sea. W.T.	
S		0020	00224	Carran	L. Blaise	1893	Jun	04	067	M	1413 7th	
S	1		2156	Carred	Caroline	1891	Feb	22	025	F	Providence Hosp.	---
S	3	0155	03088	Carrie	Allan	1905	Jan	15	040	M	121 16th Ave	SCT
S		0029	00552	Carrigan	Patrick	1893	Dec	16	035	M	Prov. Hosp.	
S		0018	00143	Carrigan	Rose P.	1893	Apr	15	022	F	3 Beacon Bk.	
S		0012	00435	Carrington	Carrie	1892	Oct	17	005	F	Irving St.	KS
S	2	102	1067	Carrington	Freddie	1898	Aug	16	012	M	Brick yard nr Jackson St.	KS
S	1		2030	Carrington	infant of H.M. & Effie	1890	Dec	04	12d	E	Ewing Ave.	Sea

S	R	Page	Recor	LastName	FirstNames	Deat	Mn	Dt	Age	S	DeathPlace	Bir
S	2	120	2400	Carriveaw	Ike	1901	Dec	27	40a	M	Mt. Baker Mining Place	WI
S	2	0044	00865	Carriway ?	Tony	1900	Oct	28	015	M	WA	CA
S	2	0100	00994	Carroll	Alexina T.	1898	Jul	16	009	F	1302 16th Ave.	Sea
S	2	129	2108	Carroll	Chester A.	1899	Dec	06	1.5	M	2923 Jackson St.	Sea
S	2	0128	2557	Carroll	Dora	1902	Mar	15	015	F	1828 8th Ave.	MI
S	3	0180	03600	Carroll	George	1905	Apr	28	042	M	West Seattle	CND
S		134	2655	Carroll	Ida Eugene	1902	Apr	15	05m	F	1629 14th Ave.	SEA
S		0022	00425	Carroll	Infant	1903	May	30	s/b	M	1629 - 14th Avenue	WA
S	-	164	3224	Carroll	J. A.	1902	Sep	06	10d	M	215 Etruria b.Fremont,	WA
S	1	0001	00571	Carroll	James	1888	Aug	03	002	M	Union St.	
S	2	157	3078	Carroll	Jas.	1902	Aug	04	042	M	Wayside Mission	---
S	-	191	3761	Carroll	Jas.	1903	Jan	23	063	2	2810 Western Ave.	---
S	1	0001	00490	Carroll	John	1885	Oct	01	065	M	Hospital	ICE
S		0079	1573	Carroll	John	1904	Feb	02	030	M	Snoqualmie WA	---
S	-	167	3293	Carroll	Joseph P.	1880	Jun	18	04m	M	Olympia, WA b.Olympia,	WA
S	3	0058	1160	Carroll	Marguerite	1903	Nov	23	026	F	Olympic House, Western Ave.	CA
S	3	0077	01531	Carroll	Marguerite	1904	Feb	22	03m	F	2123 6th Ave.	Sea
S	-	167	3292	Carroll	Mary V.	1888	Feb	09	014	F	Olympia, WA	LA
S	3	0098	01940	Carroll	Mary,Sister @ St.Sebastian	1906	Sep	06	054	F	Providence Hosp.	IRL
S	2	0068	01365	Carroll	Patsy	1904	Jan	03	036	M	Wayside Mission Hospital	Sea
S	2	0035	00164	Carroll	S. J. Jr.	1894	Apr	14	000	M	1928 11th St.	
S	1	0001	00988	Carrolson	Caroline	1889	Jun	04	076	F	11th near Jackson St.	DNK
S	2	0067	1322	Carrolton	Josie	1901	Mar	26	020	F	2 Ave S - Weller	VA
S	1	0001	00908	Carrotte	Alex	1889	Jun	24			1809 13th St.	
S	3	0174	03478	Carruthers	James R.	1907	May	13	039	M	Seattle Gen. Hosp.	ENG
S	3	0039	00780	Carse	John William	1906	Jan	28	014	M	9th S & Hines St	WA
S	2	0078	00184	Carslisle	baby	1897	May	23	---	M	Summit & Park Sts.	SEA
S	2	0052	00240	Carson	Anna B.	1895	Jun	13	038	F	215 Seneca	
S	3	0199	03972	Carson	C. W.	1905	Jul	25	045	M	45th St & Thackery Place	SWD
S	3	0075	1486	Carson	F. W.	1904	Feb	03	026	M	Providence Hospital	un-
S		0024	00371	Carson	Florence	1893	Sep	06	03m	F	912 Weller	Sea
S	3	0029	00568	Carson	Henry C.	1905	Dec	02	06w	M	2328 E Ward	SEA
S	3	0015	00293	Carson	James M.	1905	Jul	03	059	M	Orting, WA	---
S			1278	Carson	Warren B.	1890	Apr	22	013	M	Corner Depot & Battery Sts.	ME
S	3	0053	01042	Carstens	Fred	1906	Mar	17	033	M	421 Main Street	GER
S	3	0166	03314	Carstensen	Christ	1905	Feb	06	018	M	Snohomish, WA	MN
S	3	0019	00375	Carstensen	Ida	1905	Oct	19	081	F	1014 Alder St	GER
S	1		2163	Carstenson	Sadie Christina	1891	Feb	25	07m	F	btwn Mulford & Depot Sts.	Sea
S	2	143	2801	Carter	Alex Tracy	1902	May	23	02d	N	2917 W. Lake Ave.	SEA
S	2	0085	1700	Carter	C. W.	1904	Mar	25	043	F	167 33rd Ave.	OR
S	3	0125	02488	Carter	Clara	1904	Sep	06	018	F	Providence Hospital	WI
S	2	0087	1733	Carter	E. B.	1901	Jul	28	066	F	135 - 23 Av N	NY
S	2	0050	00157	Carter	Elantine W.	1895	Apr	15	060	F	912 5th St.	
S	2	123	1886	Carter	Ella May	1899	Aug	30	003	F	1427 Yesler St.	Sea
S	2	0056	00477	Carter	Evaline R.	1895	Oct	15	08m	F	1810 6th St	Sea
S		110	2202	Carter	Francis H.	1904	Jul	15	004	M	1920 10th Ave. N.	WA
S		0007	00250	Carter	Fred W.	1892	Jun	23	009	M	Ft.of Depot St.(b.Leadville	CO
S	-	166	3259	Carter	Helen	1902	Sep	22	08m	F	134 Belmont	CA
S	3	0073	01457	Carter	J. C.	1906	Jun	02	060	M	Providence Hospital	ENG
S	3	0070	01385	Carter	Jane	1906	May	26	072	F	3030 Dell Ave.	ENG
S	3	0161	03219	Carter	John	1905	Feb	01	070	M	Providence Hosp	IRL
S	3	0061	01206	Carter	Joseph	1906	Apr	23	053	M	Western Ave.& Seneca St.	unk
S	1	0001	00544	Carter	Mathis	1886	Mar	04	053	M	Prov. Hospital	
S	2	0037	00249	Carter	Pearl D.	1894	Jun	14	019	F	916 9th St	
S	1	0001	01236	Carter	Robert Frank	1890	Mar	28	05m	M	608 Pike St.	SEA

S	R	Page	Recor	LastName	FirstNames	Deat	Mn	Dt	Age	S	DeathPlace	Bir
S	-	167	3290	Cartledge	Fannie	1902	Sep	30	054	F	2254 15th W.	OH
S	2	0079	00213	Carton	John	1897	Jun	04	051	M	Providence Hosp.	---
S	2	158	3101	Cartwright	Joseph	1902	Aug	13	032	M	Providence Hosp.	ENG
S	2	0082	00336	Carty	J. W.	1897	Aug	17	077	M	Sunydale, WA	SCT
S	2	0120	2394	Carty	Martin	1902	Jan	22	050	M	Ballard	IRL
S	1	0001	00242	Carue	C.W.	1883	Aug	07	003	M	Seattle	
S		0007	00260	Carver	Armenta	1892	Jun	29	065	F	McLane St.	NC
S	3	0041	00803	Carver	Benjamin Erastus	1906	Jan	04	078	M	Garden Station	NY
S		137	2705	Carver	Jessie	1902	Apr	05	07m	M	Ballard, WA b.Ballard,	WA
S	1	276	2414	Carvey	George C.	1891	Jun	24	15m	M	713 Main St.	Sea
S	2	141	2791	Carvey	Inzes Louis	1902	May	21	005	F	Keystone & N. 55th Sts.	ID
S	2	0024	00479	Carvie	Wm. H.	1900	Jun	04	060	M	Occidental Av	---
S	3	0146	02919	Cary	John	1904	Dec	14	067	M	511 Cherry St	NS
S	3	0138	02755	Cary	William H	1904	Nov	01	054	M	126 65th Ave, Cor. 2nd Ave	WI
S	3	0132	02623	Casady	Louis E.	1907	Jan	12	039	M	829-36th Ave. N.	IA
S	3	0182	03632	Case	(Infant)	1907	May	22	s/b	F	421 Summit Ave.	WA
S	2	0043	00505	Case	Chas.	1894	Nov	01	068	M	1608 Front St	ME
S		0020	00390	Case	Earl L.	1903	May	16	003	M	Ballard	KS
S		0054	1065	Case	Infant	1903	Oct	08	02m	F	Ballard	SEA
S	3	0058	01143	Case	Infant	1906	Mar	21	s/b	M	421 Summit Ave.No.	Sea
S		0013	00492	Case	Joseph	1892	Dec	04	082	M	Willow & Thomas	ENG
S	2	0079	1563	Case	L. Ernest	1901	May	16	029	M	Ballard	WA
S	2	122	1863	Case	Lizzie	1899	Aug	08	023	F	5th & Weller Sts.	---
S	3	0160	03199	Case	Lucie	1907	Mar	30	067	F	Hanford, WA	NY
S	2	0078	00181	Case	Mary A.	1897	May	17	081	F	708 4th Ave. N.	VT
S	3	0138	02754	Case	Ruth	1907	Jan	22	03d	F	Sloop & Eli, Ballard, WA	WA
S	2	160	3152	Case	Winnefred M.	1902	Aug	09	05m	F	Ballard, WA b.Ballard,	WA
S		0097	01941	Casebere	Ralph	1904	May	19	05m	M	419 13th Avenue No.	Sea
S	-	170	3355	Casey	Henry J.	1902	Oct	20	051	M	2508 E. Union St.	IRL
S	3	0182	03627	Casey	Infant	1905	May	05	01d	M	Seattle Gen. Hosp.	SEA
S	3	0191	03819	Casey	Maud L.	1905	Jun	19	025	F	407 12th Ave N	MN
S	3	0192	03833	Casler	Clifford Walling	1905	Jun	16	03m	M	Ballard	WA
S	2	0030	00585	Casper	Claude H.	1900	Jul	23	001	M	221 4th Ave N	SEA
S	2	0048	00117	Cassel	A.P.	1895	Mar	27	067	M	429 Banner	SWD
S	2	0024	00475	Casselberry	H. L.	1900	Jun	03	030	M	Prov. Hosp.	PA
S	3	0026	00503	Cassell	Christina Moore	1905	Nov	25	078	F	1221 3rd Ave N	SWD
S	2	0080	00254	Cassell	Jos. E.	1897	Jul	11	014	M	713 Lane St.	---
S	2	0039	00768	Cassidy	Francis J.	1900	Sep	26	04m	M	10th & Jackson	SEA
S	3	0188	03757	Castberg	John H.	1907	Jun	27	043	M	1008 E. Denny Way	NRY
S	2	0029	00575	Casteuson	Godfried	1900	Jul	18	016	M	122 20th Ave	MN
S	1		2190	Castin	P.	1891	Mar	31	003	-	Penover & 9th Sts.	---
S	2	0073	00528	Castner	infant twin	1896	Dec	30	03h	M	922 5th Ave. b.922 5th Ave,	SEA
S	2	0073	00528	Castner	infant twin	1896	Dec	30	06h	F	922 5th Ave. b.922 5th Ave,	SEA
S		0013	00480	Castro	J.W.	1892	Nov	30	026	M	Grace Hosp.	PUR
S	3	0141	02821	Castro	Lenora	1904	Nov	23	027	F	Thomas & Monroe Ave	SWD
S	3	0094	1870	Caswell	Julia	1904	Apr	25	037	F	King Co. Hospital	MN
S		0008	00297	Cates	Arnold	1892	Jul	21	076	M	Seattle	ME
S	1		2212	Cathcart	Edward	1891	Mar	06	009	M	Warren & Thomas b.San Fran.	CA
S		0039	00771	Cathcart	Geo L.	1903	Aug	19	057	M	Providence Hospital	PA
S		0010	00189	Cathcart	Infant	1903	Apr	15	02d	M	Monod Hospital	SEA
S	2	0022	00422	Cathcart	Julia J.	1900	May	20	052	F	303 Broad	OH
S	2	0020	00392	Cathcart	Lizzie M.	1900	May	05	018	F	206 1st Av N	WA
S	1	0001	00003	Catheart	David	1881	Sep	09	017	M	Providence Hosp.	WA.
S	2	107	1281	Cathon	James H.	1898	Nov	28	002	M	1020 Connecticut St.	---
S	2	0059	01200	Catlin	Jerome	1901	Feb	17	065	M	2221 4th Ave	NY

S	R	Page	Recor	LastName	FirstNames	Deat	Mn	Dt	Age	S	DeathPlace	Bir
S	2	102	1079	Caton	Blossom C.	1898	Aug	25	013	F	715 21st Ave.	---
S	2	102	1080	Caton	George	1898	Aug	25	003	M	715 21st Ave.	Sea
S	3	0073	01452	Cattell	Geo. W.	1906	Jun	01	034	M	733 25th St.	SD
S	2	0043	00850	Catterill	Ruth E.	1900	Oct	27	008	F	223 Taylor	SEA
S	3	0026	00512	Catuce	Velardino	1905	Nov	28	028	M	Providence Hosp.	ITL
S		0014	00515	Caudle	Myrtle	1892	Dec	24	019	F	604 Commercial	MI
S	1	241	2345	Caulfield	Martin	1891	May	10	050	M	Victoria, B.C.	IRL
S	3	0031	00614	Caulkins	Lena (Mrs.)	1905	Dec	19	034	F	1st Ave & Pike St	SWD
S	2	122	1866	Caupe	Marie	1899	Aug	11	030	F	Providence Hosp.	Sea
S		0015	00007	Causland	Hannah M.	1893	Jan	02	037	F		NH
S	3	0163	03265	Cavacci	Joseph	1905	Feb	18	035	M	Providence Hosp	---
S		0021	00259	Cavanaugh	A.B. Mrs.	1893	Jun	30	025	F		
S	2	0079	00196	Cavanaugh	E. E.	1897	May	07	022	F	S. Seattle, WA	MI
S		0194	3828	Cavanaugh	Jno Patrick	1903	Feb	11	051	M	920 Fourth Avenue	NY
S		0048	00949	Cavanaugh	John	1904	Sep	17	068	M	North Bend, WA	---
S	-	176	3471	Cave	Martha M.	1902	Nov	14	049	F	2628 Irving St.	TN
S		0050	1004	Cavery	Michael	1903	Oct	16	036	M	NR	MN
S	2	399	2658	Cawhan	Ada M.	1891	Oct	26	026	F	West Lake/6th Ward	---
S	2	121	1824	Cawles	Jerry	1899	Jul	31	-	M	G.A.R.	---
S	3	0157	03144	Cawley	James	1905	Jan	31	074	M	4316 Sunset Pl	IN
S	3	0146	02909	Cawley	Matilda A	1904	Dec	10	072	F	4316 Sunset Pl	IN
S	2	0118	2358	Cawthon	Otto Oswell	1902	Jan	24	017	M	1018 1st Ave.	OR
S	3	0036	00716	Cawthorne	W. B.	1906	Jan	04	086	M	231 Langwood Pl	ENG
S		0013	00493	Caya	John	1892	Dec	04	030	M	Prov. Hosp.	CND
S	2	0061	01205	Cayano	Gatano	1901	Feb	20	067	M	6th & Weller	ITL
S	2	122	1849	Cayton	infant	1899	Aug	01	-	M	1217 7th Ave.	---
S	2	0118	02359	Cayzone	Carrie M	1904	Aug	18	08m	F	518 Pontius Ave	Sea
S	2	0096	1907	CDlancy	Thomas	1901	Sep	20	065	M	Cor. 2nd & Washington	IRL
S	2	0100	1994	Cease	Leon	1901	Oct	07	006	M	Prov. Hosp.	WI
S		0043	00852	Cederberg	Carl Erick	1903	Sep	07	05m	M	Madison and Minor	SEA
S	2	0076	00086	Cedurdad (?)	C.	1897	Feb	11	041	M	Juneau, Sta	GER
S	2	0077	00121	Ceis	John M.	1897	Mar	28	063	M	524 Atlantic St.	---
S	3	0056	01120	Celia Van	Infant	1906	Mar	26	001	F	West Seattle, King.Co., WA	WA
S	3	0135	02697	Cella	Carmina	1904	Oct	29	05m	M	State St & 19th Ave	SEA
S	3	0015	00286	Cella	William	1905	Sep	21	044	M	Providence Hosp.	CA
S	2	0049	00153	Cenghlin	Maurice	1895	Apr	12	065	M	Prov Hosp	
S	3	0032	00626	Cenner	Samuel	1905	Dec	22	040	M	Wayside Emerg. Hosp.	---
S	3	0093	01846	Center	Alexander F.	1904	Apr	10	01m	M	615 14th Ave.	Sea
S	2	0002	00023	Ceooich	Pasco M.	1900	Jan	13	029	M	2917 Jackson St.	AUS
S	-	172	3377	Cera	Anton	1902	Oct	11	042	M	Providence Hosp.	AUS
S	2	0118	02346	Cerini	Infant	1904	Aug	17	01d	F	Providence Hospital	Sea
S	3	0149	02973	Cestas	Rebecka A.	1907	Feb	15	047	F	So. Park	MN
S	2	111	2208	Chacchearo	Guisyppe	1901	Dec	13	09d	M	711 Maynard Ave.	SEA
S	2	0075	00051	Chadbourn	J. F.	1897	Feb	06	002	M	7th & Pine Sts.	CA
S	2	0075	00052	Chadbourn	Jennie	1897	Feb	07	025	F	7th & Pine Sts.	MI
S	2	0013	00241	Chadwick	Thos D.	1900	Mar	29	040	M	Prov. Hosp.	---
S		0021	00243	Chaefer	Henry	1893	Jun	21	027	M	Prov. Hosp.	
S	1	0001	00959	Chaeffer	August	1889	Jul	18	02m		Madison & Kalama St.	
S	2	0076	00096	Chalmers	Wm.	1897	Mar	02	---	M	foot of Yesler Ave.	SCT
S	2	0052	00238	Chambaugh	Theotis	1895	Jun	07	075	F	Prov. Hosp.	
S	3	0185	03689	Chamberlain	Eva M. (Mrs.)	1905	May	31	054	F	Providence Hosp.	OH
S	3	0194	03866	Chamberlain	Infant	1905	Jun	13	---	M	1807 Warren Ave	SEA
S	3	0025	00481	Chamberlain	Stephen Platt	1905	Nov	16	078	M	220 18th Ave N	MI
S		0029	00564	Chamberlin	Geo. H.	1903	Jul	10	056	M	Providence Hospital	MO
S	2	179	3516	Chamberlin	Judson	1902	Nov	01	055	M	Ballard, WA	---

S	R	Page	Recor	LastName	FirstNames	Deat	Mn	Dt	Age	S	DeathPlace	Bir
S	3	0156	03104	Chambers	Earl J.	1907	Mar	23	016	M	3026 Western Ave.	NE
S	2	118	1698	Chambers	Mrs. R. A.	1899	May	15	057	F	1573 7th Ave.	---
S	2	0020	00389	Chambers	Rob't	1900	May	04	054	M	Prov. Hosp.	CND
S	2	0093	1845	Champion	Elsie	1901	Aug	13	033	F	K.C. Hosp.	PA
S	2	0092	1822	Champion	Gladis	1901	Aug	31	03m	F	1012 E. Thomas	SEA
S	2	0105	2093	Champion	Margaret Rose	1901	Nov	07	060	F	Monod Hosp.	ENG
S	2	158	3109	Championx	E.	1902	Aug	15	045	M	Metropole Hotel	FRN
S	3	0062	01221	Chandler	Anna Louisa	1906	Apr	27	028	F	1604 Sixth Ave.	MN
S	2	0064	00181	Chandler	Ruby M.	1896	May	02	11m	F	1217 Cherry b.1217 E.Cherry	
S	3	0199	03969	Chandler	Winthrop Lee	1905	Jul	23	001	M	Strander Hotel	IA
S	2	0100	1984	Chaney	Francis Elizabeth	1901	Oct	03	049	F	Prov. Hosp.	OH
S	2	0067	00281	Chaney	Howard	1896	Jul	22	010	M	Green Lake	NE
S		0021	00240	Channell	George	1893	Jun	20	047	M	Prov. Hosp.	
S	2	0078	1554	Channing	F. L.	1901	May	28	015	M	3 & Cherry	MN
S	1		2203	Chapham	Eva Grace	1891	Mar	24	030	F	520 S. 8th St.	Sea
S		0028	00530	Chapin	Alta	1893	Dec	07	001	F	421 Madison	Sea
S		0081	1621	Chapin	Celia M.	1904	Mar	09	024	F	421 Terrace St.	CA
S	3	0088	01749	Chapin	E. (Mrs.)	1906	Aug	03	044	F	212 Union	KS
S	2	0093	00734	Chapin	Eugene	1898	Apr	04	056	M	118 Eastlake Ave.	MA
S	2	0097	00871	Chapin	Lorenzo	1898	May	31	081	M	1935 9th Ave.	MA
S	2	0029	00578	Chapin	Mary A.	1900	Jul	19	034	F	16 Valley St	NY
S	1	0001	01157	Chapin	W.F.	1890	Jan	13	047	M	504 Pike St.	
S	2	0046	00036	Chapman	Ethel L.	1895	Jan	03	06m	F	Pt. Blakely b.Port Blakely WA	
S	-	152	2991	Chapman	Gerald D.	1902	Jul	12	009	M	1314 Valley St.	SEA
S	2	114	2266	Chapman	Gertrude Evans	1901	Dec	20	025	F	Sea. Gen. Hosp.	PA
S	2	123	1892	Chapman	Jas.	1899	Aug	14	009	M	2641 Irving St.	Sea
S	3	0134	02669	Chapman	Mary E. Mrs.	1907	Jan	23	064	F	723-19th Ave.	OH
S	2	0051	00214	Chapman	W.H.	1895	May	18	039	M	Brooklyn	NY
S		0008	00142	Chapman	Wm.	1903	Mar	31	077	M	2643 Irving	ENG
S	2	123	1882	Chaput	Ms (Medla Vignaud)	1899	Aug	28	020	F	Providence Hosp.	FRN
S	2	0046	00011	Charlebois	Annie	1895	Jan	15	049	F	509 Yakima	FRN
S	1	0001	00198	Charles	A.F.	1883	Apr	13	003	M	Seattle	USA
S	1	0001	01156	Charles	William	1890	Jan	10	034	M	Corner of Cedar & Water	
S	2	0045	00898	Charleston	Nellie G.	1900	Nov	07	043	F	2024 5th Ave	CA
S	1		1583	Charlesworth	G. H.	1890	Sep	28	02w	M	2112-1/2 Front St.	Sea
S	3	0153	03054	Charley Yune Goon	---	1895	Jan	24	---	M	Seattle	CHN
S	2	0047	00926	Charliebois	Jos.	1900	Nov	20	013	M	815 23 Ave	OR
S	2	106	2110	Charlton	Harold F. N.	1901	Nov	17		M	Monad Hosp.	SEA
S	3	0077	01540	Charlton	James Francis	1906	Jun	29	049	M	Pacific Hosp.	NY
S	2	140	2772	Charlton	Rose G.	1902	May	13	026	F	208 9th Ave. S.	ENG
S	2	0087	00531	Chartton	Thomas	1897	Dec	27	075	M	Port Blakely	---
S	2	0067	1339	Chase	Elinor	1901	Mar	13	079	F	So. Seattle	NH
S	2	0078	00164	Chase	Esther	1897	Apr	17	03d	F	Columbia, WA	---
S	2	0076	00109	Chase	Harriett	1897	Mar	21	065	F	General Hosp.	---
S	1	0001	01142	Chase	Henrietta E.	1890	Jan	12	001	F	Griffith House	
S	2	0780	00193	Chase	Nora	1897	May	29	002	F	709 Maynard Ave. b.Sulton, WA	
S	2	0041	00414	Chautief	Chas.	1894	Sep	17	037	M	Foot University St	GER
S	2	0050	00162	Chavot	John	1895	Apr	24	071	M		
S		135	2679	Cheader	Chas. Ernest	1902	Apr	25	012	M	Providence Hosp.	SEA
S	1	0001	00233	Cheader	Lena	1883	Jul	24	03m	F	Seattle	SEA
S	2	0071	00466	Cheadle	E.	1896	Nov	10	09m	M	Fremont, WA b.Fremont, WA	
S	2	0036	00703	Cheadle	Melinda R.	1900	Aug	08	080	F	King County	IN
S	2	103	2057	Cheadley	Lamar	1901	Oct	06	074	M	Adelade	OH
S	2	0071	00431	Cheal	Elizabeth	1896	Oct	23	062	F	128 Thomas St.	---
S	-	146	2869	Cheasty	Edw. S.	1902	Jun	01	072	M	243 Leary	IRL

S	R	Page	Recor	LastName	FirstNames	Deat	Mn	Dt	Age	S	DeathPlace	Bir
S	2	121	1800	Cheasty	Margaret (Mrs.)	1899	Jul	10	073	F	1420 5th Ave.	---
S	3	0126	02517	Checchetti	John	1906	Dec	27	018	M	Providence Hosp.	ITL
S	1	0001	01182	Cheetham	Florence	1890	Feb	23	006	F	Green St.	ENG
S	1	0001	00460	Cheney	Wm.B.	1885	May	29	069	M	Seattle	USA
S		0006	00218	Chesley	Baby	1892	May	30	10h	F	577 Madison	Sea
S	2	0082	1627	Chesney	Infant	1901	Jun	23	06d	F	2459 Irvira Ave.	WA
S	-	153	3002	Chester	Fay	1902	Jul	12	049	F	Providence Hosp.	NY
S	2	115	1579	Chester	infant	1899	Apr	01	01m	M	813 Alder St.	Sea
S	2	414	2688	Chester	Mrs. S. B.	1891	Nov	20	046	F	504 Pike St./Ward 5,b.Akron	OH
S	2	0035	00700	Chestnut	J. H.	1900	Aug	05	---	M	Dutch Harbor	PA
S	3	0010	00199	Chiackera	Rosina	1905	Sep	02	09m	F	1709 Dearborn St	SEA
S	3	0133	02644	Chiba	H.?	1907	Jan	16	032	M	Providence Hosp.	JPN
S	2	0096	00862	Chick	E. L.	1898	May	25	040	M	Front & Bell Sts.	ME
S	1		No #	Chiene	Ida (Mrs.)	1890	Oct	13	035	F	Washington St.	---
S	1	0001	00436	Chilberg	Chas.F.	1885	Mar	18	030	M	Seattle	IA
S	3	0034	00661	Chilberg	James P.	1905	Dec	21	067	M	955 23rd Ave	SWD
S	1	241	2353	Chilberg	Rinehart H.	1891	May	16	20d	M	2203 5th St.	Sea
S	2	0054	01061	Chilberg	Rosa	1901	Jan	04	026	F	416 4th Av W	PA
S	2	109	1338	Chilcote	Mrs. M.	1898	Dec	20	035	F	Seattle Gen. Hosp.	---
S	2	0121	02412	Chilcott	---	1904	Aug	17	019	M	Providence Hosp	WA
S	2	0380	02620	Child	Vamelus	1891	Oct	02	04m	M	Day Nursery/4th Ward	Sea
S		0114	02271	Childs	(Infant)	1906	Oct	20	s/b	M	Metropolitan Hosp.	WA
S	2	0080	00235	Childs	Ada M.	1897	Jun	25	020	F	1628 Harvard Ave.	MN
S	2	0111	02218	Childs	Samuel	1901	Dec	16	067	M	1523 5th Ave.	MD
S	3	0186	03710	Chilson	Ernest	1905	May	25	03m	M	6853 Woodlawn Ave	WA
S	1	0001	00116	Chilson	Paul	1882	Sep	20	020	M	Hospital	USA
S	3	0089	01780	Chilton	John Rule	1906	Aug	10	18h	M	Pacific Hospital	WA
S	2	102	1062	Chin	Anna E.	1898	Aug	12	05m	F	1422-1/2 1st Ave.	Sea
S	2	141	2789	Chin	Can	1902	May	19	015	M	Seattle Gen. Hosp.	USA
S	3	0186	03716	Chin	Gene Yuen	1905	Apr	24	044	M	Chilcot, AK	CHN
S	2	0074	1470	Chin	Haw	1901	Mar	31	055	M	Victoria	
S	3	0057	01135	Chin	John Yin	1903	Nov	10	038	M	1st Ave. S.	CHN
S	3	0095	01893	Chin	June	1904	May	02	008	M	Seattle Gen. Hospital	Sea
S	2	0118	2343	Chin	Mow	1902	Jan	18	021	M	Seattle Gen. Hosp.	USA
S	-	148	2910	Chin	O.	1902	Jun	21	035	M	Seattle Gen Hosp.	JPN
S	3	0152	03035	Chin Dick Yu	--	1893	Jul	10	027	M	Seattle	CHN
S	3	0153	03046	Chin Guen	---	----	---	--	---	M	Seattle	CHN
S	3	0152	03043	Chin Kock Bu	---	----	---	--	---	M	Seattle	CHN
S	3	0153	03048	Chin Ling	---	----	---	--	---	M	Seattle	CHN
S	3	0014	00262	Chin Ling	---	1905	Sep	23	026	M	Lander Hotel	SEA
S	3	0057	01131	Chin Mon Luck	--	1906	Mar	12	048	M	Lewiston, ID	CHN
S	3	0152	03041	Chin Yune Duck	---	----	---	--	---	M	Seattle	CHN
S	1	0001	00137	Chinaman		1882						
S	1	0001	00163	Chinaman		1883	Feb	25				
S	3	0119	02378	Ching	Chin Geb	1906	Oct	23	065	M	Hillman City	CHN
S		0033	00654	Ching	Inng Kah	1903	Jul	19	022	M	Str Shawhut	CHN
S		0064	1283	Ching	Ling Sing	1903	Dec	18	046	M	Alley between 4th & 5th Av.	CHN
S		0063	1249	Ching	Wa	1903	Dec	07	052	M	220 Washington St.	CHN
S	2	0053	01059	Chino	K	1901	Jan	02	030	M	S. G. Hosp.	JPN
S	2	0095	1899	Chiodu	Peter C.	1901	Sep	16	050	M	Prov. Hosp.	ITL
S	3	0051	1012	Chiotte	John	1906	Mar	04	025	M	Providence Hospital	ITL
S	2	0121	2418	Chipwood	Thos.	1902	Feb	03	010	M	946 13th Ave.	WA
S		0012	00465	Chisholm		1892	Nov	13	060	M		
S	2	157	3084	Chisholm	Allen	1902	Aug	05	050	M	Seattle Gen. Hosp.	NRY
S		0008	00277	Chisholm	Borden	1892	Jul	08	048	M	1402-1/2 Pike	NRY

S	R	Page	Recor	LastName	FirstNames	Deat	Mn	Dt	Age	S	DeathPlace	Bir
S	1	0001	01155	Chisholm	C.	1890	Jan	02	025	M		
S	3	0089	01762	Chisholm	Clarence V.	1906	Aug	04	037	M	2126 5th Ave.	ME
S	2	126	2514	Chisholm	Flora	1902	Feb	03	s/b	F	Monod Hosp.	SEA
S	1	0001	00301	Chisholm	James	1884	Feb	02	001	M	Seattle	USA
S	2	0118	02351	Chisholm	Martha	1904	Aug	18	060	F	1011 1/2 E Union St	IRL
S	2	158	3107	Chisiam	Sidney	1902	Aug	14	032	M	Seattle Gen. Hosp.	---
S	3	0003	00046	Chitwood	Allen R.	1905	Aug	07	059	M	Providence Hosp.	MO
S	2	106	1237	Chlopeck	Clara	1898	Oct	05	029	F	Salem, OR	MO
S	2	0044	00862	Chlopeck	John B.	1900	Oct	31	045	M	616 3d Av N	GER
S	2	0043	00858	Chlopeck	John B.	1900	Oct	31	045	M	616 3d Av N	GER
S	3	0127	02539	Choir	Melody	1906	Dec	31	060	M	1614A Terry Ave.	
S	2	0070	1404	Chong	See	1904	Jan	05	054	M	County Jail	CHN
S		0003	00111	Chong	Yep	1892	Mar	21	039	F	512 Wash.	CHN
S		0022	00299	Chopat (King)	Geo. W.	1893	Aug	01	052	M	310 So. 3th	
S		194	3834	Choppel	Baby Edward	1903	Feb	16	5hr	M	2224 1/2 First Avenue	SEA
S		0015	00300	Chouk	Ching De	1903	Apr	14	054	M	218 Washington Street	CHN
S	1	275	2411	Chovonski	Monts	1891	Jun	23	055	M	3rd & Main	---
S		0004	00124	Chow	Chik	1892	Mar	29	04m	M	5th & Stewart	Sea
S	3	0111	02210	Chow	Tom Gin	1906	Oct	04	054	M	Alley, H St. bet. 4th & 5th	CHN
S	3	0010	00183	Chowen	Infant	1905	Aug	02	s/b	M	985 20th Ave	SEA
S	2	106	1234	Choyaski	Aron	1898	Sep	-	-	M	Skagway, AK	---
S	1	0001	00547	Chrisholm	Willie	1887	Aug	12	17m	M		SEA
S	2	0060	00012	Christ	John	1896	Jan	09	062	M	515 Yesler Ave	GER
S	1	0001	01154	Christ	Philips	1890	Jan	01	046	M	Madison St.	
S		0031	00018	Christansen	Anna B.	1894	Jan	11	029	F		NRY
S	3	0108	02149	Christensen	Alfred	1906	Oct	10	029	M	Prov. Hosp.	DNK
S	3	0091	1813	Christensen	Anna	1904	Apr	19	079	F	960 22nd Ave.	DNK
S		0060	1194	Christensen	C. C. (Mrs.)	1903	Nov	29	049	F	Providence Hospital	IA
S	-	151	2974	Christensen	Carl	1902	Jul	03	040	M	Providence Hosp.	NRY
S	3	0043	00843	Christensen	Frank F.	1906	Feb	06	018	M	Seattle	WA
S	3	0008	00148	Christensen	Fred	1905	Aug	04	049	M	Georgetown	SWD
S	3	0163	03260	Christensen	Martin	1905	Feb	15	024	M	254 Florentia St	NRY
S	2	0071	00439	Christensen	O.	1896	Oct	29	023	M	Edgewater	---
S	3	0041	00804	Christenson	Charles	1906	Jan	05	027	M	La Munda, CA	WA
S	1		2136	Christenson	Chris	1891	Feb	09	026	M	Providence Hosp.	DNK
S		0011	00211	Christenson	F. Emmerson	1903	Apr	23	002	M	Second and Virginia	UT
S	1		2142	Christenson	Joseph	1891	Feb	13	021	M	516 Alton St.	WI
S		0033	00084	Christferson	Ermeline	1894	Feb	28	024	F	1822 8th St.	NRY
S	2	0090	1796	Christian	Edward	1904	Apr	12	042	M	Monod Hospital	---
S		0021	00262	Christiansen	John	1893	Jul	02	037	M	Lake Wash.	NRY
S	2	0128	2556	Christianson	Edna	1902	Mar	15	015	F	1523 Queen Anne	MN
S	3	0090	01789	Christianson	Infant	1906	Aug	13	06h	M	Interbay b.Interbay	WA
S	3	0129	02568	Christie	Mary	1904	Sep	01	044	F	Providence Hosp	SWD
S	1	0001	00643	Christina	Annie	1888	Oct	08	022	F	No.516 - 8th St.	
S	2	0055	00371	Christison	Lizzie	1895	Sep	17	024	F	S. 8th & Dearborn	ENG
S	3	0087	01729	Christman	Wilhelmina	1906	Jul	29	07m	F	So. Seattle	WA
S	2	0066	1316	Christopher	Helena	1903	Dec	07	025	F	Providence Hospital	WA
S	-	190	3746	Christopher	Karin Margate	1903	Jan	30	---	F	54 Clay St.	SEA
S	2	0070	00412	Christopher	Lena	1896	Oct	08	020	F	General Hosp.	DNK
S		0034	00682	Christopher	M. (Mrs.)	1903	Aug	07	036	F	54 Clay Street	NRY
S		0040	00793	Christopher	Robert D.	1903	Aug	24	034	M	Port Gamble	---
S	2	0039	00347	Christopher	Tina	1894	Aug	14	080	F	2119 Front	
S			1423	Chrodo	Mrs. Nellie	1890	Jul	16	028	F	5th & Wash.St. b.Baltimore	MD
S	2	122	1844	Chubb	Frank	1899	Feb	27	-	M	Bergman, AK	---
S	2	110	1399	Chuchhill	Chas. E.	1899	Jan	14	045	M	2525 Jackson	IL

S	R	Page	Recor	LastName	FirstNames	Deat	Mn	Dt	Age	S	DeathPlace	Bir
S		0025	00498	Chung	Dong	1903	Jun	02	055	M	Str. Defiance	CHN
S		0017	00330	Chung	Loy	1903	May	14	052	M	Alley 4+5 and Yesler Way	CHN
S	2	0096	1904	Church	Moretta M.	1901	Sep	17	05m	F	2912 1st Ave.	WA
S		0032	00078	Church	Rella R.	1894	Feb	22	021	F	818 Jefferson	
S	1		1987	Church	Robt.	1890	Nov	10	055	M	Providence Hosp.	---
S			1349	Churches	V. J.	1890	Jun	14	040	M	Providence Hospital	---
S	3	0069	01371	Churchill	Franklin Henry	1906	May	20	054	M	313 W. Galer St.	MI
S	2	0065	1291	Churchill	J. E.	1903	Dec	21	054	M	1616-1/2 7th Ave.	IL
S		0032	00045	Churchill	Martha B.	1894	Jan	30	036	F	608 Olympic	GER
S	3	0074	01476	Churchward	M.	1906	Jun	08	039	M	Wayside Emergency Hospital	ENG
S	3	0072	1439	Churhill	Charles Henry	1904	Jan	19	079	M	608 Olympic Place	NH
S	2	0017	00323	Ciale ?	Eugene	1900	Apr	16	09m	M	1st & Pike	SEA
S		0034	00668	Ciarlo	Joe	1903	Jul	29	033	M	Great Northern Tunnel S end	ITL
S	2	0054	00341	Cicero	Joseph	1895	Aug	21	035	M	Avondale	NY
S	2	104	1167	Cincer	Regina	1898	Sep	30	03w	F	5th & Yesler Sts.	Sea
S	2	0097	1937	Ciofhanhor	Jim	1901	Sep	15	045	M	Seattle	WA
S	2	0099	00963	Clamson	Gustav	1898	Jun	08	032	M	San Francisco, CA	GER
S	2	104	1173	Clancey	Lottie	1898	Sep	05	027	F	Alaska	Sea
S	3	0189	03761	Clancy	(Infant)	1907	Jun	04	06h	M	Providence Hosp.	WA
S	3	0009	00175	Clancy	Bernard Stewart	1905	Aug	31	06m	M	Columbia	SEA
S	3	0184	03661	Clancy	Catherine	1907	Jun	06	020	F	Prov. Hosp.	Sea
S	3	0170	03394	Clancy	James	1905	Mar	19	073	M	2009 5th Ave, Ward 6	IRL
S	2	0011	00219	Clancy	Jas L.	1900	Mar	18	030	M	Prov. Hosp.	ME
S	2	118	2346	Clancy	Joseph D.	1902	Jan	19	01	M	505 Main	SEA
S	3	0125	02487	Clancy	Mary Florence	1904	Sep	05	002	F	211 Seventeenth Ave N	SEA
S	1		2072	Clapham	Sarah A.	1891	Jan	04	044	F	Huston & Columbia Sts.	---
S	2	102	1092	Clapp	Mary G.	1898	Mar	02	006	F	County Hosp. b.Boston,	MA
S	2	395	2651	Clare	Maud	1891	Oct	20	005	F	920 Jefferson St./3rd Ward	MB
S	3	0171	03420	Clark	(Infant)	1907	Apr	28	s/b	M	Minor Hosp.	WA
S	2	101	1039	Clark	Alvi	1898	Jul	11	019	M	Ballard, WA	MI
S	1	0001	00701	Clark	B.H. (child)	1888	Dec	11	14m		811 Union St.	
S	3	0025	00489	Clark	Cathbert	1905	Nov	20	01d	M	806 15th Ave N	SEA
S	2	0039	00771	Clark	Charles	1900	Sep	27	048	M	166 Denny Way	NY
S	2	0074	00007	Clark	Chas. D.	1897	Jan	06	007	M	820 Green St.	---
S	2	0003	00043	Clark	Chas. Francis	1900	Jan	22	01d	M	411 Terry Ave.	Sea
S	3	0130	02597	Clark	Chester H.	1907	Jan	03	064	M	420 Lenora	IL
S	2	123	1898	Clark	Clarissa E.	1899	Aug	11	059	F	Steillacoom, WA	IL
S		0080	1604	Clark	D.	1904	Mar	01	070	M	Seattle Gen. Hosp.	---
S			1262	Clark	Eddie	1890	Apr	06	14w	M	Corner Park & Wykoff Sts.	Sea
S	1	0001	01226	Clark	Edward	1890	Mar	27	024	M	Grace Hosp.	
S	2	0075	00071	Clark	Elizabeth	1897	Feb	23	044	F	General Hosp.	---
S	3	0126	02520	Clark	Elmo	1904	Sep	19	01m	M	521 Sixtyfirst Ave, Grn Lk	Sea
S	2	0120	02393	Clark	Esther	1904	Aug	29	02m	F	417 20th Ave No	Sea
S		133	2631	Clark	Eva	1902	Apr	04	018	F	1120 Kilborne	WI
S	2	0043	00476	Clark	F.	1894	Oct	27		M	West St. House	
S	3	0169	03377	Clark	Frank	1907	Apr	03	047	M	Cle Elum Hosp.	---
S		0003	00042	Clark	Frank Anderson	1903	Mar	19	039	F	1021 Union	CND
S	2	108	1312	Clark	Geo.	1898	Dec	05	087	M	Edgewater	SCT
S	1	0001	00695	Clark	Geo.E.	1888	Nov	28	054	M	2nd. St.btw Madison-Spring	
S		0007	00268	Clark	Geo.W.	1892	Jul	02	060	M	Grace Hosp.	
S	3	0026	00514	Clark	George W.	1905	Nov	30	045	M	1319 8th Ave	MA
S		0025	00391	Clark	Georgie	1893	Sep	14	04h	M	813 Alder	Sea
S		0002	00057	Clark	Grace	1892	Feb	05	033	F	110 Irving	MN
S	3	0059	01177	Clark	Grace (Mrs.)	1906	Apr	12	020	F	120 W.40th St.	WI
S	2	0098	00924	Clark	Harry	1898	Jun	11	065	M	16th & union St.	---

S	R	Page	Recor	LastName	FirstNames	Deat	Mn	Dt	Age	S	DeathPlace	Bir
S	2	417	2695	Clark	infant	1891	Nov	24	07d	M	721 Weller St.	Sea
S	2	0084	00410	Clark	infant	1897	Oct	23	04m	M	1302 Weller St.	SEA
S	3	0066	01313	Clark	Infant	1906	Apr	11	s/b	M	120 West 40th St.	Sea
S		0008	00152	Clark	James	1903	Apr	04	032	M	Wayside Mission	---
S	3	0151	03012	Clark	James B.	1907	Mar	03	066	M	124 Howard Ave. N.	PA
S		0026	00464	Clark	John W.	1893	Oct	29	050	M	Prov. Hosp.	
S	2	0100	00997	Clark	John W.	1898	Jul	18	028	M	325 Nob Hill Ave.	MO
S	2	0087	00517	Clark	Jona D.	1897	Dec	31	019	F	18th & Harrison b.Whatcom,	WA
S		111	2221	Clark	Joseph Benj.	1904	Jul	l2	046	M	321 W. Republican	CA
S	2	0082	1625	Clark	L. Jas.	1901	Jun	22	079	M	Jefferson	NY
S	2	0091	00691	Clark	Lavinia	1898	Mar	11	066	F	522 Jefferson St. b.Phil.,	PA
S	3	0178	03541	Clark	Lena	1907	May	24	039	F	Providence Hosp.	MN
S	2	0095	00802	Clark	Maggie (Mrs.)	1898	Apr	04	055	F	Ballard, WA	PA
S	2	0045	00567	Clark	Martha S.	1894	Dec	21	030	F	1412 Washington	
S	2	0101	2003	Clark	Mary	1901	Oct	14	037	F	Prov. Hosp.	IRL
S	3	0062	01222	Clark	Mary	1906	Apr	28	040	F	Seattle Gen. Hosp.	OH
S	3	0170	03396	Clark	Maud M	1905	Mar	19	013	F	420 27th Ave B:St Paul	MN
S	3	0005	00082	Clark	May	1905	Aug	19	03m	F	1518 10th Ave S	SEA
S	2	117	2321	Clark	May D.	1902	Jan	10	007	F	404 W. Union St.	SEA
S	3	0153	03051	Clark	Mrs. Kate B.	1907	Mar	10	060	F	Emergency Hosp.	NS
S	3	104	2078	Clark	Nellie Maud	1904	Jun	19	060	F	1517 Belmont Ave.	ME
S	2	105	1182	Clark	Orange J.	1898	Sep	23	002	M	Kent, WA	Sea
S	3	0172	03432	Clark	P N	1905	Mar	04	053	M	Providence Hosp	CND
S	3	0166	03313	Clark	Robert Milton	1907	Apr	17	001	M	2712-2nd Ave.	WA
S		0007	00273	Clark	Rufus S.	1892	Jul	07	049	M	Depot & Joy	
S	3	0138	02749	Clark	Sarah J.	1907	Jan	20	069	F	West Seattle, WA	VT
S	3	0149	02967	Clark	Seth William	1904	Dec	31	072	M	1517 Belmont Ave	NY
S	2	0041	00421	Clark	Susan	1894	Sep	24	069	F	2117 3rd St	NB?
S	1		1913	Clark	Thomas	1890	Oct	17	37h	M	1905 5th St.	Sea
S	3	0129	02573	Clark	W Clarence	1904	Sep	11	021	M	816 Terry Ave	IA
S		0011	00205	Clark	W.H.	1903	Apr	21	053	M	Seattle General Hospital	NY
S			1367	Clark	William	1890	Jun	22	035	M	Hot Springs/King Co., WA	ENG
S	3	107	2129	Clark	Willis	1904	Feb	14	028	M	Nome AK	OH
S	2	115	1576	Clark	Wm.	1899	Mar	25	-	M	Skagway	---
S		0010	00197	Clarke	Chas W.	1903	Apr	18	081	M	3926 Tenth Avenue N.E.	RI
S	3	0168	03362	Clarke	Infant	1905	Mar	05	05h	M	716 81st Ave N B:Greenlake	SEA
S	3	0141	02813	Clarke	Willard	1904	Nov	21	054	M	1210 Weller St	MI
S	3	0105	02082	Clarkson	Lilly	1906	Sep	27	016	F	Ephata	NE
S	-	175	3443	Clausen	Anna	1902	Nov	02	034	F	Providence Hosp.	GER
S		0002	00072	Clausen	C.L.	1892	Feb	20	071	M	Kitsap Co.	DNK
S	3	0104	02073	Clausen	Henrick	1906	Sep	29	021	M	Los Angeles	--
S	-	173	3415	Clausen	John Henry	1902	Oct	02	02m	M	Georgetown b.Georgetown,	WA
S	2	0050	00998	Clausen	Julius	1900	Dec	12	003	M	Prov. Hosp.	SEA
S		0013	00496	Clausen	Lillian E.	1892	Dec	05	03m	F	Grange Lincoln	IA
S	1	0001	01027	Clausen	Mrs.	1889	Oct	30		F	Grace Hosp.	
S	3	0122	02426	Clausen	Thorwald	1906	Dec	04	005	M	3802 Ashworth	IA
S	2	0059	01177	Clausen	Wilhema	1901	Feb	05	071	F	314 E Lake	GER
S	2	0085	01699	Clausen	Wm. H.	1904	Mar	24	038	M	Prov.Hosp. b.San Francisco	
S		0044	00869	Claussen	Frank	1903	Sep	14	053	M	27th Avenue E, and E. Olive	GER
S	2	0085	00466	Claussen	Peter J.	1897	Nov	24	061	M	811 Boren Ave.	GER
S	1	0001	01042	Clavadenche	Annie	1889	Oct	28	005	F	Lake St.	
S	1	0001	01040	Clavadenche	John C.	1889	Oct	26	006	M	Lake St. 3rd Ward	
S	1	0001	01041	Clavadeorche	Charles	1889	Oct	30	005	M	Lake St.	
S		0115	02302	Clay	Infant	1904	Aug	03	01d	M	1501 18th Place	Sea
S	2	0095	00821	Clay	Myrtle Pearl	1898	May	04	023	F	Providence Hosp.	IL

S	R	Page	Recor	LastName	FirstNames	Deat	Mn	Dt	Age	S	DeathPlace	Bir
S		0020	00225	Clay	NR	1893	Jun	04	025	F	514 14th	
S	2	0049	00976	Clay	Oliver	1900	Dec	04	073	M	115 28th Ave	OH
S	3	0190	03794	Clay	William	1907	Jun	11	032	M	New York, NY	---
S	3	0199	03967	Claycomb	Granville T.	1905	Jul	20	054	M	3927 Woodlawn Park Ave	IL
S	1	0001	00565	Claymer	H.M.	1887	Nov	01	027	M		
S		0095	01903	Claypool	Samuel B.	1904	May	04	039	M	Hotel Northern	KY
S	2	0027	00532	Clayson	Fred	1899	---	--	028	M	AK	WA
S	3	0126	02505	Clayton	(Infant)	1906	Dec	23	4+h	M	Seattle Gen. Hosp.	WA
S	3	0126	02504	Clayton	(Infant)	1906	Dec	23	4+h	F	Seattle Gen. Hosp.	WA
S	2	0093	00728	Clayton	Ralph	1898	Apr	01	070	M	3rd Ave. & Highland Dr.	ENG
S	1	0001	00259	Cleadle	Chas. L.	1883	Aug	09	002	M	Seattle	USA
S	2	107	1260	Clearland	Mrs. Julia	1898	Nov	10	050	F	General Hosp.	---
S	1	216	2306	Cleary	Chester	1891	Apr	17	038	M	Park & Franklin Ave.	---
S	2	122	1851	Cleary	Peter	1899	Aug	03	060	M	1114 6th Ave.	---
S	2	0042	00823	Clem	Elizabeth	1900	Oct	11	059	F	1631 9th Av	IN
S	3	0108	02141	Clemens	John M.	1906	Oct	11	049	M	Metropolitan Hosp.	ENG
S	3	0035	00687	Clemens	Willis W.	1905	Dec	20	23m	M	Bremerton, WA	sme
S	1	0001	00678	Clemens	Wm.	1888	Nov	07		M	Pest House	
S	2	141	2796	Clement	Simon C.	1902	May	20	052	M	729 1st Ave. S.	NY
S	3	0145	02894	Clements	Edward	1907	Feb	21	043	M	Prov. Hosp.	ME
S		0061	1215	Clements	Overand J.	1903	Nov	29	11m	M	Ballard WN	OR
S	3	0137	02732	Clements	Ruth	1904	Oct	16	06d	F	Ballard B:Ballard	WA
S	3	0073	01458	Clements	William	1904	Jan	30	012	M	Ballard b.Sumas	WA
S	2	182	3587	Clen	Ida	1902	Dec	20	028	F	Providence Hosp.	MI
S	2	0009	00176	Cleodand	Frank B	1900	Mar	03	041	M	Prov. Hosp.	OH
S	2	0069	1366	Cleveland	Arnold	1904	Jan	04	069	M	611 Minor Ave. No.	---
S	1		1977	Cleveland	F. S.	1890	Nov	06	025	M	Providence Hospital	---
S		0028	00510	Cleveland	Frank	1893	Nov	29	063	M	608 Depot	
S	2	121	1811	Cleveland	Sarah A.	1899	Jul	20	030	F	2222 8th Ave.	NB
S		108	2159	Cleveland	T. F.	1904	Jun	22	072	M	Martin WA	---
S		0031	00003	Clew	Ephraim	1894	Jan	03	056	M	705-1/2 Pike	OH
S	3	0152	03029	Clewley	Infant	1904	Dec	18	s/b	F	118 17th Ave N	SEA
S	3	0009	00164	Cliff	Alice C.	1905	Aug	17	044	F	Bellevue, WA	IL
S	2	0122	02440	Cliff	George B	1904	Aug	13	041	M	Squak Slough, King Co, WA	IL
S	2	0059	00573	Clifford	Jos. E.	1895	Dec	27	011	M	724 Houghston St.	
S	1	0001	01099	Clifton	Ella	1889	Dec	27	005	F	Warren St.	
S	2	0089	00587	Cline	baby	1898	Jan	15	001	F	Ballard, WA	---
S	2	0050	00983	Cline	T. J.	1900	Dec	07	030	M	1st Ave & Yessler	SEA
S	2	0047	00939	Clinton	Baby	1900	Nov	23	12d	M	Monod Hosp.	SEA
S	3	0062	01237	Clippinger	Rosamond L.	1906	Apr	07	025	F	Providence Hosp.	MI
S		0044	00872	Clise	Nancy R.	1903	Sep	15	073	F	1507 Second Avenue W.	KY
S	2	0092	00675	Clise	Willis H.	1898	Mar	19	005	M	8?3 Queen Anne Ave.	SEA
S	2	128	2101	Cloadetcher (?)	Peter	1899	Dec	02	048	M	Providence Hosp.	GER
S	2	0053	01046	Clochesy	Mich	1900	Dec	27	053	M	Van Asselt	IRL
S	2	0046	00906	Clock	Emily	1900	Nov	11	060	F	Prov. Hosp.	PA
S		0040	00787	Clodius	A.	1903	Aug	13	050	M	Str Umatilla	---
S	2	113	1511	Clohecy (?)	Katharine	1899	Mar	08	045	F	1113 13th Ave.	---
S	1		1514	Closa	Almira (Mrs.)	1890	Aug	27	060	F	Eagle Harbor	OH
S		0024	00356	Cloth	Infant	1893	Sep	01	05d	F	308 Union	
S	2	0099	1965	Clough	Baby	1901	Sep	23	s/b	M	South Seattle	WA
S	2	0077	1525	Clough	Chester	1901	May	15	058	M	Monod Hosp.	MI
S	1	0001	00100	Clough	Clara Blanche	1882	Jul		002	F	Seattle	
S	3	0075	01485	Clough	Mary A.	1906	Jun	12	065	F	3808 - 11th NE	NH
S	1		1919	Clouse	George F.	1890	Oct	19	-	M	Avon, Skagit Co., Wash.	---
S		0032	00643	Clow ?	Alexander	1903	Jul	25	073	M	South Park	SCT

S	R	Page	Recor	LastName	FirstNames	Deat	Mn	Dt	Age	S	DeathPlace	Bir
S	3	0157	03136	Cloyd	Charles B	1905	Jan	28	018	M	2118 21st Ave S	KY
S	3	0074	01466	Cludnofsky	Infant	1904	Jan	06	s/b	M	2221 3rd Ave.	Sea
S	2	112	1483	Clulow	John C.	1899	Feb	19	031	M	Seattle Gen. Hosp.	ENG
S	2	129	2116	Clutheroe	A. N.	1899	Dec	09	056	M	Wayside Mission	---
S	3	0101	02016	Clyde	Clement Lyle	1906	Sep	23	03m	M	116 North 76th	Sea
S	2	0062	01240	Clyde	Edward	1901	Feb	17	042	M	Co. Hosp.	US
S	2	0036	00218	Clymer	Dora	1894	May	18	022	F	Prov Hosp	WA
S	2	0054	00349	Coady	Patrick	1895	Sep	03	049	M	312 Poplar	
S	2	0037	00251	Coates	Gordon W.	1894	Jun	15	032	M	822 Squire Dr	
S	2	0068	00326	Coates	M. A.	1896	Aug	22	077	F	Green Lake	NJ
S		0033	00086	Coats	Martha	1894	Feb	02	078	F	Seattle Park	
S	1		2027	Cobb	Geo. A.	1890	Dec	03	040	M	-	---
S	2	0119	2377	Cobe	George	1902	Jan	31	073	M	4316 Sunset Place	ENG
S	3	0057	1142	Coblent	Marcelle T.	1903	Nov	19	002	F	800 E. Denny Way	WA
S	2	0034	00669	Coburn	Forrest	1900	Aug	20	065	M	Prov. Hosp.	NY
S	1	0001	00141	Cochran	D.W.	1883			045	M	Seattle	USA
S	2	116	1618	Cochran	Emma J.	1899	Apr	17	034	F	210 Prospect St.	MT
S		0078	1556	Cochrane	F. L.	1904	Feb	21	023	M	Seattle Gen. Hosp.	NY
S	3	0026	00517	Cochrane	Lida	1905	Nov	05	038	F	Providence Hosp.	IL
S	2	0086	01707	Cochrane	Vera May	1904	Mar	30	05m	F	505 West 44th St.	Sea
S		0011	00207	Cochrane	W.M.	1903	Apr	18	040	M	Seattle General Hospital	---
S	3	0122	02440	Coder	Bertha M.	1903	Oct	26	003	F	102 Blewette	WA
S		0016	00057	Codrich	Mrs.	1893	Feb	18	058	F	1021 Spring	
S	2	0011	00203	Cody	John	1900	Mar	14	049	M	Prov. Hosp.	---
S		0060	1188	Cody	John A.	1903	Nov	18	010	M	Providence Hospital	MN
S		113	2253	Coe	Franz H. (Dr.)	1904	Jul	16	047	M	37th Ave. & E. Aloha	IL
S		0099	01977	Coe	Infant	1904	May	16	06d	M	Green Lake	Sea
S	3	0147	02939	Coe	Oscar J	1904	Dec	20	032	M	Cor 81st St & Fremont Ave	WI
S		113	2256	Coe	Susan McKay	1904	Jul	22	085	F	23rd Ave. & E. John	NY
S	3	0078	01551	Coer	Ida	1906	Jun	08	036	F	208 19th Ave.	OH
S	2	0095	01890	Coffer	Emma (Mrs.)	1901	Sep	06	048	F	1126 14th Ave.	WA
S		0025	00426	Coffey	Joseph Jr.	1893	Oct	04	05m	M	Bismarck St.	
S	2	0087	1729	Coffey	Kate	1901	Jul	25	050	F	Prov. Hosp.	IRL
S	2	413	2687	Coffin	Abel	1891	Nov	20	080	M	Bush & Main Sts./1st Ward	NC
S	1	241	2358	Coffin	Charles	1891	May	18	023	N	620 Houston St.	OR
S	2	0082	00334	Coffin	J. W.	1897	Aug	11	066	M	Monte Cristo	---
S	3	0131	02604	Coffin	Oliver C.	1907	Jan	06	080	M	620-10th Ave. N.	MA
S	2	0095	01893	Coffman	Thomas	1901	Sep	14	054	M	1301 West Lake	OH
S	2	0097	00882	Coffman	Wm. M.	1898	May	08	---	M	Halcyon Hot Springs, BC	---
S	3	0175	03488	Cogan	Mrs. Mary	1907	May	14	051	F	1314 Harrison	SCT
S	3	0104	02080	Cogeshall	Hester Ann	1906	Sep	25	062	F	Georgetown	unk
S	3	0176	03518	Coggins	Frank	1905	Apr			M	Providence Hosp	IRL
S	3	0064	01279	Coggins	Thomas F.	1906	Apr	22	044	M	North Bend, King Co., Wn.	NY
S		110	2193	Coghill	Daniel	1904	Jul	11	032	M	Monod Hospital	---
S		0011	00202	Cogneuil	Frank	1903	Apr	20	009	M	2421 1/2 Western	---
S		0027	00489	Cogswell	Eva	1893	Nov	12	02m	F	1011 Howell	Sea
S	2	0045	00556	Cohen	--	1894	Dec	09	06d	M	718 Main	Sea
S	2	0074	00022	Cohen	A. S.	1897	Jan	19	065	M	102 Broadway St.	---
S	2	141	2785	Cohen	Aaron	1902	May	15	052	M	Providence Hosp. b.Warsaw,	PLD
S	2	0083	00386	Cohen	Alex	1897	Sep	21	048	M	Rossland, BC, Canada	GER
S	3	0058	01155	Cohen	Isadore James	1903	Nov	24	03d	M	1201 Madison Ave.	Sea
S	3	0028	00548	Cohen	Louis	1905	Nov	29	058	M	Yakima, WA	---
S	2	130	2149	Cohen	Marcus J.	1899	Aug	11	044	M	Juneau, AK	---
S	3	0031	00602	Cohen	Samuel	1905	Dec	15	072	M	1715 E Spruce St	NY
S		0024	00376	Cohn	Harry	1893	Sep	08	05m	M	516 So. 14th	Sea

S	R	Page	Recor	LastName	FirstNames	Deat	Mn	Dt	Age	S	DeathPlace	Bir
S		115	2287	Cohn	Jessie	1904	Jul	--	041	F	King Co. Hospital	MN
S		0018	00138	Cohn	Lora	1893	Apr	10	024	F	907 Main	
S	2	0123	2451	Cohn	Mrs. L.	1902	Feb	16	026	F	3rd Ave & Columbia	CA
S	2	185	3650	Cohn	Samuel	1902	Dec	31	037	M	San Francisco, CA	GER
S	1		No #	Cohrs	Frida	1890	Oct	21	005	F	108 Lombard St.	---
S	1		1540	Cohrs	Henry F.	1890	Sep	09	028	M	108 Tomban (?)	---
S	3	0045	00896	Coil	J.E.	1906	Feb	18	060	M	1924 - 1st Ave.	unk
S	2	0066	1312	Cola	Philip	1901	Mar	19	052	M	Prov Hosp	CND
S	2	0098	1945	Colburn	Amanda	1901	Sep	11	075	F	Ballard	ME
S	1	292	2445	Cole	Edna R.	1891	Jul	08	006	F	1322 2nd St.	CA
S	2	0121	2420	Cole	Eva Price	1902	Feb	04	045	F	513 Melrose	OH
S		136	2684	Cole	Frances	1902	Apr	29	01m	F	1006 Jackson	SEA
S	2	106	2118	Cole	Francis	1901	Nov	20	09m	F	1818 - 14 Ave.	SEA
S	2	0078	00173	Cole	Georgiana	1897	May	06	024	F	Providence Hosp.	CA
S	2	0068	01351	Cole	Infant	1903	Dec	16	---	M	418 21st Ave.	Sea
S	3	0123	02464	Cole	Infant	1904	Aug	15	---	M	1015 1/2 10th Ave S	SEA
S	2	0001	00010	Cole	Lenox C.	1892	Jan	08	05m	F	412 S. 3rd St.	---
S	3	0154	03073	Cole	Leo	1905	Jan	06	04d	M	1006 Jackson St	SEA
S	2	102	1072	Cole	Lilly Edna	1898	Aug	19	006	F	905 Plemmson St.b.Anacortes	WA
S		113	2261	Cole	W. W.	1904	Jul	03	073	M	Kind Co. Hospital	---
S	3	0101	02007	Cole	William	1906	Sep	18	053	M	Wayside Emergency Hospital	NY
S	3	0130	02584	Colella	(Infant)	1906	Dec	14		M	2621 Atlantic	WA
S	3	0104	02077	Colella	Felipo	1906	Sep	21	076	M	Van Asselt	ITL
S	2	186	3670	Colella	Joe	1902	Dec	29	s/b	M	2652 Atlantic	SEA
S	2	101	2011	Colella	Mary	1901	Oct	17	007	F	1107 E. Spruce	SEA
S	3	0085	01685	Colella	Sophie	1906	Jul	28	03m	F	26th So. & Atlantic	Sea
S	3	0165	03282	Coleman	Henry	1907	Apr	11	025	M	Wayside Emerg. Hosp.	---
S	3	0096	01917	Coleman	Infant	1906	Aug	08	s/b	F	512 29th Ave.S.	WA
S	1	0001	00518	Coleman	J.W.	1886	Feb	08	053	M	Lake Wash.	
S		0049	00980	Coleman	James G	1903	Oct	06	029	M	200 Spring Street	ME
S		0032	00630	Coleman	James W, Sr.	1903	Jul	27	083	M	119 Ninth Avenue S.	MD
S		0033	00092	Coleman	Robert	1894	Feb	?	015	M	Georgetown (b.Yakima	
S	3	0036	00709	Coles	M. A. G.	1906	Jan	02	041	F	Corliss Ave & 85th St	ENG
S		0053	1057	Collen	Wm A.	1903	Sep	27	022	M	Everett	---
S		0010	00352	Collier	Chas.L.	1892	Aug	23	040	M	Main & RR Ave./Boston House	ENG
S	1	0001	00950	Collier	Julia	1889	Jul	31	037		907 Plummer	
S	2	0094	00762	Collier	Wm.	1898	Apr	16	066	M	Broad btwn 1st & West Sts.	MA
S		0083	01654	Colling	Littiel	1904	Mar	21	03w	F	811 20th Ave.So.	Sea
S	3	0029	00580	Collinge	Neil	1905	Dec	07	082	M	2609 13th Ave S	CND
S	1	0001	00833	Collins	Adelia	1889	Apr	23	005		Poplar & Thomas St.	
S		115	2299	Collins	Alice A. (Mrs.)	1904	Aug	01	045	F	Providence Hospital	ILL
S	3	0154	03082	Collins	Alice R	1905	Jan	11	034	F	617 23rd Ave N	OH
S	3	0049	00961	Collins	Andrew F.	1906	Feb	02	038	M	Tonopah, Nevada	NY
S	2	0037	00235	Collins	Annie	1894	May	14	045	F	Georgetown	
S	2	0097	00873	Collins	Barney	1898	May	02	09m	M	nr Water Works b.Ballard,	WA
S	2	0108	2141	Collins	C. M.	1901	Nov	25	079	M	Green Lake	NY
S	1	0001	00312	Collins	Catherine	1884	Feb	26	038	F	Seattle	IRE
S	2	0089	1781	Collins	Charles Wm.	1904	Apr	06	011	M	208 7th Ave. S.	MT
S	1	0001	00808	Collins	Chas. W.	1889	Mar	22	006	M	Corner 7th & Marion St.	
S		0131	2596	Collins	E. H.	1902	Mar	01	019	M	Gate, Thurston, WA	KS
S	2	0094	00771	Collins	Francis	1898	Apr	18	013	F	20th Ave. & Yesler	NB
S		0049	00970	Collins	Infant	1903	Sep	17	s/b	F	617 - 23rd Avenue N	SEA
S		0020	00218	Collins	James	1893	May	13	055	M	County farm	
S	2	0049	00972	Collins	Jno C. W.	1900	Dec	01	070	M	Monod Hosp.	---
S		0011	00209	Collins	John	1903	Apr	22	067	M	702 Minor Avenue	IRL

S	R	Page	Recor	LastName	FirstNames	Deat	Mn	Dt	Age	S	DeathPlace	Bir
S	2	0119	02385	Collins	Joseph	1904	Aug	28	025	M	Providence Hosp	IRL
S	3	0015	00284	Collins	M. Smith (Mrs.)	1905	Sep	16	030	F	Wayside Emerg. Hosp.	---
S	2	0078	01559	Collins	M. W.	1901	May	04	078	M	Port Blakely	NJ
S	2	0436	2732	Collins	Mary	1891	Dec	24	083	F	1716-5th St.	IRL
S	2	180	3575	Collins	Mary	1902	Dec	12	045	F	29th & Yesler Sts.	NY
S	2	0040	00800	Collins	Mary E.	1900	Oct	01	067	F	824 21st Av	CND
S	2	0067	00283	Collins	Minnie	1896	Jul	25	027	F	Yakima St	MA
S		0035	00700	Collins	Minnie (Mrs)	1903	Aug	13	031	F	724 King Street	CA
S	3	0125	02496	Collins	Patrick	1904	Sep	03	022	M	Spokane Ave, W Bridge	IRL
S	3	0167	03333	Collins	Reuben ? G	1905	Feb	09	045	M	Oakland, CA	CT
S		0060	01187	Collins	Richard	1903	Nov	11	035	M	Monod Hospital	WA
S		0016	00061	Collins	T.C.	1893	Feb	23	05d	M	Madison	Sea
S	2	124	1929	Collins	Thos.	1899	Sep	17	073	M	824 21st Ave.	---
S	3	0038	00745	Collins	William	1906	Jan	11	004	M	39th Ave S & Genesee St	ENG
S	3	0109	02168	Collixtus	Bro.	1906	Oct	16	062	M	Prov. Hosp.	HLD
S	3	0043	00860	Collucio	Domenies	1906	Feb	11	024	M	foot of Conniecticut St.	ITL
S	2	0065	01283	Colman	(Baby)	1901	Mar	14	01m	M	Monod Hosp.	SEA
S	3	0067	01326	Colman	Agnes	1906	May	03	012	F	716 - 4th Ave.	WA
S	3	0024	00466	Colman	B. E.	1905	Nov	10	001	M	4607 Corliss Ave	SEA
S	2	0034	00678	Colman	Hattie	1900	Aug	24	032	F	1209 Mercer	ME
S	3	0124	02478	Colman	James M.	1906	Dec	13	074	M	716-4th Ave.	SCT
S	2	0020	00393	Colman	Lizzie	1900	May	05	068	F	319 Maynard	CND
S	2	0085	01697	Colman	Peter	1904	Mar	22	074	M	1627 Terry Ave.	SCT
S	2	0020	00394	Colman	Thos. P.	1900	May	05	072	M	319 Maynard	CND
S	2	0097	00888	Colomb	Electa	1898	May	24	004	F	South Park	WA
S	-	189	3727	Colon	Agnes Estella	1903	Jan	24	025	F	1527 5th Ave.	MN
S		0010	00186	Colon	Mary Estella	1903	Apr	11	11m	F	923 First Avenue S	SEA
S	1	0001	00936	Colson	Mary	1889	Jul	11		F	321 Mollke St,	
S	3	0017	00334	Colsosimo	Phillip	1905	Oct	01	039	M	1133 16th Ave S	ITL
S	1	0001	01195	Columbus	Eva	1890	Mar	24	006	F	Lenora St	WA
S	2	0043	00854	Colver	Cathaine C.	1900	Oct	29	006	F	1012 Boyleston	SEA
S	2	0037	00258	Colver	Dean	1894	Jun	20	007	M	1303 Joy	IA
S	3	0035	00689	Colver	Mamie B.	1905	Dec	22	032	F	Columbia City	MO
S	2	0101	02004	Colvin	R. L.	1901	Oct	14	046	M	Prov. Hosp.	OH
S	1	0001	00892	Colwill	Esther	1889	Jun	13	009	F		
S		0026	00451	Comb	Edna M.	1893	Oct	19	003	F	1200 Oak	
S	1	0001	00662	Combe	A.	1888	Oct	25	092		Corner Weller & Depot Sta.	
S		0012	00448	Combs	Blanche	1892	Oct	29	10m	F	Battery St.	Sea
S	3	0143	02859	Combs	Elizabeth R.	1907	Feb	14	065	F	Minor Hosp.	PA
S		0078	1561	Combs	Louise	1904	Feb	23	034	F	164 Roy St.	OR
S	2	0005	00083	Combs	Twin Babies	1900	Jan	20	01d	M	Ballard	sme
S	1		1573	Comean	Rufus	1890	Sep	22	024	M	11th & Cherry Sts.	---
S	3	0129	02576	Comer	(Infant)	1906	Dec	07		F	525 Bellmont Ave. N.	WA
S		0008	00287	Comfort	Rebecca E.	1892	Jul	13	044	F	813 2nd	
S		0050	00997	Comings	Edward D.	1903	Oct	14	061	M	Stevens Hotel	VT
S	2	0017	00337	Comming	L.R.	1900	Apr	24	01m	M	914 Main St	SEA
S	2	0039	00339	Compodonico	Stefario	1894	Aug	10	043	M	8th & Blanchard	
S	2	0088	00578	Compton	Caroline F.	1898	Jan	28	067	F	2118 20th Ave.	ME
S		0022	00433	Compton	Charleton W.	1903	Jun	03	014	M	E 64th and First Aven N.E.	NE
S	2	0041	00412	Compton	Levi F.	1894	Sep	16	069	M	2118 2nd	VA
S	2	112	1458	Compton	Mrs. Rubena	1899	Feb	06	030	F	211 Taylor Ave.	---
S	2	0048	00100	Compton	Oliver	1895	Mar	13	058	M	Prov Hosp	NJ
S	2	0097	00880	Compton	Theodor	1898	May	06	052	M	S. Park	MI
S	3	0127	02538	Comstock	Frank E	1904	Sep	22	019	M	1730 Bellevue Ave	ID
S	2	128	2544	Comstock	Joseph	1902	Mar	09	075	M	321 1/2 3rd Ave.	CT

S	R	Page	Recor	LastName	FirstNames	Deat	Mn	Dt	Age	S	DeathPlace	Bir
S	1	0001	00402	Comstock	P.C.	1884	Nov	02	072	M	Seattle	NY
S	3	0001	00002	Comstock	Sophie L.	1905	Jul	15	032	F	Julietta, ID	NJ
S	2	0056	01103	Conable	Rufus	1901	Jan	19	082	M	313 16th Ave	VT
S	2	185	3645	Conahan	Charles	1902	Dec	23	094	M	Pleasant Valley	IRL
S	3	0018	00358	Conaty	Rosie (Mrs.)	1905	Oct	14	075	F	1209 Jackson St	IRL
S	2	0090	00622	Conboy	Ann	1898	Feb	14	060	F	815 4th Ave.	IRL
S	2	109	1344	Concannon	Frankien M.	1898	Dec	23	012	F	1614 19th Ave.	---
S	2	0096	01914	Concanuon	Mary Ethel	1901	Sep	24	009	F	20th & Madison	IN
S	2	316	2493	Condarina	Jeaconeo	1891	Jul	31	050	M	5th & Washington Sts.	---
S	2	0093	00714	Condon	Edward	1898	Mar	05	062	M	Ballard. WA	ICE
S	2	0068	1358	Condon	Frank	1901	Apr	01	040	M	Centennial Mills	IRL
S	2	0086	1709	Condon	Winfield S. J.	1904	Mar	31	004	F	Seattle Gen. Hospital	WA
S	3	0191	03811	Condon	Zorah	1907	Jun	28	038	F	Brownsville, WA	KS
S	3	0160	03191	Cone	John J	1905	Jan	19	064	M	Hillman City, WA	NY
S	2	0063	00155	Conerty	A.B.	1896	Apr	17	077	F	Seattle	
S	2	118	1713	Conforth	Leslie	1899	May	26	03m		2516 Elliott Ave.	Sea
S		0029	00577	Conger	Viola	1903	Jul	14	017	F	Wayside Mission Hospital	OR
S	2	0042	00442	Conklin	Elna M.	1894	Oct	03	021	F	Front & Bell	MI
S		0019	00368	Conklin	Infant	1903	May	25	---	F	1507 - 12th Avenue	SEA
S	2	0079	00226	Conklin	Mark	1897	Jun	20	018	M	Green Lake, WA	MI
S	2	0041	00399	Conklin	T.J.	1894	Sep	03	024	M	Front & Bell	MI
S		0027	00531	Conkling	Annie	1903	Jun	27	060	F	Ballard, WA	NY
S	1	0001	00012	Conkling	Mrs.	1881	Oct	14		F	Sea. W.T.	GER
S	2	141	2784	Conlan	Michael	1902	May	18	050	M	Providence Hosp.	IRL
S	2	0064	00172	Conley	Phillip	1896	Apr	03	049	F	Spokane	
S	3	0180	03586	Conlon	John	1907	May	24	040	M	Wayside Emer.	---
S	3	0029	00576	Connally	Infant	1905	Dec	06	06d	F	510 40th Ave	SEA
S	2	0066	1308	Connaton	Teresa	1903	Dec	28	035	F	Providence Hospital	IRL
S	2	0055	01099	Connell	(Baby)	1901	Jan	18	01d		2570 1st Ave	SEA
S	1	0001	01172	Connell	John F.	1890	Feb	02	032	M	11th & Wash.	
S	3	0125	02505	Connell	Robert William	1904	Sep	21	11m	M	1420 Sixteenth Ave	SEA
S		0006	00119	Connell	Wm.	1903	Mar	28	025	M	Black Diamond	---
S	1	0001	00820	Connellan	M.T.	1889	Apr	05	035	M	City Jail	
S	3	0003	00059	Connelly	Nicholas	1905	Aug	13	038	M	Wayside Emerg. Hosp.	GER
S		0010	00198	Conner	Amos	1903	Apr	19	023	M	Wayside Mission	KS
S		0006	00112	Conner	Chas D.	1903	Mar	21	051	M	Ballard	PA
S	-	175	3437	Conner	Daniel O.	1902	Oct	30	038	M	Providence Hosp.	IRL
S	2	0097	00891	Conner	James	1898	May	28	010	M	S. Park Brothers School	SEA
S	2	0065	01296	Conner	James	1901	Mar	14	055	M	Prov. Hosp	US
S	-	176	3469	Conner	Robt.	1902	Nov	12	042	M	Wayside Mission	SCT
S	3	0188	03764	Conners	Ivor	1905	Jun	10	015	M	126 Minor Ave N	WA
S	3	0154	03067	Conners	M H	1905	Jan	07	042	M	Wayside Emergency Hosp	CA
S	2	102	1088	Conners	Michael	1898	Aug	31	031	M	Seattle Gen. Hosp.	---
S	3	0192	03827	Conners	Patrick	1905	Jun	07	046	M	King Co. Hosp.	IRL
S	3	0061	01210	Conness	Will D.	1906	Apr	24	029	M	Providence Hosp.	KS
S	3	0012	00233	Connett	A. W.	1905	Sep	15	047	M	Pacific Hosp.	---
S	2	0078	1555	Connett	Ella	1901	May	29	013	F	Fremont	IN
S	3	0139	02780	Connolly	Mary	1907	Feb	03	045	F	714-1/2-10th Ave.	IRL
S	3	0076	1519	Connolly	Richard	1904	Feb	16	047	M	Providence Hospital	IRL
S	2	0053	01045	Connolly	Wm	1900	Dec	21	028	M	Co. Hosp.	KS
S	2	0049	00965	Connoly	Malachy	1900	Nov	24	072	M	Renton	SEA
S	3	0050	00998	Connor	Infant	1906	Feb	21	s/b	M	1709 Minor Ave.	Sea
S	3	0197	03939	Connor	Michael	1905	Jul	25	01d	M	2003 Jackson St	SEA
S	2	0073	00511	Connover	Chas. T.	1896	Dec	11	08m		1514 Renton Ave.	SEA
S	1	0001	00884	Conoadsen	Couradine	1889	Jun	04	076	M	414 11th	

S	R	Page	Recor	LastName	FirstNames	Deat	Mn	Dt	Age	S	DeathPlace	Bir
S		0032	00628	Conon	Geo J.	1903	Jul	21	020	M	Monod Hospital	NE
S	2	0061	00073	Conovan	Patrick	1896	Feb	21	081	M	515 Near Place	
S		0024	00386	Conover	Baby	1893	Sep	12	14d	M	813 Alder	Sea
S	2	0060	00029	Conover	W.H.C.	1896	Jan	25	041	M	1306 6th	NJ
S	3	0059	01167	Conrad	B.S.	1906	Apr	08	070	M	321 - 25th Ave.	NY
S	2	0034	00676	Conrad	Elliott	1900	Aug	22	05m	M	Foot of Lenora	SEA
S	3	0024	00471	Conrad	Ernest	1905	Nov	10	024	M	64th Ave S & 1st Ave NE	WI
S	2	0036	00228	Conrad	Jans	1894	May	29	06m	M	Queen Anne Hill	Sea
S	2	0097	00897	Conrad	Karl	1898	Jun	01	040	M	Elliot Bay	---
S	2	157	3096	Conrad	Phoebie	1902	Aug	12	062	F	317 25th Ave.	MI
S	3	0052	01023	Conradsen	Anna Elizabeth	1906	Mar	10	056	F	1217-3rd.Ave.	DNK
S		0031	00014	Conroy		1894	Jan	10	01m	M	S. 10th	Sea
S	2	0056	00475	Conroy	Annie	1895	Oct	12	001	F	Alma & Walton	Sea
S	2	0067	1338	Conroy	Catherine	1903	Dec	17	073	F	York Station	IRL
S	2	109	1354	Conroy	Mary E.	1898	Dec	08	006	F	10th & Olive Sts.	---
S	2	0093	00711	Considine	infant	1898	Mar	31	01d	M	1612-1/2 Pine St.	SEA
S	2	0097	01930	Considine	Thos. J.	1901	Sep	28	004	M	802 16th Ave	WA
S	2	0079	00203	Considine	Wm.	1897	May	23	007	M	Ballard, WA b.Ballard, WA	
S	1	0001	00568	Consign	Walter	1887	Nov	05	06w	M		
S		0045	00902	Constantine	Carrie	1903	Sep	25	10m	F	1106 Howell Street	WA
S	3	0140	02790	Constantineff	Ivan	1907	Feb	04	045	M	2nd & S. Main	BUL
S	3	0067	01321	Conteano	Thresa	1906	May	01	021	F	South Seattle	ITL
S	2	0079	00228	Conture	E. S.	1897	Jun	13	5mn	M	312 Union St.	SEA
S	3	0013	00245	Conway	Daniel G.	1905	Sep	13	11d	M	311 E 75th St	SEA
S	1	275	2412	Conway	J. W.	1891	Jun	23	14d	M	11th & Charles Sts.	Sea
S		0022	00294	Conway	Jas.	1893	Jul	15	033	M	6 miles from Kent	IRL
S	2	0076	1486	Conway	Jas.	1901	May	01	040	M	Prov. Hosp.	IA
S	2	0067	00303	Conway	John	1896	Aug	01	062	M	6th & Pike Sts.	IRL
S		0034	00671	Conway	Margaret (Mrs.)	1903	Aug	04	054	F	Providence Hospital	ENG
S		0116	02316	Coode	John Griffith Jr.	1904	Aug	08	07m	M	625 10th Ave. No.	Sea
S	-	161	3171	Cook	A. G.	1902	Aug	22	046	M	King County Hosp.	PA
S		0019	00374	Cook	Annie	1903	May	30	042	F	Dity of Aberdeen	NRY
S	1		2200	Cook	Archie	1891	Mar	25	055	M	Grace Hosp.	---
S		0023	00340	Cook	Baby	1893	Aug	30	18d	F	818 Hyde St.	Sea
S	2	104	1152	Cook	Chas.	1898	Sep	23	005	M	219 Battery St.	Sea
S	2	0059	01178	Cook	E. Phillip	1901	Feb	07	052	M	Grand Central	ENG
S	3	0027	00538	Cook	Estella	1905	Nov	16	028	F	Kennewick, WA	---
S	-	171	3366	Cook	George S.	1902	Oct	25	041	M	Providence Hosp.	---
S	2	0052	00247	Cook	Harry E.	1895	Jun	23	042	M	405 James	ENG
S		0025	00428	Cook	Hartley F.	1893	Oct	05	024	M	Stewart St.	CA
S	2	0038	00760	Cook	Henry	1900	Sep	20	053	M	Prov. Hosp.	ENG
S	3	0074	01474	Cook	Infant	1906	Jun	09	--	M	Seattle Gen. Hospital	Sea
S		0007	00136	Cook	Inft.	1903	Mar	30	s/b	M	University Station	SEA
S		0032	00633	Cook	Jacob	1903	Jul	03	060	M	South Park	---
S	1	0001	00096	Cook	John	1882	Jul	26	034	M	Hospital (P)	GER
S		0019	00180	Cook	John A.	1893	May	11	021	M	Brook St.	IA
S	2	0082	00351	Cook	L. W.	1897	Sep	05	033	M	Lake Wash. pumping station	IN
S	3	0159	03179	Cook	Leonard William	1907	Mar	15	05m	M	Youngstown	WA
S	2	105	1183	Cook	Loretta	1898	Sep	24	016	F	Bellevue, WA	---
S		0027	00539	Cook	Matthew	1903	Jun	07	026	M	Near Kent	MI
S	3	0024	00472	Cook	Metta A.	1905	Nov	11	046	F	220 Virginia St	NY
S	3	0119	02364	Cook	Nena	1906	Nov	29	012	F	Seattle Gen. Hosp.	WA
S		0021	00417	Cook	Pearl J	1903	May	27	033	F	1908½ Minor Avenue	OH
S		0031	00036	Cook	R.L.	1894	Jan	21	07w	M	2904 Jackson	Sea
S	2	0090	1797	Cook	Thomas	1901	Aug	16	060	M	3rd Ave. Marion St.	USA

S	R	Page	Recor	LastName	FirstNames	Deat	Mn	Dt	Age	S	DeathPlace	Bir
S	3	0157	03122	Cook	Wm F.	1907	Mar	25	069	M	134-7th Ave. N.	NY
S	2	0052	00255	Cook	Wm.	1895	Jun	29	035	M	4th & Pike	
S	3	0079	01571	Cooke	Sarah	1906	Jun	04	086	F	Tacoma	--
S	2	0099	00975	Cookes	Sarah E.	1898	Jul	05	063	F	912 -25th Ave. b.Albany,	NY
S		0033	00088	Cookson	Lena	1894	Feb	05	007	F	So. Seattle	MI
S	2	0070	1387	Cooley	J. E.	1904	Jan	11	046	F	821 5th Ave. No.	NE
S	3	0170	03385	Cooley	Wm E.	1907	Apr	07	037	M	CM & St. PRP Hosp., N.Bend	---
S	2	0063	00151	Coon	Chas. E.	1896	Apr	16	040	M	Prov Hosp	
S	1	0001	00053	Coon	E.	1882	Feb	28	058	M	Providence Hosp.	WA
S	2	0092	00700	Coon	Elisabeth S.	1898	Mar	26	039	F	Providence Hosp.	MI
S	1		1603	Coon	Penn	1890	Oct	12	022	M	Jackson St. nr 7th	CHN
S	3	0131	02619	Coons	Permilla W	1904	Oct	02	047	F	805 Yakima Ave	CND
S	2	0096	1913	Cooper	Baby	1901	Sep	24	06m	M	Nr Johnsons Wharf	SEA
S	2	0040	00789	Cooper	Chas Nelson	1900	Sep	20	066	M	West Seattle	NY
S	2	0012	00227	Cooper	Edw'd Clark	1900	Mar	19	21d	M	1577 John	WA
S	2	0083	00358	Cooper	Elizabeth	1897	Sep	09	039	F	426 Moltke St.	ENG
S		0116	02314	Cooper	Ernest Thos. Sidney	1904	Aug	06	05m	M	210 Queen Anne Ave.	Sea
S	3	0144	02884	Cooper	Infant	1904	Nov	06	s/b	M	1823 12th Ave	SEA
S	3	0087	01740	Cooper	Infant	1906	Jul	30	s/b	F	1451 21st	Sea
S	3	0184	03683	Cooper	J. A.	1905	May	28	063	M	Seattle Gen. Hosp.	MI
S	2	0083	00356	Cooper	J. C.	1897	Sep	08	004	M	General Hosp.	SEA
S	3	0042	00836	Cooper	J.A.	1906	Feb	03	051	M	119 East Lake Ave	IL
S	2	0048	00079	Cooper	Jennie M.	1895	Feb	02	01m	F	Ballard b.Ballard	
S	2	111	1446	Cooper	Joseph E.	1899	Jan	29	048	M	Dunlap Station	IN
S	3	0176	03504	Cooper	Kate E.	1907	May	18	032	F	1423 E. Prospect	ENG
S	2	0070	1392	Cooper	Louis	1901	Apr	07	036	M	Hosp. Ship	IA
S	2	0085	00451	Cooper	Lulu B.	1897	Nov	11	018	F	110 W. Pine St. b.Renton,	WA
S	2	0059	01166	Cooper	M. Susie	1901	Feb	03	001	F	411 John St.	SEA
S		0029	00566	Cooper	Maggie	1893	Dec	26	001	F	Ft. of Bell St.	
S	3	0149	02962	Cooper	Marguerette	1907	Feb	10	04d	F	Poulsbo, WA	WA
S	3	0179	03583	Cooper	Mary Mildred	1905	Apr	08	008	F	Fern Hill, WA	WA
S	2	109	1351	Cooper	Mrs. C. A.	1898	Dec	28	070	F	120 Taylor Ave.	OH
S	2	0092	00674	Cooper	Myron	1898	Mar	18	043	M	511 1st Ave.	MI
S	2	176	3480	Cooper	Ruth	1902	Nov	15	052	F	Western & Virginia Sts.	ENG
S	2	0013	00249	Cooper	Sarah	1900	Mar	03	023	F	Ceittenten House	KS
S	2	0054	01079	Cooper	W. F.	1901	Jan	12	019	M	S. G. Hosp.	IA
S	3	0169	03363	Cooper	Zella	1907	Apr	29	047	F	2412 E. Valley	NV
S	3	0075	1504	Cooperrider	Rufus Edward	1904	Feb	11	044	M	1417 Dean St.	OH
S	2	0073	1450	Copeland	G. F.	1901	Apr	28	057	M	S. G. Hosp.	NY
S	2	0079	00202	Copeland	H. H.	1897	May	27	042	M	King County Hosp.	MO
S	2	0040	00359	Copeland	Hiram A.	1894	Aug	21	065	M	14 Lake	
S		0114	02268	Copeland	I.N.	1906	Oct	28	027	M	Stanwood, WA	---
S	2	0088	00552	Copeland	Margaret	1898	Jan	13	064	F	1118 Stewart St.	SCT
S	2	0078	1544	Copeland	Wm.	1901	May	22	064	M	Prov. Hosp.	SCT
S		0084	1668	Copenharen	B. C.	1904	Mar	26	025	F	Providence Hospital	---
S	2	435	2731	Copley	Mrs. Emma	1891	Dec	23	027	F	Pearl St.	WA
S		0007	00236	Copp	Arthur	1892	Jun	12	011	M	503 McClair	NB
S	2	0095	00824	Coppin	Chas.	1898	May	07	080	M	907 Columbia St.	---
S	2	124	1931	Corbaley	Coral	1899	Sep	17	001	F	Providence Hosp.	WA
S		0031	00033	Corbett	Campbell	1894	Jan	18	020	M	423 Seneca	IRL
S	2	0098	1950	Corbett	Grace H.	1901	Sep	23	029	F	Sidney	ME
S		193	3803	Corbett	Infant	1903	Jan	19	s/b	M	162 21st Avenue	Sea
S	2	114	2267	Corbett	Jack	1901	Dec	25	040	M	1409 Yesler Way	CA
S	2	0051	00233	Corbett	Rena E.	1895	Jun	01	024	F	127 Birch St	
S	2	0062	01235	Corbett	Rosa	1901	Feb	08	001	F	W. Seattle	CND

S	R	Page	Recor	LastName	FirstNames	Deat	Mn	Dt	Age	S	DeathPlace	Bir
S	3	0165	03296	Corbett	Ruthie Evelyn	1907	Apr	15	010	F	Broadway Hosp.	MN
S	2	0032	00628	Corbett	Thos M.	1900	Aug	03	011	M	Prov. Hosp.	SEA
S		0023	00443	Corby	G.	1903	Jun	04	040	M	Wayside Mission	---
S	1	0001	00121	Corcora	Daniel	1882	Oct	16	047	M	Hospital	IRE
S		0033	00080	Corcoran	Johanna	1894	Feb	24	044	F	Prov. Hosp.	IRL
S	3	0016	00319	Cord	J. C.	1905	Sep	21	076	M	Wenatchee, WA	---
S		0043	00849	Cordes	Baby	1903	Sep	06	---	M	Seattle General Hospital	SEA
S		0049	00972	Cordes	Infant	1903	Sep	06	s/b	F	Seattle General Hospital	SEA
S		131	2581	Cordes	J. (infant)	1902	Mar	25	s/b	M	Monod Hosp.	Sea
S		0078	01554	Cordoya	Catherine	1904	Feb	21	030	F	3rd Ave. & Washington St.	---
S	2	112	1462	Cordway	Joseph P.	1899	Feb	09	021	M	817 8th Ave.	---
S	3	0149	02980	Corey	Mary	1907	Feb	22	021	F	Georgetown	IN
S	1		1432	Corfey	Nlacide (?)	1890	Jul	19	04m	F	709 South 8th St.	Sea
S		0021	00258	Cork	J.L.	1893	Jun	15	043	M		
S	2	0095	00807	Corliss	Alice	1898	Apr	17	031	F	Lake Bennett, AK	---
S		0022	00278	Corman	Clyde	1893	Jul	15	006	M	Fremont	Sea
S	2	0093	00707	Cormor	Robt.	1898	Mar	29	---	M	Commercial & King Sts.	---
S			1413	Cormu (?)	Eliza	1890	Jul	13	08m	F	Providence Hospital	---
S		0080	01593	Cornan	Infant	1904	Feb	03	s/b	M	4737 Brooklyn Ave.	Sea
S	2	0068	01349	Cornby	Infant	1903	Dec	10	--	M	809 Madison St.	Sea
S	-	149	2928	Corneille	O. J.	1902	Jan	03	045	M	Nome, AK	CND
S	2	127	2524	Cornelins	Othilia S.	1902	Mar	02	051	F	55 W. VA St.	SWD
S	1		1495	Cornell	Alfred Reginald	1890	Aug	18	11m	M	44 Front St. b.Manitoba,	CND
S		0024	00379	Cornell	Josephine	1893	Sep	09	035	F	125 McClair	NY
S	2	0037	00255	Cornell	Marion	1894	Jun	18	034	M	1209 2nd	WA
S	2	100	1018	Cornell	Richard	1898	Jul	28	04m	M	215 3rd Ave. N.	Sea
S	2	0036	00711	Corner	Chas T.	1900	Aug	26	069	M	Ballard	CND
S		0033	00096	Corner	Hattie A.	1894	Mar	04	041	F	Interbay	OH
S	2	0008	00149	Corning	Wm	1900	Feb	28	045	M	1416 1/2 First	ENG
S	3	0035	00683	Cornthwaite	John	1905	Dec	14	055	M	Ballard	ENG
S	3	0178	03553	Cornthwaite	Margaret	1907	May	19	055	F	124th C St.	ENG
S		195	3850	Cornwall	Lottie	1903	Feb	22	049	F	3818 Tenth Avenue N.E.	MI
S	2	115	1590	Corotta	John	1899	Apr	06	045	M	Providence Hosp.	---
S		0097	1932	Corser	Nellie	1904	May	13	044	F	Wayside Mission Hospital	KY
S	1	0001	00933	Corssen	Bernerd	1889	Jul	09	072	M	Union & 7th	
S	3	0169	03374	Corum	Charles	1905	Mar	10	072	M	5th & Yesler Way	KY
S	2	398	2657	Corvie	Cassie	1891	Oct	26	004	F	11th St./7th Ward	---
S	2	107	1268	Cory	Mary L.	1898	Nov	19	03d	F	813 11th Ave.	---
S		0078	1565	Cory	Michael	1904	Feb	27	069	M	418 Spring St.	CND
S	2	0078	00159	Coryell	Julia D.	1897	Apr	27	028	F	Tacoma, WA	---
S	2	0068	00339	Coryell	M. G.	1896	Aug	26	070	M	Green Lake	---
S	1		2151	Corzell	Henry	1891	Feb	20	039	M	Green Lake	---
S	1	0001	00798	Cosbett	John	1889	Mar	13		M	11th St.	
S	1	278	2417	Cosciato	Joseph	1891	Jun	25	047	M	Providence Hosp.	ITL
S	1		1925	Cosgrove	Kate (Mrs.)	1890	Oct	22	025	F	John St.	IRL
S	3	0020	00396	Cosh	James	1905	Oct	29	063	M	1413 Belmont Ave	SCT
S		0115	02297	Cosian	Antonio	1904	Aug	01	057	M	Seattle Gen. Hospital	AUS
S	3	0107	2128	Cosman	Hyenrietta	1904	May	16	049	F	Snohomish	MS
S	1		1525	Cosman	Nathan	1890	Sep	01	2.5	M	13958 Colins St. b.Kitsap C	WA
S	3	0100	01986	Cosman	Paulina	1906	Sep	15	001	F	1230 Occidental	WA
S	3	0109	02171	Cosman	Peter	1906	Oct	16	042	M	Prov. Hosp.	RUS
S	2	0038	00286	Cosper	Lillie	1894	Jul	15	030	F	215 Box	IL
S		0046	00915	Coss	Austin G.	1903	Sep	01	042	M	Providence Hospital	PA
S	2	0018	00344	Costa	Emanuel	1900	Apr	26	027	M	Prov. Hosp.	CA
S	3	0051	01019	Costa	Mary Josephine	1906	Mar	08	030	F	Providence Hospital	

S	R	Page	Recor	LastName	FirstNames	Deat	Mn	Dt	Age	S	DeathPlace	Bir
S	2	0050	00996	Costegan	Harrison	1900	Dec	12	087	M	122 20 Ave	ME
S	3	0142	02829	Costello	George	1904	Nov	25	060	M	619 First Ave S	ITL
S	2	0097	00875	Costello	Louisa	1898	May	03	040	F	Georgetown	---
S		0007	00251	Costello	Michael	1892	Jun	23	046	M	1017 Seneca	IRL
S	1	0001	00218	Costello	Peter	1883				M	Seattle	IRE
S	2	0085	00432	Costello	Ruth	1897	Oct	11	005	F	River Park	SEA
S	1		2237	Costen	Ellen	1891	Mar	16	032	F	9th St.	OH
S	1	204	2275	Costen	James Bishop	1891	Apr	06	04m	M	Day Nursery	Sea
S	2	124	2473	Costigan	Chas. Courtney	1902	Feb	22	004	M	714 4th Ave. N.	WA
S	2	0097	1921	Costigan	Elsie May	1901	Sep	25	001	F	714 4th Ave. N.	SEA
S		0019	00191	Costillo	Catherine	1893	May	21	018	F	Ft. of Battery	CND
S	1		1487	Costn (?)	Andrew	1890	Aug	16	063	M	Providence Hospital	AUS
S	2	0068	1363	Cosulech	Antonia	1904	Jan	03	046	F	62 Cedar St.	AUS
S	3	0156	03106	Coswell	George	1905	Jan	18	17d	M	Green Lake	SEA
S	1	216	2299	Cotia	Edward	1891	Apr	13	001	M	Randolph & Gold Sts.	Sea
S		0018	00121	Cottell	J.H.	1893	Mar	10	025	M	Pt. Orchard	
S		0016	00311	Cotter	Louisa	1903	May	05	053	F	W. Seattle	WI
S	2	107	1293	Cotton	Irene E.	1898	Nov	06	013	F	South Park, WA	KS
S	2	0059	01172	Cottor	Elizabeth	1901	Feb	05	032	F	2328 7th Ave	IRL
S		0021	00242	Couaut	Frank	1893	Jun	21	034	M	1109 Cherry	
S		0009	00347	Coucannon	Mary Ellen	1892	Aug	20	036	F	721 Main	Sea
S	3	0065	01298	Couden	Henry	1906	Apr	16	028	M	Port Hosp.,Fort Lawton, Wn.	unk
S	3	105	2090	Coughlin	Lizzie	1904	Jun	27	040	F	2216 5th Ave.	NY
S		0023	00445	Couley	Annie	1903	Jun	05	022	F	222 Virginia St.	MN
S	-	163	3204	Coulter	Carl Cecil	1902	Aug	30	04m	M	321-1/2 Clay St.	SEA
S	3	0051	1015	Counts	John J.	1906	Mar	05	070	M	Providence Hospital	
S		0039	00767	Courage	Duncan	1903	Aug	13	052	M	Moran's Ship Yard	NF
S	2	140	2770	Courie	Donald Alexander	1902	May	11	024	M	Lake Washington	OR
S	2	357	2576	Courtney	Alice	1891	Sep	09	001	F	Duwamish	---
S		0027	00525	Courtney	John	1903	Jun	21	019	M	VanAssalt	IA
S	2	0054	00342	Courtney	Maggie	1895	Aug	26	038	F	Van Asselt	
S	2	0046	00015	Courtney	Mary	1895	Jan	18	029	F	Fremont	OR
S	3	0130	02600	Courtney	Ruth Myrtle	1904	Sep	24	08m	F	Van Asselt, WA	WA
S	2	0059	00567	Courtney	Theresa	1895	Dec	20	016	F	Prov. Hosp.	
S		0021	00419	Courtright	Reggie E.	1903	May	29	014	M	Seattle General Hospital	WI
S	2	0075	1500	Courts	A. Thos.	1901	May	07	037	M	Prov. Hosp.	
S	3	0151	03020	Coutts	David	1904	Dec	06	027	M	Little Rock, AR	---
S		0083	1660	Coutts	Donald	1904	Mar	23	024	M	Moran Bros.	CND
S	3	0176	03515	Covello	Rosie	1905	Apr			F	1001 16th Ave S	SEA
S	3	0001	00020	Coveney	James Alfred	1905	Jul	29	049	M	Redmond, WA	NY
S	1	0001	00838	Cowan	Ella	1889	May	01	027	F	Prov. Hosp.	
S	2	0058	01147	Cowan	Henry	1901	Jan	08	050	M	Brighton Beach	NY
S	1		2180	Cowan	Mary	1891	Mar	03	033	F	Duwamish Township	OH
S	3	0084	01672	Cowan	Thomas B.	1906	Jul	21	04m	M	2205 2nd	Sea
S	3	0134	02680	Cowan	Wm Joseph	1907	Jan	24	004	M	937-26th Ave.	IL
S	2	0043	00499	Cowden	Chas. T.	1894	Oct	30	052	M	Island Co	MI
S		194	3827	Cowden	E.M.	1903	Feb	10	60	F	1159 Thomas	NY
S	2	102	2027	Cowden	Harrietta E.	1901	Oct	26	33	F	1614 24th Ave.	MN
S	1	291	2443	Cowden	Verbanna	1891	Jul	07	02h	F	1906 8th St.	Sea
S	1	297	2455	Cowden	Verbena Pacific	1891	Jul	11	023	F	8th & Stewart	---
S	2	0079	1575	Cowen	Mary	1901	May	17	049	F	Berlin Wash.	CND
S	1	0001	00500	Cowles	Ed. K.	1885	Dec	14	036	M	Seattle	
S	2	0026	00508	Cowles	James	1900	Jun	24	064	M	Wayside Mission	IRL
S	1	0001	00408	Cowles	Nellie F.	1884	Nov	19	024	F	Seattle	USA
S		0015	00287	Cowley	Infant	1903	Apr	27	01d	M	123 Belmont	SEA

S	R	Page	Recor	LastName	FirstNames	Deat	Mn	Dt	Age	S	DeathPlace	Bir
S	2	0033	00658	Cox	"Dr"	1900	Aug	16	045	M	1st Ave S	---
S		0026	00512	Cox	Catherine	1903	Jun	28	060	F	817 Charles Street	ENG
S	2	128	2541	Cox	Charles H.	1902	Mar	04	038	M	Prov. Hosp.	MO
S		0027	00480	Cox	Chas. J.	1893	Nov	05	063	M	2013 Front	
S	2	0062	01227	Cox	E. A.	1901	Feb	27	051	M	Prov. Hosp.	ENG
S	3	0129	02571	Cox	Ellen A	1904	Sep	06	021	F	5532 Wallingford Ave	WI
S	1	0001	01111	Cox	Norman	1890	Jan	03	015	M	6th James, Western Hotel	
S	2	0046	00032	Cox	Sarah P.	1895	Jan	29	037	F	1406 Division	
S	3	0051	01011	Cox	William A.	1906	Mar	04	041	M	Providence Hospital	ON
S	3	0154	03080	Coxson	Will	1907	Mar	18	050	M	Wayside Emerg. Hosp.	---
S	3	0037	00728	Coyle	Infant	1906	Jan	08	04d	M	1243 Mill Pl	SEA
S	2	0085	1687	Coyle	M. F.	1901	Jul	02	001	M	1428 - 1st Av	WA
S	1		2133	Coyne	Ada	1891	Feb	07	004	F	Alton St. nr Jackson b. Minn	MN
S	2	0048	00093	Coyne	Frank	1895	Mar	07	038	M	Prov Hosp	
S	2	0089	1785	Coyne	James E.	1904	Apr	07	026	M	Seattle Gen. Hospital	NY
S	2	107	2138	Coyne	May	1901	Nov	25	022	F	Prov. Hosp.	NY
S	3	0045	00897	Cozian	John	1906	Feb	24	053	M	Prov. Hosp.	AUS
S	2	0053	00293	Cozierof	Eugene	1895	Jul	24	048	M	Snohomish Co	FRN
S	3	0073	01458	Cradford	Helen R.	1906	Jun	04	010	F	1812 7th Ave.W.	un
S	3	0077	01528	Craghill	Infant	1904	Feb	19	08m	F	1113 7th Ave.	Sea
S	2	118	1684	Craig	Chas.	1899	May	08	048	M	Seattle Gen. Hosp.	---
S	2	0048	00091	Craig	Frank	1895	Mar	06	06w	M	813 Alder St	Sea
S	-	168	3313	Craig	infant	1902	Sep	01	04h	F	2029 Western	SEA
S	2	0045	00570	Craig	John	1894	Dec	24	043	M	Prov Hosp	IRL
S	2	0066	1316	Craig	Judith	1901	Mar	25	09m	F	Monott Hosp	SEA
S	3	0092	01840	Craig	Leigh	1904	Apr	26	001	M	614 Pine St.	Sea
S	3	0191	03825	Craig	Mattie	1905	Jun	02	042	F	Sedro-Woolley, WA	---
S	2	101	1055	Craig	Robert E.	1898	Aug	09	02m	M	420 Boren Ave.	Sea
S	2	0094	00759	Craig	Ruth M.	1898	Apr	13	001	F	Green Lake	SEA
S	2	138	2737	Craig	S. W.	1902	May	01	052	M	Green Lake, WA	KY
S	2	102	1071	Craig	Sadie	1898	Aug	19	025	F	420 Boren Ave.	KS
S	3	0027	00533	Craig	Samuel	1905	Nov	12	053	M	Lester, WA	---
S	3	0130	02592	Craig	William Edward	1907	Jan	01	043	M	Seattle Gen.	NS
S	2	0007	00123	Craiger	Amelia	1900	Feb	18	054	F	1511 3rd Ave	MI
S	1	229	2335	Craines	I. H.	1891	May	04	047	M	Providence Hosp.	---
S	2	128	2070	Cramer	Amos	1899	Nov	16	068	M	Morris Mill	---
S	3	0138	02743	Cramer	Charles	1907	Jan	18	052	M	Georgetown, WA	GER
S	2	0040	00788	Cramer	Clarence D.	1900	Sep	19	001	M	Georgetown	WA
S	1	0001	01183	Cramer	Georgie H.	1890	Feb	18	001	M	Jackson St.	NE
S	2	0001	00016	Cramer	Helen M.	1900	Jan	10	027	F	Providence Hosp.	GER
S	3	0041	00808	Cramer	Infant	1906	Jan	14	01d	M	Columbia City	sme
S	3	0041	00807	Cramer	Theodore Henry	1906	Jan	12	054	M	South Park	GER
S	2	0014	00261	Crandall	Amanda F.	1900	Mar	14	063	F	So. Park	MA
S	3	0169	03385	Crandall	Clyde V	1905	Mar	15	01m	M	Valley St & Westlake, Ward7	SEA
S	3	0080	01586	Crandall	George	1897	--	--	--	M	Fidalgo Isl.	--
S	3	0165	03286	Crandall	Joanna	1905	Feb	27	031	F	1328 Valley St	WLS
S	3	0136	02711	Crandall	Louisa M. J.	1907	Jan	31	060	F	1328 Valley	IL
S	1	192	2263	Crandall	R. O.	1891	Apr	01	041	M	Grace Hosp.	---
S	1	216	2309	Crandall	Wm. Henry	1891	Apr	19	008	M	SE cor Main & Wall, 2nd Ward	---
S	3	0155	03092	Crane	(Baby)	1907	Mar	21		M	416 Terry Ave. (age 21 min)	WA
S	-	173	3397	Crane	C.H.	1902	Oct	12	040	M	Phoenix, AZ	NH
S	1	0001	00055	Crane	Catherine R.	1882	Mar	05	066	F	Seattle	US
S	1		1507	Crane	Elizabeth	1890	Aug	22	030	F	323 Bismark St.	---
S		113	2260	Crane	Harold	1904	Jun	20	007	M	Williston ND	---
S	-	165	3249	Crane	Horatio T.	1902	Sep	14	067	M	Providence Hosp.	IL

S	R	Page	Recor	LastName	FirstNames	Deat	Mn	Dt	Age	S	DeathPlace	Bir
S	3	0030	00584	Crane	Margaret (Mrs.)	1905	Dec	08	078	F	1002 Yesler Way	PA
S	-	192	3779	Crane	Michael	1903	Jan	13	062	M	Bremerton, WA	IRL
S	3	0057	01125	Crane	Virgil M.	1906	Jan	24	039	M	Cafe Beach, B.C.	IL
S	3	0156	03110	Craney	Mrs. Elizabeth	1907	Mar	24	075	F	1400-31st Ave.	CND
S	3	106	2114	Cranmer	Lulu Hovey	1904	Jun	15	032	F	Foot of 42nd St.	WA
S	2	158	3114	Cranney	Geo. A.	1902	Aug	18	012	M	1213 Aloha St.	SEA
S	2	0036	00211	Cranney	Sarah E.	1894	May	12	053	F	Prov Hosp	
S	2	0094	1869	Cranson	A. B.	1901	Sep	02	069	M	Prov. Hosp.	
S	3	0241	02801	Cranston	Henry	1907	Feb	04	057	M	Prov. Hosp.	NY
S	3	0083	01654	Crapley	Edwin	1906	Jul	13	022	M	Sea.Gen.Hosp.	ENG
S	1		1923	Crapp	baby	1890	Oct	21	06w	F	2016 West St.	Sea
S		0031	00017	Crasswell	Edgar	1894	Jan	11	002	M	213 B. St.	
S	2	0005	00093	Cratchett	Geo	1900	Feb	03	048	M	Prov. Hosp.	MA
S	3	0061	01209	Crause	Percy M.	1906	Apr	24	080	M	1311 E.Spruce St.	ENG
S	3	0004	00061	Cravens	Forrest	1905	Aug	13	003	M	3733 12th Ave NE	SEA
S	-	168	3305	Crawford	Alex D.	1902	Sep	22	076	M	Columbia City, WA	ON
S	2	119	2369	Crawford	Chas. D.	1902	Jan	11	036	M	Seattle Gen. Hosp.	OH
S		0032	00640	Crawford	Emma Louise	1903	Jul	13	027	F	Dawson, Yukon Territory	CND
S	3	0108	02145	Crawford	Frederick S.	1906	Oct	11	050	M	Minor Hosp.	ENG
S	2	0055	01087	Crawford	Geo. W.	1901	Jan	12	015	M	Ross	sme
S	2	188	3710	Crawford	Gladys Florette	1903	Jan	19	012	F	Providence Hosp.	SEA
S	1		1548	Crawford	Harry	1890	Sep	10	055	M	110 S. 5th St.	ME
S	2	186	3672	Crawford	infant	1902	Dec	31	s/b	M	Monod Hosp.	SEA
S	1		1991	Crawford	infant of Mrs.	1890	Nov	11	s/b	F	Villard St.	Sea
S	2	0096	00844	Crawford	Jean	1898	May	17	017	F	Ross, WA b.Ross, WA	
S		0018	00126	Crawford	Julia A.	1893	Mar	20	066	F	Duwamish	
S	2	184	3620	Crawford	Luella L.	1902	Dec	31	036	F	Monod Hosp.	ME
S	3	0152	03026	Crawford	Mrs Tonmia	1904	Dec	26	044	F	Green River Hot Springs	GER
S	2	0007	00133	Crawford	Richard	1900	Feb	22	070	M	Prov. Hosp.	---
S	3	0165	03297	Crawford	Sarah M	1905	Feb	07	057	F	Providence Hosp	CND
S	2	0062	01238	Crawford	Thos	1901	Feb	09	045	M	W. Seattle	IRL
S	2	0050	00991	Crawford	Thos.	1900	Dec	11	024	M	Prov. Hosp.	IRL
S	2	119	1727	Crawford	Willard	1899	May	27	025	M	W. Seattle	---
S	3	0076	01518	Creamer	John	1904	Feb	16	051	M	Seattle Gen. Hosp.	un-
S	2	0087	1734	Creelman	E. G.	1904	Mar	18	035	M	Ballard	CND
S		0117	02338	Crefeld	Ida Maud	1906	Nov	16	026	F	County Jail	OR
S	3	0067	01339	Crefield	Franz Edmund	1906	May	07	033	M	1st Ave. & Cherry	GER
S	2	0056	00465	Cricket	Margaret	1895	Oct	04	060	F	113 Joy St	SCO
S	2	0065	00232	Criddle	Mary Allen	1896	May	31	037	F	Mercer &	ENG
S	3	0143	02844	Crilley	Michael	1907	Feb	12	c40	M	Prov. Hosp.	unk
S	2	0074	00033	Crine	Grace M.	1897	Jan	29	02d	F	513 Yesler Way	SEA
S	2	108	2146	Crippen	Bert	1901	Nov	29	021	M	Prov. Hosp.	IL
S	2	124	2465	Criswell	M. J.	1902	Feb	19	065	M	Prov. Hosp.	USA
S	2	0037	00260	Critchett	Amanda H.	1894	Jun	22	042	F	Lk Wash end of Madison St	
S	1	0001	00506	Crocker		1886	Jan	10		M	Seattle	
S	-	171	3365	Crocker	Betsy B.	1902	Oct	25	073	F	1009 E. Madison	ME
S	2	111	1426	Crocker	Dora	1899	Jan	26	045	F	2nd Ave. & Virginia Sts.	IL
S	1	0001	00264	Crocket		1883	Aug	12	007	M		USA
S	2	0038	00287	Crocket	Alex.	1894	Jul	17	064	M	113 Joy St	
S	3	0173	03441	Crockett	Hugh Bowers	1907	May	04	054	M	714 Spruce	VA
S	3	0066	01318	Crockett	Infant	1906	Apr	27	s/b	M	200 - 20th Ave.	Sea
S	3	0007	00140	Crockett	Infant of Matilda L.	1881	Apr	07	01m	M	Hood River, OR	UN
S	3	0157	03140	Crockett	Lydia C.	1907	Mar	29	053	F	Pacific Hosp.	MI
S		0012	00231	Crockett	Mrs.	1903	Apr	08	---	F	Monod Hospital	IN
S		0061	1216	Crockett	Samuel B.	1903	Nov	27	083	M	Kent WN	---

S	R	Page	Recor	LastName	FirstNames	Deat	Mn	Dt	Age	S	DeathPlace	Bir
S	3	0186	03708	Crokrun	Frank M.	1907	Jun	14	073	M	Sea. Gen.	IL
S		0117	02335	Crombie	(Baby)	1906	Nov	17	02m	M	Hrvrd & Pine, Wmns Prv Hosp	WA
S	3	0099	01968	Crombie	Pauline E.	1906	Sep	13	025	F	319 Warren Av.	MN
S	2	0086	1719	Cromett	Frank	1904	Mar	03	065	M	Palmer WA	---
S	1		2060	Cromley	Belle	1890	Dec	24	030	F	Overland St.	---
S		0012	00224	Cronch	James	1903	Apr	28	057	M	206 - Sixth Avenue N.	ENG
S		0033	00109	Cronin	Katie F.	1894	Mar	12	032	F	1102 Third	
S	3	0034	00671	Cronin	Phillip	1905	Dec	02	025	M	Green River Hot Springs, WA	IRL
S	3	0087	01726	Cronk	Eliza Jane	1906	Jul	24	059	F	Rock Creek, Ind.	--
S		0003	00041	Cronk	Wm. H.B.	1903	Mar	19	062	M	4045 Fourth Avenue N.E.	IN
S	2	144	2827	Crook	Adell	1902	May	28	030	F	Providence Hosp.	CT
S	1	0001	00072	Crook	H.P.	1882	May	14	030	M	Providence Hosp.	US
S		0080	01600	Crooks	Infant	1904	Feb	15	s/b	M	42nd Ave. & Fremont Ave.	Sea
S	2	0044	00878	Crooks ?	Lee	1900	Jul	19	021	M	St. Anna Hosp. Juneau, AK	USA
S	2	0070	1387	Crooms	H. J.	1901	Apr	05	024	M	Prov Hosp	USA
S	3	0150	02994	Crosbie	(Infant)	1907	Feb	25	s/b	M	4502 Meridian	Sea
S	1	0001	01092	Crosby	Martin	1889	Dec	29	022	M	Seattle	
S	2	0078	1558	Crosby	Peter	1901	May	31	035	M	Foot University	
S	3	0101	02009	Cross	A (nr)	1906	Sep	22	01m	F	609 Bluett	WA
S		0096	1923	Cross	Frank	1904	May	11	024	M	Cor. 4th Ave. & Cherry St.	---
S	3	0057	1144	Cross	Harry N.	1903	Nov	19	020	M	Wayside Mission Hospital	WI
S	3	0003	00058	Cross	Infant	1905	Aug	12	01m	F	Green Lake	SEA
S		0008	00303	Cross	J.	1892	Jul	24	050	M	Duwamish	MI
S	1	0001	00638	Crosseth	Wm.	1888	Oct	03	024	M	Prov. Hosp.	
S		0196	03865	Crossley	Charles G.	1903	Feb	03	023	M	807 - 21st Avenue	---
S	3	0110	02190	Crossley	Stephen	1906	Oct	21	075	M	2835 Arthur R.	ENG
S	1	0001	00745	Crossly	Andren	1889	Jan	21	033	M	Grace Hosp.	
S	3	0168	03351	Crossman	Leroy H.	1907	Apr	27	023	M	Wayside Emerg. Hosp.	MN
S	3	0158	03145	Crosson	Martha L.	1907	Mar	29	078	F	1748-13th Ave. S.	TN
S	3	0143	02853	Crotty	Leila May	1904	Nov	24	026	F	1627 9th Ave	WA
S		0023	00322	Crouch	Edith	1893	Aug	18	06m	F	520 John St.	Sea
S	3	0150	02991	Crouch	Frank	1907	Feb	28	030	M	Ft. Steilacoom	IL
S	2	0092	01834	Crowder	Lizzie	1901	Aug	31	035	F	919 24th Ave.	IL
S	2	0039	00349	Crowe	Hubert E.	1894	Aug	16	002	M	618 Dexter	
S	2	0062	00109	Crowl	F.A.	1896	Mar	16	040	M	4th & Yesler Way	
S	3	0108	02156	Crowley	James Henry Jr.	1906	Oct	13	03d	M	2635 E. Valley	WA
S	-	191	3783	Crown	Phillip	1903	Jan	08	025	M	Skykomish, WA	---
S		0056	01105	Crozier	James	1903	Nov	04	027	M	Corner of 5th and Denny Way	CND
S	3	0195	03899	Cruise	Bertram	1905	Jul	12	002	M	3236 12th Ave W	SEA
S	3	0181	03607	Crussell	William	1907	May	19	029	M	Ketchikan, AK	TN
S	2	0371	02604	Crvich	infant	1891	Sep	21	pm	F	Boulvard/8th Ward	Sea
S	2	0100	01999	Cryer	Geo. W.	1901	Oct	11	074	M	1910 E. Spruce	MO
S	2	0023	00452	Cubley	August E.	1900	May	04	---	M	Ballard	---
S	3	0131	02602	Cude	Alice	1907	Jan	06	008	F	341-18th Ave. N.	WA
S	3	0183	03652	Culhane	Mrs. Clara	1907	Jun	03	056	F	Wayside Emer.	MI
S	3	0170	03384	Culkins	Stanley M.	1907	Apr	06	005	M	Kent, WA	---
S	2	0129	02566	Cull	Sarah C.	1902	Mar	20	022	F	100 Denny Way	KY
S		0025	00496	Cullen	Hope	1903	Jun	30	02d	F	1107 Fifth Avenue	SEA
S	3	0187	03743	Cullen	Infant	1905	May	17	s/b	F	2523 Gilman Ave	SEA
S	3	0079	01562	Cullen	Thomas	1906	Jun	23	044	M	Prov. Hosp.	un
S		0012	00462	Cullen	Thos.F.	1892	Nov	11	035	M	Prov. Hosp.	CA
S		0043	00861	Cullity	Eugene	1903	Sep	12	059	M	1200 Terrace Ct	IRL
S	3	0086	01713	Cullum	Daniel S.	1906	Jul	08	026	M	Port Gamble	--
S	2	0058	00552	Cully	Baby	1895	Dec	06	04m	F	Decatur nr Madison	Sea
S	2	0057	00525	Cully	John H.	1895	Nov	27	037	M	Dexter & Madison	CND

S	R	Page	Recor	LastName	FirstNames	Deat	Mn	Dt	Age	S	DeathPlace	Bir
S		0007	00266	Culter	Maude Beatrice	1892	Jul	02	019	F	(b.San Francisco	
S	2	0079	01565	Culver	Hazel	1901	May	17	001	F	So. Park	IA
S	0	0080	01599	Culver	Infant	1904	Feb	13	s/b	M	1013-1/2 Jackson St.	Sea
S	2	0114	02273	Culver	J. M. (Mrs.)	1901	Dec	20	063	F	Pt. Townsend	USA
S	1	0001	00911	Cumbad	J.V.	1889	Jun	25	02d			
S	3	0011	00202	Cummings	Albro?	1905	Sep	03	02m	M	620 29th Ave N	SEA
S		0107	02143	Cummings	Barney	1904	Jun	19	035	M	South Park	IRL
S		0050	01000	Cummings	Bertha M.	1903	Oct	14	041	F	4027 Fourth Avenue N.E.	WI
S	1		01531	Cummings	Chas. S.	1890	Sep	05	044	M	517 Pike St.	---
S	2	0113	01519	Cummings	Dora	1899	Mar	12	07w	F	721 21st Ave.	Sea
S	2	0003	00049	Cummings	Edwd P.	1900	Jan	23	030	M	Providence Hosp.	IRL
S	1	0001	00306	Cummings	Eliza	1884	Feb	13	06w	F	Seattle	SEA
S	2	0066	00249	Cummings	Eliza	1896	Jun	15	052	F	Prov Hosp	
S	1	0001	00330	Cummings	Fred	1884	Apr	03	002	M	Seattle	USA
S	2	0067	00306	Cummings	L.	1896	Aug	03	060	M	King County Jail	---
S	2	0056	01102	Cummings	M. N.	1901	Jan	19	09m	F	115 Warren	SEA
S		0028	00521	Cummings	Martha	1893	Nov	20	031	F	So. Seattle	
S	3	0075	01500	Cummings	Mary A.	1906	Jun	16	063	F	1515 2nd Ave.W.	SCT
S	2	0045	00579	Cummings	Mary J.	1894	Dec	28	040	F	Yarrow Landing	
S			01371	Cummings	Mrs. Bessie	1890	Jun	25	028	F	5th & Madison Sts.	---
S		0009	00334	Cummings	Murdock	1892	Aug	10	026	M	Pest House (b.Nova Scotia	
S	-	0152	02985	Cummings	Percy	1902	Jul	10	026	M	Seattle Gen. Hosp.	VA
S	2	0063	00124	Cuningham	Jas. Jos.	1896	Mar	02	009	M	West Seattle	
S	2	0069	00352	Cunningham	--	1896	Aug	04	010	F	West Seattle b.W.Seattle, WA	
S		0006	00101	Cunningham	Arthur	1903	Mar	13	08m	M	West Seattle	WA
S	2	0125	01986	Cunningham	Cecil	1899	Oct	08	01m	M	3rd & Clay Sts.	Sea
S	3	0008	00158	Cunningham	Edna Rose	1905	Aug	13	10m	F	West Seattle	sme
S		0033	00113	Cunningham	Homer	1894	Mar	13	009	M	509 Harrison	
S	1		01529	Cunningham	John	1890	Sep	02	037	M	-	---
S	2	0052	00263	Cunningham	John	1895	Jun	25	06h	M	W. Seattle b. W.Seattle	
S	2	0057	00500	Cunningham	Matthew	1895	Oct	23	067	M	Ballard	IRL
S	3	0102	02034	Cunningham	Michael	1906	Sep	29	068	M	Providence Hosp.	IRL
S	3	0163	03249	Cunningham	Mrs. Lucy D.	1907	Apr	06	082	F	342-16th Ave. N.	MA
S	2	0159	03131	Cunningham	Myrtle	1902	Aug	24	14d	F	810 Charles St.	SEA
S			01294	Cunningham	Willie	1890	May	20	05m	M	Harrison St.	Sea
S	3	0177	03524	Cupp	R.	1907	May	21	c35	M	Police Headquarters	---
S	3	0055	01094	Cure	Alice	1906	Mar	02	020	F	Western Wa.Hosp.for insane	Sea
S	1		01993	Cure	C. W.	1890	Nov	12	060	M	Providence Hosp.	---
S	1	0254	02377	Cure	Chester	1891	Jun	01	17m	M	17th nr Catherine	CA
S	-	0147	02879	Cure	Osco	1902	Jun	07	022	F	309 2nd Ave. W.	IA
S	2	0124	01947	Cure (?)	Hiram	1899	Sep	25	059	M	Valentine Station	---
S	2	0114	01550	Curly	John	1899	Mar	28	035	M	6th & Weller Sts.	---
S	2	0124	02480	Curran	Edith A.	1902	Feb	16	019	F	3rd & Union	BC
S	2	0087	01740	Currie	Clayton	1904	Mar	23	002	M	Brighton	Sea
S		0022	00438	Currie	Edith	1903	Jun	04	033	F	Seattle, General Hospital	CND
S	2	112	2234	Currier	Geo. W.	1901	Dec	22	058	M	520 25th Ave. S.	MA
S	3	0142	02840	Currin	Francis	1904	Nov	30	064	F	110 Fairview Ave	VA
S	3	0150	02986	Curry	Daniel	1907	Feb	25	078	M	114 Leary Ave.	CND
S	2	110	1408	Curry	Hattie	1899	Jan	17	030	F	Hotel Stevens	---
S	3	0146	02915	Curry	Patrick Joseph	1907	Feb	25	005	M	2106 Lane	MA
S	2	0023	00450	Curtain	Cornelius	1900	May	02	---	M	Skagway, AK	---
S		0031	00035	Curtis	Ann	1894	Jan	21	078	F	905 Dearborn	
S	3	0111	02206	Curtis	Catherine B.	1906	Oct	26	074	F	906 Howard Ave. N.	OH
S		0017	00115	Curtis	E.	1893	Feb	10	048	F	Dallas, Oregon	
S	2	0098	00938	Curtis	Edward	1898	Jun	20	042	M	300 E. Alder	USA

S	R	Page	Recor	LastName	FirstNames	Deat	Mn	Dt	Age	S	DeathPlace	Bir
S		0047	00931	Curtis	Emma (Mrs)	1903	Sep	10	056	F	Corner 10th and Denny Way	ENG
S	2	0067	00282	Curtis	J.C.	1896	Jul	23	05m	M	302 Lake St	Sea
S	2	0090	01800	Curtis	James	1904	Apr	14	043	M	Foot of Broad St.	---
S	3	0149	02969	Curtis	John	1904	Dec	31	040	M	City Jail	---
S		0016	00060	Curtis	John T.	1893	Feb	23	064	M	1523 John	ENG
S	3	0170	03405	Curtis	Joseph Phillip	1905	Mar	22	049	M	2022 7th Ave, Ward 4	LA
S	2	0127	02048	Curtis	Mary E.	1899	Nov	02	014	F	House of Good Shepard	---
S	1	0279	02420	Curtis	O. P.	1891	Jun	27	050	M	foot of Main St.	---
S	1		No #	Curtiss	Harry W.	1890	Oct	17	004	M	13th & Howell Sts.	Sea
S	-	172	3382	Cushing	Amelia H.	1902	Oct	26	079	F	The Lincoln	MA
S	2	0062	00097	Cushman	Adla M.	1896	Mar	07	015	F	917 Elaine St	WA
S	2	0042	00455	Cushman	Earle	1894	Oct	14	015	M	Brooklyn	
S		0034	00122	Cushman	Ella F.	1894	Mar	20	031	F	2214 West St.	
S	2	0105	02085	Cushman	L.C.	1901	Nov	04	053	M	Prov. Hosp.	OH
S	3	0125	02502	Cushman	Lillian Elizabeth	1904	Sep	11	021	F	2414 Western Ave	MI
S	2	0095	01883	Cushman	Sarah	1901	Sep	08	013	F	2908 Western	MO
S		0022	00309	Cusick	Frances	1893	Aug	10	025	F	1319 3rd	IRL
S	1	0192	02261	Custar	Harry	1891	Apr	01	006	M	Terrace & 8th Sts.	---
S	2	0121	02417	Custer	Ada	1904	Aug	23	041	F	Seattle General Hosp	OH
S		0101	02009	Custer	Annie R.	1904	May	22	028	F	Kansas City MO	---
S	1	0001	00580	Custer	J.I.	1888	Aug	11	11m		Corner 6th & Pine St	
S		0020	00393	Custer	Lorenzo	1903	May	18	045	M	Washington Insane Hospital	WV
S	2	0094	01877	Cutler	Elizabeth	1901	Sep	06	064	F	Interbay	ENG
S	2	0110	01405	Cutler	Ruth C.	1899	Jan	16	015	F	1213 13th Ave.	---
S	1		02043	Cutler	Sarah C.	1890	Dec	12	082	F	Puyallup, Wash.	---
S		0002	00067	Cutter	Ada	1892	Feb	14	042	F		
S	2	0049	00964	Cutter	Sarah	1888	---	--	079	F	Seattle	VT
S	3	0133	02659	Cyzner	Simon	1904	Oct	12	041	M	Providence Hosp	AUS
S	2	0044	00861	Czarnechi	John	1900	Oct	26	035	M	Leary, WA	RUS
S	2	0086	01720	D'Aoust	Zephann	1904	Mar	03	053	M	Spokane WA	FRN
S	1		01489	D-------(?)	Alford August Jacob	1890	Aug	06	06m	F	Filbert St.	Sea
S	2	0115	01575	D-nr	Edwd	1899	Mar	28	027	M	Wellington, WA	---
S	2	0058	01157	Dabney	Chas G.	1901	Jan	19	024	M	Hot Springs	---
S	2	0188	03695	Dabney	Elizabeth Ann	1903	Jan	10	054	F	1910 5th Ave.	OH
S	1	0001	00826	Dabney	Maria	1889	Apr	12	074	F	West & Battery St.	
S	2	0066	01305	Dada	E. P.	1901	Mar	19	069	M	114 Bell St	NY
S	3	0030	00594	Daekins	Frances E.	1905	Dec	11	038	F	903 30th Ave	MN
S	1	0001	00917	Daenon	Gladys E.	1889	Jun	30				
S	3	0072	01435	Daggett	D. O.	1904	Jan	07	061	M	Providence Hospital	un-
S	2	0115	01581	Daggett	Monroe	1899	Apr	01	055	M	Seattle Gen. Hosp.	---
S		0031	00602	Dahgren	J.H.	1903	Jul	22	048	M	Lake Union	SWD
S	3	0134	02670	Dahl	Alice Mrs.	1907	Jan	24	043	F	Seattle Hotel	NRY
S	3	0040	00789	Dahl	Andrew	1906	Jan	05	069	M	Seattle Gen. Hosp.	NRY
S	2	0103	02058	Dahl	Guri O.	1901	Oct	08	031	F	Ballard	NRY
S	2	0080	00259	Dahl	infant	1897	Jul	17	001	F	7th Ward	SEA
S	2	0099	01969	Dahl	Joseph	1901	Aug	15	054	M	Lynn Canal	GER
S	3	0060	01185	Dahl	Lizzie	1906	Apr	11	033	F	Wayside Emergency Hospital	unk
S	3	0178	03552	Dahl	Martin	1907	May	18	045	M	306 E. 76th	FIN
S		0008	00147	Dahl	Ruth E.	1903	Apr	02	003	F	1122 Franklin	SEA
S	2	0180	03537	Dahlberg	infant	1902	Nov	14	---	M	Wayside Mission	SEA
s	3	0084	01669	Dahlberg	Roy Arthur	1906	Jul	23	03m	M	2213 8th	Sea
S	2	0056	00400	Dahlen	Fred	1895	Oct	01	004	M	519 Union	Sea
S		0027	00526	Dahlgren	C.A.	1903	Jun	21	055	M	King County Hospital	SWD
S	2	0099	01962	Dahlgren	Frank G.	1901	Sep	26	040	M	Near Wellington	MN
S		0048	00960	Dahlquist	O.P.	1903	Sep	27	055	M	Orilla, WA	SWD

S	R	Page	Recor	LastName	FirstNames	Deat	Mn	Dt	Age	S	DeathPlace	Bir
S		0080	01595	Daigh	Infant	1904	Feb	06	s/b	M	Green Lake	Sea
S	3	0017	00329	Dailey	Infant	1905	Sep	18	s/b	M	1106 20th Ave S	SEA
S	2	0084	01663	Dailey	Jennie	1901	Jun	11	047	F	Steamer Topeka	NJ
S	1	0001	00744	Daily	Lizzie	1889	Jan	21	017	F	Corner 17th Prince Williams	
S	2	0044	00539	Daily	P.M.	1894	Nov	28		M	517 alley Madison/Marion	
S	2	0129	02113	Daily	Thos.	1899	Dec	09	035	M	City Jail	---
S		0008	00312	Daior	Phillip	1892	Jul	28	036	M	Copper Chief Saloon-Wash.St	
S	3	0148	02946	Dairs	Thomas	1904	Dec	25	056	M	Wayside Emergency Hosp	---
S	3	0139	02773	Daken	Whalen B.	1907	Jan	27	023	M	Providence Hosp.	---
S	1	0001	00983	Dald	Ragna	1889	Sep	29	008	F	Btw. Harrison & Depot St.	NRY
S	2	0019	00364	Dale	Frank	1900	Apr	10	052	M	Raymond, WA	ITL
S	3	0158	03159	Daley	Daniel	1907	Mar	31	c40	M	Wayside Emer. Hosp.	unk
S	3	0035	00698	Dalgity	Richard Neil	1905	Dec	20	019	M	Florence, WA	KS
S	2	0094	00744	Dalgner	Ella	1898	Apr	10	010	F	706 Battery St.	MN
S	2	0066	00265	Dalgren	C.A.	1896	Jul	02	047	M	1608 6th St	
S			1311	Dallin	John	1890	May	27	004	-	Pike & 8th Sts	Sea
S	2	0039	00329	Dally	Baby	1894	Aug	04	03m	F	1115 8th St	Sea
S	2	0073	00526	Dalmore	G. B.	1896	Dec	25	060	M	428 S. 6th Ave.	ENG
S		0038	00750	Dalquist	Gus	1903	Aug	28	045	M	Grant Street Bridge	---
S	3	0103	02057	Dalry	Martin O.	1904	Jun	10	037	M	813 29th ve. S.	NRY
S		0059	01166	Dalrymple	Isaiah	1903	Nov	25	068	M	1202 Wash. St.	OH
S	2	0116	01612	Dalrymple	Margaret A.	1899	Apr	14	064	F	1412 Washington St.	---
S	3	0149	02985	Dalton	Frank	1904	Dec	24	019	M	Wayside Emerg Hosp B:NB	CND
S	3	0186	03714	Dalug	William	1907	Jun	17	042	M	Sea. Gen.	GER
S	3	0098	01936	Daly	Emma (Mrs.)	1906	Sep	04	061	F	1st Ave.S. & Weller St.	ENG
S	2	0094	00760	Daly	Wm.	1898	Apr	14	050	M	Eliot Bay	MA
S	3	0010	00187	Dambrosio	Infant	1905	Aug	16	s/b	M	1118 Stewart St	SEA
S	2	0070	01386	Damon	John Fox	1904	Jan	11	076	M	910 Fifth Ave.	MA
S	3	0103	02055	Damon	Mary Lapsey	1904	Jun	09	062	F	910 5th Ave.	MO
S	1		02057	Damus	infant of R. & Louise M.R.	1890	Dec	22	s/b	M	221 Almy St.	Sea
S	1	0001	00683	Danalson	Walter	1888	Nov	16	026	F	Corner Virginia & West St.	
S	2	0043	00488	Danchia	Nicholas	1894	Oct	28	045	M	Prov. Hosp	
S	3	0160	03181	Dando	Elizabeth Ann	1907	Mar	15	07m	F	Georgetown	WA
S	2	0070	00398	Dandy	Sarah (Mrs.)	1896	Sep	01	072	F	Renton, WA	IRL
S	2	0126	01997	Dane	Walter J.	1899	Oct	15	032	M	1st & Cedar Sts.	DNK
S	1	0001	00346	Daniel	John	1884	Jun	05	006	M	Seattle	SWD
S	2	0104	02064	Daniels	Charles Henry	1901	Aug	14	010	M	White River South Park	MT
S	2	0308	02478	Daniels	infant	1891	Jul	21	03h	M	711 Green St.	Sea
S	3	0140	02781	Daniels	Jeremiah	1907	Feb	03	078	M	301-12th Ave. S.	IRL
S		0021	00271	Daniels	Martin	1893	Jul	06	035	M	Lincoln St.	
S		0040	00789	Daniels	Vera	1903	Aug	15	033	F	Skagway, Alaska	---
S		0047	00935	Daniels	William Augustus	1903	Sep	03	046	M	Summit Lake	TN
S	1	0270	02402	Danielson	John	1891	Jun	14	026	M	Lake Union	SWD
S	3	0001	00012	Dans	Charles	1905	Jul	30	021	M	Georgetown	UN
S	3	0044	00865	Dans	Charlotte	1906	Feb	15	026	F	506 Melrose Ave N.	IN
S	3	0139	02768	Dans	Infant	1904	Nov	04	01d	M	605 5th Ave	SEA
S	3	0076	01520	Dans	Louis	1904	Feb	16	003	M	1414 11th Ave.	IN
S	2	0112	01468	Dans/Daus	August	1899	Feb	10	043	M	Providence Hosp.	---
S	3	0139	02775	Dansifer	Mrs	1904	Nov	09	024	F	6036 Hillman Pl	CA
S	3	0178	03549	Danz	Henry E.	1907	May	27	038	M	Pacific Hosp.	NY
S	3	0001	00009	Dapp	Lillian May	1905	Jul	21	034	F	Pt Orchard, WA	MI
S	2	0045	00881	Darian	R.	1899	Sep	28	---	M	St. Mary Hosp. Dawson, AK	---
S	2	0073	00527	Dark	Ah	1896	Dec	28	035	M	Providence Hosp.	CHN
S	3	0057	01126	Darling	John	1906	Feb	08	030	M	Fairbanks, AK	CND
S		0001	00002	Darling	L.B.	1903	Mar	01	055	M	1627 Ninth Avenue	US

S	R	Page	Recor	LastName	FirstNames	Deat	Mn	Dt	Age	S	DeathPlace	Bir
S		0031	00016	Darmer	Elmira	1894	Jan	11	07d	F	1314 Lake View	Sea
S	2	0073	01446	Darnell	H. B.	1901	Apr	27	040	M	1st & Marion	PA
S	2	0120	01790	Darrow	Mary P.	1899	Jul	02	072	F	Latona	---
S	3	0176	03522	Darwin	Peter J	1905	Apr	18	048	M	1912 Yesler Way	WI
S	2	0081	00309	Dasha	J. H.	1897	Aug	15	031	M	Elliott Bay	---
S	2	0035	00173	Dasharm	Frank	1894	Apr	19		M	Police Headquarters	
S		0015	00003	Dasville	David	1893	Jan	01	060	M	Grace Hosp.	ENG
S	3	0139	02777	Date	H	1904	Nov	07	030	M	Wayside Emergency Hosp	---
S	3	0182	03637	Dates	(Infant)	1907	May	31	s/b	F	2209 E. Mercer	WA
s	3	0098	01957	Dates	Mary Lucile	1906	Sep	11	04m	F	1433 34th Av.S.	WA
S	3	0098	01959	Daubersmith	Infants (Twins)	1906	Sep	10	.5h	M	518 E.71st Av.	WA
S	3	0085	01691	Daugharty	Joseph P.	1906	Jul	01	013	M	914 4th Ave.	WA
S	2	0021	00419	Daugherty	Annie	1900	May	19	041	F	Prov. Hosp.	VT
S	2	0079	01567	Daugherty	E. J.	1901	May	16	055	M		NY
S		0131	02591	Daulton	Edwin T.	1902	Mar	29	010	M	1621 16th Ave.	SEA
S	1	0001	01097	Davall	Sarah E.	1889	Dec	12	054	F	Harrison & Broadway	MS
S	2	0090	00640	Davenport	Franklin	1898	Feb	25	035	F	St. Paul House	---
S	2	0110	01400	Davenport	Lum	1899	Jan	14	045	M	Providence Hosp.	ME
S		0030	00591	Davey	Evaline Clare	1903	Jul	20	017	F	149 Entruria St ?	OR
S		0033	00662	Davey	Merle	1903	Jul	18	s/b	F	Fremont	SEA
S	2	0070	01400	David	Joseph	1904	Jan	17	054	M	318 Seventh Ave.	CND
S		0043	00845	David	Robert	1903	Sep	06	050	M	708 Leanora St	WLS
S	2	0020	00395	Davidson	(Baby)	1900	May	07	09d	M	S. G. Hosp.	SEA
S	3	0182	03629	Davidson	(Infant)	1907	May	15	s/b	F	6107 Kenwood	WA
S	2	0126	01999	Davidson	Alex	1899	Oct	16	046	M	Providence Hosp.	---
S	2	0113	01522	Davidson	Andrew	1899	Mar	14	076	M	1623 Minor	IRL
S	2	0065	01290	Davidson	Duncan W.	1903	Dec	20	076	M	706 9th Ave.S. b.Martinique	---
S	2	0022	00426	Davidson	Ella	1900	May	22	040	F	S. G. Hosp.	PA
S	3	0023	00457	Davidson	George	1905	Nov	03	024	M	Providence Hosp.	MI
S	2	0060	00025	Davidson	Jacob	1896	Jan	23	060	M	Lobby - Ward IV	MI
S		0115	02297	Davidson	John	1906	Nov	05	067	M	6107 Kenwood Dr.	SWD
S		0015	00027	Davidson	Maggie D.	1893	Jan	25	035	F	1217 Wash.	SCT
S	2	0113	02254	Davidson	Nicholas	1901	Dec	27	067	M	Rear 58 Blanchard	DNK
S	2	0063	00119	Davidson	Susie F.	1896	Mar	25	020	F	1303 Yesler Way	
S	2	0098	1943	Davies		1901	Sep	11	033	F	Ballard	IRL
S	2	0059	01174	Davies	D. Ellen	1901	Feb	06	088	F	28th Garfield	ENG
S	2	0086	00504	Davies	David T.	1897	Dec	14	060	M	Providence Hosp.	WLS
S	2	0089	01777	Davies	Donald L.	1904	Apr	05	01m	M	623 5th Ave. W.	Sea
S		0025	00485	Davies	George	1903	Jun	21	11m	M	N 37th & Meridian Ave	SEA
S	2	0062	01232	Davies	Isac	1901	Feb	28	037	M	2110 7th Av	WLS
S	2	0056	00463	Davies	May J.	1895	Oct	03	031	F	511 6th St	
S	2	0125	01973	Davies	Rev. Wm	1899	Sep	25	031	M	Tacoma, WA	---
S		0025	00481	Davies	Robert James	1903	Jun	20	004	M	Edgewater	WI
S		0019	00378	Davies	T.A.	1903	May	14	058	M	Brighton Beach	---
S	3	0161	03218	Davies	Talbot E.	1907	Apr	15	028	M	Pacific Hosp.	WLS
S	2	0075	01489	Davies	W. J.	1901	May	02	040	M	2001 Western	USA
S		0033	00093	Davis		1894	Feb	24	013	M	So. Seattle	
S	3	0176	03515	Davis	(Infant)	1907	May	18	03h	M	Seattle Gen. Hosp.	Sea
S	3	0176	03514	Davis	(Infant)	1907	May	19	03h	F	Grand Union Hotel	Sea
S	3	0188	03751	Davis	(Infant)	1907	Jun	25	01d	F	209-5th Ave. N.	WA
S	2	0119	02378	Davis	Alfred	1904	Aug	23	048	M	Wayside Mission Hosp	---
S	2	0094	01873	Davis	Allura (Mrs.)	1901	Sep	05	074	F	Green Lake	VT
S	3	0061	01208	Davis	Amelia R.	1906	Apr	24	046	F	104 N.Broadway	OR
S		0099	01973	Davis	Anna	1904	May	03	040	F	Seattle Gen. Hospital	---
S	2	0066	00264	Davis	Anne	1896	Jul	02	032	F	Genl Hosp	WLS

S	R	Page	Recor	LastName	FirstNames	Deat	Mn	Dt	Age	S	DeathPlace	Bir
S	3	0033	00656	Davis	Arthur Lawrence	1905	Dec	06	043	M	Pacific Hosp.	NH
S	3	0135	02687	Davis	Arvilla	1907	Jan	24	072	F	S.E. Seattle	ME
S		0006	00215	Davis	Baby	1892	May	26	20d	F	1108 Thomas	Sea
S	-	0173	03399	Davis	Benj. J.	1902	Oct	13	073	M	S. Seattle	ME
S	2	0095	01892	Davis	C.	1901	Sep	12	035	M	Prov. Hosp.	USA
S			01351	Davis	C. H.	1890	Jun	15	060	M	Providence Hosp.	---
S		0003	00099	Davis	Carrie	1892	Mar	11	009	F	cor.Day & Bush (b.Iron Mt.	MI
S	2	0097	00904	Davis	Courtney	1898	Jun	02	049	F	506 27th Ave.	KY
S		0008	00158	Davis	D.C.	1903	Apr	05	076	M	140 32 Avenue	VT
S	1	0216	02315	Davis	David	1891	Apr	23	008	M	208 South 10th	Sea
S	3	0157	03125	Davis	David M.	1907	Mar	25	043	M	Pacific Hosp.	WI
S	-	0153	03005	Davis	Dorothy	1902	Jul	19	06m	F	3214 Washington St.b.Index,	WA
S	2	0072	00487	Davis	F.	1896	Nov	23	045	M	Providence Hosp.	---
S	3	0185	03693	Davis	Foster W.	1907	Jun	11	039	M	New England Hotel	---
S	2	0068	00319	Davis	Fred E.	1896	Aug	14	032	M	Occidental Hotel	IL
S	2	0037	00736	Davis	Geo	1900	Sep	03	061	M	423 Seneca	ENG
S	2	0182	03583	Davis	Geo.	1902	Dec	18	053	M	Wayside Mission	---
S		0029	00575	Davis	Geo.W.	1893	Dec	08	024	M	S. Seattle	
S			01261	Davis	George	1890	Apr	16	065	M	Bass St.	PA
S		0022	00289	Davis	George	1893	Jul	29	035	M	1611 7th	
S	3	0163	03251	Davis	George R.	1907	Apr	07	063	M	Prov. Hosp.	NY
S		0034	00140	Davis	Hall	1894	Mar	31	069	M	820 Victory (b.Ontario	
S	3	0008	00152	Davis	Harry Vernon	1905	Aug	07	05m	M	Columbia City	WA
S		0014	00280	Davis	Infant	1903	Apr	31	---	M	Green Lake	SEA
S	3	0095	01895	Davis	J. ?	1906	Aug	19	055	M	Palmer Junction	WLS
S	1		02195	Davis	Jacob	1891	Mar	28	058	M	10th & Yesler Ave.	---
S	2	0008	00148	Davis	Jennie	1900	Feb	27	048	F	Monod. Hosp.	CND
S	2	0128	02543	Davis	Jessie Edna	1902	Mar	09	030	F	8th & Bell	KA
S	1	0001	00960	Davis	John	1889	Jul	19	025		Prov. Hosp.	
S	3	0104	02078	Davis	Joseph	1906	Sep	23	027	M	Near Georgetown	IL
S	3	0183	03645	Davis	Joseph	1907	Jun	02	024	M	4-N Park Pl.	MO
S	2	0109	01348	Davis	Lot	1898	Dec	27	082	M	309 Maynard St.	NH
S	2	0003	00059	Davis	Margaret	1900	Jan	29	078	F	1917 Terry	WLS
S	2	0189	03718	Davis	Margaret	1903	Jan	21	070	F	214 Seneca St.	IRL
S	2	0019	00362	Davis	Mary E.	1900	Apr	15	038	F	Co Hosp.	IRL
S		0113	02257	Davis	Mary J.	1906	Oct	21	080		York Station	NY
S	1	0001	00906	Davis	Mary L.	1889	Jun	23	004	F		
S	2	0106	01245	Davis	Mrs. H. N.	1898	Oct	17	060	F	Antigo, WI	---
S	2	0367	02595	Davis	Nicholas	1891	Sep	16	028	M	King County Farm	GRC
S	2	0012	00228	Davis	Rees	1900	Mar	19	039	M	Prov. Hosp.	PA
S	3	0004	00079	Davis	Richard M. (Dr.)	1905	Aug	16	056	M	104 N Broadway	IRL
S	-	0147	02891	Davis	Simon	1902	Jun	13	068		220 9th Ave. S.	GER
S	2	0013	00258	Davis	Theresa	1900	Mar	11	032	F	Sonora, CA	IL
S	1	0001	00934	Davis	Vera	1889	Jul	09	05m	F	10th & Stewart	
S	3	0155	03094	Davis	Wyman Lee	1907	Mar	21	012	M	734 Bellevue Pl.	WA
S	2	0117	01665	Davy	Jas.	1899	Apr	14	059	M	Harbor Quartermaster	NS
S	2	0127	02034	Daw	Maggie	1899	Oct	09	055	F	Ballard, WA	---
S	2	0108	02149	Dawartz	Mrs. Margaret	1901	Mar	07	049	F	Nome	GER
S	2	0129	02139	Dawcett	Margt.	1899	Dec	22	030	F	Latona, WA b.Latona,	WA
S	2	0039	00761	Dawell	Nettie	1900	Sep	20	04m	F	810 21st Av S	SEA
S	3	0010	00196	Dawes	Joseph H.	1905	Sep	01	040	M	Providence Hosp.	PA
S	2	0122	01842	Dawes	Mrs.	1899	Jun	15	-	F	Dawson	---
S	3	0123	02454	Dawkins	Edward Garfield	1906	Dec	06	022	M	Seattle Gen. Hosp.	ON
S	2	0040	00791	Dawley	A. W.	1900	Sep	27	077	M	Ballard	NY
S	-	0169	03322	Dawley	James	1902	Oct	02	017	M	Seattle Gen. Hosp.	CA

S	R	Page	Recor	LastName	FirstNames	Deat	Mn	Dt	Age	S	DeathPlace	Bir
S	3	0172	03438	Daws	Carroll Durwood	1905	Mar	06	02m	M	916 E Alder	SEA
S	3	0158	03159	Daws	Percy Danzel	1905	Jan	20	005	M	Pacific Hosp	MN
S	1	0001	00620	Dawson	A.	1888	Sep	18	041		Corner 3rd & Union	
S		0015	00013	Dawson	Amy C.	1893	Jan	08	023	F	9th & Alder	
S	2	0091	00687	Dawson	David	1898	Mar	11	05d	M	Green Lake b.Green Lake, WA	
S	3	0094	01866	Dawson	Frank A.	1904	Apr	17	009	M	Ballard WA	WA
S		0116	02325	Dawson	Jno. F.	1904	Aug	10	06m	M	77 Fremont Ave.	Sea
S	2	0090	00631	Dawson	John Lewis	1898	Feb	21	035	M	1025 Seneca St.	PA
S		0135	02662	Dawson	Joseph	1902	Apr	17	040	M	Niaggra Restaurant, Seattle	CND
S	1	0001	00994	Dawson	Julia Mrs.	1889	Oct	09	037	F	Union St.	
S		0029	00555	Dawson	Minnie	1893	Dec	18	06d	F	208 W. Wall	Sea
S	3	0168	03356	Day	Alcieta D.	1907	Apr	26	069	F	6542 Woodlawn	NY
S	3	0162	03222	Day	Chas. Wesley	1907	Mar	30	076	M	6542 Woodlawn	NY
S	3	0191	03822	Day	Cora Amelia (Corchrane)	1905	Jun	03	034	F	Dawson, YT	TN
S	3	0158	03146	Day	Elmer	1907	Mar	26	028	M	Providence Hosp.	MI
S	2	0072	00474	Day	Fletcher H.	1896	Nov	14	036	M	412 Harrison St.	OH
S	2	0033	00644	Day	James	1900	Aug	11	01m	M	813 Alder St.	SEA
S	2	0048	00098	Day	James A.	1895	Mar	13	031	M	Prov Hosp	
S	2	0363	02588	Day	Josephine Arnatt	1891	Sep	13	025	F	Edgewater	---
S	2	0095	00819	Day	Mary E. A.	1898	May	03	082	F	412 Harrison St.	VT
S	2	0117	01659	Day	Roscoe	1899	Apr	09	022	M	Sedro Woolley, WA	---
S		0006	00216	Daycock	Abner	1892	May	26	042	M	W. & Blanchard	MN
S		0114	02279	Dayton	(Infant)	1906	Oct	30	s/b	F	6336 Hillman Pl.	WA
S	3	0055	01083	Dayton	Rollin N.	1906	Mar	13	084	M	1143 - 16th Ave.No.	NY
S	3	0014	00263	De Foil	Infant	1905	Sep	23	06d	M	508 James St	SEA
S	3	0043	00841	De Hon	Ernest J.	1906	Feb	05	071	M	Seattle	FRN
S	3	0119	02371	De Jausserand	Nicholas	1906	Nov	29	058	M	Foot of Connecticut St.	GAM
S	3	0073	01465	De Kalo	Infant	1904	Jan	06	s/b	M	1410 20th Ave.S.	Sea
S	2	0115	02298	De Lannay	Mary	1901	Dec	29	048	F	Prov. Hosp.	IRL
S	3	0015	00297	De Long	Theron E.	1905	Sep	01	04m	M	Ballard	SEA
S	3	0241	02804	De Mode	Kerr Geraldine	1907	Feb	06	012	F	1209 Aloha St.	MI
S	3	0036	00718	De Sallier	Hercules	1906	Jan	05	082	M	3641 Meridian Ave	CND
S	2	0074	00027	Deady	Catherine	1897	Jan	26	055	F	1509 4th St.	---
S	2	0069	01371	Deady	Michael	1904	Jan	07	075	M	604 Battery St.	CND
S	-	0153	03006	Deady	Thecla	1902	Jul	20	07m	F	2210 1st Ave.	SEA
S		0079	01572	Deal	Edward	1904	Feb	02	064	M	Columbia City WA	NY
S	2	0179	03534	Dean	baby	1902	Nov	12	---	F	Ballard, WA b.Ballard, WA	
S	2	0437	02734	Dean	Eliza	1891	Dec	24	047	F	Sherman House	---
S	2	0063	00154	Dean	Frank	1896	Apr	17	062	M	King & S. 2nd	PA
S		0081	01623	Dean	George	1904	Mar	03	040	M	211-1/2 2nd Ave. S.	---
S	-	0163	03209	Dean	Herbert	1902	Aug	31	055	M	80 Yesler Way	---
S		0109	02180	Dean	Infant	1904	Jul	06	01d	F	512 15th Ave. No.	Sea
S	3	0067	01323	Dean	Ivanita (Mrs.)	1906	May	02	026	F	Providence Hosp.	AUS
S	2	0078	00176	Dean	Lloyd	1897	May	12	03w	M	Seattle, WA	SEA
S	2	0071	01401	Dean	Martin	1901	Apr	10	066	M	745 Bellevue	NY
S		0100	01991	Dean	Winnie Louise	1904	Apr	28	017	F	Los Angeles CA	CA
S	2	0042	00833	Dearborn	A. R.	1900	Oct	16	042	M	Monod Hosp.	NY
S	2	0094	00782	Dearborn	Dix	1898	Apr	23	014	M	123 Harrison St.	---
S	1	0001	01123	Dearborn	Hudson W.	1890	Jan	27	006	M	324 Olympic Pl.	MA
S	3	0104	02074	Deaton	Clarence	1906	Sep	22	032	M	Mission City	--
S	3	0104	02075	DeBoise	John	1906	Sep	22	042	M	Woodinville	NJ
S	2	0118	01701	DeBolt	Nellie	1899	May	16	02m	F	Latona, WA b.Latona, WA	
S	3	0148	02943	DeBord?	Charles R.	1907	Jan	24	044	M	Valdez, AK	TX
S	2	0111	01434	DeBroneall	John F.	1899	Jan	11	059	M	Ballard	---
S	2	0091	01807	DeCamp	John Wallace	1901	Aug	22	042	M	Prov. Hosp.	NJ

S	R	Page	Recor	LastName	FirstNames	Deat	Mn	Dt	Age	S	DeathPlace	Bir
S	2	0036	00198	Decamp	T.C.	1894	May	01	066	M	Irmri Ave	
S		0038	00754	DeCaro	Willia	1903	Aug	30	02m	M	1411 - 20th Avenue S	SEA
S	2	0103	01111	Decker	Carl	1898	Sep	01	079	M	Interbay, WA	GER
S		0099	01975	Decker	Fannie A.	1904	May	05	038	F	156 20th Ave.	NY
S	1	0001	00637	Decker	Sarah E.	1888	Oct	03	030	F	No.617-7th St.	
S		0134	02652	Dediel	Matilda	1902	Apr	14	036	F	614 Weller St.	FRN
S	3	0076	01514	Dee	John Arthur	1906	Jun	22	01m	M	624 Ewing	---
S	2	0108	02150	Deed	Nillie	1901	Dec	01	02d	F	614 Roy	SEA
S	3	0183	03650	Deering	Lillian	1907	Jun	03	019	F	822 Wash.	ME
S		0025	00500	Deery	Willie F.	1903	Jun	04	009	M	Providence Hospital	WA
S	3	0143	02856	Defenbacher	Mrs Bussie	1904	Nov	21	043	F	Providence Hosp	GER
S		0020	00230	DeFiel	NR	1893	Jun	08	031	M	Grant & Bridge	
S		0029	00553	Defourd	Geo.	1893	Dec	16	034	M	Prov. Hosp.	CND
S	3	0159	03184	DeFrance	Henry	1905	Jan	11	068	M	West Seattle	FRN
S	3	0190	03784	Degelo	Nicholas	1907	Jun	04	038	M	Hobart, WA	SWT
S	3	0071	01424	Deggiger	Simon	1904	Jan	27	077	M	Providence Hospital	GER
S	3	0130	02590	Degman	Maria	1904	Sep	11	058	F	Bellingham, WA	---
S	3	0010	00185	DeGraaf	Mabel Elizabeth	1905	Aug	15	s/b	F	1717 39th Ave	SEA
S	3	0071	01418	DeGraff	Peter	1904	Jan	25	037	M	615 Maynard Ave.	BLG
S	2	0044	00544	DeGroot	Nancy	1894	Nov	30	081	F	Greenlake	NY
S	3	0076	01513	Deguchi	Y.	1906	Jun	20	023	M	414-1/2 Maine	JPN
S	3	0056	01119	DeHan	John J.	1903	Nov	10	031	M	1611 3rd Ave.	OH
S	1		02183	Dehly	Christen Emil	1891	Mar	04	02m	M	Mary Ave. btwn 4th & 5th	Sea
S	3	0175	03484	Dehly	Severin M.	1907	May	17	053	M	Providence Hosp.	NRY
S	2	0104	01142	Deibert	Edward H.	1898	Sep	15	041	M	7th & Pike Sts.	---
S	3	0119	02375	Deitrich	C.A.	1906	Nov	15	075	M	Providence Hosp.	unk
S	3	0153	03054	Del Dusa	Violetta	1907	Mar	12	08m	F	919 Lane St.	WA
S	2	0043	00855	Delaney	Patrick	1900	Oct	29	060	M	Prov. Hosp.	IRL
S	3	0062	01225	Delaney	Thomas R.	1906	Apr	29	048	M	Providence Hosp.	OR
S	3	0022	00433	Delano	Frank	1905	Oct	30	036	M	WW Hosp. for Insane	MA
S	3	0186	03701	Delanventi	Mrs. A.	1907	Jun	13	032	F	Prov. Hosp.	ITL
S	3	0093	01847	DeLashmutt	Mathias J.	1904	Apr	15	077	M	102 Harrison St.	VA
S	2	0003	00057	Delaus	Geo. Ellis	1900	Jan	29	068	M	415 Cedar	MA
S	2	0089	00596	Delbridge	Dorothy	1898	Feb	01	002	F	825 20th Ave.	SEA
S	2	0086	00500	Delea	Mary	1897	Dec	06	055	F	28th & Main Sts.	IRL
S	1	0229	02331	Delfel	George	1891	May	03	056	M	2418 2nd St.	GER
S	3	0007	00133	Delfeld	M. (Mrs.)	1905	Aug	23	038	F	Providence Hosp.	MN
S	2	0001	00007	DeLians	Ernest	1900	Jan	05	033	M	Providence Hosp.	GA
S		0012	00223	Delkers	Fred	1903	Apr	26	002	M	3618 Second N.W.	SEA
S		0021	00403	Dellie	Albert	1903	May	29	033	M	Good Samaritan Hospital	WI
S	2	0427	02714	Delman	infant	1891	Dec	07	03w	M	New Zealand House	Sea
S	2	0047	00047	Delmos	Adelia	1895	Feb	06	042	F	S. 3rd & Main	FRN
S		0023	00341	Deloi-?	Clara J.	1893	Mar	23	032	F	Kirkland	CA
S		0197	03378	DeLong	Walter W.	1903	Feb	23	030	M	80 Yessler	NS
S		0023	00342	DeLong	Warren	1893	Jul	31	056	M	Ballard	MA
S	2	0052	01035	DeLong ?	W. C.	1900	Dec	10	056	M	Ballard	ME
S		0014	00523	DeLoza	Antonia	1892	Dec	22	050	M	Pike & West	
S		0054	01068	Delsinan	Bernadine	1903	Oct	08	047	M	Hospital for Insane	---
S	2	0078	01545	Demare	Infant	1901	May	24	02d	M	7 Harrison	WA
S	2	0058	00555	Demartini	Joseph	1895	Dec	10	070	M	2133 7th	NY
S	3	0008	00160	Demary	Aline	1905	Aug	14	07m	F	South Park	SEA
S		0059	01168	DeMears	Donelda	1903	Nov	25	023	F	520 Terry Ave. No.	CND
S	2	0185	03637	Demers	Nole	1902	Dec	16	037	M	Ballard, WA	CND
S	2	0123	01911	Deming	baby	1899	Sep	02	08d	M	Mat. Hosp.	Sea
S	2	0116	02316	Demond	Baby	1902	Jan	09	s/b	M	Sea. Gen. Hosp.	SEA

S	R	Page	Recor	LastName	FirstNames	Deat	Mn	Dt	Age	S	DeathPlace	Bir
S	2	0101	02019	Demont	Ernest	1901	Oct	22	025	M	8th Ave. S. & Weller	KS
S	2	0056	01118	DeMott	(Inft)	1901	Jan	26	09d	F	509 Fairview	SEA
S		0016	00070	Dempsey	Edmon	1893	Feb	25	047	M	U.S.M.Hosp.-Pt.Townsend	
S	2	0001	00022	Dempsey	Estella	1892	Jan	13	003	F	612 McClair	Sea
S	-	0176	03468	Dempsey	Mamie	1902	Nov	12	017	F	2428 Day St.	WI
S	3	0169	03371	Dempsey	Mrs Lucy	1905	Mar	09	070	F	Seattle General Hosp	---
S	2	0409	02679	Dempsey	Nellie	1891	Nov	13	005	F	612 McLean St./2nd Ward	Sea
S	3	0091	01805	DeMurs	Joseph	1906	Aug	17	059	M	1607 15th Ave.	NY
S	3	0177	03526	DeMuth	Mrs Clara	1905	Apr	20	060	F	407 5th Ave	GER
S	2	0074	01464	Denegre	DeAngelo	1901	Apr	06	066	M	Coupeville	PA
S	3	0050	00995	Denend	Infant	1906	Feb	14	PM	F	232 28th Ave. No.	Sea
S	1	0001	00082	Denihie	Buij	1882	May	31	032	M	Providence Hosp.	
S	-	0147	02884	Dennette	Edith	1902	Jun	11	066	F	162 16th Ave.	WLS
S	1		01524	Denney	Carl A.	1890	Aug	31	030	M	-	---
S	2	0436	02733	Denney	Wellington D.	1891	Nov	24	028	M	Sauk River, Skagit Co.	WI
S	2	0092	00701	Dennis	Lucy	1898	Mar	26	06w	F	E. James St.	SEA
S	3	0141	02824	Dennis	Pearl G	1904	Nov	26	025	F	163 W Etruria St	PA
S	2	0070	01382	Dennis	Wm.	1901	Apr	04	050	M	Police Hdqrs.	WI
S	1	0001	01025	Dennison	Eula	1889	Sep	16	007	F	9th nr James	
S	2	0010	00198	Dennison	Lars	1900	Mar	11	059	M	807 26th Ave S	DNK
S	3	0131	02621	Dennison	Sarah	1904	Oct	04	084	F	725 Stewart St.	NY
S	2	0422	02704	Denny	Alfred	1891	Nov	30	07w	M	Harrison & Temperance Sts.	Sea
S	2	0110	01393	Denny	Arthur A.	1899	Jan	09	076	M	1328 1st	---
S	2	0433	02727	Denny	Carrie P.	1891	Dec	17	030	F	Harrison & Temperance Sts.	---
S		0059	01170	Denny	David T.	1903	Nov	25	072	M	Green Lake	IN
S	2	0180	03571	Denny	Fanny Wood	1902	Dec	12	041	F	18 Thomas St.	IL
S	2	0120	02402	Denny	George C	1904	Aug	31	022	M	4273 Winslow Place	Sea
S	2	0061	00043	Denny	J.B.	1896	Jan	16	040	M	Co. Hosp.	MI
S	2	0031	00611	Denny	Jennie M.	1900	Jul	27	031	F	Bothell, WA	IN
S	2	0006	00102	Denny	Nora L.	1900	Feb	09	048	F	S. G. Hosp.	IL
S	2	0129	02109	Denny	Roy W.	1899	Dec	07	11m	M	2014 5th Ave.	Sea
S	1	0001	00873	Denny	Samuel	1889	May	08	071		James St.	
S	3	0192	03843	Densmore	Alfred H.	1905	Jun	26	048	M	South Park	MA
S		0021	00246	Densmore	Infant	1893	Jun	26	s/b	M	Edgewater	
S	1	0001	00558	Densmore	Nellie	1887	Oct	06	035	F	4th Ward	
S	2	0105	02100	DePabli	Felicina	1901	Nov	15	034	F	Rear of 7th Ave. ?	??
S	1	0216	02311	DePuy	Wier	1891	Apr	20	-	M	1608 6th St., 5th Ward	Sea
S	2	0070	00408	DeReaner	Geo. M.	1896	Oct	05	023	M	Providence Hosp.	NJ
S	-	0150	02941	Dereg	Annie	1902	Jun	04	055	F	San Francisco, CA	NB
S	-	0163	03202	Derendinger	Cora L.	1902	Aug	29	035	F	Seattle Gen. Hosp.	IN
S	2	0044	00547	Dereq	Bernard	1894	Nov	15	040	M	Port Susan	
S	2	0083	01646	Derig	James	1901	Jun	03	061	M	Stanwood	
S	3	0185	03701	Deritis	Emma	1905	May	11	017	F	Pacific Hosp.	MI
S	2	0110	01375	DeRoss	Geovanni	1899	Jan	01	001	M	6th & Union Sts.	---
S	3	0039	00771	Derry	James Addison	1906	Jan	22	047	M	Pacific Hosp.	NB
S	2	0094	00766	Deschna	Florentina	1898	Apr	17	077	F	307 John St.	GER
S	3	0101	02018	DeSerisy	Mary E.	1906	Sep	24	029	F	Seattle Gen. Hosp.	TN
S		0033	00083	DeSion	R.W.	1894	Feb	27	056	M	1509 Madison	
S	3	0120	02397	Desmit	Otto Jules	1906	Nov	24	03m	M	Georgetown, WA	BLG
S	1	0001	00405	Desmond	W.	1884	Nov	03	055	M	Seattle	IRE
S	3	0072	01444	Desrosier	L. N.	1904	Jan	24	037	M	1024 Taylor Ave. b.Quebec	
S	2	0067	01328	DeSwits?	Camille A.	1903	Dec	02	041	M	Van Asselt WA	BLG
S		0133	02622	Detlefson	Martin	1902	Feb	29	062	M	Georgetown	DNK
S	2	0092	00695	Detling	Marguerette	1898	Mar	25	036	F	3rd & Cherry St.	---
S	2	0075	01495	Deu	Ah	1901	May	05	030	M	416 Wash	CHN

S	R	Page	Recor	LastName	FirstNames	Deat	Mn	Dt	Age	S	DeathPlace	Bir
S	2	0073	01460	Deuinne	B. M.	1901	Apr	09	015	F	Georgetown	OR
S	2	0029	00570	Deutsch	Henry	1900	Jul	14	021	M	1209 Yesler	GER
S	3	0052	01033	Devanna	Patrick	1906	Mar	16	040	M	Western Ave.& University St	--
S	2	0068	01343	Deven	H. Agnes	1901	Mar	01	070	F	East Seattle	NY
S	2	0011	00206	Devereaux	Thos	1900	Mar	14	054	M	Prov. Hosp.	PA
S	2	0062	01230	Devereaux	Wm	1901	Feb	28	045	M	Police Station	---
S	3	0093	01858	Deverell	George	1906	Aug	25	050	M	2303 E. Denny Way	CND
S	3	0131	02623	Deverest	Infant	1904	Oct	04	01d	M	Wayside Emergency Hosp	SEA
S	3	0151	03011	Devin	John D	1904	Dec	22	085	M	Sedro Wolley, WA	NY
S	1	0001	00314	Devine		1884	Mar	03	039		Seattle	
S	3	0147	02921	Devine	Geo. Henry	1907	Feb	26	030	M	119-9th Ave. S.	WI
S	2	0074	01473	Devine	Jos.	1901	Apr	17	033	M	Co. Hosp.	IRL
S	2	0041	00816	Devitt	Patrick	1900	Oct	08	021	M	Prov. Hosp.	MN
S		0009	00344	Devlin	A.R.	1892	Aug	17	039	M	Prov. Hosp.	
S	3	0072	01429	DeVoe	Wealthy C.	1904	Jan	30	078	F	1806 Harvard Av.	NY
S	2	0071	00435	Dewey	baby	1896	Oct	24	05d	M	112 Orian St.	SEA
S		0082	01626	DeWinter	Leonard	1904	Mar	12	005	M	Providence Hospital	WA
S		0013	00482	Dewitt	Geo.	1892	Nov	22		M	Prov. Hosp.	
S	2	0044	00513	DeWolf	W.H.	1894	Nov	07	066	M	1916 Madison	
S	2	0091	00674	DeWolfe	F. L. (Mrs)	1898	Mar	06	057	F	corner 3rd & Denny Way	NC
S	3	0005	00081	DeWolfe	Infant	1905	Aug	17	14d	M	408 4th Ave	SEA
S	2	0109	2164	DeWolfe	Stephen	1901	Oct	26	071		Denver, Colo.	
S		0032	00639	Dewson	Wm. W.	1903	Jul	20	083	M	148 State Street, Ballard	MD
S	2	0082	1626	Dexter	E. Jake	1901	Jun	22	002	M	1227 Wash	WA
S		0022	00424	Dexter	Infant	1903	May	15	s/b	M	1224 Taylor Avenue	WA
S	3	0153	03032	Dey Wee	---	1894	Aug	03	---	M	Seattle	CHN
S	3	0162	03232	Dezell	Ollie J	1905	Feb	07	047	F	134 Taylor Ave	ENG
S	2	129	2138	Dezza	Domeneo	1899	Dec	22	035	M	601 Jackson St.	ITL
S	2	0125	2496	Dhain	Julia	1902	Feb	04	002	F	Ballard	SEA
S	2	0030	00595	Diamond	Gladys	1900	Jul	27	07m	F	1524 4th Ave	SEA
S	3	0090	01783	Diamond	Infant	1906	Aug	10	04d	F	2nd Ave & Eturia b.Fremont	WA
S	3	0178	03557	Diamond	Jack J	1905	Apr	28	035	M	1206 1/2 First Ave	---
S	1	0001	00492	Diamond	Mollie	1885	Oct	30	024	F	Hospital	USA
S		0005	00176	Diaz	Charles	1892	Apr	28	001	M	717 7th St.	Sea
S		0018	00149	Dick	Daniel	1893	Apr	21	030	M	Prov. Hosp.	IN
S	2	0065	01293	Dickenson	Hunter Van Sittark	1903	Dec	23	10m	M	65 Aloha St.	Sea
S		0054	1083	Dickerson	J. Harvet	1903	Oct	28	032	M	Georgetown	OR
S		0034	00673	Dickey	Frank L.	1903	Jul	12	025	M	General Hospital	IN
S	3	0042	00822	Dickey	Martha A.	1906	Jan	29	070	F	Bremerton, WA	NC
S	1	0001	00499	Dickin	Jospeh	1885	Dec	12	023	M	Seattle Hosp.	NB
S		0003	00089	Dickinson	Baby	1892	Mar	04	s/b	M		(b.Box St.
S	2	0025	00499	Dickinson	Martin	1900	Jun	16	059	M	Prov. Hosp.	AL
S	2	0081	01615	Dickinson	W. J.	1901	Jun	19	21d	M	Ft. Lawton	WA
S	1	0001	01200	Dickman	Alice	1890	Mar	27	06w	F	10th & Pike	SEA
S	1	0001	01229	Dickman	Hazel L.	1890	Mar	21	04w	F	10th & Pike St	SEA
S	3	0188	03741	Dickson	Carrie M.	1907	Jun	23	044	F	Providence Hosp.	WI
S		0060	01202	Dickson	G. ? F.	1903	Nov	08	030	M	near Black Diamond WA	WI
S	2	0093	00726	Dickson	James	1898	Mar	30	058	M	Ballard, WA	NS
S	3	0095	01900	Dickson	Peter	1906	Aug	22	038	M	Georgetown	SWD
S	2	0065	00226	Didio	Valente	1896	May	26			Victoria, BC	
S	1	0001	01248	Didra	Emma	1890	Mar	30	017	F	County Farm	
S	2	0012	00229	Diebenaler	Lilly E.	1900	Mar	20	050	F	9th Ave S & Jackson	GER
S	3	0135	02704	Diehl	Cora	1904	Oct	06	025	F	Monod Hosp	WI
S		114	2277	Diekerman	Halford A.	1904	May	19	027	M	on Mt. Trail, Alaska	NY
S	3	0199	03977	Dieseth	P. A.	1905	Jul	04	074	M	Ballard	NRY

S	R	Page	Recor	LastName	FirstNames	Deat	Mn	Dt	Age	S	DeathPlace	Bir
S		0007	00245	Dietering	Baby	1892	Jun	16	02m	M	Liberty St. (b.So.Seattle	
S		0099	1980	Dietirch	Elizabeth L.	1904	May	18	083	F	1208 Boylston Ave.	VT
S	2	0005	00096	Dietrich	Geo	1900	Feb	05	082	M	215 16th Av N	NJ
S	3	0142	02838	Dietzel	A E	1904	Nov	29	063	M	2201 First Ave	GER
S	3	0024	00480	Digby	James L.	1905	Nov	15	09d	M	934 Ewing St	SEA
S	3	0005	00100	Digel	Melby	1905	Aug	25	04m	F	617 28th Ave N	SEA
S	3	0125	02503	Dignan	Maria	1904	Sep	11	058	F	1545 Twelfth Ave S	ON
S	2	0066	00266	Dill	Wm T.	1896	Jul	03	042	M	Genl Hosp	
S	2	0058	00542	Dill	Wm. H.	1895	Nov	08	073	M	Ballard	MD
S	2	0105	2081	Diller	Leonard	1901	Nov	02	062	M	1511 - 8th Ave.	OH
S	3	0063	01243	Dillger	John	1906	Apr	24	024	M	foot of Milwaukee St.	unk
S	3	0037	00732	Dillon	Edith (Mrs.)	1906	Jan	09	036	F	Pacific Hosp.	MI
S	2	104	1172	Dillon	James	1898	Sep	05	053	M	Port Townsend, WA	IRL
S	2	0080	1593	Dillon	James	1901	Jun	05	058	M	119 - 1st Ave. N.	IRL
S	3	106	2125	Dillon	Lawrence	1904	Jun	03	056	M	Georgetown	MO
S	1	0001	00183	Dillon	Mrs.W.C.	1883	Apr	07	060	F	Seattle	USA
S	2	0061	01215	Dillon	Thos	1901	Feb	24	056	M	2011 13th Ave S	IRL
S		0046	00924	Dilsooer	John	1903	Sep	24	067	M	144 Blewitt Avenue	OH
S	2	180	3548	Dindeen	Mike	1902	Nov	11	028	M	Seattle, WA	IRL
S	2	0073	1448	Dineen	J. P.	1901	Apr	27	060	M	Prov. Hosp.	IRL
S	2	0084	00415	Dines	Elizabeth	1897	Oct	27	046	F	2605 3rd Ave. b.London,	ENG
S	3	0085	01684	Dines	Gracie Gertrude	1906	Jul	28	003	F	2835 Arthur P.	Sea
S	3	0147	02927	Dines	Ruth	1907	Feb	28	07m	F	1107-28th Ave.	WA
S	2	0071	00467	Dingley	Walter	1896	Nov	12	026	M	302 Harvard Ave.	CA
S		0025	00423	Dingnear	Byron	1893	Oct	02	036	M	Prov. Hosp.	
s	0	0001	00160	Dingwold	Dan	1883	Jan	27	044	M	Seattle	USA
S	3	0100	01999	Dinkelspeil	Adolph	1906	Sep	20	058	m	1623-1/2 Summit	GER
S	3	0072	01427	Dinley	Och	1906	May	05	072	M	5th & Bridge, Ballard	NRY
S	-	161	3160	Dionne	-	1902	Aug	14	11m	M	Wenatchee, WA b.Leavenworth	WA
S	3	0002	00037	Dip	Lee Ging/Chau Jung	1905	Aug	03	067	M	Seattle Gen. Hosp.	CHN
S	2	0070	00426	DiPoelena (?)	Maria	1896	Oct	20	005	F	E. Fir & 13th Sts.	USA
S	1	0001	00453	Disbery	Joseph	1885	May	10	050	M	Seattle	PA
S		0010	00190	Disch	James	1903	Apr	15	030	M	Second and James	CO
S	2	391	2642	Disler	Bevie	1891	Oct	14	06m	M	Lake Chestnut/2nd Ward	MO
S	3	0129	02564	Disler	John	1906	Dec	18	056	M	Georgetown, WA	GER
S		0007	00133	Distin	Inft	1903	Mar	17	s/b	M	122 - 17th Avenue	SEA
S	2	0055	01090	Dittenhoefer	E.	1901	Jan	16	033	M	Prov. Hosp.	NY
S	2	0115	2288	Ditzler	W. J.	1901	Dec	19	031	M	San Bernadino	MN
S		0005	00084	Dix	Martha (Mrs.)	1903	Mar	28	049	F	513 James	OH
S	3	0185	03699	Dixon	George	1905	May	09	029	M	1311 3rd Ave	VA
S	3	0146	02915	Dixon	James	1904	Dec	12	047	M	Providence Hosp	---
S	2	318	2497	Dixon	Jas. E.	1891	Aug	02	044	M	Edgewater	AL
S	-	170	3337	Dixon	John	1902	Oct	02	035	M	Wayside Mission	---
S	6	0063	01254	Dixon	L. Mae	1906	Mar	30	022	F	Alameda, CA	unk
S	-	165	3239	Dixon	Manuel	1902	Sep	07	026	M	Wayside Mission	TN
S	1	0001	01135	Dixon	Rebecca	1890	Jan	24	023	F	4th St. 3rd Ward	WA
S	2	0047	00042	Dixon	Robert	1895	Feb	02	09m	M	Ross b.Ross	WA
S	3	0070	01398	Dixson	Mary	1906	May	30	046	F	211 Howard Ave.N.	CND
S		0109	02167	Dizard	Infant	1904	Jun	20	s/b	M	1111 25th Ave.	Sea
S	3	105	2097	Dizard	Marie	1904	Jun	27	041	F	1111 24th Ave. S.	FRN
S	-	190	3737	Doan	Charles	1903	Jan	27	022	M	Wayside Mission	MI
S	2	0086	00486	Doane	Howard C.	1897	Nov	23	08m	M	Sidney, WA b.Sidney,	WA
S	3	0159	03179	Doane	Margery Elnora	1905	Jan	04	002	F	Key Port, WA	SEA
S	1		No #	Dobbie	Malcolm	1890	Oct	07	08m	M	-	Sea
S	2	0031	00618	Dobbins	Otto	1900	Jul	04	023	M	Everett, WA	---

S	R	Page	Recor	LastName	FirstNames	Deat	Mn	Dt	Age	S	DeathPlace	Bir
S	1	0001	00513	Dobbs	Hannah M.	1886	Feb	14	036	F	2nd Ward Seattle	IA
S	3	0161	03212	Dobsen	(Infant)	1907	Mar	21	s/b	M	1919 Howard	WA
S			1341	Dobson	C.A.	1890	Jun	07	046	M	Weller St.	---
S	2	0038	00297	Docker	Janete	1894	Jul	22	058	F	1000 Chestnut	SCT
S	2	105	1216	Dockor	John	1898	Oct	23	077	M	1000 17th Ave.	SCT
S		0064	1274	Dodd	Blanche	1903	Dec	16	030	F	1611 5th Ave. West	NY
S	3	0173	03459	Dodd	William Henry	1905	Mar	23	042	M	Ballard	ON
S		0078	1558	Dodds	Nellie	1904	Feb	22	024	F	Monod Hospital	IN
S	2	0096	00857	Dodds	R. J.	1898	May	22	045	M	Lake Union	CND
S	2	0001	00025	Dodds	Wm. Haswell	1892	Jan	15	020	M	420 Lake	---
S	2	0021	00409	Dodge	Dell Chas.	1900	May	16	020	M	5th & Columbia	MN
S	2	0081	00275	Dodge	John F.	1897	Jul	29	081	M	903 9th St.	---
S	1	0001	00739	Dodge	Mr.	1889	Jan	17	055	M	Pest House	
S	3	0199	03975	Dodgson	Thomas J.	1905	Jul	04	022	M	Portland, OR	UN
S		0009	00320	Dodie	Fred	1892	Jul	31	061	M	So. Seattle	GER
S	3	0093	1849	Doers	M.	1904	Apr	15	037	M	Lake Union	GER
S	1		2130	Dogget	Mary	1891	Feb	06	040	F	Grant Street Bridge	---
S		0051	1014	Dohemy	Infant	1903	Oct	14	01d	M	Seattle General Hospital	SEA
S	2	0053	00309	Doheny	Mary	1895	Aug	10	066	F	616 Hyde	
S		0015	00026	Doherty		1893	Jan	25	082	M	Seneca & RR Ave.	
S	3	0048	00946	Doherty	Joseph F.	1906	Jan	23	036	M	Cape Beale, BC	
S			1334	Dohn	Gerald	1890	Jun	03	009	M	2402 2nd St.	---
S	2	0028	00550	Dohrman	Gus	1900	Jul	05	035	M	Prov. Hosp.	---
S	3	0145	02889	Dolan	Infant	1904	Nov	29	s/b	F	1716 Warren Ave	SEA
S	1	0001	01139	Dolan	John	1890	Jan	04			Prov. Hosp.	
S	1	228	2318	Dolgner	Louisa	1891	Apr	27	070	F	cor Smith & Penn Ave.	GER
S	3	0101	02012	Dolsen	Wilbur G.	1906	Sep	23	065	M	1109 3rd Ave.-rear	CND
S	2	0051	00220	Domenico	Cartentiono	1895	May	26	042	M	508 S. 7th	
S	3	0159	03167	Dominy	Harry	1907	Feb	10	034	M	Bellingham	unk
S		0018	00154	Domrise	Alfred	1893	Apr	23	10m	M	Fremont	WA
S	1		2223	Donahue	E.	1891	Mar	09	040	M	Providence Hosp.	---
S	2	0121	02411	Donahue	James	1904	Aug	15	074	M	Seattle General Hosp	NY
S	3	0196	03917	Donahue	John Francis	1905	Jul	20	051	M	2614 2nd Ave	ME
S	2	0120	02399	Donalason	Helen	1904	Aug	31	069	F	1805 E Newton St	SCT
S	3	0106	02112	Donald	Barbara	1906	Oct	04	078	F	622-12th Ave. S.	SCT
S	3	0048	00960	Donaldson	Charles A.	1906	Feb	01	069	M	Alki Point, King Co., Wn.	IRL
S	3	0132	02637	Donaldson	Charles T.	1904	Oct	09	032	M	3642 Phinney Ave	MO
S		0113	02257	Donaldson	Lonnie	1904	Jul	24	06m	M	2127 2nd Ave.	Sea
S	2	0034	00674	Donaldson	William Anna	1900	Aug	22	28d	M	319 Maynard Ave.	SEA
S		0014	00521	Donaldson	Wm. E.	1892	Dec	02	025	M	401 Kenny	
S	1	0001	00654	Donavan	Luella	1888	Oct	18	026	F	Montana Lodging House	
S	2	0119	02381	Done	Mamie Bell	1904	Aug	27	024	F	3239 14th Ave W	KS
S	2	121	1799	Dong	Dong	1899	Jul	10	040	M	308 Wash. St.	CHN
S	3	0152	03038	Dong Fong Yook	---	----	---	--	---	M	Seattle	CHN
S	2	0060	00039	Dongar	Jas.	1896	Jan	03	057	M	Ft Steilacoom	CND
S	3	0123	02461	Donland	Infant	1904	Aug	13	---	F	125 Twenty Third Ave N	SEA
S	2	0048	00955	Donley	Anne R.	1900	Oct	15	076	F	North Bend	PA
S	2	102	1078	Donn	Annie	1898	Aug	25	030	F	Seattle Gen. Hosp.	---
S	2	0127	2521	Donnell	Pat O.	1902	Feb	23	036	M	Prov. Hosp.	IRL
S	3	0146	02913	Donnell	Thomas O	1904	Dec	03	042	M	Wayside Emergency Hosp	USA
S	3	0076	01509	Donnellan	Anita Marie	1906	Jun	20	013	F	Providence Hospital	IL
S	3	0178	03546	Donnellan	Ellen	1907	May	26	041	F	1512-9th Ave.	ENG
S	2	0067	1345	Donnelly	Cyrus	1903	Dec	03	029	M	Port Gamble WA	CA
S	3	0145	02901	Donnelly	Sadie	1904	Dec	07	028	F	Providence Hosp	OR
S		0009	00179	Donofrio	Walter	1903	Apr	12	001	M	Central Seattle	SEA

S	R	Page	Recor	LastName	FirstNames	Deat	Mn	Dt	Age	S	DeathPlace	Bir
S		0029	00564	Donoghue	Mary A.	1893	Dec	25	013	F	825 Green	
S	2	0085	00440	Donohue	Danl.	1897	Nov	01	040	M	Elliott Bay, Seattle	CT
S	1		1496	Donohue	Leslie	1890	Aug	18	007	M	4th & Vine Sts.	---
S	-	151	2960	Donovan	baby	1902	Jun	13	s/b		223 John St.	SEA
S	2	0046	00903	Donovan	Mary	1900	Nov	10	042	F	Prov. Hosp.	NY
S	3	0104	02072	Donovan	Sara Ann	1906	Sep	19	070	F	Chekoe	IRL
S		0099	1979	Dooley	Edward	1904	May	18	023	F	722 Weller St.	---
S		0019	00175	Dooley	T.J.	1893	May	06	038	M	Prov. Hosp.	
S		0018	00152	Doolittle	Ida A.	1893	Apr	21	038	F	1116 2nd St.	NY
S	3	0058	1151	Dor	Eugene	1903	Nov	14	055	M	Providence Hospital	FRN
S	3	0196	03911	Doran	---	1905	Jul	17	050	M	15th Ave & Arour	---
S	3	0144	02878	Doran	James E.	1907	Feb	18	078	M	Court St. & Rainier Ave.	IRL
S	2	112	1466	Doran	Mary	1899	Feb	10	076	F	Providence Hosp.	---
S	2	0039	00777	Doran	Thomas	1900	Sep	02	058	M	Monte Cristo, WA	IRL
S		0024	00466	Dore	John Francis	1903	Jun	14	045	M	1515 - 18th Avenue	MA
S	3	0152	03034	Doreni	Infant	1904	Dec	30	s/b	F	913 Third Ave	SEA
S	1	0001	00189	Dorgan	Mrs.	1883	May	11	035	F	Seattle	USA
S		0031	00617	Dorger ?	Anthony (Mrs.)	1903	Jul	27	056	F	1209½ Second Avenue	ENG
S	2	109	1367	Doring	Mrs. L. C.	1898	Dec	18	029	F	Crater Lake, N.W.G.	IA
S	2	0049	00975	Dorman	Jno	1900	Dec	04	048	M	Wayside Mission	US
S	1	264	2390	Dorman	Mary	1891	Jun	07	016	F	5th St.	Sea
S		101	2006	Dorman	Philip R.	1904	May	16	042	M	1058 4th Ave., Ballard	MI
S	3	0103	02054	Dorn	Walter Henry	1906	Sep	01	004	M	300 North b.Ballard	WA
S		0006	00232	Dorney	P.S.	1892	Jun	10	050	M		IRL
S	3	0146	02919	Dorning	Merle	1907	Feb	26	01m	F	2728 Washington	WA
S	2	0098	00943	Dorot	Jesse Engby	1898	Jun	24	016	M	306 3rd Ave. N.	TN
S	2	126	2023	Dorothy	infant	1899	Oct	10	04d	M	421 23rd Ave.	Sea
S	1	0001	00711	Dorr	Allen C.	1888	Dec	24	002	M	Rose Block	
S	3	0139	02777	Dorr	Ralph S.	1907	Feb	01	073	M	Sea. Gen. Hosp.	unk
S	3	0122	02422	Dorsey	Harry	1906	Dec	01	050	M	Providence Hosp.	---
S	2	0041	00818	Dorsey	M. D.	1900	Oct	10	052	M	316 1/2 Jackson	IL
S	2	0072	00479	Dorthy	infant	1896	Nov	17	02m	F	813 Alder St.	SEA
S	3	0128	02547	Doseh	Mrs Margaret	1904	Sep	21	042	F	Monad Hosp	NV
S		0016	00068	Dotson	J.L.	1893	Feb	10	019	M	W. Seattle	AK
S	3	0079	01578	Doty	Francis A.	1906	Jun	11	037	M	Bayview	--
S	3	0021	00414	Doucet	Judith (Sister)	1905	Oct	27	026	F	Providence Hosp.	CND
S		0044	00967	Dougan	Mary	1903	Sep	12	021	F	Wayside Mission	IRL
S		0025	00419	Dougherty	Baby	1893	Sep	23	02h	M	So. Seattle	
S	3	0093	01845	Dougherty	Cornelius	1906	Aug	27	05m	M	Van Assault, Wn.	WA
S	2	0089	1769	Dougherty	J.	1901	Jul	09	028	M	King Co. Hosp.	NY
S		0009	00163	Dougherty	J.H.	1903	Apr	07	045	M	Jefferson Hall	IRL
S	1		2219	Dougherty	John Bell	1891	Mar	08	072	M	S. Seattle, 1st Ward	IRL
S	2	144	2820	Dougherty	Nellie	1902	May	15	039	F	408 Terrace St.	CA
S	3	0009	00174	Dougherty	Thomas	1905	Aug	30	032	M	King Co. Hosp.	MN
S	3	0036	00714	Dougherty	Wm H.	1906	Jan	03	056	M	2202 15th Ave W	IRL
S	1	0001	00219	Douglas		1883				F	Seattle	USA
S	-	163	3198	Douglas	Albert	1902	Aug	30	02m	M	S. Park b.White Horse,	NWT
S	2	357	2575	Douglas	Capt. Albert	1891	Sep	09	066	M	New Whatcome, WA b.Bangor,	ME
S	2	160	3146	Douglas	Cecil	1902	Aug	05	01m	M	South Park	NWT
S	2	0076	1519	Douglas	E. M.	1901	May	13	057	F	8 & Blaine	
S	1	0001	00017	Douglas	Florence	1881	Oct		015	F	Sea. W.T.	US
S	2	0086	1716	Douglas	H.	1904	Feb	27	040	M	At Sea	---
S		198	3909	Douglas	Mrs. Anna	1903	Feb	28	---	F	Grafton, ND	---
S	2	344	2550	Douglas	William Henry	1891	Aug	28	066	M	6th & Pike Sts.	VT
S		0023	00458	Douglass	Infant	1903	Jun	12	02d	M	114 - 17th Avenue S.	SEA

S	R	Page	Recor	LastName	FirstNames	Deat	Mn	Dt	Age	S	DeathPlace	Bir
S	3	0068	01354	Douglass	Infant	1906	May	13	01d	F	2707 - 2nd Ave.	Sea
S	2	0009	00162	Douglass	John	1900	Feb	26	028	M	Lockwood Mine, Snohomish Co	---
S		0006	00105	Douglass	Margaret	1903	Mar	16		F	Bremerton	IRL
S	3	0145	02898	Douglass	William Frederick	1904	Dec	07	021	M	414 13th Ave N	CND
S	3	0161	03224	Douthitt	Enid	1905	Feb	05	007	F	1618 11th Ave	IA
S	2	0070	1403	Douthitt	Florence	1904	Jan	18	060	F	Monod Hospital	OH
S		0021	00244	Dove	Meta May	1893	Jun	22	024	F	Seattle	
S	3	0003	00043	Dovell	Allen Thomas	1905	Aug	05	10d	M	1415 E Roy St	SEA
S	3	0160	03187	Dovell	Frank Boman	1905	Jan	16	035	M	San Francisco, CA	NJ
S	2	0067	00291	Dow	Andrew	1896	Jul	03	082	M	Ballard	SCO
S	1	216	2313	Dow	Foo Back	1891	Apr	22	051	M	Morning Star Alley/Jackson	CHN
S	1	0001	01105	Dow	James	1889	Dec	26	040	M		
S	2	116	1613	Dow	Mrs. F. M.	1899	Apr	15	069	F	Republican & Elliott Ave.	MA
S	3	0077	01537	Dowell	Drusialla	1906	Jun	28	031	F	Pacific Hosp.	KS
S	3	0132	02633	Dowell	Richard	1904	Oct	06	03m	M	3118 Elliott Ave	SEA
S	3	0152	03045	Down Goen Do	---	----	---	--	---	M	Seattle	CHN
S	2	0066	01314	Downer	Chas	1901	Mar	23	004	M	Fremont	OH
S	1	0001	00440	Downey	Edward	1885	Mar	23	028	M	Seattle	IRE
S	3	0065	01288	Downey	George L.	1906	Apr	29	068	M	Ballard, Wn.	ME
S	3	0164	03276	Downey	Infant	1905	Feb	19	03d	F	Seattle General Hosp	SEA
S		0015	00293	Downey	Mike	1903	Apr	22	060	M	Wayside Mission Hospital	---
S	2	0035	00682	Downey	Ruby	1900	Aug	27	05m	F	1010 King St	WA
S		101	2015	Downey	Thomas	1904	May	16	032	M	Near Monroe Snohomish Co.WA	KS
S	3	0040	00800	Downie	William	1906	Jan	22	036	M	Providence Hosp.	CND
S	2	0117	2331	Downing	Annie Uhice	1902	Jan	13	029	F	924 Norman	ENG
S	3	0095	1890	Downing	Charles G.	1904	May	01	040	M	416 Lenora Ave.	MA
S	2	0085	1705	Downing	William	1904	Mar	28	018	M	Seattle Gen. Hospital	MT
S	2	0067	1343	Downs	Patrick	1903	Dec	19	060	M	South Seattle	---
S	2	0069	00373	Doxtator	C. A.	1896	Sep	07	036	M	Providence Hosp.	---
S	3	0130	02588	Doyle	Andrew	1904	Sep	10	045	M	San Francisco, CA	ME
S	2	124	1939	Doyle	Col. Arthur	1899	Sep	23	080	M	Eastlake & Galer Sts.	IRL
S	2	118	1694	Doyle	Ellen	1899	May	14	070	F	1161 Harrison	IRL
S		116	2311	Doyle	George	1904	Aug	02	030	M	Providence Hospital	MO
S	2	0070	00403	Doyle	Mrs.	1896	Sep	15	036	F	County Hosp.	---
S	3	0138	02762	Doyle	Owen	1904	Nov	03	076	M	712 Lake Front Ave	IRL
S		0083	1656	Doyle	Patrick	1904	Mar	21	086	M	712 72nd Ave. N.	IRL
S	1	0001	00587	Doyle	W.P.	1888	Aug	19	050		Lake Union	
S		0113	02258	Doyle	William B.	1906	Oct	22	022	M	140 Flora St., Georgetown	MT
S	3	0042	00826	Drago	Infant	1906	Jan	07	s/b	M	1702 Terry Ave	Sea
S	2	0108	2142	Drake	Elinor	1901	Nov	26	020	F	Gen. Hosp.	KS
S	2	0039	00322	Drake	Nathaniel	1894	Jul	31	054	M	4 mi S. of Reno Park	
S	2	0089	00581	Drange	Carrie	1898	Jan	31	035	F	116 9th Ave. N.	SWD
S	2	0044	00866	Drange	Erin C.	1896	Sep	04	11d	M	Monte Cristo b Monte Vista	sme
S	1		2110	Drange	Johan (alias John Olsen)	1891	Jan	26	018	M	Providence Hosp. b.Falsund,	NRY
S		0012	00221	Drange	Matilda	1903	Apr	25	01m	F	4310 Taceny Place	SEA
S	2	0077	00128	Draper	Alice	1897	Mar	05	032	F	Ballard, WA	ME
S	2	0045	00883	Draper	J. A.	1900	Oct	24	030	M	13 Mi Post near Edmonds	---
S		0017	00322	Draper	L.L.	1903	May	09	058	F	649 Ewing Street	NY
S		0004	00071	Draper	Richard S.	1903	Mar	14	056	M	2220 1/2 Fifth Avenue	---
S	2	0019	00370	Draper	Theresa	1900	Apr	23	069	F	Ballard	ENG
S		0025	00491	Drasdo	Paul	1903	Jun	15	048	M	Occidental Hotel	PRS
S	2	119	1748	Drauge	Bereut	1899	Jun	12	17d	M	Latona, WA b.Latona,	WA
S	2	0080	1587	Draugth	Andrew	1899	Mar	29	026	M	Douglas Island Alaska	
S	3	0093	1854	Dray	Benjamin F.	1904	Mar	24	069	M	Los Angeles	OH
S	3	0182	03636	Drew	(Infant)	1907	May	30	s/b	F	2708 E. Union	WA

S	R	Page	Recor	LastName	FirstNames	Deat	Mn	Dt	Age	S	DeathPlace	Bir
S	2	429	2718	Drew	Fred M.	1891	Dec	11	026	M	1512 5th St. b.Port Gamble,	WA
S	2	0442	02744	Drew	Infant	1889	Feb	12	s/b	M	Port Gamble	WA
S	2	0441	02743	Drew	Infant	1890	Nov	28	s/b	F	Port Gamble	WA
S	2	0057	01137	Drew	James	1901	Jan	25	032	M	Foster's Ranch	SCT
S	3	0169	03362	Drew	Mabel Frances	1907	Apr	29	014	F	1833-5th Ave. W.	MN
S	1		1915	Drew	Mary Loretta	1890	Oct	18	023	F	3rd St.	---
S	2	0040	00386	Drew	Oscar	1894	Aug	18	038	M	Alaska	ME
S	2	123	1910	Drew	Stephen	1898	Sep	03	021	M	Dawson, Northwest Territory	---
S	2	0062	00092	Drew	Thos. P.	1896	Mar	04	054	M	4th Ave & Spring	
A	1	0001	00464	Drinkwater	Judson B.	1885	Jun	19	035	M	Seattle	ME
S		0016	00308	Drinkwine	Catherine	1903	May	03	073	F	Georgetown	IRL
S	3	0132	02628	Drinkwine	Joseph	1904	Oct	06	088	M	815 Yesler Way	PQ
S	3	0079	01569	Driscoll	Wm.	1906	Jun	03	061	M	Portland	--
S	2	0042	00431	Droper	Frank	1894	Sep	01	03m	M	Ballard	Sea
S	3	0190	03787	Druce	Louise W.	1907	Jun	08	02m	F	West Seattle, WA (b. W. Sea	WA
S	1		1605	Druett	Wm. R.	1890	Oct	13	041	M	3rd & Wall Sts.	---
S	3	0142	02837	Drum	Infant	1904	Nov	29	19d	F	Seattle General Hosp	SEA
S	3	0198	03960	Drummond	Elliott F.	1905	Jul	01	050	M	Pacific Hosp.	IL
S	2	0442	02745	Drurer	Mary (in with 1891 records	1892	Dec	28	034	F	1741 Howell	GER
S	3	0164	03278	Drury	Sidney	1905	Feb	24	070	M	1430 20th Ave	VT
S	2	0036	00207	Dryette	Leona Irving	1894	May	08	07m	F	1894 Yesler Ave	Sea
S	-	191	3766	Dryfoos	Edith	1880	Apr	19	18m	F	San Antonio, TX	TX
S	-	191	3777	Dryfoos	Leo	1885	Aug	14	007	M	San Antonio, TX	TX
S	2	0061	01214	Dryfoss	L. Louise	1901	Feb	24	041	F	713 8th Ave	NY
S	3	0145	02887	Drysdale	Henry E.	1907	Feb	20	063	M	1167 Mercer	SCT
S		0195	3851	Du Burille	Albert	1903	Feb	22	004	M	Green Lake	SEA
S	2	407	2674	Dubart	Laura	1891	Nov	08	041	F	Grace Hosp.	FRN
S	2	138	2732	Dubbs	Henry	1902	May	01	072	M	337 Olympic Place	PA
S	3	0143	02845	DuBrick	Lucas	1907	Feb	12	051	M	Broadway Hosp.	AUS
S	-	165	3247	DuBris	Harriet A.	1902	Sep	13	073	F	Seattle Gen. Hosp.	VT
S	2	120	2399	Dubycich	Stephen	1902	Jan	29	39	M	Ft. Steilacom	AUS
S	3	0177	03526	DuCette	Beulah Cynthia	1907	May	21	002	F	2309 E. John	WA
S	3	0179	03573	Duckering	Frank Norman	1907	May	30	001	M	2345 Minor Ave. N.	WA
S	3	0185	03690	Duckett	George	1907	Jun	11	025	M	Wayside Emer.	ENG
S	2	0009	00178	Duclas	Emil	1900	Mar	04	043	M	Central Hotal	FRN
S	2	0084	00428	Ducle	Naplean	1897	Oct	07	019	M	S. Seattle, WA	OH
S	2	123	1879	Duclo	Dora	1899	Aug	25	008	F	S. Seattle (in city)	Sea
S	3	0073	1460	Ducrotfalia's Shaw	Mrs. Peter	1904	Jan	29	061	F	King Co. Hospital	CND
S		0053	1048	Dudley	Cinderella	1903	Oct	24	065	F	216-15th Avenue N.	LA
S	2	0085	1688	Dudley	J. Lizzie	1901	Jul	03	036	F	Prov. Hosp.	WA
S	3	0060	01188	Dudley	Nellie	1906	Apr	19	030	F	Prov.Hosp.	SWD
S	3	0092	01838	Due On ?	Mark	1906	Aug	24	022	M	4th & Wash.	CHN
S	2	0054	01063	Duell	A. L.	1901	Jan	06	004	M	Foot of Stewart	IA
S	3	0094	1875	Duell	Charles	1904	Apr	10	066	M	Georgetown	NY
S	1	0001	01112	Duelo	Rayman	1890	Jan	07	005	M	Twelve Mile Pt.	MN
S	3	0126	02506	Duerr	Maria	1906	Dec	24	069	F	70 Broad St.	ME
S	3	0057	01138	Duff	Infant	1906	Mar	04	s/b	F	1821 Court St.	Sea
S		0028	00536	Duff	John R.	1893	Dec	08	042	M	Occidental Bldg.	
S	2	104	1157	Duff	Kate	1898	Sep	26	037	F	603 7th Ave.	---
S	3	0172	03431	Duff	Rose M.	1907	May	03	02m	F	1821 Court Pl.	WA
S	1	0001	00669	Duffenie	J.R.	1888	Oct	31	11d		Bismark St. near Lk. Union	
S	3	0137	02739	Duffey	Barney	1907	Jan	14	062	M	Issaquah, WA	IRL
S	1		1472	Duffey	Edward	1890	Aug	09	027	M	Providence Hospital	---
S		0018	00133	Duffy	Annie	1893	Apr	05		F	3rd & Jackson	NY
S	1		2234	Duffy	George	1891	Mar	13	056	M	Providence Hosp.	---

S	R	Page	Recor	LastName	FirstNames	Deat	Mn	Dt	Age	S	DeathPlace	Bir
S	3	0185	03681	Duffy	Gladys Violet	1907	Jun	09	003	F	322 Westlake N.	WA
S		0035	00694	Duffy	Harry	1903	Aug	10	001	M	1010 Rebulican Street	SEA
S	3	0180	03590	Duffy	James	1907	May	04	045	M	King Co Hosp, Georgetown,WA	---
S	2	0061	00046	Duffy	Julia	1896	Jan	22	073	F	Cowlitz Co	
S	2	0081	1604	Duffy	Mary	1901	Jun	14	021	F	Prov. Hosp.	MN
S	1	192	2249	Duffy	Nina	1891	Mar	21	019	F	Greenlake, WA b.Hallsborogh	NB
S	2	0096	00852	Duffy	Owen	1898	May	20	053	M	707 29th Ave.	---
S	2	0095	00793	Duffy	Rose Maria	1898	Apr	30	014	F	707 29th Ave.	SEA
S	2	124	1949	Duffy	Thos.	1899	Sep	26	09m	M	819 Maynard St.	---
S	2	179	3528	Dufresne	J. A.	1902	Oct	12	048	M	Nome, AK	LA
S	2	0066	00240	Duggan	Jack	1896	Jun			M		
S		0031	00609	Dugo	Frances	1903	Jul	27	081	M	Seattle General Hospital	---
S	2	118	2352	Duke	Agnes M.	1902	Jan	22	051	F	Green Lake	NY
S	3	0131	02611	Duke	Infant	1904	Sep	02	---	M	2020 Charles St	SEA
S	3	0096	01918	Duke	Infant	1906	Aug	19	s/b	F	324 2nd Ave.N.	WA
S	1	0001	01009	Dulet	Eva	1889	Oct	03	014	F	8th & Stewart	NY
S	3	0050	00994	Dulin	Infant	1906	Feb	04	s/b	F	6322 Latona Ave.	Sea
S	2	0091	00677	Dullum	J. R.	1898	Mar	08	039	M	Sea. Gen. Hosp.	NRY
S		0009	00172	Dulmage	Elizabeth	1903	Apr	10	076	F	1108 Sixth Avenue	CND
S	3	0160	03186	Dumont	Samuel	1907	Mar	21	c37	M	Collins	unk
S	2	0083	1659	DuMontier ?	Richard	1901	Jun	07	018	M	The Dalles, OR.	
S	2	0075	00057	Dunbar	J.	1897	Feb	11	024	M	Providence Hosp.	USA
S	1	0001	00177	Dunberg	Cynthia	1883	Apr	19	028	F	Seattle	USA
S	1	0001	00204	Duncan	Carl	1883	May		034	M	Seattle	GER
S	2	0044	00534	Duncan	Christina	1894	Nov	25	036	F	1217 Washington	
S		0197	3384	Duncan	Eliza	1903	Feb	14	064	F	King County Hospital	PA
S	3	0189	03783	Duncan	Fred	1905	Jun	21	001	M	23rd Ave W & Ruffner	SEA
S	2	0084	1675	Duncan	G. C.	1901	Jun	27	024	M	Steilacoom	TN
S	3	0168	03359	Duncan	George Savino	1905	Mar	04	001	M	818 23rd Ave S	SEA
S	2	110	2183	Duncan	Infant	1901	Dec	02	s/b	F	Fremont	SEA
S		0028	00522	Duncan	Jas. A.	1893	Dec	01	045	M	Prov. Hosp.	SCT
S	2	0043	00849	Duncan	Jessie M	1900	Oct	25	11m	F	105 Dexter	SEA
S	3	0040	00799	Duncan	Maggie May	1906	Jan	21	005	F	Metropolitan Hosp.	MT
S		0018	00344	Duncan	Ora	1903	May	20	03m	F	Green Lake Children's Home	SEA
S	3	0156	03109	Duncan	Roy Clifford	1905	Jan	21	03m	M	2029 Waverly Pl	SEA
S	3	0067	01334	Dundon	Nellie	1906	May	05	026	F	Providence Hosp.	MI
S	2	0118	02355	Dunham	Elias F	1904	Aug	21	060	M	4214 10th Ave NE	NB
S	1	0001	01231	Dunham	Evil	1890	Mar	19	006	M		
S		0019	00362	Dunham	James	1903	May	24	057	M	Monod Hospital	NY
S	2	0063	00145	Dunken	Rachel	1896	Apr	13	006	F	*th & Weller	
S		0015	00285	Dunkin	Bessie	1903	Apr	25	018	F	Crittenden Home	IA
S		0016	00076	Dunlap	Joseph	1893	Mar	03	077	M	9th & Plummer	
S		100	1999	Dunlap	Lucy M.	1904	May	13	034	F	Dunlap WN	MN
S	2	0040	00353	Dunn	Alfred	1894	Aug	18	043	M	Kentucky & Temperance	ENG
S	2	0118	2359	Dunn	Anna	1902	Jan	25	032	F	Latona	WI
S	1	0001	00896	Dunn	Annie	1889	Jun	16	070	F	Foot Stewart St.	
S	3	0156	03117	Dunn	Capt Thomas D	1905	Jan	21	042	M	1517 11th Ave	WI
S		0063	1251	Dunn	Edward	1903	Dec	07	035	M	Cor.of Main St. & R.R.Ave.	---
S		108	2157	Dunn	J. Henry	1904	Jun	16	026	M	Mercer Slough	---
S	1	0001	00885	Dunn	James H.	1889	Jun	05	03m	M		
S	1	0001	00710	Dunn	Jas.	1888	Dec	15	030	M	Pest House	
S		0039	00778	Dunn	John	1903	Aug	30	055	M	Seattle General Hospital	---
S	3	0135	02700	Dunn	John	1904	Oct	31	052	M	Wayside Emergency Hosp	US
S	3	0150	02999	Dunn	Marie	1907	Mar	01	011	F	1515-8th Ave.	WI
S	3	0194	03880	Dunn	Mary (Miss)	1905	Jul	03	026	F	Wayside Emerg. Hosp.	KY

S	R	Page	Recor	LastName	FirstNames	Deat	Mn	Dt	Age	S	DeathPlace	Bir
S	2	0051	00213	Dunn	S.S.	1895	May	18	020	M	G.N.Ry.Train	KS
S	2	109	1341	Dunne	Eliza	1898	Dec	21	040	F	Providence Hosp.	---
S	2	0048	00105	Dunre	Reda	1895	Mar	17	016	F	525 Sutter St	IDA
S	2	0055	01082	Dunsith	Wm	1901	Jan	12	058	M	230 Pontius	OH
S		0039	00770	Duper	Rosina A.	1903	Aug	16	051	F	Georgetown	IN
S	3	0024	00467	Dupes	Charles	1905	Nov	10	003	M	Wayside Emerg. Hosp.	SEA
S	2	0071	00445	Duppu	Elizabeth	1896	Oct	11	047	F	Ballard, WA	GER
S	2	0001	00019	Dupree	William Kimball	1892	Jan	11	071	M	16th & Plum Sts. b.Boston,	MA
S	3	0045	00889	Durant	George H.	1906	Feb	21	050	M	714 - 21st Ave.	NH
S	2	0076	00107	Durant	W. H.	1897	Mar	20	066	M	General Hosp.	---
S	2	0021	00417	Duranti	D	1900	May	18	048	M	Prov. Hosp.	ITL
S	2	0058	01142	Durfee	S. B.	1901	Jan	30	035	M	Ballard	NY
S	2	0063	00148	Durie	Minnie L.	1896	Apr	13	002	F	1116 Yesler Way	Sea
S		0008	00276	Durier	John	1892	Jul	08	06m	M	329 Lake	Sea
S	3	0137	02738	Durkin	Sarah A.	1907	Jan	12	080	F	Grant St., W. Seattle	IRL
S	1		1547	Durmont	Robert R.	1890	Sep	03	058	M	Near Madison St.	MI
S	2	180	3557	Durnam	Albert	1902	Dec	05	024	M	2821 1st Ave.	MN
S		0030	00582	Durnam	Eva (Mrs)	1903	Jul	15	048	F	1420½ Fourth Avenue	MN
S	3	0094	01870	Durocher	Pauline	1906	Apr	16	04m	F	West Seattle/b.West Seattle	
S	3	0183	03659	Durocher	Violet Watie	1907	Jun	06	020	F	3847-24th Ave. W.	MI
S		0135	2678	Duryer	Mary E.	1902	Apr	23	028	F	616 Fairview	NH
S	2	0066	00242	Dus	R.M.	1896	Jun	09	009	F	Genl Hosp	MN
S	3	0094	1872	Dusso	H. A.	1904	Apr	30	--	M	Old Mission WA	---
S	2	0018	00348	Duston	Henry H.	1900	Apr	28	024	M	Prov. Hosp.	MI
S	2	0089	1775	Duval	Gertie	1900	Sep	23		F	Dawson, Y.T.	
S		0005	00182	Duvall	Frank	1892	May	06	057	M	Harrison St.	
S	1	298	2460	Duvall	Virgil	1891	Jul	13	032	M	Providence Hosp.	KY
S	3	106	2120	Dwelley	George	1904	Jun	29	066	M	Providence Hospital	ME
S	2	138	2723	Dwyer	baby	1902	Apr	10	s/b	M	616 Fairview	SEA
S	2	176	3495	Dwyer	Edward f.	1902	Nov	04	069	M	1623 Harvard Ave.	IRL
S	2	0089	00590	Dwyer	John	1898	Jan	22	049	M	Tacoma, WA	NB
S	2	0120	2384	Dwyer	Martin	1902	Jan	04	043	M	King Co. Hosp.	IRL
S	3	0027	00535	Dwyer	Thomas	1905	Nov	14	035	M	Black River Junction	---
S	1	268	2398	Dyars	J. A.	1891	Jun	11	040	M	6th St., Russ Hotel	---
S	3	0075	01494	Dybevad	Olufine	1906	Jun	13	027	F	810 Taylor Ave.	NRY
S	3	0044	00868	Dyck	J. H.	1906	Feb	15	048	M	533 - 8th Ave N.	GER
S			1327	Dyck	Mary	1890	May	16	003	F	Madison St.	Sea
S	-	147	2897	Dye	Albert E.	1902	Jun	16	059	M	2208 1st Ave.	NY
S	3	0060	01187	Dye	Chloe	1906	Apr	17	049	F	2232-1/2 5th Ave.	OH
S	3	0123	02458	Dye	Infant	1904	Aug	03	---	M	425 16th Ave N	SEA
S	3	0083	01657	Dyer	Gilbert W.	1906	Jul	17	036	M	815 Fairview	MN
S	1	273	2407	Dyer	James C.	1891	Jun	21	052	M	btn Spring & Madison,10 &11	---
S	3	0017	00335	Dyer	Lillie May	1905	Oct	01	045	F	2212 E Alder St	IL
S	1	0001	00985	Dyer	Nell B.	1889	Oct	04	004	M	Ash St.	Wa
S	2	0059	01196	Dyer	R. Edwin	1901	Feb	16	07d	M	321 27th Ave N	SEA
S	2	0058	01148	Dyneman	M. L.	1901	Jan	18	041	F	Georgetown	IRL
S	2	0118	02365	Eabers	Emma	1904	Aug	23	047	F	500 1/2 First Ave S	VT
S	1	0001	00351	Eagen	George	1884	Jun	27	065	M	Seattle	IRE
S		0060	1189	Eagen	Sarah	1903	Nov	16	050	F	Monod Hospital	OH
S	2	0103	2054	Eager	Mr. T.	1901	Sep	26	057	M	South Park	NY
S	2	0044	00512	Earl	E.M.	1894	Nov	06	030	M	Prov. Hosp.	
S	-	154	3041	Earley	Clara M.	1902	Jul	07	018	F	Ballard, WA	WI
S		0046	00908	Earley	Patrick	1903	Sep	26	050	M	Police Station	---
S	1	0001	00179	Eason	Wm.	1883	Apr	03	004	M	Seattle	USA
S	2	0025	00494	Easterbrook	Grace	1900	Jun	11	028	F	116 1/2 Pike	NY

S	R	Page	Recor	LastName	FirstNames	Deat	Mn	Dt	Age	S	DeathPlace	Bir
S	2	114	1543	Easterly	Harriet	1899	Mar	24	032	F	2902 29th Ave.	---
S	3	0086	01706	Eastman	Caltha	1906	Jul	27	19d	F	Seattle General Hosp.	WA
S		0036	00716	Eastman	W.T.	1903	Aug	16	070	M	1201 First Avenue	---
S	2	0064	00160	Easton	Amelia	1896	Apr	20	058	F	Fremont	CND
S	2	0113	1509	Easty	Mary	1899	Mar	07	028	F	2814 E. Alder	ENG
S	2	0081	1606	Easueld	Clarence	1901	Jun	15	002	M	1105 E. Madison	IN
S	2	0097	00905	Eaton	Chester L.	1898	Jun	03	006	M	2415 West St.	---
S		0001	00017	Eaton	Leonia	1903	Mar	11	024	F	512 E. Union	MT
S	2	0075	00050	Eaton	Mary	1897	Feb	06	050	F	Yesler House	MA
S	2	0088	00565	Ebbinghouse	Chas.	1898	Jan	19	060	M	3006 Jackson St.	GER
S	2	0076	00080	Ebbington	Wilmiria	1897	Feb	01	049	F	Maple Leaf	GER
S	-	166	3275	Ebey	Mary Irving (Mrs.)	1902	Sep	11	048	F	539 2nd Ave. W.	LA
S	2	0060	00031	Ebner	Etta	1896	Jan	27	037	F	Hotel Butler	ME
S	1	0001	00497	Echepan	Peter	1885	Dec	01	035	M	Hospital	FRN
S	2	0128	2548	Echstrand	John H.	1902	Mar	10	073	M	519 Republican	SWD
S		0032	00624	Echt	Nannie C.	1903	Jul	28	032	F	Seattle General Hospital	KY
S	3	0126	02512	Eck	Joseph S	1904	Sep	14	068	M	2323 Eighth Ave	PA
S	3	0139	02776	Eckastrom	August	1904	Nov	10	060	M	917 Pine St	SWD
S	3	0023	00454	Eckert	Edward Gerard, Jr.	1905	Nov	01	01m	M	2559 15th Ave W	SEA
S	2	0012	00223	Eckert	Jos. B.	1900	Mar	18	032	M	Prov. Hosp.	---
S	3	0129	02576	Eckhardt	August	1904	Sep	17	033	M	Seattle General Hosp	IL
S	2	0055	00372	Eckhart	Chas.	1895	Sep	18	07m	F	2611 West	Sea
S	3	0002	00038	Eckles	John	1905	Aug	02	052	M	Seattle Gen. Hosp.	PA
S	2	0072	01434	Eckles	M. Wm.	1901	Apr	23	035	M	6th & Wash.	IL
S	2	0058	00565	Eckloff	John	1895	Dec	17	002	M	Denny Fuhrman Add.	Sea
S	2	0053	00300	Ecklund	Baby	1895	Aug	03	05h	F	Stewart St.	Sea
S		0002	00032	Eckman	Agusta	1903	Mar	17	024	F	2209 Eighth Avenue	DNK
S	3	0023	00447	Eckman	Infant	1905	Oct	12	s/b	M	312 Taylor Ave	SEA
S	3	0002	00029	Eddingfield	Charles	1905	Jul	31	064	M	Providence Hosp.	UN
S	3	0148	02941	Eddy	Emma Eugene	1907	Jan	14	041	F	Vancouver, BC	unk
S		0021	00420	Eddy	Lillian C.	1903	May	30	039	F	Providence Hospital	MI
S	3	0183	03649	Eddy	Thomas	1907	Jun	03	040	M	Wayside Emer.	---
S	3	0181	03607	Edenholm	Infant	1905	Apr	06	s/b	M	416 Terrace St	SEA
S	3	0119	02366	Edenholm	Lillian Florence	1906	Nov	24	007	F	609 Jefferson	PA
S	3	0188	03753	Edgar	Robert	1905	Jun	04	080	M	317 8th Ave N	IRL
S		0055	1104	Edgar	Samuel	1903	Nov	03	065	M	Foot of Main Street	IRL
S		0079	01571	Edgar	William	1904	Feb	02	045	M	King County Hospital	SCT
S	2	0066	00234	Edgar	Wm.	1896	Jun	01	022	M	Genl Hosp	
S	2	0119	02373	Edgers	Janet McCready	1904	Aug	25	001	F	310 Harvard Ave N	Sea
S	2	0099	00970	Edgewood	Jesse	1898	Jul	01	014	F	3rd & Battery	WA
S	2	105	1200	Edison	Lallie	1898	Oct	12	037	F	312 1st Ave. S.	KY
S	2	109	1369	Edlund	Maud Horton	1898	Dec	22	-	F	Georgetown, WA	WA
S	2	0081	1602	Edman	F. H.	1901	Jun	13	054	M	Prov. Hosp.	MO
S		109	2173	Edmenson	Millie	1904	Jul	02	053	F	Monod Hospital	---
S	2	0019	00379	Edmonds	David	1900	May	02	043	M	E. Columbia St	WLS
S	2	0099	00968	Edmonton	Grace	1898	Jun	30	016	F	Port Madison	KS
S	3	0131	02607	Edson	Guy	1904	Sep	12	028	M	South Park	WI
S		0055	1085	Edson	Hiram D	1093	Oct	16	022	M	South Park	WI
S	1	0001	00852	Edstrom	Edwina	1889	Apr	06	14m	M	Washington & 6th	
S	2	0073	1459	Edward	Eugenia	1901	Apr	15	052	F	So. Park	ENG
S	2	106	1240	Edward	Lizzie	1898	Oct	28	017	F	Wenatchee, WA	---
S	2	0056	01113	Edwards	A.J.	1901	Jan	24	074	M	S. G. Hosp.	IL
S	2	125	1988	Edwards	Arnod	1899	Oct	09	005	M	4th & Yesler Sts.	Sea
S	2	0035	00188	Edwards	Benjamin	1894	Apr	08	020	M	Ballard	
S		0022	00287	Edwards	Birdie	1893	Jul	28	028	F	Prov. Hosp.	NY

S	R	Page	Recor	LastName	FirstNames	Deat	Mn	Dt	Age	S	DeathPlace	Bir
S	1		1557	Edwards	Charles	1890	Sep	13	s/b	M	2324 West St.	Sea
S	3	0147	02936	Edwards	Charles	1904	Dec	19	030	M	Cor 3rd Ave & Jefferson St	---
S	1	0001	00331	Edwards	Chas.	1884	Apr	04	021	M	Seattle	USA
S		0047	00928	Edwards	Hope	1903	Sep	27	01m	F	Seattle General Hospital	SEA
S		0033	00103	Edwards	John	1894	Mar	07	053	M	Yesler & Squire Ave.	
S	3	0072	01436	Edwards	John (Mrs.)	1906	May	13	049	F	Black Diamond	un
S	2	0059	00579	Edwards	Lenora	1895	Dec	14	050	F	County Hosp.	
S	2	0098	00926	Edwards	Mable B.	1898	Jun	14	014	F	2015 3rd Ave.	NE
S	2	0083	00390	Edwards	Margaret	1897	Oct	05	029	F	2015 3rd Ave.	PA
S	3	0088	01746	Edwards	Margaret	1906	Jul	30	059	F	2103-1/2 6th	WLS
S	2	120	1783	Edwards	Mary P.	1899	Jun	09	052	F	Ballard, WA	MI
S	3	0084	01661	Edwards	Pearl	1906	Jul	20	004	F	Wayside Emer. Hosp.	NY
S	3	0156	03120	Edwards	Ray W.	1907	Mar	25	024	M	Broadway Hosp.	MI
S	3	0184	03679	Edwards	Rex	1905	May	27	046	M	5522 N Terrace St	OH
S	2	111	1433	Edwards	Tom	1899	Jan	10	030	M	Ballard	---
S	3	0035	00691	Edwards	Wm Frederick R. H.	1905	Dec	23	058	M	Ketchikan, AK	ME
S	2	119	2367	Edwards	Wm.	1902	Jan	02	a55	M	City Hall	USA
S	2	0091	00669	Edwin	Oscar Harold	1898	Mar	04	002	M	8th & Virginia b.Preston, WA	
S		0015	00025	Efan		1893	Jan	24	072	M	Depot	VA
S	2	108	1319	Efer	Wm.	1898	Dec	08	050	M	615 23rd Ave. S.	GER
S	2	0056	00468	Egan	(Baby)	1895	Oct	05	07d	F	929 Hyde	Sea
S	-	163	3207	Egan	Daniel Frances	1902	Sep	01	020	M	1014 Harrison	PA
S	2	101	1044	Egan	John	1898	Aug	01	040	M	Providence Hosp.	MN
S		110	2199	Egan	John	1904	Jul	15	028	M	1207 E. Howell	NY
S	2	0086	1712	Egbert	C. M.	1901	Jul	16	036	M	Monod Hosp	PA
S	3	0167	03332	Egermann	Mary	1907	Apr	22	010	F	Providence Hosp.	MN
S	3	0125	02482	Egermann	Michael	1906	Dec	17	003	M	1404-30th Ave. S.	WA
S	2	0042	00454	Eggan	Angus S.	1894	Oct	14	02m	F	Ft. Thomas St.	Sea
S		0019	00176	Eggan	Paul Carter	1893	May	06	001	M	1605-1/2 4th St.	Sea
S		0032	00077	Eggan	Sigmie C.	1894	Feb	22	10m	F	1831 8th St.	Sea
S	3	0083	01647	Egge	Barbara	--	--	--	--	F	509 1st W.	NRY
S	2	0008	00150	Eggers	Nils G	1900	Feb	01	040	M	Woolsey, WA	NRY
S	-	150	2945	Egin	Henry	1902	Jun	11	050	M	Tacoma, WA	PA
S	-	150	2952	Egle	Arthur	1902	Jun	24	004	M	Butte, MT	MT
S	2	0090	00652	Ehelman	Mary	1898	Feb	04	079	F	West Seattle, WA	---
S	3	0100	02000	Ehrenberg	Therese (Mrs.)	1906	Sep	20	076	F	Seattle Gen. Hosp.	GER
S	2	0051	00210	Ehu	Harry W.	1895	May	17	014	M	Lake Washington	
S	3	0078	01559	Eide	Henry	1906	Jun	16	051	M	Prov. Hosp.	NRY
S	2	110	1377	Eidemillar	May	1899	Jan	02	007	F	139 27th Ave. N.	Sea
S	2	180	3564	Eidemiller	Henry	1902	Dec	09	040	M	139 27th N.	IA
S	3	0137	02732	Einier	Peter	1907	Jan	06	041	M	Georgetown, WA	GER
S	2	0060	00004	Einstein	Therese	1896	Jan	04	060	F	1620 2nd St.	GER
S	3	0155	03086	Eisenbies	Lottie	1907	Mar	19	013	F	6819-14th Ave. N.E.	WA
S	2	0056	00462	Ekill	Frank D.	1895	Oct	02	035	M	Allan Dock W. Andover-Fultn	
S	3	0066	01315	Eklund	Infant	1906	Apr	17	s/b	M	2822 16th Ave. West	Sea
S	2	0066	00270	Eklund	Mary	1896	Jul	09	022	F	Genl Hosp	OR
S		0028	00540	Elan	Jas. S.	1893	Dec	10	027	M	Lake Union	
S		0026	00462	Elash	Phillip	1893	Oct	28	034	M	1115 Wash.	
S	3	0098	01945	Elbert	H. J.	1906	Sep	02	--	M	R.R. Ave. & Charles	--
S	1		1999	Elden	infant	1890	Nov	16	14d	M	Terrace btwn 6th & 7th Sts.	Sea
S	2	0102	2023	Elden	William	1901	Oct	24	040	M	Seattle Gen.	CND
S	1		2230	Elder	Geo. W.	1891	Mar	12	033	M	cor Vine & 3rd Sts.	---
S		116	2306	Elder	Jane	1904	Aug	06	077	F	210 13th Ave. N.	PA
S		0015	00019	Elder	T.B.	1893	Jan	20	066	M	2323 Front (b.Peru	
S	3	0182	03633	Eldridge	Rose A.	1905	May	09	026	F	1st Ave & Cedar St	IA

S	R	Page	Recor	LastName	FirstNames	Deat	Mn	Dt	Age	S	DeathPlace	Bir
S	3	0018	00347	Eldrige	E. M. (Mrs.)	1905	Oct	07	071	F	Providence Hosp.	---
S	1	0001	00690	Elford	John	1888	Nov	23	058	M	Prov. Hosp.	
S		0018	00118	Elin	Tilda	1893	Mar	04	07m	F	Pt. Blakely	
S	3	0150	03000	Eliot	Lesseta	1907	Mar	01	023	F	229 N. Broadway	AR
S		0054	1074	Eliott	Jessie	1903	Oct	16	022	F	Spokane	---
S		0021	00241	Elkirk	Milton	1893	Jun	20	09m	M	1115 Wash.	
S	2	117	1650	Ellerkomf	Rudolph	1899	Feb	27	-	M	Valdez, AK	---
S	1		1994	Ellingson	Olof	1890	Nov	12	032	M	nr Madison St. & Lake Wash.	NRY
S		0049	00968	Elliot	C.B.	1903	Sep	10	070	M	King County Hospital	MA
S		0018	00356	Elliot	Infant	1903	May	22	01d	F	South Seattle	SEA
S	1	293	2447	Elliot	J. A.	1891	Jul	08	032	M	506 Main St.	---
S	2	0081	1619	Elliot	Maggie	1901	Jun	21	047	F	2 Ave.	NB
S	1	284	2429	Elliott	baby	1891	Jul	01	12h	-	1922 8th St.	Sea
S		0005	00191	Elliott	Baby	1892	May	12	03d	F	1922 8th St.	Sea
S	2	322	2505	Elliott	Bonnie Ottis	1891	Aug	18	15d	M	616 5th St.	Sea
S	2	0116	01619	Elliott	Francis A.	1899	Apr	18	044	F	Providence Hosp.	OH
S		0062	01231	Elliott	Geo. E.	1903	Nov	27	s/b	M	Wayside Mission Hospital	WA
S	3	0021	00418	Elliott	George L.	1905	Jun	11	---	M	Phillipine Islands	UN
S	3	0157	03134	Elliott	J. Milton	1907	Mar	27	014	M	1815-16th Ave. S.	MN
S	2	0080	00237	Elliott	M. Y.	1897	Jun	26	026	F	110 8th St.	---
S		0044	00882	Elliott	Margaret	1903	Sep	18	03m	F	2315-65st Avenue N.SEA	
S	1	0001	00784	Elliott	Phillip M.	1889	Mar	03	53m	M	Corner 4th & Madison St.	
S	2	0008	00155	Elliott	Salvador	1900	Feb	06	047	M	West Wash Hosp for Insane	---
S	2	0038	00741	Ellis	(Infant)	1900	Sep	07	01d	F	Fremont	SEA
S	3	0061	01213	Ellis	Abbie H.	1906	Apr	24	051	F	3920 Whitman Ave.	ME
S	2	0102	2037	Ellis	Asbrea	1901	Oct	19	014	F	Seattle Gen.	MO
S	3	0021	00415	Ellis	Austin R.	1905	Oct	31	024	M	Providence Hosp.	CA
S	1	0001	00311	Ellis	child	1884	Feb	26				
S	2	0072	00480	Ellis	Dorcas	1896	Nov	19	019	F	1514 8th Ave.	---
S	-	156	3066	Ellis	Guy Alexander	1902	Jul	27	01m	M	Wayside Mission	SEA
S	2	0070	01397	Ellis	Infant	1904	Jan	16	02d	F	218 27th Ave. No.	Sea
S	3	0174	03475	Ellis	Infant	1905	Mar	12	s/b	M	1610 Boylston Ave	SEA
S	3	0178	03552	Ellis	Infant	1905	Apr	29	01d	M	2617 E Thomas St	SEA
S	3	0070	01388	Ellis	Infant	1906	May	27	01d	F	Broadway Hosp.	Sea
S	3	0098	01950	Ellis	John M.	1906	Sep	07	--	M	1427 3rd Ave.W.	WA
S	3	0033	00646	Ellis	Laura	1905	Dec	31	039	F	114 24th Ave S	IL
S	2	120	2390	Ellis	Lincoln G.	1902	Jan	16	038	M	Ft. Steilacoom	MA
S	3	0110	02184	Ellis	Mrs. Amanda	1906	Oct	19	024	F	204 Spring	WA
S	1	0001	00719	Ellis	Ralph	1888	Dec	30	009	M	Corner 12th & Madison St.	
S	3	0175	03495	Ellis	Sarah E.	1907	May	16	053	F	Salmon Bay, Interbay&Ballrd	ENG
S	2	112	1452	Ellis	Wm.	1899	Feb	04	060	M	1201-1/2 Main St.	---
S	1	0001	00526	Elliston	W.F.	1886	Mar	21	050	M	Union St.Seattle	
S	3	0137	02721	Elloitt	Blanche F.	1907	Jan	29	043	F	Belmont Ave. & Pine St.	IL
S	2	0097	00884	Ells	Miss	1898	May	13	007	F	Tacoma, WA	---
S	3	0146	02916	Ellsworth	Andrew	1904	Dec	12	060	M	Cor. 2nd Ave S & E Main St	MA
S		0008	00144	Ellsworth	Gregory	1903	Apr	01	031	M	2200 Yesler Way	IL
S	3	0172	03421	Elmore	(Infant)	1907	Apr	29	s/b	M	Minor Hosp.	WA
S	2	0077	1524	Elms	C. John	1901	May	14	046	M	S. G. Hosp.	SWD
S	2	0042	00466	Elms	Lilly L.	1894	Oct	23	07m	F	508 Commercial	
S		114	2283	Elsasser	Fred	1904	Jul	21	026	M	Pt. Blakely WA	---
S	3	0071	01420	Elstereit	August	1906	May	25	041	M	701 Washington	GER
S		0116	02303	Elvidge	Mary	1906	Nov	06	076	F	3212 E. Alder	ENG
S	2	0054	00325	Elwell	Everet	1895	Aug	23	05m	M	326 1/2 Birch	
S	-	191	3756	Ely	Albert	1903	Jan	13	055	M	Alaska Commercial Hotel	---
S	3	0158	03163	Ely	Amanda, Mrs	1905	Jan	27	080	F	123 24th Ave	IN

S	R	Page	Recor	LastName	FirstNames	Deat	Mn	Dt	Age	S	DeathPlace	Bir
S	2	0094	1874	Ely	John D.	1901	Sep	05	035	M	Pike St. Bet. 1st & 2nd	USA
S	2	0046	00910	Emard	Benj B.	1900	Nov	12	053	M	Elliot or Broadway	CND
S	1	274	2410	Emerson	Francis	1891	Jun	22	08m	F	cr Front & Pike Sts.	Sea
S	2	0054	01062	Emerson	G. J.	1901	Jan	06	024	M	1112 Terry Av	SEA
S		137	2701	Emerson	Jas. L.	1902	Mar	27	042	M	Porter, WA	NB
S	3	0031	00609	Emerson	Jessie B.	1905	Dec	19	030	F	Pacific Hosp.	IL
S	2	0042	468	Emerson	John D.	1894	Oct	26	031	M	1807 7th St.	CND
S		0052	1035	Emerson	Margaret	1903	Oct	28	031	F	Providence Hospital	CA
S	3	0009	00169	Emerson	Ralph W.	1905	Aug	26	033	M	King Co. Hosp.	OR
S	2	0118	2354	Emerson	Rev. Chas. H.	1902	Jan	25	083	M	819 7th Ave.	ME
S	2	105	1180	Emerson	Susie	1898	Sep	17	025	F	Denver, CO	---
S	2	0077	1526	Emery	C. D.	1901	May	15	068	M	Lot & Yesler	PA
S	2	0013	00260	Emery	Caroline A.	1900	Mar	14	03m	F	Ballard	sme
S	1	0001	00689	Emiel	James S.	1888	Nov	22	10m	M	Corner of West & Pike St.	
S	2	180	3546	Emmerson	Margaret	1902	Nov	29	015	F	1155 Franklin St.	TX
S	2	108	1317	Emmerson	Michael L.	1898	Dec	08	028	M	1112 Terry Ave.	MN
S	2	0064	00195	Emmerson	Peter J.	1896	May	19	026	M	1112 10th St	Sea
S	3	0132	02630	Emmet	R B	1904	Oct	06	052	M	Monad Hosp	WI
S	2	0382	02625	Emmons	Hazel	1891	Oct	04	05m	F	215 Ash St. b.Port Angeles, WA	
S	1	0001	00613	Emmons	Henry S.	1888	Sep	12	030	M	Electric Light Lodging	
S		0034	00127	Emmons	Infant (triplet)	1894	Mar	25	01h	M	Dyer Ave.	Sea
S		0034	00128	Emmons	Infant (triplet)	1894	Mar	25	01h	M	Dyer Ave.	Sea
S		0034	00126	Emmons	Infant (triplet)	1894	Mar	25	01h	M	Dyer Ave.	Sea
S	2	0097	00899	Emmons	Sarah M.	1898	Jun	01	076	F	1320 13th Ave.	NY
S	3	0132	02621	Emmons	Thaddeus W.	1907	Jan	08	070	M	Wayside Emer.	OH
S	3	0047	00921	Emory	George	1906	Feb	27	030	M	Wayside Emergency Hospital	
S	3	0082	01627	Emory	George Meade	1906	Jul	09	037	M	Minor Hospital	GA
S	2	121	1832	Emrie	Harvie	1899	Jul	19	074	M	Ballard, WA	OH
S	2	109	2171	Emsly	Infant	1901	Nov	19	02d	M	321 - 27 Ave. N.	SEA
S	2	0051	00201	Endelin	Geo. W.	1895	May	06	060	M	Co Jail	GER
S	3	0153	03050	Eng Bak Lin	---	---	---	--	---	M	Seattle	CHN
S	3	0152	03037	Eng Kan	--	---	---	--	---	M	Seattle	CHN
S	3	0152	03042	Eng Yone Coon	---	---	---	--	---	M	Seattle	CHN
S	2	0025	00490	Engbretson	Edwin H.	1900	Jun	09	002	M	Prov. Hosp.	WA
S	3	0109	02179	Engdahl	John	1906	Oct	15	074	M	507 Maynard Ave.	SWD
S	3	0023	00460	Engel	Ernest W.	1905	Nov	05	075	M	2615 Jackson St	GER
S		0064	01270	Engelbrecht	Ernestine	1903	Dec	15	068	F	39th Ave. & East Howell St.	GER
S		0078	1557	Engelbrecht	Herman	1904	Feb	21	077	M	1821 14th Ave.	GER
S	-	0153	03001	Engelher	George W.	1902	Jul	17	020	M	311 Denny Way	GER
S	3	0069	01365	Engelhorn	Ellen L.	1906	May	18	033	F	3755 - 15th Ave.NE	MN
S	3	0132	02629	Engelke	Augusta	1904	Oct	06	062	F	9th Ave S & Plum St	GER
S	2	0039	00337	Engellrecht	Walther F.R.	1894	Aug	08	023	M	305 Chestnut	GER
S	2	0095	01898	Engels	Marguerette	1901	Sep	16	06m	M	8th & Col.	SEA
S	2	0080	1591	Engels	Rosie	1901	Jun	04	02m	F	8th Ave S & Court	WA
S	3	0014	00264	Engelskjen	Bergine	1905	Sep	23	029	F	921 22nd Ave	NRY
S	3	0177	03538	Engholm	Emma K.	1907	May	24	023	F	2917-4th Ave. N.	SWD
S	3	0194	03881	England	Edna D.	1905	Jul	04	016	F	2405 Western Ave	WA
S	2	0062	00098	Engle	Eliz.	1896	Mar	07	054	F	813 Lake Wash Ave	
S	2	113	1517	Engle	Joseph	1899	Mar	10	076	M	Green Lake	GER
S	3	0096	01906	Engler	Charlie Otto	1906	Aug	26	08m	M	Brighton Beach, Wash.	WA
S		0101	2010	Engles	Peter	1904	May	22	30d	M	So. Seattle	WA
S	3	0155	03081	Engleshby	Eugene	1907	Mar	18	058	M	Providence Hosp.	NY
S	3	0134	02662	Engleson	(Infant)	1907	Jan	26	06d	F	2013-1/2 Terry Ave.	WA
S	3	0192	03831	Engleson	Theodore	1907	May	23	024	M	Ballard Gen. Hosp.	WI
S	2	0080	00270	English	infant	1897	Jul	22	01d	F	705 7th Ave. S.	SEA

S	R	Page	Recor	LastName	FirstNames	Deat	Mn	Dt	Age	S	DeathPlace	Bir
S	2	0074	00013	English	Peter	1897	Jan	09	---	M	Ballard, WA	---
S	1		1996	English	Thomas	1890	Nov	14	050	M	California House 6th & Main	---
S	2	0017	00322	Engstrom	(Baby)	1900	Apr	15	01d	M	507 7th Av S	SEA
S	3	107	2126	Engwall	Mary	1904	Jun	02	037	F	Taylor WA	NRY
S		0012	00458	Ennis	Bert	1892	Nov	06	030	M	5th & Wash	NY
S	2	0048	00101	Ennis	Bessie	1895	Mar	14	025	F	607 S. 10th	
S	2	0078	1542	Enos	Frances	1901	May	22	018	F	1422 5th Ave.	MI
S	1	0001	00062	Enstaco	Edward	1882		003	25	045	M	No. Seattle	US
S	1		2032	Entwistle	Elizabeth	1890	Dec	04	015	F	Providence Hosp. b.Tolt,	WA
S	-	174	3424	Entwistle	Jas.	1902	Oct	30	070	M	Smith's Cove	NJ
S	3	0144	02874	Epperson	Mrs. Nancy	1907	Feb	16	071	F	208-10th Ave.	PA
S	1		2005	Epson	Peter	1890	Nov	20	031	M	Providence Hosp.	DNK
S	3	0056	01107	Erb	Gus	1906	Mar	13	048	M	Sherwood, WA	--
S	3	0148	02945	Erdae	Oscar Wilson	1907	Jan	29	028	M	Ketchikan, AK	SAF
S	3	0063	01253	Erdman	Anthony R.	1906	Mar	29	032	M	Los Angeles, CA	unk
S		0118	02349	Erdman	Flo	1906	Nov	21	08m	M	4207-11th N.E.	WA
S	1	0001	00454	Erecksen	E.C.	1885	May	12	030	M	Seattle	
S	2	0040	00355	Ereton	Maggie	1894	Aug	19	040	F	311 9th St	
S	2	0069	00376	Ericcson	infant	1896	Sep	10	02m	M	415 Madison St.	BC
S		0013	00473	Ericksen	Jennie	1892	Nov	21	06m	F	108 Onion St.	Sea
S	2	438	2737	Erickson	A.	1891	Nov	25	040	M	Canton, Seattle	---
S		0024	00471	Erickson	Anna Esika	1903	Jun	17	015	F	Corner of 25th and Mercer	SWD
S	2	0082	00325	Erickson	Axel	1897	Aug	26	031	M	2208 1st Ave.	SWD
S	2	0086	1718	Erickson	B. E.	1901	Jul	18	024	M	1922 Eliott	CA
S	2	0070	00390	Erickson	Bessie	1896	Sep	26	038	F	Southern Hotel	NRY
S	2	0041	00428	Erickson	C.F.	1894	Sep	27	037	M	Chester & Broadway	SWD
S		133	2639	Erickson	Carl A.	1902	Apr	11	001	M	314 5th Ave.	SEA
S		136	2691	Erickson	Chas.	1902	Apr	14	044	M	Providence Hosp.	SWD
S	2	0009	00172	Erickson	Edwin	1900	Mar	02	002	M	2317 E Union	SEA
S	2	112	2226	Erickson	Edwin	1901	Dec	20	007	M	134 Belmont Ave. N.	SEA
S	3	0139	02766	Erickson	Ernest	1904	Nov	07	026	M	Providence Hosp	SWD
S	3	0181	03605	Erickson	Floyd Leonard M.	1907	May	18	017	M	At sea Str Roanoke	MN
S	2	0103	2046	Erickson	Francis W.	1901	Oct	29	01m	M	420 24th Ave.	SEA
S	3	0049	00980	Erickson	Fred	1906	Feb	22	040	M	Cape Beale, B.C.	SWD
S	3	0162	03224	Erickson	Gustave R.	1907	Apr	01	021	M	Prov. Hosp.	SWD
S	3	0011	00206	Erickson	Herman	1905	Sep	04	027	M	Providence Hosp.	NRY
S		0197	3380	Erickson	Igeberg	1903	Feb	07	078	F	Portland, OR	NTY
S	3	0074	01470	Erickson	Infant	1904	Jan	11	s/b	F	527 Fairview Ave.	Sea
S	3	0010	00188	Erickson	Infant	1905	Aug	20	s/b	M	202 Denny Way	SEA
S	2	0087	1721	Erickson	Jacob	1901	Jul	20	012	M	S. G. Hosp.	WA
S		0008	00146	Erickson	Jacob E.	1903	Apr	02	050	M	510 First Avenue S.	---
S	3	0139	02762	Erickson	Johanna	1907	Jan	28	062	F	143 Jones St., Ballard	NRY
S	2	0001	00015	Erickson	John	1892	Jan	09	034	M	6 miles frm Ballard	SWD
S	2	0045	00549	Erickson	Lewis	1894	Nov	23	033	M	Monte Cristo	
S	2	0105	2087	Erickson	Martha Addine	1901	Nov	05	034	F	Fremont	TN
S	3	0177	03530	Erickson	Mrs Mary	1905	Apr	18	030	F	Seattle General Hosp	NRY
S	3	0154	03071	Erickson	Mrs. Suzie	1907	Mar	16	036	F	Minor Hosp.	CA
S		0019	00194	Erickson	Neils	1893	May	24	034	M		
S	3	0076	01511	Erickson	Olaf	1904	Feb	14	061	M	300 E. Olive St.	SWD
S	2	0096	00830	Erickson	Oscar E.	1898	May	10	06m	M	712 29th Ave. S.	SEA
S	2	0078	00160	Erickson	Paul	1897	Apr	04	038	F	Tacoma, WA	---
S		0007	00264	Erickson	Peter	1892	Jul	01	030	M	Prov. Hosp.	SWD
S	3	0175	03482	Erickson	Peter R.	1907	May	15	034	M	3835 Linden Ave.	---
S	2	0085	00433	Erickson	S.	1897	Oct	16	036	M	Maple Valley, WA	SWD
S		0024	00361	Erickson	Sidney N.	1893	Sep	04	09m	M	Pratt & Dexter	Sea

S	R	Page	Recor	LastName	FirstNames	Deat	Mn	Dt	Age	S	DeathPlace	Bir
S	3	0077	01526	Erickson	Victor H.	1904	Feb	17	004	M	25th & Mercer St. b.PtTwnsd	
S	2	0122	02443	Erickson	W F	1904	Aug	21	030	M	Spokane, WA	---
S	2	0084	1678	Erickson	W.	1901	Jun	24	025	M	Kirkland	IL
S	3	0082	01625	Erikson	May Violet	1906	Jul	09	004	F	4530 10th NE	Sea
S	1		2140	Erk	Yuen	1891	Feb	13	030	M	Weller St.	CHN
S	2	118	2353	Erlandson	Andrew	1902	Jan	22	040	M	Prov. Hosp.	NRY
S		0015	00288	Ernest	E.M.	1903	Apr	28	041	F	752 Blewett	WI
S	1	0001	00751	Ernst	C.J. Mrs.	1889	Feb	03	041	F	Wilbur St	GER
S	3	0241	02816	Ernst	Chas. G.	1907	Feb	08	062	M	1114 Valley	GER
S	2	129	2141	Ernst	Magdalena	1899	Dec	25	056	F	616 1st Ave. N.	GER
S	2	0096	00858	Ernst	Wesley	1898	May	23	002	M	810 2nd Ave. N.	---
S		0019	00195	Ernsto	Ella M.	1893	May	25	037	F	801 Willow	
S	3	0180	03587	Erpe	Marion	1905	Apr	11	001	F	Columbia City	ON
S	-	151	2967	Errickson	Lyydie E.	1902	Jul	02	003	F	661 Yesler	WA
S		132	2615	Erst	W.H.	1902	Mar	24	038	M	W.W.H.I.	MO
S	2	0087	00524	Ertz	August	1897	Dec	16	070	M	King Co. Hosp.	GER
S			1267	Erwin	Freddie	1890	Apr	28	05m	M	901 Plummer	Sea
S	2	321	2503	Erwin	Mrs. Aneesa	1891	Aug	04	051	F	126 Taylor St.	---
S	2	140	2769	Esary	Myrtle M.	1902	May	11	018	F	733 5th Ave.	WA
S	3	0173	03459	Escher	Merton Caroll	1907	May	09	04m	M	3029-4th Ave. W.	WA
S	2	0068	1350	Eshelman	J. H.	1901	Mar	21	028	M	Ballard	MI
S		0114	02261	Eshelman	Jas. F.	1906	Oct	24	054	M	Woodstack, Portland, OR	---
S	2	0058	00546	Eshelman	Mary A.	1895	Nov	23	041	F	W. Seattle	
S	2	0096	1920	Esman	Lot	1901	Sep	25	05m	M	218 W. Lake Ave.	WA
S	3	0057	01125	Esman	Willard	1903	Nov	12	02m	M	2203 15th Ave.S.	Sea
S	1		No #	Espenger	George	1890	Oct	24	045	M	Weston, Wash.	---
S		0109	02182	Esperanza	Emelia	1904	Jul	07	047	F	Providence Hospital	SPN
S	-	166	3269	Espeset	Ole	1902	Sep	28	024	M	Providence Hosp.	NRY
S		115	2286	Espy	Marinda	1904	Jul	--	065	F	Hillman City	IL
S		0006	00208	Estabrook	Ruth A.	1892	May	23	005	F	219 W. Wall	WA
S	1	0001	00878	Esteb	Elijah E.	1889	May	12	057		10th & Main	
S		0005	00167	Esteb	Rebecca	1892	Apr	25	068	F	Cheyenne, WY	
S	3	0125	02484	Estell	William B.	1906	Dec	17	050	M	Providence Hosp.	PA
S		0025	00494	Estep	W.H.	1903	Jun	30	060	M	115 - 14th Avenue	OH
S	2	0063	01260	Estys	Sevila	1901	Feb	22	085	F	903 6th Ave	GER
S	2	0053	00308	Esworthy	E.A.	1895	Aug	09	062	M	2203 Lake	
S	3	0130	02604	Etary ?	Andrew J	1904	Sep	30	041	M	Camano, WA	VA
S	3	0017	00327	Etchinger	Paul	1905	Aug	--	037	M	Ft. Egbert, AK	NY
S	2	118	1688	Ettinger	Elizabeth	1899	May	12	060	F	Kalama & Madison	---
S	3	0175	03496	Eugene	Infant	1905	Apr	06	01d	M	Providence Hosp	SEA
S	3	0175	03501	Eugene	Mrs Catherine	1905	Apr	09	026	F	111 1/2 6th Ave S	IRL
S	2	0057	00507	Eustice	Helen	1895	Nov	05	053	F	218 Wall	MA
S	2	139	2749	Euston	Edward	1902	May	05	035	M	Grant St. bridge	ENG
S	2	0065	00216	Eutz	I.W.	1896	May	01	039	M	Cripple Creek	
S	-	190	3735	Evangelista	Joseph	1903	Jan	26	040	M	Wayside Mission	ITL
S	3	0150	02993	Evans	(Infant)	1907	Feb	24	s/b	F	Sea. Gen. Hosp.	Sea
S	2	0063	00138	Evans	Annie M.	1896	Apr	08	018	F	Prov Hosp	
S	3	0087	01723	Evans	Baby	1906	Jul	23	01d	M	Auburn, Wash.	WA
S	2	0062	00104	Evans	Braxon	1896	Mar	12	070	M	Seattle Gen Hosp	MO
S	2	187	3675	Evans	Caleb	1903	Jan	01	070	M	2509 Western Ave.	KS
S	2	0080	00239	Evans	Charles	1897	Jun	29	004	M	652 Jackson St.	CND
S		0021	00408	Evans	Chas E.	1903	May	05	073	M	Seattle General Hospital	NY
S	2	119	1745	Evans	Chas. N.	1899	Jun	10	036	M	1710 Broadway	PA
S	3	0186	03711	Evans	Chester	1907	Jun	16	072	M	720 Ewing	NY
S		0039	00776	Evans	Elizabeth	1903	Aug	29	075	F	355 - 17th Avenue S.	WLS

S	R	Page	Recor	LastName	FirstNames	Deat	Mn	Dt	Age	S	DeathPlace	Bir
S	2	0040	00378	Evans	Elmer	1894	Aug	30	03m	M	207 S. 5th	
S	2	0047	00075	Evans	Fannie T.	1895	Feb	26	047	F	216 E. Wall	KY
S	3	0195	03903	Evans	Florence	1905	Jul	15	09m	F	10th Ave S & Bay View St	SEA
S	2	0029	00564	Evans	Hannah H.	1900	Jul	12	062	F	911 Howell	WLS
S	3	0152	03022	Evans	Harold Lee	1907	Mar	05	004	M	1509-8th Ave.	WA
S	2	0081	00276	Evans	Hugh	1897	Jul	29	057	M	General Hosp.	---
S	3	0057	01137	Evans	Infant	1906	Mar	01	s/b		2317 North 62nd St.	Sea
S	2	0095	1889	Evans	J. John	1901	Sep	02	046	M	1325 7th Ave.	WLS
S		0013	00500	Evans	M.M.	1892	Dec	04	044	M	Prov. Hosp.	
S	2	0092	1833	Evans	Mary A.	1901	Aug	16	037	F	1901 9th Ave.	WLS
S		0038	00744	Evans	Mary A.	1903	Aug	26	03m	F	406 - 28th Avenue S	SEA
S	3	0179	03566	Evans	Mrs Lois E	1905	Apr	08	076	F	502 Terry Ave	NY
S	2	189	3715	Evans	Ollie	1903	Jan	20	001	F	165 Thomas St.	KS
S	2	178	3514	Evans	Pearl	1902	Nov	28	015	F	Providence Hosp.	KS
S	3	0194	03882	Evans	Reese	1905	Jul	04	060	M	411 Jefferson St	---
S	1		1976	Evans	Susanna E.	1890	Nov	05	047	F	2nd & Blanchard Sts.	---
S	2	0082	00316	Evans	Thos.	1897	Aug	21	032	M	110-1/2 4th Ave. S.	PA
S	2	0090	00654	Evans	W. D.	1898	Feb	06	081	M	Ballard, WA	MO
S		0005	00174	Evans	Zelda	1892	Apr	29	007	F	Commercial&King(b.NewCastle	WA
S	2	141	2781	Evanson	Mrs. T.	1902	May	17	037	F	315 3rd Ave. W.	NRY
S	3	0091	1806	Evaro	Nazirano	1904	Apr	17	049	M	Providence Hospital	ITL
S	3	0166	03302	Evenson	Christen	1907	Apr	16	074	M	6329-4th Ave. N.	NRY
S	2	0098	00930	Evenson	Harold	1898	Jun	16	004	M	915 13th Ave.	SEA
S	-	192	3784	Evenson	Henry E.	1903	Jan	19	---	M	Ballard, WA b.Ballard, WA	
S	2	0062	00086	Everett	Geo. M.	1896	Mar	01	068	M	1504 Poplar St	
S	2	109	1365	Everett	Grace (?)	1898	Dec	16	035	F	County Hosp.	IA
S	3	0104	02063	Everett	Henry	1906	Sep	14	029	M	Barneston	--
S	2	176	3490	Everett	Kathleen	1902	Nov	22	001	F	1606 3rd Ave. N.	WA
S		0034	00145	Everett	Nina May	1894	Mar	26	007	F	S. Seattle (b.S.Seattle	
S		0055	1101	Everett	Thomas Luther	1903	Nov	01	24d	M	Fremont	SEA
S	3	106	2110	Everhard	Chas. A.	1904	Jun	07	047	M	1202-1/2 7th Ave.	WI
S	1		2100	Evers	infant	1891	Jan	20	s/b		1118 5th St.	Sea
S	2	108	2143	Everson	Hilda Oliver	1901	Nov	26	003	F	Queen Anne Hill	CA
S	1		1527	Evertt	Eliza	1890	Sep	02	033	F	4 Ward St.	---
S	3	0069	01370	Evjan	P.O.	1906	May	19	050	M	12 Ave.W. & Heppron St.	NRY
S	2	138	2731	Ewald	Eva	1902	May	01	076	F	218 4th Ave. N.	GER
S	2	0049	00148	Eward	Baby	1895	Apr	10	01h	F	Nr Woodland Pk	Sea
S	2	0080	00263	Eward	Fred	1897	Jul	19	022	M	Broad & Water Sts.	MI
S			1378	Ewing	Allen G.	1890	Jun	28	048	M	West & Union Sts.	---
S	1	0001	00329	Ewing	Edith	1884	Apr	02	024	F	Seattle	USA
S	2	0120	02401	Ewing	Florence G	1904	Aug	31	001	F	521 Bellmont Ave No	Sea
S		0194	3829	Ewing	G.M.	1903	Feb	12	030	M	Wayside Mission	US
S	3	0050	00992	Ewing	Infant	1906	Feb	02	PM	M	521 Belmont Ave.No.	Sea
S	3	0050	00993	Ewing	Infant	1906	Feb	02	PM	F	521 Belmont Ave.No.	Sea
S	3	0193	03857	Ewing	John F.	1905	Apr	16	048	M	Yukon Territory	CND
S	2	0021	00414	Ewing	Luther	1900	May	17	018	F	Fremont	KS
S	3	0189	03771	Ewing	Roscoe	1905	Jun	15	021	M	Railroad Yards, Interbay	IL
S	2	0053	00283	Ewing	W.H.	1895	Jul	28	058	M	909 8th St	NC
S	2	0067	00308	Exon	Arthur	1896	Aug	04	028	M	Providence Hosp.	---
S	2	0074	00004	Eyanson	A. E.	1897	Jan	02	058	F	Seattle	RUS
S	2	0001	00012	Eyanson	Chas. P.	1900	Jan	07	06m	M	Providence Hosp.	Sea
S	2	0050	00166	Eyerdand	Baby	1895	Apr	25	03w	M	Edgwater	
S	3	106	2113	Eyman	Martha T.	1904	Jun	14	068	F	1308 Minor Ave.	PA
S	2	184	3616	Eyolfsson	Ingvar	1902	Dec	30	040	M	Wayside Mission	SWD
S	2	0108	02148	Eyres	Margaret E.	1901	Nov	03	028	F	W. W. Hosp. for Insane	NJ

S	R	Page	Recor	LastName	FirstNames	Deat	Mn	Dt	Age	S	DeathPlace	Bir
S	2	0044	00863	Faber	Chas. H.	1900	Aug	03	---	M	Manila, P. I.	---
S	2	0082	00347	Faberquist	Emma	1897	Sep	02	025	F	General Hosp.	SWD
S	3	0033	00649	Fabry	Adrian	1905	Dec	16	024	M	Seattle Gen. Hosp.	---
S	3	0171	03421	Fach	George	1905	Mar	26	035	M	214 7th Ave S	---
S	2	0090	01801	Fackler	Bertha	1904	Apr	15	045	F	Providence Hospital	GER
S	2	0011	00214	Fadden	Bertha M.	1900	Mar	17	039	F	1513 4th Ave	VT
S	1	0001	01149	Faderland	Emma J.	1890	Jan	18	043	F	West & Virginia	
S			1357	Faegesbund	Emma	1890	Jun	18	043	F	1118 West St.	SWD
S	1	0001	00865	Faegie	Alice C.	1889	Apr	25	003	F	1105 Pike	
S		0009	00342	Faeterg	Ellen	1892	Aug	15	036	F	817 Olive	SWD
S	1	0001	00753	Fagan	H.H. Mrs.	1889	Feb	05	022	F	Corner 2nd & Seneca St.	FRN
S	1	0254	2380	Fagan	Harriett	1891	Jun	05	079	F	Fremont	IRL
S	2	0095	01887	Fagan	John	1901	Sep	11	060	M	2306 2nd Ave.	NY
S	1		1523	Fagan	Patrick	1890	Aug	31	045	M	Yesler Ave. & 3rd St.	IRL
S	3	0072	01428	Fager	Peter A.	1904	Jan	29	046	M	1915 1st Ave. N.	SWD
S	3	0003	00060	Fagnant	Everard R.	1905	Aug	13	03m	M	1011 E. Union	SEA
S	-	174	3433	Fahey	Thos.	1902	Oct	27	038	M	704 Maynard	---
S	2	109	2162	Fail	Albert	1901	Nov	28			Near Renton	
S		0032	00043	Fair	Franklin	1894	Jan	29	047	M		NY
S	3	0033	00647	Fairbanks	Annstacia	1905	Dec	30	027	F	W Interbay, near Ft Lawton	IA
S	3	0009	00179	Fairfax	Thomas D.	1899	Oct	12	028	M	Fort Gibbon, AK	VA
S	3	0065	01284	Fairservice	Gavin	1906	Apr	28	038	M	West Clallam, Wn.	unk
S	3	0037	00739	Faler	Milton Harold	1905	Nov	20	06m	M	1208A Stewart St	WA
S	3	0086	01702	Fales	Wm. James	1906	Jul	19	034	M	Minor Hosp.	MI
S	2	0109	2174	Falk	Edward	1901	Dec	01	038	M	Prov. Hosp.	SWD
S	2	0060	00017	Falk	Infant	1896	Jan	15	01d	M	1401 Masselton St	Sea
S	2	0065	00200	Falk	Mattie A.	1896	May	21	006	F	1401 24th St	Sea
S	-	147	2895	Falk	Olga Francis G.	1902	Jun	13	004	F	2nd & Union	ME
S	2	0012	00232	Falkner	John M.	1900	Mar	21	043	M	Prov. Hosp.	IA
S	2	0084	1661	Fall	H. Frank	1901	Jan	27		M	Nome Alaska	
S		0010	00386	Fallchn	Edw.	1892	Sep	19	034	F	Prov. Hosp. (b.St. Paul,	MN
S	2	0001	00026	Fallis	John	1892	Jan	17	026	M	Providence Hosp.	MEX
S	3	0162	03240	Fallon	Edward	1905	Feb	09	039	M	Providence Hosp	KS
S	3	0166	03319	Fallon	Joseph	1907	Apr	19	057	M	2107-5th Ave.	CND
S	2	111	1432	Falsette	Lillie	1899	Jan	08	027	F	County Hosp.b.San Francisco	CA
S	2	0085	1682	Falsetto	Bernard	1901	Jul	01	003	M	2736 Ardman ?	WA
S	2	0071	00449	Falstead	John	1896	Oct	17	045	M	Black River	---
S	2	0024	00478	Fandt	Geo E.	1900	Jun	04	047	M	1415 6th Av	CND
S	1	0001	01192	Fanle	Chris	1890	Mar	01	015	M	Main St.	
S		0014	00266	Fansen	Mary	1903	Apr	09	036	F	Boise, Idaho	ID
S	3	0177	03545	Fapia	Joaquim	1905	Apr	25	035	M	Pier #4, Str Sesostris	CHL
S	-	161	3168	Faraher (?)	Patrick	1902	Aug	20	060	M	County Hosp.	IRL
S	-	189	3731	Farbo	Joseph	1903	Jan	25	049	F	Providence Hosp.	ITL
S	3	0092	1832	Fargo	Caroline	1904	Apr	26	082	F	120 15th Ave.	NY
S		0032	00059	Farlet	W.C.	1894	Feb	07	064	M	Weller nr. Commercial	
S	3	0081	01618	Farley	James	1906	Jul	06	035	M	Wayside Emer. Hosp.	--
S	3	0145	02894	Farley	James Henry	1904	Dec	03	07m	M	2207 First Ave	SEA
S	2	0036	00233	Farley	Jos. M.	1894	May	10	064	M	Everett	
S	3	0181	03614	Farley	Patrick	1907	May	22	070	M	West Seattle	---
S		0116	02302	Farm	Effie E.	1906	Nov	06	031	F	Prov. Hosp.	IA
S	3	0130	02602	Farmer	David	1904	Sep	26	041	M	Vashon, WA	IA
S	2	0078	00177	Farmer	Geo. E.	1897	May	12	009	M	Lake Washington	---
S		0014	00279	Farmer	Infant	1903	Apr	14	---	M	1112 Seventh Avenue	SEA
S	3	0137	02737	Farmer	Thomas	1904	Oct	24	081	M	Columbia City	ENG
S		0011	00216	Farnham	Anna	1903	Apr	26	033	F	1517 Ninth Avenue W	ENG

S	R	Page	Recor	LastName	FirstNames	Deat	Mn	Dt	Age	S	DeathPlace	Bir
S	1	0001	00561	Farnham	Frank	1887	Oct	13	028	M		
S	3	0166	03306	Farnham	Jerry W., Capt	1905	Feb	20	076	M	2522 Second Ave	ME
S	2	115	1601	Farnsworth	James H.	1899	Apr	11	059	M	1532 20th Ave.	---
S		0002	00027	Farnum	Annie	1903	Mar	15	046	F	Providence Hospital	GER
S	-	154	3022	Farnum	Geo. W.	1902	Jul	26	060	M	1014 Howell St.	MA
S	2	0021	00408	Farr	J.	1900	May	16	036	M	Prov. Hosp.	ENG
S	2	102	1087	Farr	James	1898	Aug	30	081	M	24th & Jackson Sts.	MA
S	2	0079	00208	Farr	Patti	1897	Jun	01	03m	F	Willow & Hyde Sts.	---
S	3	0142	02832	Farr	Thomas Reese	1904	Nov	27	065	M	3200 Yesler Way	ENG
S	2	0101	2008	Farrah	Wesley B.	1901	Oct	17	070	M	116 14th Ave. N.	OH
S		0096	01908	Farrell	Andrew Lewis	1904	May	05	04d	M	117 32nd Ave.	Sea
S	1	290	2441	Farrell	Capt. C.	1891	Jul	05	032	M	Providence Hosp.	IRL
S	3	0003	00052	Farrell	James	1905	Aug	08	040	M	211 2nd Ave S	UN
S		0195	3845	Farrell	John E.	1903	Feb	20	086	M	South Side Salmon Bay	SWD
S	3	0095	01892	Farrell	Michael John	1904	May	01	013	M	419 Terrace St.	Sea
S	3	0143	02848	Farrell	Timothy Cornelius	1904	Nov	11	080	M	Providence Hosp	IRL
S	3	0035	00694	Farren	Edmund John	1905	Dec	29	008	M	South Park	CA
S	3	0144	02866	Farrington	Evelyn	1907	Feb	15	010	F	413-9th Ave.	WA
S		0012	00229	Farrow	Annie G.	1903	Apr	05	034	F	Wayside Mission	OR
S	2	110	1384	Farrow	Mary Ann	1899	Jan	05	031	F	6th & Pike Sts.	ENG
S	2	0089	00599	Farrufe	Martin	1898	Feb	03	009	M	2614 3rd Ave. b.San Fran, CA	
S	1	0001	01245	Farwell	Grace Wells	1890	Mar	20	027	F	Yesler Ave 1st Ward	IA
S		136	2689	Farwell	Joseph	1902	Apr	04	033	M	Providence Hosp. b.San Fran	CA
S	3	0063	01250	Farwell	Marcella S.	1906	Apr	28	076	F	foot of Cherry St.	VT
S	2	119	2361	Farwell	Viola - Violet (Twins)	1902	Jan	26	06m	F	423 23rd Ave.	SEA
S	2	101	1051	Farwell	Vivian	1898	Aug	04	21d	F	1022 30th Ave.	Sea
S		0032	00074	Fascia	Natodena	1894	Feb	19	025	F	Dexter & Harrison	
S	3	0149	02976	Fassett	Louis M.	1907	Feb	19	022	M	Spokane	unk
S	2	0038	00299	Fast	Carl	1894	Jul	24	044	M	Prov. Hosp.	FIN
S	2	127	2033	Fatland	infant	1899	Oct	08	s/b	M	Ballard, WA	WA
S	1	0001	00215	Faubel	Andrew	1883	Jen	11	06m	M	USA	
S	2	127	2059	Faucett	Francis W.	1899	Nov	10	021	M	231 Pontius	---
S	1	0001	00203	Faugstad	Ferald	1883	May	04	004	M	Seattle	GER
S	1	0001	00202	Faugstad	Helena	1883	May	04	014	F	Seattle	GER
S	2	0028	00546	Faukboner	Baby	1900	Jul	04	12h	M	Fremont	sme
S		0023	00451	Faulkner	baby	1903	Jun	10	---	M	2308 Western	SEA
S	3	0143	02849	Faulkner	Charles W.	1907	Feb	13	039	M	519-30th Ave.	unk
S	-	173	3407	Faulkner	Daniel	1902	Oct	26	084	M	Ballard, WA	SCT
S	2	0043	00493	Faulkner	Martha	1894	Oct	04	050	F	Ballard	IN
S	2	0077	00129	Fausey	Thos. B.	1897	Mar	14	---	M	Victoria, B.C., Canada	---
S	2	108	1313	Fawcett	Mrs. D. C.	1898	Dec	05	075	F	2110 4th Ave.	NY
S	3	0139	02783	Fay	John Bradford	1904	Nov	12	008	M	Seattle General Hosp	SEA
S	3	0199	02783	Fay	John Bradford	1904	Nov	12	---	-	Affidavit, Corr. of Record	---
S	1	0001	00230	Fay	Pat	1883			035	M	Seattle	IRE
S	3	0189	03775	Fay	Permelia Dorothy	1907	Jun	30	070	F	3307-3rd Ave. W.	NY
S	3	0021	00405	Feagles	J. H.	1905	Oct	11	070	M	Union Depot	UN
S	2	115	1571	Feas	Abraham S.	1899	Mar	21	065	M	Colby, WA	PA
S		0009	00345	Feas	Hattie	1892	Aug	18	050	F	7th & Main	
S	2	0066	00236	Featherstone	J.A.	1896	Jun	01	031	F	610 Thomas	
S	3	0080	01594	Federspiel	Infant	1906	Jun	06	s/b	M	4039 Gilman	Sea
S	3	0007	00139	Fee	Adelaide	1905	Aug	27	062	F	3911 Corliss Ave	VT
S			1293	Feek	Ella M.	1890	May	09	10w	F	2510 Front St.	Sea
S	3	0131	02614	Feek	Infant	1904	Sep	12	---	M	911 Jackson St	SEA
S	2	0079	00229	Feeley	Sadie M.	1897	Jun	20	01d	F	519-1/2 Yesler	SEA
S	3	0152	03033	Fehr	Weldon	1907	Mar	07	015	M	1613 Belmont Ave.	OR

S	R	Page	Recor	LastName	FirstNames	Deat	Mn	Dt	Age	S	DeathPlace	Bir
S	3	0123	02456	Fehre	Edward	1906	Dec	08	086	M	Jfrsn Hse, 4th Ave. & Jfrsn	RUS
S		0019	00165	Feillerg	Baryhild	1893	Apr	29	001	F	Stewart & 8th	Sea
S		0003	00044	Feinberg	Rosa	1903	Mar	19	027	F	816 Eighth Avenue S.	RUS
S	2	0011	00212	Feitz	Chas	1900	Mar	16	043	M	1605 1/2 4th Ave	GER
S	2	160	3148	Feldz	Phillip	1902	Aug	06	042	M	Gig Harbor, WA	CND
S	2	0060	00016	Felitz	Hugo	1896	Jan	15	076	M	1918 8th	GER
S		0077	1542	Felitz	Hugo	1904	Feb	22	038	M	2nd Av.S. & Jackson St.	CND
S		0045	00903	Felitz	Willie J.	1903	Sep	25	007	M	Providence Hospital	SEA
S	1		1497	Felix	Dominick	1890	Aug	18	039	M	Slaughter, WA	---
S	3	0108	02160	Fell	(Infant)	1906	Oct	15	01d	F	815 Blewett	WA
S	2	0088	01759	Fell	Infant	1904	Mar	27	---	F	1815 Blewitt Ave.	Sea
S	3	0157	03131	Fell	Infant	1905	Jan	27	01d	F	1815 Blewett Ave, Fremont	SEA
S	3	0101	02022	Fellier	Infant	1904	May	10	s/b	M	5587 Kenwood Ave.	Sea
S	3	0192	03824	Felton	(Infant)	1907	Jun	19	s/b	F	South Park	Sea
S	2	186	3669	Felton	infant	1902	Dec	28	s/b	M	South Park, WA b.S. Park,	WA
S	2	0087	00518	Felton	Mary T.	1897	Dec	30	008	F	318 7th Ave. S.	---
S		0019	00185	Felton	William	1893	May	16	086	M	715 Union	
S		0004	00075	Fendall	Chas. L.	1903	Mar	18	042	M	Providence Hospital	OR
S	3	0059	01173	Fenn	Dorothy Beatrice	1906	Apr	12	018	F	1204 - 6th Ave.	WA
S	2	0040	00387	Fennerin	Fran	1894	Aug	18	038	M	Ballard	MI
S	3	0100	01988	Fensath	Baby	1906	Sep	17	02m	F	621-1/2 Beach Drive	WA
S	2	0092	00702	Fenski	Chas.	1898	Mar	27	054	M	Providence Hosp.	GER
S	-	192	3791	Fentem	Mark	1903	Jan	27	---	M	S. Seattle, WA b.South,	SEA
S	3	0133	02651	Fenten	Medera? U.?	1907	Jan	20	052	F	Seattle Gen. Hosp.	ME
S	3	0151	03007	Fentern	Raymond Melvin	1904	Dec	20	08m	M	Kent, WA	WA
S	1	0001	01130	Fenton	C.W.	1890	Jan	21	003	M	105 Grant St.	
S	3	0090	1803	Fenton	Howard	1904	Apr	15	009	M	Fremont	WA
S	2	0074	00024	Fenton	Julia	1897	Jan	21	068	F	Woodland Park	IL
S	3	0142	02826	Fenton	King W	1904	Nov	23	092	M	Fremont Ave & 50th St	MA
S	2	0076	1513	Fenuya	Tei	1901	May	11	034	F	S. G. Hosp.	JPN
S	1	0001	00511	Fergerson	Mrs.	1886	Feb	05		F	Wash.St. 1st Ward	SEA
S		0048	00955	Fergeson	Samuel B.	1903	Sep	23	025	M	Dunlap Statoin	IRL
S	3	0151	03008	Ferguson	A G	1904	Dec	21	053	M	King County Hosp	SCT
S	3	0124	02477	Ferguson	Alvin Douglas	1906	Dec	18	001	M	1742 Boren Ave.	WA
S	2	0008	00141	Ferguson	Daniel	1900	Feb	24	022	M	Prov. Hosp.	VT
S	2	0092	1835	Ferguson	David	1901	Aug	31	075	M	Prov. Hosp.	SCT
S	3	0135	02694	Ferguson	Elizabeth (Mrs)	1904	Oct	28	063	F	Interbay	IRL
S		113	2258	Ferguson	James	1904	Jul	29	060	M	Providence Hospital	---
S	1	0001	01109	Ferguson	Robert	1889	Dec	25	030	M	Lake Wash.	
S		0114	02262	Ferguson	Thomas	1906	Oct	25	056	M	E. WA Hosp., Medical Lk, WA	---
S		115	2298	Ferguson	W. J.	1904	Aug	01	050	M	1111 31st Ave. S.	CND
S	3	0167	03334	Fernald	Matie	1905	Feb	16	038	F	Kent, wA	NH
S	2	0094	00775	Ferrari	Chas.	1898	Apr	20	035	M	Providence Hosp.	ITL
S	2	0051	00196	Ferrceri	Geo.	1895	May	04	050	M	317 Washington	
S	3	0081	01613	Ferrell	Marie C.	1906	Jul	05	081	F	4323 Godolphin	SWD
S	1	192	2250	Ferris	Amey	1891	Mar	21	07d	F	6th Ward b.ft Blanchard St,	Sea
S	1		2165	Ferris	William	1891	Feb	25	030	M	208 Maclain St.	NY
S	1		2070	Ferrus	Amos	1891	Jan	02	033	M	Providence Hospital	---
S	2	187	3691	Ferry	Elam L.	1903	Jan	09	051	M	2003-1/2 1st Ave.	MS
S	2	0056	00476	Ferry	Elisha P.	1895	Oct	14	070	M	2nd & Madison	
S		0032	00040	Ferry	Julia	1894	Jan	27	029	F	Madison St.	
S	2	0070	00399	Ferryman	Anna	1896	Sep	05	18d	F	Levenworth b.Levenworth,	WA
S	3	0166	03323	Ferster	Mrs Lillian M	1905	Feb	19	042	F	Lake Sammamish, WA	MI
S	3	0061	01220	Fester	Eliza A. (Mrs.)	1906	Apr	27	066	F	1201 E.Olive St.	NY
S	2	0099	00952	Fetterly	Derwood	1898	Jun	28	025	M	Seattle Bank Bldg.	IA

S	R	Page	Recor	LastName	FirstNames	Deat	Mn	Dt	Age	S	DeathPlace	Bir
S	2	103	1130	Fetterly	Edward	1898	Sep	12	019	M	Seattle Gen. Hosp.	---
S	2	0052	00253	Fetterly	Eznia	1895	Jun	28	055	F	Prov. Hosp.	CND
S		0024	00366	Fetting	Charlotta	1893	Sep	04	081	F	So. 10th St.	GER
S	2	0090	00656	Feumt	John C.	1898	Feb	08	063	M	Ballard, WA	GER
S	3	0169	03367	Feurer	Louis	1907	Apr	16	067	M	Minor Hosp.	GER
S	3	0057	01121	Few	Mary	1906	Mar	27	044	F	Duwamish Blvd, Georgetown	ENG
S	3	0047	00938	Fickett	Fred F.	1906	Feb	26	043	M	Providence Hospital	ME
S	2	0074	00018	Fickle	W. T.	1897	Jan	14	059	M	General Hosp.	ENG
S	2	0002	00032	Fiddler	Magdalena	1900	Jan	17	055	F	Seattle Gen. Hosp.	FRN
S		0011	00399	Fiederickson	Herman	1892	Sep	26	05d	M	Johnsons Mill	Sea
S	2	0035	00191	Field	James	1894	Apr	17	046	M	West Seattle	
S	3	0168	03349	Field	John W.	1907	Apr	27	069	M	2347-51st N.E.	CND
S	2	0012	00236	Fields	Edna L.	1900	Mar	25	015	F	1212 6th Ave b Dakota	
S	3	0070	01389	Fields	Maria Grace	1906	May	27	056	F	711 - 3rd Ave.W.	CND
S	2	139	2754	Fierce	E. Mona	1902	May	06	048	F	Providence Hosp.	MO
S	3	0177	03536	Fies	Mrs Lena	1905	Apr	19	041	F	20th Ave & Jackson	MD
S	2	0118	2344	Fies	Salvador	1902	Jan	18	001	M	2621 Day St.	AUS
S	3	0094	01864	Fieser	Hiram A.	1906	Aug	29	054	M	806 9th Ave. S.	CND
S	3	0031	00613	Fiffer	Alice E. (Mrs.)	1905	Dec	19	053	F	161 Washington St	ME
S	1	0001	00090	File	Matilda	1882	Jul	05	006	F	Seattle	
S	2	106	1251	Filer	Chas. H.	1898	Nov	03	016	M	Latona, WA	IL
S		0007	00140	Filippo	Baby	1903	Mar	31	040	M	910 - 10th Avenue S.	SEA
S		0011	00396	Filler	Infant	1892	Sep	25	s/b	F	822 Windom	Sea
S		0019	00183	Filler	Paul	1893	May	14	02m	M	616 McClaire	Sea
S	2	0095	1885	Filley	Absolom	1901	Sep	08	016	M	410 28th St. S.	MO
S	2	0042	00447	Filmer	Eliza M	1894	Oct	06	052	F	1216 2nd St	ENG
S	3	0078	01546	Filmore	Edna Effie	1906	Jun	30	010	F	41st So.	WA
S	3	0079	01568	Finch	Anna	1906	Jun	01	056	F	Foster	MI
S	3	0135	02705	Finch	Francis	1904	Oct	11	062	M	1415 E Denny Way	IN
S	3	0002	00026	Finch	Infant	1905	Jul	26	---	M	150 20th Ave N	SEA
S	2	0062	00108	Finch	Mary	1896	Mar	15	021	F	Seattle Gen Hosp	
S	2	0038	00280	Findley	Jno	1894	Jul	09	055	M	1204 Howell	
S	2	381	2623	Findorff	Minnie	1891	Oct	03	029	F	Providence Hosp.	---
S	2	0021	00410	Fink	Harry J.	1900	May	16	028	M	Prov. Hosp.	CND
S	3	104	2069	Finlay	Mary	1904	Jun	17	066	F	1306 Howell St.	SCT
S	3	0144	02875	Finlayson	Mary	1904	Nov	21	069	F	Florence, WA	---
S	3	0120	02391	Finley	Alice King Mrs.	1906	Nov	18	051	F	Redmonds, CA	OH
S	3	0145	02886	Finley	Infant	1904	Nov	20	s/b	M	2018 8th Ave	SEA
S	3	0026	00518	Finn	James D.	1905	Nov	07	050	M	21st Ave W	IL
S	2	0060	00019	Finn	John (Mrs)	1896	Jan	16	028	F	Central Hotel	CND
S	2	0003	00053	Finnegan	Oley	1900	Jan	28	053	M	109 2nd W	OH
S		0116	02306	Finnie	William Walter Anderson	1906	Nov	05	024	M	Prov. Hosp.	CO
S	-	192	3788	Finnigan	Dennis A.	1903	Jan	25	039	M	Black Diamond, WA	NY
S	1		2048	Finnigan	Margaret	1890	Dec	15	06y	F	-	---
S	1	0001	01163	Finnin	J.J.W.	1890	Feb	24	025	M	Prov. Hosp.	
S	2	111	1415	Finson	John	1899	Jan	20	002	M	3rd Ave. N. & Harrison	---
S	-	151	2958	Finstad	Albert	1902	Jun	29	025	M	N. Yakima St.	WI
S	2	0060	00020	Fionillo	Frank	1896	Jan	17	021	M	Prov. Hosp.	ITL
S		0021	00263	Firek	Infant	1893	Jul	03	01m	M	119 Rose	Sea
S	3	0108	02159	Firstenburg	Wm H.	1906	Oct	15	001	M	818-23rd Ave.	OH
S		0031	00613	Firzsimmons	Louisa	1903	Jul	22	041	F	Providence Hospital	IL
S		0026	00437	Fischer	Emma	1893	Oct	11	035	F	10th & Spring	IL
S	3	0107	02131	Fischer	Eugene	1906	Oct	04	048	M	502-21st Ave.	GER
S	-	149	2926	Fischer	L. M.	1902	Jun	29	040	M	2nd S. & King Sts.	USA
S		0022	00422	Fish	Infant	1903	May	01	s/b	F	715 Jefferson Street	WA

S	R	Page	Recor	LastName	FirstNames	Deat	Mn	Dt	Age	S	DeathPlace	Bir
S	2	102	1076	Fisher	A. A.	1898	Aug	23	081	M	2016 John St.	VT
S	1	192	2264	Fisher	Alois	1891	Apr	01	038	N	S. Seattle	GER
S	3	0058	01157	Fisher	Anna Davidson	1906	Apr	04	084	F	1412 - 8th Ave.W.	IRL
S	2	0057	00520	Fisher	Catherine	1895	Nov	18	002	F	2104 4th	Sea
S	2	0052	00265	Fisher	Edgar	1895	Jun	29	029	M	W. Seattle	CA
S	2	113	1494	Fisher	Emil	1899	Feb	04	034	M	Skagway, AK	NY
S	2	144	2823	Fisher	Frances	1902	May	24	10m	F	1152 Broadway	CND
S	2	187	3684	Fisher	Fred	1903	Jan	03	040	M	Providence Hosp.	---
S	2	0067	00304	Fisher	Fred S.	1896	Aug	02	020	M	1223 Cherry St.	CA
S	3	0190	03790	Fisher	Isha B.	1907	Jun	09	048	F	Georgetown, WA (b. Sandwich Isl
S	3	0180	03583	Fisher	John P.	1907	May	31	027	M	Wayside Emer.	GER
S	3	0073	1448	Fisher	Mrs. R. A.	1904	Jan	06	080	F	Rainier Beach WA	NY
S	3	0055	01082	Fisher	Robert	1906	Mar	13	078	M	1226 E.Madison	PA
S	3	0169	03378	Fisher	Susan E.	1907	Apr	04	079	F	WWHI, Ft. Steilacoom, WA	MA
S	2	120	1795	Fisher	Thos.	1899	Jul	06	045	M	513 Miner St.	---
S	2	0050	00189	Fisher	Vonnie A.	1895	Apr	30	04m	F	Ballard b.Ballard	WA
S		0197	3387	Fisher	Wm A	1903	Feb	19	029	M	Ballard	KS
S	3	0123	02451	Fisk	Orson	1904	Aug	01	071	M	Ballard	NY
S	2	0097	1939	Fiske	William H.	1901	Sep	24	041	M	Prov.Hosp.	CA
S	3	0170	03386	Fisker	Kathleen K.	1907	Apr	08	003	F	Mobile, AL	---
S	1	0001	00723	Fitch	Edward	1889	Jan	05	038	M	Prov. Hosp.	
S	2	0031	00605	Fitch	Walter	1900	Jul	17	022	M	North Yakima	IN
S	2	0011	00217	Fithy	Richard	1900	Mar	18	033	M	Prov. Hosp.	---
S	2	0007	00129	Fitzgerald	J.	1900	Feb	21	045	M	Prov. Hosp.	---
S	3	0190	03792	Fitzgerald	John J.	1907	Jun	17	027	M	Near Thomas, WA	IRL
S	2	124	1946	Fitzgerald	Rich'd	1899	Sep	25	056	M	1st & Washington Sts.	---
S		0002	00023	Fitzgerald	Sister Mary of St. Cecelia	1903	Mar	13	031	F	Convent of Good Shephard	ENG
S	3	0077	01528	Fitzgerald	Susan	1906	Jun	23	046	F	522 Broadway	CND
S	3	0007	00135	Fitzgerald	Wm Hunter	1905	Aug	26	005	M	321 Queen Anne	CND
S	1	241	2363	Fitzgerald (twin)	infant of Edward	1891	May	20	24h	F	cor. Jesse & James Sts.	Sea
S	1	241	2362	Fitzgerald (twin)	infant of Edward	1891	May	20	01h	M	cor. Jesse & James Sts.	Sea
S	3	0036	00713	Fitzhenry	Bridget (Mrs.)	1906	Jan	03	066	F	804 9th Ave S	IRL
S	3	0159	03180	Fitzhenry	James A.	1907	Mar	14	035	M	Cracroft Isle, BC	ME
S	2	0042	00831	Fitzmaurice	Emmett	1900	Oct	15	022	M	Prov. Hosp.	CA
S	2	0059	01162	Fitzpatrick	B.	1901	Jan	01	049	M	Co. Hosp.	IRL
S	2	0050	00193	Fitzpatrick	J.J.	1895	May	02	009	M	918 Weller	NY
S		111	2216	Fitzpatrick	James	1904	Jul	21	091	M	110 Broadway	IRL
S	2	0045	00558	Fitzpatrick	Josie	1894	Dec	10	018	F	420 S. 14th	
S	3	0149	02983	Fjarlie	Ole H	1904	Dec	29	021	M	Pacific Hosp	NRY
S	3	0012	00221	Fladland	N. N.	1905	Sep	08	050	M	Seattle Gen. Hosp.	NRY
S	1	0001	00269	Fladlman	Jus.	1883	Aug	20	09m	M	Seattle	GER
S	2	109	1364	Flahaut	Ella K.	1898	Dec	15	039	F	Steilacoom, WA	MI
S	2	144	2828	Flaherty	Jas.	1902	May	01	058	M	Ballard, WA	IRL
S		0024	00370	Flaherty	Mamie Ellen	1893	Sep	06	04m	F	Market & Day	Sea
S		0029	00560	Flairery	Infant	1893	Dec	22		F	Commercial St.	Sea
S	3	0129	02578	Flake	(Infant)	1906	Dec	07	s/b	M	1109 Flat A Pike	WA
S	3	0093	01853	Flanagan	James	1906	Aug	23	60	M	1611 4th Ave.	--
S		0051	01018	Flanagan	John	1903	Oct	23	040	M	Providence Hospital	IRL
S	3	0154	03065	Flanagan	Mrs. Ida May	1907	Mar	14	041	F	2012 Dearborn	MN
S	2	0032	00640	Flanagan	S. A.	1900	Aug	10	056	M	S. G. Hosp.	MI
S	3	0174	03462	Flanders	Thomas	1907	May	09	067	M	Seattle Gen. Hosp.	---
S	2	0065	01288	Flanigan	Mary	1901	Mar	15	029	F	2210 Madison	IA
S	3	0052	01025	Flanigan	Mary (Mrs.)	1906	Mar	11	038	F	Providence Hospital	IRL
S	3	0183	03648	Flannery	Infant	1905	May	14	01d	M	1634 9th Ave	SEA
S		0020	00386	Flannigan	John	1903	May	10	042	M	Georgetown	ENG

S	R	Page	Recor	LastName	FirstNames	Deat	Mn	Dt	Age	S	DeathPlace	Bir
S	3	0168	03360	Flannigan	Viola	1905	Mar	04	010	F	104 N 39th St	IA
S	2	0007	00130	Flatcher	Geo.	1900	Feb	21	050	M	Prov. Hosp.	---
S	2	108	1309	Flauley	baby	1898	Dec	03	03d	F	411 Vine St.	Sea
S		0006	00106	Flavin	Michael	1903	Mar	17	043	M	King County Hospital	IRL
S	2	107	1294	Fleck	Marie	1898	Nov	07	071	F	Point White, WA	---
S		0010	00375	Fleenor	Wilford Paul	1892	Sep	11	11m	M	2210 7th	Sea
S		0053	1059	Fleischer	Jos. Curtis	1903	Oct	03	006	M	Georgetown	SEA
S	1	0001	00840	Fleming	Andrew	1889	May	04	062	M	Prov. Hosp.	
S	3	0040	00784	Fleming	Ella (Mrs.)	1906	Jan	29	029	F	3303 3rd Ave W	NE
S	3	0148	02947	Fleming	James	1907	Feb	01	052	M	North Yakima, WA	ENG
S		0026	00454	Fleming	John	1893	Oct	23	060	M	Lake Union nr. Porter	
S		0116	02317	Fleming	Marion	1906	Nov	09	06m	F	317-16th N.	WA
S	2	0040	00369	Fleming	R.J.	1894	Aug	28	035	M	Prov. Hosp	
S	-	175	3455	Fleming	Rosa	1902	Nov	06	043	F	Gen. Hosp.	CND
S	2	0024	00467	Fleming	Thos.	1900	May	24	032	M	Co. Hosp.	IRL
S	2	0068	00320	Flemming	infant	1896	Aug	16	03m	F	1526 11th St.	SEA
S		0007	00259	Flemming	Louis	1892	Jun	29	028	M	St. Charles Hotel	
S	2	121	1805	Flemming	Lucy	1899	Jul	17	030	F	813 Alder	AL
S	2	0044	00871	Flemming	Nancy	1900	Oct	13	078	F	South Park	IRL
S	2	0068	1359	Flemming	Thos.	1901	Apr	02	066	M	507 Yesler Way	RI
S	2	344	2549	Flemming	Walter	1891	Aug	28	04m	M	Madison & Williamson Sts.	Sea
S	1	0001	01129	Fletcher	Charlotte	1890	Jan	04	003	F	Front St.	WA
S	-	150	2943	Fletcher	Henry B.	1902	Jun	07	043	M	Clifton, AZ	VT
S	2	0009	00164	Fletcher	Royal E	1899	---	--	---	M	Manila, P.I.	---
S		0061	1210	Fletcher	William	1904	Sep	--	022	M	Chico WN	---
S	2	183	3615	Flinn	Elizabeth	1902	Dec	30	097	M	711 Main St.	CND
S	2	0083	1648	Flint	Agnes	1901	Jun	21	035	F	Co. Hosp.	NY
S	-	166	3260	Flint	Arthur	1902	Sep	22	030	M	Monod, WA	---
S	2	0085	1691	Flint	C. Moses	1901	Jul	05	060	M	S. G. Hosp.	MA
S		0019	00193	Flint	Eliza	1893	May	22	031	F	113 Williamson	
S		0097	1936	Flint	Mary	1904	May	17	094	F	1104 29th Ave. S.	CND
S	2	0052	01039	Flogg	A. M.	1900	Oct	28	050	M	Alaska	NB
S	3	0177	03522	Flood	John H.	1907	May	20	049	M	Providence Hosp.	MD
S	1	0001	00430	Flood	Maggie E.	1885	Feb	24	023	F	Seattle	IN
S	2	0080	00246	Flora	infant	1897	Jun	22	02m	F	813 Alder St.	SEA
S	1	0001	00171	Floreson	C.	1883	Feb	13	050	M	Seattle	USA
S	3	0166	03312	Florey	Mrs. Loretta	1907	Apr	16	032	F	516 Malden Ave.	OH
S	3	0139	02778	Florine	Edward	1904	Nov	09	038	M	Providence Hosp	WA
S	2	0036	00707	Flormann	Rob't	1900	Jul	03	066	M	Nome, AK	---
S	1		1447	Florness	Bergetta Mathude	1890	Jul	24	08m	F	Brook St.	Sea
S	1	0001	00622	Florr	Mrs. Susan	1888	Sep	20	060	F	Hyde	
S	3	0026	00513	Flower	Dan	1905	Nov	29	045	M	Wayside Emerg. Hosp.	---
S	3	0058	01148	Flower	Infant	1906	Mar	30	s/b	F	4030 Midvale Ave.	Sea
S		0051	1016	Floyd	Edward J.	1903	Oct	16	039	M	Providence Hospital	MI
S	3	0177	03535	Floyd	Jeremiah C.	1907	May	24	089	M	714-26th Ave. S.	ME
S	2	117	1666	Floyd	Jos. E.	1899	Apr	14	048	M	Atlin(?), BC	ENG
S	2	369	2599	Floyd	Minnie	1891	Sep	19	023	F	Yesler Av./Lake Wash/2nd Wd	OH
S	3	0058	01149	Floyd	William	1906	Apr	01	075	M	212 - 17th Ave.	CND
S	1	0001	00122	Fluse	Mrs. R.	1882	Oct	22	040	F	Hospital	
S	3	0157	03130	Fluyter	Donald	1905	Jan	28	03m	M	Green Lake	SEA
S	3	0157	03128	Fluyter	Dorothy	1905	Jan	26	03m	F	Green Lake	SEA
S	1	0001	00661	Flyn	Ellen	1888	Oct	25	042		Prov. Hosp.	
S	2	0046	00908	Flyn	Louise A.	1900	Nov	11	024	F	109 26th Av	MN
S		0002	00078	Flyn	M.	1892	Feb	26	072	F	No. 113 Oak	CND
S	3	0183	03662	Flynn	Bridget	1905	May	17	065	F	Providence Hosp.	NB

S	R	Page	Recor	LastName	FirstNames	Deat	Mn	Dt	Age	S	DeathPlace	Bir
S	1	0001	00155	Flynn	C.	1883	Jul	28	035	M	Seattle	IRE
S	2	0030	00581	Flynn	Dennis	1900	Jul	05	041	M	White Star Dock	IRL
S	2	0055	00377	Flynn	Frank	1895	Sep	22	035	M	Prov Hosp	
S	2	0069	1382	Flynn	Georgette	1904	Jan	06	035	F	Cor. 5th Av.So.& King St.	---
S	2	0048	00080	Flynn	Hazel	1895	Feb	11	004	F	Ballard b.Ballard	
S	3	0135	02690	Flynn	John	1907	Jan	26	056	M	Hotel Cecil	IA
S	2	128	2552	Flynn	Margret A.	1902	Mar	13	024	F	902 2nd Ave. W.	SAM
S	1	0001	00836	Flynn	Morris	1889	Apr	26	034	m	Corner 6th & Washington St.	
S	3	0162	03244	Flynn	Mrs Margie	1905	Feb	10	022	F	Providence Hosp	SWD
S	1	0001	00142	Flynn	Rebecca	1882	Oct	20	040	F	Seattle	IRE
S			1255	Flynn	Robert	1890	Apr	24	060	M	Des Moines	---
S	2	0043	00860	Flynn	Wm	1900	Oct	28	054	M	Redmond, WA	IRL
S	2	0048	00959	Flynn	Wm	1900	Nov	03	043	M	K. C. Hosp.	IRL
S	2	185	3648	Flynn	Wm. J.	1902	Dec	27	019	M	Tacoma, WA	CA
S	2	0072	00468	Fodel	Fanny C.	1896	Nov	12	018	F	112 Blanchard St.b.Victoria	CND
S	3	0025	00487	Fogelbach	Ethel May	1905	Nov	18	014	F	820 Dearborn St	OH
S	3	0106	02104	Fogelquist	Harry W.A.	1906	Oct	01	011	M	1120 E. Spruce	Sea
S		136	2695	Fogh	J. P.	1902	Apr	25	051	M	Seattle Gen. Hosp.	DNK
S	1	0001	00888	Fogle	Jennie	1889	Jun	09	13d	F		
S		196	3863	Foley	James	1903	Feb	28	040	M	619 First Avenue S.	--
S	2	0085	1699	Foley	John	1901	Jul	08	045	M	1st & Kind	IRL
S	1		2038	Foley	Lavona Caroline	1890	Dec	11	022	F	Providence Hosp.	---
S	2	188	3705	Foley	Michael	1903	Jan	16	050	M	Wayside Mission	ON
S	2	0090	00646	Foley	Mrs. Bridgett	1898	Feb	28	074	F	207 4th Ave.	IRL
S	3	0127	02529	Foley	Peter J	1904	Sep	18	027	M	Lake Washington	IRL
S	2	0029	00562	Folkart	Henry	1900	Jul	12	030	M	S. G. Hosp.	GER
S	1	0001	00279	Folkeblatt	Morris	1883	Sep	04	041	M	Seattle	NRY
S	1	0001	00326	Follensbie	Alice	1884	Mar	23	027	F	Seattle	USA
S	3	0079	01566	Follmer	Wallace R.	1906	May	22	024	M	Forsythe	IL
S	2	0030	00598	Folsom	Harriett A.	1900	Jul	30	070	F	Prov. Hosp.	NY
S	2	0076	00085	Foltzke	E.	1897	Feb	11	---	M	Elliott	---
S		0060	1196	Fonda	J. W.	1903	Nov	31	04m	M	Calgary Cnd.	---
S	3	0142	02835	Fong	Chung	1904	Nov	27	031	M	414 Washington St	CHN
S		0003	00083	Fong	Gew	1892	Feb	29	13m	M	516 Wash. St.	
S	3	0002	00028	Fonstad	Oscar Ingvard	1905	Jul	29	002	M	1310 42nd Ave	WA
S		0012	00433	Fontaine	NR	1892	Oct	16	035	M	Poor farm	GER
S	3	0106	02103	Fontana	Geo.	1906	Oct	01	024	M	Prov. Hosp.	unk
S	3	0152	03039	Fook Lau	---	----	---	--	---	M	Seattle	CHN
S	2	0004	00079	Foote	C. L. Mrs.	1900	Jan	14	073	F	On train in OR	---
S	2	0004	00077	Foote	Chester L.	1900	Jan	06	074	M	Los Angeles, CA	NY
S	2	0054	00330	Foote	Mary I.	1895	Aug	27	022	F	116 Albert	
S	-	147	2890	Footer	Mary Lee	1902	Jun	13	030	F	Gen. Hosp.	MO
S	1	0001	00240	Footlard	Ala	1883	Aug	04	03m	F	Seattle	
S	2	0120	2395	Forbes	Charles	1901	Dec	26	042	M	Co. Hosp.	AUT
S			1358	Forbes	Edward	1890	Jun	18	044	M	Grace Hospital	MA
S		0007	00258	Forbes	Mary	1892	Jun	28	001	F	902 Lane	Sea
S	1	298	2461	Forbes	Oswald S.	1891	Jul	14	2.5	M	11th & Dearborn Sts.	---
S	3	0119	02362	Forbes	Thomas	1906	Nov	29	060	M	528-2nd Ave. W.	SCT
S	2	0008	00143	Ford	A	1900	Feb	25	030	M	Prov. Hosp.	---
S	3	0150	02987	Ford	Catherine	1904	Dec	27	067	F	Providence Hosp	IRL
S	2	0086	1706	Ford	Clara	1904	Mar	30	052	F	1422 Seneda St.	LA
S	2	0068	01354	Ford	Infant	1903	Dec	17	---	F	Columbia City	Sea
S	3	0081	01608	Ford	John F.	1906	Jul	04	052	M	156 25th	IRL
S	2	107	1258	Ford	John Roy	1898	Nov	08	007	M	916 20th Ave.	Sea
S	2	0082	00350	Ford	Thos. F.	1897	Sep	04	009	M	528 Minor St.	TX

S	R	Page	Recor	LastName	FirstNames	Deat	Mn	Dt	Age	S	DeathPlace	Bir
S	-	169	3334	Ford	Trumbull	1902	Oct	06	037	M	Seattle Gen. Hosp.	CA
S	2	0096	1902	Fordney	D. L.	1901	Sep	17	058	M	Ross	USA
S	2	119	1731	Fordney	Wm.	1899	Apr	21	-	-	Anacortes, WA	---
S	3	0091	01806	Fore	Ann Elizabeth	1906	Aug	16	074	F	2235 1st Ave. No.	KY
S	-	153	2999	Fore	C. J.	1902	Jul	15	078	M	2229 1st Ave.	VA
S	2	119	1755	Forehand	May Belle	1899	Jun	16	018	F	410 1st Ave. W.	IN
S	1	216	2295	Foreman	Frank	1891	Apr	12	11m	M	720 Jefferson St.	Sea
S	2	307	2475	Foreman	Willie	1891	Jul	19	21d	M	720 Jefferson St.	---
S	2	0069	00378	Forest	baby	1896	Sep	11	02m	M	3rd & Bell Sts.	OR
S	2	0030	00584	Forest	Patrick	1900	Jul	23	076	M	511 10th Ave	IRL
S	1	0001	00448	Forester	John	1885	Apr	23	035	M	Seattle	SCT
S	3	0150	03001	Foresyth	Joseph W	1904	Dec	09	039	M	Burnett, WA	---
S	1	0001	00412	Forgen	Audren	1884	Nov	28	060	M	Seattle	SCT
S	3	0083	01649	Forndron	Infant	--	--	--	--	F	2511 Yesler W.	WA
S	2	0024	00463	Forner	Baby	1900	May	20	---	M	Ballard	sme
S	2	0024	00465	Forner	Maggie	1900	May	24	019	F	Ballard	ND
S		0048	00951	Forney	Stephen	1903	Sep	17	040	M	Des Moines, WA	US
S	3	0199	03978	Forrest	Johanna	1905	Jul	06	066	F	King Co. Hosp.	IRL
S	2	117	1679	Forrest	Nellie H.	1899	May	06	046	F	Summit & Columbia Sts.	USA
S	2	0094	1868	Forrest	William	1901	Sep	02	001	M	125 29th Ave.	SEA
S	2	0062	01221	Forrow	A. S.	1901	Feb	27	056	M	27 & Madison	PE
S	2	125	2499	Forsberg	Alice	1902	Feb	15	006	F	Ballard	SEA
S	2	184	3632	Forsey	Stella B.	1902	Dec	09	022	F	Lopez Island	WA
S		0015	00008	Forstrom	Christine	1893	Jan	03	060	F	13th & Canal	SWD
S	2	0069	1380	Forsuth	John	1904	Jan	09	035	M	106-1/2 6th Ave. So.	SCT
S	3	0197	03942	Forsyth	Annie (Mrs.)	1905	Jul	28	063	F	193 11th Ave N "B"	IRL
S	3	0094	01866	Forsyth	John	1906	Aug	28	073	M	507 11th Ave. N.	SCT
S	2	111	2210	Fortier	Mabel	1901	Dec	14	017	F	2414 Western Ave.	OR
S	2	0009	00163	Fortson	Geo H. (Capt)	1899	---	--	---	M	Manila, P.I.	GA
S	1		1503	Forward	Mattie	1890	Aug	20	014	F	92 Grant St.	---
S	2	100	1003	Foshay	Rosalie	1898	Jul	23	059	F	2100 4th Ave.	---
S	3	0014	00273	Foshay	W. D.	1905	Sep	23	073	M	Seattle Gen. Hosp.	NY
S	3	0091	01814	Foshner	Fannie	1906	Aug	18	070	F	1123 27th Ave. So.	GER
S	2	0098	00927	Fosland	Mrs. M. S.	1898	Jun	14	051	F	6th & Main Sts.	IRL
S	3	0087	01727	Fosnat	G.W.	1906	Jul	25	053	M	Co.Hosp., Georgetown	IA
S	2	0026	00515	Foss	Matt	1900	Jun	28	023	M	Prov. Hosp.	FIN
S	1		1966	Foster	Abraham	1890	Oct	30	050	M	Rollins corner Harrison	ENG
S		0009	00322	Foster	Alice	1892	Jul	31	025	F	Ballard (b.Mason Co.,	WA
S	3	0070	01381	Foster	Arthur A.	1906	May	24	001	M	Sea.Gen.Hosp.	Sea
S		0083	01657	Foster	Arthur W.	1904	Mar	22	05m	M	426 Evanston Ave.	Sea
S	3	0062	01235	Foster	Aseneth	1906	Apr	04	067	F	3616 Howard Ave.N.	NH
S		0030	00600	Foster	Church	1903	Jul	22	040	M	Seattle General Hospital	---
S	2	101	1054	Foster	Dorothy P.	1898	Aug	09	002	F	Fremont, WA b.Minneapolis,	MN
S		0005	00091	Foster	Edward	1903	Mar	04	050	M	290 Crawford St. Ballard	MN
S	3	0139	02779	Foster	Elva R.	1907	Feb	02	056	F	218 Fairview Ave.	MI
S	2	0050	00989	Foster	Grear	1900	Dec	10	070	M	116 19th Ave N	PA
S	2	0063	00140	Foster	Infant	1896	Apr	10	04d	M	404 Rollin St	Sea
S		0026	00442	Foster	Jack	1893	Oct	15	040	M	5th & Main	MN
S	-	150	2942	Foster	Jas.	1902	Jun	04	004	M	Georgetown, WA	WA
S	2	0099	1964	Foster	John J.	1901	Sep	15	022	M	Black Diamond	NS
S	3	0159	03178	Foster	Joseph Thomas	1905	Jan	04	026	M	Foster, King Co, WA	WA
S	2	0097	00885	Foster	Julia A.	1898	May	19	042	F	Ballard, WA	NY
S	-	148	2907	Foster	Leonard	1902	Jun	23	002	M	Monad Hosp.	FL
S	3	0093	1856	Foster	Lura	1904	Mar	29	023	F	Prescott AZ	---
S		0077	1549	Foster	Mary Ellen	1904	Feb	27	001	F	519 Olympic Place	WA

S	R	Page	Recor	LastName	FirstNames	Deat	Mn	Dt	Age	S	DeathPlace	Bir
S	2	0110	2182	Foster	Moses	1901	Dec	02	068	M	Seattle Gen. Hosp.	
S	3	0139	02771	Foster	Mrs Jennie M	1904	Nov	07	060	F	947 Eleventh Ave S	ME
S	3	0241	02814	Foster	Mrs. G.	1907	Feb	07	025	F	Prov. Hosp.	unk
S		0079	01579	Foster	Nellie B.	1904	Feb	13	008	F	Georgetown Wn.	BC
S	2	0104	2063	Foster	Rachael	1901	Oct	14	063	F	Kingston	CND
S	2	0082	00341	Foster	S. H.	1897	Aug	26	---	F	Port Townsend, WA	---
S	2	0047	00046	Foster	S.H.	1895	Feb	05	075	M	107 Lincoln	ME
S		0009	00315	Foster	William	1892	Jul	30	22d	M	Ballard (b.Ballard	
S	2	0068	00330	Fostrom	A. P.	1896	Aug	22	063	M	Fremont	SWD
S		0038	00745	Fouden	Ethel B.	1903	Aug	26	10m	F	Green Lake	SWD
S	1	0001	00253	Fougstad	Marh Thornsdetter	1883	Sep	04	041	F	Seattle	NRY
S	2	110	1376	Foulgoe	Pierce L.	1899	Jan	02	033	M	Providence Hosp.	---
S	3	0006	00102	Fountain	---	1905	Aug	22	030	M	4th Ave & Washington	UN
S	3	0016	00304	Fountain	Carrie	1905	Sep	08	080	F	King Co. Hosp.	ENG
S	2	378	2616	Fountain	Eva	1891	Sep	29	06w	F	709 Stewart St./7th Ward	Sea
S	2	125	1970	Fountain	John	1899	Sep	17	076	M	County Hosp.	---
S		0023	00331	Fountain	Lena	1893	Aug	24	02m	F	809 Lake V. Av.	Sea
S	2	0122	2440	Fournie	E. P.	1902	Feb	12	043	M	Prov. Hosp.	MI
S	-	148	2900	Fouto	baby	1902	Jun	19	08d	M	2304 Howard N.	SEA
S	3	0023	00450	Fouts	Infant	1905	Oct	20	s/b	M	414 22nd Ave	SEA
S	3	0105	02088	Fowler	(Infant)	1906	Sep	11	s/b	M	1112-25th	Sea
S		196	3867	Fowler	Azro	1903	Feb	09	080	M	802 - 14th Avenue N.	VT
S	2	0055	01093	Fowler	C. J.	1901	Jan	17	055	M	S. G. Hosp.	NY
S	3	0070	01391	Fowler	Chalkley T.	1906	May	29	066	M	1611 - 36th Ave.	OH
S	2	0082	00333	Fowler	Dwight B.	1897	Aug	10	022	M	Skagway, AK	---
S		0026	00509	Fowler	Hannah	1903	Jun	14	057	F	Wayside Mission	ENG
S	1	0001	00853	Fowler	James	1889	Apr	08	022	M	Bothel's Camp	
S	1	298	2457	Fowler	L. J.	1891	Jul	12	pm	F	Abbott House, Pike & First	Sea
S	3	0164	03266	Fowler	Marjorie H.	1907	Apr	09	005	F	Pacific Hosp.	WA
S	2	178	3504	Fowler	Whitehead	1902	Nov	20	069	M	723 Madison St.	NY
S	1	0001	01238	Fox	Clanele	1890	Mar	23	13m	M	Taylor & Jackson	SEA
S	2	0099	1966	Fox	Hanna	1900	Nov	07	033	F	Hotel DeDorte Front	IN
S	2	138	2728	Fox	Ignaty	1902	Apr	29	052	M	2707 2nd Ave. b.Barberia	
S	2	0081	00277	Fox	J. E.	1897	Jul	29	045	M	210 Taylor St.	---
S		0098	1965	Fox	John	1904	May	28	035	M	Wayside Mission Hospital	
S	3	0055	01085	Fox	Lucy	1906	Mar	17	05m	F	607 - 6th Ave.	WA
S		0018	00146	Fox	Mary Ann	1893	Apr	19	074	F	507 Taylor	CT
S	-	164	3226	Fox	Mrs. Jean Forsyth	1902	Sep	06	028	F	302 Broadway	SCT
S	2	0062	00106	Fox	Thos. W.	1896	Mar	13	076	M	507 Taylor St	
S	1	0001	00149	Fox	Wm. H.	1882	Nov	15	035	M	Seattle	GER
S	2	114	1563	Foy	Hugh	1899	Mar	02	-	M	Skagway	---
S	2	115	1588	Foye	Wm. H.	1899	Apr	03	068	M	Masonic Temple	NH
S	1		1970	Frair	Chester	1890	Nov	01	02m	M	foot of Columbia St.	Sea
S	1	0001	00762	Fraker	G.W.	1889	Feb	15	057	M	County Farm	
S	-	154	3031	Frances	Robert Fredrich	1902	Jul	17	034	M	Seattle Gen. Hosp.	IRL
S	2	0023	00457	Francis	Celia E.	1900	May	07	022	F	A.? BC	BC
S		129	2579	Francis	E. H. (Capt.)	1902	Mar	25	052	M	Butler Hotel	IL
S	2	0024	00461	Francis	Eugene	1900	Oct	03	08m	M	Skagway	---
S		0043	00859	Francis	Harry William	1903	Sep	12	011	M	Fremont	Sea
S	1	0001	00256	Francis	Lepold	1883	Aug	25	052	M	Seattle	GER
S	3	0145	02886	Francis	Walter	1907	Feb	20	025	M	Prov. Hosp.	ENG
S	1	0001	00241	Francisco	Lepold	1883	Aug	02		M	Seattle	SWD
S	1	0001	01080	Franden	Franz P.	1889	Dec	12	026	M	So. Seattle	DNK
S	3	0152	03027	Franecke	August	1907	Mar	06	c30	M	211-8th Ave.	GER
S	3	0183	03657	Frank	Anna	1905	May	15	004	F	135 28th Ave	RUS

S	R	Page	Recor	LastName	FirstNames	Deat	Mn	Dt	Age	S	DeathPlace	Bir
S	3	0182	03632	Frank	Anna Maria	1905	May	09	007	F	135 28th Ave	RUS
S	3	0196	03906	Frank	Augusta J.	1905	Jul	18	059	F	38th & Evanston Ave	SWD
S	3	0093	01851	Frank	Fred	1906	Aug	27	02m	M	137 28th Ave. N.	WA
S	3	0183	03651	Frank	Frederick	1905	May	15	07m	M	135 28th Ave	RUS
S		0021	00265	Frank	Gracie	1893	Jul	04	08m	F	518 Virginia(b.SanFrancisco	
S	2	0071	00437	Frank	infant	1896	Oct	25	02d	M	813 Alder St.	SEA
S	3	0044	00876	Frank	Infant	1906	Feb	16	07m	M	West Seattle, WA	WA
S	3	0170	03389	Frank	John E.	1907	Apr	10	050	M	New York, NY	---
S	3	0104	02061	Frank	Marie	1906	Sep	09	055	F	McKinley Hall, So. Park	GER
S	1	0001	00578	Frank	Thos.	1888	Aug	08	001		Corner 10th & Cheny St	
S	3	0187	03732	Frankland	Elizabeth C.	1905	May	26	061	F	Auburn, WA	RI
S		0025	00400	Frankland	Sarah	1893	Sep	19	073	F		ENG
S	2	0047	00933	Franklin	A. M. W.	1900	Nov	22	02m	M	212 21st Ave S	SEA
S		0004	00122	Franklin	E.	1892	Mar	27	080	M	County farm	
S	-	190	3738	Franklin	Fannie	1903	Jan	28	045	F	Providence Hosp.	IRL
S	2	0086	1710	Franklin	Hy ?	1901	Jul	14	032	M	Prov. Hosp.	OR
S	3	0173	03462	Franks	John	1905	Mar	24	048	M	Ravensdale	---
S	1	0001	00665	Franzaglis	Gioranno	1888	Oct	26	042		btw Wash. & Jackson St.	
S	3	0095	01894	Frapo	Mary (Mrs.)	1906	Aug	19	040	F	on board train, Auburn, Wn.	ITL
S		0096	1919	Frary	Fredelia	1904	May	12	088	F	115 East 62nd St.	MA
S	3	0185	03700	Frasch	Kate	1907	Jun	12	035	F	Prov. Hosp.	CA
S	2	0120	2396	Fraser	A.	1902	Jan	27	024	M	Leary Wash	USA
S	2	0095	00804	Fraser	John S.C.	1898	Apr	10	02m	M	Ballard, WA b.Ballard, WA	
S	2	102	1074	Fraser	Mattie Born	1898	Aug	21	035	F	City Jail	---
S	2	114	1567	Fraser	Wm. H.	1899	Mar	15	046	M	County Hosp.	---
S	2	0055	00389	Frauentral	Emil	1895	Sep	28	014	M	1003 Yesler	Sea
S	3	0188	03765	Fraverco	Infant	1905	Jun	13	05m	F	2113 Terry Ave	SEA
S		0083	1647	Frawley	Mattie	1904	Mar	10	020	F	Wayside Mission Hospital	CA
S		0037	00742	Fray	Lottie	1903	Aug	25	029	F	Wayside Mission	OR
S	1	0001	00902	Frazall	P.	1889	Jun	21	01m			
S	2	0045	00900	Frazer	D. L. H.	1900	Nov	07	039	M	1st Ave S & Weller	OR
S	1		2137	Frazer	James	1891	Feb	11	036	M	foot of Blanchard St.	---
S	3	0185	03698	Frazer	James Ingles	1907	Jun	12	071	M	705 Summit N.	PA
S	3	0158	03160	Frazier	Harriet	1905	Jan	20	065	F	Pacific Hosp	ENG
S	3	0177	03429	Frazier	Wilson B	1905	Apr	12	032	M	300 11th Ave N	MI
S	2	0083	00387	Fread	infant	1897	Oct	01	06m	M	813 Alder St.	SEA
S	3	0199	03980	Freburg	Alfred	1905	Jul	17	055	M	WW Hosp for Insane	SWD
S	2	0074	00035	Frederick	P. F.	1896	Dec	29	055	M	San Francisco, CA	CND
S	3	0010	00192	Fredericks	Annie (Mrs.)	1905	Aug	28	053	F	Oak Lake	WI
S	3	0124	02470	Fredericksen	Claudia	1906	Dec	15	028	F	1934-5th Ave.	NRY
S	2	430	2720	Frederickson	Anna Emile	1891	Dec	11	01m	F	nr Johnson Mill	Sea
S		0011	00215	Frederickson	Anna M.	1903	Apr	26	007	F	Monod Hospital	SEA
S	3	0104	02072	Frederickson	Everly Malene Leona	1904	Jun	17	06m	F	3618 21st Ave. W.	Sea
S	3	0195	03893	Fredermeyer	Archie	1905	Jul	08	09m	M	624 Pine St	SEA
S	2	0091	1820	Fredland	Andrew	1901	Aug	28	029	M	Gen. Hosp.	SWD
S		0101	02020	Fredlund	Infant	1904	May	05	s/b	M	Yesler Way bet.8th & 9th Av	Sea
S		0019	00166	Fredrick	Jessie	1893	Jan	16	028	F	Loomis, WA	
S	2	0074	00009	Fredricks	Helen C.	1897	Jan	07	039	F	1020 Columbia St.	CND
S	3	0188	03756	Fredrickson	Barre	1907	Jun	27	067	M	3600-13th Ave. W.	NRY
S	2	0023	00454	Freeborn	Aud. C.	1900	May	04	037	M	West Seattle	CND
S	2	0002	00042	Freed	Elizabeth B.	1892	Jan	25	065	F	1023 9th St.	---
S	3	0025	00492	Freed	Haimnon	1905	Nov	20	063	M	4318 4th Ave NE	OH
S		0117	02329	Freeland	Elizabeth Long	1906	Nov	14	075	F	310 E. Harrison	PA
S	3	0110	02199	Freelund	Carl Rudolf	1906	Oct	22	001	M	2122-1/2-6th Ave.	Sea
S		0077	1544	Freeman	E. B.	1904	Feb	27	040	M	Wayside Hospital	---

S	R	Page	Recor	LastName	FirstNames	Deat	Mn	Dt	Age	S	DeathPlace	Bir
S	2	0071	00459	Freeman	Emily	1896	Nov	05	088	F	Franklin St.	---
S	3	0148	02948	Freeman	Florence	1904	Dec	26	010	F	Wayside Emergency Hosp	CND
S	1	0001	01194	Freeman	Frederick	1890	Mar	25	054			
S	-	165	3255	Freeman	Harold	1902	Sep	19	09m	M	326 39th N. W.	WA
S	3	0051	01001	Freeman	James W.	1906	Feb	28	036	M	1st Ave.So.& Holgate St.	
S	2	0109	2178	Freeman	John	1901	Dec	01	039	M	King St. Bunkers	
S	3	0134	02666	Freeman	Noah M	1904	Oct	18	066	F	1524 Franklin Ave	MA
S	-	166	3271	Freeman	Sarah M.	1902	Sep	30	056	F	2703 Jackson	OH
S	1	0001	01100	Freeman	T. Mrs.	1889	Dec	03	030	F	Brush St.	
S	2	0025	00487	Freeman	Thos. P.	1900	Jun	08	075	M	112 20th Av S	PA
S		0116	02310	Freeze	Kenneth	1906	Nov	09	05m	M	901-30th S.	WA
S		0034	00676	Freiderickson	Jennie A.	1903	Aug	06	037	F	Seattle	NRY
S		132	2601	French	baby	1902	Mar	04	s/b	M	Ballard, WA	WA
S		0016	00312	French	Baby	1903	May	05	01d	M	General Hospital	SEA
S	3	0192	03830	French	Charles A.	1905	Jun	12	049	M	Ballard	AFR
S	3	0187	03733	French	Charles E.	1905	May	29	051	M	King County Hosp.	WI
S	3	0188	03755	French	Charlotte (Mrs.)	1905	Jun	05	072	F	Providence Hosp.	ENG
S		0032	00641	French	Daisy B.	1903	Jul	24	013	F	415 Polk Street	MN
S	2	0049	00963	French	Fred	1900	Nov	20	050	M	Co. Hosp.	MN
S	3	0167	03331	French	Robert	1907	Apr	22	018	M	306-7th Ave. N.	KS
S	2	113	1512	French	Walter H.	1899	Mar	08	056	M	2308 1st Ave.	---
S			1342	Frese	Richard	1890	Jun	07	035	M	Providence Hospital	---
S	3	0146	02920	Freshfield	Helen	1904	Dec	14	09w	F	501 East Lake Ave	SEA
S	3	0011	00215	Fretz	Dora Agnes	1905	Aug	28	09m	F	2018 N Stroud Ave	WA
S	2	0011	00207	Freufsinn	Carl	1900	Mar	14	05m	M	23 & Atlantic	SEA
S		0020	00234	Frey	NR	1893	Jun	11	027	M	Prov. Hosp.	
S	-	152	2980	Frick	Adolph	1902	Jul	04	035	M	St. Charles Hotel	---
S	2	115	1598	Friden	John	1899	Apr	10	039	M	Providence Hosp.	---
S	2	354	2569	Friedman	Rosa	1891	Sep	05	01m	F	Weller & 10th Sts.	Sea
S	2	0052	00262	Friedman	Sarah	1895	Jun	07	007	F	South Park	
S	1		1581	Frielander	Louis	1890	Sep	25	051	M	-	---
S	2	0043	00507	Friend	Arthur J.	1894	Nov	03	015	M	3002 Yesler	
S	2	0005	00098	Friend	John A.	1900	Feb	05	051	M	2800 Yesler	AUS
S	-	173	3406	Friend	Mrs. E. B.	1902	Oct	25	049	F	Ashland, WI	NY
S		0028	00543	Friendhoff	John C.	1893	Dec	11	24d	M	215 Bismark	
S	-	165	3246	Fries	Margaretha	1902	Sep	11	044	F	9th Ave. S. & Norman St.	GER
S	1	0001	00752	Frimble	E.	1889	Feb	05	083		Prov.Hosp.	
S	2	0079	00200	Frisbee	C. W.	1897	May	23	042	M	In woods near Money Creek	---
S	3	0001	00014	Frisby	Morris	1904	May	30	---	M	Maseot Creek, AK	UN
S	2	0018	00342	Frisell	Edna Olive	1900	Apr	28	004	F	1018 E Pike	SWD
S	3	0138	02754	Frisk	Irving	1904	Oct	31	09m		813 Alder St	SEA
S	2	126	2512	Fritz	Chas.	1902	Feb	09	026	M	Lake Station	IA
S	1	0001	00482	Frmley	Viola P.	1885	Oct	24	060	F	Union St. 2nd Ward.	
S		0109	02181	Fronekoruck	Mary	1904	Jul	07	05m	F	702 Rainier	Sea
S		0112	02229	Fronekowiak	Edward J.	1904	Jul	25	06m	M	702 Rainier	Sea
S	2	0070	00413	Fronsdale	H.	1896	Oct	08	025	F	General Hosp.	NE
S	2	0006	00113	Frosberg	A	1900	Feb	12	057	M	Prov. Hosp.	SWD
S	1		1433	Frost	Alma Elisabet	1890	Jul	21	04m	F	13th St.	Sea
S	2	0080	00262	Frost	Frank B.	1897	Jul	18	026	M	Seattle General Hosp.	MI
S	2	125	1980	Frost	Fred W.	1899	Oct	03	047	M	Providence Hosp.	---
S		0050	00987	Frost	Lester Bond	1903	Oct	11	030	M	Providence Hospital	IL
S		0001	00012	Frost	Mrs. Maggie	1903	Mar	08	038	F	819 - 11th Avenue	NAM
S		0005	00163	Fry	Charles	1892	Apr	23	019	M	1809 9th St.	
S		0020	00198	Fry	Jennie	1893	May	27	08h	F	1710 Broadway	
S	2	0098	00910	Fry	John P.	1898	Jun	05	060	M	Fremont Hotel	MA

S	R	Page	Recor	LastName	FirstNames	Deat	Mn	Dt	Age	S	DeathPlace	Bir
S	2	0090	00636	Fry	R. D.	1898	Feb	24	---	M	1st Ave. & S. Main	PA
S	3	0174	03468	Fry	William S	1905	Mar	03	077	M	Georgetown	IN
S	1		1602	Frye	Benj. F.	1890	Oct	12	002	M	919 Cherry St.	Sea
S		0020	00229	Frye	George Arthur	1893	Jun	06	023	M	6th & Pike	
S	3	0163	03256	Frye	James Marion	1905	Feb	14	043	M	1206 Madison St	SEA
S	3	0189	03773	Fryer	Evelyn	1907	Jun	27	019	F	Providence Hosp.	KS
S	3	106	2106	Fryer	Peter J.	1904	Jun	30	079	M	304 13th Ave S.	NY
S			1415	Fue	Oscar	1890	Jul	13	03m	M	Corner King & 14th Sts.	---
S		0077	1539	Fugishirna	Kisuke	1904	Feb	25	021	M	27 7th Ae S.	JPN
S	1	0001	01033	Fugiward	Tom	1889	Oct	21	026	M	Jackson St.	
S		0028	00557	Fuhrberg	Christian, Jr.	1903	Jul	04	075	M	2231 Eighth Avenue	GER
S	3	0147	02930	Fuhrberg	Mrs. Caroline	1907	Feb	28	070	F	510 Vine	GER
S	3	0012	00238	Fujii	J.	1905	Sep	15	032	M	Seattle Gen. Hosp.	JPN
S	3	0061	01217	Fujita	Masame	1906	Apr	27	02m	M	414 Fifth Ave.	Sea
S	3	0151	03020	Fujita	Wrie	1907	Mar	04	02m	F	600 King St.	WA
S		0047	00946	Fukamoto	Liyosuki	1903	Sep	14	030	M	Index, WA	JPN
S	2	176	3485	Fukuda	Ume	1902	Nov	20	027	F	Providence Hosp.	JPN
S	2	184	3617	Fukui	Y.	1902	Dec	31	026	M	Providence Hosp.	JPN
S		0020	00387	Fuller	Albert H.	1903	May	10	027	M	N. Yakima	NS
S		0007	00139	Fuller	Andrew	1903	Mar	31	073	M	1319 - 17th Avenue N.	OH
S	2	0061	00045	Fuller	Dannie	1896	Jan	17	04m	M	Columbia	WA
S	2	107	1287	Fuller	Jennie	1898	Nov	30	011	F	311 6th Ave. N.	Sea
S	2	101	1050	Fuller	L. D.	1898	Aug	04	054	M	313 Blanchard St.	---
S	3	0069	01375	Fuller	R.C.	1906	May	16	50	M	1513 - 4th Ave.	un
S	2	130	2162	Fuller	Thos. R. Jr.	1899	Dec	31	016	M	Mercer Island, WA	CO
S	3	0121	02405	Fullerton	(Infant)	1906	Nov	13	s/b	F	710-28th Ave. S.	WA
S		0027	00494	Fulton	Henry	1893	Nov	14	042	M	Yakima St.	
S	2	115	1596	Fulton	Wm. M.	1899	Apr	09	071	M	2506 Jackson St.	ME
S	3	0056	01109	Funk	Hannah	1906	Mar	14	056	F	St.Vincent Hosp.Portland,OR	IL
S	3	0024	00463	Funk	Maggie (Mrs.)	1905	Nov	07	047	F	1416 E Pine St	MI
S	3	0001	00011	Funnell	Alto M	1905	Jul	28	033	F	South Seattle	MI
S	2	0015	00285	Funny	Arnie	1900	Apr	05	035	F	1st Ave S	---
S	1		2106	Furlman	Frankie	1891	Jan	23	05m	M	719 Pike St. b.Tacoma,	WA
S		112	2237	Fursman	Rose C.	1904	Jul	28	033	F	2026 2nd Ave.	GA
S	2	105	1214	Furth	Fred'k	1898	Oct	19	060	M	Vulcan Iron Works	AUS
S	2	0056	00467	Fury	Catherine F.	1895	Oct	05	042	F	Prov. Hosp	
s	1	0001	00337	Fussel	Eliz	1884	May	11	024	F	Seattle	USA
S	2	157	3089	Fusselman	Olive E.	1902	Aug	10	050	F	Providence Hosp.	ENG
S	1		2208	Fyllen	Charles	1891	Mar	05	028	M	2012 6th St., 6th Ward	NRY
S	2	0071	00447	F_____man (nr)	M.	1896	Oct	12	050	M	County Hosp.	IRL
S	2	0044	00870	Gabeau	Chas	1900	Oct	01	046	M	Hoodsport, WA	MI
S		0007	00270	Gabriel	Louis	1892	Jul	04	024	M	RR Wharf, Tacoma	US
S		0117	02333	Gabriel	Zephaniah	1906	Nov	13	046	M	Wayside Hosp.	---
S		0016	00313	Gaetano	Conciato	1903	May	05	036	M	167 Washington	ITL
S	2	0101	2010	Gaffner	Wm.	1901	Oct	17	073	M	Elliott Bay	USA
S	3	0082	01623	Gaffney	Lawrence	1906	Jul	08	065	M	Prov. Hosp.	CND
S	2	0088	1757	Gaffney	Mary	1901	Jul	12	014	F	Sherwood, WA	
S	3	0126	02508	Gaffney	Mary A.	1906	Dec	15	068	F	1707 Belmont Ave.	PA
S	2	180	3570	Gaffney	Mrs. Jas.	1902	Dec	10	026	F	rear 416-1/2 Terrace	MO
S	1	0001	00199	Gaffney	Thom.	1883	Apr	24	045	M	Seattle	IRE
S	3	0103	02056	Gafford	Infant	1904	Jun	10	01d	F	Monod Hospital	Sea
S	3	0088	01756	Gage	Eli A.	1906	Aug	02	039	M	Tourist Hotel	IL
S	2	0048	00112	Gaggis	Philip	1895	Mar	24	040	M	231 Day St	ITL
S	3	0170	03393	Gagliardo	Tony	1907	Apr	13	017	M	Van Asselt, WA	ITL
S		0117	02339	Gagnon	Etta	1906	Nov	18	030	F	911 Connecticut	IA

S	R	Page	Recor	LastName	FirstNames	Deat	Mn	Dt	Age	S	DeathPlace	Bir
S	3	0033	00652	Gagnon	Fred	1905	Dec	02	038	M	Seattle Gen. Hosp.	---
S	2	0014	00270	Gagnon	Jas.	1900	Mar	26	026	M	Near Summit, WA	CND
S	2	0068	01346	Gaheen	Guyneata	1903	May	23	11m	F	Dawson b.Alaska Territory	
S	3	107	2133	Gaines	Ureka G.	1904	Jun	09	042	F	800 Woodward Ave., Ballard	FIN
S	2	0085	00438	Galbraith	C. L.	1897	Oct	30	09m	F	Ballard, WA b.Ballard, WA	
S		114	2280	Galbraith	H. J.	1904	Jul	02	028	M	on N. P. Portland Train	CND
S		0028	00558	Galbraith	I.N.	1903	Jul	06	049	M	Foot of Battery Street	TN
S	2	0005	00082	Galbraith	Jas A.	1900	Jan	19	082	M	Ballard	TN
S	3	0077	01526	Gale	Mary	1906	Jun	25	15d	F	1010 Washington	Sea
S	2	100	1001	Galer	G. V.	1898	Jul	21	059	M	2nd & Bell Sts.	ENG
S	1		1927	Gales	A.	1890	Oct	24	040	M	1713 Front St.	---
S	2	0063	01242	Gall	Almira	1901	Feb	23	061	F	Steilacoom	CND
S	3	0171	03413	Gall	Charles	1907	Apr	29	025	M	Kangley, WA	---
S	2	104	1162	Gallagher	Clara	1898	Sep	28	022	F	Green Lake	MN
S	3	0149	02978	Gallagher	Daniel	1904	Dec	11	031	M	1323 Third Ave	CA
S		0040	00799	Gallagher	Edward	1903	Aug	27	048	M	Wellington	---
S		194	3819	Gallagher	John	1903	Jan	29	035	M	Providence Hospital	
S	3	0142	02829	Gallagher	John	1907	Feb	13	035	M	Cor. Broadway and Marion	IRL
S	3	0150	02996	Gallagher	John	1907	Feb	14	069	M	1747 Minor Ave.	IRL
S	2	0098	00928	Gallagher	Michael	1898	Jun	15	050	M	Providence Hosp.	IRL
S	2	0062	01226	Gallagher	Pat	1901	Feb	27	068	M	Green Lake	IRL
S	2	126	1995	Gallagher	Raymond	1899	Oct	13	001	M	109 Belmont Ave.	Sea
S	2	0089	00586	Gallaher	Joseph E.	1898	Jan	14	030	M	on S.P. city train	GA
S	2	0058	00533	Gallaher	Terence	1895	Nov	28	06m	M	413 S. 9th	NY
S	3	0142	02835	Galland	Mrs. Caroline Kline	1907	Feb	13	065	F	1615-17th Ave. (b. Bavaria	
S	2	176	3492	Galli	Geo.	1902	Nov	24	14d		1223 Washington St.	SEA
S	3	0085	01688	Galliac ?	Jerome	1906	Jul	27	040	M	Sea.Gen.Hosp.	MA
S		134	2651	Gallice	Frank	1902	Apr	13	050	M	1214 E. Madison (b.Paris, FRN	
S	2	0015	00298	Gallickson	Albert	1900	Apr	09	031	M	Prov. Hosp.	MN
S		0022	00292	Galliger	Patrick	1893	Jun	15	055	M	Blk. Diamond	
S	1	0001	00659	Galligher	Francis	1888	Oct	23	4mo	M	Battery St.	
S	3	0140	02782	Galligher	Patrich H.	1907	Feb	03	080	M	414 Bell St.	MA
S		0046	00910	Galliher	Herbert	1903	Sep	27	012	M	803 Republican St	OR
S	3	0134	02680	Galloway	Infant	1904	Oct	23	01d	M	1922 Minor Ave	SEA
S	3	104	2073	Galloway	James	1904	Jun	17	093	M	5747 Terrace Ave.	IRL
S		110	2188	Galloway	Lee	1904	Jul	11	019	M	121 23rd Ave. N.	IN
S	3	0127	02521	Galloway	Sarah Jane	1906	Dec	22	067	F	1708 Ravenna Blvd.	ON
S	2	104	1158	Galusha	Clara	1898	Sep	26	041	F	717 Marion St.	PA
S	3	0063	01251	Gamage	Charles F.	1906	Apr	22	027	M	near Cape Beale, B.C.	ME
S	3	0181	03610	Gamamoto	Asako	1905	Apr	16	s/b	F	414 Main St	SEA
S	3	0184	03666	Gamanaka	Idsutara	1905	May	19	034	M	Providence Hosp.	JPN
S	2	0090	1785	Gamble	Henry	1901	Aug	06		M	Green Lake	CND
S	2	0052	01023	Gamble	Maoia	1900	Dec	27	076	F	Greenlake	NY
S	3	0127	02534	Gamble	S.A.	1906	Dec	27	046	M	Wayside Emer. Hosp.	IA
S		0026	00511	Gamper	Albert	1903	Jun	26	030	M	4th and Cherry Street	---
S	2	0086	00505	Ganfson	Mabel	1897	Dec	15	020	F	Sea. Gen. Hosp.	CND
S	1		1438	Ganghan	William M.	1890	Jul	25	04m	M	7th St.	Sea
S	3	0085	01686	Gangl	Willie	1906	Jul	28	05m		1312 15th So.	WA
S		0013	00250	Gank	Gladys	1903	Apr	03	05m	F	Ballard	SEA
S	2	123	2442	Ganowi	Jungo	1902	Feb	13	026	M	Cor. 2nd Ave. & Jackson St.	JPN
S	3	0197	03927	Gans	Maria	1905	Jul	22	092	F	429 13th Ave N	PA
S		195	3842	Gant	C.H.	1903	Feb	20	028	M	313 1/2 Main	MI
S	-	169	3326	Gant	Harry	1902	Oct	--	040	M	6th & Weller Sts.	CA
S	3	0143	02843	Ganthier	Alice May	1907	Feb	12	010	F	1912-8th Ave.	MT
S	3	0079	1577	Garber	John	1906	Jun	09	067	M	Columbia	NY

S	R	Page	Recor	LastName	FirstNames	Deat	Mn	Dt	Age	S	DeathPlace	Bir
S	3	0067	01331	Garbutt	J. S.	1906	May	04	041	M	Wayside Emergency Hospital	un
S	2	0050	00995	Garcia	Doloras	1900	Dec	12	052	F	Monod Hosp	CA
S	2	0039	00352	Garckin	Lillian	1894	Aug	17	003	F	1212 1/2 Front	
S	1	0001	00352	Gardiner	(child)	1884	Jun	28			Seattle	SEA
S	1	229	2337	Gardiner	Christopher	1891	May	05	028	M	Depot St btwn Warren/Poplar	---
S	3	0154	03061	Gardiner	Victor Edward	1907	Mar	14	012	M	1616-3rd Ave. N.	MEX
S	3	0092	01835	Gardner	Alfred E.	1906	Aug	23	029	M	1122 16th Ave.	MN
S	3	0150	03000	Gardner	E A	1904	Dec	07	056	M	Ferry Danville	NY
S	2	0047	00055	Gardner	Eliz.	1895	Feb	12	046	F	Ravenn Park	O.
S		0027	00476	Gardner	Fred A.	1893	Nov	03	039	M	618 Taylor	ME
S	-	148	2909	Gardner	Fred R.	1902	Jun	20	040	M	Occidental & Jackson Sts.	---
S		0001	00007	Gardner	Geo T.	1903	Mar	05	051	M	1911 First Avenue N	NY
S	2	109	1337	Gardner	Goldie	1898	Dec	20	017	F	Seattle Gen. Hosp.	WA
S	2	0121	02425	Gardner	Harry	1904	Aug	01	027	M	--- Race Track	---
S	3	0193	03861	Gardner	Infant	1905	Jun	06	---	F	Wayside Emerg. Hosp.	SEA
S	3	0186	03716	Gardner	Joseph	1907	Jun	17	076	M	448 Blewett	NY
S	3	0170	03390	Gardner	Joseph Warren	1907	Apr	11	068	M	Rainier Beach, WA	MA
S	2	143	2816	Gardner	Louise	1902	May	10	019	F	Seattle Gen Hosp. b.Chicago	IL
S	2	0120	02388	Gardner	Mary B	1904	Aug	26	047	F	1609 E Fir St	OH
S	1	0001	00557	Gardner	Nellie	1887	Sep	28	035	F		
S		0046	00905	Gardner	Reuben Shatts	1903	Sep	25	068	M	503 East Republican St	PA
S	3	0182	03636	Gardner	Walter Anderson	1905	May	10	004	M	931 21st Ave	NY
S	2	0076	1504	Gardois	M.	1901	May	08	001	F	2616 1 Av	WA
S	3	0009	00165	Garegan	Edward J.	1905	Aug	19	017	M	Ballard	MN
S		0034	00149	Garfield	Wm. Chase	1894	Apr	01	040	M	Front cor. Marion	KY
S	3	0153	03053	Garfinkle	Kenneth	1907	Mar	12	05m	M	2516 Yesler Way	WA
S		0024	00470	Garfinkle	Mrs. Kate	1903	Jun	17	048	F	1020 Washington Street	PLD
S	2	0084	01681	Gargon	Elizabeth	1904	Mar	30	01m	F	1313 15th Ave.	Sea
S	3	0162	03243	Garland	Agnes	1905	Feb	09	008	F	Green Lake	NH
S		132	2611	Garland	Thomas	1902	Mar	17	073	M	County Hosp.	ENG
S	2	143	2813	Garlich	Alfred	1902	May	04	036	M	Brighton Beach	NY
S	3	0069	01379	Garlich	Jane A.	1906	May	23	023	F	Pacific Hosp.	WLS
S	3	0074	01461	Garlick	Ruth Jane	1906	Jun	04	07m	F	416-1/2 Denny Way	Sea
S		0026	00436	Garlinger	Maggie	1893	Oct	10	017	F	614 Farm	
S	2	0024	00469	Garlinger	W. H.	1900	May	27	052	M	Co. Hosp.	OH
S	2	0052	00260	Garner	Baby	1895	Jun	07	02d	F	Yesler b.Yesler	
S	2	0038	00742	Garnet	Raymond S.	1900	Sep	07	012	M	Queen Ann Hill	CO
S	1	0001	01011	Garnett	Joseph	1889	Oct	12		M		
S	2	0050	00194	Garnligh	J.	1895	May	02	075	M	Edgwater	
S	3	0067	01327	Garrard	William	1906	May	03	084	M	717 Madison St.	KY
S	3	0136	02716	Garrett	John William	1904	Oct	26	08m	M	1527 5th Ave	SEA
S	2	110	1410	Garrett	Thos.	1899	Jan	19	046	M	1017 18th Ave.	---
S	-	191	3762	Garrigues	Thos. A. Jr.	1903	Jan	28	018	M	Providence Hosp.	KS
S	-	174	3423	Garrison	Gladys	1902	Oct	29	012	F	Renton, WA	WA
S	3	0153	03057	Garrison	James F.	1907	Mar	13	c50	M	Ft of Hamlin St.	unk
S	2	0042	00461	Garrison	John	1894	Oct	22	041	M	Prov. Hosp.	
S	-	155	3053	Garrison	John	1902	Jul	25	035	M	Tolt, WA	MN
S	2	0088	00571	Garrison	Lorenzo M.	1898	Jan	21	054	M	Providence Hosp.	---
S	2	0049	00147	Garrison	M.M.	1895	Apr	09	025	F	616 6th St.	IN
S	2	0044	00875	Garrity	Arthur	1900	Oct	07	045	M	King Co. Hosp.	IRL
S	2	109	1353	Garrity	Joseph	1898	Dec	30	-	M	County Jail	---
S	2	0054	00318	Garrod	Alice E.	1895	Aug	18	002	F	114 Stewart	Sea
S	1	0001	00322	Garrutt	James	1884	Mar	08	054	M	Seattle	USA
S	1		1595	Garthley	Barbara B.	1890	Oct	06	057	F	221 Lombard	SCT
S	3	0160	03182	Garvey	Maggie	1907	Mar	18	064	F	Seattle Sanitorium, E. Sea.	IRL

S	R	Page	Recor	LastName	FirstNames	Deat	Mn	Dt	Age	S	DeathPlace	Bir
S	3	0158	03160	Garvin	(Baby)	1907	Mar	30	05d	M	Hillman City	WA
S	3	0173	03457	Garvin	Ellen Ross	1907	May	08	078	F	415 E. Derry Way	ENG
S	2	0076	1520	Garwood	Margt.	1901	May	13	051	F	1410 4 Av.	MA
S	2	0063	00134	Gasch	Curtis	1896	Apr	05	017	M	Gen Hosp	GER
S	1		1468	Gasch	Felix O.	1890	Aug	07	05m	M	Wilfon St., Seattle	Sea
S	2	102	1063	Gasch	Melanie	1898	Aug	12	017	F	Lake Washington	SWT
S	3	0145	02889	Gass	Elenora	1907	Feb	21	047	F	2714-1/2 Elliott	ENG
S	2	0122	02435	Gasselin	Stephen	1904	Aug	10	066	M	Puget Sound, WA	CND
S	3	0054	01078	Gast	James	1906	Mar	31	062	M	Wayside Emergency Hospital	unk
S	2	0042	00441	Gaston	Herbert	1894	Oct	03	064	M	127 Ash St	GA
S	3	0165	03303	Gaston	Levi	1905	Feb	12	090	M	1212 Highland Place	NY
S		0061	1205	Gaston	Minnie M.	1903	Nov	12	023	F	King Co. Hospital	CA
S	1	0001	00615	Gatch	Leigh	1888	Sep	15	023			
S	3	0021	00420	Gately	J. J.	1905	Oct	02	035	M	King Co. Hosp.	CA
S	2	0054	00336	Gates	Geo. A.	1895	Aug	01	051	M	West & Battery	MI
S		0031	00030	Gates	Infant	1894	Jan	17	01m	M	116 Blanchard	
S	3	0096	01914	Gates	Infant	1906	Aug	01	s/b	M	800 Howell	WA
S	3	0096	01913	Gates	Infant	1906	Aug	01	s/b	M	800 Howell	WA
S	2	0053	01055	Gates	Wm. W.	1901	Jan	01	048	M	Prov. Hosp.	OR
S	2	0051	00209	Gatheid	Christian R.	1895	May	16	043	M	5th St	GER
S		0018	00147	Gatzert	Bailey	1893	Apr	19	063	M	Rainier Hotel	
S	3	0178	03558	Gaughan	Sarah Jane Adelaide	1905	Apr	01	023	F	Providence Hosp	MI
S	2	0013	00242	Gaulett	Ida	1900	Feb	14	022	F	617 Pontius Av	SEA
S		0018	00354	Gaulke	William	1903	May	08	034	M	Lake Union	GER
S	3	0151	03025	Gault	Wm A	1904	Dec	23	059	M	Skagway, AK	WI
S	3	0156	03115	Gaumnitz	Infant	1905	Jan	23	02d	M	614 Terrace St	SEA
S	3	0161	03218	Gaumnitz	Lloyd	1905	Feb	01	01d	M	322 Howard Ave N	SEA
S	2	0001	00018	Gausto	Enrico	1900	Jan	11	030	M	Providence Hosp.	ITL
S	3	0039	00775	Gavin	Julia Seward	1906	Jan	25	037	F	1524 14th Ave	NY
S	3	0068	01347	Gay	Charles Dr.	1906	May	11	--	M	3734 Brooklyn Ave.	IRL
S	2	0021	00411	Gay	Edward	1900	May	16	019	M	Monod Hosp.	NY
S	2	0078	00163	Gay	infant	1897	Apr	12	065	M	Columbia, WA b.Columbia, WA	
S	1	0001	01228	Gay	Jack	1890	Mar	04	030	M	Grace Hosp.	
S	2	0054	00332	Gay	Nellie	1895	Aug	28	04m	F	5th & Marion	Sea
S	1	0001	00394	Gaylor	Joseph	1884	Sep	16	077	M	Seattle	
S	1	192	2252	Gaylord	Fredrick	1891	Mar	22	078	M	615 Jackson St.	---
S		0060	1185	Gaymon	Esther A.	1903	Nov	12	036	F	1802-1/2 20th Ave.	IA
S	-	153	3013	Gaynor	A. T.	1902	Jul	21	050	M	2321-1/2 1st Ave.	ME
S	2	0039	00779	Gear	A. S.	1900	Sep	03	053	M	Skykomish	OH
S	3	0162	03231	Geary	Patrick C.	1907	Apr	02	069	M	3228-1st Ave. W.	NY
S	2	0073	1457	Geaunine	H. Z.	1901	Apr	12	002	F	Black Diamond, WA	
S	1	0001	00687	Geddas	E.E.	1888	Nov	20	009		Corner 5th & Vine St.	
S	1	0001	00444	Geddes	Anna	1885	Apr	05	013	F	Seattle	
S	2	0048	00942	Geddings	Karl A.	1900	Nov	27	014	M	409 Cherry St	ME
S		0029	00565	Gee	Ching	1903	Jul	10	027	M	Providence Hospital	CHN
S		112	2231	Geegan	Francis Joseph	1904	Jul	27	15m	M	2804 Jackson	WI
S	3	0160	03205	Geer	Infant	1905	Jan	04	s/b	M	Green Lake	SEA
S	3	0015	00282	Geery	Czarina (Mrs.)	1905	Sep	13	057	F	2002 E John St	MO
S	1	No #		Gehler	Caroline	1890	Oct	19	030	F	S. Seattle	GER
S	2	0050	00171	Gehus	Adam	1895	Apr	24	033	M	5th & Terrace	
S		0097	1937	Geisler	Kittie Ruth	1904	May	16	003	F	956 20th Ave.	IL
S	2	0090	1788	Gelea	Pore	1904	Apr	09	080	M	Washington & 4th Ave.	CHN
S	2	0012	00230	Gemm	(Infant)	1900	Mar	20	12h	M	21 & Jackson	SEA
S	3	0020	00383	Gemmell	George Wallace	1905	Oct	22	010	M	Providence Hosp.	MT
S	1	0001	00898	Gendron	Bertha	1889	Jun	17	02m	F		

S	R	Page	Recor	LastName	FirstNames	Deat	Mn	Dt	Age	S	DeathPlace	Bir
S	2	0068	01352	Genky	Infant	1903	Dec	16	03m	M	Ballard, Wn. b.Ballard	
S	1		2127	Genss	Morris Charles	1891	Feb	04	001	M	1428-1/2 4th St.	Sea
S	3	0020	00381	Genther	Margaret A.	1905	Oct	20	027	F	Pacific Hosp.	TN
S	3	0087	01739	Gentile	Infant	1906	Jul	28	s/b	F	1516 Terry Ave.	Sea
S	2	0051	01020	Gentili	C.	1900	Dec	26	040	F	Monod Hosp.	SWT
S	3	0130	02585	George	(Infant)	1906	Dec	18	pm	F	1123-38th Ave.	WA
S	2	0049	00125	George	D.J.	1895	Mar	10	067	M	Kirkland	NJ
S	3	0073	1443	George	Dell or Della Clinton	1906	May	12	033	F	Manilla, PHI	IA
S	3	0172	03437	George	Elizabeth	1905	Mar	15	062	F	209 Wall St	MI
S	2	0048	00113	George	Jesse W.	1895	Mar	24	059	M	4th & Cherry	
S	1		2031	George	M. N. (Mrs.)	1890	Dec	04	082	F	4th & Cherry Sts.	---
S	2	128	2075	George	R. J.	1899	Nov	18	029	M	Providence Hosp.	CA
S		0031	00607	George	Robert H.	1903	Jul	25	024	M	Monid Hospital	PA
S	2	122	1846	George	Thos.	1899	Jul	19	033	M	Providence Hosp.	---
S		0026	00506	George	Ward A.	1903	Jun	11	027	M	167 Thomas Avenue	CA
S		0018	00350	Georgie	John G.	1903	May	22	062	M	Monod Hospital	GER
S	3	0192	03830	Gepfert	Con	1898	Apr	03	045	M	Dyea, AK	---
S			1360	Gerald	James L.	1890	Jun	19	027	M	4th Ward/714 Elaine St.	---
S	2	0042	00459	Gerald	Sarah F.	1894	Oct	22	017	F	Fremont	MN
S		0014	00527	Geritts	Mary J.	1892	Dec	31	019	F	1331 Jackson	
S	1	0001	00037	German		1882	Jan			M	Seattle	
S		112	2242	German	Fred	1904	Jul	28	024	M	Providence Hospital	---
S	2	0036	00702	German	John H.	1900	Mar	05	---	M	Cripple River, AK	---
S	3	0093	1861	German	Joseph	1904	Apr	06	047	M	Holley WA	---
S	2	0076	00105	Gerow (?)	Mary	1897	Mar	14	044	F	Providence Hosp.	---
S		0047	00940	Gerrick	George	1903	Sep	04	027	M	Spokane, WA	---
S	3	0105	02104	Gerslanovitz	Infant	1904	Jun	29	01d	M	1227 Jackson St.	Sea
S	-	172	3383	Gerson	George	1902	Oct	27	054	M	Providence Hosp.	RUS
S	2	0068	1347	Gervais	W. J.	1901	Mar	09	025	M	Co. Hosp.	WA
S		0033	00646	Gessner	Peter J.	1903	Jul	29	051	M	Georgetown	OH
S		0009	00162	Getchell	Edmond	1903	Apr	06	050	M	609 Sixth Avenue	ME
S	2	145	2848	Gettleshom	Essidore	1902	May	26	07m	M	Snohomish, WA	---
S	3	0058	01151	Gettman	Johnnie	1906	Apr	01	01m	M	137 - 27th Ave.No. -born at sea	
S		0053	1062	Geuke	Albert A.	1903	Oct	09	032	M	Salmon Bay, Ballard	WI
S	2	0030	00592	Geuseu	Gus	1900	Jul	26	040	M	Prov. Hosp.	DNK
S	1	0001	00705	Gibb	A.	1888	Dec	15	014		Jones St.	
S	3	0140	02803	Gibb	Charles L	1904	Nov	15	040	M	Corner Battery & 1st Ave	SCT
S	2	114	2280	Gibb	Cora	1901	Dec	08	039	F	Ballard	OR
S	2	160	3149	Gibb	Earl	1902	Aug	07	010	M	Ballard, WA	OR
S	2	107	1292	Gibb	Isabella	1898	Nov	06	052	F	Dunlap Station	---
S	2	137	2717	Gibb	Thos. Grant	1902	Mar	29	047	M	Ballard, WA	SCT
S	2	0057	00516	Gibbon	Jeanette	1895	Nov	16	028	F	122 Birch	PA
S	2	0085	1691	Gibbons	Agnews	1904	Mar	11	057	F	Monod Hosp.	---
S	2	0041	00408	Gibbons	Wm. R.	1894	Sep	11	08m	M	Brooklyn b.Brooklyn	
S	3	0129	02567	Gibbs	Jennie	1904	Sep	30	019	F	Main & North St	OR
S	3	0094	1876	Gibbs	S. M.	1904	Apr	13	069	M	Brighton Beach	WI
S	2	0021	00401	Gibbs	Thos. W.	1900	May	14	055	M	Prov. Hosp.	SWD
S		0018	00150	Gibson	Adam	1893	Apr	21	057	M	Prov. Hosp.	
S	3	0133	02647	Gibson	Deveraux	1904	Oct	08	016	M	607 8th Ave	NC
S	3	0148	02950	Gibson	Harry B.	1907	Feb	05	043	M	York Station, King Co., WA	US
S	3	0194	03885	Gibson	Heister Franklin	1905	Jul	05	032	M	Madison Park	PA
S	3	0049	00964	Gibson	James	1906	Feb	06	080	M	Pendleton, OR	
S	3	0186	03706	Gibson	James A.	1907	Jun	14	037	M	Prov. Hosp.	CND
S	3	0187	03730	Gibson	L. Faze	1905	May	24	016	M	No. Yakima, WA	---
S	-	150	2937	Gibson	M. E.	1894	Jan	20	079	F	Fairhaven, WA	---

```
S R Page  Recor LastName       FirstNames          Deat Mn  Dt Age  S DeathPlace                    Bir
= = ===== ===== ============== =================== ==== === == ==== = ============================= ===
S 2 112   1459  Gibson         Thos.               1899 Feb 08 075  M Providence Hosp.             IRL
S 3 0077  01530 Gibson         Timothy D.          1906 Jun 26 067  M Providence Hospital          NB
S 2 102   2038  Gibson         W. H.               1901 Oct 20 026  G Glenwood House               CA
S   0013  00245 Gibson         W.H.                1893 --- -- 032  M Oregon                       ---
S 1 0001  01196 Gibson         William B.          1890 Mar 12 024  M 216 Wall St.
S   0018  00134 Gibson         Wm.                 1893 Apr 05 042  M Ft. of Battery
S 2 0042  00449 Giddings       Wm. F.              1894 Oct 07 040  M Burke Blvd                   ME
S 2 0018  00358 Gieken   ?     Mike                1900 Apr 24 029  M Co. Hosp.                    GER
S 2 0064  01273 Giering        Albert E.           1901 Mar 08 048  M 127 19th Av                  PA
S   0115  02294 Giersch        Annette A.          1906 Oct 31 028  F 1927-46th N.                 PA
S 3 0022  00440 Giffen         Emma Brant (Mrs.)   1905 Oct 11 051  F SS Minnesota, at Sea         OH
S 2 0076  00108 Gifford        Ann                 1897 Mar 20 080  F Green Lake                   SCT
S 2 0050  00990 Gifford        Chas I.             1900 Dec 11 026  M Foot of Bay St.              ME
S 2 0078  00157 Gifford        Kittie              1897 Apr -- ---  F 117-1/2 Washington St.       WI
S 2 120   1764  Gifford        Mary A.             1899 Jun 22 050  F Providence Hosp.             ME
S   0099  1981  Gilbert        Alex                1904 May 20 050  M Providence Hospital          CND
S 2 107   1266  Gilbert        Alfred              1898 Nov 17 050  M 616 21st Ave.                OH
S - 192   3776  Gilbert        Carl V. B.          1903 Jan 11 004  M Ballard, WA                  MN
S 3 0199  03971 Gilbert        Ethan M.            1905 Jul 23 07m  M N 70th St & Murphy Place     SEA
S   0018  00129 Gilbert        G.A.                1893 Mar 31 037  M Ballard                      NRY
S 3 0130  02588 Gilbert        Grace Rogers        1906 Dec 22 s/b  F 907-16th Ave.                WA
S 3 0165  03288 Gilbert        Herman              1905 Feb 26 071  M Providence Hosp              GER
S 3 0094  01863 Gilbert        Joseph H.           1906 Aug 28 044  M 123 21st Ave.                MA
S 3 0075  1489  Gilbert        Josephine           1904 Feb 04 022  F 302 Bell St.                 MN
S 3 0076  01512 Gilbert        M.A.                1906 Jun 20 074  F 1719 E. Fir                  AR
S 3 0010  00200 Gilbert        Nina Mildred        1905 Sep 02 28d  F 821 30th Ave                 SEA
S 3 0035  00690 Gilbranson     Jacob N.            1905 Dec 23 071  M Spokane, WA                  UN
S 3 0133  01650 Gilday         Fannie              1904 Oct 10 071  F 2921 1/2 2nd Ave             PA
S 3 0099  01961 Gildersleeve   Clarence S., Jr.    1906 Sep 13 02m  M 223 Dexter Ave.              WA
S 2 124   1940  Gildown        Lillian             1899 Sep 23 013  F House of Good Shepard        WA
S 2 103   1121  Giles          Mary                1898 Sep 07 052  F Fremont, WA                  ENG
S 3 0073  01462 Giles          Miriam Anne         1904 Jan 06 08m  F Mt. Vernon, WA               un-
S 3 0182  03644 Giles          Rose                1905 May 12 003  F 3026 24th Ave W              SEA
S 3 0001  00005 Giles          William H.          1905 Jul 17 027  M North Avon, WA               UN
S 2 186   3667  Gilio          infant              1902 Dec 22 s/b  M 804 7th Ave. S.              SEA
S 2 0096  00855 Gilken         Evelyn Ida          1898 May 22 023  F 1015 Wash. St.  b.Brooklyn, NY
S 3 0128  02560 Gilkey         R.M.                1906 Dec 15 047  M Arlington, WA
S   0009  00338 Gill           Alice               1892 Aug 13 03d  F Joy St.                      Sea
1 2 116   1625  Gill           Alice               1899 Apr 19 007  F 2207 Western Ave.            ---
S 2 0120  02387 Gill           Carrie A            1904 Aug 29 039  F Providence Hosp              KY
S 2 0047  00065 Gill           Ruth W.             1895 Feb 18 001  F 133 Yakima                   Sea
S 2 0074  00011 Gill           Sarah E.            1897 Jan 08 031  F Providence Hosp.             ---
S 3 0189  03769 Gill           Sarah N.            1907 Jun 27 064  F 601-62nd St.                 OH
S 2 0006  00108 Gill           Thos. Melvin        1900 Feb 11 07m  M 1004 21st St                 SEA
S 2 0062  00112 Gill           Wm A.               1896 Mar 18 10m  M 221 Bell St
S   131   2582  Gillam         Jas. J.             1902 Mar 25 056  M Providence Hosp.             ENG
S   0008  00141 Gillam         Marold M.           1903 Mar 31 002  M Seattle General Hospital     SEA
S 2 0094  00779 Gillbertson    Herbert             1898 Apr 20 006  M 1301 10th Ave. S.            ---
S 2 101   2020  Gillespie      Addie               1901 Oct 22 011  F 1816  9th Ave.               KS
S 3 0020  00389 Gillespie      Emanuel Swedenborg  1905 Oct 27 077  M 1135 21st Ave S              OH
S 2 0089  1772  Gillespie      Eva A.              1904 Apr 04 075  F 1135  21st Ave.              OH
S 2 0090  1793  Gillespie      James               1901 Jul 30       M Elliott Bay                 IRL
S 3 0180  03590 Gillespie      James M.            1905 Apr 15 032  M WW Hosp. for Insane          UN
S 3 0112  02237 Gillette       C.W.                1906 Oct 01 060  M King Co. Hosp.               MI
S 3 0087  01733 Gillette       Infant              1906 Jul 09 s/b  F 1213 8th                     Sea
```

S	R	Page	Recor	LastName	FirstNames	Deat	Mn	Dt	Age	S	DeathPlace	Bir
S	2	118	1719	Gilliam	baby	1899	May	01	15d	M	Ballard, WA b.Ballard, WA	
S		0035	00698	Gilliam	W.H.	1903	Aug	12	076	M	Seattle General Hospital	OH
S	2	104	1146	Gillies	Chapin	1898	Sep	18	004	M	412 22nd Ave.	CA
S	2	122	1858	Gillies	Christena	1899	Aug	06	039	F	Providence Hosp.	---
S		0014	00525	Gillies	Margaret	1892	Dec	29	026	F	Broadway and Bancroft	MI
S	1	0001	00722	Gillis	Alex	1889	Jan	04	029	M	Pest House	
S	2	0073	1444	Gillis	H. Burnett	1901	Apr	28	015	M	Fremont	WA
S	2	0081	00288	Gillis	John	1897	Jul	26	016	M	Fremont, WA b.Tacoma, WA	
S	2	0002	00036	Gillis	John	1900	Jan	18	040	M	Morais (?) Mill	---
S		0063	1254	Gillis	Joseph	1903	Dec	05	040	M	6th Ave. & King St.	---
S		0002	00063	Gillis	Murdock	1892	Feb	11	046	M	8th & Jackson	FRN
S		0029	00563	Gillis	T.R. (Mrs.)	1903	Jul	09	045	F	1908 Eighth Avenue	OH
S	3	0032	00630	Gillis	Thomas R.	1905	Dec	26	053	M	1901 E Union St	OH
S	1	0001	00268	Gillman	A.	1883	Aug	15	050	M	Seattle	USA
S	2	0057	00509	Gillson	Hariet	1895	Nov	05	088	F	1206 Lakeview	
S	2	0305	2471	Gilluby	L. E.	1891	Jul	16	s/b	F	Waller St.	Sea
S	2	0080	00247	Gilluly	Edith	1897	Jul	02	001	F	319 7th Ave. S.	SEA
S	3	0141	02812	Gilluly	Thomas Albert	1904	Nov	21	004	M	1504 E Alder St	WA
S	2	0067	00302	Gilman	A. M.	1896	Jul	14	---	M	Alaska	---
S	2	0087	00507	Gilman	Chas.	1897	Dec	25	006	M	West & Virginia b.Marysville	WA
S	1	0001	00948	Gilman	Eustice	1889	Jul	21	06m			
S	3	0046	00910	Gilman	Infant	1906	Feb	28	06d	M	Seattle, WA	WA
S	3	0188	03763	Gilmer	Irene Belle	1905	Jun	09	014	F	4061 Latona Ave	CA
S	1	0001	00018	Gilmore	A.G.	1881	Oct		052	M	Providence Hosp.	SCT
S	2	0099	00956	Gilmore	Alexander	1898	Jun	01	053	M	Fairhaven, WA	---
S		0003	00058	Gilmore	Margaret	1903	Mar	25	055	F	Green Lake	IRL
S	2	0071	00460	Gilmore	Mary E.	1896	Nov	06	043	F	Providence Hosp.	---
S	3	0161	03203	Gilmour	(Infant)	1907	Mar	09	s/b	M	812-8th Ave. S.	WA
S	3	0194	03868	Gilmour	Infant	1905	Jun	23	---	F	709 7th Ave S	SEA
S	3	0176	03510	Gilray	William	1905	Apr			M	Providence Hosp	---
S		114	2267	Gilsey	James	1904	Jul	08	08m	M	King Co. hospital	WA
S	3	0151	03014	Gilson	Edna	1907	Mar	03	015	F	711-9th Ave.	WA
S	2	0050	00173	Gilson	G.F.	1895	Apr	28	072	M	2413 3rd St	ENG
S	3	0041	00814	Gilson	George Nelson	1906	Jan	21	045	M	SS Umatilla, at Sea	NY
S	2	0052	00257	Gilson	Ida	1888	Mar	02	024	F	Coronado, CA	
S	2	117	1680	Gilson	Sarah	1899	May	07	065	F	Providence Hosp.	NY
S	3	0172	03431	Gingerich	P R	1905	Feb	28	042	M	Seattle General Hosp	---
S	2	0090	1793	Ginnaty	Thomas F.	1904	Apr	12	041	M	2024 ? Ave.	IN
S	3	0157	03132	Ginter	Frederick Elsworth	1907	Mar	26	038	M	2314-6th Ave.	IA
S	-	190	3736	Gio Rodia	Mattes	1903	Jan	27	---	F	1111 Sturgis Rd.	SEA
S	2	0070	00419	Giordans	L.	1896	Oct	13	030	M	231 Day St.	---
S	2	180	3545	Giovanni	Tomasino	1902	Nov	29	035	M	Providence Hosp.	ITL
S	2	0066	1306	Giovannin	Charles	1903	Dec	29	041	M	Providence Hospital	ITL
S	2	119	1725	Girard	John	1899	May	17	038	M	on board Franklin Train	---
S	2	0122	02439	Girrard	Peter	1904	Aug	12	056	M	333 Broadway, Ballard	CND
S		0015	00005	Gisdale	Sarah	1893	Jan	01	032	F	S. Seattle	
S	2	104	2067	Githner	Albert	1901	Oct	20	051	M	King Co. Hosp.	GER
S	3	0063	01249	Gitman	Thomas	1906	Apr	27	067	M	1513 Ninth Ave.rear	NY
S	2	111	1440	Gittlesohn	Jacob	1899	Jan	20	-	M	Snohomish	---
S	3	0094	01875	Gjoline	Theraef	1906	Aug	04	017	M	Silverdale, Wn.	NRY
S	1	0001	01013	Glandon	Clara	1889	Oct	12	001	F	Box St.	OR
S		0116	02307	Glasgow	Samuel B.	1906	Nov	07	076	M	132 N. Broadway	OH
S	2	0055	00356	Glasier	Lillie	1895	Sep	07	014	F	Seattle	
S	3	0126	02509	Glass	C.K.	1906	Dec	25	046	M	Providence Hosp.	CND
S	3	0019	00380	Glass	Mary J.	1905	Oct	20	039	F	Interbay	ON

S	R	Page	Recor	LastName	FirstNames	Deat	Mn	Dt	Age	S	DeathPlace	Bir
S	1	0001	00649	Glass	Mary Mrs.	1888	Oct	11	055	F	Jackson St.	
S	2	0026	00509	Glasscock	Annie W.	1900	Jun	24	042	F	809 4th Av	CA
S	1	0001	00029	Gleason		1881	Nov		006	F	Seattle	US
S	3	0070	01383	Gleason	Edwin D.	1906	May	25	073	M	1801 - 5th Ave.W.	MA
S	3	0152	03039	Gleason	George Frances	1907	Mar	08	020	M	409-10th Ave. S.	WA
S	2	114	2262	Gleason	H. M.	1901	Dec	09	035	M	Prov. Hosp.	IN
S	1	0001	01191	Gleason	Harry H.	1890	Feb	17	040	M	Seattle	
S	3	0163	03257	Gleason	John S	1905	Feb	14	040	M	6th Ave & King St	---
S	3	0158	03143	Gleason	Julia	1907	Mar	27	017	F	1525-11th Ave. W.	KS
S	2	0058	00553	Gleason	Patrick	1895	Dec	07	050	M	Prov. Hosp.	
S		0016	00306	Gleason	Sarah F.	1903	May	03	038	F	1811 Fourth Avenue W.	OH
S	2	139	2744	Gleason	Susie	1902	Apr	30	033	F	Providence Hosp.	LA
S	3	0021	00406	Gleeson	Sarah	1905	Oct	12	021	F	1519 E Spruce St	WA
S	3	0113	02249	Glen	Lucy M.	1906	Oct	15	067	F	Portland, OR	unk
S	3	0134	02668	Glencross	Leo	1904	Oct	20	009	M	1617 Boren Ave	CA
S	3	0108	02158	Glennan	Wm B.	1906	Oct	14	038	M	1816-10th Ave. W.	CA
S	3	0033	00653	Glennon	Annie May (Mrs.)	1905	Dec	03	042	F	Providence Hosp.	ENG
S	2	0036	00223	Glerur ??	N.T.	1894	May	24	033	M	Prov Hosp	
S	2	0023	00449	Glessman	Christ	1900	May	04	042	M	Edmonds, WA	GER
S	1	0001	00562	Glissman	Geo.	1887	Oct	17	017	M		
S	3	0122	02432	Glover	Frank	1906	Dec	02	c55	M	14th Ave. S. & Plum	---
S	2	0068	1349	Glover	G. Thos.	1901	Mar	26	041	M	Ballard	MI
S	3	0179	03570	Glover	John L.	1907	May	30	004	M	Rainier Beach	MA
S	3	0048	00957	Glud	Peter	1906	Jan	24	050	M	Cape Beale, B.C.	DNK
S	3	0041	00817	Gnegy	Harvey	1906	Jan	24	030	M	Near Cape Beale, BC	MD
S	2	0070	00406	Gnodwald	Lars	1896	Oct	02	033	M	Providence Hosp.	GER
S	2	0028	00545	Goad	Eunice P.	1900	Jul	04	027	F	Prov. Hosp.	IN
S	3	0060	01184	Gobbi	Carla	1906	Apr	10	045	M	Wayside Emergency Hospital	ITL
S	3	0028	00559	Goddard	Infant	1905	Nov	15	s/b	M	221 Columbia St	SEA
S	1	0001	00875	Goddard	J.J.	1889	May	09	052		806 Albert St.	
S	1	229	2340	Goddard	Mary L.	1891	May	08	026	F	-	---
S		0001	00003	Goddard	Raymond	1903	Mar	01	003	M	Fremont	OR
S	3	0145	02899	Goddard	Sarah Glave	1907	Feb	22	07m	F	720-30th Ave. S.	WA
S	2	0056	00469	Godfrey	(Infant)	1895	Oct	06	02d	F	222 Orion St	Sea
S	2	0078	00179	Godfrey	B. P.	1897	May	15	06m	M	909 Washington St.	SEA
S	3	0136	02707	Godfrey	George B	1904	Oct	15	065	M	Providence Hosp	ENG
S	3	0017	00333	Godfrey	George M.	1905	Oct	01	054	M	Providence Hosp.	IA
S	3	0074	01473	Godfrey	Infant	1904	Jan	11	s/b	F	3839 24th Ave. W.	Sea
S	1	0001	00148	Goding	Emma	1882	Nov	14	08m	F	Seattle	USA
S	1	0001	00145	Goding	Erna	1882	Nov	05	022	F	Seattle	USA
S	3	0072	01431	Godson	Mary S.	1906	May	06	069	F	Georgetown	CND
S	2	0093	1844	Godson	William H.	1901	Aug	11	013	M	K.C. Hosp.	IL
S	3	0081	01614	Godwin	Hallie Eugenia	1906	Jul	06	10m	F	357 Galer	Sea
S	2	0040	00377	Goebel	Amalia	1894	Aug	30	081	F	123 Poplar	GER
S	2	0046	00027	Goebel	Julia	1895	Jan	24	056	F	315 Aloha St	GER
S	3	0012	00226	Goeghegan	Belle	1905	Sep	03	09m	F	2008 E Marion St	SEA
S	2	101	1045	Goetz	Annie M.	1898	Aug	04	007	F	1808 25th Ave.	Sea
S	2	110	1382	Goetz	Mrs. Lizzie	1899	Jan	02	033	F	9th Ave.	SWT
S	1	204	2270	Goff	Carl E.	1891	Apr	03	11m	M	616 Olive St., 5th Ward	Sea
S	1		1436	Goff	Joseph	1890	Jul	22	028	M	Providence Hospital	---
S	3	0141	02819	Gogerty	Julia E	1904	Nov	22	030	F	Providence Hosp	MI
S	2	359	2580	Goggins	P. H.	1891	Sep	10	035	M	Snohomish	IRL
S	2	105	1206	Goigman	Viola	1898	Oct	15	035	F	Hotel Northern	---
S	2	0049	00128	Goldberg	Kanti	1895	Mar	15	049	F	W. Seattle	SWD
S	2	0095	1896	Goldberg	Mary	1901	Sep	15	048	F	1570 3rd Ave.	IRL

S	R	Page	Recor	LastName	FirstNames	Deat	Mn	Dt	Age	S	DeathPlace	Bir
S	3	0020	00390	Golden	George	1905	Oct	28	053	M	Occidental & Washington	CND
S	3	0146	02903	Golden	Marguerite A.	1907	Feb	24	048	F	Prov. Hosp.	CND
S	3	0189	03776	Golden	Mike E.	1907	Jun	30	049	M	Minor Hosp.	KY
S		0044	00883	Golden	William	1903	Sep	15	035	M	Seattle General Hospital	IRL
S	2	113	2259	Goldfon	Gertie	1901	Dec	28	027	F	714 1/2 Plummer	SWD
S	2	0024	00470	Goldie	Emma	1900	May	31	018	F	West Seattle	MA
S	-	174	3431	Goldman	baby	1902	Oct	16	s/b	F	122 Main St.	SEA
S		0052	1036	Goldman	Bonita	1903	Oct	28	022	F	Interbay	KS
S	3	0124	02466	Goldman	Infant	1904	Aug	25	---	M	166 Eleventh Ave	SEA
S	2	0120	02386	Goldman	Jennie	1904	Aug	29	048	F	166 11th Ave	RUS
S	2	0038	00305	Goldow	Katie E	1894	Jul	27	026	F	315 Thomas	IL
S	2	129	2117	Goldsack	A. N.	1899	Dec	10	048	M	Providence Hosp.	---
S	3	0044	00874	Goldsmith	Dora (Mrs.)	1906	Feb	16	066	F	107 Trelirt	GER
S	2	0059	01198	Goldsmith	Jas.	1901	Feb	16	068	M	Prov. Hosp.	GER
S	2	185	3654	Goldsmith	Jas.	1902	Dec	18	044	M	Black River Junction	IA
S	3	0190	03789	Goldsmith	Joe D.	1905	Jun	24	038	M	Providence Hosp.	CA
S	3	0127	02536	Goldsmith	Pauline (Mrs.)	1906	Dec	30	062	F	1312 University	GER
S		0064	1276	Goldsmith	Richrd	1903	Dec	15	046	M	Providence Hospital	---
S	3	0043	00854	Goldstein	A. M. (Mrs.)	1906	Feb	09	047	F	Prov. Hosp.	WA
S	1	0001	01234	Goldstein	Charles	1890	Mar	15	036	M		
S	3	0169	03380	Goldstein	Jennie, Mrs	1905	Mar	14	025	F	710 Lane, Ward 1	PA
S	3	0170	03389	Goldstein	Lewis	1905	Mar	15	035	M	Wayside Emergency Hosp,Wd 1	---
S	2	0026	00520	Goldstein	Reubin	1900	May	29	069	M	Juneau, AK	RUS
S		132	2604	Goldstein	Wm.	1902	Mar	09	025	M	Juneau, Alaska	CND
S	3	0199	03981	Goldthorpe	Earl Haywood	1905	Jul	06	06m	M	Hillman City	WA
S		0009	00343	Goldthrope	George	1892	Aug	16	028	M	Prov. Hosp.	ENG
S	-	0156	3071	Gon	Jas.	1902	Jul	31	10m	M	117 5th Ave. s.	JPN
S		0099	1966	Good	H. C.	1904	May	29	040	M	Wayside Mission Hospital	---
S	2	103	2050	Good	Ogda	1901	Oct	31	21d	F	6th & Pike	SEA
S	1	0001	00514	Good	P.P.	1886	Feb	21	052	M	2nd Ward Seattle	NY
S	1	0001	00495	Goodburn	Martha A.	1885	Nov	03	044	F	No. Seattle	
S	2	176	3493	Goode	baby	1902	Nov	25	01d	F	Green Lake b.Green Lake,	WA
S	3	0145	02890	Goode	John E.	1907	Feb	20	069	M	218-21st Ave. S.	NY
S		0117	02336	Gooderham	Linton Martin	1906	Nov	18	013	M	910-30th Ave.	NJ
S		0006	00200	Goodhue	F.B.	1892	May	19	08w	M	Seattle	Sea
S	2	123	2459	Goodman	Annal	1902	Feb	24	021	F	5th Ave. 7 Columbia	SEA
S	2	0085	00455	Goodman	Christina	1897	Nov	15	061	F	2030 1st Ave.	IRL
S	1	0001	00129	Goodman	D.	1882	Nov	17	027	F	Seattle	USA
S	1	0001	00138	Goodman	D.E.	1882						
S	2	0074	00015	Goodman	Ella L.	1897	Jan	13	027	F	Providence Hosp. b.Portland	OR
S	3	0128	02555	Goodman	Ellen J.	1906	Dec	09	039	F	Hanford, WA	WI
S	3	0197	03930	Goodman	Julia A.	1905	Jul	24	051	F	2101 7th Ave	MO
S	3	0104	02070	Goodman	Kittie	1906	Sep	18	033	F	Startup	--
S	3	0128	02556	Goodman	Lloyd	1906	Dec	09	04m	M	So. Park	WA
S	1		1958	Goodman	Louis	1890	Oct	28	020	M	Providence Hosp. b.San Fran	CA
S	2	179	3522	Goodman	Thos.	1902	Nov	19	034	M	Ballard, WA	ICE
S	3	0165	03287	Goodnow	Charles Chapman	1905	Feb	25	059	M	4533 14th Ave N E	MA
S	2	0041	00819	Goodnow	Jno	1900	Oct	10	050	M	Prov. Hosp.	MA
S	2	0070	00417	Goodrich	Jas.	1896	Oct	12	054	M	SEattle	ENG
S	2	101	1023	Goodrich	Zora A.	1898	Jul	29	030	F	39th Ave. N. & Blaine Sts.	KY
S	3	0169	03375	Goodwill	Mary E	1905	Mar	11	---	F	Providence Hosp	MI
S	2	127	2522	Goodwin	Fred	1902	Mar	01	025	M	303 Dexter Ave.	USA
S		0081	1618	Goodwin	Hazel Clara	1904	Mar	08	005	F	2515-1/2 1st Ave.	CA
S		113	2259	Goodwin	James Monroe	1904	Jun	03	072	M	Valdez AK	OH
S	3	0164	03277	Goodwin	Patsy	1905	Feb	23	030	M	Louvre Hotel, 1st & Madison	IRL

S	R	Page	Recor	LastName	FirstNames	Deat	Mn	Dt	Age	S	DeathPlace	Bir
S		0078	1562	Goodwin	Phillip C.	1904	Feb	24	006	M	727 Marion St.	MT
S	1	0001	00835	Goodyear	Clara	1889	Apr	25	18m	F	Corner Front & Virginia St.	
S		0049	00983	Gootwin	Sarah L.	1903	Oct	09	068	F	16 Roy Street	OH
S	3	0144	02862	Goranflo	Lucy	1907	Feb	15	026	F	Pacific Hosp.	IL
S	3	0161	03210	Gordon	(Infant)	1907	Mar	14	s/b	F	1526-19th Ave.	WA
S	3	0154	03069	Gordon	Andrew	1905	Jan	05	022	M	Providence Hosp	---
S	-	166	3272	Gordon	Annie	1902	Sep	02	041	F	Providence Hosp.	NRY
S	2	114	1554	Gordon	Emily a.	1899	Mar	29	08m	F	2415 Western	---
S	2	123	1893	Gordon	Jas. A.	1899	Aug	02	037	M	Steillacoom, WA	ENG
S	1		2035	Gordon	John	1890	Dec	07	040	M	nr Ballard, King Co.	---
S	2	126	2028	Gordon	John	1899	Oct	03	076	M	Georgetown	---
S	3	0180	03603	Gordon	John P.	1905	Apr	12	045	M	Sedro-Woolley, WA	NH
S	2	0044	00529	Gordon	Julia K.	1894	Nov	09	049	F	Prov. Hosp.	IRL
S	2	0070	1395	Gordon	M. Thos.	1901	Apr	08	02d	M	Interbay	WA
S		195	3846	Gordon	Nettie	1903	Feb	21	050	F	365 John Street	US
S	2	0093	00720	Gordon	Ray	1898	Mar	15	022	M	King County Hosp.	MO
S	-	156	3063	Gordon	Robt Jas.	1902	Jul	18	000	M	Wayside Mission	SEA
S	3	0014	00280	Gordon	Sarah Margaret	1905	Sep	10	001	F	719 27th Ave S	SEA
S	2	0026	00504	Gordon	Wm	1900	Jun	18	067	M	Fremont	CND
S	2	0048	00948	Gordon	Wm. J.	1900	Nov	28	02m	M	27th Ave N & Roy	WA
S	1		1600	Gorgon	Peter	1890	Oct	04	021	M	Providence Hospital	---
S	1	0001	00651	Gorland	Henrietta	1888	Oct	11	001	F	Prov.Hosp.	
S		0064	01268	Gorman	Bernard C.	1903	Dec	13	001	M	1505 16th Ave.	Sea
S	2	0030	00597	Gorman	Frank	1900	Jul	30	038	M	Wayside Mission	IA
S	3	0025	00495	Gorman	Frank	1905	Nov	16	040	M	Providence Hosp.	---
S	3	0111	02205	Gorman	John G.	1906	Oct	23	054	M	Broadway Hosp.	ENG
S		195	3839	Gorman	Mamie	1903	Feb	18	021	F	919 E. Marion Street	MO
S		0008	00159	Gorman	Phillip	1903	Apr	05	075	M	Providence Hospital	IRL
S	2	0053	01047	Gormet	Chas	1900	Dec	25	034	M	Ballard	GER
S	2	0075	00077	Gormley	J. C.	1897	Feb	26	045	F	Providence Hosp.	---
S	2	0052	00267	Gorrie	Infant	1895	Jul	03	05d	M	Fremont b.Fremont	
S	3	0095	01881	Gorst	John	1906	Aug	11	045	M	Port Orchard	CND
S	2	0122	02442	Goshimia	T	1904	Aug	14	026	F	King Co Hosp	JPN
S	3	0176	03511	Goshorn	Joseph Ford	1907	May	19	020	M	Lake Washington	NE
S	3	0163	03256	Gosney	William Lee	1907	Apr	07	042	M	2002 E. Union	MO
S		0045	00894	Goss	Charlie	1903	Sep	21	10m	M	3920 Densmore Avenue	SEA
S	2	0080	00266	Goss	E. M.	1897	Jul	21	045	M	Providence Hosp.	---
S		0062	01229	Goss	Infant	1903	Nov	17	s/b	F	317 Battery	Sea
S		0039	00780	Goss	John J.	1903	Aug	01	070	M	King County Hospital	NY
S		0024	00478	Goss	Lizzie	1903	Jun	19	070	F	117 Third Avenue N.	PA
S		0115	02288	Goto	Nakahei	1906	Nov	03	035	M	719-17th S.	JPN
S	3	0171	03406	Gottstein	Louis	1905	Mar	23	029	M	Providence Hosp	RUS
S	3	0127	02532	Gou	H	1904	Sep	12	036	M	Providence Hosp	CHN
S	1	0001	00474	Goucher	Edith May	1885	Aug	17	005	F	9th St. lst Ward	OR
S	-	169	3320	Goudy	Budd Healy	1902	Sep	30	s/b	M	454 Broadway	SEA
S	-	167	3279	Gould	A.H.W. (Mrs.)	1902	Sep	18	036	F	414 Spring St.	ON
S	3	0168	03356	Gould	Augusta J	1905	Mar	03	061	F	3047 14th Ave W	IN
S	2	123	1880	Gould	Fred W.	1899	Aug	25	029	M	1st Ave. S. & Norman Sts.	---
S		0006	00199	Gould	J.L.	1892	May	19	071	M	Ross St.	PA
S		0097	1944	Goulett	Obelin Mary	1904	May	19	005	O	F617 Pontius Ave.	CND
S	3	0161	03212	Goulette	Infant	1905	Jan	21	s/b	M	707 5th Ave	SEA
S		110	2196	Goung	Lief	1904	Jul	13	054	M	Seattle Gen. hospital	CHN
S	3	0195	03900	Gourman	Sarah	1905	Jul	16	045	F	Providence Hosp.	RUS
S	2	0084	00394	Govan	Mrs. D. C.	1897	Oct	06	060	F	General Hosp.	---
D		0023	00455	Gowan	Mercedes	1903	Jun	08	04m	F	3508 Lewis Street	CA

S	R	Page	Recor	LastName	FirstNames	Deat	Mn	Dt	Age	S	DeathPlace	Bir
S		100	1992	Gowell	H. W.	1904	May	02	045	M	Portland OR	---
S	3	0094	01867	Gowen	Marian	1906	Aug	31	059	F	6027 4th Ave.N.E.	CND
S		0116	02315	Gowlland	Susie	1906	Nov	09	022	F	Prov. Hosp.	CND
S	2	125	1961	Gozelski	Anton	1899	Sep	30	01m	M	1414 Washington St.	Sea
S	3	0105	02097	Grace	(Infant)	1906	Sep	29	s/b	M	1629 N. Broadway	Sea
S	2	0066	1309	Grace	George R.	1903	Dec	24	035	M	1605 8th Ave.	---
S	2	183	3609	Grace	John Christopher	1902	Dec	27	053	M	Wayside Mission	ENG
S		0117	02321	Grace	Lillian James	1906	Nov	12	047	F	Sea. Gen. Hosp.	MS
S		0021	00248	Gradbury	Mary E.	1893	Jun	27	046	F	619 James	
S	2	0026	00502	Gradinsky	Pauline	1900	Jun	17	053	F	216 Broadway	GER
S	2	130	2160	Grady	Jas.	1899	Dec	27	060	M	Cedar Mt.	---
S	3	0170	03402	Grady	Katherine	1905	Mar	21	080	F	1101 10th Ave S, Ward 1	IRL
S	2	125	1962	Graeber	John G.	1898	Oct	03	-	M	Dawson, Yukon Territory	---
S	2	123	1904	Graeber	John S.	1899	Aug	16	053	M	St. Michaelson, AK	---
S	3	0039	00767	Graesner	Alfred	1906	Jan	22	046	M	Green Lake	GER
S	-	174	3422	Graeter	Henry	1902	Sep	25	048	M	Dawson	---
S	2	0050	00185	Graf	Adam	1895	Apr	24	045	M	Alki Point	GER
S	2	107	2133	Graf	John	1901	Nov	22	066	M	Kirkwood Green Lake	SWT
S	1	0001	00676	Grafeney	T.	1888	Nov	06			Seattle	
S	2	0082	00343	Graff	Allice	1897	Sep	01	016	F	Bellevue St. & Denny Way	---
S		0027	00488	Graff	Infant	1893	Nov	11	11d	M	4th & Liberty	Sea
S	3	0167	03341	Graff	Infant	1905	Feb	21	s/b	M	1722 Broadway	SEA
S		0027	00522	Graff	John H.	1903	Jun	15	026	M	Whiefish Mt.	NRW
S		0028	00511	Graff	Norma	1893	Nov	29	020	F	King & Wilfred	NZD
S	3	0092	01840	Grafton	Joseph H.	1906	Aug	24	032	M	823 33rd Ave. N.	MS
S	2	0073	00520	Graham	A. M.	1896	Dec	20	015	M	217 Hyde St.	---
S	2	110	1374	Graham	Ada	1898	Dec	31	026	F	Railroad Ave. & Jackson St.	---
S	2	0081	00298	Graham	Albert	1897	Aug	03	015	M	Fremont, WA	MI
S	3	0163	03246	Graham	Allison C	1905	Feb	11	013	M	1021 1/2 Stewart St	WA
S	3	0142	02836	Graham	Alta C	1904	Nov	28	016	F	6321 30th Ave	MN
S	1	0001	00916	Graham	Baby	1889	Jun	29	08m		Stewart & West	
S	-	149	2922	Graham	Chas.	1902	Jun	18	038	M	Queen City Hosp.	IL
S	3	0063	01259	Graham	Daniel	1906	Apr	05	053	M	South Park, Wn.	NS
S		0084	1666	Graham	Daniel Henry	1904	Mar	26	022	M	Providence Hospital	WA
S	2	0073	00515	Graham	E. G.	1896	Dec	16	080	F	1014 Ranier St.	---
S	1		1980	Graham	Etta	1890	Nov	08	08w	F	1021 Stewart St.	Sea
S	3	0145	02884	Graham	Fred	1907	Feb	20	046	M	Minor Hosp.	MA
S	3	0159	03177	Graham	George	1905	Jan	04	040	M	Covington, WA	---
S	2	0026	00513	Graham	Helen	1900	Jun	26	017	F	1st & VA St.	CND
S	-	171	3361	Graham	infant	1902	Oct	22	---	F	111 VA St.	WA
S	3	0023	00445	Graham	Infant	1905	Oct	10	s/b	M	Seattle Gen. Hosp.	SEA
S	3	0048	00953	Graham	J.B.	1906	Jan	23	062	M	Cape Beale, B.C.	GA
S		0015	00015	Graham	James	1893	Jan	17	040	M	Prov. Hosp.	
S	2	103	2044	Graham	James H.	1901	Oct	29	076	M	1015 Yesler Way	CND
S	2	0057	00497	Graham	James R.	1895	Oct	17	036	M	Pt. Gamble	
S			1314	Graham	John T.	1890	May	07	032	M	Providence Hospital	CND
S	2	0077	1532	Graham	Julia	1901	May	19	020	F	2015 Terry	WA
S	2	0061	00068	Graham	Lena	1896	Feb	19	018	F	217 17th Ave	
S	-	148	2902	Graham	Lizzie	1902	Jun	20	051	F	1606 29th S.	IN
S		0005	00099	Graham	Louise	1903	Mar	11	046	F	San Francisco, CA	GER
S	3	0157	03143	Graham	Mary Ann	1905	Jan	28	050	F	355 N 76th St	OH
S	2	0085	00443	Graham	Mary E.	1897	Nov	03	019	F	Edgewater	MI
S	2	104	2073	Graham	Minnie	1901	Sep	28	034	F	Ballard	NY
S	3	0152	03032	Graham	Mrs. Frances H.	1907	Mar	06	052	F	Pacific Hosp.	NY
S	3	0170	03397	Graham	R D	1905	Mar	12	050	M	Seattle General Hosp	---

S	R	Page	Recor	LastName	FirstNames	Deat	Mn	Dt	Age	S	DeathPlace	Bir
S	3	0120	02384	Graham	Rodney	1906	Nov	08	041	M	St. Peter's Hosp., Olympia	---
S	3	0179	03581	Graham	William Thomas	1905	Apr	04	071	M	Hillman City	PA
S	3	0118	02358	Grahams	Minerva Mrs.	1906	Nov	26	071	F	601-18th Ave. N.	OH
S	3	0121	02418	Grainer	Infant	1906	Nov	30	02d	F	1615-4th Ave.	WA
S	2	0055	01086	Gram	Herman	1901	Jan	28	050	M	14th Ave S.	DNK
S		0083	01665	Granbarth	Malinda	1904	Mar	27	047	F	318 5th Ave.	NB
S	2	0054	00327	Grandy	John	1895	Aug	24	057	M	Prov. Hosp.	
S	2	128	2097	Grandy	Richard	1899	Dec	01	003	M	1117 25th Ave.	SEA
S		0041	00822	Graner	(Infant)	1903	Aug	14	s/b	M	313-21st Avenue	SEA
S		0036	00711	Graner	Amelia	1903	Aug	15	038	F	313 - 21st Avenue	GER
S	1	0001	01019	Granger	Arthur	1889	Oct	20	003	M	Thomas St.	ND
S	3	0122	02435	Granger	Myrta E.	1906	Dec	04	031	F	Green Lake Hosp.	NE
S	-	167	3281	Grangstrom	Isaac	1902	Sep	19	028	M	2nd & Yesler	SWD
S	3	0072	1445	Granlund	Catherine	1904	Jan	24	052	F	1319 24th Ave. S.	SWD
S		0011	00406	Granstein	Hans	1892	Sep	29	029	M	Prov. Hosp.	GER
S		193	3796	Grant	Archibald	1903	Jan	25	028	M	Georgetown	Ont
S	2	0075	00070	Grant	C. A.	1897	Feb	23	058	F	Hotel Stephens	ME
S	3	0154	03074	Grant	Celia King	1905	Jan	07	089	F	603 14th Ave N	NS
S	2	125	2481	Grant	Chas. F.	1902	Feb	16	048	M	608 S. Ave.	IN
S	2	0090	1781	Grant	Edward	1901	Aug	04	001	M	520 King St.	Sea
S	3	0022	00430	Grant	Frank	1905	Oct	20	026	M	North Yakima, WA	UN
S	3	0187	03729	Grant	Infant	1905	May	--	---	M	Pt Townsend, WA	WA
S	1		2171	Grant	Maggie	1891	Feb	27	028	F	Providence Hosp.	CND
S		0039	00766	Grant	Mary Olive	1904	Aug	12	045	F	1411 - 15th Avenue	IL
S	3	0194	03874	Grant	Robert S.	1905	Jul	01	071	M	920 19th Ave	SCT
S	2	145	2850	Grantilla	John	1894	Aug	24	018	M	Napa C. Franklin Mines	---
S	3	0179	03584	Grares	W. P.	1905	Apr	09	076	M	Bremerton, WA	NY
S		0002	00055	Grasner	Louis	1892	Feb	04	002	M	Madison & White	Sea
S	2	126	2008	Grass	Fred W.	1899	Oct	22	028	M	523 Yesler Ave.	USA
S			1265	Grass	P.	1890	Apr	22	024	M	Providence Hospital	ITL
S		0020	00233	Grasse	J.C.	1893	Jun	10	049	M		
S	3	0060	01192	Gratton	James	1906	Apr	17	075	M	Providence Hosp.	IRL
S		0009	00340	Grau	Peter	1892	Aug	14	048	M	Prov. Hosp.	NRY
S	2	124	1953	Graves	Emma	1899	Sep	29	063	F	3212-A Ave.	NY
S	3	0093	1863	Graves	F. L.	1904	Apr	10	065	M	Denning WA	NY
S	3	0101	02008	Graves	Francis	1906	Sep	20	076	M	near Ravenna Park	--
S	3	0004	00072	Graves	Honora Angeline	1905	Aug	07	034	F	1630 Belmont Ave	OH
S	2	116	1628	Graves	John Henry	1899	Apr	22	001	M	306 Broadway	Sea
S		0079	1566	Graves	Joseph	1904	Feb	27	054	M	Seattle Gen. Hosp.	---
S	2	0053	00288	Graves	Lillian L.	1895	Jul	01	010	F	3rd Columbia	Sea
S	2	105	2094	Graves	M. Sarah Adams	1901	Nov	07	073	F	414 E. Howell	NY
S	3	0091	1819	Graves	Mary M.	1904	Apr	19	061	F	1526 11th Ave.	NY
S	2	0077	00147	Graves	Solomon	1897	Apr	13	079	F	1120 Jefferson St.	NY
S	2	0067	00290	Graw	Geo	1896	Jul	29	054	M	Fremont	VT
S	3	0032	00640	Gray	A.	1905	Dec	26	047	M	Wayside Emerg. Hosp.	---
S	2	0076	1511	Gray	A. R.	1901	May	10	059	M	1207 Mercer	MI
S	2	126	1998	Gray	Alex C.	1899	Oct	15	050	M	Providence Hosp.	---
S	1	0001	00694	Gray	Almona	1888	Nov	28	06m		7th St. near Stewart St.	
S	2	0061	01219	Gray	B. Hazel	1901	Feb	25	009	F	311 Madison b. Victoria	---
S	2	114	1541	Gray	Cecelia L.	1899	Mar	23	004	F	1st Ave. S. & Norman St.	Sea
S		0101	02007	Gray	Charles S.	1904	May	20	027	M	St.Josephs Hosp., Tacoma	Sea
S		0011	00403	Gray	Isabella	1892	Sep	28	036	F	Madison & Chester	CND
S		0061	1211	Gray	James	1903	Nov	20	040	M	O'Brien WN	---
S	2	0002	00021	Gray	Jas. J.	1900	Jan	12	039	M	508 24th Ave. S.	MO
S	3	0181	03613	Gray	Mable (Mrs.)	1905	May	01	040	F	Wayside Emerg. Hosp.	UN

S	R	Page	Recor	LastName	FirstNames	Deat	Mn	Dt	Age	S	DeathPlace	Bir
S		0041	00814	Gray	Mrs. Hannah	1903	Aug	22	072	F	Ballard	ENG
S	1	0001	01081	Gray	P.Willie	1889	Dec	01	06m	M	So. Seattle	
S	2	0082	00337	Gray	S. A.	1897	Aug	18	080	F	Index, WA	NC
S		0060	1186	Gray	Sarah L.	1903	Nov	14	033	F	39 Fremont Ave.	PA
S	1	0001	00399	Greanson	E.	1884	Sep	29	003	M	Seattle	USA
S	3	0062	01240	Grebble	Susan	1906	Apr	16	079	F	1606 Madison St.	ENG
S	2	0085	1698	Gredler	John	1901	Jul	07	047	M	1134 - 20 So.	AUS
S	2	0018	00350	Green	(Infant)	1900	Apr	30	05d	M	2323 1st Av	SEA
S	3	0182	03633	Green	(Infant)	1907	May	27	s/b	M	1900-8th Ave.	WA
S	2	103	1132	Green	A. M.	1898	Sep	13	060	M	Seattle Gen. Hosp.	---
S	3	0016	00310	Green	A. M. (Mrs.)	1905	Sep	13	---	F	Manila, P. I.	---
S	2	0067	1336	Green	Aleck	1903	Dec	19	022	M	King Co. Hosp.	ENG
S	3	0198	03953	Green	Arthur H.	1905	Jul	30	046	M	512 John St	ENG
S	3	0147	02931	Green	Arthur L.	1907	Feb	28	023	M	Prov. Hosp.	IL
S	2	0083	00360	Green	C. E.	1897	Sep	10	035	M	Providence Hosp.	IL
S		116	2322	Green	Clifford	1904	Aug	08	009		2239 Franklin Ave.	MN
S	3	0011	00209	Green	Donald W.	1905	Sep	04	05m	M	748 82nd St	SEA
S	-	189	3728	Green	Elmer G.	1903	Jan	26	---	M	1118 Republican St.	SEA
S	2	0024	00473	Green	Etta	1900	May	02	042	F	2323 1st	ME
S	3	0096	01908	Green	Evaline C.	1906	Aug	27	03m	F	43 E St.,Ballard b.Ballard	WA
S	2	0058	01144	Green	F.	1901	Jan	21	025	M	Sunnydale	IA
S	2	0059	01163	Green	G. Mary	1901	Feb	01	074	F	107 4th Ave b Long Isl	---
S		0047	00939	Green	Gladys	1903	Sep	04	05m	F	South Park	Sea
S	2	0050	00174	Green	Harriet M.	1895	Apr	29	044	F	511 Sutter St	ENG
S	2	0041	00409	Green	Harry	1894	Sep	12	022	M	Commercial St betw. Yesler	
S	2	0090	00619	Green	Henry	1898	Feb	13	065	M	124 Howard Ave.	NY
S	2	0067	00294	Green	Herman	1896	Jul	11	024	M	Redmond	
S	3	0165	03284	Green	James	1907	Apr	12	c40	M	Wayside Emerg. Hosp.	---
S	-	176	3460	Green	Jas. J.	1902	Nov	08	062	M	205 Taylor Ave.	IRL
S	3	0082	01636	Green	Jediah	1906	Jul	13	070	M	Pacific Hosp.	CND
S	2	0020	00382	Green	Jennie	1900	May	03	030	F	Prov. Hosp.	ME
S	2	0040	00368	Green	L.K.	1894	Aug	26	028	M	Fremont	MN
S	1	0001	01021	Green	Lawrence	1889	Oct	20	003	M	9th St.	
S	1	0001	01031	Green	Lawrence	1889	Oct	22	003	M	12th & Howell	
S	2	0008	00158	Green	Lucinda M	1900	Feb	09	041	F	Port Blakeley	IL
S	-	161	3173	Green	Lydie	1902	Aug	23	027	F	King County Hosp.	CA
S	2	0081	1610	Green	M. Ada	1901	Jun	17	023	F	Monad Hosp.	TX
S	2	184	3625	Green	Mary A.	1902	Dec	15	046	F	Providence Hosp.	IN
S	2	0083	00371	Green	Maud	1897	Sep	24	022	F	Gilbert House b.Tacoma,	WA
S	2	140	2776	Green	Miranda S.	1902	May	15	078	F	4326 Brooklyn	NY
S	3	0167	03329	Green	Otto C	1905	Feb	24	021	M	Mount View, WA	IA
S	2	0059	01175	Green	S. S.	1901	Feb	06	074	M	313 27 Ave N	NJ
S	3	0047	00933	Green	Sarah Elizabeth	1906	Feb	21	078	F	314 Terry Ave.	MO
S	-	150	2938	Green	Sytvan	1902	May	29	009	M	Port Blakley, WA b.Pt. Blky	WA
S	2	143	2806	Green	T. A.	1902	May	24	052	M	Seattle Gen Hosp.	PE
S	2	124	1950	Green	Thos A.	1899	Sep	26	048	M	Bell Apts.	---
S	2	0094	1871	Green	Walleston	1901	Sep	04	04m	M	225 9th Ave. N.	SEA
S	1	204	2285	Green	Wm H.	1891	Apr	10	054	M	cor Front & Bell Sts.	---
S	2	0002	00029	Greenberg	Emma	1900	Jan	16	025	F	2322 Elliott Ave.	ME
S	3	0060	01183	Greene	Caroline Lucy	1906	Apr	16	072	F	702 - 11th Ave.No.	ME
S		0046	00919	Greene	D.W.	1903	Sep	08	063	M	729 - 27th Avenue S	NY
S	3	0022	00423	Greene	Hilda	1905	Oct	14	007	F	Missoula, MT	SEA
S		0010	00366	Greene	Infant	1892	Aug	31	04d	F	Proctor Lake Ave.	Sea
S		0016	00303	Greene	Louis	1903	Apr	24	030	M	Providence Hospital	NRY
S	3	0168	03348	Greene	Sarah Elizabeth	1905	Mar	01	070	F	515 Bell St	NY

S	R	Page	Recor	LastName	FirstNames	Deat	Mn	Dt	Age	S	DeathPlace	Bir
S	3	0134	02675	Greene	Wm E.	1907	Jan	24	090	M	1642 N. 51st St.	NY
S	2	0071	00434	Greenfield	C. G.	1896	Oct	24	019	M	515 John St.	KS
S	2	0069	1377	Greenfield	Glenn	1904	Jan	11	009	M	802 22nd Ave. So.	OH
S		0080	01598	Greenglade	Infant	1904	Feb	12	s/b	M	3816 Evanston Ave.	Sea
S	2	120	1766	Greenleaf	Silas N.	1899	Jun	24	061	M	2202 14th Ave. N.	ME
S	-	150	2944	Greenslade	Robert	1902	Jun	07	060	M	W. Wash. Hosp. for Insane	ENG
S	2	0029	00580	Greenwald	Jos.	1900	Jul	22	045	M	Prov. Hosp.	KY
S	2	0093	1843	Greesch	Ernest	1901	Aug	28	013	M	South Park	IA
S	1	0001	00922	Gregg	A.E.	1889	Jul	02	030	F	Front St.	
S	3	0093	01843	Gregg	Albert	1906	Aug	23	045	M	Providence Hosp.	KS
S	3	0110	02200	Gregg	Mattie	1906	Oct	22	041	F	1603-1st Ave.	MD
S		0033	00651	Gregg	S.D.	1903	Jul	05	023	M	Nome, Alaska	PA
S	3	0177	03528	Gregoire	Adolfe	1907	May	22	065	M	Providence Hosp.	PHL
S	3	0158	03147	Gregory	Annie C E, Mrs	1905	Jan	03	039	F	428 Belmont Ave N	WA
S	3	0039	00768	Gregory	Cornelius William	1906	Jan	23	062	M	821 15th Ave N	ENG
S	3	0061	01203	Gregson, Jr.	Thomas G.	1906	Apr	22	020	M	Wayside Emergency Hospital	ENG
S	2	0100	00987	Greinor	Russell Parker	1898	Jul	11	05m	M	334 Belmont Ave.	Sea
S	3	0036	00703	Grenstadt	Infant	1905	Dec	17	s/b	F	209 22nd Ave	SEA
S	3	0186	03707	Grentman	Emil	1907	Jun	14	025	M	1114-7th Ave.	SWT
S	2	0074	00028	Gresamore	Marie	1897	Jan	26	11m	F	221 Box St.	SEA
S	2	0074	00039	Gresmore	Chas.	1897	Jan	14	026	M	San Bernadino, CA	IN
S	2	160	3151	Grey	Judge	1902	Jul	08	055	M	Nome, AK	IN
S	2	0063	00136	Gribbin	Jas. E.	1896	Apr	07	10m	M	Lambert & John	Sea
S	2	0085	1689	Gribble	John H.	1904	Mar	05	079	M	132 31st Ave.	ENG
S	3	0094	1874	Gribble	William A.	1904	Apr	07	038	M	Renton WA	CND
S	3	0125	02495	Griebler	Clara G	1904	Apr	09	023	F	321 Twenty Seventh Ave S	MN
S	1	0001	00270	Griel	Gabriel	1883	Aug	20	052	M	Seattle	GER
S	-	170	3354	Grierbach	Wm.	1902	Oct	19	030	M	111 Va. St.	SEA
S	3	0103	02045	Griffin	Belle	1906	Sep	30	030	F	Pacific Hosp.	ID
S		0023	00314	Griffin	Chas. Harrington	1893	Aug	15	052	M	Carroll & Division	ENG
S	2	0006	00107	Griffin	Fannie	1900	Feb	11	17d	F	St Charles Hotel	SEA
S	1	0001	00572	Griffin	Florence	1888	Aug	03	005	F	Corner 18th & Jackson St	
S	3	0144	02871	Griffin	Infant	1904	Nov	11	01d	M	Ballard	SEA
S	2	0009	00175	Griffin	Jas. Henry	1900	Mar	03	023	M	1014 E Alder	SEA
S	2	0059	00188	Griffin	John	1901	Feb	14	040	M	Prov. Hosp.	IN
S	3	0144	02877	Griffin	Nellie	1904	Nov	25	026	F	King County Hosp	IL
S	2	0063	00118	Griffin	Rachel	1896	Mar	25	075	F	935 26th Ave	ME
S	2	128	2099	Griffin	Rosella	1899	Dec	02	019	F	414 Marion St.	---
S	2	0009	00174	Griffin	Stanley	1900	Mar	02	03m	M	701 24th Ave S	SEA
S		0023	00318	Griffin	Thos.	1893	Aug	17		M	Prov. Hosp.	
S	2	157	3080	Griffith	baby	1902	Aug	06	02m	M	165 Thomas St.	WA
S	3	0128	02556	Griffith	Elizabeth Jeanette	1904	Sep	27	01m	F	671 "A" Wash. St.	SEA
S	3	0094	01881	Griffith	Infant	1904	Apr	07	s/b	F	Detroit Hotel	Sea
S	2	108	1326	Griffith	John	1898	Dec	15	022	M	2120 4th Ave.	WA
S	2	103	1128	Griffith	John R.	1898	Sep	10	047	M	814 Alder St.	---
S	2	0002	00031	Griffith	Maura	1900	Jan	17	007	F	2726 Madison St.	---
S	-	173	3402	Griffith	W. T.	1902	Oct	19	035	M	Sitka, AK	NY
S	3	0134	02671	Griffiths	Edward R	1904	Oct	21	019	M	103 6th Ave N	SEA
S	2	0078	1557	Griffiths	Helen	1901	May	31	011	F	1614 East Lake	BC
S	2	0001	00006	Griffiths	Susan D.	1900	Jan	05	065	F	321 29th Ave. N.	WLS
S		111	2209	Griffyne	James	1904	Jul	13	028	M	Wayside Mission Hospital	---
S	2	127	2042	Grigsby	W.	1899	Feb	19	053	M	Lake T---(?), BC	---
S	2	118	1720	Grill	Barbara	1899	May	01	036	F	Ballard, WA	GER
S		0029	00548	Grimwald	M.J.	1893	Dec	14	029	F	Ross Station	Sea
S	2	0039	00345	Grinelle	Mary	1894	Aug	13	021	F	12th N Cedar	DNK

S	R	Page	Recor	LastName	FirstNames	Deat	Mn	Dt	Age	S	DeathPlace	Bir
S		132	2608	Grinnell	Hazel Ellen	1902	Mar	15	21d	F	Green Lake, WA	WA
S	1		1537	Grisdale	Henry S.	1890	Sep	07	010	M	Seattle b.Bay City, MI	
S		0054	1084	Grisdale	James, Jr.	1903	Oct	12	032	M	Phinney Creek	MI
S	3	0175	03483	Griswold	Albert	1907	May	15	024	M	Providence Hosp.	WI
S	1	0001	00966	Griswold	C.	1889	Aug	27	052	M		
S	1		1463	Griswold	Jermiah N.	1890	Aug	03	043	M	Pine St. corner 4th St.	VT
S	2	0027	00523	Griswole	Stephen	1900	Jun	11	074	M	Co. Hosp.	NY
S	2	0061	00065	Grittes	Infant	1896	Feb	15	02m	F	813 Alder St	Sea
S	2	0099	00979	Groat	Donald	1898	Jul	07	02w	M	1117 Thomas St.	Sea
S	3	0005	00085	Groceo	John	1905	Aug	19	035	M	Maynard & Jackson	ITL
S	2	124	1942	Grod	O. S.	1899	Sep	23	036	M	2221 1st Ave.	NB
S	3	0140	02788	Grodem	Harry	1907	Feb	04	002	M	1109 John St.	WA
S	3	0108	02142	Grodem	Olaf	1906	Oct	10	030	M	Sea. Gen. Hosp.	NRY
S	-	150	2939	Grodjmstry	Peter I.	1889	Jul	25	056	M	San Francisco, CA	PLD
S	3	0146	02906	Groee?	Francis	1907	Feb	23	c30	M	Ambulance 1 Av N & Harrison	unk
S	2	103	1123	Groennig	Lena	1898	Sep	07	024	F	410 Terrace St.	OR
S	1	0001	00054	Groff	Charles	1882	Mar	05	005	M	Seattle	GER
S	2	0075	1491	Grogan	Nina	1901	May	04	032	F	Prov. Hosp.	IRL
S		137	2703	Groherg	Lilly	1902	Apr	02	14d	F	Ballard, WA b.Ballard, WA	
S	2	125	1965	Grohery	Wm S.	1899	Sep	09	02d	M	Ballard, WA b.Ballard, WA	
S	1		1584	Grohlman	Frankie	1890	Sep	29	10m	F	2114 4th St.	---
S	3	0129	02562	Gromko	Jacob	1906	Dec	17	030	M	Ft. Steilacoom, WA	AUS
S	3	0190	03803	Gronstad	Hjalmer	1905	Jun	28	023	M	1st Ave & University St	SWD
S	2	0097	00894	Groos	Ole	1898	May	31	033	M	Ballard, WA	SWD
S	2	0057	01140	Grooves	James A.	1901	Jan	29	045	M	S. Seattle	IL
S		0054	1082	Gropper	Jno M.	1903	Sep	17	063	M	Nome, AK	---
S	2	0089	01767	Grose	George	1904	Apr	02	034	M	2314 E. Olive St.	DC
S	2	100	1012	Grose	Wm.	1898	Jul	26	063	M	E. Howell & 23rd Sts.	WDC
S	3	0123	02462	Grosh	Infant	1904	Aug	14	---	M	1310 Seventh Ave	SEA
S	3	0123	02462	Grosh	Infant	1904	Aug	14	---	F	1310 Seventh Ave	SEA
S	3	0157	03136	Gross	Arthur	1907	Mar	27	05m	M	3833 Aurora Ave.	WA
S		0017	00104	Gross	Frank	1893	Mar	26	019	M	Green Lake	NB
S	3	0183	03646	Gross	Infant	1905	May	13	04d	M	704 Pine St	SEA
S	2	100	1008	Gross	John	1898	Jul	25	033	M	Black Diamond, WA	ITL
S	2	0086	00492	Gross	Lovinia J.	1897	Dec	03	035	F	Providence Hosp.	IA
S	1	0001	00026	Gross	William	1881	Dec	26	046	M	Providence Hosp.	US
S	1	0001	00484	Grossman	Anna	1885	Nov	01	047	F	8th St. Seattle	GER
S	2	0085	00467	Grottisch	Wm. E.	1897	Nov	25	035	M	Providence Hosp.	OH
S	2	0100	00993	Grove	Mary J.	1898	Jul	16	057	F	414 - 9th Ave. S.	ENG
S	2	0002	00045	Grover	A. O.	1892	Jan	27	025	M	Grace Hosp.	KS
S		0024	00461	Grover	Edwin R.	1903	Jun	13	---	M	Dayton Avenue, Fremont	NY
S	2	0012	00240	Grover	Frances K	1900	Mar	28	018	F	Fremont	MO
S	3	0120	02399	Grover	Harry T.	1906	Nov	25	025	M	Oroville, CA	ME
S	2	113	2247	Groves	H. A.	1901	Dec	25	078	M	Fremont	NY
S	2	0074	00026	Grow Yow	--	1897	Jan	26	021	M	Madison St.	CHN
S		0008	00145	Grubicich	Catherine	1903	Apr	01	010	F	62 Wall	SEA
S	3	0188	03753	Grueger	Edward G.	1907	Jun	26	061	M	Hotel Barker	GER
S	1		1451	Grumert	William H.	1890	Jul	26	025	M	315 Pike St.	---
S		108	2160	Grunaway	Charles	1904	Jun	28	010	M	Renton WA	---
S	2	0051	00211	Grunkrauz	John	1895	May	17	051	M	Denny ?	
S	2	138	2726	Grunwald	Fred A.	1902	Apr	27	017	M	9th Ave. & Yessler	RUS
S	-	174	3417	Gruonmo	Albertina	1902	Oct	04	073	F	Ballard, WA	NRY
S		0017	00087	Gruye		1893	Mar	11	02d	F	311 Brook	
S	2	327	2516	Guard	Mrs. H.	1891	Aug	10	040	F	Market St.	---
S		0007	00137	Gudger	W.S. (Mrs.)	1903	Mar	30	030	F	Providence Hospital	KS

S	R	Page	Recor	LastName	FirstNames	Deat	Mn	Dt	Age	S	DeathPlace	Bir
S	3	0107	02140	Gudmundsen	Mrs. Anna	1906	Oct	11	032	F	314 Thomas	NRY
S	1		2066	Guemes	Carmen A.	1890	Dec	30	005	F	14th & Pike Sts.	---
S	1		2178	Gueriera	Arvaise	1891	Mar	01	040	F	So. Seattle, 1st Ward	FRN
S	-	146	2865	Guest	Edw. H.	1902	May	30	046	M	Providence Hosp.	PA
S	2	0054	01080	Guffy	Geo. L.	1901	Jan	12	041	M	812 Main St	CA
S	3	0158	03148	Guger	Bertha	1907	Mar	29	017	F	1912-1st Ave. W.	WA
S	2	0082	00327	Gugleberger	R. S.	1897	Aug	28	08m	M	600 Jackson St.	SEA
S	3	0167	03333	Guibor	Mrs. Louise	1907	Apr	22	059	F	946-23rd Ave.	NY
S	3	0144	02867	Guingne	Thomas Joseph	1904	Nov	08	003	M	Lakewood	SEA
S	-	151	2961	Guinlar	baby	1902	Jun	14	s/b	M	806 E. Union St.	SEA
S	3	0076	1507	Guinty	Mamie	1904	Feb	04	031	F	1114 8th Ave. W.	IL
S	2	0117	02344	Guion	Sarah	1904	Aug	17	076	F	6602 E Greenlake Blvd	IN
S	3	0129	02571	Guion	William D.	1906	Dec	27	036	M	Tacoma, WA	KS
S	1	0001	00043	Guir	George	1882	Feb	03	070	M	Providence Hosp.	IRL
S	1	0001	01014	Guird	F.J.	1889	Oct	07	049		Grace Hosp.	
S	1	0001	00246	Gull	Gabrael	1883	Aug	27	038	M	Seattle	GER
S	3	0241	02812	Gulliferd	Jessie MacFarlane	1907	Feb	07	004	F	115-24th Ave. S.	WA
S		0032	00069	Gulliford	Gladys	1894	Feb	14	008	F	Lake Dell Add	ENG
S	2	0061	01216	Gummerson	Frank	1901	Feb	24	058	M	Prov. Hosp.	SWD
S	3	0084	01666	Gunderson	Alfred W.	1906	Jul	22	06m	M	2114 23rd Ave.	Sea
S	2	0091	1818	Gunderson	G. A.	1901	Aug	28	044	M	Commercial & 1st Ave. S.	ME
S	2	0027	00536	Gunderson	Gunder	1900	Jul	01	060	M	2823 1st Av	NRY
S	3	0026	00519	Gunderson	Joseph Herman	1905	Nov	09	018	M	Seattle Gen. Hosp.	SD
S		133	2625	Gunderson	Josephine	1902	Apr	01	10m	F	Fremont	WA
S		134	2660	Gunderson	Martin	1902	Apr	16	040	M	Providence Hosp.	---
S	3	0186	03708	Gunderson	Ole	1905	May	20	065	M	572 John St	NRY
S	1		1486	Gunderson	V. E.	1890	Aug	14	06m	M	Cor Plummer & 11th Sts.	---
S		0118	02346	Gunn	Alfred John	1906	Nov	19	013	M	2706 Jackson	WA
S		0082	1633	Gunnerson	Amanda	1904	Mar	11	038	F	Seattle Gen. Hosp.	SWD
S	2	0069	00379	Gunterman	baby	1896	Sep	12	04h	F	504 7th Ave.	SEA
S		131	2593	Gunterman	Jane (Mrs.)	1902	Mar	30	062	F	3rd Ave. & James St.	IL
S	3	0063	01241	Gunther	Elizabeth	1906	Apr	17	073	F	2113 7th Ave.	GER
S	3	0068	01351	Gunther	Frank P.	1906	May	11	011	M	2715 King St.	IN
S	2	0088	00556	Gunther	Herman J.	1898	Jan	15	5.5	M	817 Howell St.	SEA
S	-	167	3288	Guptill	Jennie (Mrs.)	1902	Sep	25	027	F	Providence Hosp.	SCT
S	2	120	1768	Guptill	L. C. (Mrs.)	1899	Jun	25	047	F	Providence Hosp.	---
S	-	192	3782	Gurber	Charlotte	1903	Jan	15	072	F	Ballard, WA	PA
S	2	373	2608	Gurney	Harry B.	1891	Sep	24	08m	M	Republican St./7th Ward	Sea
S	2	0075	00045	Gurney	Isabella	1897	Feb	03	036	F	420 Lake St.	---
S	3	0242	02822	Gustafson	Frederick C.	1907	Feb	11	023	M	2003 Franklin	IL
S	2	0034	00663	Gustavson	Anna	1900	Aug	18	036	F	1101 Lv. Ave	SWD
S	2	111	1419	Gustin	Emma L.	1899	Jan	22	037	F	1006 Judkins St.	---
S	3	0175	03485	Guthrie	Andrew	1907	May	11	027	M	Seattle Gen. Hosp.	IRL
S	1		2012	Guthrie	Edward A.	1890	Nov	24	041	M	Fort Steilacoom, Wash.	---
S		0037	00738	Guthrie	Elizabeth H.	1903	Aug	20	019	F	734 Blewitt	SEA
S		0115	02293	Guthrie	Greta	1904	Jul	19	s/b	F	Columbia City	Sea
S	3	0160	03196	Guthrie	L.F.	1907	Mar	28	008	M	Ballard	MI
S	2	420	2701	Guthrie	Mandie	1891	Nov	28	005	F	715 Oak St. b.Kitsap Co.,	WA
S	2	0117	02341	Guthrie	Ruth R	1904	Aug	17	001	F	908 26th Ave S	SEA
S	2	412	2685	Guthrie	Terence	1891	Nov	17	034	M	805 Yesler Ave./1st Ward	IRL
S	2	0023	00445	Gutsell	Mary E.	1900	May	31	017	F	Lake Union	NE
S	2	0044	00511	Gutteau	Geo. A.	1894	Nov	05	050	M	Lake Dell Ave	
S	3	0055	01093	Guwozdouskie	Antony	1906	Mar	01	01m	M	Georgetown, WA	WA
S	2	0036	00705	Guy	Alfred E.	1900	Aug	03	038	M	East Sound, WA	CND
S	2	101	1025	Guy	Gerald M.	1898	Jul	30	004	M	Erlich, WA	Sea

S	R	Page	Recor	LastName	FirstNames	Deat	Mn	Dt	Age	S	DeathPlace	Bir
S	2	0067	00288	Guyer	Wm.	1896	Jul	31	036	M	1607 Grant	
S	1		2120	Gyger	Catherin	1891	Jan	31	048	F	Lombard St,	SWT
S	1	0001	00645	Gyger	Fiddy	1888	Oct	08	5wk		702 Lenora	
S	2	0058	00566	Gyger	Oscar	1895	Dec	19	001	M	S. Seattle b.S.Seattle	
S	3	0019	00373	Gyrdt	Arthur	1905	Oct	19	026	M	Grand Central Hotel	GER
S	3	0130	02594	Gyrdt	Mary	1904	Sep	16	048	F	King County Hosp	GER
S	1	0001	00920	H--"nr"	Perry J.	1889	Jul	01	04m	M	Blanchard & Front	
S	1	0001	00634	H---(nr)	O.J.	1888	Oct	02	003		corner 5th & James	
S	2	0077	00130	H--akk-(nr)	Martha	1897	Mar	22	044	F	S. Georgetown	NRY
S	2	0099	00957	Haas	Alvin	1898	Jun	02	---	M	Helena, MT	---
S	3	0192	03828	Haas	John	1905	Jun	08	021	M	Portland, OR	---
S	3	0181	03619	Haas	Joseph	1905	May	01	034	M	Pacific Hosp.	UN
S		0098	1955	Haas	Nicholas	1904	May	19	059	M	705 7th Ave. N.	GER
S		113	2264	Hab	Emily	1904	Jul	06	008	F	Georgetown WA	WA
S	3	0001	00004	Hab	Eugene	1905	Jul	16	047	M	Georgetown	FRN
S	2	0046	00017	Hab	Nicholas	1895	Jan	19	057	M	3rd & Clay	FRN
S	3	0036	00705	Haber	Infant	1905	Dec	27	s/b	M	316 20th Ave	SEA
S	3	0026	00504	Habner	Genevieve	1905	Nov	26	055	F	2317 14th Ave S	GER
S	2	0033	00654	Hacashy or H. Abe	I	1900	Aug	14	030	M	S. G. Hosp.	JPN
S	3	0140	02799	Hacket	Geo. W.	1907	Feb	06	045	M	7552-2nd Ave. N.E.	IN
S	2	114	2277	Hackett	Geo.	1901	Nov	30	059		Whatcom	
S		0041	00806	Hackett	James J.	1903	Jul	20		M	Fort Liscum (?), Alaska	---
S		0039	00775	Hackett	John D.	1903	Aug	26	038	M	Providence Hospital	ENG
S		0007	00262	Hackett	Regia	1892	Jun	30	053	F	Boulevard	ENG
S	-	148	2911	Hackey	Daniel	1902	Jun	28	054	M	Providence Hosp.	NB
S	3	0094	1877	Hackney	Clara	1904	Apr	27	011	F	Georgetown	WA
S	3	0143	02855	Hadden	Alexander B.	1907	Feb	14	037	M	Prov. Hosp.	SCT
S	2	0070	1397	Hadden	John	1901	Apr	08	023	M	Hosp. Ship	ENG
S	3	0031	00612	Hadfield	Aaron A.	1905	Dec	20	23d	M	3655 Albion Pl	SEA
S	3	0039	00779	Hadley	Amy B.	1906	Jan	27	025	F	Metropolitan Hosp.	MI
S	2	0046	00912	Hadly	Geo. W. W.	1900	Nov	13	058	M	S. G. Hosp.	PA
S		0024	00384	Haelley	Nancy	1893	Sep	10	074	F	1420-1/2 3rd St.	OH
S	2	0064	01265	Hagan	Lillie	1901	Mar	02	006	F	2615 Irving	SEA
S	3	0165	03283	Hage	Chris	1907	Apr	12	024	M	Wayside Emerg. Hosp.	NRY
S	3	0015	00298	Hagemeyer	Beulah	1905	Sep	01	024	F	Minneapolis	MN
S		0013	00507	Hagen		1892	Dec	14	035	M	Grace Hosp.	
S	1	0001	00782	Hagen	Ida	1889	Mar	01	022	F	Corner 7th & Lenora St.	NRY
S	2	0076	1516	Hagen	Inft.	1901	May	13	07d	M	Greenlake	WA
S	-	163	3210	Hagen	John	1902	Aug	30	038	M	Wayside Mission	WA
S	3	0181	03619	Hagen	Lillian May	1907	May	28	018	F	Bremerton	MN
S		0049	00979	Hagen	Marge Jesse	1903	Oct	03	08m	F	2802 Wester Avenue	NRY
S			1337	Hagen	Mrs. H. A.	1890	Jun	04	038	F	Madison & 2nd Sts.	---
S	3	0180	03589	Hagen	Naomi S.	1905	Apr	12	041	F	WW Hosp. for Insane	MI
S	1	0001	00639	Hagen	Sarah E.	1888	Oct	03	17m	F	corner 10th & James St.	
S	1	0001	00628	Hagene	O.J.	1888	Sep	24	007		Corner 10th & James St	
S	2	107	1269	Hager	Gustave	1898	Nov	20	040	M	4th Ave. & Spring St.	---
S	2	0025	00486	Hagerman	Paul	1900	Jun	08	020	M	Prov. Hosp.	GER
S	1	0001	00221	Hages	C.	1883	Jun	24		M	Seattle	IRE
S	2	104	2075	Haggard	Infant	1901	Oct	30	s/b	M	511 - 24	SEA
S	3	0185	03695	Haggard	Wm F.	1905	May	03	030	M	Utah & Mass. Sts	UN
S	2	0052	01030	Haggart	Marie H.	1900	Dec	31	032	F	808 Broadway	MO
S	2	114	2274	Haggerty	Wm.	1901	Dec	22	074	M	Ballard, WA.	PA
S		137	2702a	Hagglund	John	1902	Apr	01	069	M	Ballard, WA	NRY
S	3	0106	02101	Haglund	(Baby)	1906	Oct	01	02d	M	Sea. Gen. Hosp.	Sea
S	2	0016	00317	Haglund	Annie	1900	Apr	14	026	F	1113 Olive	SWD

S	R	Page	Recor	LastName	FirstNames	Deat	Mn	Dt	Age	S	DeathPlace	Bir
S	2	143	2798	Hagmori	M.	1902	May	21	021	M	524 Washington St.	JPN
S	2	0058	00561	Hagnoe	E.	1895	Dec	16	064	F	10th & Pine	NRY
S	2	0016	00315	Hahn	Adolph	1900	Apr	13	008	M	Fremont	SEA
S	2	320	2502	Hahn	Agnes	1891	Aug	04	002	F	Freemont-Denny & Houts	Sea
S	-	164	3216	Hahn	Mrs. Hulda	1902	Sep	03	034	F	Coleman Block	GER
S	3	0161	03220	Haigh	John W	1905	Feb	01	041	M	Wayside Emergency Hosp	IN
S	3	0187	03725	Haight	Martha	1907	Jun	20	076	F	Hillman City	IA
S	2	128	2550	Haight	O. B.	1902	Mar	06	046	M	Prov. Hosp.	IN
S	-	176	3466	Haight	Olive	1902	Nov	11	065	F	23rd S. & Norman Sts.	ON
S	2	0060	00032	Haines	D.H.	1896	Jan	28	049	M	2310 Western Av	ENG
S	2	0119	02374	Haines	Edna May	1904	Aug	23	002	M	Greenlake	Sea
S	2	0001	00001	Haines	John Charles	1892	Jan	02	042	M	1402 7th	IL
S		0016	00309	Haines	Josiah M.	1903	May	04	049	M	1411 E. Spruce	NH
S	2	0118	02350	Haines	Loney	1904	Aug	18	005	F	1320 Howell St	Sea
S	2	0071	00446	Hainsworth	Wm.	1896	Oct	12	065	M	West Seattle, WA	ENG
S	2	0079	00224	Haisch	F. D.	1897	Jun	18	039	F	1302 Main St.	NY
S	2	0086	00497	Haisch	John G.	1897	Dec	05	05m	M	1302 Main St.	SEA
S	2	126	2018	Haisch	Walter G.	1899	Oct	29	015	M	Providence Hosp.	NY
S	1		1549	Halbe	Arthur	1890	Sep	10	06w	M	Third St.	---
S	3	0152	03037	Halberg	Olaf	1907	Mar	08	030	M	Pacific Hosp.	NRY
S	1		1990	Halbert	infant of John F. & Mary	1890	Nov	11	01m	M	113 Bell St.	Sea
S	2	117	1673	Halder	Jas.	1899	Apr	30	035	M	Skykomish	---
S	3	0071	01419	Hale	Janus Miurs	1906	May	23	038	M	612 Madison St.	TX
S	3	0074	01479	Hale	Martha Moseley	1906	Jun	12	006	F	1133 - 16th Ave.So.	WA
S	2	0080	1590	Halen	Carl	1901	Jun	03	004	M	Lake Union	WA
S	2	104	1166	Haley	Ed. Hendry	1898	Sep	29	030	M	Seattle	SCT
S		0002	00054	Halgerson	Mary C.	1892	Feb	04	002	F	1204 Jackson	
S	2	0047	00077	Hall	(Baby)	1895	Feb	27	10d	M	8th & Weller	Sea
S		0114	02263	Hall	Alfred S.	1906	Oct	26	071	M	Friday Harbor, WA	---
S	3	0076	01501	Hall	Bruce L.	1906	Jun	15	001	M	509 Warren Ave.	WA
S	2	187	3677	Hall	Cora E.	1903	Jan	03	038	F	Union Blk.	MN
S		0032	00625	Hall	Elizabeth Jane	1903	Jul	02	053	F	Providence Hospital	ENG
S	2	187	3681	Hall	Elizabeth M.	1903	Jan	04	054	F	1533 Boylston	NY
S		135	2674	Hall	Emma L.	1902	Apr	23	076	F	315 28th Ave. S.	ENG
S	2	0001	00006	Hall	Erastus Whitney	1892	Jan	05	025	M	Lytell House,2nd & Wash.	---
S	2	0094	1864	Hall	Florence V.	1901	Sep	01	037	F	818 E. Lake Ave.	MO
S	3	0133	02641	Hall	Frank W.	1907	Jan	16	023	M	RR Ave. & Conn. St.	KS
S	2	0084	00417	Hall	Geo. E.	1897	Oct	28	032	M	620 20th Ave.	---
S	1	0001	00104	Hall	Gertie	1882	Aug		005	F	Seattle	
S	2	0035	00182	Hall	Hannah J.	1894	Apr	29	056	F	127 Birch	IN
S		0116	02318	Hall	Hattie A.	1906	Nov	09	043	F	4339 Brooklyn	MN
S	2	354	2570	Hall	infant	1891	Sep	05	hrs	M	Brooklyn St.	Sea
S	3	0138	02748	Hall	Infant	1904	Oct	10	s/b	M	7451 Fourth Ave N E	SEA
S	3	0087	01736	Hall	Infant	1906	Jul	17	s/b	M	1913 6th W.	Sea
S		0027	00504	Hall	J.	1893	Nov	26	068	M	1304 Jackson	NJ
S	-	153	2997	Hall	J.	1902	Jul	14	035	M	4th & Yesler Way	USA
S	2	0083	00361	Hall	J. Niatt	1897	Sep	10	048	M	Providence Hosp.	VA
S	3	0013	00246	Hall	J. Wilkes	1905	Sep	17	071	M	127 Nob Hill Ave	OH
S		0019	00158	Hall	J.M.	1893	Apr	25	050	M	2nd & James	
S		196	3858	Hall	James A.	1903	Feb	26	058	M	Monod Hospital	ME
S		0029	00579	Hall	Jennie	1893	Dec	11	043	F	Georgetown	
S	1	0001	00797	Hall	John	1889	Mar	13	070	M	Prov. Hosp.	IRE
S	2	0001	00020	Hall	John	1892	Jan	11	030	M	Providence Hosp.	---
S			1427	Hall	Joseph	1890	Jul	18	077	M	Taylor St. b.Tazett Co., PA	
S	1		2214	Hall	Joseph W.	1891	Mar	06	030	M	Abbott House, Pike St.	---

S	R	Page	Recor	LastName	FirstNames	Deat	Mn	Dt	Age	S	DeathPlace	Bir
S	3	0142	02838	Hall	Lucius	1907	Feb	08	057	M	2nd Ave. S. & Washington	unk
S	3	0241	02807	Hall	Maggie	1907	Feb	07	018	F	4517 Linden Ave.	CND
S	2	0001	00002	Hall	Mary	1900	Jan	02	041	F	26th & John Sts.	NC
S		0005	00095	Hall	Mary A.	1903	Mar	08	015	F	Chrittenden Home	KY
S	2	0070	00389	Hall	Mattie	1896	Sep	26	050	F	923 Hyde St.	---
S	3	0156	03117	Hall	Maude Franes	1907	Mar	20	032	F	Seattle Gen. Hosp.	IL
S	3	0163	03241	Hall	Mrs. Tena	1907	Apr	05	025	F	Sea. Gen. Hosp.	WI
S	2	0090	00630	Hall	Nathan	1898	Feb	21	036	M	Sea. Gen. Hosp.	---
S	3	0160	03189	Hall	Oscar W.	1907	Mar	23	021	M	Wilberton Sta.	CND
S	-	174	3421	Hall	Samuel O.	1902	Oct	25	082	M	S. Park	---
S	3	0145	02885	Hall	Sarah E.	1907	Feb	20	070	F	324-15th Ave. N.	IN
S	2	110	1386	Hall	Sarah F.	1899	Jan	06	055	F	127 Nob Hill	IL
S	3	0123	02448	Hall	Thomas	1906	Dec	06	050	M	1st Ave. & Wall	ENG
S	3	0084	01668	Hall	Virginia Aline	1906	Jul	23	02d	F	512 E.71st	Sea
S	3	0075	01490	Hall	W. Finley	1906	Jun	14	081	M	Providence Hosp.	MO
S	3	104	2080	Hall	William F.	1904	Jun	22	041	M	Providence Hospital	ME
S	2	122	1848	Halland	Mary	1899	Aug	01	028	F	420 12th Ave. S.	---
S	2	341	2543	Hallarn	infant	1891	Aug	25	s/b	M	9th & Weller Sts.	Sea
S	3	0072	01433	Hallaway	Harold	1906	May	09	002	M	King Twp.26	Sea
S	2	0100	1990	Hallenbeck	Chas. E.	1901	Oct	06	046	M	1324 7th Ave.	NY
S	2	126	2515	Haller	(Baby)	1902	Feb	03	s/b	F	114 Roy Sr	SEA
S	2	0078	00168	Haller	G. O.	1897	May	01	037	M	606 Minor St.	PA
S	3	0028	00554	Hallett	Ethel	1905	Nov	22	021	F	Hot Springs, WA	SD
S	1		2172	Hallett	Minnie	1891	Feb	27	024	F	Taylor & Jackson Sts.	PA
S		0025	00403	Halley	Geo. Francis	1893	Sep	21	05m	M	2023 Front	
S		0028	00537	Halligan	Michael	1893	Dec	09	024	M	Prov. Hosp.	IRL
S		0005	00193	Hallis	Louise	1892	May	17	05d	F	1420 3rd	Sea
S	2	0088	1747	Halliwell	Frederick W.	1904	Mar	28	043	M	Holbrook St., Ballard	ENG
S	2	0074	00001	Hallman	E. R.	1896	May	07	038	M	Main Street	PA
S	2	112	1487	Halloran	John	1899	Feb	25	046	M	Providence Hosp.	IRL
S	2	383	2626	Halloway	George	1891	Oct	05	021	M	Providence Hosp.	---
S	3	0147	02929	Hallum	Alonzo	1907	Feb	28	014	M	708 University	KS
S	2	425	2710	Hallussinger	Lorenz	1891	Dec	03	028	M	Providence Hosp.	---
S	2	0067	01335	Halpin	Demus	1903	Dec	14	044	M	King Co. Hosp.	IRL
S	3	0172	03434	Halpin	Michael Henry	1907	May	03	065	M	Providence Hosp.	IRL
S	1	0001	01239	Halschumacher	W.H.	1890	Mar	26	043	M	Corner Wilford & Canal St.	
S	3	0007	00122	Halstead	Hartley	1905	Aug	04	049	M	Providence Hosp.	CND
S	3	0008	00142	Halt	J. E.	1905	Jul	29	030	M	Las Vegas, NM	UN
S	2	329	2520	Haltafouah	Freddy	1891	Aug	12	10m	M	5th & Marion Sts. b.Kent, WA	
S	1	0001	01047	Halverson	Johannes	1889	Nov	07	023	M	Second St.	NRY
S	3	0092	1836	Halvorson	Thomas	1904	Apr	27	082	M	3607 Lake Dell Ave.	NRY
S		108	2149	Ham	Adellah	1904	Jun	28	035	F	Georgetown WA	MO
S	2	0088	1762	Ham	Milton	1904	Mar	03	042	M	Monod Hosp.	NY
S		195	3854	Hamamoto	M.	1903	Feb	24	029	M	General Hospital	JPN
S	2	0049	00143	Hambach	Albert D.	1895	Apr	07	002	M	624 Spring	Sea
S	3	0096	01920	Hamberg	Irene Bessie	1906	Sep	02	02m	F	1521 15th Ave.So.	--
S	3	0035	00688	Hamblet	E. T.	1905	Dec	20	085	M	Ballard	NY
S	3	0190	03786	Hamblet	Mary	1905	Jun	23	065	F	Providence Hosp.	BC
S		0033	00102	Hamblin	James	1894	Mar	06	035	M	Providence Hosp.	
S	3	0189	03772	Hambly	Infant	1905	Jun	17	01d	F	1806 23rd Ave	SEA
S	2	0028	00560	Hambly	Wm. (Mrs.)	1900	Jul	11	053	M	S. G. Hosp.	PA
S	3	0185	03693	Hamburger	Jennie	1905	May	31	036	F	310 9th Ave N	GER
S		0018	00360	Hambury	Chas F.	1903	May	24	043	M	Providence Hospital	CT
S		131	2589	Hamel	William	1902	Mar	28	026	M	Providence Hosp.	TN
S	3	0157	03133	Hamer	Frederick	1907	Mar	27	03m	M	2205-2nd Ave.	WA

S	R	Page	Recor	LastName	FirstNames	Deat	Mn	Dt	Age	S	DeathPlace	Bir
S	-	148	2903	Hamer	Sewald J.	1902	Jun	20	001	M	1005 5th Ave. W.	MN
S	2	160	3143	Hamill	Wm.	1902	Aug	04	030	M	Pasadena, CA	NY
S	2	141	2782	Hamilton	B. A.	1902	May	18	042	M	Occidental & Connecticut	---
S	2	0072	1425	Hamilton	C. H.	1901	Mar	29	060	M	Prov. Hosp.	USA
S	2	0067	1335	Hamilton	C. H.	1901	Mar	29	060	M	Prov Hosp	USA
S	2	0084	1682	Hamilton	Chas. F.	1904	Mar	30	062	M	5612 Keystone Pl.	KY
S	3	0157	03126	Hamilton	Emma M.	1907	Mar	25	057	F	Metropolitan Hosp.	NY
S		0016	00315	Hamilton	Harry	1903	Apr	30	035	M	Corner 1st Ave & Virginia	ENG
S	3	0184	03678	Hamilton	Hazel L.	1907	Jun	08	10m	F	326 Bertona W.	Sea
S	2	111	2201	Hamilton	Ira A.	1901	Dec	09	017	M	South Seattle	SD
1	2	116	1624	Hamilton	Isaac J.	1899	Apr	18	007	M	15th & E. Spruce Sts.	---
S		193	3795	Hamilton	Jessie B.	1903	Jan	17	005	F	San Jose, CA	Sea
S		0023	00457	Hamilton	Jim	1903	Jun	08	040	M	Cor Yesler and Occidental	---
S	1		1441	Hamilton	John	1890	Jul	25	065	M	King & 7th Sts.	---
S	1	254	2373	Hamilton	John	1891	May	30	037	M	nr 7th & Dearborn Sts.	SCT
S	2	0034	00150	Hamilton	Lester	1894	Apr	01	02m	M	617 5th St	Sea
S	3	0137	02736	Hamilton	Lizzie	1907	Jan	09	049	F	249 Brandon, Georgetown, WA	PA
S	2	105	1208	Hamilton	Lucy	1898	Oct	15	045	F	Seattle Gen Hosp.	---
S	1	0001	01210	Hamilton	Mary	1890	Mar	14	007	F	Corner 15th & Canal St.	
S	3	0159	03173	Hamilton	Mrs. Cynthia	1907	Mar	09	083	F	Issaquah	MA
S	3	0151	03008	Hamilton	Mrs. Harriett Case	1907	Mar	02	045	F	1114 Boylston Ave.	IL
S	2	0045	00551	Hamilton	Rob	1894	Sep	23	045	M	Nr City Park	
S	3	0136	02715	Hamilton	Roy	1907	Jan	11	012	M	Wayside Emerg.	---
S	2	0026	00503	Hamilton	Sam	1900	Jun	18	023	M	Prov. Hosp.	NAM
S	2	120	1788	Hamilton	Simon	1899	Jun	27	078	M	N. Gilman St.	PA
S	2	0091	00679	Hamilton	T. S.	1898	Mar	07	053	M	Providence Hosp.	IN
S	1	0001	00220	Hamilton	W.	1883	Jun	21	045	M		USA
S	2	103	2051	Hamilton	Wm. J.	1895	May	02	01w	M		??
S	2	0044	00525	Hamish	John J.	1894	Nov	15	039	M	723 10th St	IL
S	2	0041	00419	Hamleburg	Victor	1894	Sep	21	062	M	Prov. Hosp	
S	1	0001	00291	Hamler	Otto	1883	Nov	04	005		Seattle	GER
S		0026	00517	Hamlet	N.H.	1903	Jun	09	060	M	King County Hospital	VA
S	2	0087	00523	Hamlin	Fred'k B.	1897	Dec	11	003	M	Everett, WA b.Paynesville,	OR
S		0040	00803	Hamlin	James M.	1903	Aug	29	022	M	Cedar Mountain	NY
S	1	204	2292	Hamlin	John H.	1891	Apr	11	053	M	Fremont b.Ackron,	OH
S		0006	00102	Hamlin	M. (Mrs.)	1903	Mar	14	050	F	Cedar Mountain	NY
S	2	126	2007	Hamlin	Marie	1899	Oct	22	047	F	2613 3rd Ave.	CND
S	1		2068	Hamm	Emma	1891	Jan	02	031	F	Snoqualmie Hotel,Pike & 5th	USA
S		0024	00375	Hamm	Infant	1893	Sep	08	04m	M	813 Alder	Sea
S	2	0031	00616	Hamm	Jacob	1900	Jul	24	049	M	South Park	GER
S	3	0120	02393	Hamman	John	1906	Nov	19	043	M	Georgetown, WA	SWD
S	3	0102	02031	Hammer	Frank A.	1904	Jun	04	071	M	1110 Railroad Ave. b.Alsace	
S	2	0086	1721	Hammer	Gertie	1904	Mar	06	016	F	Georgetown	IA
S	3	0076	1522	Hammer	Maggie	1904	Feb	16	031	F	410 Railroad Ave.	PA
S	2	117	1663	Hammill	Michael	1899	Apr	10	045	M	Sunnydale, WA	---
S	1		2104	Hammond	Addie Pratt (Mrs.)	1891	Jan	22	-	F	Taylor St.	---
S	3	0147	02939	Hammond	Allen	1897	May	--	060	M	Everett, WA	unk
S		0115	02289	Hammond	Infant	1904	Jul	02	s/b	F	923 Boylston No.	Sea
S	3	0090	01781	Hammond	Louise	1906	Aug	11	056	F	1405 20th Ave.	CND
S	3	0112	02236	Hammond	Lucy A.	1906	Oct	01	074	F	Tacoma	n/s
S	1	0001	01158	Hammond	Norman D.	1890	Jan	26	02m	M	19 Dexter	
S	1		2081	Hammond	William	1891	Jan	09	06y	M	219 Temperence b.Fairhaven,	MA
S	3	0050	00996	Hammons	Infant	1906	Feb	15	s/b	F	1111 Bellevue Place	Sea
S	2	350	2562	Hamock	Geo. Lloyd	1891	Sep	03	025	M	James & Front Sts.	WLS
S	3	0176	03506	Hampton	Edgar	1907	May	18	022	M	Seattle Gen. Hosp.	IN

S	R	Page	Recor	LastName	FirstNames	Deat	Mn	Dt	Age	S	DeathPlace	Bir
S	2	0071	1412	Hampton	Jennie	1901	Apr	15	019	F	Monod Hosp.	IRL
S	3	0002	00040	Hampton	Mamie (Mrs.)	1905	Aug	05	025	F	Providence Hosp.	KY
S	2	112	2231	Hamren	Charlotte	1901	Dec	21	011	F	5112 29th Ave. N.	SEA
S	3	0005	00089	Hamsbery	Anna Birilla	1905	Aug	21	02m	F	528 20th Ave N	SEA
S	3	0190	03791	HanaFusa	Schiro	1905	Jun	27	08m	M	309 7th Ave S	SEA
S		0038	00752	Hanamitsa	Naokichi	1903	Aug	29	026	M	1447 Western Avenue	JPN
S	3	0141	02825	Hanasharaki	Charles	1904	Nov	19	028	M	Seattle General Hosp	JPN
S	3	0052	01037	Hanbury	Charles S.	1906	Mar	16	005	M	925 - No. 71st St.	Sea
S	3	0054	01061	Hanbury	Vivian	1906	Mar	28	7m+	F	925 - No.71st St.	Sea
S	2	0043	00482	Hanchez	Amy	1894	Oct	27	18m	F	West St. House	
S	2	0043	00479	Hanchez	Erma	1894	Oct	27	006	M	West St. House	
S	2	0043	00480	Hanchez	Ollie	1894	Oct	27	027	F	West St. House	
S	2	0043	00483	Hanchez	Pearl	1894	Oct	27	004	F	West St. House	
S		0022	00293	Hancock	D.L.	1893	Jul	01	027	M	Stanwood	
S	3	0029	00575	Hancock	Jesse	1905	Dec	05	006	F	Wayside Emerg. Hosp.	OR
S		0006	00223	Hancock	John R.	1892	May	31	025	M	110 Howard	
S	2	434	2728	Hancock	Laura	1891	Dec	19	027	F	110 Howard St.	---
S	2	118	2356	Hancock	Susan	1902	Jan	09	079	F	804 Queen Anne	VA
S	3	0003	00041	Hand	Christopher	1905	Aug	05	047	M	Providence Hosp.	IRL
S	2	117	1662	Hand	Frederick	1899	Apr	10	016	M	S. Seattle	---
S	3	0041	00812	Hand	Wm Franklin	1905	Dec	31	024	M	Wrangell, AK	NJ
S	3	0170	03391	Hand	Wm H.	1907	Apr	12	049	M	Port Orchard, WA	---
S	1		1933	Handee	K.	1890	Oct	26	025	M	Providence Hospital	JPN
S		0011	00416	Hanery	John	1892	Oct	05	05d	M	Commercial St.	Sea
S		0002	00061	Hanes	Elizabeth	1892	Feb	07	081	F	Commercial St.	
S		0099	1978	Haney	Arleigh F.	1904	May	17	023	M	Monod Hospital	IA
S	2	0064	00189	Haney	Henry	1896	May	07	066	M	Prov Hosp	
S	3	0026	00502	Hanford	Abbie Jane	1905	Nov	25	081	F	820 Spring St	OH
S		0080	1586	Hanford	Clara M.	1904	Feb	29	047	F	Spokane WA	---
S	1	0001	00398	Hanford	Edward	1884	Sep	25	078	M	Seattle	USA
S	2	0038	00285	Hanford	Emma Ele	1894	Jul	15	030	F	9th & Spring	OR
S	2	125	2492	Hanford	Jessie	1902	Feb	23	022	F	Sea. Gen. Hosp.	SEA
S	2	0066	00258	Hanford	Ralph	1896	Jun	29	012	M	1021 Madison	Sea
S	1	0001	00750	Hanford	Seymore	1889	Feb	02	09m	M	Spring St.	
S		0002	00050	Hanford	Thadeaus	1892	Jan	30	044	M	Prov. Hosp.	
S	1		1442	Hanken	Martin	1890	Jul	29	016	M	413 Washington St.	---
S	1	0001	00895	Hankinson	H.	1889	Jun	16	021			
S	1	229	2321	Hanlan	Patrick	1891	Apr	23	062	M	1112 Lake View St.	IRL
S	2	0011	00205	Hanley	John	1900	Mar	14	040	M	Prov. Hosp.	---
S		0114	02278	Hanlon	Infant	1906	Oct	30	s/b	F	1238-17th Ave. N.	WA
S	2	0099	00962	Hanlon	Mary	1898	Jun	09	076	F	Tacoma, WA	IRL
S	2	0046	00030	Hanna	Morris	1895	Jan	27	043	M	Prov Hosp	
S	1	0001	00944	Hanna	N.	1889	Jul	15	008		1015 King St.	
S	1	0001	00231	Hanna	Regina	1883	Jul	21	003	F	Seattle	USA
S	1	0001	01116	Hannah	Arthur Joseph	1890	Jan	20	004	M	Seattle	MN
S	1	0001	00216	Hanner	Regina	1883	Jun	21		F	Seattle	USA
S	3	0192	03834	Hannon	H. T. (Mrs.)	1905	Jun	17	056	F	Lawson, WA	WI
S		0097	01934	Hanrakan	Infant	1904	May	15	04d	F	427 63rd St., Green Lake	Sea
S	2	0091	1817	Hansard	Emily	1901	Aug	27	058	F	122 14th N.	ENG
S	2	186	3666	Hansard	infant	1902	Dec	20	s/b	M	729 Harvard	SEA
S	2	0077	00149	Hansberg	T. K.	1897	Apr	14	079	M	Feemont, WA	OH
S	3	0049	00973	Hansell	Effie	1906	Feb	22	037	F	St.Francis Hosp.,San FranCA	MO
S	3	0094	01867	Hansell	George Frank	1904	Apr	18	035	M	San Francisco b.PtTownsend	
S	1	0001	00452	Hansen	A.M	1885	May	04	11m	M	Seattler	Sea
S	2	0061	00061	Hansen	Alfred J.	1896	Feb	10	022	M	Prov Hosp	MN

S	R	Page	Recor	LastName	FirstNames	Deat	Mn	Dt	Age	S	DeathPlace	Bir
S	3	0126	02513	Hansen	Amelia Velvetta	1904	Sep	15	11m	F	66 Vine St	Sea
S	3	0018	00345	Hansen	Andrew	1905	Oct	06	024	M	Pacific Hosp.	---
S	2	0059	00576	Hansen	Andrew M.	1895	Dec	30	17m	M	Ward VIII	
S		0011	00414	Hansen	Anna D.	1892	Oct	04	05m	F	509 S. 8th	Sea
S	2	0037	00240	Hansen	Annie C.	1894	Jun	01	032	F	211 Banner	NRY
S	2	0069	00357	Hansen	Arthur	1896	Aug	18	02m	M	Ballard b.Ballard, WA	
S	2	0052	01038	Hansen	Axsel	1900	Dec	01	008	M	Ballard	sme
S	2	0054	00329	Hansen	Baby	1895	Aug	26	03w	M	Madison between 4th & 5th	Sea
S	2	0091	00668	Hansen	Christen	1898	Mar	03	068	F	Sea. Gen. Hosp.	NRY
S	2	122	2424	Hansen	Dora S.	1902	Feb	07	047	F	313 Boylston Ave.	NRY
S	2	105	1186	Hansen	Edmond	1898	Sep	28	06w	M	Ballard, WA	WA
S	2	0014	00271	Hansen	Elsie Mary	1900	Mar	31	04m	F	Ballard	sme
S	2	117	2327	Hansen	F. M. Cap.	1902	Jan	11	065	M	Foot of Washington	USA
S	3	0094	01873	Hansen	George	1906	Aug	05	054	M	Georgetown	DNK
S	2	102	1094	Hansen	H.	1898	Aug	01	045	M	Ballard, WA	DNK
S		0013	00475	Hansen	Hans	1892	Nov	24	027	M	Grace Hosp.	NRY
S	2	0015	00296	Hansen	Hans M.	1900	Apr	08	036	M	1410 Norman	DNK
S	3	0152	03030	Hansen	Helga A.	1907	Mar	06	021	M	Ft. Lawton Hosp.	NRY
S		0114	02271	Hansen	Henry M.	1904	Jul	20	015	M	Ballard WA b.W.Seattle	
S	1	0001	01106	Hansen	Herman	1889	Dec	06	029	M		
S	2	0055	00379	Hansen	Hilda	1895	Sep	23	009	F	64 Stewart b. Dakota	
S	3	0186	03719	Hansen	J. E. (Capt)	1905	May	04	048	M	Ketchikan, AK	---
S	2	106	1249	Hansen	Jennie	1898	Nov	02	015	F	8th Ave.	---
S	2	0016	00309	Hansen	John	1900	Apr	11	045	M	Prov. Hosp.	SWD
S	3	0006	00104	Hansen	John	1905	Aug	24	028	M	Wayside Emerg. Hosp.	UN
S	3	0140	02802	Hansen	Leander	1904	Nov	11	035	M	Seattle General Hosp	---
S	2	0098	1942	Hansen	Levi Olaf	1901	Sep	09	05m	M	Ballard	WA
S	2	120	1763	Hansen	May Etta	1899	Jun	22	069	F	Brooklyn	---
S	2	0050	00158	Hansen	Paul	1895	Apr	15	073	M	3rd & Smith Sts	DNK
S	2	108	1306	Hansen	Rufus W.	1898	Dec	01	018	M	319 Pike St.	---
S	2	0067	1334	Hansen	T.	1903	Dec	14	025	M	King Co. Hosp.	NRY
S	-	176	3472	Hansen	Thos.	1902	Nov	14	032	M	Wayside Mission	NRY
S	2	0038	00748	Hansen	Tobias	1900	Sep	13	032	M	Elliott Av	NRY
S	3	0178	03545	Hansen	Wilhelmina S.	1907	May	26	051	F	Pacific Hosp.	DNK
S	2	0022	00436	Hansen	Wm.	1900	May	27	048	M	Wayside Mission	SWD
S	2	126	2506	Hansen	Wm. Freerick	1902	Feb	22	03m	M	Ballard	SEA
S		197	3381	Hanson	Albert A.	1903	Feb	07	022	M	Bremerton, WA	WI
S	3	0075	1495	Hanson	Anders	1904	Feb	06	077	M	810 Stewart St.	SWD
S	2	103	2048	Hanson	Bernhard	1901	Oct	31	045	M	1st Ave. S.	NRY
S	3	0080	01587	Hanson	Carl A.	1906	Jun	30	058	M	Everett	--
S		0041	00804	Hanson	Elizabeth	1903	Aug	29	04m	F	Ballard	SEA
S		0008	00311	Hanson	Eugina M.	1892	Jul	28	03m	F		Sea
S	2	0056	00483	Hanson	Florence I.	1895	Oct	21	11h	F	Hyde & Talbot	Sea
S	3	0075	01489	Hanson	Geo. H.	1906	Jun	10	052	M	Wayside Emergency Hospital	NRY
S	2	0049	00149	Hanson	Geo. R.	1895	Apr	10	009	M	281 Leinsett	
S	3	0159	03174	Hanson	Hans	1905	Jan	02	034	M	Skykomish, WA	---
S	3	0132	02629	Hanson	Hans	1906	Dec	30	023	M	3831 Carr Place	SWD
S	2	0031	00617	Hanson	Hans M.	1900	Jul	26	079	M	Alki Point	NRY
S	-	191	3778	Hanson	Howard A.	1903	Jan	02	002	M	Ballard, WA b.Ballard, WA	
S	2	0119	02382	Hanson	Infant	1904	Aug	27	25d	M	Greenlake	Sea
S	3	0194	03870	Hanson	Infant	1905	Jun	30	---	M	South Gen. Hosp.	SEA
S	3	0080	01600	Hanson	Infant	1906	Jul	01	01d	F	St.Lukes Hosp.	Sea
S	3	0053	01059	Hanson	J. Hans	1906	Mar	28	048	M	Providence Hospital	NRY
S	1	0001	00658	Hanson	J.K.	1888	Oct	22	030		Prov. Hosp.	
S		0034	00664	Hanson	Jake	1903	Jul	31	035	M	115 - 61st Avenue N.E.	CA

S	R	Page	Recor	LastName	FirstNames	Deat	Mn	Dt	Age	S	DeathPlace	Bir
S	2	0058	00551	Hanson	Jesse	1895	Dec	05	019	M	Ross	IA
S	-	172	3384	Hanson	John P.	1902	Oct	27	026	M	Seattle Gen. Hosp.	IL
S	2	0029	00566	Hanson	Marcus	1900	Jul	13	07m	M	813 Alder St.	WA
S	2	0077	00145	Hanson	R. S.	1897	Apr	10	08m	M	2014 5th Ave.	SEA
S	3	0096	01909	Hanson	Sarah E.	1906	Aug	28	05m	F	Fort Lawton, Wash.	WA
S	3	0167	03339	Hanson	Sevren Edward	1907	Apr	25	054	M	225 Kilbourne	NRY
S		0011	00409	Hanson	Wm. A.	1892	Sep	30	20m	M	Ft. of Harrison	Sea
S		108	2154	Hanstad	Hans	1903	Mar	08	---	M	Malabang Minda	---
S	2	0095	00791	Hapgood	baby	1898	Apr	29	06m	F	2nd Ave. N. & John St.	SEA
S	2	0044	00528	Hapiro	Liela	1894	Nov	09	001	F	310 Washington	Sea
S	1	269	2400	Happ	Henry G.	1891	Jun	14	020	M	Jacob Happ's ranch, Mason Co	MN
S	3	0157	03134	Hara	Shizui	1905	Jan	24	09d	F	Seattle General Hosp	SEA
S	2	0091	00678	Hara	Thos. O.	1898	Mar	--	---	M	Seattle	---
S	2	0069	01369	Harbaugh	George W.	1904	Jan	06	04d	M	515 Boyleston Ave. No.	Sea
S		0015	00284	Harbe	Infant	1903	Apr	28	---	F	760 Republican	SEA
S		0011	00206	Harber	Wm	1903	Apr	18	065	M	Providence Hospital	---
S		0113	02253	Harbridge	Daisy M.	1906	Oct	19	015	F	--- (b. Marysville	
S	2	0097	1936	Hardenbergh	Julia Ellen	1901	Sep	10	019	F	1730 14th Ave.	NE
S	1	0001	00510	Harder		1886	Feb	04		M	5th St. 2nd Ward	SEA
S	2	0037	00245	Harder	Amber M.	1894	Jun	06	016	F	2314 Eaton	MI
S	2	0050	00993	Harder	John	1900	Dec	11	032	M	City Dock	GER
S	3	0106	02120	Hardesty	DeMill	1906	Oct	05	05m	M	1504-19th Ave. S.	WA
S	2	0032	00624	Hardesty	Ella M.	1900	Aug	01	033	F	Ravenna Park	OR
S	3	0182	03635	Hardie	Infant	1905	May	09	02d	M	6521 Woodlawn Ave	SEA
S	2	118	1705	Hardiman	Jas.	1899	May	21	084	M	520 Aloha St.	IRL
S		0015	00001	Hardiman	Margaret	1892	Dec	31	038	F	919 Dexter	WI
S	3	0161	03209	Hardin	(Infant)	1907	Mar	14	s/b	M	Sea. Gen. Hosp.	WA
S	2	0009	00179	Hardin	Chas	1900	Mar	04	040	M	St. Paul House	---
S	2	0061	00067	Hardin	Thos B. Jr.	1896	Feb	19	004	M	Eaton & Clarence St	Sea
S		0008	00291	Harding	Clotilda	1892	Jul	16	05m	F		Sea
S	2	127	2036	Harding	Elmer E.	1899	Oct	14	037	M	Yesler	IA
S	3	0022	00421	Hardman	Margaret (Mrs.)	1905	Oct	05	083	F	Georgetown	IRL
S	3	0092	1829	Hardman	William	1904	Apr	25	054	M	Occidental Hotel	GER
S	3	0109	02165	Hardwick	(Infant)	1906	Oct	13	09h	M	Sea. Gen. Hosp.	Sea
S		0062	1241	Hardy	Harry	1903	Dec	04	039	M	214 Seneca St.	NY
S	2	0029	00574	Hare	Ancil	1900	Jul	18	02m	F	422 4th Ave W	SEA
S	2	112	1470	Hare	Kate	1899	Feb	11	05m	F	422 4th Ave. N.	Sea
S	2	111	1430	Hare	Sarah	1899	Jan	30	05m	F	422 4th Ave.	Sea
S	3	0024	00477	Hargrove	Infant	1905	Nov	14	05m	M	2606 6th Ave N	SEA
S	3	0090	01791	Hari	K. (Mrs.)	1906	Aug	11	029	F	415 Maynard	JPN
S	3	0072	1438	Harima	Genfiro	1904	Jan	12	031	M	Seattle Gen. Hosp.	JPN
S		110	2192	Haring	Clinton S.	1904	Jul	14	062	M	540 26th Ave. S.	MI
S	2	0097	1928	Haris	Rebecca	1901	Sep	27	06m	F	Pt. of Denny Way	SEA
S	2	0011	00208	Harker	Jas. B.	1900	Mar	15	068	M	Brooklyn	NJ
S		0033	00655	Harkin	Patrick Henry	1903	Jul	23		M	White Horse, Alaska	---
S	1	0001	00411	Harkins	John	1884	Nov	27	026	M	Hospital	WV
S	1	0001	00816	Harkins	Mike	1889	Mar	30	021	M	Grace Hosp.	IRE
S	2	120	1786	Harkness	Alice A.	1899	Jun	14	030	F	Ontario, CA b.San Francisco	CA
S	1	0001	00057	Harkness	L.B.	1882	Mar	08	072	M	Seattle	US
S	3	0057	01132	Harlan	Edward V.	1906	Mar	16	025	M	Valdez, AK	unk
S		0033	00105	Harlan	Eliza J.	1894	Mar	08	053	F	11th & Virginia	OH
S		0016	00047	Harlan	Ella	1893	Feb	05	024	F	Miles House/Front St.	OH
S	1	0001	00227	Harlan	J.	1883	Jul	23	041	M	Seattle	USA
S	3	0174	03476	Harlan	Wilbert Earl	1907	May	12	024	M	902-14th Ave.	IN
S	2	115	2282	Harland	B. B.	1901	Dec	10			Sedro Woolley	

S	R	Page	Recor	LastName	FirstNames	Deat	Mn	Dt	Age	S	DeathPlace	Bir
S	3	0132	02632	Harley	Janet S.	1907	Jan	15	053	F	Ravenna Hosp., 46 & Ravenna	OH
S			1336	Harly	John	1890	Jun	03	-	M	Providence Hospital	---
S		0078	1551	Harman	Annie Laura	1904	Feb	05	038	F	Seattle Gen. Hosp.	OR
S	2	0043	00853	Harman	Marie	1900	Oct	29	059	F	116 16th Av	IN
S		194	3824	Harmer	Bessie M.	1903	Feb	09	049	F	General Hospital	NS
S		0031	00010	Harmon	Jane	1894	Jan	06	086	F	4th & Battery	
S		0020	00206	Harmon	Margaret	1893	May	17	065	F	Lane & Wilfred	
S	1	0001	00520	Harmon	Mary	1886	Feb	25	006	F	2nd Ward Seattle	SEA
S	2	0087	00538	Harms	Deitrich	1898	Jan	02	051	M	Queen Anne Ave.	GER
S	3	0107	02133	Harn	Francis	1906	Oct	09	019	M	Prov. Hosp.	WA
S	2	0043	00491	Harn	Lysle	1894	Oct	03	05m	M	W. Seattle b.West Seattle	WA
S	3	0109	02174	Harnden	Benjamin	1906	Oct	15	022	M	Sea. Gen. Hosp.	unk
S	3	0184	03667	Harney	Neal	1905	May	20	055	M	Wayside Emerg. Hosp.	UN
S		0004	00121	Harns	Richard	1892	Mar	27	050	M	O'Briens Station	
S		114	2279	Harnson	E. A.	1904	Jun	29	---	M	Skagway AK	---
S	2	0078	00174	Harold	Otto	1897	May	07	04m	M	Maittaned Addition	SEA
S	3	0145	02891	Harp	William	1904	Dec	01	042	M	813 22nd Ave	SCT
S	2	0014	00273	Harper	Chas H.	1900	Apr	01	037	M	Lv Av - Path	ENG
S	2	105	1197	Harper	Ethel May	1898	Oct	09	009	F	Bell Apartment House	---
S	2	157	3077	Harper	Evangeline C.	1902	Aug	04	019	F	651 Kinnear Place	OH
S		0015	00296	Harper	Florence C.	1903	Apr	30	025	F	651 Kinnear Place	OH
S		0021	00250	Harper	Geo.	1893	Jun	28	030	M	Prov. Hosp.	
S		0024	00359	Harper	Geo. Thos.	1893	Sep	03	10m	M	506 Main	
S		0116	02318	Harper	Richard Stanley	1904	Aug	10	09m	M	1046-1/2 Jackson St.	Sea
S		0012	00447	Harper	Truman	1892	Oct	26	032	M	Prov. Hosp.	
S	3	0120	02394	Harper	W.F.	1906	Nov	19	c35	M	West Seattle, WA	ENG
S	1	0001	00191	Harrel	John H.	1883	May	12	043	M	Seattle	USA
S	2	0055	01089	Harriet	A. C.	1901	Jan	15	063	F	Prov. Hosp.	GER
S		0044	00873	Harriman	Phillip Nathan	1903	Sep	15	020	M	318 -20th Avenue	ME
S	1	0001	01209	Harrington	Albert A.	1890	Mar	15	034	M	Prov. Hosp.	
S	3	0053	01053	Harrington	John V.	1906	Mar	24	049	M	7019 Greenwood Ave.	IA
S	3	0157	03129	Harrington	Mrs. Lenora Luella	1907	Mar	26	056	F	721 East Denny Way	CT
S	3	0009	00163	Harrington	Nancy (Mrs.)	1905	Aug	16	032	F	Ballard	NY
S	3	0060	01182	Harrington	William L.	1906	Apr	15	06m	M	816 Terry Ave.	Sea
S		0114	02273	Harris	(Infant)	1906	Oct	22	s/b	F	1402 Summit	WA
S		0114	02272	Harris	(Infant)	1906	Oct	22	s/b	M	1402 Summit	WA
S	3	0037	00735	Harris	Addramyttium	1906	Jan	10	074	M	506 Minor Ave N	IN
S		114	2273	Harris	Charles	1904	Jul	20	055	M	Pt. Townsend WA	---
S	2	0046	00031	Harris	Egbert	1895	Jan	29	062	M	Prov Hosp	
S	1		1974	Harris	Elizabeth	1890	Nov	04	056	F	707 5th St.	---
S	-	147	2887	Harris	Elizabeth	1902	Jun	12	069	F	508-1/2 E. Union	IRL
S		0052	1040	Harris	Eva Juanita	1903	Oct	05	012	F	Seattle General Hospital	NE
S	2	375	2610	Harris	infant	1891	Sep	29	pm	M	Puget Snd stmr/Rip Van Wnkl	WA
S		0016	00075	Harris	James	1893	Mar	02	054	M	809 8th St.	
S	2	0038	00302	Harris	James	1894	Jul	26	028	M	Queen Anne Hill	NC
S	3	0027	00521	Harris	James	1905	Nov	09	058	M	1821 7th Ave	IRL
S	2	0065	01290	Harris	Jennie	1901	Mar	16	001	F	100 Denny Way	SEA
S		0002	00073	Harris	John	1892	Feb	21	052	M	Ballard	IRL
S	3	0102	02026	Harris	Kate B.	1906	Sep	26	035	F	Providence Hospital	IL
S	2	0095	00790	Harris	Louis W.	1898	Apr	27	028	M	90 Grant St. Bridge	IA
S	-	152	2982	Harris	Lucy C.	1902	Jul	08	057	F	710 4th Ave. N.	NC
S	3	0075	1497	Harris	Mary E.	1904	Feb	07	040	F	1620 Minor Ave.	SWD
S	1	0001	00528	Harris	Mrs. George P.	1886	Apr	28	030	F	3rd ST. 2nd Ward	CA
S		0032	00063	Harris	Oliver	1894	Feb	10	02d	M	813 Alder	Sea
S	2	0068	00345	Harris	S. M.	1896	Aug	28	006	F	1620 12th St.ts.	SEA

S	R	Page	Recor	LastName	FirstNames	Deat	Mn	Dt	Age	S	DeathPlace	Bir
S	2	104	1161	Harris	Samuel	1898	Sep	27	045	M	905 Lane St.	---
S		0051	1005	Harris	Sarah	1903	Oct	16	029	F	Seattle General Hospital	WI
S	2	0045	00890	Harris	Sarah E.	1900	Nov	02	019	F	Monad Hosp.	NC
S	3	0000	00583	Harris	Shirley	1903	Jul	17	009	F	115 Maynard Avenue	ID
S	1		1428	Harris	Walter J.	1890	Jul	17	048	M	Providence Hospital	---
S	2	0075	1485	Harris	Wm.	1901	May	01	059	M	1620 Minor	OH
S	3	0010	00194	Harrison	Alfred	1905	Sep	01	066	M	1016 James St	Eng
S		0006	00226	Harrison	B.	1892	Jun	02	070	M	Frank & Mercer	
S	1	0001	00691	Harrison	Carrie	1888	Nov	26	021	F	Corner 3rd & Seal St.	
S		0023	00345	Harrison	Chas.H.T.	1893			082	M	Kitsap Co.	Sea
S	3	0065	01297	Harrison	Edna	1906	Apr	16	015	F	Victoria, B.C.	US
S	2	183	3599	Harrison	Edward	1902	Dec	26	029	M	Hospital Ship	USA
S		0047	00926	Harrison	Evaline S.	1903	Sep	27	071	F	316 - 23rd Avenue S.	KY
S		0020	00391	Harrison	Frank	1903	May	16	028	M	Whatcom	IL
S	1	0001	00965	Harrison	Frank Simpson	1889	Jul	26	021		Btw. Front & Poplar	
S	3	0041	00801	Harrison	Hattie	1906	Jan	23	029	F	1513 Yesler Way	OR
S	2	0086	1714	Harrison	Janet	1901	Jul	17	023	F	Latona	CA
S	-	165	3242	Harrison	Martha	1902	Sep	12	064	F	1117-1/2 7th Ave.	IN
S	1	216	2300	Harrison	May J.	1891	Apr	15	018	F	cor.Frank & Main St,7th Wad	WA
S	1	0001	00700	Harrison	Mr.	1888	Dec	09	013	M	North Seattle	
S	3	0186	03703	Harrison	Mrs. Emma	1907	Jun	13	028	F	1502-13th Ave.	WA
S	3	0165	03302	Harrison	William W	1905	Feb	11	043	M	Seattle General Hosp	---
S	2	0086	1715	Harrison	Wm Wesley	1901	Jul	17	004	M	Latona	CA
S	2	123	2454	Harry	Hilma S.	1902	Feb	18	030	F	1014 1/2 Pine St.	FIN
S	2	121	2404	Harry	Wm. H.	1902	Jan	31	067	M	138 23rd Ave. S.	OH
S		0004	00118	Harsha	Baby	1892	Mar	24	01m	F	Light St.	Sea
S	3	0026	00501	Hart	Edna	1905	Nov	24	032	F	1704 Boren Ave	MN
S	3	0054	01066	Hart	Ezoa (Mrs.)	1906	Mar	29	027	F	206 East Almy St.	MI
S	3	0196	03921	Hart	Frankie	1905	Jul	20	16m	M	127 5th Ave N	SEA
S	2	112	2222	Hart	Helen A.	1901	Dec	18	28d	F	16th & roy	SEA
S	2	0090	00635	Hart	Ida	1898	Feb	23	006	F	809 John St.	---
S	2	0072	1424	Hart	John	1901	Apr	18	043	M	Prov. Hosp.	USA
S	2	0089	00605	Hart	John M.	1898	Feb	07	004	M	809 John St.	CO
S	2	126	2503	Hart	Mrs. Augusta	1902	Feb	20	028	F	Ft. Steilacoom	USA
S	-	163	3205	Hart	Nellie	1902	Aug	31	026	F	717 N. 45th St.	MI
S	2	0089	00615	Hart	Norman R.	1898	Feb	12	010	M	809 John St.	ON
S	3	0155	03099	Hart	Penelope Darnall	1907	Mar	22	068	F	1832-13th Ave.	KY
S	3	0065	01295	Harter	George B.	1906	Apr	13	unk	M	Fort Liseum, Alaska	unk
S	2	0045	00565	Hartig	Infant	1894	Dec	16	01m	F	1509 Hyde St	Sea
S	1	261	2383	Hartland	Esther	1891	Jun	05	003	F	6th & Pike Sts.	---
S	2	0035	00699	Hartland	Henry W.	1900	Jul	08	---	M	Nome, AK	---
S	3	0072	01442	Hartless	W. H.	1904	Jan	22	050	M	Seattle Gen. Hosp.	un-
S	2	0100	00991	Hartley	Amelia	1898	Jul	15	077	F	Seattle	NB
S	2	159	3129	Hartley	Anna M.	1902	Aug	23	064	F	2321 Dexter Ave.	PA
S	1		2013	Hartley	Everet Elmer	1890	Nov	24	03m	M	108 Willow St.	Sea
S	1	0001	00890	Hartley	George	1889	Jun	10	010			
S	3	0074	01471	Hartley	Infant	1906	Jun	09	02m	M	1535 5th St.	WA
S	3	0241	02817	Hartley	Mrs. Lucy Shelton	1907	Feb	08	078	F	1711-20th Ave.	CND
S		112	2234	Hartman	Eva	1904	Jul	28	047	F	920 22nd Ave.	CT
S	3	0095	01888	Hartquist	Infant	1904	Apr	22	s/b	F	1303 6th Ave. N.	Sea
S	3	0167	03326	Hartsfield	N D	1905	Feb	24	042	M	King County Hosp	TN
S	3	0170	03381	Hartung	Dora M.	1907	Apr	05	026	F	West Seattle, WA	MO
S	3	0139	02772	Hartung	Otto	1904	Nov	08	066	M	30 Ave & E Columbia St	GER
S	3	0150	02987	Hartung	Vera Gertrude	1907	Feb	25	013	F	Rainier Beach	WA
S	2	0052	00242	Hartwell	Mary A.	1895	Jun	17	046	F	House of Good Shepherd	NY

S	R	Page	Recor	LastName	FirstNames	Deat	Mn	Dt	Age	S	DeathPlace	Bir
S	2	185	3638	Harvey	Almiria	1902	Dec	17	029	F	Ballard, WA	CND
S		0016	00317	Harvey	Chas. Arthur	1903	May	09	010	M	308 - 29th Avenue N.	WA
S	3	0150	02982	Harvey	Edward R.	1907	Feb	22	015	M	Bellingham	unk
S	3	0174	03478	Harvey	George B	1905	Mar	31	046	M	4303 Evanston Ave	RI
S		0022	00434	Harvey	Marcella J.	1903	Jun	02	001	F	528 - 28th Avenue S	WA
S	-	148	2912	Harvey	Mary Elizabeth	1902	Jun	28	21d	F	513 28th	SEA
S	2	0071	00436	Harvey	Sarah	1896	Oct	24	054	F	Providence Hosp.	---
S	2	0100	00992	Harweit	Henry	1898	Jul	15	068	M	Fremont	GER
S		0025	00497	Hasaka	Yoshi (Mrs.)	1903	Jun	02	036	F	Providence Hospital	JPN
S	1		1569	Hasbrook	W. A.	1890	Sep	21	031	M	Seattle	---
S	3	0066	01311	Hashizeko	Infant	1906	Apr	11	s/b		309 Maynard Ave.	Sea
S	3	0144	02874	Haskell	Myrtle Lucile	1904	Nov	15	001	F	Lakewood B: Lakewood	WA
S	2	0038	00274	Haskell	Royal	1894	Jul	04	059	M	Valley & Warren Sts	
S	2	0037	00722	Haskett	Jas.	1900	Aug	11	065	M	Issaquah, WA	ENG
S	3	0057	01135	Haskins	Nancy	1906	Mar	19	077	F	Renton, WA	MO
S	1		1502	Hass	H------(?)	1890	Aug	20	026	M	Providence Hospital	---
S	3	0091	1811	Hassell	Anna M.	1904	Apr	18	072	F	217 Nob Hill Avve..	ENG
S	2	128	2104	Hassell	Rich'd (Rev)	1899	Dec	03	079	M	213 Nob Hill Ave.	ENG
S	2	183	3605	Hassen	E. J.	1902	Dec	23	040	M	1st S. & Spokane Ave.	---
S	3	0066	01320	Hassenpflug	Anna (Mrs.)	1906	May	01	040	F	Seattle Gen. Hosp.	GER
S	3	0014	00267	Hassenpflug	Henry	1905	Sep	26	042	M	721 21st Ave	GER
S	2	0032	00627	Hassimoto	F.	1900	Aug	02	028	M	S. G. Hosp.	JPN
S	2	0030	00587	Hastings	Annie	1900	Jul	24	030	F	Pacific House	---
S	2	0066	00250	Hastings	Jas	1896	Jun	18	077	M	214 Lenora	
S	2	123	1888	Hastings	Mrs. R. D.	1899	Aug	27	079	F	824 Alder	---
S	2	0088	1752	Hastings	Russell	1901	Jul	25	001	M	Columbia	WA
S	2	0060	00033	Hatbery	Maggie	1896	Jan	29	026	F	313 Huston St	IRL
S	2	0063	01249	Hatch	Eliza	1901	Feb	16	063	F	Ballard	ENG
S	2	0098	00918	Hatch	Geo. A.	1898	Jun	09	030	M	Providence Hosp.	NH
S	1		2049	Hatch	Isabella	1890	Dec	17	037	F	Grant St.	ENG
S	1	0001	00294	Hatch	R.A.	1883	Oct	17	044	F	Seattle	SEA
S	2	159	3126	Hatchell	Edward	1902	Aug	21	03d	M	166 25th Ave.	SEA
S		0082	1638	Hatchell	James L.	1904	Mar	15	046	M	Providence Hospital	IRL
S	2	0072	00481	Hatfield	J. A.	1896	Nov	19	047	M	323 Marion St.	ENG
S		0026	00508	Hatfield	Wm. H.	1903	Jun	13	024	M	1st Ave S. & Commerce	KS
S	2	0099	00971	Hathaway	J. B.	1898	Jul	01	080	M	Leland House	MI
S	3	0164	03269	Hathaway	Lloyd M.	1907	Apr	10	01?	M	6809 Aurora Ave.	WA
S		0027	00523	Hathaway	Mr.	1903	Jun	15	041	M	King County Hospital	---
S	2	0031	00615	Hathaway	Walter	1900	Jul	13	11m	M	River Park	sme
S	2	125	2493	Hatheman	Peter	1902	Feb	24	026	M	Prov. Hosp.	FIN
S	3	0015	00288	Hatheway	Alice May	1905	Sep	26	030	F	Providence Hosp.	NB
S	1	0001	00498	Hatheway	Henry E.	1885	Dec	02	037	M	Seattle	
S	2	0082	1639	Hatley	V. Esther	1901	Jun	29	001	F	429 Dear	WA
S	2	0038	00744	Hattall	Sophia	1900	Sep	10	068	F	423 6th Av S	GER
S		0028	00525	Hatter	Madeline	1893	Dec	02	016	F	2nd Ward Jackson St.	NY
S	3	0176	03509	Hatton	Michael S	1905	Apr			M	305 21st Ave B:New Brunswic	CND
S		0028	00542	Hatton	Otis R.	1893	Dec	10	021	M	1205 Yesler	
S	3	0099	01975	Hauan or Havan	Martin	1906	Sep	07	042	M	Wayside Emergency Hosp.	--
S	2	0051	00234	Haubris	Maggie	1895	Jun	03	036	F	726 Wilford	
S	2	0056	00484	Hauck	(Baby)	1895	Oct	23	01m	M	Bully St	
S	3	0157	03131	Hauck	Stuart H.	1907	Mar	26	021	M	151 Aloha St.	NY
S			1363	Hauf	Geo.	1890	Jun	21	042	M	3rd & Pike	GER
S	3	0158	03153	Haug	Merea	1907	Mar	31	023	F	430 Boren Ave. N.	NRY
S	3	0143	02853	Haugen	John	1907	Feb	10	065	M	R.R. Ave. & Washington	NRY
S	2	0056	01120	Hauley	F. M.	1901	Jan	27	030	M	2nd Ave & Spring	MN

S	R	Page	Recor	LastName	FirstNames	Deat	Mn	Dt	Age	S	DeathPlace	Bir
S	2	0071	00433	Hauloick	D.	1896	Oct	24	044	M	foot of Pike St.	AUS
S	2	0082	1632	Haunch	Wm. S.	1901	Jun	24	032	M	520 - 14 Ave N.	CT
S	2	0006	00106	Haus	A. O.	1900	Feb	10	040	M	Prov. Hosp.	NRY
S	-	173	3404	Hausen	Goinne	1902	Oct	20	054	F	Ballard, WA	NRY
S	2	185	3643	Hauser	Anna	1902	Dec	20	075	F	Silverdale, WA	AUS
S		0031	00605	Havens	Zeta ? Maude	1903	Jul	25	018	F	3645 Meridian Avenue	NI
S	2	0084	00395	Haverstook	Chester	1897	Oct	06	007	M	1719 3rd Ave.	SEA
S	2	0058	01159	Hawk	T. J.	1901	Jan	12	004	M	Columbia City	sme
S	2	0040	00796	Hawkes	Baby	1900	Sep	04	02h	M	Seattle	SEA
S	3	0059	01171	Hawkes	Margeurette	1906	Apr	10	021	F	207 -7th Ave.So. b."Dakota"	
S	-	150	2955	Hawkey	Rebecca	1902	Jun	27	047	F	W. Wash. Hosp. for Insane	IN
S		0007	00241	Hawkin	E.D.	1892	Jun	15	062	F	Prov. Hosp.	
S	2	311	2483	Hawkins	-	1891	Jul	24	s/b	F	405 Willow St.	Sea
S		0061	01217	Hawkins	Albert E.	1903	Sep	07	---	M	Fort Egbert, Alaska	---
S	2	0064	00175	Hawkins	Alice	1896	Apr	27	012	F	Fredonia W.? b.Skagit Co.	
S		0010	00196	Hawkins	Allen M.	1903	Apr	18	049	M	Seattle General Hospital	IA
S	3	0168	03343	Hawkins	Caleb	1907	Apr	25	087	M	2624 Aloha	VA
S		193	3797	Hawkins	Edward	1903	Jan	27	035	M	Vancouver, B.C.	
S	2	125	1979	Hawkins	Fred	1899	Oct	03	013	M	1605 Yesler	OR
S	3	0034	00680	Hawkins	George C.	1905	Dec	09	044	M	Hillman City	MA
S	2	0077	00151	Hawkins	infant	1897	Apr	16	070	M	627 27th Ave.	SEA
S	3	0152	03028	Hawkins	Infant	1904	Dec	06	s/b	M	2624 Aloha St	SEA
S		0010	00379	Hawkins	Jacob Lucker	1892	Sep	14	02m	M	2133 Front	Sea
S	2	0017	00338	Hawkins	Jennie M.	1900	Apr	24	009	F	2223 Wash	SEA
S	2	0090	1795	Hawkins	L. S.	1901	Aug	15	054	M	Gen. Hosp.	NY
S	3	0145	02895	Hawkins	Marinda	1904	Dec	04	078	F	121 Tallman Ave	OH
S		0004	00137	Hawkins	Mary Estella	1892	Apr	09	02d	F	2232-1/2 Front	Sea
S	2	0091	00685	Hawkins	Permelia C.	1898	Mar	10	073	F	1200 31st Ave.	OH
S	3	0198	03956	Hawkins	Webster	1905	Jul	31	010	M	6056 4th Ave NE	IL
S	2	126	2005	Hawland	Fred	1899	Oct	20	041	M	1903 9th Ave.	---
S	-	164	3220	Hawley	A. M.	1902	Sep	04	045	M	Providence Hosp.	IA
S	3	0001	00019	Hawley	Henry C.	1905	Jul	31	075	M	WW Hosp. for Insane	NY
S	2	0097	1934	Hawley	Robert	1901	Sep	08	05m	M	1002 Howell	MT
S		0004	00132	Hawlkes	Geo.	1892	Apr	05	004	M	Pt. Blakely, WA	OR
S	2	107	1275	Hawly	David H.	1898	Nov	23	072	M	Latona, WA	---
S	2	0006	00101	Haworth	Lucy	1900	Feb	08	067	F	1423 3rd Av	NY
S	2	385	2631	Hawthway	George	1891	Oct	06	021	M	Providence Hosp.	---
S	2	0086	1723	Hayashi	T.	1904	Mar	07	032	M	South Park	JPN
S	2	0069	00360	Hayberg	M.	1896	Aug	27	069	M	Ballard, WA	NRY
S	2	0042	00458	Hayden	Ella H.	1894	Oct	16	032	F	Spring & 3rd St	IA
S		0008	00286	Hayden	Frederick C.	1892	Jul	13	024	M	So. Seattle	
S	1	0001	00414	Hayden	Geo.H.	1884	Dec	11	069	M	Seattle	IRE
S	-	176	3474	Hayden	John R.	1902	Nov	15	065	M	502 Boylston	NY
S		0098	1946	Hayden	Queen Yandes	1904	May	21	042	F	Providence Hospital	IN
S	3	0151	03006	Hayden	Richard	1904	Dec	20	033	M	Georgetown	ENG
S	3	0120	02395	Hayden	Wm P.	1906	Nov	20	023	M	Krona, WA	---
S	2	0014	00274	Hayes	Barney	1900	Apr	02	unk	M	23 & E Jefferson	---
S	2	159	3128	Hayes	Con	1902	Aug	22	035	M	Butler Hotel	IRL
S	2	118	1711	Hayes	Edmund C.	1899	May	25	3.5	M	3117 Weller St.	Sea
S			1406	Hayes	Ellen M.	1890	Jul	08	08m	F	Taylor St.	Sea
S	3	0107	02122	Hayes	Frederick Henry	1906	Oct	04	03d	M	Pacific Hosp.	Sea
S	2	0064	00162	Hayes	Geo. W.	1896	Apr	22	067	M	Interbay	
S	2	143	2810	Hayes	Henry	1902	May	02	060	M	Providence Hosp.	MO
S	3	0094	01885	Hayes	Infant	1904	Apr	15	pre	F	1312 5th Ave.	Sea
S	3	0041	00818	Hayes	James Quincy	1906	Jan	24	013	M	Atlantic, nr Renton Carline	MN

S	R	Page	Recor	LastName	FirstNames	Deat	Mn	Dt	Age	S	DeathPlace	Bir
S		109	2178	Hayes	Joseph J.	1904	Jul	06	053	M	323 Marion	IN
S	3	0089	01765	Hayes	Pearl C.	1906	Aug	06	012	F	Providence Hosp. b.Tacoma	WA
S		0033	00650	Hayes	R.M.	1903	Jul	05	045	M	Nome, Alaska	PA
S		0033	00652	Hayes	R.M. (Mrs)	1903	Jul	05	044	F	Nome, Alaska	PA
S	3	0159	03168	Hayes	William	1907	Feb	28	086	M	King Co. Hosp., Georgetown	IRL
S	1		1498	Haynes	Anna C.	1890	Aug	19	046	F	Corner Green & Florence Sts	NYC
S	2	0088	1747	Haynes	Infant	1901	Aug	01	000	M	Monod Hosp.	Sea
S	3	0186	03704	Haynes	Mary Cordelia	1907	Jun	13	008	F	602-15th Ave. N.	WA
S	2	0080	00243	Haynes	Willie	1897	Jun	19	001	M	Bremerton, WA	---
S	3	0241	02809	Hays	John W.	1907	Feb	07	004	M	311 Aloha	WA
S		0020	00396	Hays	Marguerite	1903	May	22	038	F	West Seattle	SWD
S		0118	02343	Hayward	F. Robert	1906	Nov	18	026	M	1533-12th S.	WI
S	2	140	2760	Hayward	Georgiania H.	1902	May	08	015	F	634 Nickerson Ross	NZD
S	2	0084	00411	Hayward	Henry	1897	Oct	24	072	M	Fremont, WA	ENG
S	2	0061	00062	Haywood	E.R.	1896	Feb	11	049	M	307 Battery	WI
S		0017	00101	Haywood	G.	1893	Mar	23	040	M		
S		114	2281	Hazelhurst	A. M.	1904	Jul	04	058	F	Fall City WA	---
S		0036	00713	Hazen	Ella A.	1903	Aug	15	048	F	802 - 12th Avenue	CT
S	3	0180	03595	Hazleton	Frazier C.	1907	May	08	062	M	Mercer Is.	WI
S	2	0022	00434	Hazzard	Clara S.	1900	May	26	047	F	2016 4th Av W	WI
S	3	0050	00988	Hazzard	George L.	1906	Jan	24	020	M	Cape Beale, B.C.	RI
S		0024	00355	Hazzard	Jas. Rich	1893	Sep	01	02m	M	317 Willow	Sea
S	3	0006	00107	Hazzard	Thomas	1905	Aug	25	072	M	2016 Corliss Ave	NY
S	2	0090	00623	Head	Rev. S. C.	1898	Feb	15	053	M	Fremont, WA	IN
S	1	229	2330	Headlock	Clide	1891	May	03	08m	M	819 5th St.	PA
S	2	0085	1693	Healey	C. Thos	1901	Jul	06	027	M	Rainier Grand Hotel	MT
S		0095	1904	Healy	Benjamin B.	1904	May	05	088	M	718 Minor Ave.	MA
S		0115	02292	Healy	Infant	1904	Jul	13	s/b	F	6817 10th Ave. NE	Sea
S	2	109	2166	Healy	Mary F.	1883	Jan	23	039		Benton, Montana	
S	2	0092	1836	Healy	Regina Mary	1901	Aug	21	005	F	Green River Hot Springs	SEA
S	3	0086	01710	Heard	Geo. Clifton	1906	Jun	30	057	M	Skagway, Alaska	MO
S		0038	00747	Hearl	Lillie	1903	Aug	27	029	F	2122 Seventh Avenue	MN
S	2	139	2756	Hearst	Martha	1902	May	08	007	F	16th Ave. S.	WA
S	2	116	2301	Heart	Chas.	1901	Dec	31	040	M	Prov. Hosp.	
S	3	0175	03504	Heart	George	1905	Apr	10	037	M	421 Westlake Ave	CND
S	2	113	2242	Heart	John	1901	Dec	21	030	M	Prov. Hosp.	
S	2	0040	00371	Heartman	Kath.	1894	Aug	29	08m	F	813 So. 9th	Sea
S	2	0039	00318	Heath	Augie	1894	Jul	24	034	F	Ballard	MI
S	2	366	2594	Heath	Earl Cecelia	1891	Sep	16	23d	M	West St., 6th Ward	Sea
S		0079	01582	Heath	Ernest	1904	Feb	16	003	M	Columbia City b.ColumbiaCy	
S	3	0006	00120	Heath	John N.	1905	Aug	01	073	M	Providence Hosp.	NY
S	2	0059	01194	Heath	P. Alma	1901	Feb	15	038	M	813 Boren Ave	GER
S	2	0028	00542	Heathfield	L.	1900	Jul	02	050	M	Wall & Western	GER
S	2	0078	1550	Hebbs	Roy	1901	May	26	011	M	813 Alder	CA
S	3	0044	00870	Heberling	Charlotte A.	1906	Feb	15	061	F	Prov. Hosp.	WI
S	2	114	1551	Hebert	Joseph H.	1899	Mar	28	024	M	528 Minor Ave. N.	CND
S	2	0065	00203	Hecht	Mary E.	1896	May	22	029	F	900 17th Ave	
S	3	0179	03561	Hecht	Wesley	1907	May	27	004	M	611-11th Ave.	WA
S	1	0001	00387	Heck	E.L.	1884	Oct	27	02m	F	Seattle	USA
S	2	0032	00630	Heck	Frank Edw'd	1900	Aug	06	053	M	Latona	GER
S	2	143	2815	Heckart	Albert Floyd	1902	May	08	008	M	818 Olive St.	OR
S	2	0084	1664	Heckle	Rosa	1901	Jun	15	029	F	White Horse, Aka.	GER
S	2	0093	00709	Heckman	Amelia	1898	Mar	29	026	F	870 6th Ave. S. b.Springfld	nr
S	2	0060	00018	Heckman	Winfred	1896	Jan	16	022	F	Gen Hosp.	
S	2	112	1482	Hedden	baby	1899	Feb	17	01m	M	1027 Republican	Sea

S	R	Page	Recor	LastName	FirstNames	Deat	Mn	Dt	Age	S	DeathPlace	Bir
S	3	0098	01960	Hedges	Emma J.	1906	Sep	11	046	F	1314 Valley	OR
S	2	107	1285	Hedgeson	Elizabeth J.	1898	Nov	30	064	F	2203 5th Ave.	IN
S	2	0044	00873	Hedman	Alma	1900	Oct	21	002	F	Columbia, WA	sme
S	2	0093	00730	Hedrick	Harold A.	1898	Apr	02	03m	M	3rd & Cedar Sts.	SEA
S	2	0057	00503	Hedstrom	Mathias	1895	Nov	01	062	M	1321 Dexter	SWD
S	2	0092	00679	Hee	Ching Bow	1898	Mar	19	037	M	W. Chong Blk.	CHN
S	2	0038	00752	Heeson/Huson	Carl	1900	Sep	23	02m	M	121 Minor Av N	SEA
S	1	282	2426	Hefferman	Patrick A.	1891	Jul	01	026	M	Battery St. b.Cork,	IRL
S	3	0086	01715	Heffleman	Harry R.	1906	Jul	09	037	M	Mt. Tabor San., Portland,OR	IA
S	3	0062	01238	Hegaas	Fred	1906	Apr	09	024	M	111 Fourth Ave.No.	WA
S	2	0057	01128	Hegaas	Herman	1901	Jan	28	026	M	Monod Hosp.	WI
S	3	0107	02128	Hegaas	Mrs. Emma	1906	Oct	07	058	F	111-4th Ave. N.	NRY
S	3	0176	03510	Hegen	Anthony J.	1907	May	19	007	M	2415 Irving St.	WA
S	3	0068	01342	Heggin	Gertrude	1906	May	09	--	F	613 - 8th Ave.No.	NRY
S	2	0099	1978	Hegglan	Bert L.	1901	Sep	28	007	M	Galer & W. Lake	MN
S	3	0076	01521	Hegler	Infant	1904	Feb	16	16d	M	625 10th Ave.	Sea
S	2	0079	1562	Heglow	Nels	1901	May	10	057	M	Co. Hosp.	SWD
S	3	0102	02022	Heiber	Max C.	1906	Sep	24	061	M	5th Ave. & James	GER
S	1	0001	00280	Heibid	Child E.	1883	Sep	13	05m		Seattle	GER
S		0023	00447	Heidel	Infant	1903	Jun	08	---	F	310 NobHill Avenue	WA
S	2	0023	00447	Heidmote	F.	1900	May	31	025	M	S. G. Hosp.	JPN
S	3	0016	00307	Heiffernon	James	1905	Sep	11	030	M	Tacoma, WA	---
S	3	0134	02673	Heikkila	Alexander	1904	Oct	20	042	M	Seattle General Hosp	FIN
S	2	114	1529	Heilbra (?)	Eva S.	1899	Mar	17	035	F	Providence Hosp.	---
S	2	0058	00539	Heilbron	A.	1895	Nov	30	069	M	1101 Cherry St.	
S	2	0049	00140	Heilbrow	Geo. H.	1895	Apr	05	034	M	1107 Cherry St	
S	2	0082	1621	Heilscher	Lydie	1901	May	04	001	F	115 E. Thomas	WA
S	2	0067	1340	Heim	Katherina	1901	Mar	06	057	F	Georgetown	GER
S	3	0120	02388	Heimann	August	1906	Nov	13	040	M	South Park, WA	GER
S	2	140	2766	Hein	Rebecca	1902	May	13	050	F	1407 14th Ave.	ENG
S	2	0064	00159	Heinig	Augusta	1896	Apr	19	051	F	901 S. 11 St	GER
A	1	0001	00955	Heinman	Silba	1889	Jul	30	01m		5th & Depot St.	
S	3	0172	03440	Heintz	Peter Rudolph	1907	May	04	028	M	2257-14th Ave. W.	NY
S		0010	00191	Heiser	Geo. L	1903	Apr	17	011	M	Seattle General Hospital	SEA
S	-	146	2868	Heisler	Peter	1902	Jun	01	022	M	Providence Hosp.	BOH
S	2	319	2500	Helberg	Alfred	1891	Aug	04	24h	M	Willow St., Seattle	Sea
S	3	0004	00080	Helbling	Fritz	1905	Aug	17	025	M	Providence Hosp.	SWT
S		0115	02289	Held	Adam	1906	Nov	03	010	M	412-20th	WA
S	2	0039	00775	Held	Adam B.	1900	Sep	28	01m	M	512 20th Av	SEA
S	2	118	1696	Held	infant	1899	May	14	36h	F	716 9th Ave.	Sea
S		0080	01601	Held	Infant	1904	Feb	17	s/b	F	412 20th Ave.	Sea
S	1		2207	Helde	Kundt	1891	Mar	05	026	M	502 8th St., 1st Ward	SWD
S	2	0016	00316	Helditch	Jno. S.	1900	Apr	13	07m	M	1006 30th Av S	SEA
S	2	0038	00305	Helensen	Edw.	1894	Jul	28	031	M	Prov Hosp	
S	3	0188	03752	Helgesen	(Infant)	1907	Jun	25	06d		408-1/2 Broadway	WA
S	3	0058	1152	Helin	A.	1903	Nov	23	041	M	1506-1/2 1st Ave.	SWD
S	3	0167	03337	Helle	Frederick	1907	Apr	24	067	M	Hillman City	GER
S	3	0147	02925	Hellebrand	Frederick C.	1907	Feb	27	046	M	350-16th Ave. N.	ME
S	3	0144	02880	Hellenthal	John F.	1907	Feb	18	26d		18 Ward	WA
S		111	2224	Hellenthal	Joseph	1904	Jul	22	055	M	Fernwood Station	GER
S	3	0151	02913	Hellis	Annie Amelia	1907	Mar	03	034	F	2008 Eloise Terr.	ON
S	2	326	2513	Helliwell	baby	1891	Aug	09	13m	F	909 Box St.	---
S	2	0072	00494	Hellman	Philip	1896	Nov	02	056	M	Duwamish, WA	GER
S	3	0168	03348	Hellstrom	Otto	1907	Apr	27	027	M	10th Ave. S. & Holgate	SWD
S	3	0158	03162	Hellyer	Bertie Mae	1905	Jan	22	023	F	510 James St	OR

S	R	Page	Recor	LastName	FirstNames	Deat	Mn	Dt	Age	S	DeathPlace	Bir
S	2	121	1803	Helms	Dora J.	1899	Jul	13	027	F	8th & Weller Sts.	---
S	2	119	1750	Helms	Ella	1899	Jun	14	005	F	525 12th Ave. N.	WA
S	2	0046	00035	Helms	J.C.	1895	Jan	31	075	M	S 12th & Judson	
S	1	254	2381	Helms	Nora	1891	Jun	05	002	F	15th & Main	---
S	-	165	3252	Helms	Paul G.	1902	Sep	17	023	M	Providence Hosp.	WI
S	3	0143	02861	Helper	John	1904	Oct	28	045	M	San Francisco, CA	---
S	2	125	1959	Helppes	Philander	1899	Sep	30	023	M	1204 10th Ave. S.	---
S	2	0085	00461	Helscher	Henry	1897	Nov	17	031	M	135 Day St. b.Str Johann at Sea	
S		0027	00484	Heistaett	Louisa	1893	Nov	08	043	F	Lombard & Willard	NRY
S	3	0005	00087	Helyer	Walter	1905	Aug	20	04m	M	Wash. Children's Home	WA
S	2	0119	02366	Hemen	Frank P	1904	Aug	24	062	M	Providence Hospital	---
S		0064	1280	Hemes	Ann B.	1903	Dec	16	067	F	102 W. Kilbourne Ave.	ME
S	3	0179	03571	Hemmingsen	Herbert Peter	1907	May	30	007	M	Columbia Sta.	WA
S	2	0044	00531	Hemmingway	Jeannette	1894	Nov	20	042	F	Prov. Hosp.	CND
S	2	126	2513	Hempey	M. H.	1902	Feb	10	041	M	King Co. Hosp.	OH
S	2	0063	00141	Hemrich	Andrew	1896	Apr	10	029	M	Prov Hosp	
S		0079	1575	Hemrieth	John	1904	Feb	10	041	M	Mt. Tabor OR	---
S	2	0068	00325	Henbeau	A. E.	1896	Aug	20	03m	M	318 Oak St.	SEA
S	2	0001	00021	Henchling	Julius Theo.	1892	Jan	12	062	M	So. Seattle	GER
S	3	0026	00516	Henchy	Denis A.	1905	Nov	05	031	M	1st Ave S & Main St	---
S	3	0145	02895	Henckley	Timothy D.	1907	Feb	21	079	M	1401 Westlake	IL
S		0009	00328	Hendersen	Infant	1892	Aug	07	05d	M	107 Weller	Sea
S	-	174	3428	Henderson	baby	1902	Oct	09	s/b	F	633 5th Ave.	SEA
S	3	0157	03121	Henderson	Florence A.	1907	Mar	25	012	M	426 Harrison	WA
S	2	105	1185	Henderson	Francis P.	1898	Sep	27	01m	M	West Seattle	WA
S	2	0074	00006	Henderson	Geo.	1897	Jan	06	043	M	21st Ave. & Mercer St.	ENG
S	3	0055	01084	Henderson	J.S.	1906	Mar	16	065	M	Providence Hospital	SCT
S		0023	00330	Henderson	Jas.	1893	Aug	24	059	M	Prov. Hosp.	
S		0019	00168	Henderson	John	1893	Apr	04	004	M	Birch on NPRR	
S	1	0001	01004	Henderson	L.E.	1889	Oct	13	027	M	127 Box St.	CA
S	3	0173	03448	Henderson	Lillian	1907	May	06	033	F	108 Broadway	WI
S	2	0002	00022	Henderson	Lloyd A.	1900	Jan	13	03m	M	1431 15th Ave.	Sea
S	1	192	2255	Henderson	Mrs. Catharine O.	1891	Mar	22	064	F	Madison & William Sts.	---
S	2	141	2779	Henderson	Phyllis M.	1902	May	17	013	F	1633 15th Av. b.Victoria, BC	
S	2	0060	00015	Henderson	Violet Isabella	1896	Jan	15	001	F	111 East Alder St	Sea
S	1		2021	Hendison	baby	1890	Nov	29	01d	M	804 4th St.	Sea
S	3	0106	02115	Hendrick	M.A.	1906	Oct	05	c50	M	1822 Howard Ave.	SWD
S	2	0087	00507	Hendricks	Frank	1897	Dec	24	061	M	Sea. Gen. Hosp. b.Cleveland	OH
S	2	0005	00094	Hendricks	Isaiah	1900	Feb	03	036	M	S. G. Hosp.	TX
S		0007	00257	Hendrickson		1892	Jun	28	030	M	Ballard	SWD
S	3	0120	02381	Hendrickson	Albert	1906	Nov	03	c35	M	Near Monroe	NRY
S	2	0059	01161	Hendrickson	H. C.	1900	Jun	01	032	M	Seattle	MI
S	2	0027	00534	Hendrickson	H. C.	1900	Jun	01	032	M	Ballard	MI
S	2	119	1740	Hendrickson	infant	1899	Jun	06	08d	M	1321 Yesler	Sea
S		0007	00237	Hendrickson	Lulu	1892	Jun	13	03m	F	9th Ward	Sea
S	2	111	1418	Hendrickson	Nellie A.	1899	Jan	21	003	F	2705 1st Ave.	WA
S	2	0041	00405	Hendrickson	Rufus	1894	Sep	07	001	M	Fremont b.Fremont WA	
S	2	0098	00907	Hendrickson	Rufus S.	1898	Jun	04	19d	M	607 Main St.	Sea
S	3	0158	03151	Heniker	Katherine	1905	Jan	11	076	F	2011 Yesler Way	MO
S	3	0124	02479	Henion	C.W.	1906	Dec	14	054	M	Wayside Emer. Hosp.	
S	2	0047	00921	Henk	Annie	1900	Nov	16	042	F	413 6th Ave	GER
S	1	285	2431	Henley	John M.	1891	Jul	02	042	M	Providence Hosp.	CND
S	2	0069	00387	Hennaur	Neusel	1896	Sep	25	084	M	Providence Hosp.	GER
S	3	0182	03639	Henneberry	Helen	1905	May	12	006	F	11th Ave & Plum St	MN
S	3	0146	02917	Hennem	Marie	1907	Feb	26	007	F	2305 Kilbourne	OR

S	R	Page	Recor	LastName	FirstNames	Deat	Mn	Dt	Age	S	DeathPlace	Bir
S	2	111	1431	Hennessy	baby	1899	Jan	27	02d	F	Ballard, WA	WA
S	2	0016	00320	Hennessy	Jas.	1900	Apr	15	055	M	20th Av S	---
S	2	111	1435	Hennessy	Minnie	1899	Jan	12	032	F	Ballard	WI
S	2	0001	00019	Henning	Florence	1900	Jan	11	009	F	321 11th Ave.	CA
S	2	108	1302	Henninger	Eva B. V.	1898	Nov	26	025	F	Ballard, WA	WI
S	2	0057	00494	Hennings	Amy J.	1895	Oct	06	07d	F	Ballard b.Ballard	
S	2	122	2436	Henningsen	Henry N.	1902	Feb	11	058	M	801 Columbia	DNK
S		0002	00076	Henrey	Katharina	1892	Feb	23	077	F	9 St.No. 1612	
S	2	106	1253	Henrich	E.	1898	Nov	04	035	M	311 Cherry St.	---
S	2	0068	00336	Henrick	John	1896	Aug	24	073	M	Seattle	GER
S		135	2665	Henrickson	Francis V.	1902	Apr	18	11m	F	2003 Western Ave.	SEA
S	2	414	2689	Henriksen	Peter	1891	Nov	20	026	M	8th & King Sts./1st Ward	SWD
S	3	106	2123	Henry	Florence Amelia	1904	Jun	01	018	F	Morristown NJ	VT
S	3	0011	00201	Henry	Infant	1905	Sep	03	05d	F	3909 1st Ave	SEA
S	1		2111	Henry	James P.	1891	Jan	26	-	M	Central House, Front St.	---
S	3	0045	00887	Henry	John F.	1906	Feb	21	063	M	1004 Howell St.	GER
S		0024	00477	Henry	John J.	1903	Jun	19	079	M	1515 Fifth Avenue W.	IRL
S	2	0010	00185	Henry	John L	1900	Mar	05	044	M	613 21st Ave	IRL
S	2	120	1779	Henry	Mabel	1899	Jun	30	02m	F	212 W. Battery St.	Sea
S		0050	00985	Henry	P.H.	1903	Oct	11	047	M	2312 Elliott Avenue	---
S	3	0089	01774	Henry	Virginia C.	1906	Aug	09	047	F	5758 Green Lake Blvd.	IL
S		0111	02223	Henry	William	1904	Jul	23	04m	M	66 Broad St.	Sea
S	2	0081	00280	Hensel	Geo. F.	1897	Jul	07	05m	M	Ballard, WA b.Ballard, WA	
S	-	147	2893	Hensel	Pauline	1902	Jun	15	054	F	2206 Queen Anne Ave.	GER
S	2	108	2154	Henson	Annie	1901	Nov	15	073	F	Alki Point	NRY
S	1	0001	00594	Henson	Stephen	1888	Aug	24	002		2314 3rd St.	
S	3	0099	01974	Henthill	O. W.	1906	Sep	15	058	M	1912 Minor Av.	PA
S	3	0057	01128	Henwood	Thomas	1906	Mar	02	043	M	Renton	ENG
S		0041	00805	Heohan	Martin	1902	Dec	24		M	Yukon Territory	---
S	1	0001	00539	Hepburn	Chas.	1886	Mar		032	M	Prov. Hospital	
S	3	0095	1894	Hepel	Friederike	1904	May	02	082	F	Lake Dell	GER
S	1	0001	00872	Heplen	Harriet c.	1889	May	05	031		Yesler Ave	
S	2	121	1831	Hepson	Edwd.	1899	Jul	18	082	M	W. Seattle	---
S	1		2014	Herald	?	1890	Nov	25	03m	M	-	Sea
S	2	0074	1465	Heran	Infant	1901	Apr	05	01d	M	Mildwood Station	WA
S	3	0131	02615	Herbert	Agnes	1907	Jan	10	029	F	2110-3rd Ave.	IN
S	2	0088	00558	Herbert	Frank H.	1898	Jan	15	017	M	Fremont, WA	NY
S	-	190	3753	Herdy	Elizabeth	1903	Jan	06	073	F	1130 4th Ave.	ENG
S	3	0082	01629	Hereim	Amelia O.	1906	Jul	11	056	F	1910 5th W.	SWD
S	2	0004	00062	Hereman	Freda	1900	Jan	30	029	F	Prov. Hosp	GER
S	-	154	3040	Hergaton	Wm. E.	1902	Jul	06	054	M	South Park, WA	IRL
S	2	128	2080	Herkenroth	Henry	1899	Nov	21	065	M	407 2nd Ave.	GER
S	3	0148	02963	Herman	Ezra A	1904	Dec	30	062	M	212 19th Ave	OH
S		0042	00840	Herman	Louise Anna	1903	Sep	02	022	F	431-23rd Avenue S.	MN
S	2	430	2721	Hermann	Julius	1891	Dec	11	043	M	Providence Hosp.	---
S		0017	00329	Hermenson	Christena	1903	May	15	063	F	2910 Western Avenue	---
S	2	120	1759	Hermesen	Anton	1899	Jun	20	048	M	314 27th Ave.	---
S	3	0131	02606	Hermon	W.H.	1907	Jan	06	042	M	Metropolitan Hosp.	NY
S		0028	00544	Hernandez	Joseph	1893	Dec	12	041	M	Prov. Hosp.	
S	3	0047	00928	Heron	John	1906	Feb	10	027	M	Pacific Hospital	ENG
S	2	0030	00582	Herpel	Herman Geo	1900	Jul	22	063	M	Lake Dell	PRS
S	1	0001	00071	Herr	Lewis	1882	May	10	003	M	Seattle	GER
S		114	2274	Herren	A. L. Jr.	1904	Jul	--	018	M	Wenatchee WA	---
S	2	0043	00843	Herren	Jennie	1900	Oct	23	024	F	Fremont	WI
S	3	0177	03532	Herrin	Archibald	1907	May	23	074	M	512 Highland Dr.	NC

S	R	Page	Recor	LastName	FirstNames	Deat	Mn	Dt	Age	S	DeathPlace	Bir
S	3	0098	01956	Herrin	Eliza Ann	1906	Sep	10	077	F	312 27th Av.S. b.NewBrunswk	CND
S	1	0001	00169	Herring	Philip	1883	Feb	06	050	M	Seattle	GER
S	3	0067	01322	Herron	George W.	1906	May	02	065	M	Pacific Hosp.	KY
S	3	0058	01154	Herron	Sarah Virginia	1906	Apr	03	060	F	1411 - E.Denny Way	KY
S	2	107	1279	Herron Jr.	A. J.	1898	Nov	26	018	M	812 Highland Dr.	NC
S		108	2151	Hertenstein	William J.	1903	Jul	10	---	M	Marahui Minda	---
S	-	156	3070	Hertlein	Geo. O.	1902	Jul	31	05m	M	321 9th Ave. s.	SEA
S	2	124	2475	Herzog	Mrs. Carolina	1902	Feb	23	056	F	2904 E. Republican	GER
S		0020	00392	Hess	Arthur T.	1903	May	16	038	M	Fanny Paddock Hosp, Tacoma	MI
S	2	0049	00146	Hess	George H.	1895	Apr	07	037	M	Baveroft St.	
S	1	0001	00075	Hess	Mary	1882	May	19	042	F	Seattle	GER
S	3	0198	03951	Hesse	Marie Elaene	1905	Jul	29	07m	F	811 Lane St	IN
S	1	0001	00668	Hesser	Clinton	1888	Oct	30	027		Rengstorff Addition	
S	2	0045	00578	Hester	Ernest H.	1894	Dec	21	071	M	Sunnydale	GER
S	3	0162	03239	Hester	Thomas F	1905	Feb	07	030	M	Seattle General Hosp	WV
S	2	0053	00295	Heston	Edwin	1895	Aug	01	023	M	Front near Pike	SCO
S		0023	00333	Hetherington	Hariet	1893	Aug	26	064	F	208 Market	CND
S	2	0071	00441	Hetherington	J.	1896	Oct	30	073	M	208 Market St.	CND
S	2	123	1894	Hetrick	Laura	1899	Aug	03	003	F	South Park	Sea
S	2	0057	00499	Hetson	Amelia M.	1894	Jul	06	052	F	Snoqualmie	
S	2	0071	00455	Hetterick	M. L.	1896	Nov	01	002	F	Blvd.	SEA
S	2	118	1710	Hettrick	Geo. V.	1899	May	25	007	M	Stewart abv Interbay	---
S	2	119	1735	Hettrick	Lulu S.	1899	Jun	01	012	F	Seattle	CND
S		0063	1255	Hetzler	Sarah	1903	Dec	07	064	F	1120 9th Ave.	PA
S	2	440	2740	Heuke	Joseph	1891	Dec	28	047	M	816 40th St.	GER
S	2	129	2137	Heuni_(?)	Olga N.	1899	Dec	22	021	F	7th & Yesler Sts.	---
S	2	0032	00639	Heuschien	Adolf	1900	Aug	09	040	M	S. G. Hosp.	NRY
S	2	0086	00480	Heuss	H. T.	1897	Nov	05	---	M	Cascade Tunnel	---
S	2	0080	1596	Heuthley	Ferdenhand	1901	Jun	07	062	M	Fairview & Harrison	IL
S	3	0131	02607	Hevland	Ella D.	1907	Jan	08	021	F	1823-9th Ave.	MN
S	3	0044	00867	Hewes	H.C.	1906	Feb	14	075	M	102 W. Kilbourne	ME
S	2	0007	00134	Hewett	J. B.	1900	Feb	22	066	M	Brooklyn	ENG
S	3	0123	02456	Hewitt	Elsie S	1904	Aug	18	15d	F	South Seattle	SEA
S	3	0010	00181	Hewitt	John	1905	Aug	26	076	M	Argo Station	ENG
S	2	103	1101	Hewitt	Wm.	1898	Aug	10	022	M	Georgetown, WA b.St. Lewis	MO
S	-	175	3440	Heycock	Job	1902	Nov	03	057	M	164 Washington St. b.So.	WLS
S	2	0124	2477	Heyer	Clare	1902	Feb	25	012	F	23rd Ave. S. & Atlantic	SEA
S	2	0077	00125	Heyer	Minnie	1897	Mar	30	004	F	124 Irving St.	SEA
S	1	0001	00708	Heyneman	Cara	1888	Dec	18	001	F	Corner 5th & Depot St.	
S		0021	00267	Heywood	Susan	1893	Jul	05	048	F	403-1/2 Pike	ENG
S		0010	00188	Hiabtead	Jessie	1903	Apr	14	015	F	1000 E. Sprague	DAK
S		0034	00680	Hiatt	G.K.	1903	Aug	07	045	M	200 E. Lake Avenue	IN
S		129	2572	Hibbard	Ann	1902	Mar	21	073	F	1000 E. Columbia	CND
S	2	0055	00376	Hibbard	Leander	1895	Sep	20	052	M	Bell & Front	MA
S	1	0001	00254	Hibiea	Euguie Emilie	1883	Sep	12	05m		Seattle	USA
S	2	0067	1342	Hickey	Patrick William	1903	Dec	22	024	M	Redlands CA	WI
S		0022	00284	Hickman	Daniel	1893	Jul	23	027	M	Prov. Hosp.	SWD
S		0018	00132	Hickman	Rob. F.	1893	Apr	04	017	M	Smith's Cor.	
S		0015	00006	Hickok	Mary	1893	Jan	01	065	F	311 Franklin	OH
S	2	0092	00698	Hickox	Chas. E.	1898	Mar	26	022	M	32nd Ave. & Madison St.	IA
S	3	0139	02761	Hickox	Irvin	1907	Jan	28	021	M	King Co. Hosp.	NY
S	2	122	2429	Hicks	A. L.	1902	Feb	09	039	M	Moran Shipyard	
S	2	116	1635	Hicks	Edith	1899	Apr	25	004	F	Interbay b.Tacoma,	WA
S		195	3837	Hicks	Harry M.	1903	Feb	17	024	M	616 Pine Street	CA
S	1	0001	00235	Hicks	James	1883	Jul	31	046	M	Seattle	ENG

S	R	Page	Recor	LastName	FirstNames	Deat	Mn	Dt	Age	S	DeathPlace	Bir
S	2	0089	00591	Hicks	James	1898	Jan	22	040	M	nr Ballard, WA	---
S	1	0001	00886	Hicks	Lizzie	1889	Jun	05	030	F		
S	3	0164	03264	Hicks	Mrs. Minnie A.	1907	Apr	09	041	F	804 E. Pike	IA
S	3	0043	00857	Hicks	Rose	1906	Feb	11	021	F	819.5 E.Pike St.	OR
S	3	0012	00228	Hidaita	A.	1905	Sep	09	035	M	Providence Hosp.	JPN
S	2	120	2391	HieJdahl	Clara M.	1902	Jan	17	007	F	Ballard	WA
S	2	0118	02348	Hifel	Lawrence	1904	Aug	17	07m	M	2614 N Broadway	Sea
S		0096	01922	Hifel	Lucille	1904	May	11	04m	F	2300 Howard Ave. No.	Sea
S	2	0048	00941	Higashe	Infant	1900	Nov	26	01d	M	2nd & Main	SEA
S	3	0085	01699	Higbee	J.	1906	Jul	17	021	M	Providence Hosp.	WI
S		0025	00411	Higginbottam	Cecil	1893	Sep	29	012	M	224 W. Stewart	VA
S	2	159	3123	Higgins	Ben	1902	Aug	20	14d	M	Wayside Mission	SEA
S	2	0097	00876	Higgins	D. W.	1898	May	11	065	M	King Co. Hosp.	MEX
S	3	0058	1149	Higgins	David	1903	Nov	21	076	M	Seattle Gen. Hosp.	NY
S	3	0196	03916	Higgins	Edward Crockett	1905	Jul	19	05m	M	7944 Wallingford	SEA
S	2	0070	00391	Higgins	infant	1896	Sep	27	06h	M	1612 - 10th	SEA
S	2	129	2119	Higgins	John	1899	Dec	12	070	M	1017 Dearborn St.	IRL
S		0009	00330	Higgins	Nellie	1892	Aug	08	027	F	Madison & Joy	NY
S	3	0091	01820	Higgins	Neola Mary	1906	Aug	22	06m	F	102 Minor Ave. No.	WA
S	2	188	3714	Higgins	Wm.	1903	Jan	20	040	M	25th & E. Pine Sts.	WI
S	2	117	1667	Higgs	Chas.	1899	Apr	22	035	M	Wellington, WA	ENG
S	3	0199	03983	Highland	John H.	1905	Jul	10	053	M	Bellevue, WA	IRL
S		198	3905	Highley	Infant	1903	Feb	15	s/b	F	2805 Minnesota	SEA
S	2	0122	02433	Hightower	Lilly C	1904	Aug	05	047	F	Mount Vernon, WA	MS
S	2	0022	00425	Higquist	Alfred	1900	May	22	---	M	Green Lake	SEA
S	3	0042	00835	Hiker ?	Louie	1906	Feb	03	001	M	1026 Main St	Sea
S	1	204	2274	Hikobe	Jim	1891	Apr	06	033	M	Jackson St. btwn 3rd & 4th	JPN
S	2	0092	00670	Hiland	Gus	1898	Mar	16	037	M	Providence Hosp.	HLD
S	3	0135	02697	Hilbert	Harrold	1907	Jan	24	1+m	M	1321-7th Ave.	WA
S	2	121	1834	Hilbert	John c.	1899	Jul	21	035	M	Lake La Bargf	GER
S	3	0173	03452	Hilburn	Bert	1905	Mar	07	025	M	Bremerton, WA	---
S		131	2590	Hildebrand	Carmelita	1902	Mar	28	021	F	Providence Hosp.	CDN
S	2	0037	00261	Hildebrandt	Amania	1894	Jun	23	023	F	423 Taylor	OR
S	3	0107	02134	Hildebrandt	George	1906	Oct	09	032	M	511 Yesler Way	WI
S		0006	00230	Hildreth	Betsy W.	1892	Jun	09	072	F	1515 7th St.	ME
S	3	0180	03591	Hildreth	Henry T.	1905	Apr	17	084	M	Portland, OR	UN
S		0034	00143	Hildrum	Jno.	1894	Mar	17	052	M	County farm	
S	3	0171	03411	Hile	Frank	1905	Mar	24	039	M	Wayside Emergency Hosp	GER
S	2	0061	01213	Hiles	May Cecil	1901	Feb	23	009	F	End of Taylor Av	MI
S	3	0108	02147	Hilgirt	Mary H.	1906	Oct	12	041	F	700-8th Ave. N.	GER
S	2	0037	00271	Hilkey	W.C.	1894	Jun	21	025		Gr. Falls, Mont.	
S	2	0068	00350	Hill	A. F.	1896	Aug	30	059	M	513 Union St.	ME
S	2	122	1836	Hill	Addison	1899	Jul	25	-	M	Skagway, AK	---
S	1	0001	00175	Hill	Adie J.	1883	Mar	07	039	F	Seattle	USA
S	2	0045	00554	Hill	Alex M.	1894	Dec	08	009	M	1108 6th St.	
S	2	0041	00807	Hill	Austin D.	1900	Oct	06	055	M	Collins Bldg	NY
S		0036	00715	Hill	B.F.	1903	Aug	15	045	M	Foot of Marion	---
S	2	0030	00594	Hill	David	1900	Jul	27	060	M	2514 Elliott	ME
S	2	0073	00509	Hill	E. E.	1896	Dec	10	039	M	General Hosp.	VT
S		197	3388	Hill	Edith A.	1903	Feb	21	09m	F	South Seattle	SEA
S	2	0002	00039	Hill	Edith Botnau akaIda Botnan	1900	Jan	20	006	F	822 E. Lake Ave.	ND
S		108	2158	Hill	Edward J.	1904	Mar	28	043	M	Dawson Y.T.	OH
S	2	0066	00257	Hill	Eliz A.	1896	Jun	19	077	F	2713 3rd St	
S		0022	00306	Hill	Eliza	1893	Aug	09	035	F	Green Lake	
S	2	0082	00340	Hill	Ella	1897	Aug	21	026	F	River Park	KS

S	R	Page	Recor	LastName	FirstNames	Deat	Mn	Dt	Age	S	DeathPlace	Bir
S	2	0073	00525	Hill	Ernest	1896	Dec	04	058	M	Seattle	SEA
S	2	0098	1957	Hill	Eugene	1901	Sep	26	013	M	Columbia City	MI
S	3	0166	03310	Hill	Fowell B.	1907	Apr	16	072	M	904-1st Ave. W.	NC
S		0011	00410	Hill	Frances	1892	Sep	30	059	F	215 Squire	NB
S	2	0042	00840	Hill	Frank (Mrs)	1900	Oct	23	031	F	1610 E Fir	CA
S	1		2028	Hill	Geo. D. (Capt.)	1890	Dec	04	-	M	Anacortes, Wash.	MI
S	-	175	3447	Hill	Grant	1902	Oct	26	045	M	Wayside Mission	---
S	2	0064	00194	Hill	Infant	1896	May	19	01d	F	914 4th St	Sea
S		0116	02308	Hill	Infant	1904	Aug	06	01m	M	1435 22nd Ave.	Sea
S		0017	00102	Hill	Infant of A.E.	1893	Mar	24	02d	F	Green Lake	
S	-	167	3276	Hill	J. W.	1902	Sep	12	072	M	Seattle Gen. Hosp.	MI
S	1	0001	00349	Hill	James	1884	Jun	07	002	M	Seattle	USA
S	3	0144	02880	Hill	James S	1904	Nov	05	067	M	Ballard	NY
S		0029	00569	Hill	Jay	1893	Dec	28	036	M	Prince William McClair	
S	3	0075	1493	Hill	Mary	1904	Feb	03	033	F	Wayside Mission Hospital	CND
S	3	0104	02068	Hill	Otto	1906	Sep	18	31?	M	Green River Hot Springs	--
S		0118	02344	Hill	Pauline	1906	Nov	19	043	F	710-15th Ave.	NRY
S	2	0037	00256	Hill	R.G.	1894	Jun	18	069	F	216 Box	VT
S	2	104	1147	Hill	Richard S.	1898	Sep	20	019	M	Providence Hosp.	---
S	2	0087	1738	Hill	Robert L.	1904	Mar	21	081	M	Rossburg WA	---
S		100	2004	Hill	T. E.	1904	May	17	050	M	K. C. Hosp.	---
S		0039	00773	Hill	Thomas U.	1903	Aug	21	048	M	Providence Hospital	IL
S	2	0086	00502	Hill	Walter	1897	Dec	12	002	M	Pease House, Seattle	SEA
S	2	0003	00056	Hill	Wm H.	1900	Jan	28	045	M	2509 Main St	WI
S	1		1520	Hill W. C.	Louisae Mary	1890	Aug	30	043	M	Jackson St.	IN
S	2	0076	00089	Hillagan	John	1897	Feb	22	02d	M	near Monahan	---
S	3	0098	01946	Hiller	Edwin Henry	1906	Sep	04	--	M	Seattle Gen. Hosp.	NY
S	2	0097	1927	Hillestad	Elmer	1901	Sep	27	05m	M	24th & Madison	OR
S	2	0088	01748	Hillevang	Infant	1904	Mar	28	01d	F	213 Chestnut St., Ballard	
S	2	0091	00693	Hilliard	Lucy B.	1898	Mar	13	022	F	813 Alder St.	KY
S		109	2184	Hilliker	Merton C.	1904	Jul	09	020	M	5718 Kirkwood Place	NY
S		0017	00095	Hillis	D.L.	1893	Mar	20	031	M	Prov. Hosp.	
S		0035	00692	Hillis	Wm. H.	1903	Aug	04	07d	M	515 Pine Street	SEA
S	2	0091	01811	Hillman	Warren F. H. E.	1901	Aug	24		M	Monod Hosp.	WA
S	2	0090	1798	Hills	Elmira F.	1904	Apr	14	063	F	1803 20th Ave.	MI
S	2	0044	00520	Hillyard	Thos. P.	1894	Nov	11	028	M	Prov. Hosp.	ME
S	2	0092	03079	Hilstrom	Will J.	1907	Mar	18	032	M	Wayside Emerg. Hosp.	---
S	2	0092	00680	Hilterminer	baby	1898	Mar	20	07m	F	1613 5th Ave.	SEA
S	2	104	1176	Hilton	Chas. T.	1898	Sep	15	055	M	Tacoma, WA	ENG
S	1	0001	00004	Hilton	Claude	1881	Sep	10	08m	M	Wa.	
S	2	0096	00838	Hilton	Elisabeth	1898	May	14	054	F	1499 5th Ave.	---
S	2	0082	00323	Hilton	Esther	1897	Aug	24	02m	F	2nd Ward	SEA
S	3	0185	03692	Hilton	Frank B.	1905	May	29	043	M	16th Ave & E Union	MA
S	2	0093	00743	Hilton	Jessie S.	1898	Apr	10	09m	F	Mt. Pleasant Cemetery	SEA
S	2	127	2530	Hilton	Mrs.	1902	Mar	05	051	F	Prov. Hosp.	ME
S	3	0004	00073	Hilts	Norman M.	1905	Aug	16	03m	M	816 E 67th St	WA
S	3	0168	03355	Him	Wong Tie	1907	Apr	24	057	M	Seattle Gen. Hosp.	CHN
S	2	0063	01241	Himeno	K.	1901	Feb	16	040	M	W. Seattle	JPN
S	2	0062	00081	Hinckley	Chas. B.	1896	Jan	17	032	M	Ft. Steilacoom	CA
S	2	0065	00219	Hinckley	Dr. Fred	1896	May	11	028	M	S Madre Villa	
S	3	0023	00451	Hinckley	Infant	1905	Oct	27	s/b	M	1301 Westlake Ave	SEA
S	1	216	2293	Hinds	S. N.	1891	Apr	11	051	M	Providence Hosp.b.Morse Co.	NJ
S	3	0124	02467	Hindsgaul	Nils Emanuel	1906	Dec	12	055	M	510-1st Ave. S.	DNK
S	3	102	2028	Hinebaugh	Agnes E.	1904	May	29	056	F	San Francisco	---
S	3	0152	03033	Hinefine	Infant	1904	Dec	28	s/b	M	2921 Second Ave	SEA

S	R	Page	Recor	LastName	FirstNames	Deat	Mn	Dt	Age	S	DeathPlace	Bir
S	3	0125	02500	Hinen	Infant	1904	Sep	09	21d	M	Green Lake	WA
S	3	0159	03185	Hines	Aluetta H	1905	Jan	15	033	F	2465 Broadway, NY City	CA
S	3	0157	03137	Hing	Wong	1907	Mar	26	039	M	4th Ave. & Main St.	CHN
S	-	176	3465	Hing Len	--	1902	Nov	10	054	M	Seattle Gen. Hosp.	CHN
S	2	0080	00255	Hinkle	I. H.	1897	Jul	13	037	M	3rd & Cherry Sts.	---
S	2	117	1652	Hinkle	John	1899	Apr	04	055	M	County Hosp.	PA
S	2	159	3134	Hinkle	Millard G.	1902	Aug	02	030	M	Providence Hosp.	KY
S	2	0095	1894	Hinkley	Margueretta	1901	Sep	14	10d	F	Gen. Hosp.	SEA
S	1	0001	00366	Hinkley	Ralph W.	1884	Aug	06		M	Seattle	USA
S	2	0025	00500	Hinlun	Clara F.	1900	Jun	16	029	F	Raineer Grand	PA
S		0062	1242	Hinman	Ella L.	1903	Dec	04	039	F	613 7th Ave.	IA
S		0116	02308	Hinote	Gertrude Ethel (Mrs.)	1906	Nov	08	030	F	Prov. Hosp.	MO
S	3	0111	02213	Hinshaw	Fred L.	1906	Oct	25	053	M	Prov. Hosp.	MA
S		0016	00044	Hinton	Ida	1893	Feb	03	029	F	Prov. Hosp.	
S	3	0163	03248	Hinton	Isaac	1905	Feb	09	077	M	7018 Aurora Ave	OH
S		0017	00105	Hinton	Katie	1893	Mar	26	042	F	222 Box	OH
S	2	0078	1546	Hinton	L. Charles	1901	May	24	022	M	Prov. Hosp.	CA
S	3	0183	03649	Hinton	Mary	1905	May	14	074	F	7018 Aurora Ave	PA
S	2	440	2741	Hintz	Henry	1891	Dec	29	017	M	4th St. nr Pike	---
S		0009	00327	Hintz	Michael	1892	Aug	06	046	M	Prov. Hosp.	GER
S	2	122	1857	Hiort	Andrew	1899	Aug	06	024	M	Lake Washington	---
S		0059	1169	Hippe	Adeleine	1903	Nov	24	026	F	322 Taylor Ave. No.	GER
S		0062	01240	Hippe	Cercezia	1903	Dec	04	001	F	323 Terry Ave. No.	Sea
S		0062	1232	Hirade	Kurawosuke	1903	Dec	01	035	F	Providence Hospital	JPN
S	3	0066	01317	Hirai	Infant	1906	Apr	24	s/b	M	2306 Western Ave.	Sea
S	2	0092	1840	Hirata	Baby	1901	Aug	29	02m	F	Ballard	???
S	2	0070	01396	Hirato	Infant	1904	Jan	16	01d	M	609 Weller St.	Sea
S	2	0062	00096	Hirnerlock	Infant	1896	Mar	07	03d	F	220 9th Ave	Sea
S	2	114	1544	Hirsch	Mathiede	1899	Mar	24	046	F	224 Virginia St.	NRY
S		0078	1564	Hiscock	Lucretia H.	1904	Feb	24	067	F	Providence Hospital	ME
S	3	0153	03056	Hiscock	M.N.	1907	Mar	12	075	M	7415 Corliss St.	NY
S		0079	01585	Hitchcock	Mattie M.	1904	Feb	25	033	F	143 State St., Ballard	NY
S	2	178	3507	Hite	David	1902	Nov	22	030	M	Providence Hosp.	KS
S	2	0052	01040	Hite ?	Annie A.	1900	Jun	01	048	F	Pleasant Beach	NRY
S	2	124	1932	Hittner	Sarah	1899	Sep	18	024	F	1st Ave. S. & Norman Sts.	IA
S	2	0067	00272	Hixon	Allice	1896	Jul	11	042	F	714 Broadway	CO
S	2	127	2063	Hixson	Jasper Morris	1899	Nov	13	074	M	1632 14th Ave.	---
S	2	0046	00917	Hizlett	Beulah E.	1900	Nov	15	036	F	Green Lake	WA
S	2	0122	02430	Hjorth	Louis Halvar	1904	Aug	04	008	M	West Seattle	WI
S	2	0094	1867	Hnfeld	Helan	1901	Sep	02	040	F	2128 Elliott	NRY
S	2	144	2821	Hoar	Lillian Nye	1902	May	18	033	F	Gen. Hosp.	IA
S	2	120	1791	Hoar	Philip	1899	Jul	02	073	M	223 Battery St.	---
S	3	0167	03329	Hobart	George A.	1907	Apr	21	062	M	1722 Minor Ave.	NY
S			1313	Hobbs	Baby	1890	May	14	14d	F	1008 - 5th St.	Sea
S	2	0080	00233	Hobert	Maude	1897	Jun	24	024	F	General Hosp.	---
S		111	2222	Hobgood	Walter (Mrs.)	1904	Jul	22	035	F	Western Ave. & Virginia	---
S		132	2617	Hobin	John A.	1902	Feb	25	029	M	2nd & Olive Sts.	NJ
S	3	0094	01872	Hocken	W. J.	1906	Aug	01	032	M	Alki Point, Wn.	OR
S	2	0041	00812	Hodfield	J. (Mrs.)	1900	Oct	07	040	F	Fremont	IA
S	0	0001	01162	Hodge	Alice M.	1890	Feb	27	023		Seattle	WA
S	2	103	2041	Hodges	Elizabeth	1901	Oct	26	046	F	Monod Hosp.	WA
S	3	0086	01717	Hodges	Fred R.	1906	Jul	13	051	M	King.Co.Hosp.,Georgetown	VT
S	-	149	2935	Hodges	Mary	1902	Jun	23	059	F	W. Wash. Hosp. for Insane	NY
S	2	0038	00747	Hodgins	Fay	1900	Sep	13	02m	F	608 Pike St	SEA
S	3	0195	03905	Hodgson	Infant	1905	Jul	16	05m	M	4014 Dayton Ave	ENG

S	R	Page	Recor	LastName	FirstNames	Deat	Mn	Dt	Age	S	DeathPlace	Bir
S	2	125	1983	Hodgson	Jas A.	1899	Oct	05	033	M	Providence Hosp.	---
S	2	119	2375	Hodgson	Jas. N.	1902	Jan	31	085	M	4018 10th Ave. N.E.	NH
S	1	196	3374	Hodgson	Mark	1903	Feb	18	070	M	Seattle General Hospital	ENG
S	2	0091	00686	Hoefer	Freda A.	1898	Mar	11	03m	F	Fremont, WA b.Fremont,	WA
S	2	400	2660	Hoeffling	Henry	1891	Oct	30	027	M	Providence Hosp.	GER
S	3	0050	00982	Hoelscher	Herman T.	1906	Jan	22	029	M	Cape Beale, B.C.	CA
S	2	127	2538	Hoelyle	Lulu R.	1902	Mar	08	013	F	Fremont WA	KS
S	2	0018	00355	Hoelzle	(Infant)	1900	Apr	04	04d	M	Fremont	SEA
S	2	0089	1774	Hoenberg	Benni	1901	Jun	29	009	M	West Seattle	IL
S	3	0193	03847	Hoenieke	Adam	1905	Jun	24	073	M	South Park	---
S	2	310	2482	Hoeslech		1891	Jul	23	05m	F	816 Washington	Sea
S	3	0101	02023	Hoezle	Infant	1904	May	17	s/b	F	3715 Dinsmore Ave.	Sea
S	2	0006	00103	Hofer	Geo E.	1900	Feb	09	048	M	1516 1st Ave	GER
S	2	0080	1599	Hoff	Helen	1901	Jun	09	020	F	Prov. Hosp.	MN
S		0012	00236	Hoff	Infant	1903	Apr	15	07h	M	Seattle General Hospital	SEA
S	2	325	2511	Hoff	Krist A.	1891	Aug	08	08m	M	108 Orion St.	Sea
S		0012	00237	Hoff	Myrtle D.	1903	Apr	15	027	F	Seattle General Hospital	PA
S	2	0076	1509	Hoffer	Rose	1901	May	09	026	F	806 4 Av.	IL
S	2	0073	00540	Hoffiedty	M. S.	1896	Dec	13	057	M	So. Seattle	PA
S	2	0076	00083	Hoffman	A.L.	1897	Feb	09	028	M	Ballard, WA	---
S		0050	00994	Hoffman	Frank	1903	Oct	12	040	M	Wayside Mission Hospital	SEA
S	3	0047	00934	Hoffman	Irene	1906	Feb	23	014	F	1513-9th Ave. b.Oak Harbor	WA
S	2	0043	00481	Hoffman	J.M.	1894	Oct	27	050	M	West St. House	
S	2	139	2940	Hoffman	Jas.	1902	Apr	04	055	M	County Hosp.	OH
S	2	125	1969	Hoffman	John C.	1899	Sep	15	058	M	South Park	---
S	-	172	3379	Hoffman	Paul F.	1902	Oct	25	038	M	Seattle Gen. Hosp.	GER
S	1		1506	Hoffman	Willie	1890	Aug	22	01d	M	517 James St.	Sea
S		0022	00426	Hofness	Infant	1903	May	30	s/b	F	Seattle General Hospital	WA
S	2	130	2159	Hofpauer	Anton	1899	Dec	26	039	M	Everett, WA b.Everett,	WA
S	3	0076	1525	Hofseh	Bernard	1904	Feb	17	019	M	Providence Hospital	SWD
S	3	0192	03836	Hofstad	Carl	1905	Jun	18	024	M	Camano	NRY
S	2	0083	00381	Hofste	Harry A.	1897	Sep	12	032	M	Alaska	---
S	3	0102	02038	Hofstotter	Infant	1904	Jun	03	01d	M	416 12th Ave. No.	Sea
S	3	102	2042	Hofstotter	Mary Edna	1904	Jun	04	033	F	416 12th Ave. N.	WI
S	2	0070	1384	Hogan		1901	Apr	05	045	M	2 Av S & Wash	IRL
S	3	0091	1826	Hogan	Daniel	1904	Apr	24	049	M	St. James Hotel	ME
S	2	0090	1798	Hogan	Frank	1901	Aug	16	004	M	4220 Aurora St.	MN
S	2	108	1328	Hogan	John	1898	Dec	16	03w	M	Edgewater	Sea
S	2	184	3626	Hogan	John L.	1902	Dec	19	043	M	Providence Hosp.	NJ
S	1		2002	Hogan	William	1890	Nov	18	040	M	Ballard	---
S	2	0059	01173	Hogeni	Francis	1901	Feb	05	053	F	Prov. Hosp.	IRL
S	3	0098	01934	Hogland	Aaron	1906	Sep	04	047	M	444 East 73rd	SWD
S	2	120	1881	Hogle	Wasington	1899	Jun	03	085	M	Orting, WA	---
S	3	0075	01488	Hogy	John H.	1906	Jun	12	062	M	4333 - 6th Ave.NE	VA
S	1	0001	00376	Hohn	Anna	1884	Aug	31	04m	F		
S	2	111	2204	Hohnes	Jonathan	1901	Dec	11	085	M	6th Ave. & Olive	PA
S	3	0190	03796	Hojtuedt	Hans	1907	Jun	15	034	M	Olympia, WA	---
S	3	0057	01123	Hoke	Leon E.	1906	Mar	31	001	M	Winslow	WA
S	-	149	2931	Holback	Luke	1902	Jun	03	013	M	LaConner, WA	---
S	1	0001	01225	Holbrook	Ethel	1890	Mar	23	014	F	1021 Madison	
S	2	0070	1390	Holchberg	Pinces	1904	Jan	03	007	M	919-1/2 Washn. St.	---
S	3	0154	03068	Holcomb	Glenn	1905	Jan	07	016	M	1401 23rd Ave	KS
S	3	0021	00409	Holcomb	J. E.	1905	Oct	16	051	M	Seattle Gen. Hosp.	IN
S	3	0188	03750	Holcomb	June	1905	Jun	03	006	F	3802 Broolyn Ave	SEA
S	3	0091	01802	Holcomb	Louisa	1906	Aug	15	020	F	Providence Hosp.	UT

S	R	Page	Recor	LastName	FirstNames	Deat	Mn	Dt	Age	S	DeathPlace	Bir
S	2	0002	00025	Holcomb	Walter	1900	Jan	14	046	M	1920 7th Ave.	CA
S	2	0055	00368	Holcombe	Infant	1895	Sep	14	01d	F	Yesler & E. Seattle	Sea
S	2	369	2600	Holden	Elizabeth	1891	Sep	19	076	F	14th & Cooper Sts./1st Ward	---
S		0043	00846	Holden	Ellen Isabella	1903	Sep	06	06m	F	611 Harrison	WA
S	2	0067	1321	Holden	Fred	1901	Mar	23	045	M	Police Hdq	
S	3	103	2049	Holden	Jacob J.	1904	Jun	09	037	M	Providence Hospital	NRY
S	2	0074	1462	Holden	R. N.	1901	Apr	03	022	M	East Seattle	PA
S	2	316	2494	Holden	W. T.	1891	Jul	31	044	M	1933 5th St. b.Rockford Co	VA
S	2	0058	01155	Holdenbeck	R.	1901	Jan	18	037	M	Tacoma	BLG
S	3	0126	02510	Holder	George	1904	Sep	14	036	M	Wayside Emergency Hosp	CND
S	2	0099	1976	Holding	Frank	1899			008	M	Roche Harbor	WA
S	2	0099	1975	Holding	Mary	1900				F	Roche Harbor	WA
S	2	100	1022	Holding	Wilford	1898	Jul	29	003	M	122 Irving St.	MI
S	2	0082	00328	Hole	B. A.	1897	Aug	30	08m	F	220 Blanchard St.	SEA
S		0012	00444	Holgate	NR	1892	Oct	21	058	M	Prov. Hosp.	
S		0002	00058	Holgerson		1892	Feb	05	004	F	1204 Jackson	
S	2	0002	00044	Holgerson	Larson	1892	Jan	27	006	M	1204 Jackson St.	---
S	2	328	2518	Holgerson	N. H.	1891	Aug	11	032	M	7th & Town Sts.	---
S	2	338	2537	Holland	Ardner	1891	Aug	21	pm	M	Huston St.	Sea
S	2	0091	00665	Holland	Edward	1898	Mar	01	011	M	Brooklyn, WA	IL
S	2	0120	02405	Holland	Leah	1904	Aug	02	074	F	Providence Hosp	IN
S	3	0126	02525	Holland	Mary A	1904	Sep	18	022	F	1022 Lakeview Ave	SD
S	2	0079	00197	Holland	T. H.	1897	May	10	064	M	River Park	WI
S		0018	00153	Hollander	Peter	1893	Apr	22	037	M	Prov. Hosp.	
S	3	0092	01836	Hollaran	Honore	1906	Aug	24	008	F	1133 12th Ave. S.	WA
S	1	294	2449	Hollenbeck	F. W.	1891	Jul	09	026	M	1005 McClair St.	USA
S	2	101	1059	Hollerin	Annie	1898	Aug	10	15m	F	foot of Pine St.	Sea
S	2	128	2553	Hollingsworth	Charles H.	1902	Mar	13	11m	M	1314 Yesler	MT
S		0021	00405	Hollister	Emeline	1903	May	01	063	F	South Park	MA
S	3	0047	00926	Hollister	H.G.	1906	Feb	06	054	M	752 No.78th St.	IL
S	2	182	3585	Hollister	John	1902	Dec	19	053	M	714 Columbia St.	MA
S		0036	00720	Holloran	Annie (Mrs.)	1903	Aug	17	037	F	Western Aven & Pike Street	IRL
S	2	0062	00115	Holloway	Charlotte	1896	Mar	20	070	F	423 Sutter St	GER
S	3	0043	00849	Holm	Carl Johann	1906	Feb	08	034	M	Seattle	FIN
S		0007	00130	Holm	Inft	1903	Mar	12	s/b	F	Fremont	WA
S	3	0043	00852	Holm	Ole	1906	Feb	01	068	M	1st Ave S & Charles St	NRY
S	2	0046	00907	Holm	William	1900	Nov	11	043	M	Wayside Mission	NRY
S	2	0051	00231	Holman	Bessie	1895	Jun	01	032	F	Queen Anne Hill	NJ
S	2	0051	00206	Holman	Freud H.	1895	May	15	067	M	2312 2nd St	
S		4284	00843	Holman	Grace E.	1903	Sep	05	032	F	1202½-7th Avenue	OH
S		0196	3864	Holman	Mary Elizabeth	1903	Feb	01	052	F	724 Spring	OR
S	2	0058	01158	Holman	R. M.	1901	Jan	04	001	M	Wellington	---
S		0047	00927	Holmberg	George	1903	Sep	27	011	M	Wayside Mission Hospital	WA
S	3	0196	03913	Holmen	Alma Christine	1905	Jul	19	039	F	819 Dexter	SWD
S	2	0088	00551	Holmes	Edwin W.	1898	Jan	13	068	M	Providence Hosp.	NJ
S	2	303	2467	Holmes	Lena M.	1891	Jul	16	081	F	11th & Dearborn	---
S		0018	00349	Holmes	Lewis	1903	May	18	051	M	Wayside Mission Hospital	SWD
S	2	123	2448	Holmes	Lydia	1902	Feb	15	082	F	726 27th Ave.	WV
S	2	0054	00331	Holmes	Wm.	1895	Aug	28	026	M	Co. Jail	
S	2	100	1998	Holn	Carl Gustaf	1901	Oct	11	015	M	Fremont	SWD
S	2	0053	00298	Holscher	Wm.	1895	Aug	03	001	M	2112 Front	Sea
S	3	0155	03100	Holsran	John	1907	Mar	22	055	M	4th Ave. & Pike St.	IRL
S		117	2337	Holt	A. E.	1904	Aug	15	035	M	Providence Hospital	US
S	3	0145	02892	Holt	Albert Henning	1904	---	--	03m	M	922 26th Ave S	SEA
S	1	0001	01221	Holt	Andrew J.	1890	Mar	14	042	M	Prov.Hosp.	NRY

S	R	Page	Recor	LastName	FirstNames	Deat	Mn	Dt	Age	S	DeathPlace	Bir
S	3	0176	03523	Holt	Arthur Helmer	1905	Apr	19	04m	M	1604 Atlantic St	SEA
S	3	0178	03550	Holt	Dorris	1907	May	27	17d	F	1710 Boren Ave.	WA
S	1	0001	01144	Holt	Willis R.	1890	Jan	15	005	M	Battery & Depot	ENG
S	-	191	3755	Holton	Chas f.	1903	Jan	13	055	M	Providence Hosp.	MA
S	2	183	3598	Holverson	N. P.	1902	Dec	26	043	M	Seattle Gen. Hosp.	NRY
S		0019	00182	Holy	Callie May	1893	May	12	019	F	Russ House	
S	1		1576	Holyoke	Marion	1890	Sep	23	013	F	8th & Pine Sts.	---
S	3	0056	01106	Holyoke	Richard S.	1906	Mar	11	072	M	2005 Eldridge, Bellingham	--
S	2	0042	00465	Holzschuher	Karl	1894	Oct	23	065	M	Knight McClain	GER
S	2	0014	00263	Homer	R. S.	1900	Mar	15	039	M	Manilla P.I.	CND
S	2	0091	00661	Homsen	Ida	1898	Feb	21	005	F	Ballard, WA b.Yesler,	WA
S	3	0006	00116	Honda	K.	1905	Aug	29	025	M	206 Jackson St	JPN
S	3	0142	02828	Hondo	K	1904	Nov	25	042	M	323 Seventh Ave S	JPN
S	2	188	3706	Hong	Lillie	1903	Jan	18	05m	F	4th & Washington Sts.	SEA
S	3	103	2058	Hong	Mrs. Lucy	1904	Jun	10	031	F	110 4th Ave.	---
S	-	165	3241	Hong Chin	-	1902	Sep	10	039	M	4th Ave. & Washington St.	CHN
S	1	0001	00663	Honore	Charlie	1888	Oct	25	01m	M	10th btw Lane & Dearborn St	
S	1		1586	Honrath	Lena	1890	Sep	30	4.5	F	Seattle Hotel	TN
S	2	0092	00698	Honscholder	Fred	1898	Mar	15	037	M	Providence Hosp.	OH
S	3	0033	00642	Honse	Thomas	1905	Dec	28	038	M	Pacific Hosp.	MD
S		0004	00136	Hontakken	Baby	1892	Apr	08	01d	F	9th & King	Sea
S	3	0008	00156	Hood	Anna	1905	Aug	11	040	F	Anacortes, WA	CND
S	2	0086	00490	Hood	Chas. A.	1897	Dec	02	020	M	Providence Hosp.	---
S	3	0073	01446	Hood	Infant	1906	May	01	-	F	at Sea.Str., Cottage City	AK
S	2	119	2362	Hood	Mary T.	1902	Jan	28	046	F	720 19th Ave.	IRL
S	1	0001	01053	Hood	Oscar	1889	Nov	04	009	M	Seattle	MN
S	3	0052	01038	Hood	Robert	1906	Mar	18	077	M	314 Queen Anne Ave.	ENG
S	3	0157	03135	Hoodless	Genit	1907	Mar	27	02d	M	515-32nd Ave. S.	WA
S	3	0034	00679	Hook	Edward	1905	Dec	12	044	M	King Co. Hosp.	NY
S	1		2196	Hooper	Bella	1891	Mar	26	09m	F	cor S. 6th & King Sts.	Sea
S			1359	Hooper	Charles L.	1890	Jun	19	055	M	West Seattle	---
S		0016	00304	Hooper	Gerald E.	1903	May	02	03m	M	1204 Sixth Avenue N.	SEA
S	2	317	2496	Hooper	Hazel	1891	Aug	02	07m	F	cor Brooklyn & Chester Sts.	Sea
S	3	0030	00592	Hooper	Mabel	1905	Dec	11	001	F	1656 E Garfield St	SEA
S	2	0065	00223	Hooper	Roy	1896	May	27	09m	M	Ballard b.Portland	OR
S		0025	00424	Hoover	Annie	1893	Oct	03	03m	F	216 Wall	Sea
S	2	0084	1673	Hoover	Mrs.	1901	Jun	26		F	Whatcom	
S	3	0049	00966	Hope	Frederick J.	1906	Feb	09	052	M	Bakersfield, California	MA
S	3	0180	03605	Hope	John Henry	1905	Apr	30	041	M	Charleston, WA	SCT
S	2	115	2294	Hopey	Gladys	1901	Nov	29	003	F	Ballard	SEA
S	2	108	1314	Hopgood	Calvin	1898	Dec	05	006	M	813 Alder St.	---
S	2	0040	00784	Hopkins	Carrie F.	1900	Sep	11	003	F	Mt. Tabor, OR	WA
S	3	0032	00634	Hopkins	Charles H.	1905	Dec	27	025	M	107 Boren Ave N	NY
S	2	113	1523A	Hopkins	Chas.	1899	Mar	14	080	M	1st & University	---
S	2	0076	01501	Hopkins	Dollie	1901	May	07	003	F	Ross	WA
S	2	139	2746	Hopkins	Edw. J.	1902	May	04	076	M	1518 Bigelow	OH
S	1	0001	00164	Hopkins	H.D.	1883			027	F		
S	2	0001	00024	Hopkins	Margret	1892	Jan	15	069	F	810 View St.	WLS
S	2	0057	00522	Hopkins	Norice	1895	Nov	19	03m	M	813 Alder	
S		0004	00080	Hopkins	Rebecca	1903	Mar	22	031	F	Providence Hospital	OH
S	3	0030	00591	Hopkins	Thomas	1905	Dec	04	045	M	1st Ave S & Holgate St	---
S	2	106	1225	Hoplon	C. J.	1898	Oct	27	035	M	1220 8th Ave. s.	ENG
S	3	0123	02454	Hoppe	A R	1904	Aug	11	027	M	Sedro Woolley, WA	---
S	1	0001	00445	Hoppock	Chas.	1885	Apr	17	027	M		OH
S	3	0173	03450	Horan	Barney	1905	Mar	04	037	M	King County Hosp	ENG

S	R	Page	Recor	LastName	FirstNames	Deat	Mn	Dt	Age	S	DeathPlace	Bir
S	2	0033	00652	Horan	Henry Geo	1900	Aug	13	07m	M	1208 8th Ave S	SEA
S	2	0047	00925	Horan	Thomas	1900	Nov	20	058	M	564 Denny Way	IL
S	2	0118	02361	Horb	Edwin	1904	Aug	22	07m	M	115 Maynard Ave	Sea
S		0083	01651	Hordum	Nelson	1904	Mar	19	048	M	Wayside Mission Hospital	---
S	2	0069	1381	Horike	A.	1904	Jan	11	026	M	308 4th Ave.. So.	JPN
S	2	107	2130	Horington	Alice R.	1901	Nov	22	027	F	Sea. Gen. Hosp.	IL
S	3	0032	00631	Horiuchi	Saijiro	1905	Dec	26	034	M	500 Jackson St	JPN
S	3	0056	01101	Horlin	Cassie	1906	Mar	07	080	F	223 Holbrook St., Ballard, WA	SWD
S	3	0168	03345	Hormell	William H.	1907	Apr	26	044	M	1816-10th Ave. W.	OH
S	3	104	2079	Horn	Mary N.	1904	Jun	21	065	F	1014 E. John St.	IRL
S	3	0170	03400	Hornan	Anna E.	1907	Apr	16	060	F	343 E. Polk St., Ballard	PA
S	-	162	3181	Horner	Annie E,	1902	Aug	05	056	F	Interbay	CND
S	3	0127	02533	Hornickel	Mary	1904	Sep	18	035	F	6215 Linden Ave	GER
S	3	0046	00913	Horntvedt	Helga Konstansa	1906	Feb	26	025	F	2015 - 8th Ave.	NRY
S	3	0096	01916	Horntvedt	Infant	1906	Aug	04	s/b	F	310 Nob Hill	WA
S	3	0178	03561	Horrell	Phillip W	1905	Apr	05	039	M	Seattle General Hosp	---
S	2	0080	00271	Horseman	A. F.	1897	Jul	23	10d	M	Leland House	SEA
S	3	0166	03320	Horsfall	Elizabeth Lappin	1907	Apr	20	070	F	921-14th Ave.	CND
S	2	0097	00886	Horslech	Samuel	1898	May	22	036	M	Steilacoom Hosp.	ROM
S	2	0081	00272	Horstman	M. G.	1897	Jul	23	10d	M	Leland House	SEA
S	1		1510	Horten	Earle W.	1890	Aug	23	02m	M	214 Wall St. b.Muck, WA	
S	3	0132	02635	Horton	Alice	1907	Jan	16	039	F	123-7th Ave. N.	IN
S		0013	00491	Horton	Damia	1892	Dec	03	050	M	2nd & Cherry	IL
S		112	2236	Horton	Dexter	1904	Jul	28	078	M	Cor. Seneca & 3rd St.	NY
S	2	0051	00217	Horton	John	1895	May	20	085	M	Prov Hosp	
S	3	0123	02446	Horton	Julius	1904	Aug	25	071	M	Georgetown	NY
S	2	0046	00021	Horup	Frank	1895	Jan	23	077	M	Prov. Hosp.	
S	3	0077	01522	Hoski	Sophia	1906	Jun	24	046	F	1101 Washington	FIN
S	2	0062	00082	Hoskins	Sonnora	1896	Feb	17	046	F	Co. Hosp.	IN
S	1		2141	Hoskinson	Nellie (Mrs.)	1891	Feb	13	-	F	Edgewater, King Co., WA	---
S	3	0196	03919	Hosteland	Joacim	1905	Jul	20	002	M	1262 Denny Way	SEA
S	3	0038	00742	Hosu	John	1906	Jan	12	042	M	Providence Hosp.	SCT
S	3	0175	03487	Hotowitz	M F	1905	Apr	02	021	M	Wayside Emergency Hosp	---
S	2	0044	00535	Hough	John E.	1894	Nov	25	059	M	303 Molhte	
S	3	0004	00078	Houghton	Emily J. (Mrs.)	1905	Aug	16	068	F	424 1st Ave N	WI
S	2	122	1852	Houghton	Eva M.	1899	Aug	03	013	F	104 5th Ave. S.	TN
S	2	0037	00272	Houghton	J.T.	1894	Jul	02	066	M	1109 Farm St	
S			1315	Houk	Geo. W.	1890	May	21	032	M	Providence Hospital	OH
S	3	0091	01818	Houlahan	Daniel J.	1906	Aug	20	053	M	1806 Broadway	ENG
S	3	0045	00900	Hourn	Ida	1906	Feb	25	052	F	812 - 24th Ave S.	NRY
S	3	0110	02196	House	Alice M.	1906	Oct	22	062	F	725-27th Ave. S.	NY
S		0046	00911	Houseman	F.	1903	Sep	27	025	M	Providence Hospital	NY
S	2	0088	1751	Houser	M. F.	1901	Jul	03	042	M	Ballard	IL
S	3	0149	02970	Houston	Ernest	1907	Feb	12	04m	M	Ballard, WA	WA
S	2	0096	00837	Houston	Pat	1898	May	13	065	M	Fremont	IRL
S	3	0059	01180	Houston	Walter Lee	1906	Apr	14	07m	M	812 - 8th Ave.S.	Sea
S		0019	00376	Houston	Wm	1903	May	31	060	M	Wayside Mission	USA
S	3	0024	00479	Houtz	Benjamin Hanby	1905	Nov	14	056	M	170 24th Ave	IA
S		0098	01952	Hovey	Mabel Carey	1904	May	12	022	F	121 Dravus Street	Sea
S		152	2993	Hovey	Nineta	1902	Jul	13	014	F	Monod Hosp.	OH
S	1	0001	00434	Hovey	Steven W,	1885	Mar	14		M	Seattle	ME
S	1	0001	00035	Howard		1882	Jan	18		M	Seattle	
S	2	0107	2139	Howard	Catherine	1901	Nov	25	001	F	119 - 2 Ave. W.	SEA
S	2	0064	01270	Howard	Chas E.	1901	Mar	07	077	M	2325 1/2 1st Ave	NY
S	2	113	2244	Howard	Chas. G.	1901	Dec	22	047	M	Mission Hosp.	NY

S	R	Page	Recor	LastName	FirstNames	Deat	Mn	Dt	Age	S	DeathPlace	Bir
S	2	120	1776	Howard	Chas. W.	1899	Jun	28	046	M	1315-1/2 3rd Ave.	MO
S	3	0164	03262	Howard	Edward	1907	Apr	08	019	M	718 N. 73rd	MN
S	2	0071	00462	Howard	infant	1896	Nov	07	02m	M	Alton & Union Sts.	SEA
S	2	0090	1792	Howard	Infant	1901	Aug	12	001	F	Monod Hosp.	Sea
S		0032	00635	Howard	James	1903	Jul	11	040	M	Auburn, WA	---
S	3	0156	03109	Howard	James William	1907	Mar	24	056	M	Providence Hosp.	MI
S	2	123	1877	Howard	Janet	1899	Aug	22	060	F	Seattle Gen. Hosp.	KY
S	2	0061	01210	Howard	K-ia ?	1901	Feb	23	032	F	Prov. Hosp.	CA
S	3	0156	03114	Howard	Mrs. Marjorie	1907	Mar	24	021	F	Providence Hosp.	TN
S	-	164	3225	Howard	Nellie Lyons	1902	Sep	06	044	F	Providence Hosp.	MA
S	2	0098	00925	Howard	Richard	1898	Jun	12	055	M	alley btwn 1st & Occidental	---
S	2	0026	00516	Howard	Silas Lee	1900	Jun	29	058	M	1509 Elliott	MO
S	2	0029	00577	Howard	Wm	1900	Jul	19	04m	M	Greenlake	sme
S	2	127	2043	Howe	Helen	1899	Sep	21	060	F	Skagway, AK	---
S	3	0066	01308	Howe	Infant	1906	Apr	06	s/b	F	Seattle Gen. Hosp.	Sea
S	2	0091	00658	Howe	John Herbert	1898	Feb	11	003	M	West Seattle, WA	SEA
S	2	112	2236	Howe	Noble Prescott	1901	Dec	23	047	M	Prov. Hosp.	OH
S	2	114	2261	Howe	Rebecca	1901	Dec	09	046	F	1632 Bellevue	CND
S	-	166	3268	Howeattle	Florence	1902	Sep	27	001	F	Suwamish River	WA
S	3	0060	01197	Howell	Elizabeth (Mrs.)	1906	Apr	20	023	F	717 - 6th Ave.S.	WLS
S	3	0137	02731	Howell	Oscar C	1904	Oct	16	049	M	Ballard	IL
S	1	0001	01035	Howes	E.A.	1889	Oct	25	065	M	7th & James	NY
S	1	0001	00419	Howes	Wm.	1885	Jan	09	025	M	Seattle	NS
S	3	0174	03468	Howland	John C.	1907	May	10	034	M	Providence Hosp.	NY
S	2	0088	1764	Howland	Stephen L.	1904	Apr	01	056	M	42nd St. & Madison	MA
S	3	0055	01086	Howlett	Helen Adele	1906	Mar	12	001	F	1509 Wallingford Ave.	WA
S	-	176	3464	Howlett	M.	1902	Nov	10	027	M	Providence Hosp.	ENG
S		0035	00697	Howse	Louisa M	1903	Aug	12	062	F	2120 E. Spruce	KS
S	-	164	3217	Hoy Lee	-	1902	Sep	03	050	M	On Board Str. Leola Goss	CHN
S	-	170	3338	Hoye	Peter	1902	Oct	03	023	M	Wayside Mission	CND
S		0008	00292	Hoyle	Giles	1892	Jul	17	038	M	Prov. Hosp.	
S	1	0001	01151	Hoyt	Charles	1890	Jan	20	021	M	Grace Hosp.	
S	2	0065	01293	Hoyt	Hanson	1901	Mar	15	071	M	Prov. Hosp.	---
S	1	0001	00993	Hoyt	Viola	1889	Aug	26	024	F	Seattle	
S		135	2675	Hubbard	Aaron Cyrel	1902	Apr	24	03m	M	9th Ave. S. & Jackson St.	SEA
S	2	0066	1309	Hubbard	Ann	1901	Mar	20	023	F	Fremont	WI
S	2	0047	00072	Hubbard	Elisha H.	1895	Feb	25	058	M	1814 8th	
S	2	110	1397	Hubbard	Elisha H.	1899	Jan	12	007	M	1814 - 8th Ave.	Sea
S	2	0088	1763	Hubbard	George	1904	Apr	01	025	M	Wayside Mission Hospital	---
S	3	0149	02963	Hubbard	Harold T.	1907	Feb	11	019	M	Burlington, WA	SD
S	2	0090	1784	Hubbard	Infant	1901	Aug	07	003	M	1111 1/2 8 Ave.	Sea
S	3	0150	03004	Hubbard	Infant	1904	Dec	15	01m	F	Ballard	SEA
S		0006	00104	Hubbard	Inft	1903	Mar	16	05d	F	Ballard	Bal
S	2	180	3561	Hubbard	Lydia M.	1902	Dec	04	058	F	Greenlake	MI
S	2	0096	00841	Hubbard	Marcus R.	1898	May	16	01m	M	Latona b.Latona,	WA
S	2	0091	00667	Hubbard	Michael	1898	Mar	02	031	M	Rail Road Yards	---
S	3	0050	00984	Hubbard	Myrtle M.	1906	Jan	27	023	F	771EllisSt.,SanFrancisco,CA	IL
S	2	0089	1769	Hubbard	Normon B.	1904	Apr	03	025	M	3807 Linden Ave.	IA
S	2	0082	00349	Hubbart	infant	1897	Sep	03	02w	M	1814 8th Ave.	SEA
S	3	0020	00398	Hubbell	Frank B.	1905	Oct	28	047	M	Washington Hotel	CND
S	3	0030	00597	Hubbell	George	1905	Dec	12	040	M	Wayside Emerg. Hosp.	---
S	3	0090	01795	Hubbell	Wellington S.	1906	Aug	05	078	M	2427 Irving	NY
S		0046	00912	Huber	Max	1903	Sep	27	055	M	826-27th Avenue S	GER
S	2	0046	00003	Hubert	Charl.	1895	Jan	02	058	M	1016 Washington	GER
S		197	3894	Hubler	Fred H.	1903	Feb	27	029	M	Los Angeles, CA	PA

S	R	Page	Recor	LastName	FirstNames	Deat	Mn	Dt	Age	S	DeathPlace	Bir
S	3	0037	00725	Hucka	Margeurette	1906	Jan	07	06m	F	3437 12th Ave W	SEA
S	2	0041	00815	Hucke	Elizabeth	1900	Oct	08	035	F	Prov. Hosp.	ENG
S	3	0125	02490	Hudgens	Mrs Anna J	1904	Sep	07	065	F	500 Ninth Ave	MO
S		132	2614	Hudseth	Mary (Mrs.)	1902	Mar	20	055	F	Ballard	NRY
S	1	241	2360	Hudso	J. W.	1891	May	19	07d	M	Ash & Harrison Sts.	Sea
S	3	0155	03104	Hudson	Bennie	1905	Jan	20	06m	M	4216 Greenwood Ave	WA
S		0030	00597	Hudson	Chas M.	1903	Jul	23	038	M	Wayside Mission Hospital	NY
S	2	0095	00797	Hudson	E. J.	1898	Apr	03	---	M	Sheep Camp, Alaska	---
S	1		1989	Hudson	Francis Thomas	1890	Nov	11	18m	M	Smith House, Jackson St.	CA
S	2	0017	00331	Hudson	Harvey H.	1900	Apr	20	064	M	343 22nd Av N	NY
S	3	0046	00904	Hudson	Martha O.	1906	Feb	26	056	F	3637 Woodland Park Avenue	NY
S	3	0132	02625	Hudson	May A. (Mrs.)	1907	Jan	13	057	F	1019 N. 49th	ON
S	3	0058	1146	Hueke	Ernest	1903	Nov	18	005	M	Providence Hospital	GER
S	2	114	1558	Huesel	Sophia	1899	Mar	31	050	F	Providence Hosp.	GER
S	2	127	2535	Huey	(Baby)	1902	Mar	05	04m	M	1303 Grant St.	SEA
S		0034	00142	Huff	Francis W.	1894	Mar	17	039		Victoria, B.C.	
S	2	0082	1635	Huffman	W. Geo.	1901	Jun	27	055	M	Prov. Hosp.	
S	1	0001	00759	Hugh,Miller	Bell Baby Marino	1889	Feb	10	06m		Mills St.near Lawton	
S	2	0074	00020	Hughes	Arthur	1897	Jan	18	048	M	Providence Hosp.	---
S		0026	00455	Hughes	Chas.	1893	Oct	24	037	M		
S	2	123	1899	Hughes	Chester P.	1899	May	17	019	M	Dawson, Northwest Territory	---
S	3	0172	03428	Hughes	Edward	1905	Mar	29	060	M	Providence Hosp	---
S	2	0060	00035	Hughes	Eliz	1896	Jan	30	018	F	Seattle Gen Hosp	
S	2	0090	1790	Hughes	Harriett C.	1901	Aug	12	008	F	1710 14th Ave.	MO
S	1	229	2327	Hughes	Hugh S.	1891	May	02	026	M	Lake Union	WLS
S	3	0189	03775	Hughes	Infant	1905	Jun	18	01d	M	2312 E Howell	SEA
S	3	0022	00436	Hughes	J. V.	1905	Sep	15	---	M	Valdez, AK	UN
S	2	0010	00182	Hughes	John	1900	Mar	04	022	M	Prov. Hosp.	CND
S		0052	1029	Hughes	Joshua F.	1903	Oct	26	069	M	Providence Hospital	ENG
S		0044	00881	Hughes	Leandra (Mrs.)	1903	Sep	17	046	F	814-21st Avenue S.	MO
S	2	179	3531	Hughes	Leslie Leroy	1902	Nov	24	010	M	York Stat.	WA
S	2	0025	00482	Hughes	Louisa	1900	Jun	06	041	F	S. G. Hosp.	ENG
S	2	110	1391	Hughes	Mildred	1899	Jan	09	007	F	Interbay	CA
S	1	0001	00577	Hughes	Owen	1888	Aug	07	055	M	Brunswick Hotel	
S	3	0081	01620	Hughes	Scottie	1906	Jul	07	01m	M	1433 33rd b.Tacoma	WA
S	2	126	2025	Hughes	Thomas	1899	Oct	23	040	M	Providence Hosp.	ENG
S	2	0076	00117	Hughes	Thos. R.	1897	Mar	25	048	M	314 Commercial St.	WLS
S	2	0022	00429	Hughes	Wm. K	1900	May	24	067	M	Hotel Seattle	ENG
S	3	0053	01054	Hughlett	Roy S.	1906	Mar	25	022	M	2605 - 3rd Ave.	IA
S	2	123	2456	Hughs	Jno.	1902	Feb	18	11d	M	119 Terry Ave. N.	SEA
S	2	0058	01160	Hughs	Mannie	1901	Jan	10	010	F	Spokane	---
S	2	0045	00882	Hughs	William	1900	Oct	13	023	M	Cedar Mt.	---
S	2	122	2423	Hughton	Mary Bradford	1902	Feb	06	070	F	1109 7th Ave. N.	ME
S	3	0129	02569	Hugo	Addie Bell	1906	Dec	23	047	F	Hillman City, WA	MN
S	3	0121	02414	Huiber	Infant	1906	Nov	25	s/b	M	124-10th Ave.	WA
S	1	0001	00501	Huinsphen	Chas.W.	1885	Dec	18		M	Seattle Hosp.	
S	3	0182	03628	Hulbert	(Infant)	1907	May	12	s/b	F	504 W. Highland Dr.	WA
S		0034	00138	Hulen	L.J.	1894	Mar	31	055	M	Fremont	SWD
S	3	0016	00316	Hulfer	Tony	1905	Sep	20	09m	M	West Seattle	sme
S			1331	Hull	Baby	1890	Jun	01	-	-	2400 Front St.	Sea
S	2	411	2683	Hull	Clarence E.	1891	Nov	17	006	M	2405-1/2 Front St.	---
S	2	189	3716	Hull	David B.	1903	Jan	21	068	M	1916 1st Ave.	IRL
S	2	0058	00548	Hull	Elizabeth A.	1895	Dec	02	071	F	2012 Republican	
S	3	0075	01492	Hull	Infant	1904	Feb	02	10d	M	Wayside Mission Hospital	Sea
S	1		1972	Hull	Rebekah	1890	Nov	03	05m	F	corner Front & Battery Sts.	Sea

S	R	Page	Recor	LastName	FirstNames	Deat	Mn	Dt	Age	S	DeathPlace	Bir
S	3	0144	02876	Hull	William J	1904	Nov	25	036	M	W Wash Hosp for Insane	MO
S	2	130	2147	Hulman	infant	1899	Dec	30	010	M	Ward 8, Warren St.	Sea
S	1	0001	00383	Hulman	Wm.	1884	Oct	15	038	M		
S	2	0057	00495	Hulsners	Martin	1895	Oct	11	028	M	Ballard	NRY
S	2	114	1546	Hulusen	Oscar	1899	Mar	25	061	M	Fremont	SWD
S	3	0142	02834	Hume	Mary J	1904	Nov	27	060	F	1905 1/2 Sixth Ave	ENG
S	3	0031	00606	Hume	Mittie Rachel	1905	Dec	16	043	F	1317 Denny Way	IL
S	3	0112	02221	Humeo	Allie	1906	Oct	26	012	F	Prov. Hosp.	WA
S		110	2191	Humes	J. P.	1904	Jul	13	076	M	411 Terry Ave. N.	NY
S		0098	1953	Humes	Joseph	1904	May	22	025	M	411 Terry Ave. N.	WA
S	3	0139	02775	Humes	Nathion Roberts	1907	Feb	01	018	M	313-1/2-23rd Ave. S.	WA
S	3	0140	02789	Humes	Sarah	1904	Nov	13	054	F	411 Terry Ave N	OH
S	3	0159	03169	Humes	Thomas J	1904	Nov	09	055	M	Fairbanks, AK	IN
S	3	107	2138	Hummel	Mary E.	1904	Jun	15	068	F	San Francisco	KY
S	1	0001	01237	Hummell	Ira	1890	Mar	30	026	M	Blanchard & Front St.	
S	2	0037	00238	Hummell	John H.	1894	May	31	064	M	Keith	
S	1	0001	00261	Hummer	John	1883	Aug	09	07m	M	Seattle	USA
S	3	0057	01143	Humphrey	Baby	1903	Nov	15	02m	F	Monod Hosp.	Sea
S	3	0188	03752	Humphrey	Grace Virginia	1905	Jun	02	027	F	2200 1st Ave	IL
S	3	0121	02416	Humphries	Infant	1906	Nov	30	s/b	M	Pacific Hosp.	WA
S	-	162	3189	Humphries	O.G.	1902	Aug	26	050	M	City Jail	---
S	3	0032	00636	Humphries	William	1905	Dec	28	06w	M	3236 24th Ave W	WA
S	2	0035	00689	Huney	E	1900	Aug	30	03m	M	2405 1/2 Western	SEA
S		0037	00736	Hung	Lee	1903	Aug	20	035	M	Seattle General Hospital	CHN
S	2	0059	01190	Hunkins	Leslio	1901	Feb	13	001	M	Ross	MN
S	2	0061	01218	Hunsucker	Maggie	1901	Feb	25	031	F	Pacific House	CA
S	2	125	2487	Hunt	(Baby)	1902	Feb	27		M	1918 Minor Ave.	SEA
S	2	360	2582	Hunt	Geo. Arthur	1891	Sep	12	006	M	- b.Ontario,	CND
S	3	0134	02679	Hunt	Helen	1904	Oct	22	056	F	SE corner 11th & E Pike	KY
S	2	108	1299	Hunt	Jas. W.	1898	Nov	22	056	M	Bellevue, WA	---
S	3	0064	01270	Hunt	Jennie	1906	Apr	14	045	F	Youngstown, Wn.	unk
S	1		2088	Hunt	John Winslow	1891	Jan	13	056	M	1009 11th St. b.Gardner,	ME
S	3	0149	02967	Hunt	Margaret Janett	1907	Feb	12	076	F	Charleston	OH
S	3	0158	03157	Hunt	Martha J	1905	Jan	18	079	F	821 16th Ave	CT
S	3	0171	03405	Hunt	Wesley	1907	Apr	21	c26		3 mi. N. of Bothell, WA	---
S	2	0089	1773	Hunter	George (Col.)	1898	Dec	21	063	M	Dawson, Y.T.	OH
S	3	0028	00560	Hunter	Infant	1905	Nov	19	s/b	F	4032 Stone Ave	SEA
S	3	107	2131	Hunter	Leon	1900	Oct	27	009	M	3926 N. 34th St., Tacoma	---
S	2	0037	00246	Hunter	Levina	1894	Jun	06	050	F	316 Untion	NY
S	-	192	3794	Hunter	Margaret	1903	Jan	03	027	F	Renton, Wa b.Renton,	WA
S	2	141	2788	Hunter	Virginia S.	1902	May	17	058	F	709 9th Ave. S.	VA
S		0019	00365	Huntley	Geo E.	1903	May	26	059	M	Providence Hospital	ME
S	1	0001	00655	Huntley	Geo.J.	1888	Oct	18	076	M	2nd btw Bell & Blanchard St	
S		114	2266	Huntley	Herbert B.	1904	Jul	09	042	M	Portland OR	---
S	1	0001	00180	Huntley	Ida May	1883	Apr	05	002	F	Seattle	USA
S	1	0001	00182	Huntley	Jos.	1883	Apr	08	008	M	Seattle	USA
S	2	112	2230	Huntley	Melinda	1901	Dec	20	052	F	2913 1st Ave.	ME
S	1	0001	00031	Huntley	Ora E.	1882	Jan	09	004		Cherry St.	US
S	1	0001	00288	Huntly	Dan	1883	Sep	28	046	M	Seattle	USA
S	2	0075	00064	Huntoon	I. D.	1897	Feb	18	066	M	Front & Union Sts.	---
S	3	0051	01016	Huntsman	May Fredrika	1906	Mar	06	014	F	Providence Hospital	IA
S	2	187	3689	Hupe	Melba Irene	1903	Jan	07	003	F	121 Terry Ave.N. b.Spokane,	WA
S	3	0119	02376	Huppman	Selma C.	1906	Nov	29	008	F	132-22nd Ave. N.	MO
S	2	159	3125	Hurd	Daniel	1902	Aug	21	065	M	Providence Hosp.	NAM
S	3	0187	03728	Hurd	Florence May	1907	Jun	20	034	F	182 Leary Ave.	KS

S	R	Page	Recor	LastName	FirstNames	Deat	Mn	Dt	Age	S	DeathPlace	Bir
S		0115	02300	Hurd	Harriet E.	1906	Nov	06	081	F	2814-15th S. (b. Nw Brnswck	CND
S	-	154	3027	Hurlbut	N. H.	1902	Jul	03	040	M	2336 5th Ave.	MA
S		0016	00301	Hurlebaus	Mary	1903	Apr	29	026	F	Providence Hospital	---
S			1335	Hurley	John	1890	Jun	03	039	M	Providence Hospital	---
S	3	0048	00947	Hurley	Thomas	1906	Feb	23	066	M	Youngstown, King Co., Wn.	IRL
S	3	0095	01887	Hurlinger	John	1906	Aug	14	029	M	New Brooklyn, Wash.	NM
S	2	121	1798	Hurlock	Benj.	1899	Jul	09	048	M	Providence Hosp.	---
S	1	0001	00806	Hurlock	Varney	1889	Mar	20	07m		Front St.back Pullman House	
S		0009	00323	Hurst	A.	1892	Jul	31	065	M	3rd & Ash	OH
S	1		2009	Hurt	infant of Mrs. Albert	1890	Nov	23	s/b	M	705 Madison St.	Sea
S	1	0001	01235	Husball	Otelie	1890	Mar	22	022	F	6th & Stewart	NRY
S	2	0071	1404	Huse	R. C.	1901	Apr	11	058	F	Interbay	VT
S	1	0001	00108	Huson	Chas.	1882	Aug	08	058	M	Hospital	
S		0014	00278	Huson	Infant	1903	Apr	14	---	F	14 N.E. 42nd Street	SEA
S	2	0046	00901	Husser	Harry	1900	Nov	08	015	M	Prov. Hosp.	WI
S	3	0149	02961	Hussey	Mrs. M.J.	1907	Feb	10	052	F	Brighton Beach, WA	IRL
S	2	0081	00297	Hussey	Richard	1897	Aug	02	045	M	906 23rd Ave.	---
S		0031	00012	Husten	Baby	1894	Jan	09	02d	F	1811 7th	Sea
S	2	0070	00427	Husthoff	B. M.	1896	Oct	21	009	F	403 6th St.	SEA
S		0054	1077	Hustings	Mary	1903	Oct	23	058	F	King County Hospital	CND
S	2	0039	00762	Huston	Grace L.	1900	Sep	21	023	F	613 5th Av N	MI
S	2	0086	00471	Hustorn	S. M.	1897	Nov	26	080	M	129 4th Ave. S.	DE
S	3	0195	03902	Hutchens	Infant	1905	Jul	17	05d	F	2009 Terry Ave	SEA
S	2	0037	00730	Hutchins	(Baby)	1900	Sep	01	01d	F	610 Boren Av	SEA
S		196	3370	Hutchins	Asie	1903	Feb	12	022	M	Seattle General Hospital	IA
S	2	0079	1576	Hutchinson	C. S.	1901	May	15	059	M	Columbia City	PA
S	2	0098	00913	Hutchinson	Emma	1898	Jun	06	030	F	Sea. Gen. Hosp.	---
S	3	0130	02589	Hutchinson	G	1904	Sep	10	026	M	Yuma, AZ	---
S	3	0060	01193	Hutchinson	Harold Bernard	1906	Apr	18	07d	M	106 - 12th Ave.N.	Sea
S		0013	00489	Hutchinson	Infant of C.W.	1892	Dec	02	07d		403-1/2 Pike	
S	2	0049	00979	Hutchinson	Jno W.	1900	Dec	05	069	M	904 2nd Ave	ENG
S	3	0159	03175	Hutchinson	Louisa M.	1907	Mar	12	052	F	Tacoma	unk
S	2	110	1388	Hutchinson	Mrs. H.	1899	Jan	08	070	F	1916 4th Ave.	ME
S	2	0083	00359	Hutchinson	S. G.	1897	Sep	09	040	F	Main & 10th Ave. S.	MD
S	2	121	1835	Hutchison	Herbert	1899	Jul	23	020	M	Ballard	---
S		110	2203	Hutehins	George L.	1904	Jul	10	063	M	Wayside Mission Hospital	---
S	1	0001	00193	Huthinson	Lily	1883	May	28	023	F	Seattle	GER
S	2	101	1033	Hutton	Anna	1898	Jul	30	071	F	512 East Lake Ave.	ENG
S		0063	1260	Hutton	Donald Lee	1903	Dec	10	03m	M	638 E.71st St. & 8th Av.NE	WA
S	2	0038	00754	Hyde	Alta	1900	Sep	16	017	F	2603 Wash St	WA
S	2	0079	00232	Hyde	Catherine	1897	Jun	21	078	F	Cedar & John Sts.	MA
S	3	0055	01092	Hyde	David C.	1906	Feb	28	035	M	Oakland, CA	OH
S	1	0001	01179	Hyde	David Niles	1890	Jan	17	075	M	Olympia Ave	
S		0020	00381	Hyde	Ellsworth	1903	May	02	011	M	Columbia	WA
S	2	0083	00379	Hyde	Enoch	1897	Sep	12	---	M	King County Hosp.	---
S	3	0107	02132	Hyde	James Porter	1906	Oct	07	076	M	209-54th St. N.	PA
S		0052	1064	Hyde	Z. Calvin	1903	Oct	08	04m	M	South Park	SEA
S	3	0110	02181	Hyland	Mary A.	1906	Oct	18	069	F	1417-10th Ave. W.	IRL
S	2	138	2729	Hyland	Mrs. Alice	1902	Apr	30	038	F	Wayside Mission	ENG
S	3	0161	03210	Hynes	Infant	1905	Jan	17	s/b	F	Seattle General Hosp	SEA
S		0077	1540	Hynes	Marie	1904	Feb	25	022	F	Providence Hospital	IRL
S	2	0058	01145	Hysnich	Wm	1901	Jan	21	028	M	Co. Hosp.	FRN
S	2	0052	00236	I---	Mary C.	1895	Jun	06	026	F	Pike & ?	SCT
S		0034	00131	Ichota	Likichi	1894	Mar	26	022	M	418 Jefferson	JPN
S	3	0063	1246	Ickes	S. Ritter	1906	Apr	25	050	M	Pacific Hosp.	PA

S	R	Page	Recor	LastName	FirstNames	Deat	Mn	Dt	Age	S	DeathPlace	Bir
S	2	107	1286	Icks	Hattie	1898	Nov	30	032	F	1909 Western Ave.	WA
S		132	2605	Ihrig	baby	1902	Mar	10	s/b	F	Latona, WA	WA
S	2	0087	1739	Ihrig	Christinia	1901	Jul	29	062	F	316 Dexter	GER
S	1	279	2419	Ihrig	Kate	1891	Jun	28	019	F	2225 Front St. b.Eugene, OR	
S	3	0184	03672	Ikagami	Infant	1905	May	24	03d	M	Seattle Gen. Hosp.	SEA
S	3	0150	03005	Ikari	T	1904	Dec	18	029	M	Edmonds, WA	JPN
S	-	146	2870	Ikawa	N.	1902	Jun	01	028	M	510 1st Ave. S.	JPN
S	2	0083	1647	Iliff	W. F.	1901	Jun	20		M	Skagway, Alaska	
S	3	0020	00395	Imerson	Dina	1905	Oct	29	002	F	Atlanta St & 13th Ave W	WA
S	2	0039	00330	Imhoff	Eva J.	1894	Aug	05	09m	F	917 Dearborn St	Sea
S	2	108	1298	Impett	Archie R.	1898	Nov	22	018	M	Ballard, WA b.Port Madison, WA	
S	3	0056	01111	Inaba	K.	1906	Mar	18	028	M	Black River Junction, WA	JPN
S	2	0035	00171	Indian	Kittie	1894	Apr	18	075	F	Ft. Virginia St	WA
S	1	0001	01186	Indian	Peter	1890		002	03	020	M West Seattle	WA
S		0040	00792	Indridson	I.	1903	Aug	23	065	M	King County Hospital	ICE
S	3	0191	03816	Ingalls	(Infant)	1907	Jun	03	s/b	M	818 E. 42nd	Sea
S	2	0004	00080	Ingalls	Cassie Mae	1900	Jan	15	022	F	Ballard	IL
S	3	0125	02483	Ingalls	Cecelia Jennie Marie	1906	Dec	17	008	F	Providence Hosp.	WI
S	2	119	2380	Ingalls	Frank W.	1902	Jan	25	047	M	Ballard	IL
S	2	114	2263	Ingalls	H. R.	1901	Dec	10	064	M	1st & Wall	NY
S	2	0048	00960	Ingalls	Mabel L.	1900	Nov	02	021	F	Ballard	IL
S	3	0185	03699	Ingalls	Mrs. ? Palmer	1907	Jun	12	035	F	818 E. 42nd	NY
S		0034	00675	Ingalls	Sallie	1903	Aug	04	058	F	519 Second Avenue N.	IN
S		0050	00989	Inge	Esther	1903	Oct	12	055	F	1138 - 16th Avenue N.	ENG
S	3	0050	00991	Ingelhorn	Otto W.	1906	Jan	23	025	M	Cape Beale, B.C.	NE
S	1	0001	01216	Ingersoll	Jesse B.	1890	Mar	01	006	M	Green St.	ND
S	2	0091	00672	Ingersoll	Miranda B.	1898	Mar	05	059	F	1024 17th Ave.	OH
S	3	0111	02207	Ingham	(Infant)	1906	Oct	26	21d	M	1433-33rd Ave. (b. Aberdeen	
S	3	0127	02531	Ingham	Jean Isabel (Mrs.)	1906	Dec	26	068	F	1433-27th Ave.	MI
S	1		2044	Ingham	O. S. (Prof.)	1890	Dec	14	065	M	2114 West St.	MI
S	3	0007	00126	Ingold	David H.	1905	Aug	17	052	M	Seattle Gen. Hosp.	NC
S		136	2692	Ingold	Inez	1902	Apr	14	011	F	2223 8th Ave.	WA
S	2	119	1723	Ingraham	Lee	1899	May	06	066	M	San Juan	---
S	1	0001	00317	Ingraham	Mrs.	1884	Mar	20	074	F		
S	1	0001	01217	Ingram	Leonard	1890	Mar	04	002	M	John St 4th Ward	
S			1412	Ingram	Oliver	1890	Jul	12	04w	M	220 Dexter	Sea
S	3	0147	02932	Iniss	Joseph	1904	Nov	01	040	M	Seattle	---
S	3	0180	03592	Inouye	G.	1905	Apr	15	022	M	King Co.Hosp.	JPN
S	3	0161	03216	Inouye	T.	1907	Apr	07	038	M	Prov. Hosp.	JPN
S	3	0132	02640	Inouye	Y. (Mrs.)	1907	Jan	17	026	F	518 Jackson	JPN
S	1	0001	00905	Insan	E--	1889	Jun	23	02m	F		
S	3	0031	00604	Ipes	Melissa	1905	Dec	16	053	F	Providence Hosp.	NB
S	2	106	1252	Ira	infant	1898	Nov	04	14d	M	813 Alder St.	---
S	2	145	2841	Irams	Olive	1902	May	16	007	F	Ballard, WA	CA
S	3	0109	02169	Ireton	Elizabeth A.	1906	Oct	15	040	F	Prov. Hosp.	ENG
S	1	0001	00671	Ireton	Wm.	1888	Nov	23	024	M	Prov. Hosp.	
S	2	0054	00320	Irsson	Joseph	1895	Aug	18	050	M	Elliott Bay	
S	2	101	2016	Irvin	Buddie	1901	Oct	21	03m	M	Greenlake	SEA
S	3	0179	03585	Irvin	Frank	1905	Apr	10	023	M	Redding, CA	OR
S	2	103	2043	Irvin	Ralph	1901	Oct	28	03m	M	Green Lake	SEA
S	3	0034	00662	Irvin	Richard	1905	Dec	25	030	M	Providence Hosp.	WA
S	2	188	3696	Irvine	baby	1903	Jan	11	02d	F	2135-1/2 6th Ave.	SEA
S	2	0046	00025	Irvine	Infant	1895	Jan	24	03m	F	2210 1/2 8th St	Sea
S		0115	02291	Irvine	Infant	1904	Jul	11	s/b	M	Seattle Gen. Hospital	Sea
S	3	0045	00886	Irvine	Loina (Mrs.)	1906	Feb	21	043	F	Dow's Landing	CND

S	R	Page	Recor	LastName	FirstNames	Deat	Mn	Dt	Age	S	DeathPlace	Bir
S		111	2210	Irvine	Marie (Mrs.)	1904	Jul	17	025	F	Seattle Gen. Hospital	WA
S	3	0134	02674	Irving	Joseph	1904	Oct	20	042	M	919 7th Ave N	SCT
S	2	0043	00452	Irving	Mary	1894	Oct	16	041	F	Co. Hosp.	
S	2	124	2468	Irving	Sarah	1902	Feb	20	082	F	1815 19th Ave.	ENG
S	2	116	2302	Irwin	Ralph	1901	Dec	28	03m	M	Green Lake	SEA
S		0028	00545	Irwin	Victor	1903	Jun	04	058	M	1521 - 15th Avenue	SEA
S	1	0001	00618	Isaac	J.M.	1888	Sep	17	060		P.S.S.R.R.Tresle	
S		0098	01960	Isaacs	Infant	1904	May	17	12d	M	416 28th Ave. So.	Sea
S	3	0086	01714	Isaacs	Jicot	1906	Jul	10	067	M	Georgetown	GER
S		0017	00082	Isaacs	John A.	1893	Mar	07	040	M	Prov. Hosp.	
S	3	0133	02648	Isakson	John	1904	Oct	08	075	M	1407 22nd Ave S	SWD
S		0005	00096	Isakson	Sadie A.	1903	Mar	10	002	F	Pleasant Beach	WA
S		0016	00065	Isberg	Ida	1893	Feb	27	003	F	Taylor St.	MN
S	2	138	2735	Ishida	Masajiro	1902	May	01	026	M	4th Ave.& Main	JPN
S		110	2205	Ishihard	K. (Mrs.)	1904	Jul	16	021	F	414 Wash. St.	JPN
S	2	0070	00411	Isohama	--	1896	Oct	07	025	M	At Sea	JPN
S	2	0040	00794	Isom	Lesta H. C.	1900	Jul	16	032	F	Yukon Ter	---
S	1		1445	Israel	Bertha	1890	Jul	19	047	F	Seattle	NRY
S	3	0186	03718	Israelson	Alena	1907	Jun	18	032	F	1272 John St.	IL
S		0034	00118	Isvoer	Emma J.	1894	Mar	16	035	F	S. 5th & Yesler Ave.	IN
S		0033	00101	Iterig	Josephine	1894	Mar	06	048	F	2020 2nd St.	GER
S	-	162	3186	Ito	baby	1902	Aug	13	s/b	M	4th Ave. near Washington St	SEA
S	3	0106	02106	Ito	H.	1906	Oct	02	036	M	Sea. Gen. Hosp.	JPN
S	2	182	3582	Ito	Mrs. Hide	1902	Dec	18	025	F	Providence Hosp.	JPN
S	3	0119	02372	Ito	R.	1906	Nov	29	019	M	Seattle Gen. Hosp.	JPN
S	3	0140	02796	Ito	Y.	1907	Feb	05	043	M	501-1st Ave. S.	JPN
S	2	103	1129	Ittner	Floyd E.	1898	Sep	11	010	M	1420 6th Ave.	IA
S		0101	02018	Iuami	Infant	1904	May	02	s/b	M	621 Main St.	Sea
S	3	0164	03271	Ivancich	George	1905	Feb	20	01m	M	Interbay	---
S		0041	00816	Iverson	(Baby)	1903	Aug	03	pre	M	1907 Fourth Avenue W.	SEA
S	2	0062	00080	Iverson	C.	1895	Dec	24	032	M	Port Gamble	
S		131	2586	Iverson	Dora	1902	Mar	26	08m	F	2222 John St.	Sea
S		0034	00137	Iverson	Johanned	1894	Mar	31	09m	M	Thomas & Light	Sea
S	1	0001	00995	Iverson	Julia M.	1889	Oct	07	017	F	John St.	IL
S		0017	00081	Iverson	Sam	1893	Mar	06	035	M	Prov. Hosp.	NRY
S	3	0143	02860	Ives	W B	1904	Oct	26	031	M	Valdez, AK	KS
S	3	0175	03497	Iwahara	K.	1907	May	17	002	M	Pacific Hosp.	WA
S	3	0088	01758	Iwana	Tsuneichi	1906	Aug	04	001	M	1103 Jackson St.	Sea
S		134	2650	Iwanaga	Kametard	1902	Apr	13	025	M	Seattle Gen. Hosp.	JPN
S		0012	00232	Iwelley	John	1903	Apr	11	073	M	Providence Hospital	ME
S	2	108	2151	Jack	Poker (invented??)	1901	Nov	04	071	M	King Co. Hosp.	HLD
S	3	0063	01260	Jack Tom	Indian	1906	Apr	07	017	M	West Seattle, Wn.	unk
S	1	289	2440	Jackling	Grace	1891	Jul	05	076	F	1414 3rd St. b.New Brunswck	CND
S	2	0002	00048	Jackman	William	1892	Jan	30	011	M	Maidenbower Bay	---
S	2	158	3106	Jackman	Wm.	1902	Aug	13	024	M	Wayside Mission	---
S		0037	00734	Jackowski	Thedius	1903	Aug	20	08m	M	2209 Eighth Avenue	SEA
S		0022	00427	Jacksne	Herald	1903	Jun	01	02m	M	309 Seneca	WA
S	2	0065	00206	Jackson	(Infant)	1896	May	24	01d	F	1214 Jones	Sea
S		132	2610	Jackson	Andrew	1902	Mar	16	052	M	39th & Yesler Sts.	AL
S	3	0110	02197	Jackson	Andrew	1906	Oct	22	065	M	6535 Woodlawn	PA
S	2	0023	00455	Jackson	Anna E.	1900	May	06	073	F	Ballard	MA
S	2	109	2170	Jackson	Baby	1901	Nov	11	01d	M	118 W. John St.	SEA
S	2	0058	00536	Jackson	Daniel B.	1895	Nov	29	062	M	1529 8th St	
S		133	2633	Jackson	infant	1902	Apr	04	---	M	2620 Day St.	Sea
S	3	0131	02616	Jackson	Infant	1904	Sep	25	---	F	836 E 69th St	Sea

S	R	Page	Recor	LastName	FirstNames	Deat	Mn	Dt	Age	S	DeathPlace	Bir
S		0080	01596	Jackson	Infant	1904	Feb	07	s/b	M	3639 Lynden Ave.	Sea
S	1	0001	00039	Jackson	J.A.	1882	Jan	23	042	M	Seattle	US
S		0004	00065	Jackson	J.A.	1903	Mar	11	040	M	Wayside Mission	---
S		0013	00494	Jackson	James P.	1892	Dec	04	067	M	Prov. Hosp.	
S	2	101	2013	Jackson	John	1901	Oct	18	045	M	Fairview Ave. & John	KY
S	3	0139	02778	Jackson	John	1907	Feb	01	c40	M	1509-1/2-1st Ave.	unk
S	-	149	2921	Jackson	John A.	1902	Jun	16	035	M	2nd & Washington	WV
S	2	176	3477	Jackson	Laura Ann	1902	Nov	16	027	F	710 28th Ave. S.	TN
S	2	0080	00260	Jackson	M. J.	1897	Jul	17	054	F	Fremont, WA	OH
S	3	0083	01651	Jackson	Mae Bell	1906	Jul	19	030	F	Prov. Hosp.	ME
S			1424	Jackson	Margaret	1890	Jul	17	04m	F	Irving Ave.	Sea
S	2	0092	00694	Jackson	Martha J.	1898	Mar	25	054	F	26th Ave.	MA
S	1	216	2317	Jackson	Mary Gertrude	1891	Apr	26	05m	F	Green St, 2nd hse frm Flor.	Sea
S	3	0142	02832	Jackson	Mrs. Minerva E.	1907	Feb	07	053	F	701-16th Ave.	IL
S	2	105	1215	Jackson	Thos.	1898	Oct	22	042	M	Providence Hosp.	---
S	2	0090	00649	Jackson	Thos. D.	1898	Jan	27	049	M	Alaska	---
S			1269	Jackson	W. Leslie	1890	Apr	27	001	M	1016 Thomas	Sea
S	2	0038	00751	Jackson	Wm. Thos	1900	Sep	14	16d	M	24th Ave & E Harrison	SEA
S	3	0093	01857	Jacobs	Abraham L.	1906	Aug	25	044	M	1412 N.50th	OR
S	1	0001	00851	Jacobs	Ada E.	1889	Apr	06	033		8th St.	
S	3	0185	03696	Jacobs	Caroline	1907	Jun	12	034	F	Prov. Hosp.	NRY
S	2	114	1536	Jacobs	David W.	1899	Mar	22	037	M	Providence Hosp.	---
S	1	0001	00962	Jacobs	Elizabeth T.	1889	Jul	22	050		413 8th St.	
S	2	103	1133	Jacobs	Geo. S.	1898	Sep	13	045	M	Seattle Gen. Hosp.	---
S	2	0034	00665	Jacobs	John	1900	Aug	19	023	M	Prov. Hosp.	---
S	2	109	1355	Jacobs	Julia	1898	Dec	09	023	F	Seattle Gen. Hosp.	---
S		0022	00283	Jacobs	Louis	1893	Jul	21	042	M	8th & University	GER
S	3	0181	03616	Jacobs	Mary Ann	1905	May	01	079	F	511 28th Ave N	NEN
S	2	0094	1863	Jacobs	O. B.	1901	Sep	01	082	M	321 27th N.	NY
S	3	0091	1817	Jacobs	Richard	1904	Apr	22	079	M	510 16th Ave.	PA
S		0022	00280	Jacobs	Theodore	1893	Jul	18	060	M	Prov. Hosp.	
S	3	0179	03572	Jacobsen	Barbara May	1905	Apr	23	032	F	1802 16th Ave	SEA
S	2	122	1841	Jacobsen	Bertha	1899	Jul	27	042	F	Ballard	NRY
S	2	117	1658	Jacobsen	Chas.	1899	Apr	08	033	M	County Hosp.	---
S		0080	01603	Jacobsen	Jacob	1904	Mar	01	040	M	found foot of Clay St.	---
S	-	192	3777	Jacobsen	Moris A.	1903	Jan	13	017	M	Ballard, WA	MN
S	1		2216	Jacobson	Alexander	1891	Mar	07	025	M	Providence Hosp.	SWD
S	2	0043	00846	Jacobson	Christina	1900	Oct	24	066	F	2nd & James	NRY
S	3	0018	00359	Jacobson	H. L.	1905	Oct	12	051	M	116 Washington St	NRY
S	2	127	2061	Jacobson	H. S. (Mrs.)	1899	Nov	11	064	F	218 Columbia St.	DNK
S	3	0132	02627	Jacobson	Hazel L	1904	Oct	06	01m	F	906 14th Ave	SEA
S	2	0095	1891	Jacobson	Helen	1901	Sep	11	11m	F	Cape Nome Lodging House	SEA
S	3	0102	02023	Jacobson	John	1906	Sep	24	036	M	Wayside Emergency Hospital	--
S	3	0175	03493	Jacobson	John M.	1907	May	16	017	M	3840 Lindon Ave.	WA
S	2	0040	00790	Jacobson	Lena	1900	Sep	27	039	F	Ballard	NRY
S	1	0001	01034	Jacobson	Nils Ber	1889	Oct	26	023	M	Ballard St	NRY
S	2	0079	00216	Jacobson	Wm.	1897	Jun	13	020	M	1119 1st Ave.	---
S	3	0046	00902	Jacoby	James J.	1906	Feb	26	050	M	1156 Broadway	GER
S	3	0142	02828	Jacway	Henritta	1907	Feb	13	020	F	4614 Bagley Ave.	IN
S	2	376	2613	Jaeger	Marie M.	1891	Sep	30	024	F	-	GER
S		0097	1931	Jaekman	Wm.	1904	May	16	048	M	63rd St., Green Lake	---
S	3	0039	00763	Jager	Joseph, Jr.	1906	Jan	19	002	M	1312 18th Pl	ND
S	3	0102	02035	Jaggy	Loisanna	1904	Jun	01	013	F	Providence Hosp. b.Vancouvr	WA
S	2	0086	1719	Jaher	Nageet	1901	Jul	20	004	M	1626 - 7 Av	SYR
S		101	2013	Jahr	Karl	1904	May	05		M	Wrangel AK	---

S	R	Page	Recor	LastName	FirstNames	Deat	Mn	Dt	Age	S	DeathPlace	Bir
S	2	0093	1852	Jakoboritz	Martin	1901	Aug	31	067	M	K.C. Hosp.	GER
S	3	0160	03198	Jakvimaki	Ella Alexander	1907	Mar	30	10m	F	Silver Creek	WA
S	1	0001	01168	James	Agnes J.	1890	Feb		002	F	8th St.	
S	3	0059	01174	James	Anna A.	1906	Apr	11	062	F	1214 Walker St.	unk
S	2	0060	00008	James	Baby	1896	Jan	05	1h-	M	Seattle	Sea
S		0017	00080	James	Clara May	1893	Mar	06	001	F	Blanchard & Bell	
S	2	0061	00059	James	Ethel P.	1896	Feb	09	017	F	2808 2nd Ave	MA
S	2	0044	00876	James	Geo (Mrs.)	1900	Oct	29	053	F	Died on Pass. Train Butte	---
S	2	0064	00177	James	Geo. G.	1896	Apr	05	047	M	Marysville	MA
S	3	0054	01065	James	Gerta M.	1906	Mar	29	036	F	812 - 2nd Ave.No.	OH
S	2	122	1861	James	H. A.	1899	Aug	08	060	M	1714 Madison St.	NH
S		0020	00226	James	Infant	1893	Jun	05	02h	F	721 Warren	
S	-	146	2872	James	infant	1902	Jun	04	04d	F	Green Lake b.Green Lake, WA	
S	2	0030	00583	James	Isaac	1900	Jul	22	033	M	419 Minor	ME
S	3	0051	01018	James	Millie	1906	Mar	07	041	F	815 - 16th Ave. So.	IA
S	1	295	2451	James	Minnie	1891	Jul	09	18m	F	cor Yakima & Dearborn	Sea
S		0030	00586	James	Pat	1893	Dec	30	028	M	Tacoma	IRL
S	1	0001	00397	James	Thos. Edward	1884	Sep	23	050	M	Seattle	USA
S	3	0068	01360	James	Wm. B.	1906	May	17	040	M	Prov. Hosp.	un
S	3	0097	01921	James	Zella	1906	Sep	02	02m	F	4410 30th Ave. b.Anacortes	WA
S	2	114	1565	Jameson	Edwd	1899	Mar	12	030	M	Pt. Gamble	DNK
S	3	0069	01361	Jameson	Guy C.	1906	May	17	019	M	Prov. Hosp. b. Dakota	
S	2	110	1401	Jameson	Robt	1899	Jan	14	035	M	Rainier Grand Hotel	SCT
S		0017	00098	Jamieson	John L.	1893	Mar	20	038	M	McClair St.	
S	2	179	3530	Jamieson	Mary	1902	Oct	16	039	F	Dawson	NY
S	2	0019	00366	Jamieson	Mary H.	1900	Apr	03	015	F	Ballard	SD
S	2	0045	00886	Jamison	Eliza	1900	Nov	01	080	F	1015 Marion St	IRL
S		0041	00810	Jamison	I. James	1903	Aug	13	035	M	Port Orchard	---
S	3	0156	03108	Jamison	John Randolph	1905	Jan	20	001	M	605 Spring St	SEA
S	1	0001	01240	Janes	J.G.	1890	Mar	21	022	M	Commercial St.	
S	1	0001	00718	Janes	S.L.	1888	Dec	30	022		Corner Front & Lenora St.	
S			1287	Janes	Willie	1890	May	24	02w	M	Corner of Thomas & Lombard	Sea
S			1304	Jang	Chin Len	1890	May	05	030	M	Grant St. Bridge	---
S	2	0017	00330	Janocca	Carlo	1900	Apr	20	038	M	Prov. Hosp.	ITL
S	2	0039	00341	Jansen	Baby	1894	Aug	12	25d		333 Rollins St	Sea
S	2	0082	00314	Jansen	Carrie	1897	Aug	19	022	F	Ross	DNK
S	2	100	1002	Jansen	Robert Helm	1898	Jul	22	04m	M	119 Pine Sts.	Sea
S	3	0196	03914	Jansko	Annie	1905	Jul	19	04m	F	Salmon Bay	SEA
S		134	2658	Janson	Carry	1902	Apr	16	026	F	1314 Howell St.	MN
S		0034	00669	Janson	Lars (Capt)	1903	Aug	02	071	M	2156 Ninth Avenue W.	SWD
S	3	0134	02663	Janson	Mrs. Mary J.	1907	Jan	21	071	F	2156-9th Av. W.	NS
S	3	0155	03089	Jansson	Charles B.	1907	Mar	20	035	M	2375 Eastlake Ave.	RUS
S	1	204	2282	Janzen	Mrs. Judith	1891	Apr	08	041	F	Grace Hosp. b.Sparo,	RUS
S	2	111	1429	Jaques	Bartholomew	1899	Jan	27	049	M	410-1/2 Lenora St.	IRL
S	3	0176	03512	Jaqueth	Glenn Scott	1907	May	19	019	M	Lake Washington	OH
S	1	0001	01037	Jarenson	John	1889	Oct	28	021	M		
S		0116	02307	Jarvis	Clea	1904	Aug	06	05m	F	1905 7th Ave.	Sea
S	3	0199	03984	Jarvis	Matt J., Jr.	1905	Jul	10	027	M	Ravensdale, WA	WI
S	3	0055	01100	Jarvis	Peter	1906	Mar	06	079	M	Georgetown	CND
S	-	152	2979	Jase	Alfred	1902	Jul	06	054	M	214 Taylor	ENG
S	2	0012	00233	Jase	Bessie	1900	Mar	21	017	F	S. G. Hosp.	NV
S	2	0072	00491	Jasper	J. M.	1896	Nov	29	055	M	New England Hotel	---
S	3	0137	02736	Jeeks	William	1904	Oct	21	050	M	Str. Whatcom at sea	---
S	3	0084	01678	Jefferson	Ernest	1906	Jul	23	003	M	1800 25th Ave. So.	IL
S	2	0085	00439	Jefferson	T. H.	1897	Nov	01	070	M	Corner 7th & Union Sts.	---

S	R	Page	Recor	LastName	FirstNames	Deat	Mn	Dt	Age	S	DeathPlace	Bir
S	2	0089	00600	Jefferson	Wm. D.	1898	Feb	04	029	M	Monterey House	---
S	3	0195	03892	Jeffrey	W.	1905	Jul	05	040	M	Providence Hosp.	OR
S	3	0001	00018	Jeffries	Joseph A.	1905	Jul	22	032	M	USN Hosp., Sitka, AK	UN
S		0021	00413	Jehuter	Pearl	1903	May	12	014	F	Ninth and Yesler	WI
S	2	183	3608	Jelia	Aurelia M.	1902	Dec	26	040	F	804 7th Ave. s.	ITL
S	2	111	1437	Jelineck	Mrs. Jennie	1899	Jan	14	-		F Renton, WA	---
S	3	0111	02203	Jellims	Frank	1906	Oct	24	069	M	Rainier Blvd., State St.	ITL
S	2	336	2533	Jendralskey	John H.	1891	Aug	21	040	M	8th & Cedar Sts.	GER
S		0008	00153	Jenft	Louisa	1903	Apr	04	02m	F	Fifth and Pine	SEA
S	3	0142	02842	Jenkins	Mrs Belle	1904	Oct	11	039	F	Seattle General Hosp	GER
S	2	123	2447	Jenkins	Thos. B.	1902	Feb	15	069	M	2320 E. John	ME
S	2	0058	00529	Jenner	Archibald C.	1895	Nov	25	019	M	Lacleile House Front St.	
S		0031	00009	Jenner	Baby	1894	Jan	06	17d	M	Yesler & S. 11th	
S	2	426	2713	Jenner	Cornelia E.	1891	Dec	04	046	F	120 S. 11th St.	NY
S	1		1474	Jennings	Anna Olive	1890	Aug	09	05m	F	Fourth St.	Sea
S	2	0073	00533	Jennings	J. W.	1896	Dec	01	051	M	Trail, B.C.	---
S	2	100	1007	Jennings	Katie	1898	Jul	25	025	F	Seattle Gen. Hosp.	CA
S	2	120	1796	Jennings	Lottie L.	1899	Jul	07	015	F	403 Eastlake	FL
S	2	0050	00163	Jennings	Margaret	1895	Apr	24	055	F	Lake & Kenney	ENG
S	3	0074	01465	Jennings	Metta M.	1906	Jun	07	038	F	Metropolitan Hosp.	TN
S	3	0170	03401	Jennings	W S	1905	Mar	21	054	M	Providence Hosp	---
S	1		2045	Jennings	W. A.	1890	Dec	15	-		N 6th & Pine Sts.	---
S	3	0181	03615	Jenott	Frank L.	1905	Apr	28	080	M	211 John St	CND
S	2	0098	1954	Jensen	Agnes	1901	Sep	16	025	F	Ballard	DNK
S	1	0001	00347	Jensen	Anna	1884	Jun	05	037	F	Seattle	WLS
S	2	0065	1288	Jensen	Annie Marie	1903	Dec	20	049	F	Seattle Gen. Hosp.	PA
S	2	104	2069	Jensen	Bror?	1901	Oct	21	30a	M	Skyhomish	SWD
S	2	0049	00962	Jensen	Cora S.	1900	Nov	22	03m	F	W. Seattle	DNK
S		0044	00879	Jensen	Crest F.M.	1903	Sep	17	043	M	1514 Post ? St	DNK
S	3	0159	03178	Jensen	Edward S.	1907	Mar	15	048	M	Spruce St., W. Seattle	DNK
S	2	0042	00440	Jensen	Geo	1894	Oct	01	045	M	Crown Add.	NRY
S	2	0040	00385	Jensen	Gertrude	1894	Aug	13	036	F	Keith Station	
S	2	103	1105	Jensen	infant	1898	Aug	22	06d	M	Ballard, WA b.Ballard, WA	
S	2	117	2339	Jensen	Infant	1902	Jan	17	s/b	M	26th & Wash.	SEA
S	3	0084	01662	Jensen	Irene Mathilda	1906	Jul	20	032	F	2021 Lane	NRY
S	3	0071	01403	Jensen	Josephine	1906	May	31	023	F	509 Maynard Ave.	Sea
S	2	0096	00851	Jensen	Lena	1898	May	19	014	F	9th & Jefferson	---
S		0019	00163	Jensen	Mary	1893	Apr	29	051	F	Madison St.	
S	3	0154	03075	Jensen	Mrs Lilly	1905	Jan	07	039	F	109 2nd Ave S	DNK
S		0031	00608	Jensen	Nels	1903	Jul	25	067	M	Bellevue, WA	SWD
S	2	0037	00732	Jensen	Oleo E.	1900	Sep	03	023	M	Water Front	NRY
S	2	103	1112	Jensen	Rasmus	1898	Sep	01	056	M	1011 Plummer St.	Sea
S	2	0048	00089	Jenson	Hanne	1895	Mar	05	05w	M	145 Irving Ave	Sea
S	1		2164	Jepson	Ellen	1891	Feb	25	040	F	cor. 7th & Weller Sts.	OR
S	3	0149	02965	Jersluman	Nicholas	1907	Feb	11	074	M	Vashon	NJ
S	3	0059	01165	Jessen	Annie	1906	Apr	07	018	F	2305 Yesler Way	WI
S	3	0014	00272	Jessen	Bernard	1905	Sep	29	10m	M	225 Kilbourne Ave	SEA
S	1	0001	01201	Jessian	Karl August	1890	Mar	20	029	M	Prov. Hosp.	DNK
S	2	118	2341	Jester	Miss C. E.	1902	Jan	18	040	F	Prov. Hosp.	IL
S	2	103	1120	Jevadrie	J.	1898	Sep	06	040	M	Providence Hosp. b.Paris,	FRN
S		0064	1285	Jewell	Lula	1903	Dec	19	019	F	Providence Hospital	MN
S	2	0052	00248	Jewell	Wm.	1895	Jun	24	052	M	Prov. Hosp.	CND
S	3	0165	03296	Jewett	H W	1905	Feb	06	042	M	935 17th Ave	CT
S	1	0001	00857	Jewett	L.L.	1889	Apr	13	055	M	Prov. Hosp.	
S		114	2270	Jhman	Louise	1904	Jul	18	068	F	King Co. Hospital	GER

S	R	Page	Recor	LastName	FirstNames	Deat	Mn	Dt	Age	S	DeathPlace	Bir
S	3	0071	01417	Jibbs	John W.	1906	May	19	086	M	1000 Spruce b.St. Albans	VT
S	2	405	2671	Jierey	Louis C.	1891	Nov	06	-	M	Providence Hosp.	---
S	3	0109	02167	Jochumsen	Anton	1906	Oct	15	027	M	Prov. Hosp.	NY
S	2	0023	00448	Joddrell	Pearl	1900	May	31	008	F	408 25th Av S.	SEA
S		0006	00231	Joeket		1892	Jun	09		F		
S	3	0141	02822	Joerndt	Marie R	1904	Nov	25	060	F	115 Roy St	GER
S	3	0178	03560	Joham	John Wesley	1905	Mar	03	017	M	510 James St	WA
S	1	0001	01203	Johan	William Mrs.	1890	Mar	10	040	F	1000 5th St.	IRE
S	2	0122	02445	Johannson	Ellen Matilda	1904	Aug	25	038	F	Ballard	NRY
S	2	106	1244	Johansen	John	1898	Oct	18	035	M	on steamer at sea	SWD
S		0046	00914	Johanson	Erick	1903	Sep	27	020	M	Wayside Mission Hospital	NRY
S	3	103	2065	Johanson	Ingvald	1904	Jun	15	006	M	Elliott Bay	NRY
S	2	0090	1791	Johanson	Lars	1904	Apr	10	021	M	Seattle Gen. Hospital	SWD
S		0025	00420	John		1893	Sep	24			Slaughter	
S	2	143	2802	John	Earl Robert	1902	May	24	01m	M	1402 23rd Ave. S.	SEA
S	2	0075	00053	John	infant	1897	Feb	07	01m	M	873 Alden St.	SEA
S	2	0074	00034	Johnek	Walter	1897	Jan	31	14m	M	2808 Madison St.	OR
S	2	331	2523	Johnny	Leiz Ass	1891	Aug	15	040	M	Suamish River	---
S	1	276	2413	Johns	Bessie	1891	Jun	23	025	F	101 Grant St. b.Jackson Co	MI
S	3	0068	01355	Johns	Infant	1906	May	14	01d	F	1107 - 26th Ave.	Sea
S	3	0012	00239	Johns	Katherine	1905	Sep	15	079	F	715 1st Ave W	GER
S	1		2040	Johnso	C. G.	1890	Dec	11	10d	M	Water St.	Sea
S		0034	00129	Johnson		1894	Mar	26	043	F	? & Victory	IRL
S	2	0065	00198	Johnson	(Infant)	1896	May	20		F	1828 8th St	
S	2	0042	00467	Johnson	A.	1894	Oct	25	025	M	Prov. Hosp	SWD
S	2	0011	00215	Johnson	A. D. (Mrs)	1900	Mar	17	048	F	516 Main St	OH
S	2	128	2091	Johnson	A.G.	1899	Nov	26	039	M	Port Blakely	NRY
S	2	0088	1750	Johnson	Al	1901	Jul	24	040	M	Ballard	NRY
S	3	0136	02721	Johnson	Albert	1904	Oct	04	042	M	King County Hosp	SWD
S	2	330	2522	Johnson	Albert Gustaf Adolph	1891	Aug	14	07w	M	1422 6th St.	Sea
S	3	0008	00157	Johnson	Albertina (Mrs.)	1905	Aug	13	058	F	West Seattle	SWD
S	3	0057	01132	Johnson	Alford	1903	Nov	15	036	M	Providence Hospital	un
S	2	0053	00296	Johnson	Alfred G.	1895	Aug	01	03m	M	1622 8th St	Sea
S	2	0018	00353	Johnson	Alice	1900	Apr	30	022	F	1st & Pike	---
S	3	0072	01440	Johnson	Alver L.	1904	Jan	21	009	M	No. 72nd St.	Sea
S	2	0093	00736	Johnson	Andrew	1898	Apr	05	054	M	323 Nob Hill Ave.	SWD
S	3	0033	00655	Johnson	Andrew	1905	Dec	05	066	M	Pacific Hosp.	NRY
S	2	0068	00341	Johnson	Anna	1896	Aug	26	076	F	Johnsons Wharf	ICE
S		194	3831	Johnson	Anna Gertrude	1903	Feb	14	020	F	722 Seventh Avenue N.	NRY
S	3	0134	02678	Johnson	Anna Lydia	1907	Jan	24	034	F	7403 Woodlawn	SWD
S	2	0090	01799	Johnson	Anne H. E.	1904	Apr	15	001	F	211-1/2 8th Ave. No.	Sea
S		0032	00634	Johnson	Annie Ruth	1903	Jul	07	004	F	Corner of Main & Chestnut	AK
S	3	0181	03615	Johnson	Anton	1907	May	23	031	M	North Bend	SWD
S	1	0001	00267	Johnson	Antone	1883	Aug	16	09m	M	Seattle	SWD
S	3	0125	02491	Johnson	Archie	1904	Sep	07	004	M	1226 Front St	OR
S	3	0075	01491	Johnson	Armia L.	1904	Feb	05	003	F	946 Ewing St. b.Fremont	
S		0013	00247	Johnson	Arthur T.	1903	Apr	01	004	M	Ballard	WI
S			1320	Johnson	August	1890	Apr	30	035	M	Elliot Bay	---
S		0116	02304	Johnson	August	1906	Nov	07	028	M	Sea. Gen. Hosp.	FIN
S	1	0001	00938	Johnson	Avis l.	1889	Jul	12	03m	F	517 Rainier St.	
S	3	0106	02117	Johnson	Axel	1906	Oct	05	036	M	Sea. Gen. Hosp.	SWD
S	2	0051	00219	Johnson	Baby	1895	May	25	05d	M	115 Dexter	Sea
S	2	0080	1585	Johnson	Baby	1901	May	26	02d	M	S. Seattle	WA
S	3	0163	03255	Johnson	Barney R	1905	Feb	13	046	M	Cor. 2nd Ave S & Wash. St	ICE
S	-	149	2936	Johnson	Bertha P.	1902	Jun	25	080	F	Ballard, WA	SWD

S	R	Page	Recor	LastName	FirstNames	Deat	Mn	Dt	Age	S	DeathPlace	Bir
S	2	0045	00895	Johnson	Bessie L.	1900	Nov	05	015	F	706 22 Ave	OR
S	2	0025	00488	Johnson	Blossom	1900	Jun	08	---	F	Green Lake	SEA
S	2	121	1829	Johnson	Carl	1899	Jul	15	060	M	Ballard, WA	---
S		0037	00743	Johnson	Carl	1903	Aug	26	11m	M	1824 - 45th Avenue	SEA
S		0040	00796	Johnson	Carl	1903	Aug	26	004	M	Ballard	ND
S	3	0002	00035	Johnson	Carl Standich	1905	Aug	02	07m	M	209 8th St	SEA
S	2	0001	00038	Johnson	Carl Thos.	1892	Jan	24	005	M	Ballard, WA b.Stanwood,	WA
S	2	0036	00216	Johnson	Charles	1894	May	15	023	M	Prov Hosp	
S	3	0160	03194	Johnson	Charles M	1905	Jan	26	044	M	West Seattle	SWD
S	3	0241	02805	Johnson	Charles Otto	1907	Feb	06	041	M	315 Columbia	SWD
S	1	0001	00486	Johnson	Chas.	1885	Aug	29	052	M	Hospital	USA
S	2	118	1702	Johnson	Chas.	1899	May	16	004	M	1618 Dexter Ave.	Sea
S	2	0008	00145	Johnson	Chas.	1900	Feb	26	029	M	Prov. Hosp.	SWD
S	2	178	3502	Johnson	Chas.	1902	Nov	17	046	M	Seattle Gen. Hosp.	---
S	3	0165	03300	Johnson	Chas.	1907	Apr	15	021	M	Seattle Gen. Hosp.	SWD
S	2	0050	00164	Johnson	Chas. A.	1895	Apr	24	036	M	1234 Harrison	SWD
S	3	0163	03242	Johnson	Chas. E.	1907	Apr	05	041	M	4033-4th Ave. N.E.	OH
S		0003	00094	Johnson	Chester	1892	Mar	07	09m	M	cor. Bush & Irving Ave.	Sea
S	1	0001	00964	Johnson	Child	1889	Jul	24	003		Prov. Hosp.	
S	2	106	1221	Johnson	Christina	1898	Oct	25	021	F	Providence Hosp.	---
S	3	0172	03442	Johnson	Clara	1905	Mar	25	018	F	Wayside Emergency Hosp	NE
S	2	0096	00853	Johnson	Clara C.	1898	May	20	017	F	Providence Hosp.	---
S	3	0145	02888	Johnson	Clayton W.	1907	Feb	20	11m	M	4435 Sunset Pl.	WA
S	2	0072	00496	Johnson	Clement	1896	Nov	17	052	M	South Park	DNK
S	2	116	1614	Johnson	Con A.	1899	Apr	15	052	M	Summit & Union Sts.	PA
S	2	116	1643	Johnson	Cora F.	1899	Apr	27	014	F	708 12th Ave.	MN
S	3	0004	00065	Johnson	Cyrus	1905	Aug	09	001	M	Wash. Children's Home	SEA
S	2	0034	00662	Johnson	Daisy	1900	Aug	18	03m	F	822 8th Ave S.	SEA
S	2	0090	00643	Johnson	Dan'l	1898	Feb	27	051	M	7th & Olive Sts.	SWD
S	2	0017	00340	Johnson	David M.	1900	Apr	24	052	M	531 30th Av S	IN
S	2	0083	00352	Johnson	E. B.	1897	Sep	05	001	M	823 21st Ave.	---
S	2	0082	1634	Johnson	E. Walter	1901	Jun	26	006	M	Latona	OR
S	2	0041	00393	Johnson	Ed	1894	Aug	24		M	Franklin	
S	2	0013	00245	Johnson	Ed G.	1900	Mar	31	031	M	Wash St.	NRY
S	3	0073	01441	Johnson	Eddie W.	1906	May	23	036	M	Green River Hot Springs	un
S	2	183	3614	Johnson	Edward	1902	Dec	29	02m	M	132 18th Ave. N.	SEA
S	3	0090	01787	Johnson	Edward	1906	Aug	12	040	M	Pacific Hosp.	--
S	1	0001	00992	Johnson	Elizabeth	1889	Sep	20	038	F		
S	2	120	1762	Johnson	Elizabeth	1899	Jun	22	040	F	729 28th Ave.	SWD
S	1		1965	Johnson	Ella	1890	Oct	29	019	F	1217 King St.	---
S		0015	00034	Johnson	Ellen	1893	Jan	24	038	F	So. Park	ID
S	2	0059	01170	Johnson	Ellen	1901	Feb	06	010	F	Mercer & Beach Dr.	ICE
S	1	0001	00437	Johnson	Eric	1885	Mar	19	044	M	Seattle	SWD
S		0024	00374	Johnson	Erich A.	1893	Sep	07	04m	M	1012 Pine St.	Sea
S	3	0073	01450	Johnson	Erick	1906	May	19	--	M	400 Federal Ave.	Sea
S		0041	00808	Johnson	Esther	1903	Aug	10	025	F	LaConner	KS
S	2	0069	00385	Johnson	Ethel S.	1896	Sep	23	04m	F	1913 9th Ave.	SEA
S	3	0165	03291	Johnson	Eva	1907	Apr	13	001	F	4523-1st Ave. N.W.	WA
S	2	106	1222	Johnson	Everett	1898	Oct-	25	02m	M	813 Alder St.	---
S	3	105	2095	Johnson	Frances E.	1904	Jun	26	052	F	1117 E. Denny Way	US
S	2	0049	00130	Johnson	Frank	1895	Mar	19	036	M	Co. Hosp	
S		136	2686	Johnson	Frank B.	1902	Apr	24	053	M	3rd Ave. & Cherry	MA
S	3	0005	00097	Johnson	Fred	1905	Aug	22	023	M	Pacific Hosp.	SWD
S	3	0075	01520	Johnson	Fred	1906	Jun	23	076	M	York Ste.	SWD
S	1		2029	Johnson	Frericka	1890	Dec	04	039	F	Cor. Blanchard & Water Sts.	SWD

S	R	Page	Recor	LastName	FirstNames	Deat	Mn	Dt	Age	S	DeathPlace	Bir
S	2	0034	00666	Johnson	G. E.	1900	Aug	19	043	M	Prov. Hosp.	CND
S	3	0096	01902	Johnson	G. Elliott	1906	Aug	23	053	M	Renton, Wash.	NY
S	2	0007	0137a	Johnson	G. V. (Mrs.)	1900	Feb	24	048	F	King & Sherman	ENG
S	2	0057	00527	Johnson	Geo. L.	1895	Nov	22	037	M	1106 Watterson	
S	2	118	2350	Johnson	Geo. M.	1902	Jan	21	063	M	Green Lake	ME
S	3	0156	03111	Johnson	George	1907	Mar	24	17d	M	4432 Crawford Pl.	WA
S	3	102	2033	Johnson	Gottfred	1904	Jun	07	028	M	Providence Hospital	SWD
S	2	179	3520	Johnson	Gurina	1902	Nov	19	034	F	Georgetown, WA	NRY
S	2	0085	1693	Johnson	Gus	1904	Mar	15	040	M	Providence Hospital	---
S	1	0001	00382	Johnson	H. (infant)	1884	Oct	05			Seattle	SEA
S	3	0152	03031	Johnson	H. Smith	1907	Mar	06	c25	M	655 Yesler Way	unk
S	1		2148	Johnson	H. T.	1891	Feb	17	030	M	nr Richmond Beach	NRY
S	3	0074	01478	Johnson	Hannah	1906	Jun	11	033	F	Providence Hospital	IA
S	2	105	1184	Johnson	Hans	1898	Sep	26	042	M	Index, WA	---
S	2	0058	01152	Johnson	Hans	1901	Jan	02	060	M	W. Seattle	NRY
S	1	0001	00289	Johnson	Harriet	1883	Sep	29	031	F	Seattle	USA
S		0059	1184	Johnson	Harry F.	1903	Nov	10	043	M	Providence Hospital	NY
S	1	285	2432	Johnson	Henry	1891	Jul	02	16m		Day Nursery	---
S	2	106	1256	Johnson	Herman	1898	Nov	06	035	M	Providence Hosp.	---
S	3	106	2116	Johnson	Herman	1904	Jun	26	037	M	Seattle Gen. Hospital	SWD
S	2	0096	00836	Johnson	Hilda	1898	May	12	003	F	New LV Cemetery	SEA
S	3	0056	1120	Johnson	Hilma	1903	Nov	10	032	F	201 Dexter Ave.	SWD
S	2	322	2506	Johnson	Hilya	1891	Aug	06	05m	M	foot of Harrison St.	Sea
S	2	0039	00315	Johnson	Hugh	1894	Jul	23	038	M	Wickersham	SWD
S	1	262	2385	Johnson	infant	1891	Jun	06	s/b	F	16 Brook St.	Sea
S	2	105	2099	Johnson	Infant	1901	Nov	14	05d	F	813 Alder	SEA
S	-	174	3432	Johnson	infant	1902	Oct	23	s/b	M	132 18th N.	SEA
S		0111	2219	Johnson	Infant	1904	Jul	22	01d	M	140 32nd Ave.	WA
S	3	0167	03344	Johnson	Infant	1905	Feb	15	s/b	M	1529 Third Ave W	SEA
S	3	0092	01826	Johnson	Infant	1906	Aug	21	04m	M	3648 Dayton	WA
S	3	0080	01595	Johnson	Infant	1906	Jun	08	s/b	M	2315 N.63rd	Sea
S	3	0121	02413	Johnson	Infant	1906	Nov	24	s/b	F	711 Lane St.	WA
S	3	0050	1000	Johnson	Infant	1906	Feb	28	s/b	M	916 - 20th Ave. So.	Sea
S	2	122	1860	Johnson	J. C.	1899	Aug	07	053	M	West & Marion Sts.	---
S	3	0189	03777	Johnson	J. Frank	1905	Jun	20	001	M	4043 Gilman Ave	MN
S	1		2116	Johnson	J. K. (Mrs.)	1891	Jan	24	023	F	nr Lake Washington	NRY
S	3	0164	03273	Johnson	J. Marquis	1907	Apr	10	037	M	N. Broadway & Highland Dr.	MN
S		0026	00466	Johnson	Jas.	1893	Oct	30	013	M	Prov. Hosp.	
S	3	0166	03311	Johnson	Jennie	1905	Feb	02	042	F	Brighton Beach	NRY
S	1		2199	Johnson	Jersey J.	1891	Mar	25	001	F	418 Service St.	Sea
S	2	0067	00296	Johnson	Jno	1896	Jul	15	024	M	Jefferson Co.	SWD
S	1		1995	Johnson	John	1890	Nov	13	033	M	on board Geo. F. Manson	IRL
S	2	0064	00178	Johnson	John	1896	Mar	31	035	M	Admirality Inlet	NRY
S	2	102	1085	Johnson	John	1898	Aug	29	040	M	1101 Dexter Ave.	SWD
S	2	0002	00030	Johnson	John	1900	Jan	17	039	M	Providence Hosp.	IRL
S	2	0006	00116	Johnson	John	1900	Feb	13	029	M	1431 23rd Ave	SWD
S	2	0083	1660	Johnson	John	1901	Jun	06	034	M	San Francisco	SWD
S	3	0092	01822	Johnson	John	1906	Aug	20	062	M	5528 Canfield Pl.	SWD
S	3	0158	03147	Johnson	John	1907	Mar	27	025	M	Providence Hosp.	SWD
S	2	101	1046	Johnson	John F.	1898	Aug	02	02m	M	208 8th Ave.	Sea
S	3	0038	00752	Johnson	Joseph A.	1906	Jan	13	050	M	322 Broadway	PA
S		0008	00298	Johnson	Josephine	1892	Jul	21	05m	F	Harrison St.	Sea
S	1	0001	01214	Johnson	Julia	1890	Mar	12	083	F	Republican St.	NY
S		0002	00074	Johnson	Kate E.	1892	Feb	21	041	F	619 McClair	IA
S			1291	Johnson	Katie	1890	May	06	004	F	Yesler Ave.	Sea

S	R	Page	Recor	LastName	FirstNames	Deat	Mn	Dt	Age	S	DeathPlace	Bir
S	3	0083	01644	Johnson	Kristjan	--	--	--	--	M	rear 547 1st So.	ICE
S	2	106	2116	Johnson	L. C.	1901	Nov	19	047	M	Sea. Gen. Hosp.	SWD
S	2	0074	1461	Johnson	L. Verna	1901	Apr	12	003	F	Ballard	WA
S	3	0135	02698	Johnson	Leslie Delanier	1907	Jan	25	021	M	1118-29th Ave. S.	IA
S	2	112	1485	Johnson	Lizzie E.	1899	Feb	22	024	F	1305 E. Cherry	IA
S	1	0001	00698	Johnson	Louie	1888	Dec	04	029		Prov. Hosp.	
S	2	0006	00109	Johnson	Louis	1900	Feb	11	050	M	Prov. Hosp.	unk
S	3	0030	00590	Johnson	Louis	1905	Dec	02	040	M	523 1st Ave S	---
S	1		1567	Johnson	Louise Laverin	1890	Sep	19	13m	F	2611 Water St.	Sea
S	-	171	3370	Johnson	Ludwig	1902	Oct	25	026	M	Geattle Gen. Hosp.	SWD
S	3	0171	03407	Johnson	Ludwig	1907	Apr	23	024	M	Near Eagle Gorge, WA	---
S	3	0046	00916	Johnson	Lyra Leana Ingeborg	1906	Feb	28	001	F	717 - 22nd Ave. So.	
S	2	0083	00384	Johnson	M. E.	1897	Sep	19	073	M	Brighton Beach	GA
S	1		2167	Johnson	M. J. (Mrs.)	1891	Feb	25	048	F	5th & Bell Sts.	---
S	2	112	1474	Johnson	M. Milson	1899	Feb	12	049	M	Elliott Bay	VT
S			1419	Johnson	Mable	1890	Jul	15	02m	F	1610 4th St.	Sea
S	-	172	3394	Johnson	Maggie	1902	Oct	09	034	F	Ballard, WA	FIN
S	2	116	1610	Johnson	Mamie	1899	Apr	13	007	F	Clay & Elliott Sts.	Sea
S	3	0073	01453	Johnson	Marie C.	1906	Jun	02	071	F	1901 9th Ave.	SWD
S	3	0049	00975	Johnson	Martin	1906	Feb	23	050	M	Victoria, B.C.	NRY
S	2	0057	01125	Johnson	Mary E	1901	Jan	26	070	F	Prov. Hosp.	PA
S	2	0062	00083	Johnson	Mary E.	1896	Feb	21	046	F	Yesler	
S		0003	00112	Johnson	Mary M.	1892	Mar	21	045	M	2313-1/2 Front	NRY
S	2	0025	00496	Johnson	Matilda	1900	Jun	13	037	F	1609 23rd	SWD
S	2	0084	1662	Johnson	Matilda	1901	Jun	17	088	F	So. Park	MD
S	3	0046	00912	Johnson	Matilda	1906	Feb	25	058	F	1st Ave S & Conn. St.	MA
S		0011	00212	Johnson	Matt	1903	Apr	23	040	M	Providence Hospital	FIN
S		0048	00953	Johnson	Mattie F.	1903	Sep	20	041	F	312 Post Street, Ballard	NRY
S	2	0051	01018	Johnson	Maud	1900	Dec	25	019	F	2912 1st Ave	ME
S	1	0001	00299	Johnson	Michael	1883	Nov	01	036	M	unknown	USA
S	2	0050	00178	Johnson	Minnie	1895	Apr	06	033	F	Anacortes	
S	3	0189	03767	Johnson	Monte Harry	1907	Jun	25	016	M	Lake Union	WA
S	3	0013	00244	Johnson	Moore H.	1905	Sep	18	012	M	Providence Hosp.	CA
S	1	0001	00217	Johnson	Moris	1883	Jun	14	029	M	Seattle	IRE
S	3	0018	00355	Johnson	Nellie (Mrs.)	1905	Oct	06	043	F	Wayside Emerg. Hosp.	WI
S	3	0151	03013	Johnson	Nellie F	1904	Dec	25	035	F	Columbia, WA	PA
S	3	0075	1498	Johnson	Nels	1904	Feb	08	001	M	2222 6th Ave.	NRY
S	3	0124	02474	Johnson	Nels	1906	Dec	17	061	M	715 Warren Ave.	SWD
S	1	0001	00871	Johnson	Nicholas	1889	May	04	023		Prov. Hosp.	
S	1	265	2392	Johnson	Nicholas	1891	Jun	08	068	M	John St.	SWD
S		134	2641	Johnson	Nils	1902	Apr	11	034	M	502 Maynard Ave.	SWD
S	1	0001	00601	Johnson	O.	1888	Aug	30	10m		Bet. 9th & 10th	
S	2	0050	00169	Johnson	Ole	1895	Apr	27	032	M	Prov House	NRY
S	2	0086	00474	Johnson	Oscar	1897	Nov	26	028	M	S. 5th & Main Sts.	---
S	2	117	2324	Johnson	Oscar	1902	Jan	11	001	M	2124 6th Ave.	SEA
S	2	0090	1794	Johnson	Oscar	1904	Apr	12	023	M	Seattle Gen. Hospital	SWD
S	3	0179	03577	Johnson	Oscar	1905	Apr	29	035	M	Providence Hosp.	FIN
S	2	0037	00248	Johnson	Oscar V.	1894	Jun	13	09m	M	1716 13th St.	
S	1	0001	00775	Johnson	Otto	1889	Feb	27	021		Jackson St.	
S	3	0124	02472	Johnson	Otto	1904	Sep	01	045	M	Elliott Bay	SWD
S	-	189	3729	Johnson	Peter	1903	Jan	24	042	M	614 King St.	SWD
S	2	0047	00071	Johnson	R.E.	1895	Feb	24	029	M	Prov Hosp	
S	2	0049	00142	Johnson	Ralph G	1895	Apr	05	029	M	512 Huston St	OH
S	3	0094	01861	Johnson	Richard B.	1906	Aug	29	013	M	1118 29th Ave. S.	Sea
S	3	0175	03494	Johnson	Robert	1907	May	16	023	M	1208-7th Ave.	NC

S	R	Page	Recor	LastName	FirstNames	Deat	Mn	Dt	Age	S	DeathPlace	Bir
S	2	0067	00280	Johnson	Robt	1896	Jul	22	hrs	M	Randolph St	Sea
S	-	156	3061	Johnson	Robt Jas.	1902	Jul	18	004	M	Ballard, WA b.Revelstoke,	---
S	1	293	2448	Johnson	Rolland A.	1891	Jul	09	004	M	East Seattle	WA
S	2	0071	00452	Johnson	S. D.	1896	Oct	23	039	M	Vernon, B.C.	CND
S	1	0001	00891	Johnson	S.J.	1889	Jun	11	035	M		
S	2	0054	00338	Johnson	Samil M.	1895	Aug	04	07m	M	Brighton Beach	WA
S	3	0123	02443	Johnson	Samuel	1906	Dec	06	055	M	St. Charles Hotel	SWD
S	2	140	2768	Johnson	Sarah	1902	May	10	063	F	Fremont, WA	CND
S	9	0005	1897	Johnson	Selne/Selve	1904	May	03	022	F	1808 Terry Ave.	MN
S	2	129	2561	Johnson	Siver A.	1902	Mar	14	066	M	Prov. Hosp.	NRY
S	2	0035	00691	Johnson	Sophia	1900	Aug	30	044	F	Prov. Hosp.	FIN
S	2	0037	00269	Johnson	Swan N.	1894	Jun	14	01d	M	Ballard b.Ballard	WA
S	2	0051	00204	Johnson	T.H.	1895	May	13	055	F	65 Light St	ICE
S	1		1431	Johnson	Theodore	1890	Jul	18	030	9	05 Rolins St.	SWD
S	2	423	2706	Johnson	Thomas	1891	Dec	01	045	M	Johnson Mill	DNK
S	1	0001	00418	Johnson	Thos.	1885	Jan	31	071	M	Seattle	
S		0014	00265	Johnson	Vernon John	1903	Apr	01	002	M	Ballard	SEA
S	1	0001	00804	Johnson	Vic	1889	Mar	17	030		Wash. House	SWD
S	3	0154	03074	Johnson	Victor A.	1907	Mar	17	003	M	707-17th Ave.	n/s
S	3	0164	03271	Johnson	W.	1907	Apr	10	c45	M	Prov. Hosp.	unk
S	2	104	2068	Johnson	W. A.	1901	Oct	21	056	M	King Co. Hosp.	NRY
S	3	0051	1010	Johnson	Walter	1906	Mar	04	017	M	810 Connecticut St.	OR
S	3	0090	01799	Johnson	Walter	1906	Aug	13	023	M	Providence Hosp.	ND
S	1		1430	Johnson	Warner Julius	1890	Jul	18	1.5	M	Front & Pine b.Pawtucket,	RI
S	2	0055	00355	Johnson	Winish	1895	Sep	06	20h	M	1624 9th St	Sea
S	2	0118	2347	Johnsons	Infant	1902	Jan	21	000	M	607 35th Ave.	SEA
S	2	0049	00966	Johnston	Baby	1900	Nov	09	s/b	M	S. Seattle	sme
S		0007	00242	Johnston	Bela L.	1892	Jun	15	032	F	Ballard	ME
S	3	0197	03932	Johnston	C. W. (Mrs.)	1905	Jul	25	060	F	107 Dexter Ave	NY
S	2	0057	00515	Johnston	E.	1895	Nov	13	028	M	International & 5th	NRY
S	2	0086	00489	Johnston	Elizabeth	1897	Dec	01	061	F	1607 3rd Ave.N. b.Buffalo,	NY
S	2	0076	1517	Johnston	Felix	1901	May	13	052	M	National Hotel	USA
S	2	0047	00054	Johnston	Jas.	1895	Feb	11	037	M	Prov. Hosp	
S	3	0162	03228	Johnston	Kenneth	1905	Feb	06	010	M	518 8th Ave	WA
S	1	0001	01029	Johnston	L.Mrs.	1889	Oct	28	032	F	909 Dearborn	SWD
S	2	0062	01231	Johnston	M. Richard	1901	Feb	28	060	M	514 Broadway	NY
S		0005	00165	Johnston	Maggie	1892	Apr	24	026	F	Battery St.	IRL
S	-	170	3350	Johnston	Peter	1902	Oct	14	050	M	2nd S. St. near Washington	---
S	3	0178	03559	Johnston	Richard C.	1907	May	26	060	M	1828-14th Ave.	IA
S		114	2285	Johnston	Sarah E.	1904	Jul	08	045	F	Lester WA	NY
S	1	241	2348	Johnston	Wm. K.	1891	May	13	063	M	211 McClair St.	---
S	2	0041	00396	Johnstone	Baby	1894	Aug	29	001	M	Ballard b.Tacoma	WA
S	3	0037	00722	Johnstone	Katherine	1906	Jan	06	058	F	516 20th Ave	NB
S	1		1589	Johonne	Ashrid	1890	Oct	01	06d	-	-	---
S			1305	Johsson	Erick	1890	May	03	-	M	Providence Hospital	---
S	2	0069	00354	Joiner	B. S.	1896	Aug	08	023	M	North Bend	MO
S		0032	00050	Joiner	G.W.	1894	Jan	17	060	M	North Bend	WI
S	3	0165	03299	Joiner	Mary S	1905	Feb	08	063	F	1319 20th Ave S	KY
S	3	105	2092	Joiner	Norris Jefferson	1904	Jun	19	036	M	Cor. 1st Ave. & Spokane St.	IL
S	2	0068	01350	Jonas	Infant	1903	Dec	12	---	M	604 11th Ave.	Sea
S	3	0155	03094	Jonas	John	1905	Jan	16	032	M	Providence Hosp	GER
S	-	164	3227	Jonas	Mary	1902	Sep	07	03m	M	Cleveland House,6th & Pike	WA
S	1	0001	00342	Jonason	K.C.	1884	May	07	002	M	Seattle	SWD
S	1	0001	00045	Jones		1882	Feb	09				
S	3	0105	02089	Jones	(Infant)	1906	Sep	12	s/b	M	5603-12th Ave. N.E.	Sea

S	R	Page	Recor	LastName	FirstNames	Deat	Mn	Dt	Age	S	DeathPlace	Bir
S	2	0074	00029	Jones	Abraham	1897	Jan	27	053	M	1513 8th St.	---
S	3	0147	02933	Jones	Al	1904	Dec	14	045	M	Wayside Emergency Hosp	USA
S		111	2211	Jones	Alden Lawrence	1904	Jul	19	008	M	Monod Hospital	CND
S	3	0061	01202	Jones	Alice A.	1906	Apr	22	073	F	2024 Dearborn St.	WLS
S	2	0038	00755	Jones	Annie	1900	Sep	16	015	F	1522 4th Av N	PA
S	2	0041	00803	Jones	Arthur	1900	Oct	03	01m	M	515 Yesler	SEA
S	1	0001	00493	Jones	B.F,	1885	Dec	14	059	M	Seattle	ME
S	2	126	2000	Jones	baby	1899	Oct	16	01d	M	7th & Pike Sts.	Sea
S		0033	00659	Jones	Baby	1903	Jul	15	s/b	M	1531 - 15th Avenue	SEA
S		133	2624	Jones	Benjamine	1902	Apr	01	046	M	Providence Hosp.	---
S	2	0046	00913	Jones	Bertie	1900	Nov	14	005	F	Green Lake	sme
S	2	109	1372	Jones	Carrie	1898	Dec	28	004	F	Everett, WA	WA
S	2	393	2647	Jones	Carrie R.	1891	Oct	17	049	F	Grace Hosp./7th Ward	---
S	3	0090	01782	Jones	Charles M.	1906	Aug	09	027	M	6206 Woodlawn	AR
S	3	0014	00275	Jones	Charles William	1905	Aug	27	035	M	Seattle Gen. Hosp.	IN
S	1	0001	00092	Jones	Chas.	1882	Jul	26	027	M	Seattle	
S	2	157	3091	Jones	Chas. A.	1902	Aug	10	006	M	610 Dearborn St.	SEA
S	3	0124	02469	Jones	Clarence J	1904	Aug	29	026	M	Monad Hosp	---
S		0010	00200	Jones	Claude Sherman	1903	Apr	20	03m	M	2012 Eighth Avenue	SEA
S	2	0073	1455	Jones	Cornelia	1901	Apr	13	072	F	End of Madison	NY
S		0043	00851	Jones	Cullen	1903	Sep	07	051	M	Wayside Mission	---
S	2	0067	00297	Jones	David	1896	Jul	15	073	M	Co. Hosp	
S	-	148	2917	Jones	David R.	1902	Jun	12	040	M	Providence Hosp.	ENG
S		0006	00110	Jones	Della M.	1093	Mar	19	028	F	Georgetown	IA
S	2	0058	00559	Jones	Duane C.	1895	Dec	15	033	M	9th & Charles	PA
S	3	0136	02713	Jones	E W	1904	Oct	22	042	M	Seattle General Hosp	UT
S	3	0180	03596	Jones	E.W.	1907	May	08	028	M	Three Tree Pt.	OR
S	3	0059	01178	Jones	Edna May	1906	Apr	12	008	F	407 Terry Ave.N.	CND
S	3	0027	00532	Jones	Edward	1905	Nov	07	056	M	King Co. Hosp.	BLG
S	2	0046	00916	Jones	Elizabeth	1900	Nov	15	049	F	1513 9th Av W	ENG
S	3	0164	03282	Jones	Emily M	1905	Feb	25	039	F	Cor 2nd Ave & Yesler Way	SEA
S	2	0058	00563	Jones	Emma	1895	Dec	17	026	F	414 5th	Sea
S	1	0001	00945	Jones	Estella	1889	Aug	16	012	F	Corner 4th & Lenora	
S	1	0001	00086	Jones	Esther	1882	Jun	20	007	F	Seattle	USA
S	1	0001	00234	Jones	Esther & Lizzie (twins)	1883	Jul	03			Seattle	
S	2	120	1761	Jones	Flora	1899	Jun	21	030	F	31st Ave. S.	---
S		129	2577	Jones	Florence M.	1902	Mar	22	002	F	2nd Ave. S. & Norman St.	Sea
S	3	0134	02667	Jones	Frances	1907	Jan	22	003	F	920-13th Ave.	WA
S	2	0073	00534	Jones	Frank	1896	Dec	03	035	M	Elliott Bay	WA
S		0032	00056	Jones	Frank H.	1894	Feb	03		M	Prov. Hosp.	
S	3	0144	02882	Jones	Freddie	1904	Nov	21	001	M	Georgetown B:Yakima	WA
S	3	0037	00733	Jones	Georgiana	1906	Jan	09	062	F	155 23rd Ave	NS
S	-	173	3405	Jones	Grace	1902	Oct	22	015	F	Walla Walla b.Walla Walla	WA
S	2	0118	02352	Jones	Grace Frances	1904	Aug	20	001	F	406 46th Ave N	MO
S	-	148	2908	Jones	H. H.	1902	Jun	13	040	M	Wayside Mission	---
S		0010	00360	Jones	H.M.	1892	Aug	27	043	M	Prov. Hosp.	PA
S	2	0074	00005	Jones	Henry S.	1897	Jan	03	045	M	404 5th St.	---
S	3	105	2100	Jones	Horatio W.	1904	Jun	18	074	M	954 John St.	NY
S	2	139	2745	Jones	Humphrey	1902	May	01	072	M	414 5th Ave.	IRL
S	2	143	2804	Jones	Ida May	1902	May	22	008	F	158 18th Ave.	WA
S	2	104	2076	Jones	Infant	1901	Oct	31	s/b	M	1631 - 23 Ave.	SEA
S		132	2619	Jones	infant	1902	Mar	27	s/b	M	602 - 1st Ave.	SEA
S	3	0139	02767	Jones	Infant	1904	Nov	04	01d	M	309 Seneca St	SEA
S		0080	01590	Jones	Infant	1904	Jan	01	s/b	M	1421 5th Ave.	Sea
S	1	0001	00559	Jones	James	1887	Oct	09	019	M	2nd Ward	BC

S	R	Page	Recor	LastName	FirstNames	Deat	Mn	Dt	Age	S	DeathPlace	Bir
S	3	0041	00809	Jones	James W.	1906	Jan	15	042	M	Near Burnsley Lake, BC	UN
S	2	118	1690	Jones	Jas. W.	1899	May	13	026	M	Providence Hosp.	---
S	2	185	3649	Jones	John H.	1902	Dec	31	032	M	Georgetown, WA	IA
S	2	0008	00154	Jones	Joseph (Mrs)	1900	Feb	06	068	F	Cosmopolis, WA	MD
S		0062	1235	Jones	Joshua W.	1903	Dec	03	064	M	1614 East Howell St.	NY
S	3	0162	03230	Jones	Julia M.	1907	Apr	02	063	F	411 E. Denny Way	NY
S	3	0065	01291	Jones	Julius J.	1906	Mar	10	unk	M	Manila, P.I.	unk
S	1		1594	Jones	Laura B. (Mrs.)	1890	Oct	05	025	F	Providence Hospital	VA
S	2	0094	00761	Jones	Lewis	1898	Apr	15	045	M	Providence Hosp.	---
S	2	126	2009	Jones	Lizzie	1899	Oct	22	041	F	419 8th Ave.	---
S	2	0086	00487	Jones	Louisa J.	1897	Nov	24	037	F	King County Hosp.	ENG
F	F		1960	Jones	Luther	1890	Oct	28	040	M	Providence Hospital	---
S		0020	00197	Jones	Lydia K.	1893	May	27	028	F	2023 2nd	
S	2	0052	00237	Jones	Maggie	1895	Jun	07	027	F	Latona	WLS
S	3	0107	02130	Jones	Martha A.	1906	Oct	08	069	F	Broadway Hosp.	PA
S	3	0188	03747	Jones	Mignon L.	1905	Jun	01	019	F	904 Blewitt Ave	KS
S	-	176	3462	Jones	Minerva J.	1902	Nov	09	074	F	2220 3rd Ave.	KY
S	2	105	1203	Jones	Nellie	1898	Oct	13	023	F	613 Seneca St.	PA
S	3	0037	00738	Jones	Paul	1906	Jan	11	04m	M	1063 E Harrison	MN
S	1	0001	00525	Jones	Peter P.	1886	Apr	18	07m	M	Seattle	SEA
S	3	0077	1535	Jones	Rebecca	1904	Feb	21	052	F	Providence Hospital	ENG
S	1	0001	00589	Jones	Richard A.	1888	Aug	19	057	M	Union St.	
S	3	0160	03191	Jones	Robert	1907	Mar	23	c45	M	Sallal, WA	unk
S	2	0080	1598	Jones	Sam	1901	Jun	08	020	M	S.G. Hosp.	WA
S		0002	00053	Jones	Samuel	1892	Feb	01	052	M	Front betw. Bell & Blanchard	
S	1	204	2288	Jones	Sarah	1891	Apr	11	046	F	King & Kinney Sts.	---
S	2	0096	00861	Jones	Sidney V.	1898	May	25	02m	M	1624 10th Ave.	SEA
S	3	0030	00593	Jones	Stacey (Dr.)	1905	Dec	12	077	M	1901 Jefferson St	NJ
S	3	0176	03505	Jones	T.B.	1907	May	18	036	M	Providence Hosp.	VA
S		0003	00057	Jones	Theo. M.	1903	Mar	23	070	M	217 West Lake	IRL
S		0016	00074	Jones	Theodoria	1893	Mar	02	002	F	1519 Front	KS
S	2	0074	00016	Jones	Thos I.	1897	Jan	13	037	M	519 Yesler	WLS
S	2	0057	00502	Jones	Thos. A.	1895	Oct	30	073	M	Sec 21 Twp 26N R41	NJ
S	2	0028	00555	Jones	Topsy	1900	Jul	09	03m	F	813 Alder St.	SEA
S	3	0185	03686	Jones	Vina Lilly	1905	May	31	013	F	5538 Wallingford Ave	WA
S	2	0061	00078	Jones	W.O.	1896				M	Foot of Seneca St	WLS
S	2	121	2415	Jones	Walter	1902	Feb	03	057	M	Latona	ENG
S	3	0160	03188	Jones	William Edward	1907	Mar	21	066	M	Arleta, OR	unk
S		0042	00829	Jones	Willie	1903	Sep	02	01m	M	621-24th Avenue N.	SEA
S	-	192	3786	Jones	Wm. M. C.	1903	Jan	23	056	M	S. Seattle, WA	SCT
S	3	0072	01432	Jones ?	--	1906	May	08	01d	M	Hillman City b.HillmanCity	
S	2	0089	00582	Jones/Hafferty	Thomas	1897	Dec	31	035	M	Ballard, WA	---
S	2	101	1048	Jordan	Catharin	1898	Aug	02	076	F	520 21st Ave.	IRL
S	2	113	1507	Jordan	Edwd	1899	Mar	07	024	M	Providence Hosp.	---
S		0052	1037	Jordan	Emma	1903	Oct	30	038	F	Fremont	ENG
S		0010	00376	Jordan	Gus H.	1892	Sep	12	01w	M	Ballard (b.Ballard	
S	1	0001	00532	Jordan	John F.	1886	Apr		053	M	Frye Bldg. Seattle	
S	2	0063	00135	Jordan	Lillie S.	1896	Apr	06	034	F	Gen Hosp	
S	2	0072	00482	Jordan	Thos.	1896	Nov	19	075	M	Seattle	IRL
S	2	140	2778	Jordon	C. M.	1902	May	14	062	M	2411 4th Ave.	VT
S	1	0001	00477	Jordon	James P.	1885	Sep	03	04m	M	James St. 2nd Ward	SEA
S	1	0001	00150	Jorgensen	Chas.	1882	Dec	02	024	M	Seattle	USA
S	2	0056	00479	Jorgensen	Einor V.	1895	Oct	16	001	M	620 Florence	Sea
S		0011	00428	Jorgenson	Agust	1892	Oct	11	012	M		SWD
S	1	0001	00130	Jorgenson	Chas.	1882	Dec	02	024	M	Sixth St.	

S	R	Page	Recor	LastName	FirstNames	Deat	Mn	Dt	Age	S	DeathPlace	Bir
S	2	0001	00036	Jorgenson	Johanna	1892	Jan	22	056	F	1306 S. 12th	NRY
S	3	0140	02805	Jorgenson	M P	1904	Nov	16	048	M	Smith's Cove	DNK
S	2	0005	00089	Jorgesen	Wm	1900	Feb	01	009	M	333 West Lake	MN
S	1		1528	Jorin (?)	Florce	1890	Sep	02	05w	F	913 Cherry	Sea
S	3	0163	03259	Jose	Eliza	1905	Feb	15	030	F	1024 Jackson St	NV
S	2	0065	00214	Jose	Lillian	1896	May	30	020	F	2nd & Stewart	
S	2	0099	00972	Jose	Mary J.	1898	Jul	02	053	F	cor Union & 3rd Sts.	---
S		0010	00183	Jose	Thomas	1903	Apr	13	001	M	345 - 16th Avenue S	SEA
S	-	189	3734	Jose	Thos.	1903	Jan	26	070	M	428 E. Lake St.	ENG
S	-	171	3368	Joseph	Frank	1902	Oct	02	003	M	720-1/2 Maynard St.	KS
S	3	0193	03858	Joslyn	Elmer (Mrs.)	1905	Jun	19	056	F	Ballard	IA
S	1	0001	00480	Jospehs	Daniel	1885	Sep	26	045	M	BK. Diamond,WA.	JAM
S	3	0180	03602	Josselyn	Simeon T.	1905	Apr	04	060	M	Skagway, AK	USA
S		111	2214	Joy	Arthur Eugene	1904	Jul	19	027	M	Providence Hospital	IL
S	2	0075	00069	Joy	infant	1897	Feb	22	04m	F	813 Alden St.	SEA
S		0001	00004	Joyce	Richard J.	1903	Mar	01	062	M	Providence Hospital	DC
S	3	0005	00098	Juarez	Ruth Lilece	1905	Aug	23	02m	F	Railroad Ave	SEA
S	3	0133	02660	Judd	Effie Ina Jean	1904	Oct	13	005	F	804 Connecticut St	CO
S	2	0024	00468	Judge	Infant	1900	May	25	s/b	F	River Park	---
S	3	0173	03458	Judkins	Alberta	1905	Mar	23	05d	F	West Seattle	WA
S	2	0035	00690	Judkins	Edith A.	1900	Aug	30	017	F	322 Denny Way	CND
S	2	0055	00382	Judkins	Ida	1895	Sep	24	035	F	Depot St	
S	2	0088	01765	Judkins	Infant	1904	Apr	01	08d	F	1625 Belmont Ave.	Sea
S		0013	00255	Judkins	John P.	1903	Apr	11	020	M	Yuma, Arizona	SEA
S		0015	00286	Juelfs	Henry D.	1903	Apr	25	053	M	1108 Eighth Avenue W.	GER
S	3	0070	01393	Juillet	Marie	1906	May	28	027	F	6th Ave.S. & Weller St.	FRN
S	2	0085	01704	Jukes	Edward K.	1904	Mar	28	030	M	Providence Hospital	NJ
S	2	0051	01004	Juklin	C. J.	1900	Dec	18	073	M	1515 Harrison	SWD
S	3	0191	03808	Jules	Mary (Sister)	1905	Jun	02	044	F	Providence Hosp.	CND
S	3	0141	02817	Julian	Julius B	1904	Nov	19	003	M	2051 Westlake Ave	WA
S	2	439	2738	Julian	Wm.	1891	Dec	26	027	M	Julian Farm, Duwamish	---
S		101	2008	Julien	Floyd	1904	May	21	018	M	Georgetown WN	OR
S	2	124	1926	Jurey	John J.	1899	Sep	15	086	M	200 30th Ave. S.	---
S	3	0068	01357	Jurich	Mary (Mrs.)	1906	May	16	037	F	202 Dexter Ave.	AUS
S	3	0128	02565	Juro	S	1904	Sep	30	023	M	Seattle General Hosp	JPN
S	3	0076	01513	Justice	Dorris	1904	Feb	14	02m	F	419 Yesler Way	Sea
S	3	0135	02687	Justice	Infant	1904	Oct	28	02d	F	Seattle General Hosp	SEA
S	3	0186	03709	Juul	Magnus P.	1907	Jun	15	018	M	2125 E. Mercer	WI
S		0010	00182	Kaack	Harry	1903	Apr	13	045	M	Foot of Washington	GER
S		0017	00326	Kabebian	Edward M.	----	---	--	023	M	Providence Hospital	PA
S		0020	00221	Kabel	Henry	1893	Jun	01	028	M	Wilfred & Elizabeth	GER
S	2	0004	00073	Kaelsler	Sam	1900	Jan	05	038	M	Wellington Hotel	---
S	2	186	3660	Kafoury	infant	1902	Dec	14	s/b	M	527 Fairview	SEA
S	2	106	1250	Kahaley	Harlow R.	1898	Nov	03	017	M	211 Queen Anne Ave.	---
S	-	189	3724	Kahayashi	T.	1903	Jan	23	030	M	Seattle Gen. Hosp.	JPN
S	2	109	1362	Kahlman	Louis	1898	Dec	10	038	M	Chilcoot Pass	NY
S	3	0083	01643	Kaimling	Oscar	--	--	--	--	M	foot of 14th NE	GER
S	2	0043	00501	Kaiser	Emil	1894	Oct	30	036	M	Ft. Steilacoom	SWT
S		0115	02282	Kaiser	Frederick	1906	Nov	01	006	M	813 Washington	WA
S	2	0060	00027	Kaiser	Lena	1896	Jan	24	034	F	Gen Hosp	GER
S	2	0081	00279	Kaiser	Simon	1897	Jul	07	077	M	Tacoma, WA	PRS
S	3	0093	01852	Kajihara	K.	1906	Aug	28	029	M	Seattle Gen. Hosp.	JPN
S	-	168	3296	Kakayama	Gisuke	1902	Sep	01	028	M	Edmonds, WA	JPN
S	3	0075	01495	Kalb	Infant	1906	Jun	13	02h	M	428 15th Ave.N.	Sea
S	1	0001	00328	Kalbeg	(child)	1884	Mar	28				

S	R	Page	Recor	LastName	FirstNames	Deat	Mn	Dt	Age	S	DeathPlace	Bir
S	3	0178	03555	Kalberg	Annie	1905	Apr	29	035	F	1417 E Spruce	SWD
S	2	0061	00072	Kalberg	Arthur G.	1896	Feb	21	002	M	125 Rose St	Sea
S	3	0157	03141	Kalberg	Carl Melvin	1905	Jan	31	10m	M	515 E Denny Way	SEA
S	2	0015	00294	Kalberg	Cassie	1900	Apr	08	026	F	1020 E Pike	SWD
S	2	0071	00461	Kalberg	P. N.	1896	Nov	07	066	M	Lombard	NRY
S	1	0001	00052	Kale	Arthur	1882	Feb	25	19m	M	Seattle	US
S		0010	00371	Kalen	Annie Christine	1892	Sep	07	07m	M	1706 10th St.	Sea
S		0001	00018	Kalin	A.	1903	Mar	11	024	M	Providence Hospital	ENG
S	3	0168	03355	Kalinowski	Mary V	1905	Mar	03	063	F	1030 E Spring St	GER
S	1	0001	01045	Kallack	Jeremiah	1889	Nov	16	052	M	Seattle	
S	2	0063	01256	Kallern	W. D.	1901	Feb	02	067	M	Co. Hosp.	WV
S	2	0010	00199	Kalp	Chas	1900	Mar	11	059	M	13th & E Cherry	---
S	3	0138	02746	Kamaramen	Willie	1907	Jan	19	040	M	Eagle Gorge, WA	FIN
S	-	170	3346	Kamasaka	K.	1902	Oct	11	041	M	Wayside Mission	JPN
S		0025	00427	Kambre	Agnes	1893	Oct	05	023	F	Prov. Hosp.	SWD
S		0005	00177	Kamburger	Henry	1892	May	01	002	M	14th St. near Howell	Sea
S	3	0074	1485	Kamimoto	T.	1904	Feb	03	024	M	709 6th Ave.	JPN
S	2	0067	00300	Kan	Gon	1896	Jul	29	040	M	At Sea, Str. Topeka	CHN
S	2	158	3115	Kanach	Berthold	1902	Aug	19	019	M	28 E. Roy	WI
S	3	0074	01468	Kando	Y.	1906	Jun	07	020	M	Seattle General Hospital	JPN
S	3	0021	00416	Kane	Arthur J.	1904	Feb	18	---	M	USS Boston, Panama Bay	UN
S		0010	00355	Kane	Edward	1892	Aug	23	029	M		PA
S		196	3856	Kane	Edward J.	1903	Feb	25	02m	M	501 Olive Street	SEA
S	2	0028	00559	Kane	Geo. E.	1900	Jul	11	004	M	1932 7th Ave.	SEA
S	-	154	3024	Kane	Jas. Ernest	1902	Jul	27	004	M	501 Olive St. b.Tacoma, WA	
S	-	153	3014	Kane	John	1902	Jul	24	022	M	Wayside Mission	NRY
S		0019	00184	Kane	Thomas	1893	May	15	035	M	417 Marion	IA
S	-	149	2932	Kanitz	Mrs. A.	1902	Jun	05	035	F	Valdez, AK	---
S	3	0121	02404	Kanton	(Infant)	1906	Nov	07	s/b	F	1528 Valentine Pl.	WA
S	3	0174	03473	Kanton	Infant	1905	Mar	07	s/b	F	1528 Valentine Pl	SEA
S	1		2146*	Kapp	W. C.	1891	Feb	18	-	M	Montesano, Wash.	---
S	3	0140	02792	Karabatich	Patar	1907	Feb	05	023	M	2003 Western Ave.	AUS
S	2	0066	1301	Karasek	W.	1901	Mar	19	017	F	510-10 Ave	CND
S	3	0088	01742	Karlstine	Infant	1906	Jul	02	s/b	M	438 (nr) Ballard	WA
S	2	0052	00254	Karmoto	O.K.	1895	Jun	29	027	M	502 Main	JPN
S	2	0085	00431	Karns	Clara A.	1897	Oct	11	022	F	Ballard, WA	PA
S	2	0085	00468	Karr	Hugh H.	1897	Nov	21	03m	M	216 Wall St.	SEA
S	2	0081	00283	Karus	Mary B.	1897	Jul	12	12d	F	Ballard, WA b.Ballard, WA	
S	1	0001	00257	Karw		1883	Aug	03	03w		Seattle	USA
S	1	0029	00576	Kasbaum	Sarah	1903	Jul	13	026	F	Seattle, General Hospital	PA
S		0003	00101	Kascake	Karl Emil	1892	Mar	16	07w	M	So. 128th	Sea
S	1	0001	00046	Kaska	Lucy	1882	Feb	04		F	Wash. St.	US
S	2	122	2431	Kastall	Infant	1902	Feb	09	03d	M	Prov. Hosp.	WA
S	2	125	2482	Kastill	Annie	1902	Feb	17	024	F	Prov. Hosp.	FIN
S	1	0001	00290	Kasuno	Viola	1883	Nov	03	021	F	Seattle	USA
S	-	146	2866	Katakenka	Hatauska T.	1902	May	31	026	M	Seattle Gen. Hosp.	JPN
S	2	0065	00230	Kath	Katherine	1896	May	31	048	F	Ballard	GER
S	2	127	2533	Kath	Louis H.	1902	Mar	03	025	M	Monod Hosp.	KS
S	2	116	1608	Kato	Haigi	1899	Apr	09	020	M	Smith's Cove	JPN
S	3	0088	01748	Kato	Takeo	1906	Jul	31	03m	M	514 Jackson	Sea
S	3	0153	03057	Kato	Tokichiro	1905	Jan	01	05m	M	7th Ave S & Jackson	SEA
S	2	0040	00354	Katzenberger	Chas.	1894	Aug	19	001	M	S 12th St	
S	3	0073	01457	Katzenberger	William	1904	Jan	24	048	M	Sumas WA	un-
S		0029	00565	Kau	Ah	1893	Dec	25	044	F	701 Jackson	CHN
S	3	0136	02709	Kauffman	Charles	1907	Feb	01	025	M	Seattle Gen. Hosp.	PA

S	R	Page	Recor	LastName	FirstNames	Deat	Mn	Dt	Age	S	DeathPlace	Bir
S		0054	1075	Kauffman	J.	1903	Oct	21	025	M	Christopher	---
S	3	0102	02030	Kaufman	Huldah (Mrs.)	1906	Sep	28	077	F	2765 Washington	GER
S	3	0167	03327	Kaufman	Mrs N G	1905	Feb	24	056	F	Aberdeen, WA	---
S	3	0008	00150	Kaufman	Ralph Frederick	1905	Aug	06	001	M	Crittenden Home	WA
S	2	0055	00353	Kautz	August	1895	Sep	05	067	M	11th & James	GER
S	3	0190	03795	Kawaguchi	Jitsero	1905	Jun	28	05m	M	610 6th Ave S	SEA
S		0050	1003	Kawagucki	Shige	1903	Oct	16	28d	M	NR	SEA
S	3	0175	03490	Kawahita	Mrs Erneieme	1905	Apr	03	029	F	615 1/2 Main St	JPN
S	3	0197	03929	Kawahite	Yoshiye	1905	Jul	23	08m	F	2663 Thorndyke Ave	SEA
S	3	0058	01158	Kawai	Masa (Mrs.)	1906	Apr	04	030	F	416-1/2 Terrace St.	JPN
S	2	0083	00380	Kawamuro	Tetsuzo	1897	Sep	12	040	M	Str Yuseu b.Kaiski,	JPN
S	3	0098	01952	Kawano	Masakazj	1906	Sep	09	043	M	707 Main	JPN
S	3	0177	03521	Kawazoye	F.	1907	May	19	033	M	Seattle Gen. Hosp.	JPN
S	2	118	2360	Kay	Horace	1902	Jan	24	004	M	423 Irvin	BC
S	2	416	2693	Kay	Margaret G.	1891	Nov	23	067	F	Vendome Hotel b.Philadelphi	PA
S	3	0068	01345	Kay	Rebecca (Mrs.)	1906	May	10	--	F	623 Federal Ave.	RUS
S	3	0157	03135	Kayamagi	Hikomatsu	1905	Jan	28	024	M	Seattle General Hosp	JPN
S	3	0002	00023	Kaylor	Infant	1905	Jul	17	---	F	Pacific Hosp.	SEA
S	2	105	1205	Kayser	Louis	1898	Oct	14	038	M	Stearns Landing	GER
S	2	0036	00230	Kayser	T.	1894	May	04		M	Co Hosp	GER
S	3	0058	1163	Kayuwa	B.	1903	Nov	24	023	M	510 Spring St.	JPN
S		0033	00099	Keagle	Clarence B.	1894	Mar	04	03m	M	5th & Pine	Sea
S		0026	00439	Keane	Gracie	1893	Oct	11	022	F	14th & Fredricks	
S	3	0176	03525	Keane	Mrs Ellen	1905	Apr	20	058	F	1706 Minor Ave	MA
S		0001	00014	Kearful	A.M.	1903	Mar	09	040	M	Northern Hotel	---
S	2	0096	1908	Kearney	Arthur	1901	Sep	21	015	M	Prov. Hosp.	ON
S	3	0182	03638	Kearney	Margaret	1907	May	28	020	F	Brighton Beach	MN
S	3	0018	00346	Kearney	Margaret (Mrs.)	1905	Oct	06	044	F	185 Dravus St	ON
S		0035	00688	Kearns	Walter	1903	Aug	08	006	M	1529 Eleventh Avenue	SEA
S		0026	00448	Keast	Geo. (Mrs.)	1893	Oct	18	025	F	Fremont	
S	3	0091	01807	Keating	Annie	1906	Aug	16	01m	F	4303 Evanston Ave.	WA
S	3	0093	01848	Keating	Frances	1906	Aug	26	01m	F	4303 Evanston Ave.	WA
S	3	0048	00954	Keating	James	1906	Jan	23	038	M	Cape Beale, BC Canada	GA
S	3	0077	1534	Keating	Michael M.	1904	Feb	21	068	M	207 17th Ave.	IRL
S	3	0129	02583	Keel	Fredericka	1904	Sep	03	076	F	King County Hosp	GER
S	3	0121	02415	Keeler	Infant	1906	Nov	25	s/b	M	802-23rd	WA
S	2	119	2374	Keeley	W. L.	1902	Jan	28		M	1st Ave. S.	
S	2	0067	00298	Keemer	Henry	1896	Jul	25	034	M	Bothell, WA	---
S	2	0089	1761	Keenan	Daniel	1901	Jul	10	036	M	Ballard	NY
S		132	2606	Keenan	Jas.	1902	Mar	12	062	M	South Park	IRL
S		0079	1577	Keenan	John	1904	Feb	11	060	M	Los Angeles CA	IRL
S	2	0038	00312	Keenan	Stewart J.	1894	Jul	09	030	M	Ft. Steilacoom	IRL
S	3	0157	03138	Keene	Abner P	1905	Jan	28	050	M	218 18th Ave S	ME
S	2	100	1006	Keene	Henry S.	1898	Jul	25	062	M	1423 33rd Ave.	WI
S		0099	1974	Keene	Jennie	1904	May	15	062	F	50th Ave. & 3rd Ave. N.W.	IL
S		0082	1631	Keer	Linn	1904	Mar	10	050	F	Seattle Gen. Hosp.	---
S	2	0065	00197	Keeran	Wm.	1896	May	20	031	M	521 Dexter Ave	KY
S		0082	1628	Keerey	Patrick	1904	Mar	11	017	M	Green Lake	IRL
S	2	0007	00136	Keevy	Retta	1900	Feb	23	066	F	Green Lake	OH
S	3	0020	00399	Keezer	Moses	1905	Oct	31	068	M	1st Ave & University	ME
S	3	0170	03398	Kegowicz	Frank	1907	Apr	16	002	M	Lowell, MA	---
S	2	0035	00174	Kehoe	Anna	1894	Apr	19	051	F	S. 3rd & Yesler	IRL
S	2	0053	01056	Kehoe	Ethia May	1901	Jan	01	036	F	518 Maynard	MI
S		0049	00982	Kehoe	Michael C.	1903	Oct	07	067	M	414 Fairview Ave (rear)	IRL
S	2	0080	1594	Kehoe	Sammuel	1901	Jun	05	065	M	1111 - 3rd Ave.	IRL

S	R	Page	Recor	LastName	FirstNames	Deat	Mn	Dt	Age	S	DeathPlace	Bir
S		129	2576	Keich	Joseph	1902	Mar	21	050	M	4th Ave Btwn Pike & Pine	---
S	1	0001	00022	Keich	Joseph Spencer	1881	Nov		061	M	Seattle	OH
S	2	103	1135	Keifen	Aug. W.	1898	Sep	13	004	M	626 S. 12th St.	CA
S	3	0175	03496	Keil	Frederick A.	1907	May	16	064	M	10th N.E. & E. 64th St.	GER
S		152	2992	Keil	Max	1902	Jul	12	021	M	Green Lake b.Cooper	---
S	1	0001	01208	Keil	Robert A.A.	1890	Mar	19	005	M	Howard btw 4th & 5th	SEA
S		133	2621	Keim	F.W.	1902	Feb	28	027	M	Pres__(?), WA	MN
S	2	184	3634	Keim	L.A.	1902	Dec	13	062	M	Georgetown, WA	GER
S		133	2636	Keimer	Beatrice	1902	Apr	05	03m	F	York Stat.	WA
S	3	0140	02785	Keith	Caroline J.	1907	Feb	03	080	F	Old Rainier Hotel	ME
S	3	0106	02102	Keith	Joseph	1906	Oct	01	064	M	Broadway Hosp.	SCT
S	3	0098	01930	Keith	Mila H.	1906	Sep	02	049	F	1629 35th Ave.	NY
S		0013	00471	Keiting	Hannah A.	1892	Nov	19	048	F	1216 2nd St.	
S		0019	00188	Keiyo	Sakai	1893	May	19	046	M		JPN
S		0018	00358	Kellar	Betsy	1903	May	23	080	F	Eight Avenue and Union	ME
S	2	0088	00547	Kellar	Ferdinand	1898	Jan	10	067	M	29th Ave. S.	GER
S	2	108	2159	Kelleher	John	1901	Nov	18	032	M	Leary	NB
S	2	0082	1640	Kelleher	R. Ed	1901	Jun	29	02m	M	310 E. James	WA
S		0013	00241	Keller	C. Benjanine	1903	Apr	18	037	M	Fremont	IA
S	3	0136	02712	Keller	Chester L	1904	Oct	21	004	M	Providence Hosp	WA
S	1		2051	Keller	Elizabeth	1890	Dec	18	10m	F	Madison T. b.Hoboken, NJ	
S	2	109	2176	Keller	John William	1901	Dec	01	005	M	411 Republican St. W.	OR
S	2	0077	00143	Keller	Mark	1897	Apr	10	08m	M	115 Queen Anne Ave.	SEA
S	-	176	3475	Keller	Mrs. May	1902	Nov	15	044	F	519 7th Ave. S.	IA
S	2	0036	00201	Keller	William	1894	May	04	010	M	Remington & Kinney	
S	2	0053	00305	Kellerich	Christine	1895	Aug	07	028	M	Lane St. Corner	GER
S	2	122	2437	Kellett	Jno. Geo.	1902	Feb	12	046	M	Gen. Hosp.	ENG
S	1	0001	00860	Kelley		1889	Apr	16	056		4th & Pike	
S	3	0014	00277	Kelley	Anastasia	1905	Sep	02	021	F	Metropolitan Sanitarium	IA
S	2	0009	00173	Kelley	Annie	1900	Mar	02	049	F	Prov. Hosp.	unk
S	3	0131	02619	Kelley	Clarise B.	1907	Jan	11	032	F	Providence Hosp.	
S	3	0182	03640	Kelley	J.	1907	Jun	01	040	M	Prov. Hosp.	---
S	1		1568	Kelley	John	1890	Sep	20	017	M	Seattle R.R. Wharf	IRL
S	2	323	2508	Kelley	John J.	1891	Aug	06	07w	M	1114 10th St.	Sea
S	-	150	2949	Kelley	John T.	1902	Jun	20	041	M	W. Wash. Hosp. for Insane	KS
S	2	0086	00498	Kelley	Laurence	1897	Dec	05	02m	M	703 Boren Ave.	SEA
S	2	0036	00203	Kelley	M.A.	1894	May	06	043	M	214 S. 11th	MA
S	3	0148	02952	Kelley	Margeret May	1907	Feb	06	02m	F	York Sta., King Co., WA	WA
S		0024	00385	Kelley	Martin	1893	Sep	11	21d	F	813 Alder	Sea
S	1	0001	01060	Kelley	Mollie Mrs.	1889	Nov	26	024	F	4th btw Pike & Pine St.	
S	3	0111	02217	Kelley	Mrs. Maude	1906	Oct	25	016	F	Prov. Hosp.	NE
S		0003	00052	Kelley	Thos. E.	1903	Mar	25	060	M	Smiths Cove	---
S		198	3908	Kellog	D.T.	1903	Feb	27	032	M	Kendrick, ID	---
S	-	170	3347	Kellog	E. C.	1902	Oct	12	052	M	1328 6th Ave.	WI
S	2	0067	1330	Kellog	Philathea	1901	Mar	29	07m	F	138 - 29 Ave	WA
S	3	0142	02837	Kellogg	(Infant)	1907	Jan	31	10m	F	906-2nd Ave.	WA
S	3	0142	02836	Kellogg	(Infant)	1907	Jan	31	10m	F	906-2nd Ave.	WA
S	1	0001	00984	Kellogg	Abbie Louisa	1889	Oct	01	07m	F	Beach St.	MN
S	3	0047	00932	Kellogg	Alexis	1906	Feb	19	073	M	Queen Ann Ave.& Galer St.	NY
S	1		2080	Kellogg	Caroline T.	1891	Jan	09	069	F	1200 Seneca St.	NY
S	3	0169	03383	Kellogg	George Jeramia	1905	Mar	15	24d	F	1020 1/2 8th, Ward 6	WA
S	2	0058	01153	Kellogg	H. B.	1900	Mar	22	---	M	Manila P.I.	---
S	3	0138	02745	Kellogg	Ito Thayer	1907	Jan	19	011	M	So. Park, WA	WA
S	-	162	3194	Kellogg	John O.	1902	Aug	31	081	M	922 Seneca St.	NY
S	1		2109	Kellogg	Melville A.	1891	Jan	25	042	M	2214 West St.	NY

S	R	Page	Recor	LastName	FirstNames	Deat	Mn	Dt	Age	S	DeathPlace	Bir
S	2	0096	00839	Kellogg	Melville Y	1898	May	15	08m	M	2110 2nd Ave.	SEA
S	2	0036	00701	Kellogg	Philathea	1900	Aug	14	025	F	Northport, WA	---
S	3	0064	01265	Kellogg	Sarah Bonney	1906	Apr	10	026	F	Athens Hotel, Alameda, CA	Sea
S		0021	00253	Kellon	John	1893	Jun	04	057	M		
S	2	101	2005	Kelly		1901	Oct	14	045	M	207 2nd Ave. S.	IRL
S	1	0001	00156	Kelly	A.P.	1883	Jul	28	055	M	Seattle	USA
S		0003	00115	Kelly	Baby	1892	Mar	23	s/b	M		
S	2	0084	1665	Kelly	Caroline	1901	Jun	10	067	F	Ballard	ENG
S	2	0067	1339	Kelly	Catherine	1903	Dec	21	068	F	Los Angeles CA	IRL
S	3	0159	03182	Kelly	Esther	1905	Jan	06	019	F	Grand Junction, CO	---
S	2	187	3685	Kelly	Etta M.	1903	Jan	05	058	f	548 16th Ave.	OH
S	2	179	3529	Kelly	F. J.	1902	Oct	14	033	M	Nome, AK	CND
S	3	0184	03673	Kelly	Fedelia Pearce	1905	May	24	085	F	514 Yesler Way	NY
S	3	0155	03083	Kelly	Fred Elmer	1907	Mar	19	047	M	202-10th Ave. S.	MA
S	3	0131	02606	Kelly	George	1904	Sep	06	044	M	Christopher, WA	WA
S	2	0091	1808	Kelly	Infant	1901	Aug	23		M	1725 12th Ave.	Sea
S	-	173	3401	Kelly	J.	1902	Oct	14	028	M	near Skyhomish	---
S	3	0024	00469	Kelly	John H.	1905	Nov	09	062	M	140 32nd Ave	ENG
S	2	0096	00866	Kelly	Joseph	1898	May	25	079	M	3500 Yesler Way	---
S		0003	00104	Kelly	Mary	1892	Mar	17	084	F	209 Wall	IRL
S		0012	00468	Kelly	Melorina	1892	Nov	17	048	F	216 Yakima (b.St.George,	NB
S	3	0166	03304	Kelly	Milton J.	1907	Apr	16	040	M	825-1/2 Yesler Way	MO
S	1	284	2430	Kelly	Miss Mary	1891	Jul	02	019	F	Providence Hosp.	---
S		0033	00091	Kelly	Norman	1894	Feb	11	033	M	Sedro	
S		112	2240	Kelly	P.	1904	Jul	24	065	M	Wayside Mission	---
S	2	0075	1483	Kelly	P. Mary	1901	Apr	04	045	F	Denver, CO	
S	1	0001	00592	Kelly	Pat	1888	Aug	21	033	M	Near South school house	
S	3	0054	01076	Kelly	Patrick	1906	Mar	31	040	M	Wayside Emergency Hospital	unk
S	2	0055	00380	Kelly	Richard	1895	Sep	23	035	M	5th & Pike	
S	3	0193	03856	Kelly	Robert	1905	Jun	15	051	M	Georgetown	CND
S		135	2671	Kelly	Thomas Lett	1902	Apr	19	068	M	413 Boren Ave.	CND
S	2	0075	1482	Kelly	Thos.	1895	Mar	21	067	M	Denver, CO	
S	2	0052	00244	Kelly	Vina	1895	Jun	18	014	F	2321 West	
S	3	0190	03799	Kelly	William D.	1907	Jun	18	041	M	Steilacoom, WA	MI
S	2	0091	00657	Kelm	Wm.	1898	Feb	17	057	M	Steilacoom, WA	GER
S	3	0036	00710	Kelsey	Elizabeth A.	1906	Jan	02	079	F	2600 E Helen	KY
S	2	0087	00516	Kelso	Geo. A.	1897	Dec	31	003	M	Greenlake b.Greenlake,	WA
S	3	0171	03417	Kelso	Infant	1905	Mar	20	18m	M	1002 E 43rd St	SEA
S		198	3901	Kelton	Fred	1903	Feb	28	040	M	Richmond, CA	WA
S		0041	00823	Keltz	(baby)	1093	Aug	31	s/b	M	519 Pine Street	SEA
S	3	0089	01763	Keltz	O.R.	1906	Aug	05	055	M	Providence Hosp.	--
S	1		2018	Kemble	John Cleveland	1890	Nov	27	032	M	Providence Hosp. b.San Fran	CA
S	2	0060	00010	Kemig	Georgia May	1896	Jan	07	15m	F	821 S. 8th	Sea
S	1	0001	00980	Kemmerer	Val	1889	Sep	29	021	M	Prov. Hosp.	
S	1	0001	00085	Kemow	Thomas	1882			004	M	Seattle	USA
S	1	254	2372	Kemp	Calvin J.	1891	May	30	025	M	9th & Howell Sts.	---
S	2	109	1371	Kemp	Geo.	1898	Dec	27	027	M	(?) Forge	ENG
S	3	0037	00729	Kemp	George Leslie	1906	Jan	08	08m	M	134 Boylston Ave	SEA
S	3	0094	01883	Kemp	Infant	1904	Apr	14	pre	F	Monod Hospital	Sea
S	2	184	3630	Kemps	H. R.	1902	Dec	04	037	M	Chico, WA	---
S	2	0088	01754	Kempster	Infant	1904	Mar	08	---	M	823 15th Ave.	Sea
S	2	117	2328	Kempster	Martha M.	1902	Jan	12	050	F	482 Howard	NY
S	2	112	2223	Kempster	Thos. L.	1901	Dec	19	069	M	Seattle Gen. Hosp.	ENG
S	1	0001	00478	Kenan		1885	Sep	04	01m	M	Main St. 1st. Ward	SEA
S		0017	00117	Kendahl	Alford	1893	Feb	21	030	M	Franklin	

S	R	Page	Recor	LastName	FirstNames	Deat	Mn	Dt	Age	S	DeathPlace	Bir
S	2	0095	00827	Kendall	Franklin P.	1898	May	09	079	M	Providence Hosp.	ME
S	2	0071	1403	Kendall	W.Tressey	1901	Apr	11	064	F	17 Denney Way	IRL
S	2	0087	00535	Kendrick	F. B.	1898	Jan	01	047	M	Edgewater	ON
S	2	102	1083	Kendrick	Lucretia J.	1898	Aug	27	014	F	812 Stewart St.	---
S	-	147	2882	Keniston	infant	1902	Jun	11	04d	M	1604 9th Ave.	SEA
S		0018	00141	Kenman	Nancy J.	1893	Apr	14	059	F	503 Rollin	
S	2	138	2724	Kennah	baby	1902	Apr	27	s/b	F	1513 Bellevue Ave.	SEA
S		0014	00275	Kennah	Infant	1903	Apr	09	---	M	1513 Bellevue	SEA
S	1	0001	00925	Kennard	Thomas C.	1889	Jul	02	028	M	Prov. Hosp.	
S	2	0007	00135	Kennedy	Ada F.	1900	Feb	22	026	F	609 Union St	CND
S	2	0091	00689	Kennedy	Adam	1898	Mar	11	013	F	Front & Wall Sts. b.Tacoma,	WA
S	3	0007	00132	Kennedy	Catherine Ann	1905	Aug	23	020	F	Providence Hosp.	TX
S	3	0172	03439	Kennedy	Dan C.	1907	May	05	046	M	6th Ave. & Columbia	IL
S	3	0012	00227	Kennedy	Emma (Mrs.)	1905	Sep	09	036	F	Wayside Emerg. Hosp.	---
S	2	0058	00562	Kennedy	Harry	1895	Dec	17	027	M	Seattle Gen. Hosp	PEI
S	2	184	3627	Kennedy	Hugh	1902	Dec	29	041	M	1726 19th Ave.	ON
S	2	0072	00488	Kennedy	infant	1896	Nov	26	03m	M	Arlington Hotel	SEA
S		0049	00973	Kennedy	Infant	1903	Sep	15	s/b	F	Wayside Mission Hospital	SEA
S	1	0001	00065	Kennedy	John	1882	Apr	13	056	M	Providence Hosp.	US
S	1		2075	Kennedy	John R.	1891	Jan	06	032	M	Providence Hosp.	CA
S	2	0072	00475	Kennedy	Joseph	1896	Nov	14	073	M	416 Lenora St.	IRL
S	3	0016	00317	Kennedy	Lena C.	1905	Sep	21	032	F	Prosser, WA	---
S		0046	00920	Kennedy	Mamie (Mrs.)	1903	Sep	15	016	F	Seattle, General Hospital	NY
S	2	0072	00486	Kennedy	Mary A.	1896	Nov	23	11m	F	East James St.	SEA
S	2	0079	00212	Kennedy	Mrs.	1897	Jun	04	---	F	925 East St.	---
S	1	0001	00111	Kennedy	Mrs. M.	1882	Aug	28	026	F	Seattle Hosp.	IRE
S	3	0090	01797	Kennel	Lilly M.	1906	Aug	14	06m	F	Brighton Beach	WA
S	2	107	2135	Kenney	H. P.	1901	Nov	23	021	M	Prov. Hosp.	WI
S	3	0140	02791	Kenney	John	1907	Feb	04	c36	M	508-1st Ave. S.	unk
S	2	0023	00438	Kenney	S. (Mrs.)	1900	May	28	074	F	302 Broadway	SCT
S	2	0047	00057	Kenney	Samuel	1895	Feb	13	066	M	519 Hughston	IRL
S	3	0064	01262	Kennington	Eliza	1906	Apr	08	064	F	Hillman, King Co.	ENG
S	2	0020	00388	Kennington	Wm	1900	May	04	073	M	West & VA St	ENG
S	2	0044	00867	Kennworthy	Claude S.	1900	Oct	26	11d	M	Ballard	sme
S	3	0126	02511	Kenny	Blanche G.	1906	Dec	18	021	F	5800 E. Green Lake Blvd.	OH
S	2	0076	00103	Kenny	Mary A.	1897	Mar	10	082	F	Republican & Bellevue Sts.	IRL
S	-	170	3336	Kenny	Mary E.	1902	Oct	09	025	F	1626 21st Ave.	CA
S		0005	00189	Kenosa	Loetz	1892	May	12	030	M	Grace Hosp.	ITL
S	-	154	3035	Kent	C. F.	1902	Jul	22	040	M	Northern Hotel	MN
S	2	123	1913	Kent	Mrs. Mary	1899	Sep	03	056	F	Providence Hosp.	---
S		0004	00073	Kent	Myra	1903	Mar	16	004	F	Green Lake	---
S	3	0181	03603	Kent	W.H.	1907	May	15	068	M	W.W. Hosp., Steilacoom	---
S		0115	02290	Kenworthy	Charles J.	1906	Nov	03	040	M	Wayside Hosp.	OH
S	3	0022	00428	Kenworthy	James Thomas	1905	Oct	19	085	M	Augusta, MT	ENG
S		0060	1200	Kenyon	Albert J.	1903	Nov	07	065	M	So. Seattle	VT
S	3	0168	03358	Kenyon	Donald Albert	1905	Mar	04	04m	M	Seattle General Hosp	SEA
S		0014	00522	Kenyon	J. Gardner	1892	Dec	22	058	M	Pike 1st & 2nd	NY
S		0009	00175	Kenyon	Teddy	1903	Apr	10	003	M	S. Seattle	NE
S	2	0038	00309	Kenyon	Wm. S.	1894	Jul	31	062	M	1621 Kentucky	NY
S	3	0198	03957	Kepner	George W.	1905	Jul	27	035	M	Grand Central Hotel	UN
S	2	0082	1624	Keppler	Martin	1901	Jun	20	042	M	Monad Hosp.	
S	2	0067	1331	Kerache	P. James	1901	Mar	29	021	M	614 Senica	CND
S	1	0001	00996	Kerber	Anna Maria	1889	Oct	14	12w	F	Madison St.	SEA
S		0003	00117	Kerblone	Chas.O.	1892	Mar	24	060	M	14 & Lake	SWD
S	2	105	1210	Kereland	infant	1898	Oct	16	20d	F	813 Alder St.	---

S	R	Page	Recor	LastName	FirstNames	Deat	Mn	Dt	Age	S	DeathPlace	Bir
S	2	0049	00134	Kerkow	(Infant)	1895	Apr	01	12h	M	442 Taylor St	Sea
S	2	0085	00454	Kerkow	Hazel B.	1897	Nov	14	01m	F	821 Terrace St.	SEA
S			1384	Kerkow	Herold	1890	Jun	15	03m	M	1207 Main St.	Sea
S		0020	00207	Kerkson	Walter	1893	May	24	03m	M	Lander & Bay View	
S		0020	00231	Kern	W.H.Maguil	1893	Jun	08	028	M	Abbott House	
S	2	158	3110	Kernig	A.R.	1902	Aug	16	041	M	526 Boren	KY
S	2	0044	00538	Kerns	John	1894	Nov	27	054	M	1825 11 St.	
S	2	0073	00535	Kerr	C. A.	1896	Dec	05	---	M	Salt Lake	CND
S	2	0041	00413	Kerr	John	1894	Sep	17	036	M	6th & James	
S	2	126	1994	Kerr	Jos	1899	Oct	13	040	M	Providence Hosp.	IRL
S	3	0007	00125	Kerr	Sarah (Mrs.)	1905	Aug	15	085	F	5th & Jefferson	---
S	1	216	2308	Kerr	W. W.	1891	Apr	17	024	M	601 7th St.	---
S	3	0020	00391	Kerr	William W.	1905	Oct	28	058	M	Metropolitan Sanitarium	IA
S	2	0059	01181	Kerry	E. Mary	1901	Feb	07	031	F	512 Melrose	MI
S	3	0186	03717	Kerslingen	Gustav	1905	May	03	047	M	King County Hosp.	WI
S	2	0064	00166	Kervulf	A.	1896	Apr	29	037	M	Pease House b.West Indies	
S	-	150	2940	Kerye (Kerve?)	Gladys M.	1902	Mar	04	011	F	Nome, AK	SEA
S	2	0053	00285	Kessel	Lawrence	1895	Jul	29	068	M	5th & Boulston	FRN
S		133	2628	Kessler	baby	1902	Apr	02	s/b	M	732 26th Ave. S.	SEA
S	1		1911	Kessler	Lus	1890	Oct	14	-	M	Ballard	---
S	3	0143	02852	Kesterson	Florence Edith L.	1907	Feb	13	01m	F	518-10th Ave.	WA
S	3	0142	02833	Kesterson	James W.	1907	Feb	09	006	M	518-10th Ave.	WA
S	2	128	2100	Kesting	infant	1899	Dec	02	04h	M	4th & Spring Sts.	Sea
S		0034	00666	Kesting	L.	1903	Aug	01		M	Monod Hospital	CND
S	3	0182	03638	Ketas	H.	1905	May	10	080	M	4034 Burke Ave	RUS
S	3	0176	03521	Ketchum	Charlotte A	1905	Apr	17	066	F	1824 18th Ave	NY
S	2	396	2652	Ketchum	Joel	1891	Oct	20	088	M	2417 West St./6th Ward	MA
S		0004	00120	Kets	Mary	1892	Mar	27	066	F	9th & Wash.	
S	2	0069	00380	Kettles	Nellie	1896	Sep	14	045	F	St. Chas. Hotel b.Reservation	
S	3	0177	03529	Ketzer	Regina	1907	May	22	038	F	Providence Hosp.	GER
S	2	0063	01252	Keuchi	G.	1901	Feb	15	025	M	Issaquah	JPN
S	3	0103	02043	Keyes	E. Mable	1906	Sep	18	032	F	Miner Hospital	ENG
S	1	0001	00475	Keyes	Frank	1885	Aug	25	006	M	New England Hotel, 1st Ward	OR
S	3	0065	01292	Keyes	John	1905	Oct	20	061	M	British Columbia	unk
S	2	0085	1701	Kibbe	Alfred B.	1904	Mar	25	046	M	Seattle Gen. Hospital	NY
S			1317	Kibbee	Mrs. L. J.	1890	May	14	070	F	Seattle	---
S	2	0062	01237	Kichnott	A. J.	1901	Feb	01	067	M	Co. Hosp.	CND
S	2	0007	00126	Kicht	Chas.	1900	Feb	19	10m	M	17th & Columbia	SEA
S		0113	02254	Kickusch	Charles	1906	Oct	18	066	M	Brighton	GER
S	1	0001	00424	Kidd		1885	Jan	22	053	F	Seattle	
S	2	141	2790	Kidd	Arthur	1902	May	19	07m	M	674 E. 71st St.	SEA
S	1	0001	01220	Kidd	Louis A.	1890	Mar	26	026	M	Grace Hosp.	CA
S	3	0137	02740	Kidder	H.E.	1907	Jan	14	044	M	Ft.SteilacoomWWHospfrInsane	ME
S	2	157	3095	Kidney	J. M.	1902	Aug	11	050	M	Stetson Post Mill	USA
S	2	145	2855	Kiebe	Martha	1902	May	26	s/b	F	1310 Denny Way	SEA
S	2	107	2140	Kienstra	George F.	1901	Nov	25	054	M	Prov. Hosp.	MO
S		0004	00143	Kierski	Bertha	1892	Apr	13	026	F	208 So.9th (b.New York City	
S	3	104	2067	Kieschke	Ernest A.	1904	Jun	16	044	M	419 13th Ave.	GER
S			1280	Kieth	Charles	1890	Apr	21	030	M	-	---
S		0109	02179	Kight	Arthur G.	1904	Jul	06	005	M	10th Ave. So. & Jackson	Sea
S	2	118	1707	Kight	Josephine	1899	May	22	020	F	9th Ave. S. & Add (?)	CO
S	2	121	1801	Kigma	K. Shumada	1899	Jul	12	018	M	Seattle Gen. Hosp.	JPN
S	2	0089	00594	Kikuchi	Forajimo	1898	Feb	01	019	M	Sea. Gen. Hosp.	JPN
S	3	0034	00674	Kikuchi	Y.	1905	Dec	04	027	M	Sandpoint, ID	JPN
S	3	0123	02460	Kikutake	Infant	1904	Aug	09	---	M	622 Maynard Ave	SEA

S	R	Page	Recor	LastName	FirstNames	Deat	Mn	Dt	Age	S	DeathPlace	Bir
S	3	0023	00443	Kikutako	Infant	1905	Oct	04	s/b	F	664 Dearborn	SEA
S	3	0077	01533	Kilbourn	Christena	1906	Jun	27	023	F	Providence Hospital	FIN
S		111	2207	Kilbourne	Kate E.	1904	Jul	17	030	F	126 Draves St.	ENG
S	3	0176	03501	Kilburn	David N.	1907	May	18	069	M	Minor Hosp.	MA
S	2	0087	1724	Kilcup	Irving	1901	Jul	22	9mo	M	Str Ed Smith	WA
S		0036	00722	Kilduff	James M.	1903	Aug	18	011	M	Green Lake	UT
S	2	0047	00053	Kilgore	A.M.C.	1895	Feb	11	067	M	417 Thomas	ME
S	3	0131	02613	Kilgore	Infant	1904	Sep	11	---	F	1009 E Newton St	SEA
S	3	0156	03121	Kilgore	Mable Helen	1905	Jan	24	19d	F	1014 Pike St	SEA
S	3	0063	01248	Kilian, Jr.	Karl	1906	Apr	29	07m	M	2016 Ninth Ave.W.	MN
S		0081	1610	Killen	Joseph C.	1904	Mar	07	054	M	815 15th Ave.	CND
S		0029	00582	Killoran	Harry	1893	Dec	16	001	M	Ballard (b.Ballard	
S	3	0127	02530	Kilpatrick	Wm	1906	Dec	30	056	M	708 Lenora	PA
S		0021	00247	Kilrall	Infant	1893	Jun	27	15h	M	1410 2nd	
S	3	0135	02692	Kilsheimer	Louis	1907	Jan	27	049	M	907 Boren Ave.	OH
S	2	124	1944	Kimahashi	T.	1899	Sep	24	032	M	Providence Hosp.	JPN
S	3	0183	03657	Kimball	Charles D.	1907	Jun	05	063	M	743 N. Broadway	NY
S		0011	00419	Kimball	Frances B.	1892	Oct	07	002	M	Lombard & John (b.Ross	
S		0007	00265	Kimball	Freddie	1892	Jul	02	10m	M	Ross (b.Ross	
S	2	118	1687	Kimball	G. W.	1899	May	11	068	M	2507 1st Ave.	NY
S	2	103	1126	Kimball	Mary E.	1898	Sep	09	068	F	616 21st Ave.	OH
S	1	0001	00275	Kimball	Sarah	1883	Sep	04	027	F	Seattle	USA
S	1	0001	00250	Kimball	Sarah C.	1883			052	F	Seattle	USA
S	3	0157	03137	Kimball	Susanna	1905	Jan	28	038	F	1819 N Broadway	CND
S	2	0097	1931	Kimble	Geo. M.	1901	Sep	28	051	M	604 7th Ave.	PA
S	2	0081	00284	Kimbro	Robt	1897	Jul	15	045	M	Vallentine, MO b.Vallentine MO	
S	2	0043	00508	Kimsey	Abbie	1894	Nov	04	001	F	1718 Broadway b.King Co.	WA
S	3	0131	02620	Kimura	Kengo	1907	Jan	07	019	M	Seattle Gen. Hosp.	JPN
S	3	0044	00875	Kimura	Y. (Mrs.)	1906	Feb	16	066	F	Prov. Hosp.	JPN
S		136	2700	Kincaid	Amia A.	1901	Jan	07	059	F	Gochmaner Sanatariam	MI
S	3	0080	01588	Kincaid	Frank	1906	May	25	029	M	Seward, Alaska	WA
S	2	176	3486	Kinder	J. H.	1902	Nov	20	035	M	165 Denny Way	UT
S	3	0130	02603	Kindiy ?	Lee K	1904	Sep	28	022	M	Snoqualmie, WA	---
S	1	0001	00276	Kindling	infant	1883	Sep	04			unknown	
S	2	112	1460	King	A.	1899	Feb	08	060	M	Seattle Gen. Hosp.	NY
S	2	0019	00368	King	A.	1900	Apr	06	064	M	Co. Hosp.	NY
S	2	137	2712	King	Aline	1902	Apr	15	01m	F	Burke Ave. b.Ballard, WA	
S	2	398	2656	King	Amelia	1891	Oct	26	039	F	11th & M Sts, Portland, OR	PRS
S	2	0065	1305	King	Archie	1903	Dec	28	027	M	705-1/2 Pike St.	MI
S	2	0020	00384	King	Chas W.	1900	May	03	032	M	Prov. Hosp.	ENG
S	-	176	3456	King	Chas. W.	1902	Nov	06	028	M	Providence Hosp.	IL
S	2	0053	00311	King	Eliz H.	1895	Aug	12	020	F	2310 3rd St.	
S	2	0071	00454	King	Ella	1896	Oct	26	069	F	Ballard, WA	IRL
S	3	0196	03907	King	Frances W.	1905	Jul	17	051	M	Michigan Ex. Hotel	MA
S		0024	00467	King	Frannie Clark	1903	Jun	15	044	F	602 Belmont	OH
S	2	0076	00097	King	Geo.	1897	Mar	02	062	M	Broadway St.	ENG
S	3	0179	03576	King	George E.	1905	Apr	28	060	M	Providence Hosp.	NY
S	1	0001	00951	King	George F.	1889	Jul	27	05m			
S	2	0065	00199	King	Hattie M.	1896	May	21	027	F	815 Pine St	ME
S	3	0075	1496	King	Ida	1904	Feb	06	043	F	309 Maynard Ave.	WA
S		0014	00268	King	Ina Glezo	1903	Apr	26	03m	F	West Seattle	SEA
S		135	2661	King	infant	1902	Apr	18	---	M	223 28th Ave. N.	SEA
S		0016	00316	King	Infant	1903	May	07	02d	M	Monod Hospital	SEA
S		0193	3798	King	Infant	1903	Jan	03	s/b	M	219 27th Avenue N.	Sea
S	3	0075	01503	King	Infant	1904	Feb	10	06d	M	1413 Newport Ave.	Sea

S	R	Page	Recor	LastName	FirstNames	Deat	Mn	Dt	Age	S	DeathPlace	Bir
S	3	0138	02759	King	Infant	1904	Nov	01	01m	M	6009 Fourteenth Ave N E	SEA
S	3	0080	01599	King	Infant	1906	Jun	29	s/b	F	6009 4th NE	Sea
S		0048	00954	King	Jennie	1903	Sep	23	022	F	King County Hospital	ENG
S	3	0185	03696	King	Jennie	1905	May	03	022	F	Providence Hosp.	MI
S	2	120	1772	King	Joseph W.	1899	Jun	27	02m	M	1st Ave. & Union Sts.	Sea
S	2	105	1187	King	Louisa	1898	Oct	01	001	F	26th & Madison Sts.	Sea
S	3	0170	03382	King	Lucile B.	1907	Apr	06	06m	F	West Seattle, WA	WA
S	3	0167	03340	King	Maria A, Mrs	1905	Feb	25	074	F	Rainier Beach	NY
S	2	0064	01276	King	Mary	1901	Mar	05	068	F	1001 Main	IRL
S	3	0142	02833	King	Mary Ann	1904	Nov	26	052	F	708 Virginia	IRL
S	3	0047	00936	King	Millicent	1906	Feb	23	039	F	1929.5 - 1st Ave.	ENG
S	3	0186	03712	King	Philander B.	1907	Jun	16	076	M	5626-14th N.E.	NY
S		0015	00020	King	Reta L.	1893	Jan	20	019	F	522 Union	
S		0008	00300	King	Robert B.	1892	Jul	23	022	M	Ft. of Wall	AUT
S	2	176	3487	King	Sherman	1902	Nov	20	01d	M	2223 2nd Ave.	SEA
S	3	0164	03267	King	Thomas	1905	Feb	19	054	M	2nd Ave & Columbia St	---
S	2	116	2313	King	Tom	1902	Jan	08	037	M	5th Ave. Btw Yesler & Wash.	CHN
S	3	0127	02545	King	Winfred D	1904	Sep	27	25d	M	4039 Sixth Ave NE	Sea
S	2	117	1653	King	Wm. R.	1899	Apr	04	049	M	Issaquah, WA	ENG
S		0016	00318	King	Wm. T.	1903	May	09	047	M	General Hispital	GA
S	3	0071	1419	Kingdon	Clara B.	1904	Jan	24	049	F	University Station	IN
S	1		2103	Kinglund	Charles	1891	Jan	21	028	M	Providence Hosp.	---
S	1		1550	Kingsbury	W. C. (Mrs.)	1890	Sep	10	-	F	1321 Third St.	---
S	1	241	2346	Kingsley	Sarah C.	1891	May	10	083	F	210 S. 10th St.	NY
S	2	0083	00372	Kingston	John	1897	Sep	24	052	M	Providence Hosp.	---
S		0021	00418	Kinkade	Eddie	1903	May	29	09	M	410 - 11th Avenue	WA
S	3	0021	00419	Kinley	Anna Louisa	1905	Aug	13	039	F	Fairbanks, AK	SWD
S	2	0081	00282	Kinley	Lulu	1897	Jul	10	021	F	Ballard, WA	CA
S	1	0001	00020	Kinnear	George	1881	Nov		004	M	Seattle	IN
S	2	0080	00234	Kinnear	H. B.	1897	Jun	25	025	M	Elliott Bay	MA
S	2	0069	1370	Kinnear	Wallter A.	1904	Jan	07	027	M	1613 4th Ave.	OR
S	2	129	2132	Kinnen	Catharine	1899	Dec	19	075	F	Providence Hosp.	CND
S	3	107	2132	Kinney	Catherine	1904	Jun	05	073	F	Str. Umatilla at Sea	IRL
S	2	183	3597	Kinney	Edson L.	1902	Dec	26	048	M	1454 E. Republican St.	ME
S	3	0076	01519	Kinney	Emily	1906	Jun	22	036	F	Pacific Hosp.	MN
S	3	0088	01752	Kinney	Infant	1906	Aug	01	04m	M	43rd & Latona Ave. b.city	
S	2	100	1981	Kinney	Maggie	1901	Oct	02	025	F	519 28th Ave. S.	MI
S	1	0001	00195	Kinney	Wm.	1883	Apr	07	058	M	Seattle	USA
S		0117	02323	Kinnie	Alice (Mrs.)	1906	Nov	12	028	F	Prov. Hosp.	VT
S		0012	00438	Kinny	Clarence	1892	Oct	26	13m	M	(b.Kitsap Co.	
S		0114	02280	Kinomoto	(Infant)	1906	Oct	16	s/b	F	Pontiac, WA	WA
S		0042	00824	Kinsman	Robert	1903	Aug	29	03m	M	2822 Western Avenue	SEA
S	2	0007	00124	Kiogh	Baby	1900	Feb	18	04d	M	1932 8th Ave	SEA
S	2	0060	00006	Kippe	John	1896	Jan	04	046	M		
S	2	0053	00282	Kirby	Annie C.	1895	Jul	27	09m	F	10th & Weller	Sea
S	3	0156	03120	Kirby	John	1905	Jan	24	072	M	2012 13th Ave S	IRL
S	2	144	2834	Kirk	Daniel	1902	May	04	042	M	W.Wash. Hosp. for insane	KY
S	2	126	2021	Kirk	Elizabeth	1899	Oct	03	050	F	Providence Hosp.	ENG
S	2	0094	00767	Kirk	Hazel	1898	Apr	17	03w	F	712 Harrison St.	SEA
S	-	173	3400	Kirk	Henry	1902	Oct	14	038	M	Semakmoo	IRL
S	2	0062	00084	Kirk	Irene	1896	Feb	26	05m	F	South Park b.South Park	
S	1	0001	00074	Kirkendall	Lucian	1882	May	19	072	M	Providence Hosp.	GER
S	3	0154	03069	Kirkendall	Mrs. Mollie	1907	Mar	15	033	F	Prov. Hosp.	MO
S	3	0158	03152	Kirkman	Elda G L	1905	Jan	12	07m	F	1208 Pine St AD:7m7d	SEA
S		0018	00144	Kirkman	Emma	1893	Apr	16	020	F	Chestnut & Depot	

S	R	Page	Recor	LastName	FirstNames	Deat	Mn	Dt	Age	S	DeathPlace	Bir
S	3	0124	02475	Kirku	Infant	1904	Sep	02	01d	M	609 Weller St	SEA
S	3	0054	01079	Kirkwood	Matthew	1906	Mar	01	060	M	Providence Hospital	SCT
S	3	0135	02688	Kirkwood	S.K. Rev.	1907	Jan	24	029	M	606-15th Ave. N.	OH
S	2	0020	00400	Kirkwood	W. W.	1900	May	13	032	M	102 17th Av N	IA
S	3	0074	01475	Kirschbaum	Louis	1906	Jun	10	044	M	1504 Terry	PRS
S	2	0080	00238	Kirschner	Fred	1897	Jun	29	040	M	Seattle, WA	OH
S	3	0074	1483	Kirschner	Fred	1904	Feb	02	079	M	South Seattle	GER
S		0027	00496	Kirschner	Mary	1893	Nov	15	069	F	Bayview Brewry	GER
S	2	114	2272	Kirtland	Bassie L.	1901	Dec	19	027	F	Ballard	MI
S		0013	00251	Kiser	Joseph	1903	Apr	04	037	M	Near Grade & Washington	SWT
S	3	0152	03021	Kishi	Mrs. Chitsuru	1907	Mar	04	041	F	308-4th Ave. S.	JPN
S	3	0146	02907	Kiso	Emma	1907	Feb	19	038	F	Wayside Emer. Hosp.	ND
S	3	0182	03625	Kitchens	(Infant)	1907	May	05	s/b	M	516 Broadway	WA
S		0027	00486	Kithedge	R.F.	1893	Nov	09	063	M	218 Oak	VT
S	2	144	2837	Kittel	A. L.	1902	May	09	---	-	Snohomish	---
S	2	0094	1878	Kittila	Antte	1901	Sep	06	027	M	325 2nd Ave. W.	FIN
S		0017	00085	Kittinger	Emma Mildred	1893	Mar	10	002	F	419 10th	Sea
S		0056	1113	Kiyonniez	Infant	1903	Oct	31	03d	M	Interbay	SEA
S	-	164	3219	Kjellund	Chris	1902	Sep	04	027	M	Monod Hosp.	NRY
S	2	0083	1656	Klamimg	W. J.	1901	Jun	07	061	M	So. Seattle	GER
S	3	0132	02633	Klausing	Henry F.	1907	Jan	16	044	M	1521-17th Ave.	GER
S	2	120	2398	Klaussen	Ernest	1895	Apr	11	024	M	German Hosp.	GER
S	1	0001	00765	Klchoe	Catherine Mrs.	1889	Feb	17	039	F	Corner Lake & Harrison St.	
S		0022	00300	Klein	Chas.	1893	Aug	02	03m	M	cor. of Market & Day	Sea
S		0040	00802	Klein	John	1903	Aug	28	088	M	Ballard	GER
S	2	0067	00305	Klein	Joseph	1896	Aug	02	01m	M	10th & Weller Sts.	CA
S	2	178	3513	Klein	Mabel	1902	Nov	26	01d	F	318 2nd Ave. N.	SEA
S	3	0064	01274	Klein	William Carl	1906	Apr	17	043	M	Auburn, King Co.	GER
S	2	109	2180	Klemm	Mary (Mrs.)	1901	Dec	01	042	F	Near Brickyard S. S.	ENG
S	2	0041	00430	Klett	John	1894	Sep	30	050	M	Grant St.	
S	2	143	2808	Kliebe	Emma	1902	May	26	026	F	1310 Denny	GER
S	2	0066	00254	Klievis	Adah	1896	Jun	24	041	F	2710 Waller	NY
S	2	337	2535	Kline	Bertie	1891	Aug	21	06d	M	11th & B St.	Sea
S	2	118	2345	Kline	H. D.	1902	Jan	19	046	M	Seattle Gen. Hosp.	LA
S	3	0098	01954	Kline	Ida	1906	Sep	09	032	F	Providence Hosp.	IN
S	2	0061	01209	Kline	M. Anna	1901	Feb	22	035	F	Fremont	GER
S	3	0109	02166	Kline	Margery	1906	Oct	14	009	F	722 Boren Ave.	MI
S	2	0122	02429	Kline	Mary	1904	Aug	04	074	F	West Seattle	PA
S	3	0156	03101	Klinefelter	Edwin W.	1907	Mar	22	10m	M	301-15th Ave. N.	WA
S	2	145	2857	Klinefelter	infant	1902	May	29	s/b	F	130 27th N.	SEA
S	3	0022	00422	Klinefelter	Ruth Ann	1905	Oct	13	051	F	Hillman City	MD
S		0003	00088	Klinefetter	Frank	1892	Mar	01	027	F	517 Wilfred (b.Oil Springs,	CND
S		0009	00167	Klinfelter	Eliza J.	1903	Apr	08	038	F	752 Thomas Street	NB
S	3	0052	1027	Kling	Joseph	1906	Mar	11	078	M	176 Thomas St.	GER
S	2	180	3569	Klinger	Emil	1902	Dec	10	006	M	325 Eastlake Ave.	SEA
S	3	0124	02471	Klinkowstein	Maurice	1906	Dec	15	057	M	Providence Hosp.	PLD
S	2	0091	00680	Klock	Margaret A.	1898	Mar	09	001	F	Latona, WA	---
S	2	0040	00799	Klodt	Louis	1900	Oct	01	041	M	2nd & Stewart	GER
S	3	0064	01263	Kloeber	Mattie P.	1906	Apr	08	036	F	Hot Springs, King Co.	PA
S	1	0001	01126	Klof	Annie C.	1890	Jan	07	033	F		
S	2	120	1773	Kloppenburg	Chas. W.	1899	Jun	28	071	M	324 Marion St.	GER
S	3	0187	03731	Knago	Mrs. Louisa	1907	Jun	22	068	F	116-10th Ave. N.	OH
S		0019	00181	Knapp		1893	May	11	07m	F	Latona	Sea
S	2	179	3533	Knapp	baby	1902	Nov	10	---	F	38th & Ashworth b.Fremont,	WA
S	2	0070	1393	Knapp	Charles	1904	Jan	07	023	M	Great Northern Tunnel	---

S	R	Page	Recor	LastName	FirstNames	Deat	Mn	Dt	Age	S	DeathPlace	Bir
S	1	0001	00207	Knapp	Chas.	1883	May	20	050	M	Seattle	USA
S	3	0036	00701	Knapp	Infant	1905	Dec	14	s/b	M	2434 Irving St	SEA
S	2	0038	00284	Knapp	John B.	1894	Jul	14	08m	M	2411 Love St.	
S	3	0132	02639	Knapp	Lyman E	1904	Oct	09	066	M	Seattle General Hosp	---
S		0060	1195	Knapp	T. VG.	1903	Nov	30	060	M	Seattle Gen. Hosp.	---
S	2	0041	00811	Knappe	Marian	1900	Oct	07	05d	F	Brooklyn	SEA
S	2	0077	1538	Kneeland	-	1901	May	19	01d	M	52 W. Virginia	WA
S	2	0087	00539	Kneiss	John F.	1898	Jan	04	043	M	Providence Hosp.	IL
S	2	107	2137	Knez	Annie	1901	Nov	24	006	F	Alaska Hotel	SEA
S	3	0076	01502	Knez	Margarete	1906	Jun	15	001	F	57 W. Broad	Sea
S	2	0073	00542	Knibbs	Della	1896	Dec	23	03m	F	So. Park, WA b.So. Park, WA	
S	2	111	1450	Knight	Albert J.	1899	Feb	03	029	M	Providence Hosp.	CND
S	3	0088	01751	Knight	Clifford	1906	Aug	01	024	M	Pacific Hosp.	--
S	1	0001	00386	Knight	Frank H.	1884			15m	M		
S	3	0126	02501	Knight	Henrietta	1906	Dec	12	062	F	Pacific Hosp.	MI
S	2	0098	1944	Knight	Henry	1901	Sep	11	035	M	Near Wellington	USA
S	3	0149	02982	Knight	John	1904	Dec	16	026	M	Providence Hosp	---
S	1		1440	Knight	John Albert Staffort	1890	Jul	25	04m	-	-	---
S	1	0001	00165	Knight	Mrs.	1883	Feb	26	054	F	Seattle	USA
S	2	104	1155	Knight	Richard	1898	Sep	24	087	M	Seattle Gen Hosp.	ENG
S	3	0129	02578	Knight	Susie Margaret	1904	Sep	22	042	F	Providence Hosp	WA
S	3	0025	00494	Knipe	Laura M.	1905	Nov	21	057	F	Seattle Gen. Hosp.	MA
S	2	0089	1784	Knipe	Robert	1904	Apr	07	056	M	2126 3rd Ave.	NY
S	3	0147	02922	Knisell	Malichi	1907	Feb	26	064	M	4121-14th Ave. N.E.	KY
S	2	0087	1742	Knoflich	Elizabeth	1904	Mar	25	035	F	Brighton Beach	DNK
S		197	3377	Knoppe	Wm F.	1903	Feb	26	041	M	Providence Hospital	WI
S	2	0056	00397	Knowles	Albert	1895	Sep	19	066	M	Sunnydale	
S	3	0143	02849	Knowles	Dorothy	1904	Nov	12	006	F	6000 Holman Pl	MI
S	2	0016	00312	Knowles	Harry	1900	Apr	12	019	M	5th & Yesler	ME
S	3	0018	00349	Knowles	J. S.	1905	Oct	08	045	M	Seattle Gen. Hosp.	---
S	2	0079	00231	Knowles	Mary	1897	Jun	21	056	F	509 Yesler St.	ME
S		113	2255	Knowles	Rea C.	1904	Jul	21	012	M	Seeattle Gen. hospital	WA
S	3	0036	00720	Knowlton	Frank	1906	Jan	05	030	M	509 John St	MA
S	3	0189	03778	Knowlton	Lillian Doris	1905	Jun	20	005	F	1412 E Thomas St	SEA
S	2	0090	00644	Knowlton	W. L.	1898	Feb	28	024	M	Sea. Gen. Hosp.	---
S	2	438	2736	Knox	Mrs. J. C.	1891	Dec	25	029	F	3015 Jackson St.	VT
S	3	0075	01505	Knox	Olive F.	1904	Feb	12	065	F	Providence Hospital	IL
S	3	0071	1416	Knox	Robert B.	1904	Jan	24	059	M	3220 23rd Ave. W.	MO
S	1		1444	Knox	Warren	1890	Jul	30	002	M	-	---
S	3	0017	00338	Knudsen	Alma Christina	1905	Oct	04	015	F	418 Minor Ave N	SEA
S	3	0071	01402	Knudson	Charles	1906	May	28	050	M	Sea. Gen. Hosp.	NRY
S	2	0078	00187	Knudson	O.	1897	May	24	071	F	Providence Hosp.	NRY
S	2	0058	01141	Knudson	Olaf	1901	Jan	14	09m	M	Ballard	sme
S	2	0063	00126	Knudson	Olga M.	1896	Mar	07	003	F	Ballard b.Ballard	
S	3	0058	01155	Knudson	Oscar C.	1906	Apr	03	11m	M	2261 - 15th Ave.W.	Sea
S	2	111	1422	Knupf	Ernestine	1899	Jan	24	046	F	nr 104 10th Ave. S.	SWT
S	3	0140	02793	Knutsen	Garda	1907	Feb	05	020	F	Sea. Gen. Hosp.	NRY
S	2	0063	00128	Knutson	Karen O.	1896	Mar	13	09m	F	Ballard b.Ballard	
S	2	0008	00157	Knutson	Olaf	1900	Feb	06	013	M	Ballard	NRY
S	3	0131	02608	Kobaishi	Y.	1907	Jan	08	022	M	Great Northern Docks	JPN
S	3	0091	01809	Kobelt	Joseph	1906	Aug	15	036	M	R.R. Ave. & Virginia St.	--
S	3	0068	01346	Koborivak	Fay	1906	May	10	--	F	6539 Latona Ave.	AK
S	2	0065	00221	Koch	A.	1896	May	17	030	M	Duwamish	GER
S	-	174	3434	Koch	Frederick	1902	Oct	27	017	M	Maynard & Chas. Sts.	MO
S	3	0174	03474	Koch	Geo. A.	1907	May	12	021	M	1008-10th Ave. S.	MO

S	R	Page	Recor	LastName	FirstNames	Deat	Mn	Dt	Age	S	DeathPlace	Bir
S	2	0037	00247	Koch	John	1894	Jun	10	023	M	Swift & Plummer	
S	2	0045	00559	Kochi	Moritz	1894	Dec	11	050	M	1424 5th St	GER
S	3	0031	00615	Koda	M.	1905	Dec	20	033	M	Providence Hosp.	JPN
S	2	0083	1644	Koegan	J. J.	1901	Jun	30	045	M	521 - 1st Ave.	
S		0024	00360	Koeller	Susannah	1893	Sep	03	02m	F	Rose St.	Sea
S	-	165	3237	Koerber	Annie	1902	Sep	11	023	F	314 Dexter Ave.	GER
S	3	0006	00119	Koester	Moritz	1905	Jul	05	050	M	Providence Hosp.	GER
S	3	0154	03083	Kogo	Mitusgi	1905	Jan	11	023	M	Providence Hosp	JPN
S		0012	00452	Kohler	Hugh	1892	Nov	03	027	M	Front St.	MA
S		135	2677	Kohn	Amerralli	1902	Mar	25	037	M	Lake Washinton	AFG
S	3	0189	03772	Kohn	Isidor	1907	Jun	30	046	M	318 Malden Ave. (b. Bohe	mia
S	3	0166	03317	Kohn	Minnie	1905	Feb	06	09m	F	Georgetown, WA	WA
S	2	0087	00540	Kohne	Chas.	1898	Jan	06	032	M	Railroad & Main b.Sacramnto	CA
S	3	0166	03319	Koizumi	John Doe	1905	Feb	13	030	M	W Wash Hosp for Insane	JPN
S	3	0032	00627	Koizumi	Tsuneo	1905	Dec	25	034	M	417 Washington St	JPN
S	2	0064	00168	Kolce	Katie	1896	Apr	28	020	F	512 1/2 8th St	
S	1	0001	00102	Kollock	Chas. H.	1882	Jul	15	004	M	Seattle	SEA
S		135	2669	Kolm	infant	1902	Apr	23	02d	F	523 Prospect	SEA
S		0034	00125	Kolstad	Rosie	1894	Mar	24	001	F	Love & 2nd St.	Sea
S	3	0134	02682	Komatsue	S	1904	Oct	24	020	M	208 Jackson	JPN
S	1	0001	00334	Komtzer		1884					Seattle	GER
S	2	0120	02396	Kondo	L	1904	Aug	27	01m	M	661 1/2 Yesler Way	Sea
S	2	0078	1541	Konichi	K.	1901	May	21	025	M	S. G. Hosp.	JPN
S	3	0152	03030	Konick	Infant	1904	Dec	18	s/b	F	312 25th Ave S	SEA
S	2	0025	00484	Kono	Michige	1900	Jun	07	---	F	614 King St	SEA
S	2	112	2229	Kontz	Louis	1901	Dec	20	050	M	Seattle Gen. Hosp.	AUS
S	3	0101	02015	Koontz	Infant	1906	Sep	24	01d	M	105 Dravus	Sea
S	3	0042	00823	Koppauner	Alois	1906	Jan	07	035	M	Georgetown	GER
S	3	0038	00746	Korman	Bertha	1906	Jan	13	03d	f	4434 Greenwood Ave	SEA
S	2	143	2803	Korn	Barbara	1902	May	22	065	F	Seattle Gen. Hosp.	BAV
S		0031	00038	Korn	Ernestine	1894	Jan	26	058	F	1201 Yesler	
S		0031	00020	Korn	Moses	1894	Jan	13	061	M		
S	3	0079	01567	Korsgren	Emma	1906	Jun	01	001	F	Maple Falls	--
S	3	0127	02543	Kosman	Edward	1904	Sep	25	11m	M	1200 First Ave S	Sea
S	1	0001	00109	Koulb	Joseph	1882	Aug	15	054	M	Seattle	SWD
S	2	352	2566	Kounokowitz	Rosa	1891	Sep	04	048	F	1725 Front St.	GER
S		0054	1069	Kowlton	Cromwell	1903	Oct	01	030	M	Riverside	CND
S	3	0121	02406	Kozdon	(Infant)	1906	Nov	10	s/b	M	4223 Bagley W.	WA
S	2	0079	1566	Krafft	Fred	1901	May	18	047	M	So. Park	GER
S		0052	1032	Kraft	Charles	1903	Oct	06	072	M	Wayside Mission Hospital	GER
S		0017	00334	Kraft	Mary	1903	May	16	068	F	Providence Hospital	GER
S	3	0140	02790	Kragnes	Ellen	1904	Nov	13	019	F	211 1/2 Eighth Ave N	MI
S	2	127	2532	Krainer	Joseph	1902	Mar	02	50a	M	1st Ave. S. & Yesler	USA
S	2	115	2284	Kram	Moses	1901	Dec	15	059	M	K.C. Hosp.	AUS
S	1	0001	00685	Kramer	Frank	1888	Nov	18	08m	M	South Seattle	
S	1	0001	00761	Kramer	Joseph	1889	Feb	13	041	M	South Seattle	
S	2	0066	1320	Kramer	Mildred M.	1901	Mar	22	024	F	20 Ave S - Forrest	CND
S	2	0073	1458	Kramokovitz	F.	1901	Apr	14	058	M	So. Seattle	GER
S	2	0091	1816	Krantz	Walter	1901	Aug	27		M	Green Lake	NJ
S	2	302	2465	Kratstad	Johanna	1891	Jul	15	002	F	Water St nr Lenora	---
S	2	0020	00399	Krauch	Wm.	1900	May	11	045	M	Green Lake	GER
S		0034	00147	Krause	Mary	1894	Mar	31	074	F	Ballard	HUN
S	3	0189	03768	Kraut	William	1905	Jun	13	049	M	2nd Ave S	GER
S	3	0178	03542	Kreader	Samuel	1907	May	24	017	M	St. Lukes Hosp.	CA
S	2	103	2047	Kreick	Wm.	1901	Oct	30	045	M	2nd & Jackson St.	USA

S	R	Page	Recor	LastName	FirstNames	Deat	Mn	Dt	Age	S	DeathPlace	Bir
S	3	0184	03681	Krein	Margaret M.	1905	May	27	03m	F	South East Seattle	SEA
S	3	0065	01282	Kreuger	Infant	1906	Apr	25	01d	M	Columbia, King Co., Wn.	unk
S	3	0179	03568	Kreutzer	Conrad	1907	May	29	021	M	Seattle Gen.	NRY
S	3	0142	02827	Kreyscher	Wilhelmina	1904	Nov	25	076	F	Pacific Hosp	GER
S	3	0125	02485	Krieg	Oscar F. Franz	1906	Dec	18	049	M	1362-30th Ave. S.	GER
S	2	0047	00927	Kriegh	G. F. M.	1900	Nov	18	047	M	Prov. Hosp.	GER
S	1		2168	Krientz	Mary (Mrs.)	1891	Feb	26	018	F	Providence Hosp.	WI
S	3	0178	03562	Krieschel	John	1905	Apr	05	074	M	Providence Hosp	GER
S	2	123	2455	Kriete	Leavy Karl	1902	Feb	18	005	M	1815 Howard	SEA
S	2	0054	00351	Kriety	Henry H.	1895	Sep	04	030	M	Brunswick Hotel	IL
S	3	0173	03446	Krimpf	Louisa Maria	1907	May	05	026	F	408 Fairview	LA
S	2	0031	00610	Krims	H. D. (Mrs)	1900	Jul	16	029	F	Skagway	WA
S	3	0178	03564	Kriser	Mrs Mary	1905	Apr	06	066	F	557 Denny Way	GER
S	2	123	1905	Krogh	J. C.	1899	Aug	18	064	M	County Hosp. b.Duwamish,	WA
S	3	0168	03347	Krohn	Louis	1907	Apr	27	041	M	Minor Hosp.	CND
S	1	229	2329	Kromick	-	1891	May	03	02h	M	-	Sea
S		0001	00006	Kronquist	L.	1903	Mar	04	024	M	Wayside Mission	FIN
S	2	0068	00323	Kropp	Freda	1896	Aug	18	06m	F	Pike St.	SEA
S	1	0001	00185	Kross	Nettie B.	1883	Apr	20	002	F	Seattle	USA
S	2	0047	00064	Kross	Otto	1895	Feb	18	026	M	Prov Hosp	IA
S	3	0073	1446	Krug	Adolph	1904	Jan	01	047	M	Pleasant Beach WA	GER
S	3	0128	02552	Krull	Christian Frederick	1904	Sep	27	076	M	Monad Hosp	GER
S		0004	00139	Kruse	Wm.	1892	Apr	09	040	M	Y.Z.House So.2nd St.	
S		0029	00568	Krushamp	James	1903	Jul	10	020	M	Mercer Island	OH
S	2	0057	01124	Kubatzky	G.	1901	Jan	27	06m	F	2006 Denny	CA
S	3	0143	02850	Kubley	Ray	1907	Feb	13	006	M	Sea. Gen. Hosp.	WA
S		0038	00759	Kuck	H. Elizabeth	1903	Aug		066	F	Providence Hospital	NY
S	2	146	2859	Kuehl	baby	1902	May	27	21d	M	711 Dearborn St.	SEA
S	2	0035	00167	Kuehn	Baby	1894	Apr	15	05h	M	515 3rd St	Sea
S	2	0008	00147	Kueht	Conrad A.	1900	Feb	27	02m	M	716 Maynard	SEA
S	1	0001	00766	Kueon	E.L.	1889	Feb	17	068		4th St. near Everett House	
S	3	0078	01544	Kuepferle ?	Wm. A.	1906	Jun	30	049	M	2753 Yesler	KY
S	3	0124	02478	Kuffer	Madaline Rosa	1904	Sep	03	04d	F	8223 Fourth Ave NE	SEA
S	2	0005	00092	Kuhn	Ellen C.	1900	Feb	03	039	F	837 26th Av S	MN
S	-	151	2971	Kuhn	Frank C.	1902	Jul	03	033	M	413 E. Lake St.	WI
S	3	0091	01812	Kuhn	George Woelm	1906	Aug	19	09m	M	210 8th Ave. No.	WA
S			1253	Kuhn	Jacob	1890	Apr	15	032	M	Providence Hosp.b.Woodstock	IL
S	3	0023	00455	Kuhn	John	1905	Nov	01	066	M	Wayside Emerg. Hosp.	MD
S	3	0071	01418	Kuhns	Aaron	1906	May	19	042	M	Prov. Hosp.	PA
S		0013	00253	Kuklis	Clara	1903	Apr	09	040	F	Renton, WA	WA
S	3	0136	02714	Kum	Lee	1907	Jan	11	048	M	224 Washington	CHN
S	2	104	1174	Kummerly	Frank W.	1898	Sep	09	030	M	Wellington, WA	---
S	2	180	3562	Kumpf	Annie	1902	Dec	07	008	F	1113 10th Ave. S.	SEA
S		0017	00092	Kumpf	Peter	1893	Mar	14	051	M	Prov. Hosp.	
S	1	0001	00610	Kunart	Henry	1888	Sep	04	002	M	Lake Union	
S	2	0049	00137	Kunkhe	Carl	1895	Apr	03	054	M	1912 4th St	GER
S	3	0105	02081	Kunryasn	---	1906	Sep	25	028	M	Leland	JPN
S	3	0135	02699	Kurasawa	S.	1907	Jan	27	019	M	309 Maynard	JPN
S	3	0147	02928	Kurisu	S	1904	Dec	18	030	M	Seattle General Hosp	JPN
S	2	0088	00545	Kurth	Jacob	1898	Jan	09	030	M	Sea. Gen. Hosp.	GER
S	2	396	2653	Kuryman	Anna	1891	Oct	20	006	F	Madison & McLain Sts.	---
S	1		1443	Kuryman	Arthur	1890	Jul	29	08m	M	Madison St.	Sea
S		0051	1008	Kusaka	W.	1903	Oct	16	037	M	Seattle General Hospital	JPN
S	1	0001	01132	Kustel	Claire	1890	Jan	25	008	F	Pt. Blakely	CA
S	3	0192	03835	Kuster	Henry	1905	Jun	17	045	M	S.S. "Senator"	---

S	R	Page	Recor	LastName	FirstNames	Deat	Mn	Dt	Age	S	DeathPlace	Bir
S	1	0001	00087	Kwic	Ethel	1882	Jun	24	001	F	Seattle	USA
S	2	111	2209	Kyle	Albert	1901	Dec	13	017	M	1323 9th Ave. S.	ON
S	3	0154	03071	Kyle	George F	1905	Jan	05	073	M	Seattle General Hosp	---
S	2	126	2519	Kyle	Matt	1902	Feb	26	051	M	King Co. Hosp.	IRL
S	2	0051	00197	L ?	Eugenia M.	1895	May	04	035	F	16th & Frederick	MN
S	3	0025	00500	La Pointe	Ella M.	1905	Nov	23	042	F	Providence Hosp.	MI
S	3	0158	03150	La Trell	Rupert	1907	Mar	30	013	M	2517 Westlake Ave.	CA
S	2	0041	00810	LaBallister	Emily T.	1900	Oct	07	070	F	2324 Elliott Av	MA
S		0016	00071	LaBelle	Marceline	1893	Feb	28	075	F	Ballard	CND
S		0028	00516	Labelle	Wm.	1893	Nov	08	037	M	Ballard	NB
S	1	0001	00793	LaBiere	Wm.	1889	Mar	12	030	M	Prov. Hosp.	FRN
S	3	0021	00412	Lacey	Hannah C. (Mrs.)	1905	Oct	23	053	F	410 Highland Dr	NJ
S	2	0076	1505	Lacey	L. Jave	1901	May	08	081	F	221 Battery	NY
S	2	0036	00220	Lacey	Z.M.	1894	May	20	004	F	809 Market	
S	3	0023	00444	LaChapelle	Infant	1905	Oct	10	s/b	F	3624 Dayton St	SEA
S	3	0087	01738	LaChapelle	Infant	1906	Jul	24	s/b	M	302 Draper	Sea
S		0002	00026	LaClare	David	1903	Mar	14	035	M	Green Lake	ONT
S			1408	LaCroix	E. T.	1890	Jul	10	07m	M	Seattle b.12th St.	Sea
S		0005	00186	LaCroix	Lottie	1892	May	08	15m	F	Franklin, WA	
S	2	108	1322	Lacy	Bessie	1898	Dec	13	031	F	Seattle Gen. Hosp.	---
S	2	0093	00737	Ladd	Emma	1898	Apr	05	042	F	Providence Hosp.	OH
S	3	0107	02138	Ladd	Homer E.	1906	Oct	09	036	M	West Seattle	CA
S	2	113	1516	Ladd	John A.	1899	Mar	10	051	M	Arlington Hotel	OH
S	3	0071	01406	Ladd	Leando L.	1906	May	01	051	M	Providence Hosp.	IN
S	3	0187	03738	Ladds	E. J.	1905	May	15	034	M	King County Hosp.	ME
S	2	0065	01289	Ladner	John A.	1903	Dec	20	056	M	1726 Bellevue Ave.	PEI
S	2	0090	00626	Ladonicris (?)	Frank	1898	Feb	18	028	M	15 W. Lenora St.	CND
S	-	192	3775	LaDuke	Mitchell	1903	Jan	11	076	M	Brighton Beach	CND
S	2	324	2509	Lady	F. G.	1891	Aug	06	002	N	Madison nr Poor House	Sea
S	3	0042	00828	Laekke	Infant	1906	Jan	17	s/b	M	845 - E.69 St	Sea
S	2	431	2723	Lafare	Franklin	1891	Dec	12	045	M	North Bend, WA b.Plattsburg	NY
S	3	0113	02245	Lafcas	Peter	1906	Oct	06	027	M	Everett	unk
S	3	0124	02461	Lafferty	Maude Archibald	1906	Dec	11	07m	F	1134-5th Ave. N.	KY
S	3	0190	03798	Lafon	Nicholas	1907	Jun	18	077	M	Youngstown, WA	NY
S	2	0037	00237	Laftison	Sophia	1894	May	27	076	F	Ballard	SWD
S	2	0087	00541	Lagerstadt	Philip	1898	Jan	06	035	M	Squire Latimore Bldg.	SWD
S	2	0054	01077	Lahr	LeRoy L.	1901	Jan	12	017	M	202 6th Ave	CA
S	2	356	2573	Lain	Michel M.	1891	Sep	08	045	M	Seattle	Sea
S	3	0170	03395	Laing	Ada, Mrs	1905	Mar	19	032	F	1508 8th, Ward 6	ENG
S		0020	00217	Laing	David	1893	May	12	030	M	New Castle	
S	3	0012	00235	Laing	W. T.	1905	Sep	13	027	M	Providence Hosp.	USA
S	1	0001	00319	Lair	(child)	1884	Mar	06				
S	1	0001	00320	Lair	H.A.Mrs	1884	Mar	08	035	F	Seattle	GER
S		0023	00442	Lair	P.T	1903	Jun	03	050	M	Providence Hospital	---
S	2	0074	00031	Laird	Hannah	1897	Jan	28	052	F	109 East St.	IL
S	2	0009	00180	Laird	Jas. S.	1900	Mar	04	023	M	Prov. Hosp.	MN
S	2	0121	02410	Lajoie	Delena	1904	Aug	12	030	F	Providence Hosp	MI
S	1	298	2458	Lake	Daniel	1891	Jul	12	036	M	City Jail	USA
S	2	0006	00118	Lake	Joe	1900	Feb	13	040	M	4th & Main	CHN
S	-	153	3015	Lake	Mary	1902	Jul	24	030	F	Providence Hosp.	WLS
S	-	153	3011	Lake	Samuel H.	1902	Jul	19	040	M	661 Yesler Way	WLS
S		0079	01580	Lake	Thomas W.	1904	Feb	13	006	M	Salmon Bay b.Ballard	WA
S	2	106	1243	Lake	Thos. W.	1898	Oct	20	074	M	Ballard, WA	NRY
S	3	0199	03966	Lakenes	Gertie Josephine	1905	Jul	20	06m	F	Seattle Gen. Hosp.	WA
S	-	153	3009	Lally	John	1902	Jul	22	056	M	608 Pontious St.	IRL

S	R	Page	Recor	LastName	FirstNames	Deat	Mn	Dt	Age	S	DeathPlace	Bir
S	-	163	3208	Lam Chin	-	1902	Aug	31	057	M	Providence Hosp.	CHN
S	2	0097	00901	Lamar	Alfred	1898	Jun	01	012	M	Lake Union	MN
S		0053	1052	Lamarre	Alexis	1903	Oct	28	060	M	Providence Hospital	CND
S	1	0001	00815	Lamb	E.A. Mrs.	1889	Mar	28	080	F	Willis House	USA
S	1	0001	00715	Lamb	E.J. Mrs.	1888	Dec	26	032		Dexter St.	
S	2	0093	00729	Lamb	Hamilton H.	1898	Apr	01	065	M	Sea. Gen. Hosp.	KS
S	3	0005	00094	Lamb	John	1905	Jul	28	047	M	Wayside Emerg. Hosp.	UN
S		0013	00246	Lamb	John E.	1903	Apr	01	044	M	Fort Casey, WA	USA
S	1	0001	00749	Lambe	F. (child)	1889	Jan	30			Chestnut St.	
S	1	281	2423	Lambell	J. T.	1891	Jun	30	023	M	King St.	---
S		0007	00253	Lambert	Frank	1892	Jun	25	056	M	1715 2nd St.	GER
S	2	0029	00563	Lambert	Gena	1900	Jul	12	030	F	S. G. Hosp.	NRY
S	2	0025	00483	Lambert	Infant	1900	Jun	06	---	M	S. G. Hosp.	SEA
S	2	0066	1312	Lambert	Jack Anderson	1903	Dec	30	040	M	Sand Spit	---
S	1	0001	00699	Lambert	Landy	1888	Dec	06	019		Concord House	
S	3	0145	02897	Lambert	Mrs. Mary	1904	Dec	04	072	F	611 Wall St	IRL
S	1	292	2446	Lambert	R. H.	1891	Jul	08	030	M	Grace Hosp.	---
S	3	0172	03444	Lambert	Ruth Ann	1905	Mar	26	085	F	1328 Franklin Ave	ME
S	3	0165	03288	Lamere	Margaret C.	1907	Apr	12	001	F	161 John	WA
S	2	0036	00219	Lamet	R.C.	1894	May	20	020	M	742 Taylor	WI
S	3	0086	01711	Lamon	Rachael C.	1906	Jul	04	047	F	Van Asselt	MO
S	2	127	2037	Lamonby	Geo.	1899	Oct	17	-	M	Sch. Hera (at sea)	---
S	1		2145*	Lamont	Cathrin (Mrs.)	1891	Feb	17	049	F	Chestnut btwn Madison&Depot	SCT
S	3	0077	01529	Lamont	Mary L.	1906	Jun	25	044	F	105 - 5th N.	CND
S	1	286	2433	Lamont	Thomas Willard	1891	Jul	03	002	M	Depot St. b.Duluth, MN	
S		0004	00135	Lamont	Wm.M.	1892	Apr	07	031	M	near Madison St. Powerhouse	
S	3	0126	02518	Lamoreux	Helen	1904	Sep	17	02m	F	720 Nineteenth Ave	Sea
S	2	0078	1548	Lamorut	Inf.	1901	May	26	10d	M	528 Pontiac	WA
S	3	0189	03780	Lamote	Erma	1907	Jun	24	022	F	616-1/2-7th Ave. S.	BLG
S	2	109	1352	LaMoure	Frank	1898	Dec	30	078	M	6th & Weller Sts.	CND
S	3	0141	02823	Lamp	Dorothy May	1904	Nov	25	05m	F	414 Twentyeighth Ave S	SEA
S	-	169	3328	Lampert	Lewis	1902	Oct	05	062	M	2912 Elliott	HLD
S		0002	00039	Lampkin	C.A.	1903	Mar	18	045	M	Providence Hospital	---
S	2	0075	1494	Lampman	Baby	1901	May	04	080	M	523 Yesler	WA
S	1	0001	00247	Lampson	Mary Ann	1883	Aug	27	002	F	Seattle	
S	1	0001	00272	Lampson	Mary Ann	1883	Aug	27	008	F	Seattle	USA
S	3	0138	02761	Lanagan	Artkur L	1904	Nov	02	024	M	2418 Madison St	WA
S		195	3840	Lancaster	Louise E.	1903	Feb	18	002	F	2223 Western Avenue	SEA
S	3	0192	03829	Lance	(Infant)	1907	Jun	27	s/b	M	714-24th S.	Sea
S	-	149	2930	Lancks	Harriet B.	1902	Jun	02	068	F	Anacortes, WA	---
S		0036	00719	Lande	Ruth T.	1903	Aug	16	08m	F	41st and Evanston Avene	SEA
S	2	0072	1431	Landenglos	Adam	1901	Apr	06	052	M	614 Madison	WI
S	3	0073	01449	Lander	Infant	1906	May	16	--	M	Pacific Hosp.	Sea
S	2	184	3631	Lander	John	1902	Dec	08	054	M	Ballard, WA	SWD
S	3	0148	02959	Landers	Margaret Elinor	1904	Dec	30	061	F	2520 Second Ave	MA
S	2	0063	00127	Landerson	Ruth	1896	Mar	09	001	F	New West Minster, B.C.	Sea
S	2	104	2079	Landes	Baby	1901	Nov	01	17d	M	Monod Hosp.	SEA
S	3	0171	03410	Landes	Katherine Knight	1905	Mar	26	009	F	4503 Brooklyn, Ward 9	SEA
S	3	0197	03928	Landgaraf	Emma	1905	Jul	24	002	F	1914 E Spruce St	YT
S	3	0198	03958	Landgraf	Louisa Elise	1905	Jul	31	004	F	1914 E Spruce St	CA
S		0098	1951	Landis	Jerome	1904	May	21	042	M	Providence Hospital	IA
S	1	0001	01247	Landon	Asa	1890	Mar	30	022	M	Corner 6th & James	MN
S	2	0079	1569	Landon	E. W.	1901	May	21	040	M	Tacoma	NY
S	3	0012	00236	Landquist	Infant	1905	Sep	15	01d	M	Seattle Gen. Hosp.	SEA
S	2	0054	00317	Landsburg	Leonard	1895	Aug	17	04m	M	Prospect & Willow	Sea

S	R	Page	Recor	LastName	FirstNames	Deat	Mn	Dt	Age	S	DeathPlace	Bir
S	1	0001	00921	Landsburg	Priscilla	1889	Jul	02	01d	F	5th & Vine	
S	3	0058	01156	Landwehr	Henry A.	1906	Apr	03	057	M	2341 East Lake Ave.	IN
S	2	0099	00954	Lane	Fay	1898	Jun	30	05m	F	813 Alder St.	KS
S	2	0055	00362	Lane	Garlmanie	1895	Sep	09	03m	M	2010 8th St. b.Freemont	
S	2	0055	00385	Lane	Thos. W.	1895	Sep	27	057	M	227 Molthe St	NY
S	2	0035	00187	Lang		1894	Apr	04	052	F	Co. Farm	
S	3	0130	02582	Lang	(Infant)	1906	Dec	12	s/b	F	Minor Hosp.	WA
S	3	0089	01778	Lang	Arthur, Sr.	1906	Aug	09	082	M	509 29th Ave. So.	CND
S		0037	00735	Lang	Harriette C.	1903	Aug	21	06m	F	426 - 26th Avenue S.	SEA
S	3	0134	02677	Lang	Joseph	1904	Oct	21	046	M	3113 Western Ave	GER
S	2	0072	1439	Lang	K. Jane	1901	Apr	25	003	F	8 & Weller	WA
S	2	323	2507	Lang	Madge	1891	Aug	06	002	F	Bush St.	Sea
S	1	0001	00863	Lang	Martin E.	1889	Apr	23	040	M	Head of Bay	
S	3	0148	02954	Lang	Mrs. Mary Ann	1907	Feb	06	068	F	Ballard, WA	CND
S	1	216	2307	Lang	Wallace	1891	Apr	18	-	M	Smith Cove	---
S	1	0001	00667	Lang	Wm.	1888	Oct	29	042	M	Elliott Bay	
S	3	0082	01640	Langan	James	1906	Jul	15	075	M	Prov. Hosp.	IRL
S	3	0174	03479	Langdon	(Infant)	1907	May	13	01d	M	7800 E. Green Lake Blvd.	WA
S	3	0190	03787	Langdon	Wm S.	1905	Jun	23	035	M	1145 15th Ave S	NS
S	1	0001	00313	Lange	(child)	1884	Feb	28				
S	3	0085	01698	Lange	Ernest	1906	Jul	16	053	M	Minor Hosp.	GER
S	2	0092	00684	Langer	F. John	1898	Mar	21	044	M	Providence Hosp.	GER
S	3	0183	03644	Langford	Louisa J.	1907	Jun	02	056	F	163-21st Ave.	CA
S	2	325	2512	Langgran	Annie L.	1891	Aug	08	045	F	Grace Hosp.	SWD
S	2	129	2142	Langland	Ingborg	1899	Dec	26	072	F	327 Nob Hill St.	SWD
S	3	0166	03305	Langland	Niels	1907	Apr	16	033	M	R.R. Ave. & Yesler Way	NRY
S	3	0102	02039	Langley	E.W.	1906	Sep	23	050	M	Wayside Emer. Hosp.	--
S	2	0040	00798	Langley	Jno A. (Mrs)	1900	Sep	30	024	F	604 Weller	MN
S		0017	00084	Langstaff	T.F.	1893	Mar	09	063	M	Colman Blk.	IA
S		0026	00461	Langston	Hugh Ed	1893	Oct	27	021	M	8th & Union	WA
S	3	0158	03142	Langway	Fred	1907	Mar	18	034	M	Providence Hosp.	CA
S	2	0065	01297	Langwill	J.	1901	Mar	18	076	F	Monod Hosp.	BLG
S		0026	00433	Lanler	John	1893	Oct	07	026	M	622 Pearl	
S		0017	00089	Lanles	Michael	1893	Mar	12	030	M	Prov. Hosp.	IRL
S	3	0180	03598	Lanner	Susan	1905	Apr	24	088	F	South Park	OH
S	3	0080	01583	Lannis	H.C.	1906	Jun	26	059	M	Arlington	--
S		0004	00147	Lannon	John	1892	Apr	17	045	M	Elliott Bay	
S		0031	00023	Lansing	Catherine	1894	Jan	15	060	F	Prov. Hosp.	NY
S	-	155	3052	Lansway	John	1902	Jul	25	035	M	Ft. Steilacom, WA	OH
S		0016	00046	Lanton	Nellie	1893	Feb	05	047	F	1612 Yesler	
S	2	0056	00473	Lantz	Isaac	1895	Oct	10	056	M	713 8th St	
S	2	0085	1687	Lanzet	Samuel	1904	Mar	02	018	M	1114 9th Ave.	AUS
S	3	0058	01147	Lapasen	Infant	1906	Mar	29	s/b	M	1700 - 25 Ave.S.	Sea
S			1346	Lape	May	1890	Jun	12	021	F	105 Depot	---
S	1		1556	Lape	Roy	1890	Sep	10	10m	M	Depot St.	NE
S	2	0037	00723	Lapham	Erwin W.	1900	Aug	13	001	M	Ballard	sme
S	3	0036	00707	Lapham	Infant	1906	Jan	02	01d	M	726 Times St	WA
S	2	0066	1315	Laplant	Elizabeth	1903	Dec	05	035	F	Seattle Gen. Hospl	MI
S	2	118	1708	Lapnie	Olive	1899	May	23	075	F	Providence Hosp.	---
S		0024	00480	Lappan	Thomas	1903	Jun	20	031	M	Wayside Mission	ENG
S	3	0124	02474	Lapworth	Harold Rupert	1904	Sep	01	030	M	923 First Ave S	AFR
S	2	157	3093	Laranto	Joseph	1902	Aug	11	04m	M	315 - 7th Ave. S.	WA
S		0064	1273	Larimer	Robert Crawford	1903	Dec	16	064	M	204 25th Ave.. So.	PA
S		0021	00254	Larken	J.M.	1893	Jun	02		F	Sedro, WA	
S		0033	00108	Larkin	Jas.	1894	Mar	10	073	M	Prov. Hosp.	IRL

S	R	Page	Recor	LastName	FirstNames	Deat	Mn	Dt	Age	S	DeathPlace	Bir
S	2	0049	00138	Larkin	John	1895	Apr	03		M	Phoenix Hotel	
S	2	185	3644	Larkin	Thos.	1902	Dec	22	07d	M	Ballard, WA	SEA
S	2	119	2372	Larmear	W. W.	1902	Jan	16	62	M	4th & Spring	IA
S	3	0030	00586	Larmore	Ollie J.	1905	Dec	09	035	F	Providence Hosp.	TN
S	3	0098	01944	Larmy	Turfield	1906	Aug	26	--	M	Providence Hosp.	CND
S	2	0066	1313	LaRocque	M. J.	1901	Mar	22	027	F	Prov Hosp	CA
S		0028	00543	Larrimore	Wm. A	1903	Jun	30	030	M	Skykomish, Washington	---
S			1383	Larrow	Auda	1890	Jun	09	03m	F	Spring & 11th Sts.	Sea
S		0005	00098	Larsen	Alfred	1903	Mar	11	011	M	Ballard	WI
S	2	0068	00324	Larsen	Allen	1896	Aug	20	03m	M	221 Rollins St.	SEA
S	2	0072	1423	Larsen	Andrew	1901	Apr	19	027	M	S. G. Hosp.	NRY
S	2	0073	00518	Larsen	Anna	1896	Dec	18	012	F	224 Virginia b.Stanwood, WA	
S	2	102	1086	Larsen	Anna	1898	Aug	29	037	F	1830 8th Ave.	SWD
S	2	0062	01239	Larsen	Anna	1901	Feb	20	040	F	Ballard	SWD
S	3	0012	00232	Larsen	Bessie	1905	Sep	12	033	F	Seattle Gen. Hosp.	NRY
S	3	0144	02873	Larsen	Christiana	1904	Nov	14	074	F	King County Hosp	NRY
S	3	0010	00191	Larsen	Christina	1905	Aug	30	021	F	Wayside Emerg. Hosp.	---
S	3	0074	01479	Larsen	Clara E.	1904	Feb	01	06m	F	5th Ave.W. & Howe St.	Sea
S	2	0098	00936	Larsen	Edward	1898	Jun	18	016	M	Sea. Gen. Hosp.	WI
S	3	0014	00274	Larsen	Ellen	1905	Sep	30	002	F	913 Howell St	MN
S	3	0162	03238	Larsen	Henry Christian	1907	Apr	04	02m	M	3616 Lake Bell Ave.	WA
S	1		2224	Larsen	Herman	1891	Mar	09	036	M	Providence Hosp.	SWD
S	2	0070	00405	Larsen	infant	1896	Oct	01	01d	F	333 Rollins	SEA
S		0033	00661	Larsen	Infant	1903	Jul	24	s/b	F	730½ Seventh Avenue	Sea
S		0115	02294	Larsen	Infant	1904	Jul	27	s/b	M	7134 7th Ave.	Sea
S	3	0087	01731	Larsen	Joseph	1906	Jul	29	029	M	West Seattle	MN
S	2	120	2393	Larsen	Julia	1902	Jan	20	032	F	Ballard	NRY
S	2	0020	00396	Larsen	L. G.	1900	May	08	029	M	?? Bldg	NRY
S	2	0118	02353	Larsen	Lena	1904	Aug	19	055	F	1111 Spring St	NRY
S	-	171	3369	Larsen	Louis	1902	Oct	21	040	M	207 1st Ave. S.	NRY
S	2	123	1876	Larsen	Maren	1899	Aug	22	040	F	Hotel York	NRY
S	2	0068	1341	Larsen	Martin	1901	Mar	05	07m	M	Ballard	SEA
S	3	0132	02640	Larsen	Martin	1904	Oct	09	075	M	232 22nd Ave S	NRY
S	3	0011	00211	Larsen	Martin	1905	Sep	05	020	M	Providence Hosp.	NRY
S		0117	02331	Larsen	Mary (Mrs.)	1906	Nov	16	027	F	216 Westlake	KS
S	3	0190	03791	Larsen	Mrs. Minnie	1907	Jun	11	c42	F	Valdez, AK	---
S	3	0046	00903	Larsen	Ole	1906	Feb	25	043	M	Gilman nr Ruffin -Interbay	NRY
S	3	0156	03102	Larsen	Peter	1907	Mar	23	030	M	1827-1/2 Terry Ave.	NRY
S	2	0046	00018	Larsen	Solomon	1895	Jan	19	029	M	Garfield & Orange	SWD
S		0016	00066	Larsen	Sophia	1893	Feb	28	058	F	Franklin St.	NRY
S	2	144	2824	Larsen	Sugarberg Miss	1902	May	24	020	F	Providence Hosp.	DNK
S	2	0011	00201	Larson	Andrew	1900	Mar	13	058	M	Prov. Hosp.	---
S		0019	00377	Larson	Andrew	1903	May	31	055	M	2511 Fourth Avenue	NRY
S	2	0038	00749	Larson	Anna	1900	Sep	13	02m	F	102 Second Av W	SEA
S	2	0004	00066	Larson	Annie	1886	---	--	060	F	Ballard	NRY
S	2	0066	1307	Larson	Annie L.	1903	Dec	29	048	F	1119 Sturgis Road	CND
S	3	0173	03456	Larson	August Earl	1907	May	08	08m	M	Pacific Hosp.	WA
S	1	0001	00855	Larson	Baby	1889	Apr	08	04d		West St.	
S	-	154	3049	Larson	Chris	1902	Jul	22	038	M	Southbend, WA	---
S	3	0147	02945	Larson	Edward	1904	Dec	24	033	M	Wayside Emergency Hosp	NRY
S	2	176	3491	Larson	Elizabeth C.	1902	Nov	22	022	F	Prov. Hosp.b.Atlantic Ocean	---
S	3	0166	03318	Larson	Florence V.D.	1907	Apr	19	006	F	1033-66th St.	WA
S	2	0041	00395	Larson	Frank	1894	Aug	24		M	Franklin	
S	2	126	2017	Larson	Fred K.	1899	Oct	29	07m	M	1415 Lane St.	Sea
S	2	0085	1696	Larson	Henry	1904	Mar	21	038	M	Wayside Mission Hospital	SWD

S	R	Page	Recor	LastName	FirstNames	Deat	Mn	Dt	Age	S	DeathPlace	Bir
S	2	0034	00153	Larson	Hilda	1894	Apr	03	026	F	400 4th	SWD
S	2	0089	01766	Larson	Infant	1904	Apr	02	02d	M	1513 3rd Ave. No.	Sea
S	2	0004	00065	Larson	James	1886	---	--	065	M	Ballard	NRY
S	1	263	2387	Larson	James	1891	Jun	06	042	M	Five Mile Point	---
S	3	0167	03335	Larson	James	1907	Apr	22	020	M	Providence Hosp.	MN
S	3	0075	01492	Larson	Jessie	1906	Jun	13	001	F	524 Fourth W.	Sea
S	3	105	2086	Larson	Johanne Marie	1904	Jun	25	031	F	4128 Brooklyn Ave.	NRY
S	2	0055	00375	Larson	John	1895	Sep	20	037	M	Prov Hosp	SWD
S	3	0136	02713	Larson	Lars Johan	1907	Jan	10	050	M	Metropolitan Hosp.	SWD
S	3	0072	01430	Larson	Laura	1906	May	22	072	F	234 Maher St., Ballard	NRY
S	2	0058	00537	Larson	Lena L.	1895	Nov	29	038	F	Ferguson Hotel	SWD
S	3	0076	01516	Larson	Lilly A.	1906	Jun	21	026	F	1016 - 32 N	WI
S		0033	00098	Larson	Louis	1894	Mar	04	026	M	114-1/2 Main	SWD
S	3	0144	02869	Larson	Louisa	1907	Feb	16	040	F	429 Ewing	WI
S			1387	Larson	Matilda	1890	Jun	17	025	F	Seattle	SWD
S	3	104	2075	Larson	Mrs. Ella	1904	Jun	18	022	F	Wayside Mission Hospital	FIN
S	-	192	3778	Larson	Nelce Edward	1903	Jan	13	023	M	Whatcom	SWD
S	3	0006	00111	Larson	Nellie	1905	Aug	29	031	F	1308 Ward St	CHL
S		0027	00530	Larson	Pete	1903	Jun	25	040	M	Utsalady, WA	---
S		0011	00404	Larson	Peter	1892	Sep	29	041	M	Prov. Hosp.	SWD
S		0051	1018	Larson	S. Martaretta	1903	Oct	20	10M	F	215 Broad Street	SEA
S	3	0172	03426	Larson	Thomas	1905	Mar	29	036	M	2310 Elliot Ave	NRY
S	3	0078	01542	Lasey Jr.	Marvin	1906	Jun	23	030	M	313 23rd Ave.S.	MI
S	3	0198	03961	Lash	J. M.	1905	Jul	05	023	M	Seattle Gen. Hosp.	UN
S	1	254	2379	Lasher	L. A.	1891	Jun	04	035	M	cr Bell & Front Sts.	---
S	2	0070	1400	Lassau	L. B.	1901	Apr	09	030	M	Co. Jail	SWD
S	2	124	2463	Lassen	E. J.	1902	Feb	17	069	M	2015 1st Ave.	NRY
S	2	104	2080	Lassinger	Jas. M.	1901	Nov	01	038	M	Elliot Bay	USA
S	3	0107	02125	Lassy	Mary	1906	Oct	04	026	F	Wayside Emer. Hosp.	FIN
S	3	0146	02914	Latchford	Mrs S S	1904	Dec	13	065	F	107 Pontius Ave	OH
S	2	120	1784	Latham	M. L.	1899	Jun	10	066	F	County Hosp.	---
S		0015	00032	Lathberg	Cath.	1893	Jan	07	048	F	So. Park	
S	3	0142	02844	Lathe	Harriet E	1904	Nov	01	077	M	926 Jackson St	NY
S		100	1994	Lathouse	J.	1904	May	05	035	M	Str. "Rainier" at Sea	---
S	2	107	2124	Lathrop	Melissa D.	1901	Nov	16	083	F		NY
S	1		2169	Latimer	infant	1891	Feb	27	s/b	-	6th & Cherry Sts.	Sea
S	2	0051	00218	Latimer	Sarah C.	1895	May	21	070	F	1108 Seneca	
S	2	0089	00593	Latimer	Wm. G.	1898	Feb	01	065	M	corner Front & Vine Sts.	IL
S	2	0055	00384	Latke/Latte	(Infant)	1895	Sep	27	01d	M	2203 1/2 Front	Sea
S	2	124	2467	LaTour	Isadore	1902	Feb	20	048	M	1607 15th Ave.	CND
S	1	0001	00208	Laubshire	Jos	1883	May	22	027	F	Seattle	GER
S	2	0035	00193	Lauder	Edward	1894	Apr	26	058	M	Steilacom	ENG
S		0029	00563	Lauder	James	1893	Dec	25	056	M	S.2nd bwt. Wash. & Main	SCT
S	1		2152	Lauderbach	Mary C.	1891	Feb	21	069	F	-	ENG
S		0034	00148	Lauderbeck	Norman P.	1894	Mar	31	038	M	723 Warren St.	OH
S	2	0098	1960	Lauderville	Joseph Edward	1901	Sep	27	01m	M	Ballard	WA
S	3	0108	02148	Lauenberger	Frederick	1906	Oct	09	c35	M	Sea. Gen. Hosp.	SWT
S	2	0039	00320	Lauger	Sophia	1894	Jul	30		F	Co. Hosp.	
S	2	0071	1417	Laughain	A.	1901	Apr	18	038	M	Near Wash. Iron Works	GER
S	2	127	2068	Laughborough	(Mrs.)	1899	Nov	15	028	F	Broadway & Republican Sts.	---
S		0034	00132	Laughlin	Michael O.	1894	Mar	26	035	M	211 Washington St.	
S		0015	00024	Lauping	Samuel W.	1893	Jan	24	049	M	Light near Olympic Ave.	IN
S	3	0019	00378	Laurence	John	1905	Oct	20	045	M	Providence Hosp.	UN
S	3	0036	00712	Laurence	Mary A.	1906	Jan	02	057	F	2405 Day St	NY
S	2	392	2644	Laurietson	Christina	1891	Oct	15	021	F	1702 10th St./7th Ward	SWD

S	R	Page	Recor	LastName	FirstNames	Deat	Mn	Dt	Age	S	DeathPlace	Bir
S		0026	00438	Lauson	Frank	1893	Oct	11	029	M	Prov. Hosp.	
S	1	0001	00232	Lauson	J.O.	1883	Jul	21	038	M	Seattle	USA
S	1	0001	00049	Lauton		1882						
S	1	0001	01070	Lavaigue	Luke	1889	Nov	29	037	M	Bay St.	
S	2	0038	00757	LaVake	Norma	1900	Sep	17	01m	F	Brooklyn	WA
S	2	370	2602	Lavance	Catherine	1891	Sep	19	-	F	Ft. Steilacom, WA	---
S	-	172	3388	Lavander	Hugo	1902	Oct	01	---	M	Lawson Mine	---
S	3	0126	02517	Lavarn	Louis	1904	Sep	16	039	M	Providence Hospital	CND
S	3	0103	02051	Lavary	Infant	1904	Jun	10	13d	M	1110 Allen Pl.	Sea
S	3	0176	03508	Lavender	Edist Louisa	1905	Apr			F	1613 1st Ave	SEA
S	1	0001	01190	Laveneler	John	1890	Feb	08	070		Grace Hosp.	
S	2	0084	00406	Lavenworth	A.	1897	Oct	16	058	F	324 5th Ave. S.	RUS
S	3	0133	02643	LaVette?	J.N.	1907	Jan	13	c55	M	California Hse, 4th & Maine	FRN
S	3	0169	03361	Lavigne	William	1907	Apr	29	041	M	Providence Hosp.	MI
S	2	0072	00503	Lavin	Elizabeth	1896	Dec	05	001	F	14 Birch St.	CA
S	2	0036	00215	Lavin	Thomas	1894	May	15	03m	M	2407 Lane	
S	2	120	1765	Lavoie	Louis	1899	Jun	24	024	M	1018 Stewart St.	---
S	1		1587	Lavoy	Napoleon	1890	Sep	30	045	M	West Seattle	CND
S	3	0160	03200	Law	Anna	1905	Jan	07	010	F	Bremerton, WA	CA
S		0020	00389	Law	Baby	1903	May	11	01d	-	Ballard	SEA
S	3	0176	03520	Law	Vera	1907	May	21	08m	F	318-24th Ave. S.	WA
S		0001	00016	Lawler	Frederick C.	1903	Mar	10	001	M	815 Alder Street	SEA
S	3	0106	02107	Lawler	Mary Catherine	1906	Aug	10	037	F	427 Qu. Anne Ave.	ENG
S		0019	00363	Lawrance	Julia	1903	May	25	052	F	Green Lake	IL
S	3	0164	03270	Lawrence	(Baby)	1907	Apr	09	01d	F	4416-30th Ave. W.	WA
S	3	0186	03705	Lawrence	Charles Merriam	1907	Jun	13	08m	M	1531-17th N.	WA
S	2	184	3619	Lawrence	Cora May	1902	Dec	31	019	F	1607 19th Ave.	NC
S	3	0108	02144	Lawrence	Della Maud	1906	Oct	11	024	F	Sea. Gen. Hosp.	IA
S	3	0127	02535	Lawrence	Dora	1904	Sep	21	039	F	6423 Fifth Ave	MN
S		0011	00203	Lawrence	Frances	1903	Apr	20	023	F	217 Pontius	CT
S	2	0046	00919	Lawrence	Fred	1900	Nov	07	052	M	1607 19th Ave	WIN
S	2	122	1843	Lawrence	G. Edward	1898	Nov	01	-	M	Dawson	---
S	2	179	3525	Lawrence	Mary	1902	Nov	28	052	F	Ballard, WA	NY
S		0034	00683	Lawrence	Miles M.	1903	Aug	07	053	M	Near Green Lake	MA
S	3	0058	1145	Lawrence	Sarah Maude	1903	Nov	19	001	F	1526 4th Ave	CA
S	3	0155	03100	Laws	Charles	1905	Jan	19	034	M	Wayside Emergency Hosp	KS
S		0011	00214	Lawson	Anna M.	1903	Apr	26	033	F	Monod Hospital	IRL
S	2	0011	00220	Lawson	Chas T.	1900	Mar	18	039	M	Prov. Hosp.	KY
S	2	0079	00218	Lawson	E. E.	1897	Jun	14	039	F	General Hosp.	---
S	3	0148	02949	Lawson	Georgia C	1904	Dec	26	027	F	3919 12th Ave N E	MN
S		0117	02326	Lawson	Gladys	1906	Nov	14	012	F	223 Terry	AL
S		132	2618	Lawson	infant	1902	Mar	27	s/b	M	Monod. Hosp.	SEA
S		0015	00283	Lawson	Infant	1903	Apr	26	---	M	Monod Hospital	SEA
S	3	0107	02135	Lawson	John	1906	Oct	09	064	M	4210-9th Ave. N.E.	ENG
S	2	0098	1959	Lawson	Violet M.	1901	Sep	26	07m	F	Ballard	WA
S	2	393	2646	Lawton	Charles W.	1891	Oct	17	054	M	15 Yesler/2nd Ward	ENG
S		0033	00114	Lawton	Henry B.	1894	Mar	14	058	M	Prov. Hosp.	
S		0015	00009	Laydem	Martha	1893	Jan	03	058	F	Prov. Hosp.	CND
S	2	102	1097	Layton	Douglass	1898	Aug	05	08m	M	Getchell	---
S		193	3808	Layton	Infant	1903	Jan	29	s/b	M	Seattle General Hospital	Sea
S	2	186	3673	Layton	Susan Elizabeth	1902	Dec	29	027	F	Seattle Gen. Hosp.	GA
S	1	0001	00228	Lazaar		1883	Jul	23	01m		Seattle	SEA
S			1396	Lazell	Louis	1890	Jun	20	040	M	Providence Hospital	---
S	3	0122	02423	Le Barge	Irene Marie	1906	Dec	02	017	F	709-12th Ave.	MI
S	2	0088	00564	LeAbbe	Geo. Albert Jr.	1898	Jan	19	004	M	1127 17th Ave.	CO

S	R	Page	Recor	LastName	FirstNames	Deat	Mn	Dt	Age	S	DeathPlace	Bir
S	1	0001	00263	Leach	Alfred	1883	Aug	12	036	M	Seattle	IRE
S	2	112	1476	Leach	Chas.	1899	Feb	14	019	M	Seattle Gen. Hosp.	NE
S	2	0053	01041	Leach	Geo	1900	Dec	15	002	M	Van Asselt	sme
S	2	110	1407	Leach	John	1899	Jan	17	060	M	Latona	NY
S	2	0038	00283	Leach	Maggie	1894	Jul	13	030	F	2931 1/2 Front	
S		0008	00296	Leach	Viola	1892	Jul	21	13d	F	Rollin St.	Sea
S	1		1454	Leadbeter	Clarence	1890	Aug	01	04m	M	Temple St.	Sea
S	3	0132	02632	Leadbeter	Infant	1904	Oct	05	24d	F	812 1/2 Howell St	SEA
S	2	137	2718	Leadbetter	Harry Harold	1901	Nov	13	007	M	Douglas, AK	---
S	2	0061	00058	Leader	Ed	1896	Feb	08	038	M	Fremont	ENG
S	2	183	3603	Leadworth	Michael	1902	Dec	19	035	M	Seattle Gen. Hosp.	---
S	3	0190	03797	Leahy	Alice	1905	Jun	28	042	F	2712 4th Ave	IL
S	3	0155	03089	Leahy	Twin infants	1905	Jan	16	01d	M	2123 6th Ave	SEA
S	2	0087	1731	Leamer	Eliza	1901	Jul	27	083	F	S. G. Hosp.	PA
S	2	0021	00406	Leandro	Rufino	1900	May	15	035	M	Prov. Hosp.	PHL
S	2	0072	1433	Learitt	Anna	1901	Apr	22	050	F	122 Pine	IRL
S		0009	00316	Learley	D. Marie	1892	Jul	30	18m	F		Sea
S	3	0140	02798	Learman	Mrs. Amelia	1907	Feb	06	029	F	Sea. Gen. Hosp.	WI
S	3	0072	1436	Learned	Wm. F.	1904	Jan	13	040	M	Monod Hospital	WA
S	3	0074	01477	Learned	Wm. H.	1906	Jun	10	050	M	5010 - 14th Ave.NE	MN
S		0029	00562	Lears	Joseph L.	1893	Dec	25	058	M	Queen Anne Hill	CND
S	2	180	3567	Leary	John	1902	Dec	10	069	M	419 Warren St.	IRL
S	3	0166	03316	Leary	John	1905	Feb	08	069	M	Riverside, CA	---
S	2	0056	00461	Leary	William S.	1895	Oct	02	02m	M	208 Temperance	Sea
S	-	151	2965	Lease	H. F.	1902	Jun	22	050	M	Foot of Main St.	CND
S	2	0067	1329	Leather	C. Eliz	1901	Mar	29	003	F	110 Nob Hill	WA
S	2	0069	00377	Leathern	Florence	1896	Sep	11	06m	F	2nd & Virgina Sts.	SEA
S	1	0001	00168	Leavinsin	Matilda	1883	Feb	05	05w	F	Seattle	USA
S	1	0001	00307	LeBallister	J.A.	1884	Feb	15	040	M	Seattle	USA
S	3	0056	01113	Lebisto	John	1906	Mar	20	026	M	Kerriston, King Co., WA	--
S	3	0042	00840	Lebold	Conrad Henry	1906	Feb	05	061	M	1505 E.Pine St	OH
S	2	0066	1313	Lebold	Lillian J.	1903	Dec	01	035	F	Providence Hospital	IL
S	1	0001	00428	Lebrache	W.	1885	Feb	21	075	M	Seattle	CAN
S	2	343	2547	Leckie	Fredrick James	1891	Aug	27	012	M	1432 Washington St.	Sea
S		0005	00089	Leckie	Stewart	1903	Mar	01	054	M	King County Hospital	CT
S		0033	00087	LeClair	John	1894	Feb	03	033	M	Co. Hosp.	GER
S		0034	00678	Leddy	James (Col)	1903	Aug	07	060	M	700 Warren Avenue	NY
S	1	0001	01148	Ledgerwood	Ethel	1890	Jan	20	001	F	2nd & Union	SEA
S	2	0096	00856	Lee	Alexander	1898	May	22	10m	M	1814 Columbia St.	SEA
S	3	0173	03451	Lee	Alexander	1905	Mar	05	054	M	King County Hosp	MN
S	3	0180	03594	Lee	Carl	1907	May	08	025	M	Kittitas Co.	NRY
S	3	0193	03852	Lee	Carl August	1905	Jun	06	040	M	Pontiac, WA	NRY
S		0005	00166	Lee	Frankie	1892	Apr	24	04m	F	So. Seattle	Sea
S	2	123	1891	Lee	Fred	1899	Aug	31	09m	M	1600 Madison St.	Sea
S	3	0180	03600	Lee	Gon Chinn	1907	May	13	058	M	At sea on Str Dolphin	CHN
S	3	0142	02840	Lee	H.F.	1907	Feb	09	c50	M	321-1/2 Pike	unk
S	1	0001	01076	Lee	H.O.	1889	Dec	27	026	M	Prov. Hosp.	
S	2	0041	00404	Lee	Hattie L.	1894	Sep	05	062	F	Fremont	
S	2	0085	00446	Lee	infant	1897	Nov	07	03m	M	813 Alder St.	SEA
S		0020	00214	Lee	James	1893	May	03	075	M		VA
S		0037	00724	Lee	John	1903	Aug	18	02m	M	W.C.H. Green Lake	SEA
S	2	324	2510	Lee	Johnathen	1891	Aug	07	080	M	1718 Madison St.	---
S	3	0141	02806	Lee	Josie	1904	Nov	17	047	F	Seattle General Hosp	OH
S		0050	00990	Lee	Lena	1903	Oct	12	041	F	Seattle General Hospital	NRY
S	3	0067	01337	Lee	Ole	1906	May	06	071	M	414 E.Mercer St.	NRY

S	R	Page	Recor	LastName	FirstNames	Deat	Mn	Dt	Age	S	DeathPlace	Bir
S	2	0022	00437	Lee	Pearl L.	1900	May	28	10m	F	813 Alder	SEA
S	2	0039	00326	Lee	R.K.	1894	Aug	02	070	M	Clay & 4th	SC
S	1	0001	01165	Lee	Richard K.	1890	Feb	12		M	Seattle	
S	3	0050	00989	Lee	Robert W.	1906	Feb	14	065	M	York Station, King Co.	OH
S	3	0089	01775	Lee	Sadie	1906	Aug	06	004	F	914 E. Madison	OH
S	3	0112	02228	Lee	Simon R.	1906	Oct	31	072	M	4463-26th Ave. W.	NRY
S	2	112	1486	Lee	Victor Grant	1899	Feb	25	08m	M	209 5th Ave. S.	Sea
S	3	0126	02522	Lee	Victor J	1904	Sep	08	044	M	520 First Ave N	AUT
S	-	166	3263	Lee	Wm.	1902	Sep	25	042	M	1027 1st Ave. S.	IN
S	1	0001	00245	Leech	Alfred	1883	Aug	12	038	M	Seattle	IRE
S		198	3902	Leed	Infant	1903	Feb	02	s/b	F	Monod Hospital	SEA
S		0096	1911	Leedbetter	Elizabeth	1904	May	06	070	F	1614 36th Ave.	ENG
S		0096	1921	Leedon	Cyrus	1904	May	13	070	M	311 Lenora St.	MO
S	2	140	2774	Leehey	John Kenneth	1902	May	15	06m	M	700 Kinnear Place	SEA
S		100	1990	Leehey	Maurice	1904	Feb	23	07m	M	Butte MT	MT
S	1		1975	Leek	Matilda	1890	Nov	04	028	F	Snoqualmie Hotel	---
S	-	173	3396	Leeman	Mrs. Sophia	1902	Oct	12	061	F	Eagle Harbor	GER
S		0033	00104	Leep	Dong	1894	Mar	07	030	M	Prov. Hosp.	CHN
S	3	0171	03401	Lees	Lewis E.	1907	Apr	17	020	M	Georgetown, WA	MB
S		0032	00054	Legas	Jennie	1894	Feb	02	008	F	S.11th & Norman	
S	3	0009	00176	LeGate	D. A.	1905	Aug	30	071	M	La Conner, WA	---
S	2	0095	1897	Legg	Louis Henry	1901	Sep	15	02m	M	913 5th Ave. N.	SEA
S	2	102	2028	Leggett	Charlie	1901	Oct	27	22m	M	Occidental Ave.	SEA
S	3	0052	01024	Lehm	Adolph	1906	Mar	10	022	M	115 Lakeside Ave.	MN
S	3	0155	03095	Lehmanowsky	Leslie	1907	Mar	21	015	M	Wayside Emerg. Hosp.	OR
S	3	0028	00547	Lehn	Minnie	1905	Nov	29	077	F	Ballard	GER
S	3	0076	1515	Lehr	Loraine	1904	Feb	14	009	F	564 Ward St.	WA
S	2	125	1984	Lehrman	Emil A. S.	1899	Oct	07	074	M	Providence Hosp.	NRY
S	2	0085	1684	Leidberg	C. V.	1901	Jul	01	045	M	Prov. Hosp.	SWD
S			1258	Leigh	Harry	1890	Apr	22	032	M	Providence Hospital	ENG
S		0028	00561	Leigh	Wm.	1903	Jul	07	031	M	Seattle General Hospital	PA
S	2	0082	00330	Leighton	---	1897	Aug	31	---	F	Green Lake	---
S	3	0037	00737	Leighton	Elizabeth J.	1906	Jan	11	051	F	157 E 62nd St	NY
S	3	0163	03250	Leighton	George Haviland	1905	Feb	11	024	M	2016 N 78th St	MA
S	2	0088	1746	Leighton	John M.	1901	Aug	02	079	M	202 - 19 N	ME
S	2	0091	1806	Leighton	John W.	1901	Aug	02	079	M	202 19th Ave. N.	ME
S	2	0087	00526	Leigler	John	1897	Dec	20	033	M	Ballard, WA	NS
S	1	0001	01067	Leihm	Anna	1889	Nov	26	13m	F	Depot & Harrison	
S	2	403	2666	Leihn	Adolph	1891	Nov	03	045	M	foot of John St./5th Ward	---
S	1		1929	Leininger	Jack	1890	Oct	24	040	M	Providence Hospital	GER
S	3	0112	02223	Leipsey	Leila	1906	Oct	30	002	F	3621 Greenwood (b. Minn	
S	-	148	2914	Leitch	N. A.	1902	Jun	03	040	M	City Jail	MA
S		0029	00570	Leith	Edith	1903	Jul	07	022	F	1518 First Avenue	KS
S		196	3868	LeMar	Alva J.	1903	Feb	10	006	M	Green Lake	SEA
S	3	0020	00384	LeMarbe	Omer	1905	Oct	20	031	M	Providence Hosp.	UN
S	2	0098	00915	Lemen	M. H.	1898	Jun	07	049	M	619 Maynard St.	IR
S	2	376	2612	Lemert	Marinda	1891	Sep	29	080	F	324 Olympic Ave./8th Ward	OH
S	3	0110	02195	Lemm	Andrew Bernard	1906	Oct	21	005	M	Prov. Hosp.	Sea
S	1	0001	01090	Lemm	Frank Mathias	1889	Nov	17	004	M	3rd St. near Cedar St.	ND
S	1	0001	01089	Lemm	Henry	1889	Nov	23	007	M	3rd St near Cedar St.	
S	1	0001	01091	Lemm	Joseph	1889	Nov	19	07m	M	3rd St. near Cedar St.	SEA
S	3	0148	02953	Lemmon	James	1904	Dec	28	080	M	115 Third Ave N	OH
S	3	0190	03798	Lemmon	Margaret Jane	1905	Jun	29	075	F	115 3rd Ave N	OH
S	-	172	3380	LeMoin	Clarence E.	1902	Oct	25	029	M	1212 6th Ave.	CA
S	2	0039	00328	Lemon	Carolina C.	1894	Aug	04	073	F	433 Olympic Ave	VT

S	R	Page	Recor	LastName	FirstNames	Deat	Mn	Dt	Age	S	DeathPlace	Bir
S	3	0113	02246	Lemon	Marie Eldorado	1906	Oct	09	008	F	Dawson, YT (b. ElDorado Crk	YT
S		0024	00381	Lendfers	Louis	1893	Sep	09	02m	M	Decatur nr. Madison	Sea
S		0027	00479	Leng	Jas. Wm.	1893	Nov	04	040	M	Fremont	ENG
S	3	0180	03589	Lennan	James Edwin	1906	Dec	18	066	M	Juneau, AK	ME
S	3	0189	03784	LeNoir	G. N.	1905	Jun	22	044	M	2221 4th Ave	CND
S	2	0061	00055	Lenont	Anna	1896	Feb	07	025	F	Denny House	MN
S	2	0098	00911	Lenten	W. J.	1898	Jun	05	062	M	811 13th Ave.	GER
S	2	0042	00443	Lentz	Emily Aug.	1894	Oct	03	019	F	McClain & King	
S	3	0144	02867	Lenz	Mathilda	1907	Feb	15	072	F	2336-15th Ave. S.	GER
S	3	0183	03656	Lenzi	P.	1905	May	15	025	M	Marion St, foot of	ITL
S	2	129	2131	Leo	Marie	1899	Dec	19	080	F	118 Warren Ave.	GER
S		0078	1559	Leon	Lizzie M.	1904	Feb	22	030	F	520 Broad St.	IL
S	2	0049	00118	Leonard	Eliza	1895	Mar	27	067	F	1806 1/2 11th	
S	1	0001	00201	Leonard	Ella	1883	May	01	004	F	Seattle	USA
S	1	0001	00186	Leonard	Ella	1883	Apr	24	004	F	Seattle	USA
S	3	0004	00070	Leonard	Esther R.	1905	Aug	15	02m	F	502 Maynard	WA
S	3	0081	01601	Leonard	Frances Leonard	1906	Jul	01	047	F	Prov. Hosp.	WI
S		0037	00737	Leonard	John Valentine	1903	Aug	20	035	M	Seattle General Hospital	WI
S	3	0139	02784	Leonard	Lewis N	1904	Nov	11	13m	M	Fremont	IL
S	2	0074	1472	Leonard	Peter	1901	Apr	19	045	M	Tacoma, WA	IRL
S	1	0001	00421	Leonard	Wm.	1885	Jan	14	106	M	Seattle	IRE
S	2	114	1549	Leong	Willie Geo. (?)	1899	Mar	27	003	M	Seattle	Sea
S	3	0068	01344	Leonhardt	Jessie E.	1906	May	10	--	F	Sea.Gen.Hosp.	WI
S	1	0001	00591	Leonora		1888	Aug	22	03w		Front St.	
S	3	0161	03223	LePage	Horace Ray	1905	Feb	04	01m	M	1513 4th Ave	SEA
S	2	111	2216	Lepire	Lord	1901	Dec	15	024	M	Prov. Hosp.	
S		0023	00449	LePlat	Margaret	1903	Jun	09	069	F	S. Seattle	ALG
S	3	0057	01136	Lepscomb	H.A.	1906	Mar	27	041	M	Pleasant Beach, WA	VA
S		0040	00784	Leran	A.E.	1903	Aug	05	055	M	Duwamish River	RUS
S	3	0141	02810	Lereque	Joseph	1904	Nov	20	035	M	611 1/2 Yesler Way	CA
S	-	170	3343	Lerner	Bertha	1902	Oct	09	016	F	Providence Hosp.	NY
S	2	0084	1669	Lerogue	Mary	1901	Jun	01		F	Pt. Townsend	
S		0021	00236	LeRoy	A.J.	1893	Jun	13	047	M		
S		0005	00158	Lervin	K.B.	1892	Feb	17				
S		0007	00248	Lesermey	Geo.	1881	Jul	02	045	M	Pt. Madison	
S	2	124	1952	Lesh	infant	1899	Sep	28	10d	M	Mat. Hosp.	Sea
S	2	0096	1919	Leskie	John	1901	Sep	25	025	M	1422 Post St.	MT
S	2	0065	01298	Leslie	(Inft)	1901	Mar	18	03m	F	919 Cherry	SEA
S		113	2248	Leslie	Ephnam	1904	Jul	02	055	M	Providence Hospital	---
S	3	0156	03116	Leslie	Norman M	1905	Jan	24	002	M	813 E 70th St	IRL
S	-	169	3333	Lesly	Rhoda (Mrs.)	1902	Oct	07	038	F	Seattle Gen. Hosp.	NY
S	-	174	3435	Lesseski	John	1902	Oct	29	038	M	Providence Hosp.	RUS
S	2	113	1526	Lessy (?)	John	1899	Mar	14	023	M	Merchants Hotel	USA
S	3	0163	03253	Leth	William	1905	Feb	12	059	M	Wayside Emergency Hosp	DNK
S	2	326	2514	Letle	W.	1891	Aug	09	018	M	Grace Hosp.	---
S		0005	00180	Lett	Charles	1892	May	02	032	M	Front & Virginia	SWD
S	2	113	1521	Leucht	Chas.	1899	Mar	13	029	M	Providence Hosp.	---
S		114	2272	Leurs	Lizzie	1904	Jul	20	038	F	King Co. Hospital	CA
S		0022	00428	Levan	Le	1903	Jun	01	055	M	Duwamish River	---
S	3	0169	03368	Levandis	George	1905	Mar	08	050	M	Western Ave & Union St	GRC
S	1	0001	00157	Levanson	A.	1883	Jul	31	031	F	Seattle	USA
S	-	149	2920	Lever	Meri	1902	Jun	15	020	F	1401 Yesler	AUS
S	1		1429	Levitt	Howard	1890	Jul	20	20m	M	Seattle b.San Diego,	CA
S	2	399	2659	Levitt	James	1891	Oct	28	041	M	Providence Hosp.	---
S		0026	00453	Levy	Aaron	1893	Oct	21	065	M	5th & Pike	RUS

S	R	Page	Recor	LastName	FirstNames	Deat	Mn	Dt	Age	S	DeathPlace	Bir
S	3	0185	03705	Levy	Eugene A.	1905	May	17	047	M	2319 5th Ave	CA
S	2	0052	00252	Levy	Joseph	1895	Jun	26	042	M	Prov. Hosp.	
S		0052	1041	Levy	Moses	1903	Oct	12	061	M	Providence Hospital	GER
S	2	0002	00028	Levy	Victoria	1900	Jan	15	006	F	1126 Wash. St.	WA
S	3	0006	00106	Lewin	Leonard	1905	Aug	25	009	M	2900 4th Ave N	WA
S		0002	00070	Lewin	R.B.	1892	Feb	17	030	M	9th ward	NB
S	2	116	1641	Lewis	Abraham	1899	Apr	26	080	M	1801 Yesler Ave.	NRY
S		0021	00266	Lewis	Alonzo D.	1893	Jul	05	038	M	So. 3rd & Main	
S	3	0045	00881	Lewis	Anna (Mrs.)	1906	Feb	14	033	F	Pacific Hosp.	unk
S	1	0001	00904	Lewis	Artie	1889	Jun	23	004	M		
S	2	123	1889	Lewis	Delaney R.	1899	Aug	29	030	M	510 Spring St.	---
S	3	0004	00069	Lewis	Dora (Mrs.)	1905	Aug	16	076	F	919 E Jefferson	GER
S	2	0084	00397	Lewis	E.	1897	Oct	08	063	M	Providence Hosp.	MA
S	1	0001	01108	Lewis	E.J.	1889	Dec	29	026	M	911 Main St.	
S	3	0035	00695	Lewis	Elizabeth	1905	Dec	07	070	F	South Seattle	PA
S	1	0001	01030	Lewis	Elmer	1889	Oct	27	026	M	4th & Madison	
S		0083	1661	Lewis	Even	1904	Mar	25	002	M	2220 4th Ave.	WA
S	2	0068	01358	Lewis	Florent	1904	Jan	02	004	M	711 Beacon Place	Sea
S	-	162	3195	Lewis	Francis Mary	1902	Aug	31	002	F	Green Lake b.N. Yakima,	WA
S	2	0033	00641	Lewis	Frank	1900	Aug	10	026	M	Elliott Bay	WIN
S		0082	01640	Lewis	George	1904	Mar	16	001	M	224 Washington St.	Sea
S	3	0172	03424	Lewis	George	1907	May	02	c33	M	Providence Hosp.	---
S	3	0146	02917	Lewis	Granville S	1904	Dec	13	066	M	1717 Boylston Ave	OH
S	3	0038	00749	Lewis	Helen M.	1906	Jan	14	070	F	427 Queen Anne Ave	ME
S		0011	00425	Lewis	Henry	1892	Oct	10	056	M	106 Lenora	
S	2	0096	00865	Lewis	Hester A.	1898	May	25	055	F	Madison & 22nd Ave.	---
S	3	0190	03801	Lewis	Infant	1905	Jun	25	01d	F	507 Seneca St	SEA
S	2	110	2192	Lewis	John R.	1901	Dec	05	056	M	717 Stewart	PA
S	3	106	2108	Lewis	Leslie Morgan	1904	Jun	03	02m	M	Seattle Gen. Hospital	WA
S	-	162	3188	Lewis	Lilly L.	1902	Aug	26	012	F	933 Lake View Ave.	DNK
S	3	106	2107	Lewis	Louis P.	1904	Jun	01	060	M	Providence Hospital	WLS
S	2	108	1324	Lewis	Louisa	1898	Dec	14	056	F	1514 8th Ave.	IN
S		0024	00388	Lewis	Mabel	1893	Sep	12	03m	F	321 Cherry	WA
S	2	187	3688	Lewis	Manse	1903	Jan	06	040	M	523 Yesler	---
S		0026	00504	Lewis	Morris	1903	Jun	11	072	M	619 Miner Avenue N	WLS
S	3	0175	03503	Lewis	Mrs Margaret	1905	Apr	09	053	F	1441 20th Ave	CND
S		0015	00029	Lewis	Phillip	1893	Jan	27	067	M	515 Seneca	
S	2	121	2403	Lewis	Robert	1901	Oct	27	035	M	Foot of Wash. St.	ENG
S	2	0049	00121	Ley/Rey	Mary Anne	1895	Mar	20	028	F	611 Pearl	CND
S	2	137	2713	Leyde	James	1902	Apr	20	---	M	near Van Asselt	MN
S	2	126	1996	Leyde	Sam'l	1899	Oct	14	060	M	Wayside Mission	---
S	2	0063	00125	Leyshon	Mary	1896	Mar	06	039	F	Oakland	WLS
S	1	0001	00296	Lfoy	infant	1883	Oct	22			Seattle	
S	-	174	3427	Libbee	infant	1902	Oct	03	s/b	M	2815 1st Ave.	WA
S	2	0067	00278	Libby	C.W.	1896	Jul	17	049	M	126 Wilfred	
S	2	0071	1418	Libby	H. Jessie	1901	Apr	19	036	F	S. G. Hosp.	IA
S	1		2058	Libby	Hattie	1890	Dec	22	039	F	3rd St. nr Main	---
S	1	0001	00799	Libby	S.D.	1889	Mar	13	062	M	West ST.	USA
S		0030	00588	Libby	Sarah D.	1903	Jul	19	079	F	1627 - 17th Avenue	ME
S	3	0125	02494	Liberty	Asida (Mrs.)	1906	Dec	20	041	F	2nd Ave. & Washington	CND
S		0051	1017	Liddle	Infant	1903	Oct	17	01d	F	1911 Boren Avenue	SEA
S	2	0088	00561	Lidstone	Joseph	1898	Jan	17	052	M	Gen. Hosp.	CA
S	1		2086	Liebley	Mrs.	1891	Jan	11	035	F	95 West St.	SWD
S	3	0137	02726	Liebmann	Anna	1907	Jan	01	003	F	Youngstown, WA	WA
S		0115	02298	Lies	August	1906	Nov	05	044	M	Prov. Hosp.	---

S	R	Page	Recor	LastName	FirstNames	Deat	Mn	Dt	Age	S	DeathPlace	Bir
S	2	0001	00007	Lietal	Angus	1892	Jan	06	052	M	Providence Hosp.	---
S	2	0094	1861	Lightfoot	H. W.	1901	Jul	25	055			
S		0020	00203	Likinger	Joseph	1893	May	30	057	M	511 Wilford	
S	1		2241	Lillian	Mable Lee	1891	Mar	17	07m	F	1615 10th St.	Sea
S	2	0003	00045	Lillico	Peter	1900	Jan	23	062	M	1611 3rd Ave.	CND
S	2	0090	1787	Lillie	V. Marshall	1901	Aug	07	011	M	2775 Atlantic St.	WA
S	3	0151	03017	Lillis	Julia	1904	Dec	28	071	F	Georgetown	NY
S	2	0052	00258	Lillis	P.J.	1895	Jun	05	049	M	Georgetown	IRL
S	3	0015	00283	Lilly	Albert Eugene	1905	Sep	13	052	M	3013 20th Ave W	WI
S	3	0130	02596	Lilly	Alice M	1904	Sep	19	10m	F	Dunlap Station	AK
S	2	0092	00692	Lilly	John	1898	Mar	25	045	M	Providence Hosp.	IRL
S	3	0189	03763	Lilly	Valeria Gordon	1907	Jun	28	073	F	1810-15th Ave.	NY
S	2	0052	00273	Lillygren	Ednega	1895	Jul	15	006	M	Queen Anne Hill	Sea
S	2	0052	00243	Lilygren	Emil	1895	Jun	18	040	M	Queen Anne Hill	SWD
S		0018	00124	Limonse	August	1893	Mar	20	021	M	Ballard	NRY
S	-	189	3726	Limp(?)	Mae	1903	Jan	24	029	F	Seattle Gen. Hosp.	SCT
S	3	0111	02218	Lin	Goon	1906	Oct	25	007	F	621 Washington	Sea
S		0015	00294	Lincoln	Abraham	1903	Apr	27	022	M	Wayside Mission Hospital	---
S	3	0189	03770	Lincoln	Alvin C.	1907	Jun	27	064	M	Room 25, Sullivan Bldg.	MA
S	1		1979	Lincoln	D.	1890	Nov	06	035	M	Providence Hospital	---
S	3	0164	03285	Lincoln	Emma	1905	Feb	24	046	F	Pacific Hosp	NY
S		0063	1246	Lincoln	Gracie	1903	Dec	06	011	F	1550 Atlantic St.	MN
S	2	0046	00007	Lincoln	Lulu	1895	Jan	11	006	F	Brooklyn	WA
S	3	0017	00323	Lincoln	Phil	1905	Sep	27	045	M	The Meadows	---
S		0031	00620	Lind	Anna	1903	Jul	28	038	F	1324 Franklin Avenue	SWD
S	2	0099	00982	Lind	Anna E.	1898	Jul	08	039	F	1319-1/2 3rd Ave.	---
S		196	3855	Lind	John	1903	Feb	25	021	M	Providence Hospital	FIN
S	3	0136	02716	Lind	Lars H.	1907	Jan	11	083	M	1530 Boren Ave.	SWD
S	-	163	3200	Lind	Lea	1902	Aug	25	---	F	Monod Hosp.	FRN
S	3	0137	02729	Lindal	Jacob	1904	Oct	11	052	M	Ballard	ICE
S	2	107	1262	Lindberg	Bertha	1898	Nov	10	015	F	219 9th Ave.	SWD
S	3	0009	00166	Lindberg	Ida Elizabeth	1905	Aug	20	029	F	West Seattle	SWD
S		0011	00417	Lindberg	John	1892	Oct	06	035	M	Prov. Hosp.	
S		196	3861	Lindberg	Julius	1903	Feb	26	074	M	Fremond	SWD
S	2	0075	00047	Lindberg	Mable	1897	Feb	04	007	F	112 Light St.	MN
S	2	0077	00119	Lindburg	Agnes	1897	Mar	26	014	M	219 - 9th Ave.	SWD
S	2	0071	1412	Lindburgh	F.	1904	Jan	22	040	M	Wayside Mission Hospital	---
S	2	124	2464	Lindegren	Lillian Laura	1902	Feb	19	001	F	820 23rd Ave. S.	SEA
S	3	0171	03425	Lindell	Alfred	1905	Mar	29	036	M	Providence Hosp	SWD
S	2	110	1380	Lindell	Robert	1899	Jan	02	009	M	10th Ave. N.	Sea
S		0064	1271	Lindeman	Augusta	1903	Dec	15	047	F	1606 9th Ave. So.	NY
S	2	129	2135	Linder	Theodore	1899	Dec	21	1.5	M	134 11th Ave. N.	Sea
S	2	122	2430	Lindgren	O. F.	1902	Feb	09	041	M	Prov. Hosp.	SWD
S	2	0054	00345	Lindmark	Otto F.	1895	Sep	01	003	M	Park Ave & Baker St.	Sea
S	2	0123	02447	Lindoff	Leroy	1904	Aug	26	21d	M	South Seattle	SEA
S			1392	Lindquist	August	1890	Sep	11	026	M	Grace Hospital	---
S	3	0174	03476	Lindquist	Infant	1905	Mar	15	s/b	F	Smith's Cove	SEA
S	2	0055	01092	Lindquist	Jno	1901	Jan	16	071	M	Magnolia Bluff	SWD
S	3	0057	1138	Lindsay	Alfred W.	1903	Nov	16	009	M	206 27th Ave. S.	NY
S	3	0141	02820	Lindsay	R E	1904	Nov	22	048	M	Providence Hosp	---
S	2	120	1774	Lindsey	baby	1899	Jun	29	02w	F	30th Ave. S. & Judkins Sts.	Sea
S	3	0121	02401	Lindsey	Cora B.	1906	Nov	29	029	F	Everett	---
S	3	0058	1147	Lindsey	Henrietta Barclay	1903	Nov	19	043	F	Providence Hospital	NY
S	3	0125	02487	Lindsey	William F.	1906	Dec	17	026	M	4213-1/2-14th Ave. N.E.	MO
S	2	0054	01073	Lindstrom	G.	1901	Jan	11	016	F	506 Boren Ave	ND

S	R	Page	Recor	LastName	FirstNames	Deat	Mn	Dt	Age	S	DeathPlace	Bir
S	2	0071	1419	Lindstrom	Peter	1901	Apr	19	029	M	Prov. Hosp.	SWD
S	3	0191	03804	Lindstrom	Peter	1907	Jun	23	50?	M	Skykomish, WA	NRY
S	-	156	3074	Lindvall	Chas.	1902	Aug	03	002	M	604 7th Ave. S.	SEA
S	2	157	3087	Line	Abbie	1902	Aug	09	05m	F	Green Lake	SEA
S	3	0080	01598	Liner	Infant	1906	Jun	29	s/b	F	2433 Irving	Sea
S	3	0045	00882	Linford	Dorothy Margery	1906	Feb	17	011	F	918 - 25th Ave. b.Ballard	WA
S	2	0054	00316	Ling	Charlie	1895	Aug	16		M	Idaho	CHN
S	2	0068	00318	Linghey	F. H.	1896	Aug	14	02m	F	118 Light St.	SEA
S	2	0037	00241	Lingnau	Hilda	1894	Jun	02	035	F	Lewis St/Remington Av	
S	2	0088	1755	Lingren	C. Richard	1901	Jul	15	022	M	Ft Davis, Alaska	SWD
S	1	204	2289	Link	Carl	1891	Apr	11	026	M	nr Redmond, King Co., Wash.	---
S		0060	1203	Linke	Alvin	1903	Nov	12	062	M	Russell ID	---
S	2	117	2338	Linke	Hattie M.	1902	Jan	16	016	F	2208 6th Ave.	NE
S	2	0047	00928	Linmark	A.	1900	Nov	20	043	M	Hosp. Ship. Idaho	FIN
S	3	0189	03766	Linn	Roy B.	1907	Jun	25	017	M	Lake Union	WA
S		0022	00295	Linnblad	Clara V.	1893	Jul	16		F	Ballard	
S	3	0176	03519	Linnett	Evaline	1905	Apr			F	3920 Linden Ave	WA
S		0023	00454	Linniore (?)	A.L.	1903	Jun	08	029	M	Seattle General Hospital	MI
S	2	0052	00256	Linquist	Chas.	1895	Jun	30	037	M	Prov. Hosp.	
S	2	0031	00604	Linscott	A. O.	1900	Jul	14	034	M	Auburn, WA	---
S	2	0013	00244	Linscott	Dean S.	1900	Mar	30	001	M	2023 Terry	SEA
S	2	320	2501	Linsert	Charlotte	1891	Aug	04	002	F	Ross Station	VA
S	1	272	2406	Linsey	George	1891	Jun	25	050	M	Grace Hosp.	ENG
S		136	2693	Lippincott	Major A. E.	1902	Apr	16	056	M	Providence Hosp.	OH
S	3	0058	01150	Lippman	L.L.	1906	Apr	01	066	M	1706 Melrose Ave.	FRN
S	2	0084	1671	Lippy	R. Percival	1896	Aug		004	M	Dawson	Sea
S	2	334	2529	Lipsky	J. L.	1891	Aug	18	043	M	Insane Hosp.,Fort Steilacum	FRN
S	3	0077	1536	Lishman	Sarah A.	1904	Feb	24	066	F	328 9th Ave. N.	ENG
S	3	0071	1421	Lishman	W. L.	1904	Jan	26	062	M	Woodland Park	ENG
S	2	0053	01052	Liskinamo ?	-----	1900	Dec	31	029	M	Index, WA	JPN
S	2	0041	00422	Lister	Joseph	1894	Sep	24	035	M	Prov. Hosp.	NY
S	3	0137	02745	Litchfield	Thomas A	1904	Oct	04	063	M	County Hosp	MA
S	-	170	3341	Littell	Louisa S.	1902	Oct	08	083	F	1312 Terry Ave.	CT
S	2	102	2022	Little	Edith Mary	1901	Oct	24	022	F	Seattle Gen.	CND
S	2	104	2072	Little	Ellen Walker	1901	Oct	26	071	F	Port Blakley	SCT
S	2	184	3628	Little	Frank N.	1902	Dec	01	056	M	Sutton, NH	---
S	2	0066	00271	Little	Herman	1896	Jul	10	001	M	412 Broadway	Sea
S	3	0035	00681	Little	Homer A.	1905	Dec	13	10m	M	NE 1/4 twp 29, rng 4	WA
S	3	0174	03469	Little	Jennie	1907	May	11	017	F	1117-12th Ave.	NE
S	3	0135	02685	Littlefield	Charles Wilbur	1907	Jan	22	048	M	Providence Hosp.	---
S	2	110	2194	Littlejohn	Marion	1901	Dec	06	09m	F	52 W. Cedar	WA
S		0042	00827	Litzenstein	Infant	1903	Sep	01	03h	M	825 - 18th Avenue	SEA
S		0026	00507	Livengood	Joseph	1903	Jun	12	049	M	Providence Hospital	PA
S	1	0001	00688	Livery	T.C.	1888	Nov	28	002		Southern Hotel	
S	2	0038	00291	Livesley	Margaret	1894	Jul	19	061	F	218 Taylor	
S	2	0088	01760	Livingsparker	Infant	1904	Mar	29	---	F	1222 Howell St.	Sea
S		0022	00285	Livingston	Allen	1893	Jul	23	002	M		NE
S		0028	00515	Livingston	Everett C.	1893	Nov	07	15m	M	So. Seattle (b.So.Seattle	
S	3	0134	02674	Livingston	J.J.	1907	Jan	19	c45	M	Wayside Emerg. Hosp.	---
S		0006	00115	Livingston	Ralph E.	1903	Mar	24	006	M	West Seattle	WA
S	2	105	1204	Llewellyn	Hazel	1898	Oct	13	002	F	Ravenna Park	Sea
S	2	0065	00233	Llewellyn	Jennie L.	1896	May	31	026	F	910 S. 9th	Sea
S	2	306	2474	Lloyd	-	1891	Jul	18	s/b	-	Depot & Broadway Sts.	Sea
S	2	0042	00445	Lloyd	Eli Wm	1894	Oct	06	013	M	2nd St Betw. Blanchrd&Bell	
S	3	0095	1902	Lloyd	Thomas	1904	May	04	063	M	115 5th Ave. S.	ENG

S	R	Page	Recor	LastName	FirstNames	Deat	Mn	Dt	Age	S	DeathPlace	Bir
S	3	0187	03737	Loaegren	Carl P.	1905	May	15	03m	M	Red Bluff, CA	SEA
S	2	110	2198	Lobb	H. M.	1901	Dec	07	047	M	Prov. Hosp.	
S	3	0128	02552	Lobe	Emil	1906	Dec	05	056	M	Kansas City, MO	
S	2	0096	00845	Lobe	Martin E.	1898	May	17	010	M	1904 4th Ave.	SEA
S	3	0170	03390	Loberg	Annie, Mrs	1905	Mar	17	048	F	Wayside Emergency Hosp	SWD
S	3	0124	02472	Loch	Lizzie E. (Mrs.)	1906	Dec	14	044	F	Providence Hosp.	MI
S	3	0168	03346	Lock	Eng.	1907	Apr	26	056	M	Montana Hse 4th & Washingtn	CHN
S	3	0153	03055	Lock Yip Yen	---	----	---	--	---	M	Seattle	CHN
S	1	0001	00642	Lockard	L.L.	1888	Oct	07	05m		Corner Broadway & Crawford	
S	2	0092	00671	Lockard	Margaret E.	1898	Mar	16	063	F	531 26th Ave.	NY
S	2	364	2590	Locke	Belle	1891	Sep	15	001	F	3rd & Cherry, 3rd Ward,Sea.	MN
S	2	0024	00480	Locke	Geo.	1900	Jun	05	035	M	1524 4th Av	NY
S		0024	00464	Lockwood	C. ?.	1903	Jun	13	035	M	Wayside Mission	---
S	3	0073	01452	Lockwood	E.	1904	Jan	08	037	-	At sea near Discovery Isld.	un-
S	-	190	3741	Lockwood	Ephron	1903	Jan	29	060	M	135 Taylor	NY
S	1	0001	00810	Lockwood	Sadie E.	1889	Mar	23	030	F	No.133 Birch St.	USA
S		0115	02300	Loeb	Infant	1904	Aug	02	02d	M	209 13th Ave. No.	Sea
S	2	118	2355	Loedeske	August	1902	Jan	01	060	M	Yesler Way	GER
S	2	0051	00224	Lofgren	Matilda	1895	May	30	048	F	Queen Anne Hill	SWD
S	2	0065	1294	Loftstrand	Carl	1903	Dec	23	040	M	Providence Hospital	ENG
S	3	0081	01602	Loftus	Infant	1906	Jul	01	07m	F	419 5th	Sea
S	3	0140	02793	Loftus	Julia Cornelia Miller	1904	Nov	14	022	F	1022 Pine St	MI
S	2	0019	00377	Loftus	Katy	1900	May	01	014	F	10th W & E Fox	PA
S	2	104	1175	Loftus	Mary	1898	Sep	14	086	F	Renton, WA	IRL
S	2	109	1373	Loftus	Pat	1898	Dec	31	086	M	Renton, WA	IRL
S	3	0166	03320	Logan	James	1905	Feb	15	075	M	Portland, OR	IRL
S	-	146	2864	Logan	Robert	1902	May	29	035	M	Providence Hosp.	---
S	3	0102	02036	Logan	William W.	1906	Sep	30	04m	M	1522 22nd Ave.So.	Sea
S	3	0134	02683	Loghy	Florence	1904	Oct	24	017	F	4347 7th Ave N E	US
S	2	119	2364	Logie	Wm.	1902	Jan	29	044	M	1628 9th Ave.	NY
S	2	0048	00957	Lohen	Albertina	1900	Nov	08	05d	F	Ballard	sme
S			1298	Lohse	Otto	1890	May	04	006	M	James St.	Sea
S			1329	Lohse	William	1890	May	10	017	M	James St. b.Olympia,	WA
S	1		1590	Lolagher	John	1890	Oct	03	045	M	1000 5th St.	---
S		0024	00372	Loman	Thos. C.	1893	Sep	06	08m	M	Filbert & Market	Sea
S	2	116	1617	Lombard	Emeline B.	1899	Apr	16	063	F	Colby House	ME
S	1	0001	00928	Lombardine	Mary	1889	Jul	03	04m	F	llth & King	
S		0040	00788	Lombarding	Mary	1903	Aug	13	04m	F	Georgetown	SEA
S	2	100	1020	Lombardini	Barney	1898	Jul	28	021	M	Providence Hosp.	---
S		0036	00704	Lombell	Mary Ann	1903	Aug	14	061	F	510 Tenth Avenue S.	ENG
S		0014	00512	Lomds	Arthur T.	1892	Dec	22	008	M	910 Farm St.	CND
S		0025	00415	Lon	C.C.	1893	Sep	17	011	M	Alameda, CA	
S	-	156	3065	Londerville	Clemie	1902	Jul	25	030	F	Providence Hosp.	MO
S	3	0136	02708	London	David B	1904	Oct	15	002	M	511 N Broadway	SEA
S	3	0160	03203	London	Godfrey	1905	Jan	08	030	M	Palmer, WA	MA
S	2	346	2553	London	J. S.	1882	Mar	04	-	M	Pt. Gamble	---
S	3	0120	02387	Long	F.P.	1906	Nov	12	053	M	Denver, CO	---
S	3	0035	00686	Long	George W.	1905	Dec	17	053	M	King Co. Hosp.	TN
S	2	0065	00211	Long	Henry	1896	May	28	016	M	713 Yakima St	
S	3	0129	02581	Long	James	1904	Sep	28	074	M	Providence Hosp	MD
S	2	0063	01245	Long	Jerry	1901	Feb	25	036	M	Co. Hosp.	IRL
S	3	0050	00985	Long	Josephine C.	1906	Feb	06	071	F	175 Leary Ave., Ballard, Wn	PA
S		135	2667	Long	Linus	1902	Apr	21	090	M	4356 7th Ave. NE	NJ
S	3	0110	02188	Long	Marion H.	1906	Oct	20	067	F	5014-14th Ave. N.E.	CND
S	2	0056	01110	Long	Mary	1901	Jan	23	086	F	323 Battery	IRL

S	R	Page	Recor	LastName	FirstNames	Deat	Mn	Dt	Age	S	DeathPlace	Bir
S	3	0189	03774	Long	Mary E.	1907	Jun	28	076	F	418 N. 63rd	IN
S	2	0018	00357	Long	N. W.	1900	Apr	04	048	M	Skagway	NY
S	3	0019	00376	Long	Nicholas	1905	Oct	19	026	M	313 26th Ave S	MN
S	2	187	3680	Long	Richard	1903	Jan	04	070	M	409 Pontius	IRL
S	3	0055	01099	Long	Ruth	1906	Mar	06	003	F	Youngstown	WI
S		0015	00011	Long	Samuel	1893	Jan	07	055	M	316 Pike	
S	3	0177	03540	Long	Sarah A.	1907	May	24	057	F	Minor Hosp.	NY
S		0017	00099	Long	Thos. M.	1893	Mar	21	013	M	608 S.14th	
S	3	0018	00360	Long	Vivian Olive	1905	Oct	15	007	F	629 Queen Anne Ave	WA
S	3	0174	03480	Long	William	1907	May	15	056	M	1610-9th Ave.	ENG
S	3	0087	01732	Long	William Lawrence	1906	Jul	03	s/b	M	414 N.63rd	Sea
S	2	0083	1650	Long ?	A. Nelson	1901	Jun	21	044	M	So. Seattle	DC
S		0025	00417	Longaker	Henry D.	1893	Sep	20	014	M	Kent	PA
S	2	0043	00492	Longaker	N.D.	1894	Oct	03	064	M	Kent	
S	3	0155	03092	Longfellow	Eleanor	1905	Jan	17	090	M	124 Taylor Ave	ME
S	2	0015	00286	Longfellow	Geo. W.	1900	Apr	05	021	M	2616 4th Av	ME
S	2	377	2615	Longfellow	Gracie	1891	Sep	30	005	F	West Seattle b.Mt Vernon,	WA
S	2	0045	00563	Longfellow	Hattie	1894	Dec	15	033	F	Willow & Depot	ME
S	1	0001	00742	Longfre	Joseph	1889	Jan	19	03m	M	Corner Republican & Roland	
S		0024	00362	Longmire	Gaspar	1893	Sep	04	10m	M	Near Depot	
S	2	0075	00043	Longstaff	Elizabeth	1897	Jan	31	054	F	2506 Madison St.	---
S	2	103	1124	Longsten	Steve	1898	Sep	08	050	M	110 5th Ave. S.	MA
S	2	0099	1963	Longworth	Peter	1901	Sep	26	045	M	Lester, Washington	MA
S	3	0076	1523	Longworthy	Sanford	1904	Feb	12	068	M	5636 12th Ave. NE	NY
1	2	116	1625	Lonsbury	Mary	1899	Apr	20	015	F	402 Union St.	MI
S	2	0073	00530	Lonseroy	R. J.	1896	Dec	31	02m	M	1301 Washington St.	SEA
S	2	128	2106	Loomis	Maggie	1899	Dec	06	045	F	618 King St.	---
S	3	0005	00084	Loomis	Muriel I	1905	Aug	21	001	F	33rd Ave & Norman St	SEA
S	2	105	2097	Loomis	Myrtle	1901	Nov	11	14d	F	813 Alder	SEA
S	3	0162	03242	Looney	Joseph W	1905	Feb	09	002	M	527 21st Ave N	TX
S	2	0053	01050	Loose	Margaret	1900	Dec	31	052	F	S. Seattle	IRL
S		0049	00984	Loosley	Norman R.	1903	Oct	09	026	M	Seattle General Hospital	CND
S	2	0059	00569	Lopez	Emanuel	1895	Dec	23	083	M	Prov. Hosp.	
S	2	0121	02413	Lopis	Mary	1904	Aug	18	019	F	Providence Hosp	CA
S	1		2174	Loraine	O.	1891	Feb	28	030	M	Grace Hosp.	SWD
S	3	0112	02225	Lorainy	Chistine	1906	Oct	22	020	F	Sea. Gen. Hosp.	unk
S		0050	00991	Lorange	Mary	1903	Oct	12	018	F	2810 Madison	MN
S	2	116	2309	Loranger	C. Marie	1902	Jan	05	021	F	2808 Madison	MN
S	3	0137	02737	Loranger	Edmund J.	1907	Jan	09	052	M	Columbia City, WA	CND
S	2	119	2373	Loranger	Marie A. A.	1902	Jan	25	026	F	2808 Madison	CND
S	2	0058	01151	Lord	Elmer	1901	Jan	01	026	M	Co. Hosp.	---
S	3	0063	01256	Lord	Eugene D.	1906	Apr	02	062	M	Columbia, Wn	OH
S	2	0020	00383	Lord	Frank	1900	May	03	042	M	Prov. Hosp.	ENG
S	2	0088	00566	Lord	Frank L.	1898	Jan	19	040	M	Providence Hosp.	BC
S	2	114	1556	Lord	G. W.	1899	Mar	29	045	M	2513 Washington St.	ME
S	2	395	2650	Lord	Rienzi	1891	Oct	13	020	M	Grace Hosp. b.Detroit,	MI
S	3	0186	03720	Lord	Sarah	1905	May	04	066	F	WW Hosp. for Insane	PA
S	2	0016	00318	Lorentzen	Mary	1900	Apr	14	024	F	1803 7th Av	NRY
S	1	0001	00158	Loring	Daniel	1883	Feb	04	079	M	Seattle	USA
S	2	108	2158	Lorne	Robert Laurence	1901	Nov	17	051	M	Renton	NY
S		0004	00067	Losaby	Archie	1903	Mar	12	021	M	Providence Hospital	MT
S	1	0001	00604	Losent	Chas.	1888	Aug	31	08w	M	Corner 11th & Jackson	
S	1	0001	00781	Losey	Wm.	1889	Feb	27	020	M	Prov. Hosp.	IRE
S		101	2017	Loueks	George	1904	May	20	076	M	Ravensdale WN	NY
S	2	0066	00243	Lough	Pearl G.	1896	Jun	10	001	F	1220 S.11th St	Sea

S	R	Page	Recor	LastName	FirstNames	Deat	Mn	Dt	Age	S	DeathPlace	Bir
S	2	0055	00361	Lough	Thos. W.	1895	Sep	09	045	M	Western Add	CND
S	2	129	2124	Lough	Vina G.	1899	Dec	15	025	F	Fremont, WA	MI
S	2	144	2832	Loughend	Coke B.	1902	May	02	027	M	Ereka, CA (Eureka) b.Salem, OR	
S	2	0074	1477	Louisburg	Jno.	1901	Apr	22	024	M	Ballard	MI
S	3	0067	01335	Louvier	Arthur Marck	1906	May	05	02m	M	209 - 28th Ave.So.	Sea
S	3	0241	02813	Love	(Baby)	1907	Feb	07	---	F	924 Main	WA
S	2	0092	00686	Love	Chas. E.	1898	Mar	23	033	M	Fremont Hotel	NY
S		0026	00465	Love	David	1893	Oct	30	076	M	415 Wash.	SCT
S	3	0026	00506	Love	Infant	1905	Nov	27	01d	M	924 Main St.	SEA
S	2	0051	01001	Love	Mamie	1900	Dec	15	042	F	115 2nd Ave	WI
S	3	0166	03312	Love	Robert E	1905	Feb	05	027	M	Snohomish, WA	WA
S	1	192	2247	Love	William	1891	Mar	20	094	M	Harrison St.	---
S	3	0146	02920	Lovejoy	Catharine A.	1907	Feb	26	003	F	Holgate and Occidental	WA
S		0016	00319	Lovejoy	Infant	1903	May	09	---	M	1200 Sixth Avenue N.	SEA
S	3	0123	02455	Lovejoy	Loren K	1904	Aug	12	043	M	Bellevue	MN
S	3	0192	03838	Lovejoy	Omer Earl	1905	Jun	20	034	M	Georgetown	NY
S	2	125	1978	Lovejoy	Wm. O.	1899	Oct	03	071	M	1426 - 1st Ave.	ME
S	1		1449	Loveland	Francis F.	1890	Jul	27	03m	F	Harrison St. b.Portland, OR	
S	2	0083	00373	Lovell	Fred'k M.	1897	Sep	24	058	M	Post Office	MA
S	2	0074	1468	Lovely	Horbert	1901	Apr	17	036	M	Palmer	ON
S	3	0164	03266	Lovering	Lydia Webster	1905	Feb	18	072	F	403 E Lynn St	VT
S	1		2118	Lovering	Rufus A.	1891	Jan	25	023	M	nr Stanwood, WA	MA
S	1	0001	00981	Lovins	P.H.	1889	SEp	27	024	M	Prov. Hosp.	
S		0004	00128	Lowe	C.L.	1892	Apr	01	032	M	Sumner, WA	
S	3	0051	1008	Lowe	Infant	1906	Mar	03	16d	M	702 - 4th Ave.No.	Sea
S	2	0055	01095	Lowe	Joseph	1901	Jan	17	062	M	Diller Hotel	MO
S	3	0193	03853	Lowe	Mabel Emily	1905	Jan	29	037	F	Nome, AK	MA
S	1	0001	00084	Lowe	Rosa	1882	Jun	17	10m	F	Seattle	USA
S	2	0066	1320	Lowell	Andrew T.	1903	Dec	15	040	M	Winslow	---
S		0035	00696	Lowell	Clifton	1903	Aug	11	05m	M	711½ Seventh South	WA
S	2	123	1896	Lowell	Cora E.	1899	Aug	10	09m	F	Lyman (Skagit) b.King Co. WA	
S		133	2637	Lowell	Elizabeth	1902	Apr	08	065	F	717 8th Ave.	OH
S	2	108	2160	Lowell	Wallace E.	1901	Nov	22	045	M	West Seattle	ME
S	2	120	1789	Lowen	Wm.	1899	Jun	30	035	M	1st & Main St.	---
S	3	0154	03078	Lowery	Elizabeth	1905	Jan	10	067	F	301 22nd Ave	ENG
S	2	106	2106	Lowery	Wm.	1901	Nov	15	029	M	Roslyn	ENG
S	1	192	2265	Lownds	George Edward	1891	Apr	02	14m	M	910 Farm St., 8th Ward	CND
S	2	0005	00088	Lowrie	John Martindale	1900	Feb	01	053	M	1422 5th Av	CND
S	2	121	2401	Loy	George	1901	Sep			M	New Westminister BC	
S	1	0001	00915	Loyhead	Benj.H.	1889	Jun	28			2316 West St.	
S	2	0041	00397	Loyhed	Infant	1894	Sep	01	10d	F	LaTona	
S		0054	1081	Luben	Corita	1900	Feb	13	012	F	Wilbur, WA	---
S	3	0121	02410	Luby	Infant	1906	Nov	19	s/b	M	109-7th Ave. N.	WA
S		0005	00169	Lucas	Albert	1892	Apr	25	048	M	County farm	
S	2	106	2112	Lucas	Alice J.	1901	Nov	17	026	F	Prov. Hosp.	KS
S	3	0074	01472	Lucas	Augustus C.	1906	Jun	09	020	M	1513 Eleventh Ave.	MT
S		0037	00725	Lucas	Irene	1903	Aug	19	04m	F	W.C.H. Green Lake	SEA
S	2	347	2556	Lucas	J.	1891	-	-	-	M	County Poor Farm	---
S	2	127	2035	Lucas	Marie B.	1899	Oct	13	02m	F	Mercer Island, WA	WA
S	-	162	3178	Lucas	Venita	1902	Aug	28	001	F	Ballard, WA b.Ballard, WA	
S	2	0035	00189	Lucas	William	1894	Apr	09	072	M	Ballard	KY
S	1	0001	00942	Luck	Farion	1889	Jul	14	024		Orion & Thomas	
S	2	124	2472	Luckenlock	Nellie	1902	Feb	22	035	F	330 Pontius Ave.	ENG
S		0020	00232	Ludden	John	1893	Jun	08	043	M	217 So. 3rd	
S	1		1554	Ludlow	Grant L.	1890	Sep	11	027	M	Baxter street wharf	---

S	R	Page	Recor	LastName	FirstNames	Deat	Mn	Dt	Age	S	DeathPlace	Bir
S	2	0095	00825	Ludlow	Rev.	1898	May	07	065	M	420 Bowen Ave.	SC
S	2	0001	00011	Ludvik	Casper	1892	Jan	09	016	M	15th St. btwn Union & Pike	---
S	2	0072	00485	Ludwig	C. (Mrs.)	1896	Nov	23	067	F	General Hosp.	---
S	3	0150	02995	Ludwig	Mrs Lena	1904	Dec	04	040	F	South Park	GER
S	3	0091	1815	Luebe	Paul	1904	Apr	21	043	M	Providence Hospital	GER
S	2	116	2308	Luetiz	H. M. (Mrs.)	1902	Jan	04	027	M	11th St. & E. Alder	RUS
S	1	0001	00007	Luff	Charles Edward	1881	Sep	14	028	M	Providence Hosp.	ENG
S	1	0001	00321	Lufman	J.	1884	Mar	07	035	M		GER
S	2	0099	00983	Luford	K. J.	1898	Jul	08	055	M	Seattle Gen. Hosp.	---
S	3	0124	02465	Luhn	Robert	1906	Dec	10	026	M	4th Ave. & Cherry	
S	2	0099	00544	Luhrsen	Fred	1898	Jan	09	044	M	City Jail	GER
S	1	0001	00094	Lui	Ah	1882	Jul	23		M	Seattle	CHN
S		0017	00331	Lukan	Angela	1903	May	14	037	F	1506 - 11th Avenue S.	MN
S	3	0096	01903	Lukinger	Bertha (Mrs.)	1906	Aug	24	040	F	Georgetown, Wash.	MO
S		0023	00313	Lukoski	Esther	1893	Aug	14	09m	F	918 --?	Sea
S	2	0075	00058	Lumg	Bick	1897	Feb	13	035	M	115 S. 6th St.	CHN
S	-	173	3414	Lunbirg	Robt	1902	Oct	02	023	M	Lawson, WA	SWD
S	2	0120	02395	Lund	Alice	1904	Aug	29	02d	F	720 Blanchard St	Sea
S		0052	1028	Lund	Anna	1903	Oct	25	076	F	Wayside Mission	SWD
S	3	0083	01646	Lund	Axel	--	--	--	--	M	2005 Boren Ave.	FIN
S	2	0090	1797	Lund	Emery	1904	Apr	14	043	F	1601 24th Ave.	SWD
S	1		2092	Lund	Frank	1891	Jan	15	035	N	Police Station	SWD
S	2	0043	00506	Lund	Gust	1894	Nov	03	029	M	Green St	
S	2	126	2001	Lund	Harry W.	1899	Oct	16	002	M	115 Pine St.	Sea
S		0003	00048	Lund	Magnus	1903	Mar	23	033	M	Providence Hospital	---
S	3	0148	02964	Lund	Margaret	1904	Dec	29	03m	F	3214 Fifth Ave W	SEA
S	3	0146	02918	Lund	Marie Josephine	1904	Dec	13	032	F	187 27th Ave S	FIN
S	3	0048	00941	Lund	Nellie	1906	Feb	28	021	F	Wayside Emr.Hosp. b.Olympia	WA
S	3	0182	03642	Lund	Olaf (Ernie)	1905	May	09	037	M	Providence Hosp.	UN
S	1	0001	01166	Lund	Ornuef	1890	Feb	15	05w	M	Alley btw Pike & Pine	SEA
S	2	106	2102	Lundberg	Annie Elsie	1901	Oct	31	01m	F	Interbay	???
S	3	0140	02799	Lundberg	Mary	1904	Nov	16	014	F	208 Fourteenth Ave N	WA
S	2	0087	1730	Lundblad	Leander Wm.	1903	Sep	23	--	M	Phillipines	---
S	2	0033	00655	Lunde	Neil J.	1900	Aug	15	059	M	Prov. Hosp.	---
S	3	0069	01372	Lunderwold	Lars	1906	May	21	031	M	Sea.Gen.Hosp.	NRY
S	3	0140	02786	Lundgren	Conrad	1907	Feb	03	019	M	Prov. Hosp.	SWD
S	2	0038	00307	Lundgren	Lisa	1894	Jul	30	027	F	2012 6th	NRY
S	1	241	2356	Lundgren	Louisa	1891	May	16	03m	F	Alki Point	Sea
S	2	0054	00323	Lundgren	Marry	1895	Aug	20	06m	F	421 Rollin St	Sea
S	1	0001	00783	Lundgren	Minnie C.	1889	Mar	03	001	F	foot of Pike St.	SWD
S	1	0001	00660	Lundgren	Tilda	1888	Oct	25	029		corner 7th & Stewart St.	
S	3	0171	03409	Lundholm	Chartes	1905	Mar	26	042	M	Wayside Emergency Hosp	SWD
S	2	107	1288	Lundian	Otto	1898	Oct	06	022	M	White Pass, AK	---
S	1	0001	00956	Lundman	August	1889	Jul	17	035		Grace Hosp.	
S	3	0128	02564	Lundquist	John	1904	Sep	30	063	M	508 Olive St	SWD
S	3	0143	02841	Lundry	Simon	1907	Feb	11	083	M	Prov. Hosp.	unk
S	3	0145	02888	Lundstrom	Infant	1904	Nov	25	s/b	F	2303 Howard Ave	SEA
S	2	0075	1496	Lung	Aah Quong	1901	May	05	044	M	5th & Wash	CHN
S	2	0035	00163	Lung	Yura	1894	Apr	13	020	M	311 Jackson	CHN
S	2	0065	00207	Lungren	R.E.	1896	May	25	06m	M	1615 6th St	
S	2	158	3103	Lunn	Lois Vivian	1902	Aug	08	01m	F	1217 Summit	SEA
S	2	0048	00943	Luong	Ching	1900	Nov	27	050	M	319 Washington S	CHN
S	1	0001	00324	Luphelm	Frank	1884	Mar	14	012	M		GER
S	3	0164	03272	Lupino	Michelangelo	1905	Feb	21	049	M	Providence Hosp	ITL
S	2	109	1349	Luscgrau	Josephine	1898	Dec	27	035	M	Poor Hospital	---

S	R	Page	Recor	LastName	FirstNames	Deat	Mn	Dt	Age	S	DeathPlace	Bir
S	3	0042	00827	Lusk	Infant	1906	Jan	12	s/b	M	525-29th Ave S	Sea
S	2	0042	00433	Luss	Albert	1894	Sep	04	060	M	Co. Hosp	GER
S	2	0100	1992	Lussky	Paul	1901	Oct	07	043	M	South Seattle	GER
S			1361	Luster	John	1890	Jun	20	019	M	Lake Union	---
S	2	0055	01098	Luther	C. A.	1901	Jan	18	038	M	Wayside Mission	MA
S	2	0022	00431	Lutt	Francis L.	1900	May	25	11m	M	1303 Main	SEA
S		0010	00368	Lwenbank	Wm.	1892	Sep	02	039	M	Seattle	ENG
S	3	0036	00711	Lybsinman	John	1906	Jan	02	011	M	1718 25th St	UN
S	1		1968	Lyle	child of Anna	1890	Oct	31	-	M	Northwestern Hotel	Sea
S	3	0129	02575	Lyle	Mrs Lasthenia	1904	Sep	14	036	F	Providence Hosp	ENG
S	2	0097	00900	Lyle	Thos.	1898	Jun	01	050	M	2105 Mercer St.	IRL
S	2	0070	01392	Lyman	Eugene	1904	Jan	16	004	M	N.Tid St. & 6th Ave. NE	Sea
S	3	0152	03031	Lyman	Infant	1904	Dec	23	s/b	F	807 E 72nd St	SEA
S	3	0135	02693	Lyman	J Eugene	1904	Oct	26	037	M	Seattle General Hosp	---
S	2	0050	00997	Lymau	Corrine	1900	Dec	12	007	F	Greenlake	NE
S	3	0057	01133	Lynch	Frank William	1903	Nov	16	01m	M	301-1/2 12th Ave.	Sea
S	2	103	1116	Lynch	Herbert	1898	Sep	03	18m	M	1412 4th Ave.	KS
S	-	166	3256	Lynch	Jennie M.	1902	Sep	19	025	F	1611 E. Fir St.	MO
S	2	121	1830	Lynch	John	1899	Jul	17	-	M	Skagit River	---
S	-	165	3253	Lynch	John	1902	Sep	17	055	M	Providence Hosp.	IRL
S		0026	00514	Lynch	John	1903	Jun	03	081	M	2338 Jones/San Francisco	IRL
S		0019	00173	Lynch	John B.	1893	May	02	031	M	Prov. Hosp.	
S	1	0001	00608	Lynch	Robbie F.	1888	Sep	01	004	M	Front St.Blanchard-Lenora	
S	2	180	3573	Lynch	Sarah J.	1902	Dec	14	076	F	534 Terrace	ME
S	2	0003	00054	Lynch	Thos.	1900	Jan	28	060	M	Prov. Hosp.	IRL
S	3	0093	1848	Lynch	Urban Constantine	1904	Apr	15	027	M	Seattle Gen. Hospital	MD
S	1	0001	00535	Lynn	James	1886	Mar	30	045	M	Prov. Hospital	IRE
S	2	373	2607	Lynn	Lucius	1891	Sep	23	066	M	Fairhaven, WA	NY
S	-	153	3003	Lyon	Geo. G.	1902	Jul	17	060	M	926 2nd Ave. W.	NY
S	2	0075	1481	Lyon	L. L.	1901	Apr	06		F	Saginaw, MI	
S		197	3383	Lyons	Arthur	1903	Feb	08	014	M	Yestler Street	MN
S	2	0085	1697	Lyons	E. Chas	1901	Jul	06	019	M	412 Union	IA
S	3	0173	03443	Lyons	Emma	1907	May	05	045	F	Wayside Emerg. Hosp.	---
S	3	0033	00643	Lyons	Emma J.	1905	Dec	28	058	F	Prospect St & Railroad Ave	OH
S	2	330	2521	Lyons	Genevieve	1891	Aug	13	001	F	132 Lombard St.b.Whidbey Is	WA
S	3	0149	02978	Lyons	John Francis Edw.	1907	Feb	20	002	M	Alki Point, King Co.	WA
S	2	0081	1608	Lyons	L. Mary	1901	Jun	16	022	F	130 Taylor	IA
S	2	0081	00286	Lyons	M. J.	1897	Jul	19	064	M	Port Blakely, WA	IRL
S	3	0174	03472	Lyons	Margaret Elizabeth	1907	May	11	009	F	1529-33rd Ave.	WA
S	2	0005	00097	Lyons	Mary	1900	Feb	05	045	F	308 Union St	CND
S	2	0066	00235	Lyons	Michel	1896	Jun	01	038	M	1518 4th Av	IA
S		0011	00401	Lyons	Mrs.	1892	Sep	27	040	F	John & Lombard	
S	3	0188	03747	Lyppes	Daniel Newton	1907	Jun	24	007	M	2206-14th Ave. W.	WA
S	3	0179	03578	Lypsinman	---	1905	Feb	14	034	M	Lake Washington	FIN
S	2	119	2371	Lytle	Ida Ellen	1902	Jan	15	026	F	Prov. Hosp.	MN
S	2	105	1202	Lytle	Nathan K.	1898	Oct	13	055	M	219 Queen Anne Ave.	OH
S	1	229	2328	Lyts	Annie	1891	May	02	04d	F	612 Lewis St.	Sea
S	1	229	2336	Lyts	Sarah	1891	May	05	06d	F	612 Lewis St.	Sea
S	1		1470	M'Clure	Melvin M. (Capt)	1890	Aug	08	036	M	Baxter Wharf	MI
S	2	0060	00026	Ma-rige	Jessie	1896	Jan	24	11m	F	511 Cherry	Sea
S		129	2575	Mabbott	Jno.	1902	Mar	18	055	M	1918 10th Ave.	ENG
S	2	111	2215	Mabel	Elizabeth	1901	Dec	13	050	F	216 24th Ave.	ON
S	3	0137	02743	Mac Donald	W S	1904	Oct	12	050	M	Lawson, WA	---
S	3	0081	01609	Mac Dondal	Eliza B.	1906	Jul	04	035	F	3826 Interlake b.Nova Scot.	
S		0111	02218	MacArthur	Jessie Marion	1904	Jul	20	03m	F	Interbay 14th Ave.W.	Sea

S	R	Page	Recor	LastName	FirstNames	Deat	Mn	Dt	Age	S	DeathPlace	Bir
S	3	0070	01384	Macaulay	Harriett (Mrs.)	1906	May	25	060	F	726 Harvard Ave.N.	CND
S	3	0128	02544	Macauley	William James	1906	Oct	08	074	M	Victoria, BC	CND
S	3	0094	01862	MacClay	John	1906	Aug	26	062	M	Wayside Emergency Hosp.	--
S		133	2640	MacCormack	J. N.	1902	Apr	11	069	M	1929 Queen Anne Ave.	OH
S	3	0100	01989	MacDonald	Kittie Cleveland	1906	Sep	17	020	F	4512 Brooklyn Av.	WA
S	3	0241	02806	MacDonald	Mrs. Anna	1907	Feb	07	047	F	1914 Federal Ave.	MN
S	3	0182	03637	MacDuff	James	1905	May	10	068	M	909 James St	SCT
S	3	0023	00456	MacDuff	Mary (Mrs.)	1905	Nov	03	063	F	909 James St	NY
S	2	0051	01003	Macey	Inft	1900	Dec	18	23d	F	Edgewater	WA
S	2	182	3578	MacGregor	Gregory W.	1902	Dec	16	065	M	324 1st Ave. W.	CND
S	3	0050	00990	MacGregor	John S.	1906	Feb	28	070	M	143 State St., Ballard, Wn.	SCT
S		0063	1248	MacIntyre	Dongald C.	1903	Dec	06	057	M	206 Nob Hill Ave.	SCT
S	1	0001	01049	Mack	Elmer R.	1889	Nov	14	18m	M	Seattle	WA
S	3	0133	02652	MacKay	Charles Bence	1907	Jan	22	073	M	1212 E. Pine	ENG
S	3	0100	01987	Mackay	Elizabeth S.	1906	Sep	15	080	F	1432 25th Av.	SCT
S	3	0154	03078	MacKay	Wilma B.	1907	Mar	18	002	F	419-5th Ave.	MA
S	3	0108	02150	MacKenzie	Alexander	1906	Oct	12	050	M	Minor Hosp.	SCT
S	2	0047	00922	Mackerf	Mont A.	1900	Nov	18	002	M	624 7th Ave S	UT
S	2	0032	00629	Mackert	Ensign E.	1900	Aug	03	05d	M	624 7th Ave S.	SEA
S		113	2263	Mackintosh	Angus	1904	Jul	05	065	M	San Francisco CA	CND
S	2	184	3622	Mackison	Celia	1902	Dec	12	072	F	1105 5th Ave.	IRL
S	3	0063	01244	MacKnight	James	1906	Apr	26	069	M	1614 Franklin Ave. born at sea	
S	-	161	3175	Macky	Angus	1902	Jul	26	049	M	Everett, WA	---
S	3	0109	02172	MacLean	Susan	1906	Oct	17	039	F	Prov. Hosp.	ENG
S	3	0105	02096	MacNamara	(Infant)	1906	Sep	27	s/b	M	7007 Woodlawn	Sea
S	2	0058	01149	Macy	Tom	1901	Jan	07	040	M	Ballard	SCT
S	2	0021	00402	Madale	Franklin W.	1900	May	14	026	M	1st & VA St	PA
S	3	0036	00715	Madden	Bridget (Mrs.)	1906	Jan	04	078	F	216 W Republican	IRL
S	2	159	3136	Madden	Harriett E.	1902	Aug	05	045	F	1425 Queen Anne Ave.	MD
S	3	0045	00899	Madden	Harry	1906	Feb	25	06m	M	2424 Day St.	Sea
S	3	0027	00528	Madden	May Agnes	1905	Nov	28	020	F	Providence Hosp.	WA
S		0053	1060	Madden	Raymond	1903	Sep	29	020	M	Tombstone, AZ	NM
S	1		2227	Maddock	Charles F.	1891	Mar	11	023	M	Providence Hosp.	OH
S		0034	00670	Maddsen	H.J.A.	1903	Aug	03	048	M	2 mile N Green Lake	DNK
S	2	0052	01033	Maden	Jack	1900	Dec	31	045	M	Wash & RR Ave	IRL
S		109	2171	Madere	Philemene	1904	Jul	02	058	F	323 Terry Ave. N.	CND
S	3	0120	02396	Mades	(Baby)	1906	Nov	23	23d	M	Olympia Ave., West Seattle	WA
S	2	0025	00491	Madigan	Michael M.	1900	Jun	10	049	M	205 9th Av S	WI
S	3	0054	01068	Madire	Fred	1906	Mar	30	056	M	911 - 10th Ave. So.	CND
S		0020	00395	Madis	Catherine	1903	May	22	02m	F	West Seattle	SEA
S	-	171	3371	Madison	Anna (Mrs.)	1902	Oct	27	033	F	Providence Hosp.	MO
S	2	0085	00434	Madsen	Neah	1897	Oct	18	02w	F	Ballard, WA b.Ballard, WA	
S	3	0025	00493	Madson	M. M.	1905	Nov	20	059	M	1623 Terry Ave	DNK
S		0020	00222	Madson	Nena Albertina	1893	Jun	02	017	F	1619 16th	
S	2	121	1808	Mae	Ben F.	1899	Jul	18	067	M	1621 7th Ave.	NY
S			1339	Maegner	Charles	1890	Jun	06	011	M	Grant St.	---
S	2	0047	00044	Maeupaa	Ant.	1895	Feb	03	036	M	527 Commercial	FIN
S	2	188	3702	Mafaige	Catherine (Mrs.)	1903	Jan	15	028	F	527 Fairview	GRC
S		0035	00685	Mafrige	George	1903	Aug	08	08m	M	518 Pontius Avenue	SYR
S	2	0125	2500	Magamoto	K.	1902	Feb	17	024	M	Near Edmonds	JPN
S	1	0001	00736	Maganis	Mary	1889	Jan	14	035	F	Jackson ST.	
S	2	0035	00157	Maggs	John I.	1894	Apr	08	061	M	1520 Dexter St	
S	2	0040	00390	Magicicale	Joe	1894	Aug	24		M	Franklin	
S	2	0096	00864	Maginis (?)	baby	1898	May	25	04d	F	20th & Yesler Way	SEA
S	3	0086	01705	Magnochi	Dominic	1906	Jul	25	046	M	Providence Hosp.	ITL

S	R	Page	Recor	LastName	FirstNames	Deat	Mn	Dt	Age	S	DeathPlace	Bir
S	3	105	2087	Magnus	Michael	1904	Jun	23	032	M	Seattle Gen. Hospital	FIN
S	3	0112	02230	Magnusen	---	1906	Oct	30	052	M	Pacific Hosp.	SWD
S	3	0124	02467	Magnusson	Infant	1904	Aug	26	---	F	260 Lake Dell Ave	SEA
S	3	0056	01114	Maguire	James W.	1906	Mar	21	054	M	Hot Lake, OR	OH
S	2	0036	00231	Maguire	John	1894	May	06	055	M	Co Hosp	
S	3	0195	03888	Mahan	Cecile	1905	Jul	06	015	F	2207 1st Ave	WA
S	3	0149	02968	Maher	Adrian	1904	Dec	31	05m	M	504 26th Ave S	SEA
S	2	0059	01192	Mahino	S.	1901	Feb	14	025	M	307 1/2 4th Ave	JPN
S		0026	00460	Mahl	John	1893	Oct	27	026	M	412 Pearl	
S	3	105	2102	Mahone	Florence Amelia	1904	Jun	29	052	F	812 27th Ave.	NY
S	3	0142	02830	Mahoney	Charles	1904	Nov	25	065	M	1200 First Ave S	IRL
S		0016	00058	Mahoney	Dennis	1893	Feb	19	054	M	Prov. Hosp.	
S	2	0002	00043	Mahoney	Geo. B.	1891	Dec	25	060	M	Elliott Bay	---
S	3	0040	00791	Mahoney	Jennie (Mrs.)	1906	Jan	09	031	F	1616 7th Ave	BC
S	2	0084	1683	Mahoney	Mary	1904	Mar	30	063	F	Providence Hospital	IRL
S	3	0023	00453	Maidell	Charles	1905	Oct	13	050	M	Wayside Emerg. Hosp.	NRY
S		0045	00900	Maidment	Charles	1093	Sep	23	076	M	610 Seneca Street	ENG
S	2	0003	00041	Maidment	Chas. John	1900	Jan	21	033	M	602 Seneca St.	BC
S	3	0190	03797	Maidment	John Edward	1907	Jun	15	005	M	Georgetown, WA	WA
S	3	0095	01887	Maier	Infant	1904	Apr	22	s/b	F	306 23rd Ave. S.	Sea
S	2	0045	00896	Maier	Leonard	1900	Nov	06	031	M	S. Seattle	GER
S	3	0006	00117	Mailand	Alexander	1905	Aug	30	067	M	2209 4th Ave	SCT
S	2	0041	00403	Mails	Frank	1894	Sep	05	040	M	Elliott Bay	
S	2	102	1082	Main	Isabella	1898	Aug	26	14d	F	S. 10th Ave. & Andorie St.	Sea
S	3	0133	02645	Main	Martha E.	1907	Jan	16	065	F	154-23rd Ave.	NC
S	3	0005	00083	Mairs	Mary (Mrs.)	1905	Aug	20	043	F	941 20th Ave	MO
S	2	0086	00472	Maiser	George	1897	Nov	21	042	M	274 3rd Ave.	GER
S		134	2647	Major	Ann	1902	Apr	11	057	F	20th Ave. & Wait	CND
S	2	0037	00252	Major	Marguette	1894	Jun	17	07d	F	417 Temperance	Sea
S	2	188	3708	Major	Thos.	1903	Jan	19	053	M	315 8th Ave. S.	PA
S		0097	01926	Majors	Enola	1904	May	13	001	F	523 11th Ave.	Sea
S	2	129	2567	Majors	Eugene	1902	Mar	20	002	M	923 E. James	MO
S	3	0005	00091	Make	Adolph Ed	1905	Aug	22	10m	M	410 10th Ave S	WA
S	3	0138	02756	Makela	Otta	1904	Nov	01	035	M	714 1/2 Maynard Ave	FIN
S	3	0172	03432	Malakoff	Israel A.	1907	May	03	069	M	421-12th Ave. S.	RUS
S	2	140	2777	Malan	Sadie	1902	May	15	002	F	Western & Wall Sts.	SEA
S	2	0068	1361	Malarey	Ellen B.	1904	Jan	02	037	F	Providence Hospital	WI
S	2	0091	00671	Malarkey	Nestor	1898	Mar	04	018	M	Providence Hosp. b.Portland	OR
S	3	0056	01115	Malberg	Julius	1906	Mar	21	042	M	Buckley, WA	unk
S	2	0120	02398	Malcom	H C	1904	Aug	29	062	M	Wayside Emergency Hosp	---
S	1	0001	00462	Malcom	John	1885	Jun	03	063	M	Seattle	NY
S	2	115	1585	Malgesini	Anton	1899	Apr	02	027	M	Providence Hosp.	---
S	3	0180	03595	Mallard	Joseph	1905	Apr	05	052	M	King Co. Hosp.	MD
S	2	350	2561	Mallarn	Hans G.	1891	Sep	03	035	M	Providence Hosp.	NRY
S	3	0176	03511	Mallett	Mrs Josephine	1905	Apr			F	Pacific Hosp	IA
S	2	108	1334	Malling	Margaret	1898	Dec	18	003	F	121 Bell St.	Sea
S	3	0105	02094	Mallonee	(Infant)	1906	Sep	18	s/b	M	524 Union	Sea
S	3	0112	02229	Mallonee	Mrs. Catherine C.	1906	Oct	31	029	F	Prov. Hosp.	IRL
S	3	0102	02024	Mallory	Amanda	1906	Sep	24	035	F	Providence Hospital	OH
S	2	0071	00429	Mallory	infant	1896	Oct	22	010	M	Providence Hosp.	SEA
S	2	0057	01135	Mallory	W. W.	1901	Jan	30	064	M	501 Olive	NY
S	2	0068	1347	Malloy	F. H.	1903	Dec	31	048	M	South Park WA	IRL
S		0112	02232	Malloy	Infant	1904	Jul	27	01d	F	Interbay	Sea
S		0021	00415	Malloy	James	1903	May	18	037	M	Wayside Mission	---
S	3	0036	00717	Malloy	Mary (Mrs.)	1906	Jan	04	080	F	Providence Hosp.	IRL

S	R	Page	Recor	LastName	FirstNames	Deat	Mn	Dt	Age	S	DeathPlace	Bir
S	3	0173	03465	Malloy	William	1905	Mar	30	045	M	King County Hosp	IRL
S	2	0090	00655	Malloy	Wm.	1898	Feb	06	021	M	Skagway, AK	IL
S	3	0033	00658	Mallstedt	John Frederick	1905	Dec	10	084	M	327 22nd Ave N	GER
S	3	0180	03598	Mally	Martin	1907	May	09	032	M	King Co. Hosp.	WV
S	2	116	1611	Malmo	Charlotte	1899	Apr	13	001	F	705 E. Pike St.	---
S	-	170	3348	Maloge	Chas. W.	1902	Oct	13	035	M	Monod. Hosp.	GER
S	3	0158	03158	Malone	Fergus G	1905	Jan	18	065	M	2nd Ave & Cherry St	---
S	2	0056	00471	Malone	J.B.	1895	Oct	09	060	F	2878 3rd St	IN
S	2	0046	00037	Malone	Jamison	1895	Jan	12		M	Ft. Steilacoom	
S	3	0191	03806	Malone	M. W.	1905	Jun	30	030	M	Providence Hosp.	IRL
S	3	0041	00806	Malone	William Henry	1906	Jan	11	042	M	Monroe, WA	UN
S	2	0072	00484	Maloney	G. E.	1896	Nov	22	001	M	Albert St.	SEA
S		0052	1025	Maloney	Thomas	1903	Oct	24	035	M	Corner Man and RR Ave	---
S		0014	00518	Malsmorth	H.T.	1892	Dec	26	063	M	Lake View Ave.	NY
S	2	0070	1381	Maltby	Geo.	1901	Apr	03	057	M	S. G. Hosp.	IN
S	2	128	2071	Maltby	John	1899	Nov	17	074	M	25th & King Sts.	CND
S	3	0015	00292	Manberg	Hulda Marie	1905	Aug	27	002	F	White Horse, YT	NWT
S	2	122	1872	Mancinni	Rocer	1899	Aug	19	035	M	Providence Hosp.	ITL
S	3	0070	01390	Mancusa	Eugenie	1906	May	27	005	F	932 - 17th Ave.S.	ITL
S	1	0001	00446	Mand	Timothy	1885	Apr	08	067	M	Seattle	
S	3	0132	02622	Mandt	James	1907	Jan	12	018	M	Green Lake Hosp.	MN
S	2	110	2196	Maney	Ann	1901	Dec	06	079	F	1115 Norman	IRL
S	3	0017	00330	Mangan	Infant	1905	Sep	19	s/b	F	113 18th Ave S	SEA
S	3	0066	01312	Mangini	Infant	1906	Apr	11	s/b	F	205 Terry Ave.	Sea
S	2	117	2323	Mangini	Pencule	1902	Jan	11	10m	M	2113 10th Ave.	SEA
S	3	0175	03493	Mangini	Victores	1905	Apr	06	06m	M	205 Terry Ave N	SEA
S	3	0015	00287	Manhart	Victor	1905	Sep	26	023	M	14th Ave S & Mass. St	ND
S	2	0089	00597	Manissa	baby	1898	Feb	02	10m	F	2210 - 1st Ave.	---
S	3	0093	01850	Manley	Della A.	1906	Aug	26	021	F	4416 Greenwood	OR
S			1275	Manley	Virginia	1890	Apr	23	06d	F	823 Seneca	Sea
S	3	0181	03618	Mann	Ethel H.	1905	May	01	021	F	3002 4th Ave W	ENG
S	3	0175	03499	Mann	James H	1905	Apr	08	042	M	2209 5th Ave	VA
S		0051	1012	Mann	Mary J.	1903	Oct	19	068	F	1416 E. Aloha Streeet	KY
S	3	0149	02975	Mann	Viola	1904	Dec	05	021	F	704 30th Ave S	SEA
S	2	0063	00123	Manney	Infant	1896	Mar	31	06d	M	1816 Broadway	Sea
S	2	118	2342	Manning	Alfred Lee	1902	Jan	18	021	M	Greenlake	NB
S	3	0076	01515	Manning	Alice	1906	Jun	20	044	F	Maynard Ave. & Plummer	NY
S	2	107	1290	Manning	Elizabeth	1898	Nov	02	076	F	Vashon Island, WA	---
S	-	175	3451	Manning	John	1902	Nov	04	040	M	Phoenix Hotel	---
S	2	0066	1322	Manning	Joseph	1903	Dec	16	035	M	Lake Station	MI
S		0024	00365	Manning	Roy	1893	Sep	04	02d	M	709 2nd St.	Sea
S	3	0188	03743	Manning	Thomas	1907	Jun	20	031	M	Providence Hosp.	---
S		0007	00256	Manon	Bernard	1892	Jun	27	050	M	1015 King	IRL
S		0051	1024	Mansell	Edna B.	1903	Oct	23	014	F	606-7th Avenue S.	WY
S	2	123	2449	Mansell	Lilly	1902	Feb	16	07d	F	606 7th Ave. S.	SEA
S	2	0068	00340	Manskey	baby	1896	Aug	26	01m	M	820 Alder St.	SEA
S	1	0001	01249	Manson	Kenneth	1890	Mar	25	026	M	Prov. Hosp.	
S	1		2114	Mantor	Willis	1891	Jan	26	16m	M	Harrison St.	Sea
S	2	390	2640	Manwaring	Edward	1891	Oct	11	060	M	cor. 8th & Wash. Sts.	---
S	2	0073	00516	Manzelly	Theresa	1896	Dec	17	006	F	415 Wilfred	---
S	3	0171	03418	Maoro	Francisco	1905	Mar	24	040	M	Wayside Emergency Hosp	---
S	3	0161	03217	Maple	Bessie L	1892	---	--	008	F	Van Asselt, WA	WA
S	3	0161	03216	Maple	Eliza Jane	1881	Aug	05	026	F	Van Asselt, WA	---
S	3	0077	1532	Maple	Ida E.	1904	Feb	21	025	F	Van Asselt	NY
S	3	0161	03215	Maple	Infant	1893	---	--	s/b	M	Van Asselt, WA	WA

S	R	Page	Recor	LastName	FirstNames	Deat	Mn	Dt	Age	S	DeathPlace	Bir
S	2	0045	00550	Maple	Jennie	1894	Nov	26	022	F	South Park	IA
S		131	2597	Maple	John W.	1902	Mar	01	062	M	Van Asselt	OH
S		0048	00962	Mapole	Eligar Boynton	1903	Sep	30	025	M	Florence, WA	MI
S	3	0124	02476	Maramitto	Skizna	1904	Sep	02	06m	M	Green Lake	SEA
S	3	0197	03936	Marander	Helen	1905	Jul	26	05m	F	430 26th Ave	SEA
S		0037	00727	Marander	Vera A.	1903	Aug	19	04m	M	430 - 25th Avenue	SEA
S		0042	00835	Marander	Wida Ethel	1903	Sep	04	04m	F	430-25th Avenue N.	SEA
S	3	0188	03761	Marbourg	Jeremiah L., Sr.	1905	Jun	08	074	M	707 6th Ave S	PA
S	3	0187	03732	March	Flora A.	1907	Jun	22	012	F	410 E. Baker	WA
S	2	0086	1714	March	W. S.	1904	Feb	23	041	M	King Co. Hospital	WA
S	2	0057	01136	Marchland	L.	1901	Jan	19	061	M	Prov. Hosp.	CND
S	3	0001	00001	Marcour	Grace E.	1905	Jul	12	028	F	Ballard	MN
S	3	0082	01631	Marcum	Infant	1906	Jul	12	03d	M	807 Bell	Sea
S	3	0003	00054	Marcum	J.	1905	Aug	04	063	M	Wayside Emerg. Hosp.	UN
S	2	110	1389	Marcuse	Paul	1899	Jan	08	001	M	518 21st Ave.	CO
S	2	0083	01643	Marden	E. Robb.	1901	Jun	30	053	M	Prov. Hosp.	MA
S	2	0010	00196	Mareane	Margt.	1900	Mar	10	045	F	Interbay	NY
S	2	0083	00354	Marenstine	Rebecca	1897	Sep	05	034	F	719 Jackson St.	RUS
S	2	0090	1786	Marglot	M. (Miss)	1901	Aug	06		F	5th & Spring	FRN
S		0031	00024	Mari	Louis	1894	Jan	16	045	M	Yesler & Jefferson	
S	3	0107	02129	Mari	Shinjo	1906	Oct	07	02m	M	Prov. Hosp.	Sea
S	-	175	3450	Mariano	John	1902	Nov	04	045	M	Providence Hosp.	---
S		0008	00151	Marifield	Jane	1903	Apr	04	042	F	112 Fifth Avenue	OH
S	3	0180	03596	Maring	Cassus C.	1905	Apr	20	032	M	Blaine, WA	UN
S	2	0077	00122	Marino	baby	1897	Mar	28	01h	M	Chesterton off Madison St.	SEA
S	3	0014	00269	Marino	K.	1905	Sep	26	038	M	Providence Hosp.	JPN
S	3	0019	00379	Marion	Alfred N.	1905	Oct	20	065	M	1818 Warren Ave	CND
S		0026	00468	Marion	Daniel	1893	Oct	14	061	M	Florence, Snohomish Co.	
S		0015	00039	Marion	Father	1893	Jan	27	028	M	Coupeville	
S		0038	00748	Marion	Infant	1903	Aug	26	10d	F	2815 First Avenue	Sea
S	3	0130	02593	Mariusu	O Jap	1904	Sep	16	028	M	Race Track	JPN
S	3	0126	02506	Mark	C.F.	1904	Sep	10	029	M	Seattle General Hospital	CHN
S	3	0133	02654	Markey	Helen	1907	Jan	15	006	F	1527-12th Ave. S.	WI
S	3	0042	00831	Markheim	Rachel (Mrs.)	1906	Feb	01	049	F	929 Terrace St	PLD
S	2	0043	00856	Markle	Dorothy A.	1900	Oct	30	20d	F	124 Stewart	SEA
S	2	0050	00186	Markle	Sarah	1895	Apr	25	066	F	Ballard b.Europe	
S	3	0194	03878	Markow	Moses	1905	Jul	03	002	M	1213 Washington St	SEA
S	3	0128	02543	Marks	Charles L.	1906	Dec	28	04m	M	Wayside Emer.	WA
S	3	0164	03272	Marks	Edward	1907	Apr	10	033	M	Western Ave.	KS
S	2	0052	00246	Marks	Eva	1895	Jun	22	002	F	122 W. Main	
S	3	104	2083	Marks	Isaac	1904	Jun	21	069	M	Cor. 2nd Ave. & Union St.	GER
S		0013	00259	Marks	Jacob	1903	Apr	16	052	M	King County Hospital	ENG
S		137	2711	Marks	Sill	1902	Apr	12	052	M	King County Hosp.	IRL
S	3	0198	03959	Markstrom	Olaf N.	1905	Jul	31	037	M	Providence Hosp.	SWD
S	3	0103	02059	Markwell	Thomas	1906	Sep	05	042	M	Sherwood	KY
S		0028	00545	Marlatt	Annie	1893	Dec	12	038	F	Queen Anne Hill	ENG
S	2	0062	00100	Marley	Hannah	1896	Mar	08	072	F	322 Ash	ENG
S		0046	00917	Marlin	Charles M.	1903	Sep	05	030	M	Leschi Park	MN
S	3	0075	1494	Marlin	Charles T.	1904	Feb	06	057	M	Providence Hospital	MI
S	3	0052	01034	Marlin	Evelyn E.	1906	Mar	16	01m	F	6019 - 4th Ave.N.W.	Sea
S			1297	Marlin	Henry	1890	May	19	060	M	Providence Hospital	---
S	2	0060	00036	Marlow	Robert	1896	Jan	28	037	M	West Ave Stewart	WV
S	1	0001	00847	Marltett	Harry E.	1889	May	29	04m	m	5th & Wall	
S	3	0180	03581	Marold	Wesley C.	1907	May	31	028	M	Wayside Emer.	PA
S	2	115	1597	Maroney	Maguerite	1899	Apr	10	019	F	Providence Hosp.	---

S	R	Page	Recor	LastName	FirstNames	Deat	Mn	Dt	Age	S	DeathPlace	Bir
S	3	0110	02183	Maroney	Mrs. Kate	1906	Oct	19	052	F	Prov. Hosp.	WI
S	2	0065	00227	Marotto	Gabriel	1896	May	26			Victoria, BC	
S		0004	00153	Marquis	Gussie	1892	Apr	20	015	F	Latona 9th Ward	IA
S	3	0162	03237	Marquis	Mrs. Mary Elizabeth	1907	Apr	04	065	F	710-1/2 Spring	PA
S	2	319	2499	Marquois	Andrew	1891	Aug	03	055	M	Latona	OH
S	3	0101	02001	Marra	Carmino	1906	Sep	21	032	M	Providence Hosp.	ITL
S	2	0064	00167	Marriam	Edith	1896	Apr	27	027	F	Wash St	MI
S	2	0048	00108	Marsch	Esther	1895	Mar	20	001	F	811 Market St	Sea
S	2	0083	00383	Marsh	Carl	1897	Sep	19	008	M	Ballard, WA	CA
S	1	0001	00823	Marsh	Catherine	1889	Apr	08	038	F	213 11th St.	
S	3	0186	03725	Marsh	Christina	1905	May	16	065	F	West Seattle	SCT
S	1	0001	00780	Marsh	Geo. G.	1889	Feb	27	006	M	No. 2013 10th St.	IRE
S	3	0071	01408	Marsh	Geo. P.	1906	May	49	047	M	1412 - 2nd Ave.	MA
S	3	0151	03004	Marsh	Haven Walrath	1907	Mar	01	020	M	3210-3rd Ave. W.	IL
S	2	123	2450	Marsh	Infant	1902	Feb	16		M	1403 Howell	SEA
S	2	0054	01065	Marsh	Jerald	1901	Jan	07	15d	M	1126 14 Ave	SEA
S		0112	02226	Marsh	Jessie May	1904	Jul	25	01d	F	140 32nd Ave.	Sea
S	2	0054	01078	Marsh	Mary P.	1901	Jan	12	036	F	217 Valley St	OH
S	1		2240	Marsh	Mrs. A. M.	1891	Mar	17	048	F	238-1/2 Front St.	---
S	2	103	1108	Marsh	Samuel	1898	Aug	27	058	M	County Hosp.	ENG
S		0038	00757	Marshall	Alexander	1903	Aug	30	024	M	1025½ Main	OH
S		101	2016	Marshall	Charles C.	1904	May	16	030	M	Near Monroe Snohomish Co.WA	---
S	1	0001	00292	Marshall	Chas.	1883	Oct	04		M	unknown	USA
S	3	0159	03170	Marshall	E.H.	1907	Mar	07	076	M	Skyhomish	MA
S	2	0105	2098	Marshall	Frank A.	1901	Nov	13	029	M	Prov. Hosp.	MA
S		0015	00299	Marshall	Harry	1903	Apr	27	054	M	Columbia, WA	SCT
S	2	0116	2314	Marshall	Jas.	1902	Jan	08	049	M	734 L.V. Ave.	NB
S	2	0002	00037	Marshall	Martin S.	1900	Jan	19	063	M	1818 E. Fir St.	ENG
S	2	352	2565	Marshall	St. Clair	1891	Sep	04	017	M	Ballard b.Winona,	MN
S	3	0064	01266	Marshall	Susan (Mrs.)	1906	Apr	10	073	F	Eagle Harbor,Kitsap Co.	CND
S	3	0129	02567	Marshall	W.O.	1906	Dec	22	026	M	Tacoma, WA	
S		0028	00529	Marshall	Willie	1893	Dec	05	01w	M		Sea
S	3	0133	02665	Marston	Cassandra	1904	Oct	18	046	F	3007 4th Ave W	CA
S	3	0090	01788	Marston	Lucretia D.	1906	Aug	12	059	F	3047 Nill Pl.	MI
S	1	0001	01057	Martan	Sally Virginia	1889	Nov	03	033	F	Jackson St.	KS
S	2	0080	1583	Martel	Arthur	1901	May	31	10m	M	Ballard	CND
S	-	162	3177	Martel	Frances	1902	Aug	28	004	M	Ballard, WA	CND
S	3	0138	02753	Martel	Herbert	1907	Jan	24	028	M	Cle Elum, WA	---
S	2	0097	00867	Martel	Mand E.	1898	May	27	002	F	1114 Denny Way	SEA
S		0006	00120	Martell	M.	1903	Jan	23	060	F	Ballard	WA
S	2	332	2525	Martell	Mary	1891	Aug	16	083	F	2300 2nd St.	USA
S	2	0021	00404	Martensen	L.	1900	May	14	050	M	1818 6th Av	DNK
S	2	0011	00216	Martenson	Inga	1900	Mar	17	058	F	Hotel Brunswick	SWD
S	3	0170	03397	Marter	Mrs. Sarah C.	1907	Apr	15	081	F	Port Angeles, WA	---
S	3	0192	03826	Marti	(Infant)	1907	Jun	23	s/b	F	406 Post St. W., Ballard,WA	Sea
S	2	0066	00253	Martin	A.H.	1896	Jun	20	055	M	Genl Hosp	GER
S	3	0135	02691	Martin	Annie J	1904	Oct	26	041	F	317 22nd Ave N	MA
S	-	155	3050	Martin	Arthur	1902	Jul	24	014	M	Ilwaco, WA	---
S	3	0164	03284	Martin	Carrie	1905	Feb	23	030	F	Clyde Ave	MN
S	3	0137	02728	Martin	Charles Edward	1904	Oct	11	05m	M	East Seattle	WA
S	2	114	1534	Martin	Clarence	1899	Mar	21	023	M	6th & King Sts.	OR
S	3	0053	01060	Martin	Daniel E.S.	1906	Mar	29	02m	M	817 - 4th Ave.	WA
S	2	0002	00047	Martin	Ethel	1892	Jan	29	008	F	SW cor. Spring & Sherman St	---
S	3	0179	03574	Martin	Fred L.	1905	Apr	26	029	M	Seattle Gen. Hosp.	WI
S	3	0198	03948	Martin	Fred S.	1905	Jul	29	021	M	Butler Hotel	TN

S	R	Page	Recor	LastName	FirstNames	Deat	Mn	Dt	Age	S	DeathPlace	Bir
S	2	0009	00165	Martin	Geo	1900	Mar	01	070	M	Miner's Hotel	unk
S	2	139	2758	Martin	Geo. A.	1902	May	06	024	M	Providence Hosp.	ON
S	2	374	2609	Martin	George Alexander	1891	Sep	27	02m	M	510 Moetke/7th Ward	Sea
S	2	0070	01401	Martin	Grace	1904	Jan	17	01m	F	817 Fourth Ave.	Sea
S	1	0001	00389	Martin	H.	1884	Oct	29	052	M		
S	3	0083	01648	Martin	Harriet	--	--	--	--	F	1206 3rd Ave.	NY
S	3	0087	01737	Martin	Infant	1906	Jul	18	s/b	M	Broadway Hosp.	Sea
S	1		2148*	Martin	James Chas.	1891	Feb	18	029	M	320 Lombard St.	NY
S	2	0119	02368	Martin	Jas.	1902	Jan	05	039	M	Wayside Mission	
S	3	0135	02686	Martin	John	1904	Oct	26	068	M	Green Lake	SCT
S		0001	00010	Martin	Lloyd N.	1903	Mar	05	018	M	1105 -23rd Avenue	SEA
S	1	272	2405	Martin	Mabel	1891	Jun	15	020	F	-	---
S	3	0192	03841	Martin	Maria A.	1905	Jun	23	044	F	Tucson, AZ	MA
S	2	0057	00490	Martin	Marjorie M	1895	Oct	29	005	F	2024 5th St	CND
S		0027	00474	Martin	Mary	1893	Nov	02	078	F	2nd & Elliott (b.(Ireland)	BER
S	3	105	2088	Martin	Mary A.	1904	Jun	26	048	F	1321 10th Ave. S.	OH
S		0012	00434	Martin	Mary C.	1892	Oct	17	064	F		
S	3	0120	02386	Martin	Mary E. Mrs.	1906	Nov	12	038	F	West Seattle	MA
S		0026	00510	Martin	May	1903	Jun	20		F	612½ Pike Street	---
S	2	0043	00858	Martin	Rose	1900	Oct	30	065	F	219 W Thomas	MI
S	2	0089	01768	Martin	Royella	1904	Apr	03	035	F	2300 46th Ave.	MI
S		0005	00087	Martinette	Louis	1903	Mar	01	034	M	Victor Col.	IL
S	1		2198	Martini	John	1891	Mar	25	024	M	2124 7th St. b.San Francisc	CA
S	3	0104	02071	Martino	Paimiro	1906	Sep	19	037	M	Kent	ITL
S	2	0046	00028	Martins	Fred	1895	Jan	25	034	M	Prov. Hosp.	GER
S	3	0132	02630	Marto	John	1907	Jan	01	057	M	Providence Hosp.	
S	3	0096	01907	Marvin	Maria L.	1906	Aug	24	073	F	Stanwood, Wash.	--
S		0014	00524	Marx	Berthold	1892	Dec	28	001	M	Arlington Hotel (b.Tacoma	
S	2	0128	02549	Marx	Michel	1902	Mar	13	056	M	Prov. Hosp.	GER
S		0038	00746	Marzollo	Pascal	1903	Aug	26		M	Seattle General Hospital	WA
S	3	0057	01139	Marzullo	Infant	1906	Mar	09	s/b	M	665-1/2 Lane St.	Sea
S		0063	01263	Masaki	M.	1903	Dec	11	020	M	Seattle Gen. Hospital	JPN
S		134	2645	Masatsuchi	Magawa	1902	Apr	11	030	M	4th Ave. S. & Jackson St.	JPN
S	3	0064	01275	Mascoline	Charles	1906	Apr	17	055	M	West Seattle, WA	AUS
S		0118	02341	Masharouys	Peter	1906	Nov	20	034	M	Sea. Gen.	RUS
S	3	0058	01153	Mashroup	Louise (Mrs.)	1906	Apr	03	032	F	Pacific Hospital	RUS
S	2	0117	2330	Mashunaga	S.	1902	Jan	13	047	M	Prov. Hosp.	JPN
S			1260	Maske	Freddie	1890	Apr	05	10d		2011 West St.	Sea
S		0032	00047	Mason		1894	Jan	05	027	M	Bothell	
S	3	0044	00863	Mason	Anna M.	1906	Feb	14	024	F	1626 - 39th Ave No.	IL
S	2	0101	1028	Mason	Cleo	1898	Jul	30	06m	F	South Park	WA
S	1	0001	00887	Mason	Dorsey	1889	Jun	07	004	M		
S	3	0158	03154	Mason	Ernest L.	1907	Mar	31	020	M	? 22nd W. & Smith	WI
S		0026	00505	Mason	Frank A.	1903	Jun	10	025	M	Seattle General Hospital	---
S		0034	00121	Mason	Helen	1894	Mar	20	006	F	510 8th St.	PA
S	2	0057	01129	Mason	Helen M.	1901	Jan	29	050	F	S. G. Hosp.	MO
S	2	0082	01636	Mason	J. Perriman	1901	Jun	27	019	F	2132 - 8 Ave.	PA
S	2	0015	00290	Mason	John H.	1900	Apr	06	056	M	Prov. Hosp.	---
S	2	0054	00326	Mason	Louella H.	1895	Aug	24	03m	F	508 East St.	Sea
S	2	0054	07074	Masoy ?	(Inft)	1901	Jan	11	01m	F	Maple Ave b. Fremont	---
S	1	0001	01122	Mass	Rufus G.	1890	Jan	29	007		324 Olympis Ave , 5th Ward	
S	1	0001	01211	Masse	Charles	1890	Mar	01	055	M	Ravenna Park	
S	2	110	1395	Mastelle	Ray	1899	Jan	10	06m	M	2nd Ave. S. & Jackson Sts.	Sea
S		0015	00012	Masters	Eliza M.	1893	Jan	08	035	F		
S	2	0075	00073	Masters	Fred	1897	Feb	24	035	M	Central dock	---

S	R	Page	Recor	LastName	FirstNames	Deat	Mn	Dt	Age	S	DeathPlace	Bir
S		0061	01227	Masters	Infant	1903	Nov	05	s/b	M	2221 21st Ave. So.	Sea
S	3	0147	02928	Masters	Walter R.	1907	Feb	28	02m	M	816-9th Ave. S.	WA
S	3	0027	00526	Masterson	Charles P.	1905	Nov	24	052	M	Providence Hosp.	NY
S	2	128	2092	Masterson	Edwd F.	1899	Nov	30	035	M	On Train from (?)	KS
S	1		2056	Maston	C. W.	1890	Dec	20	063	M	Providence Hosp.	---
S	3	0049	00974	Masui	Eihachi	1906	Feb	23	055	M	Mercer Island, King Co, Wn.	JPN
S	1		2090	Matcovich	Nicholas	1891	Jan	13	050	M	Providence Hosp.	AUT
S	3	0098	01932	Matheny	Isaih Cooper	1906	Sep	03	079	M	106 Cedar	IL
S	3	0072	01434	Mather	Allard Edwin	1906	May	09	006	M	Woodland Ave.,BrightonBeach	CA
S		0033	00111	Mather	David E.	1894	Mar	12	022	M	701 Main	
S	3	0198	03963	Mather	James	1905	Jul	08	078	M	204 Harvard Ave N	SCT
S	1		1530	Mather	John	1890	Sep	03	054	M	Providence Hospital	---
S	3	0056	01112	Mathers	A.R.	1906	Mar	18	029	M	Arlington, WA	--
S	3	0043	00850	Mathew	Ambrose	1906	Feb	09	001	M	Seattle	CA
S	3	0155	03085	Mathews	(Infant)	1907	Mar	19	16h	M	317 Battery	WA
S	2	0118	02347	Mathews	Eva	1904	Aug	17	02m	F	3626 2nd Ave NW	Sea
S	1	0001	00714	Mathews	H.	1888	Dec	26	029		Grace Hosp.	
S	2	105	1191	Mathews	J. D.	1898	Oct	07	088	M	1407 19th Ave.	---
S		135	2668	Mathews	Louis C.	1902	Apr	21	050	M	3828 Badley Ave.	MO
S		0001	00011	Mathews	Lucinda	1903	Mar	06	083	F	914 James	NY
S	2	0054	01069	Mathews	Lysander	1901	Jan	08	037	M	2nd & James	OH
S	2	400	2661	Mathews	Ross	1891	Oct	30	010	M	2nd & Madison Sts./5th Ward	CA
S	2	0121	02407	Mathinson	John E	1904	Aug	04	027	M	Greenlake Blvd	---
S	1	0001	00209	Mathison	A.A.	1883	May	22	055	M	Seattle	USA
S	1	216	2310	Matlock	I. S.	1891	Apr	19	79d	M	S. Seattle	---
S	1	0001	00882	Matson	Baby	1889	May	21			North Seattle	
S		0009	00325	Matson	Charley	1892	Aug	03	033	M	W. Seattle	JPN
S	2	0084	01667	Matson	Henry	1901	Jun	06	001	M	Ballard	IL
S	2	0023	00451	Matson	John	1900	Apr	30	038	M	Silverton, WA	ENG
S	1	241	2365	Matssu	He-re-se	1891	May	21	025	M	Providence Hosp.	JPN
S		0084	01677	Matsuiki	S.	1904	Mar	27	048	M	5th Ave. & Washington	JPN
S	2	0046	00008	Matsumoto	Sohei	1895	Jan	12	029	M	Prov. Hosp.	JPN
S	2	0063	00132	Matsuoka	R.	1896	Apr	05	038	M	Gen Hosp	JPN
S	2	103	1139	Mattby	Elija A.	1898	Sep	14	068	F	25th Ave. S.	NB
S		0052	01043	Matterard	Sam S.	1903	Oct	14	020	M	Monod Hospital	WA
S	2	0045	00552	Mattheson	Goodman	1894	Nov	20	036	M	Ft Union St/Elliott Bay	unk
S		0027	00469	Matthews	Ernest	1893	Oct	16	10m	M	Pt. Blakely	
S	3	0048	00972	Matthews	Frank M.	1906	Feb	21	048	M	King County Hospital	NY
S	2	0061	00071	Matthews	Geo	1896	Feb	20	009	M	6th & Pine	KA
S	3	0162	03234	Matthews	W T C	1905	Feb	08	05m	F	Forrest & 8th Ave S	SEA
S	3	0064	01270	Matthews	William B.	1906	Apr	13	049	M	Columbia City, Wn.	OH
S	3	0078	01548	Mattilla	Emil	1906	Jun	05	014	M	Pacific Hosp.	MN
S	3	0192	03832	Mattimori	John	1905	Jun	16	046	M	King Co. Hosp.	OH
S	2	0043	00472	Mattison	Wm.	1894	Oct	27		M	West St. House	
S	2	0100	01993	Mattson	Anna	1901	Oct	07	027	F	22 & E. Union	DNK
S	2	0087	01738	Mattson	C.	1901	Jul	29	052	F	22 & Union	NRY
S	2	0101	02007	Mattson	Carl H.	1901	Oct	14	014	M	Interbay	MI
S		0083	01662	Mattson	Gust.	1904	Mar	20	034	M	1st Ave. & Main St.	FIN
S	3	0107	02123	Mattson	Minnie	1906	Oct	07	28d	F	218-9th Ave. S.	Sea
S	3	0066	01309	Matzen	Infant	1906	Apr	07	s/b	M	1202 - 15th Ave.No.	Sea
S	3	0088	01759	Matzen	Peter	1906	Aug	05	046	M	409 Eastlake	GER
S	2	0096	00835	Matzenaner	Jennie	1898	May	12	044	F	1402 Denny Way	HUN
S	3	0186	03723	Mau	Wuood	1905	May	15	034	M	Juneau, AK	CHN
S	3	0073	01459	Maucuso	Jruhina	1906	Jun	04	001	F	933 17th Ave.S.	ITL
S		0017	00333	Maud	Blanche Irene	1903	May	15	001	F	411 Seventh Avenue S.	SEA

S	R	Page	Recor	LastName	FirstNames	Deat	Mn	Dt	Age	S	DeathPlace	Bir
S		0029	00573	Maud	Wm.	1867	Jan	11		M		
S	3	0048	00943	Mauermann	Infant	1906	Jan	19	01d	F	Georgetown,Wn. b.Georgetown	WA
S		0115	02296	Maul	(Infant)	1906	Nov	05	010	F	2814-16th S.	WA
S		0062	01238	Maunder	Charlotte Ruth	1903	Dec	03	061	F	522 Maynard Ave.	Sea
S	3	0159	03172	Maurer	Otto	1905	Jan	01	077	M	Hillman City	GER
S	2	0041	00424	Mauson	Alex	1894	Sep	25	024	M	1012 Pine	
S	2	114	1539	Mavers	Lottie	1899	Mar	22	032	F	Providence Hosp.	---
S	1	0001	01079	Maveton	Martan	1889	Dec	14	06m	M	Seattle	WA
S		0033	00656	Maw	Foe	1903	Jul	27	021	M	Str Shawhut	CHN
S	2	0026	00512	Maxfield	Geo.	1900	Jun	25	030	M	Aloha St	MO
S		0023	00459	Maxfield	Infant	1903	Jun	12	02d	F	165 Denny Way	SEA
S	2	0026	00511	Maxfield	Lillie	1900	Jun	25	020	F	Aloha St	MO
S		0023	00324	Maxham	Chas. A.	1893	Aug	20	006	M	Knight & Kenny	
S	2	0050	00982	Maxwell	Agnes W.	1900	Dec	06	041	F	1471 20th Ave	SCT
S	2	0036	00229	Maxwell	John	1894	May	02	080	M	Ballard	IRL
S		0041	00813	Maxwell	John	1903	Aug	16	049	M	King County Hospital	SCT
S	2	121	1802	Maxwell	Katie	1899	Jul	13	048	F	Providence Hosp.	---
S	2	178	3501	Maxwell	Lillian S.	1902	Nov	16	033	F	Providence Hosp.	CA
S	2	121	1816	Maxwell	Priscilla Mrs.	1899	Jul	23	072	F	618 Aloha St.	PA
S	1	0001	00050	Maxwell	S.L.	1882	Dec	10	053	M	Seattle	IRL
S	2	0037	00270	Maxwell	Susan	1894	Jun	19	074	F	Ballard	CND
S		108	2147	Maxwell	W. A.	1904	Jun	27	022	F	Yakima City WA	---
S	3	0136	02708	May	(Infant)	1907	Jan	31	02d	M	758 Roy St.	WA
S	1	277	2415	May	Clara	1891	Jun	24	06m	F	Day Nursery	---
S	2	107	1282	May	infant	1898	Nov	28	14d	F	813 Alder St.	Sea
S	2	107	1283	May	Thos.	1898	Nov	28	053	M	Providence Hosp. b.at sea	---
S	2	0099	00976	May (or Maj)	August	1898	Jul	05	056	M	427 Fairview Ave.	GER
S	3	0043	00847	Mayami	R.	1906	Feb	07	045	M	Seattle	JPN
S	3	0092	01821	Maybee	Amanda	1906	Aug	20	054	F	331 Longwood Pl.	CND
S	2	116	2320	Maybee	B. R.	1902	Jan	10	59	M	3408 Woodlawn Park Ave.	CND
S		0019	00161	Maybury	Olive	1893	Apr	28	031	F	Prov. Hosp.	NY
S	2	0040	00381	Mayeda	Zruza	1894	Aug	04	037	M	Auburn	JPN
S	2	418	2696	Mayer	Blasine	1891	Nov	24	071	M	202 East St.	GER
S		0097	1928	Mayer	C. F. W.	1904	May	13	058	M	Monod Hospital	GER
S			1347	Mayer	Claude	1890	Jun	13	04m	F	-	Sea
S	2	0085	01683	Mayer	Fred	1901	Jul	01	003	M	10th & Wash	WA
S	2	0047	00068	Mayer	Helena L.	1895	Feb	22	02m	F	Lake St NE	Sea
S	2	0034	00675	Mayer	Infant	1900	Aug	22	01m	M	512 29th Ave S	SEA
S	2	0063	00152	Mayer	Julie	1896	Apr	16	067	F	East & Lake St	
S	2	0042	00821	Mayer	L. S.	1900	Oct	10	045	M	1021 Spring St	GER
S	2	0064	00170	Mayers	Julia	1896	Apr	29	036	F	Pease House	FL
S	1	0001	01241	Mayes	C.H.	1890	Mar	21	040	M	Commercial St.	
S	1	0001	01242	Mayes	C.H.Mrs.	1890	Mar	21	026	F	Commercial St.	
S	2	0106	02103	Maymurbaugh	Jas.	1901	Oct	31	029	M	Prov. Hosp.	IRL
S	3	0110	02193	Maynard	Catherine Troutman	1906	Oct	20	090	F	1233 Cherry	KY
S		115	2303	Maynard	Clara W.	1904	Aug	04	070	F	311 24th Ave. S.	VT
S	3	0167	03338	Maynard	Robert P.	1907	Apr	24	057	M	526 Belmont N.	WA
S		0017	00328	Mayo	H.L.	1903	May	13	063	M	607 Union Street	ME
S	3	0138	02746	Mayo	Infant	1904	Oct	01	s/b	F	3930 Aurora Ave	SEA
S	2	112	1472	Mays	Laura	1899	Feb	11	018	F	1614 9th Ave. S.	WA
S	1	0001	00768	Mayson	John	1889	Feb	18	001	M	Corner 5th & Cedar ST.	
S		0040	00790	Mayville	Louise	1903	Aug	17	055	M	McElray Camp	---
S			1401	Mazouck	James	1890	Jul	03	012	M	12th & D Sts.	PA
S	2	0068	00312	Mc Govern	J. S.	1896	Aug	08	16d	M	Seattle	SEA
S	3	0155	03099	Mc Nealy	Infant	1905	Jan	18	05d	M	Pacific Hosp	SEA

S	R	Page	Recor	LastName	FirstNames	Deat	Mn	Dt	Age	S	DeathPlace	Bir
S	2	120	1793	McAdam	baby	1899	Jul	04	05d	M	40th & E. John Sts.	Sea
S	2	0071	00450	McAilley	Hannah	1896	Oct	20	033	F	Carbonado	---
S	2	158	3116	McAlister	Chas.	1902	Aug	20	11m	M	111 32nd S.	SEA
S	3	0155	03087	McAllaster	Jas. L.P.	1907	Mar	20	084	M	615 Belmont Ave. N.	ME
S	2	108	1311	McAllister	baby	1898	Dec	04	01d	F	1206 Marion St.	Sea
S	3	0131	02612	McAlney	Infant	1904	Sep	11	---	M	Corner Broadway & Thomas St	SEA
S	1		2115	McAlpin	Henry Prentice	1891	Jan	27	07m	M	911 Cherry St.	Sea
S	1	0001	00632	McAlpin	Merrill	1888	Oct	01	04m		Pike St btw 4th & 5th St.	
S	1	0001	00409	McAlpine	Sister	1884	Nov	23		F		
S		0063	01259	McAlviy	Patrick	1903	Dec	09	033	M	Foot of Thomas St.	IRL
S	2	0065	00220	McAndrews	Bertha	1896	May	17	058	M	Salmon Bay	IRL
S	2	0111	02206	McAndrews	Mary A.	1901	Dec	11	048	F	605 Jefferson	CA
S	2	119	1751	McAndrews	Matilda	1899	Jun	15	017	F	605 Jefferson St.	---
S	3	0011	00217	McArdle	Charles	1905	Sep	02	022	M	3rd Ave S & Jackson St	CA
S	2	0098	1956	McArdle	Edward	1901	Sep	25	038	M	On Steamer Dolphin	IRL
S		0032	00065	McArdle	Jas.	1894	Feb	12	063	M	Prov. Hosp.	IRL
S		0002	00022	McArdle	John	1903	Mar	13	076	M	Providence Hospital	CND
S	2	0117	2340	McArnslund	Jennie B.	1902	Jan	17	038	F	2370 E. Lake Ave.	IN
S	3	0124	02484	McArthur	A W	1904	Sep	05	036	M	Providence Hospital	CND
S	2	104	2070	McArthur	Angus	1901	Oct	21	071	M	Kirkland	USA
S	3	0144	02869	McArthur	Donald A	1904	Nov	09	060	M	Columbia	CND
S		0047	00933	McArthur	Grace	1903	Sep	18	01d	F	910½ Second Avenue	SEA
S	2	0085	1681	McArthur	Jno. J.	1901	Jul	01	028	M	1215 Columbia	CND
S	2	0038	00290	McArthur	Neal	1894	Jul	19	043	M	Ft of Wash. St.	SCT
S	3	0037	00734	McArthur	Ray	1906	Jan	10	06m	M	Howard Ave & Linn St	MT
S	2	0085	1692	McAskill	D.	1901	Jul	05	036	M	Prov. Hosp.	CB
S		0096	1906	McAtee	Elizabeth A.	1904	May	05	069	F	332 Eastlake Ave.	GA
S	1		1462	McAtee	Nellie (Mrs.)	1890	Aug	03	046	F	322 Albert St.	---
S	2	0041	00417	McAuley	Michael	1894	Sep	20	055	M	Prov. Hosp.	
S		0026	00443	McAuliffe	Ed	1893	Oct	15	06m	M	208 Taylor	Sea
S	3	0037	00724	McAuliffe	Thomas	1906	Jan	06	040	M	County Jail	UN
S	3	0091	1821	McAvors	John	1904	Apr	22	050	M	Wayside Mission Hosptial	IRL
S	3	0086	01708	McBlaine	Quinten H.	1906	Jul	30	020	M	Seattle Gen. Hosp.	--
S		0198	3898	McBrady	Dan	1903	Feb		040	M	Potlach, WA	---
S	2	127	2065	McBreen	baby	1899	Nov	14	03w	M	Fremont	WA
S	3	0186	03709	McBride	Gertrude G.	1905	May	25	033	F	333 16th Ave	IL
S	2	183	3600	McBride	Jessie	1902	Dec	26	032	F	1502 Terry Ave.	PA
S	2	0016	00319	McBurney	Alice J.	1900	Apr	14	005	F	2615 4th Av	WA
S	3	0040	00782	McCabe	B.	1906	Jan	25	045	M	Western Ave & Pike St	UN
S	3	0098	01935	McCabe	Georgette	1906	Sep	05	07m	F	Providence Hosp.	WA
S	2	0085	1702	McCabe	James	1904	Mar	27	080	M	1810 Franklin Ave.	IRL
S		0023	00444	McCabe	John	1903	Jun	05	065	M	Foot of 5th Avenue	---
S	3	0147	02924	McCabe	Patrick	1907	Feb	27	043	M	Wayside Emer. Hosp.	NY
S	2	0098	1952	McCabe	Peter	1901	Sep	23	079	M	South Park	PA
S		0198	3907	McCafferty	Infant	1903	Feb	25	s/b	M	2808 Denny	SEA
S		114	2269	McCaffery	Patrick	1904	Jul	16	040	M	Woodinville WA	---
S		0023	00452	McCaig	David Wm.	1903	Jun	10	040	M	Providence Hospital	SCT
S	3	0102	02035	McCaig	James Ross	1906	Sep	28	001	M	705 27th Av.S. b.Spokane	WA
S	2	0055	01084	McCain	O. N.	1901	Jan	13	033	M	S. G. Hosp.	OR
S	2	139	2747	McCain	Paris	1902	May	05	077	M	113 7th Ave. S.	OH
S	2	0071	00464	McCaine	Jas. L.	1896	Nov	07	032	M	820 Washington St.	---
S		0020	00210	McCalister	NR	1893	Mar	26	067	F		
S	3	0180	03586	McCall	Maggie	1905	Apr	11	067	F	Kent, WA	IRL
S	2	0090	00651	McCallack	Bessie	1898	Feb	03	005	F	Lombard, WA	WA
S	1		2123	McCallaugh	James	1891	Feb	01	010	M	Overland House, Weller St.	SCT

S	R	Page	Recor	LastName	FirstNames	Deat	Mn	Dt	Age	S	DeathPlace	Bir
S	1		1963	McCallum	Christie Rose (Mrs. Jas.)	1890	Oct	29	-	F	714 S. 8th St.	---
S	1		2042	McCallum	David Christopher	1890	Dec	12	01m	M	cor. Republican & Lake Sts.	Sea
S		0053	01047	McCallum	Donald	1903	Oct	23	024	M	Providence Hospital	SCT
S	2	0020	00386	McCallum	Peter W.	1900	May	04	039	M	S. G. Hosp.	CND
S	2	0063	00147	McCandles	Infant	1896	Apr	13	-	M	214 Pine St	Sea
S	3	0077	01538	McCann	Edwin Alonzo	1906	Jun	29	018	M	1531 Second	MN
S	2	0129	2563	McCann	Patrick	1902	Mar	18	050	M	Prov. Hosp.	ENG
S	2	0078	00178	McCannask	Anna	1897	May	13	071	F	414 Columbia St.	---
S	2	0072	00506	McCarthy	C. C.	1896	Dec	07	031	M	816 Dearborn St.	IA
S	2	0077	00131	McCarthy	Chas.	1897	Mar	22	066	M	Duwamish, WA	IRL
S	-	166	3264	McCarthy	Chas.	1902	Sep	26	02m	M	115 W. Thomas St.	SEA
S	3	0022	00435	McCarthy	Daniel D.	1905	Mar	24	036	M	Post Hosp., Ft Egbert, AK	PA
S		0031	00621	McCarthy	Dennis Jeramiah	1903	Jul	29	034	M	Providence Hospital	CND
S	3	0090	01796	McCarthy	Ella A.	1906	Aug	13	030	F	Providence Hosp.	OH
S		0055	01092	McCarthy	Infant	1903	Oct	06	s/b	F	1420 Minor Avenue	SEA
S	2	0066	01318	McCarthy	J.	1903	Dec	09	043	M	Hotel Northern	IRL
S	2	0065	01298	McCarthy	John	1903	Dec	18	028	M	Providence Hospital	CA
S	2	0010	00187	McCarthy	Marie	1900	Mar	06	037	F	Prov. Hosp.	ENG
S	3	0044	00866	McCarthy	Timothy John	1906	Feb	14	037	M	foot of Spokane Ave.	CA
S	3	0046	00915	McCarthy	William D.	1906	Feb	28	047	M	Providence Hospital	IRL
S	-	165	3243	McCartney	Blanche	1902	Sep	12	027	F	Monod Hosp.	PA
S	2	0002	00041	McCartney	Frederick Charles	1892	Jan	25	032	M	403-1/2 Pike St.	---
S	3	0152	03025	McCartney	Grace	1907	Mar	05	019	F	Pacific Hosp.	WA
S	3	0031	00620	McCartney	Infant	1905	Dec	22	03d	F	Pacific Hosp.	SEA
S	1	0001	00274	McCarty		1883	Sep	04		M	unknown	
S	2	0044	00526	McCarty	Beman	1894	Nov	08	030	M	Prov. Hosp.	
S	1	0001	00249	McCarty	Dold	1883			052	M		IRE
S	2	0046	00006	McCarty	Infant	1895	Jan	10	26d	F	5th & Marion	Sea
S	2	0124	02461	Mccarty	Jno.	1902	Feb	16	040	M	Seattle Gen. Hosp.	IRL
S	2	417	2694	McCarty	Patrick	1891	Nov	24	037	M	in woods nr Green Lake	---
S	2	0082	00317	McCarty	Robt.	1897	Aug	21	033	M	St. Charles Hotel	---
S	2	0121	02405	McCarty	Trim	1902	Feb	01	060	M	Prov. Hosp.	
S	2	0121	02413	McCarty	Trim - VOID - See #2405							
S	3	0100	01982	McCathron	Alice	1906	Sep	16	005	F	Wayside Emer. Hospital	AK
S		0002	00024	McCathron	James	1903	Mar	13	09m	M	1157 Franklin	SEA
S			1404	McCauley	Addie	1890	Jul	07	024	F	Commercial St nr ENG Hotel	---
S	1	0001	00370	McCauley	Genetti	1884	Aug	15	004	F	Seattle	USA
S	2	387	2635	McCauley	James H.	1891	Oct	06	067	M	Grace Hosp./7th Ward	---
S	2	0126	02520	McCauley	T. F.	1902	Feb	23	035	M	Prov. Hosp.	MA
S	3	0027	00536	McCausland	L. O.	1905	Nov	14	054	M	Quilcene, WA	ME
S	1	0001	01071	McCausland	Mrs.	1889	Dec	05	065	F	Prov. Hosp.	CND
S	1	0001	01104	McCausland	Mrs.	1889	Dec	06	065	F	Prov. Hosp.	
S	2	0121	02416	McCawley	Julia Ellen	1902	Feb	03	019	F	304 24th Ave.	MN
S	1		2170	McCay	infant	1891	Feb	27	03m	-	Minnie St. nr Lake Wash.	Sea
S	1		2166	McCay	Rose	1891	Feb	25	03m	F	nr Lake Washington	Sea
S	3	0029	00574	McClain	Artemesia	1905	Dec	05	058	F	216 Eastlake Ave	IN
S	-	167	3283	McClain	C. H.	1902	Sep	22	026	M	Seattle Gen. Hosp.	MB
S	3	0126	02524	McClain	Fred B	1904	Sep	18	027	M	Providence Hosp	IN
S	2	0036	00222	McClair	Margiente	1894	May	23	01m	F	820 Alder	Sea
S	1	0001	00609	McClanahan	Jennie	1888	Sep	02	015	F	6th St btw Pike & Pine	
S	3	0159	03177	McClausland	Donald E.	1907	Mar	15	015	M	Ft. Steilacoom	WA
S	3	0091	01817	McCleary	Thomas A.	1906	Aug	20	076	M	620 14th Ave. No.	VA
S	2	0095	01895	McClellan	Alexander	1901	Sep	15	01m	M	Gen. Hosp.	SEA
S	3	0092	01824	McClellan	Infant	1906	Aug	20	s/b	F	1514-1/2 9th Ave.	WA
S	2	101	1031	McClellan	Mary O.	1898	Jul	30	07m	F	1118 25th Ave.	Sea

S	R	Page	Recor	LastName	FirstNames	Deat	Mn	Dt	Age	S	DeathPlace	Bir
S	2	0099	1973	McClelland	Thos.	1900	Sep	05	040	M		IRL
S	2	0072	00470	McClelland	Wm.	1896	Nov	12	03m	M	23rd Ave. & Cherry St.	SEA
S	2	0098	00944	McClellone	Blossom	1898	Jun	24	07m	F	23rd & Cherry Sts.	---
S	-	0168	03298	McCloud	A.	1902	Sep	03	045	M	Georgetown, WA	SCT
S	2	0046	00012	McCloud	Alex	1895	Jan	15	044	M	Kenilworth Inn/Front St	
S	2	104	1164	McClure	A. M.	1898	Sep	28	040	M	507 Yesler Way	---
S	2	0073	01443	McClure	Bryon	1901	Apr	27	057	M	521 1 Ave. S.	IN
S	2	128	2093	McClure	Jas. A.	1899	Oct	11	064	M	Lester, WA	NY
S	3	106	2118	McClure	Maria A.	1904	Jun	28	083	F	Beacon Hill	PA
S	3	0086	01701	McClure	Rebecca (Mrs.)	1906	Jul	18	056	F	204 29th	OH
S	2	0056	01115	McClure	S. J.	1901	Jan	24	063	F	432 Boylston	TN
S	3	0165	03297	McClure	Thomas	1907	Apr	15	c33	M	Pacific Hosp.	---
S	2	116	1645	McClusky	Patk	1899	Apr	29	045	M	Elliott Bay	---
S	2	0098	00919	McCollam	Lou	1898	Jun	10	024	F	1576-1/2 1st Ave.b.Victoria	BC
S	3	106	2111	McComb	Frank	1904	Jun	13	048	M	Wayside Mission Hospital	MI
S	2	0058	00532	McComb	Frank E.	1895	Nov	27	037	M	222 Box	IL
S	1	0001	00880	McComb	James	1889	May	17	022	M	Lake Union	
S	2	0099	00977	McComb	Mrs. A. E.	1898	Jul	06	069	F	112-15th Ave.	CT
S	1	0001	00098	McCombs		1882	Jul	29	01d	F	Seattle	SEA
S	2	0086	01702	McCombs	B. Jesse	1901	Jul	08	034	M	1236 Main	OH
S			1312	McCombs	Clara May	1890	May	09	012	F	Seattle	Sea
S	3	0153	03049	McCombs	Francis M.	1907	Mar	11	064	M	1st Ave. S. & Weller	AR
S	3	0173	03455	McCombs	Robert S	1905	Mar	17	038	M	Ketchikan, AK	CND
S	3	0171	03419	McConaghy	(Infant)	1907	Apr	26	s/b	F	Minor Hosp.	WA
S	3	0045	00892	McConaghy	Alice	1906	Feb	22	028	F	912 - 17th Ave S.	MI
S	2	0052	00270	McConaghy	Archie	1895	Jul	09	001	M	2017 West	Sea
S	2	0114	01533	McConaha	Euginie M.	1899	Mar	20	046	F	1525 -2nd Ave.	Sea
S	3	0173	03463	McConaha	George N	1905	Mar	26	057	M	W Wash Hosp for Insane	MO
S	3	0184	03662	McConaty	Eva	1907	Jun	07	027	F	508-1/2 Jefferson	ENG
S	1		2020	McCondlish	Chas.	1890	Nov	28	019	M	1609 4th St.	ENG
S	-	169	3323	McConley	Thos.	1902	Oct	02	001	M	819 Washington St.	NM
S	-	169	3324	McConnahy	Margarette	1902	Oct	03	07m	F	1912 17th Ave. S.	SEA
S	3	0178	03546	McConnaughey	Infant	1905	Apr	26	02d	F	Cor Broadway & Thomas St	SEA
S	2	0044	00521	McConnell	Clarence	1894	Nov	13	07m	M	Olympic Hotel	Sea
S	2	121	1814	McConnell	Geo.	1899	Jul	21	033	M	708 Maynard St.	IL
S	2	0016	00304	McConnell	John K.	1900	Apr	10	048	M	Prov. Hosp.	SCT
S	2	0066	01307	McConnell	M.	1901	Mar	18	009	M	672 Jackson	WA
S	1	0001	00599	McConnell	Mrs.	1888	Aug	29		F	7th Bet. Wash. & Maine St.	
S	2	0084	00393	McConville	E. B.	1897	Oct	06	017	F	1511 8th Ave.	SEA
S	2	0102	2029	McCool	Chester	1901	Oct	27	010	M	Pike & West St.	PA
S	1		1591	McCoombes	Harriett Maria	1890	Oct	04	068	F	Green St. b.Brant Co.	ON
S	2	0095	00820	McCord	Robt.	1898	May	03	040	M	Providence Hosp.	USA
S	3	0105	02100	McCorkle	(Infant)	1906	Oct	01	02d	F	526 Boren N.	Sea
S	2	0081	01605	McCorkle	A. Rebecca	1901	Jun	14	071	F	Brooklyn	IN
S	3	0007	00121	McCormick	Charles E.	1905	Aug	03	023	M	515 2nd Ave N	MI
S		0112	02228	McCormick	James	1904	Jul	22	040	M	211 1st Ave. S.	WA
S	3	0112	02224	McCoy	Gertrude	1906	Oct	31	001	F	807-8th Ave.	WA
S	3	0016	00313	McCoy	Harold C.	1905	Sep	15	04m	M	Hillman City	sme
S		0080	01597	McCoy	Infant	1904	Feb	12	s/b	F	Hillman City	Sea
S		0077	01538	McCoy	Lura Lois	1904	Feb	24	012	F	1009 Sturgis Road	MN
S		0040	00800	McCoy	Peter	1903	Aug	27	045	M	Wellington	---
S	2	0115	02286	McCoy	R. E.	1901	Dec	16	053	M	Redlands	NY
S	3	0179	03575	McCrary	Herbert F.	1905	Apr	28	05m	M	Seattle Gen. Hosp.	WA
S	3	0077	01521	McCray	Dora	1906	Jun	24	049	F	1101 E. Pike	MI
S	2	0017	00325	McCubbings	Georgia	1900	Apr	17	014	F	415 Vine	WA

S	R	Page	Recor	LastName	FirstNames	Deat	Mn	Dt	Age	S	DeathPlace	Bir
S	2	0039	00340	McCulloch	Sarah	1894	Aug	10	09m	F	1808 6th	
S		0002	00060	McCullock	Clara	1892	Feb	06	03m	F	10 Joy St.	
S	1		2242	McCullock	L.	1891	Mar	18	036	M	Ballard, Wash.	---
S	2	110	1394	McCullough	Agard	1899	Jan	09	004	M	1106 30th S.	---
S	3	0177	03543	McCullough	Infant	1905	Apr	23	01d	M	4215 Linden Ave	SEA
S	3	0142	02831	McCullough	James	1907	Feb	06	068	M	1821 Harvard Ave.	unk
S	3	0122	02434	McCullough	Julia A.	1906	Dec	04	040	F	325 N. Broadway	OH
S	1		1477	McCullough	Ralph	1890	Aug	10	07w	M	-	Sea
S	2	383	2627	McCullver	William Jr.	1891	Oct	05	002	M	10 Jon St./2nd Ward	Sea
S	2	0059	00574	McCune	Bertha	1895	Dec	28	023	F	373 Harrison	NY
S	3	0143	02846	McCurdy	Helen G	1904	Nov	06	009	F	Monad Hosp	MI
S			1377	McCurdy	Herman E.	1890	Jun	27	9.5	M	2515-1/2 Front St.	---
S		0021	00404	McCurdy	Jesse	1903	May	02	022	M	Ft. Licheum, Alaska	PA
S	2	180	3563	McCurdy	Walter	1902	Dec	07	039	M	Wayside Mission	CA
S	2	0069	00370	McCutcheon	J. W.	1896	Sep	05	001	F	Jackson & Taylor Sts.	BC
S	2	0042	00448	McDairmid	Jas	1894	Oct	07	052	M	50 Prince William	SCT
S	1	0001	00483	McDaniels	Rebecca A.	1885	Oct	25	057	F	3rd, Ward	IN
S	3	0134	02668	McDavitt	Frank	1907	Jan	22	042	M	1708-18th Ave.	IL
S	2	112	2240	McDavitt	Twins	1901	Dec	19		F	Fremont	SEA
S	3	0196	03918	McDermind	Hugh	1905	Jul	20	064	M	28th Ave & Jackson	CND
S	3	0167	03323	McDermott	Bridget Josephine	1907	Apr	20	028	F	18th Ave. & E. Marion	WI
S	2	0059	01176	McDermott	M.	1901	Feb	08	---	M	Monod Hosp.	SEA
S	2	0027	00537	McDermott	Robt. A.	1900	Jul	01	038	M	Seattle Central	NY
S	3	0041	00805	McDevitt	May Lucille (Mrs.)	1906	Jan	06	025	F	Boise, ID	UN
S		0011	00411	McDevitt	Wm.M.	1892	Sep	12	001	M	3rd & Albert	
S		0010	00377	McDevitt	Wm.M.	1892	Sep	12	001	F	3rd & Albert	Sea
S	2	0038	00296	McDiarmid	Mary	1894	Jul	22	023	F	508 Prince William	SCT
S	3	0163	03263	McDivitt	Eliza Jane	1905	Feb	17	090	F	122 Eastlake Ave B:Isle Man	ENG
S	3	0175	03481	McDonald	(Infant)	1907	May	15	01d	F	Pacific Hosp.	WA
S	2	105	1192	McDonald	-	1898	Oct	07	048	M	Gill & Gill Saloon	---
S	2	0018	00341	McDonald	A.	1900	Apr	25	026	M	Prov. Hosp.	SCT
S	3	0159	03180	McDonald	Agnus M	1905	Jan	05	03m	F	7 Day St, Ballard	SEA
S	3	0107	02121	McDonald	Albert	1906	Oct	06	027	M	Wayside Emer.	n/s
S	2	115	1600	McDonald	Alex	1899	Apr	11	044	M	20th Ave. S. & Washington	---
S	3	0169	03370	McDonald	Allen	1905	Mar	09	045	M	411 Jefferson St	---
S	2	0043	00477	McDonald	Angus	1894	Oct	27		M	West St. House	
S	2	0077	00144	McDonald	Angus	1897	Apr	10	040	M	Providence Hosp.	---
S	2	0124	02469	McDonald	Anna Mrs.	1902	Feb	20	024	F	Prov. Hosp.	ND
S	2	0075	01488	McDonald	Augus	1901	May	01	035	M	Prov. Hosp.	CND
S	2	0087	00530	McDonald	baby	1897	Dec	25	02d	M	Ballard, WA b.Ballard, WA	
S	3	0046	00918	McDonald	Bertha (Mrs.)	1906	Feb	16	038	F	Pacific Hospital	NH
S	1	0001	00416	McDonald	Catherine	1884	Dec	27	022	F	Seattle	CA
S	1	0001	00112	McDonald	Dan	1882	Sep	04	050	M	Hospital	SCT
S	1	0001	00489	McDonald	Dan	1885	Oct	08	045	M	Hospital	SCT
S		0018	00355	McDonald	Dan	1903	May	21	048	M	Foot of Massachusetts St.	---
S	1	0001	00868	McDonald	Donald	1889	May	01	042		West St.	
S	2	0090	00641	McDonald	Donald H.	1898	Feb	26	077	M	908 8th Ave.	NS
S	3	0085	01682	McDonald	Eliza	1906	Jul	26	078	F	2815 Dearborn	IRL
S	-	170	3344	McDonald	Ellen	1902	Oct	10	082	F	410 Malden	NS
S		0003	00053	McDonald	Francis L.	1903	Mar	25	054	F	819 1/2 Ninth S.	---
S	1		1457	McDonald	Fred	1890	Aug	01	001	M	Rainier St.	Sea
S	2	0072	00483	McDonald	G. E.	1896	Nov	21	005	F	214 Madison St.	SEA
S			1393	McDonald	George H.	1890	Jun	19	01m	M	11th & Olive	Sea
S	3	0179	03577	McDonald	Graham H.	1907	May	30	04m	M	1345 Weller	WA
S	2	0071	00440	McDonald	infant	1896	Oct	30	02h	F	108 Weller St.	SEA

S	R	Page	Recor	LastName	FirstNames	Deat	Mn	Dt	Age	S	DeathPlace	Bir
S	2	0071	00456	McDonald	infant	1896	Nov	01	02h	M	Seattle b.108 Weller	WA
S	2	124	1930	McDonald	infant	1899	Sep	17	11d	M	Mat. Hosp.	Sea
S	2	124	2462	McDonald	Infant	1902	Feb	17	s/b	M	Prov. Hosp.	SEA
S	3	0173	03454	McDonald	James	1907	May	08	088	M	Wayside Emerg. Hosp.	SCT
S	2	0087	01729	McDonald	James Boyd	1904	Mar	11	004	M	Georgetown	Sea
S	2	385	2630	McDonald	James F.	1891	Oct	06	042	M	Fremont/7th Ward	MI
S	2	0077	01535	McDonald	Jas.	1901	May	19	040	M	Prov. Hosp.	USA
S	2	0074	1478	McDonald	Jas.	1901	Apr	19	046	M	Cascade Tunnel	IRL
S		0028	00513	McDonald	Jas. Reid	1893	Nov	01	034	M	San Francisco	IL
S		0011	00397	McDonald	Jno.	1892	Sep	25	035	M	Prov. Hosp.	
S		0027	00506	McDonald	John	1893	Nov	26	067	M	Villard House	
S		0029	00583	McDonald	John	1893	Dec	18	013	M	So. Park	
S	2	0067	01344	McDonald	John	1903	Dec	30	071	M	Georgetown WA	CND
S	2	0086	00482	McDonald	John P.	1897	Nov	15	029	M	Helena, MT	---
S	2	101	1040	McDonald	Katherine E.	1898	Jul	12	02m	F	Port Blakely, WA	WA
S	2	112	1457	McDonald	Katie	1899	Feb	06	018	F	300 6th Ave. N.	MO?
S	2	0019	00373	McDonald	Laura E.	1900	Apr	26	04d	F	Ballard	sme
S	-	171	3359	McDonald	Maggie	1902	Oct	22	046	F	Providence Hosp.	IL
S	2	108	1305	McDonald	Margaret J.	1898	Dec	01	1.5	F	Seattle	Sea
S	3	0132	02626	McDonald	Mary Angeline	1904	Oct	05	063	F	709 12th Ave	IL
S	2	0092	00676	McDonald	Mary C.	1898	Mar	19	028	F	Pike & Broadway Sts.	---
S		0043	00853	McDonald	Mary C.	1903	Sep	07	028	F	Providence Hospital	WI
S	2	0088	00577	McDonald	Mary V.	1898	Jan	28	062	F	419 5th Ave.	NY
S		0012	00446	McDonald	Michael	1892	Oct	26	036	M	3rd & Jackson	IA
S	1	0001	00585	McDonald	Michel	1888	Aug	16	041	M	Wash. St.	
S	3	0064	01268	McDonald	Molley R.	1906	Apr	12	029	F	West Seattle b.London	ENG
S	2	112	1480	McDonald	Mrs. Julia	1899	Feb	17	050	F	300 6th Ave. N.	MO
S	2	0049	00120	McDonald	Patrick	1895	Mar	29	049	M	Prov Hosp	IRL
S	2	112	1453	McDonald	Rose Etta	1899	Feb	04	024	F	300 6th Ave. N.	MO
S	3	0007	00123	McDonald	S. W.	1905	Aug	07	045	M	Seattle Gen. Hosp.	MO
S	2	0075	00048	McDonald	Sarah	1897	Feb	04	058	F	2314 Eaton St.	ENG
S	1	0001	01219	McDonald	Walter	1890	Feb	03	003	M	Jackson St.	
S		0012	00234	McDonald	Walter T.	1903	Apr	11	050	M	Ninth and Pike	OH
S	2	109	1336	McDonald	Willie	1898	Dec	19	03m	M	813 Alder St.	Sea
S	2	0049	00154	McDonnell	Alex	1895	Apr	13	023	M	Concord House	CND
S	-	150	2953	McDonnough	Annie	1902	Jun	24	037	F	Stelacoom, WA	CND
S	3	0197	03945	McDonnough	Laura A.	1905	Jul	27	013	F	1101 E Alder St	WA
S	1	0001	00024	McDougal	John	1881	Dec	01	040	m	U.S, Hotel	
S	2	126	2006	McDougal	M. D. (Mrs.)	1899	Oct	22	071	F	128 Roy St.	---
S	3	0156	03125	McDougall	Annie	1905	Jan	25	055	F	2331 Madison St	SCT
S	2	0044	00523	McDougall	H.J.	1894	Nov	15	09m	M	Chestnut St.	WA
S	3	0080	01585	McDougall	John C.	1906	Jun	27	053	M	Richmond Beach	CND
S		0027	00529	McDowell	E.C. (Mrs.)	1903	Jun	24	051	F	Fairview Station/Renton	TN
S		0082	1635	McDowell	Leonard M.	1904	Mar	10	026	M	718 Pine St.	TN
S		0007	00121	McEachern	Archie	1901			033	M	Foster Ranch	---
S	3	0082	01621	McEachern	Lauchlin	1906	Jul	08	062	M	Prov. Hosp. b.Cape Breton	CND
S	2	102	1068	McEachrin	Gene C.	1898	Aug	17	03m	M	1422-1/2 1st Ave.	Sea
S	2	0089	1780	McEackren	Minnie	1901	Aug	04	030	F	605 Harrison St.	CND
S	2	0051	01009	McElhinney	Ester W.	1900	Dec	20	070	F	1038 11 Ave S	PA
S	1	0001	01193	McElroy	Charles Edmond	1890	Mar	27	024			
S	2	0049	00155	McElroy	Isabella	1895	Apr	13	080	F	412 S. 11th St	
S		0006	00211	McElroy	James	1892	May	24	058	M	Snoqualmie Hotel	ME
S	1	0001	00297	McElroy	Laura	1883	Oct	28		F	unknown	
S	2	0040	00358	McElroy	Mathew J.	1894	Aug	21	010	M	1828 9th	
S	3	0179	03575	McElroy	Mrs. Ellen	1907	May	30	062	F	1519-8th Ave.	IRL

S	R	Page	Recor	LastName	FirstNames	Deat	Mn	Dt	Age	S	DeathPlace	Bir
S		0004	00151	McElroy	Wm.	1892	Apr	20	16d	M	1828 9th St.	Sea
S	2	0114	02269	McEvers	Edward	1901	Dec	27	049	M	3010 King St.	ON
S	2	0111	02202	McEvilla	Henry	1901	Dec	09	067	M	Monod Hosp.	CND
S	2	0021	00405	McEwing	D.	1900	May	14	048	M	2323 1st Av	CND
S	2	0178	03497	McFadden	Jas. C.	1902	Nov	11	042	M	Providence Hosp.	WA
S	2	349	2560	McFadden	M.	1891	Sep	02	027	M	Providence Hosp.	---
S	3	0180	03592	McFadden	Patrick	1907	May	06	035	M	US Marine Hosp, PrtTownsend	---
S	1	204	2287	McFarland	infant	1891	Apr	10	04d	M	817 Olive St.	Sea
S		0111	02215	McFarland	Louis	1904	Jul	21	081	M	210 Boylston N.	NY
S	3	0154	03085	McFarland	Mrs Alma	1905	Jan	13	075	F	210 Boylston Ave N	NY
S		0101	02012	McFarland	Thomas	1904	May	23	061	M	Stanwood WN	IRL
S	2	0099	00967	McFarland	Wm. Geo.	1898	Jun	28	01m	M	So. Seattle	SEA
S		0032	00051	McFarlane	Jas.	1894	Jan	18	032	M	Van Asselt	
S	2	0027	00529	McFarlane	Margaret	1900	Jun	09	074	F	Ballard	SCT
S		0054	01079	McFarlane	R.R.	1903	Oct	24	035	M	Missoula, MT	---
S	3	0025	00498	McFarlane	Sarah M.	1905	Nov	22	053	F	3634 Dayton Ave	MI
S		0017	00083	McFarlane	Walter	1893	Mar	07	025	M	Light and Broadway	KS
S	2	0113	02252	McFarlane	Walter	1901	Dec	26	080	M	Elliott Bay	SCT
S	1	0001	00127	McFarrow	Mary C.	1882	Nov	18	06m	F	Commercial St.	USA
S	2	104	1159	McFee	Malcolm	1898	Sep	27	08m	M	1102 Valley St.	---
S	3	0014	00270	McFeeley	Cora May	1905	Sep	28	015	F	109 Belmont Ave N	NE
S	3	0026	00511	McGarregle	Edward James	1905	Nov	30	047	M	2205 4th Ave	NB
S	3	0095	01889	McGarrigle	Infant	1904	Apr	28	s/b		716 34th Ave.	Sea
S	2	118	1718	McGarroty	Francis M.	1899	May	31	3.5	M	2nd W. & Mercer Sts.	Sea
S	2	180	3555	McGee	Francis Emily	1902	Dec	03	009	F	Providence Hosp.b.Snohomish	WA
S	3	0190	03788	McGee	John	1907	Jun	08	051	M	Leavenworth, WA	---
S	2	0092	01823	McGee	John W.	1901	Aug	31	061	M	824 Weller	VA
S		0043	00847	McGee	M.S.	1903	Aug	06	030	M	Elliott Bay	---
S	3	0095	01888	McGee	Mary Rita	1906	Aug	15	02m	F	Riverton, WA	WA
S	3	0130	02591	McGill	(Infant)	1906	Dec	31	s/b	M	Pacific Hosp.	WA
S	2	0096	01911	McGill	J.	1901	Sep	21	040	M	Seattle Gen.	USA
S	2	0050	00167	McGill	Joseph F.	1895	Apr	25	004	M	1822 8th St	
S	1	0001	00496	McGillis	John	1885	Nov	21	033	M	Hospital	NB
S		0011	00400	McGillis	John A.	1892	Sep	26		M	City dock	
S	3	0044	00871	McGillvray	Robert William	1906	Feb	14	025	M	Prov. Hosp.	NS
S		0065	01286	McGilvra	John J.	1903	Dec	19	076	M	42nd Ave.& Eastlake	NY
S	2	115	1582	McGinn	John	1899	Apr	02	043	M	96 Grant St.	---
S	2	388	2636	McGinn	Michael M.	1891	Oct	08	035	M	Providence Hosp.	IRL
S			1264	McGinnis	Baby	1890	Apr	16	s/b	-	No. 3 Terrace St.	---
S		0019	00160	McGinnis	Geo.T.	1893	Apr	27	04m	M	500 Alton	
S	2	0065	01299	McGinnis	Margaret	1903	Dec	26	080	F	718 Weller St.	IRL
S	3	0053	01046	McGinnis	Mary	1906	Mar	22	031	F	521 Yesler Way	
S	2	0180	03541	McGinnis	Mike	1902	Nov	25	048	M	foot of University St.	IRL
S		0031	00022	McGlone	Bernard	1894	Jan	15	049	M	Commercial St.	IRL
S		0012	00222	McGorley	Mildred	1903	Apr	25	013	F	950 - 21st Avenue	WI
S	2	157	3085	McGouan	Thos. N.	1902	Aug	08	---	M	foot of Virginia St.	---
S	2	0030	00590	McGovern	Grace M	1900	Jul	25	002	F	910 Dearborn	SEA
S	2	116	1640	McGovern	Leonard D.	1899	Apr	24	004	M	910 Dearborn St.	Sea
S	1	0001	00792	McGowan	Chas.	1889	Mar	12	024	M	Prov. Hosp.	IRE
S	2	0075	01492	McGowan	Lewis	1901	May	03		M	813 Alder	WA
S	2	0075	01497	McGowan	M.	1901	May	06	018	F	Prov. Hosp.	IL
S	3	0098	01951	McGowan	P.	1906	Sep	08	064	M	Providence Hosp.	--
S	2	0070	01388	McGowan	Wilfred E.	1904	Jan	11	11m	M	Hotel Hartley	Sea
S	2	0019	00374	McGrade	Thos	1900	Mar	18	039	M	225 Yakima	MN
S	2	0013	00246	McGrade	Thos	1900	Mar	18	039	M	1041 Marion	MN

S	R	Page	Recor	LastName	FirstNames	Deat	Mn	Dt	Age	S	DeathPlace	Bir
S	2	157	3092	McGran	Victor S.	1902	Aug	10	053	M	320 W. Republican St.	NY
S	2	130	1258	McGrath	Chas.	1899	Dec	24	046	M	West Seattle, WA	---
S	3	0122	02429	McGrath	Florence	1906	Nov	30	004	F	625 Spring (b. Yukon Ter
S	3	0082	01637	McGrath	Infant	1906	Jul	14	02h	F	St. Louis Hotel	WA
S	2	401	2663	McGrath	J. N.	1891	Oct	30	042	F	Providence Hosp.	---
S	2	122	1845	McGrath	Jas. J.	1899	Apr	23	053	M	-	IRL
S	3	0196	03908	McGrath	John	1905	Jul	11	046	M	125 19th Ave	IRL
S	1	0001	00237	McGrath	Mrs.	1883	Jul	30	024	F	Hospital	
S	2	124	2479	McGraw	John	1902	Feb	14	35a	M	Prov. Hosp.	MN
S	3	0043	00858	McGraw	Patrick	1906	Feb	10	040	M	Wayside Emer. Hosp.	unk
S		0028	00554	McGraw	Tim	1903	Jul	02	057	M	Wayside Mission Hospital	NY
S	3	0135	02695	McGregor	Harry K.	1907	Jan	22	03m	M	708 E. Denny Way	WA
S	2	104	1156	McGregor	John	1898	Sep	25	037	M	3rd & Main Sts.	SCT
S		0009	00350	McGreun	Infant	1892	Aug	21	07d	M		Sea
S	2	0097	00883	McGrew	Cynthia A.	1898	May	10	067	F	Georgetown	IN
S	2	0043	00494	McGrew	Geo. W.	1894	Oct	05	071	M	Georgetown	
S	2	160	3139	McGuarrie	John W.	1902	Aug	20	031	M	New Flour Mill	USA
S	3	0046	00909	McGuern	Ralph	1906	Feb	27	6m+	M	2023 Terry Ave.	Sea
S	2	0001	00013	McGuinness	Wm. E.	1900	Jan	07	011	M	2022 E. Olive b.Snohomish,	WA
S	3	0126	02520	McGuire	Arvilla (Mrs.)	1906	Dec	28	085	F	822 E. Howell	NY
S		0010	00383	McGuire	Edith R.	1892	Sep	18	02m	M	Seattle	Sea
S		110	2195	McGuire	Frank	1904	Jul	12	022	M	614 Leonard	NE
S	2	101	2002	McGuire	Gladys B.	1901	Oct	14	02m	F	Fremont	WA
S	2	0096	00831	McGuire	J. C.	1898	May	11	065	M	Sea. Gen. Hosp.	IRL
S	3	0188	03754	McGuire	J. L.	1905	Jun	05	029	M	Seattle Gen. Hosp.	IL
S	2	0001	00001	McGuire	Jas	1900	Jan	01	053	M	Providence Hosp.	IL
S	2	0064	01267	McGuire	Jas. F.	1901	Mar	07	035	M	1906 E. Union	NB
S	1	0001	00023	McGuire	John	1881	Nov	24	030	M	Wash. St.	ME
S		0032	00067	McGuire	John	1894	Feb	13	059	M	1010 Knight	
S	2	0058	00545	McGuire	John	1895	Nov	13	042	M	Port Gamble	
S	2	0070	01391	McGuire	Mag.	1901	Apr	06	028	F	807 Plummer	CND
S	3	104	2070	McGuire	Thomas	1904	Jun	18	071	M	Monod Hospital	CND
S	2	0122	02439	McGuirk	Anna	1902	Feb	12	002	F	1219 Aloha	SEA
S	2	0096	01915	McGuirk	Thomas Joseph	1901	Sep	24	033	M	1219 Aloha	IRL
S	2	381	2622	McGwyn	Mulhown	1891	Oct	02	03m	M	House of Good Shepard	Sea
S		0023	00334	McHaley	Ida Eliza	1893	Aug	27	019	F	Yesler House/Poplar St.	OR
S	2	0077	1521	McHardy	Infant	1901	May	14	05d	M	13th Ave	WA
S	3	0180	03588	McHenry	John	1905	Apr	12	040	M	King Co. Hosp.	UN
S	1	241	2354	Mcholkofskie	Fred	1891	May	16	025	M	14th St.	---
S		0019	00174	McHowie	Catherine B.	1893	May	03	005	F	Depot 72nd St.	SCT
S	1	0001	00325	McHugh		1884			040	M		
S	1	0001	01075	McHugh	Charles	1889	Dec	30	045	M	Prov. Hosp.	
S	3	0164	03270	McHugh	Infant	1905	Feb	20	01d	F	1313 15th Place	SEA
S	3	0160	03202	McHugh	Patrick	1905	Jan	08	045	M	Palmer, WA	IRL
S	3	0165	03290	McHugh	Tressa	1905	Feb	28	023	F	Providence Hosp	IRL
S	1	0001	01095	McHughan	John	1889	Dec	24		M	Grace Hosp.	
S	2	0093	01856	McIlhenny	James	1901	Jul	25	032	M	Pacific Ocean	GA
S		0006	00209	McIlrarey	Ellen	1892	May	24	035	F	Ballard	WI
S	3	0171	03403	McIlravie	Neil	1907	Apr	16	060	M	Ketchikan, AK	---
S	-	167	3295	McIlvern	Robert J.	1902	Feb	26	044	M	W. Wash. Hosp. for Insane	IRL
S	2	0079	00206	McIlwaine	Mary B.	1897	Jun	01	053	F	220 Marion St.	---
S	2	0012	00221	McInerney	Geo. H.	1900	Mar	18	030	M	Prov. Hosp.	---
S	3	0035	00685	McInery	Thomas	1905	Dec	16	030	M	Ballard	UN
S	1	0001	00064	McInnes	James	1882	Apr	11	050	M	Providence Hosp.	SCT
S	2	0013	00251	McInnis	Agnes	1900	Mar	06	023	F	Ballard	CND

S	R	Page	Recor	LastName	FirstNames	Deat	Mn	Dt	Age	S	DeathPlace	Bir
S	2	0107	02129	McInnis	Frederick	1901	Nov	22	028	M	Sea. Gen. Hosp.	CND
S	2	0054	00347	McInnis	Hugh	1895	Sep	02	065	M	8th betw. Union & Universty	
S		0009	00321	McInnis	James	1892	Jul	31	052	M	Wyoming Saloon/3rd & Yesler	SCT
S	3	0176	03509	McIntosh	James	1907	May	19	052	M	Pacific Hosp.	---
S	2	0028	00553	McIntosh	Katharine	1900	Jul	07	079	F	1911 Boren Ave	SCT
S	3	0007	00137	McIntosh	Wilma H.	1905	Aug	25	003	F	Pacific Hosp.	OR
S		0023	00446	McIntreff	---	1903	Jun	08	035	F	Wayside Mission	IRL
S	2	0122	02425	McIntyre	Alexander	1902	Feb	08	040	M	Prov. Hosp.	FRN
S	3	0186	03719	McIntyre	Arthur John	1907	Jun	18	012	M	520-11th N.	CA
S	2	0119	1756	McIntyre	Luella A.	1899	Jun	17	042	F	211 Temperance St.	---
S	2	106	1226	McIntyre	Mary E.	1898	Oct	29	027	F	Providence Hosp.b.Pt Gamble	WA
S	-	0146	02875	McIntyre	Mrs. Maria	1902	Jun	03	052	F	5th & Denny	CND
S		0133	02626	McIntyre	Peter	1902	Apr	02	053	M	1511 Taylor St.	ME
S	2	113	1506	McIntyre	Wm.	1899	Mar	07	078	M	1505 Jackson	SCT
S	2	0076	00102	McJury	Susan	1897	Mar	09	061	F	1319 7th Ave.	IRL
S			1302	McKasky	Nettie	1890	May	08	010	F	Jackson & 15th b.Glynoon	MN
S	3	0169	03365	McKay	Arthur	1907	Apr	30	026	M	Interbay	NV
S	2	157	3082	McKay	baby	1902	Aug	07	02m	N	165 Thomas St.	AK
S		0045	00885	McKay	Blexander	1903	Sep	17	047	M	4333 -10th Avenue N.E.	NS
S	3	0151	03017	McKay	Donald M.	1907	Mar	04	027	M	Ft. Lawton Hosp.	SCT
S		0117	02334	McKay	Hugh	1906	Nov	15	043	M	Wayside Hosp.	---
S	2	377	2614	McKay	infant	1891	Sep	30	s/b	M	Taylor St.	Sea
S	2	103	1134	McKay	infant twins	1898	Sep	13	02d	M	3rd & Union Sts.	Sea
S	2	0099	00951	McKay	Lionel M.	1898	Jun	27	002	M	130 27th Ave. N.	SEA
S	2	0081	01614	McKay	Mary	1901	Jun	18	13d	F	?Belleveue	WA
S	3	0184	03668	McKay	Mrs. Jennie	1907	Jun	07	029	F	Minor Hosp.	ON
S	3	0128	02562	McKay	Robert G	1904	Sep	30	070	M	Providence Hosp	CND
S		0018	00137	McKay	Sandy	1893	Apr	08	020	M	323 Ash	CND
S	2	0087	01737	McKay	Thomas	1904	Mar	21	030	M	King Co. Hospital	CND
S	2	0065	01291	McKay	Wm. J.	1901	Mar	13	032	M	Prov. Hosp.	MI
S	3	0176	03520	McKechnie	Silas H	1905	Apr			M	Pacific Hosp	CND
S	2	180	3540	McKee	Col. W. E.	1902	Nov	25	058	M	2nd & Marion Sts.	NY
S	3	0091	01818	McKee	Harriet Jane	1904	Apr	21	059	F	Seattle Gen. Hospital	IN
S	2	0092	00677	McKee	Irene B.	1898	Mar	19	015	F	cr E Fir & 16th Ave.b.Vanc.	---
S	3	0043	00855	McKee	John	1906	Feb	10	069	M	Pacific Hosp.	IRL
S	-	191	3764	McKee	Mable Estell	1903	Jan	29	021	F	982 22nd Ave.	ON
S	2	183	3601	McKeen	N. C.	1902	Dec	26	076	M	720 Columbia St.	CND
S	2	100	1021	McKeever	John E.	1898	Jul	28	04m	M	112 9th Ave. N.	Sea
S	3	0040	00795	McKeever	William	1906	Jan	11	049	M	Seattle Gen. Hosp.	NY
S	3	0014	00265	McKellar	Annie Lavine	1905	Sep	24	026	F	2010 9th Ave S	CND
S	3	0081	01610	McKenall	Angus	1906	Jul	04	072	M	Metropolitan Hosp.	SCT
S		0016	00054	McKenman	Infant of P.H.	1893	Feb	13	02d	M	2904 Front	Sea
S		0020	00400	McKenna	James	1903	May	25	028	M	Lester	---
S	2	0119	2365	McKennell	W. P.	1902	Jan	30	032	M	Smiths Cove	CND
S	3	105	2101	McKenney	Louis O.	1904	Jun	28	026	M	138 29th Ave.	MN
S	3	0084	01679	McKennon	Laura Cynthia	1906	Jul	26	017	F	138 26th N.	Sea
S		0027	00482	McKenzie	D.H.	1893	Nov	07	045	M	Prov. Hosp.	
S	3	0024	00464	McKenzie	Delbert	1905	Nov	07	016	M	2222 2nd Ave	SEA
S	1		2096	McKenzie	Delina	1891	Jan	18	082	F	1319 3rd St.	---
S	3	0133	02656	McKenzie	Fern W	1904	Oct	11	009	F	118 W 60th St	MN
S		0047	00929	McKenzie	Frank N.	1903	Sep	28	020	M	Wayside Mission Hospital	IL
S	2	0052	01029	McKenzie	John	1900	Dec	29	050	M	RR & Wash St	---
S	1	0001	00429	McKenzie	Julia	1885	Feb	24	046	F	Seattle	
S	2	0086	01705	McKenzie	K.	1901	Jul	10	050	M	Prov. Hosp.	NS
S	3	0055	01089	McKenzie	R.W.	1906	Mar	29	052	M	123.5 Melrose Ave.No.	NS

S	R	Page	Recor	LastName	FirstNames	Deat	Mn	Dt	Age	S	DeathPlace	Bir
S		0025	00395	McKenzie	Robt. F.	1893	Sep	16	065	M	1912 8th St.	SCT
S		0012	00451	McKenzie	Simon	1892	Nov	03	030	M	Baker St.	
S	-	161	3170	McKenzie	W. S.	1902	Aug	22	056	M	West Seattle, WA	NS
S	2	0015	00283	McKenzie	Wm	1900	Apr	04	064	M	1819 18th	CND
S	1	0001	00504	McKeon	Dan P.	1886	Jan	04	036	M	Hospital	
S	2	102	1095	McKeown	Edward	1898	Aug	02	050	M	County Hosp.	CND
S	2	0093	01860	McKeown	James	1901	Jul	25	028	M		IRL
S	-	165	3244	McKeown	John	1902	Sep	12	035	M	Providence Hosp.	---
S		0083	1652	McKern	Samuel	1904	Mar	19	042	M	216 Terry Ave.	CND
S	2	0001	00005	McKernan	Pat'k H.	1900	Jan	04	062	M	2904 1st Ave.	MI
S	3	0109	02178	McKew	Frank C.	1906	Oct	14	047	M	Prov. Hosp.	MD
S	3	0074	01484	McKew	Mrs. Jennie	1904	Feb	03	038	F	Monod Hospital	PA
S	3	0002	00027	McKibben	Infant	1905	Jul	30	---	F	6065 Kenwood Pl	SEA
S		0196	03373	McKilligan	--	1903	Feb	16	038	M	Stevens Hotel	CND
S	2	0019	00375	McKinley	Janet W.	1900	May	01	069	F	207 5th Av S	SCT
S	2	0054	00328	McKinley	Neal	1895	Aug	25	040	M	Prov. Hosp.	
S	2	121	1826	McKinney	Frank K.	1899	Jul	05	070	M	Steillacoom, WA	OH
S		0021	00407	McKinney	Gladys	1903	May	22	003	F	Hillman City	WA
S	2	0007	00139	McKinney	Goldie	1900	Feb	23	006	F	2618 First	KY
S	2	0098	01951	McKinney	Marguerette F.	1901	Sep	23	063	F	Republic St.	KY
S		0023	00337	McKinnon	Alex M.	1893	Aug	29	032	M	Taylor's Mill/L.Wash.	CND
S	2	0102	02036	McKinnon	Anna	1901	Oct	15	008	F	413 9th Ave.	WA
S	3	0128	02550	McKinnon	Archie B.	1906	Dec	03	040	M	Barneston, WA	
S	2	0028	00549	McKinnon	Duncan	1900	Jul	05	055	M	Connecticutt St	WI
S		0019	00172	McKinnon	Ernest J.	1893	May	01	05m	M		
S	1	204	2284	McKinnon	infant	1891	Apr	09	03w	M	McClaire St.	Sea
S		0084	01673	McKinnon	Infant	1904	Mar	26	03d	F	1812-1/2 Terry Ave.	Sea
S	2	0116	02303	McKinnon	Jas.	1902	Jan	01	040	M	R.R. Ave. & Yesler Way	ME
S	3	0185	03685	McKinnon	John	1907	Jun	10	016	M	417-1/2 Yesler	---
S	2	0053	00284	McKinnon	Mary I.	1895	Jul	28	06m	F	503 S. 8th	Sea
S	1	0001	00721	McKinnon	Mr.	1889	Jan	01		M	Pest House	
S	3	0198	03950	McKivor	Victor Harold	1905	Jul	29	002	M	Seattle Gen. Hosp.	SEA
S	2	0067	00274	McKnight	E.J.	1896	Jul	12	038	F	514 Bismark	
S	2	0078	00188	McKnight	Ida	1897	May	27	02m	F	Lake Washington & Yesler	SEA
S	2	0068	00333	McKnight	J. T.	1896	Aug	24	09m	M	514 Bismark	SEA
S		0018	00352	McKnight	Jennie R.K.	1903	May	23	023	F	Fremont	IL
S	2	0014	00279	McKnight	John	1900	Apr	02	055	M	Prov. Hosp.	IRL
S	1		2026	McKnight	Nina	1890	Dec	02	001	M	Lake Washington	---
S		0011	00423	McKornan	Thomas	1892	Oct	08	060	M	Prov. Hosp.	
S	1		2173	McKune	J. D.	1891	Feb	27	021	M	Providence Hosp.	IRL
S	3	0189	03782	McLachlan	Wm.	1905	Jun	21	063	M	1127 Summit Ave N	CND
S	2	0031	00607	McLain	Alex	1900	Jun	27	060	M	Nome, AK	---
S	1	204	2273	McLain	Hugh	1891	Apr	05	033	M	S. Seattle	ENG
S	3	0162	03232	McLaren	Alice M.	1907	Apr	02	040	F	Minor Hosp.	ON
S	2	113	2241	McLaren	Baby	1901	Dec	21		M	314 Cedar St.	SEA
S	2	0035	00185	McLaren	Charles E.	1894	Apr	03	039	M	Renton	
S		0017	00106	McLaughlin	Amanda	1893	Mar	26		F	16 Yesler	
S		0047	00930	McLaughlin	Catherine J.	1903	Sep	29	073	F	614 Sixth Avenue	IRL
S	3	0183	03654	McLaughlin	Charles	1907	Jun	03	062	M	1116-1/2-2nd Ave.	---
S	-	0164	03231	McLaughlin	Edward D.	1902	Sep	08	059	M	Providence Hosp.	OH
S		0007	00271	McLaughlin	Fred	1892	Jul	05	023	M	Seattle	
S		0018	00145	McLaughlin	Geo.	1893	Apr	19	022	M	Queen City Hotel	
S	2	0074	1463	McLaughlin	K.	1901	Apr	04	042	F	Van Asslet	IRL
S	2	0044	00522	McLaughlin	Kate N.	1894	Nov	13	064	F	307 Chestnut St.	
S	2	118	1686	McLaughlin	Maggie	1899	May	10	031	F	Providence Hosp.	KS

S	R	Page	Recor	LastName	FirstNames	Deat	Mn	Dt	Age	S	DeathPlace	Bir
S	2	158	3113	McLaughlin	Myron Wilson	1902	Aug	18	004	M	Fremont, WA b.Fremont, WA	
S	2	0122	02428	McLaughlin	Pansy Louise	1904	Aug	02	015	F	Ballard	IL
S	3	0040	00792	McLaughlin	R. J.	1906	Jan	10	056	M	Washington Hotel	MI
S		0009	00164	McLaughlin	Wm	1903	Apr	07	041	M	Wayside Mission	IL
S	3	0024	00474	McLaurin	Agnes Elizabeth	1905	Nov	13	09m	F	2419 E Aloha St	SEA
S	3	0167	03324	McLaurin	Duncan	1907	Apr	20	073	M	1610-24th Ave.	SCT
S	3	0091	01819	McLaurin	Janette	1906	Aug	20	068	F	1610 24th Ave.	CND
S	3	0129	02574	McLean	(Infant)	1906	Dec	03	s/b	M	1061-25th Ave. N.	WA
S		0009	00168	McLean	Alexander	1903	Apr	08	004	M	2040 - 13th Avenue W.	ND
S		0011	00407	McLean	B.M.	1892	Sep	29	05m	F	2017 9th	Sea
S	3	0022	00431	McLean	Charles E.	1905	Oct	24	038	M	Stanwood, WA	UN
S		0002	00066	McLean	D.	1892	Feb	13	036	M	7th ward	
S	2	437	2735	McLean	David	1891	Nov	25	-		M Canton, Seattle	---
S	2	0050	00182	McLean	Eliz.	1895	Apr	20	078	F	S. Seattle	CND
S	3	0110	02186	McLean	George	1906	Oct	20	079	M	2716 E. Madison	SCT
S	1	216	2302	McLean	Hannah	1891	Apr	15	050	F	cor. Depot & Poplar Sts.	---
S	2	0096	01903	McLean	Hugh C.	1901	Sep	17	027	M	Interbay	MN
S		0025	00488	McLean	J.R.	1903	Jun	23	021	M	20 Avenue N and Aurora	NE
S	2	0070	00414	McLean	Jas. A.	1896	Oct	09	01h	M	Seattle	SEA
S	1		2025	McLean	John	1890	Dec	02	045	M	Providence Hosp.	---
S		0020	00205	McLean	Julia	1893	May	31	065	F	112 Blanchard	
S	1		2188	McLean	Steven S.	1891	Mar	31	061	M	Providence Hosp.	---
S	1	0001	01003	McLean	Suzie A.	1889	Oct	16	039	F	12th St.	ENG
S		0097	01939	McLeebe	Harry Samuel	1904	May	17	01m	M	2106 5th Avenue West	Sea
S	2	130	2153	McLees	Tayler C.	1899	Dec	10	064	M	Stilacoom Asylum	NJ
S	3	0135	02693	McLeigh	Joseph	1907	Jan	27	036	M	2715-3rd Ave.	BC
S	3	0106	02115	McLellan	Duncan	1904	Jun	22	031	M	Monod Hospital b.NovaScotia	
S	3	0103	02047	McLellan	Elizabeth	1904	Jun	08	074	F	1605 37th Ave. b.NovaScotia	
S		0004	00123	McLellan	Hayden	1892	Mar	28	050	M	312 10th St.	
S	2	0109	01343	McLellan	infant	1898	Dec	22	04d		1008 25th Ave.	Sea
S	2	0051	01010	McLendon	Peter	1900	Dec	20	060	M	121 2nd Ave S	IRL
S		0114	02270	McLeod	(Infant)	1906	Oct	15	s/b		1114-37th Ave.	WA
S	2	110	1387	McLeod	A. J.	1899	Jan	06	037	M	Providence Hosp.	CND
S		0023	00351	McLeod	Angus	1891	Jan	26	042	M	Butte, Mont.	
S	3	0151	03011	McLeod	Annie	1907	Mar	03	029	F	Pacific Hosp.	ON
S	2	0099	00973	McLeod	Catherine	1898	Jul	03	049	F	422 8th Ave. S.	IRL
S		0097	01933	McLeod	Infant	1904	May	13	02d		337 State St. b.Ballard	
S	2	107	1274	McLeod	Jas. J. S.	1898	Nov	22	023	M	Providence Hosp.	CND
S	3	0144	02870	McLeod	John Dan	1904	Nov	10	040	M	Maple Valley	SEA
S	1	0001	01002	McLeod	John Edward	1889	010	18	035	M	Prov. Hosp.	ON
S		0034	00139	McLeod	N.B.	1894	Mar	31	034	M	2015 2nd St. (b.Ontario	
S	3	0174	03473	McLeod	Peter B.	1907	May	11	036	M	Providence Hosp.	SCT
S	2	0031	00606	McLeod	Robt.	1900	Jul	19	070	M	Co. Hosp.	SCT
S	2	117	2326	McLin	Thos. C.	1902	Jan	11	11m	M	2618 Madison	SEA
S		0021	00245	McLinn	Melissa	1893	Jun	24	078	F	324 Olympic	
S		0028	00549	McLoughlin	Geo. F.	1903	Jul	01	062	M	Fremont	NP
S		0046	00907	McLure	Howard	1903	Sep	26	08m	M	South Beacon Hill	SEA
S	3	0016	00302	McLyman	Frank	1905	Sep	04	005	M	Hillman City	CO
S	3	0241	02820	McMahan	Peter	1907	Feb	10	074	M	Prov. Hosp.	IRL
S	3	0104	02065	McMahon	John B.	1906	Sep	16	10m	M	Hillman City	WA
S		0017	00097	McMahon	Thos.	1893	Mar	20	071	M	Prov. Hosp.	IRL
S		0006	00234	McManaus	Dora	1892	Jun	12	09m	F	707 Bush St.	Sea
S		0064	01278	McMannan	James	1903	Dec	17	071	M	816-1/2 Washington St.	IRL
S	3	0002	00033	McMannus	Archibald J.	1905	Aug	01	04m	M	117 Dravus Ave	SEA
S	3	0086	01719	McManus	Clara	1906	Jul	15	017	F	St. Michael, Alaska	--

S	R	Page	Recor	LastName	FirstNames	Deat	Mn	Dt	Age	S	DeathPlace	Bir
S	2	0080	00265	McManus	H.	1897	Jul	21	050	M	Providence Hosp.	---
S	2	109	1340	McManus	Lillie	1898	Dec	20	041	F	Interbay	---
S	-	189	3732	McManus	Philip	1903	Jan	25	051	M	972 John St.	NY
S	3	0056	1117	McMasters	Charles A.	1903	Nov	09	050	M	1815 5th Ave. W.	CND
S	1		1592	McMasters	John	1890	Oct	04	040	M	1231 King St.	---
S	2	0035	00168	McMasters	William M.	1894	Apr	16	045	M	7th & Jackson	
S	3	0055	01090	McMenamin	John	1906	Mar	28	038	M	533.5 - 1st Ave.So.	unk
S	2	122	1864	McMichal	infant	1899	Aug	09	01d	M	1213 King St.	Sea
S	3	0067	01324	McMicken	Rowena	1906	May	02	021	F	516 E.Union St.	WA
S	2	0025	00489	McMicking	C. L.	1900	Jun	09	026	M	Hoffman House b Victoria	BC
S	2	0061	00049	McMillan	Alex	1896	Jan	29	039	M	Co. Hosp.	CND
S	3	0191	03815	McMillan	Modley Gurthne (Mrs.)	1905	Jun	12	024	F	4046 6th Ave NE	NRY
S	2	0099	00945	McMillen	Ethel M.	1898	Jun	24	008	F	137 27th Ave.	SEA
S	3	0061	01218	McMillen	Katherine	1906	Apr	27	073	M	Pacific Hospital	NS
S	2	0085	00436	McMillen	Mary	1897	Oct	22	017	F	County Hosp.	SEA
S	2	0070	01390	McMillian	L.	1901	Apr	06	008	F	206 John St	MI
S	2	0064	00174	McMillin	Wm D.	1896	Apr	12	042	M	Cripple Creek	
S			1379	McMonacle	Isabel	1890	Jun	28	002	F	Bush & King Sts.	Sea
S		0005	00082	McMullen	Alexandar	1903	Mar	27	031	M	Seattle General Hospital	IRL
S	1	0001	00849	McMullen	E.	1889	Apr	01	005		Pike & West	
S	3	0164	03268	McMullen	Lillian E.	1907	Apr	10	04m	F	725 N. 84th St.	WA
S		0117	02324	McMullen	Robert	1906	Nov	10	053	M	Prov. Hosp.	---
S	1	0001	00927	McMullen	Theresa	1889	Jul	02	01m	F	Pike & West	
S	2	0102	02034	McMullen	William	1901	Oct	07	028	M	Hosp. Ship	CA
S	3	0074	01462	McMullen or McMullan	John	1906	Jun	06	004	M	402 Cedar St.	NJ
S	1		1563	McMullin	Grace	1890	Sep	16	021	F	Madison St. b.Howard Lake,	MN
S	2	0106	02120	McMullin	Luella	1901	Nov	08	030	F	1728 - 24 Ave.	MN
S	3	0138	02741	McMurphy	Ida P.	1907	Jan	16	021	F	Georgetown, WA	---
S	3	0127	02526	McNabb	(Infants-Twins)	1906	Dec	27	02d	F	Georgetown, WA	WA
S	3	0152	03028	McNabb	Robert A.	1907	Mar	06	039	M	Jackson St. & 4th Ave. S.	SCT
S	1	0001	00360	McNair	A.V.	1884	Jul	23	001			
S	3	0128	02557	McNair	Edward	1906	Dec	10	035	M	Eagle Harbor, WA	
S	2	145	2856	McNally	infant	1902	May	28	s/b	F	South Park, WA b.S.Park, WA	
S	2	0112	01490	McNally	James M.	1899	Feb	26	27M	M	111 32nd Ave. S.	SCT
S	2	0002	00026	McNally	Mary	1900	Jan	14	002	F	216 Fairview Ave.	Sea
S	2	0097	00892	McNally	Thos.	1898	May	29	---	M	Tacoma, WA	IRL
S	-	192	3781	McNally	Wm.	1903	Jan	15	027	M	Wellington, WA	ENG
S	2	0083	01649	McNalt	Francis	1901	Jun	21	081	M	So. Park	TN
S	1		02206	McNamara	Georgie	1891	Mar	05	11d	F	Yakima St. btwn Main&Jacksn	Sea
S	2	0058	00541	McNamara	John	1895	Nov	07		M	South Seattle	
S	2	0042	00826	McNamara	Mike	1900	Oct	13	040	M	Police Hdqtrs	---
S	3	0187	03735	McNamara	Patrick	1907	Jun	22	034	M	949-20th Ave. S.	CND
S	3	0090	01798	McNamara	Rose	1906	Aug	15	032	F	172 Thomas	MI
S	3	0081	01606	McNamara	Thomas	1906	Jul	03	15d	M	Wayside Emer. Hosp.	Sea
S	2	0057	01123	McNamara	W.	1901	Jan	27	033	M	815 26 Ave S	CND
S		0081	01622	McNamee	Eugene	1904	Mar	09	002	M	206 N. Broadway	WA
S	2	0081	01620	McNamee	O. Theresa	1901	Jun	22	015	F	N. Broadway	IA
S	2	0086	01713	McNamer	Mary	1904	Feb	29	033	F	Port Townsend WA	MI
S	2	130	2151	McNatt	Ann	1899	Dec	07	078	F	Duwamish, WA	IRL
S	3	0156	03113	McNaught	Jean C.	1907	Mar	24	004	F	1725-1/2 Howard Ave.	CA
S	3	0153	03044	McNaught	Jessie L.	1907	Mar	10	001	F	1725-1/2 Howard	WA
S	1		2097	McNaughton	John	1891	Jan	10	040	M	Elliott Bay	---
S		0028	00552	McNeel	F.H. (Dr.)	1903	Jul	01	047	M	108 - 17th Avenue	PA
S	2	159	3121	McNeil	Jas.	1902	Aug	17	050	M	Elliott Bay	SCT
S		0051	01021	McNeil	John	1903	Oct	20	050	M	1513-3rd Avenue	---

S	R	Page	Recor	LastName	FirstNames	Deat	Mn	Dt	Age	S	DeathPlace	Bir
S		0083	01648	McNeil	Robert	1904	Mar	12	023	M	Cor.Connecticut & Grant Sts	CND
S	3	0190	03788	McNeil	Susie (Mrs.)	1905	Jun	23	028	F	Providence Hosp.	IL
S		0018	00139	McNight	Agnes	1893	Apr	10	061	F	Gould St.	SCT
S	2	0127	02051	McNott	Harriett	1899	Nov	03	072	F	706 4th Ave.	NY
S	-	167	3282	McNulty	D.	1902	Sep	22	052	M	Providence Hosp.	IRL
S	2	0095	00823	McPhee	Angus	1898	May	06	040	M	Providence Hosp.	---
S	2	0029	00576	McPhee	Henrietta	1900	Jul	18	01m	F	416 Mayroad	WA
S	1	0001	00550	McPhee	J.A.	1887	Sep	09	042	M	2nd. Ward	
S	3	0107	02139	McPherson	(Baby)	1906	Oct	10	05d	F	150-58th St. N.E.	Sea
S	1	0001	01243	McPherson	Dan	1890	Mar	17	030	M	11th St.	
S	2	0039	00321	McPherson	Donald	1894	Jul	30	030	M	Monte Cristo	SCT
S	3	0042	00837	McPherson	Donald G.	1906	Feb	03	049	M	Prov. Hosp.	CND
S	-	168	3311	McPherson	Duncan	1902	Sep	29	032	M	S. Seattle, WA	ON
S		0032	00060	McPherson	Jas. A.	1894	Feb	07	49d	M	13th & Catherine	Sea
S	3	0076	01512	McPherson	John C.	1904	Feb	14	059	M	807 Plummas St.	CND
S	3	0130	02599	McPherson	Mary	1904	Sep	24	034	F	Bothell, WA	SCT
S		0010	00199	McPherson	Wm. Angus	1903	Apr	19	075	M	413 Olympic Place	ENG
S	2	0086	00496	McPheters	G. W.	1897	Dec	05	062	M	Providence Hosp.	ME
S		0015	00297	McQuarrie	Arch	1903	Apr	30	037	M	Kethikan, Alaska	---
S	3	0005	00093	McQuillen	Sarah (Mrs.)	1905	Aug	22	057	F	609 Thomas St	ME
S	3	0161	03206	McQuillian	Infant	1905	Jan	05	s/b	F	601 University St	SEA
S		0025	00484	McQuillin	Arthur	1903	Jun	21	019	M	Madison Street Park	OH
S	3	0145	02893	McRae	Alexander	1904	Dec	02	069	M	107 Broadway	CND
S	3	0006	00105	McRae	Reid	1905	Aug	24	21d	M	223 2nd Ave N	SEA
S	2	0008	00152	McRea	Donald	1900	Feb	03	044	M	Bremerton, WA	SCT
S	3	0160	03195	McRedmond	David Barry	1905	Jan	28	034	M	Redmond, WA	SEA
S	1	0001	01008	McRedmond	John	1889	Oct	18		M	Redmond	
S	2	0096	00834	McRedmond	Lester	1898	May	11	080	M	Providence Hosp.	---
S		0096	01913	McReynolds	Rachel	1904	May	08	078	F	Ross Station, Fremont	CND
S	2	0039	00314	McRue	Alex E.	1894	Jul	22	032	M	River Park	PED
S	3	0103	02055	McSellien	Clarence B.	1906	Sep	01	05m	M	Southeast Seattle	Sea
S	2	0108	01315	McSorley	Chas.	1898	Dec	05	070	M	Providence Hosp.	IRL
S	2	0100	01991	McSorley	Ellen (Mrs.)	1901	Oct	06	070	F	1205 Wash.	IRL
S	2	0043	00475	McSorley	M.	1894	Oct	27		M	West St. House	
S	3	0098	01948	McStay	Jampa	1906	Sep	10	--	F	4419 4th Ave.N.E.	WA
S	2	0105	01198	McTaggart	Francis	1898	Oct	09	030	M	Providence Hosp.	---
S		0029	00576	McTaggert	Hanna M.	1893	Dec	08	048	F		
S		0023	00349	McTaggert	Sanford	1893	Aug	15	050	M	S. Seattle	
S	3	0147	02926	McTavish	Daniel G.	1907	Feb	27	044	M	Sea. Gen. Hosp.	CND
S	3	0048	00959	McVay	John D.	1906	Feb	01	018	M	132 Wilbert St.,Ballard	NM
S	2	0097	00877	McVey	Jack	1898	May	05	006	M	S. Park Business College	SEA
S	2	0089	00583	McVey	Moulton	1898	Jan	05	04m	M	Ballard, WA b.Ballard, WA	
S	2	0029	00561	McVey	Wm.	1900	Jul	12	043	M	207 1st Ave S.	KS
S	1	0001	00545	McWilliams	Mrs.	1887	Aug	03	046	F	First Ward	
S	2	0072	00504	McWilliams	Nancy	1896	Dec	05	083	F	Lake Wash. pumping station	---
S	3	0078	01558	Mead	Alfred E.	1906	Jun	16	023	M	Wayside Emergency Hospital	MT
S		113	2250	Mead	James	1904	Jul	05	070	M	Seattle Gen. hospital	ENG
S	2	0003	00044	Mead	Mary Agnes	1900	Jan	22	034	F	2518 2nd Ave.	CND
S	2	0011	00213	Mead	Percival	1900	Mar	17	041	M	Prov. Hosp.	---
S	2	0120	02404	Mead	William	1904	Aug	01	070	M	165 Eturia St	ENG
S	3	0118	02359	Mead	William W.	1906	Nov	27	064	M	923 N. 68th	OH
S	3	0019	00372	Meade	Frank	1905	Oct	18	038	M	209 2nd Ave S	UN
S		0194	03823	Meade	Mary C.	1903	Feb	09	006	F	2512 King Street	SEA
S	2	0061	00076	Meadow	Ellen	1896	Feb	29	048	F	318 Union St	IRL
S		0010	00387	Meadows	Baby	1892	Sep	21	s/b	M	S. 3rd & Kinnear	Sea

S	R	Page	Recor	LastName	FirstNames	Deat	Mn	Dt	Age	S	DeathPlace	Bir
S	2	0057	00504	Meadows	Geo. A.	1895	Nov	02	028	M	Ranke Bldg	
S		0035	00693	Meaghen	Thomas	1903	Aug	08	040	M	114 Fifth S.	---
S	3	0019	00367	Meagher	C. (Miss)	1905	Oct	17	030	F	Providence Hosp.	UN
S	2	119	1742	Meagher	Carrie A.	1899	Jun	08	035	F	2413 4th Ave.	OR
S	3	0113	02243	Meagher	Catherine Genevieve	1906	Oct	06	01m	F	Point No Point	WA
S	3	0038	00750	Meagher	Eugene Edwin	1906	Jan	15	02m	M	1003 Howell St	SEA
S	3	0078	01556	Meagher	J. A.	1906	Jun	15	030	M	Prov. Hosp.	un
S	2	0067	01341	Mealy	Alex	1903	Dec	21	065	M	Vester OR	---
S	2	0127	02528	Mealy	Alice	1902	Mar	02	031	F	418 9th Ave.	PA
S		0013	00484	Meaney	Elizabeth	1892	Nov	24	012	F	Farm near High	Sea
S		0035	00690	Mearns	Harold	1903	Aug	03	006	M	1126 John Street	SEA
S	2	0111	02203	Mears	Artimous	1901	Dec	11	054	M	4th Ave. & Bell	NY
S	1	0001	01051	Mears	Laura N.	1889	Nov	14	026	F	Seattle, Grant St.	NV
S	2	0033	00653	Measeroe	I. S.	1900	Aug	13	055	M	1903 Dearborn	ME
S	2	0016	00303	Mecham	Jas	1900	Apr	10	042	M	Prov. Hosp.	IRL
S	1	0001	00730	Medin	John	1889	Jan	11	028	M	Prov. Hosp.	
S	3	0099	01971	Medlock	Elizabeth	1906	Sep	15	075	F	1355 20th S.	AL
S		0010	00181	Medlock	Jennie	1903	Apr	12	050	F	2426 Irving	IL
S	2	0118	01691	Medloese	John	1899	May	13	085	M	15th Ave. S.	TN
S		0040	00785	Mee	Elmer	1903	Aug	08	021	M	Whatcom	WI
S	2	0072	01422	Mee	L. E-?	1901	Apr	19	045	F	Interbay	WI
S	3	0162	03226	Meek	Mrs E L	1905	Feb	05	081	F	1612 16th Ave	IN
S	3	0183	03655	Meenen	Frank	1907	Jun	04	045	M	Wayside Emer.	---
S	3	0072	01427	Meeny	Albert T. Jr.	1904	Jan	28	023	M	1303 Seneca St.	VA
S	2	117	1657	Megaard	Annie	1899	Apr	06	040	F	Ballard	---
S		100	2002	Megrath	Alex	1904	May	14	039	M	Fannie Paddock Hosp.,Tacoma	IRL
S	2	126	2031	Mehaffy	Wm. B.	1899	Oct	07	045	M	Tacoma, WA	PA
S	3	0111	02215	Mehary	Robert	1906	Oct	12	c50	M	Wayside Emer. Hosp.	unk
S	3	0138	02748	Meier	Paul	1907	Jan	20	012	M	Georgetown, WA	WA
S		0031	00604	Meiklejohn	Henry	1903	Jul	24	041	M	809 Fairview Avenue	SCT
S	2	179	3521	Meisinger	Mary	1902	Nov	19	075	F	S. Park	GER
S	2	0085	00453	Meisor	Hester Lorettes	1897	Nov	12	074	F	6th Ave. N. & Ward St.	KY
S	-	168	3314	Meister	infant	1902	Sep	03	s/b	F	Leland Hotel	SEA
S	2	0065	01299	Meister	M. Ida	1901	Mar	18	031	F	1330 Valley	GER
S	2	0054	01071	Mekela	Freda	1901	Jan	10	053	F	Prov. Hosp.	FIN
S			1376	Meklenburg	Carline	1890	Jun	27	047	F	Front St.	GER
S	3	0158	03154	Melbye	Gustav	1905	Jan	14	058	M	Providence Hosp	NRY
S	3	0137	02735	Melenoski	Frank	1907	Jan	08	03m	M	Seabeck, WA	WA
S	3	0021	00417	Melin	P. J.	1904	Nov	24	038	M	El Paso, TX	UN
S	2	0055	01096	Melling	Hattie	1901	Jan	18	027	F	Monod. Hosp.	IA
S	2	124	1936	Melling	Henry R. J.	1899	Sep	19	01m	M	2221-1/2 1st Ave.	Sea
S		132	2613	Melling	Johan	1902	Mar	18	032	M	2228-1/2 - 1st Ave.	NRY
S	3	0178	03543	Mellish	Max E.	1907	May	25	011	M	Cor. 21st & Hinds	WA
S		0034	00130	Mellner	Norman	1894	Mar	26	03m	M	1906 8th	Sea
S	2	0075	00041	Melon	Helen	1897	Jan	28	060	F	Ballard, WA	---
S	3	0095	01891	Melow	?	1906	Aug	15	069	M	Edmonds, Wn.	GER
S	2	0084	1672	Meloy	J.	1901	Jun	02	036	F	Tacoma	PA
S		0005	00184	Melse	Weda G.	1892	May	07	029	F	Franklin cor. Lake View	
S	3	0046	00919	Melton	Dorothy	1906	Feb	22	001	F	Wayside Emergency Hospital	Sea
S	3	0170	03404	Melville	James Jr	1905	Mar	22	003	M	3922 Greenwood, Ward 9	SEA
S	3	0177	03538	Melville	Mrs Grace	1905	Apr	21	063	F	3922 Greenwood Ave	SCT
S	2	0032	00635	Meman	Mary J.	1900	Aug	08	039	F	Prov. Hosp.	WI
S	3	0158	03156	Mende	Mrs. Mary	1907	Mar	31	070	F	Wayside Emer. Hosp.	unk
S	3	0093	01851	Mendenhall	Ira Milton	1904	Apr	17	038	M	74th St.	IN
S	2	0088	00560	Menge	Paul	1898	Jan	17	046	M	Providence Hosp.	MO

S	R	Page	Recor	LastName	FirstNames	Deat	Mn	Dt	Age	S	DeathPlace	Bir
S	2	110	1381	Menge	Paul L.	1899	Jan	02	11m	M	Fremont, WA	Sea
S	2	178	3503	Mengel	L. C.	1902	Nov	18	034	F	117 Maynard St.	CA
S			1330	Menger	Leon	1890	May	10	04m	F	7th St. b.Greenville,	MI
S	2	0113	2258	Mengo	Wilbur	1901	Dec	28	014	M	1600 W. Lake	MN
S	1	0001	00822	Menidon	Geo.	1889	Apr	05	039	M	Grace Hosp.	
S	3	0185	03682	Menton	Andrew	1907	Jun	09	050	M	2nd & Chestnut	GER
S		0059	01178	Mentzer	Harry N.	1903	Nov	29	04m	M	121 7th Ave. No.	Sea
S		0027	00524	Mentzer	Jacob H.	1903	Jun	16	067	M	Columbia, WA	PA
S	2	176	3483	Mercer	Aaron	1902	Nov	19	076	M	Providence Hosp.	OH
S	2	0047	00923	Mercer	Frances H.	1900	Nov	12	030	F	Prov. Hosp.	AUS
S	2	180	3553	Mercer	infants (twins)	1902	Dec	02	01m	M	2223 2nd Ave.	SEA
S	3	0051	01009	Mercer	Minnie	1906	Mar	04	01m	F	1125 Sturges Road	WA
S	2	0096	00860	Mercer	Thos.	1898	May	25	085	M	cor 6th Ave. & Ward St.	OH
S	2	0066	1308	Merchant	A.	1901	Mar	22	061	M	812 - Stewart	IA
S	3	0180	03597	Merchant	Lena	1905	Apr	21	059	F	Auburn, WA	ME
S	1	0001	01062	Merchant	LuLu	1889	Nov	20	005	F	6th St. 3rd Ward	
S	2	0073	00513	Merchant	W. J.	1896	Dec	15	020	M	General Hosp.	OR
S	3	0135	02703	Mercier	Narcisse	1904	Oct	05	062	M	Providence Hosp	CND
S	2	104	1169	Meredith	Geo. E.	1898	May	10	025	M	Ladd's Landing, AK	---
S	2	160	3144	Meredith	Nellie N.	1902	Aug	04	036	F	San Francisco, CA	USA
S	2	0082	1630	Meredith	Wil.	1901	Jun	25	033	M	2nd & Yesler	IN
S		0036	00707	Merguson	Almira	1903	Aug	14	04m	F	2721 E. Madison	SEA
S	2	0105	2083	Merguson	J.F.	1901	Nov	03	049	M	Prov. Hosp.	SC
S	3	0241	02811	Merlino	Filomena	1907	Feb	07	003	F	720-9th Ave. S.	WA
S	3	0241	02810	Merlino	Waldo L.	1907	Feb	07	001	M	720-9th Ave. S.	WA
S	2	0058	00530	Mero	Estella May	1895	Nov	25	003	F	303 Lemi St	Sea
S	3	0241	02815	Mero	Frank L.	1907	Feb	08	082	M	809-32nd Ave.	CND
S	2	0043	00470	Mero	Infant	1894	Oct	27	03m		303 Lema St.	
S	3	0172	03430	Merrell	Mrs. Sadie	1907	May	02	037	F	Wayside Hosp.	NY
S	1		2004	Merrick	Charles H.	1890	Nov	20	064	M	County Farm	---
S	2	0061	00050	Merrill	Almond	A.96	Feb	03	028	M	Olympic Block	
S		0031	00005	Merrill	Linda	1894	Jan	04	024	F	Prov. Hosp.	
S	3	0047	00939	Merrill	Mary Etta	1906	Feb	26	021	F	1729 Belmont Ave.	MN
S	2	0100	00988	Merriman	?	1898	Jul	11	06m	F	btn Taylor/6th Ave.N.b.Olym	WA
S		0029	00568	Merriman	L.M.	1893	Dec	27	036	M	125 Front	CT
S	1	0001	00058	Merrit	Catherine	1882	Mar	10	042	F	Seattle	
S	2	0044	00518	Merrit	Rachel A.	1894	Nov	10	052	F	Ross	O.
S	1	0001	00652	Merritt		1888	Oct	13	014	F	Corner Poplar & Thomas St.	
S		0025	00483	Merrius	Frank	1903	Jun	27	060	M	Providence Hospital	FRN
S	3	0188	03760	Merrow	Sarah Ann	1905	Jun	08	028	F	Seattle Gen. Hosp.	WLS
S	3	0165	03301	Merryman	Alexander	1905	Feb	08	052	M	923 10th Ave S	OH
S	-	154	3020	Merservey	Chas. A.	1902	Jul	26	076	M	625 Lake View	ME
S	3	0122	02436	Merservey	Melvina	1906	Dec	05	078	F	625 View	ME
S	3	0134	02666	Mershon	Ella	1907	Jan	22	040	F	Minor Hosp.	MO
S	-	166	3270	Merwin	John	1902	Sep	28	087	M	1620 Kilburn	NY
S	2	0125	2489	Merz	Friedel	1902	Feb	27	052	M	Prov. Hosp.	SWT
S		0026	00467	Mesenby	Francis	1893	Oct	02	04m	M	Ballard (b.King Co.	
S		0052	01033	Meseth	Charles	1903	Oct	27	40?	M	Wayside Mission Hospital	---
S	2	122	1852	Meskley	C. H. Mrs.	1899	Aug	04	045	F	Providence Hosp.	---
S	3	0135	02683	Messe	Samuel	1907	Jan	21	050	M	Wayside Emerg.	---
S	2	0036	00210	Mestaver	Henry	1894	May	10	086	M	1st Ward	
S		0031	00614	Mester	Maggie	1903	Jul	26	020	F	Wayside Mission	---
S	2	0036	00706	Metcalf	W. L.	1900	Aug	--	032	M	AK	MO
S	3	0168	03341	Metterson	John	1907	Apr	21	c40	M	Wayside Emerg. Hosp.	---
S	2	0037	00729	Mettinger	Marg't	1900	Sep	01	069	F	Prov. Hosp.	PA

S	R	Page	Recor	LastName	FirstNames	Deat	Mn	Dt	Age	S	DeathPlace	Bir
S	3	0135	02689	Metz	Francis	1907	Jan	25	076	F	1920-11th Ave. N.	GER
S	3	0079	01574	Metzdorff	Infant (Premature)	1906	Jun	08	pre	M	Ballard b.Ballard	
S	3	0093	01858	Metzdroff	Infant	1904	Apr	05	04d	M	Ballard	Sea
S	3	0106	02108	Metzger	L.H.	1906	Sep	22	c75	M	8th Ave. S. & Oregon	unk
S	2	185	3636	Meuly	Jesse	1902	Dec	15	---	M	Chehalis, WA	---
S	1	0001	00380	Mexica	R.	1884	Oct	10	032	F	Seattle	MEX
S		0039	00783	Meydenbauer	Henry	1903	Aug	03	063	M	San Francisco	SEA
S	3	0058	01152	Meydenbauer	William	1906	Apr	03	073	M	327 N.Broadway	GER
S	3	0199	03979	Meydenbauer	William C.	1905	Jul	05	032	M	WW Hosp for Insane	SEA
S	2	141	2786	Meyer	Anna	1902	May	17	021	F	Seattle Gen. Hosp.	SD
S	3	0061	01207	Meyer	Arthur Antone	1906	Apr	24	01d	M	604 Tenth Ave.	Sea
S	2	0093	00705	Meyer	Caroline	1898	Mar	29	056	F	811 Boren Ave.	GER
S	3	0100	01997	Meyer	Edwin Alf.	1906	Sep	19	13d	M	2816 2nd Ave.	WA
S		0080	1587	Meyer	Frank	1904	Feb	07	040	M	Race Track	---
S	-	154	3037	Meyer	Fred	1902	Jul	24	012	M	Providence Hosp.	WA
S	2	304	2470	Meyer	Herman	1891	Jul	16	05m	M	2206 7th St.	Sea
S	1	0001	00830	Meyer	Mary	1889	Apr	19	051	F	Lake & East St.	
S	2	0019	00376	Meyer	Pauline	1900	May	01	075	F	Monad Hosp.	GER
S	-	156	3073	Meyer	Verena	1902	Aug	01	052	F	Providence Hosp.	SWT
S	1	229	2324	Meyers	Charles	1891	Apr	30	054	M	Providence Hosp.	---
S	3	0186	03721	Meyers	George (Col.)	1905	May	09	087	M	Des Moines, WA	NY
S	2	176	3488	Meyers	John	1902	Nov	18	042	M	Wayside Mission	NY
S	2	0010	00194	Meyers	Julius M.	1900	Mar	10	008	M	3016 Jackson	OR
S	2	119	1737	Meyers	Robt.	1899	Jun	03	057	M	nr Washington Iron Works	NY
S	2	129	2134	Meyers	Theo.	1899	Dec	21	025	M	4th & Jackson Sts.	---
S	3	0028	00553	Meyers	Thomas	1905	Nov	13	038	M	Ravensdale, WA	---
S	3	0183	03659	Meyomote	J.	1905	May	15	025	M	Seattle Gen, Hosp.	JPN
S		0035	00695	Michaelis	John L.	1903	Aug	11	061	M	Providence Hospital	GER
S	1	286	2434	Michaelkofstki	Wm. F.	1891	Jul	03	18d	M	14 Lane St.	Sea
S	3	0007	00138	Michaels	Mildred	1905	Aug	26	005	F	2225 7th Ave	WA
S	2	0043	00847	Michalson	Albert	1900	Oct	25	031	M	Prov. Hosp.	---
S		0048	00959	Michan	Henrietta M.	1903	Sep	27	060	F	South Park	CND
S	2	0096	00843	Michel	Mary Agnes	1898	May	16	003	F	708 8th Ave.	SEA
S	3	0049	00955	Michell	George E.	1906	Jan	24	053	M	King. Co. Hospital	PHL
S		0014	00263	Michelson	Arthur E.	1903	Apr	23	07m	M	Ballard, WA	SEA
S	2	0088	00562	Michelson	Cecelia	1898	Jan	17	008	F	2308 6th Ave.	SEA
S	3	0151	03024	Michelson	Oliver	1904	Dec	23	066	M	Rolling Bay, WA	USA
S	3	0146	02910	Michener	Laura V	1904	Dec	12	031	F	3619 Corliss Ave	NV
S	3	0060	01186	Michot	Charley	1906	Apr	16	037	M	Wayside Emergency Hospital	BLG
S	2	0069	00386	Mickel	Margaret	1896	Sep	24	068	F	2612 4th Ave.	---
S	3	0081	01616	Mickelson	Charles	1906	Jul	01	029	M	Wayside Emer. Hosp.	DNK
S	3	0146	02925	Mickelson	Edina	1904	Dec	15	02m	F	106 3rd Ave N	SEA
S	3	0144	02863	Mickelson	Gustaf O.	1907	Feb	15	c50	M	Wayside Emer. Hosp.	unk
S	2	0039	00780	Mickle	Chas	1900	Sep	04	035	M	South Park	UT
S		0018	00131	Micnlicich	Mary	1893	Apr	03	11m	F	Front & Wall	
S		0032	00052	Middleham	Wm.	1894	Jan	27	070	M	Ballard	ENG
S	1	0001	00093	Middlestadt		1882			001		Seattle	SEA
S		0054	01071	Middleton	Elizabeth	1903	Oct	15	074	F	Ballard	ENG
S	2	0046	00019	Middleton	Jennie	1895	Jan	19	046	F	707 Madison	
S		0043	00862	Middleton	Thomas	1903	Sep	13	074	M	Old Rainier	ENG
S	2	0084	1679	Mier	Edward	1904	Mar	29	050	M	5017 6th Ave. N.E.	PA
S	2	0036	00818	Mies	John	1900	Aug	18	032	M	So. Seattle	GER
S	3	0031	00618	Mieslang	Ellen (Mrs.)	1905	Dec	21	077	F	311 Broad St	SCT
S	3	0148	02957	Miesz?	Mrs. Fannie	1907	Feb	07	051	F	Wapato, WA	unk
S	3	0162	03229	Mietzker	Otto	1905	Feb	01	032	M	Wayside Emergency Hosp	---

S	R	Page	Recor	LastName	FirstNames	Deat	Mn	Dt	Age	S	DeathPlace	Bir
S	2	0076	00098	Miggs	G. A.	1897	Mar	03	075	M	foot of Spring St.	---
S	2	0069	01379	Mikelson	Margaret	1904	Jan	09	016	F	900 Stewart St.	IL
S	3	0018	00353	Miki	J.	1905	Oct	11	039	M	423 Maynard Ave	JPN
S		0077	01547	Milan	Catherine	1904	Feb	26	084	F	308 26th Ave. So.	IRL
S	2	0122	02444	Milan	Sarah	1904	Aug	24	045	F	W Wash Hosp for Insane	WI
S	2	0063	00117	Milberg	Louis	1896	Mar	24	040	M	Prov. Hosp	SWD
S	2	0112	01461	Milboods	Catharine	1899	Feb	08	007	F	1726 24th	---
S	2	0083	00370	Milburn	Robt.	1897	Sep	22	03m	M	2117 1st Ave.	SEA
S	3	0023	00459	Miles	Candace Jane (Mrs.)	1905	Nov	04	071	F	1208 7th Ave	NY
S	3	0078	01549	Miles	Earl	1906	Jun	05	001	M	528 Boren Ave.N.	WI
S		0027	00537	Miles	Edward R.	1903	Apr	29	042	M	Teller City, Alaska	PA
S	3	0136	02709	Miles	George J	1904	Oct	15	030	M	Providence Hosp	---
S	3	0149	02966	Miles	Mary Ida Florence	1904	Dec	25	001	F	128 22nd Ave	SEA
S	3	0150	02994	Miles	Miss Arrietta	1904	Dec	02	025	F	Prescott, AZ	---
S	-	176	3459	Miles	Oscar	1902	Nov	07	020	M	Green Lake	KY
S	2	0043	00490	Miles	Russel V.	1894	Jul	19	006	M	Helena, Montana	
S	-	164	3221	Miles	Thomas	1902	Sep	05	072	M	1525-1/2 1st Ave.	IRL
S	2	0068	00321	Miles	Wm M.	1896	Aug	17	035	M	Seatttle Theater	---
S	1		1956	Milke	Fred C.	1890	Sep	27	034	M	Market St.	GER
S	2	0057	00498	Millan	K.	1895	Oct	17	048	M	Ballard	NRY
S	2	0069	00361	Milland	A.	1896	Aug	28	039	M	Ballard, WA	---
S	2	0128	02559	Millar	Barbara P.	1902	Mar	18	035	F	614 Spring	SCT
S	2	0047	00051	Millar	Chas J.	1895	Feb	08	006	M	S. 14th & Carrol	
S	3	0165	03305	Millar	William McDuff	1905	Feb	17	038	M	Seattle General Hosp	MO
S	2	0307	02476	Millard	Ralph F.	1891	Jul	-	053	M	Lake ? Ave. b.York,	NY
S	3	0096	01905	Millard	Wilfred George	1906	Aug	26	07m	M	Rainier Beach, Wash.	WA
S		0017	00336	Millburn	Lorina	1903	May	17	072	F	3916 Corliss Avenue	ME
S	2	0039	00342	Mille	Phillipina	1894	Aug	13	030	F	BayView & Brewery	
S	-	149	2919	Millen	Terrance	1902	Jun	13	030	M	Providence Hosp. 5th & Mad.	---
S	3	0130	02583	Miller	(Infant)	1906	Dec	13	s/b	M	101-14th Ave.	WA
S	2	106	1224	Miller	Albert	1898	Oct	26	-	M	Providence Hosp.	---
S	-	163	3197	Miller	Annie	1902	Aug	30	001	F	Ballard, WA b.Ballard,	WA
S		0033	00645	Miller	Arnasa ? S	1903	Jul	28	076	M	Rainier Geach	ME
S		0042	00836	Miller	Arthur J.B.	1903	Sep	05	037	M	2006-First Avenue N.	ENG
S	2	0090	00632	Miller	August W.	1898	Feb	21	082	M	Fremont, WA	---
S	2	403	2667	Miller	baby	1891	Nov	04	06d	F	West Seattle	Sea
S		0007	00247	Miller	C.L.	1892	Jun	15	065	M	Prov. Hosp.	
S	2	0049	00145	Miller	C.S.	1895	Apr	07	065	M	605 Pike St	PA
S	2	0076	00088	Miller	Caroline	1897	Feb	22	035	F	Str Wildwood	---
S	2	0061	00075	Miller	Charlotte	1896	Feb	22	052	F	Prov Hosp	ENG
S	2	0001	00009	Miller	Clarence	1900	Jan	06	003	M	2133 Western Ave.	Sea
S	3	0159	03161	Miller	Col. Benjamin	1907	Mar	05	049	M	Collingwood Ave.	NY
S		0027	00528	Miller	Daniel B.	1903	Jun	22	048	M	Butte, N. Dakota	---
S	1	0001	01093	Miller	Dannie	1889	Dec	27	09w		Water St.	SEA
S	2	0045	00891	Miller	Delia	1900	Nov	03	036	F	Prov. Hosp.	US
S	2	103	1137	Miller	Delina	1898	Sep	14	028	F	608 Union St.	MI
S	3	0149	02972	Miller	Dr P B M	1904	Dec	03	069	M	1520 16th Ave	SCT
S	1	0001	00146	Miller	E.C.				045	M	Seattle	GER
S	3	0133	02655	Miller	Edward	1904	Oct	08	060	M	Great Northern House	---
S	2	0060	00037	Miller	Eliz	1896	Jan	31	036	F	Seattle Gen Hosp	SCO
S	2	0011	00210	Miller	Elizabeth	1900	Mar	16	035	F	8th & University	NRY
S	1	0001	00126	Miller	Emily C.	1882	Nov	06	045	F	Seattle	CND
S	2	0053	00299	Miller	Emma J.	1895	Aug	03	025	F	2nd & Cedar	
S	2	0047	00058	Miller	F.T.	1895	Feb	13	032	M	Prov Hosp	
S		0079	1583	Miller	Franc	1904	Feb	23	050	M	Georgetown	GER

S	R	Page	Recor	LastName	FirstNames	Deat	Mn	Dt	Age	S	DeathPlace	Bir
S	2	107	1295	Miller	Fred	1898	Nov	12	051	M	Ravenna Park	---
S	3	0055	01097	Miller	Fred	1906	Mar	04	056	M	Binnon, Jefferson Co., WA	unk
S	2	103	1106	Miller	Frederick	1898	Aug	23	08m	M	Ballard, WA ,	---
S	2	0039	00343	Miller	Fritz	1894	Aug	13	001	M	BayView & Brewery	
S		0016	00314	Miller	Geo. William	1903	May	06	072	M	511 - 28th Avenue N.	MN
S	1	0001	00771	Miller	Gilman	1889	Feb	23	056		Mill St.Louise Lodging	
S	-	173	3409	Miller	Glenn H.	1902	Oct	28	017	M	Ballard, WA	MI
S	3	0191	03810	Miller	H.S.	1907	Jun	26	055	M	King Co. Hosp., Georgetown	KY
S		0016	00045	Miller	Harry	1893	Feb	05	029	M	Lake Wash.	IA
S	2	189	3717	Miller	Hazel Edna	1903	Jan	21	014	F	315 9th Ave.	IA
S	3	0199	03985	Miller	Hendry S.	1905	Jul	11	015	M	Ballard	WA
S	3	0140	02783	Miller	Henry W.	1907	Feb	03	015	M	935-25th Ave. S.	WA
S		0024	00363	Miller	Infant	1893	Sep	04	07d	M	109 Dyer Ave.	Sea
S	3	0123	02465	Miller	Infant	1904	Aug	23	---	M	918 E Denny Way	SEA
S	3	0154	03079	Miller	J W	1905	Jan	11	054	M	Wayside Emergency Hosp	---
S	1	0001	00295	Miller	J.H.	1883	Oct	22	032	M	unknown	USA
S	2	0089	01779	Miller	Jack	1901	Aug	03	008	M	1621 10th Ave. N.	WA
S	1	0001	01101	Miller	Jacob H.	1889	Dec	18	11m	M	2120 West St.	SEA
S	1	0001	00796	Miller	James	1889	Mar	12		M	Corner 6th & Lenora St.	
S	2	117	1647	Miller	James	1899	Apr	29	030	M	Providence Hosp.	OH
S	3	0187	03736	Miller	James Magnus	1907	Jun	22	001	M	Providence Hosp.	WA
S	-	149	2923	Miller	Jas.	1902	Jun	22	024	M	Seattle Gen. Hosp.	---
S	1	0001	00867	Miller	Joe C.	1889	Apr	27			1513 3rd St.	
S	1	271	2404	Miller	John	1891	Jun	18	036	M	Lake St.	GER
S		0012	00443	Miller	John	1892	Oct	19	040	M	City jail	
S	2	129	2143	Miller	John	1899	Dec	27	060	M	Providence Hosp.	---
S		0024	00358	Miller	John F.	1893	Sep	03	02m	M	702 University	Sea
S	3	0001	00010	Miller	John W.	1905	Jul	22	018	M	Edmunds, WA	IN
S	3	0157	03124	Miller	John W.	1907	Mar	25	078	M	Providence Hosp.	MD
S	3	0101	02020	Miller	Joseph	1906	Sep	25	003	M	421 Pike	OR
S	1		2046	Miller	Josephine Agnes	1890	Dec	15	016	F	-	---
S	2	0070	01388	Miller	K. Idell	1901	Apr	06	006	F	2107 E. Union	WA
S		0042	00842	Miller	Katharine	1903	Sep	03	01m	F	720 - 26th Avenue N.	SEA
S	2	126	2030	Miller	Knudt	1899	Oct	06	016	M	Ballard	SD
S	3	0067	01336	Miller	Laura Fisk (Mrs.)	1906	May	06	025	F	1523 Harvard Ave.	MT
S	2	0089	01763	Miller	Leonard	1901	Jul	10	005	M	Sidney	WA
S	3	0123	02447	Miller	Letitia L.	1906	Dec	07	021	F	2215 Emerson	OR
S	2	0069	1373	Miller	Lettia	1904	Jan	08	083	F	222 30th Ave.	PA
S	2	178	3505	Miller	Louis B.	1902	Nov	21	025	M	2823 1st Ave.	MN
S	1		1519	Miller	Louisae Mary	1890	Aug	30	047	F	Front St.	GER
S	1	0001	01246	Miller	Mabel	1890	Mar	28	10m	F	Lake View & Weller St.	SEA
S	3	0166	03307	Miller	Mabel	1905	Feb	22	028	F	Pacific Hosp	KS
S	3	0136	02714	Miller	Margerite	1904	Oct	23	078	F	Providence Hosp	SCT
S	2	0084	00391	Miller	Marguerite	1897	Oct	05	03w	F	813 Alder St.	SEA
S	1		2076	Miller	Mary	1891	Jan	06	088	F	1513 3rd St. b.Randolph,	MA
S	3	0040	00786	Miller	Mary	1906	Jan	02	066	F	1512 Terry Ave	ON
S	3	0124	02470	Miller	Mary Jane	1880	May	--	050	F	1921 First Ave	NJ
S	1		1546	Miller	Mike Geo.	1890	Sep	11	002	M	112 Battery	GER
S	3	0174	03475	Miller	Mrs. Myra	1907	May	12	043	F	Providence Hosp.	IL
S	3	0076	01505	Miller	Neal	1906	Jun	18	03m	M	113 Ninth Ave.So.	Sea
S	2	0066	01319	Miller	Nellie	1901	Mar	26	11m	F	758 - John St	ID
S	1		1517	Miller	Nellie May	1890	Aug	26	10m	F	326 Lambert St. b.Aurable,	MI
S	2	0100	00985	Miller	Nettie	1898	Jul	09	040	F	Interbay	---
S	1	0001	00672	Miller	Nils	1888	Nov	03	004		1213 Third Ave	
S	3	0184	03676	Miller	P. S.	1905	May	24	067	M	Railroad Ave & Virginia St	ME

S	R	Page	Recor	LastName	FirstNames	Deat	Mn	Dt	Age	S	DeathPlace	Bir
S	3	0092	01843	Miller	Pendleton	1904	Apr	07	032	M	1321 University	WA
S	2	345	2551	Miller	Rudolph	1891	Aug	28	022	M	Providence Hosp.	KY
S	2	188	3711	Miller	Rudolph	1903	Jan	19	017	M	Gen. Hosp.	MN
S	1		2124	Miller	Sylvester	1891	Feb	02	07m	M	210 Broadway	Sea
S	-	190	3743	Miller	Vinia	1903	Jan	29	008	F	1818 9th Ave.	MN
S	2	0032	00623	Miller	W.	1900	Jul	30	035	M	St. Senator	---
S	3	0035	00697	Miller	W. H. (Mrs.)	1905	Dec	19	024	F	King Co. Hosp.	OH
S	1	204	2281	Miller	Walter	1891	Apr	08	07m	M	Lakeview & Miller, 2nd Ward	Sea
S	2	0037	00737	Miller	Walterman	1900	Sep	04	10m	M	7th & King	SEA
S	2	0095	00810	Miller	Willis F.	1898	Apr	18	04m	M	Ballard, WA b.Ballard, WA	
S		0021	00410	Miller	Wm	1903	May	10	013	M	320 Clay Street	ID
S	2	102	1091	Miller	Wm.	1898	Mar	01	-	M	Skagway, AK	KY
S		0019	00373	Miller	Wm.	1903	May	30	001	M	Wayside Mission	MN
S		0012	00227	Miller	Wm. P	1903	Apr	04	048	M	Hotel Seattle	---
S	2	0073	01447	Miller?	Bert	1901	Apr	27	033	M	5 & James	
S	3	0073	01445	Milley	Heywood	1906	May	20	022	M	Lawson	NS
S	2	0122	02427	Millican	Paul Lee	1902	Feb	08	016	M	Ross	WA
S	3	0040	00796	Millichamp	Thomas A. P.	1906	Jan	12	027	M	Pacific Hosp.	CND
S	1	0001	00941	Milligan	Andrew	1889	Jul	13	026	M	Pike & West	
S	2	0087	1725	Milligan	J.	1901	Jul	23	054	M	Prov. Hosp.	CND
S	2	0070	00415	Milliken	Fay	1896	Oct	09	03m	F	620 Jackson St.	SEA
S	2	0102	01090	Milliken	Fory (?)	1886	Oct	10	03m	F	620 Jackson St.	Sea
S	1	0001	00271	Milliken	infant	1883	Aug	29			Seattle	USA
S	2	0062	01229	Millin	E. Marie	1901	Feb	27	015	F	Fremont	SWD
S	2	0084	00403	Milling	John	1897	Oct	12	04m	M	211 9th-1/2 West	SEA
S		0016	00041	Millington	Infant of M.	1893	Jan	31	03d	F	620 Lake (b.620 Lake	
S	2	0015	00300	Mills	G. T.	1900	Apr	09	045	M	213 16th Av	CND
S	3	0077	01534	Mills	H.	1906	Jun	27	060	M	2nd & Union	un
S	2	0089	01773	Mills	Ira	1904	Apr	04	046	M	321 Queen Anne Ave.	OR
S	3	0119	02368	Mills	James T.	1906	Nov	28	050	M	Seattle Gen. Hosp.	ENG
S	2	0102	02033	Mills	M. H.	1901	Oct	07	047	M	Seattle Gen.	OH
S		0025	00397	Mills	M.E.	1893	Sep	17	055	M	Stewart & 11th	
S	3	0187	03737	Mills	Mrs. Elizabeth H.	1907	Jun	22	081	F	114-20th Ave.	ME
S	1		1460	Mills	Percy	1890	Aug	03	07m	M	Wilfred St.	Sea
S	2	0123	01914	Mills	Robt	1899	Sep	03	064	M	8th Ave. S. & Bay Sts.	---
S	2	0109	02161	Mills	S.	1901	Nov	24	076		Grants Pass, Ore.	
S	1		2175	Mills	William A.	1891	Feb	25	06d	M	10th & B Sts., S. Seattle	Sea
S	1	0001	00285	Mills	Wm.	1883	Sep	14	039	M	Seattle	USA
S	2	0103	02042	Mills	Wm.	1901	Oct	28	056	M	Prov. Hosp.	OH
S		0116	02321	Milne	Infant	1904	Aug	11	02d	F	672 King St.	Sea
S		0099	01985	Milne	Thomas	1904	May	28	030	M	Providence Hospital	---
S		0195	03848	Milton	William	1903	Feb	22	053	M	316 - 18th Avenue N	OH
S		0022	00281	Milutinovich	Krista	1893	Jul	19	021	M	Lake Wash.	
S	2	0079	214.5	Minaglia	Giussepie	1897	Jun	07	065	M	2204 Blanchard St.	ITL
S	2	0040	00782	Minarmi	S.	1900	Sep	08	025	M	G.N. Train	JPN
S	3	0153	03050	Minch	Mrs. Pauline	1907	Mar	11	037	F	Wayside Emer. Hosp.	GER
S	3	0171	03410	Minehan	Jeremiah Daniel	1907	Apr	25	040	M	Sumas, WA	---
S		0115	02283	Miner	Thomas E.	1906	Nov	01	062	M	Prov. Hosp.	OH
S	2	0102	02025	Miners	Ada	1901	Oct	25	018	F	Monod Hosp.	CA
S	3	0138	02765	Mines	Griffin	1904	Nov	06	25d	M	717 Sixteenth Ave N	SEA
S	2	0041	00802	Minkowski	Edw K	1900	Oct	02	09m	M	1803 7th Av	SEA
S	2	0086	1704	Minnemyer	Julia	1901	Jul	10	015	F	2209 - 8 Av	IL
S	3	0082	01622	Minnis	Wayne Clark	1906	Jul	08	008	M	617-1/2 Pike	OR
S	2	0095	00813	Minns	Alfred S.	1898	Apr	27	---	M	King Co. Hosp.	ENG
S	2	0027	00530	Minough	T. F.	1900	Apr	24	032	M	Kodiak, AK	IN

S	R	Page	Recor	LastName	FirstNames	Deat	Mn	Dt	Age	S	DeathPlace	Bir
S	2	119	1732	Mins	Francis	1899	Apr	29	006	M	Skagway, AK	OR
S	2	0036	00225	Minsch	El. A.	1894	May	27	041	M	Prov Hosp	
S		0079	1567	Minsch	Sara Alva	1904	Feb	29	048	F	1027-1/2 Main St.	CA
S	3	0178	03556	Minsker	E H	1905	Apr	22	040	M	Foot Blanchard St	---
S	2	0041	00401	Mintton	Edwin L.	1894	Sep	04	042	M	LaTona	NH
S	2	0144	02819	Minzenmayer	F. Mrs.	1902	May	14	052		Seattle Gen. Hosp.	GER
S	2	157	3086	Miori	Joseph	1902	Aug	09	001	M	2621 Day St.	ITL
S	2	0033	00643	Miracle	Alta	1900	Aug	10	026	F	21 Minor Ave N.	VA
S	2	0065	01286	Miracle	Chas. F.	1901	Mar	12	026	M	Prov. Hosp.	MN
S		0081	01625	Miracle	Harry O.	1904	Mar	10	004	M	1916 8th Ave. W.	Sea
S	2	0159	03118	Miracle	Joseph	1902	Aug	15	040	M	Providence Hosp.	CA
S	2	0086	01715	Miranda	Ramon	1904	Feb	27	042	M	At Sea	---
S		0025	00399	Misher	H.F.	1893	Sep	19	037	M	Stewart St.	CT
S	2	0053	00276	Mishimura	T.	1895	Jul	18	035	M	Providence Hosp	JPN
S	2	337	2536	Misner	Jisse E.	1891	Aug	22	09m		317 Brook St.	---
S	2	0040	00785	Missler	Chas	1900	Sep	13	030	M	Vancouver, BC	---
S	2	101	1042	Mitchel	J. F. T.	1898	Jul	14	-	M	Unalaska, WA	---
S	2	0034	00154	Mitchel	Philip	1894	Apr	04	001	M	2004 Second	Sea
S	3	0160	03192	Mitchell	Allie	1907	Mar	26	024	F	Centralia	unk
S	3	0168	03361	Mitchell	Annie, Mrs	1905	Mar	04	037	F	Providence Hosp	---
S		0028	00518	Mitchell	C.S.	1893	Nov	16	076	M	River Park	
S	2	0049	00971	Mitchell	Catherine	1900	Nov	20	004	F	Ballard	IA
S		0018	00345	Mitchell	Cora	1903	May	20	022	F	3916 Woodlawn Avenue	NE
S	2	0009	00171	Mitchell	Elton	1900	Mar	02	005	M	2205 E Cherry	OH
S	2	0094	00783	Mitchell	Frank	1898	Apr	23	054	M	Providence Hosp.	---
S		0013	00244	Mitchell	Frank	1903	Mar	20	013	M	Ballard	WA
S	3	0012	00234	Mitchell	Frank	1905	Sep	15	055	M	Seattle Gen. Hosp.	BRA
S		0015	00292	Mitchell	George	1903	Feb	23	060	M	Moran's Dock	IRL
S	3	0085	01697	Mitchell	George	1906	Jul	12	023	M	Union Depot	IL
S	3	0107	02126	Mitchell	Guy E.	1906	Oct	05	037	M	Wayside Emer. Hosp.	unk
S	1	0001	00374	Mitchell	H.E.	1884	Aug	29	005	F		USA
S	3	0172	03443	Mitchell	Harry	1905	Mar	25	030	M	Pacific Hosp	NY
S	2	0068	01354	Mitchell	Henry	1901	Mar	17	044	F	Tacoma	
S	2	353	2567	Mitchell	infant	1891	Sep	05	01d	M	815 Grant St.	Sea
S	2	0068	01355	Mitchell	Infant	1903	Dec	18	---	M	2902 Jackson W.	Sea
S	3	0028	00557	Mitchell	Infant	1905	Nov	12	s/b	F	119 E Jefferson	SEA
S	3	0133	02649	Mitchell	J W	1904	Oct	10	084	M	4321 Eastern Ave	TN
S	1		2006	Mitchell	James (Mrs.)	1890	Nov	20	054	F	Grace Hospital	---
S	3	0174	03471	Mitchell	James A.	1907	May	11	070	M	Kirkland, WA	NY
S	3	0163	03255	Mitchell	James Thomas	1907	Apr	07	019	M	3712-9th Ave. S.	WA
S	2	0096	00832	Mitchell	Jessie	1898	May	11	071	F	1104 24th Ave. N.	SCT
S	3	0059	01166	Mitchell	John S.	1906	Apr	08	08m	M	523 Yesler Way	WA
S	2	0051	01011	Mitchell	Jos.	1900	Dec	20	015	M	Prov. Hosp.	SEA
S	2	120	1787	Mitchell	Katherine	1899	Jun	15	081	F	County Hosp.	SWD
S	2	0071	01407	Mitchell	M. B.	1901	Apr	13	008	F	627 - 35 Ave.	KS
S	2	0049	00980	Mitchell	M. J.	1900	Dec	05	051	F	Greenlake	OH
S	2	0125	02495	Mitchell	Maggie	1902	Feb	03	025	F	Ballard	CA
S	1		2010	Mitchell	Maggie (Mrs.)	1890	Nov	23	037	F	South of Rainier Addition	---
S	2	0006	00104	Mitchell	Margt	1900	Feb	09	008	F	2205 E Cherry	OH
S	-	169	3332	Mitchell	Mary (Mrs.)	1902	Oct	05	049	F	Providence Hosp.	NRY
S	2	0076	00090	Mitchell	May R.	1897	Feb	27	029	F	1211 Chestnut St.	OR
S	3	0194	03884	Mitchell	Minnie (Mrs.)	1905	Jul	05	028	F	Madison Park	---
S	2	0041	00820	Mitchell	Nancy	1900	Oct	10	078	F	25th & Denny WY	IL
S			1397	Mitchell	Norman L.	1890	Jun	23	06m	M	8th btwn Columbia & Cherry	Sea
S	1	266	2393	Mitchell	Robert	1891	Jun	08	015	M	nr Port Madison	NY

S	R	Page	Recor	LastName	FirstNames	Deat	Mn	Dt	Age	S	DeathPlace	Bir
S	3	0242	02821	Mitchell	Ruth	1907	Feb	10	010	F	932-22nd Ave. S.	CA
S	1	0001	00850	Mitchell	S.G.	1889	Apr	05	038		South 2nd St.	
S	3	0035	00682	Mitchell	Willa May	1905	Dec	13	001	F	Hillman City	SEA
S	3	0029	00579	Mitchell	William	1905	Dec	07	10m	M	1711 N 46th St	SD
S	2	0044	00509	Mitchell	Wm.	1894	Nov	04	036	M	Prov. Hosp.	SWD
S	2	0074	01474	Mitchell	Wm.	1901	Apr	27	058	M	Co. Hosp.	CND
S		0046	00916	Mitchell	Wm. D	1903	Sep	03	039	M	Seattle General Hospital	AUT
S	3	0119	02373	Mitchem	Maria	1906	Nov	30	045	F	719-34th Ave.	ENG
S	1	0001	00367	Mitchum	G.A.	1884	Aug	08	04m		Seattle	SEA
S	2	0093	1854	Mittimore	Daniel	1901	Aug	26	063	M	Harrison, BC	
S		0097	01942	Mittlestad	Martin	1904	May	17	036	M	18th Ave. S. & Hanford St.	OR
S	1	0001	00393	Mitts	L.H.	1884	Sep	14	010	M	Seattle	USA
S	2	0086	00478	Miula	Taney	1897	Nov	30	025	F	nr Lake View Cemetary	JPN
S	3	0060	01181	Mix	Chistopher N.(Christopher?	1906	Apr	13	041	M	1st & Madison	RUS
S	3	0005	00088	Miyabara	Toyokichi	1905	Aug	20	048	M	202 Washington	JPN
S	1		1505	Miyawchi	O. Tats.	1890	Aug	21	035	F	Providence Hospital	JPN
S		0043	00860	Mizel	John	1903	Sep	12	070	M	Fourth and Jefferson	---
S	2	0125	02494	Mizony	Mary E.	1902	Feb	25	039	F	Sea. Gen. Hosp.	FRN
S	2	0090	1789	Moberg	A. A.	1901	Aug	11		M	Prov. Hosp.	FIN
S	3	0192	03842	Moberg	Sarah	1905	Jun	23	081	F	Bothell	SWD
S	2	0045	00888	Mochizaki	---	1900	Nov	04	040	M	S. Gen Hosp.	JPN
S	3	0164	03278	Mochizuki	Kazema	1907	Apr	12	05m	M	508-1/2 Main	WA
S	-	169	3327	Mochlar	C. D.	1902	Oct	--	035	M	Ship Hosp.	CND
S	2	111	1414	Mock	Nettie May	1899	Jan	20	019	F	Providence Hosp.	---
S		0021	00251	Modlin	T.W.	1893	Jun	28	027	M	Prov. Hosp.	
S	2	0059	01186	Moe	Belle	1901	Feb	09	034	F	S. G. Hosp.	NRY
S	2	0063	01259	Moe	E. Maria	1901	Feb	26	052	F	Port Angeles, WA	NRY
S	3	0013	00247	Moe	Gurine	1905	Sep	17	023	F	Pacific Hosp.	NRY
S	3	0159	03169	Moe	Howard R.	1907	Mar	03	002	M	Ballard	WA
S		0011	00422	Moe	Johanes	1892	Oct	08	040	M	Str. nr. Pt. Townsend	NRY
S	2	0055	00357	Moe	Nora	1895	Sep	07	023	F	2117 West	IL
S	2	0055	01085	Moe	O. A.	1901	Jan	14	028	M	Prov. Hosp	NRY
S	3	0162	03234	Moe	Ole A.	1907	Apr	03	075	M	1414 E. Spring	NRY
S		0032	00631	Moe	Ore ?	1903	Jul	30	040	M	Foot of Kentucky Street	---
S	2	0062	00090	Moellenbeck	Henry	1896	Mar	04	072	M	Addition bet. 10th & 11th	GER
S	2	139	2759	Moeller	Chas. F.	1902	May	09	050	M	Seattle Gen. Hosp.	---
S	3	0171	03407	Moen	Sophia, Mrs	1905	Mar	20	020	F	Wayside Emergency Hosp	---
S	2	0077	00141	Moerbaker	Fred K.	1897	Apr	06	04m	M	1812 25th Ave.	SEA
S	3	0174	03466	Moffat	Mrs A	1905	Mar	05	029	F	Wardner, ID	KS
S	3	0133	02651	Moffat	Thomas J	1904	Oct	11	034	M	1116 E Pike St	IA
S	2	0116	02312	Moffatt	Agnes	1902	Jan	07	023	F	1505 12th Ave.	IA
S	2	129	2127	Moffatt	Sarah	1899	Dec	17	028	F	4th & Main Sts.	---
S		0012	00228	Moffitt	Chas H.	1903	Apr	05	045	M	Wayside Mission	IRL
S	2	0053	00280	Mohler	Baby	1895	Jul	23		F	2508 5th St	Sea
S	3	0136	02719	Mohler	Mollie Smith	1904	Oct	29	030	F	Corner 1st Ave & Seneca St	CO
S	2	0003	00051	Mohnbacker	Chas	1900	Jan	26	027	M	Roy St	MO
S	3	0077	01529	Mohr	William J. Jr.	1904	Feb	20	11m	M	515 31st Ave. N.	Sea
S	3	0038	00747	Mohrmann	Gertrude C.	1906	Jan	13	025	F	Providence Hosp.	GER
S		0007	00272	Molen	Carrie	1892	Jul	07	030	F	Boulevard	SWD
S	1	0001	00172	Molena	Joe	1883	Feb	22	002	M	Seattle	CHL
S	3	0148	02959	Molin	Herman	1907	Feb	09	056	M	Ballard, WA	SWD
S	1	0001	00078	Molina	Juniata	1882	May	14	014	F	Seattle	SAM
S	1	0001	01199	Mollenback	Henry	1890	Mar	17	004	M		
S	2	0121	02410	Mollenstsdt	Lora	1902	Feb	15	033	F	2715 27th Ave.	FRN
S	2	0084	01668	Molsbarger	F. C.	1901	Jun	09	044	M	Rock Springs, WY.	

S	R	Page	Recor	LastName	FirstNames	Deat	Mn	Dt	Age	S	DeathPlace	Bir
S	2	0043	00845	Monast	Francis J.	1900	Oct	24	039	M	223 Pontius	IL
S		134	2646	Monast	J. L. (Mrs.)	1902	Apr	11	064	F	Providence Hosp.	CND
S	3	0083	01650	Monat	Geo. Andrew	--	--	--	--	M	Prov. Hosp.	MI
S	3	0175	03498	Monfort	Lawrence M.	1907	May	17	081	M	York Sta.	OH
S	1		2089	Mong	(Japanese)	1891	Jan	13	-	M	1905 Front St.	JPN
S	1	0001	00479	Mong Goat	Fung Wooey Yung Sow	1885	Sep	07	035	M	Wald Bros. Hosp. Ranch atKC	CHN
S	2	0074	00017	Monogan	Jas.	1897	Jan	14	050	M	323 9th Ave.	IRL
S		0026	00456	Monogue	Kate	1893	Oct	24	036	F	9th & Jackson	
S		0026	00444	Monoque	Infant	1893	Oct	15	01d		(b.323 S. 9th	
S		0062	01243	Monro ?	David ?	1903	Dec	04	056	M	91 Bllanchard St.	ENG
S	2	0090	00639	Monroe	Florence	1898	Feb	25	020	F	226 Albert St.	WI
S	3	106	2112	Monroe	Harry	1904	Jun	14	040	M	3642 Albion Pl.	MI
S	2	0084	00413	Monroe	Wm.	1897	Oct	24	030	M	General Hosp.	FRN
S	1		1536	Monson	Charles	1890	Sep	07	021	M	Providence Hospital	SWD
S	2	0068	00327	Montague	M.	1896	Aug	22	042	F	1016 Judkin St.	---
S	3	0131	02610	Montan ?	Infant	1904	Sep	09	03m	M	South Park	WA
S	3	0150	02985	Montandon	Felicia M.	1907	Feb	24	069	F	Tacoma	unk
S	3	0191	03803	Montandon	James E.	1907	Jun	22	074	M	Tacoma, WA	---
S	2	0056	01116	Montford	F. J.	1901	Jan	25	026	M	Monod Hosp.	CND
S	2	0051	01013	Montgomery	A. C.	1900	Dec	21	063	M	301 22nd Ave N	PA
S	2	0115	02295	Montgomery	Alden	1901	Oct	31	024	M	Near Mt. Vernon	ON
S	3	0151	03010	Montgomery	Billey	1904	Dec	22	020	M	Van Asselt, King Co, WA	---
S	2	119	1736	Montgomery	Chas. H.	1899	Jun	01	060	M	Yesler btwn 5th & 6th	---
S	3	0107	02136	Montgomery	George M.	1906	Oct	09	08m	M	114-5th Ave. N.	Sea
S		112	2230	Montgomery	Harry T.	1904	Jul	26	027	M	Providence Hospital	WI
S	3	0149	02970	Montgomery	Helen	1904	Dec	31	004	F	311 Fairview Ave	CO
S	3	0189	03785	Montgomery	Hugh P.	1905	Jun	23	038	M	209 Battery St	MD
S	2	0053	00307	Montgomery	Infant	1895	Aug	09	01h	M	1626 7th	Sea
S		0027	00538	Montgomery	James	1903	Jun	04	027	M	Auburn, Washington	IA
S	3	0111	02208	Montgomery	James R. Jr.	1906	Oct	21	14d	M	3533 Carr Pl.	Sea
S	2	0054	00322	Montgomery	Jos.	1895	Aug	20	05m	M	230 Dexter	Sea
S	2	110	1390	Montgomery	Malcolm	1899	Jan	08	002	M	31st Ave.	Sea
S	2	0024	00462	Montgomery	Margt. J.	1900	May	20	028	F	Whatcom	CA
S	3	0177	03534	Montgomery	Mrs Nellie	1905	Apr	22	027	F	105 5th Ave N	MI
S	3	0154	03062	Montgomery	William Milton	1907	Mar	14	001	M	514 Rainier Ave.	WA
S	2	0015	00292	Montgomery	Wm Jno	1900	Apr	07	036	M	523 Yesler	MD
S	1	0001	00225	Montgomery	Wm.	1883	Jul	20	065	M	Seattle	USA
S	2	0044	00532	Montrose	David	1894	Nov	23	086	M	113 Eastern	
S	2	0001	00029	Montrose	Elizabeth	1892	Jan	17	078	F	1419 Jackson St.	---
S	1		1473	Mon___ (?)	James M.	1890	Aug	09	060	M	King St.	---
S	2	106	1230	Moody	Frank	1898	Oct	31	012	M	Fremont, WA b.Dayton, WA	
S	2	0042	00451	Moody	Isabel	1894	Oct	11	05m	F	Water St. b.Port Townsend WA	
S	3	0153	03049	Mook Duck	---	----	---	--	---	M	Seattle	CHN
S	3	0017	00337	Moon	Emily F.	1905	Oct	02	051	F	734 18th Ave	MA
S		0006	00220	Moon	Horace	1892	May	30	02d		Ballard (b. Ballard	
S	2	0055	00363	Moon	Mary E.	1895	Sep	11	067	F	Yesler	MI
S	2	0050	00984	Mooney	Baby	1900	Dec	07	02d	F	604 Kinnear	SEA
S	3	0174	03484	Mooney	Kate Gertrude	1905	Apr	02	013	F	604 Kinnear Pl	WA
S	3	0134	02679	Mooney	Maggie Mrs.	1907	Jan	24	032	F	Providence Hosp.	IL
S	2	0059	01180	Moor	Thos.	1901	Feb	09	07d	M	1307 Grant S.	SEA
S		0024	00364	Moore	Benj. H.	1893	Sep	04	045	M	1613 5th St.	
S		0081	01615	Moore	Charles D.	1904	Mar	07	035	M	Seattle Gen. Hosp.	MN
S	-	169	3325	Moore	Charley	1902	Oct	03	04m	M	2nd N. & Roy Sts.	SEA
S	2	112	1456	Moore	Clayton	1899	Feb	06	005	M	514 Denny Way	---
S	3	0028	00549	Moore	Cora R.	1905	Oct	17	028	F	Nome, AK	---

S	R	Page	Recor	LastName	FirstNames	Deat	Mn	Dt	Age	S	DeathPlace	Bir
S	2	372	2606	Moore	Daniel	1891	Sep	23	030	M	County Farm	IRL
S	2	101	1032	Moore	Dora	1898	Jul	30	10m	F	109 18th Ave.	Sea
S	2	107	1263	Moore	E. M.	1898	Nov	11	040	M	Magnolia Bluff	---
S	2	0056	01106	Moore	E. V.	1901	Jan	22	016	F	1504 West St. b Victoria	BC
S	2	0084	00409	Moore	Edna	1897	Oct	23	027	F	Providence Hosp.	---
S		0022	00430	Moore	Edward	1903	Jun	01	036	M	Sixth and Pine Streets	CA
S		117	2333	Moore	Edward	1904	Aug	11	055	M	Dolphin Saloon	---
S	2	116	1609	Moore	Edward H.	1899	Apr	13	028	M	Fremont, WA	KS
S	1	0001	01170	Moore	Ella M.	1890	Feb	15	037	F	925 Depot	
S		0008	00275	Moore	Esther	1892	Jul	08	042	F	McLain & Division	
S		0031	00008	Moore	Eva	1894	Jan	05	035	F		MI
S	3	0150	02999	Moore	Frances D	2904	Dec	08	007	F	South Seattle	MN
S		0110	02187	Moore	Frank	1904	Jul	11	056	M	1855 1st Ave. S.	IN
S	3	0060	01198	Moore	Frank	1906	Apr	21	015	M	Pacific Hospital	UT
S	2	0013	00243	Moore	Geo F.	1900	Mar	30	031	M	Prov. Hosp.	OH
S	2	0065	00205	Moore	George	1896	May	24	051	M	Prov Hosp	IL
S	1	0001	00413	Moore	H.N.	1884	Dec	11		M	Seattle	
S	2	0077	00126	Moore	Hattie	1897	Mar	30	024	F	916 Jefferson St.	VT
S	2	0090	1783	Moore	Herbert	1901	Aug	05	002	M	In Lake Union	WA
S		0193	3807	Moore	Infant	1903	Jan	27	s/b	F	5th Ave btween King&Jackson	Sea
S	2	386	2633	Moore	J. G.	1891	Oct	06	067	M	Fremont/7th Ward	ENG
S	1		2197	Moore	Jane B.	1891	Mar	26	060	F	7th & Seneca Sts.	---
S	3	0154	03080	Moore	Jerry	1905	Jan	11	050	M	Wayside Emergency Hosp	---
S	3	0089	01771	Moore	John B.	1906	Aug	08	065	M	709 E. Pike	IN
S	-	166	3262	Moore	John c.	1902	Sep	25	050	M	Providence Hosp.	IRL
S	3	0034	00677	Moore	Laura A.	1905	Dec	09	071	F	Ballard	NY
S	3	0028	00551	Moore	Luther L.	1905	Nov	06	076	M	King Co. Hosp.	ME
S	2	0047	00050	Moore	Maggie	1895	Feb	08	030	F	Ross	O.
S	1		1571	Moore	Mary E.	1890	Sep	21	037	F	2nd St,4th Ward b.Fairfield	IL
S	2	0090	00628	Moore	Mattie	1898	Feb	18	047	F	1512 9th Ave.	WI
S	3	0167	03332	Moore	Morris R	1905	Feb	12	052	M	Dunlap, WA	IA
S	1	0001	01167	Moore	Mrs.	1890	Feb	11		F	925 Depot	
S	3	0033	00659	Moore	Nina (Mrs.)	1905	Dec	11	040	F	1819 30th Ave	CND
S	3	0142	02839	Moore	Otto	1904	Nov	30	014	M	South Seattle	MN
S	2	0052	00271	Moore	Polly M.	1895	Jul	11	039	F	Rose & Elliott	WI
S	2	413	2686	Moore	Ralph Edwin	1891	Nov	19	003	M	529 Lincoln St. b.Utsalady,	WA
S	3	0146	02916	Moore	Robert	1907	Feb	25	003	M	813 E. 70th	WA
S	3	0189	03770	Moore	Thomas Hanna	1905	Jun	14	002	M	2603 Washington St	SEA
S	2	0040	00793	Moore	W. H.	1900	Aug	24	028	M	Juneau, AK	---
S	2	104	1165	Moore	Wm. S.	1898	Sep	29	071	M	Providence Hosp.	---
S	3	0151	03016	Moorehead	Harry G	1904	Dec	28	035	M	Portland, OR	---
S		0019	00169	Moorehouse	T.F.	1893	Apr	15	053	M	Ballard	
S	2	0058	01154	Moores	W. W.	1901	Jan	16	055	M	Hamilton	ME
S	2	339	2540	Moosetts	Mary	1891	Aug	24	056	F	424 Albert St.	IRL
S		0026	00521	Moquet	Mary Rastine	1903	Jun	12	070	F	304 B. Street/Ballard	FRN
S	2	0077	01527	Moraan	F. M.	1901	May	16	057	M	Prov. Hosp.	
S	2	0047	00076	Moran	(Infant)	1895	Feb	26	01d	M	1012 High	Sea
S	-	173	3403	Moran	Alma	1902	Oct	20	04m	F	Ballard, WA b.Ballard, WA	
S	1		2160	Moran	Dennis (alias Frank Elmor)	1891	Feb	24	024	M	Providence Hosp.	NB
S		0020	00385	Moran	Edward	1903	Feb	09	073	M	Gladwell, NJ	---
S	2	0062	00089	Moran	Francis R.	1896	Mar	03	002	M	1527 5th St.	Sea
S		0022	00298	Moran	James	1893	Jul	28	026	M	Chico, WA	
S	3	0032	00637	Moran	Joanna	1905	Dec	28	078	F	610 Olive St	IRL
S	1	296	2453	Moran	John	1891	Jul	10	03m	M	5th & Pine Sts.	Sea
S	1	0001	00174	Moran	L.	1883	Feb	20	06m	F	Seattle	USA

S	R	Page	Recor	LastName	FirstNames	Deat	Mn	Dt	Age	S	DeathPlace	Bir
S	2	100	1005	Moran	Maggie	1898	Jul	25	001	F	216 6th Ave. N.	Sea
S	2	0001	00008	Moran	Malcolm	1892	Jan	06	025	M	2225 Burch	---
S	3	0063	01257	Moran	Mary (Mrs.)	1906	Apr	02	030	F	South Park, Wn.	IL
S	2	0086	00469	Moran	Mary A.	1897	Nov	25	054	F	10th Ave. S. nr Charles St.	---
S	2	0032	00636	Moran	Minnie M.	1900	Aug	09	034	F	Arlington Hotel	CND
S	3	0151	03002	Moran	Nellie Agnes	1907	Mar	01	010	F	413-9th Ave.	WA
S	2	110	1396	Moran	Nellie F.	1899	Jan	11	022	F	818 Prospect	UT
S	2	106	1233	Moran	Paul	1898	Sep	21	035	M	Yukon River, AK	---
S	2	0092	01837	Moran	Peter	1901	Aug	05	047	M	Alaska	NY
S	3	0148	02946	Moran	Ralph	1907	Jan	30	015	M	Aberdeen, WA	WA
S	1		1559	Moran	Thomas	1890	Sep	15	026	M	Florence House	USA
S	2	109	1361	Morau	Elmer	1898	Dec	10	09m	M	Ballard, WA	WA
S		0021	00409	Morch	A.B.	1903	May	10	070	M	Wayside Mission	NRY
S	-	191	3760	Morden	Elizabeth	1903	Jan	22	066	F	E. 40th St. & 15th Ave. NE	ON
S	2	157	3094	Morehouse	Geo. B.	1902	Aug	05	020	M	Latona-Lake Union	KS
S	2	0094	00748	Morehouse	H. B.	1898	Apr	11	044	M	Arlington Hotel	OH
S	1	229	2323	Morehouse	Mrs. Frances May	1891	Apr	30	025	F	Battery ST.	IL
S	2	0046	00022	Moreland	Eliz. G.	1895	Jan	23	08m	F	Commercial & Norman	
S	3	0017	00340	Moreland	H. James	1905	Oct	04	042	M	724 Washington St	ON
S	3	0002	00024	Moreland	Infant	1905	Jul	24	---	M	207 Terry Ave	SEA
S		0032	00627	Moreland	Thos H.	1903	Jul	17	078	M	219 Queen Anne N.	---
S		0096	01915	Morey	Jasper	1904	May	08	053	M	Seattle Gen. Hospital	---
S	2	100	1009	Morford	Edward	1898	Jul	26	012	M	Smith's Cove	---
S	2	0071	01402	Morgait	Lorenes	1901	Apr	10	004	M	311 1st Ave. S.	WA
S	3	0162	03223	Morgan	(Infant)	1907	Mar	31	03d	F	411-32nd Ave. N.	WA
S		0084	1674	Morgan	Alice	1904	Mar	26	029	F	Wayside Mission Hospital	US
S	3	0179	03566	Morgan	Alice Mary	1907	May	28	020	F	302 Fairview	CA
S	2	0062	00099	Morgan	Anna E.	1896	Mar	08	063	F	322 Harrison St.	
S	2	0093	00723	Morgan	Anna Rose	1898	Mar	23	01d	F	Yesler Station b.Yesler, WA	
S	-	147	2883	Morgan	Archie I.	1902	Jun	11	004	M	515 21st Ave. S.	MN
S		131	2599	Morgan	baby	1902	Mar	01	s/b	M	901 20th Ave. S.	SEA
S		0023	00456	Morgan	Bertha May	1903	Jun	10	027	F	114 W. Republican	MI
S	2	0064	00176	Morgan	Bessie D.	1896	Apr	06	035	F	214 Republican St	ME
S	2	0052	00235	Morgan	David W.	1895	Jun	04	021	M	Prov. Hosp.	
S	3	0073	01454	Morgan	Edward	1906	Jun	02	063	M	1522 Fourth Ave. b. South WLS	
S	2	0080	01589	Morgan	Eliza	1901	Jun	02	063	F	115 - 4 Ave. N	VT
S	-	156	3076	Morgan	Elizabeth r.	1902	Aug	03	03h	F	1621 Federal Ave.	SEA
S	2	0055	00390	Morgan	Elmo	1895	Sep	29	09m	M	813 Alden	Sea
S	2	0056	01119	Morgan	Frances	1901	Jan	27	044	F	Wayside Mission	NY
S	1		2179	Morgan	George Washington	1891	Mar	02	007	M	-	Sea
S	3	0072	1437	Morgan	Henry Harold	1904	Jan	15	024	M	811 Washington	CND
S	2	0046	00909	Morgan	Ines	1900	Nov	12	04m	F	2115 West St	MN
S		0028	00547	Morgan	Infant	1903	Jun	10	s/b	M	114 N. Republican Street	SEA
S	3	0171	03414	Morgan	Infant	1905	Mar	27	04d	M	319 1/2 Clay St	SEA
S	2	0123	2446	Morgan	J. E.	1902	Feb	15	037	M	Seattle Gen. Hosp.	ENG
S	1	0001	00716	Morgan	Jas.	1888	Dec	27	21m	M	Grant St. Bridge	
S	2	0073	01445	Morgan	Jas.	1901	Apr	01	035	M	Elliott Bay	USA
S		0011	00412	Morgan	John	1892	Oct	01	018	M	21 Ash	
S	2	107	1261	Morgan	John	1898	Nov	10	056	M	Providence Hosp.	---
S	-	154	3023	Morgan	John	1902	Jul	26	050	M	Wayside Mission	---
S	2	0050	00187	Morgan	John A.	1895	Apr	08	050	M	New Whatcom	WLS
S	3	0074	01480	Morgan	Joseph	1904	Feb	01	040	M	cor. Spring & R.R. Ave.	un-
S	3	0184	03674	Morgan	Louise M	1905	May	25	060	F	216 Broadway	NY
S	2	0087	00512	Morgan	Manril	1897	Dec	27	019	M	3rd Ave. S. & Washington St	WI
S	2	113	2250	Morgan	Merl	1901	Dec	26		?	Monod Hosp.	SEA

S	R	Page	Recor	LastName	FirstNames	Deat	Mn	Dt	Age	S	DeathPlace	Bir
S	3	0034	00678	Morgan	Morgan	1905	Dec	09	075	M	Spokane, WA	UN
S	2	125	1975	Morgan	Mrs. Sarah	1899	Sep	27	065	F	Black Diamond, WA	PA
S	1		1465	Morgan	Nellie	1890	Aug	04	05m	F	- b. Port Townsend, WA	
S	3	0170	03398	Morgan	Oliver	1905	Mar	17	051	M	Wayside Emergency Hosp	---
S	2	125	1963	Morgan	Phillip	1898	Sep	01	-	M	Cooks Inlet, AK	---
S	3	0170	03399	Morgan	Robert Henry	1905	Mar	17	059	M	606 Columbia, Ward 4	KY
S		0036	00714	Morgan	Sarah	1903	Aug	15	087	F	N. 70th and Aurora	US
S	2	0035	00184	Morgan	Thomas	1894	Mar	31	034	M	Steilacom	WI
S	2	0092	1827	Morgan	W. J.	1901	Aug	10	037	M	Cor. 5th & Madison	OH
S	2	160	3140	Morgan	W. Morgan	1902	Aug	26	001	M	Diller Hotel b. Blk Diamond, WA	
S	1	0001	01181	Morgan	Will	1890	Feb	10	020	M		
S	3	0004	00064	Morgan	William	1905	Aug	04	035	M	109 Yesler Way	UN
S	3	0045	00888	Morgan	Wm. J.	1906	Feb	21	044	M	Prov. Hosp.	ENG
S	1	0001	00787	Morganthaler	Wm.	1889	Mar	09	023	M	Corner 7th & Lenora St.	SWD
S		0009	00329	Morgaurd	Alfrida M.	1892	Aug	07	18m	F	1822 8th	Sea
S	2	0107	2134	Morgenstern	William	1901	Nov	22	041	M	Prov. Hosp.	GER
S	1		1485	Morhaske (?)	Albertha	1890	Aug	13	022	F	Providence Hospital	---
S	2	129	2140	Moriarity	Mary K.	1899	Dec	25	035	F	Providence Hosp.	IRL
S	2	0068	00332	Moriarty	C. M.	1896	Aug	24	01m	M	Providence Hosp.	SEA
S		0026	00518	Moriarty	John C.	1903	Jun	09	014	M	Everett, WA	MT
S	3	0032	00622	Morie	Frederick J.	1905	Dec	24	071	M	2370 Eastlake Ave	MA
S	3	0011	00214	Morimoto	Tasaburo	1905	Aug	23	030	M	4th Ave S & Lane St	JPN
S	3	0182	03630	Morimsto	(Infant)	1907	May	11	s/b	F	808 Jackson	WA
S	3	0195	03889	Morin	Ellen J.	1905	Jul	07	03m	F	2515 5t Ave	SEA
S	3	0029	00573	Morin	Emil	1905	Dec	05	051	M	Providence Hosp.	FRN
S	2	0056	01112	Morino	Lena	1901	Jan	24	024	F	Welcome House	---
S	2	0097	00881	Moritz	Harry	1898	May	06	048	M	Arlington, WA	---
S	1	0001	01204	Moritz	J.M.	1890	Mar	30	053	M	214 Vine St.	
S	2	0055	00387	Moriyama	C.	1895	Sep	28	049	M	5th & Jefferson	JPN
S	2	123	1902	Morland	Mark	1899	Aug	14	063	M	Port Townsend, WA	---
S	2	0042	00832	Morley	Catherine	1900	Oct	16	045	F	624 King St	---
S	2	0027	00540	Morley	Frank	1900	Jul	02	048	M	Alaska Hotel	---
S	1	0001	00674	Morley	John	1888	Nov	06	040	M	unknown	
S	2	0090	00638	Morley	Josephine R.	1898	Feb	24	039	F	New Western Hotel	PA
S	1	0001	00829	Morley	Vida	1889	Apr	16	003		Foot Pike St.	
S	1		2134	Morn	Danita	1891	Feb	08	08m	F	Prince Wm. St.	Sea
S	2	0087	00519	Moroni	Angeline	1897	Nov	30	026	F	Ellis & Mason St. San Fran.	IA
S	3	0092	01835	Morren	Margret	1904	Apr	27	084	F	1013 Jackson St.	IRL
S	3	0122	02425	Morrill	Dr. William B.	1906	Dec	03	048	M	Seattle Gen. Hosp.	MN
S	2	0061	01202	Morrill	L. Myrtle	1901	Feb	19	014	F	Prov. Hosp.	WA
S		0002	00038	Morrill	Mrs. M.J.	1903	Mar	15	048	F	1200 First Avenue S	---
S	3	0090	1805	Morris	Adele Flora	1904	Apr	17	056	F	Monod Hospital	IN
S	2	0063	01251	Morris	Annie	1901	Feb	22	021	F	Brighton Beach	sme
S	3	0129	02579	Morris	Buell	1904	Sep	25	030	M	Rainier Grand Hotel	---
S	2	0086	00484	Morris	Caroline A.	1897	Nov	16	079	F	Ballard, WA	ENG
S	3	0055	01091	Morris	Charles M.	1906	Feb	23	052	M	Kent Kangle, WA	IL
S	3	0184	03669	Morris	Claire	1907	Jun	07	006	M	Prov. Hosp.	MT
S	2	0074	00023	Morris	F. F.	1897	Jan	19	02m	M	813 Alden St.	SEA
S		108	2156	Morris	Fred C.	1904	Apr	04	026	M	Dawson Y.T.	OR
S	3	0124	02468	Morris	Infant	1904	Aug	29	---	F	1550 Atlantic S	SEA
S	3	0167	03343	Morris	Infant	1905	Feb	14	s/b	M	Seattle General Hosp	SEA
S	2	176	3479	Morris	J.T.	1902	Nov	16	036	M	Wayside Mission	---
S	2	0012	00222	Morris	John B.	1900	Mar	18	011	M	Prov. Hosp.	SD
S		0096	1920	Morris	John J.	1904	May	12	087	M	321 10th Ave.	ENG
S	1		1533	Morris	John T.	1890	Sep	06	017	M	-	---

S	R	Page	Recor	LastName	FirstNames	Deat	Mn	Dt	Age	S	DeathPlace	Bir
S	3	0019	00361	Morris	Lillian Frances A.	1905	Oct	16	01m	F	822 9th Ave S	SEA
S	2	0081	00300	Morris	Mamie	1897	Aug	04	023	F	928 20th Ave.	SEA
S	1		2194	Morris	Mary	1891	Mar	28	048	F	Old Beach Rd. nr 13th St.	---
S	3	0087	01721	Morris	Mary Irene	1906	Jul	19	020	F	Hollywood, CA	--
S	2	0052	01034	Morris	Mary J.	1900	Dec	03	---	F	Everett, WA	---
S	2	103	2056	Morris	Mary K.	1901	Oct	03	08m	F	Brighton Beach	??
S	3	0149	02981	Morris	Percy F	1904	Dec	15	003	M	3620 Fremont Ave	WA
S	3	0099	01980	Morris	Raymond	1906	Sep	15	02m	M	Wayside Emer. Hospital	WA
S		0029	00571	Morris	Sarah	1893	Dec	28	019	F	11th & Chas.	
S	1		2162	Morris	Thomas	1891	Feb	24	087	M	8th & Lenors Sts.	TN
S	3	0019	00364	Morris	Thomas	1905	Oct	16	037	M	Wayside Emerg. Hosp.	WV
S		0194	3817	Morris	Tommy	1903	Feb	05	030	M	Providence Hospital	OR
S	2	0043	00503	Morris	Vinnie	1894	Nov	01	001	F	15 St & Weller	Sea
S	3	0132	02631	Morris	W B	1904	Sep	29	055	M	Monad Hosp	---
S	2	0034	00156	Morrisey	Frank	1894	Apr	07	020	M	Police Headquarters	
S		0114	02267	Morrison	(Infant)	1906	Oct	30	01m	F	Childrens Hme Soc, Columbia	---
S		0054	01078	Morrison	Alexander	1903	Oct	22	050	M	Berlin, WA	ENG
S		0017	00337	Morrison	Baby	1903	May	17	10m	F	413 Seventh Avenue S.	SEA
S	1	0001	00828	Morrison	C.	1889	Apr	15	023	m	Prov. Hosp.	
S		0064	01272	Morrison	Cecile	1903	Dec	15	04m	F	409 Cedar St.	Sea
S	3	0175	03500	Morrison	Doris May	1907	May	17	005	F	1110-29th Ave. S.	WA
S	2	0084	00429	Morrison	Earl	1897	Oct	08	009	M	Salem, OR	---
S	3	0030	00587	Morrison	Eliza J.	1905	Dec	09	064	F	42nd St & Latona Ave	IN
S	3	0145	02905	Morrison	Esther	1904	Dec	08	03m	F	7354 Strand Ave	SEA
S	2	127	2038	Morrison	Frank	1899	Oct	19	035	M	Sch. Humboldt (at sea)	---
S	3	0168	03357	Morrison	Harry	1905	Mar	04	052	M	1200 1/2 Western Ave	USA
S		0017	00323	Morrison	Hudson A.	1903	May	10	013	M	402½ - 10th Avenue	SEA
S	1	0001	00664	Morrison	Huldah	1888	Oct	26	021		corner 10th & Charles St.	
S	3	0095	01886	Morrison	Infant	1904	Apr	18	s/b	M	1207 10th Ave. S.	Sea
S	3	0162	03241	Morrison	James	1905	Feb	09	047	M	Pacific Hosp	CND
S		0019	00371	Morrison	James A.	1903	May	30	066	M	General Hospital	---
S	2	0106	02109	Morrison	Julia A.	1901	Nov	16	045	F	845 - 16th Ave. N.	IL
S	2	0068	00342	Morrison	M.	1896	Aug	26	06m	F	1718 Spring St.	SEA
S	2	0013	00247	Morrison	Mary	1900	Mar	02	038	F	------	ENG
S	2	0014	00275	Morrison	Mary Ann	1900	Apr	02	038	F	1517 2nd Av	ENG
S	2	418	2697	Morrison	Noble	1891	Nov	24	11m	M	Redmond, WA	Sea
S	3	0112	02234	Morrison	Robert	1906	Sep	29	c35	M	Ballard (b. Nova Sco	tia
S		0059	01176	Morrissey	S. B.	1903	Nov	28	079	M	421 Summit AveN. b.BonvenIs	
S	3	0169	03374	Morrow	C.B.	1896	Feb	18	050	M	Tacoma, WA	OH
S	-	174	3425	Morrow	John	1902	Oct	31	048	M	Georgetown, WA	OH
S	3	0169	03373	Morrow	John C.	1895	Aug	28	---	M	Kirkland, WA	PA
S	3	0164	03276	Morrow	Margaret	1907	Apr	11	077	F	Wayside Hosp.	OH
S		0006	00206	Morse	Frederick	1892	May	23	005	M	131 Poplar (b. Abilene,	KS
S	2	125	1966	Morse	Geo.	1899	Sep	11	044	M	Everett, WA	IA
S	3	0036	00702	Morse	Infant	1905	Dec	16	s/b	F	1036 Jackson St	SEA
S	2	0094	00773	Morse	John S.	1898	Apr	20	064	M	North Broadway	---
S	2	0063	01257	Morse	M. Leona	1901	Feb	25	021	F	Ketchikan, AK	NE
S		0003	00105	Morse	Melvin O.	1892	Mar	17	032	F	Prov. Hosp. (b.Sacramento,	CA
S		0080	1605	Morsia	Flora	1904	Mar	02	003	F	1020 Washington St.	CA
S	1	0001	00595	Morskinitz	Bery	1888	Aug	25	023		Co. Farm	
S	1	0001	00114	Mortensen	Nels	1882	Sep		06w		Seattle	USA
S	3	0179	03574	Mortenson	Martha	1907	May	30	c40	F	Wayside Hosp.	SWD
S	-	168	3297	Mortimer	Grace Olivia	1902	Sep	03	023	F	Dawson	---
S	1	0001	00365	Mortinson	W.	1884	Aug	03	04m		Seattle	USA
S	2	0016	00319	Mortisen	(Baby)	1900	Apr	14	02d	M	136 Dexter	SEA

S	R	Page	Recor	LastName	FirstNames	Deat	Mn	Dt	Age	S	DeathPlace	Bir
S	2	126	2003	Morton	Dewey	1899	Oct	19	001	M	122 7th Ave.	Sea
S	3	0153	03065	Morton	Herman	1905	Jan	05	055	M	Wayside Emergency Hosp	---
S		0026	00457	Morton	Jennie	1893	Oct	25	044	F	5th & Bell	
S	2	0055	01094	Morton	John	1901	Jan	17	048	M	Prov. Hosp.	CA
S	2	0016	00301	Morton	Mary G.	1900	Apr	09	074	F	Prov. Hosp.	ME
S	3	0151	03023	Morton	W B	1904	Dec	21	067	M	Hadlock, WA	---
S		0047	00936	Mortonson	Alma M.	1903	Sep	03	05m	F	South Park, WA	WA
S	3	0191	03801	Mosers	Stephen C.	1907	Jun	21	074	M	South Park	ME
S	3	0125	02499	Moses	A.M. (Mrs.)	1906	Dec	21	076	F	722 Queen Anne	WLS
S	2	138	2734	Moses	Catherine S.	1902	Apr	30	060	F	Providence Hosp.	---
S	3	0164	03274	Moses	George	1907	Apr	10	c30	M	Sea. Gen. Hosp.	NB
S	2	0062	00111	Moses	Thomas	1896	Mar	17	062	M	1304 Jackson St.	
S	3	0164	03268	Mosher	Henry G	1905	Feb	20	076	M	228 E Turia St	NY
S	2	100	1982	Mosler	Infant	1901	Oct	02	10m	M	5th & Jackson	SEA
S	1	0001	00338	Moss	E.T.Mrs.	1884	May	10	042	F	Seattle	USA
S	2	0052	00272	Moss	Rufus	1895	Jul	12		M	Olympic Ave	
S	3	0150	02981	Moss	Wm F.	1907	Feb	22	026	M	West Seattle	AR
S		0081	00287	Mossbock	Jos.	1897	Jul	25	042	M	Georgetown, WA	FRN
S	2	0073	00524	Mossman	F. H.	1896	Dec	29	030	M	Providence Hosp.	---
S	2	114	1557	Mote	Irene	1899	Mar	29	007	F	421 Pike St.	CA
S	3	0146	02906	Mothander	Ray	1904	Dec	09	04m	M	501 Fairview Ave	SEA
S	2	0051	00227	Mott	Geo. W.	1895	May	07	060	M	Co. Hosp.	
S	2	0075	00074	Mouart	J. C.	1897	Feb	25	061	M	425 Albert St.	---
S	3	0104	02071	Moulton	Adelaide E.	1904	Jun	15	036	F	119 24th Ave. b.Victoria	BC
S		0013	00499	Moulton	Chas.R.	1892	Dec	06	036	M	416 Marion	ME
S	2	0084	00398	Moulton	Edith	1897	Oct	08	028	F	Latona	---
S	3	0185	03691	Moulton	Myron D.	1907	Jun	11	029	M	812-21st Ave.	IA
S	-	164	3234	Moulton	Wm. F. R.	1902	Sep	09	002	M	119 24th N.	SEA
S		0109	02168	Moury	Lillian	1904	Jun	20	s/b	F	1910 Queen Anne Ave.	Sea
S	1	0001	00123	Moushower	William	1882	Oct	31	049	M	Hospital	GER
S	3	0125	02490	Mower	Eugene F.	1906	Dec	19	04d	M	2102-1st Ave. W.	WA
S	3	0106	02109	Mowry	B.B.	1906	Oct	03	029	M	7417-9th Ave. N.E.	IL
S	3	0060	01191	Moxner	C.	1906	Apr	15	040	M	Wayside Emergency Hospital	unk
S	3	0197	03938	Moynehan	Andrew	1905	Jul	16	072	M	3245 16th Ave W	IRL
S		0063	01250	Moynes	G. E.	1903	Dec	05	045	M	Seattle Gen. Hosp.	---
S	1	0001	00809	Mudock	A.P.	1889	Mar	22	028		Russ House	USA
S	1		1521	Mueller	Andreas	1890	Aug	31	04m	M	112 Front St.	GER
S	2	116	1616	Muggoh	Annie May	1899	Apr	16	03m	F	1519 9th Ave.	Sea
S		0029	00572	Muhl	Addie	1903	Jul	15	021	F	420 Union Street	IL
S	1	0001	00821	Muir	Dan	1889	Apr	05	040	m	Poor House	
S	3	0130	02581	Muirhead	(Infant)	1906	Dec	17	s/b	M	806-22nd Ave.	WA
S	-	173	3411	Mularkey	Wm.	1902	May	29	010	M	Dawson, AK	SEA
S	3	0199	03974	Mulcahy	Michael	1905	Jul	04	054	M	SS Santa Clara, at sea	IRL
S	3	0094	01876	Muldoon	Ella J.	1906	Aug	07	028	M	Georgetown, Wn.	WI
S	2	0098	00937	Mulford	Chas.	1898	Jun	19	015	M	7th & Virginia Sts.	SEA
S	1	0001	00443	Mulford	Frank	1885	Apr	03	035	M	Seattle	NY
S	2	0047	00073	Mulgard	Ida	1895	Feb	25	062	F	330 Oak	NRY
S		0080	1588	Mulhein	William F.	1904	Feb	12	032	M	King County Hospital	WI
S	3	0192	03845	Mulhern	Frank A.	1905	Jun	28	034	M	Ballard	SEA
S		0029	00581	Mull	Gracie	1903	Jul	14	003	F	420 Union Street	SEA
S	1		1543	Mullane	infant son of J.E.	1890	Sep	04	04d	M	Seattle	Sea
S	2	0105	2088	Mullany	Mrs. Rose	1901	Nov	05	068	F	2016 - 3 Ave.	IRL
S		0017	00332	Mullarkey	Thos. J.	1903	May	14	038	M	218 Fairview Avenue	PA
S		0031	00622	Mullen	Baby	1903	Jul	20	14d	M	406 Kilbourne	SEA
S	2	0047	00069	Mullen	Conner	1895	Feb	22	045	M	Foot of Pike St Elliott Bay	

S	R	Page	Recor	LastName	FirstNames	Deat	Mn	Dt	Age	S	DeathPlace	Bir
S	2	0100	00984	Mullen	Dora a.	1898	Jul	09	18d	F	223 9th Ave.	Sea
S	3	0161	03213	Mullen	Infant	1905	Jan	26	s/b	F	1125 11th Ave S	SEA
S	2	0087	00533	Mullen	John	1897	Dec	26	040	M	Seattle, WA	---
S		0031	00619	Mullen	Letha Ann	1903	Jul	27	037	F	406 Kilbourne	OH
S	2	0078	01560	Mullen	Lillie	1901	May	05	034	F	Co. Hosp.	IRL
S		132	2620	Mullen	Thos.	1902	Feb	28	013	M	Chehalis, WA b,St. Paul,	MN
S		108	2146	Mullens	Ollie	1904	Jun	30	026	F	Ballard WA	IN
S	2	0095	00806	Muller	Cecil Mario	1898	Apr	14	18m	F	Hoods Canal b.Hoods Canal,	WA
S		0052	01026	Muller	Lament A.	1903	Oct	24	070	M	1700-9th Avenue	FRA
S	2	180	3556	Mulligan	Edward	1902	Dec	07	008	M	2816 Western Ave.	SEA
S	3	0173	03442	Mulligan	Edward W.	1907	May	04	038	M	Hillman City	OR
S	-	147	2892	Mulligan	Frank	1902	Jun	14	065	M	Providence Hosp.	IRL
S	-	168	3309	Mulligan	J. (Mrs.)	1902	Feb	09	038	F	Dawson, AK	IRL
S	2	0070	00393	Mulligan	J. C. (Mrs.)	1896	Sep	27	025	F	Clancy Block	---
S	2	112	1488	Mulligan	Sam'l	1899	Feb	25	055	M	County Hosp.	IRL
S	2	0015	00293	Mulligan	Sam'l	1900	Apr	07	022	M	1905 7th Av	IRL
S	3	0138	02744	Mulliken	Mary	1907	Jan	19	067	F	Magnolia Bluff, WA	---
S	2	0077	1531	Mulliss	Lula	1901	May	18	021	F	Prov. Hosp.	KS
S		0021	00414	Mulroy	James S.	1903	May	13	042	M	Fourth Avenue S & King St	MA
S	2	0014	00267	Mumbach	Frank	1900	Mar	23	009	M	Anacortes	---
S	2	0006	00117	Mumford	H. W.	1900	Feb	13	040	M	107 Marion	---
S	2	0109	2165	Mumford	Robert	1901	Aug	27	040	M	Alaska Nome	IL
S	1	0001	00273	Mumlin ?	Alfred	1883	Sep	01	05m	M	Seattle	USA
S		0116	02320	Munari	Angelo	1906	Nov	11	045	M	Prov. Hosp.	---
S	3	0175	03489	Muncaster	Isabella	1905	Apr	03	020	F	1112 15th Ave S	KS
S	3	0163	03254	Muncy	(Infant)	1907	Apr	07	01m	F	804-14th Ave.	WA
S	1	0001	01141	Munelhenke	Henry	1890	Jan	14	059	M	13th & King St.	
S	3	0101	02025	Munger	Infant	1904	May	20	s/b	M	Green Lake	Sea
S		0062	01228	Munilli	Infant	1903	Nov	14	s/b	F	811 9th Ave. So.	Sea
S	3	0164	03275	Munroe	Belle	1907	Apr	11	017	F	1800 Franklin Ave.	WA
S	1	0001	00357	Munroe	Geo. H.	1884	Jul	20	071	M	Seattle	USA
S	2	113	1504	Munroe	Jos. A.	1899	Mar	06	071	M	226 Eastlake Ave.	NY
S	2	0116	2305	Munroe	Margaret A.	1902	Jan	02	084	F	317 Coryell Pl.	RI
S	2	122	1867	Munroe	Sophia A.	1899	Aug	14	052	F	Seattle Gen. Hosp.	---
S	2	124	1945	Munroe	W. T.	1899	Sep	24	038	M	14th & E. Fir Sts.	---
S	2	122	1874	Munrof	Bell W.	1899	Aug	21	054	F	Fremont, WA	NB
S	2	0078	00172	Munson	baby	1897	May	05	18d	F	105 Franklin Ave.	SEA
S	2	0087	00527	Munson	John	1897	Dec	20	045	M	nr Stampede Junction	---
S		0009	00177	Munson	Josiah H	1903	Apr	11	069	M	Seattle General Hospital	ME
S	2	0066	01304	Munson	Peter	1901	Mar	19	044	M	26 Ave & E. Union	SWD
S	2	0036	00717	Munson	Walter	1900	Aug	27	08m	M	River Park	WA
S	1	0001	00143	Munson	William	1882	Oct	31	049	M	Seattle	GER
S	-	164	3229	Murao	Lizzie	1902	Sep	03	01m	F	4th & Main Sts.	SEA
S	3	0160	03198	Murata	L	1905	Jan	31	023	M	Fairmount, WA	JPN
S		0028	00544	Murdock	Albert	1903	Jun	29	045	M	Lester, Washington	---
S	2	0068	01359	Murdock	George W.	1904	Jan	02	061	M	907 1st Ave. So.	CND
S	3	0156	03112	Murdock	Malcolm B.	1907	Mar	24	013	M	726-14th Ave.	WA
S	3	0159	03183	Murdock	Mary A	1905	Jan	07	050	F	Ballard, WA	NY
S	3	0143	02855	Murdock	Mrs Ella	1904	Nov	26	037	F	Providence Hosp	IA
S	3	0175	03492	Murphine	Emma	1905	Apr	05	049	F	505 Seneca St	OH
S	2	113	1500	Murphy	A. P.	1899	Mar	01	047	M	Providence Hosp.	PE
S		0118	02350	Murphy	Abbie D.	1906	Nov	21	048	F	2840 Stroud Ave.	US
S	3	0083	01641	Murphy	Asa H.	1906	Jul	--	--	M	Prov. Hosp.	--
S	1	0001	01074	Murphy	Benjamin	1889	Dec	10	054	M	5th & James	
S		0023	00335	Murphy	Bridget	1893	Aug	27	040	F	314 Hughes	IRL

S	R	Page	Recor	LastName	FirstNames	Deat	Mn	Dt	Age	S	DeathPlace	Bir
S	-	0191	No #	Murphy	Chas.	1903	Jan	11	024	M	Renton, WA	ON
S	2	0076	00081	Murphy	Clara	1897	Feb	04	042	F	County Hosp.	VT
S	2	0054	01067	Murphy	E.	1901	Jan	07	012	F	905 18th Ave	MN
S		0117	02325	Murphy	E.T.	1906	Nov	12	040	M	Oregon Hotel, 2nd & WA	---
S	2	110	1404	Murphy	Ed	1899	Jan	16	034	M	Providence Hosp.	---
S	2	126	2014	Murphy	Edwd	1899	Oct	26	070	M	428 5th Ave. South	---
S		0023	00338	Murphy	Ellen	1893	Aug	29	05m	F	Penn Ave. & Smith St.	Sea
S	2	0081	00307	Murphy	G. E.	1897	Aug	13	030	M	Providence Hosp.	---
S		0056	01110	Murphy	George W.	1903	Nov	05	070	M	Seattle General Hospital	IRL
S		131	2592	Murphy	infant	1902	Mar	29	s/b	M	720 12th Ave.	SEA
S	2	0054	01070	Murphy	J. L.	1901	Jan	09	020	M	Prov. Hosp.	NS
S	2	0085	00456	Murphy	James	1897	Nov	15	035	M	Providence Hosp.	---
S	3	0195	03887	Murphy	James	1905	Jul	06	040	M	912 1st Ave S	IRL
S		0113	02255	Murphy	James	1906	Oct	24	042	M	Spokane	---
S	3	0136	02712	Murphy	James E.	1907	Jan	10	041	M	716A Pine St.	NY
S	1		2033	Murphy	John	1890	Dec	05	063	M	Providence Hosp. b.Tolt,	---
S	2	0078	00165	Murphy	John	1897	Apr	17	060	F	Port Townsend, WA	---
S	2	114	1552	Murphy	John	1899	Mar	28	035	M	907 Plummer	---
S	2	180	3547	Murphy	John	1902	Nov	30	043	M	Seattle Gen. Hosp.	---
S	3	0087	01722	Murphy	John	1906	Jul	23	043	M	Co. Hosp., Georgetown	IRL
S	3	0070	01400	Murphy	John	1906	May	29	042	M	Wayside Emergency Hosp.	IRL
S		0032	00638	Murphy	John F.	1903	Jul	14	042	M	Vancouver, B.C.	---
S	2	0058	00534	Murphy	John H.	1895	Nov	28	033	M	Seattle Gen Hosp	MA
S		0029	00574	Murphy	John H.	1903	Jul	11	028	M	Providence Hospital	MI
S			1344	Murphy	John Henry	1890	Jun	10	06w	M	No. Seattle	Sea
S		0011	00413	Murphy	John J.	1892	Oct	04	02m	M	Stacy St.	Sea
S	2	0007	00127	Murphy	Julia G.	1900	Feb	20	022	F	2110 9th Ave	WI
S		0016	00056	Murphy	Louis	1893	Feb	18	009	M	Lenora St.	TX
S	2	0081	00312	Murphy	Mary	1897	Aug	16	024	F	607 Main St.	OR
S	3	0128	02561	Murphy	Matthew	1904	Sep	30	056	M	718 Maynard Ave	IL
S	1	0001	00713	Murphy	Michial	1888	Dec	26	054	M	Corner Front & Pine St.	
S	1	0001	00807	Murphy	Mr.	1889	Mar	20	022	M	Railroad House	
S	3	0141	02815	Murphy	Owen	1904	Nov	14	073	M	Providence Hosp	IRL
S	2	107	1278	Murphy	Pat V.	1898	Nov	26	035	M	1415 5th St.	MN
S	2	0070	00418	Murphy	Patrick	1896	Oct	13	054	M	Providence Hosp.	IRL
S		0049	00978	Murphy	Peter C	1903	Oct	04	026	M	1007 E. Republican ST	CND
S	1	0001	00563	Murphy	S.P.	1887	Oct	20	04m	M		
S	1	229	2325	Murphy	Thomas	1891	Apr	-	050	M	Lake Union	---
S		0084	01667	Murphy	Thomas	1904	Mar	22	032	M	Providence Hospital	---
S	2	0091	01813	Murphy	William	1901	Aug	25	060	M	Prov. Hosp.	IRL
S	2	0041	00425	Murphy	Wm.	1894	Sep	26	050	M	323 Joy	
S	3	0095	01898	Murphy	Wm. R.	1904	May	03	066	M	1517 17th Ave. S.	IN
S	3	0075	01501	Murray	Alice O.	1904	Feb	09	044	F	5th Ave. & Madison St.	TX
S	2	0065	00224	Murray	B.W.	1896	May	26	016	M	Victoria, BC	
1	2	116	1622	Murray	Edwd J.	1899	Apr	18	037	M	1022 Weller St.	---
S	2	1	32	Murray	infant	1892	Jan	19	02d	M	410 Houston	Sea
S	2	112	2221	Murray	Infant	1901	Dec	18		M	Monod Hosp.	SEA
S		0010	00184	Murray	Infant	1903	Apr	13	03m	F	1802 - 19th Avenue	SEA
S	1		1434	Murray	Jane Elizabeth	1890	Jul	20	044	F	Madison St.	---
S	2	120	1775	Murray	Jas.	1899	Jun	26	037	M	Mug Saloon	---
S		0004	00145	Murray	Jennie	1892	Apr	14	017	F	Ft. Steilacoom	
S		0052	01063	Murray	Joseph	1903	Oct	10	035	M	King County Hospital	IRL
S	2	0091	01801	Murray	Katherine	1901	Aug	19	023	F	911 Howell St.	ENG
S	3	0042	00830	Murray	Laurence Martin	1906	Jan	25	026	M	Douglass, Rock Island	unk
S	3	0008	00143	Murray	M.	1905	Aug	01	045	M	Barneston, WA	UN

S	R	Page	Recor	LastName	FirstNames	Deat	Mn	Dt	Age	S	DeathPlace	Bir
S	1		1984	Murray	Mary A.	1890	Nov	09	02m	F	Main St., 1st Ward	Sea
S	2	0047	00043	Murray	Mike	1895	Feb	02	065	M	Prov Hosp	
S	3	0112	02233	Murray	Phillip	1906	Sep	25	016	M	White Horse, AK	WA
S	3	0052	1029	Murray	Richard	1906	Mar	13	027	M	Wayside Emergency Hospital	
S		0025	00482	Murray	Robert	1903	Jun	21	027	M	Wayside Mission	TX
S	1	0001	01140	Murray	Thomas	1890	Jan	14	059	M	Grace Hosp.	
S		0006	00221	Murray	Thomas	1892	May	30	055	M	Police Station	
S		0001	00015	Murray	Thos. Edward	1903	Mar	09	042	M	21st Avenue + Madison	CA
S	3	0080	01589	Murray	Wm. M.	1906	Jun	05	054	M	Co. Hosp., Georgetown	--
S	3	0128	02558	Murrey	Mathew H	1904	Sep	28	021	M	213 Clay St	MN
S	2	0061	01220	Murry	R.	1901	Feb	27	060	M	Edgewater	MS
S	2	0062	01236	Muscott	Sylvia	1900	Oct	08	067	F	Vashon	NY
S	2	0093	1849	Muse	Frank A.	1901	Aug	28	031	M		PA
S	3	0188	03748	Musket	Charles	1905	Jun	01	058	M	1st Ave S & Weller St	FIN
S	1		1534	Mussay	Ruth	1890	Sep	06	01m	F	King St.	Sea
S	2	114	1542	Muvalli	Louis/Luigi	1899	Mar	23	035	M	Providence Hosp.	ITL
S	2	0044	00514	Myberg	John	1894	Nov	07	030	M	Fremont	
S		0008	00148	Mydell	Ernest	1903	Apr	03	002	M	704 Newton	---
S	-	170	3353	Myer	Eugene L.	1902	Oct	16	06m	N	338 16th Ave.	SEA
S		0034	00672	Myer	Infant	1903	Aug	04	24d	F	338 - 16th Avenue	SEA
S		0033	00658	Myer	Infant	1903	Jul	11	s/b		338 - 16th Avenue	SEA
S	2	0064	01277	Myers	(baby)	1901	Mar	09	10d	M	Monod Hosp.	WA
S	2	185	3642	Myers	Carl J.	1902	Dec	19	012	M	Ballard, WA b.Ballard, WA	
S	1	0001	00417	Myers	Chas.	1884	Dec	30	049	M	Seattle	NY
S	3	0059	01168	Myers	David	1906	Apr	09	006	M	Sea.Gen. Hosp. b."city"	
S	2	0070	00428	Myers	Elizabet	1896	Oct	21	059	F	1918 Front St.	SEA
S	3	0152	03026	Myers	Guy	1907	Mar	06	022	M	Prov. Hosp.	MN
S	2	0081	01601	Myers	Jane	1901	Jun	12	068	F	916 Yesler	SCT
S	3	0130	02598	Myers	Jonathan	1907	Jan	03	083	M	611-16th N.	NY
S	1		2232	Myers	Levi	1891	Mar	12	077	M	Ballard, WA	IN
S	3	0181	03608	Myers	Mrs. Clementine	1907	May	19	026	F	Mercer Is.	WV
S	3	0042	00821	Myers	Ralph Alden	1906	Jan	28	09m	M	South Seattle	SEA
S	2	0097	00896	Myers	Robert	1898	Jun	01	065	M	GAR Cemetery	ENG
S		0020	00199	Myetta		1893	May	28	019	F	1711 2nd	
S	2	0057	00523	Myher	Leonard B.	1895	Nov	21	08w	1	13 Dexter	WI
S	1		1580	Myhra	Mabel	1890	Sep	25	05w	F	-	Sea
S	3	0148	02955	Myler	James W	1904	Dec	28	045	M	First Ave & Yesler Way	---
S	-	168	3299	Myler	Martin	1902	Sep	12	035	M	Leary, WA	IRL
S	1	0001	00598	Myran	Joseph W.	1888	Aug	27	028	M	Corner Blanchard & Front St	
S	2	0051	00202	Myrtie	Goodsell	1895	May	08	021	F	1428 3rd	
S	1	0001	00696	NA	Clarence	1888	Dec	01	004	M	Second St.	
S			1356	Nabroski	Mohei	1890	Jun	18	028	M	504 Marin St.	JPN
S		0011	00405	Nadsen	Nels Rasmas	1892	Sep	29	023	M	Commercial & King	SWD
S	3	0015	00281	Naegele	Lambert	1905	Sep	12	072	M	1640 20th Ave	GER
S	2	0068	00315	Nagami	Cheyo	1896	Aug	09	02m	F	309 Main St.	SEA
S	2	0037	00739	Nagamichi	O.	1900	Sep	05	025	M	Occidental Av	JPN
S	3	0172	03435	Nagano	G	1907	May	03	022	M	614 Weller	JPN
S	2	0077	01523	Nagasugi	U.	1901	May	14	030	M	S. G. Hosp.	JPN
S	3	0153	03041	Nagato	Manichi	1907	Mar	08	019	M	828-7th Ave. S.	JPN
S			1382	Nagle	Adolin Caroline	1890	Jun	30	06m	F	-	Sea
S		112	2233	Nagle	Babara M.	1904	Jul	28	062	F	Green Lake	GER
S	2	0076	00082	Nagle	J. H.	1897	Feb	09	---	M	---	---
S	2	144	2826	Nagle	Mary Miss	1902	May	28	052	F	900-1/2 8th Ave.	IL
S		0028	00560	Nagle	Otto C.	1903	Jul	04	060	M	Providence Hospital	---
1	2	116	1627	Nahaley	Etta M.	1899	Apr	20	034	F	Seattle Gen. Hosp.	OR

S	R	Page	Recor	LastName	FirstNames	Deat	Mn	Dt	Age	S	DeathPlace	Bir
S		0037	00729	Nahamura	J	1903	Aug	17	043	M	Seattle General Hospital	JPN
S	2	0090	01802	Naim	Thomas	1904	Apr	15	052	M	1919 7th Ave.	SCT
S	3	0176	03524	Nakagawa	Mrs H	1905	Apr	19	033	F	Providence Hosp	JPN
S	3	0123	02442	Nakamura	Ichi	1906	Dec	06	019	F	Providence Hosp.	JPN
S	3	0064	01277	Nakamura	K.	1906	Apr	19	032	M	King Co. Hospital	JPN
S	3	0141	02814	Nakamura	S	1904	Nov	21	016	M	Seattle General Hosp	JPN
S		0051	01019	Nakamura	T.	1903	Oct	23	020	M	Providence Hospital	JPN
S	3	0145	02903	Nakazato	M	1904	Dec	02	035	M	323 7th Ave S	JPN
S		0036	00709	Nancarrow	Edward	1903	Aug	12	034	M	1410 E. Union	MN
S	3	0135	02684	Nancarrow	Emma Mrs.	1907	Jan	22	c32	F	1st Ave. & Virginia	---
S	2	0074	01475	Nance	Hope O.	1901	Apr	24	008	F	Co. Hosp.	WA
S	2	0095	00815	Napier	S. N.	1898	May	01	035	M	Providence Hosp.	---
S	3	0059	01162	Napoli	Rosina	1906	Apr	05	001	F	1121 - 17th Ave.S.	Sea
S	2	0051	01015	Naschi	Masri	1900	Dec	24	001	F	518 Wash.	SEA
S		0004	00125	Nash	Geo.W.	1892	Mar	30	039	M	Prince William & East St.	MA
S		115	2288	Nash	Henry T.	1904	Jul	28	065	M	Providence Hospital	OH
S	2	186	3656	Nash	infant	1902	Dec	02	s/b	F	33 S. & Dearborn Sts.	SEA
S	2	0023	00443	Nash	Robt	1900	May	30	039	M	Prov. Hosp.	NY
S	2	0081	00294	Nash	Rose W.	1897	Jul	28	039	F	Seattle Gen. Hosp.	CA
S	3	0129	02566	Nashaland	John	1906	Dec		040	M	Kenmore, WA (found on 22nd)	
S		0008	00308	Nashem	Eva	1892	Jul	26	024	F	21 Rollin	MI
S		0015	00023	Nashern	Leo	1893	Jan	22	06m	F	42 Rollin	Sea
S	3	0040	00790	Nathan	Anna M.	1906	Jan	07	069	F	1507 2nd Ave W	PA
S	2	441	2742	Naughton	John	1891	Dec	29	056	M	Lake Shore & Eastern	IRL
S	3	0099	01970	Naujok or Navjok	William	1906	Sep	14	10m	M	916 5th Ave.	WA
S	3	0043	00856	Naumann	John Ferdinand Otto	1906	Feb	12	046	M	422 Columbia St.	GER
S	2	104	1168	Navin	Mary M.	1898	Sep	30	002	F	1017 Dearborn St.	Sea
S	3	0099	01962	Navin	Thomas	1906	Sep	12	048	M	724 Weller	MA
S		0026	00502	Naylor	Leontine	1903	Jun	07	044	F	Providence Hospital	FRN
S	2	0078	00170	Neacher	Laura	1897	May	03	054	F	Seattle	---
S	2	0013	00255	Neae ?	Edgar H.	1900	Mar	07	026	M	Auburn, WA	ENG
S	2	0086	00491	Neal	Chas. I.	1897	Dec	02	050	M	213 Nob Hill Ave.	---
S		0024	00368	Neale	Marion E.	1893	Sep	06	005	F	1205 Main	Sea
S	2	0067	00307	Nealey	Ethel	1896	Aug	03	003	F	212 Lincoln St.	SEA
S	2	0074	00032	Nealey	R. S.	1897	Jan	28	038	F	212 Pontius St.	CA
S	3	0022	00425	Neally	Suedy Ida	1905	Oct	17	047	F	Everett, WA	UN
S	2	110	1409	Nearing	Patrick	1899	Jan	18	045	M	Providence Hosp.	---
S	-	192	3790	Nease	Chas.	1903	Jan	26	---	M	S. Park, WA	SEA
S		0029	00571	Nease	Emma Gray	1903	Jul	11	021	F	313 Kilbourne	IA
S	3	0039	00351	Nease	Infant	1894	Aug	16	1mi	M	5th Betw. Union & Spring	Sea
S			1303	Neckerman	William	1890	May	09	001	M	15th & So. Sts. b.Ottowa, IL	
S	2	0016	00314	Nederlle	John	1900	Apr	13	008	M	Fremont	SEA
S	2	0069	00366	Nedley	infant	1896	Sep	03	04m	m	225 Dexter Ave.	SEA
S		0079	1568	Needham	Dora M.	1904	Feb	01	041	F	Los Angeles CA	NY
S	-	170	3349	Neel	C. W.	1902	Oct	14	064	M	3620 Linden Ave.	TN
S	3	0195	03896	Neeley	Martha A. (Mrs.)	1905	Jul	09	066	F	7th Ave N & Lee St	NY
S	2	355	2572	Neeley	Peril	1891	Sep	07	18d	F	1114 Stewart St.	Sea
S		0009	00318	Nef	Josephine	1892	Jul	31	06m	F	801 Willow	Sea
S		0005	00164	Neff	Hazel	1892	Apr	24	11m	F	2509 Front	Sea
S	3	0008	00155	Neff	Jacob, Jr.	1905	Aug	11	03m	M	West Seattle	SEA
S	1	0001	00089	Negro		1882	May	17	050	M		
S	2	128	2103	Nehrbas	Wm.	1899	Dec	03	026	M	216 4th Ave. N.	NE
S	3	0075	01491	Neiderprum	Infant	1906	Jun	10	03d	F	916 Fifth Ave.	Sea
S		0098	1962	Neidig	Henry N.	1904	May	20	063	M	509 5th Ave.	---
S		0048	00950	Neil	Emerelver L.	1903	Sep	17	027	F	South Park	NS

S	R	Page	Recor	LastName	FirstNames	Deat	Mn	Dt	Age	S	DeathPlace	Bir
S	2	126	2004	Neil	Henry	1899	Oct	20	027	M	621 Maynard St.	ENG
S	2	0091	1804	Neil	Mary	1901	Aug	21	034	F	1224 N. Street	PA
S	3	0198	03954	Neill	Ruth	1905	Jul	30	05m	F	318 John St	SEA
S	2	121	1819	Neilson	Anton	1899	Jul	26	049	M	27th & Madison Sts.	---
S	3	0148	02962	Neilson	Arthur M	1904	Dec	29	003	M	901 20th Ave S	SEA
S		0025	00396	Neilson	Betsey	1893	Sep	17	023	F	1427 5th St.	SWD
S	2	0076	00093	Neilson	Byron	1897	Mar	01	001	M	Seattle	WA
S	2	0048	00087	Neilson	C.P.P.	1895	Mar	05	047	M	Pioneer Blk	NRY
S	2	0075	00061	Neilson	infant	1897	Feb	16	05d	M	1113 S. 12th St. b.S. 12th,	SEA
S	2	120	2389	Neilson	Margaret	1902	Jan	12	037	F	King Co. Hosp.	ENG
S	1		2069	Nelligan	P. J.	1891	Jan	02	028	M	2614 Front St.	---
S	2	110	1385	Nellis	Edmond A.	1899	Jan	05	024	M	Green Lake	---
S	2	127	2055	Nellis	Helen J.	1899	Nov	07	052	F	Seattle Gen. Hosp.	NY
S	2	0083	1658	Nellis	Henry	1901	Jun	17	064	M	Co. Hosp.	USA
S	3	0111	02202	Nellis	Lee	1906	Oct	22	023	M	Pier 4	IA
S	2	0031	00608	Nelsen	L. P.	1900	Jan	01	031	M	Dawson, Y. T.	DNK
S		0034	00141	Nelseth	Ole O.	1894	Mar	17	028	M	Port Gamble	NRY
S	1	0001	00088	Nelson		1882	Jun	17	s/b	M		
S	3	0184	03665	Nelson	(Baby)	1907	Jun	07	18d	M	633-55th St.	WA
S	2	0056	00485	Nelson	(Infant)	1895	Oct	25		M	2310 9th St	Sea
S	3	0129	02580	Nelson	(Infant)	1906	Dec	09	s/b	F	1830 Weller	WA
S	2	0094	1875	Nelson	Albert	1901	Sep	05	058	M	Prov. Hosp.	DNK
S		0008	00306	Nelson	Albert L.	1892	Jul	25	046	M	1003 Dearborn (b.Oswego,	NY
S		0013	00252	Nelson	Andrew	1903	Apr	05	072	M	King County Hospital	DNK
S	3	0160	03197	Nelson	Andrew	1905	Jan	30	080	M	Orilla, WA	DNK
S	3	0164	03277	Nelson	Anna M.	1907	Apr	11	077	F	3802 Ashworth Ave.	DNK
S	2	0078	00190	Nelson	Annie R.	1897	May	28	001	F	318 Wall St.	SEA
S			1324	Nelson	Arthur	1890	May	29	001	M	-	---
S	3	0147	02934	Nelson	August	1904	Dec	15	030	M	Cor Occidental Av & Wash.St	NRY
S	3	0034	00668	Nelson	August	1905	Oct	19	043	M	Sunrise, AK	SWD
S		0040	00795	Nelson	August Wm.	1903	Aug	26	032	M	Black Diamond	SWD
S	2	0069	1383	Nelson	Axel	1904	Jan	07	023	M	Wayside Mission Hospital	SWD
S	3	0029	00566	Nelson	Axel	1905	Nov	30	046	M	Wayside Emerg. Hosp.	SWD
S	2	0086	00481	Nelson	Bertha	1897	Nov	12	007	F	Issaquah, WA b.Seabeck,	WA
S	3	0058	01158	Nelson	C.	1903	Nov	20	a30	M	Providence Hospital	un-
S	2	0089	00585	Nelson	Carrie	1898	Jan	13	045	F	Ballard, WA	SWD
S	1		2085	Nelson	Charles	1891	Jan	11	025	M	-	---
S	2	360	2581	Nelson	Charles	1891	Sep	11	040	M	btwn 6th & 7th Sts.	---
S	3	0136	02711	Nelson	Charles W	1904	Oct	21	049	M	Providence Hosp	NY
S	2	0084	00405	Nelson	Chas.	1897	Oct	14	005	M	123 4th Ave. N.	SEA
S	3	0160	03194	Nelson	Christina	1907	Mar	27	036	M	Monohan	NRY
S	3	0165	03292	Nelson	Clarence W	1905	Feb	01	021	M	1539 12th Ave	MN
S		0025	00429	Nelson	D.B.	1893	Oct	05	035	M	Prov. Hosp.	
S		0009	00173	Nelson	David	1903	Apr	10	054	M	First and Lenore	NRY
S	2	128	2076	Nelson	Edwd	1899	Nov	18	028	M	Providence Hosp.	IRL
S	2	0086	1711	Nelson	Eliza	1901	Jul	14	060	F	115 - 23 Av	IRL
S	1	0001	00681	Nelson	Erick	1888	Nov	10	025		Prov. Hosp.	
S		0007	00267	Nelson	Erwin	1892	Jul	02	01m	M	So. Seattle (b.So.Seattle	
S	3	0101	02006	Nelson	Ethyl Irene	1906	Sep	23	005	F	617 Spring	WA
S	1	0001	00063	Nelson	Frank	1882	Mar		004	M	Seattle	US
S	3	0154	03066	Nelson	Frank William	1905	Jan	05	01m	M	901 Yesler Way	SEA
S		0003	00106	Nelson	Fred	1892	Mar	17	027	M	Prov. Hosp.	SWD
S	3	0148	02960	Nelson	Fred	1904	Dec	28	045	M	519 Jackson St	---
S	3	0177	03535	Nelson	George	1905	Apr	19	042	M	Wayside Emergency Hosp	SWD
S		0004	00150	Nelson	Hanna Bertha	1892	Apr	20	007	F	1815 So. 10th	Sea

S	R	Page	Recor	LastName	FirstNames	Deat	Mn	Dt	Age	S	DeathPlace	Bir
S	1	204	2278	Nelson	Hattie	1891	Apr	07	019	F	West St. btwn Battery & Wal	---
S	2	110	1402	Nelson	Helmer A.	1899	Jan	14	008	M	10th Ave. W. & Blaine St.	Sea
S	2	0066	00252	Nelson	Henry	1896	Jun	20	022	M	1529 Trout	NRY
S		0116	02309	Nelson	Ida Henrietta	1906	Nov	09	024	F	Pacific Hosp.	WI
S	2	102	1089	Nelson	infant	1898	Aug	31	02m	F	Valentine Sta.	WA
S		0055	01909	Nelson	Infant	1903	Oct	01	s/b	M	2222-8th Avenue	SEA
S	3	0140	02796	Nelson	Infant	1904	Nov	15	01d	M	903 Yesler Way	SEA
S	3	0121	02409	Nelson	Infant	1906	Nov	18	s/b	M	128-4th Ave. N.	WA
S		0016	00049	Nelson	Infant of J.	1893	Feb	06	02m		2418 Water	Sea
S	2	184	3635	Nelson	Inga B.	1902	Dec	14	017	f	Ballard, WA	MN
S	3	0129	02563	Nelson	James	1906	Dec	17	030	M	Palmer Junction, WA	
S	3	0082	01632	Nelson	Jennie	1906	Jul	12	067	F	4316 Baker Ave.	SWD
S	2	0115	2292	Nelson	John	1901	Nov	28	030	M	Falls City	IRL
S	2	0126	2507	Nelson	John	1902	Feb	23	030	M	W. Wash. Insane Asylum	
S		117	2331	Nelson	John	1904	Jul	31	040	M	Providence Hospital	---
S	3	0173	03447	Nelson	John	1907	May	06	018	M	Providence Hosp.	---
S	3	0128	02541	Nelson	John K.	1906	Dec	29	036	M	Seattle Gen.	NRY
S		0030	00598	Nelson	Joseph	1903	Jul	24	043	M	2726 Yessler Way	CA
S		0116	02312	Nelson	Karl (Mrs.)	1906	Nov	09	090	F	2208-14th W.	DNK
S	3	0106	02111	Nelson	Leo	1906	Oct	04	07d	M	1110 Denny Way	Sea
S	3	0095	1896	Nelson	Lilia Maria	1904	May	03	004	F	925 2nd Ave. S.	WA
S		0078	1550	Nelson	Lillie B.	1904	Feb	02	024	F	854 Rainier Ave.	KS
S		0002	00059	Nelson	Louis	1892	Feb	05	045	M	Pt. Blakely	
S	2	0088	00563	Nelson	Lulu C.	1898	Jan	18	016	F	821 5th Ave. N.	SEA
S	3	0031	00601	Nelson	Lydia (Mrs.)	1905	Dec	15	028	F	Providence Hosp.	UT
S		0064	01281	Nelson	Mable	1903	Dec	17	012	F	304 11th Ave. No.	Sea
S	1		2062	Nelson	Magnus	1890	Dec	25	045	M	Kirkland, WA	SWD
S	2	0119	02379	Nelson	Marion	1904	Aug	26	07m	F	4357 7th Ave NE	Sea
S	1		2187	Nelson	Mary	1891	Mar	31	005	F	Charles St.	KS
S	-	164	3218	Nelson	Mary	1902	Sep	03	027	F	Grand Pacific Hotel	NRY
S	2	0046	00013	Nelson	Mattie A.	1895	Jan	16	010	F	1917 8th St	
S	2	0072	00492	Nelson	Mrs.	1896	Nov	08	032	F	County Hosp.	---
S	3	0135	02688	Nelson	Nels	1904	Oct	27	041	M	803 Pike St	SWD
S	2	0109	2179	Nelson	Nels C.	1901	Dec	01	039	M	4309 Sunset Place	DNK
S	2	0072	1436	Nelson	Nils	1901	Apr	23	041	M	Prov. Hosp.	NRY
S		0034	00119	Nelson	Ole	1894	Mar	17	030	M	Interbay -Front St.	
S	1	0001	01205	Nelson	Olga	1890	Mar	28	002	F	322 Birch St.	SEA
S	1	0001	00726	Nelson	Olof	1889	Jan	06			Pest House	
S	2	0030	00596	Nelson	Otto	1900	Jul	28	056	M	S. G. Hosp.	SWD
S		0002	00030	Nelson	Otto	1903	Mar	16	028	M	General Hospital	SWD
S	2	0078	00194	Nelson	P. (Mrs.)	1897	May	29	073	F	Green Lake	SWD
S		0026	00445	Nelson	Paul	1893	Oct	16	02m	M	225 Dexter	Sea
S	2	0056	00394	Nelson	Peter	1895	Sep	06	025	M	Alaska	DNK
S	3	0166	03301	Nelson	Petra	1907	Apr	16	021	F	Providence Hosp.	NRY
S	3	0135	02682	Nelson	R.H.	1907	Jan	05	074	M	Providence Hosp.	CND
S		0008	00289	Nelson	Rhue	1892	Jul	16	05m	M	331 Bismark	Sea
S	3	0042	00825	Nelson	Robert M.	1906	Jan	23	030	M	SS Valencia, Shipwreck	UN
S	3	0166	03322	Nelson	Susanne	1899	Dec	04	067	F	Kirkland, WA	DNK
S	3	0017	00339	Nelson	Swan Y.	1905	Oct	04	028	M	6623 Woodlawn Ave	SWD
S	3	0190	03793	Nelson	Thomas	1907	Jun	11	054	M	Skagit Head, WA	NRY
S	2	0039	00316	Nelson	W.K.	1894	Jul	24	024	M	Ballard	SWD
S	1	0001	00881	Nelson	Walter	1889	May	20	03m		208 Kentucky	
S	3	0056	01118	Nelson	William	1903	Nov	09	045	M	Providence Hospital	---
S	3	0127	02532	Nelson	William Andrew	1906	Dec	30	057	M	733-20th Ave.	OH
S		0109	02175	Nenno	Rosa	1904	Jul	04	026	F	Maynard Ave. & King St.	BC

S	R	Page	Recor	LastName	FirstNames	Deat	Mn	Dt	Age	S	DeathPlace	Bir
S	2	0041	00423	Nensis	Walter	1894	Sep	25	02h	M	1/2 Farm St	Sea
S	1	0001	01206	Nepper	C.B.Mrs.	1890	Mar	13	022	F	Lewis St.	
S	3	0067	01337	Nerowezinski	Ludwig	1906	May	06	072	M	404 Union St.	GER
S	2	0041	00801	Nesbitt	Eleanor	1900	Oct	01	045	F	1520 37th Av	IRL
S	2	0072	00489	Nesbitt	Ralph	1896	Nov	21	02m	M	2821 D_____ (?)	SEA
S	1	0001	00120	Ness	Richard	1882	Oct		025	M	Hospital	
S	2	0087	00532	Nessor	---	1897	Dec	28	10d	M	Ballard, WA b.Ballard, WA	
A		0198	3896	Nettles	Margurette	1903	Feb	02	044	F	Skagway, AK	SWD
S		0196	3372	Neufelder	Anna A.	1903	Feb	13	075	F	424 Harvard	NY
S		0051	01015	Neuhaun	John C.	1903	Oct	15	035	M	Providence Hospital	---
S	3	0181	03620	Neuman	Fanny	1907	May	28	055	F	Georgetown	ENG
S	2	0121	2406	Neumann	Chas. Valerino	1902	Feb	01	007	M	401 Broadway	SEA
S	2	0006	00110	Neumann	Otto R.	1900	Feb	12	001	M	2307 1st Ave	SEA
S	3	0091	1809	Nevelins	Charles G.	1904	Apr	19	039	M	Providence Hospital	SWD
S	3	0197	03943	Nevin	James	1905	Jul	24	050	M	Wayside Emerg. Hosp.	UN
S	2	123	1908	Nevin	John	1899	Aug	22	037	M	County Hosp.	IRL
S		0025	00499	Nevins	Irene M.	1903	Jun	03	008	F	302 Clay Street	CA
S	3	0186	03713	Newberg	Anna	1907	Jun	16	020	F	Ballard Hosp.	SWD
S	1	0001	00371	Newberry		1884	Aug	25				
S	3	0036	00704	Newberry	Infant	1905	Dec	20	s/b	F	429 Malden Ave	SEA
S		0007	00235	Newcastle		1892	Jun	12	051	F	1421 Sixth	
S	2	127	2537	Newcomb	Helen F.	1902	Mar	06	01m	F	1059 E. Mercer	SEA
S	2	0119	02369	Newconer	Vernon W	1904	Aug	25	21d	M	323 Battery St	Sea
S		0117	02338	Newconer	Warren V.	1904	Aug	16	14d	F	323 Battery St.	Sea
S	2	127	2032	Newell	-	1899	Oct	07	060	M	Boise Creek	---
S	3	0186	03713	Newell	DeWert	1905	May	28	023	M	61 West Battery St	NE
S	2	0069	00382	Newell	H. R.	1896	Sep	16	09m	M	Seattle	SEA
S	1	0001	00540	Newell	Harry	1886	Mar	03	027	M	Prov. Hospital	SWD
S	2	0069	00365	Newell	John J.	1896	Sep	03	051	M	Beacon Hill b.New York,	NY
S	2	0093	00708	Newhall	Mary Loretta	1898	Mar	29	010	F	413 22nd Ave.	---
S	1	0001	01007	Newlan	Charles S.	1889	Oct	19	043	M	Fremont	VT
S	3	0192	03821	Newland	(Infant)	1907	Jun	17	s/b	F	715-43rd St.	Sea
S	-	0167	3277	Newland	baby	1902	Sep	14	11h	F	Green Lake	SEA
S	3	0111	02209	Newland	Donald Wiley	1906	Oct	21	006	M	4114 Dayton Ave.	Sea
S	3	0141	02811	Newland	W H	1904	Nov	20	01m	M	Fremont Ave & 62nd St	SEA
S	2	0060	00002	Newley	Wm.	1896	Jan	01	037	M	Prov. Hosp.	
S	3	0037	00731	Newman	Amy Elizabeth	1906	Jan	09	006	F	1516 11th Ave S	WA
S	3	0070	01396	Newman	Claude	1906	May	29	013	M	1613-1/2 - 4th Ave.	KS
S	2	0046	00918	Newman	Floria	1900	Nov	16	030	F	604 Pike	GER
S	3	0070	01399	Newman	Francis	1906	May	31	074	M	Stimson's Add. Deer St.	NY
S		108	2161	Newman	H. W.	1904	Jun	17	030	M	So. Seattle	WA
S	2	158	3108	Newman	Harold	1902	Aug	15	08m	M	4220 3rd N.W. b.Sheldon,	WA
S	3	105	2096	Newman	Henry	1904	Jun	27	059	M	Wayside Mission Hospital	GER
S		0017	00324	Newman	Jessie	1903	May	11	031	F	Crittenton House	CND
S	1	0001	01218	Newman	Mary Ann	1890	Mar	28	013	F	Head of Bay	IA
S	-	165	3245	Newman	O.	1902	Sep	07	045	M	Seattle Gen. Hosp.	SCT
S		0097	1940	Newman	Rose	1904	May	18	059	F	1114 Terry Ave.	ENG
S	3	0072	01424	Newman	Wm.	1906	May	02	038	M	Valdez, Alaska	un
S	3	0009	00178	Newport	William R.	1905	Aug	09	047	M	Alki Point	IL
S		0007	00127	Newson	Inft	1903	Mar	09	s/b	F	1228 Washington Street	SEA
S	2	108	1325	Newton	Bridget	1898	Dec	14	077	F	214 9th Ave.	IRL
S	3	0072	01432	Newton	Eunice A.	1904	Jan	05	019	F	918 Pine St.	NY
S	2	0085	00444	Newton	Ezra	1897	Nov	04	077	M	24 W Mercer St b.Princeton	MA
S	2	0065	01296	Newton	Flora Ella	1903	Dec	25	034	F	709 Washington St.	US
S		0115	02286	Newton	Martha Patten	1906	Nov	02	085	F	1238-16th N.	NH

S	R	Page	Recor	LastName	FirstNames	Deat	Mn	Dt	Age	S	DeathPlace	Bir
S	1		No #	Newton	Miriam	1890	Oct	16	032	F	Edgewater, Washington	OR
S	2	159	3119	Newton	T.P.	1902	Aug	15	046	F	Green Lake	USA
S	2	159	3120	Newton	T.P.	1902	Aug	15	050	M	Green Lake	USA
S	2	116	1644	Nice	Lillie R.	1899	Apr	27	036	F	1017 Boren Ave.	NB
S		0044	00868	Nicherman	Raymond	1903	Sep	14	04m	M	720 -26th Avenue N.	SEA
S	3	0074	01481	Nicholas	Elizabeth H.	1904	Feb	02	070	F	3010 King St..	OH
S		0026	00501	Nicholas	Ermaline	1903	Jun	07	061	F	122 Boron Avenue	NY
S	3	0020	00385	Nicholas	Lottie	1905	Oct	24	022	F	2209 8th Ave	ASY
S		0008	00149	Nichols	Annie (Mrs.)	1903	Apr	03	052	F	Providence Hospital	CND
S	2	119	1749	Nichols	baby	1899	Jun	12	12d	M	2225-1/2 1st W.	Sea
S	3	0199	03968	Nichols	Dorothy Clark	1905	Jul	22	002	F	4042 8th Ave NE	WI
S	3	0121	02419	Nichols	Gele? Mrs.	1906	Dec	01	030	F	Seattle Gen.	IA
S	3	0140	02786	Nichols	Hazel	1904	Nov	12	01d	F	1210 Pike St	SEA
S		0083	01650	Nichols	L. Lena	1904	Mar	18	029	F	Seattle Gen. Hosp.	IL
S	2	0036	00715	Nichols	Lida H.	1900	Aug	26	037	F	Ballard	KY
S	3	0138	02755	Nichols	Peter	1907	Jan	23	079	M	219 Day St., Ballard	OH
S	1	0001	01085	Nichols	Sarah L.H.	1889	Dec	17	018	F	NY	
S	2	0062	01234	Nicholson	Albert	1901	Feb	28	040	M	Prov. Hosp.	NRY
S	3	0155	03087	Nicholson	Frederick Charles	1905	Jan	15	017	M	Providence Hosp	TX
S	3	0065	01299	Nicholson	Lyle J.	1906	Apr	17	034	F	208 North St., Ballard	PEI
S	-	153	3016	Nicholson	Wm. Earl	1902	Jul	24	03m	M	202 Denny Way	SEA
S	2	0049	00141	Nickels	Lawrence E.	1895	Apr	05	024	M	1101 Marion	
S	3	0008	00146	Nickerson	Eleanor A.	1905	Aug	03	065	F	Ballard	IN
S	2	117	1672	Nickerson	H. E.	1899	Apr	28	072	M	Ballard, WA	MA
S		0005	00159	Nicol	Bason	1892	Apr	22	049	M	7th & King	FRN
S	2	0035	00692	Nicon	Anne D.	1900	Aug	31	018	F	113 Western Av	GRC
S		0010	00362	Niedeberger	Robt.	1892	Aug	29	024	M	Renton	SWD
S	3	0108	02153	Nielson "Nelson"	Gustave W. "George"	1906	Oct	12	031	M	1308-7th Ave.	unk
S	2	0072	00472	Nieman	Anton	1896	Nov	13	04m	M	27th Ave. & Madison St.	SEA
S	2	0062	00102	Niemela	Mary	1896	Mar	11	035	F	Seattle Gen Hosp	ENG
S	2	0064	01279	Niemila	Henry	1901	Mar	10	060	M	1414 1/2 West	NRY
S	1		No #	Niesz	Roy B.	1890	Oct	18	005	M	711 Jefferson	Sea
S	2	0128	2554	Niida	Motokichi	1902	Mar	14	030	M	Prov. Hosp.	JPN
S	2	0057	00492	Nikela	Catherine	1895	Oct	06	077	F	Columbia	PA
S	2	111	1444	Niles	Thomas	1899	Jan	26	035	M	Wellington, WA	USA
S	2	117	1654	Nilson	Chas.	1899	Apr	04	038	M	County Hosp.	SWD
S	2	0037	00236	Nims	Alpheus J.	1894	May	22	078	M	Mccaliston Smith Park	
S	2	138	2730	Nin	Hop	1902	May	01	030	M	5th Ave. & Washington St.	CHN
S	2	0096	00840	Nisary	John	1898	May	15	005	M	111 32nd Ave.	SEA
S	3	0037	00726	Nishi	Kusutaro	1906	Jan	07	024	M	Providence Hosp.	JPN
S	3	0089	01768	Nishi	Temko	1906	Aug	05	02m	F	414-1/2 Main St.	WA
S	-	175	3448	Nishida	Kosaku	1902	Nov	02	035	M	Seattle Gen. Hosp.	JPN
S	3	0171	03408	Nishihata	Yashimatsu	1907	Apr	25	020	M	Steamer Montara	JPN
S	3	0128	02553	Nishikaua	J	1904	Sep	28	020	M	Seattle General Hospital	JPN
S	3	0177	03533	Nishikawa	Kumizo	1905	Apr	22	031	M	314 5th Ave S	JPN
S	3	0177	03539	Nishikawa	Kumizo	1905	Apr	22	031	M	314 5th Ave S	JPN
S	2	0069	01378	Nishikawa	M.	1904	Jan	07	023	M	N.P.RR Depot	JPN
S	3	0153	03060	Nishimura	Masayeniou	1907	Mar	13	026	M	Prov. Hosp.	JPN
S	3	0197	03931	Nishimura	T.	1905	Jul	24	032	M	Providence Hosp.	JPN
S	3	0122	02430	Nishimura	T.	1906	Dec	05	003	M	520 Jackson St.	WA
S	2	0064	00187	Nist	Bertha	1896	May	07	032	F	316 W. Lake	PA
S	2	386	2632	Nist	George F.	1891	Oct	06	003	M	322 Rolland St./7th Ward	---
S	1	298	2464	Nist	John B.	1891	Jul	15	21d	M	302 Rollin St.	Sea
S	2	0085	00449	Nist	Mary Ann	1897	Nov	11	064	F	322 Westlake Ave.	GER
S	3	0044	00873	Nist	Rose Anna	1906	Feb	16	010	F	302 - 9th Ave N.	Sea

S	R	Page	Recor	LastName	FirstNames	Deat	Mn	Dt	Age	S	DeathPlace	Bir
S	3	0184	03679	Nita	Shizuta	1907	Jun	08	026	M	810 Western	JPN
S	3	0105	02099	Nitski	Clara	1904	Jun	29	009	F	2314 Western Ave.	Sea
S	3	0049	00979	Nivison	William W.	1906	Feb	27	063	M	Mercer Island, King Co, Wn.	NY
S	3	0032	00623	Nix	Lettie	1905	Dec	24	030	F	405 23rd Ave	IRL
S	3	0045	00885	Nix	Murt	1906	Feb	20	024	M	Metropolitan Hosp.	MO
S	2	106	1228	Nixon	Annie G.	1898	Oct	30	030	F	709 5th Ave.	---
S	2	0071	01414	Nixon	D. Antone	1901	Apr	17		M	2122 4 Ave.	WA
S	3	0098	01958	Nixon	Hannah (Mrs.)	1906	Sep	11	022	F	Providence Hosp.	IA
S	2	0082	00313	Nixon	John C.	1897	Aug	18	051	M	Seattle, WA	---
S	2	0034	00680	Nixon	Nellie	1900	Aug	24	030	F	6th & Weller	PA
S	3	0162	03231	Nixon	Nicholas	1905	Feb	03	085	M	Johnson's Wharf	ENG
S	3	0027	00531	Noakes	Lena (Miss)	1905	Nov	02	022	F	Phoenix, BC	---
S		0009	00170	Nobbs	May	1903	Apr	09	029	F	416 - 22th Avenue S.	ENG
S	2	0107	01267	Noble	Donnie R.	1898	Nov	19	058	M	Gilbert House	---
S	2	0059	00577	Noble	J.D.	1895	Dec	28	024	M	Wd V	
S		0016	00053	Nobles	Christopher	1893	Feb	11	036	M	James Ave. & Market St.	
S	3	102	2034	Nockleby	John A.	1904	Jun	02	020	M	1718 Summer Ave.	NRY
S	3	0147	02927	Noe	Mrs Ellen M Hess	1904	Dec	17	056	F	818 E Howell St	MI
S	2	0104	2065	Nogal	Della	1901	Oct	14	036	F	Co. Hosp.	OH
S	2	0054	00313	Nogami	Baby	1895	Aug	13	05m	F	S. 7th-8th off main alley	
S	2	0083	00389	Nogami	Fakeshi	1897	Oct	04	05m	M	607-1/2 Main St.	SEA
S	2	0077	00152	Nogleberg	A.	1897	Apr	16	069	M	1022 Pine St.	NRY
S	2	0086	01707	Nogleberg	M. Bertha	1901	Jul	12	075	F	1022 Pine	NRY
S		0028	00517	Nois	Infant of George O.	1893	Nov	10			Ellensburgh	
S		0134	02656	Nokes	Cynthia J.	1902	Apr	14	052	F	203 15th Ave.	MI
S			1307	Nolan	Mary	1890	May	31	067	F	322 Ash St.	IRL
S	2	0063	00122	Nolan	Ned	1896	Mar	31	32	M	City Dock Ft. of Main St.	ME
S	3	0074	01467	Nolan	Sarah	1906	Jun	07	068	F	134 Sixth Ave.N.	VT
S		136	2687	Nolan	William	1902	Apr	24	040	M	1st Ave. S. & Connecticut	---
S	1	241	2368	Noland	Flora	1891	May	25	001	F	Columbia St. b.Nashville,	PA
S	2	0020	00397	Noland	Leslie W.	1900	May	09	021	F	1801 33rd Av	IA
S		0005	00093	Nolte	Frederick	1903	Mar	06	065	M	Columbia City	GER
S	2	0045	00561	Nolte	Julia	1894	Dec	13	055	F	Brooklyn	GER
S	3	0132	02634	Noltering	John	1904	Oct	06	013	M	Providence Hosp	NJ
S		0010	00370	Nolund	Andrew	1892	Sep	05	029	F	Prov. Hosp.	
S	3	0135	02694	Nommensen	Henry P.	1907	Jan	25	023	M	321-27th Ave. S.	IL
S	2	108	1330	Nomura	J.	1898	Dec	16	044	M	44 S. Jefferson St.	JPN
S	2	0124	02474	Nooman	Wm. David	1902	Feb	23	005	M	2111 E. Union	MN
S	2	0075	1493	Noon	Mich.	1901	May	03	047	M	Prov. Hosp.	PA
S	2	0032	00621	Noonan	Edward	1900	Jul	16	046	M	Dutch Harbor, AK	MA
S		0062	01234	Noonan	William	1903	Dec	01	042	M	Providence Hospital	CND
S	3	0011	00220	Norager	Charles E.	1905	Sep	09	073	M	Providence Hosp.	NRY
S	3	0128	02553	Norager	Henry	1906	Dec	05	045	M	Eagle Harbor, WA	NRY
S	3	0138	02747	Norberg	Carl	1907	Jan	19	c20	M	Van Asselt, WA	---
S	2	0017	00334	Norberg	Elmer	1900	Apr	21	003	M	7611 Elliott Av	SEA
S	2	0051	01012	Norbergh	Anna	1900	Dec	20	048	F	2611 Elliott	NRY
S	2	0060	00038	Norcutt	NR	1896	Jan	02	070	F	Ballard	NY
S	3	0084	01674	Nord	Per Olaf	1906	Jul	24	018	M	Sea.Gen.Hosp.	SWD
S		0017	00112	Nordale	Harold J.	1893	Mar	29	04m	M	519 Pine	Sea
S	1		1599	Nordale	John O.	1890	Oct	08	028	M	Farm & Paine Sts.	SWD
S	3	0131	02615	Nordblum	Infant	1904	Sep	13	---	F	N 61st St	SEA
S	2	0088	00546	Nordby	Chester	1898	Jan	09	02m	M	Denny Fulmore Addition	SEA
S	2	159	3122	Nordby	G.S.	1902	Aug	17	042	M	2nd & Cherry Sts.	SWD
S	1		2244	Nordell	Charles	1891	Mar	18	044	M	Providence Hosp.	SWD
S	3	0179	03571	Nordenborg	Anne Alvira	1905	Apr	21	017	F	Seattle Gen.Hosp.	SWD

S	R	Page	Recor	LastName	FirstNames	Deat	Mn	Dt	Age	S	DeathPlace	Bir
S	2	122	1871	Nordham	Peter J.	1899	Aug	18	057	M	Elliott & Battery Sts.	NRY
S	2	115	1589	Nordhoff	Edward L.	1899	Apr	05	040	M	2320 5th Ave.	GER
S	3	0096	01915	Nordquist	Infant	1906	Aug	03	s/b	M	Miners Hotel	WA
S	2	115	1599	Nordstrand	Peter	1899	Apr	10	021	M	7th Ave. N. & John Sts.	NRY
S	2	0091	1809	Nordstrom	Chas.	1901	Aug	23	037	M	Courthouse	SWD
S	3	0046	00911	Nordstrom	Mangus	1906	Feb	23	040	M	City Jail-3rd & Yesler Way	WA
S	2	129	2115	Nordstrom	Wm. F.	1899	Dec	09	008	M	Fremont, WA	WA
S	3	0098	01938	Nordwall	Peter A.	1906	Sep	05	045	M	Seattle Gen. Hosp.	SWD
S		0010	00390	Nordyer	Mary E.	1892	Sep	22	048	F	West Seattle	
S	2	0064	00193	Norennsen	Louisa	1896	May	14	049	F	218 Blanchard	SWT
S	2	0038	00293	Norford	Ingiborg	1894	Jul	20	04m	M	N. Seattle Brick Yds	Sea
S	2	111	1447	Norgaard	Alfred	1899	Jan	30	005	F	nr Leschi Park	WI?
S	2	0129	2562	Norgren	(Baby)	1902	Mar	18	001	F	Seattle	SEA
S	2	0089	1766	Norman	C. M.	1901	Jul	13	037	M	Ballard	SWD
S	3	0168	03342	Norman	Charles	1907	Apr	24	c33	M	Wayside Emerg. Hosp.	---
S	3	0058	1164	Norman	Lambi	1903	Nov	25	08m	F	716 Blanchard St..	FIN
S	2	0119	02380	Norman	Lambie	1904	Aug	26	08m	F	2030 7th Ave	Sea
S	3	0179	03580	Norman	Mrs. Annie	1907	May	31	039	F	809-3rd Ave.	SWD
S	2	0052	00239	Norman	O.M.	1895	Jun	10	027	M	Prov. Hosp.	SWD
S	3	0005	00099	Normensen	Catherine Frances	1905	Aug	23	022	F	32nd & Irving	NY
S	1	0001	00735	Noroquist	A.	1889	Jan	14			North Seattle	
S			1407	Norredge	Elizabeth T.	1890	Jul	08	04m	F	Florence & Jackson Sts.	Sea
S	1		1601	Norrington	Hazel Fay	1890	Oct	12	045	F	2616 4th St. b.Grand Rapids	MI
S	3	0134	02671	Norris	Curtis G.	1907	Jan	24	070	M	6550-4th Ave. N.E.	OH
S	3	0163	03249	Norris	Eliza, Mrs	1905	Feb	10	085	F	6305 4th Ave N E	OH
S		0003	00110	Norris	Ida	1892	Mar	21	016	F	Grace Hosp.	
S	3	0190	03804	Norris	J. W.	1905	Jun	29	076	M	Providence Hosp.	MA
S	2	0089	1778	Norris	Josephine	1904	Apr	07	059	F	Providence Hospital	TN
S	3	0194	03876	Norris	Lydia	1905	Jul	02	044	F	436 26th Ave N	---
S	2	108	1327	Norris	Marjorie	1898	Dec	16	030	F	SE cor Marion & Seneca	AUT
S	3	0124	02462	Norris	Winnie	1906	Dec	12	079	F	1642 Melrose	NC
S	3	0172	03434	North	Sarah D	1905	Mar	08	074	F	3519 Wallingford	NY
S	3	0032	00621	North	Sarah D.	1905	Dec	24	01d	F	3519 Wallingford Ave	SEA
S	2	141	2787	Northrup	Annie Mrs.	1902	May	17	030	F	4th Av. & Main St.	MA
S	2	0098	00935	Northrup	Leo	1898	Jun	18	088	M	816 7th Ave S. b.Centralia,	WA
S		0027	00477	Northup	Grace Delia	1893	Nov	03	001	F	308 Dexter	Sea
S	1	0001	00614	Northway	Harry	1888	Sep	13	03m	M	btw John & Bismark St	
S	2	0037	00721	Northwood	Chas H.	1900	Aug	30	050	M	CD Hosp	NY
S	2	121	1825	Norton	Edwd G.	1899	Jul	05	-	M	Skagway, AK	---
S	3	0139	02773	Norton	Infant	1904	Nov	08	01d	F	Seventh Ave & Pike St	SEA
S		0015	00031	Norton	Mary E.	1893	Jan	31	001	F	1233 Chestnut	CA
S	3	0131	02616	Norton?	Alvina (Mrs.)	1907	Jan	10	019	F	809 Lane	CND
S	2	108	1321	Norwald	Chas. E.	1898	Dec	12	077	M	417 James St.	NRY
S	1	0001	00422	Norwell	Thomas	1885	Jan	19	035	M	Seattle	ENG
S	3	0072	01437	Norwich	Clifford O.	1906	May	14	01m	M	Georgetown b.Georgetown	
S	1		1572	Nosnovski	Annie	1890	Sep	21	003	F	-	---
S	1	0001	00041	Nostrum	Louisa	1882	Jan	23	042	F	Seattle	EUR
S		0011	00402	Nourse	Elizabeth C.	1892	Sep	27	092	F	2210 4th	
S		0029	00566	Nowieken ?	Wm.	1903	Jun	29	026	M	Wayside Mission Hospital	NRY
S		0003	00054	Noyes	Ellen L.	1903	Mar	23	025	F	903 Howell	IN
S	2	0062	00113	Noyes	Nancy J.	1896	Mar	18	090	F	807 Madison St	VT
S	2	0036	00719	Noyes	Sylvia M.	1900	Aug	29	02m	F	Ballard	WA
S	2	0116	2311	Noyes	Wm.	1902	Jan	06	076	M	Prov. Hosp.	
S	1		1516	Nsoalsted	Halle	1890	Aug	26	032	M	Seattle	NRY
S	2	109	1339	Nuber	Mrs. Gertrude	1898	Dec	20	022	F	Latona, WA	IN

S	R	Page	Recor	LastName	FirstNames	Deat	Mn	Dt	Age	S	DeathPlace	Bir
S	2	128	2102	Nugent	John	1899	Dec	03	045	M	City Jail	USA
S	1	0001	00579	Numelin	Alfred	1888	Aug	10	02m		Corner 11th & Seneca St	
S	1	0001	00967	Nunan	Charlotte	1889	Sep	13	010	F	9th St.btw Spring & Seneca	WA
S	1	0001	00975	Nunan	Mamie	1889	Sep	28	007	F	Seattle	
S	2	119	1741	Nutt	Alice	1899	Jun	07	02m	F	1110 Valley	Sea
S		0018	00342	Nutt	Roy W.	1903	May	19	015	M	4401 Phinney Avenue	TX
S	2	0121	2407	Nyder		1902	Feb	02	025	M	Seattle Gen. Hosp.	JPN
S		0112	02235	Nyeno	Infant	1904	Jul	27	01d	M	665 King St.	Sea
S		0065	1287	Nygard	Sophia O.	1903	Dec	20	083	F	616 8th Ave.No.	NRY
S	3	0146	02907	Nylen	Infant	1904	Dec	12	05m	F	201 Dexter Ave	SEA
S	2	0049	00136	Nylund	Lena	1895	Apr	02	004	F	West St London House	WA
S	3	0072	01426	Nylund	Lisa	1906	May	05	021	F	Hugo Ave. Youngstown	FIN
S	1	0001	00953	Nylus	Mabel Laura	1889	Jul	28	17d		Foot of Depot St.	
S		0052	1031	Nyquist	Ida	1903	Oct	27	030	F	711 E. Pike Street	MN
S		0045	00904	Nystrom	Minnie C.	1903	Sep	25	013	F	2246 - 15th Avenue W.	OR
S	3	0180	03587	O'Banion	Mary	1907	May	26	032	F	Pacific Hosp.	---
S	3	0172	03433	O'Brien	Catherine S.	1907	May	03	064	F	3118 Yesler Way	PA
1	0	0001	00378	O'Brien	Clara	1884	Oct	04	04m	F	Seattle	USA
S	2	108	1332	O'Brien	D. J.	1898	Dec	17	021	M	John St.	ND
S	3	0068	1349	O'Brien	Daniel H.	1906	Apr	30	--	M	Sea Gen Hosp.,Seattle, WA	--
S	1	0001	00998	O'Brien	Delia Mrs.	1889	Oct	08	060	F	So. Seattle	IRE
S		0035	00703	O'Brien	Edward	1903	Aug	14	060	M	2212½ Washington Street	IRL
S		0029	00570	O'Brien	Elizabeth	1893	Dec	28	008	F	1014 B. St.	
S	-	156	3069	O'Brien	Emma	1902	Jul	30	013	F	Green Lake	CO
S	-	146	2873	O'Brien	Emma E.	1902	Jun	05	029	F	815 Olive	IA
S	3	0049	00969	O'Brien	Eugene	1906	Feb	18	027	M	313 Wilbert St,Ballard,Wn.	CND
S	2	0045	00562	O'Brien	Frank	1894	Dec	13	021	M	Police Hdqtrs	
S	1		1475	O'Brien	George	1890	Aug	10	031	M	Providence Hospital	---
S	-	175	3438	O'Brien	infant	1902	Oct	31	---	M	224 10th Ave.	SEA
S	3	0170	03400	O'Brien	Infant	1905	Mar	21	---	M	Interbay, Ward 9	WA
S	3	0028	00546	O'Brien	Infant	1905	Nov	28	02d	M	South Seattle	sme
S	3	0167	03330	O'Brien	James	1907	Apr	22	056	M	Providence Hosp.	IRL
S	2	0042	00450	O'Brien	Jamie	1894	Oct	10	02w	M	813 Alder St	
S		0012	00441	O'Brien	John	1892	Oct	18	053	M	Commercial	
S		0081	1611	O'Brien	John	1904	Mar	06	063	M	837 17th Ave. S.	IRL
S	2	0106	2119	O'Brien	Joseph	1901	Nov	20	01d	M	Interbay	??
S	2	0098	00941	O'Brien	Mary	1898	Jun	23	052	F	Providence Hosp.	IRL
S	3	0139	02771	O'Brien	Mary E.	1907	Jan	26	040	F	Providence Hosp.	CND
S	2	106	1235	O'Brien	Mary F.	1898	Oct	05	029	F	White River	IA
S	3	0176	03516	O'Brien	Mrs Lena	1905	Apr			F	Pacific Hosp	NRY
S	2	0128	2546	O'Brien	Mrs. Belle	1902	Mar	11	017	F	811 Columbia	SD
S	-	191	3781	O'Brien	P.O.	1903	Jan	04	058	M	King County Hosp.	IRL
S	1	0001	00190	O'Brien	Pat	1883			070	M	Seattle	IRE
S	2	0064	01266	O'Brien	Pat	1901	Mar	07	072	M	625 Main	IRL
S	2	108	1331	O'Brien	Sam'l J.	1898	Dec	17	021	M	Seattle	ND
S	3	0139	02774	O'Brien	William F.	1907	Jan	31	046	M	1130 No. 77th	IL
S	2	0063	00149	O'Brien	Willie	1896	Apr	15	009	M	Buckley St	
S	3	0071	01414	O'Connell	Dennis	1906	May	18	050	M	Sea. Gen. Hosp.	IRL
S	2	0069	1376	O'Connell	Gertrude Catherine	1904	Jan	10	002	F	1200 10th Ave. So.	MA
S	2	0099	00955	O'Connell	Patrick	1898	Jun	30	042	M	Providence Hosp.	---
S		0042	00833	O'Connell	William Herbert	1903	Sep	03	06m	M	1119-10th Avenue S	Sea
S	2	118	1695	O'Conner	Bridget	1899	May	14	061	F	610 12th Ave. S.	---
S	3	0074	01470	O'Conner	Edgar B.	1906	Jun	08	029	M	809 E.Union St. b.Ottawa	CND
S	3	0184	03663	O'Conner	Eve Katherine	1907	Jun	07	057	F	2310 N. 58th	OH
S		0051	01010	O'Conner	Josephine	1903	Oct	19	040	F	2013-13th Avenue S.	FRA

S	R	Page	Recor	LastName	FirstNames	Deat	Mn	Dt	Age	S	DeathPlace	Bir
S		0040	00798	O'Conner	Katherine	1903	Aug	29	054	F	Shelton	ENG
S	3	0121	02407	O'Connor	(Infant)	1906	Nov	10	s/b	M	2713-2nd Ave.	WA
S	2	0083	00366	O'Connor	Catherine	1897	Sep	20	065	F	315 6th Ave.	IRL
S	-	154	3026	O'Connor	Jennie Elizabeth	1902	Jul	28	048	F	919 4th Ave. b.Brockville	---
S	2	0059	00575	O'Connor	John	1895	Dec	28	036	M	Prov. Hosp.	
S		0003	00113	O'Connor	Morris	1892	Mar	21	074	F	Prov. Hosp.	
S	2	0062	00093	O'Donnell	Agnes M.	1896	Mar	05	001	F	5th Ave S & Main St	Sea
S	2	0042	00453	O'Donnell	Edw.	1894	Oct	14	003	M	612 Jackson	Sea
S	2	0086	1720	O'Donnell	Gertie	1901	Jul	20	024	F	1808 - Boren	CND
S	3	0179	03580	O'Donnell	Hugh E.	1905	Apr	04	021	M	Wilbur, WA	UN
S	3	0066	01314	O'Donnell	Infant	1906	Apr	14	s/b	F	1618 Dearborn St.	Sea
S	3	0056	01105	O'Donnell	John P.	1906	Mar	09	072	M	Snohomish, WA	unk
S	2	0059	00581	O'Donnell	Michael	1895	Dec	26	040	M	Duwamish	MA
S	3	0161	03220	O'Donnell	Mrs. Julia	1907	Mar	28	060	F	1011-1/2 Jackson	IRL
S	3	0166	03317	O'Dwyer	Walter M.	1907	Apr	19	077	M	719 Spring St.	IRL
S	3	0057	01141	O'Haire	Thos. Matthew	1903	Nov	18	003	M	52 Cedar St.	IA
S	3	0056	01116	O'Haire	Wm. N.	1903	Nov	08	001	M	Cedar St. & Elliott Ave.	Sea
S	3	0168	03359	O'Hara	Agnes	1907	Apr	28	003	F	Seattle Gen. Hosp.	MN
S		100	1995	O'Hara	Charles T.	1904	May	05	066	M	K. C. Hospital	MA
S			1365	O'Hara	Florence	1890	Jun	21	02y	F	10th St,Sea. b.Minneapolis,	MN
S	2	0060	00030	O'Hara	Ray T.	1896	Jan	26	008	M	Weller & Yakima	Sea
S	3	0133	02647	O'Hara	Thomas	1907	Jan	18	035	M	825-20th Ave.	IRL
S	2	0085	01695	O'Hara	William	1904	Mar	20	072	M	Providence Hospital	CND
S	3	0083	01642	O'Harra	Edward	--	--	--	--	M	Wayside Emer. Hosp.	--
S	3	0143	02856	O'Harra	Thomas	1907	Feb	14	046	M	31st Ave. W.	IRL
S	2	0103	1136	O'Keefe	Patrick	1898	Sep	14	045	M	Providence Hosp.	---
S	3	0030	00595	O'Laird	John	1905	Dec	12	054	M	Wayside Emereg. Hosp.	---
S		0033	00657	O'Leary	Infant	1903	Jul	03	s/b	M	208 Queen Anne Avenue	SEA
S	3	0022	00434	O'Leary	John	1905	Oct	30	068	M	Georgetown	IRL
S		0116	02317	O'Leary	Margaret Mary	1904	Aug	09	02d	F	1116 Stewart St.	Sea
S	1	0001	00044	O'Leary	Michael	1882	Feb	08	041	M	Providence Hosp.	IRL
S	3	0047	00940	O'Leary	Minnie (Mrs.)	1906	Feb	28	025	F	Providence Hospital	MI
S	2	116	2315	O'Leary	Patrick Jns. A.	1902	Jan	09	03m	M	2035 9th Ave.	SEA
S	3	107	2145	O'Malley	Ed	1904	Jun	22	040	M	Hoquiam WA	---
S	3	107	2137	O'Malley	Mary	1904	Jun	14	050	F	Harper	CND
S	2	0097	00889	O'Mara	Patrick O.	1898	May	25	049	M	Skykomish	IRL
S	2	0066	00260	O'Meall	J.B.	1896	Jun	30	068	M	627 Drexel	IN
S	2	113	1496	O'Meara	Wm. F.	1899	Feb	05	020	M	Tunnel, WA	CA
S	3	0119	02365	O'Melveny	Edward N.	1906	Nov	30	050	M	Providence Hosp.	IL
S	2	0061	00069	O'Murphy	Chas. M.	1896	Feb	19	027	M	Prov Hosp	ME
S	3	0023	00442	O'Neal	Infant	1905	Oct	01	s/b	M	1731 Howard Ave	SEA
S	2	130	2161	O'Neal	Jessie	1899	Dec	29	027	F	Franklin, WA	MN
S	2	0048	00111	O'Neil	(Infant)	1895	Mar	21	001	M	213 Oak	Sea
S	3	0092	01830	O'Neil	Infant	1904	Apr	20	02m	M	805 23rd Ave.	Sea
S	3	0024	00462	O'Neil	Patrick	1905	Nov	05	046	M	2522 14th Ave S	IRL
S	3	0053	01049	O'Neill	Jerry James	1906	Mar	24	018	M	Providence Hospital	MT
S	2	176	3484	O'Neill	Percy	1902	Nov	19	010	M	1422-1/2 1st Ave.	WA
S	1		2094	O'Reilley	William	1891	Jan	16	072	M	Lake Wash. nr Jackson St.	---
S	3	0197	03941	O'Reilly	John	1905	Jul	26	050	M	3rd Ave & Cherry St	IRL
S	3	0136	02703	O'Riley	James	1907	Jan	28	067	M	122 Minor Ave. N.	IRL
S	2	0013	00253	O'Rourke	Dennis	1900	Mar	06	061	M	Co. Hosp.	IRL
S	2	124	1921	O'Rourke	John J.	1899	Sep	07	023	M	6th Ward	NY
S	2	102	1069	O'Rourke	Minerva	1898	Aug	17	04m	F	2419-1/2 Western Ave.	Sea
S	2	0005	00085	O'Rourke	Wm	1900	Jan	28	035	M	Port Townsend	---
S	3	0035	00692	O'Shea	Francis T.	1905	Dec	25	001	M	Ballard	sme

S	R	Page	Recor	LastName	FirstNames	Deat	Mn	Dt	Age	S	DeathPlace	Bir
S	2	0079	00207	O---- (?)	Limp	1897	Jun	01	042	M	6th Ave. S. & Jackson St.	CHN
S	3	0044	00862	Oak	Albert Francis	1906	Feb	12	038	M	2835 Arthur Pl.	IA
S	-	150	2951	Oakes	Harry C.	1902	Jun	23	024	M	San Francisco, CA	FL
S	3	0075	01481	Oakes	Mattie M.	1906	Jun	13	--	F	1508 Thirteenth Ave.	NS
S	3	0024	00478	Oakland	Gus	1905	Nov	13	055	M	Wayside Emerg. Hosp.	---
S	1	0001	00972	Oakley	W.C.	1889	Sep	19	10m	M	5th St.	MT
S	2	0083	01641	Oass	Peatner	1901	Jun	29	01d	F	506 Warren	WA
S	3	0165	03293	Oates	Thomas Edward	1907	Mar	25	072	M	York Station (b. Isle of	Man
S	2	0082	01622	Oatley	Jane Mary	1901	Jun	14	020	F	? 2nd Ave.	ENG
S	-	150	2956	Oats	Wm	1902	Jun	27	055	M	King County Hosp.	ENG
S	2	0072	01421	Obata	A.	1901	Apr	18	032	M	Prov. Hosp.	JPN
S	2	0050	00981	Obenhay	Fred W.	1900	Dec	06	045	M	207 1st Ave	GER
S	2	0093	1853	Ober	Sarah Abbey	1901	Aug	28	073	F	Pt. Flagler	
S	2	0049	00973	Obete	S.	1900	Dec	02	030	M	Monod Hosp.	JPN
S	2	0076	00114	Oburg	Mary	1897	Mar	23	002	F	803 Virginia St. b.Gillman,	WA
S	3	0102	02052	Ocepek	Gertrout (Mrs.)	1906	Aug	31	70?	F	Veezey Quarry	AUS
S		0004	00066	Ockars	Frank	1903	Mar	12	071	M	Providence Hospital	---
S	2	0064	00185	Ocradrich	P.R.	1896	May	06	001	F	1017 Dearborn	Sea
S	3	0102	02030	Odani	Kichiziro	1904	Jun	02	028	M	Seattle Gen. Hospital	JPN
S		0017	00321	Odia	Kamaturo	1903	May	10	030	M	Providence Hospital	JPN
S	3	0104	2074	Odin	John	1904	Jun	17	050	M	Providence Hospital	SWD
S	3	0131	02622	Oehler	William	1904	Oct	03	034	M	1st Ave S	GER
S	1	0001	00989	Oelson	Andrew	1889	Sep	03	029	M	Prov. Hosp.	NRY
S	3	0136	02724	Oenen	Andrew	1904	Oct	06	004	M	Riverside	FIN
S	2	141	2792	Oertin	Andles	1902	May	20	029	F	122 27th Ave. S.	RUS
S		100	1996	Ofchrchak	Theodore	1904	May	06	002	M	433 Day St., Ballard	WI
S	3	0009	00173	Offerdahl	Thorwald	1905	Aug	29	015	M	WW Hosp. for Insane	MN
S	3	0191	03817	Ogata	(Infant)	1907	Jun	12	s/b	-	309 Maynard	Sea
S	3	0110	02182	Ogata	Chiyo	1906	Oct	19	10m	F	309 Maynard Ave.	Sea
S	2	0087	01734	Ogata	Nobyoshi	1901	Jul	28	019	M	Prov. Hosp.	JPN
S	3	0020	00386	Ogata	T.	1905	Oct	25	041	M	Seattle Gen. Hosp.	JPN
S	3	0091	01804	Ogden	Frank Edward	1906	Aug	16	001	M	910 Stewart	WA
S	3	0090	01784	Ogden	Jennie E.	1906	Aug	13	021	F	Providence Hosp.	MI
S		0047	00934	Ogilvie	Simon	1903	Sep	02	073	M	King County Hospital	SCT
S	3	0143	02852	Ogilvy	Mrs Annie	1904	Nov	24	046	F	Providence Hosp	SCT
S	3	0048	00952	Ogle	Carl Mark	1906	Jan	23	2.5	M	Cape Beale, B.C.	Sea
S	2	0050	00179	Ogle	Elizabeth	1895	Apr	10	052	F	River Park	KY
S	3	0048	00951	Ogle	Neita	1906	Jan	23	005	F	Cape Beale, B.C.	Sea
S	3	0048	00950	Ogle	Ray	1906	Jan	23	006	M	Cape Beale, B.C.	Sea
S	3	0021	00408	Ogle	Thomas	1905	Oct	15	070	M	220 20th Ave	OH
S	3	0096	01904	Ogoki	G.	1906	Aug	25	040	M	W.Wash.Hosp.for Insane	JPN
S	2	0109	02177	Ohi	H.	1901	Dec	01	022	M	Gen. Hosp.	JPN
S		0004	00154	Ohlsen	John	1892	Apr	21	033	M	Prov. Hosp.	
S	2	0097	01940	Ohmer	M.	1901	Sep	24	029	M	Prov.Hosp.	FIN
S	2	0027	00528	Ohmstead	Harry P.	1900	Jun	12	001	M	Shilshole Bay	SEA
S	2	0093	00740	Ohn	Ned J.	1898	Apr	08	069	M	cor Harrison & Belle View	GER
S	2	0066	00268	Ohse/Ohre	Fred	1896	Jul	06	043	M	Prov Hosp	
S		0110	02200	Oien	Iver A.	1904	Jul	15	069	M	721 25th Ave. S.	NRY
S	3	0146	02922	Oien	Knute	1904	Dec	15	032	M	Wayside Emergency Hosp	NRY
S		0061	01221	Oilebaum	Harry	1903	Jun	06	019	M	Solomon River, Alaska	---
S	2	0108	01304	Okaberg	Lillie	1898	Nov	28	005	F	Ballard, WA	Sea
S	3	0147	02935	Okamoto	A	1904	Dec	17	035	M	Seattle General Hosp	JPN
S	2	0052	01021	Okamoto	J.	1900	Dec	26	039	M	S. G. Hosp.	JPN
S	2	0035	00186	OKeefe	Nellie A.	1894	Apr	07	046	F	Belfast, WA	ME
S	2	0126	02029	Okenburg	Jennie	1899	Oct	03	023	F	Ballard	MI

S	R	Page	Recor	LastName	FirstNames	Deat	Mn	Dt	Age	S	DeathPlace	Bir
S	2	0102	01098	Okerberg	Andrew	1898	Aug	05	060	M	Vancouver, BC	SWD
S	2	0056	01105	Okita	S.	1901	Jan	22	03d	M	Central Hotel	SEA
S	3	0155	03102	Okumoto	Infant	1905	Jan	21	02d	F	600 King St	SEA
S		0097	01943	Okuyama	G.	1904	May	18	025	M	Seattle Gen. Hospital	JPN
S	3	0014	00271	Olaffson	Joeunder	1905	Sep	28	040	M	223 Battery St	ICE
S	2	0115	02293	Olander	Annie Matilda	1901	Nov	29	011	F	W. Seattle	SEA
S		0020	00211	Olbrick	NR	1893	Apr	28	023	M		
S	2	0091	00670	Olbrin	James	1898	Mar	04	034	M	Providence Hosp.	ON
S		0015	00030	Oldfield	Catherine	1893	Jan	31	080	F	114 W. Seneca	
S		0013	00476	Oldham	Julia Etta	1892	Nov	27	046	F	Fremont	ME
S		0010	00378	Oldham	Laura	1892	Sep	13	035	M	Eureka House	
S	3	0077	01525	Oldham	Robert William	1906	Jun	24	034	M	Foot of Columbia	ENG
S	1		02019	Oldman	Alice (Miss)	1890	Nov	28	027	F	South Seattle	---
S	2	0006	00115	Olds	David C.	1900	Feb	13	021	M	Prov. Hosp.	MO
S	3	0103	02057	Olds	Elizabeth	1906	Sep	04	089	F	Tacoma	--
S		0022	00290	Olem	Bertie Mrs.	1893	Jul	30	083	F	514 Lake	NRY
S	2	0087	00508	Olesen	Olof	1897	Dec	25	040	M	Elliott Bay	SWD
S	3	0003	00048	Oleson	Alma C.	1905	Aug	09	06m	F	3651 Phinney Ave	SEA
S		0027	00491	Oleson	B.L.	1893	Nov	13	037	F	Above Madison Park	SWD
S		0026	00516	Oleson	Dicketine	1903	Jun	06	040	F	1534 Ferry Street/Ballard	NRW
S	2	0067	01336	Oleson	E. W. Gust	1901	Mar	03	03m	M	So. Seattle	SEA
S		0023	00448	Oleson	Emil	1903	Jun	09	031	M	Providence Hospital	SWD
S	2	0048	00115	Oleson	G.	1895	Mar	25	030	F	2012 6th	NRY
S	-	0153	03000	Oleson	Hans	1902	Jul	17	045	M	Seattle Gen. Hosp.	NRY
S	3	0149	02966	Oleson	John	1907	Feb	12	042	M	Olympia	unk
S	3	0131	02617	Oleson	Mrs Lina	1904	Oct	01	032	F	1363 32nd Ave S	NRY
S		0027	00475	Oleson	Oscar	1893	Nov	03	004	M	Fremont	Sea
S	2	0083	00374	Oleson	Oscar	1897	Sep	25	06m	M	2410 Water St.	SEA
S	2	126	2517	Oleson	Selma	1902	Feb	07	06m	F	Ballard	SEA
S		0016	00043	Oletten	Henry	1893	Feb	03	056	M	Prov. Hosp.	
S		0027	00485	Olin	Infant	1893	Nov	08	01d	M	Bigelow	Sea
S	2	0095	00811	Olison	Gena	1898	Apr	19	032	F	Tacoma, WA	NRY
S	-	165	3248	Oliver	Amelia V.	1902	Sep	15	051	F	408 Broadway	IN
S		0063	01258	Oliver	David	1903	Dec	09	018	M	Wayside Mission Hospital	SWD
S	3	0057	01131	Oliver	Etta	1903	Nov	15	032	F	2020 Dearborn	CND
S	1	0001	00939	Oliver	Fred	1889	Jul	12	05m	M	Rainier St.	
S	3	0148	02956	Oliver	Hallie	1907	Feb	07	019	M	Lovelock (b. Dakota)	
S	2	0112	02237	Oliver	Infant	1901	Dec	24	03d	M	Monod Hosp.	SEA
S	3	0060	01199	Oliver	J.E. (Mrs.)	1906	Apr	21	019	F	Providence Hosp.	DC
S	2	183	3596	Oliver	Mrs. Jessie Stark	1902	Dec	25	065	F	Providence Hosp.	CND
S		0006	00109	Oliver	Myrtle	1901	Aug	18	018	F	Rocky Ford Co.	---
S	1		01917	Oliver	William B.	1890	Oct	19	051	M	108 Box St.	GA
S	2	0030	00591	Olkers	Earl M.	1900	Jul	26	002	M	515 Cherry	SEA
S	2	0041	00806	Olkers	Mary E.	1900	Oct	04	001	F	2112 4th Av	SEA
S		0054	01072	Olmstead	Emma	1903	Oct	17	020	F	Victoria, B.C.	---
S	3	0156	03113	Olmstead	Infant	1905	Jan	22	01d	F	Green Lake	SEA
S	2	0111	02219	Olmstead	John S.	1901	Dec	17	016	M	615 Valley St.	NE
S		0033	00116	Olmsted	David	1894	Mar	15	040	M	Prov. Hosp.	
S		0060	01193	Olney	Emma E.	1903	Nov	25	027	F	1330 Western Ave.	BC
S	2	0056	00474	Olney	Joseph H.	1895	Oct	10	015	M	1834 5th St	
S	3	0191	03815	Olsback	(Infant)	1907	Jun	02	s/b	M	553 Eastern	Sea
S		0131	02595	Olsbrick	baby	1902	Mar	31	03w	F	Ballard	WA
S		0031	00034	Olsen		1894	Jan	20	04d	F		Sea
S	2	0067	00287	Olsen	Alex	1896	Jul	30	028	M	Chicago House	SWD
S	1	0001	00935	Olsen	Anguis Alfreda	1889	Jul	10	01m		Ft. Blanchard	

S	R	Page	Recor	LastName	FirstNames	Deat	Mn	Dt	Age	S	DeathPlace	Bir
S	2	0067	00275	Olsen	Annie	1896	Jul	13	064	F	708 S 11th	SWD
S	3	0124	02473	Olsen	Chas. J.	1906	Dec	15	024	M	Providence Hosp.	MN
S		0084	01675	Olsen	Clarence	1904	Mar	26	006	M	Seattle Gen. Hospital	WA
S	2	0057	01127	Olsen	Edwin	1901	Jan	23	033	M	Prov. Hosp.	SWD
S	2	0082	00315	Olsen	Elizabeth	1897	Aug	19	001	F	Seattle, WA	SEA
S	3	0050	00986	Olsen	Ellen	1906	Feb	07	067	F	Pleasant Beach, Wn.	NRY
S	2	0119	02367	Olsen	F J	1904	Aug	19	032	M	Monod Hosp	SWD
S	2	0071	00458	Olsen	Geo.	1896	Nov	05	02m	M	1018 Ranier	SEA
S	3	0181	03620	Olsen	Herman	1905	May	02	025	M	Jackson St, foot of	UN
S	2	0041	00394	Olsen	Jake	1894	Aug	24	028	M	Franklin	
S			01421	Olsen	John	1890	Jul	15	-	M	T.E. Davis logging camp	SWD
S	2	0055	01097	Olsen	John	1901	Jan	17	080	M	Monod. Hosp.	NRY
S	3	0183	03663	Olsen	John	1905	May	18	040	M	King St, foot of	SWD
S	2	0101	02017	Olsen	Lina	1901	Oct	21	042	F	Prov. Hosp.	NRY
S	2	0111	01449	Olsen	Lucy	1899	Feb	01	073	F	503 Maynard	---
S	1	0001	00566	Olsen	Maggie	1887	Oct	29	019	F		
S	2	0080	00248	Olsen	Martin	1897	Jul	06	044	M	116 Lenora St.	NRY
S	3	0150	02996	Olsen	Mrs Annie E	1904	Dec	04	?	F	South Park, WA	GER
S	-	0163	03215	Olsen	Mrs. S.	1902	Sep	03	068	F	4030 Aurora	SWD
S	2	0120	02397	Olsen	Nels	1904	Aug	29	064	M	Wayside Emergency Hosp	---
S	2	0072	00501	Olsen	Olaf	1896	Dec	02	068	M	914 Dearborn St.	SWD
S	2	0064	00180	Olsen	Oscar	1896	May	01	09m	M	Fremont b.Fremont	
S	1	0001	00963	Olsen	Peter	1889	Jul	23	035		Grace Hosp.	
S	2	0094	00777	Olsen	Roy	1898	Apr	20	02m	M	209 Irving St.	SEA
S		0033	00117	Olson	Anna M.	1894	Mar	15	002	F	Market between 27 & 28	
S	2	0074	00008	Olson	Anton M.	1897	Jan	06	007	M	Rainier St.	DNK
S	2	0119	01746	Olson	baby	1899	Jun	10	03d	N	Maternity Hosp.	Sea
S		0061	01318	Olson	Beda	1903	Apr	09	026	F	Dawson, Y.T.	MN
S	3	0106	02118	Olson	Cecelia	1906	Oct	05	015	F	1262 Denny Way	IL
S		0081	01607	Olson	Chester T. S.	1904	Mar	03	005	M	1355 32nd Ave. So.	Sea
S	2	0361	02584	Olson	Chestie	1891	Sep	12	003	M	8th & Bell Sts.	Sea
S		0022	00276	Olson	Clara Margaret	1893	Jul	13		F	813 Alder	Sea
S	3	0138	02752	Olson	Clara Sophia	1907	Jan	22	063	F	Kirkland, WA	SWD
S	3	0165	03286	Olson	Clarence	1907	Apr	12	002	M	127 Nob Hill	WA
S	3	0068	01341	Olson	Eillef	1906	May	07	--	M	Providence Hosp.	NRY
S	3	0101	02004	Olson	Gabriel	1906	Sep	22	076	M	Wayside Hosp.	NRY
S	3	0041	00810	Olson	Hans	1906	Jan	18	084	M	Pt Blakeley, WA	SWD
S	3	0188	03751	Olson	Henry	1905	Jun	02	024	M	4059 Gilman Ave	NRY
S	2	0040	00795	Olson	Infant	1900	Sep	24	s/b	F	Ballard	sme
S		0080	01594	Olson	Infant	1904	Feb	06	s/b	M	91 Pine St.	Sea
S	3	0028	00555	Olson	Infant	1905	Nov	07	s/b	F	113 Boren Ave N	SEA
S	3	0035	00700	Olson	Infant	1905	Dec	13	s/b	M	Ballard	WA
S	2	0106	02113	Olson	Inft	1901	Nov	18	s/b	F	1610 Bellevue	SEA
S	2	0043	00851	Olson	Ivy M	1900	Oct	27	008	F	112 Virginia	SEA
S	3	0166	03311	Olson	Jacob	1907	Apr	16	024	M	Seattle Gen. Hosp.	NRY
S	3	0130	02595	Olson	Johanna	1904	Sep	16	046	F	Chelan, WA	SWD
S	1		01545	Olson	John	1890	Sep	04	035	M	Providence Hospital	
S	2	0033	00656	Olson	Joseph M.	1900	Aug	15	035	M	Str. Isaac Reed Coal Bunker	---
S	3	0057	01130	Olson	Lena	1903	Nov	14	049	F	1525 4th Ave.	NRY
S	1		01961	Olson	Mary (Mrs.)	1890	Oct	28	023	F	108 Lake Ave.	NRY
S	1	0001	00824	Olson	Matilda	1889	Apr	08	010	f	Foot Pike St.	
S	1		No #	Olson	Milton	1890	Oct	25	022	M	108 Lake Ave.	IL
S	2	0062	00044	Olson	Nellie	1896	Jan	15	08m	F	Ballard b.Ballard	
S	3	0140	02797	Olson	Ola Mat	1907	Feb	06	c40	M	5th & Marion	NRY
S	3	0172	03429	Olson	Olaf	1907	May	02	025	M	Providence Hosp.	---

S	R	Page	Recor	LastName	FirstNames	Deat	Mn	Dt	Age	S	DeathPlace	Bir
S	2	0052	00269	Olson	Ole	1895	Jul	07	023	M	S. of Ballard	IA
S	3	0159	03164	Olson	Ole Christ	1907	Mar	31	054	M	Federal & Galer	DNK
S	2	0023	00446	Olson	Peter	1900	May	31	045	M	S. G. Hosp.	SWD
S	3	0153	03058	Olson	Peter	1907	Mar	13	048	M	Wayside Emer. Hosp.	unk
S	2	0121	01806	Olswang	Abe	1899	Jul	18	026	M	Seattle Gen. Hosp.	PLD
S		0134	02649	Oltare	Geo.	1902	Apr	13	040	M	Providence Hosp.	WI
S	2	0077	00136	Oltmans	Eilt	1897	Apr	04	032	M	608 Market St.	IL
S		0082	01643	Olund	Gerda Maria	1904	Mar	17	09m	F	121 Dexter Ave.	Sea
S	3	0184	03664	Oman	John Arthur	1907	Jun	07	004	M	McIntire St.	UT
S	3	0160	03185	Omato	S.	1907	Mar	20	020	M	King Co. Hosp.	JPN
S		0048	00947	Omers	Andrew	1903	Sep	14	040	M	South Seattle, WA	FIN
S	3	0192	03831	Omori	D.	1905	Jun	16	027	M	King Co. Hosp.	JPN
S	3	0188	03762	Omori	K.	1905	Jun	09	028	M	705 Main St	JPN
S		0115	02293	Omori	Kiyoo	1906	Nov	05	05m	M	411-1/2 Yesler Way	WA
S		0064	01284	Omoto	T.	1903	Dec	18	029	M	Seattle Gen. Hosp.	JPN
S	1	0001	00770	Oneill	Erick	1889	Feb	23	021		No. corner Jackson St.	
S	2	0037	00239	Ono		1894	Jun	01	025	M	Prov Hosp	JPN
S	3	0121	02417	Ono	Irata	1906	Dec	03	039	M	Providence Hosp.	JPN
S	3	0124	02473	Ono	S	1904	Sep	01	026	M	Seattle General Hospital	JPN
S	3	0178	03554	Ono	Y.	1907	May	21	043	M	Providence Hosp.	JPN
S	3	0019	00369	Ono	Y. (Mrs.)	1905	Oct	18	025	F	Seattle Gen. Hosp.	JPN
S	2	0027	00525	Onstad	Glady S.	1900	Jun	16	02m	F	Ballard	sme
S	2	0004	00071	Onstad	Ross M.	1900	Jan	01	001	M	Ballard	sme
S		0041	00817	Opdyke	(Infant)	1903	Jul	31	s/b	F	556-19th Avenue	SEA
S	-	154	3028	Orbom	June R.	1902	Jul	11	001	F	60 Wall St.	SEA
S	1	268	2397	Orchard	Edward Earl	1891	Jun	11	04m	M	Lewis St.	Sea
S	2	0083	00369	Ordway	L. M.	1897	Sep	22	063	F	2620 Western Ave.	MA
S		0134	02657	Orender	Frank	1902	Apr	14	030	M	corner Republican & Pontius	NY
S		0080	01591	Orland	Infant	1904	Feb	02	s/b	M	717 Yesler Ave.	Sea
S	3	0164	03279	Orme	Bertha M.	1907	Apr	12	023	F	1019 Jackson	OR
S	3	0120	02398	Ormes	Jane Mrs.	1906	Nov	26	081	F	Hillman City, WA	SCT
S		0047	00943	Ormsten	Myron Rafe	1903	Sep	08	05m	M	South Park	SEA
S	3	0158	03150	Ormston	Mary	1905	Jan	10	079	F	109 22nd Ave N	OH
S		0040	00801	Orniston	Miriam	1903	Aug	28	05m	F	S. Seattle	SEA
S	1	0001	00954	Orourke	Maud	1889	Jul	29	034		Jackson St. near Lake Wa.	
S	3	0142	02845	Orr	Melinda	1904	Nov	04	073	M	1115 Seventh Ave W	OH
S	2	0035	00170	Orsohini	Andrew	1894	Apr	17	055	M	Judkins & S. 12th	FRN
S	3	0089	01777	Orth	Edgar J.	1906	Aug	09	021	M	Lake Wash.near Madison Park	IL
S		0055	01099	Orton	T.C.	1903	Oct	31	061	M	Monod Hospital	IL
S	2	0081	00290	Ortscheid	E. P.	1897	Jul	28	028	M	Duwamish, WA	WI
S	2	0059	01183	Orvilla	Bertha	1901	Feb	09	046	F	130 15 Ave N	ITL
S	2	0144	02818	Orvis	Spence	1902	May	14	027	M	666 Washington St.	CND
S	2	0055	00366	Osama	Miyo	1895	Sep	13	002	F	Between So.4 & 5 and Main	Sea
S	2	0020	00385	Osawa	Kayashi	1900	May	03	001	M	618 Wash	SEA
S	2	0104	01150	Osawa	Keeni	1898	Sep	20	10m	F	618 Washington St.	Sea
S	3	0158	03152	Osborn	Eldsia	1907	Mar	31	024	F	Metropolitan Hospital	IA
S	3	0162	03240	Osborn	Fern	1907	Apr	04	002	F	Sea. Gen. Hosp.	WA
S	-	0192	03783	Osborn	Idah. Jane	1903	Jan	16	014	F	Ballard, WA	IA
S	1	0192	02245	Osborne	A.F.	1891	Mar	19	042	M	118 S. 12th St.	---
S	2	0187	03676	Osborne	Elizabeth	1903	Jan	02	074	F	1319-1/2 3rd Ave.	MD
S	3	0175	03486	Osborne	Richard	1905	Apr	02	059	M	Seattle General Hosp	IL
S	2	0087	01726	Osborne	Solomon G.	1904	Mar	08	091	M	Ballard	OH
S	3	0174	03463	Osgood	Clarence W.P.	1907	May	10	064	M	Providence Hosp.	---
S	2	0094	00764	Osgood	E. W. (Mrs.)	1898	Apr	16	050	F	206 24th Ave.	NB
S	2	0127	02536	Osgood	H. Adah	1902	Mar	04	023	F	2nd Ave. S. & Washington	CA

S	R	Page	Recor	LastName	FirstNames	Deat	Mn	Dt	Age	S	DeathPlace	Bir
S	2	0101	01043	Osgood	J. G.	1898	Jul	21	012	M	Columbia City, WA	IA
S	2	0145	02840	Osgood	J. O.	1902	May	16	034	M	Ballard, WA	IA
S	2	0124	01916	Oshner	Fred	1899	Sep	05	005	M	Providence Hosp.	---
S	3	0148	02954	Osinga	John	1904	Dec	28	045	M	Pacific Hosp	---
S	2	0062	00114	Oslund	Hattie	1896	Mar	19	005	F	411 Pine St	
S	2	0128	02545	Oslund	Oscar	1902	Mar	09	013	M	1266 Republican	WA
S	3	0161	03208	Osten	(Infant)	1907	Mar	13	s/b	M	915 Spruce	WA
S	2	0086	00501	Ostheirdt	Paulina	1897	Dec	06	045	F	114 Bell St.	GER
S	3	0127	02530	Ostlund	Adolf George	1904	Sep	19	023	M	Providence Hosp	SWD
S		0019	00379	Ostlund	Elsa ?	1903	May	01	066	F	147 Baker St, Ballard	SWD
S	2	0088	00567	Ostlund	Oscar	1898	Jan	19	022	M	1520 10th Ave. W.	ND
S	1		01446	Ostram	Jacob	1890	Jul	23	021	M	Depot St.	---
S	2	0056	00470	Ostrand	Robt	1895	Oct	09	041	M	2823 Front St	GER
S	3	0129	02573	Ostrander	Earl H. (Dr.)	1906	Dec	28	071	M	Ballard, WA	ON
S	1		02105	Ostrander	Steven	1891	Jan	22	-	M	Providence Hosp.	---
S	2	0074	00010	Osuo	Jennie	1897	Jan	08	043	F	1523 6th Ave.	NE
S	1		02074	Oswold	Annie Maria	1891	Jan	05	02m	F	7th & Washington Sts.	Sea
S	3	0157	03140	Otany	Infant	1905	Jan	31	06m		308 Main St	SEA
S	2	0043	00486	Otterman	Louise	1894	Oct	27	075	F	West St. House	
S	2	0043	00484	Otterson	Andy	1894	Oct	27	018	M	West St. House	
S	2	0071	00438	Otterson	Henry	1896	Oct	27	039	M	Providence Hosp.	NRY
S	3	0093	1857	Outzen	Hanel	1904	Apr	01	059	M	Van Asselt W	DNK
S	3	0242	02824	Ovaitt	Emeline	1907	Feb	12	c72	F	1849-53rd Ave. N.	CT
S	3	0044	00869	Ovale	Julia	1906	Feb	15	07d	F	Sea. Gen. Hosp.	Sea
S	3	0109	02180	Overley	Allen	1906	Oct	17	080	M	2320 E. John	OH
S		0193	3813	Overley	Catherine	1903	Feb	04	070	F	131 23rd Avenue N.	OH
S		0110	02198	Overman	John Arthur	1904	Jul	14	095	M	126 24th Ave.	OH
S	3	0004	00075	Overman	Joseph G.	1905	Aug	16	038	M	126 24th Ave N	OR
S	2	0071	01406	Overton	E. Wm.	1901	Apr	13	076	M	Seneca & Minor	NY
S	1	0001	00991	Overtsan	Cervert	1889	Sep	04	021	M	Seattle	NRY
S	2	0127	2527	Ovitt	Cornelius	1902	Mar	02	50	M	Prov. Hosp.	GER
S		0052	01038	Owen	John T.	1903	Oct	01	076	M	125-5th Avenue N.	NY
S	1	0001	00048	Owens	James	1882	Jan	20	054	M	Providence Hosp.	
S	2	0071	00453	Owens	James	1896	Oct	24	---	M	County Hosp.	---
S	2	0176	03489	Owens	Leo J.	1902	Nov	20	022	M	Providence Hosp.	MN
S	1	0001	00910	Owens	Lillie R.	1889	Jun	24	05m	F		
S	2	0118	02363	Owens	Rice M	1904	Aug	23	059	M	217 Terry Ave N	KY
S	3	0109	02175	Oya	Mrs. Sunino	1906	Oct	16	026	F	Sea. Gen. Hosp.	JPN
S	2	0101	02009	Oye	R.	1901	Oct	17	019	M	Prov. Hosp.	JPN
S		0023	00332	Paar	Cora	1893	Aug	24	007	F	Bush & Jackson	WI
S	3	0168	03353	Pabst	Gillman Joseph	1905	Mar	02	003	M	Pacific Hosp B:Chicago	IL
S	2	0101	01026	Packard	Flondina	1898	Jul	30	012	F	27th Ave. N.	CA
S	2	0140	02762	Padano	Dominica	1902	May	11	018	M	4th Ave. S. & Dearborn	ITL
S		0026	00513	Padden	Edward	1903	Jun	01	029	M	Good Sam Hospital/Portland	USA
S	2	0080	00252	Padden	James	1897	Jul	07	034	M	Edgewater	CND
S	2	0014	00272	Padden	Norman G.	1900	Apr	01	017	M	216 Terry	SEA
S		0045	00895	Padgett	Julie Govan	1903	Sep	21	035	F	Providence Hospita	---
S		0081	01617	Padovans	Dounnaco	1904	Mar	07	10m	M	1010 16th Ave. So.	Sea
S	3	0102	02036	Padvano	Tony	1904	Jun	01	01m	M	16th Ave. So.& Charles St.	Sea
S	1	0001	00223	Page	Anna H.	1883	Jul	03	055	F	Seattle	USA
S		0004	00119	Page	Clark	1892	Mar	27	018	M	8th & Weller	CA
S	-	0148	02901	Page	Edward	1902	Jun	20	049	M	1830 24th Ave.	KY
S	2	0144	02833	Page	H. H.	1902	May	02	055	M	S. Seattle	ME
S	2	0138	02738	Page	H. H.	1902	May	02	055	M	S. Seattle	ME
S	3	0017	00325	Page	Helen	1905	Sep	13	056	F	Rainier Beach	OH

S	R	Page	Recor	LastName	FirstNames	Deat	Mn	Dt	Age	S	DeathPlace	Bir
S	3	0156	03110	Page	Isaiah N	1905	Jan	21	073	M	203 31st Ave	ME
S	2	0078	00158	Page	Julia A.	1897	Apr	26	034	F	General Hosp.	MN
S	1	0001	00874	Page	Lester L.	1889	May	09	054		Dakata Rest.	
S		0008	00278	Page	Mary E.	1892	Jul	08	072	F	Annie St.	PA
S	2	0062	00088	Page	Sarah E.	1896	Mar	03	036	F	115 Stewart	IA
S	2	0008	00144	Pager	Lewis	1900	Feb	26	042	M	Prov. Hosp.	---
S		0031	00610	Paige	Hovnen C.	1903	Jul	28	071	M	301 Nobhill Avenue	OH
S	2	0138	02739	Paine	Ann	1902	Apr	29	065	F	511 Baker St, Ballard, WA	ENG
S	2	0040	00373	Paine	John A.	1894	Aug	29	07m	M	824 Prospect	Sea
S	1	0001	00333	Paine	L.A.	1884	Apr	29	032		Seattle	USA
S	3	0110	02198	Painter	William	1906	Oct	22	069	M	210 Empire Bldg, 2nd & Mdsn	IN
S	2	0109	02163	Paix	Mike	1901	Nov	29	044	M	Georgetown	AUS
S	2	0121	01809	Palley	Ida May	1899	Jul	19	040	F	Providence Hosp.	IA
S	2	0045	00548	Palmer	A.T.	1894	Nov	21	046	M	Co. Hosp.	
S	2	0125	01974	Palmer	baby	1899	Sep	26	16d	F	Columbia City, WA	WA
S	2	0021	00416	Palmer	Bartlett	1900	May	18	---	M	2823 1st Av	SEA
S	1	0001	00777	Palmer	C.A.	1889	Feb	27	045		Corner 11th & Jackson St.	USA
S	-	0171	03356	Palmer	C.A. or Leontine (Mrs.)	1902	Oct	20	037	F	Providence Hosp.	SWD
S	3	0083	01659	Palmer	Deandee J.	1906	Jul	19	10m	M	6425 9th NE	WA
S	2	0054	00334	Palmer	Ellsworth	1895	Aug	30	02m	M	607 Alton St	Sea
S	3	0164	03265	Palmer	Frances Margeret	1907	Apr	09	01d	F	Sea. Gen. Hosp.	WA
S	3	0135	02690	Palmer	George	1904	Oct	26	050	M	506 1st Ave S	---
S	3	0078	01545	Palmer	Hattie C.	1906	Jun	11	054	F	4229 - 9th NE	NY
S		0113	02252	Palmer	Luther D.	1906	Oct	16	016	M	Duluth, MN	US
S	3	0134	02665	Palmer	Mary C.	1907	Jan	22	074	F	1st Ave. & Virginia	ME
S	3	0013	00252	Palmer	Pauline	1905	Sep	21	001	F	1347 14th Ave S	SEA
S	2	0145	02829	Palmer	Pearl	1902	May	12	012	F	Columbia City	NE
S	2	0089	01764	Palmer	Richard	1901	Jul	20	054	M	Columbia City	WI
S	2	0093	00742	Palmer	Wm.	1898	Apr	10	069	M	204 1st Ave.	NY
S	3	0154	03063	Palmerton	Roxie June	1907	Mar	14	018	F	1629-14th Ave.	NE
S	2	0079	00217	Palmleaf	C.	1897	Jun	14	069	F	Dewey Fuhrman Addition	SWD
S	2	0039	00333	Palmquist	Infant	1894	Aug	06	03m	F	Between West & Front	
S	2	0093	00710	Palms	Maria S.	1898	Mar	30	05m	F	Prince William	SEA
S	2	0120	01769	Palson	Halloon	1899	Jun	26	060	M	Providence Hosp.	ICE
S	3	0004	00077	Panchot	Eleanor	1905	Aug	16	08m	M	2409 E 1st	WA
S	2	0178	03506	Pancoast	Helen	1902	Nov	22	034	F	1510 13th Ave.	CA
S	3	0180	03593	Pangas	Indian	1907	May	06	070	M	West Seattle	---
S	2	0087	00536	Pangburn	Mary W.	1898	Jan	01	072	F	Providence Hosp.	---
S	2	0119	02377	Pany	Myrtle Christina	1904	Aug	27	04m	F	419 Yesler Way	Sea
S	3	0072	01430	Papin	Jack	1904	Jan	02	050	M	1st Ave. S. & Main St.	CND
S	3	0086	01712	Papineau	May	1906	Jul	08	022	M	Near Lester	--
S	2	0101	02015	Papses	Alich	1901	Oct	19	028	M	2823 1st Ave.	RUS
S	3	0089	01770	Paral	Annie	1906	Aug	08	021	F	Providence Hosp.	WI
S	1	0001	01244	Parant	Wm.	1890	Mar	26	039	M	Seattle	MA
S	3	0158	03149	Pardo	Myre A.	1907	Mar	30	004	F	306 E. 42nd St.	WI
S	2	0090	01789	Pardo	Richard	1904	Apr	10	074	M	Seattle Gen. Hospital	CND
S	2	0089	00604	Parenda	Taguela	1898	Feb	06	20d	F	313 Maynard Ave.	SEA
S	2	0064	01274	Parenti	Josey	1901	Mar	09	11m	M	2610 Wash	SEA
S	2	0040	00356	Pareott	Frank	1894	Aug	20	032	M	LaTona	M MI
S	2	0089	01774	Paresich	Lula	1904	Apr	04	001	F	2710 Elliott Ave.	Sea
S	3	0021	00407	Parfit	Doris	1905	Oct	15	006	F	Seattle Gen. Hosp.	SEA
S	2	0117	01651	Parfit	Harriet	1899	Apr	03	035	F	Ballard, WA	---
S	2	0101	01038	Park	J. A.	1898	Jul	09	035	M	Kent, WA	---
S	2	0106	02104	Park	John	1901	Nov	15	049	M	Prov. Hosp.	SCT
S		0100	02003	Parker	Abbie Berry	1904	May	15	075	F	So. Seattle	ME

S	R	Page	Recor	LastName	FirstNames	Deat	Mn	Dt	Age	S	DeathPlace	Bir
S	2	0100	01000	Parker	Alice E.	1898	Jul	21	08m	F	112 Virginia St.	Sea
S		0024	00389	Parker	Baby	1893	Sep	12	03d	F	Green Lake (b.Fremont	
S	3	0072	01431	Parker	Bertha E.	1904	Jan	03	029	F	14 W. Harrison St.	OH
S	3	0082	01633	Parker	Edward Byron	1906	Jul	12	001	M	Hotel Burlingtn/612 Madison	CA
S	2	0111	01413	Parker	Emma J.	1899	Jan	20	058	F	Edgewater	ENG
S	1	0001	00101	Parker	F.B.	1882	Jul	13	004		Seattle	
S	1	0001	00265	Parker	Frank	1883	Aug	12	009	M	Seattle	USA
S	3	0129	02566	Parker	Frank	1904	Sep	30	---	M	New Zealand Saloon	---
S		0006	00227	Parker	Frank K.	1892	Jun	05	001	M	Broadway St.	
S	2	0180	03551	Parker	Frank S.	1902	Nov	30	074	M	S. Seattle	ME
S	3	0106	02113	Parker	Fred	1906	Oct	04	033	M	712-17th Ave.	KS
S	2	0061	00063	Parker	Geo. H.	1896	Feb	13	036	M	Seattle Gen Hosp	
S		0117	02328	Parker	George	1904	Aug	11	062	M	26th Ave. & Plummer	ENG
S	3	0013	00251	Parker	George H. F.	1905	Sep	19	04m	M	2324 E Ward St	SEA
S	2	0073	00537	Parker	infant	1896	Dec	05	---	F	Ballard, WA b.Ballard,	WA
S	3	0008	00145	Parker	James D.	1905	Aug	02	063	M	Ballard	CND
S	2	0118	02358	Parker	John	1904	Aug	18	030	M	Wayside Mission Hospital	---
S	3	0162	03238	Parker	Mary	1905	Feb	07	096	F	4401 Densmore	ENG
S		0006	00212	Parker	Mary Isabella Kellog	1892	May	24	031	F	Green Lake	CT
S	3	0173	03452	Parker	Mildred	1907	May	08	005	F	6609 N. 73rd	MO
S	1		01456	Parker	Oscar alias Egan	1890	Aug	01	020	M	Providence Hospital	---
S	3	0093	01844	Parker	Ralph Allen	1906	Aug	23	005	M	1319 Terrace Court	CA
S			01417	Parker	Ramond	1890	Jul	15	04m	M	Madison St. b.San Francisco	CA
S	1	0001	00194	Parker	Shela (infant)	1883	May	15		F	Seattle	USA
S	2	0103	01102	Parker	Stan Edw.	1898	Aug	13	06d	M	Ballard, WA	WA
S		0060	01201	Parker	Walter	1903	Nov	08	033	M	near Black Diamond WA	---
S	2	0051	01014	Parker	Walter A.	1900	Dec	24	039	M	924 3rd Ave	ME
S	1		01998	Parker	William F.	1890	Nov	16	050	M	Providence Hospital	---
S	2	0087	01735	Parkhirst	Steph	1901	Jul	28	078	M	311 - 29 Av S	ENG
S	1	0001	00650	Parkhurst	Ruben	1888	Oct	10	17m		2619 Third St.	
S	2	0018	00351	Parkinson	Rich'd Rice	1900	Apr	30	081	M	2720 Denny Way	ENG
S	2	0027	00539	Parks	A. J.	1900	Jul	02	045	M	8th & Pike	CND
S	2	0101	01024	Parks	E.	1898	Jul	29	037	M	210 S. 7th St.	---
S	2	0128	02107	Parks	Roma A.	1899	Dec	06	048	M	1600 Warren	VT
S	1	0001	00502	Parnels	Thos. T.	1885	Dec	14	036	M	White River	
S	3	0158	03157	Parola	Olga Margareta	1907	Mar	31	07m	F	212-25th Ave. N.	FIN
S	3	0033	00650	Parona	Mike	1905	Dec	31	035	M	Wayside Emerg. Hosp.	---
S	1	0001	00491	Parquen	John	1885	Oct	18	048	M	Hospital	NY
S	3	0124	02476	Parr	Lila C.	1906	Dec	16	044	F	2018-6th Ave.	MO
S	2	0096	00859	Parr	Lucy A.	1898	May	24	054	F	920 23rd Ave.Hosp.	IA
S		0017	00109	Parri	G.	1893	Mar	27	045	M	Prov. Hosp.	ITL
S	1		1579	Parrison	Manier L.	1890	Sep	24	023	M	1113 4th St.	---
S	3	0006	00101	Parrott	R. S.	1905	Aug	20	035	M	Wayside Emerg. Hosp.	UN
S	3	0175	03494	Parry	Ira Jr	1905	Apr	06	08m	M	Seattle General Hosp	SEA
S		0033	00094	Parry	James	1894	Mar	03	052	M	2115 4th St.	
S	1		1585	Parry	John	1890	Sep	30	019	M	Providence Hospital	ENG
S	3	0126	02518	Parry	Mabel	1906	Dec	27	019	F	3643 Interlake Ave.	TX
S	2	0099	00946	Parry	Orrin	1898	Jun	24	001	M	Providence Hosp.	SEA
S		0137	02710	Parson	Deaney B.	1902	Apr	11	012	F	Ballard, WA b.Westmans Isla	nd
S	3	0032	00628	Parsons	Alfred R.	1905	Dec	25	064	M	726 N 74th St	ME
S	3	0160	03184	Parsons	Ernest H.	1907	Mar	20	036	M	Newhall, CA	NY
S	2	0160	03141	Parsons	Georgia	1902	Aug	27	054	F	502 Terry Ave.	MA
S		0027	00503	Parsons	J.H.	1893	Nov	26	052	M	Denny & Furman	USA
S	2	0070	00402	Parsons	Wm. H.	1896	Sep	14	056	M	Cooks Inlet	---
S		0016	00059	Partridge	Clive A.	1893	Feb	20	003	M	805 Columbia (b.Lewis Co.	

S	R	Page	Recor	LastName	FirstNames	Deat	Mn	Dt	Age	S	DeathPlace	Bir
S	2	0023	00460	Partridge	Geo.	1900	May	10	08h	F	South Park	WA
S	1	0001	00538	Partridge	R.B,	1886	Apr		038	M	2nd Ward Seattle	
S	2	0058	00555	Pasco	Minnie	1895	Dec	12	026	F	5th & Spring	NE
S	3	0041	00811	Paselk/Paseek	Artie	1906	Jan	20	022	F	Ballard	MN
S	3	0058	01162	Paskey	Herman	1903	Nov	24	034	M	Providence Hospital	NY
S	2	0047	00074	Pasquella	Joseph	1895	Feb	26	036	M	Ft Marion St/Elliott Bay	ITL
S	2	0088	01759	Passage	Lila I.	1901	Jul	03	008	F	West Seattle	WA
S	2	0065	00210	Passauer	Lora	1896	May	27	068	F	1715 2nd Ave	GER
S	3	0025	00490	Passineti	Infant	1905	Nov	20	01d	M	319 Terry Ave N	SEA
S		0006	00229	Passolo	Joseph	1892	Jun	08	07m	M		Sea
S	2	0104	01140	Pasyerelli	Donald	1898	Sep	14	045	M	Providence Hosp.	ITL
S	1	0204	02279	Patchett	W. C.	1891	Apr	07	033	M	Providence Hosp.	ENG
S	2	0355	02571	Patchire	Daniel W.	1891	Sep	07	22d		112 West Pike St.	Sea
S	2	0043	00841	Paton	George	1900	Oct	23	020	M	Prov. Hosp.	ND
S	3	0086	01703	Paton	Jay D.	1906	Jul	20	024	M	Pacific Hosp.	ND
S	1	0001	00061	Patrick		1882	Mar	27	045	M	Providence Hosp.	
S	3	0195	03897	Patrick	Mildred O'Kirk	1905	Jul	11	001	F	901 E 70th St	WA
S	2	0059	00571	Patriguin	James	1895	Dec	24	026	M	Seattle Gen. Hosp.	MA
S	2	0037	00244	Patten	E.	1894	Jun	06	040	M	Prov Hosp	ENG
S	3	0005	00086	Patten	Hannah	1905	Aug	19	081	F	4707 12th Ave NE	NS
S	1	0001	01005	Patten	Lizzie E.	1889	Oct	12	017	F	417 Cedar St.	WA
S	3	0126	02515	Patten	Nellie S. (Mrs.)	1906	Dec	26	042	F	137-30th Ave.	ME
S	1	0001	00519	Patten	Wilbur	1886	Feb	08	018	M	Lake Wash.	
S		0137	02706	Patterson	A. L.	1902	Apr	08	---	M	Wilson Creek	
S	1	0001	00647	Patterson	A.A. Mrs.	1888	Oct	09	039	F	Grace Hosp.	
S	3	0241	02818	Patterson	Alla M.	1907	Feb	08	040	M	Prov. Hosp.	MN
S	3	0129	02570	Patterson	Andrew	1904	Sep	02	030	M	Seattle General Hosp	SWD
S	2	0089	01770	Patterson	Annie	1904	Apr	03	059	F	Seattle Gen. Hospital	US
S	3	0014	00278	Patterson	Chauncey R.	1905	Sep	05	068	M	1614 E Mercer St	ME
S	2	0139	02753	Patterson	Elizabeth Isabba	1902	May	08	008	F	507 11th Ave. N.	SEA
S		0100	01993	Patterson	Fredricka	1904	May	03	029	F	No. Yakima WA	---
S		0194	03830	Patterson	J.F.	1903	Feb	14	068	M	Fremont	VA
S	3	0125	02488	Patterson	James N.	1906	Dec	19	053	M	Pacific Hosp.	IN
S	1		02099	Patterson	Peter	1891	Jan	19	035	M	7th & Weller Sts.	SWD
S	2	0081	01617	Patterson	Stewart	1901	Jun	20	003	M	?05 - 18th	IN
S	3	0170	03388	Patterson	Wm	1905	Mar	14	068	M	59th & Kenwood, Ward 9	PA
S	3	0125	02491	Patterson	Wm B.	1906	Dec	19	034	M	St. Luke's Hosp.	MN
S		0023	00460	Patton	Dorothy	1903	Jun	13	07m	F	Fremont sta	SEA
S	2	0067	01333	Patton	Eva L.	1903	Dec	12	019	F	North Yakima	---
S	2	0176	03481	Paugbum	Lilly	1902	Nov	18	01m	F	803 Pike St.	SEA
S		0117	02329	Paul	Andrew P.	1904	Aug	13	07m	M	2506 First Ave.	Sea
S		0021	00406	Paul	James Gardner	1903	May	08	027	M	Elliott, WA	MI
S	2	0087	01741	Paul	Peter	1904	Mar	23	001	M	South Park	WA
S	2	0087	01732	Paul	Tessie	1904	Mar	13	004	F	River Park b.River Park	--
S		0011	00391	Paulsen	Baby	1892	Sep	22	s/b		6th & Stewart	Sea
S	1		2236	Paulsen	Julius O.	1891	Mar	16	04d	M	Mason Co., nr Union City	---
S	2	0079	1574	Paulson	Baby	1901	May	26	09d	M	Ballard	WA
S		0002	00029	Paulson	Carrie	1903	Mar	15	073	F	760 Republican	DNK
S	2	0129	02111	Paulson	Chas.	1899	Dec	08	046	M	Interbay	SWD
S		0116	02301	Paulson	Christina	1906	Nov	06	082	F	1651-23rd Ave.	DNK
S	2	0086	00488	Paulson	Cris	1897	Nov	30	046	M	Elliott Way	DNK
S	2	0106	01232	Paulson	Gus	1898	Oct	31	050	M	1st Ave. S. & Weller St.	---
S	1	0001	00913	Paulson	Irene C.	1889	Jun	27	10m	F		
S	2	0036	00205	Paulson	Maggie	1894	May	07	020	F	510 Commercial	
S	2	0031	00612	Paulson	Martha	1900	Jul	04	023	F	Preston, WA	NRY

S	R	Page	Recor	LastName	FirstNames	Deat	Mn	Dt	Age	S	DeathPlace	Bir
S	2	0091	01805	Paulson	Rasmus	1901	Aug	21	058	M	Cor. of Yesler & Railway	DNK
S	3	0166	03307	Paulus	Edna	1907	Apr	16	036	F	2920-1st Ave.	IN
S	3	0151	03012	Payne	Henry	1904	Dec	24	046	M	North Bend, WA	ENG
S	1	0001	00034	Payne	Howard	1881	Jan	18		M		
S	3	0195	03904	Payne	James B	1905	Jul	16	058	M	2100 42nd Ave	IL
S	2	0114	01532	Payne	John E.	1899	Mar	20	056	M	114 5th Ave. N.	ENG
S	3	0155	03093	Payne	John Howard	1905	Jan	17	045	M	3533 Central Ave	VA
S		0021	00412	Payne	M.V.	1903	May	12	061	F	428 Queen Anne Aven	VA
S		0045	00890	Paysse	Mary (Mrs)	1903	Sep	18	054	F	519 Fifth Avenue N.E.	FRN
S	2	0089	00598	Payton	Mary S.	1898	Feb	03	012	F	2419-1/2 1st Ave. b.St Paul	MN
S	2	0104	01143	Payton	S. M.	1898	Sep	16	054	M	Brooklyn	NY
S		0053	01061	Peabody	Ellen M.	1903	Oct	09	031	F	Ballard	IA
S	2	0076	00106	Peabody	infant	1897	Mar	15	01m	-	1027 18th Ave.	---
S	3	0152	03038	Peacock	LeRoy T.	1907	Mar	08	017	M	522 E. Denny Way	IL
S	2	0047	00061	Peahl	Joseph	1895	Feb	15	049	M	Lk Washington	GER
S	3	0186	03718	Peak	Rowe E.	1905	May	03	008	M	Columbia City	IA
S		0028	00559	Pearcy	Ella R. (Mrs.)	1903	Jul	06	045	F	122 - 20th Avenue	ME
S	2	0099	01970	Pearey	Mary	1900	Aug	27	070	F	Argyle	
S		0019	00170	Pearey	O.	1893	Apr	15		M		
S	3	0057	01127	Pearl	Alice J.	1903	Nov	13	066	F	1726 16th Ave.	NY
S	2	0105	01195	Pearl	infant	1898	Oct	08	23d	F	813 Alder St.	Sea
S	2	0067	00301	Pearl	J.F.	1895	Dec	27	---	M	Alaska	---
S	3	0132	02634	Pearl	Theresa	1907	Jan	16	065	F	419-12th Ave. S.	HUN
S	3	0167	03325	Pearl	Thomas F.	1907	Apr	21	073	M	1726-16th Ave.	NY
S	2	0001	00020	Pearsall	Isabella	1900	Jan	11	032	F	511 2nd Ave. W.	MI
S		0077	01548	Pearse	Alice D.	1904	Feb	27	028	F	4221 Summit ve.. N.	PA
S	3	0004	00068	Pearse	Harold Elliott	1905	Aug	15	013	M	424 E. Mercer	SEA
S	2	0102	01065	Pearse	Helen L.	1898	Aug	15	050	F	Seattle Gen. Hosp.	---
S	3	0030	00583	Pearse	William	1905	Dec	08	063	M	421 Summit Ave N	CND
S	-	0149	02924	Pearson	Allie	1902	Jun	25	024	F	Colonade Hotel	MI
S		0131	02588	Pearson	B.	1902	Mar	26	070		Providence Hosp.	PA
S		0010	00357	Pearson	Baby	1892	Aug	25	02d	F	2010 West	Sea
S	1	0001	00812	Pearson	Charles	1889	Mar	24	030	M	City Pueblo	
S		0010	00356	Pearson	Chas.T.	1892	Aug	24	06m	M	1424 Main	Sea
S	3	0178	03563	Pearson	Isaac N	1905	Apr	06	051	M	102 Westlake Ave	IA
S	2	0115	02299	Pearson	Jns. P. (Capt.)	1901	Dec	30	072	M	1602 14th Ave.	SWD
S	3	0106	02124	Pearson	John Leonard	1904	Jun	02	009	M	South Park	Sea
S	2	0112	02225	Pearson	Mamie	1901	Dec	20	010	F	514 4th Ave. W.	SEA
S	3	0147	02941	Pease	Elizabeth Adella	1904	Dec	21	030	F	10th Ave S & Main St	IA
S	2	0115	01570	Pease	John F.	1895	Dec	27	-	M	Juneau, AK	---
S	3	0084	01680	Peasley	Mary K.	1906	Jul	28	11m	F	1917 8th Ave.	Sea
S	2	0415	02690	Peat	John	1891	Nov	21	029	M	Providence Hosp.	---
S	2	0065	00217	Peavey	Archie E.	1896	May	09	05m	M	Christopher b.South Park	
S		0004	00142	Peavy	Grace	1892	Apr	10	003	F	near West St. Powerhouse	
S	2	0096	00854	Peck	Isaac	1898	May	21	068	M	618 Stewart St.	---
S	1	0001	01184	Peck	Nellie J.	1890	Feb		019		324 Olympia	ON
S	2	0419	2698	Peck	Theron	1891	Nov	26	042	M	Denver, CO	---
S	1	0001	00584	Pederson	G.P.	1888	Aug	16	025		Ft. of Pike St.	
S		0013	00508	Pederson	Karen S.	1892	Dec	16	025	F	333 Rollin	NRY
S		0063	01257	Pederson	Theodore S. P.	1903	Dec	08	019	M	1211 6th Ave.	NRY
S	3	0187	03724	Pedy	Louis	1907	Jun	19	035	M	140 Blewett	GER
S	1	0001	00451	Peebles	Mrs.	1885	May	04		F		
S	1		2213	Peel	Mary	1891	Mar	06	037	F	Willow&Fariagut b.Eagle Crk	IN
S	3	0018	00356	Peel	Mary	1905	Oct	12	050	F	1620 20th Ave	PA
S	2	0027	00526	Peel	Robert	1900	Jun	14	02d	M	South Seattle	WA

S	R	Page	Recor	LastName	FirstNames	Deat	Mn	Dt	Age	S	DeathPlace	Bir
S	3	0045	00898	Peer	Mary Elizabeth (Mrs.)	1906	Feb	25	060	F	811 - 26th Ave So.	OH
S	2	0104	01160	Peers	Fred	1898	Sep	27	040	M	Coal Bunkers	---
S	3	0016	00308	Peet	Elsie	1905	Sep	12	10m	F	Rainier Beach	CND
S	3	0009	00167	Peet	Martha Ann	1905	Aug	22	10m	F	South Seattle	CND
S	2	0058	00557	Peissner	Phillipina	1895	Dec	14	036	F	Green Lake	
S	3	0121	02411	Pekich	Infant	1906	Nov	20	s/b	F	324-9th Ave. N.	WA
S	2	0073	01449	Pelishek	John	1901	Apr	28	027	M	Prov. Hosp.	WI
S	2	0098	01955	Pell	Edward Francis	1901	Sep	16	008	M	Ravenna Park	FA
S	2	0117	02345	Pell	Gilbert S	1904	Aug	17	02m	M	2312 E Howell St	Sea
S		1425		Peltret	Louise	1890	Jul	18	022	F	609 5th St.	---
S	2	0048	00096	Pence	(Infant)	1895	Mar	10	02w	M	West St P.H.	Sea
S		0017	00108	Pence	Anna M.	1893	Mar	27		F	Prov. Hosp.	
S		0029	00562	Penches	Wm. H.	1903	Jul	08	064	M	934 - 26th Avenue S.	NJ
S	1	0001	00515	Pencoke	John	1886	Feb	09		M	Bay -B.P.-Sandwich Islands	
S	3	0155	03096	Pendleton	Alonzo	1905	Jan	10	010	M	202 27th Ave S	CHL
S		0021	00272	Pendleton	F.C.	1893	Jul	07	056	M	Blanchard St.	MA
S	3	0042	00834	Pendleton	Phineas	1906	Feb	02	03d	M	Sea.Gen.Hosp.	Sea
S		0016	00069	Penman	Henry	1893	Feb	20	073	M	County Hosp.	ENG
S	3	0041	00820	Penncook	Margaret (Mrs.)	1906	Jan	27	073	F	South Park	SCT
S	3	0102	02041	Pennelle	Albert Allen	1906	Sep	29	027	M	3527 Woodlawn Av. b.Union	OR
S	2	0035	00162	Penner	Catherine L.	1894	Apr	11	02w	F	317 1/2 Box St	Sea
S	2	0392	02645	Penner	Henry E.	1891	Oct	16	01w	M	316 Dexter/7th Ward	Sea
S	3	0105	02098	Pennington	Warren	1906	Sep	22	021	M	3rd Ave. S. and Conn.	KS
S	3	0156	03124	Penny	Louis	1905	Jan	23	069	M	Providence Hosp	FRN
S		0028	00524	Pense	Fred	1893	Dec	01	02m			
S		0008	00290	Penwright	U.S.	1892	Jul	16	030	M	Prov. Hosp.	CA
S	2	0067	01338	Peoples	R. Edgar	1901	Mar	12			Skagway, Alaska	
S	-	0164	03228	Peppan	Frank B.	1902	Sep	02	020	M	Wayside Mission	WA
S	-	0176	3461	Peppeno	Soendo	1902	Nov	08	072	M	Rochester Hotel	GRC
S	-	0147	2881	Percell	Michael	1902	Jun	08	040	M	Jefferson Hall	---
S	2	0094	1865	Percival	Annie	1901	Sep	02	03m	F	1425 Broadway	SEA
S	-	0169	3317	Percival	infant	1902	Sep	NR	s/b	F	6th & Battery	SEA
S	3	0136	02720	Perdy	Elma	1904	Sep	26	024	M	Carson, NV	WA
S	1	0001	00924	Perener	G.E.	1889	Jul	02	07m		Dexter St.	
S	3	0184	03682	Peritis	Christ	1905	May	28	023	M	Providence Hosp.	GRC
S	2	160	3150	Perkins	A.L.	1902	Aug	08	052	M	King County Hosp.	OH
S	2	0051	00198	Perkins	Baby	1895	May	05	03h	M	2300 Crawford	Sea
S	3	0006	00113	Perkins	F. J.	1905	Aug	30	040	M	Providence Hosp.	UN
S	1		1997	Perkins	James	1890	Nov	14	042	M	West Seattle	WI
S	1		No #	Perkins	John H.	1890	Oct	17	054	M	14th St.	NH
S	1	0001	00543	Perkins	Lucille	1886	Mar	30	018	F		WT
S	1	0001	00909	Perkins	N.P.	1889	Jun	24	05m			
S	2	0087	1723	Perkins	Sherman	1901	Jul	20	036	M	S. G. Hosp.	WI
S		0027	00540	Perkins	T.N.	1903	Jun	10	086	M	Eagle Harbor	OH
S	3	0002	00032	Perkins	Thelma Doris	1905	Aug	01	06m	F	314 3rs Ave N	WA
S	2	0085	01695	Perkins	Thos	1901	Jul	06	018	M	E. Jefferson	HW
S	2	0068	01344	Perkpile	Lottie	1901	Mar	24	021	F	Edmonds	
S		0033	00100	Perl	Julia	1894	Mar	05	032	F	Erdyum & Lombard Sts.	
S	3	0191	03820	Pernmant	Vivian Irene	1905	Jun	24	05m	F	Providence Hosp.	WA
S	2	0043	00500	Pero	Joe	1894	Oct	31	034	M	Co. Hosp.	ITL
S	-	0152	2986	Perrell	Azlie	1902	Jul	10	039	F	foot of Jackson St.	LA
S	3	0021	00404	Perrett	Edward	1905	Oct	07	046	M	Wayside Emerg. Hosp.	MO
S	3	0182	03624	Perri	(Infant)	1907	May	01	s/b	F	1506-16th Ave. S.	WA
S	2	0116	2317	Perrin	Annie	1902	Jan	09	006	F	618 Dexter	BC
S	3	0045	00891	Perrin	Wilma	1906	Feb	21	02m	F	Wayside Emergency Hosp.	Sea

S	R	Page	Recor	LastName	FirstNames	Deat	Mn	Dt	Age	S	DeathPlace	Bir
S	3	0049	00971	Perry	Arthur	1906	Feb	20	023	M	Startup, WA	WA
S	2	0102	1081	Perry	Chas.	1898	Aug	25	040	M	6th Ave. & King St.	IL
S		0135	02666	Perry	Chas. E.	1902	Apr	21	043	M	2233 2nd Ave.	MA
S	2	0075	00049	Perry	Grace	1897	Feb	06	018	F	Columbia Hts.	MN
S	2	0084	00401	Perry	infant	1897	Oct	10	05h	M	2417 3rd Ave.	SEA
S		0007	00125	Perry	Inft	1903	Mar	02	s/b	F	823 - 15th Avenue	WA
S	2	0117	1669	Perry	Jerry	1899	Apr	25	041	M	Skagway, AK	VT
S	2	0069	00356	Perry	Mary K.	1896	Aug	13	010	F	Brighton	---
S	2	0093	00731	Perry	Mary S.	1898	Apr	03	077	F	1222 Main St.	MA
S	2	0040	00391	Perry	Peter	1894	Aug	24		M	Franklin	
S	-	172	3378	Perry	Wm.	1902	Oct	16	024	M	5th S. & Jackson Sts.	MO
S	3	0143	02854	Personeus	Barbara Eugenia	1907	Feb	14	003	F	2218-7th Ave.	WA
S	3	0094	01878	Perter	Alice	1906	Aug	08	026	F	Wenatchee, Wn.	--
S	2	0039	00332	Pessemier	Walter	1894	Aug	05	002	M	912 2nd St	Sea
S	3	0167	03331	Peteri	John	1905	Feb	26	025	M	Georgetown, WA	---
S	3	0140	02795	Peterkin	Alice Edith	1907	Feb	05	055	F	Sea. Gen. Hosp.	IRL
S	2	0043	00504	Peters	Carl	1894	Nov	01		M	Madison St	
S	1	0001	01187	Peters	Charles	1890	Feb	27	045	M	So. Seattle	
S	3	0048	00956	Peters	David M.	1906	Jan	24	039	M	Cape Beale, B.C.	CND
S		0063	01252	Peters	Edwin	1903	Dec	07	039	M	1222 Howell St.	ENG
S	2	0037	00253	Peters	John D.	1894	Jun	17	020	M	511 Cherry	GRC
S	3	0160	03183	Peters	Joseph	1907	Mar	19	c32	M	Nelson's Siding	unk
S	2	0086	01724	Peters	Laurence	1904	Mar	08	044	M	Washington Hosp. for Insane	---
S	2	0067	00299	Peters	Mary	1896	Jul	28	072	F	Reedville	IRL
S	2	140	2765	Peters	Mary A.	1902	May	13	050	F	2110 3rd Ave.	AUS
S	2	0087	1728	Peters	W. H.	1904	Mar	10	060	M	Steilacoom WA	SWD
S	2	0095	01900	Peters	William	1901	Sep	16	050	M	Seattle General	
S	2	0110	2197	Peters	Wm. E.	1901	Dec	07	009	M	1020 E. John	WA
S	3	0176	03503	Petersen	Mathilda H.	1907	May	18	050	F	Broadway Apt., 9th & Yesler	NRY
S	3	0123	02451	Peterson	(Infant)	1906	Dec	11	15d	M	1729 Melrose	WA
S	2	0034	00672	Peterson	A. C.	1900	Aug	21	035	M	Police Hdqrs	SWD
S	2	0036	00209	Peterson	A.W.	1894	May	10	050	M	58th & Jackson	
S	2	0002	00049	Peterson	Agnes Frederika	1892	Jan	30	17m	F	cor. 13th & Plumer	---
S	3	0132	02627	Peterson	Albion	1907	Jan	13	040	M	104-1/2 Pike	
S	1	0001	00470	Peterson	Alfred	1885	Jul	29	030	M	Seattle	
S	1	0001	00757	Peterson	Alfred	1889	Feb	08	066	M	Corner 3rd & Jackson St.	
S	2	103	1138	Peterson	Alfred	1898	Sep	14	007	M	Latona, WA	Sea
S		0109	2177	Peterson	Andrew	1904	Jul	06	049	M	Cor. 1st Ave. & Seneca	SWD
S	3	0029	00567	Peterson	Angus	1905	Dec	01	040	M	Wayside Emerg. Hosp.	---
S	1	0001	00552	Peterson	Anna M.	1887	Sep	10	029	F		
S	2	0048	00084	Peterson	Anna M.	1895	Mar	01	056	F	Madison & E. Wash.	
S	2	0020	00387	Peterson	Annie	1900	May	04	078	F	Johnson Wharf	IRL
S	3	0029	00570	Peterson	Arthur Elmer	1905	Dec	03	004	M	2009 6th Ave	CO
S	1	0291	02444	Peterson	Arthur James	1891	Jul	07	10m	M	cor. 12th & Lane Sts.	Sea
S		0011	00415	Peterson	August	1892	Oct	04	027	M	Kent, WA	SWD
S	2	0004	00064	Peterson	C. J. L.	1900	Jan	31	035	M	Prov. Hosp.	SWD
S	3	0081	01604	Peterson	Carl Gustaf Erick	1906	Jul	02	015	M	Lake Union near Roanoke St.	WA
S	2	0071	1409	Peterson	Carl Oscar	1904	Jan	21	023	M	121 Pine St.	SWD
S		0116	02316	Peterson	Charles E.	1906	Nov	07	039	M	Prov. Hosp.	SWD
S	3	0088	01747	Peterson	Chas.	1906	Jul	31	065	M	109-1/2 Weller	--
S	2	0113	01518	Peterson	Christena	1899	Mar	12	069	F	1319 Sixtie Ave	NRY
S	2	0113	01498	Peterson	Christina M.	1899	Feb	16	064	F	Brace Point	---
S	3	0073	01451	Peterson	E.	1906	May	12	040	M	Wayside Emergency Hosp.	un
S		0014	00262	Peterson	Edith Julia	1903	Apr	23	001	F	West Seattle	SEA
S	2	0113	01520	Peterson	Elihu (?) E.	1899	Mar	12	002	M	109 E. James	Sea

S	R	Page	Recor	LastName	FirstNames	Deat	Mn	Dt	Age	S	DeathPlace	Bir
S	1	0001	00605	Peterson	Elmer	1888	Aug	31	03w		Corner 12th & King	
S	1	0001	00763	Peterson	F.	1889	Feb	16	023	M	Prov. Hosp.	
S	2	0086	01716	Peterson	F. Emil	1901	Jul	17	25d	F	612 - 24 Av N	WA
S	1	0001	00733	Peterson	F.V.	1889	Jan	13	045		Prov. Hosp.	
S	3	0026	00520	Peterson	Flora	1905	Nov	09	050	F	Providence Hosp.	WI
S	2	0039	00338	Peterson	Florence A.	1894	Aug	09	016	F	Republican & Bauner	IL
S		0029	00557	Peterson	Fred A.	1893	Dec	20	07m		1722 Broadway	
S	2	0056	00480	Peterson	Fred N.	1895	Oct	18	048	M	Seattle Gen. Hosp	DNK
S	1		1541	Peterson	Fredrica E.	1890	Sep	03	13m	F	Bush St. b.Council Bluffs,	IA
S		0042	00831	Peterson	Garlina	1903	Sep	02	042	F	Fremont	SWD
S	3	0093	1862	Peterson	George H.	1904	Apr	10	020	M	San Francisco CA	---
S	3	0078	01543	Peterson	Grace	1906	Jun	30	010	F	1825 - 12th	Sea
S	2	0066	00261	Peterson	Gustava	1896	Jun	04	067	F	Seattle Latona	
S	2	0185	3639	Peterson	H.	1902	Dec	17	080	M	Ballard, WA	NRY
S	2	0122	1838	Peterson	Hagen	1899	Jul	25	040	M	County Hosp.	NRY
S	2	0128	2090	Peterson	Hannah	1899	Nov	13	050	F	Steilacoom, WA	SWD
S	2	0118	01685	Peterson	Hannah	1899	May	09	036	F	1001 Dexter Ave.	SWD
S	2	0051	00216	Peterson	Hilda E.	1895	May	20	032	F	1722 Bwy.	SWD
S	2	0370	02601	Peterson	infant	1891	Sep	20	s/b	-	Fremont, WA	Sea
S	2	0001	00028	Peterson	J. S.	1892	Jan	17	046	M	McClair St.	---
S	3	0072	01422	Peterson	J.C.	1906	May	31	067	M	Prov. Hosp.	TN
S	2	0096	01901	Peterson	Jacob	1901	Sep	17	031	M	Prov. Hosp.	NRY
S	3	0123	02449	Peterson	John	1904	Aug	28	043	M	Ballard B:?IRL	ICE
S	3	0089	01772	Peterson	John	1906	Aug	08	043	M	Providence Hosp.	SWD
S	3	0123	02450	Peterson	John	1906	Dec	08	c35	M	31st Ave. & E. Union	SWD
S	2	0005	00099	Peterson	John A.	1900	Feb	06	050	M	Prov. Hosp.	SWD
S	2	0037	00263	Peterson	John M.	1894	Jun	24	035	M	Prov Hosp	SWD
S		0032	00057	Peterson	L.	1894	Feb	05	042	M	Seattle	
S		0016	00072	Peterson	L.P.	1893	Feb	20	035	M	Commercial St.	DNK
S		0022	00310	Peterson	Lillie	1893	Aug	11	016	F		IL
S		0059	01183	Peterson	Louis	1903	Nov	09	038	M	1911 7th Ave.	DNK
S	2	0055	00383	Peterson	Mable	1895	Sep	26	015	F	Banner & Republic	IL
S	2	0111	01438	Peterson	Martha	1899	Jan	15	031	F	Ballard, WA	NRY
S	2	0067	00284	Peterson	Mary	1896	Jul	25	029	F	110 Albert St	
S	2	0092	00678	Peterson	Mary	1898	Mar	19	042	F	626 7th Ave.	---
S	2	0103	01103	Peterson	Matilda	1898	Aug	17	033	F	Steilacoom, WA	---
S	2	0111	01420	Peterson	Minnie	1899	Jan	23	024	F	109 E. James	---
S	1	0001	01069	Peterson	Morton	1889	Nov	29	10d	M	Depot St. Seattle	SEA
S		0024	00462	Peterson	Mrs. G.	1903	Jun	13	034	F	427½ Fairview	NRY
S		0038	00756	Peterson	Myrtle	1903	Aug	30	11m	F	2304 - 39th Avenue N.E.	SEA
S	2	0076	00112	Peterson	N. M.	1897	Mar	23	024	F	137 Irving St.	GER
S	2	0312	02485	Peterson	Nellie Margaret	1891	Jul	26	009	F	Silverdale, Kitsap Co.	IL
S	2	0067	01337	Peterson	Nels	1903	Dec	17	040	M	King Co. Hosp.	SWD
S	3	0055	01081	Peterson	Otto	1906	Mar	09	045	M	Providence Hospital	SWD
S	2	0077	01539	Peterson	Paul L.	1901	May	19	08m	M	939 - 24 Ave.	WA
S	2	0028	00554	Peterson	Pete	1900	Jul	08	035	M	316 1/2 Jackson	---
S	2	0042	00437	Peterson	Peter	1894	Sep	01	055	M	Maynard	
S	2	0117	1671	Peterson	Peter	1899	Apr	26	043	M	County Hosp.	NRY
S	3	0158	03149	Peterson	Peter	1905	Jan	08	050	M	Seattle General Hosp	FIN
S	3	0182	03628	Peterson	Peter R.	1905	May	06	036	M	Providence Hosp.	DNK
S	2	0043	00489	Peterson	R.	1894	Oct	30	038	F	Fremont	IRL
S	2	0121	1820	Peterson	Rosa	1899	Jul	28	008	F	520 Mercer St.	Sea
S	2	0037	00268	Peterson	Samuel	1894	Jun	13	034	M	Preston	NRY
S	1		1499	Peterson	Silma	1890	Aug	19	025	F	Poor House	SWD
S		0096	01912	Peterson	Sven	1904	May	06	040	M	Moran's Shipyard	---

S	R	Page	Recor	LastName	FirstNames	Deat	Mn	Dt	Age	S	DeathPlace	Bir
S		0025	00495	Peterson	Thoralf	1903	Jun	30	020	M	72st and Woodlawn Avenue	NRY
S	2	0018	00347	Peterson	Thos.	1900	Apr	27	078	M	Johnson's Wharf b IRL	ICE
S	1	0287	02435	Peterson	Victor	1891	Jul	04	03m	M	40 Battery St.	Sea
S	2	0123	1907	Peterson	Walter F.	1899	Aug	20	011	M	La Conner, WA	Sea
S	1	0001	01017	Peterson	Witter	1889	Oct	14	04m	M	Terrace St.	SEA
S	3	0101	02010	Peterson	Wm. E.	1906	Sep	22	021	M	Moran's Foundry	MI
S	2	0053	01043	Petertsy	(Inft)	1900	Dec	21	02m	F	Ballard	sme
S	2	0129	2114	Petigo	infant	1899	Dec	09	02h	F	2nd Ward	Sea
S	1	0001	00640	Petler	Brice	1888	Oct	06	028		Grace Hosp.	
S	3	0127	02529	Petridge	Alexia	1906	Dec	29	044	F	Seattle Gen. Hosp.	NRY
S	3	0072	01433	Petrie	Thomas	1904	Jan	05	023	M	Seattle Gen. Hosp.	un-
S	3	0009	00177	Petrie	Thomas L.	1905	Jul	28	---	M	St. Michaels, AK	---
S	2	0183	3510	Petrovich	Nicholas	1902	Dec	27	043	M	foot of Connecticut St.	AUS
S	-	0151	2966	Petterson	John A.	1902	Jul	02	029	M	Seattle Gen. Hosp.	SWD
S	2	114	1555	Pettes	Mary	1899	Mar	29	054	F	1318 5th Ave.	NH
S	1	0001	00341	Pettingilo	Law	1884	May	20	065	M		USA
S			1390	Pettis	-	1890	Jul	25	01d		5th & Spring	Sea
S	2	0077	00133	Pettit	B.W., Jr.	1897	Apr	01	06d	M	528 Sutter St. b.Sutter St	SEA
S		0099	01984	Pettygrove	Sarah G.	1904	May	28	055	F	Providence Hospital	MO
S	3	0143	02862	Petzer	John E	1904	Oct	30	038	M	Prescott, AZ	---
S	2	0066	01317	Peuches	D. Effia	1901	Mar	23	023	F	934 - 26 Av S	IA
S	3	0185	03687	Pevey	Sarah A. (Mrs)	1905	May	29	057	F	170 9th Ave	ME
S	3	0172	03441	Peyser	M M	1905	Mar	20	069	M	108 9th Ave S	NY
S	3	0164	03261	Pfeiffer	Knute	1907	Apr	08	042	M	Wayside Emer. Hosp.	SWD
S	3	0039	00778	Pfeil	Hattie	1906	Jan	26	038	F	Pacific Hosp.	IL
S	2	0078	1549	Pfeil	V. Nancy	1901	May	26	039	F	418 - 22 Ave	IL
S	2	0029	00565	Pflaiging	Edward H.	1900	Jul	12	05m	M	506 Minor Ave N.	WA
S		0026	00519	Phair	Robert	1903	Jun	10	045	M	Barnstown, WA	---
S	2	0002	00040	Phalan	Peter	1892	Jan	25	033	M	709 Bush St.	---
S	3	0109	02164	Phease	Mrs. Mary	1906	Oct	13	027	F	Wayside Emer. Hosp.	CA
S	2	0001	00002	Phelan	Edward	1892	Jan	03	020	M	Erving Av. Fremont b.Racine	WI
S	3	0190	03795	Phelan	George J.	1907	Jun	14	038	M	Portland, OR	---
S	3	0025	00485	Phelan	James Joseph	1905	Nov	18	028	M	114 Belmont Ave N	OR
S	3	0039	00764	Phelan	Robert Emmett	1906	Jan	19	021	M	114 Belmont	SEA
S	1	0001	00769	Phelphs	baby	1889	Feb	21	05d		foot of Stewart St.	
S	3	0020	00394	Phelps	Charles	1905	Oct	29	026	M	3964 Dayton Ave	IA
S	1		1494	Phelps	Charlie	1890	Aug	17	01m	M	Alley btwn Virginia/Stewart	Sea
S	2	0030	00599	Phelps	Henry C.	1900	Jul	30	041	M	815 2nd Ave	KY
S	2	0086	1711	Phelps	Henry L.	1904	Mar	31	052	M	Providence Hospital	MA
S		0002	00062	Phelps	Henry Roger	1892	Feb	08	082	M	10th & Madison	
S	2	0088	1752	Phelps	Susan J.	1904	Mar	22	067	F	Bremerton WA	NH
S	2	0105	1207	Phelps	Wanda	1898	Oct	15	014	F	West & Virginia Sts.	Sea
S	3	0119	02370	Pherson	John E.	1906	Nov	29	057	M	Seattle Gen. Hosp.	ME
S	1	0001	00693	Philbrick	Wm.J.C.	1888	Nov	25	069	F	Corner Front & Battery St.	
S	2	0115	1587	Phileps	Sadie Mrs.	1899	Apr	03	022	F	Seattle Hotel	BC
S	1	0001	01189	Philips	Katie Mrs.	1890	Feb	25	022	F	Grace Hosp.	
S			1362	Philips	Samuel	1890	Jun	20	047	M	20th & Yesler Ave.	---
S	3	0192	03825	Phillips	(Infant)	1907	Jun	19	s/b	F	227 Pontius Ave.	Sea
S	2	143	2817	Phillips	Abe	1902	May	12	035	M	Providence Hosp.	---
S	2	0047	00934	Phillips	Alex	1900	Nov	22	083	M	10th Ave & Wash.	ENG
S		0060	1190	Phillips	Alfred (Mrs.)	1903	Nov	20	055	F	2800 18th Ave. So.	OH
S	3	0128	02548	Phillips	B B S	1904	Sep	25	035	M	Wayside Emergency Hosp	LA
S	1		2193	Phillips	Charles Francis	1891	Mar	28	06m	M	Division St.	Sea
S	3	0197	03935	Phillips	Clarence H.	1905	Jul	26	035	M	511 16th Ave N	CA
S	3	0052	1026	Phillips	Delia	1906	Mar	11	049	F	cor.Maynard Ave.& Weller St	IRL

S	R	Page	Recor	LastName	FirstNames	Deat	Mn	Dt	Age	S	DeathPlace	Bir
S		0012	00450	Phillips	Dickinson	1892	Oct	17	010	M		
S	2	0093	1848	Phillips	Dorothy I.	1901	Aug	15	003	F	Lynn Canal	SEA
S	2	0113	1527	Phillips	Edwn L.	1899	Mar	16	002	M	311 12th Ave.	Sea
S	3	0083	01652	Phillips	Ester Della	1906	Jul	19	14d	F	Wayside Emer. Hosp.	Sea
S	-	153	2998	Phillips	Geneva Dorothy	1902	Jul	15	09m	F	2212-1/2 4th Ave.	SEA
S	3	0049	00978	Phillips	Guy	1906	Feb	26	022	M	Brighton Beach	MN
S	2	0058	01146	Phillips	H.	1901	Jan	19	060	M	Palmer Cut Off	KY
S		0096	1916	Phillips	Horace	1904	May	07	057	M	223 Terry Ave.	OH
S	3	0037	00721	Phillips	J. A.	1906	Jan	06	040	M	824 Maynard St	USA
S		0043	00857	Phillips	Joe	1903	Sep	11	053	M	Wayside Mission	CND
S	3	0137	02730	Phillips	John	1907	Jan	02	c45	M	Puget Sound off Hazel Point	---
S	2	0086	00477	Phillips	John J.	1897	Nov	30	040	M	Providence Hosp.	---
S	3	0007	00130	Phillips	John W.	1905	Aug	19	069	M	1912 Jackson St	OH
S	2	0104	1153	Phillips	Margaret	1898	Sep	24	001	F	711 9th Ave.	Sea
S	3	0136	02725	Phillips	Mary	1904	Oct	09	016	F	King County Hosp	OR
S		0023	00453	Phillips	Nathan	1903	Jun	10	037	M	1510 Yeslter Way	RUS
S	2	0037	00733	Phillips	Nellie	1900	Sep	03	024	F	Prov. Hosp.	WA
S	3	0048	00944	Phillips	Ora	1906	Jan	20	025	F	El Paso, TX	MO
S	1		1988	Phillips	Peter	1890	Nov	11	028	M	cor. Commercial & Weller St	---
S		0029	00549	Phillips	Raphael	1893	Dec	14	002	M	Day St.	
S	3	0047	00923	Phillips	Regina	1906	Feb	02	029	F	Seattle General Hospital	IA
S	3	0034	00675	Phillips	Rhoda	1905	Dec	06	---	F	Fern Hill, WA	KS
S		0001	00008	Phillips	Richard E.	1903	Mar	05	074	M	409 Fifth Avenue	ENG
S	2	0070	00424	Phillips	Rosseta	1896	Oct	17	03m	F	1314 3rd Ave. b.Tacoma, WA	
S	3	0011	00208	Phillips	S.	1905	Sep	04	026	M	Wayside Emerg. Hosp.	---
S			1395	Phillips	Simon	1890	Jun	20	047	M	2nd & Yesler Ave.	---
S		0010	00372	Phillips	Thaddeus	1892	Sep	09	072	M	308 Albert	
S	3	0062	01233	Phillips	Thomas	1906	Apr	29	050	M	R.R.Ave. & Conn. St.	unk
S	1	0001	00079	Philpot	William	1882	May	31	059	M	Seattle	WLS
S	2	0072	1440	Phinney	C. Maude	1901	Apr	26	024	F	1628 9 A.	ON
S		0024	00390	Phinney	Guy Carlton	1893	Sep	12	041	M	Woodland Park	
S	1	0274	2409	Phinney	James F.	1891	Jun	22	058	M	8th & Spring Sts.	---
S	3	105	2091	Phinney	Mary A.	1904	Jun	27	066	F	1528 Harvard Ave.	OH
S	2	124	1927	Phipps	Hansen	1899	Sep	15	001	F	25th & Denny Sts.	---
S	3	0176	03506	Picardo	Gingeppe	1905	Apr			M	1707 20th Ave S	SEA
S	2	129	2120	Picht	Harry P.	1899	Dec	12	023	M	Ross	IA
S	3	0104	02062	Picht	Norman R.	1906	Sep	08	02m	M	West Seattle	WA
S	3	0015	00300	Pickard	Sigfried S.	1905	Sep	03	010	M	San Francisco, CA	WA
S	2	0090	01799	Pickens	Harold Wesley	1901	Aug	17	07m	M	2nd Ave. W. & John St.	WA
S	2	0048	00114	Pickens	Michael	1895	Mar	25	043	M	Prov Hosp	TN
S	2	0118	02364	Pickering	Harry M	1904	Aug	23	02m	M	2127 4th Ave	Sea
S	3	0170	03395	Pickering	James	1907	Apr	13	018	M	Eagle Gorge, WA	WA
S	2	0118	2357	Pickering	S. G.	1902	Jan	01	054	M	Jefferson Hall	MA
S	2	0051	00228	Pickering	William	1895	Mar	16	058	M	Near Gilman	
S	3	0194	03883	Pickle	Bert J.	1905	Jul	04	022	M	Madison Park	---
S		0025	00401	Pickney	Hanna A.	1893	Sep	20	078	F	1628 Villard	
S	2	0058	00544	Pickney	John B.	1895	Nov	13	086	M	Blaine	
S	2	127	2531	Picnich	Dominica	1902	Mar	06	22m	F	50 Sewart	WA
S	2	0106	2111	Pidduch	Thomas	1901	Nov	17	081	M	432 - 32 Ave.	ENG
S		114	2284	Piehl	Gust.	1904	Jul	22	045	M	West Seattle	GER
S	3	0150	02991	Pierce	Ellen Turner	1904	Dec	01	056	F	Spokane	---
S	2	101	1037	Pierce	Ethel B.	1898	Jul	06	010	F	South Park	WA
S			1288	Pierce	Frank	1890	May	01	045	M	Providence Hospital	---
S	2	0096	1906	Pierce	Gladys I.	1901	Sep	20	04m	F	714 1/2 Maynard Ave.	SEA
S	3	0094	01865	Pierce	J.D. (Mrs.)	1906	Aug	30	029	F	2106 13th Ave. So.	IA

S	R	Page	Recor	LastName	FirstNames	Deat	Mn	Dt	Age	S	DeathPlace	Bir
S		0115	02281	Pierce	James Roland	1906	Oct	24	040	M	1222-16th N.	---
S	2	101	1041	Pierce	Mary C.	1898	Jul	15	056	F	Duckabush, WA	WA
S	2	115	1594	Pierce	Pearl M. C.	1899	Apr	08	023	F	30th & James Sts.	---
S	3	0191	03821	Pierce	S. T.	1905	Jun	30	027	M	Georgetown	TX
S	2	0047	00930	Pierce	Wm. W.	1900	Nov	21	055	M	919 Dexter Ave	MA
S	1	0001	00310	Pierson	Anna	1884	Feb	29		F	Seattle	SEA
S	1	0001	00410	Pierson	August	1884	Nov	27	019	M	Hospital	SWD
S	2	0059	00580	Pierson	Caroline	1895	Dec	20	070	F	W. Seattle	NRY
S	1	0001	00958	Pierson	E.	1889	Jul	18	025		Grace Hosp.	
S	2	119	1743	Pierson	Eleanor	1899	Jun	09	05m	F	1001 Dexter Ave.	Sea
S	2	0084	00423	Pierson	George	1897	Oct	31	04m	M	2115 3rd Ave.	SEA
S	3	0128	02549	Pierson	H.C.	1906	Dec	01	048	M	Glencowe, WA	NS
S	2	0064	00183	Pierson	Ida C.	1896	May	05	041	F	Gen Hosp	SWD
S	2	189	3723	Pierson	Jennie S.	1903	Jan	23	050	F	General Hosp.	IL
S	2	0084	00422	Pierson	Lillian	1897	Oct	31	04m	F	2115 3rd Ave.	SEA
S	1	0001	00236	Pierson	Mrs.	1883	Jul	30	037	F	Port Gamble	
S	1	0001	00834	Pierson	Mrs.	1889	Apr	25	075	F	Corner "nr" & John St.	
S	2	0007	00121	Pierson	Wm	1900	Feb	15	063	M	222 30th St	PA
S	2	0055	00386	Piggott	(Baby)	1895	Sep	27	08d	F	Fremont	Sea
S	2	0078	00186	Pike	H. L.	1897	May	23	056	M	Providence Hosp.	---
S		0017	00110	Pike	Robert	1893	Mar	27	038	M	Prov. Hosp.	
S	2	0097	00890	Pike	S. D.	1898	May	27	---	M	Dyea (?) Hosp.	---
S	2	0075	00075	Pike	Wm.	1897	Feb	25	077	M	311 Marion St.	---
S	2	0079	00211	Pilling	Michael	1897	Jun	03	058	M	710 Harvard Ave. N.	---
S	-	161	3161	Pills	Caroline Louise	1902	Aug	14	21m	F	Ballard, WA b.Ballard, WA	
S	3	0155	03088	Piloix	Noel	1907	Mar	20	076	M	26th Ave. N. & E. Gaer	FRN
S	2	182	3577	Pilot	Cosmo	1902	Dec	16	045	M	Providence Hosp.	AUS
S	2	179	3523	Pimentel	T. J.	1902	Nov	19	055	M	Maple Valley b.NEW ENG	
S	2	0118	02360	Pinckney	Twin Infants M/F	1904	Aug	22	04d	M	722 7 Ave So	Sea
S	2	183	3604	Pine	Jane E.	1902	Dec	21	075	F	1910 4th Ave.	NY
S	2	0059	00578	Pine	Samuel	1895	Dec	09	069	M	Ballard	
S	3	0012	00222	Ping Toy	---	1905	Sep	09	027	F	621 Washington St	CHN
S	2	0064	01268	Pingree	F. R.	1901	Mar	07	024	F	S. G. Hosp.	WLS
S	1		1986	Pink	Daniel	1890	Nov	10	032	M	Westside House, W. Seattle	---
S	2	340	2541	Pinkerton	baby	1891	Aug	24	01m	F	Pearl St.	Sea
S	3	0014	00268	Pinkston	William McKinney	1905	Sep	27	063	M	Providence Hosp.	MO
S	3	0174	03470	Pinnery	Infant	1905	Feb	27	s/b	M	2011 Western Ave	SEA
S	1	0001	00929	Pinyan	Mabel	1889	Jul	03	001	F	10th & B	
S	3	0139	02781	Piper	Andrew W	1904	Nov	11	076	M	1523 Boren Ave	GER
S	2	124	1937	Piper	Wm G.	1899	Sep	20	068	M	Providence Hosp.	---
S	2	0017	00339	Pitcher	Chas P.	1900	Apr	24	040	M	Hotel Perrin	---
S	3	0172	03426	Pitchford	Leroy E.	1907	May	02	001	M	4126 Aurora	WA
S		0014	00271	Pitman	Mary	1903	Apr	04	---	F	1248 Occidental	SEA
S	2	0064	01262	Pitman	W. S.	1901	Mar	03	054	M	220 4th Ave N.	MI
S	3	0149	02969	Pitner	Mary	1907	Feb	12	040	F	So. Seattle	TX
S		0007	00249	Pittman	Wm.	1892	Jun	21	048	M	Pt. Blakley	
S	2	114	1538	Pixlee	Wm. E.	1899	Mar	22	043	M	Holyoke Blk	---
S	3	0139	02780	Pixley	Claude V	1904	Nov	11	035	M	2346 57th St N	IL
S	1	0001	00554	Place	David	1887	Sep	20		M		
S	2	387	2634	Place	J. H.	1891	Oct	06	031	M	1014 Rainier b.Lovell, MA	
S	2	0103	2049	Place	Linton H.	1901	Oct	31	006	M	1116 E. John	SEA
S	2	0053	00279	Plachy	Ada	1895	Jul	22	026	F	224 Jesler Ave	IA
S	2	0077	00123	Planck	Wm. H.	1897	Mar	28	062	M	418 Brook St.	---
S	1	0001	00590	Plaskett	P.S.	1888	Aug	19	02m		5th St.	
S	3	0190	03805	Plaster	Phillip D.	1905	Jun	30	056	M	Providence Hosp.	NY

S	R	Page	Recor	LastName	FirstNames	Deat	Mn	Dt	Age	S	DeathPlace	Bir
S		0079	01584	Plate	Jessie Kenney	1904	Feb	22	010	F	Port Blakely	Sea
S	1		1512	Plath	Fritz	1890	Aug	25	036	M	Providence Hospital	GER
S	2	0059	01167	Platt	Addie	1901	Feb	02	027	F	S. G. Hosp.	IA
S		0027	00532	Platt	Louis C.	1903	Jun	28	048	M	King County Hospital	NJ
S	3	0192	03840	Platt	Margaret T.	1905	Jun	22	020	M	Columbia	TX
S		0041	00811	Platt	Wm	1903	Aug	14	056	M	Columbia City	IRL
S		0081	1620	Plillips	Jane	1904	Mar	09	077	F	722 Boren Ave.	ENG
S		0003	00091	Plimmer	Otto	1892	Mar	06	039	M	So. Seattle	GER
S	2	0097	1933	Plimpton	Alice D.	1901	Sep	04	046	F	2602 W. Lake Ave.	ME
S	2	0059	01197	Plough	C. Christian	1901	Feb	16	075	M	814 Howell	DNK
S		0010	00192	Plough	Laura M.	1903	Apr	17	045	F	722 - Seventh Avenue S.	DNK
S	-	147	2888	Plowman	Henry	1902	Jun	11	035	M	2nd & Pike	ENG
S	2	0096	00846	Plum	Thos. A.	1898	May	17	001	M	312 10th Ave. S.	SEA
S	2	0123	2445	Plumb	Delia Mary	1902	Feb	14	049	F	609 Weller	NY
S	3	0161	03209	Plumb	Infant	1905	Jan	16	s/b	F	322 Howard Ave N	SEA
S	2	0089	00602	Plumb	John	1898	Feb	06	018	M	Myers Cannery	SEA
S	3	0039	00766	Plumb	Mayne	1906	Jan	21	054	M	567 Ward St	KY
S		0028	00523	Plummer	Blanche L.	1893	Dec	01	006	F	rear 1336 3rd	Sea
S	3	0131	02608	Plummer	Earl	1904	Jul	06	022	M	Kirkland, WA B: Tacoma	WA
S	2	139	2755	Plummer	Evelyn Rose	1902	May	08	09m	F	1316 Howell	SEA
S	2	0119	02375	Plummer	Fannie M	1904	Aug	26	041	F	Monod Hosp	NE
S	1	0001	00390	Plummer	Ford	1884	Sep	03	02m	M	Seattle	USA
S	2	0100	00996	Plummer	Gertrude L.	1898	Jul	16	05m	F	124 Virginia St.	Sea
S	3	0142	02834	Plummer	Sarah J.	1907	Feb	13	032	F	923 James	VT
S	2	0097	1923	Plummer	Vivian	1901	Sep	26	02m	F	1316 Howell	SEA
S	2	0021	00403	Plunkett	Edwd	1900	May	14	062	M	Prov. Hosp.	ENG
S	3	0165	03298	Plunkett	Walter F	1905	Feb	08	033	M	2302 4th Ave	CA
S	1	0001	00005	Plyley	E.R.	1881	Sep	11	047	M	Sea. W.T.	US
S	2	119	1724	Pnilson	Eric	1899	May	15	030	M	Ballard, WA	---
S	3	0124	02477	Pobor	John	1904	Sep	02	063	M	Providence Hospital	AUS
S	2	0091	00673	Pobst	H. W.	1898	Mar	06	067	M	Ross 9th Ward	WV
S	2	0089	1771	Poff	Elmer					M	Dawson, Y.T.	
S	2	0004	00063	Pohlnan	Chas	1900	Jan	30	035	M	Monad Hosp.	UNK
S	3	0151	03015	Poinier	Marvle A.	1907	Mar	04	006	F	131-2nd Ave. N.	WA
S	2	178	3515	Poirier	Addie	1902	Nov	01	042	F	Ballard, WA	CND
S	3	0184	03666	Poirier	Chas. A.	1907	Jun	07	035	M	Prov. Hosp.	MT
S	2	160	3154	Poirrie	Frank	1902	Aug	10	11m	M	Georgetown, WA b.Geo'town,	WA
S		0034	00136	Pokeny	Beatrice	1894	Mar	30	010	F	Front & Seneca	AUS
S	3	0155	03093	Pollard	Arthur H.	1907	Mar	21	022	M	4209-5th Ave. N.E.	WI
S	3	0187	03734	Pollard	Infant	1905	May	31	s/b	M	7213 Union St	SEA
S		0036	00708	Polley	C.A.	1903	Aug	11	020	M	Monod Hospital	---
S	2	0088	00548	Polley	Moses	1898	Jan	10	082	M	1194 Dexter Ave.	ME
S	2	0087	1726	Pollock	James	1901	Jul	21	058	M	Prov. Hosp.	IRL
S	2	0078	00192	Pollock	Jas.	1897	May	29	075	M	520 Main St.	SCT
S	2	0076	1503	Pollock	R. N.	1901	May	08	038	M	1st & Pike	USA
S	2	0059	01182	Polson	John	1901	Feb	10	041	M	1822 17 Ave	SWD
S	3	0163	03264	Polson	Loren C	1905	Feb	18	005	M	Cor 21st Ave & Jefferson St	WA
S	3	0104	02069	Polson	Precilla	1906	Sep	18	057	F	Brace Point, WA	VT
S	1	0001	01115	Polum	Isabelle	1890	Jan	06	025	F	7th St.	
S	3	0140	02794	Pomerene	Melvin	1907	Feb	05	034	M	Broadway & Yesler Way	OH
S	2	0079	00223	Pomeroy	H. B.	1897	Jun	18	031	M	General Hosp.	---
S	2	128	2079	Pomeroy	J. S.	1899	Nov	21	070	M	Providence Hosp.	---
S	3	0053	01055	Pomeroy	Wilber D.	1906	Mar	25	044	M	2217 - 14th Ave.No.	VT
S	2	0027	00527	Pond	Andrew J.	1900	Jun	12	062	M	Ballard	NY
S		0027	00527	Pond	Catherine	1903	Jun	22	058	F	W.WA Hosp/Steilacoom, WA	CND

S	R	Page	Recor	LastName	FirstNames	Deat	Mn	Dt	Age	S	DeathPlace	Bir
S	3	0119	02379	Pond	E.G.	1906	Nov	01	c64	M	Bear Crk, Flathead Co., MT	MA
S		0052	1034	Ponessa	Mary	1903	Oct	28	01m	F	809 Lane Street	SEA
S	2	140	2761	Ponks	Anna Bell	1902	May	11	018	F	925 Yakima St.	SEA
S	1	0001	00081	Pontius	Howard	1882	May	23	003	M	N.R.Seattle	Sea
S	3	0084	01675	Pontius	Lincoln H.	1906	Jul	24	046	M	St. Paul Flats	WA
S		131	2583	Pontius	M. J. (Mrs.)	1902	Mar	26	074	F	1262 Denny Way	OH
S	3	0102	02033	Poole	Allen	1906	Sep	28	068	M	1161 Republican	ENG
S	3	0093	01847	Poole	Della F.	1906	Aug	25	051	F	Providence Hosp.	--
S	2	0073	1442	Poole	John	1901	Apr	26	053	M	S. G. Hosp.	SWD
S	3	0093	01855	Poole	Louis	1906	Aug	28	061	M	Providence Hosp.	SWD
S	1	0001	00548	Poole	Mary H.	1887	Aug	26	052	F	3rd. Ward	
S	2	108	1318	Poole	Wm.	1898	Dec	08	072	M	Seattle Gen. Hosp.	---
S	2	0086	00470	Pooley	Maggie	1897	Nov	26	033	F	N. 2nd & 23rd Ave.	---
S	3	0188	03744	Poolton	Ernest J.W.	1907	Jun	23	015	M	Westlake Av. on way to hosp	GBR
S	2	313	2487	Poor	George W.	1891	Jul	27	032	M	Wooley, Wash.	ENG
S	1	0001	00756	Poor	H.W.	1889	Feb	06			Prov. Hosp.	
S	2	0104	2077	Poortwelt		1901	Oct	31	s/b	F	Ballard	WA
S	3	0128	02550	Pope	Maria E	1904	Sep	27	050	F	4036 6th Ave NE	TN
S	3	0176	03517	Popovitz	Frank	1905	Apr			M	1535 Massachusetts Ave	SEA
S	2	0069	00369	Poppen	Edw.	1896	Sep	04	063	M	Providence Hosp.	---
S	3	0171	03413	Popvitch	Elizabeth	1905	Mar	26	038	F	1107 Norman St, Ward 2	HUN
S	3	0169	03378	Portage	Jessie	1905	Mar	12	054	F	3rd Ave S & Connecticut	WA
S	2	0093	00721	Porter	A. C.	1898	Mar	16	053	M	Wellington, WA	PA
S	3	0091	01803	Porter	Clarence A.	1906	Aug	15	05m	M	822 Charles St.	WA
S	2	0030	00588	Porter	H. H.	1900	Jul	24	057	M	508 20th Ave S	PA
S	3	0032	00635	Porter	Isaac W.	1905	Dec	27	068	M	525 N 60th St	PA
S	2	0111	2214	Porter	J. D.	1901	Dec	12	060	M	1st Ave. & Bell	USA
S		136	2688	Porter	J. R.	1902	Apr	03	066	M	Providence Hosp.	---
S	1		1597?	Porter	James	1890	Oct	06	062	M	Yesler Ave.	PA
S	3	0104	2081	Porter	John Duncan	1904	Jun	22	020	M	Providence Hospital	OR
S	3	0159	03176	Porter	Mrs Malissa	1905	Jan	03	060	F	Renton, WA	PA
S	2	0037	00728	Porter	Nancy M.	1900	Sep	01	028	F	Prov. Hosp.	PA
S	2	0044	00533	Porter	Roy E.	1894	Nov	24	05m	M	Park Ave	Sea
S		0016	00050	Porter	Sarah	1893	Feb	09	039	F	13th & Pike	IL
S	3	0119	02374	Porterfield	T.J.	1906	Nov	30	c85	M	1910 Federal Ave. N.	unk
S	3	0171	03415	Portley	(Infant)	1907	Apr	03	s/b		1810-6th Ave.	WA
S	-	175	3441	Poschack	Fred	1902	Nov	03	03d	M	102 W. 39th St.	SEA
S		0056	1109	Post	Hannah	1903	Nov	04	057	F	47th and Dayton Ave	IN
S	2	0085	00435	Pott	infant	1897	Oct	20	---	M	Ballard, WA b.Ballard,	WA
S	1	295	2452	Potter	Arthur E.	1891	Jul	10	027	M	Kinnear Park	---
S	3	0101	02003	Potter	Calvin Alfred	1906	Sep	20	03m	M	1115 5th Av.	WA
S			1263	Potter	Charles M.	1890	Apr	23	037	M	Sea. b.Urbana,Champaigl Co.	IL
S	3	0064	01269	Potter	Dorothy	1906	Apr	12	002	F	Columbia, King Co.	Sea
S	2	0054	01075	Potter	Edward	1901	Jan	11	092	M	1314 E. Aloha	VT
S	2	0015	00297	Potter	Fannie	1900	Apr	09	090	F	1314 Aloha St	CND
S	3	0044	00877	Potter	Infant	1906	Feb	17	01d	F	Sea. Gen. Hosp.	Sea
S	-	170	3352	Potter	Katherine	1902	Oct	16	070	F	120 Fairview St.	IRL
S	2	117	2337	Potter	Wm.	1902	Jan	16	002	M	712 Beacon Place	SEA
S	3	0185	03704	Potts	Florence A.	1905	May	15	004	F	37 Court St	WA
S	3	0163	03254	Potts	John	1905	Feb	13	020	M	Seattle General Hosp	MN
S	-	170	3351	Pouieir (?)	Charles	1902	Oct	14	071	M	Providence Hosp.	SEA
S	2	0012	00224	Poulson	N. H.	1900	Mar	18	057	M	EastLake Ave	NRY
S	2	0035	00159	Powell	B.B.	1894	Apr	09	042	M	Mayo Place	NY
S		0017	00325	Powell	Elias W.	1903	May	11	048	M	General Hospital	PA
S		0049	00966	Powell	James	1903	Sep	09	024	M	Renton, WA	PA

S	R	Page	Recor	LastName	FirstNames	Deat	Mn	Dt	Age	S	DeathPlace	Bir
S	3	0185	03686	Powell	Lizzie J.	1907	Jun	10	048	F	1050 R.R. Ave.	ME
S	2	0019	00380	Powell	Marie Ellen	1900	May	03	052	F	35th Av	OH
S	1	241	2347	Powell	Nina	1891	May	12	10w	F	Terrace St.	Sea
S	2	0090	00621	Powell	Norvell	1898	Feb	14	016	M	Providence Hosp.	---
S	2	0111	2207	Powell	Phila A.	1901	Dec	12	047	F	515 Seneca	NY
S	3	0135	02700	Powell	Ruth H.	1907	Jan	27	018	M	945-26th Ave. S.	WLS
S	3	0096	01901	Powell	Sarah C.	1906	Aug	22	060	F	South Park, Wn.	OH
S	3	0060	01190	Power	Sarah H.	1906	Apr	20	036	F	Providence Hosp.	CND
S	3	0127	02523	Powers	Albertes	1906	Dec	27	001	F	216 Bell St.	WA
S	3	0092	01839	Powers	David	1904	Apr	28	067	M	Wayside Mission Hosp.	NAm
S	3	0029	00571	Powers	David	1905	Dec	04	055	M	Providence Hosp.	---
S	3	0125	02501	Powers	Edward	1904	Sep	11	04m	M	2403 E Howell St	SEA
S	2	0036	00708	Powers	Edwd J.	1900	Jun	19	049	M	Nome, AK	---
S	1		01480	Powers	James	1890	Aug	11	045	M	Btwn Main & Washington Sts.	---
S		0030	00587	Powers	John	1893	Dec	31	040	M	County farm	
S	2	0216	02303	Powers	Larence	1891	Apr	15	075	M	10th & B Sts./3rd Ward	---
S	2	0122	02431	Powers	Mary	1904	Aug	03	014	F	Georgtown, WA	CA
S	2	157	3090	Powers	Sarah Bell	1902	Aug	10	032	F	1216 Weller St.	PA
S	2	109	1368	Powers	Thos. J.	1898	Dec	19	059	M	U.S. Marine Hosp.	MA
S	3	0125	02494	Poynter	Jessie	1904	Sep	09	002	M	20th Ave & Bayview	SEA
S		0034	00120	Pradel	Hypolyte	1894	Mar	19	045	M	421-1/2 Jackson St.	
S	2	120	1794	Prather	Louis	1899	Jul	05	060	M	Providence Hosp.	---
S	3	0138	02758	Prather	Lucia Francis	1907	Jan	24	016	F	Victoria, BC	---
S	2	0070	00423	Prathers	Lillian	1896	Oct	16	02m	F	Dexter & Thomas Sts.	SEA
S	3	0177	03531	Pratley	Richard D.	1907	May	22	056	M	6th Ave. & Jackson	ENG
S	3	0133	02661	Pratt	Alida Grace	1904	Oct	16	026	F	4311 12th Ave N E	OR
S	2	0077	01528	Pratt	Belle Flora	1901	May	16	016	F	Brooklyn	WA
S	2	0084	00427	Pratt	Eleazer	1897	Sep	30	051	M	Ft. Steilacoom, WA	MA
S	3	0136	02717	Pratt	Ethel	1904	Oct	27	020	F	Seattle General Hosp	IA
S	1		2107	Pratt	infant of E.	1891	Jan	24	01m	M	9th & Howell Sts.	Sea
S		194	3822	Pratt	John W.	1903	Feb	09	053	M	1415 - 35th Avenue	SCT
S		0004	00126	Pratt	Lodemia	1892	Mar	30	036	F	Prince William & Kenny St.	
S	2	0072	00478	Pratt	Marie	1896	Nov	16	003	F	Providence Hosp.	SEA
S	2	0091	1812	Pratt	Mary	1901	Aug	25	059	F	Gen. Hosp.	ENG
S	3	0136	02710	Pratt	Mrs M E	1904	Oct	16	036	F	3622 Woodlawn Ave	WI
S	3	0113	02241	Pratt	Nora M.	1906	Oct	05	038	F	Black Point, CA	unk
S	2	0079	00225	Pratt	P. D.	1897	Jun	18	047	M	506 20th Ave.	IL
S		0038	00758	Pratt	R.A.	1903	Aug	01	024	M	Providence Hospital	OR
S		0015	00010	Pratt	Ruth Eliz.	1893	Jan	06	09m	F	1112 7th	Sea
S	1	0001	00731	Pratt	W.A.	1889	Jan	13	030		Corner 4th & Mills St.	
S	2	0054	00348	Pratt	Walter	1895	Sep	02	004	M	Fremont	Sea
S	3	0013	00256	Pray	Minnie C.	1905	Sep	23	039	F	5515 6th Ave NW	SWD
S	2	0112	2227	Preaton	Henry	1901	Dec	20	075	M	Interbay	ENG
S		0032	00048	Prebst	Wm.	1894	Jan	07	019		Arizona	
S	3	0008	00159	Preeiados	Malena	1905	Aug	13	027	F	King Co. Hosp.	MEX
S		0012	00459	Preger	George	1892	Nov	08	032	M	Cedar & 3rd	GER
S		0023	00328	Prell	Jane Amelia	1893	Aug	23	10m	F	John & Oak	
S	3	0001	00008	Prenger	R.	1905	Jul	20	055	M	Richmond Beach, WA	UN
S	2	0087	1743	Prentice	Alemanda	1904	Mar	26	057	M	South Park	SCT
S	2	0038	00311	Prentice	Arthur	1894	Jul	04	036	M	River Park	WI
S	2	137	2716	Prentice	Jas. W.	1902	Apr	25	040	M	South Park, WA	WI
S	3	0173	03449	Prentice	Louis N.	1907	May	06	027	M	Seattle Gen. Hosp.	WI
S	3	0183	03643	Prentiss	Joseph Lyman	1907	Jun	01	065	M	614 University	NY
S	3	0094	01878	Presbry	Eliza	1904	Apr	28	055	F	King Co. Hospital	MA
S	2	0098	00931	Prescott	Nan D.	1898	Jun	16	037	F	Ross Station	---

S	R	Page	Recor	LastName	FirstNames	Deat	Mn	Dt	Age	S	DeathPlace	Bir
S	3	0188	03746	Presho	Robert J.	1907	Jun	23	062	M	9th & New York	WI
S	2	0016	00307	Pressy	Nancy A.	1900	Apr	11	078	F	7000 Denny Way	ME
S	3	0171	03424	Presto	Infant	1905	Mar	29	17d	F	1818 30th Ave	SEA
S	1	0001	00176	Preston	Anna M.	1883	Mar	10	045	F	Seattle	USA
S	3	0078	01554	Preston	Annie	1906	Jun	11	040	M	Prov. Hosp.	PA
S	2	160	3147	Preston	Cora Etta	1902	Aug	05	035	F	Ballard, WA	IL
S	3	0038	00759	Preston	Cornelia M.	1906	Jan	17	070	F	135 Minor Ave N	NY
S	3	0109	02161	Preston	Edward L.	1906	Oct	14	053	M	Minor Hosp.	IL
S	3	0194	03867	Preston	Infant	1905	Jun	14	---	F	Adrian Court	SEA
S	1		1982	Preston	Lucy A. (Mrs.)	1890	Nov	08	073	F	NE cor. Valley & Temperance	---
S	2	0097	00887	Preston	M. H.	1898	May	23	029	M	King Co. Hosp.	---
S	2	0008	00160	Preston	Martin Henry	1900	Feb	26	008	M	Ballard	sme
S	2	0036	00214	Preston	Naemiah	1894	May	13	072	M	1900 9th St	
S		0011	00210	Preston	W.L.	1903	Apr	23	063	M	1243 5th Avenue N.	ME
S		0051	1020	Prevel	Elizabeth M.	1903	Oct	23	073	F	1417-10th Avenue S.	NJ
S	2	0065	00225	Prevost	M.G.	1896	May	26	029	F	Victoria, BC	IRL
S	2	0065	1300	Price	Addie W.	1903	Dec	28	071	F	219 1st AAve.. No.	WI
S	2	0119	01753	Price	baby	1899	Jun	16	06d	F	2621 Irving St.	Sea
S		111	2225	Price	Elkana B.	1904	Jul	25	053	M	523 Seneca St.	IL
S	1	0001	00067	Price	Eva	1882	Apr	30	inf	F		US
S	1		2218	Price	infant	1891	Mar	08	24h	-	115 Pine St.	Sea
S	3	0050	00999	Price	Infant	1906	Feb	27	s/b	F	39th Av& Lake Way,SoSeattle	Sea
S	2	0080	00241	Price	J. V.	1897	Jun	29	057	M	Duwamish, WA	KY
S		135	2664	Price	Jerome	1902	Apr	18	006	M	1313 Franklyn Ave.	SEA
S	2	0003	00058	Price	Margaret	1900	Jan	28	040	F	1917 Terry	WLS
S	1	0001	00001	Price	Mary M	1881	Sep	05	024	F	No. Seattle	USA
S		0032	00046	Price	Thos.	1894	Jan	30	035	M	Yesler & Wash.	
S	1	0001	00173	Prichard	A.L.	1883	Feb	23		M	Hospital	FRN
S	1	0001	00002	Prichard	Louisa	1881	Sep	06	025	F	Wash. St.	
S	1		1924	Prichard	Wm.	1890	Oct	21	021	M	-	---
S	3	0168	03351	Pride	Emma Jane	1905	Mar	01	059	F	2229 Queen Anne Ave	PA
S	2	0129	2568	Priest	Mary E.	1902	Mar	21	051	F	Sea. Gen. Hosp.	ME
S	1	0192	2268	Priest	Norma	1891	Apr	02	003	M	Depot St. nr Broadway	KS
S	2	0018	00352	Priestley	Aleck	1900	Apr	30	017	M	Prov. Hosp.	CND
S	2	0081	00304	Primrose	C. F.	1897	Aug	07	023	M	Providence Hosp.	---
S		0012	00225	Primrose	Mary Ellen	1903	Apr	01	022	F	Seattle General Hospital	WA
S	2	0123	01912	Primrose	Peter J.	1899	Sep	02	071	M	Providence Hosp.	---
S	2	0023	00442	Primrose	Wm. H.	1900	May	30	036	M	Foot of Wash. St.	WA
S	3	0147	02943	Prince	Edward	1904	Dec	21	070	M	209 1st Ave N B: New B	CND
S		0014	00269	Prince	Infant	1903	Apr	02	---	M	1211 E. Olive Street	SEA
S	2	0039	00763	Prince	Mildred M	1900	Sep	23	05m	F	Prov. Hosp.	WI
S	3	0166	03315	Prior	Frederick George	1907	Apr	18	025	M	Seattle Gen. Hosp.	MA
S	2	125	1982	Pritchard	Chas M.	1899	Oct	05	056	M	1424 - 15th Ave.	OH
S	2	113	2243	Pritchard	Joseph	1901	Dec	21	04m	M	Blk. Diamond	WA
S	1	0001	00002	Pritchard	Louisa	1881	Sep	06	025	F	Wash. St.	
S	2	0081	00299	Pritchard	Mary H.	1897	Aug	03	046	F	109 Monor Ave. N.	IL
S		0046	00918	Pritchard	Mary T.	1903	Sep	07	032	F	1821 - 13th Avenue	IL
S	3	0027	00540	Prix	William	1905	Nov	19	091	M	Tumwater, WA	---
S		0013	00256	Probert	Thos. S	1903	Apr	13	035	M	King County Hospital	---
S	1	0001	00115	Probsh	Geo. H.	1882	Sep		06m	M	Seattle	
S		0029	00569	Probst	August	1903	Jul	11	018	M	1016 Main Street	SEA
S	2	117	1670	Probst	Clarence	1899	Apr	25	-	M	Skagway, AK	---
S	2	0048	00954	Probst	Rose A.	1900	Nov	16	048	F	Georgetown	ENG
S	2	179	3518	Proctor	A.	1902	Nov	07	032	M	Snohomish, WA	---
S	2	105	1188	Proctor	baby	1898	Oct	05	-	F	912 29th Ave. S.	Sea

S	R	Page	Recor	LastName	FirstNames	Deat	Mn	Dt	Age	S	DeathPlace	Bir
S	2	0093	00719	Proctor	Gardner	1898	Mar	15	070	M	Black River Station	---
S		0081	01629	Prosch	Genevieve	1904	Mar	11	019	F	621 9th Ave.	Sea
S	2	118	1689	Prother	Nellie M.	1899	May	12	012	F	1617 4th Ave. W.	---
S	3	0134	02684	Prothero	Willie	1904	Oct	24	003	M	2104 Dexter Ave	SEA
S	3	0139	02785	Prothers	Edward F	1904	Nov	12	10m	M	535 Fairview Ave	SEA
S	2	124	1938	Protley	Elmace S.	1899	Sep	20	02m	M	108 5th Ave. S.	Sea
S	3	0125	02486	Provine	Albert G.	1906	Dec	19	057	M	Providence Hosp.	IL
S	2	159	3117	Provost	A.L.	1902	Aug	15	053	M	Providence Hosp.	CND
S	3	0093	1869	Prubucki	Theresa	1904	Apr	19	053	F	West.Wa.Hosp. for Insane	---
S	3	0140	02792	Pruhs	Peter	1904	Nov	14	042	M	Providence Hosp	---
S	2	112	1471	Prunty	Patk (Patrick?)	1899	Feb	11	040	M	Providence Hosp.	IRL
S	3	0138	02747	Puariea	Infant	1904	Oct	02	s/b	M	York Station	SEA
S	3	0138	02760	Pugh	E.B.	1907	Jan	--	035	M	Mouth of Skagit River	---
S	2	0068	00344	Pugh	John	1896	Aug	27	07m	M	2417 West St.	---
S	2	0024	00464	Pulley	Wm. O	1900	May	24	049	M	Cascade Tunnel	IL
S			1259	Pulver	Louise	1890	Apr	17	001	F	Harrison St.	TX
S	1		2231	Pulver	William	1891	Mar	12	05w	M	13th & Pike Sts.	Sea
S	1	254	2378	Pumphrey	George H.	1891	Jun	03	046	M	2nd & Union Sts.	---
S	1		2204	Pumphrey	Thomas Rass	1891	Mar	24	09m	N	908 Spring St.	Sea
S	2	115	1604	Purcell	Benj. F.	1899	Apr	11	058	M	Hotel Northern	---
S	3	0016	00312	Purcell	Hugh	1905	Sep	15	032	M	King Co. Hosp.	WI
S	2	107	2123	Purdy	Chas.	1901	Nov	14	030	M	Main & 3rd	MN
S	2	432	2724	Purdy	Harris D.	1891	Dec	13	038	M	Providence Hosp.	OH
S	3	0107	02124	Purdy	Harry R.	1906	Sep	25	020	M	Pacific Hosp.	MI
S	2	114	1545	Purdy	infant	1899	Mar	25	10d	M	1011 Columbia St.	Sea
S	3	0046	00906	Purdy	R.D.	1906	Feb	25	049	M	Providence Hospital	CND
S	3	0156	03122	Purkeypile	Annie	1905	Jan	24	058	F	Johnson's Wharf	NY
S	3	0026	00510	Purkeypile	David Henry	1905	Nov	28	035	M	2626 15th Ave W	OH
S	2	0095	01881	Purkeypile	Infant	1901	Sep	07	01d	M	Smith St. & 2nd Ave. W.	SEA
S	2	0085	00430	Pusey	Virgil	1897	Oct	10	044	M	Yesler St.	---
S	3	0191	03807	Pusich	Spiro	1905	Jun	01	038	M	Wayside Emerg. Hosp.	AUS
S	2	0017	00333	Pussku	John	1900	Apr	21	030	M	Wayside Mission	FIN
S	3	0163	03247	Pust	Edyalt Fred	1905	Feb	09	06m	M	1526 19th Ave	SEA
S	2	0120	2381	Putman	S. Grant	1898	Jan	26	034	M	Ballard	ON
S	-	151	2964	Putnam	baby	1902	Jun	30	s/b	F	2605 E. Union	SEA
S	2	0037	00259	Putnam	Harry	1894	Jun	19	06m	M	2106 3rd	Sea
S	2	0037	00262	Putnam	Helen	1894	Jun	24	07m	M	2106 3rd	Sea
S	2	145	2853	Putnam	infant	1902	May	13	s/b	M	802 2nd Ave. N.	SEA
S	3	0096	01910	Putnam	Rosa (Mrs.)	1906	Aug	26	034	F	South Seattle, Wash.	MN
S	2	111	1443	Putnam	S. Grant	1898	Dec	26	034	M	Ballard, WA	CND
S	3	0179	03563	Pye	H.J.	1907	May	27	c50	M	Wayside Emerg. Hosp.	---
S	3	0073	01442	Pyett	Mrs.	1906	May	27	036	M	New Idria San Bonito Co.,CA	WA
S	2	0023	00459	Pyle	(Infant)	1900	May	10	s/b	M	Ballard	sme
S			1328	Pyle	Christopher	1890	May	14	010	M	-	---
S	2	0051	00208	Pyle	Emily	1895	May	15	005	F	Prov.Hosp. b.Pt. Madison	
S	2	390	2641	Pypes	Ira Julia	1891	Oct	12	14m	F	3rd & Warren Sts/f8th Ward	Sea
S	2	0049	00144	Quackenbush	A.D.	1895	Apr	07	056	M	12th & Jackson	
S	2	128	2551	Quade	Wm.	1902	Mar	12	060	M	2613 1st Ave.	GER
S		0053	1045	Qualheim	Anna	1903	Oct	20	029	F	1700 Terry Avenue	NWY
S	3	0069	01380	Quammin	Anna	1906	May	24	011	F	1008 E.James, Kent	WI
S	3	0152	03044	Quan Due	---	----	---	--	---	M	Seattle	CHN
S	3	0127	02528	Quandt	Benjamin F.	1906	Dec	29	020	M	416-28th Ave. S.	WI
S	2	113	2249	Quappe	Martha	1901	Dec	25	020	F	1411 1/2 1st Av.	USA
S	-	164	3235	Quart	Wm. A. H.	1902	Sep	09	064	M	S.S. Senator at anchor	GER
S	3	103	2064	Quash	Alice Roeina	1904	Jun	14	036	F	Seattle Gen. hospital	MT

S	R	Page	Recor	LastName	FirstNames	Deat	Mn	Dt	Age	S	DeathPlace	Bir
S	2	0041	00407	Quast	Ada J.	1894	Sep	09	001	F	910 15th St.	
S	3	0159	03165	Quesnell	Eleanor	1907	Mar	31	03m	F	1531-12th Ave. S.	WA
S	3	0159	03166	Quesnell	Evelyn	1907	Mar	31	03m	F	1531-12th Ave. S.	WA
S		0047	00941	Quette	Cecelia	1903	Sep	06	059	F	Ballard	CND
S	3	0158	03146	Quick	Katherine	1905	Jan	02	050	F	1108 5th Ave	NY
S	2	114	1562	Quick	Wm.	1899	Mar	02	-	M	Skagway	---
S	2	0045	00897	Quiett	Ida A.	1900	Nov	06	024	F	2017 West St	MI
S	2	0092	1830	Quig	W. W.	1901	Aug	11	023	M	Gen. Hosp.	SCT
S	2	0103	2052	Quigley	John	1899	Aug	08	032	M	St. Mary's Hosp.	CA
S	3	0051	01017	Quigley	Mary Ellen	1906	Mar	07	064	F	Providence Hospital	IRL
S	2	0002	00027	Quigliotto (Romans)	C. L.	1900	Jan	14	056	F	222 James St.	ITL
S	2	0045	00571	Quilter	Mary J.	1894	Dec	25	037	F	Prov. Hosp.	MN
S	3	0145	02893	Quim	Lum	1907	Feb	21	045	M	222 Washington	CHN
S		0117	02332	Quimby	Charlie F.	1904	Aug	04	003	M	409 E. Olive St.	Sea
S	1	0001	00449	Quin	Bradley Radcliffe	1885	Apr	25	059	M	Seattle	ENG
S		0012	00240	Quinby	George	1903	Apr	15	037	M	Providence Hospital	NY
S	2	118	2351	Quinlan	Inft.	1902	Jan	21	01d	F	318 5th Ave.	SEA
S	2	0091	00683	Quinlin	Emma	1898	Mar	10	030	F	20th Ave. & Johns St.	OH
S	2	0003	00042	Quinn	Clara	1900	Jan	22	004	F	City Park	WA
S	3	0086	01716	Quinn	Dan	1906	Jul	08	020	M	1 mi.west Little Falls, Wn.	--
S		0029	00551	Quinn	E.C.	1893	Dec	15	043	M	Prov. Hosp.	VA
S		0042	00825	Quinn	Ellen B.	1903	Sep	01	024	F	618 Spring Street	PA
S		0042	00837	Quinn	Ellen B.	1903	Sep	01	024	F	618 Spring Street	PA
S		136	2694	Quinn	Francis	1902	Apr	16	065	M	Providence Hosp.	---
S	2	101	1058	Quinn	Helen	1898	Aug	10	04m	F	413 23rd Ave.	Sea
S		0024	00369	Quinn	Infant	1893	Sep	06	03d	M	Yakima & Baxter	Sea
S		0037	00730	Quinn	James Arthur	1903	Aug	18	030	M	618 Spring Street	PA
S	3	0196	03909	Quinn	James Lawrence	1905	Jul	15	006	M	815 Yesler Way	SEA
S			1388	Quinn	John A.	1890	Jun	19	067	M	Jackson & Baxter Sts.	IRL
S	3	0141	02816	Quinn	Mary A	1904	Nov	24	057	F	2306 Fourth Ave	SCT
S	3	0194	03872	Quinn	Mike	1905	Jul	01	049	M	Wayside Emerg. Hosp.	---
S	3	0160	03190	Quinn	Patrick	1907	Mar	23	086	M	So. Park	IRL
S	2	0054	01064	Quinn	Pauline G.	1901	Jan	07	010	F	618 Spring b Fremont	---
S	-	171	3363	Quinn	Richard	1902	Oct	24	060	M	413 Main St.	IRL
S		129	2578	Quintella	Jaun	1902	Mar	24	035	M	Great Northern Lodg. House	SPN
S	3	0162	03227	Race	Mrs Maggie	1905	Feb	06	026	F	Providence Hosp	KS
S		0023	00325	Race	Wm. H.	1893	Aug	20	024	M	108 Stewart St.(b.Pt.Gamble	
S	2	0043	00497	Rackstraw	Louise E.	1894	Oct	25	030	F	San Francisco	ENG
S	3	0128	02551	Rader	Dora	1904	Sep	27	071	F	511 Thomas St	GER
S	3	0178	03548	Radford	Francis William	1905	Apr	26	062	M	1411 Boylston Ave	ENG
S		0098	01949	Radford	Infant	1904	May	20	13d	F	4115 Evanston Avenue	Sea
S	3	0127	02522	Radford	Margaret Leslie	1906	Dec	27	018	F	1411 Boylston Ave.	CND
S	1	0001	00971	Radicke	Margaretta	1889	Sep	22	003	F	Lake Union	SEA
S	2	0118	02356	Rae	Henry B	1904	Aug	21	02d	M	3527 Woodlawn Ave, Fremont	WA
S	-	190	3740	Rae	Martha Helen	1903	Jan	29	---	F	1342 18th Ave.	SEA
S	2	0004	00068	Raesler	F. C.	1900	Jan	01	061	M	Co. Hosp.	GER
S	3	0067	01329	Rafferty	Infant	1906	May	03	01d	M	924 - 72nd Ave.NE	Sea
S	1	0001	00617	Ragen	Mary J.	1888	Sep	16	022	F	12th St.	
S	1	0001	01136	Ragers	Hugh	1890	Jan	04	027	M	Prov. Hosp.	
S		0062	01226	Rahy	Infant	1903	Nov	02	s/b	F	foot Connecticut St.	Sea
S	2	0046	00020	Raidel	Thos.	1895	Jan	21	070	M	Fremont	PA
S	2	0053	00278	Raidian	K.	1895	Jul	21	036	F	3105 Jackson	MI
S	3	0123	02441	Rainey	August	1906	Dec	06	059	M	Wayside Emerg. Hosp.	MO
S	2	0034	00661	Raisbach	Josie	1900	Aug	18	024	F	Edgewater	MN
S	2	0065	00213	Ralston	David	1896	May	30	064	M	1210 1st Ave	CND

S	R	Page	Recor	LastName	FirstNames	Deat	Mn	Dt	Age	S	DeathPlace	Bir
S	3	0158	03153	Ralston	F W	1905	Jan	13	038	M	Seattle Hotel	CA
S		0009	00337	Ralston	Thomas	1892	Aug	11		M	Fremont	IN
S		0028	00512	Ramage	David M.	1893	Nov	30	040	M	Fremont	CND
S	2	160	3153	Ramage	Dwight	1902	Aug	10	04m	M	Ballard, WA b.Ballard, WA	
S		129	2571	Ramboni	Nicklas	1902	Mar	21	045	M	2nd Ave. S. & Charles St.	ITL
S	3	0033	00645	Ramons	Infant	1905	Dec	30	01d	M	1516 1st Ave	SEA
S	3	0076	01510	Ramos	Charles	1904	Feb	14	069	M	810 21st Ave.S. b.So.Amer	
S	2	183	3606	Ramsey	Elizabeth	1902	Dec	25	066	F	728 10th Ave.	VA
S	2	0001	00027	Ramsey	J. S.	1892	Jan	17	066	M	Providence Hosp.	---
S	2	0098	00906	Ramsey	Margaret	1898	Jun	04	022	F	cor Park & Kinnear Sts.	IL
S	2	126	2002	Ramsey	Richard M.	1899	Oct	18	057	M	419 Marion St.	OH
S	3	0071	01411	Ramsey	Samuel Dr.	1906	May	12	081	M	1123 Marion St.	OH
S		0059	01167	Ramsey	Walter H.	1903	Nov	26	06m	M	1645 21st Ave.	Sea
S	-	149	2934	Ramstead	Emma	1902	Jun	22	020	F	O'Brien, WA	---
S	2	0048	00953	Ranan	M. L.	1900	Nov	19	035	M	Wooley, WA	ON
S		0118	02347	Randall	Angelina S.	1906	Nov	19	069	F	2400 E. Green Lake Blvd.	OH
S	1		2211	Randall	C. A.	1891	Mar	06	024	M	Grace Hosp.	ME
S		0017	00100	Randall	Catherine	1893	Mar	21	077	F	512 John	NY
S	2	0081	1613	Randall	Chas.	1901	Jun	17	035	M	Police Station	USA
S		0021	00235	Randall	Ellen S.	1893	Jun	12	054	F	1912 12th	
S	3	0123	02445	Randall	Gilbert H.	1906	Dec	06	073	M	4256 Whitman	NY
S	2	0033	00651	Randall	Henry M.	1900	Aug	13	024	M	Str. Valencia, Arlington Dk	ME
S			1319	Randall	J. J.	1890	May	27	039	M	Seattle	NY
S	3	0199	03970	Randall	Sam	1905	Jul	23	026	M	1905 7th Ave	UN
S	2	379	2618	Randall	Sarah	1891	Oct	02	075	F	Prospect & Broadway Sts.	VT
S	2	0122	02427	Randich	Tonie	1904	Aug	02	06m	M	333 Post St, Ballard	WA
S	2	0027	00535	Randolph	A. M. (Mrs)	1900	Jun	23	063	F	S. G. Hosp.	PA
S	3	0144	02879	Randolph	John Howard	1907	Feb	18	25d	M	451 E. 65th	WA
S	3	0124	02468	Raney	Jane (Mrs.)	1906	Dec	13	075	F	Providence Hosp.	IL
S	3	0132	02624	Rangva	Maria	1907	Jan	13	016	F	Pacific St. So. Seattle	NRY
S	2	306	2473	Rank	David	1891	Jul	18	055	M	cor Joy & Yesler Ave.	---
S	2	0093	00732	Rank	Theodore	1898	Apr	04	072	M	Brooklyn, WA	GER
S	3	0101	02011	Ranke	Frederick Otto	1906	Sep	23	030	M	Minor Ave. & Spring	WA
S	2	108	1329	Rankin	infant	1898	Dec	16	00d	M	813 Alder St.	Sea
S	2	0067	00277	Rankin	John	1896	Jul	16	060	M	Genl Hosp	IRL
S	3	0120	02389	Ransom	Jasper	1906	Nov	14	016	M	Northrups Lnding, Nr Krklnd	OR
S		0022	00435	Ransome	Ernest G.	1903	Jun	03	030	M	1731 Melrose	MA
S	2	126	2027	Ranson	Clay S.	1899	Oct	02	06m	M	707 Stewart St.	WA
S	2	119	2379	Ransona	Frank	1902	Jan	02	01m	M	New Kamilchi, WA.	WA
S	3	0051	01004	Rantanin	Antton	1906	Mar	02	036	M	Providence Hospital	FIN
S	2	0052	01027	Ranum	Rupert C.	1900	Dec	29	05m	M	320 9th Ave	SEA
S		0081	1624	Rapp	Nicholas	1904	Mar	08		M	Found on Water Front	---
S	3	0010	00189	Rarens	Infant	1905	Aug	24	s/b	F	1009 Main St	SEA
S	3	0146	02918	Raschke	Mabel	1907	Feb	26	007	F	110 Sturgis Rd	WA
S	2	125	1971	Raschl	Mrs.	1899	Sep	19	-	F	Juneau, AK	---
S		0012	00442	Rascke	Michael	1892	Oct	18	012	M	Prov. Hosp.	
S	3	0129	02569	Raser	Laura	1904	Sep	02	017	F	Seattle General Hosp	OH
S	2	0036	00227	Rasewell	(infant)	1894	May	27	02h	F	1021 3rd St	Sea
S	2	0090	1795	Rash	Peter	1904	Apr	12	040	M	Providence Hospital	SWD
S	3	0167	03339	Rasher	Charles, Mrs	1905	Feb	25	020	F	Port Gamble, WA	---
S	3	0051	1014	Raskoff	J.H.	1906	Mar	05	048	M	Malden Ave.& Mercer St.	
S	2	394	2649	Rasmusen	Syfried	1891	Oct	19	01m	M	Orin St. nr Lake Union	Sea
S	2	378	2617	Rasmuson	Clara	1891	Oct	01	01m	F	Orion & Mercer Sts/7th Ward	Sea
S		0008	00307	Rasmussen	Harold	1892	Jul	25	10m	M	Madison St.	DNK
S	2	109	2168	Rasmussen	Infant	1901	Nov	01	s/b	M	Interbay	SEA

S	R	Page	Recor	LastName	FirstNames	Deat	Mn	Dt	Age	S	DeathPlace	Bir
S	3	0023	00446	Rasmussen	Infant	1905	Oct	12	s/b	M	1016 Harrison St	SEA
S	2	0093	1857	Rass	Minnie	1901	Aug	15	030	F	Lynn Canal	KS
S	3	0065	01290	Rassmussen	Fred	1906	Jan	04	unk	M	Seward, Alaska	SWD
S		0025	00404	Ratcliff	Baby	1893	Sep	21	08m	M	909 Cherry	
S	3	0184	03685	Rath	Annie (Mrs.)	1905	May	30	050	F	218 Pontius Ave	IRL
S	2	0047	00929	Rath	Minnie	1900	Nov	19	039	F	S. G. Hosp.	OH
S		0025	00393	Rathburn	Maud	1893	Sep	15	08m	F	523 Victory	Sea
S		0016	00302	Rathidge	Chas	1903	Apr	30	034	M	Providence Hospital	---
S		131	2598	Rathmel	baby	1902	Mar	01	s/b	M	2004 King St.	SEA
S	2	0064	00171	Ratke	Edgar H.	1896	Apr	02	002	M	Ballard b.Ballard	
S	3	0162	03226	Ratkough	Mato	1907	Apr	01	027	M	3rd & Yesler	AUS
S	3	0182	03634	Rau	(Infant)	1907	May	27	s/b	M	Columbia Sta.	WA
S		0013	00470	Rau	Henry	1892	Nov	18	06m	M	Fontelle St.	Sea
S	2	104	1145	Rau	Willie	1898	Sep	17	02m	M	160 Day St.	Sea
S	1	0001	00423	Rauaka	Joe	1885	Jan	20	044	M	Seattle (b.Sandwich Island	
S	3	0031	00610	Raub	Sarah (Miss)	1905	Dec	14	044	F	Wayside Emerg. Hosp.	---
S		0039	00763	Rauber	Jennie	1903	Aug	14	038	F	Providence Hospital	KY
S		0011	00421	Raudin	John J.	1892	Oct	08	018	M	Str.nr.PtTownsend(b.SanFran	CA
S		0013	00479	Rauke	Otto	1892	Nov	15	050	M	10th & Madison	GER
S	1	0001	01207	Rauntz	Robert	1890	Mar	18	040	M	Prov. Hosp.	
S	3	0165	03289	Raup	Mrs Ella	1905	Feb	26	038	F	1912 Second Ave N	WI
S	3	0070	01397	Raven	Robert S.	1906	May	30	045	M	1701 Kilburn Ave.	NY
S	-	191	3779	Raven	Vera	1903	Jan	02	---	F	Ballard, WA b.Ballard, WA	
S		0004	00068	Raven	Verne	1903	Mar	12	003	M	3628 Densmore	SD
S	2	0052	01031	Rawdich	V.	1900	Dec	31	031	M	Prov. Hosp.	AUS
S		0018	00351	Ray	Albert W.	1903	May	22	016	M	Providence Hospital	IN
S	3	0102	02032	Ray	Carry L.	1906	Sep	28	060	F	1612 7th Ave.	IN
S	2	119	1747	Ray	Edith Rost	1899	Jun	11	013	F	150 Day St.	Sea
S	3	0020	00388	Ray	Edward Browning	1905	Oct	26	063	M	1st Ave & Clay St	ENG
S	2	332	2526	Ray	Fred	1891	Aug	17	-	M	Cole Bunkers, Smith Cove	---
S	3	0163	03262	Ray	Frederick George	1905	Feb	17	037	M	1903 E Denny Way	CND
S	2	0083	00368	Ray	infant	1897	Sep	23	17d	M	813 Alder St.	SEA
S	3	0040	00783	Ray	Infant	1906	Jan	28	03d	F	Schenley Hotel	SEA
S	3	0071	1423	Ray	Mary Ann	1904	Jan	26	057	F	Providence Hospital	ENG
S			1310	Rayborn	Calvin	1890	May	27	006	M	Seattle	NE
S	3	0026	00505	Raycraft	Joseph William	1905	Nov	26	056	M	Seattle Gen. Hosp.	CND
S	3	0100	01991	Raymond	Annie (Mrs.)	1906	Sep	17	031	F	Spokane Ave. Bridge	WA
S	-	156	3058	Raymond	Charles	1902	Jul	03	045	M	Bothell, WA	---
S	1	0001	00588	Raymond	Chas.H.	1888	Aug	19	009	M	8th St	
S	1	0298	02463	Raymond	infant	1891	Jul	15	06h	-	1118 5th St.	Sea
S	3	0153	03058	Raymond	Infant	1905	Jan	02	21d	F	523 Yesler Way	SEA
S	3	0059	01175	Raymond	Infant	1906	Apr	13	02d	F	1818 - 6th Ave.	Sea
S	3	0020	00393	Raymond	Laura Isabella	1905	Oct	27	001	F	1623 9th Ave	SEA
S	1		2181	Raymond	Ora May	1891	Mar	03	003	F	418 S. 9th St.	Sea
S	2	103	1122	Raymond	Reta	1898	Sep	07	026	F	317 Washington St.	---
S	2	0068	00337	Raymond	T.	1896	Aug	24	028	F	Providence Hosp.	USA
S	1	0001	00136	Raymond	Willie	1882	Oct	10	18m	M	Seattle	SEA
S	3	0137	02734	Raynor	A.H.W.	1907	Jan	08	084	F	Tacoma, WA	NY
S	2	0009	00177	Raynor	Louisa	1900	Mar	04	001	F	22'DW & King	SEA
S	1	0001	00077	Rea	Anna	1882	May	21	053	F	Seattle	USA
S	1		2073	Rea	Henry W.	1891	Jan	04	05m	M	Depot St. b.McCook,	NE
S	2	0081	00285	Read	Anna E.	1897	Jul	17	027	F	Ballard, WA	SWD
S	2	0121	02414	Read	Horace Greely	1904	Aug	18	049	M	Stevens Hotel	PA
S	2	101	1057	Reade	Hazel M.	1898	Aug	09	02m	F	1626 7th Ave.	Sea
S	2	0081	00295	Readman	Jas. Jr.	1897	Aug	01	039	M	General Hosp.	SCT

S	R	Page	Recor	LastName	FirstNames	Deat	Mn	Dt	Age	S	DeathPlace	Bir
S		0009	00319	Reagan	Agnes	1892	Jul	31	01m	F	331 Wilfred	Sea
S		0008	00281	Reagan	Infant	1892	Jul	11	01m	F		Sea
S		0032	00642	Reagan	Mary	1903	Jul	25	066	F	Hornellsville, NY	---
S	2	0020	00398	Real	Joseph	1900	May	09	033	M	Prov. Hosp.	---
S	3	0058	1150	Reanandy	J.	1903	Nov	12	045	M	Providence Hospital	FRN
S	2	0078	00162	Reans	Huley	1897	Apr	11	011	M	Sunnydale, WA	---
S		136	2696	Reardon	Adella	1902	Apr	27	078	F	808 10th Ave.	MD
S	2	343	2548	Reardon	infant	1891	Aug	28	02d	F	3rd & James Sts.	Sea
S	3	0149	02979	Reardon	Mrs Ellen	1904	Dec	12	043	F	Seattle General Hosp	ME
S	2	127	2056	Reavy	Chas. A.	1899	Nov	08	044	M	Foot of King St.	IRL
S	2	0084	00399	Reay	Robt. S.	1897	Oct	08	052	M	Providence Hosp.	---
S	-	162	3185	Reber	Mrs. Clara Rosey	1901	Dec	21	042	F	Nome, AK	IA
S	2	0081	00311	Reckles	infant	1897	Aug	16	09d	M	1213 Main St.	SEA
S	3	0162	03227	Record	Sherman Jay	1907	Apr	01	022	M	Prov. Hosp.	WA
S	2	0060	00005	Redding	Sadie F.	1896	Jan	04	038	F	General Hospital	TX
S	3	0014	00261	Reddy	Richard	1905	Sep	20	037	M	Yesler Way, foot of	IRL
S		0016	00040	Redfield	W.P.	1893	Jan	27	053	M	Oak Harbor	
S		0013	00505	Redfroth	Fred	1892	Dec	12	02m		1517 Harrison	
S	2	0061	00056	Redick	Bertram L.	1896	Feb	08	025	M	McLane & Choate	
S	2	0084	00425	Redick	Clyde	1897	Oct	07	018	M	Ballard, WA	OH
S		0018	00151	Redick	John	1893	Apr	21	058	M	McLane & ?	
S	2	0117	2336	Redlinger	Elizabeth	1902	Jan	15	055	F	604 1/2 1st Ave.	GER
S	3	0191	03814	Redman	L. E.	1905	Jun	12	039	M	3rd Ave S & King	PA
S	2	0097	00893	Redman	Laura	1898	May	30	004	F	South Seattle	SEA
S	2	0099	00961	Redman	Lillie	1898	Jun	07	007	F	So. Seattle	SEA
S		0028	00527	Redmen	Mary Kate	1893	Dec	04	021	F		IRL
S	2	0056	00466	Redmond	Catherine M.	1895	Oct	05	062	F	Prov. Hosp	
S	2	0099	00958	Redmond	Ida	1898	Jun	04	009	F	So. Seattle	USA
S	2	125	1989	Redmond	J. T.	1899	Oct	10	034	M	City Jail	---
S	1	204	2276	Redmond	John	1891	Apr	06	029	M	Providence Hosp.	---
S	2	120	1785	Redmond	Michael	1899	Jun	13	055	M	Cascade	---
S		0023	00346	Redmond	Willie	1893	Aug	11	012	M	Chehalis	
S	1	0001	00837	Redpath	Marion Mrs.	1889	Apr	29	037	F	Olive & 10th	
S	2	122	1840	Reeb	baby	1899	Jul	26	03d	M	Ballard	---
S	2	178	3508	Reed	Albert	1902	Nov	23	019	M	Seattle Gen. Hosp.	WA
S	3	0178	03554	Reed	Blanche E	1905	Apr	30	01d	F	1422 10th Ave	SEA
S		0023	00339	Reed	Carrie	1893	Aug	30	043	F	1412 2nd St.	
S		0078	1555	Reed	Charles	1904	Feb	21	074	M	605 East Denny Way	NY
S	3	0099	01979	Reed	Charles Rozata	1906	Sep	15	058	M	2704 Elliott Ave.	AUS
S	2	129	2145	Reed	David	1899	Dec	29	07m	M	1920 Boren St.	Sea
S	1	0001	01178	Reed	E.W.	1890	Feb	15	021	M	Prov. Hosp.	
S	2	0056	00396	Reed	Emma A.	1895	Sep	17	050	F	Ballard	ME
S	1	0001	00536	Reed	Geo.	1886	Mar	07	030	M		
S	1	0001	00883	Reed	Grosvenor	1889	Jun	04	076	M		
S	3	0146	02910	Reed	Herman Walter	1907	Feb	23	c35	M	Sea. Gen. Hosp.	unk
S	3	0094	01882	Reed	Infant	1904	Apr	11	pre	M	711 27th Ave. S.	Sea
S	1	0001	00316	Reed	J.A.	1884	Mar	21	061	M	Seattle	USA
S		0032	00085	Reed	Jennie	1894	Feb	28	029	F	9th Ward	CND
S	2	0028	00551	Reed	John J.	1900	Jul	05	035	M	Foot of Jackson St.	---
S	2	0075	00062	Reed	L. A.	1897	Feb	16	026	M	Sullivan Block	---
S	2	0076	1512	Reed	M. Sam	1901	May	11	067	M	16 Roy St	WV
S	2	0082	00324	Reed	Martha	1897	Aug	25	036	F	Providence Hosp.	---
S	2	0004	00067	Reed	Mary A. K.	1900	Jan	01	---	F	Victoria B.C.	---
S	1	0001	00767	Reed	R.D.	1889	Feb	18	056		Broadway St.	
S	1	0001	00862	Reed	Robert	1889	Apr	22	02m		4th Jefferson	

S	R	Page	Recor	LastName	FirstNames	Deat	Mn	Dt	Age	S	DeathPlace	Bir
S	3	0070	01394	Reed	Thomas	1906	May	26	073	M	Sea.Gen.Hosp.	un
S	3	0148	02947	Reed	William	1904	Dec	25	042	M	713 Maynard Ave	ENG
S	2	0051	00221	Reed	William S.	1895	May	27	021	M	Gailor St.	Sea
S	2	0037	00725	Reede	Clara M.	1900	Aug	19	10m	F	Ballard	sme
S	3	0031	00616	Reekers	Carrie S. B. (Mrs.)	1905	Dec	20	044	F	330 30th Ave S	MA
S	2	0090	1792	Reeplaig	Chris	1904	Apr	11	013	M	Providence Hospital	SD
S	2	0053	00294	Rees	David W.	1895	Jul	24	048	M	North Bend	
S	2	0045	00566	Rees	Willie	1894	Dec	21	001	M	330 Orion St	
S	3	0133	02653	Reese	Clara (Mrs)	1904	Oct	12	062	F	1810 Bolyston Ave	IA
S	2	0095	00808	Reese	Edward R.	1898	Apr	17	040	M	Wellington, WA	---
S	2	0031	00620	Reese	John G.	1900	Jul	19	073	M	Yesler, WA	---
S			1348	Reese	Lonis S.	1890	Jun	14	063	M	Smiths Cove	GER
S	3	0167	03330	Reese	Margaret, Mrs	1905	Feb	25	065	F	Ravensdale, WA	WLS
S	1	283	2427	Reese	R. E.	1891	Jul	01	044	M	Providence Hosp.	IRL
S	2	0089	00610	Reese	Wm.	1898	Feb	08	045	M	City Jail	MI
S	3	0123	02458	Reetz	Ernest	1906	Dec	09	028	M	5th Av. & Main St, Erie Hse	
S	2	180	3566	Reeve	Mary A.	1902	Dec	09	056	F	811 Madison St.	OH
S		0045	00892	Reeves	Dladys Dorothea	1903	Sep	20	14d	F	207 Belmont Avenue N.	SEA
S	2	0120	02390	Reeves	Henry C	1904	Aug	27	034	M	2006 6th Ave	KY
S	2	106	2114	Reeves	L. Powell	1901	Nov	19	048	M	Seattle	IN
S	2	105	1181	Regan	James	1898	Sep	20	050	M	County Farm	---
S	-	147	2889	Regan	John Patrick	1902	Jun	12	074	M	2124 5th Ave.	IRL
S		0008	00309	Regener	Katie	1892	Jul	26	050	F	1010 King	Sea
S	3	0054	01063	Reger	Fred	1906	Mar	26	050	M	First Avenue & Broad St.	
S	2	0010	00200	Reggio	Dosileana	1900	Mar	12	030	F	2011 9th Ave	WA
S	1	0001	00372	Regne	H.J.	1884	Aug	20	04m			
S	2	0059	01165	Regonich	John	1901	Feb	01	049	M	Oregon House	USA
S	2	101	2006	Reich	Rosena	1901	Oct	14	65	F	703 24th Ave. S.	GER
S	3	0076	01517	Reichardt	Friedrich Ernst	1906	Jun	21	049	M	1813 Warren Ave.	GER
S	2	0013	00252	Reichert	Geo B	1900	Feb	05	034	M	Manilla P.I.	PA
S		0017	00093	Reichten	Robert	1893	Mar	18	068	M	Prov. Hosp.	GER
S	3	0192	03822	Reid	(Infant)	1907	Jun	17	s/b	M	814-1/2 Pike	Sea
S	3	0076	1517	Reid	Andrew	1904	Feb	15	045	M	Wayside Mission Hospital	SCT
S	2	105	2084	Reid	Chattie V.	1901	Nov	03	035	F	General Hosp.	IN
S	3	0144	02878	Reid	Ethel Dorothy	1904	Nov	26	023	F	West Seattle	CND
S	3	0037	00727	Reid	George W.	1906	Jan	07	026	M	222 N Broadway	CND
S	2	182	3584	Reid	Harriet E.	1902	Dec	18	048	F	218 Fairview St.	IA
S	3	0076	01508	Reid	James	1904	Feb	10	044	M	413 Main St.	un-
S	3	0175	03498	Reid	James Patrick	1905	Apr	03	051	M	16 W Harrison St	IRL
S		0019	00178	Reid	Jas. A.	1893	May	10	049	M	1412 2nd	
S	2	0042	00452	Reid	John B.	1894	Oct	12	077	M	918 John St	IRL
S	3	0003	00055	Reid	John L.	1905	Aug	06	066	M	1624 39th Ave N	SCT
S	3	0127	02542	Reid	Mamie Alice	1904	Sep	24	017	F	511 Minor Ave N	WA
S	2	0001	00017	Reid	Mary Janet	1892	Jan	11	017	F	High & Ward Sts.b.Owensboro	KY
S	2	0061	00074	Reid	W.W.	1896	Feb	22	035	M	315 Box St	
S		0049	00965	Reidy	M.A.	1903	Aug	22	021	M	Bremerton, WA	IL
S	3	0195	03901	Reier	Mabel	1905	Jul	15	09m	F	2616 E Valley St	SEA
S	2	110	2187	Reik	Jacob	1901	Dec	03	072	M	703 24th Ave. S.	GER
S		0016	00055	Reiley	John W.	1893	Feb	17	17d	M	130 Birch	Sea
S	2	0089	00603	Reilley	Ellen A.	1898	Feb	06	01w	F	2616 1st Ave.	SEA
S	3	0149	02971	Reilley	John	1907	Feb	14	064	M	Youngstown	IRL
S		0027	00535	Reilley	Joseph M.	1903	Feb	12	031	M	St Mary's Hosp/Dawson, Y.T.	IL
S	3	0059	01169	Reilley	William	1906	Apr	09	046	M	Providence Hospital	NY
S	3	0052	01032	Reilly	Catherine	1906	Mar	14	042	F	129 Ross Place	WI
S	2	0090	00637	Reilly	Julia	1898	Feb	24	038	F	225 Dexter Ave.	WI

S	R	Page	Recor	LastName	FirstNames	Deat	Mn	Dt	Age	S	DeathPlace	Bir
S	2	0040	00365	Reilly	Wm.	1894	Aug	25	04m	M	921 Dearborn	
S	1	0001	00778	Reinhart	Freddie	1889	Feb	27	03m	M	Corner 7th & Lenora St.	GER
S	-	155	3055	Reis	Anna M.	1902	Jul	31	03m	F	Van Aselt, WA	WA
S	2	0049	00968	Reis	Infant	1900	Nov	03	---	M	Ballard	sme
S	2	0045	00893	Reis	Walter J.	1900	Nov	03	02w	M	Ross	sme
S	3	0139	02767	Reiss	(Infant)	1907	Jan	08	s/b	F	805 Pike	WA
S		0024	00473	Reiss	Gladys	1903	Jun	15	009	F	Providence Hospital	SEA
S	-	190	3742	Reitzia	Christian	1903	Jan	29	066	M	Green Lake	GER
S	2	0031	00602	Relfe	Linn W.	1899	---	--	023	M	AK	---
S	2	0066	00241	Relfe	Wm. S.	1896	Jun	09	055	M	912 9th St	MO
S	2	0069	00355	Relland	W. J.	1896	Aug	08	023	M	Calfiornia	---
S	3	0075	01482	Remaclus	Brother	1906	Jun	13	048	F	Providence Hospital	BLG
S	1	0001	01127	Remberg	Heinrich	1890	Jan	01	057	M	Pearl & King	PRS
S	3	0052	01036	Remer	C.K.	1906	Mar	17	065	M	1814 - 8th Ave.	NY
S	3	0019	00377	Remer	Gerene Madgeline	1905	Oct	20	01m	F	435 Lakeside Ave	SEA
S	3	0017	00331	Remer	Infant	1905	Sep	21	s/b	M	Lake Side Ave	SEA
S		0023	00323	Remington	D.J.	1893	Aug	19	045	M	Prov. Hosp.	
S	1	0001	01110	Remington	F.P.	1889	Dec	25	050	M	Prov. Hosp.	
S	3	0188	03745	Remington	Joseph	1907	Jun	23	076	M	2323 N. 56th	VT
S	2	0091	00695	Rempsten	Charlotte J.	1898	Mar	14	029	F	corner Howard & Harison Sts	---
S	3	0163	03258	Reneau	T. Frank	1907	Apr	07	032	M	Sea. Gen. Hosp.	MA
S	2	110	2181	Renshaw	Sarah	1901	Dec	01	037	F	815 Yakama	WI
S	2	0048	00949	Renstrom	Herman	1900	Nov	29	033	M	Prov. Hosp.	SWD
S	2	305	2472	Renton	Capt. William	1891	Jul	18	073	M	Blakely b.Picton,	NS
S	2	123	1895	Repperton	Eddie	1899	Aug	06	004	M	Duwamish, WA	Sea
S	3	0151	03015	Resenfelt	Jacob	1904	Dec	27	042	M	West Wash Hosp for Insane	RUS
S	2	0087	01739	Resler	Infant	1904	Mar	21	02h	M	West Seattle b.W.Seattle	
S	3	0125	02504	Retzman	Marguerette Edith Charlott	1904	Sep	11	04m	F	2227 Fourteenth Ave W	SEA
S	2	0037	00266	Reuchy	Wm. H.	1894	Jun	04	020	M	Duwamish	
S	2	143	2809	Revelle	infant	1902	May	26	02d	F	117 Broadway N.	SEA
S		0043	00854	Revitta	Louise	1903	Sep	07	018	F	822-21st Avenue S.	FRA
S	3	0111	02201	Rex	Mila Orlander	1906	Oct	21	048	M	724 Stewart	IN
S	2	0032	00634	Rexford	A. E. (Mrs.)	1900	Aug	07	067	F	2813 E. Howell	OH
S	2	0022	00433	Reyburn	Harriett	1900	May	26	052	F	S. G. Hospital	MO
S	2	0050	00184	Reynard	Infant	1895	Apr	21	18d	F	Mercer Island b.Mercer Is.	WA
S	-	151	2962	Reynolds	baby	1902	Jun	25	s/b	M	2414 6th W.	SEA
S	1	277	2416	Reynolds	C. C.	1891	Jun	25	045	M	Harrison & Poplar Sts.	---
S	3	0093	01846	Reynolds	Charles	1906	Aug	25	03m	M	1433 33rd Ave.	WA
S	2	0067	00289	Reynolds	Chas. B.	1896	Jul	31	063	M	Fremont	ENG
S	2	429	2719	Reynolds	E. J.	1891	Dec	11	05m	F	12th St.	---
S	3	0147	02923	Reynolds	E.E.	1907	Feb	27	028	M	Pacific Hosp.	unk
S	3	0178	03547	Reynolds	Ezra E	1905	Apr	26	057	M	103 12th Ave S	VA
S	1	0001	00032	Reynolds	George B.	1882	Jan	17		M	Seattle	US
S	-	173	3398	Reynolds	Gertrude Bell	1902	Oct	13	025	F	Ballard, WA	CA
S	1	0001	00159	Reynolds	infant	1883	Jul	06		M	Seattle	SEA
S	1	0001	00140	Reynolds	J.D.	1883	Jan	03	043	M	Seattle	
S	2	0047	00936	Reynolds	Mary	1900	Nov	24	017	F	S. Seattle	CA
S	3	0179	03567	Reynolds	Mrs Mabel Harsuff	1905	Apr	12	029	F	612 1/2 Pike St	MI
S	3	0073	1450	Reynolds	Mrs. Mary	1904	Jan	08	040	F	Victoria B.C.	WI
S	3	0155	03084	Reynolds	Mrs. Sarah A.	1907	Mar	19	065	F	824 Kilbourne Ave.	NB
S	3	0108	02154	Reynolds	Thomas	1906	Oct	12	026	M	Wayside Emer. Hosp.	unk
S	2	0072	1432	Reynolds	W. F. Peter	1901	Apr	22	05m	M	1207 Grant	WA
S	2	0091	1810	Reynoldson	Edward	1901	Aug	24	063	M	406 Union St.	ME
S	3	0121	02408	Reynsedo	Infant	1906	Nov	17	s/b	M	805-4th Ave.	WA
S	3	0127	02539	Rhae	Minnie	1904	Sep	21	027	F	330 Third Ave N	OH

S	R	Page	Recor	LastName	FirstNames	Deat	Mn	Dt	Age	S	DeathPlace	Bir
S	2	0049	00970	Rhaner	Jeanette E.	1899	Sep	20	---	F	New York	NY
S		1272		Rheinhart	Mrs. Mary	1890	Apr	11	074	F	919 Dearborn	GER
S	2	0082	00339	Rhinesmith	Jno.	1897	Aug	14	065	M	Gilman, WA	GER
S		198	2895	Rhoades	Alice M.	1903	Feb	28	083	F	Snohomish	---
S	3	0148	02949	Rhoades	Myrtle M.	1907	Feb	03	022	F	Columbia, WA	unk
S		0048	00961	Rhoades	Thomas B.	1903	Sep	29	053	M	Georgetown	OH
S	2	125	1976	Rhoads	Katharine F.	1899	Oct	01	063	F	1114 - 5th Ave.	PA
S		0029	00578	Rhodes	F.M.	1893	Dec	10	056	M	Ft. Steilacoom	
S	-	191	3763	Rhodes	Francis S.	1903	Jan	28	030	M	1308 7th Ave.	PA
S		1381		Rhodes	James	1890	Jun	30	055	M	Providence Hospital	---
S		0015	00014	Rhodes	Jas. King	1893	Jan	10	075	M	1822 7th	PA
S		0032	00066	Rhodes	Jennie E.	1894	Feb	12	025	F	Front & Columbia	NY
S		0006	00202	Rhodes	Samuel	1892	May	19	034	M	Squire Latimer Blk.1 Ward	ENG
S	2	0052	00266	Rhonimus	Ann C.	1895	Jul	02	089	F	2015 5th St.	MD
S		0004	00062	Rhoror	A.S.	1903	Mar	05	041	M	Seattle General Hospital	KY
S	1		2159	Rhuby	triplets born to Mrs. R.	1891	Feb	24	pm	B	117 Bell St.	Sea
S	3	0149	02973	Ribler	Mrs F A	1904	Dec	03	044	F	1628 12th Ave	---
S	2	0055	01083	Ricant	S. A.	1901	Jan	13	067	F	Prov Hosp	KS
S	3	0126	02516	Rice	(Infant)	1906	Dec	26	02m	M	906-2nd Ave.	WA
S	2	179	3527	Rice	A. F.	1902	Nov	30	055	M	Leland House	---
S	1	0001	00624	Rice	A.A.	1888	Sep	21	035		Jackson St.	
S	2	0048	00088	Rice	Alexander	1895	Mar	05	044	M	St Elmo Home/Main St	SCT
S	2	0100	1997	Rice	Chas. R.	1901	Oct	10	002	M	406 20th Ave.	WA
S	3	0175	03489	Rice	George W.	1907	May	14	075	M	316 Bellevue N.	NY
S	3	0100	01996	Rice	Hobert L.	1906	Sep	18	022	M	1321 34th Av.S.	SD
S	2	0088	1744	Rice	J. B.	1901	Aug	01	047	M	Prov. Hosp.	Unk
S	3	0140	02800	Rice	James	1904	Nov	18	040	M	Providence Hosp	IRL
S		1350		Rice	Lewis S.	1890	Jun	14	067	M	Smiths Cove	---
S	2	314	2489	Rice	Rollie	1891	Jul	28	023	M	Black River Junction	MI
S	2	184	3629	Rice	T. H.	1902	Dec	02	057	M	Colby, WA	ENG
S	2	0090	01790	Rice	Walter Raymond	1904	Apr	10	001	M	1207 E. Union St.	Sea
S	2	0035	00195	Rich	Beamis L.	1894	Apr	30	08m	F	Keith	Sea
S	2	0058	00540	Rich	C.C.	1895	Nov	05	060	M	Quilcene	GA
S	2	0063	01250	Rich	Mary	1901	Feb	26	---	F	Victoria	---
S		0016	00063	Rich	Richard	1893	Feb	26	020	M	2020 5th St.	WI
S	2	0084	1685	Richaardson	Jno. S.	1904	Mar	31	044	M	2101 77th Ave.	IL
S	2	182	3595	Richard	Edward Stearling	1902	Dec	25	042	M	1612 Terry St.	NY
S	2	0089	1778	Richard	Foley	1901	Aug	01	045	M	600 1st Ave.	IRL
S	1		2095	Richard	H. M. (Mrs.)	1891	Jan	14	049	F	-	---
S		0005	00192	Richard	Maggie	1892	May	16	013	F	Rose St. near Yesler	
S		0012	00457	Richards		1892	Nov	06	035	M	Prov. Hosp.	
S	3	0039	00772	Richards	Alice (Mrs.)	1906	Jan	23	047	F	Providence Hosp.	ENG
S		0026	00458	Richards	Anna A.	1893	Oct	25	041	F	511 8th	
S	3	0064	01273	Richards	D.T. Dr.	1906	Apr	17	076	M	Furth's Landing, King Co.	NY
S	2	0052	01036	Richards	Dan	1900	Dec	06	045	M	S. Park	MO
S	1	0001	00977	Richards	E.	1889	Sep	26	080	M	5th & Cherry	
S	1	0001	01059	Richards	E.S.	1889	Nov	06	058	M	Grace Hosp.	
S	2	126	2011	Richards	Frank	1899	Oct	25	043	M	Providence Hosp.	GER
S	3	0193	03848	Richards	Frank	1905	Jun	27	025	M	McNeil's Island, WA	DAK
S	2	102	1100	Richards	George G.	1898	Aug	07	058	M	Everett, WA	WI
S	3	0138	02751	Richards	Infant	1904	Oct	24	s/b	F	Seattle General Hosp	SEA
S	1	204	2272	Richards	J. R.	1891	Apr	04	058	M	255 Lenora St., 6th Ward	---
S		112	2239	Richards	Kate (Mrs.)	1904	Jul	29	055	F	710 University	IRL
S	2	0025	00493	Richards	L. E.	1900	Jun	10	024	M	Prov. Hosp.	CND
S		0005	00181	Richards	Loan	1892	May	05	027	M	Mercer Island	

S	R	Page	Recor	LastName	FirstNames	Deat	Mn	Dt	Age	S	DeathPlace	Bir
S	3	0031	00619	Richards	Millie	1905	Dec	21	040	F	8th Ave S	MI
S	3	0027	00527	Richards	Oren Rogers	1905	Nov	25	066	M	Seattle Gen. Hosp.	ME
S	2	0044	00517	Richardson	(Baby)	1894	Nov	07	18h	M	2115 Columbia	Sea
S	2	0044	00516	Richardson	(Baby)	1894	Nov	07	18h	M	2115 Columbia	Sea
S	2	0001	00014	Richardson	Arthur	1900	Jan	08	021	M	Providence Hosp.	GA
S	2	0074	1476	Richardson	C. B.	1901	Apr	14	068	F	Tacoma	MA
S	2	0117	02342	Richardson	Edith	1904	Aug	15	034	F	Seattle General Hospital	CND
S	2	0069	1367	Richardson	Elizabeth	1904	Jan	04	081	F	12th Ave. & St. Charles St.	PA
S	2	422	2705	Richardson	Frederick	1891	Aug	26	04m	M	Mercer & Chestnut Sts.	Sea
S	2	0073	00514	Richardson	infant	1896	Dec	15	21d	M	623 Bush St.	SEA
S	3	0019	00363	Richardson	John	1905	Oct	16	065	M	Seattle Gen. Hosp.	UN
S	3	0175	03490	Richardson	Libbie C.	1907	May	14	09m	F	218-7th Ave.	WA
S	3	0188	03759	Richardson	Mrs. Elsie Blanch	1907	Jun	28	032	F	Seattle Gen. Hosp.	IL
S	2	0023	00441	Richardson	R. E.	1900	May	29	040	M	Foot of King St.	---
S		0053	1055	Richardson	Walter C.	1903	Oct	03	001	M	Rainier Beach	SEA
S	2	129	2565	Richardson	Wm.	1902	Mar	19	073	M	1435 24th Ave.	ENG
S		0037	00739	Richardson	Wm.	1903	Aug	23	032	M	Hillman City	---
S		0011	00420	Richardson	Wm.N.	1892	Oct	08	037	M	Str.---nr. Pt.Townsend	
S	2	107	1276	Richardt	Chas. J.	1898	Nov	25	041	M	Providence Hosp.	---
S	2	141	2793	Richart	R. John	1902	May	19	037	M	Green Lake	---
S	3	0159	03173	Richel	Charles (Bruno)	1905	Jan	02	038	M	Columbia, WA	GER
S	3	0004	00063	Richey	Verna	1905	Aug	14	001	F	38th Ave & Wallingford	SEA
S	2	0053	01044	Richmond	Annie	1900	Dec	19	043	F	Spokane	---
S	2	0098	00916	Richmond	Homer H.	1898	Jun	07	003	M	1302 16th Ave. b.Tacoma,	WA
S	2	0080	00253	Richmond	J. S.	1897	Jul	11	022	F	209 9th Ave. S.	---
S	3	0191	03811	Richmond	Sarah Hillyer	1905	Jun	09	079	F	1427 16th Ave	CT
S	3	0172	03445	Richmond	Tarra	1905	Feb	28	042	F	Los Angeles, CA	IL
S	1	192	2246	Richter	Charles	1891	Mar	20	056	M	515 Taylor St.	GER
S	2	189	3722	Richter	Julius	1903	Jan	22	042	M	Monod. Hosp.	---
S	3	0160	03189	Richter	Mary	1905	Jan	17	031	F	South Seattle	AUS
S	2	116	1615	Richter	Otto	1899	Apr	16	030	M	Providence Hosp.	---
S	3	0039	00765	Richter	William	1906	Jan	20	069	M	Seattle Gen. Hosp.	GER
S	2	186	3665	Richton	infant	1902	Dec	18	s/b	F	Monod Hosp.	SEA
S	3	0148	02950	Rickard	Fannie	1904	Dec	26	050	F	Pacific Hosp	ENG
S	2	0084	00421	Rickardo	Annie	1897	Oct	31	075	F	Carry & McClain Sts.	ENG
S	1	0001	00970	Rickards	Mary Ann	1889	Sep	20	029	F	Fremont St.	ENG
S	2	351	2564	Rickarts	Wm.	1891	Sep	04	035	M	Providence Hosp.	SCT
S	3	0179	03582	Rickertson	Lynn	1905	Apr	05	10m	M	Snohomish, WA	WA
S		195	3841	Rickles	Lela	1903	Feb	19	032	F	1501 Yesler Way	MD
S	2	0042	00469	Riddel	Jade	1894	Oct	26	012	M	211 Lewis St	
S	3	0013	00258	Riddell	Alexander	1905	Sep	23	053	M	Denny Ave, Green Lake	MA
S		0025	00407	Riddell	Carl	1893	Sep	26	10m	M	1932 7th	Sea
S	3	0098	01966	Ridder	Baby	1906	Sep	11	03m	F	1133 15th Av.S.	WA
S	1	0001	00353	Ridgen	(child)	1884	Jun	14	10d		Seattle	SEA
S	3	104	2077	Ridgley	Edgar	1904	Jun	19	013	M	3402 3rd Ave. W.	MN
S		131	2594	Riek	Marie (Miss.)	1902	Mar	25	028	F	Realands	KS
S	2	0078	00167	Rienecker	W. G. A.	1897	Apr	26	029	M	Lake Union	WI
S	2	0001	00017	Ries	Emma C.	1900	Jan	10	034	F	1612 Taylor Ave. N.	NRY
S	1	0001	00899	Rife	Elam	1889	Jun	17	022			
S	2	0083	00376	Riffe	Arthur	1897	Sep	26	004	M	6th Ave. N, Dexter & Lakes	WA
S		0118	02342	Rigby	Emma A.	1906	Nov	14	057	F	Prov. Hosp.	US
S	2	0045	00555	Rigby	Olive L.	1894	Dec	09	001	F	115 Taylor	Sea
S	2	0088	1758	Riggins	Stanley B.	1900	Nov	22	032	M	#13 Gold Run Creek Dawson	MO
S		0006	00197	Riggis	Thomas	1892	May	18	050	M	Grace Hosp.	
S		0002	00028	Riggs	Infant	1903	Mar	15	05d	M	772 1/2 - 16th Avenue	SEA

S	R	Page	Recor	LastName	FirstNames	Deat	Mn	Dt	Age	S	DeathPlace	Bir
S	1	0001	00982	Riggs	John Philip	1889	Sep	29	09m	M	2508 Front St.	SEA
S	-	161	3172	Riggs	Margaret	1902	Aug	23	008	F	McCormack, WA	WA
S	2	0096	00842	Rigley	W. S.	1898	May	16	072	M	114 Bell St.	---
S	1	0001	00132	Riley		1882	Dec	10	050	M	hospital	IRL
S		0033	00089	Riley	?	1894	Feb	06	021	F	Ballard	MI
S		0034	00133	Riley	Baby	1894	Mar	27	03d	M	Elnira St. (b.Fremont	
S	3	0020	00392	Riley	John Joseph	1905	Oct	29	01d	M	1935 6th Ave W	SEA
S	3	0194	03875	Riley	Julia (Mrs.)	1905	Jul	02	048	F	1935 6th Ave W	WI
S	2	145	2838	Riley	M. J.	1902	May	10	038	-	Snohomish	---
S		0018	00119	Riley	Mary	1893	Mar	06	048	F	Kinear Pk.	
S	2	111	1442	Riley	Stephen	1899	Jan	23	061	M	Ballard, WA	IL
S	1	0001	01118	Riley	Thomas	1890	Jan	17	046	M	Prov. Hosp.	
S	1	0001	00197	Riley (Kiley)?	John	1883	Apr	14	040	M	Seattle	IRE
S	3	0124	02464	Riley or Mason	R.G.	1906	Dec	05	055	M	G.N. Docks Interbay	CA
S		0012	00239	Rilley	Martin	1903	Apr	15	050	M	New England Hotel	CND
S	2	186	3661	Rindall	infant	1902	Dec	15	s/b	F	1015 Dexter	SEA
S		0010	00195	Rineberg	Hellen B.	1903	Apr	18	001	F	118 Bell Street	AK
S	2	0045	00575	Rines	Ruth	1894	Dec	14	062	F	Duwamish	
S	2	0042	00263	Ring	Frank	1894	Oct	23	035	M	Prov. Hosp.	
S	3	0129	02584	Ring	H W	1904	Sep	03	053	M	W. Wash Hosp for Insane	---
S		0012	00230	Ring	Hazel	1903	Apr	08	08m	F	1516 Sixth Avenue	WA
S	3	0126	02514	Ring	Mildred	1904	Sep	16	07m	F	1616 Seventh Ave N	Sea
S	2	0032	00637	Ringheim	Martin E.	1900	Aug	09	032	M	Prov. Hosp.	IA
S	3	0007	00128	Riordan	Joseph	1905	Aug	19	036	M	Seattle Gen. Hosp.	UN
S	2	0062	00117	Riperton	Infant	1896	Mar	23	03d	F	813 Alder St	Sea
S	2	0076	00092	Ripley	Adelia	1897	Mar	01	053	F	Linclon & D W.	---
S	3	0163	03259	Ripley	Alice	1907	Apr	08	052	F	1405-9th Ave.	IN
S	1		1564	Ripley	Blanche	1890	Sep	18	011	F	16th & Jesse Sts.	---
S	1		2149	Ripley	C. (Mrs.)	1891	Feb	19	-	F	Jesse St btwn Kenny & ? Sts	---
S		0031	00027	Ripley	Franklin	1894	Jan	17	082	F	Decatur & Madison	
S	1	0001	01134	Ripley	Herbert E.	1890	Jan	28	015	M	Seattle	MI
S	3	0077	01537	Ripley	John L.	1904	Feb	25	05m	M	1925 3rd Ave. W.	Sea
S	1		2052	Ripley	Ruth	1890	Dec	18	-	F	Ft. Steilacoom, WA Asylum	---
S	2	0016	00308	Ripperton	Jas. H.	1900	Apr	11	040	M	Wayside Mission	OR
S		0018	00357	Ris	Infant	1903	May	25	02d	M	3118 Western Avenue	SEA
S		0034	00146	Risley	Mary E.	1894	Mar	28	051	F	Port Washington	NY
S	2	0053	00277	Riso	Hugh	1895	Jul	21	051	M	Seattle Gen. Hosp	
S	2	0087	00537	Rison	Jennie S.	1898	Jan	01	050	F	Sea. Gen. Hosp.	---
S	3	0150	02988	Rison	William Richard	1907	Feb	26	074	M	West Seattle	TN
S	2	0023	00453	Riss	Peter	1900	May	05	---	M	Everett, WA	---
S	3	0173	03450	Risse	(Infant)	1907	May	07	10d	M	Columbia City	WA
S		0052	1039	Ritchey	Edith M.	1903	Oct	05	020	F	610-10th Avenue N.	OR
S	2	127	2060	Ritchie	Samuel W.	1899	Nov	11	060	M	National Hotel	---
S		0053	1046	Ritchie	Thomas J.	1903	Oct	20	053	M	Monod Hospital	NS
S		0011	00204	Ritter	Abe L.	1903	Apr	21	042	M	Wayside Mission	MI
S	3	0007	00127	Ritter	H. E.	1905	Aug	19	040	M	2nd Ave S & Main	IN
S		0061	01213	Ritter	Jessie W.	1903	Nov	26	045	M	So. Park	PA
S			1299	Ritter	Werra Montana	1890	May	06	001	F	No. 307 14th b.Miles City,	MT
S		0028	00555	Rivas	Janita	1903	Jul	04	02m	F	1418 - 30th Avenue S.	SEA
S	2	0066	00256	Rivers	Frank	1896	Jun	27	024	M	1922 Madison	
S	1	0001	00656	Rivers	Leonera Mrs.	1888	Oct	20	029	F	516 Broadway St.	
S	2	302	2466	Roach	Austin	1891	Jul	15	020	M	-	---
S	2	0080	00267	Roadhouse	Wm.	1897	Jul	21	039	M	Railroad Ave. & Main St.	---
S	3	0157	03127	Roal	Hans	1905	Jan	25	055	M	Seattle General Hosp	NRY
S	3	0068	01343	Robart	Gertrude A.	1906	May	10	--	F	317 Marion St.	WA

S	R	Page	Recor	LastName	FirstNames	Deat	Mn	Dt	Age	S	DeathPlace	Bir
S	1	0001	00426	Robb	Chas.K.	1885	Feb	01	026	M	Seattle (b.Philadelphia Co.	OH
S	1	0001	00555	Robb	Ella C.	1887	Sep	24	026	F		
S	2	0081	00274	Robberts	Thos. D.	1897	Jul	28	049	M	Providence Hosp.	---
S	2	0058	00547	Robbin	Elias	1895	Dec	02	088	M	S 12 Nr Brunswick	NY
S	1	0001	00282	Robbin	Perv	1883	Sep	25	17d		Seattle	USA
S		0003	00098	Robbins	Adell	1892	Mar	10	040	F	Boullivard	IL
S	3	0091	01801	Robbins	Bertha	1906	Aug	15	014	F	Providence Hosp.	MI
S	2	103	1118	Robbins	Gertie	1898	Sep	05	049	F	Seattle Gen. Hosp.	---
S	2	0067	00295	Robbins	Henry	1896	Jul	14	055	M	Asylum Steilacoom	IL
S		0115	02285	Robbins	James	1906	Nov	01	019	M	317-17th Ave.	NY
S	3	0159	03170	Robbins	Jennie	1905	Jan	01	065	F	King County Hosp	NY
S		0020	00382	Robbins	Lucrecia	1903	May	02	084	F	Hoodsport	NY
S	2	124	1924	Robell	Michael	1899	Sep	09	046	M	Providence Hosp.	---
S	3	0182	03631	Roberts	(Infant)	1907	May	18	s/b	M	3527 Woodlawn	WA
S	3	0185	03691	Roberts	Albert C.	1905	May	31	079	M	1024 Washington St	PA
S	3	0198	03955	Roberts	Arthur	1905	Jul	31	08m	M	2026 Terry Ave	IL
S	3	0140	02800	Roberts	Barton G.	1907	Feb	06	046	M	714-1/2 Dearborn	PA
S	3	0189	03769	Roberts	Benjamin Larson	1905	Jun	14	084	M	313 23rd Ave S	VA
S	2	349	2559	Roberts	Chas. L.	1891	Sep	02	062	M	1213 Main St.	---
S	2	127	2062	Roberts	David F.	1899	Nov	12	012	M	Edgewater	CND
S	2	0021	00407	Roberts	Edward	1900	May	15	044	M	Prov. Hosp.	CND
S	2	0042	00829	Roberts	Edwd	1900	Oct	14	030	M	Prov. Hosp.	---
S	-	175	3439	Roberts	Fred	1902	Nov	02	062	M	Wayside Mission	---
S	2	0050	00177	Roberts	Geo.	1895	Apr	09	020	M		
S	3	0095	1899	Roberts	Grace Mildred	1904	May	04	010	F	813 Alder St.	CA
S	3	0181	03608	Roberts	Infant	1905	Apr	10	s/b	M	6216 Woodlawn Ave	SEA
S	3	0057	01140	Roberts	Infant	1906	Mar	09	s/b	F	106 - 9th Ave.No.	Sea
S	2	106	1239	Roberts	Isaac	1898	Oct	08	026	M	Renton, WA	WLS
S	2	0037	00243	Roberts	James	1894	Jun	04	065	M	Prov Hosp	
S	1	0001	00073	Roberts	John	1882	May	15	040	M	Providence Hosp	
S	2	0063	00143	Roberts	John C.	1896	Apr	11	048	M	Fremont	NY
S	2	0075	00067	Roberts	L. E.	1897	Feb	19	052	M	219 8th Ave. N.	WLS
S	3	0124	02485	Roberts	Laticia M	1904	Sep	05	069	F	109 East Lake Ave	PA
S	2	109	1346	Roberts	Lawrence L.	1898	Dec	24	007	M	612 Fairview	WA
S	3	0169	03373	Roberts	Lillian	1905	Mar	10	028	F	965 John St, Ward 6	KS
S	3	0165	03304	Roberts	Lola, Mrs	1905	Feb	17	028	F	Providence Hosp	MI
S	3	0173	03464	Roberts	Mrs Emma	1905	Mar	28	056	F	Columbia City	NY
S	2	0062	01233	Roberts	P. Geo	1901	Feb	25	038	M	1527 5th Ave	---
S	1	0001	01147	Roberts	Ralph	1890	Jan	07	005	M	1910 6th St.	
S	3	0083	01655	Roberts	Robert	1906	Jul	14	04m	M	1433 33rd	WA
S	3	0093	1859	Roberts	Stella	1904	Apr	05	027	F	Portland OR	---
S	2	0094	00745	Roberts	Thos. L.	1898	Apr	10	035	M	18th & E Jefferson b.Phil.,	PA
S	2	0050	00165	Roberts	Timothy P.	1895	Apr	24	008	M	S 17th & College	
S	3	0190	03789	Roberts	William L.	1907	Jun	08	049	M	No. Yakima, WA	---
S	3	0106	02116	Robertson	(Infant)	1906	Oct	05	01d	M	466 Blewett	Sea
S	3	0021	00403	Robertson	Alexander	1905	Oct	07	077	M	1607 6th Ave W	SCT
S		0026	00430	Robertson	Elizabeth	1893	Oct	07	075	F	214 Virginia	CND
S	-	146	2876	Robertson	Fannie J.	1902	Jun	05	059	F	5th & Marion	VT
S	3	0148	02955	Robertson	Hugh R.	1907	Feb	06	057	M	Portland, OR	unk
S	2	0088	1756	Robertson	Infant	1904	Mar	12	---	M	West Seattle	WA
S	2	129	2569	Robertson	John	1902	Mar	21	050	M	York Station	VRI
S	2	0055	00359	Robertson	Robert	1895	Sep	08	070	M	1011 Lake View	SCO
S	2	104	2074	Robertson	Tracey H.	1901	Sep	28	033	M	Bering Sea	NY
S	3	0086	01720	Robeson	Mary R.	1906	Jul	15	070	F	Columbia, Wn.	OH
S	1	0001	01028	Robins	Fred M.	1889	Oct	31	028	M	Grace Hosp.	

S	R	Page	Recor	LastName	FirstNames	Deat	Mn	Dt	Age	S	DeathPlace	Bir
S	1		2082	Robins	Mary	1891	Jan	09	038	F	2212 7th St.	WI
S	1	0001	01198	Robinson	Adeline Grey	1890	Mar	06	025	F	1922 10th St.	CA
S	1	0001	01227	Robinson	Adeline Grey	1890	Mar	06	025	F	1922 10th St.CA	CA
S	3	0144	02868	Robinson	Clementine Y.	1907	Feb	16	040	F	912-9th Ave.	NJ
S		197	3389	Robinson	E.N.	1903	Feb	21	048	M	Western WA Hosp/Insane	NY
S	3	0156	03103	Robinson	Elizabeth	1907	Mar	23	059	F	4020 Aurora Ave.	IRL
S	3	0054	01070	Robinson	Emma (Mrs.)	1906	Mar	26	070	F	1092 Weller St.	
S		0004	00064	Robinson	Emma M.	1903	Mar	10	020	M	Third Avenue & Cherry	WA
S	2	114	2268	Robinson	Fay	1901	Dec	27	007	F	Sea. Gen. Hosp.	WA
S	3	0085	01695	Robinson	Frank C.	1906	Jul	09	018	M	1803 23rd	WA
S		0006	00118	Robinson	Frederick	1903	Mar	27	031	M	King County Hospital	SA
S	2	105	1201	Robinson	Harvey	1898	Oct	12	004	M	805 Terrace St.	---
S	3	0129	02561	Robinson	Ina Rains	1906	Dec	15	029	F	S. Seattle, WA	
S	2	0088	01761	Robinson	Infant	1904	Mar	30	---	M	417 14th Ave. No.	Sea
S		0007	00129	Robinson	Inft	1903	Mar	11	s/b	M	620 Boylston	SEA
S	2	128	2094	Robinson	Isaac	1899	Oct	16	-	M	Whitehorse Rapids, AK	ENG
S			1405	Robinson	James	1890	Jul	07	06w	M	1708 10th St.	Sea
S	1	0001	01068	Robinson	Jas	1889	Nov	21	033	M	Prov. Hosp.	
S	1		2015	Robinson	John B.	1890	Nov	24	058	M	Providence Hosp.	---
S	2	0034	00679	Robinson	Joseph	1900	Aug	24	040	M	Prov. Hosp.	CND
S	3	0192	03844	Robinson	Josephine	1905	Jun	27	061	F	Pt Gamble, WA	ME
S		0025	00421	Robinson	Laura	1893	Sep	24	038	F	So. Seattle	
S		0062	1236	Robinson	Manuel	1903	Dec	03	071	M	2653 Irving St.	FL
S	3	0124	02480	Robinson	Mary	1904	Sep	03	043	F	Providence Hospital	IRL
S		0017	00088	Robinson	May	1893	Mar	12	025	F	1016 Columbia	
S	3	0068	01350	Robinson	Minnie	1906	May	30	--	F	Massachusetts & Grand St.	un
S	3	0173	03461	Robinson	Mrs Jennie	1905	Mar	23	062	F	Eagle Harbor	OH
S	1	192	2251	Robinson	Nora	1891	Mar	22	023	F	7th & Weller Sts.	---
S	2	0071	00442	Robinson	Park B.	1895	Jun	27	035	M	Franklin	---
S	3	0059	01161	Robinson	Pearl	1906	Apr	05	015	F	1610 - 9th Ave.	WA
S	2	100	1016	Robinson	Ralph	1898	Jul	27	024	M	Skykomish	PA
S	3	0049	00977	Robinson	Richard S.	1906	Feb	24	039	M	Dayton, OR	
S	2	0083	00365	Robinson	S. A.	1897	Sep	16	067	F	Providence Hosp.	---
S	1		2078	Robinson	Samuel	1891	Jan	08	028	M	nr corner Mercer & Vine Sts	---
S		0117	02332	Robinson	Thomas	1906	Nov	10	047	M	Wayside Hosp.	---
S		0015	00298	Robinson	W.W.	1903	Apr	27	085	M	Fort Lawton, WA	MA
S	3	0013	00249	Robison	Carrie Elizabeth	1905	Sep	16	061	F	1207 Yesler Way	ENG
S	2	0080	1581	Robison	Wm.	1901	May	11	070	M	130 Taylor	SCT
S	2	0065	00212	Robki	William	1896	May	30	033	M	Bismark & Hanover	GER
S	-	162	3190	Robson	Isabell Ethel	1902	Aug	28	018	F	Providence Hosp.	CND
S	2	159	3127	Robson	Jane Isabel	1902	Aug	22	040	F	215 W. Lake	CND
S	3	0028	00544	Rocheford	Adelard	1905	Nov	23	044	M	Columbia City	CND
S	1	0001	00633	Rochester	(child) J's	1888	Oct	02	013	F	corner 2nd & Pine St.	
S		0018	00136	Rochester	Chas.H.	1893	Apr	06	02m	M	146 Rochester	Sea
S	3	0149	02964	Rochester	Emelie	1907	Feb	11	056	F	Georgetown	MN
S	2	178	3511	Rochester	Junius	1902	Nov	25	045	M	2134 5th Ave.	KY
S	3	0140	02787	Rockeville	Infant	1904	Nov	12	01d	M	1829 Fifth Ave W	SEA
S	3	0138	02757	Rockford	J W	1904	Nov	01	020	M	Western Hotel	---
S	2	303	2468	Rocks	infant	1891	Jul	16	10d	M	Window & Cassie Sts.	Sea
S	1		2128	Rocks	John Francis	1891	Feb	05	06m	M	923 Yesler Ave.	---
S	2	0055	01081	Rockwell	R. W.	1901	Jan	12	053	M	1310 Harvard	CT
S	3	0187	03729	Rodal	(Infant)	1907	Jun	21	02d	F	536 Polk	WA
S	3	0093	01860	Roddicks	William	1906	Aug	28	35?	M	419 Yesler Way	--
S	2	112	1464	Rodea	Mary L.	1899	Feb	09	002	F	26th & Atlantic	---
S	2	112	1455	Rodea/Rosea	Carmelia	1899	Feb	05	003	F	26th & Atlantic	---

S	R	Page	Recor	LastName	FirstNames	Deat	Mn	Dt	Age	S	DeathPlace	Bir
S	2	0068	00311	Roderick	Floyd M.	1896	Aug	07	06m	M	329 Taylor St.	SEA
S	2	0097	00874	Roderick	Raymond	1898	May	02	011	M	Brothers College b.S.Park,	WA
S	2	119	1739	Rodgers	Bolton	1899	Jun	06	040	M	Union	CA
S	2	425	2711	Rodgers	Chas.	1891	Dec	03	042	M	Canton, King Co., WA	---
S		0015	00037	Rodgers	Geo.	1893	Jan	26	044	M	Lk. Samamish	WI
S	1	0001	00531	Rodgers	James	1886	Feb	20	040	M	Prov. Hospital	CA
S		0002	00069	Rodgers	Mary	1892	Feb	17	002	F	209 S. 5th	
S	1		1450	Rodgers	Mary Gold B.O.	1890	Jul	26	033	F	Seattle b.Haddington,	SCT
S	3	0003	00053	Rodia	Francisco D.	1905	Aug	09	05m	M	2nd Ave S & Work St	SEA
S	3	0134	02681	Rodnas	Vincent	1904	Oct	23	044	M	Providence Hosp	---
S	2	0097	00895	Rodreguez	---	1898	May	01	035	M	Elliot Bay	---
S	2	0087	00506	Roe	Gladys	1897	Dec	21	01m	F	1515 5th Ave. b.1515 5th,	SEA
S	2	125	1967	Roehrig	C. H.	1899	Sep	14	042	M	Fort Yukon, AK	USA
S	2	0145	02854	Roesler	infant	1902	May	14	s/b	F	Seattle, WA	Sea
S	3	0075	01490	Roesler	Infant	1904	Feb	05	01d	F	11th Ave.S. & Plummer St.	Sea
S	3	0071	01415	Rogers	Doretta C.	1906	May	19	06m	F	Prov. Hosp. b.Kirkland	WA
S	3	0064	01264	Rogers	Edward	1906	Apr	09	070	M	King Co.Hosp., Georgetown	IRL
S	2	158	3102	Rogers	Eliza	1902	Aug	14	088	F	Green Lake	PA
S	3	0028	00545	Rogers	Frances Pauline	1905	Nov	25	017	F	Pendleton, OR	SEA
S	3	0177	03543	Rogers	Infant	1905	Apr	24	10d	F	260 Eturic St	SEA
S	2	119	1758	Rogers	Issac	1899	Jun	18	032	M	Elliott Bay	ENG
S	2	0085	1690	Rogers	J. B.	1901	Jul	04	063	M	Prov. Hosp.	NJ
S	1		1964	Rogers	Jack	1890	Oct	29	003	M	418 Terrace St.	Sea
S	2	0044	00864	Rogers	John	1900	Oct	24	030	M	West Seattle	ITL
S	3	0146	02904	Rogers	John H.	1907	Feb	24	035	M	919 Cherry	MT
S		0040	00786	Rogers	Johnny	1903	Aug	11	021	M	Race Track	---
S	2	0093	1855	Rogers	Mabel	1901	Aug	18	014	F	K.C. Hosp.	WA
S	2	0033	00649	Rogers	Marg't A.	1900	Aug	13	02m	F	89 Grant St.	SEA
S	3	0134	02669	Rogers	Maude J	1904	Oct	19	13d	F	3651 Phinney Ave	SEA
S	3	0092	01837	Rogers	Robert T.	1906	Aug	24	053	M	alley nr.Stewart btwn.7 & 8	NY
S	3	0165	03285	Rogers	Thomas	1907	Apr	12	050	M	Wayside Emerg. Hosp.	---
S	3	0170	03392	Rogers	Wm	1907	Apr	12	c65	M	Georgetown, WA	CND
S	1	0001	00375	Rogers	Wm. (infant)	1884	Aug	31				
S	2	0040	00786	Roguchyana	Don	1900	Sep	13	01m	M	So Park	SEA
S	2	335	2532	Rohde	Arthur	1891	Aug	20	05m	M	Water btwn Blanchard/Lenora	Sea
S	3	0130	02599	Rohde	William O.	1907	Jan		030	M	Foot of King (Found on 4th)	
S	-	175	3442	Rohlfs	G. H. D.	1902	Nov	03	056	M	311 Denny Way	GER
S	3	0124	02482	Rohrbeck	Nancy Ellen	1904	Sep	04	030	F	1632 Terry Ave	KS
S	2	112	2233	Rohwer	A. E.	1901	Dec	22	024	M	Prov. Hosp.	
S	3	0196	03924	Rokstad	Ingeborg (Mrs.)	1905	Jul	22	039	F	28th Ave & Holgate	NRY
S	2	187	3690	Rolfe	Ruby	1903	Jan	09	04d	F	307 18th Ave. N.	SEA
S	2	102	2026	Roll	James	1901	Oct	26	073	M	611 Terrace	PA
S	3	0159	03174	Rollins	Anna Ellen	1907	Mar	10	06m	F	Georgetown	WA
S	2	0047	00938	Rollins	Josiah	1900	Nov	26	033	M	Prov. Hosp.	ME
S	2	187	3683	Rolly	Wm.	1903	Jan	04	029	M	713 7th Ave.	SWT
S	2	0090	00647	Rolly	Wm. E.	1898	Feb	28	065	M	216 West Lake Ave.	---
S		0009	00317	Rolston	Matilda	1892	Jul	31	042	F	Fremont	
S		0014	00270	Roman	Infant	1903	Apr	03	---	M	3308 E. Columbia	SEA
S	1	0001	00724	Roman	Robt.L.	1889	Jan	05	024	M	Front St.	
S	3	0179	03569	Romano	John Quagliotti	1905	Apr	17	068	M	520 4th Ave	ITL
S	1	0001	00119	Romby	Martha	1882	Oct	14	027	F	Seattle	IRE
S	1	0001	00785	Romine	Martha A.	1889	Mar	05	45m		Madison St.	
S	3	0076	01504	Romuld	Hans	1906	Jun	15	024	M	Providence Hospital	un
S	2	129	2142A	Rom____?	M_____?	1899	Dec	24	040	F	1810 6th Ave.	NRY
S	1	0001	00135	Ronberg	Martha	1882	Oct	12	11m	F	Seattle	SEA

S	R	Page	Recor	LastName	FirstNames	Deat	Mn	Dt	Age	S	DeathPlace	Bir
S	2	0072	00471	Roninnie	Lottie I.	1896	Nov	12	037	M	714 Spring St.	---
S	2	424	2709	Ronn	Henry Con	1891	Dec	02	031	M	Lake Wash. foot of Madison	GER
S	2	0085	00447	Rooch	P. L. I.	1897	Nov	07	043	M	2314 Elliott Ave.	TX
S	3	0030	00598	Rood	Sarah N. (Mrs.)	1905	Dec	13	069	F	733 20th Ave	OH
S	2	108	1308	Rooney	Emma	1898	Dec	02	040	F	402 8th Ave.	SWD
S	2	126	2022	Rooney	Ernest	1899	Oct	04	008	M	1429 Wash.	Sea
S	3	0119	02377	Roop	Miles S.	1906	Nov	11	053	M	Southeast Seattle	OH
S	1	0001	00070	Root		1882	May	03	inf			
S	1	0001	00435	Root	Herman B.	1885	Mar	16	007	M	Seattle	USA
S	2	0038	00301	Root	Orlando G.	1894	Jul	25	064	M	Harrison & Molkte St	OH
S	2	100	1011	Root	Richard	1898	Jul	26	08m	M	1120 5th Ave.	Sea
S	2	0091	00666	Root	Victor	1898	Mar	01	040	M	City Jail	NY
S	2	129	2121	Ropaluth	Anton J.	1899	Dec	12	042	M	113-1/2 West Pike St.	ITL
S	2	0089	01779	Roper	Edward	1904	Apr	07	03m	M	110 12th Ave. So.	Sea
S	2	433	2726	Roper	James W.	1891	Dec	16	025	M	421 Washington St.	---
S		0003	00092	Ropkey	Baby	1892	Mar	06	04h	F	112 Main	Sea
S	2	0063	00145	Rosatch	Jacob O.	1896	Apr	12	055	M	Prov Hosp	NRY
S	2	0056	00464	Rosbey	C.W.	1895	Oct	04		M	Seattle Gen. Hosp	
S	3	0128	02545	Rose	Capt.	1906	Oct	24		M	West Coast, U.S.	
S	2	0093	00739	Rose	Carl	1898	Apr	06	034	M	416 6th Ave.	ITL
S	2	0087	00534	Rose	Chas.	1898	Jan	01	051	M	Sea. Gen. Hosp.	---
S	2	0061	01217	Rose	D. Earl	1901	Feb	25	---	M	1314 Harrison	MI
S	3	102	2043	Rose	David	1904	Jun	03	030	M	2029 Western	KS
S	2	0039	00766	Rose	Felix J.	1900	Sep	24	072	M	2206 1st Av	GER
S	2	0037	00265	Rose	John	1894	Jun	30	040	M	2nd Ward	ENG
S	2	0058	00543	Rose	John	1895	Nov	09	039	M	Mercer Island	ITL
S	2	115	1595	Rose	Lillian	1899	Apr	09	008	F	Hotel Stevens	WA
S	3	0151	03003	Rose	Thomas	1907	Mar	01	079	M	742 No. 66th	ENG
S	2	0038	00310	Roseburg	Christina	1894	Jul	31	050	F	324 Dexter	GER
S	3	0123	02459	Rosenbaum	Infant	1904	Aug	09	---	M	105 12th Ave S	SEA
S	2	0074	00021	Rosenberg	H. T.	1897	Jan	18	037	M	119 Willow St.	SWD
S	2	124	1925	Rosenburg	Agnes G. M.	1899	Sep	13	014	F	21st & King Sts.	Sea
S	2	0078	1556	Rosenburg	M. J.	1901	May	30	048	M	918 Wash.	PA
S	2	0067	1327	Rosenstock	G. L.	1901	Mar	26	10m	F	8th & Olive	OR
S	3	0139	02765	Rosenthal	(Infant)	1907	Jan	31	s/b	F	918 Spruce St.	WA
S	1	0001	00856	Rosenthal	Baby	1889	Apr	13	10m		5th & Pine	
S	3	0019	00371	Rosenthal	M. R.	1905	Oct	15	045	M	Seattle Gen. Hosp.	UN
S	3	0033	00660	Rosenthal	Theresa (Mrs.)	1905	Dec	12	069	F	2414 1st Ave	AUS
S	1	0001	01056	Rositer	W.P.	1889	Nov	25	070	M	7th St.	
S	3	0123	02453	Roskruge	Walter	1906	Dec	06	032	M	Wayside Emer. Hosp.	
S	3	0192	03828	Ross	(Infant)	1907	Jun	27	s/b	M	Pacific Hosp.	Sea
S	3	0186	03702	Ross	---	1907	Jun	13	060	M	16th Ave. S.	---
S		0004	00156	Ross	Alex	1892	Apr	22	045	M	S.L.S. and E.R.R.	
S		0116	02319	Ross	Alvina Fredericka	1904	Aug	11	004	F	1526 31st Ave. So.	Sea
S	2	0087	00510	Ross	baby	1897	Dec	26	10d	M	108 Taylor Ave.	SEA
S	2	159	3133	Ross	Carlos	1902	Aug	26	02m	M	208 7th S.	SEA
S	2	0033	00657	Ross	Cecil D.	1900	Aug	15	03m	M	1815 9th	SEA
S	2	0054	01068	Ross	Chas E.	1901	Jan	07	070	M	614 Columbia	ENG
S	3	0198	03949	Ross	Effie J.	1905	Jul	29	006	F	Seattle Gen. Hosp.	WA
S	3	0073	1463	Ross	Eliza	1904	Jan	12	070	F	Ballard WA	NY
S	2	0068	00346	Ross	Fred	1896	Aug	28	08m	M	813 Alder St.	SEA
S	3	0094	01880	Ross	Georgiana	1906	Aug	11	029	F	Valdez, Alaska	NRY
S	3	0038	00756	Ross	H. H.	1906	Jan	15	021	M	1514 17th Ave S	NY
S	2	107	1259	Ross	Hugh	1898	Nov	09	038	M	314 27th Ave.	---
S	3	0017	00332	Ross	Infant	1905	Sep	25	s/b	M	1017 Pike St	SEA

S	R	Page	Recor	LastName	FirstNames	Deat	Mn	Dt	Age	S	DeathPlace	Bir
S	3	0066	01316	Ross	Infant	1906	Apr	20	s/b	M	717 Lane St.	Sea
S	2	118	2348	Ross	Jack	1902	Jan	21	039	M	Prov. Hosp.	NY
S	3	0129	02570	Ross	James George	1906	Dec	26	028	M	Near Edgewood, WA	
S		0005	00178	Ross	John	1892	May	01	07m	M	So. 11th St. b.So.11th St.	
S	3	0012	00240	Ross	John W.	1905	Sep	16	028	M	5014 12th Ave NE	USA
S		0029	00554	Ross	L.E.	1893	Dec	18	051	M	Prov. Hosp.	
S	3	0025	00499	Ross	Laura W.	1905	Nov	23	076	F	1806 Queen Anne Ave	NY
S	3	0118	02353	Ross	M. Louise Mrs.	1906	Nov	15	067	F	1813-7th Ave.	NY
S	3	0185	03697	Ross	Marilla (Mrs.)	1905	May	08	058	F	712 East Pine St	PA
S	2	0088	00555	Ross	Martha	1898	Jan	14	036	F	Valentine Station	---
S		0011	00392	Ross	Martha Lowe	1892	Sep	23	073	F	311 Oak	
S	3	0015	00294	Ross	Murn (Mrs.)	1905	Aug	28	028	F	Kerriston, WA	---
S	2	117	2334	Ross	N. L.	1902	Jan	14	040	M	Prov. Hosp.	USA
S	3	0015	00295	Ross	Phillip D.	1905	Aug	28	028	M	Kerriston, WA	---
S	3	0165	03298	Ross	Rev. Donald	1907	Apr	15	075	M	914-24th Ave. S.	NS
S	3	0051	1005	Ross	Robert	1906	Mar	02	088	M	424 Jefferson St.	IRL
S	2	101	1030	Ross	Rose	1898	Jul	30	01m	F	1015 Dearborn St.	Sea
S	2	0038	00278	Ross	Ruth	1894	Jul	08	01m	F	214 Clay St	Sea
S	3	0082	01628	Ross	Wm. Henry	1906	Jul	09	027	M	20th & Armour	MN
S	1		2023	Ross	Wm. I.	1890	Dec	01	031	M	6th & Cherry Sts.	---
S		131	2584	Rossanigo	Louis	1902	Mar	28	047	M	Providence Hosp.	ITL
S.	3	0163	03246	Rossbach	Earl	1907	Apr	06	011	M	1606 Bellevue Ave.	WA
S	2	0060	00007	Rossell	Jane	1896	Jan	05	072	F	719 Main	VA
S	-	162	3179	Rossiter	Henry J.	1902	Aug	01	042	M	Hoquiam, WA	CND
S	3	0013	00255	Rossman	Eva A.	1905	Sep	22	050	F	3852 Ashworth Ave	PA
S	2	311	2484	Rost	Carl August	1891	Jul	24	045	M	502 Commercial St.	GER
S	2	112	1475	Rost	Lena	1899	Feb	13	016	F	150 Day St.	USA
S	2	391	2643	Rost	Lizzie	1891	Oct	15	07m	F	502 Commerical St.	Sea
S	3	0094	01877	Rotetonis	Anitka	1906	Aug	07	01m	F	Georgetown, Wn.	WA
S	2	0006	00112	Roth	Weigand	1900	Feb	12	045	M	G. N. Depot	GER
S	1	0001	01055	Rothenbental	L.V. Mrs.	1889	Nov	29	047	F	Seattle	
S		0028	00551	Rothrock	Wilson Lee	1903	Jul	01	074	M	810 Seventh Avenue	PA
S	3	0074	01464	Rothwell	Avery E.	1906	Jun	06	016	M	3670 Woodland Rd.	IA
S		0064	1275	Rothwell	Elanah	1903	Dec	17	087	F	3421 Wallingford Ave.	ENG
S			1366	Rottenstein	Dewitt	1890	Jun	21	08m	M	2015 9th St. b.Chicago,	IL
S	3	0147	02938	Rottenstein	Phillip	1907	Feb	28	049	M	810-14th Ave.	AUS
S	3	0087	01728	Rounding	Wm. John	1906	Jul	26	004	M	316 State,Ballard b.Victori	BC
S		0082	1632	Rounds	Marcia	1904	Mar	10	071	F	1130 3rd Ave. N.	ME
S	3	0079	01575	Rounds	Morris	1906	Jun	09	068	M	Beaver Mouth, B.C.	NY
S	2	0012	00237	Roundy	(Baby)	1900	Mar	26	12h	F	517 Madison	SEA
S	1	0001	00113	Roundy	Albert	1882	009	06	048	M	Hospital	
S	2	0021	00415	Roupe	Jas P	1900	May	17	027	M	Prov. Hosp.	IL
S	1		1981	Rourke	John	1890	Nov	08	022	M	Grace Hospital	---
S		0021	00255	Rouse	NR	1893	Jun	11	012	F	Light House	
S		0017	00096	Rousse	Jean	1893	Mar	20		M	Police Hdqtrs.	
S	3	0078	01552	Routh	Elma May	1906	Jun	09	022	F	720 W. 42nd	OR
S	3	102	2027	Rowan	Michael	1904	May	24	083	M	Brighton Beach	OH
S		0060	1197	Rowan	Sarah	1903	Nov	02	074	F	Columbia City WN	OH
S	3	0013	00259	Rowan	William	1905	Sep	25	20d	M	117 15th Ave S	SEA
S	3	0192	03827	Rowe	(Infant)	1907	Jun	25	s/b	F	Seattle Gen. Hosp.	Sea
S		116	2310	Rowe	George	1904	Jul	28	040	M	Pier No. 1, Seattle	---
S	2	0091	1815	Rowe	Jean Frances	1901	Aug	26		F	2009 6th	Sea
S	3	0168	03344	Rowe	Joseph	1907	Apr	24	023	M	Seattle Gen. Hosp.	MI
S	2	188	3704	Rowe	Morris D.	1903	Jan	18	02m	M	1804 6th Ave. W.	ND
S	2	0092	00704	Rowe	Thos.	1898	Mar	28	037	M	Providence Hosp.	---

S	R	Page	Recor	LastName	FirstNames	Deat	Mn	Dt	Age	S	DeathPlace	Bir
S	3	0156	03115	Rowel	Alfred J.	1907	Mar	24	021	M	Providence Hosp.	CA
S	3	0092	1837	Rowell	Fred Rice	1904	Apr	27	047	M	511 E. Pike St.	ME
S	2	0076	1507	Rowell	G. E.	1901	May	09	010	F	527 Pouteous	WA
S	3	0141	02809	Rowell	Robert F	1904	Nov	20	072	M	527 Pontius Ave	ME
S	1		2161	Rowland	Clarence M.	1891	Feb	24	026	M	320 Temperance St.	---
S	2	138	2721	Rowlands	baby	1902	Apr	07	s/b	F	1719-1/2 Howard St.	SEA
S	-	151	2975	Rowley	Cornelius	1902	Jul	04	035	M	Seattle Gen. Hosp.	IA
S		114	2276	Rowley	Gordon F.	1904	Jul	31	011	M	Ballard WA	OH
S		0054	1080	Roy	Anna	1903	Oct	28	051	F	Ballard	NB
S	3	102	2032	Roy	Frances	1904	Jun	05	043	F	Salmon Bay	CND
S	3	0022	00429	Roy	George	1905	Oct	19	040	M	Hot Springs Sanitarium	NB
S	3	0049	00963	Roy	John	1906	Feb	04	049	M	408 State St., Ballard, Wn.	CND
S	2	0066	1303	Roy	L. Margaret	1901	Mar	19	020	F	611 - 1 Ave	NB
S	2	0072	1429	Roy	Louis	1901	Apr	21	054	M	419 Jefferson	PQ
S	2	0017	00327	Royal	Elizabeth A.	1900	Apr	18	044	F	302 Nob Hill	IL
S	2	0029	00572	Royce	Adelaide	1900	Jul	15	062	F	Fremont	NY
S	3	0186	03722	Roys	Mary	1905	May	13	058	F	WW Hosp. for Insane	NY
S		0047	00937	Roziseki	Wanda	1903	Sep	04	06m	F	Ballard	SEA
S	3	0157	03139	Rube	Oscar	1907	Mar	28	026	M	Pacific Hosp.	WI
S	3	0144	02868	Rubenack	Florence	1904	Nov	08	05m	F	Columbia	SEA
S	2	0058	00535	Ruby	Infant	1895	Nov	28	03m	F	813 Alder St	
S	3	0181	03617	Rucker	Eugene	1907	May	26	046	M	Sacramento, CA	MO
S	2	0062	00087	Rucker	Samuel P.	1896	Mar	01	034	M	712 Marion	
S	2	0064	00161	Rudd	H.T.	1896	Apr	21	050	M	Depot St	NY
S		0043	00856	Rudd	Mrs. G.W.	1903	Sep	06	038	F	Providence Hospital	UT
S	2	0071	00444	Rudd	Reva (Mrs.)	1896	Oct	07	020	F	South Park	---
S	3	0190	03800	Rudell	Henry	1907	Jun	19	031	M	Georgetown, WA	FRN
S	2	158	3105	Rudowsky	John	1902	Aug	13	044	M	Providence Hosp.	GRC
S	3	0127	02537	Rue	Edward	1904	Sep	21	026	M	Providence Hosp B:Tahiti	THT
S	3	0135	02698	Ruebenack	Richard	1904	Oct	29	028	M	Providence Hosp	---
S	3	0027	00534	Ruff	B. S.	1905	Nov	13	060	M	St. Paul, MN	---
S	2	358	2577	Rufus	Nicholas	1891	Sep	10	049	M	Providence Hosp.	---
S	2	0081	1609	Ruge	S. Maimie	1901	Jun	17	031	F	East House	MN
S	0	0028	00532	Ruger	Maria	1893	Dec	08	054	F	Edgewater	
S	1	281	2424	Ruhende	Elizabeth	1891	Jun	30	060	F	Grace Hosp.	PA
S	2	0035	00686	Ruhl	Fred	1900	Aug	28	004	M	2406 6th Av	SEA
S	1		1448	Ruhl	Robert	1890	Jul	23	02m	M	217 Beal St.	Sea
S	2	0079	1561	Rulson	Baby	1901	May	08	s/b	M	Ballard	WA
S	2	0050	00191	Rumage	F.W.	1895	May	01	060	M	Fremont	CND
S	2	184	3633	Rumage	Mary Etta	1902	Dec	10	040	F	Ballard, WA	NY
S		0037	00741	Rumbeaux	James E.	1903	Aug	22	035	M	Monod Hospital	---
S	3	0165	03299	Rumquist	Laurence	1907	Apr	15	002	M	1504-6th Ave.	MB
S	-	146	2867	Rumsay	Wm. M.	1902	May	31	071	M	Providence Hosp.	IN
S	3	0118	02351	Rund	Carl Peter	1906	Nov	22	065	M	118 Vine	NRY
S		0003	00109	Rundle	Baby	1892	Mar	19	03d	F	McClair St.	Sea
S	1	0001	00869	Rundlet	Edward B.	1889	May	01	031	M	Occidental Hotel	
S		0014	00510	Runkle	Geo.M.	1892	Dec	19	067	M	318 Poplar	PA
S	3	0125	02500	Runneld?	Katherine (Mrs.)	1906	Dec	23	064	F	1710 E. Spruce	ME
S	2	0015	00281	Runnels	Eliza A.	1900	Apr	03	083	F	1015 15th S	ME
S		0007	00254	Runnels	Thomas	1892	Jun	25	082	M	1324 John	
S	3	0108	02152	Rupe	Belle	1906	Oct	10	023	F	1322 E. Lake Ave.	MI
S		0002	00071	Rupert	Josephine	1892	Feb	19	025	F	527 Sutter	PA
S	2	0055	00364	Rupp	Baby	1895	Sep	12	03m	F	1632 Decatur	Sea
S		0098	1948	Ruse	David	1904	May	19	032	M	608 3rd Ave. S.	GER
S		0017	00327	Rush	Anne Elizabeth	1903	May	12	091	F	64 W. Blanchard S.E.	NY

S	R	Page	Recor	LastName	FirstNames	Deat	Mn	Dt	Age	S	DeathPlace	Bir
S	2	106	2117	Rush	Thomas Dixon	1901	Nov	19	031	M	Police Headquarters	CND
S	2	0039	00336	Rushtad	Cleo R.	1894	Aug	07	10m	F	2317 1/2 Front	Sea
S	1	270	2401	Rusk	Hannah L.	1891	Jun	14	026	F	Ballard, WA	SWD
S	1	0001	00680	Ruskett	Robert	1888	Nov	09	054	M	Corner 4th & James St.	
S	2	0082	00342	Rusnogle	F. F.	1897	Aug	28	089	M	S. Seattle, WA	---
S	1	269	2399	Russ	Mabel	1891	Jun	13	001	F	Fremont, WA b.King Co.,	WA
S	1		1476	Russell	Alfred William	1890	Aug	10	06m	M	8 Jackson St. b.Victoria,	BC
S	3	0128	02559	Russell	Alice M	1904	Sep	28	03m	F	4263 8th Ave NE	SEA
S		0014	00272	Russell	Baby	1903	Apr	05	---	M	Green Lake	SEA
S	1		1551	Russell	Bertha	1890	Sep	10	05d	F	Dearborn St.	ND
S	3	0075	01498	Russell	Bessie	1906	Jun	16	01m	F	1517 Tenth Ave.	Sea
S	3	0009	00171	Russell	Carrie (Mrs.)	1905	Aug	28	038	F	Kirkland, WA	IN
S	3	0085	01692	Russell	Chas K.	1906	Jul	02	048	M	3617 Ashworth	MA
S	1		1957	Russell	E. M. (Mrs.)	1890	Oct	28	059	F	10th & Dearborn Sts.	---
S	3	0085	01687	Russell	Edith Maude	1906	Jul	30	001	F	1517 10th So.	Sea
S		0032	00055	Russell	Ethel	1894	Feb	03	007	F	6th & Wash. (b.Chehalis	
S	2	125	1990	Russell	Geo.	1899	Oct	10	035	M	Providence Hosp.	---
S	2	0055	00388	Russell	Geo. A.	1895	Sep	28	035	M	Wash Iron Works	
S	3	0129	02585	Russell	George L	1904	Sep	06	079	M	Dunlap, WA	TN
S	2	107	2132	Russell	George P.	1901	Nov	22	07m	M	110 - 7 Ave. N.	SEA
S		0003	00100	Russell	H.	1892	Mar	14	070	F	Fremont	IN
S	3	0159	03171	Russell	Harriet M	1905	Jan	01	078	F	Livingstone, MT	---
S	2	113	1499	Russell	Harry L.	1899	Feb	26	01m	M	River Park	WA
S	2	0079	00199	Russell	Hiram	1897	May	19	081	M	Cedar River	NJ
S			1281	Russell	J.P.	1890	Apr	08	048	-	-	---
S	3	0132	02638	Russell	James	1907	Jan	19	085	M	621 W. 44th	ENG
S	3	0005	00090	Russell	Joanna M.	1905	Aug	21	066	F	1628 11th Ave	IRL
S	2	0091	00675	Russell	John	1898	Mar	06	045	M	Seattle	IRL
S	2	108	2157	Russell	LuLu May	1901	Nov	16	039		W. W. Hosp.	
S	2	117	1676	Russell	Marion	1899	May	04	072	F	229 14th Ave.N.	IRL
S		0010	00185	Russell	Mary	1903	Apr	13	082	F	Fremont	NY
S		195	3852	Russell	Mrs. Emma	1903	Feb	23	056	F	Providence Hospital	--
S	2	0064	00182	Russell	Mrs. M.	1896	May	05	024	F	1719 Front	GER
S	2	0048	00099	Russell	Perkins	1895	Mar	13	074	M	1412 Greene St	
S	3	0187	03735	Russell	S. S.	1905	May	18	036	M	Pomeroy, WA	PA
S	2	0087	00514	Russell	Sarah J.	1897	Dec	29	051	F	215 Lenora St. b.Lowell,	MA
S	1	0001	00042	Russell	T.L.	1882	Jan	26	051	M	Seattle	US
S	1		2022	Russell	Verna	1890	Nov	30	04m	M	303 cr 3rd & Main b.Butte	MT
S		0056	1108	Russell	Wm. E.	1903	Nov	05	050	M	Monod Hospital	ME
S	3	0091	1824	Russner	Zeta	1904	Apr	24	026	F	Providence Hospital	WA
S	2	0046	00905	Russymiah	Mich	1900	Nov	10	039	M	7th & Pike	AUT
S	3	0035	00693	Rust	Charles E.	1905	Dec	28	047	M	Kingston, WA	TX
S		0099	1982	Rust	John O.	1904	May	24	044	M	521 17th Ave.	KY
S		0019	00370	Rust	Maggie	1903	May	28	018	F	124 Eastlake	TX
S	2	127	2058	Rustad	Eva	1899	Nov	09	060	M	Elliott Bay	---
S	2	0078	1552	Rutchow	W.	1901	May	26	055	F	229 East Lake	GER
S	-	154	2947	Rutherford	Blanche	1902	Jul	14	022	F	King County Hosp.	OR
S	1		1971	Rutherford	Robt. John	1890	Nov	02	016	M	S. 12th near Charles St.	---
S	3	0118	02354	Rutherford	William YL	1906	Nov	23	042	M	Providence Hosp.	SCT
S	3	0092	01833	Rutledge	Julia Ester	1906	Aug	24	05m	F	42 Ave. & East Galer	Sea
S	3	0076	1514	Rutschen	Helen	1904	Feb	14	027	F	204 7th Ave. S.	GER
S	3	0181	03625	Rutschke	Jennie Louise	1905	May	05	013	F	614 James St	WI
S		0041	00818	Rutschor	(infant)	1903	Aug	07	s/b	F	Seattle, General Hospital	SEA
S		0017	00335	Rutschorn	Baby	1903	May	16	14d	M	229 E. Lake Avenue	SEA
S	3	0171	03408	Ruttrick	Mary	1905	Mar	24	09m	F	2432 Day St, Ward 2	AUS

S	R	Page	Recor	LastName	FirstNames	Deat	Mn	Dt	Age	S	DeathPlace	Bir
S	3	0176	03502	Ruttvich	Jacob	1907	May	18	029	M	2802-14th Ave. S.	AUS
S		0013	00486	Ryan		1892	Nov	27	02d	M	462 Kenny (b.402 Kenny	
S	2	0009	00167	Ryan	A.	1900	Mar	01	028	M	Prov. Hosp.	ENG
S	2	115	1592	Ryan	Amy	1899	Apr	07	056	F	112 20th Ave. N>	---
S		0022	00301	Ryan	Edward	1893	Aug	03	033	M	Prov. Hosp.	
S	3	0016	00309	Ryan	Esther May	1905	Sep	12	05m	F	Brighton Beach	WA
S	3	0067	01325	Ryan	Frederick V.	1906	May	02	02m	M	218 Virginia St.	OR
S	2	0041	00427	Ryan	J.E.	1894	Sep	27	044	M	3rd & Yesler	CT
S		0023	00315	Ryan	Jas.	1893	Aug	16	033	M	Prov. Hosp.	
S	3	0073	01451	Ryan	John	1904	Jan	09	043	M	Port Townsend WA	un-
S	2	180	3565	Ryan	Mrs. Francis	1902	Dec	09	039	F	2723 King St.	NB
S	2	0099	1971	Ryan	Paddy	1900	Aug	29	033	M		OR
S	3	0166	03303	Ryan	Roy D.	1907	Apr	16	029	M	Providence Hosp.	WI
S		0031	00002	Ryan	Thomas	Unkn	Unk			M	Elliott Bay	VT
S	3	0100	01983	Ryan	W. L.	1906	Sep	16	030	M	Providence Hospital	--
S		0004	00130	Ryan	Wm.	1892	Apr	05	042	M	Ft. Steilacoom	
S	2	0070	01402	Ryason	Infant	1904	Jan	17	02m	F	216 Florentine St.	Sea
S	3	0020	00382	Ryason	James	1905	Oct	22	06m	M	216 Florentine St	SEA
S	3	0146	02921	Ryason	Manning E	1904	Dec	15	004	M	216 Florentia St	CA
S	3	0172	03425	Ryason	Margret E.	1907	May	02	06m	F	216 Florentia	WA
S	2	0057	01133	Ryberg	A.	1901	Jan	28	028	F	S. G. Hosp.	NRY
S	2	160	3145	Ryberg	E.	1902	Aug	04	04d	M	Point Roberts	SWD
S	2	0063	00120	Ryen	Rena	1896	Mar	29	017	F	1529 1st Ave	NRY
S	2	121	1813	Ryhines	H.	1899	Jul	21	054	M	1221 17th Ave.	IL
S	2	0047	00937	Rylan	Joseph	1900	Nov	26	007	M	2203 4th Ave	SEA
S	2	119	1733	Ryon	R. A.	1899	Apr	13	-	-	Skagway, AK	---
S	3	0132	02644	Rytkonen	Tasset	1904	Oct	07	029	M	Volunteer Park	FIN
S	1	0001	01173	Saben	Harvey B.	1890	Feb	15	022	M	Prov. Hosp.	
S		0109	02185	Sabino	Fies	1904	Jul	10	02m	M	2621 Day St.	Sea
S		0030	00601	Sacher	Wm.	1903	Jul	22	021	M	Providence Hospital	IA
S	2	0092	1826	Sachs	Annie Louise	1901	Aug	08	033	F	Monod Hosp.	BC
S		0061	01225	Sackett	Infant	1903	Oct	22	s/b	F	324 Lakeside Ave.	Sea
S		0081	01613	Sadler	Lorenzo-son	1904	Mar	06	03m	F	67 Wall St.	Sea
S	2	0023	00444	Sadler	Sylvanus N.	1900	May	29	068	M	2232 1st	ME
S		0004	00079	Sadlinkin	John	1903	Mar	21	050	M	Ft. of Jackson	WA
S	2	0057	00513	Saffern	Geo. R.	1895	Nov	11	026	M	Seattle Gen Hosp	Sea
S	3	0042	00839	Saffy	Bessie	1906	Feb	05	024	F	405 Dexter Ave	SYR
S	3	0131	02618	Saftstron	Lars O	1904	Oct	02	038	M	815 1/2 9th Ave S	SWD
S	3	0148	02948	Sagai	Ben	1907	Feb	02	039	M	King Co. Hosp., Georgetown	unk
S	3	0145	02882	Sager	John	1907	Feb	19	001	M	1526-14th Ave. S.	unk
S	3	0195	03898	Sagmeister	John E.	1905	Jul	12	050	M	8th Ave S & Plummer St	AUS
S	2	126	2015	Sailors	Ruth	1899	Oct	27	001	F	716 Boren Ave.	Sea
S	2	0069	00371	Sakai	Shigewo	1896	Sep	05	005	M	426 Jackson St.	SEA
S	3	0143	02847	Sakaki	Sadakarie	1907	Feb	12	021	M	Sea. Gen. Hosp.	unk
S	2	143	2812	Saleno	Samuel H.	1902	May	03	036	M	Plumb & Brandon Sts.	NY
S	3	0131	02601	Salesbury	C.B.	1907	Jan	05	066	M	Wayside Emer. Hosp.	
S	2	103	1107	Salirnue	Ed. F.	1898	Aug	24	038	M	New Whatcom, WA	---
S		0114	02276	Sallie	(Infant)	1906	Oct	09	s/b	F	1427-11th Ave.	WA
S	-	155	3054	Sallunger	Hettella R.	1902	Jul	27	019	F	Everett, WA b.Chicago, IL	
S	3	0008	00144	Salminen	Helen	1905	Aug	01	004	F	Paulsbo, WA	SEA
S		0043	00844	Salminen	Mandie	1903	Sep	05	01m	F	3208 Judkins Street	SEA
S	1	0001	01159	Salmonson	M.	1890	Jan	21	044	M	Prov. Hosp.	
S	2	0009	00161	Salney	Sebastian	1900	Feb	27	069	M	S. Seattle	GER
S	3	0092	01838	Salomon	John	1904	Apr	27	035	M	foot of King St.	un-
S	2	114	1535	Saltiel	Alfred	1899	Mar	22	030	M	Providence Hosp.	---

S	R	Page	Recor	LastName	FirstNames	Deat	Mn	Dt	Age	S	DeathPlace	Bir
S		0017	00338	Salverson	Salver	1903	May	17	073	M	209 Wulbut	IRL
S	2	0085	00464	Sam	Chinn	1897	Nov	22	045	M	S. 5th & Washington Sts.	CHN
S	3	0152	03040	Sam Sip Koch	---	----	---	--	---	M	Seattle	CHN
S	3	0136	02722	Samborn	Grace Ellen	1904	Oct	05	023	F	New York	MN
S	2	0091	00659	Samomiel	Chas.	1898	Feb	18	045	M	Str. Rosalie	---
S	3	0075	01493	Samora	Joe	1906	Jun	15	015	M	605-8th Ave.S. b.PrtBlakely	WA
S	2	0073	1453	Sampier	Infant	1901	Apr	17	12d	F	610 7 Ave.	WA
S		0099	1970	Sample	G. M.	1904	May	02	050	M	7th Ave. & Lenora St.	---
S	2	0095	00798	Sample	John Aubrey	1898	Apr	03	08w	M	Ballard, WA	---
S	2	0038	00292	Samples	Anna	1894	Jul	20	077	F	Dexter & Republican	KY
S	2	0059	00568	Samples	P.M.	1895	Dec	22	081	M	2814 3rd	IN
S	-	153	3010	Sampson	Clara D.	1902	Jul	13	043	F	Providence Hosp.	KS
S		0113	02247	Sampson	Elmer F.	1904	Jul	31	03m	M	Green Lake b.No.Yakima	WA
S	3	0137	02729	Sampson	John	1907	Jan	02	048	M	Riverton, WA	ENG
S	-	163	3201	Sampson	Martha	1902	Aug	29	047	F	1818 30th Ave.	MEX
S	3	0146	02905	Sampson	Mrs. Margeret H.	1907	Feb	25	038	F	Prov. Hosp.	CO
S	2	0080	1600	Sampus	B. Jas.	1901	Jun	10	044	M	713 - 7 Ave N	KY
S	2	0010	00188	Samuels	Geo T.	1900	Mar	06	032	M	Wayside Mission b ISL St He	len
S	1	271	2403	Sanberg	Ida	1891	Jun	14	023	F	Lake Union	SWD
S		0019	00164	Sanborn	Andrew	1893	Apr	29	035	M	Madison St.	
S	2	0104	2066	Sanborn	Elizabeth M.	1901	Oct	16	091	F	Ballard	NF
S	2	127	2041	Sanborn	Elsie M.	1899	Oct	23	04m	F	Cedar Mt., WA	WA
S	-	147	2885	Sanborn	G. B.	1902	Jun	10	054	M	Providence Hosp.	NH
S		0015	00289	Sanborn	Lenora E.	1903	Apr	29	044	F	102 W. Mercer	ME
S	2	119	1726	Sanborn	Rebecca J. (Mrs.)	1899	May	22	055	F	Ballard, WA	CND
S		0018	00142	Sanborn	Wm.	1893	Apr	15	019	M	Brunswick Hotel	IL
S	3	0195	03894	Sand	Jacob	1905	Jul	09	002	M	1226 Washington St	SEA
S	1	0001	00593	Sandberg	Christine	1888	Aug	24	028		Prov. Hospital	
S		0032	00073	Sandell	John	1894	Feb	17	024	M	Prov. Hosp.	
S	3	0091	01810	Sander	Beulah M.	1906	Aug	17	004	F	224 8th Ave. No.	WA
S	2	0100	00999	Sander	Myrtle	1898	Jul	20	001	F	604 Virginia St.	Sea
S		0096	01917	Sandergen	Phillip Howard	1904	May	10	06m	M	554 Hyland St.	Sea
S	3	0161	03213	Sanders	(Infant)	1907	Mar	23	s/b	F	3905 Whitman Ave.	WA
S	1	0001	00844	Sanders	Allen	1889	May	18	035	m	Prov. Hosp.	
S	2	0066	1314	Sanders	Dexter Drake	1903	Dec	03	072	M	Seattle Gen. Hosp.	NY
S	3	0131	02624	Sanders	Florence	1904	Oct	04	039	F	Providence Hosp	OH
S	3	102	2040	Sanders	George Clarence	1904	Jun	03	009	M	Providence Hospital	---
S	2	0090	00650	Sanders	infant	1898	Feb	11	01d	M	Ballard, WA b.Ballard,	WA
S	3	0154	03076	Sanders	James	1905	Jan	08	001	M	715 1/2 Dearborn St	SEA
S	3	0155	03082	Sanders	Lewis	1907	Mar	18	065	M	Providence Hosp.	MA
S	3	106	2117	Sanders	Thomas	1904	Jun	26	055	M	Seattle Gen. Hospital	NRY
S	1	0001	00488	Sanders	Wm.E.	1885	Sep	09	054	M	Hospital	USA
S	2	342	2545	Sanderson	baby	1891	Aug	26	04m	M	Chestnut & Lake Sts.	Sea
S	3	0047	00935	Sanderson	Grace	1906	Feb	23	022	F	Providence Hospital	WI
S	2	116	1636	Sanderson	Theran A.	1899	Apr	25	062	M	424 4th Ave. N.	---
S	3	0110	02185	Sanderson	William H.	1906	Oct	20	020	M	4515-10th Ave. N.E.	ND
S	2	0093	00727	Sandin	Harry	1898	Mar	14	024	M	Lake Union	NRY
S	2	0036	00206	Sandness	Julie	1894	May	07	001	F	3rd & Leary	Sea
S		0011	00201	Sandness	Lizzie C	1903	Apr	20	026	F	1629 Ninth W.	IA
S	3	0133	02656	Sandness	Marjorie	1907	Jan	20	02m	F	130-27th Ave. N.	WA
S	2	188	3699	Sands	Annie	1903	Jan	13	020	F	Providence Hosp.	CND
S	2	0068	00349	Sands	S.	1896	Aug	30	018	M	General Hosp.	OH
S	2	110	2188	Sandstorm	Olef	1901	Dec	04	058	M	321 9th Ave. S.	SWD
S		0003	00087	Sandstrom	C.	1892	Mar	01	040	M	Elliott Bay	
S		0014	00264	Sandstrom	Chas E.	1903	Apr	26	09m	M	Ballard, WA	SEA

S	R	Page	Recor	LastName	FirstNames	Deat	Mn	Dt	Age	S	DeathPlace	Bir
S		0044	00864	Sandy	Mary	1903	Sep	13	01m	F	503 King Street	SEA
S	3	0052	01031	Sanford	Annie	1906	Mar	14	10m	F	209 - 28th Ave.So.	BC
S	3	0132	02639	Sanford	Bourgette	1907	Jan	17	002	M	3652-14th Ave. W.	WA
S	3	0134	02675	Sanford	Maitland R	1904	Oct	21	034	M	S E Seattle	ON
S	1	0001	00679	Sanger	Geo.H.	1888	Nov	08	022	M	Grace Hosp.	
S	-	161	3169	Sanstrom	May	1902	Aug	21	02m	F	New Castle b.New Castle,	WA
S	2	0062	01228	Santelle	Maggie	1901	Feb	27	018	F	1413 1st Ave	---
S	3	0198	03947	Santie	James	1905	Jul	29	05d	M	315 29th Ave N	SEA
S	1	0001	01143	Sapp	Infant	1890	Jan	15	22d	F	Seattle	
S	2	0374	02608	Sapp	Ralph	1891	Sep	25	14m	M	421 Jackson St./1st Ward	---
S		0014	00276	Sarchin	Infant	1903	Apr	12	--	M	727 - 28th S.	SEA
S	1	0001	00949	Sargent	Beatrice	1889	Jul	29	09m			
S	-	161	3162	Sargent	Frank M.	1902	Aug	14	069	M	Dunlap, WA	IN
S	2	0079	00214	Sargent	Gerish	1897	Jun	06	036	M	West street powerhouse	NH
S	2	0047	00048	Sargent	Henry	1895	Feb	06	001	M	1114 1/2 3rd	Sea
S	1		2087	Sargents	A. L.	1891	Jan	12	026	M	Island Co., WA	---
S	2	0077	00138	Sarke	Philip	1897	Apr	04	03m	M	Seattle	SEA
S	2	102	2031	Sarton	Thomas	1901	Oct	03	035	M	Police Headquarters	USA
S	2	188	3713	Saruwatari	J.	1903	Jan	20	032	M	Wayside Mission	JPN
S	2	0090	00645	Satcell	Wm.	1898	Feb	28	050	M	Colman Bldg	---
S	3	0105	02085	Sater	(Infant)	1906	Sep	08	s/b	M	417-21st Ave.	WA
S		114	2275	Satesman	William Edward	1904	Jul	26	003	M	Ballard WA	OR
S	3	0054	01063	Sather	Hilda	1906	Mar	29	040	F	819 - 30th Ave.So.	NRY
S	2	116	1631	Sato	Huna (?)	1899	Apr	23	023	F	Providence Hosp.	JPN
S	3	0145	02890	Sato	Thomas	1904	Nov	19	040	M	Wayside Emergency Hosp	JPN
S	3	0082	01639	Satre	Emeline Leila	1906	Jul	15	01m	F	2218 Western	Sea
S	3	0146	02901	Satterlee	Ida C.	1907	Feb	23	042	F	Pacific Hosp.	WI
S	3	0181	03623	Sauer	Annie K.	1905	May	04	023	F	211 Queen Anne Ave	DNK
S	3	0181	03610	Sauer	Barbara Belle	1907	May	20	002	F	Ocean Park, CA	WA
S	3	0010	00184	Sauer	Infant	1905	Aug	14	s/b	F	511 12th Ave S	SEA
S	-	168	3303	Sauer	Leon	1902	Sep	19	08m	M	Ballard, WA b.Ballard,	WA
S	2	109	1358	Sauer	Willie	1898	Dec	24	009	M	505 17th Ave. S.	Sea
S	2	0035	00180	Sauerbrey	Charles	1894	Apr	28	053	M	2221 Front	GER
S	3	0190	03796	Saunders	Annie (Mrs.)	1905	Jun	28	028	F	Wayside Emerg. Hosp.	MO
S		0008	00305	Saunders	Edward	1892	Jul	25	068	M	Prov. Hosp.	NY
S	-	171	3374	Saunders	Ernest E.	1902	Oct	29	---	M	307-1/2 28th S.	SEA
S	1		2154	Saunders	Otto	1891	Feb	21	030	M	601 7th St.	---
S	1	216	2304	Saunders	Peter	1891	Apr	16	054	M	cor Washington & Commercial	---
S	3	0019	00365	Saunderson	Adelina (Mrs.)	1905	Oct	16	033	F	Providence Hosp.	UN
S		0034	00134	Saustman	Jas. H.	1894	Mar	27	10m	M	Carroll corn. California	
S	3	0153	03043	Sautter	Alma	1907	Mar	09	039	F	Pacific Hosp.	MO
S	3	0180	03599	Sautter	August A.	1907	May	11	044	M	San Diego, CA	GER
S	3	0160	03204	Savage	Willaim A	1905	Jan	22	039	M	W WA Hosp for Insane	WA
S	2	0069	00367	Savard	Helen	1896	Sep	04	03m	F	1302 Weller St.	SEA
S	1	254	2374	Sawback	John	1891	May	31	037	M	Providence Hosp.	---
S	1	192	2254	Sawtelle	Albert	1891	Mar	22	052	M	6th & Jefferson b.Barago,	ME
S	-	190	3745	Sawyer	Adline	1903	Jan	30	068	F	966 20th Ave.	CND
S		0015	00291	Sawyer	Daniel B.	1903	Mar	16	11m	M	947 - 21st	TX
S	2	0090	01787	Sawyer	George Larance	1904	Apr	09	01m	M	2510 King St.	Sea
S	3	0095	01886	Sawyer	Infant	1906	Aug	14	s/b	M	Hillman City, Wsah.	WA
S	2	0066	1306	Saxon	Thos	1901	Mar	20	070	M	311 - 18 Av	CAR
S	3	0150	02989	Saxten	Albert	1904	Dec	29	042	M	1200 Franklin Ave	IL
S	2	0065	01295	Sayles	Cora	1901	Mar	17	041	F	111 32nd Ave	IL
S		0115	02292	Scanlon	Dudley DuBoise	1906	Nov	05	10m	M	Prov. Hosp.	AK
S		0043	00858	Scanlon	James L.	1903	Sep	12	034	M	Providence Hospital	MI

S	R	Page	Recor	LastName	FirstNames	Deat	Mn	Dt	Age	S	DeathPlace	Bir
S	3	0094	1868	Scanlon	Joseph J.	1904	Apr	19	027	M	Black Diamond WA	MI
S		197	3385	Scanlon	Pat	1903	Feb	16	063	M	King County Hospital	IRL
S	3	0067	01332	Scanlon	Patrick	1906	May	04	053	M	1122 Jefferson	IRL
S		129	2580	Scarpino	Ralph	1902	Mar	18	028	M	Providence Hosp.	ITL
S	2	0035	00190	Scathe	Jennie A.	1894	Apr	14	039	F	Ballard	ENG
S	3	0025	00497	Scearce	Stanley Tregad	1905	Nov	27	02d	M	1806 Harvard Ave	SEA
S	2	0047	00063	Schaap	Chas.	1895	Feb	18	025	M	Prov Hosp	
S	3	0163	03258	Schaar	Francis C	1905	Feb	15	041	M	2619 E Aloha St	NY
S		0007	00252	Schaar	Geo.	1892	Jun	23	019	M	cor. Lenora & 3rd	
S	3	0136	02704	Schaar	Infant	1907	Jan	26	09d	M	721-21st Ave.	WA
S	2	346	2554	Schabel	Adela F.	1891	Aug	31	006	F	White River b.Bay City,	MI
S	2	0071	1416	Schabot	C.	1901	Apr	17	045	M	Prov. Hosp.	CND
S	3	0151	03005	Schacht	Dr. Frederick E.	1907	Mar	01	030	M	Prov. Hosp.	MN
S	3	0172	03427	Schack	Esther	1905	Mar	29	07m	F	1110 E Denny Way	SEA
S	-	176	3470	Schack	infant	1902	Nov	13	---	M	1825 12th Ave.	SEA
S	2	0045	00573	Schackleford	Melvin	1894	Dec	27	08m	M	221 Irving Ave	Sea
S		0077	1543	Schadt	Harry Charles	1904	Feb	25	033	M	Monod Hospital	IL
S	2	382	2629	Schaeffer	J. C.	1891	Oct	05	026	M	Lake Union Sewer Tunnel/7th	---
S	2	123	1885	Schaeffer	Mrs. M. J.	1899	Aug	29	055	F	Seattle Gen. Hosp.	PA
S	3	0034	00664	Schaewe	Theodore W.	1905	Dec	26	050	M	1027 1st Ave S	---
S	3	0026	00507	Schaezline	Eugene George	1905	Nov	27	051	M	Grant St Bridge	GER
S	3	0159	03162	Schafer	Fred	1907	Mar	30	040	M	2nd & Cherry	GER
S		0032	00041	Schafer	Katherine	1894	Jan	28	045	F	235 Ash	FRN
S	2	0092	1828	Schafer	Louis Charles	1901	Aug	11	07m	M	156 15th Ave.	SEA
S		0029	00559	Schaffer	John	1893	Dec	22	04m	M	117 Pike	Sea
S		131	2587	Schaffer	Sadie R.	1902	Mar	28	01m	F	1413 1st Ave.	Sea
S	2	127	2053	Schall	L.W.	1899	Nov	05	060	M	1535 24th Ave.	PA
S		0044	00878	Schaneman	Albert C.	1903	Sep	14	036	M	Occidental Avenue	WI
S			1373	Schare	Edna	1890	Jun	26	08m	F	Blanchard St.	Sea
S	3	0033	00651	Scharf	Grace H.	1905	Dec	02	019	F	Seattle Gen. Hosp.	MN
S	2	0046	00915	Scharfenbug	Almo	1900	Nov	14	004	M	1418 Grant St d Tacoma	WA
S		0017	00103	Scharlien	Moses D.	1893	Mar	25	001	M	1425 6th St.	Sea
S	1	241	2349	Schaullp	Louis	1891	May	14	09m	7	17 Lane St.	Sea
S	-	192	3787	Schbrook	John	1903	Jan	24	061	M	Pleasant Beach	---
S		0024	00378	Schelbach	Lida	1893	Sep	08	01m	F	Green Lake	Sea
S		0019	00187	Schelderup	K.	1893	May	19	037	M		
S	2	0092	00703	Scheldrup	M. F.	1898	Mar	27	036	M	Lobby Saloon	NRY
S	2	0001	00031	Schell	Wm. H.	1892	Jan	19	030	M	Power House, Madison St.	---
S	2	0090	1794	Schenerman	Vera Belle	1901	Aug	13	029	F	Interbay	Sea
S	3	0171	03412	Scherman	Anna Almira	1905	Mar	25	005	F	724 Virginia, Ward 6	SEA
S	3	0137	02722	Scherrer	Albert Phillip	1907	Jan	30	017	M	2228 Eastlake Ave.	WA
S	2	124	1935	Schesser	baby	1899	Sep	19	04m	M	7th Ward	Sea
S	2	113	1508	Schettler	Chas. F.	1899	Mar	07	056	M	1st & Washington Sts.	---
S	2	145	2851	Scheussler	Oscar Val.	1902	May	31	---	-	Ballard, Wa b.Ballard,	WA
S	3	107	2134	Schiller	John P.	1904	Jun	10	040	M	W. Wash. Hosp. for Insane	PA
S	3	0019	00370	Schiller	Millie (Mrs.)	1905	Oct	08	032	F	608 Pike St	MN
S	2	0060	00022	Schilloff	Tilly	1896	Jan	17	001	F	6th & Willard	
S	3	0095	01883	Schilpline	Infant	1906	Aug	13	s/b	M	Brighton Beach	WA
S	3	0196	03925	Schindel	Johan P. C.	1905	Jul	21	042	M	Providence Hosp.	CA
S	2	0038	00745	Schlacken	Herman	1900	Sep	11	027	M	S. G. Hosp.	---
S	1	0001	00918	Schlemmer	Henry	1889	Jun	30	076	M		
S		0054	1076	Schley	Thomas	1903	Oct	21	060	M	Wellington	---
S	2	328	2517	Schlueten	Louis	1891	Aug	10	09m	M	406 5th St.	---
S	2	0046	00920	Schlumpf	Ed. J.	1900	Nov	18	006	M	220 7th Ave	CA
S	2	0035	00683	Schlumpf	Ruth	1900	Aug	27	004	F	210 9th Av S	SEA

S	R	Page	Recor	LastName	FirstNames	Deat	Mn	Dt	Age	S	DeathPlace	Bir
S	-	174	3430	Schmalz	infant	1902	Oct	14	s/b	F	Fremont, WA b.Fremont, WA	
S	2	114	1568	Schmid	Geo. M.	1899	Mar	17	006	M	Mercer Island	---
S	3	0072	01423	Schmid	Mary	1905	Dec	08	074	F	53 John St. San Francisco	FRN
S	3	0003	00050	Schmidt	Albert W.	1905	Aug	08	040	M	2800 Franklin Ave	IA
S	1	0001	00914	Schmidt	Charles	1889	Jun	27	048	M		
S		0042	00834	Schmidt	Echo Viola	1903	Sep	03	06m	F	2513-15 Avenue W.	SEA
S	2	0071	1410	Schmidt	Elizabeth	1904	Jan	22	074	F	120 Harvard Ave. N.	GER
S	3	0070	01395	Schmidt	Elizabeth	1906	May	28	065	F	138 - 27th Ave.N.	NJ
S		0045	00899	Schmidt	Geo C.	1903	Sep	22	053	M	Providence Hospital	GER
S	2	128	2073	Schmidt	H. W.	1899	Nov	17	065	M	Providence Hosp.	GER
S	3	0132	02645	Schmidt	Herman C	1904	Oct	07	062	M	Monad Hosp	---
S	2	185	3655	Schmidt	John	1902	Dec	18	068	M	Georgetown, WA	GER
S	2	0045	00885	Schmidt	Kofer Frank ?	1899	Nov	28	024	M	Nome, AK	---
S		0009	00339	Schmidt	Louise	1892	Aug	14	063	F	112 Blanchard	GER
S	1	0001	00468	Schmidt	Sarah A.	1885	Jul	15	038	F	Seattle	USA
S	2	0046	00010	Schmidt	Sarah E.	1895	Jan	14	030	F	1607 Grant	
S	3	0182	03645	Schmidt	Victor Frances	1905	May	12	001	M	2703 Western Ave	SEA
S	2	0061	01207	Schmitz	Henrietta	1901	Feb	21	016	F	Prov. Hosp.	GER
S	3	0145	02897	Schmitz	Mrs. Annie	1907	Feb	22	051	F	Prov. Hosp.	GER
S	1	262	2386	Schmitzer (?)	Geo. F.	1891	Jun	06	15m	M	1015 12th St. b.Tacoma, WA	
S		0036	00705	Schmitzleion	Theadora	1903	Aug	14	047	M	553 Ward Street	GER
S	1	0001	01073	Schmoeller	Wilhelm	1889	Dec	10	046	M	Yesler Ave	GER
S	3	0087	01735	Schnal	Infant	1906	Jul	16	s/b	M	1005 Yesler	Sea
S	3	0126	02516	Schnellhardt	Elsa	1904	Sep	16	10m	F	4229 Latona Ave	Sea
S	3	0137	02744	Schnyder	L V	1904	Oct	27	067	M	South Seattle	AL
S	2	122	1850	Schoder	Herman	1899	Aug	02	052	M	2024 9th Ave.	GER
S		0024	00353	Schoeder	Chas.	1893	Aug	28	029	M	Traceyton	GER
S	3	0160	03193	Schoenle	Dr Robert W	1905	Jan	24	036	M	Pasadena, CA	OH
S	2	122	1873	Schofield	Chas. F.	1899	Aug	19	007	M	Seattle	---
S		0036	00719	Scholpp	Fred	1903	Aug	17	014	M	Seattle General Hospital	SEA
S	1		1593	Schomber	Wm. Henry	1890	Oct	05	08m	M	Farm St.	Sea
S	3	0006	00108	Schon	John, Jr.	1905	Aug	26	12d	M	711 17th Ave	SEA
S	3	0187	03638	Schoning	Wilhelm Gustav A.	1907	Jun	23	024	M	Fire Boat Slip	GER
S	3	0017	00322	Schoononer	Violet	1905	Sep	25	017	F	Ballard	MI
S	2	115	2285	Schoonover	Clarence H.	1901	Dec	16	046	M	Ballard	WI
S	2	0083	1655	Schoonover ?	M. Madge	1901	Jun	08	034	F	Yesler Station	MI
S	-	191	3780	Schorr	John Sebastian	1903	Jan	03	042	M	S. Seattle	BAV
S	2	0039	00313	Schraeffer	Minnie	1894	Jul	16	036	F	Co. Farm	GER
S	3	0173	03457	Schram	Louis	1905	Mar	19	023	M	Portland, OR	USA
S	2	0094	1862	Schreiber	Alfred	1901	Aug	15	022	M	Washington	CA
S	-	163	3206	Schreiber	Lizzie M.	1902	Aug	31	022	F	Providence Hosp.	MN
S	3	0007	00124	Schreiner	John	1905	Aug	12	035	M	Providence Hosp.	OH
S	3	0183	03653	Schreiner	Mary G.	1905	May	16	036	F	105 16th Ave N	ME
S	2	0084	00404	Schricker	J. B.	1897	Oct	13	036	F	1320 Terry Ave.	IN
S	3	0166	03308	Schriner	Ida	1905	Feb	23	037	F	3828 Bayley Ave	---
S	3	0057	1139	Schroder	Ella	1903	Nov	17	005	F	961 Thomas St.	OH
S	3	0144	02871	Schroeder	Chris	1907	Feb	16	020	M	Wayside Emer. Hosp.	CO
S	2	0076	1506	Schroeder	H. C.	1901	May	09	033	M	Prov. Hosp.	WI
S	1	0001	00106	Schroeder	William	1882	Aug	17	06m	M	Seattle	USA
S	2	158	3099	Schroll	Reta	1902	Aug	12	06m	F	Green Lake b.Green Lake, WA	
S	2	187	3682	Schroll	Sebastian	1903	Jan	04	061	M	1300 Olive St.	SWT
S		0117	02326	Schuabland	Infant	1904	Aug	10	02d	M	3519 Carr Place	Sea
S	3	0126	02511	Schuchard	Victor F	1904	Sep	13	04m	M	7429 Latona Ave	Sea
S	2	0077	00156	Schude	F.	1897	Apr	18	018	M	Jenkin btwn 10th & 11th Sts	GER
S	3	0088	01743	Schuessler	Infant	1906	Jul	22	s/b	F	2nd Ave. & State, Ballard	WA

S	R	Page	Recor	LastName	FirstNames	Deat	Mn	Dt	Age	S	DeathPlace	Bir
S	2	0046	00014	Schuhnoson	Alta	1895	Jan	17	001	F	81B Alder St	
S	1		1909	Schule	A. M.	1890	Oct	15	030	M	Front & Wall b.Kansas City	---
S	3	0198	03962	Schuler	Jake L.	1905	Jul	06	028	M	16 W Harrison	OH
S		0009	00326	Schult	Hermina Augusta	1892	Aug	04	15m	M	Willow & Thomas	Sea
S	3	0091	01808	Schultz	Amelia	1906	Aug	13	065	F	Seattle General Hosp.	GER
S	-	168	3312	Schultz	Annie	1902	Jun	12	053	F	Dawson, AK b.Dawson,	AK
S		0009	00161	Schultz	Annie	1903	Apr	06	049	F	721 Third Avenue N.	GER
S	2	118	1703	Schultz	Carl	1899	May	17	002	M	403 Boren Ave.	Sea
S	2	0067	1331	Schultz	Charlie	1903	Dec	13	019	M	Hellman City WA	KS
S		0009	00341	Schultz	Edward	1892	Aug	14	005	M	Fremont	CA
S	2	128	2558	Schultz	Elenor	1902	Mar	15	003	F	12th & Pike	SEA
S	2	122	2433	Schultz	Elizabeth	1902	Feb	10	06d	F	816 Rainier Ave	SEA
S	1	296	2454	Schultz	Harold	1891	Jul	11	07m	M	1423 3rd St.	Sea
S	3	0094	01868	Schultz	Herman G.	1906	Aug	31	06m	M	100 9th Ave. S.	Sea
S	3	0183	03658	Schultz	Hilma	1907	Jun	05	031	F	104-50th St. N.	SWD
S	2	113	2253	Schultz	Inft.	1901	Dec	27	01m	F	2710 Elliott Ave. N.	SEA
S	2	0080	00269	Schulz	C. J.	1897	Jul	22	072	M	602 Bellevue Ave. b.N.	PRS
S		0019	00361	Schulz	F.N.	1903	May	24	050	M	Union Hotel	---
S	3	0030	00582	Schulze	Fred W.	1905	Dec	07	063	M	1814 Yesler Way	GER
S	3	0056	1122	Schumacher	Louise S.	1903	Nov	11	025	F	Monod Hosp.	GER
S	3	105	2103	Schumacher	Peter	1904	Jun	29	040	M	Providence Hospital	---
S		0021	00401	Schussler	Annie	1903	May	25	004	F	Ballard	WA
S	3	0127	02536	Schuster	Elsie Deloris	1904	May	14	013	F	4130 Linden Ave	Sea
S	3	0194	03871	Schutte	Henry	1905	Jul	04	053	M	Columbia & Post St	GER
S	3	0185	03695	Schuyler	Frank D.	1907	Jun	12	035	M	Wayside Hosp.	---
S		0111	02213	Schwab	Caroline Bertha	1904	Jul	20	018	F	1729 Summit	Sea
S	1	0001	00747	Schwab	Josephine S.	1889	Jan	26	002		near Grace Hosp.	
S	3	0181	03614	Schwaf	Solomon	1905	May	01	056	M	426 Boren Ave N	GER
S	-	147	2896	Schwang	Margaret	1902	Jun	15	04m	F	1412 5th Ave.	SEA
S	2	0001	00030	Schwartz	Celia	1892	Jan	18	013	F	608 6th St. b.San Francisco	CA
S	3	0144	02879	Schwartz	Ernest	1904	Nov	30	047	M	Redmond, WA	SWT
S	3	0066	01310	Schwartz	Infant	1906	Apr	09	s/b	M	Dearborn St.btwn.10 & 11 Av	Sea
S	3	0172	03422	Schwartz	Robert	1907	Apr	29	c36	M	Foot of Howard Ave. N.	---
S	3	0084	01673	Schwarzbauer	Theodora	1906	Jul	23	11m	M	816 17th So.	Sea
S		0033	00095	Schwede	Paul	1894	Mar	03	04h	M	10th & Judkins	Sea
S	2	0028	00557	Schweizer	Ella G.	1900	Jul	11	021	F	Prov. Hosp.	CA
S	3	0015	00299	Schweizer	Gottlieb	1905	Sep	01	048	M	WW Hosp. for Insane	GER
S	3	0027	00539	Schwender	Anna	1905	Nov	17	012	F	Twp 25N,Range 4 N.W.	GER
S	3	0074	01475	Schwendner	Infant	1904	Jan	27	s/b	M	1018 20th Ave. S.	Sea
S	2	161	3157	Schwenk	Chas.	1902	Jul	12	042	M	near Berlin	PA
S	2	100	1014	Schweppe	Henry	1898	Jul	28	025	M	Elliot Bay	GER
S	2	123	1881	Schwers	Willhelm	1899	Aug	26	020	M	2432 Day St.	GER
S	3	0084	01663	Schwesinger	George	1906	Jul	18	050	M	824 Maynard	GER
S	3	0006	00109	Schwing	Godfrey M.	1905	Aug	26	027	M	112 Fairview Ave	CA
S	3	0145	02898	Schytte	Agnes E.	1907	Feb	22	019	F	904 N. 82nd	MI
S	3	0150	03002	Schytte	Elizabeth A	1904	Dec	12	054	F	El Paso, TX	---
S	2	186	3659	Schyver	infant	1902	Dec	13	s/b	M	Ballard, WA b.Ballard,	WA
S	2	0037	00254	Scisson	Mary	1894	Jun	17	050	F	2029 West	HUN
S		0023	00319	Sckeld	Mary Ella	1893	Aug	17	009	F	Prince William St. (b.I.T.	
S	3	0184	03672	Scofield	---	1907	Jun	07	050	M	Wayside Emer.	---
S	3	0127	02533	Scofield	Hiram	1906	Dec	30	076	M	1122 Columbia	NY
S	3	0083	01658	Scoft	Simon Winfield	1906	Jul	16	074	M	825 15th	--
S	3	0136	02719	Scoonover	Randolph	1907	Jan	27	075	M	329-16th Ave.	VA
S	2	124	1915	Scordo	M. D.	1899	Sep	05	055	M	Providence Hosp.	ITL
S	2	124	1915	Scoroo	M. D.	1899	Sep	05	055	M	Providence Hosp.	ITL

S	R	Page	Recor	LastName	FirstNames	Deat	Mn	Dt	Age	S	DeathPlace	Bir
S	1	192	2257	Scotchman	Anne	1891	Mar	23	063	M	Providence Hosp.	ENG
S	2	0048	00083	Scott	(Infant)	1895	Mar	01	02d	F	Central Hotel	Sea
S		0022	00439	Scott	Albert Clay	1903	Jun	05	02m	M	814 - 20th Avenue S.	WA
S	3	0057	01137	Scott	Alexander	1903	Nov	12	035	M	Wayside Mission	un-
S	2	0048	00095	Scott	Anna	1895	Mar	09	036	F	215 Wash Alley	OR
S	2	108	1320	Scott	Boswell	1898	Dec	12	035	M	4th & Pine Sts.	IL
S	1	0001	01026	Scott	C.S.	1889	Oct	08	043	M	Prov. Hosp.	
S	3	0187	03722	Scott	Charles H.	1907	Jun	18	046	M	6716-3rd Ave. N.W.	MI
S	3	0092	01827	Scott	Charolette F.	1906	Aug	23	037	F	4030 Brooklyn	IA
S	3	0119	02363	Scott	Edith	1906	Nov	29	001	F	1529-19th Ave. S. (b. Sea.	WA
S	1		1492	Scott	Edward	1890	Aug	NR	026	M	Seattle	---
S		131	2585	Scott	Edward	1902	Mar	27	025	M	Providence Hosp.	ON
S	3	0035	00684	Scott	Edward Everett	1905	Dec	16	063	M	Winston, WA	VT
S	3	0101	02002	Scott	Floretta	1906	Sep	21	042	F	307 Roy	IL
S	3	0047	00922	Scott	Francis Donald	1906	Feb	01	009	M	1204 E. Denny Way	CA
S	2	0098	00908	Scott	Geo. H.	1898	Jun	05	040	M	519 Columbia St.	---
S	2	0042	00434	Scott	Gertrude	1894	Sep	05	03m	F	East Seattle b.King Co.	WA
S	2	0070	1395	Scott	Hattie M.	1904	Jan	14	021	F	204 24th Ave.	ND
S	2	109	1359	Scott	Herbert L.	1898	Dec	30	028	M	Providence Hosp.	---
S	2	0077	00142	Scott	infant	1897	Apr	07	01d	M	Wilfred St.	SEA
S	3	0144	02885	Scott	Infant	1904	Nov	13	s/b	M	Interbay	SEA
S	3	0020	00387	Scott	J. W.	1905	Oct	22	055	M	Wayside Emerg. Hosp.	UN
S	3	0060	01195	Scott	James	1906	Apr	20	030	M	Wayside Emergency Hospital	unk
S	2	183	3613	Scott	James Davis	1902	Dec	29	068	M	508 28th Av. S.	MO
S	2	0119	02370	Scott	James Mattaison	1904	Aug	24	080	M	3528 Carr Place	CND
S	3	0154	03073	Scott	Jerome W.	1907	Mar	17	026	M	1308-7th Ave.	OH
S	3	0059	01172	Scott	John Edgar	1906	Apr	10	051	M	1714 E.Fir St.	IN
S	3	0188	03749	Scott	Joseph A.	1907	Jun	24	041	M	1022 Belmont Ave. N.	TX
S	3	0144	02865	Scott	Lizzie R.	1907	Feb	15	038	F	Prov. Hosp.	IA
S	1	0001	00403	Scott	Louise E. Johnston	1884	Nov	02	035	F	Seattle	USA
S	1	0001	01180	Scott	Mary A. Mrs.	1890	Feb	17	022	F		
S	2	0071	00451	Scott	Miles	1896	Oct	23	---	M	Wilson Creek	---
S	1	0001	01107	Scott	R.A.	1889	Dec	31	023	M		
S	1		2050	Scott	Richard S.	1890	Dec	18	046	M	Snoqualmie Hotel	NYC
S	2	0067	1340	Scott	Roswell	1903	Dec	19	073	M	Startup WA	NY
S		0082	1634	Scott	Ruth	1904	Mar	12	07m	F	2033 1st Ave.	NE
S	2	0048	00106	Scott	Sam'l	1895	Mar	18	063	M	Fremont	SCT
S		0036	00712	Scott	Sarah J.	1903	Aug	15	057	F	1117 Jefferson Street	IN
S		0082	1627	Scott	Torence	1904	Mar	11	009	M	2nd Ave. & Denny Way	SD
S	3	0076	01507	Scott	Virgil E.	1906	Jun	19	036	M	4030 Brooklyn	IA
S	2	0018	00346	Scribner	Leander	1900	Apr	27	056	M	2000 2nd Av	IL
S	3	0093	01856	Scripture	Alene	1906	Aug	29	09m	F	1101 29th Ave. S.	WA
S		0008	00299	Scullin	Earnest	1892	Jul	22	002	M	Laurel Shade (b.NY City	
S	3	0105	02091	Scullin	Vivian May	1906	Sep	16	s/b	F	1608 Terry Ave.	Sea
S	3	0105	02083	Scurry	(Infant)	1906	Aug	31	06m	M	311 E. Aloha	WA
S	2	0091	00684	Scwabacher	Fred	1898	Mar	10	023	M	Providence Hosp.	CA
S	3	0097	01923	Seabersin	Wm.	1906	Sep	01	01m	M	1433 33rd Ave.	WA
S		0022	00311	Seagrave	Elsie Victoria	1893	Aug	13	03m	F		Sea
S	2	0066	1325	Seagrave	Sarah	1903	Dec	31	067	F	Occidental Hotel	NY
S	2	116	1642	Seagrien	Carl Lewis	1899	Apr	26	002	M	808 Terry Ave.	---
S	1	0001	01066	Sealander	A.R.	1889	Nov	14	043	M	West St. 3rd Ward	SWD
S	3	0093	01849	Seaman	Adolphus	1906	Aug	26	06m	M	422 N.47th	WA
S		136	2690	Seaman	Harold	1902	Apr	09	009	M	Seattle Gen. Hosp.b.Blaine,	WA
S	2	345	2552	Seaman	J. J.	1891	Aug	29	035	M	Providence Hosp.	---
S	1	0001	00461	Seaman	Nellie H.	1885	Jun	03	023	F	Seattle	OR

S	R	Page	Recor	LastName	FirstNames	Deat	Mn	Dt	Age	S	DeathPlace	Bir
S	2	0087	1727	Sean	C. Donald	1901	Jul	24	001	M	1010 Wash	WA
S		0079	1576	Searight	Jennie	1904	Feb	12	044	F	West Seattle	SCT
S	3	0174	03483	Searle	P B	1905	Apr	02	048	M	Seattle General Hosp	ENG
S	3	0040	00798	Searles	Violet (Mrs.)	1906	Jan	16	024	F	213 9th Ave S	UN
S	1	0001	00758	Sears	(nr)	1889	Feb		025	M	Prov. Hosp.	
S	3	0161	03217	Sears	Alice M.	1907	Apr	08	070	F	1308-21st Av S.	NB
S	3	0098	01953	Sears	Alsa S.	1906	Sep	09	072	F	701 25th Av.S.	MA
S	2	0081	00303	Sears	Jennie	1897	Aug	07	052	F	2931-1/2 1st Ave. S.	---
S		0054	1066	Sears	Jeremiah	1903	Oct	11	026	M	Yesler Station	MI
S	-	169	3330	Sears	John C.	1902	Sep	26	070	M	Estabrook Blk.	NY
S	2	0083	1654	Sears	Joseph	1901	Jun	12	018	M	Yesler Wash	MI
S	2	0064	00186	Sears	Julia A.	1896	May	06	045	F	501 Albert St	
S	3	0155	03098	Sease	L W	1905	Jan	18	040	M	Wayside Emergency Hosp	MT
S	2	116	2306	Seaton	Wm. A.	1902	Jan	03	021	M	County Jail	MO
S	2	0065	00231	Seattle	Angeline	1896	May	31	030	F	West St nr Pike b.Puget Sd	
S	2	0003	00048	Seavey	Augustus L.	1900	Jan	23	040	M	Seattle Gen. Hosp.	ME
S		194	3826	Seawright	Clay Crosby	1903	Feb	10	054	M	Globe Hotel	--
S	1	287	2436	Sedasky	Frank	1891	Jul	04	04m	M	426 Bismark St.	Sea
S	3	0157	03127	Sederboon	Catherine Frances	1907	Mar	26	039	F	638 E. 71st St.	PA
S	3	0095	01899	Sedgwick	John C.	1906	Aug	21	045	M	Sherwood	IA
S	1	0001	00648	See Hee	Baby (Chinese)	1888	Oct	10	002		Second & Washington	
S		0023	00336	Seeger	Della	1893	Aug	29	05w	M	1528 4th St.	Sea
S	2	0094	1880	Seehey	Maurice S.	1901	Sep	07	09m	M	1700 Kinnear	SEA
S	2	0068	1360	Seely	Clara	1904	Jan	02	006	F	2437 East Valley	MN
S	2	110	1406	Seelye	Hermon C.	1899	Jan	16	065	M	1133 3rd Ave. N.	CT
S	-	151	2959	Seeman	infant	1902	Jun	05	---	M	1815 E. Denny Way	SEA
S	1	0001	01064	Seezeck	John	1889	Nov	23	027	M	Prov. Hosp.	
S	2	0078	00166	Sefcik	Louis	1897	Apr	24	050	M	Duwamish, WA	BHM
S	2	0072	00493	Segair	Saul	1896	Nov	05	055	M	Everett, WA	LA
S		0031	00011	Segman	Carl (Infant of)	1894	Jan	09	28h	M	Thomas & Light	
S	1	0001	01215	Sehaar	Geo. C.	1890	Mar	04	042	M	2233 Front St.	GER
S	1	0001	01094	Sehnez	Fred	1889	Dec	22	035	M	Corner Rollin & Republican	GER
S	3	0146	02914	Seibert	Johane	1907	Feb	25	08m	F	Sturgis Road & Norman	MN
S	2	115	1603	Seica	Anna	1899	Apr	11	002	F	Seattle	Sea
S	3	0134	02661	Seidel	Frank	1907	Jan	21	063	M	115 Columbia	GER
S	2	0094	00769	Seidenberg	Herman	1898	Apr	17	032	M	818 Jefferson St.	GER
S		0024	00468	Seiderprum	Clara Matilda	1903	Jun	15	030	F	Providence Hospital	MI
S	1		1481	Seidill	Charls (or Alben Nusnoney)	1890	Aug	11	022	M	Providence Hospital	PLD
S	1	261	2384	Seigfried	Elgin	1891	Jun	06	070	F	Fremont	GER
S		137	2707	Seigurdson	Bertha	1902	Apr	08	040	F	King County Hosp.	IRL
S	3	0100	01992	Seim	Alfred	1906	Sep	15	029	M	Wayside Emergency Hospital	NRY
S	2	106	1241	Seits	Mary	1898	Oct	29	075	F	King Co. Hosp.	OH
S	1		2182	Seitz	Fred	1891	Mar	03	026	M	Grace Hospital	GER
S	2	188	3700	Seitzinger	Jeremiah	1903	Jan	13	087	M	2221-1/2 1st Ave.	PA
S	3	0168	03350	Selbert	Mrs. Mary	1907	Apr	27	039	F	Providence Hosp.	GER
S		133	2635	Selby	Dolly	1902	Apr	05	003	F	2608 E. Valley St.	ND
S	2	0005	00090	Selby	Manford Douglas	1900	Feb	02	053	M	Green Lake	OH
S	3	0169	03366	Selby	Mary Bell	1907	Apr	30	013	F	3403 Wallingford Ave.	OH
S		0032	00062	Selby	Wm.	1894	Feb	09	056	M	5th & Lenora	PA
S	2	0045	00892	Selig	Sally	1900	Nov	03	048	F	924 WA St	GER
S	2	0109	2175	Selkirk	William Alexander	1901	Dec	01	072	M	1520 13th Ave. S.	MO
S		0017	00116	Sells	Cushing	1893	Feb	16	083		708 S.2nd, Tacoma	MA
S		0038	00749	Selman	Lois	1903	Aug	27	027	F	Seattle General Hospital	IA
S	3	0145	02896	Selmer	Hulda	1904	Dec	03	028	F	2103 7th Ave	NRY
S	3	0159	03167	Selstad	Olaf	1905	Jan	25	034	M	Foot of Seneca St	SWD

S	R	Page	Recor	LastName	FirstNames	Deat	Mn	Dt	Age	S	DeathPlace	Bir
S	3	0148	02942	Semensky	Joseph F.	1907	Jan	22	c30	M	Los Angeles, CA	unk
S	3	0173	03460	Semple	Percy Christian	1905	Mar	11	026	M	Denver, CO	AUT
S	2	0047	00078	Semple	Virginia	1895	Feb	27	07w	F	209 Chestnut	Sea
S	2	0092	00691	Sempli	Wm. T.	1898	Mar	25	031	M	Sea. Gen. Hosp.	PA
S		133	2632	Sender	Walter	1902	Apr	04	005	M	703 24th Ave. S.	SEA
S		0045	00888	Seneca	Clarence	1903	Sep	18	01m	M	720-26th Avenue N.	SEA
S	2	0072	00477	Seng	A. H.	1896	Nov	14	053	M	4th btwn Main & Wash. Sts.	CHN
S	2	102	1073	Senn	Jacob	1898	Aug	21	048	M	Providence Hosp.	---
S	3	0172	03433	Sequist	Charles	1905	Mar	06	042	M	Wayside Emergency Hosp	---
S	3	0170	03388	Serafino	Nicola	1907	Apr	10	023	M	Near Pendleton, OR	---
S	3	0189	03779	Serf	Thomas I.	1907	Jun	30	021	M	Providence Hosp.	---
S	3	0241	02802	Serge	Louise	1907	Feb	06	076	F	2359 N. 62nd	GER
S	2	0007	00131	Serles	Magreta	1900	Feb	21	035	F	529 23rd Ave	GER
S	2	0080	1582	Setherlee	A. Annie	1901	May	23	081	F	Ballard	NRY
S	2	0055	00367	Seude	Infant	1895	Sep	14	07d	F	501 Commercial	Sea
S	2	0099	1980	Seugiyama	Toki	1901	Oct	02	022	F	4th & Jackson	JPN
S	2	114	2265	Severance	Frederick M.	1901	Dec	19	069	M	Bronson Hotel	ME
S	2	113	1514	Sevy	Chas.	1899	Mar	09	056	M	Providence Hosp.	---
S		0042	00832	Sewall	Laurence Arthur	1903	Sep	03	05d	M	Green Lake	SEA
S	3	0100	01981	Seward	Frederick Theodore	1906	Sep	15	01m	M	921 Yesler Way	WA
S	3	0193	03864	Sewell	Infant	1905	Jun	10	---	M	4102 Burke Ave	SEA
S	2	0094	00772	Sewin ?	Mor. G.	1898	Apr	20	010	M	522 Mercer St.	TX
S	3	0165	03287	Sexauer	Edward G.J.	1907	Apr	12	002	M	966-21st Ave.	WA
S	2	112	1467	Sexon	Carrie A.	1899	Feb	10	059	F	8th & Blanchard	ME
S	2	111	2217	Sexton	E. A.	1901	Dec	15	35?	M	Prov. Hosp.	MO
S	1	0001	00907	Sexton	Henry	1889	Jun	24	06m	M	E. of Broadway	
S	2	0044	00510	Sexton	J.Z.	1894	Nov	05	053	M	2122 7th	O
S	2	0045	00564	Sexton	Lydia	1894	Dec	15	095	F	2122 7th	NJ
S	3	0091	1812	Sexton	Mrs. Ellen	1904	Apr	19	055	F	1015 E. Terrace St.	IRL
S		0008	00293	Sexton	Roy D.	1892	Jul	17	08m	M	2122 7th	Sea
S	2	0041	00400	Seymour	Adah E.	1894	Sep	03	033	F	3rd & Columbia	
S		0023	00343	Seymour	Alice May	1893	Jul	31	025	F	County farm	
S		0008	00274	Seymour	Francis	1892	Jul	07	030	M	Gilman	ENG
S		0025	00405	Seymour	Luella D.	1893	Sep	21	020	F	Drexel Ave.	MA
S	2	0035	00698	Shadel	Viola	1900	Aug	27	---	F	Port Townsend	WA
S	3	0186	03715	Shaeffer	Clare	1905	Jun	02	016	F	322 24th Ave N	CO
S	2	339	2539	Shaeffer	Fred	1891	Aug	24	016	M	Lake Washington	IL
S	3	0152	03036	Shafer	Calvin C.	1907	Mar	07	054	M	1066-39th St.	WI
S	2	122	2426	Shafer	Earl B.	1902	Feb	08	008	M	522 11th Ave. N.	IL
S	3	0156	03107	Shafer	Frank	1905	Jan	18	044	M	436 23rd Ave S	NY
S	3	0056	01102	Shafer	Harold	1906	Mar	08	05m	M	Kennewick, WA	WA
S	3	0175	03499	Shafer	Mrs. Janey	1907	May	17	032	F	Seattle Gen. Hosp.	CND
S	3	0003	00047	Shaffen	Rebecca	1905	Aug	08	018	F	733 27th Ave S	RUS
S	3	0191	03812	Shaffer	Chris A.	1905	Jun	10	026	M	718 Taylor Ave	IA
S	1		2132	Shaffer	Geo.	1891	Feb	07	021	M	New Zealand House/3rd&Jack.	RUS
S	2	0049	00127	Shaffer	John	1895	Mar	15	054	M	Co. Hosp	GER
S		194	3816	Shaffer	Lena	1903	Feb	05	035	F	Monod Hospital	RUS
S	2	0053	00303	Shaffner	Edna L.	1895	Aug	06	001	F	817 Howell	Sea
S	1		1464	Shakespearen	Henry	1890	Aug	03	021	M	Commercial&Plummer b.Victor	BC
S		0001	00013	Shaku	Kyijiro	1903	Mar	09	029	M	411 1/2 Yesler	JPN
S	2	106	1242	Shaldorf	August	1898	Oct	27	028	M	S. Seattle, WA	WI
S		0042	00826	Shamek	Lydia	1903	Aug	31	029	F	Providence Hospital	IN
S	2	0095	1882	Shanan	Anna Leo	1901	Sep	07	014	F	Prov. Hosp.	CND
S	3	0184	03680	Shane	Jerry	1907	Jun	08	031	M	Wayside Hosp.	NY
S		136	2682	Shanghessy	baby	1902	Apr	27	01d	M	2906 1st Ave.	SEA

S	R	Page	Recor	LastName	FirstNames	Deat	Mn	Dt	Age	S	DeathPlace	Bir
S	2	0050	00985	Shank	Edwin B. W.	1900	Dec	08	032	M	Ox & Washington	ME
S	3	0118	02360	Shanks	Carrie M.	1906	Nov	28	024	F	3703-9th Ave. S.	MN
S	1		2229	Shannon	Augusta	1891	Mar	11	036	F	325 Clay St.	SWD
S	2	180	3558	Shannon	Edward	1902	Nov	25	040	M	Elliott Bay	---
S	3	0128	02560	Shannon	Edward	1904	Sep	29	01d	M	1027 Denny Way	SEA
S	2	0038	00275	Shannon	Edward L.	1894	Jul	05	051	M	York House	NY
S		0115	02295	Shannon	Flora (Mrs.)	1906	Nov	03	041	F	1310 Denny Way	ME
S	2	109	1363	Shaoelman	Pat	1898	Dec	13	030	M	Cascade Tunnel	---
S	2	180	3536	Shaphran	infant	1902	Nov	14	---	F	1247 King St.	SEA
S	3	0179	03569	Shapiro	Mollie	1907	May	29	002	F	Minor Hosp.	WA
S	1	0001	00415	Shaplis	John	1884	Dec	15	14m	M	Seattle	
S	3	0052	01028	Sharick	Mary A. (Mrs.)	1906	Mar	12	082	F	1312-N.46th St.	NY
S		0029	00556	Shariman	Robert	1893	Dec	19	04m	M	Terrace St.	
S	3	0039	00776	Sharkey	Jennie Lee	1906	Jan	25	071	F	329 1st Ave	IRL
S	1	0001	00682	Sharlie	A.(child)	1888	Nov	15	006		Lenora & West St.	
S	2	0010	00181	Sharp	Edw'd	1900	Mar	04	045	M	Prov. Hosp.	CND
S	2	141	2794	Sharp	Francis A. Rev.	1902	May	11	049	M	Ravenna Park	PA
S	2	0090	00627	Sharp	Ida G.	1898	Feb	18	035	F	Sea. Gen. Hosp.	IL
S	2	0071	00432	Sharp	infant	1896	Oct	23	p/m	M	604 Pike St.	SEA
S	3	0124	02480	Sharp	Loretta	1906	Dec	16	034	F	Providence Hosp.	MO
S	-	163	3199	Sharp	Mrs. Ida	1902	Aug	31	049	F	Georgetown, WA	NY
S	3	0190	03800	Sharp	William B.	1905	Jun	25	061	M	1525 32nd Ave S	CND
S	2	0077	1537	Sharpe	C. Ed.	1901	May	19	030	M	608 Columbia	CND
S		0056	01111	Shattler	Arthur	1903	Nov	06	013	M	122 Pine Street	CO
S	3	0121	02420	Shattock	Dickson P.	1906	Dec	01	077	M	217 Occidental	---
S	2	117	1682	Shattuck	Homer	1899	May	07	03h	M	530 Maynard St.	Sea
S	3	0101	02024	Shaucair	Infant	1904	May	18	pre	F	715 Bell St.	Sea
S	2	0039	00348	Shauleling	Iona C.	1894	Aug	15	023	F	704 5th St	
S		0025	00394	Shaw		1893	Sep	15	082	F	Yesler Ave. & McClair	
S	-	163	3211	Shaw	baby	1902	Aug	31	06m	F	1st Ave. S. & Connecticut	WA
S	-	162	3191	Shaw	Chas. H.	1902	Aug	30	060	M	1600 Yesler	ME
S	2	0014	00269	Shaw	Dora L.	1900	Mar	26	025	F	Skagway, AK	OH
S	2	140	2773	Shaw	Edward W.	1902	May	14	022	M	Interbay	OR
S	3	0105	02093	Shaw	Emil	1906	Sep	16	s/b	M	1433-33rd Ave.	Sea
S	2	0022	00424	Shaw	Emily	1900	May	22	---	F	2622 1st Av	SEA
S	1	204	2269	Shaw	George	1891	Apr	03	060	M	520 Broadway b.Mentz,	NY
S	1	0001	00344	Shaw	J.W.	1884	May	11	022	M	Seattle	USA
S	2	0049	00119	Shaw	Jacob H.	1895	Mar	28	074	M	528 Broadway	NY
S	2	0010	00195	Shaw	John V	1900	Mar	10	067	M	1907 E Spence	IN
S	3	0147	02935	Shaw	Robert	1907	Feb	28	056	M	105 Weller St.	unk
S	3	0064	01272	Shaw	William Capt.	1906	Apr	16	041	M	Appleton, King Co.	SCT
S	3	0040	00785	Shaw	Wm B.	1906	Jan	30	064	M	514 Howard Ave	DE
S	2	0002	00038	Shaw	Wm.	1900	Jan	19	070	M	Providence Hosp.	---
S	2	0053	00286	Shawness	John H.	1895	Jun	01		M	Brighton Beach	
S	2	179	3519	Shea	Annie	1902	Nov	15	015	F	S. Park	WA
S		0026	00440	Shea	Birdie	1893	Oct	13	012	F	721 Kinney	CO
S	3	0018	00341	Shea	Dion Leonard	1905	Oct	05	019	M	714 Virginia St	NE
S	3	0183	03648	Shea	Geo. H.	1907	Jun	02	047	M	2016 Boylston	NS
S	2	0002	00040	Shea	John D.	1900	Jan	21	058	M	near N.P. Depot	IRL
S	3	0133	02646	Shea	Patrick C.	1907	Jan	16	061	M	916 King	IRL
S	3	0007	00131	Shead	Edward Wadsworth	1905	Aug	19	032	M	722 Madison St	ME
S	2	0053	01042	Shears	Harriet	1900	Dec	18	068	F	Tacoma	---
S	1	0001	00973	Sheber	George	1889	Sep	25	047	M	Prov. Hosp.	
S	3	0004	00076	Shedd	Sabina E.	1905	Aug	16	082	F	15th Ave & Madison	ME
S	2	108	2144	Sheedy	Francis F.	1901	Nov	27	09m	M	724 - 27 Ave. S.	SEA

S	R	Page	Recor	LastName	FirstNames	Deat	Mn	Dt	Age	S	DeathPlace	Bir
S	3	0152	03032	Sheehan	Infant	1904	Dec	25	s/b	F	1136 12th Ave	SEA
S		0004	00138	Sheehan	John	1892	Apr	09	081	M	Broadway and Depot St.	
S	3	103	2052	Sheehan	John	1904	Jun	09	065	M	Providence Hospital	IRL
S	3	0147	02942	Sheehan	Margaret	1904	Dec	25	037	F	1136 12th Ave	IRL
S	3	0169	03375	Sheehan	Michael F.	1907	Mar	28	058	M	Goldfield, NV	---
S	3	0137	02733	Sheehy	Joseph	1904	Oct	19	040	M	Kangley, WA	CND
S	1		1930	Sheen	Archie E.	1890	Oct	25	001	M	2117 3rd Portland, OR	
S	3	0025	00484	Sheets	Benjamin W.	1905	Nov	18	066	M	1506 Melrose Ave	PA
S	2	0093	00733	Sheets	Isaac C.	1898	Apr	04	025	M	1506 Terry Ave.	PA
S	2	0050	00195	Sheffield	E.J.	1895	May	02	033	F	Prov Hosp	WI
S	3	0093	10864	Sheffield	William Morrow	1904	Apr	13	03m	M	West Seattle b.W.Seattle	
s	1	0001	00181	Shehan	W.H.	1883	Apr	05	06m	M	Seattle	USA
S	3	0164	03280	Shelden	John	1905	Feb	21	011	M	Seattle General Hosp	SEA
S	3	0173	03451	Sheldon	Edgar Aubre	1907	May	07	010	M	Providence Hosp.	MO
S	1	0001	00069	Sheldon	Isabella	1882	May	07	008	F	Seattle	US
S	2	111	2211	Sheldon	John	1901	Dec		040	M	Elliott Bay	USA
S	-	166	3267	Sheldon	John	1902	Sep	26	045	M	1322 1st Ave.	ITL
S	2	145	2845	Sheldon	Josephine R.	1902	May	25	020	F	Ballard, WA	WA
S	3	0174	03461	Sheldon	Mrs. Jennie Belle	1907	May	09	031	F	419-5th Ave.	MO
S	2	0107	2126	Shelton	Mrs. M. C.	1901	Nov	20	057	F	411 Pike St.	MO
S	2	0050	00986	Shemonishi	K.	1900	Dec	08	030	M	222 Main St	JPN
S		0028	00534	Shepard	Caroline	1893	Dec	09	039	F	Rainier Hotel	
S	2	144	2822	Shepard	Catherine R.	1902	May	20	078	F	1406 Bellevue b.Rochester, NY	
S	2	124	1920	Shepard	Chas	1899	Sep	07	081	M	1334 Terry St.	---
S	3	0056	01124	Shepard	Franklin Bowen	1903	Nov	12	001	M	3805 E. Prospect	Sea
S	2	179	3532	Shepard	Mary J.	1902	Nov	28	047	F	West Point Light Station	PA
S	2	0075	1490	Shepard	R. Thos.	1901	May	03	001	M	121 15 Av. N.	WA
S	3	0033	00648	Shepard	Wildes Bowen	1905	Dec	31	05m	M	3805 E Prospect St	SEA
S	3	0182	03643	Shephard	Charles	1905	May	11	057	M	714 Valley St	WI
S		0013	00258	Shephard	S.W.	1903	Apr	15	054	F	Colby, Washington	PA
S	2	0001	00037	Shepherd	Mariette	1892	Jan	24	070	F	1810 12th St.	NY
S	3	0091	01813	Sheppard	Catherine T.	1906	Aug	20	024	F	Pacific Hospital	CA
S	3	0092	01834	Sheppard	David	1906	Aug	23	01m	M	Pacific Hosp.	Sea
S	3	0092	1845	Sheppard	George	1904	Apr	09	061	M	Providence Hospital	IL
S	1	0001	01022	Sheppard	Joseph	1889	Oct	23	22m	M	West Seattle	
S	3	0109	02170	Sheppard	Joseph B.	1906	Oct	16	041	M	Prov. Hosp.	ENG
S	3	0160	03201	Sheppard	Thomas	1905	Jan	08	040	M	Orilla Station	---
S	1	0001	00986	Sheratory	Infant	1889	Sep	22				
S	2	0031	00614	Sherbeck	Infant	1900	Jul	10	01m	M	Ballard	SEA
S		0113	02260	Sheridan	Patric	1906	Oct	21	023	M	Near Monroe, WA	---
S		111	2220	Sheridan	Susan	1904	Jul	22	034	F	Providence Hospital	FL
S		0063	1247	Sheridan	William	1903	Dec	06	030	M	Wayside Mission Hospital	IRL
S	3	0047	00927	Sherk	Defoe	1906	Feb	08	024	M	Hotel "Northern"	MI
S		0032	00637	Sherlock	Thos. Joseph	1903	Jul	13	005	M	Van Asselt	WA
S	3	0190	03783	Sherlock	Walter Joseph	1907	Jun	01	042	M	Vanassault, WA	IRL
S	2	111	2213	Sherman		1901	Dec	12	s/b	M	Beacon Hill	SEA
S	2	0085	00442	Sherman	Chas.	1897	Nov	03	045	M	628 King St.	WI
S		0006	00201	Sherman	Daisy	1892	May	19	020	F	Union St.	
S		0012	00460	Sherman	Fred	1892	Nov	09	007	M	310 Union	
S	2	0001	00013	Sherman	George	1892	Jan	09	062	M	812 2nd St.	GER
S	2	113	2255	Sherman	George	1901	Dec	28	002	M	1816 1/2 6th Ave.	SEA
S	3	0197	03926	Sherman	George Byron	1905	Jul	22	16d	M	1606 11th Ave	SEA
S	1		1935	Sherman	Mary	1890	Oct	27	026	F	1519 7th St.	
S	2	180	3543	Sherman	Mary L.	1902	Nov	27	049	F	2315 5th Ave.	NY
S	3	0011	00219	Sherman	V. H.	1905	Sep	06	072	M	Wayside Emerg. Hosp.	---

S	R	Page	Recor	LastName	FirstNames	Deat	Mn	Dt	Age	S	DeathPlace	Bir
S	3	0154	03084	Sherry	P A	1905	Jan	12	073	M	106 Washington St	IRL
S	3	0167	03336	Sherwood	Anne Elvira	1905	Feb	21	035	F	West Seattle	NE
S	2	120	1771	Sherwood	E. D.	1899	Jun	27	046	M	Providence Hosp.	---
S	2	0004	00072	Sherwood	Jas/Jos	1900	Jan	05	042	M	Co. Hosp.	NY
S	3	0131	02605	Sherwood	Mary E.	1907	Jan	06	081	F	1220 Highland Place	NY
S	3	0136	02717	Sheuerman	Christian	1907	Jan	27	072	M	3232-17th Ave. W.	GER
S	1		2063	Sheut	infant	1890	Dec	26	s/b	M	Main St.	Sea
S	3	0130	02595	Shiach	Jean C.	1907	Jan	02	001	F	4211 Brooklyn Ave.	WA
S	1	267	2395	Shiebley	Jasper	1891	Jun	09	009	M	515 James St.	CA
S	1		2153	Shield	Maggie	1891	Feb	21	15m	F	328 Orion St.	Sea
S	2	0013	00257	Shields	(Baby)	1900	Mar	08	09d	F	Ballard	sme
S	2	111	1436	Shields	Chas. M.	1899	Jan	12	038	M	Wellington, WA	---
S	3	0199	03982	Shields	Elias S.	1905	Jul	19	032	M	Ballard	CND
S	3	0143	02864	Shields	Eugene	1904	Nov	04	050	M	Barneston, WA	---
S	2	0006	00105	Shields	Fred	1900	Feb	09	024	M	S. G. Hosp.	CND
S	2	0035	00695	Shields	Freeland	1900	Aug	31	070	M	918 John St	NY
S	3	0137	02727	Shields	George	1907	Jan	01	058	M	236 Larry Ave., Ballard	CND
S	3	0016	00318	Shields	Jessie M.	1905	Sep	21	01d	F	Ballard	sme
S	2	0036	00712	Shields	Lawrence	1900	Aug	24	001	M	Ballard	WA
S			1355	Shierian	Joseph N.	1890	Jun	17	028	M	Auzura House	IN
S	2	122	2428	Shigede	Infant	1902	Feb	09	03m	M	2nd Ave. S. & Main St.	SEA
S	3	0138	02751	Shigiu	Z.	1907	Jan	21	028	M	Eagle Gorge, WA	JPN
S		113	2262	Shilpot	William	1904	Jul	04	055	M	Fall City WA	---
S	3	0003	00057	Shimasaki	T.	1905	Aug	07	030	M	Seattle Gen. Hosp.	JPN
S		0008	00288	Shimonishi	Harry	1892	Jul	13	07m	M	509 Main	Sea
S	1	0001	00560	Shims	Martha	1887	Oct	12	065	F	2nd Ward	
S	3	0125	02492	Shimsinski	Minnie	1906	Dec	22	071	F	85th & Latona	GER
S	3	0169	03366	Shimuty	Josephine	1905	Mar	07	07m	F	306 Bell St	WA
S	3	0133	02658	Shimzu	S.	1907	Jan	22	10d	M	412-1/2 Main	WA
S	-	156	3072	Shina	Watanake	1902	Jul	31	027	F	Providence Hosp.	JPN
S	1	0001	01174	Shindler	Florence W.	1890	002	23	024	F	605 Farm St.	IN
S	2	0056	01117	Shinohora	M.	1901	Jan	25	01d	M	428 5th Ave S	WA
S	-	151	2976	Shinslyakumaten	H.	1902	Jul	05	025	M	Great Northern Lodging Hse	JPN
S	3	0075	01497	Shipley	Evelinn A.	1906	Jun	13	069	F	2204 E. John	ME
S	2	0088	00553	Shipley	infant	1898	Jan	13	02w	F	1624 22nd Ave.	SEA
S		0014	00177	Shipley	Infant	1903	Apr	12	---	F	118 - 22nd Avenue	SEA
S	2	138	2736	Shipley	John	1902	May	01	02m	M	Green Lake, WA	WA
S	3	0071	01409	Shipman	Jeanette E.H.	1906	May	11	007	F	951 - 20th Ave.	MN
S	2	128	2084	Shipp	Marion	1899	Nov	19	009	F	1001 Main St.	Sea
S			1268	Shippish	Thomas	1890	Apr	27	002	M	King St.	Sea
S	2	0100	00990	Shipps	Irana E.	1898	Jul	13	03w	F	1016 King St.	Sea
S	3	0182	03635	Shiraishi	(Infant)	1907	May	28	s/b	M	615 Weller	WA
S	2	0037	00267	Shire	Mary	1894	Jun	07	031	F	Georgetown	SCT
S	2	353	2568	Shirey	Charles	1891	Sep	05	10m	M	Lombard & Blain Sts.	Sea
S	2	0046	00914	Shirk	Jennie	1900	Nov	14	055	F	Prov. Hosp.	PA
S	3	0151	03016	Shirley	Lillian	1907	Mar	04	007	F	Wayside Hosp.	IA
S	2	0070	1405	Shise	Wm. H.	1904	Jan	17	053	M	Wayside Mission	IN
S	1		2243	Shmidt	Elizabeth D.	1891	Mar	18	007	F	2nd & Pike Sts.	---
S	2	0044	00543	Shoales	Carl O.	1894	Nov	30	020	M	308 Cedar	KS
S	1		1508	Shoals	Lucy A.	1890	Aug	23	062	F	314 Temperance St.b.Monson,	MA
S		0022	00282	Shoblack	Andrew	1893	Jul	21	054	M		SWD
S	3	0044	00880	Shoblad	Helen L.	1906	Feb	18	073	F	1201 Dexter Ave.	SWD
S	1	0001	00025	Shoemacher	Joseph	1881	Dec	03	075	M	No. Sea.	US
S	1	0001	00469	Shoemaker	Amelia	1885	Jul	26		F	Seattle	NY
S	1	0001	00686	Shoenlank	Julio	1888	Nov	20	054		Corner 6th & Spring St.	

S	R	Page	Recor	LastName	FirstNames	Deat	Mn	Dt	Age	S	DeathPlace	Bir
S	2	0085	00460	Shoffer	H. W.	1897	Nov	18	018	M	Sea. Gen. Hosp.	PA
S	2	0124	2471	Shogren	Anna	1902	Feb	21	078	F	903 15th Ave.	SWD
S	2	0099	00947	Shogren	Hannah	1898	Jun	25	027	F	2029 2nd Ave.	---
S	3	0138	02756	Sholes	Roice Wicker	1907	Jan	24	063	M	So. Park, WA	VT
S	1		2138	Sholt	Clanch H.	1891	Feb	12	04m	M	Wilson St.	---
S		0003	00047	Sholund	Ida	1903	Mar	21	043	F	720 Columbia	SWD
S		0022	00288	Shomly	Hattie	1893	Jul	29	024	F	334 Poplar	WI
S		0025	00487	Shomo	Wilber	1903	Jun	23	002	M	Roy and Melrose Avenue	SEA
S	-	163	3214	Shomo	Wilbert	1902	Sep	03	06m	M	614 E. Lake St.	SEA
S	3	0193	03862	Shoncair	Infant	1905	Jun	08	---	M	1823 Minor Ave	SEA
S	3	0130	02596	Shook	Benjamin	1907	Jan	03	072	M	Providence Hosp.	
S	2	0091	1802	Shook	Virgil Bessie	1901	Aug	19	002	F	Prov. Hosp.	WA
S	2	0036	00710	Shorey	Geo. B.	1900	Aug	20	030	M	Whatcom, WA	---
S	2	0018	00349	Shorey	Oliver C.	1900	Apr	28	056	M	1203 Summit	ME
S		0019	00380	Shorey	Walter A.	1903	May	02	050	M	Ballard	ME
S	-	155	3056	Shorrock	Jas.	1902	Jul	27	069	M	Alki Point, WA	ENG
S	2	0071	00430	Short	infant	1896	Oct	23	p/m	M	604 Pike St.	SEA
S	2	0092	00682	Short	R.	1898	Mar	20	003	M	Front &Pike St.	---
S	2	111	1416	Shorter	Suzie J.	1899	Jan	21	039	F	Seattle Gen. Hosp.	ME
S		0014	00267	Shortridge	M.E.	1903	Apr	06	036	F	South Seattle	ENG
S	2	0069	00397	Shorty	Rhode Island	1896	Sep	07	020	M	Seattle	---
S	-	189	3730	Shotwell	Rhea Henry	1903	Jan	24	032	F	Wayside Mission b.Olympia, WA	
S	1	0001	00707	Shotyel	Cora Mrs.	1888	Dec	16	024	F	712 8th St.	
S	2	0096	1905	Shoudy	William H.	1901	Sep	18	071	M	Interbay WN	IL
S	2	0066	1319	Shoup	Agnes May	1903	Dec	12	022	F	Monod Hospital	UT
S	3	0150	02992	Shoup	George	1904	Dec	01	068	M	Near Alki Point	---
S		0116	02309	Showalter	Charley	1904	Aug	08	10m	M	2406 E. Valley	Sea
S		0098	1958	Shrader	Charles D.	1904	May	23	059	M	150 18th Ave.	WI
S	2	0099	00965	Shram	John T.	1898	Jun	21	034	M	Island Co., WA	ON
S	3	0171	03419	Shram	Lizzie	1905	Mar	24	059	F	2302 10th S	GER
S	1		2239	Shrig	Mabel	1891	Mar	17	14m	F	2225 Front St.	Sea
S	2	0050	00999	Shriner	Alfred N.	1900	Dec	13	09m	M	1114 Wash.	WA
S	3	0078	01550	Shroll	Elizabeth	1906	Jun	06	074	F	7445 - 4th NE	IN
S	1	0001	00814	Shronsbrey	Bownett	1889	Mar	27	11m		Sane St.	
S	1	0001	01038	Shuber	Julius	1889	Oct	24	020	M		
S	2	0073	00544	Shuckler	M. D.	1896	Dec	26	020	M	So. Seattle	IA
S	2	0076	00116	Shuckline	Geo.	1897	Mar	25	---	M	General Hosp.	---
S		0028	00526	Shufeldt	O.D.	1893	Dec	03	028	F	Prov. Hosp.	
S	2	121	1797	Shuh	Siebert	1899	Jul	08	031	M	Providence Hosp.	---
S			1343	Shuler	Frank	1890	Jun	07	035	M	Providence Hospital	---
S	2	111	1451	Shullenberger	Chas.	1899	Feb	03	021	M	foot of Madison St.	---
S		0003	00082	Shuly	Charles	1892	Feb	28	007	M	222 Lake	IN
S	3	0094	1873	Shulz	Hausina	1904	Apr	30	040	F	Sunnydale WA	NRY
S	3	0042	00838	Shumaker	George Emerson	1906	Feb	05	14d	M	3817 - 12 Ave NE	Sea
S	-	167	3287	Shumway	Mary Clark Holland	1902	Sep	25	081	F	1304 Madison St.	MA
S			1416	Shurets	Clarence W.	1890	Jul	14	03w	M	10th St.	Sea
S	3	0176	03519	Shute	Mrs. Hellene	1907	May	20	040	F	Rainier Beach	MI
S	2	128	2078	Shuttes	Mark C.	1899	Nov	20	022	M	31st & East John Sts.	NY
S		0028	00520	Shwalter	J.B.	1893	Nov	19	025	M		
S	3	0076	01509	Sibbars	Martin	1904	Feb	10	060	M	Providence Hospital	un-
S	1		2098	Sibber	infant	1891	Jan	15	pm	M	1408 6th St.	Sea
S	3	0048	00945	Sibley	L.W., Jr.	1906	Jan	22	021	M	Cape Beale, BC	IL
S	3	0130	02587	Sickel	(Infant)	1906	Dec	20	s/b	M	1131-30th Ave. S.	WA
S	3	0029	00561	Sickel	Infant	1905	Nov	20	s/b	M	1131 30th Ave	SEA
S	2	0054	00340	Sickle	Daniel V.	1895	Aug	19	078	M	Columbia	NJ

S	R	Page	Recor	LastName	FirstNames	Deat	Mn	Dt	Age	S	DeathPlace	Bir
S		0116	02305	Sidelsky	(Infant)	1906	Nov	05	002	M	1009 Yesler	RUS
S		0003	00060	Sidle	Chas K.	1903	Mar	02	045	M	Stewart House	---
S	1	0001	00015	Sidney	George	1881	Oct	17	045	M	Sea. W.T.	NR
S	3	0183	03660	Sidwell	Frank	1905	May	16	040	M	Providence Hosp.	OH
S	2	116	1634	Siebaualer	Catharine	1899	Apr	25	089	F	9th & Jackson Sts.	GER
S	2	128	2072	Siefried	Erhard	1899	Nov	17	071	M	Fremont	GER
S		0006	00204	Sieger	Myrtle	1892	May	22	14m	F	1528 4th	Sea
S	2	127	2050	Siegert	Martha	1899	Nov	03	004	F	Mat. Hosp.	---
S	3	0109	02163	Siegfried	Della Mabel	1906	Oct	16	11m	F	329-5th Ave. N.	OK
S	-	192	3789	Siepmann	Anna Bell	1903	Jan	25	032	F	Ballard, WA	NS
S	-	192	3792	Siepmann	infant	1903	Jan	29	---	M	Ballard, WA b.Ballard, WA	
S	2	0094	00781	Sierli	Jennie D.	1898	Apr	22	033	F	Providence Hosp.	ITL
S	2	0018	00356	Sigfried	Curtis	1900	Apr	09	---	F	Snoquamie, WA	---
S	3	0130	02590	Sigler	(Infant)	1906	Dec	30	s/b	M	113-1/2 N. Broadway	WA
S	3	0149	02979	Sigler	Bessie C.	1907	Feb	22	025	F	Hanford, King Co.	IN
S	3	0024	00473	Signor	Carley	1905	Nov	12	06m	M	2940 Westlake Ave	SEA
S	2	115	2281	Sigubdson	Jonas	1901	Dec	08	006	M	Ballard	ND
S	-	168	3307	Sigurdson	Carl	1902	Sep	30	023	M	Ballard, WA	CND
S	1	0001	00542	Silcox	Sam	1886	Apr	29	044	M	Prov. Hospital	ENG
S	1	216	2316	Siles	Aletha	1891	Apr	24	022	M	Oregon House at Front St.	---
S	3	0189	03765	Silk	Mary	1907	Jun	15	062	F	Providence Hosp.	IRL
S	2	0068	1352	Silkinger	G. T.	1901	Mar	29			Everett	
S	3	0163	03247	Silsby	Mrs. Edna B.	1907	Apr	06	073	F	1427 E. Pike	VT
S	1	0001	00059	Silvain	Annie	1882	Mar	09		F	Seattle	US
S	2	105	1199	Silver	Douglas	1898	Oct	10	006	M	304 Bell St.	Sea
S	2	125	1972	Silver	Jas.	1899	Sep	23	040	M	Black River Junction	BC
S	2	0068	1356	Silver	R. Chas	1901	Mar	04	047	M	Co. Hosp	OH
S	3	0058	1154	Silver	Ragnheidur	1903	Nov	23	032	M	Monod Hosp.	ICE
S	2	0088	00573	Silverblatt	Phillipine	1898	Jan	22	040	F	Providence Hosp.	ENG
S	2	0027	00522	Silvers	Janetta N.	1900	Apr	24	05m	F	Ballard	sme
S	1	0001	00537	Silvis	Jno. B.	1886	Feb	26	026	M	Prov. Hospital	
S	3	0002	00022	Sim	Infant	1905	Jul	15	---	M	215 15th Ave N	SEA
S		0020	00228	Simmonds	Eliza	1893	Jun	06	086	F	High & Temperance	
S	2	110	2185	Simmons	Baby	1901	Dec	03	29d	F	Monod Hosp.	SEA
S	1	216	2296	Simmons	Eva D.	1891	Apr	12	033	F	Rose Block,Front St.	MO
S	2	0083	1645	Simmons	Jesse	1901	Jun	05	047	M	Paulsbo, WA.	OR
S		0029	00573	Simmons	John	1903	Jul	10	035	M	Derig Hotal	
S	3	0140	02788	Simmons	Louisa M	1904	Nov	13	064	F	1113 37th Ave	ENG
S		0049	00969	Simmons	Orson Burr	1903	Sep	23	044	M	Nooksack, WA	WI
S	2	0089	00584	Simmons	Peter J.	1898	Jan	06	032	M	Kent, WA	WI
S	3	0105	02095	Simon	(Infant)	1906	Sep	20	s/b	F	1727-25th	Sea
S	2	0098	1941	Simon	Enrico	1901	Sep	07	048	M	Commercial Hotel	ITL
S	3	0112	02227	Simon	George W.	1906	Oct	31	043	M	Sea. Gen. Hosp.	CA
S	1	0001	00308	Simon	H.	1884	Feb	18	062	M	Seattle	GER
S	2	122	1868	Simon	Isaac	1899	Aug	14	-	M	1411 Washington St.	PLD
S	2	428	2716	Simon	Mrs. Lena	1891	Dec	08	066	F	1017 Jackson St.	---
S	3	0149	02975	Simon	William	1907	Feb	18	014	M	Medical Lake	unk
S	3	0199	03973	Simonds	D. H.	1905	Jul	31	067	M	6820 Weedin Place	MA
S	3	0086	01704	Simonds	Geo. F.	1906	Jul	22	045	M	Pier B	--
S		0033	00110	Simondson	Anna	1894	Mar	12	050	F	West & Cedar	ICE
S	3	0043	00846	Simondson	Henry	1906	Feb	07	027	M	Seattle	IA
S		0012	00439	Simondson	Thordis	1892	Oct	28	065	F	Thomas St.	ICE
S		0082	1630	Simons	Eddy	1904	Mar	10	023	M	2817-1/2 3rd Ave.	MN
S	2	0089	1775	Simons	Matilda	1904	Apr	04	034	F	734 Blewitt Ave.	MO
S	3	0071	01410	Simonson	Alfred	1906	May	11	047	M	Sea. Gen. Hosp.	un

S	R	Page	Recor	LastName	FirstNames	Deat	Mn	Dt	Age	S	DeathPlace	Bir
S	3	0133	02658	Simonson	Imogene Hathaway	1904	Oct	12	051	F	1415 4th Ave W	MA
S		0006	00207	Simonson	Susan	1892	May	23	049	F	815 S. 11th	IN
S	3	0157	03138	Simonton	Dr. Allen C.	1907	Mar	26	065	M	Minor Hosp.	OH
S	2	123	1897	Simpier	A. M.	1899	Aug	11	017	F	Ballard, WA	MI
S	-	162	3187	Simpson	baby	1902	Aug	26	s/b	M	1513 - 13th Ave.	SEA
S	3	0140	02789	Simpson	Clifford	1907	Feb	04	003	M	Sea. Gen. Hosp.	IA
S	2	0042	00839	Simpson	Edwd B.	1900	Oct	22	055	M	920 4th Av	ENG
S	2	0093	00722	Simpson	Fred	1898	Mar	17	016	M	South Park	SEA
S	1	278	2418	Simpson	Henry W.	1891	Jun	27	06m	M	Port Blakely b.Port Blakely	WA
S	2	105	2086	Simpson	Infant	1901	Nov	04	20d	F	813 Alder St.	SEA
S	3	0080	01592	Simpson	Infant	1906	Jun	05	s/b	M	Metropolian Hosp.	Sea
S	2	0085	00452	Simpson	James	1897	Nov	12	5mn	M	1901-1/2 7th Ave.	SEA
S		0045	00891	Simpson	James M.	1903	Sep	18	097	M	1426 Union St E.	NY
S	2	313	2488	Simpson	Leonard	1891	Jul	27	044	M	Providence Hosp.	---
S	3	0146	02809	Simpson	Mrs. Roxie Theresa	1907	Feb	20	041	F	524-15th Ave. N.	OH
S		0003	00084	Simpson	Ray	1892	Feb	29	004	M	Willford St.	
S	3	0025	00482	Simpson	W. D.	1905	Nov	17	072	M	Seattle Gen. Hosp.	CND
S	1		2055	Simpson	Wm.	1890	Dec	20	038	M	Kirkland, WA b.Ontario,	CND
S		0081	1608	Sims	Frank E.	1904	Mar	02	042	M	Providence Hospital	IN
S	3	0163	03253	Sinato	John	1907	Apr	07	021	M	Wayside Emer. Hosp.	ITL
S	3	0144	02883	Sinclair	Clarence W	1904	Nov	23	036	M	Rainier Beach	WA
S	2	0114	2275	Sinclair	John T.	1901	Dec	29	073	M	Edmonds	NS
S	3	0157	03132	Sinclair	Mable C	1905	Jan	28	002	F	1011 10th Ave S	CND
S	3	0175	03492	Siner	Mrs. Ella	1907	May	16	028	F	703 Columbia St.	NY
S	2	0080	00236	Sing	Ah	1897	Jun	26	054	M	County jail	CHN
S		0033	00647	Sing	Hong Gam	1903	Jul	02	045	M	Str State of Washington	CHN
S	-	171	3357	Sing	O.N.G. Guo	1902	Oct	21	035	M	4th & Washington Sts.	CHN
S	1	0001	00016	Sing	Toy	1881	Oct		024	M	Wash.ST.	CHN
S	2	0068	1360	Singer	J.	1901	Apr	02	042	M	Wayside Mission	NY
S	2	317	2495	Singleto	Lillia A.	1891	Jul	22	009	F	Lane St., 2nd Ward	---
S	1	0001	01133	Singleton	Angie Mrs.	1890	Jan	12			Main St.	
S	2	388	2637	Singleton	Richard Frederick	1891	Oct	08	035	M	Taylor & Lane Sts./2nd Ward	---
S	3	0062	01227	Singley	Lester	1906	Apr	30	001	M	207 Seventh Ave.	Sea
S	2	0014	00278	Singtom	------	1900	Apr	02	020	M	4th & Main	CHN
S		0015	00282	Sinnes	Infant	1903	Apr	23	---	F	Ballard	SEA
S	1	0001	00013	Sires	David	1881	Oct	16	055	M	Occidental Hotel	US
S	2	0035	00165	Sironi	Annie	1894	Apr	14	04m	F	119 Washington	Sea
S	2	119	1729	Sironi	Thos.	1899	May	26	054	M	County Hosp.	ITL
S	3	0126	02502	Sisler	H.L.	1906	Dec	24	066	M	430 E. 70th	WV
S	3	0168	03352	Siverson	Carrie, Mrs	1905	Mar	02	047	F	1828 8th Ave	NRY
S	3	0164	03273	Sivertz	Bent G	1905	Feb	22	032	M	528 Minor Ave N	ICE
S	2	0081	00301	Siwash	Mary	1897	Aug	05	040	F	Elliott Bay	WA
S	2	0063	01253	Sixes	Rebecca	1901	Feb	16	074	F	CA	PA
S	2	0040	00360	Sjalund	Erik	1894	Aug	21	034	M	1526 Pine	
S	-	166	3266	Sjolseth	Francis	1902	Sep	08	017	M	near L. V. Cem.	SEA
S	2	145	2846	Sjolund	Charlie	1902	May	21	036	M	Thorndyke Bay, WA	FIN
S		0079	1570	Sjolund	L. Theo.	1904	Feb	01	033	M	White Swan Hoods Canal	SWD
S	2	0037	00731	Skaperlenda	Biazo ?	1900	Sep	01	045	M	1416 Western	ITL
S	3	106	2109	Skar	Elise	1904	Jun	07	045	F	Providence Hospital	NRY
S	3	0161	03225	Skarupa	Mike	1907	Apr	01	038	M	Prov. Hosp.	RUS
S	3	0169	03380	Skazmeza	John	1907	Apr	04	056	M	Ballard, WA	AUS
S	3	0137	02730	Skelding	John J	1904	Oct	14	050	M	Ellensburg	---
S	2	159	3135	Skelley	John	1902	Aug	03	072	M	Providence Hosp.	IRL
S		0055	1088	Skene	Infant	1903	Oct	28	001	M	South Park	SEA
S	2	0050	00992	Sketchley	Thos. H.	1900	Dec	11	069	M	526 East Lake	NC

S	R	Page	Recor	LastName	FirstNames	Deat	Mn	Dt	Age	S	DeathPlace	Bir
S	3	0112	02235	Sketters	Ben F.	1906	Sep	29	029	M	Ft. Siscum, AK	CA
S	-	164	3232	Skewers	Annie	1902	Sep	08	085	F	1st & Connecticut Sts.	BC
S	3	0136	02706	Skinner	Alfred M	1904	Oct	14	054	M	Providence Hosp	---
S		0012	00464	Skinner	Ellen B.	1892	Nov	13	053	F	2210 7th (b.Wash.Co.,	NY
S	-	152	2995	Skinner	Fern Magdaline	1902	Jul	14	004	F	1218 Thomas St.	SD
S	2	0067	1327	Skinner	Florence	1903	Dec	01	020	F	---	---
S	3	0144	02875	Skinner	James	1907	Feb	16	067	M	226-30th Ave.	SCT
S	3	0155	03105	Skirving	Carbel M	1905	Jan	22	01m	M	5520 Woodlawn Ave	SEA
S	2	0003	00050	Skofield	Chester P.	1900	Jan	24	004	M	619 - 25th Ave. S.	NY
S	2	0097	1925	Skogland	Selma C.	1901	Sep	26	034	F	Monod Hosp.	SWD
S		115	2304	Skone	Hannah Viola	1904	Aug	04	007	F	5702 Woodland	ME
S	2	0087	00522	Skordile	Geo. C.	1897	Dec	08	064	M	King Co. Hosp.	GRC
S	3	0052	01040	Slack	Jenita	1906	Mar	20	8M+	F	3620 Fremont Ave.	Sea
S	3	0192	03833	Slais	Stanley	1907	May	17	022	M	Ft. Lawton Hosp.	MN
S	2	0075	00063	Slamme	H. M.	1897	Feb	17	052	F	General Hosp.	---
S	3	0065	01293	Slataun	Anton	1906	Mar	31	025	M	Duwamish River	NRY
S	-	175	3446	Slater	Ruth	1902	Nov	05	003	F	1604 8th Ave.	SEA
S		0084	1678	Slater	Susan	1904	Mar	28	055	F	2716 Elwood Pl.	ENG
S	3	0027	00522	Slatter	Wm T. E.	1905	Nov	11	06w	M	2218 Western Ave	BC
S	3	0089	01773	Slattery	Mary	1906	Aug	08	081	F	313 11th Ave.	IRL
S		0005	00094	Slauson	Joseph A.	1903	Mar	07	085	M	Brighton Beach	NY
S		0042	00841	Slauson	Mrs. Celeste L.	1903	Sep	03	041	F	Seattle General Hospital	IL
S	2	0070	00421	Sleus	S. E. J.	1896	Oct	14	05m	M	Chicago Hotel	SEA
S	-	146	2860	Sloan	Chas. R.	1902	May	29	008	M	1608 Grant b.Tacoma,	WA
S	3	0153	03052	Sloan	G.S.	1907	Mar	11	049	M	Minor Hosp.	MN
S		0016	00052	Sloan	John	1893	Feb	11	059	M	Grace Hosp.	
S		0078	01563	Sloan	Martha E.	1904	Feb	24	003	F	1310 21st AveS. b.NewBrunsw	---
S	2	112	1454	Sloan	Mrs. May	1899	Feb	05	069	F	512 11th Ave.	NB
S		0027	00473	Sloan	Patrick	1893	Nov	02	036	M	Prov. Hosp.	
S	2	365	2592	Sloane	James	1891	Sep	15	028	M	Ballard, WA	---
S	1	0001	00494	Sloane	Thos.L.	1885	Dec	29	078	M	Seattle	ENG
S	3	0065	01285	Slocum	Abigail W.	1906	Apr	16	077	F	North Yakima, Wn.	ME
S		0050	00988	Slocum	Cliff	1903	Oct	11	069	M	39th and Second Avenue	NY
S	-	175	3452	Slocum	Floyd B.	1902	Nov	04	040	M	Summit House	CND
S	2	0046	00009	Slocum	Frank	1895	Jan	12	050	M	608 Commercial	
S	3	0107	02127	Slocum	Mary C.	1906	Oct	07	096	F	305-7th Ave.	NY
S	2	116	1632	Slorah	Maggie	1899	Apr	24	034	F	Providence Hosp.	CND
S	1	0001	00332	Slott	Elica	1884	Apr	20	022	F	Seattle	GER
S	2	185	3653	Sly	Clarence	1902	Dec	10	008	M	Georgetown, WA	WA
S	3	0035	00696	Sly	Harold	1905	Dec	19	001	M	King Co. Hosp.	SEA
S	2	0007	00128	Smack	Joseph	1900	Feb	21	035	M	Wayside Mission	---
S	3	0179	03579	Small	A.	1903	Aug	11	unk	M	Valdez, AK	UN
S	2	107	1291	Small	Delia	1898	Nov	04	028	F	South Seattle	---
S	3	0181	03606	Small	Infant	1905	Apr	04	s/b	M	Seattle Gen. Hosp.	SEA
S	3	0128	02558	Small	Marian G.	1906	Dec	12	07m	F	Olympia Pl., W. Seattle	WA
S	2	104	1177	Small	Marvin A.	1898	Sep	15	004	M	Tacoma, WA	OR
S	3	0122	02428	Smart	Eliza Jane	1906	Nov	28	086	F	824 Kilbourne	NB
S	2	0060	00003	Smart	Hardley	1896	Jan	04	006	M	910 Dearborn St.	
S	2	407	2675	Smart	J. S. M.	1891	Nov	10	037	M	Union Blk, Front St./3 Ward	NB
S	2	0036	00213	Smart	James C.	1894	May	12	043	M	Fremont	CAN
S		0059	1179	Smart	Joseph W.	1903	Oct	31	064	M	14th St. S. & Hanford	ENG
S	-	152	2996	Smart	Luther s.	1902	Jul	15	009	M	215 Yesler Way	WA
S	3	0168	03364	Smart	Mary, Mrs	1905	Mar	06	071	F	1106 Washington St	ENG
S	1	0001	00621	Smart	Merwin	1888	Sep	20	mos		University St.	
S	1	192	2258	Smart	Nathan N.	1891	Mar	23	074	M	5th & Union Sts.	SCT

S	R	Page	Recor	LastName	FirstNames	Deat	Mn	Dt	Age	S	DeathPlace	Bir
S		0063	1261	Smart	Sarah	1903	Nov	13	053	F	900 Kilbourne Ave.	CND
S	3	0164	03280	Smart	William E. A.	1907	Apr	12	041	M	421 Warren Ave.	IA
S		0003	00107	Smartwood	Judson	1892	Mar	18	09m	M	McClair St.	Sea
S	3	0191	03812	Smathers	Frank	1907	Jun	30	023	M	Lake Ballinger	MI
S	3	0054	01075	Smedley	Kathleen M.	1906	Mar	31	05m	F	3935 Woodlawn Ave.	Sea
S	3	0080	01581	Smedley	Walter S.	1906	Jun	17	030	M	Los Angeles, CA	WA
S	-	172	3376	Smeeth	George	1902	Oct	09	035	M	corner 1st & University Sts	---
S	3	0149	02972	Smell	Gertrude M.	1907	Feb	14	034	F	West Seattle	OR
S	1	0001	00692	Smille	S.E.	1888	Nov	25	020		Corner 16th & Charles St.	
S	3	0173	03455	Smith	(Infant)	1907	May	08	01d	M	21st Ave. S.	WA
S	-	174	3426	Smith	(twins)	1902	Oct	01	s/b	M &F	Seattle Gen. Hosp.	SEA
S	2	0068	1351	Smith	A. Mary	1901	Mar	20	032	F	Stilacoom	CND
S	3	0085	01693	Smith	A.H. (Mrs.)	1906	Jul	07	053	F	Providence Hosp.	--
S	2	139	2752	Smith	Abigal J.	1902	May	08	062	F	814 Jefferson St.	ME
S	3	0011	00203	Smith	Addison	1905	Sep	04	072	M	506 1th Ave N	PA
S			1375	Smith	Adeln	1890	Jun	27	19m	F	- b.San Francisco,	CA
S	1	0001	00097	Smith	Agnes	1882	Jul	27	001	F	Seattle	SEA
S	3	0003	00056	Smith	Albertie	1905	Aug	11	049	F	4331 8th Ave NE	MN
S	3	0154	03067	Smith	Alexander F.	1907	Mar	15	051	M	149 E. 64th	IN
S	3	0080	01590	Smith	Alice Catherine	1905	Dec	23	006	F	Nome, Alaska	--
S	3	0174	03479	Smith	Alice M	1905	Apr	01	042	F	815 30th Ave	ENG
S		0097	01927	Smith	Allen Falconer	1904	May	13	04m	M	5203 15th Ave. N.E.	Sea
S	1	0001	00476	Smith	Alma	1885	Aug	29	050	F	Cor. Main & Commercial	
S	2	0099	00948	Smith	Amelia	1898	Jun	26	075	F	2025 Denny Way	---
S	2	182	3580	Smith	Amenda E.	1902	Dec	17	046	F	20 Mercer St.	ME
S	2	187	3694	Smith	Amy L.	1903	Jan	10	024	F	Seattle Gen. Hosp.	MT
S	3	0173	03444	Smith	Anna H.	1907	May	05	054	F	3400 Meridian	CND
S	3	0189	03768	Smith	Anna I.	1907	Jun	27	041	F	601-62nd St.	IL
S	1	0001	00354	Smith	Arthur	1884	Jun	15	10m		Seattle	
S	2	0010	00192	Smith	Arthur	1900	Mar	09	035	M	213 Battery	NY
S	2	0044	00880	Smith	Arthur F.	1900	Sep	06	038	M	Dawson, AK	WA
S	2	0048	00094	Smith	Aubrey	1895	Mar	08	001	M	Stevens Hotel b.Kent	WA
S	2	0046	00904	Smith	Baby	1900	Nov	10	02d	F	413 WA St	SEA
S	2	0099	1979	Smith	Baby	1901	Oct	01	02m	F	300 Denny Way	SEA
S	3	0146	02924	Smith	Barnett	1904	Dec	16	067	M	3843 Linden Ave	OH
S	1	0001	00404	Smith	Bell Van Allen	1884	Nov	03	016	M	Seattle	MI
S		0015	00033	Smith	Belle M.	1893	Jan	11	042	F	Ballard	TN
S	2	0090	00642	Smith	Bertha	1898	Feb	26	035	F	319 Washington St.	USA
S	3	0137	02741	Smith	C M	1904	Oct	02	052	M	Ketchikan, AK	---
S	2	0080	1584	Smith	C. Nathan	1901	May	29	036	M	West Seattle	IL
S	2	0054	00319	Smith	C.S.	1895	Aug	18	063	F	1422 1/2 2nd	
S	1	0001	01096	Smith	Carrie	1889	Dec	16	023	F	7th St. btw King & Weller	
S	3	0186	03712	Smith	Channing A.	1905	May	27	041	M	150 20th Ave N	IL
S	2	0032	00633	Smith	Charles D.	1900	Aug	07	037	M	1518 1st	ENG
S	1	0001	00080	Smith	Chas.	1882	May	23	049	M	Front.St.	USA
S	3	0095	1895	Smith	Chas. A.	1904	May	03	050	M	Monod Hospital	---
S	2	184	3621	Smith	Christana E.	1902	Dec	03	074	F	Green Lake	ME
S	3	0166	03318	Smith	Clara Louisa	1905	Feb	10	001	F	Columbia, WA	WA
S	-	154	3046	Smith	Daniel	1902	Jul	13	---	M	Black River Junction	---
S	1		1518	Smith	Daniel S.	1890	Aug	28	083	M	Ross Station King Co.b.Bngr	ME
S	2	0066	00263	Smith	David S.	1896	Jun	19	032	M	Edgewater	
S		0033	00090	Smith	Douglas	1894	Feb	08	070	M	Sumner P---	NB
S	1		1488	Smith	Dwight Bigham	1890	Aug	17	014	M	Redmond, WA	Sea
S	2	0098	1946	Smith	E.	1901	Sep	11	037	M	Near Wellington	USA
S	2	0032	00631	Smith	Earl K.	1900	Aug	06	018	M	810 18th Ave	MN

S	R	Page	Recor	LastName	FirstNames	Deat	Mn	Dt	Age	S	DeathPlace	Bir
S	3	0058	01159	Smith	Eben	1906	Apr	04	073	M	939 - 36th Ave.N.	NY
S	1	0001	00466	Smith	Edgar L.	1885	Jun	29	022	M	Seattle	KS
S	3	0106	02110	Smith	Edith	1906	Oct	04	013	F	Sea. Gen. Hosp.	unk
S		0022	00275	Smith	Edward	1893	Jul	12	053	M	Butler Blk.	NY
S	3	0042	00832	Smith	Eitel	1906	Feb	01	15d	M	507 Yesler Way	Sea
S	2	0053	00310	Smith	Eliz	1895	Aug	11	025	F	72 Kenny	PA
S	3	0129	02580	Smith	Elizabeth K	1904	Sep	26	022	F	511 10th Ave	IA
S	2	143	2811	Smith	Ell Stone	1902	May	02	075	M	1533 18th Ave.	CT
S		107	2142	Smith	Ella	1903	Jul	21	034	F	Hamahama River, Mason Co.WA	IA
S		135	2680	Smith	Ellen Hubbard	1902	Apr	26	028	F	36th & Madison	CT
S		0059	01172	Smith	Elsie	1903	Nov	28	006	F	Seattle Gen. Hosp.	Sea
S	3	0178	03544	Smith	Emily M.	1907	May	25	033	F	811 E. Pike	ON
S	-	175	3445	Smith	Emily W.	1902	Nov	03	05m	F	624 Pine St.	SEA
S	2	0067	00309	Smith	Eva	1896	Aug	05	06m	F	813 Alder St.	SEA
S	3	0174	03485	Smith	Everard G	1905	Apr	02	039	M	Providence Hosp	ME
S	2	110	1412	Smith	Flossie E.	1899	Jan	20	007	F	1926 9th Ave.	---
S	-	152	2987	Smith	Frances	1902	Jul	11	018	F	1820 12th Ave.	MN
S	2	0038	00282	Smith	Frances M.	1894	Jul	12	001	F	714 Virginia	
S	3	0195	03891	Smith	Francis	1905	Jul	08	01m	M	Green Lake	WA
S	2	0085	00450	Smith	Frank	1897	Nov	11	050	M	Providence Hosp.	GER
S	2	0076	1514	Smith	Frank	1901	May	12	048	F	229 4 Av N	OH
S		0032	00623	Smith	Frank	1903	Jul	29	035	M	Fourth and Washington Sts	RUS
S	3	0166	03314	Smith	Frank P.	1907	Apr	17	c40	M	San Juan Fish Co. Dock	---
S	2	0077	00124	Smith	Frankie	1897	Mar	29	035	F	Overland House	---
S	3	0187	03739	Smith	Fred H.	1905	May	19	022	M	Cedar Bar, WA	---
S	3	0185	03694	Smith	Fred M.	1905	Feb	09	061	M	815 Pike St	NY
S		198	3910	Smith	Frederick	1902	Dec	17	02m	M	508 Westlake	SEA
S		0096	01910	Smith	Gene	1904	May	06	03m	M	2215 8th Ave.	Sea
S	2	0091	00664	Smith	Geo.	1898	Feb	16	040	M	Elliott Bay	---
S	2	105	1213	Smith	Geo. A.	1898	Oct	18	031	M	Providence Hosp.	---
S	2	348	2557	Smith	Geo. R.	1891	Sep	01	019	M	224 Willow St.	---
S	3	0160	03187	Smith	George F.	1907	Mar	21	054	M	Blaine	unk
S	1		2101	Smith	Gertie	1891	Jan	20	023	F	311 8th St.	CND
S	3	107	2141	Smith	Gertrude	1903	Jul	21	012	F	Hamahama River, Mason Co.WA	MN
S		0003	00093	Smith	Grover	1892	Mar	06	007	M	cor. Commercial & Weller	
S	3	0071	01404	Smith	Harry A.	1906	May	26	053	M	Lake Wash.near Madison Park	AFR
S	-	167	3289	Smith	Hattie E.	1902	Sep	30	052	F	Blackmon House	MA
S	3	0134	02677	Smith	Helen	1907	Jan	22	27d	F	1915-1st Ave. N.	WA
S	3	0049	00962	Smith	Henry V.	1906	Feb	04	070	M	Rainier Beach, Wn.	NY
S		0024	00383	Smith	Hiram F.	1893	Sep	09	064	M	Diller Hotel	ME
S		0027	00481	Smith	Ida	1893	Nov	07	036	F	Stewart & 9th	ME
S	2	129	2129	Smith	Ida	1899	Dec	18	040	F	811 4th Ave.	CND
S	2	143	2805	Smith	Ida Eugene	1902	May	24	013	F	232 1st Ave. W.	WA
S	3	0125	02481	Smith	Ina	1906	Dec	17	06m	F	5556 Canfield Place	WA
S	1		2039	Smith	infant	1890	Dec	11	pm	-	131 Birch St.	Sea
S	2	106	1219	Smith	infant	1898	Oct	24	02w	F	215 3rd Ave. b.Seabeck,	WA
S	2	186	3664	Smith	infant	1902	Dec	18	s/b	F	Monod Hosp.	SEA
S	2	186	3662	Smith	infant	1902	Dec	15	s/b	M	Seattle Gen. Hosp.	SEA
S	3	0133	02654	Smith	Infant	1904	Oct	06	01m	F	223 9th Ave	SEA
S	2	0117	02343	Smith	Infant	1904	Aug	16	13d	M	810 Howell St	Sea
S	3	0169	03369	Smith	Infant	1905	Mar	09	01d	M	Pacific Hosp	SEA
S	3	0162	03237	Smith	Infant	1905	Feb	01	02d	F	219 15th Ave	SEA
S	3	0121	02412	Smith	Infant	1906	Nov	22	s/b	M	738 N. 71st St.	WA
S	3	0092	10828	Smith	Infant	1906	Aug	20	01d	F	Laurel Shade Ave.	WA
S	3	0073	01447	Smith	Infant	1906	May	-	-	F	3rd Ave.& 78th St.	Sea

S	R	Page	Recor	LastName	FirstNames	Deat	Mn	Dt	Age	S	DeathPlace	Bir
S			1322	Smith	J. C.	1890	May	14	053	M	Providence Hospital	---
S	2	0081	00278	Smith	J. M.	1897	Jul	31	064	M	Russell House	SCT
S	3	0007	00136	Smith	J. Q.	1905	Aug	25	077	M	Providence Hosp.	UN
S	3	0112	02240	Smith	J.C.	1906	Oct	03	060	M	Pt. Townsend	unk
S	3	0076	01503	Smith	J.J.	1906	Jun	13	035	M	5th & Wash.	un
S	1	0001	00521	Smith	J.W.	1886	Mar	12	052	M	Union St. Seattle	NY
S	3	0174	03480	Smith	James	1905	Apr	01	028	M	Pacific Hosp	SCT
S	3	0129	02565	Smith	James	1906	Dec	21	088	M	Georgetown, WA	KY
S	3	0134	02678	Smith	James D	1904	Oct	22	029	M	1018 Summit Ave N	KY
S	2	0065	00201	Smith	James H.	1896	May	22	047	M	Prov Hosp	ME
S	1		2145	Smith	James Halbur	1891	Feb	14	06w	M	714 Elaine St.	---
S	3	0131	02610	Smith	James L.	1907	Jan	06	048	M	1 Av S & Main Comrcl Saloon	
S		0055	1103	Smith	James Patrick	1903	Nov	02	01m	M	810 Connecticut	SEA
S	2	0093	1842	Smith	James Robert E.	1901	Aug	22	002	M		CND
S	2	0058	01150	Smith	Jane	1901	Jan	08	075	F	Co. Hosp.	---
S	2	0074	1471	Smith	Jas.	1901	Apr	22	070	M	Co. Hosp.	ENG
S	-	173	3410	Smith	Jas. M.	1902	Oct	29	063	M	Georgetown, WA	OH
S	2	0063	00150	Smith	Jay L.	1896	Apr	15	021	M	Seattle	
S		0029	00558	Smith	Jessie	1893	Dec	22	04w	F	914 Lewis	
S		0019	00167	Smith	John	1893	Mar	17		M	Elliott Bay	
S	2	179	3524	Smith	John	1902	Nov	21	063	M	King County Hosp.	ENG
S		0035	00702	Smith	John	1903	Aug	14	023	M	Providence Hospital	AUS
S	3	0128	02554	Smith	John	1906	Dec	08	019	M	On SS Umatilla at sea	
S	3	0185	03698	Smith	John (Mrs.)	1905	May	08	050	F	Main St & Railroad Ave	WA
S	3	0093	1853	Smith	John D.	1904	Apr	30	081	M	351 Garfield	KY
S		0115	02287	Smith	John E.	1906	Nov	02	030	M	Grand Central Hotel	---
S	3	0045	00894	Smith	John Pierre	1906	Feb	25	04m	M	401 Nickerson Ave.	Sea
S	2	0090	1791	Smith	Joseph Washington	1901	Aug	12	024	M	Wayside Hosp.	WA
S	2	0054	00335	Smith	Katie	1895	Aug	31	07m	F	10th & Olive	Sea
S	2	0015	00299	Smith	Laura A.	1900	Apr	09	032	F	313 4th Av N	OH
S	-	149	2927	Smith	Laura A.	1902	Jan	21	033	F	Dawson, AK	IA
S	3	0057	01134	Smith	Lee L.	1906	Mar	17	043	M	Bellevue, WA	KY
S	2	0092	00683	Smith	Lucy	1898	Mar	21	031	F	Providence Hosp.	GER
S	3	0058	1161	Smith	Lucy J.	1903	Nov	23	058	F	3025 4th Ave.. W.	NY
S	2	0077	1540	Smith	M. J. B.	1901	May	20	002	F	611 Union	CA
S	2	0077	1522	Smith	M. Nellie	1901	May	14	002	F	106 E. Thomas	WA
S	3	0031	00605	Smith	Margaret M.	1905	Dec	16	056	F	3636 Woodlawn Park Ave	KY
S	3	0088	01741	Smith	Margarete T.	1906	Jul	11	048	F	Seattle Gen. Hosp.	
S	3	0013	00253	Smith	Maria Wallace Reyner	1905	Sep	22	067	F	Pacific Hosp.	PA
S	2	0050	00987	Smith	Mary	1900	Dec	09	046	F	Foot of Engle St	WA
S	1		1538	Smith	Maud	1890	Sep	07	010	F	Seattle b.Point Pleasant, WV	
S	2	0038	00750	Smith	Mildred H.	1900	Sep	13	03m	F	110 1/2 Second Av N	SEA
S		0044	00875	Smith	Miranda G. (Mrs)	1903	Sep	15	075	F	217 Terry Avenue N.	ME
S	3	0149	02984	Smith	Mrs Anna	1904	Dec	19	043	F	First Ave & Pike St	CND
S	3	0129	02577	Smith	Mrs Elmira L	1904	Sep	17	075	F	339 17th Ave	OH
S	3	0155	03090	Smith	Mrs. Dorinda A.	1907	Mar	20	084	F	2006 Boren Ave.	MA
S	1	0001	00603	Smith	Mrs. H.J.	1888	Aug	31	021	F	Corner 10th & Wash. St	
S	3	0187	03727	Smith	Mrs. Laura	1907	Jun	10	053	F	Providence Hosp.	---
S	2	402	2665	Smith	Mrs. Theresa	1891	Nov	17	020	F	2127 Front St.	MN
S	2	0089	00612	Smith	Myrtle Agnes	1898	Feb	09	007	F	Front & Bell Sts.	---
S		0020	00216	Smith	NR	1893	May	06	055	M	Ballard	
S	3	0124	02483	Smith	Oscar A	1904	Jul	05	042	M	Green Lake	IL
S	2	380	2621	Smith	Otto Fried	1891	Oct	02	074	M	Mary Frt Ave. Hillside/7th	DNK
S	3	0158	03165	Smith	Percy F, Mrs	1905	Jan	29	046	F	3000 Yesler Way	MO
S	3	0099	01963	Smith	Peter	1906	Sep	03	21d	M	1433 33rd	WA

S	R	Page	Recor	LastName	FirstNames	Deat	Mn	Dt	Age	S	DeathPlace	Bir
S	2	0050	00172	Smith	Phoebe J.	1895	Apr	28	056	F	Fremont	IN
S			1372	Smith	Rhoda	1890	Jun	25	03m	F	Chestnut St. b.Detroit,	MI
S	3	0158	03164	Smith	Robert	1905	Jan	29	034	M	R R Ave & Charles	---
S			1403	Smith	Robert H.	1890	Jul	05	19d	M	1624 9th St.	WA
S	3	0153	03055	Smith	Robert James	1907	Mar	12	016	M	1305 Main St.	WA
S	2	107	1296	Smith	Robert P.	1898	Nov	19	064	M	Skykomish	---
S	2	108	1296	Smith	Robert P.	1898	Nov	19	064	M	Skykomish, WA	---
S	2	105	1217	Smith	Ronona	1898	Oct	24	063	F	1322 2nd Ave.	IRL
S	2	114	1530	Smith	Ruth	1899	Mar	17	006	F	810 18th Ave.	ID
S	2	0099	00978	Smith	S. M. V.	1898	Jul	07	042	F	23rd Ave.	CND
S		0050	00998	Smith	Sam	1903	Oct	11	045	M	Foot of Land Street	---
S	2	0090	00634	Smith	Shelly V.	1898	Feb	23	017	M	2208 6th Ave.	CO
S		0010	00364	Smith	Thomas	1892	Aug	30	026	M	Prov. Hosp.	ENG
S	3	0062	01230	Smith	Thomas	1906	Apr	23	040	M	Providence Hosp.	unk
S	1	0001	00507	Smith	Thos.	1886	Jan		050	M	Race Track	IRE
S		0055	1095	Smith	Twin Infants	1903	Oct	15	s/b	F	1029 E. Madison St	SEA
S	3	107	2140	Smith	Vera	1903	Jul	21	009	F	Hamahama River, Mason Co.WA	MN
S	3	0139	02764	Smith	Vina	1907	Jan	29	02m	F	235 E. No., Ballard (b.Ball	ard
S	2	0052	01022	Smith	W. E.	1900	Dec	26	060	M	118 Wash.	SCT
S	2	0086	00476	Smith	W. P.	1897	Nov	29	082	M	Renton Ave.	---
S	3	0056	01104	Smith	W.D.	1906	Mar	08	058	M	G.S. Hosp., Portland, OR	USA
S	2	0061	00048	Smith	Warren	1896	Jan	26	073	M	4 miles from Everett	ME
S	2	111	1424	Smith	Wellington F.	1899	Jan	25	054	M	325 Nob Hill Ave.	PA
S	3	0095	01890	Smith	West ?	1906	Aug	17	038	M	Ballard, Wash.	MO
S		0110	02201	Smith	Wilber H.	1904	Jul	16	002	M	1212 N. 39th St.	Sea
S		0060	1204	Smith	William	1903	Nov	11	068	M	King Co. Hospital	SWD
S	3	0178	03560	Smith	William	1907	May	27	020	M	2815-16th Ave. S.	AUT
S			1309	Smith	William A.	1890	May	29	042	M	Pike St.	---
S	3	0124	02466	Smith	William H.K.	1906	Dec	12	071	M	708 Ravenna Boul.	ENG
S		0004	00070	Smith	Wm.	1903	Mar	14	041	M	Providence Hospital	WI
S		0025	00489	Smith	Wm. R.	1903	Jun	23	056	M	815 Fifth Avenue	NY
S	-	154	3043	Smither	Jane	1902	Jul	10	062	F	Ballard, WA	ENG
S	2	0040	00380	Smithers	Diana B.	1894	Aug	01	065	F	Renton	
S	3	0028	00542	Smithers	Erastus Monroe	1905	Nov	21	077	M	Renton, WA	VA
S		0117	02337	Smithson	(Infant)	1906	Nov	14	06m	M	1525-6th Ave.	WA
S	m	0001	00575	Smohig	Julia	1888	Aug	05	043	F	Prov. Hospital	
S	1	298	2462	Smyth	Mary	1891	Jul	14	-	F	115 Stewart St.	---
S	3	0139	02768	Smythe	(Infant)	1907	Jan	17	s/b	M	1021-1st Ave. W.	WA
S	2	0048	00109	Snauser	Christina	1895	Mar	20	023	F	2025 West	SWD
S	1	0001	00627	Snedman	Alvin V.	1888	Sep	24	001		South Seattle	
S	2	0100	02000	Snell	Fred W.	1901	Oct	11	051	M	920 1st Ave. S.	GY
S	3	0068	01353	Snell	Martha E.	1906	May	12	05m	F	1916-1/2 - 4th Ave.	Sea
S	3	0084	01670	Snell	Myrtle	1906	Jul	18	023	F	Wayside Emer. Hosp.	IL
S	3	0120	02383	Sneve	Ingebregt	1906	Nov	07	c30	M	Near Bangor	NRY
S		0025	00416	Snig	Wing	1893	Sep	20	040	M	High sea	CHN
S		0082	1645	Snigley	Irene	1904	Mar	18	010	F	2114 7th Ave.	OR
S	3	0124	02463	Snipes	Ben Elliott	1906	Dec	12	071	M	3004-1st Ave. (b. New Engl	and
S	2	0047	00935	Snoke	Adam J. W.	1900	Nov	23	061	M	610 Columbia	OH
S	3	0189	03781	Snow	Amelia S.	1905	Jun	22	043	F	Providence Hosp.	SWD
S	2	0050	00176	Snow	Clarinda E.	1895	Apr	04	071	F	S. Seattle	
S	2	104	1141	Snow	Gertrude	1898	Sep	15	002	F	1421 Main St.	---
S	2	0046	00002	Snowden	Gordon	1895	Jan	02	01m	M	909 Box St	Sea
S	3	0094	1879	Snowden	Philip Lee	1904	Apr	12	041	M	King Co. Hospital	MD
S	2	0073	00543	Snyder	Alfred	1896	Dec	24	068	M	Port Blakely, WA	---
S	3	0073	01460	Snyder	Allie W.	1906	Jun	04	067	F	1810 Yesler	GER

S	R	Page	Recor	LastName	FirstNames	Deat	Mn	Dt	Age	S	DeathPlace	Bir
S	2	125	1985	Snyder	Flora	1899	Oct	07	012	F	702 University	KS
S	2	0076	1502	Snyder	J. L. B.	1901	May	07	056	M	20th & E. Jefferson	Car
S		0045	00889	Snyder	Mary	1903	Sep	18	049	F	408 Terry Avenue Ne.	NY
S	3	0181	03611	Snyder	Samuel	1907	May	20	074	M	Van Asselt, WA	AK
S		0005	00088	Snyder	Sarah R.	1903	Mar	01	034	F	Ballard, WA	NJ
S	2	0096	1909	Snyder	Verna	1901	Sep	21	07m	F	1518 7th Ave. N.	SEA
S	3	0071	1422	Snyder	W. S.	1904	Jan	26	041	M	Wayside Mission Hospital	PA
S	1		2091	Snyder	Wilson A.	1891	Jan	15	022	M	2218 4th St.	NY
S	2	0048	00947	Sodenman	John	1900	Nov	26	035	M	2nd & Wash St	GER
S	3	0016	00301	Soderberg	John (Mrs.)	1905	Sep	03	043	F	Portland, OR	---
S	2	107	1271	Soderberg	Martha	1898	Nov	21	054	F	123 Terry Ave.	---
S		0052	1027	Soderberg	Peter	1903	Oct	25	050	M	Providence Hospital	SWD
S	3	0100	01993	Soderquist	O. N.	1906	Sep	16	049	M	4105 Whitman Ave.	SWD
S		0079	01578	Sofo	August	1904	Feb	14	034	M	King County Hospital	PER
S		0004	00069	Solberg	Amelia	1903	Mar	14	026	F	2717 - 16th Avenue S.	WI
S	3	0187	03731	Solberg	Helen	1905	May	25	038	F	No. Thompson River	---
S	2	0072	00500	Solick	John	1896	Dec	01	036	M	Holgate & 10th Sts.	HUN
S	3	0015	00296	Sollowain	Fred	1905	Sep	01	025	M	West Seattle	NRY
S		0006	00108	Solomon	Ellen	1903	Mar	18	005	F	Ballard	WA
S	2	0044	00879	Solomon	J. L.	1900	Sep	30	045	M	Skagway, AK	PRS
S		0045	00896	Solomon	Rose	1903	Sep	21	059	F	1920 Terry Avenue	GER
S	3	0168	03352	Solrabbo	John	1907	Apr	29	c33	M	Providence Hosp.	ITL
S	2	0018	00345	Somerindyke	Fred J.	1900	Apr	27	038	M	1209 1/2 2nd Av	CA
S	3	0191	03810	Somerindyke	George W.	1905	Jun	08	054	M	1538 31st Ave S	NY
S	2	0086	1717	Somers	Beamont	1904	Feb	27	035	M	At Sea	
S	1		2146	Somers	Henry	1891	Feb	15	060	M	Providence Hospital	---
S		0018	00348	Somerville	Alexander H.	1903	May	04	035	M	Providence Hospital	SCT
S	3	0057	1136	Somerville	James	1903	Nov	11	057	M	Moran's Shipyard	SCT
S	3	0181	03624	Somerville	Pearl	1905	May	04	020	F	4505 Woodland Pk Ave	IL
S	2	128	2560	Sommer	Otto	1902	Mar	18	051	M	Prov. Hosp.	GER
S	3	0034	00672	Sommers	Mark	1905	Dec	03	013	M	Yesler Station	WA
S	2	129	2125	Sommers	Nellie	1899	Dec	16	035	F	1829 - 14th Ave.	MO
S	2	0084	1676	Sommikson	C.	1901	Jun	09		M	Klondyke City	
S		0004	00152	Sontar	Anderina	1892	Apr	20	022	F	1136 So.12th (b. Dundee,	SCT
S	2	119	1752	Soper	Caroline	1899	Jun	15	029	F	Brooklyn	KS
S		0003	00059	Soper	Lizzie	1903	Mar	27	030	F	Providence Hospital	ENG
S	2	0048	00944	Soper	M. F. (Mrs)	1900	Nov	30	060	F	2006 8th Ave	NY
S	3	0029	00564	Sophy	Infant	1905	Nov	23	s/b	F	Pacific Hosp.	SEA
S	3	0156	03116	Soraci	Mrs. Nellie Olive	1907	Mar	24	018	F	Seattle Gen. Hosp.	WA
S	3	0053	01058	Sorben	Casper O.	1906	Mar	28	032	M	Providence Hospital	MN
S	2	0062	00095	Soren	Eliz.	1896	Mar	07	04m	F	Seattle Central Hotel	Sea
S	2	0034	00673	Sorensen	Frederica	1900	Aug	21	067	F	212 16th Ave.	DNK
S	1	280	2422	Sorensen	infant	1891	Jun	29	.5h	M	516 Lake St.	Sea
S	2	0072	00497	Sorenson	F.	1896	Nov	24	023	F	Port Gamble, WA	NRY
S	3	0088	01754	Sorenson	F.D.	1906	Jul	31	065	M	516 Melrose Ave.N.	--
S	3	0182	03634	Sorenson	S. N.	1905	May	09	073	M	410 Minor Ave	NRY
S	2	0088	01758	Sorvek	Infant	1904	Mar	21	---	M	2012 Sixth Ave.	Sea
S	3	0053	01057	Souder	Victoria (Mrs.)	1906	Mar	26	022	F	Providence Hospital	GER
S	1	0001	00188	Souith	W.N.	1883			055	M		
S	3	0143	02857	Soule	John P	1904	Nov	27	076	M	1353 32nd Ave	ME
S	3	0034	00673	Soule	Maxine Elouise	1905	Dec	05	07m	F	West Seattle	SEA
S		0022	00437	Soule	Ronald Julian	1903	Jun	02	014	M	Seattle General Hospital	WA
S	3	0018	00344	Soutar	Annie P. (Mrs.)	1905	Oct	05	051	F	Ravenna Park	ENG
S	2	372	2605	Soutar	David	1891	Sep	21	014	M	1313 Wash. St. 1st Ward	SCT
S		0059	1182	Southard	Sarah	1903	Nov	07	061	F	Providence Hospital	PA

S	R	Page	Recor	LastName	FirstNames	Deat	Mn	Dt	Age	S	DeathPlace	Bir
S	-	164	3223	Southcott	Wm. Edw.	1902	Sep	05	06m	M	1303 Weller	ENG
S	2	0046	00902	Southerland	Leroy	1900	Nov	09	02m	M	Fremont	sme
S	2	0071	1406	Southworth	China	1904	Jan	19	036	F	5th Ave. & Jackson St.	---
S	3	0135	02701	Southworth	Mary Wilson	1904	Oct	01	029	F	Providence Hosp	CA
S	2	0076	1515	Spagner	Rena ?	1901	May	12	013	F	1525 1st Av	FRN
S	3	0013	00260	Spain	Thomas	1905	Sep	19	026	M	Providence Hosp.	---
S	2	109	2173	Spalding	Infant	1901	Nov	29	08h	F	1424 1st Ave. N.	SEA
S	2	0053	00312	Spalding	Rob.	1895	Aug	13	022	M	S. 11th & Washington	IL
S	2	0053	00292	Spang	William	1895	Jul	20	023	M	Co. Farm	PA
S	3	0003	00042	Spangler	Clarence E.	1905	Aug	05	007	M	909 18th Ave S	MN
S	2	115	1569	Sparks	Andrew	1899	Mar	18	071	M	Columbia City	OH
S	3	0178	03557	Sparks	Mrs. Zella	1907	May	25	031		Seattle Gen. Hosp.	KS
S	1	192	2248	Sparks	Phoebe Ellen	1891	Mar	20	061	F	White St. Sea.	IN
S	2	0095	00792	Spaulding	Jos.	1898	Apr	29	092	M	2203 4th Ave.	ME
S	3	0153	03042	Spaulding	Mary Z.	1907	Mar	08	061	F	611 Wall	OH
S	3	0149	02980	Spayd	John W	1904	Dec	13	079	M	2207 First Ave	PA
S	-	174	3429	Spear	baby	1902	Oct	13	s/b	F	Monod. Hosp.	SEA
S	2	140	2764	Spear	Blanche E.	1902	May	12	034	F	724 26th Ave.	WI
S	3	0142	02827	Spear	Flavicus J.	1907	Feb	12	065	M	119 Cromonia	unk
S	2	0066	00262	Spear	Henry P.	1896	Jun	09	023	M	Edgewater	
S	3	0179	03567	Spear	Jane	1907	May	29	077	F	Pacific Hosp.	NY
S	2	0088	00559	Spear	Maude M.	1898	Jan	16	021	F	7th & Pike Sts.	WI
S	3	0173	03445	Spears	Thomas A.	1907	May	05	072	M	1630-14th Ave.	US
S	2	0034	00668	Speer	Alice Winn	1900	Aug	19	009	F	711 3rd Av N	AL
S			1321	Speers	Samuel	1890	May	17	045	M	Phoenix Hotel	---
S		0050	00992	Speidel	Marion	1903	Oct	12	001	F	959 - 20th Avenue	MT
S	2	0094	00765	Speiger	Nancy A.	1898	Apr	17	072	F	Ravenna	VA
S	2	0049	00139	Speights	A.M.	1895	Apr	03	073	M	Prov Hosp	
S	3	0164	03279	Spellmire	George Henry Jr	1905	Feb	24	01m	M	824 Fairview Ave	WA
S		0017	00113	Spence	Melville	1893	Mar	3w		M	813 Alder (b.City jail	
S	2	0005	00087	Spencer	-----	1900	Jan	29	045	M	Co. Hosp.	---
S	2	0088	00568	Spencer	Electa	1898	Jan	19	073	F	1013 17th Ave.	---
S	2	0093	00706	Spencer	Hattie	1898	Mar	29	050	F	Providence Hosp.	VA
S		0117	02334	Spencer	Infant	1904	Aug	12	01d	M	221 Battery St.	Sea
S	2	0095	1886	Spencer	Jane	1901	Sep	09	072	F	226 26th Ave. W.	IRL
S	2	0063	00131	Spencer	John	1896	Apr	03	063	M	High & William St	
S	3	0156	03106	Spencer	John	1907	Mar	23	075	M	1615 E. Mercer	ENG
S	2	126	2020	Spencer	John A.	1899	Oct	31	080	M	Providence Hosp.	---
S	2	120	2397	Spencer	Mrs. M. J.	1902	Jan	29	056	F	S. Park	OH
S	2	0077	00118	Spencer	Saml	1897	Mar	26	072	M	26th Ave. & Union St.	ME
S	3	0094	01879	Spenser	Chas. Henry	1906	Aug	08	034	M	Fort William, Wash.	--
S	2	410	2681	Sperling	Barbara Anna	1891	Nov	14	03m		1711 Mercer St./7th Ward	Sea
S	2	0084	00402	Speuce	Chris	1897	Oct	10	041	M	Fremont, WA	WI
S		0039	00765	Speyer	Ola (Mrs)	1903	Aug	11	038	F	Seattle General Hospital	VT
S	2	112	1465	Spicer	Laura	1899	Feb	10	027	F	Seattle Gen. Hosp.	ME
S	3	0006	00115	Spidzen	Phillip	1905	Aug	29	031	M	Spring St, foot of	FIN
S		0025	00408	Spielman	Wm.	1893	Sep	27	056	M	Marion & 12th	GER
S	3	0132	02642	Spielmann	Katherine	1904	Oct	09	058	F	712 11th Ave	GER
S		198	3903	Spier	Infant	1903	Feb	04	pre	M	900 - 20th Avenue S	SEA
S	2	146	2858	Spillard	Richard	1902	May	29	078	M	412 Union St.	IRL
S		0034	00681	Spindler	A.H. (Mrs.)	1903	Aug	07	040	F	Seattle General Hospital	---
S	3	0184	03676	Spinney	Joseph D.	1907	Jun	08	082	M	2nd & James	NH
S		0028	00553	Spitzer	Abna	1903	Jul	02	002	M	711 Maynard Avenue	CA
S		0031	00026	Spoeisend	Fred	1894	Jan	16	010	M		IA
S	3	0160	03197	Spohr	Mrs. Olive E.	1907	Mar	29	058	F	Cade Station	OH

S	R	Page	Recor	LastName	FirstNames	Deat	Mn	Dt	Age	S	DeathPlace	Bir
S	2	118	1712	Sponck	Gustave A.	1899	May	26	067	F	813 Boren Ave.	GER
S	2	108	2153	Spooner	Allen C.	1901	Nov	09	027			
S	2	113	2257	Sporck	John	1901	Dec	28	068	M	813 Boren	GER
S	2	0077	1534	Spores	M. Doris	1901	May	20	003	F	2114 7th Ave.	WA
S		0010	00384	Spotts	Infant	1892	Sep	19	03d		Shorey Block	Sea
S	3	0074	01473	Spotts	Samuel	1906	Jun	09	051	M	1115 First Ave.	IL
S	2	0038	00758	Spracker	Sarah L.	1900	Sep	19	068	F	815 Pierce	OH
S	2	178	3498	Sprague	Charles	1902	Nov	14	042	M	Providence Hosp.	OH
S	2	0014	00265	Sprague	E. E.	1900	Mar	20	065	M	Carbonado, WA	ME
S	2	0013	00256	Sprague	F. F.	1900	Mar	07	---	M	Stones Landing	---
S	2	0095	00801	Sprague	Frank	1898	Apr	03	040	M	Chilcoot Pass, AK	ME
1	2	116	1623	Sprague	L. H.	1899	Apr	18	030	M	Providence Hosp.	MI
S	1		1597	Sprague	William Jr.	1890	Oct	07	025	M	5th & James Sts.	---
S		0047	00944	Spraker	David A.	1903	Sep	10	067	M	Bellevue, WA	IL
S			1290	Spraule	Robert Thomas	1890	May	13	06m	M	115 Marion	Sea
S	2	0088	1745	Spray	Geo W.	1901	Aug	02	063	M	2nd & Denny Way	IN
S		0017	00094	Spring	Gracie	1893	Mar	19	014	F	209 S. 2nd	
S	3	0197	03934	Spring	Hannah (Mrs.)	1905	Jul	26	044	F	Providence Hosp.	AUS
S	3	0113	02244	Springsteen	Albert Harold	1906	Oct	07	016	M	Youngstown	WA
S	3	0093	1865	Spromer	Andrew	1904	Apr	13	054	M	Renton WA	---
S	2	0003	00052	Sprouse	J. T.	1900	Jan	27	040	M	Prov. Hosp.	---
S	2	0069	00384	Sputts	A. C. (Mrs.)	1896	Sep	19	027	F	Willow & High Sts.	GER
S	2	129	2130	Squire	Phoebe	1899	Dec	18	033	F	6th Ward	CA
S		0011	00426	Squires	Georgia	1892	Oct	11	019	F		
S		0009	00176	Squires	Nathan R.	1903	Apr	11	076	M	1704 Harvard	NY
S	2	0093	00716	Sram-ns (?)	---	1898	Mar	08	051	F	Renton, WA	---
S	2	0022	00440	Sraufe ?	Henry C.	1900	May	29	048	M	427 Minor	KY
S	3	0146	02913	Srykara	Edward J. (Note C-5-12-58)	1907	Feb	25	043	M	4335 Eastern Ave.	IA
S	-	169	3316	St. Clair	baby	1902	Sep	NR	s/b	M	Monod. Hosp.	SEA
S		0194	3820	St. Croix	Eugene	1903	Feb	06	026	M	Queen Anne & Highland Drive	NY
S	3	0187	03721	St. Cyer	Agnes Julia	1907	Jun	18	06m	F	St. Luke Hosp.	WA
S			1333	St. George	Mrs. Mary	1890	Jun	03	027	F	13th & Pike	---
S	3	0181	03612	St. John	Milton G.	1907	May	21	084	M	Richmond, WA	VT
S	2	176	3478	St. Louis	E. John	1902	Nov	18	010	M	Providence Hosp.	MN
S	3	0128	02549	Stacey	Elizabeth A	1904	Sep	27	080	F	1016 Boren Ave	IRL
S		111	2217	Stack	Mary	1904	Jul	19	068	F	133 Belmont N.	GER
S	1	0001	01171	Stackwell	Myra B. Mrs.	1890	Feb	04	023	F	Fremont	MN
S	2	0073	1456	Stacy	M. V. B.	1901	Apr	13	063	M	Green River Hot Springs	ME
S	2	0082	00332	Stadler	Fred	1897	Aug	04	063	M	Columbia Valley, WA	NY
S	2	0080	1595	Stadteman	Mary	1901	Jun	07	017	F	2713 - 4 Ave	WA
S	2	0062	00079	Stadts	Geo. W.	1895	Nov	19	038	M	Sedro	NY
S	3	0029	00578	Staempfli	Charles Frederick	1905	Dec	07	077	M	2216 E Madison St	SWT
S	1	192	2256	Staff	Mrs. Ole	1891	Mar	23	035	F	Ash & John Sts.	---
S	1	241	2350	Staff	Ole	1891	May	15	044	M	County Farm	---
S	3	0105	02092	Stafford	(Infant)	1906	Sep	16	s/b	M	4064-1st Ave. N.E.	Sea
S	1		1553	Stafford	Grace	1890	Sep	11	06m	F	Foot of Thomas St.	Sea
S	2	0034	00152	Stafford	John Albert	1894	Apr	02	066	M	2nd & Pike	
S	3	0187	03734	Stafford	William M.	1907	Jun	22	067	M	1814-1/2 Terry Ave.	KY
S	1	0001	00485	Stahl	Chas.	1885	Aug	16	061	M	Prov.Hosp.	GER
S	1	0001	00805	Stahl	Katie	1889	Mar	20	002	F	Corner 3rd & Mill St.	
S	2	114	1547	Stailt	Henrietta	1899	Mar	25	062	F	2711 3rd Ave.	---
S	2	0070	00396	Stalknet	W. S.	1896	Sep	29	026	M	2134 6th Ave.	NRY
S		0083	1659	Stalling	Pearl Prudence	1904	Mar	23	007	F	514 Broadway	MO
S			1256	Stamfeltz	Eddy	1890	Apr	19	10m	M	322 Front St. Seattle	Sea
S	3	0142	02839	Stammen	Raymond	1907	Feb	09	001	M	2110-7th Ave.	WA

S	R	Page	Recor	LastName	FirstNames	Deat	Mn	Dt	Age	S	DeathPlace	Bir
S	3	0192	03829	Stamper	George W.	1905	Jun	12	045	M	WW Hosp. for Insane	ENG
S	2	0108	1307	Stamples	M. H. (?)	1898	Dec	02	044	M	711 Mercer St.	TN
S	2	0126	02013	Stancy	S.	1899	Oct	25	037	M	1st & Cedar Sts.	---
S		0039	00782	Standley	J.L.	1903	Aug	02	037	M	Haines, AK	IL
S		0033	00112	Stanisberry	Davida	1894	Mar	13	001	F	Lake St. 7th Ward	Sea
S		0002	00056	Stankonch	S.	1892	Feb	04		M	County farm	AUS
S	3	0030	00589	Stanley	Alvina D.	1905	Dec	11	072	F	1312 29th Ave S	ME
S	3	0092	01831	Stanley	Jennie	1904	Apr	26	028	F	705 Pike St.	IN
S		0007	00138	Stanley	Jeremiah A.	1903	Mar	30	033	M	Wayside Mission	IA
S	2	118	1700	Stanley	John	1899	May	15	043	M	Providence Hosp.	---
S	1	0001	00859	Stanley	M.	1889	Apr	16	025	M	Prov. Hosp.	
S	2	0001	00004	Stanley	Nellie D. (Mrs.)	1892	Jan	05	019	F	Victoria	---
S	3	0091	01822	Stanley	Thomas Wm.	1904	Apr	22	034	M	706 Bellevue Ave. N.	CND
S	3	0189	03764	Stanley	Wm P.	1907	Jun	29	078	M	419 Yesler Way	CND
S	2	0122	02434	Stannsky	Sarah	1902	Feb	10	053	F	Prov. Hosp.	RUS
S	2	0098	00929	Stanny (?)	Helen Grace	1898	Jun	15	011	F	519 Fair View Ave.	SEA
S	3	0112	02222	Stanton	Amanda M.	1906	Oct	30	060	F	Cor. 85th & 6th	OH
S	1		2059	Stanton	B. (Mrs.)	1890	Dec	24	061	F	1313 4th St.	---
S	2	0078	00171	Stanton	Floyd	1897	May	04	029	M	1908 7th Ave.	SEA
S		0005	00100	Stanton	H. Eliza	1903	Mar	13	064	F	Ballard	NY
S	2	0044	00530	Stanton	Lillie A.	1894	Nov	20	030	F	120 Birch	O.
S	1		1435	Stanton	Robert A.	1890	Jul	04	04m	M	1515 Pike St.	Sea
S	1	0001	00635	Stanwick	Annie	1888	Oct	03	001	F	foot of Pike St.	
S	1		1455	Staples	J. W.	1890	Aug	01	001	M	581 Lake St.	Sea
S	1	0001	00931	Staples	Sadie	1889	Jul	05	001	F	581 Lake St.	
S	3	0058	01148	Stapp	Jeptha D.	1903	Nov	20	083	M	Seattle Gen. Hosp.	IN
S		0011	00213	Stare	W. J.	1903	Apr	23	028	M	Wayside Mission	ENG
S	3	0085	01689	Stark	Clarence Lee	1906	Jul	29	004	M	Metropolitan Hosp.	Sea
S	3	0179	03576	Stark	George J.	1907	May	30	044	M	Prov. Hosp.	WI
S		0193	03802	Stark	Infant	1903	Jan	19	p/m	M	2301 15th Avenue S.	Sea
S	1	0001	00703	Stark	Mr.	1888	Dec	11	025	M	Pest House	
S	1		2238	Starkey	Margaret	1891	Mar	17	058	F	517 Light St., 8th Ward	---
S	2	0007	00125	Starkey	S. B. (Bryan?)	1900	Feb	19	064	M	1031 Main	CND
S	3	0101	02013	Starleigh	Grace May	1906	Sep	23	019	F	331 E.57th	ND
S	2	0139	02757	Starr	Erwin P.	1902	May	08	066	M	14th Ave. N. & Thomas	OH
S	1	0001	00732	Starr	Fred	1889	Jan	13	028	M	Prov. Hosp.	
S		0016	00078	Starr	Lewis P.	1893	Mar	05	083	M	James and Mitchell St.	
S	1	0001	01084	Starr	Louis	1889	Dec	17	029	M	Btw Jackson & Kay	HLD
S	2	0066	00259	Starr	Roscoe R.	1896	Jun	29	047	M	2715 Madison	
S	3	0016	00305	Starratt	Matilda	1905	Sep	10	077	F	Fruitvale, CA	CND
S	2	123	1900	Starrett	Hope	1899	Aug	13	11m	F	Ravenna	WA
S		0030	00584	Starrett	Joseph M.	1903	Jul	17	082	M	202 Denny Way	CND
S	2	0116	02318	Startup	Geo.	1902	Jan	09	071	M	128 3rd Ave. N.	ENG
S	1	0001	00600	Stater	Charles	1888	Aug	30	01w	M	Corner 2nd & Cedar	
S	3	0191	03818	Statler	Ellen	1905	Jun	19	046	F	308 Nob Hill Ave	IA
S	2	0057	01132	Stauby	E. W.	1901	Jan	22	038	M	Grand Central	CND
S	2	0032	00626	Staver	Edwin	1900	Aug	02	009	M	1612 10th Ave N	WA
S	2	0055	00352	Stavik	Fredrick	1895	Sep	05	004	M	King & Rose	Sea
S	3	0195	03895	Stavney	Sarah	1905	Jul	09	061	F	1815 8th Ave	NRY
S	1	0001	01078	Stearns	A.L.B. Mrs.	1889	Dec	09	044	F	Seattle	WI
S	2	0089	01782	Stearns	Edwin A.	1904	Apr	06	052	M	5738 Keystone Pl.	OH
S	3	0191	03809	Stearns	Margaret	1905	Jun	03	050	F	Pacific Hosp.	IN
S	2	0127	2526	Stearns	Mrs. Emma D.	1902	Mar	01	045	F	Sea. Gen. Hosp.	USA
S	3	0171	03411	Stearns	Phoebe	1907	Apr	26	055	F	King Co. Hosp.	MI
S	2	0102	01096	Stedman	Hilma	1898	Aug	02	005	F	Suwamish River	---

S	R	Page	Recor	LastName	FirstNames	Deat	Mn	Dt	Age	S	DeathPlace	Bir
S	2	0093	1847	Stedman	S. C.	1901	Aug	06	055	F	Madrona	OH
S	3	0107	2144	Steel	James	1904	Jun	20	070	M	County Hospital	SCT
S	3	0130	02601	Steele	D W	1904	Sep	24	037	M	Yakima, WA	---
S	2	0180	3572	Steele	Dwight K.	1902	Dec	14	066	M	939 21st Ave.	NY
S		135	2673	Steele	Ester	1902	Apr	22	050	F	Providence Hosp.	PA
S	1		2065	Steele	Hugh N.	1890	Dec	29	063	M	Sunnydale, WA	---
S	3	0134	02678	Steele	Infant	1904	Oct	21	02d	F	219 27th Ave N	SEA
S	2	0160	3151	Steele	Phillip	1902	Aug	08	026	F	Leavenworth	---
S	3	0144	02864	Steen	Carl W.	1907	Feb	15	026	M	Wayside Emer. Hosp.	MN
S		137	2708	Steen	J. A.	1902	Apr	08	056	M	Ballard, WA	NRY
S	2	0087	1736	Steen	William	1904	Mar	20	044	M	King Co. Hospital	CND
S	2	401	2662	Steers	Nellie Hoyt	1891	Oct	30	029	F	Birch Bet, Pratt & Payne	IA
S			1374	Steers	Waller W.	1890	Jun	26	03m	M	614 Jackson St.	Sea
S	2	0042	00827	Steffan	D. J.	1900	Oct	13	035	M	Prov. Hosp.	---
S	2	0039	00778	Steffan	Edwd Paul	1900	Sep	03	14d	M	Georgetown	WA
S	2	0028	00547	Steffen	Emil	1900	Jul	04	012	M	Prov. Hosp.	NJ
S		116	2315	Steffen	Mary	1904	Aug	08	026	F	Providence Hospital	MN
S	3	0053	01043	Stehman	Cora V.	1906	Mar	21	010	F	Providence Hospital	OR
S		0007	00134	Stein	Inft	1903	Mar	23	s/b	M	67th & Aurora	SEA
S	1	0001	00339	Stein	Mark	1884	May	12	021	M	Seattle	GER
S	2	183	3611	Stein	Rachael	1902	Dec	28	026	F	Providence Hosp.	MD
S	2	121	1822	Stein	Wm. J.	1899	Jul	30	069	M	1st & Madison Sts.	---
S	2	0186	3657	Steinaner	infant	1902	Dec	09	s/b	F	Ballard, WA b.Ballard, WA	
S	2	0054	00343	Steinart	P.	1895	Aug	27	072	M	Van Asselt	ME
S		0115	02296	Steinauer	Infant	1904	Jul	20	s/b	F	427 Polk St.	Sea
S	2	0007	00122	Steinberg	Albert	1900	Feb	17	026	M	Prov. Hosp.	SWD
S		0195	3843	Steinberger	Frank B.	1903	Feb	20	063	M	38 Park A&Woodland Fremont	PA
S	3	0189	03774	Steineke	Albert	1905	Jun	19	030	M	Wayside Emerg. Hosp.	WI
S	2	180	3552	Steineke	Martin	1902	Dec	01	066	M	Greenlake	GER
S	3	0106	02119	Steiner	Mrs. Rose	1906	Oct	05	063	F	915-1/2 Dearborn	AUS
S		194	3833	Steingrimsen	Berger	1903	Feb	16	024	M	Providence Hospital	ICE
S	3	0150	02989	Steinke	Dora C.	1907	Feb	27	044	F	South Park	GER
S	3	0031	00607	Steinke	Fred	1905	Dec	17	057	M	Seattle Gen. Hosp.	GER
S		0012	00437	Steinmer	Carrie	1892	Oct	08	028	F	Prov. Hosp.	NRY
S	3	0071	01416	Steinnietz	Fanny	1906	May	19	076	F	1323 - 13th Ave.S.	GER
S	1	0001	00134	Steinway	Mrs.	1882	Oct	16	024	F	Seattle	GER
S	1	0001	00576	Stenard	James	1888	Aug	05	027	M	Ellis Bros.Lodging House	
S	3	0177	03539	Stendebach	Mary R.	1907	May	24	058	F	711-24th Ave. S.	IA
S	2	103	1115	Stendwick	Clara	1898	Sep	01	002	F	1702 6th Ave.	Sea
S	2	0123	2452	Stenhouse	Elizabeth B.	1902	Feb	17	062	F	Fremont	ENG
S	1	0001	00937	Stenman	Wanda Victoria	1889	Jul	11		F	12th & Pine	
S	3	0100	01984	Stensland	Martin	1906	Sep	13	029	M	Providence Hospital	MN
S		0018	00347	Stenson	Infant	1903	May	20	05m	M	3016 E. Republican	SEA
S	3	0190	03786	Stenzel	John	1907	Jun	08	044	M	King Co Hosp, Georgetown,WA	GER
S	3	0177	03528	Stephan	Eva	1905	Apr	19	05m	F	Gering Pl	WA
S	3	0045	00893	Stephen	Frances M.	1906	Feb	24	052	F	67 Ave & 3rd Ave NW	MI
S	3	0108	02143	Stephens	Genevieve A.	1906	Oct	10	046	F	118 E. Galer	WI
S	3	0128	02548	Stephens	Laura E. (Mrs.)	1906	Nov	27	031	F	Juneau, AK	
S	2	0095	00800	Stephenson	Albert	1898	Apr	03	023	M	Chilcoot Pass, AK	ME
S	2	0072	00473	Stephenson	baby	1896	Nov	14	14d	M	8th Ave. b.8th & Commercial	SEA
S	2	0024	00471	Stephenson	Geo. W.	1900	Mar	05	047	M	Douglas Island, AK	MO
S	3	0039	00769	Stepp	John	1906	Jan	24	06m	M	2808 E Denny Way	SEA
S		110	2186	Steppler	Albert L.	1904	Jul	11	048	M	Providence Hospital	CND
S	3	0056	01117	Sterckmans	Jean	1906	Mar	25	041	M	Georgetown	FRN
S	2	0091	01803	Sterling	Ellen	1901	Aug	20	054	F	2212 Madison St.	NY

S	R	Page	Recor	LastName	FirstNames	Deat	Mn	Dt	Age	S	DeathPlace	Bir
S	3	0070	01382	Stern	Infant	1906	May	25	21d	F	2031 Boren Ave.	Sea
S	1	0001	00010	Sternberg	Minnie	1881	Oct	10	018	F	Sea. W.T.	GER
S		0014	00516	Sterns	Alberta	1892	Dec	25	027	F	805 Yesler	IA
S	2	102	1093	Sterns	Berthie	1898	Aug	01	04m	F	Duwamish, WA	WA
S	2	0093	1851	Sterrett	James	1901	Aug	31	061	M	K.C. Hosp.	IRL
S	3	0066	01305	Steton	Bertha	1884	---	--	001	F	Minneapolis, MN	--
S	1	0001	00776	Stetson	A.C.	1889	Feb	27	067		No.206-8th St.	USA
S	2	0026	00514	Stetson	Alice W.	1900	Jun	26	049	F	927 Yesler	WV
S	2	0072	1438	Stetson	C. Lelia	1901	Apr	24	051	F	1143 12th S.	ME
S	3	0066	01303	Stetson	Carrie	1875	---	--	001	F	Minneapolis, Minn.	un
S	3	0133	02664	Stetson	Catherine	1904	Oct	17	050	F	304 1st Ave N	NY
S	3	0066	01301	Stetson	Elizabeth	1863	--	--	001	F	Minneapolis, Minn.	un
S	3	0066	01302	Stetson	Ernest	1869	--	--	001	M	Minneapolis, Minn.	un
S		0061	01214	Stetson	Florence Mabelle	1903	Nov	22	052	F	? NC	---
S	3	0066	01304	Stetson	Leroy	1881	---	--	015	M	Minneapolis, Minn.	un
S	1	0001	01124	Stetson	Mamie	1890	Jan	19	024	F	5th Ward	
S	3	0066	01306	Stetson	Maud L.	1884	---	--	009	F	Minneapolis, Minn.	un
S	3	0040	00797	Stetson	Nora (Mrs.)	1906	Jan	15	043	F	214 Cedar St	OH
S	2	0086	00473	Stetson	Sarah G.	1897	Nov	27	084	F	Providence Hosp.	ME
S	3	0190	03790	Stetson	Sarah S.	1905	Jun	25	094	F	1526 12th Ave S	ME
S	2	109	1347	Steuberg	M. O.	1898	Dec	25	059	M	Stuart & W. 8th Sts.	NRY
S	2	0082	1629	Steuls	Baby	1901	Jun	24	01d	F	10th Ave. S.	WA
S	3	0186	03717	Stevens	(Infant)	1907	Jun	17	06h	M	3116 E. Union	WA
S	3	0080	01593	Stevens	Barbara	1906	Jun	06	s/b	F	Pacific Hosp.	Sea
S		134	2648	Stevens	Caroline B.	1902	Apr	12	068	F	1420 16th Ave.	IL
S	2	0077	00137	Stevens	Carrie	1897	Apr	04	031	F	720 21st Ave.	IN
S	1		1511	Stevens	Charles E.	1890	Aug	23	044	M	Providence Hospital	---
S	2	0064	01278	Stevens	D. B.	1901	Mar	09	078	M	Willow & Gaylor	VA
S	3	0107	2130	Stevens	Dwight H.	1904	Jan	13	031	M	Kayak AK	---
S	3	0082	01624	Stevens	Eunice Margaret	1906	Jun	08	072	F	1227 E. Alder	NS
S	2	0113	1493	Stevens	Herbert	1899	Feb	04	1.5	M	Duwamish	---
S	3	0168	03346	Stevens	Hiram S	1905	Feb	26	042	M	Providence Hosp	VT
S	2	0040	00361	Stevens	Infant	1894	Aug	22	001	F	1010 B St	Sea
S	3	0188	03749	Stevens	Infant	1905	Jun	01	01d	M	1505 E Madison St	SEA
S	2	0086	1703	Stevens	Inft	1901	Jul	09	4da	M	Monod Hosp.	WA
S	1		2192	Stevens	Isaiah	1891	Mar	29	022	M	Providence Hosp.	---
S	2	0095	00805	Stevens	Israel	1898	Apr	12	071	M	Gilman	---
S	3	0098	01926	Stevens	James E.	1906	Aug	29	01m	M	1531 16th Av.S.	WA
S	1		1535	Stevens	John	1890	Sep	06	035	M	Providence Hospital	---
S		0040	00791	Stevens	Laura	1903	Aug	18	038	F	Ballard	MN
S	3	0185	03689	Stevens	Lyle L.	1907	Jun	11	21d	M	1418-10th Ave.	WA
S	2	121	1827	Stevens	Maud R.	1899	Jul	08	023	F	County Hosp.	---
S	1	0001	01117	Stevens	May Gertrude	1890	Jan	18	004	F	Pt. Blakely	CA
S	3	0150	02990	Stevens	Mrs Pauline A	1904	Dec	30	079	F	1425 Fifth Ave B:Paris	FRN
S	3	0185	03688	Stevens	Mrs. Rosetta	1907	Jun	11	078	F	315-1/2-1st Ave. W.	VT
S	2	0045	00894	Stevens	Rbt E.	1900	Nov	04	045	M	1216 16 Av	CA
S	2	0106	02101	Stevens	Richard Clarence	1901	Nov	15	044	M	413 N. Broadway	MO
S	3	0170	03403	Stevens	W E	1905	Mar	21	059	M	618 5th Ave, Ward 4	MI
S	3	0177	03534	Stevens	Warren A.	1907	May	23	024	M	Minor Hosp.	MT
S	2	0116	2307	Stevensen	Katherine	1902	Jan	03	061	F	125 Harrison	NJ
S	2	0106	01231	Stevenson	-	1898	Oct	31	003	F	foot of Mercer St.	Sea
S	2	0106	01227	Stevenson	Anne	1898	Oct	29	074	F	207 5th Ave. S.	SCT
S	1	0204	02280	Stevenson	Charles Joseph	1891	Apr	07	01m	M	36 West St.	---
S	2	0001	00035	Stevenson	Edward	1892	Jan	21	031	M	Providence Hosp.	---
S	2	0089	00611	Stevenson	F.	1898	Feb	09	044	M	Sea. Gen. Hosp.	ICE

S	R	Page	Recor	LastName	FirstNames	Deat	Mn	Dt	Age	S	DeathPlace	Bir
S	3	0147	02940	Stevenson	John Brittain	1904	Dec	20	01m	M	2714 3rd Ave	SEA
S	3	0091	01816	Stevenson	Paul Wever	1906	Aug	19	001	M	406 23rd Ave.	WA
S	2	182	3594	Stevenson	Sarah	1902	Dec	24	055	F	2nd near Connecticut Sts.	---
S	2	0015	00289	Stevenson	Wm. John	1900	Apr	06	056	M	310 15th Av N	NY
S	2	0068	01364	Stevers	SusanA.	1904	Jan	03	080	F	Green Lake	NY
S	2	0046	00004	Steves	John A.	1895	Jan	04	064	M	2201 6th St	NY
S	2	0180	03568	Steves	Sarah H.	1902	Dec	10	075	F	114 W. Republican St.	ME
S		0054	01070	Stevick	J.S.	1903	Oct	16	039	M	Argo Station	OH
S	3	0185	03703	Steward	A. D.	1905	May	14	055	M	1st Ave & Marion St	---
S	3	0166	03321	Stewart	Alvin	1905	Feb	15	03m	M	West Seattle	SEA
S	2	0110	2189	Stewart	Baby	1901	Dec	04		M	1912 1/2 6th Ave.	SEA
S	2	0118	01709	Stewart	Bertha I.	1899	May	23	005	F	511 Malden Ave.	Sea
S	1	0001	00534	Stewart	Chas.	1886	Feb	08	034	M	Prov. Hospital	NB
S	1		02008	Stewart	D. H.	1890	Nov	21	023	M	N. Seattle b.Prince Ewd Isl	CND
S		0061	1224	Stewart	Dunk	1903	Nov	24	035	M	Kensington WN	NC
S	2	0078	00183	Stewart	E. J.	1897	May	22	065	M	2506 Madison St.	NY
S	3	0126	02507	Stewart	Earl D.	1906	Dec	25	015	M	1816-38th Ave. N.	WA
S	2	0038	00289	Stewart	Erwin M.	1894	Jul	19	064	M	Madison & Natchez	
S	2	0076	00099	Stewart	Florence	1897	Mar	05	032	F	Providence Hosp.	---
S	3	0103	02053	Stewart	George	1904	Jun	11	030	M	2624 6th Ave. N.	IRL
S	1	0001	00021	Stewart	James	1881	Nov		037	M	Wash. T.	SCT
S	2	0096	00847	Stewart	James	1898	May	17	072	M	Providence Hosp.	NS
S	2	0178	3509	Stewart	Jas. W.	1902	Nov	23	058	M	1st S. & Washington Sts.	---
S	2	0126	02019	Stewart	John	1899	Oct	26	038	M	Providence Hosp.	---
S	2	0065	01304	Stewart	John D.	1903	Dec	27	073	M	Seattle Gen. Hosp.	SCT
S	-	0190	3749	Stewart	John D.	1903	Jan	03	064	M	6th Ave. & Columbia Sts.	ENG
S		0014	00526	Stewart	John M.	1892	Dec	29	052	M	Prov. Hosp.	NY
S	1		02007	Stewart	John W.	1890	Nov	20	025	M	Franklin	---
S		0079	01569	Stewart	Joycelen	1904	Feb	01	04d	F	Columbia City b.ColumbiaCy	
S		0003	00102	Stewart	Lillian	1892	Mar	16	018	M	6th & Main	
S	2	0051	00223	Stewart	Martin B.	1895	May	29	055	M	Madison	US
S	3	0095	01892	Stewart	Mrs.	1906	Aug	17	070	F	King Co. Hosp.	ENG
S	2	0109	01357	Stewart	Myrtle	1898	Dec	21	015	F	41st & Lee Sts.	---
S		0011	00208	Stewart	Robert	1903	Apr	20		M	Wayside Mission	---
S	3	0133	02652	Stewart	Sadie	1904	Oct	11	023	F	1500 Rainier Ave	PE
S	3	0069	01364	Stewart	Sarah G.	1906	May	17	009	F	319 25th Ave.	WA
S	3	0133	02650	Stewart	Shillie? O.?	1907	Jan	20	030	F	435-27th Ave. S.	KY
S	2	0051	01016	Stewart	Wm. K.	1900	Dec	26	081	M	3rd Bet. James & Cherry	OH
S	2	0041	00416	Stewart	Wm. W.	1894	Sep	20	036	M	2320 1/2 First	
S	2	0115	01586	Steyther	James J.	1899	Apr	03	042	M	Providence Hosp.	SAF
S	2	0010	00183	Stickney	Emma	1900	Mar	04	072	F	Interbay	NY
S	2	0118	02357	Stickney	P L	1904	Aug	15	075	M	Providence Hospital	---
S		0061	01222	Stiebel	B. M.	1903	Jun	20	---	M	Kobe, Japan	---
S	3	0101	02014	Stiffler	J. R.	1906	Sep	23	04d	M	2125 N.52nd	Sea
S	1	0001	00481	Stifter	John	1885	Oct	19	042	M	Front St. 2nd Ward	GER
S	1	0001	00356	Stiles	Lena	1884	Jul	17	001	F	Seattle	USA
S	1	0001	00304	Stiles	Seth	1884	Feb	11	030	M	Seattle	USA
S		0029	00578	Still	Ezekiel	1903	Jul	14	026	M	911 Harrison Street	ENG
S	3	0153	03062	Still	Mrs E E	1905	Jan	05	072	F	330 9th Ave N	ENG
S	1	0280	02421	Stillwell	Mrs. Ella	1891	Jun	29	041	F	consumption (sic)	WA
S		0010	00380	Stilwold	Jno.A.	1892	Sep	16	028	M	Grace Hosp.	NRY
S	3	0152	03035	Stimmel	Harry G.	1907	Mar	07	052	M	Sea. Gen. Hosp.	PA
S	3	0072	01435	Stimpson	Lot G.	1906	May	09	061	M	Shelton	un
S	2	0051	00203	Stimson	Helen	1895	May	09	03m	F	Prospect & Kentucky	Sea
S	2	0117	1674	Stine	Harold	1899	May	01	004	M	Woodland Park	MN

S	R	Page	Recor	LastName	FirstNames	Deat	Mn	Dt	Age	S	DeathPlace	Bir
S	3	0148	02958	Stinesen	Meisher	1907	Feb	08	unk	M	Phoenix, AZ	unk
S	3	0177	03525	Stinson	Frank G.	1907	May	21	030	M	122-2nd Ave. S.	OR
S	2	0069	1372	Stinzione	Meria Giuseppe	1904	Jan	08	037	F	6 Av. bet. Wash.& Main Sts.	ITL
S		0118	02345	Stites	Ella	1906	Nov	21	048	F	2322 Elliott	MI
S	2	0056	01104	Stives	Harry	1901	Jan	22	045	M	1317 West St	NRY
S	2	0115	02296	Stixrud	Martinions	1901	Dec	28	045	M	1614 14th Ave.	
S	2	120	1777	Stock	Henrietta	1899	Jun	29	045	F	Seattle Gen. Hosp.	Ger
S	1		1555	Stock	infant	1890	Sep	12	s/b	M	1211 Yesler Ave.	Sea
S	2	0017	00332	Stoddard	Minnie H.	1900	Apr	20	037	F	217 Seneca	---
S	2	0067	01337	Stoddard	Wm	1901	Mar	04			Blaine, WA	
S	1		2139	Stoehr	Lena	1891	Feb	13	01w	F	Water St btwn Bell & Blanch	Sea
S	2	0086	00499	Stofford	Anna	1897	Dec	05	035	F	Latona, WA	WI-
S		0029	00577	Stoger	Michael	1893	Dec	08	027	M	Derby	GER
S	3	0011	00210	Stoke	Henry	1905	Sep	05	07m	M	1114 29th Ave S	SEA
S	2	0096	01916	Stoker	William	1901	Sep	23	030	M	Ship Idaho	WI
S	2	0100	01988	Stokes	Harry	1901	Oct	05	036	M	Prov. Hosp.	USA
S		115	2305	Stokes	James R.	1904	Aug	05	051	M	505 Westlake Ave.	IL
S		0097	01938	Stokes	Julia A.	1904	May	16	060	F	4029 9th Avenue No.	IL
S		0003	00097	Stolting	Baby	1892	Mar	09	s/b	M	711 Bell (b.711 Bell	
S	3	0059	01179	Stone	Alma Lucy	1906	Apr	13	077	F	120 Kinnear Pl.	NY
S	2	0040	00362	Stone	Annie L.	1894	Aug	22	018	F	210 Ash.	WI
S	3	0073	01444	Stone	Celestine	1906	May	16	079	F	Black Diamond	IN
S	3	0099	01978	Stone	Corliss P.	1906	Sep	14	068	M	Holyoke Blk./ 1st & Spring	VT
S	2	0089	00589	Stone	H. D.	1898	Jan	15	062	M	Steilacoom, WA	OH
S		0003	00055	Stone	Hannah	1903	Mar	26	082	F	1617 23rd Avenue	ENG
S	2	0073	01441	Stone	J. Mary	1901	Apr	26	030	F	945 - 21 Ave.	CND
S	3	0167	03338	Stone	Lena, Mrs	1905	Jan	12	029	F	Dawson, Yukon Territory	MI
S	2	0033	00647	Stone	Lillian	1900	Aug	13	028	F	S. G. Hosp.	MO
S		0006	00205	Stone	Norma	1892	May	23	03m	F	1300 Main	Sea
S		0022	00305	Stone	Ragnor Mathila	1893	Aug	09	09m	F	222 Water St.	Sea
S	2	0005	00084	Stone	Simon	1900	Jan	21	045	M	Co. Hosp.	GER
S	1	0001	00206	Stonebreaker	William	1883	May	19	16m	M	Seattle	USA
S		116	2323	Stoneman	C. M. L.	1904	Aug	09	038	M	306 Railroad Ave. S.	---
S	2	0160	3138	Stoner	Mae	1902	Aug	13	027	F	4316 Sunset Pl.	---
S	2	0060	00009	Stoner	Mamie	1896	Jan	06	007	F	1523 6th	WA
S	2	108	1316	Stoner	Marie	1898	Dec	08	025	F	Providence Hosp.	---
S	2	0082	00331	Stoney	A. L.	1897	Aug	02	050	M	County Hosp.	NH
S	-	169	3331	Stooparvick	John	1902	Oct	03	030	M	Providence Hosp.	RUS
S	2	0071	01410	Stoops	T. David	1901	Apr	15	053	M	7th & Marion	OH
S	1	0001	00327	Storah	Mrs.	1884	Mar	24	034	F	Seattle	USA
S	3	0192	03837	Stork	Loretto May	1905	Jun	20	024	F	Georgetown	IL
S	2	0092	00685	Storm (?)	Ellen	1898	Mar	23	009	F	Queen Anne Ave.	VT
S	2	0102	01070	Stornne	Freda	1898	Aug	17	021	F	122 19th Ave.	---
S	3	0034	00663	Storrs	Charles	1905	Dec	25	048	M	1529 1st Ave	MI
S	2	0055	01091	Storwalt	M. E.	1901	Jan	16	040	M	Wayside Mission	USA
S		0013	00498	Story	Marie	1892	Dec	06	035	F	416 Marion (b.Ontario	
S		0041	00819	Stoughton	(Baby)	1903	Aug	11	s/b	F	2017 E. Aloha	SEA
S		0035	00701	Stoughton	Mamie W.	1903	Aug	14	020	F	2617 E. Aloha	IA
S	2	0117	02332	Stout	Mary Jane	1902	Jan	13	042	F	2416 Western	ENG
S	3	0125	02499	Stoute	Melvin	1904	Sep	10	025	M	1216 1/2 Second Ave	---
S	3	0092	01834	Stover	Cecil	1904	Apr	27	21d	M	922 26th Ave..	Sea
S	2	0093	1859	Stover	Edwin	1901	Aug	02	008	M	Washington	
S		0004	00155	Stover	J.G.	1892	Apr	21	075	M	Prov. Hosp.	ME
S		0021	00270	Stover	Noyes	1893	Jul	06	090	M	112 W. Virginia St.	VT
S	3	0058	01146	Stowe	Infant	1906	Mar	27	s/b	M	103 - W.Dravis St.	Sea

S	R	Page	Recor	LastName	FirstNames	Deat	Mn	Dt	Age	S	DeathPlace	Bir
S	3	0068	01356	Stowell	Allita B.	1906	May	15	001	F	2717 - 3rd Ave.	Sea
S	3	0088	01744	Stowers	Infant	1906	Jul	23	s/b	M	155 Burke Ave., Ballard	WA
S	2	0107	02136	Stoyer	Jacob W.	1901	Nov	24	048	M	16 Ave. S. & Grant St.	VA
S		0003	00085	Strader	Julia	1892	Feb	29	011	F	Willford St.	
S		0003	00086	Strader	Orphey	1892	Feb	29	009	F	Willford St.	
S	2	0011	00209	Strader	Wm	1900	Mar	15	044	M	2919 King St	CND
S	1	0001	00773	Strahl	E.L.	1889	002	24	039		Corner 6th & Union St.	
S	3	0094	01884	Strahl	Infant	1904	Apr	15	pre	F	Monod Hospital	Sea
S		0007	00126	Strain	Baby	1903	Mar	07	s/b	F	523 Pontius	SEA
S	3	0079	01561	Strain	Elizabeth	1906	Jun	18	071	F	322 Mercer	PA
S	-	0161	03166	Strain	Robert	1902	Aug	19	019	M	Whitmore Stat.	ENG
S	1	0001	00976	Stramberg	Frank P.	1889	Sep	25	06m	M	King St.	
S		0055	01102	Stran	C.S.	1903	Nov	01	079	M	4321 Latona Avenue	OH
S	3	0075	01483	Strand	Infant	1906	Jun	14	04m	M	714 Harrison	Sea
S	3	0069	01369	Strand	Infant	1906	May	19	03m	M	714 Harrison St.	Sea
S		0036	00710	Strand	Ingvald W.	1903	Aug	14	09m	M	2809 Western	SEA
S	3	0126	02509	Strand	Ingvald Wilhelm	1904	Sep	14	04m	M	2809 Western Avenue	Sea
S		0004	00144	Strang	Michael	1892	Apr	13	055	M	5th & Jackson	GER
S	1	0001	01113	Strasberger	Andreas	1890	Jan	05	040	M	Prov. Hosp.	GER
S	2	0084	1674	Strathdale	A. E.	1900	Oct	31	003	M	Chickasha I. T.	
S	2	0185	3640	Stratton	Geo. W.	1902	Dec	18	037	M	Ballard, WA	ME
S	-	150	2950	Stratton	Helen I.	1902	Jun	22	023	F	O'Brien, WA	OR
S	3	0106	02114	Stratton	Horace F.	1906	Oct	05	072	M	404 Valley	NY
S	2	0049	00135	Stratton	Martha L.	1895	Apr	02	043	F	14th & Madison	
S	3	0103	02060	Stratton	Percy	1906	Sep	06	01m	M	Youngstown	WA
S	2	0036	00713	Strause	Ethel A.	1900	Aug	25	25d	F	South Park	WA
S	3	0151	03014	Strauter	Phillip	1904	Dec	26	056	M	Kildarten Station	---
S	3	0045	00884	Straw	Herman	1906	Feb	20	023	M	Wayside Emergency Hosp.	unk
S	2	0066	00238	Strawberg	A.B.	1896	Jun	02	044	F	818 17th Av	NRY
S	1	0001	00166	Streckel	Al	1883	Feb	26	022	M	Seattle	GER
S	1	0001	00457	Street	Cornelia	1885	May	19	023	F	Seattle	
S	1	0001	00095	Street	John	1882	Jul	16	034	M	Providence Hosp.	GER
S	2	0035	00160	Street	Marguerite M.	1894	Apr	10	046	F	1516 6th St	PA
S	2	0362	2586	Streib	Eva	1891	Sep	13	001	F	Ballard	Sea
S		0054	01073	Streib	Lena	1903	Oct	16	053	F	King County Hospital	PA
S	2	0030	00586	Streng	Emma	1900	Jul	24	056	F	1610 Grant St	MO
S	3	0167	03336	Stretch	Harley Milton	1907	Apr	23	027	M	Metropolitan Hosp.	IA
S	2	0084	00414	Stretch	Melvina	1897	Oct	24	040	F	Providence Hosp.	---
S	3	0180	03601	Strettmatter	Joseph	1905	Apr	04	040	M	Pt Townsend, WA	UN
S	2	0098	01948	Strieb	Chas.	1901	Sep	17	060	M	Sidney, Kitsap Co.	GER
S	2	0036	00202	Striffling	J.W.	1894	May	06	030	F	Prov Hosp	
S	2	0065	01284	Striker	Eureka	1901	Mar	13	044	F	Fremont	CA
S	2	0037	00726	Strilia	John R.	1900	Aug	19	050	M	Ballard	AUT
S	2	0074	01469	Stringer	John	1901	Mar	31		M	Roche Harbor	
S	3	0182	03626	Stroll	(Infant)	1907	May	08	s/b	M	1710-13th Ave.	WA
S	2	0105	02082	Stroltzd	Annie Louise Henriette	1901	Nov	03	085	F	708 - 23rd Ave.	GER
S	2	112	1484	Stromberg	Gustave	1899	Feb	17	055	M	818 17th Ave.	SWD
S	2	0084	00400	Stromberg	Hattie	1897	Oct	09	012	F	818 17th Ave.	MN
S	1	192	2259	Strombry	Ermst N.	1891	Mar	14	035	M	Fremont, King Co., Wash.	SWD
S		0042	00830	Strong	Dennis	1903	Sep	02	058	M	304-6th Avenue N.	CND
S	2	0073	00532	Strong	John C.	1896	Dec	01	078	M	So. Seattle	CT
S	3	0170	03386	Strong	Juliet E, Mrs	1905	Mar	16	074	F	708 Columbia, Ward 4	WI
S	3	0057	01130	Strong	Mary	1906	Mar	05	020	F	Coupeville	unk
S	3	0047	00929	Strong	Wesley A.	1906	Feb	18	062	M	4060- 5th Ave. N.E.	OH
S	3	0036	00708	Strott	Julia (Mrs.)	1906	Jan	02	045	F	Wayside Emerg. Hosp.	UN

S	R	Page	Recor	LastName	FirstNames	Deat	Mn	Dt	Age	S	DeathPlace	Bir
S	-	146	2871	Stroup	Mrs. Sarah	1902	Jun	04	049	F	Monod Hosp.	ENG
S	3	0136	02702	Strout	John A.	1907	Jan	28	043	M	1115-9th Ave.	ME
S	3	0069	01373	Strubing	Ernest Victor	1906	May	15	025	M	Str.American Oriental Dock	un
S	3	0038	00755	Strum	---	1906	Jan	10	060	M	1st Ave S (Sandspit)	UN
S	2	0095	00809	Struthers	Margaret	1898	Apr	17	051	F	Fairhaven, WA	---
S	2	0054	00344	Struve	Emma M.	1895	Aug	27	037	F	Sidney	PA
S	3	0192	03839	Struve	Henry Y	1905	Jun	13	068	M	Yonkers, NY	---
S		0003	00046	Struve	Lacelle F.	1903	Mar	20	055	F	1302 Seneca	WA
S	3	0002	00034	Stryker	Wm W.	1905	Aug	02	067	M	943 43rd Ave	OH
S		0017	00107	Stuart	Andrew	1893	Mar	27	063	M	Prov. Hosp.	SCT
S	2	0051	00226	Stuart	Ellen Kay	1895	May	03	039	F	Snoqualmie	CA
S	3	0005	00095	Stuart	James	1905	Aug	16	035	M	Str. Ramona, Pier 1	ENG
S		0028	00519	Stuart	Lucy F.	1893	Nov	18	015	F	So. Seattle	
S	3	0098	01942	Stub	Anton	1906	Sep	08	--	M	Seattle Gen. Hosp.	WA
S	3	0158	03158	Stubbs	Mrs. Ellen	1907	Mar	29	065	F	Prov. Hosp.	OH
S	3	0122	02439	Stubbs	Ruby	1906	Dec	06	020	F	Pacific Hosp.	MI
S	1	216	2301	Stubbs	Ruth	1891	Apr	15	02d	F	Stockholm House, 6th Ward	Sea
S		0013	00483	Studley	Ed H.	1892	Nov	22	030	M	Prov. Hosp.	
S	3	0150	02997	Stuessi	Nicholas	1907	Feb	23	030	M	Pacific Hosp.	SWT
S	1	0001	00813	Stuib	Stewart	1889	Mar	27	10m		Foot of Commercial St.	
S	2	0038	00743	Stull	B. H.	1900	Sep	07	053	M	1104 Howell	CND
S	1	0001	01137	Stullman	Lillie	1890	Jan	06	005	F	2713 4th St.	SEA
S	2	0061	01211	Stultz	W. Geo.	1901	Feb	23	056	M	Jefferson S	USA
S	-	168	3300	Stumbaugh	Andrew	1902	Sep	13	046	M	Ballard, WA	IN
S	1	241	2359	Stump	James	1891	May	19	022	M	-	---
S		0055	01089	Stump	Mary I.	1900	Dec	24	046	F	Nome, AK	---
S	3	0080	01591	Sturdevant	Infant	1906	Jun	02	s/b	M	Rainier Beach b.RainierBch	
S	2	0100	00998	Sturgeon	Anna M.	1898	Jul	20	030	F	Providence Hosp.	---
S		0098	01950	Sturgeon	Joseph	1904	May	20	081	M	4220 12th Ave. N.E.	IL
S	3	0064	01278	Sturgus	Elizabeth Bradley	1906	Apr	21	083	F	Brighton Beach	IN
S	3	0100	01990	Sturtevant	Henry G.	1906	Sep	18	066	M	1st Ave.S. & Wash.	MA
S	2	0057	00511	Stute	Abraham	1895	Nov	07	06h	M	231 Irving	Sea
S	2	0019	00363	Stuttle ?	Julius	1900	Apr	09	046	M	Steilacoom Asylum	GER
S		0002	00034	Suakiko	Hariki	1903	Mar	18	035	M	301 Fourth Avenue S.	JPN
S	2	0091	00694	Sudamoshi	Kato	1898	Mar	13	021	M	418 Jefferson St.	JPN
S	3	0176	03518	Sudo	Ritaro	1907	May	20	040	M	Wayside Emerg. Hosp.	JPN
S		0031	00618	Sue	Gohn	1903	Jul	27	045	M	Corner of Fourth and Main	CHN
S	-	153	3007	Sueng	Minnie	1902	Jul	21	001	F	foot of Connecticut St.	SEA
S	2	0063	01255	Sufferin	F. Louise	1901	Feb	05	069	F	Victoria	---
S	3	0092	01823	Sugahara	S.	1906	Aug	19	01m	M	701 Main	WA
S		0096	01924	Sugihard	T.	1904	May	12	035	M	Wayside Mission Hospital	JPN
S		0015	00281	Sugo	Murao	1903	Apr	22	02d	M	Chicago House - 6th Ave	SEA
S		0014	00274	Suguro	Infant	1903	Apr	09	---	M	506 - Sixth Avenue	SEA
S	2	0144	2825	Suite	Anna M.	1902	May	24	047	F	6606 2nd Ave. N.E.	IN
S	3	0160	03188	Suitts	Benj.	1905	Jan	16	040	M	King County Hosp	---
S	1	0001	00036	Sullivan		1882	Jan	18		M	Seattle	
S		0048	00948	Sullivan	B.J.	1903	Sep	16	059	M	King County Hospital	NB
S	2	0092	00699	Sullivan	Chas.	1898	Mar	26	010	M	3114 West St.	WA
S	2	104	1170	Sullivan	Daniel	1898	Sep	04	-	M	Port Townsend, WA	---
S	3	0137	02726	Sullivan	Daniel S	1904	Oct	08	01m	M	Georgetown	WA
S	3	0141	02818	Sullivan	David W	1904	Nov	19	038	M	130 Etruria St	KS
S	2	189	3719	Sullivan	Edward	1903	Jan	22	066	M	Wayside Mission	IRL
S		0114	02265	Sullivan	Edward N.	1906	Oct	27	004	M	Skagway, AK	---
S	2	0118	02349	Sullivan	Eliza Ann	1904	Aug	18	089	F	433 Bellevue Ave N	MA
S		0006	00228	Sullivan	Eugene	1892	Jun	08	030	M	Wash. St.	IL

S	R	Page	Recor	LastName	FirstNames	Deat	Mn	Dt	Age	S	DeathPlace	Bir
S	-	168	3301	Sullivan	Geo.	1902	Sep	14	---	M	Snohomish, WA	---
S	-	172	3393	Sullivan	Geo. A.	1902	Oct	07	045	M	Bucoda, WA	NY
S	2	127	2069	Sullivan	Grace	1899	Nov	16	012	F	419 9th	USA
S	3	0170	03391	Sullivan	J A	1905	Mar	18	066	M	Providence Hosp	IN
S	2	0039	00772	Sullivan	James	1900	Sep	27	030	M	Prov. Hosp.	IRL
S		0061	01223	Sullivan	James	1903	Nov	23	028	M	Portland Hotel, Ballard	---
S	3	0085	01683	Sullivan	James	1906	Jul	27	046	M	Providence Hosp.	--
S	2	0028	00543	Sullivan	Jas.	1900	Jul	02	030	M	Black Chapel	---
S	3	0012	00224	Sullivan	Jessie M.	1905	Sep	10	025	F	Providence Hosp.	MT
S	2	0030	00600	Sullivan	Jno. M.	1900	Jul	21	027	M	Bremerton ?	---
S	2	0039	00769	Sullivan	John	1900	Sep	26	060	M	1413 7th Av	IRL
S	3	0012	00225	Sullivan	John Frederick	1905	Sep	09	001	M	Providence Hosp.	SEA
S	3	0146	02911	Sullivan	John Joseph	1907	Feb	24	028	M	Prov. Hosp.	NV
S	2	0066	00245	Sullivan	Jos	1896	Jun	13	014	M	619 Yesler Way	MI
S	2	0067	00285	Sullivan	Lizzie	1896	Jul	27	019	F	619 Yesler Wy	Sea
S	3	0140	02791	Sullivan	Margaret	1904	Nov	14	062	F	921 Washington St	ENG
S		0016	00042	Sullivan	Phillip	1893	Feb	01	038	M	Wash. & 2nd	ME
S	2	0042	00834	Sullivan	Robert	1900	Oct	18	038	M	Prov. Hosp.	CND
S	2	0053	00290	Sullivan	T.H.	1895	Jun	23			Near Langley	
S	1	0001	01120	Sullivan	Thomas	1890	Jan	08	030	M	Lake Union	
S	1	0001	00226	Sullivan	W.	1883	Jul	21	032	M	Seattle	IRE
S	2	0036	00196	Sullivan	W.F.	unk				M	Puget Sound	
S	3	0169	03382	Sullivan	Walter Charles	1905	Mar	15	002	M	2315 N 58th St, Ward 9	WA
S	1		1491	Sullivan	Wm. M.	1890	Aug	15	19?	M	Fair Haven	CA
S	2	0069	01384	Sulllivan	Minnie	1904	Jan	10	040	F	Wayside Mission Hospital	GER
S		0007	00243	Sulton	Francis	1892	Jun	16	11d	M	501 Market	Sea
S	2	0109	1350	Sumers	G. A.	1898	Dec	27	035	M	4th & Yesler Sts.	---
S	2	0108	2145	Sumidia	M.	1901	Nov	29	026	M	Sea. Gen. Hosp.	JPN
S	2	0062	00094	Sumington	Jos.	1896	Mar	07	035	M	Seattle Gen Hosp	SCO
S	3	0173	03448	Sumitamoto	Moher	1905	Mar	01	022	M	Snohomish Co	JPN
S	3	0129	02582	Summer	Harry	1904	Sep	29	020	M	Wayside Emergency Hosp	US
S		0004	00063	Summer	Lucinda M.	1903	Mar	07	051	M	Providence Hospital	OR
S	2	0058	00564	Summerfield	M.	1895	Dec	17	065	M	Prov. Hosp.	
S		0038	00751	Summers	Baby	1903	Aug	29	01m	F	118 - 3rd Avenue N.	SEA
S	2	0041	00429	Summers	Sophia	1894	Sep	28	033	F	2100 3rd St	TX
S	1	0001	00866	Sumner	Charlotte	1889	Apr	27	055	F		
S	2	0047	00924	Sumner	Clarence J.	1900	Nov	20	002	M	12 W Denny Way	SEA
S	3	0054	01080	Sumner	Francis H.	1906	Mar	05	064	M	2207 - 15th Ave.So.	PA
S	3	0147	02933	Sumpter	Mrs. Sarah	1907	Feb	20	030	F	1709 Howard Ave.	CND
S	3	0102	02039	Sundal	Carl	1904	Jun	03	02m	M	cor. 16th Ave. & Hill St.	Sea
S	2	0182	3593	Sunde	C. A.	1902	Dec	24	075	M	1515 10th W.	NRY
S	3	0139	02766	Sundgren	(Infant)	1907	Jan	06	s/b	M	607 E. 70th	WA
S	3	0181	03616	Sundholm	---	1907	May	24	050	M	Bartel Siding, WA	---
S	-	191	3782	Sundine	John R.	1903	Jan	07	029	M	Columbia City, WA	SWD
S	2	0081	00302	Sundlod	F.	1897	Aug	06	009	M	1623 Terry Ave.	MN
S	2	0044	00869	Sundstrom	Clare F.	1900	Oct	05	03m	F	Ballard	sme
S			1308	Sundstrom	Wm.	1890	May	28	030	M	Providence Hospital	---
S	3	0118	02356	Sung	George W.	1906	Nov	25	083	M	431-1/2-1st Ave. N.	PA
S	3	0090	01786	Sung	Infant	1906	Aug	12	05d	M	711 17th Ave.	WA
S	1	0001	00786	Suniga	Matie	1889	Mar	06	038	F	Prov. Hosp.	
S	2	0089	1776	Sunpean	Joseph	1901	Jul	13	029	M	Olympia, Wash.	
S	3	0067	01333	Suponiska	Basil	1906	May	04	053	M	208 - W.Harrison	RUS
S	1	0001	00471	Surly	John	1885	Aug	01	065	M	Idaho Saloon,Seattle	
S	2	0085	1689	Surratt	S.	1901	Jul	03	028	M	Prov. Hosp.	MN
S	-	0154	03021	Susuki	R.	1902	Jul	26	025	M	324 Jackson St.	JPN

S	R	Page	Recor	LastName	FirstNames	Deat	Mn	Dt	Age	S	DeathPlace	Bir
S	3	0101	02017	Suter	Theophilus	1906	Sep	16	067	M	Providence Hosp.	SWT
S	2	0120	2385	Sutherland	Annie	1902	Jan	04	012	F	York Station	SEA
S		0003	00108	Sutherland	Christiana M.	1892	Mar	19	053	M	1519 7th St.	SCT
S	3	0185	03702	Sutherland	G. Ray	1905	May	29	021	M	University Campus	WA
S	2	0059	00570	Sutherland	Jacob	1895	Dec	24	069	M	Prov. Hosp.	
S	3	0033	00657	Sutherland	John S.	1905	Dec	06	070	M	Pacific Hosp.	NS
S	3	0179	03572	Sutherland	Lillian W.	1907	May	30	031	F	Pacific Hosp.	MI
S	2	0033	00659	Sutherland	Walter R.	1900	Aug	16	058	M	2204 6th Ave	---
S	3	0112	02238	Sutter	Lena	1906	Oct	01	03m	F	Georgetown	Tac
S	2	0052	00261	Sutterland	Oscar	1895	Jun	07	03m	M	Columbia b.Columbia	
S	2	0014	00268	Suttge	Max	1900	Mar	26	---	M	Near Summit, WA	---
S		0009	00313	Sutton	Edna	1892	Jul	28	17m	F	Market & Lane	Sea
S	2	0044	00546	Sutton	Henry D.	1894	Nov	03		M	Oak Harbor	
S		0032	00629	Sutton	Jennie L.	1903	Jul	29	053	F	156 - 21st Avenue	NY
S		0013	00249	Sutton	Thos.	1903	Apr	03	062	M	King County Hospital	NY
S	2	0014	00262	Sutton	W. R.	1900	Mar	14	038	M	Co Hosp.	MD
S	3	0129	02575	Suvoroff	(Infant)	1906	Dec	05	s/b	F	157 Washington	WA
S	1	289	2439	Suzurkie	K.	1891	Jul	05	039	M	309 Main St.	JPN
S		0043	00848	Svedmark	Baby	1903	Sep	06	14d	F	320 John Street	SEA
S		0041	00820	Svenson	Ethel	1903	Jun	12	s/b	F	South Pacific Ocean	
S	3	0187	03742	Svenson	Infant	1905	Jun	14	s/b	F	2357 14th Ave S	SEA
S		0034	00677	Svenson	Lena May	1903	Aug	06	04d	F	707 - 21st Avenue	SEA
S	2	0036	00208	Swain	Charles	1894	May	10	056	M	Prov Hosp	CHL
S	2	122	1865	Swan	Earl C.	1899	Aug	10	029	M	Providence Hosp.	---
S	2	0068	1348	Swan	Fred S.	1903	Dec	11	019	M	Charleston WA	---
S	2	0008	00142	Swan	Infant	1900	Feb	24	04h	M	1412 Harrison	SEA
S		0198	3897	Swanberg	A.	1903	Feb	04	028	M	Redlands, CA	SWD
S			1283	Swanberg	Chas.	1890	Apr	16	054	M	Providence Hospital	---
S	2	0057	00505	Swanberg	H.L.	1895	Nov	03	024	M	Dexter near Depot	SWD
S	-	153	3008	Swanger	Lewis	1902	Jul	22	040	M	2221-1/2 8th Ave.	NRY
S		0028	00514	Swank	A.	1893	Nov	04	020	M	Columbia	PA
S	1		2221	Swank	Sarah E.	1891	Mar	08	025	F	2nd & Marion Sts, Q. A. Twn	---
S	1	0001	00817	Swansen	E.	1889	Mar	31	040		Grace Hosp.	SWD
S	1		2220	Swansen	Jenny	1891	Mar	08	14m	F	ft of Harrison St. 8th Ward	Sea
S	2	126	2518	Swanson	(Baby)	1902	Feb	22	s/b	F	2114 4th Ave.	SEA
S	3	0078	01547	Swanson	Albert	1906	Jun	03	021	M	Seattle Gen. Hosp.	SWD
S	2	0054	00315	Swanson	Alex	1895	Aug	16	028	M	Prov. Hosp.	SWD
S	2	0093	00741	Swanson	Alex	1898	Apr	09	---	M	Church of Imm. Conception	SCT
S		0025	00413	Swanson	Andrew P.	1893	Sep	07	030	M	Ballard	SWD
S	2	0001	00009	Swanson	Anna (Mrs.)	1892	Jan	07	046	F	131 Box St.	SWD
S			1370	Swanson	Annie	1890	Jun	24	035	F	Seattle b.Stockholm,	SWD
S		0019	00186	Swanson	Annie	1893	May	17	055	F	Lake View	
S	-	0171	03367	Swanson	baby	1902	Oct	26	---	M	1923 6th Ave.	SEA
S	2	0068	00314	Swanson	C. (Capt.)	1896	Aug	08	055	M	Providence Hosp.	SWD
S	3	0044	00861	Swanson	Ella Marie	1906	Feb	14	004	F	1113 - 7th Ave N	Sea
S	2	0070	1385	Swanson	Ellen	1901	Apr	05	002	F	1525 - 6 Av	SWD
S	3	0187	03727	Swanson	Elliott	1905	May	18	014	M	Columbia City	---
S		0006	00214	Swanson	Henry	1892	May	26	030	M	So. Seattle	
S			1370A	Swanson	infant	1890	Jun	24	s/b	M	Seattle	WA
S	2	0038	00288	Swanson	Infant	1894	Jul	17	03d	M	N. Brick Yds	Sea
S		0012	00445	Swanson	John	1892	Oct	25	030	M		
S	2	0060	00001	Swanson	John	1896	Jan	01	047	M	Beach St.	NRY
S	-	172	3390	Swanson	John	1902	Oct	02	047	M	Lawson, WA	SWD
S	3	0016	00315	Swanson	John E.	1905	Sep	19	051	M	West Seattle	FIN
S	3	0158	03144	Swanson	Nels	1907	Mar	28	028	M	Grand Opera House	SWD

S	R	Page	Recor	LastName	FirstNames	Deat	Mn	Dt	Age	S	DeathPlace	Bir
S	2	130	2155	Swanson	Ole	1899	Dec	20	036	M	County Hosp.	NRY
S	2	0098	00917	Swanson	S.	1898	Jun	08	044	M	Providence Hosp.	SWD
S	2	118	1717	Swart	Nathan A.	1899	May	29	047	M	Fremont, WA	NB
S	2	0081	00293	Swartz	baby	1897	Jul	21	07h	F	521 Dexter Ave.	SEA
S	3	0041	00802	Swartz	M. E. (Mrs.)	1906	Jan	03	059	F	King Co. Hosp.	IA
S	3	0038	00757	Swartz	Selma	1906	Jan	16	02d	F	1819 Minor Ave	WA
S		0054	01067	Sweaney	Thomas	1903	Oct	08	042	M	US Marine Hosp/Pt Townsend	---
S	1	0001	00527	Sweatland	Mrs.	1886			042	F	Seattle	
S	2	0017	00328	Swede	Clarence A.	1900	Apr	19	01m	M	1519 10th Av W	SEA
S		0010	00373	Sweeney	John	1892	Sep	10	037	F	Prov. Hosp.	IRL
S	-	166	3258	Sweeney	Sallie	1902	Sep	20	040	F	1905 Western Ave.	IL
S	3	0187	03730	Sweeny	(Infant)	1907	Jun	21	01m	F	207 Holbrook	WA
S	2	113	1505	Sweeny	Maurice	1899	Mar	07	037	M	Providence Hosp.	---
S	3	0040	00794	Sweet	Harold Elmo	1906	Jan	11	024	M	Pacific Hosp.	CND
S	3	0010	00182	Sweet	Infant	1905	Aug	01	s/b	F	6th & Battery St	SEA
S	2	130	2150	Sweet	Malissa	1899	Dec	05	069	F	Edmonds, WA	NY
S	3	0062	01223	Sweetland	Thomas H.	1906	Apr	28	063	M	3952 Dayton Ave.	RI
S	2	0077	00134	Sweitzer	Bertha	1897	Apr	03	10m	F	516 12th Ave. S.	SEA
S	3	0063	01252	Swency	Dan	1906	Mar	07	045	M	Eagle Gorge, Wn.	unk
S	2	0080	00250	Swensen	Edna M.	1897	Jul	07	10m	F	Fremont, WA b.Fremont, WA	
S	2	108	1300	Swenson	Caroline	1898	Nov	24	037	F	Port Blakely, WA	SWD
S	1	0001	00433	Swenson	J.S.M.	1885	Mar	08	003	M	Seattle	CA
S	2	0084	01666	Swetland	J. R.	1901	Jun	09	062	M	Dunlap	NH
S	2	0091	01814	Sweza	Margaret E.	1901	Aug	26	024	F	166 15th Ave.	WA
S		0022	00421	Swift	C. Louise	1903	May	30	064	F	601 Columbia Street	MI
S	-	165	3254	Swift	J. Harry	1902	Sep	18	027	M	1066 39th Ave. N.	WA
S	2	0057	00528	Swift	Tilton E.	1895	Nov	24	03m	M	NE Hotel	
S		0100	01986	Swimm	Debedora	1904	May	25	033	F	4058 8th Ave. N.E.	US
S	2	0080	00244	Swisher	Grace	1897	Jun	12	034	F	San Francisco, CA	---
S	1	0001	00727	Swofford	J.W.	1889	Jan	10	040		Bartlett House	
S	-	154	3036	Swope	Roy Percy	1902	Jul	22	023	M	Monod Hosp.	OH
S	3	0051	01020	Swope	W.S.	1906	Mar	08	051	M	Seattle General Hospital	MO
S	2	118	2349	Sworzentruber	Theobalch	1902	Jan	21	032	M	Prov. Hosp.	GER
S	1	0001	00646	Sykke	Patra	1888	Oct	09	15m		foot of Pike St.	
S		0028	00531	Sylvester	Emily	1893	Dec	07	054	F	Depot & Albert	OH
S	2	0009	00170	Sylvester	Rufus	1900	Mar	02	065	M	Prov. Hosp.	unk
S		0022	00286	Symington	Nellie	1893	Jul	24	009	F		Sea
S		112	2241	Symond	J. T.	1904	Jul	26	030	M	Richelien Hotel	---
S	3	0144	02877	Symonds	Charles J.	1907	Feb	17	064	M	513-3rd W.	ENG
S	1	0001	00099	Symonds	Nathan	1882	Jul	09	002	M	Seattle	USA
S	2	0040	00376	Syoved	Fred	1894	Aug	30	035	M	Commercial betw. Wash &Main	
S	3	0169	03364	Syphers	George W.	1907	Apr	30	055	M	Pacific Hosp.	ME
S	3	0087	01725	Szymanski	Infant	1906	Jul	24	01m	F	Ballard	WA
S		0195	3844	Tabary	Claude	1903	Feb	20	065	M	Lucas Landing	FRN
S	2	0047	00060	Tabbut	Frank B.	1895	Feb	15	03m	M	407 N.McClain b.Pt.Blakely	
S	3	0131	02609	Taber	John	1907	Jan	09	082	M	420 E. 73rd	ENG
S	3	0175	03495	Taber	Mary J	1905	Apr	06	034	F	Providence Hosp	CA
S	1	0001	00791	Taber	W.M.	1889	Mar	11	001		Willow St. near Harrison	USA
S	1	0001	00626	Tabor	Alex C.	1888	Sep	23	004		Willow St.	
S	2	125	1977	Taenabe	Mune	1899	Oct	01	026	M	Providence Hosp.	JPN
S	2	0044	00536	Tafferbester	Lulu R.	1894	Nov	25	004	F	3 Booth St	Sea
S	2	0015	00288	Taft	Caroline	1900	Apr	05	081	F	Minor & Denny	CT
S	2	0012	00238	Taft	Edwd G.	1900	Mar	26	08m	M	Minor Av & Denny	SEA
S	2	0065	00196	Taft	James S.	1896	May	20	088	M	Brook & Depot	
S		0099	01972	Taggard	Dora	1904	May	31	041	F	1519 9th Ave.	CA

S	R	Page	Recor	LastName	FirstNames	Deat	Mn	Dt	Age	S	DeathPlace	Bir
S	2	0098	00942	Taggart	Chas. H.	1898	Jun	24	006	M	124 Howard St.	SEA
S	3	0081	01605	Tait	Mabel	1906	Jul	03	026	F	Sea. Gen. Hosp.	NZD
S		0114	02274	Taite	(Infant)	1906	Oct	29	s/b	M	424 Harrison	WA
S	3	0156	03123	Takada	M S	1905	Jan	26	034	M	Providence Hosp	JPN
S	2	0097	1922	Takada	Y.	1901	Sep	26	020	M	Seattle General Hosp.	JPN
S	3	0153	03046	Takagi	(Infant)	1907	Mar	10	05d	M	Sea. Gen. Hosp.	WA
S	2	0068	00331	Takahashi	M.	1896	Aug	23	06m	f	900 Market St.	SEA
S	3	0143	02857	Takahashi	S.	1907	Feb	14	020	M	Sea. Gen. Hosp.	JPN
S	2	119	1734	Takata	Katu	1899	May	31	037	F	4th & Jackson Sts.	JPN
S	2	0065	01302	Takata	Satoru	1903	Ded	29	21d	M	409 Main St.	Sea
S	3	0125	02493	Takehara	W. (Mrs.)	1906	Dec	18	019	F	Seattle Gen. Hospital	JPN
S	3	0008	00147	Takemoto	C.	1905	Aug	04	037	M	King Co. Hosp.	JPN
S			1274	Takichi	Tashikana	1890	Apr	24	024	M	4th & Jackson Sts.	JPN
S	2	0075	1498	Takino	S.	1901	May	06	020	F	S. G. Hosp.	JPN
S	3	0146	02923	Takkinen	Lena	1904	Dec	15	032	F	Pacific Hosp	FIN
S	2	0062	00116	Takura	Chouro	1896	Mar	21	045	M	Prov. Hosp	JPN
S		134	2644	Talbot	Evelyn	1902	Apr	10	08m	F	151 17th Ave.	SEA
S	3	0195	03890	Talbot	James	1905	Jul	07	034	M	424 25th Ave S	IA
S	2	0066	01311	Taleen	George	1903	Dec	28	040	M	2nd Ave.So. & Washington St	---
S		0008	00282	Taliafero	Susan	1892	Jul	10	091	F	Rose & Madison	
S	2	0051	01007	Taliaferro	Miss	1900	Dec	18	028	F	233 Pontious	MO
S	3	0022	00439	Tallen	Marshall	1905	Oct	07	043	M	Ballard	ON
S	2	104	1163	Talley	Georgie Ann	1898	Sep	28	040	F	50 Rollin St.	IA
S	2	0075	00060	Tallman	Geo. F.	1897	Feb	14	060	M	Washington St.	---
S	3	0123	02455	Tally	Edna Ray	1906	Dec	07	001	F	Wayside Emerg. Hosp.	WA
S	3	0147	02932	Talmadge	Ester Niles	1907	Feb	05	076	F	1214-6th Ave. N.	CT
S	3	0160	03199	Talmage	Aurelius Franklin	1905	Jan	04	080	M	South Park, WA	CT
S	2	0012	00231	Tam	J.L. (Dr.)	1900	Mar	21	035	M	Hotel Butler	DE
S	2	0067	01332	Tamada	Shen	1903	Dec	11	020	M	Edmonds WA	---
S	-	172	3395	Tambara	K.	1902	Oct	11	---	M	Barup, WA	JPN
S	2	105	2092	Taminomoto	K.	1901	Nov	07	026	M	Gen. Hosp.	JPN
S	3	0162	03233	Tammura	Tovoichi	1905	Feb	08	030	M	2nd Ave & Jackson	JPN
S	-	192	3985	Tan-veabel (?)	G.	1903	Jan	23	040	M	Van Assalt, WA	RUS
S	3	0148	02958	Tanabe	J	1904	Dec	28	058	M	Wayside Emergency Hosp	JPN
S	3	0100	01985	Tanaka	Gouzo	1906	Sep	14	044	M	Providence Hospital	JPN
S	2	0122	02421	Tanaka	K.	1902	Feb	06	029	M	Prov. Hosp.	JPN
S	3	0180	03599	Tanaka	K.	1905	Apr	26	023	M	King Co. Hosp.	JPN
S	3	0070	01392	Tanaka	Lei	1906	May	28	021	M	Sea.Gen.Hosp.	JPN
S	2	0012	00225	Tanbeneck	Herman E	1900	Mar	19	044	M	1115 5th Av	IN
S	3	0133	02646	Tandoo	Infant	1904	Oct	07	01d	F	112 8th Ave S	SEA
S	3	0071	01413	Tandoo	John A.	1904	Jan	22	05d	M	112 8th Ave. S.	Sea
S	2	0057	00519	Tanguirettii	Luis	1895	Nov	18	057	M	Prov Hosp	ITL
S		0010	00367	Tankonf	Mier	1892	Aug	13	03m	M	309 8th St. (b.St. Paul,	MN
S	2	0070	00420	Tanner	A.	1896	Oct	14	068	F	322 Battery St.	OH
S		0009	00335	Tanner	Carl	1892	Aug	11	012	M	206 McClair	
S	2	412	2684	Tanner	James	1891	Nov	17	065	M	cor Battery & 4th Sts.	---
S		0009	00336	Tanner	Verne	1892	Aug	11	009	M	206 McClair	
S	3	0084	01671	Tanner	William	1906	Jul	20	057	M	Wayside Emer. Hosp.	IL
S	2	0038	00759	Tanney	R. B.	1900	Sep	20	028	M	Prov. Hosp.	---
S	2	0022	00435	Tansy	Harry	1900	May	27	030	M	2nd & Wash	ITL
S		0031	00616	Tanzerr	Louisa	1903	Jul	27	035	M	Providence Hospital	---
S	3	0179	03578	Taplin	Mrs. Julia	1907	May	30	032	F	1015-1/2 Pike	ON
S	3	0130	02586	Tappan	W W	1904	Sep	06	072	M	Colby, WA	IN
S	2	0042	00464	Tar	M.	1894	Oct	23	038	M	Prov. Hosp.	JPN
S	2	0047	00067	Tarbell	Francis M.	1895	Feb	20	03m	M	5th & Mary	Sea

S	R	Page	Recor	LastName	FirstNames	Deat	Mn	Dt	Age	S	DeathPlace	Bir
S	1	0001	00439	Tarbox	D.B.	1885	Mar	23	041	M	Seattle	IRE
S	3	0165	03295	Tardy	Elizabeth	1905	Feb	05	048	F	6100 Kirkwood Ave	MI
S	3	0163	03248	Targer	Helen	1907	Apr	06	004	F	Hillman City	WA
S	3	0161	03202	Tartino	(Infant)	1907	Mar	08	s/b	M	925-17th Ave. S.	WA
S	3	0177	03544	Tata	Joseph	1905	Apr	25	041	M	5th Ave N E & 40th St	ITL
S	1	0001	00900	Tate	Baby	1889	Jun	20	04m		Biglow Addition	
S		0030	00593	Tattersall	J.H.	1903	Jul	15	038	M	89 Pine Street	---
S	-	155	3051	Tavera	Ishamaul	1902	Jul	24	03m	M	Ballard, WA b.Ballard, WA	
S	3	0169	03381	Taylor	A J	1905	Mar	14	065	M	Providence Hosp, Ward 5	PA
S		0115	02284	Taylor	Alice M.	1906	Nov	D1	040	F	Minar Hosp.	WA
S	3	0061	01212	Taylor	Alvin J.	1906	Apr	24	001	M	912 E.Spruce St.	Sea
S	3	0177	03541	Taylor	Anna Marguerette	1905	Apr	23	04m	F	200 6th Ave N	SEA
S	1	0001	00842	Taylor	Annie	1889	May	10	03m	f	So. 10th St.	
S	2	0082	01637	Taylor	Baby	1901	Jun	28	07d	M	258 E. Howell	WA
S	2	0089	00601	Taylor	Bessie M.	1898	Feb	05	02m	F	corner Howard & Lynn Sts.	SEA
S	3	0038	00748	Taylor	C. S.	1906	Jan	13	072	M	Madison St, foot of	NY
S	2	159	3130	Taylor	Cecil Hilbert	1902	Aug	24	009	M	Ravenna, WA	KS
S	3	0086	01709	Taylor	Charles	1906	Jun	26	046	M	Str. City Of Topeka	--
S		0011	00427	Taylor	Chas.	1892	Oct	11	026	M	King Co. Jail	
S	1		1471	Taylor	Clara Louise	1890	Aug	08	022	F	Sidney, Kitsap Co., WA	MA
S	2	0126	2509	Taylor	D. P. Barbara	1902	Feb	26	035	F	Buffalo, NY	
S		0034	00123	Taylor	Earl	1894	Mar	21	01m	M	509-1/2 8th St.	
S	3	0145	02900	Taylor	Emily J	1904	Dec	06	028	F	816 20th Ave S	TN
S	2	0071	01413	Taylor	Emma	1901	Apr	16	053	F	5th & Yesler	ENG
S	2	0093	00724	Taylor	Ethel	1898	Mar	26	001	F	Ballard, WA b.Ballard, WA	
S	1	0001	00358	Taylor	F.H.	1884	Jul	20	028	M	Seattle	USA
S	3	0129	02572	Taylor	Frank	1906	Dec	27	066	M	Centralia, WA	
S	2	0004	00076	Taylor	G. W.	1900	Jan	10	035	M	Everett, WA	IN
S	3	0062	01224	Taylor	Gabrella (Mrs.)	1906	Apr	26	045	F	Wayside Emergency Hospital	MO
S	2	0121	02423	Taylor	Harold Philip	1904	Apr	08	08m	M	Dawson, Yukon Territory	AK
S	3	0046	00907	Taylor	Hugh S.	1906	Feb	21	050	M	525 Bell St.	OH
S	2	0068	01357	Taylor	Infant	1903	Dec	27	---	M	911 27th Ave.	Sea
S	3	0025	00488	Taylor	Infant	1905	Nov	20	01d	F	3628 Palatine Pl	SEA
S	3	0075	01496	Taylor	Infant	1906	Jun	16	s/b	M	3983 - 2nd Ave.NE	Sea
S	3	0151	03022	Taylor	J S	1904	Dec	07	040	M	Buckley, WA	---
S	1	0001	01052	Taylor	James T.	1889	Nov	13	064	M	Grace Hosp.	PE
S	2	102	1077	Taylor	John	1898	Aug	24	040	M	Providence Hosp.	---
S	3	0122	02431	Taylor	John	1906	Nov	28	060	M	Wayside Emerg. Hosp.	---
S	3	0137	02723	Taylor	John T.	1907	Jan	30	046	M	5737 Kirkwood	ENG
S	2	0098	00922	Taylor	Lena	1898	Jun	11	001	M	2411 1st Ave.	SEA
S	3	0021	00402	Taylor	Margaret E.	1905	Oct	06	051	F	166 Blewitt Ave	OR
S		0002	00075	Taylor	Margie E.	1892	Feb	22	003	F	4th St.No. 1425	
S		0049	00977	Taylor	Matie E. (Mrs.)	1903	Oct	04	039	F	Green Lake	NY
S	3	0177	03540	Taylor	Norman	1905	Apr	22	10m	M	18th Ave & College	WA
S	2	408	2677	Taylor	Peter	1891	Nov	10	063	M	Cijt(?) See Bay	GRC
S	2	0121	02422	Taylor	Rose A	1904	Feb	26	024	F	Dawson, Yukon Territory	CA
S		0025	00398	Taylor	Roy E.	1893	Sep	18	05m	M	Madison St.	Sea
S		0010	00365	Taylor	Sadie M.	1892	Aug	30	04m	F	Seattle	Sea
S	1	0001	00883	Taylor	Thomas	1889	Jun	01	041	M		
S		0025	00412	Taylor	Walter	1893	Aug	30	019	M	San Francisco	WA
S	3	0147	02938	Taylor	William T	1904	Dec	19	037	M	Providence Hosp	IN
S		0005	00081	Taylor	Wm Len	1903	Mar	23	046	M	Seattle General Hospital	IA
S	-	0190	03751	Taylor	Wm.	1903	Jan	04	---	M	2213 E. Cherry St.	PA
S		0027	00495	Taylor	Wm. H.	1893	Nov	15	067	M	10th & Madison	NH
S		0117	02336	Taylor	Wm. Joseph	1904	Aug	12	21d	M	618 Cherry St.	Sea

S	R	Page	Recor	LastName	FirstNames	Deat	Mn	Dt	Age	S	DeathPlace	Bir
S	3	0130	02592	Tazzido	Arnido	1904	Sep	14	032	M	Orilla, WA	ITL
S	2	0013	00254	Teachnor	Frances E	1900	Mar	07	064	F	Van Asselt, WA	KY
S	-	161	3164	Teachnor	S. J.	1902	Aug	16	068	M	Van Asselt, WA	WA
S	1	0001	00260	Teachreau	Jemice	1883	Aug	08	005	F	Seattle	USA
S	2	105	1209	Teaff	Maud H.	1898	Oct	15	027	F	Seattle Gen Hosp.	---
S	3	0156	03118	Teale	Chas. Booth	1907	Mar	25	042	M	Rainier Grand Hotel	NY
S	-	154	3048	Tease	Allam	1902	Jul	21	023	M	Ballard, WA	MN
S		0027	00533	Tease	Carrie	1903	Jun	29	02d	F	Ballard Hospital	SEA
S	3	0141	02807	Teater	Jane Elizabeth	1904	Nov	17	074	F	Foot of Galer St	NY
S	3	0088	01745	Teator	Infant	1906	Jul	28	01m	M	1433 33rd	Sea
S	2	113	1502	Tedford	Wm.	1899	Mar	04	056	M	Providence Hosp.	CND
S	2	0042	00460	Teed	Elizabeth I.	1894	Oct	22	070	F	Fremont	PA
S	2	0077	0154	Teek	Ashie	1897	Apr	17	053	M	General Hosp.	CND
S	2	0066	00257	Teek	Nina	1896	Jun	28	024	F	s 13th St	CA
S	3	0161	03221	Teeple	Charles B	1905	Feb	01	059	M	4329 Phinney Ave	IN
S	2	0035	00688	Teeters	Chas	1900	Aug	28	038	M	Police Hdqtrs	MA
S	3	0076	01508	Tefferteller	Frank	1906	Jun	19	010	M	w. side of Smith Ave.	Sea
S		0015	00018	Tehstedt	H.A.	1893	Jan	19	069	M	1806 9th	GER
S	2	0088	01750	Teilder	Ed. F.	1903	Oct	19	044	M	Nome AK	IN
S		0063	01262	Telfer	Clara	1903	Dec	12	049	F	217 Seneca	WI
S	3	0055	01087	Telfer	Emeline L.	1906	Mar	26	077	F	1210 - E.Denny Way	CT
S	2	0045	00577	Telle	Gus	1894	Dec	20	030	M	W. Seattle	
S		0048	00957	Tellquest	Frank	1903	Sep	26	001	F	29 Chestnut Street, Ballard	SEA
S	3	0075	01498	Temer	Paul S.	1906	Jun	15	014	M	2633 E. Valley	IL
S	3	0173	03456	Temple	Elizabeth	1905	Mar	19	042	F	Salt Lake, UT	---
S	2	0084	00424	Temple	Henry C.	1897	Sep	28	020	M	Tucson, AZ	USA
S	2	0067	01332	Temple	M. L.	1901	Mar	30	036	F	Monod Hosp	OH
S	2	0160	03137	Temple	Oliver P.	1902	Aug	06	079	M	2000 9th Ave.	MA
S	2	0050	00988	Tennessy	Katie	1900	Dec	09	040	F	Prov. Hosp.	KY
S		0136	2685	Tenney	Anna E. (Mrs.)	1902	Apr	29	036	F	3201 3rd Ave. W.	NY
S	3	0051	01002	Tenney	Charles Wm.	1906	Mar	01	072	F	3201-3rd Ave.W.	ME
S	2	0116	01633	Tenny (?)	Lydia A.	1899	Apr	24	054	F	1226 Jackson St.	NY
S	3	0060	01200	Tennyson	Joseph Lee	1906	Apr	21	12d	M	Rainier Blvd.nr Crickett Gr	Sea
S	3	0024	00465	Tennyson	Mildred	1905	Nov	08	066	F	Rainier Ave	TN
S	2	0085	00462	Tensen	Henrietta	1897	Nov	20	007	F	Corner Mercer & Eastlake St	SEA
S	2	0123	2460	Teraba	K.	1902	Feb	14	025	M	Gen. Hosp.	JPN
S	2	0059	01169	Terashita	Y	1901	Feb	04	021	M	S. G. Hosp.	JPN
S	3	0078	01541	Terkening	Amanda V.	1906	Jun	29	056	F	4557 Brooklyn	OH
S	2	0063	01258	Termingan	Thos	1901	Feb	21	---	M	Vancouver, BC	---
S	3	0161	03219	Ternan	Noble Wesley	1907	Mar	29	014	M	Pacific Hosp.	CA
S	2	0004	00075	Terrel	Carl E.	1900	Jan	07	001	M	Ballard	WA
S	2	0064	01272	Terrell	A. Walter ??	1901	Mar	07	029	F	1 Av Cedar	CA
S	2	0048	00956	Terris	Isabella	1900	Nov	08	080	F	South Park	IRL
S	3	0054	01064	Terry	Edith C.	1906	Mar	29	028	F	2320.5 1st Ave.	MN
S	3	0143	02850	Terry	Grove C	1904	Nov	18	027	M	Providence Hosp	WA
S	2	0082	00329	Terry	J. Y.	1897	Aug	31	09m	F	216 Raineer	SEA
S	2	0127	2067	Terry	Louis W.	1899	Nov	15	056	M	2304 4th Ave.	OH
S	3	0091	01816	Terry	M. F.	1904	Apr	21	064	M	504 Union St.	PA
S	2	0034	00151	Terry	Mamie	1894	Apr	02	024	F	1414 1/2 Washington	GER
S	2	0158	3098	Terry	Mattie B.	1902	Aug	12	034	F	438 23rd Ave. S.	OH
S	2	0094	00746	Terry	Reina (?)	1898	Apr	11	044	F	Fremont, WA	ENG
S	2	0087	1732	Terry	S. Virginia	1901	Jul	28	001	F	208 - 30 Ave.	WA
S	1	216	2294	Terwilliger	infant of Charles	1891	Apr	12	08h	M	819 5th St.	Sea
S	2	0079	1578	Tesero	J. E.	1898	Dec	07	042	M	White Pass Alaska	NB
S	3	0021	00411	Teshara	Manuel	1905	Oct	23	030	M	Railroad Ave & Main St	CA

S	R	Page	Recor	LastName	FirstNames	Deat	Mn	Dt	Age	S	DeathPlace	Bir
S	1	0001	01175	Tetro	Charles G.	1890	Feb	15	004	M	Rainier St.	MO
S	1	0001	01161	Tevir	Linde Mrs.	1890	Feb	27	039	F	Seattle	GER
S	3	0075	01484	Tewkesbury	Infant	1906	Jun	12	--	F	800 28th Ave.	Sea
S	2	405	2670	Tewsick	John	1891	Nov	05	065	M	foot of Union St.	AUS
S	3	0010	00190	Tewskesbury	Infant	1905	Aug	30	s/b	M	800 28th Ave	SEA
S	3	0151	03018	Teylen	Gust August	1904	Dec	30	040	M	Riverside Station	SWD
S	2	0077	00146	Tha----(nr)	Gertrude	1897	Apr	12	03m	F	1214 13th Ave.	SEA
S	2	0010	00191	Thacher	Harris B.	1900	Mar	09	033	M	2nd & University	MA
S	2	129	2122	Thain	Jas.	1899	Dec	13	042	M	307 12th Ave. South	SCT
S	1	0001	01102	Thane	Alfred	1889	Dec	18	004	M	Cedar St.	MN
S	2	0022	00427	Thatcher	Etta B.	1900	May	23	033	F	311 Minor Av	IL
S	3	0182	03641	Thatcher	G. W.	1905	May	11	083	M	2100 E John St	WV
S	2	0107	02127	Thatcher	Johnathan	1901	Nov	20	077	M	1852 E. Lake	VA
S	2	0093	00738	Thayer	C. R.	1898	Apr	05	024	M	Providence Hosp. b.Oakland,	CA
S	1		1983	Thayer	infant of W. H.	1890	Nov	09	-	F	-	Sea
S	3	0078	01553	Thayer	Mason A.	1906	Jun	10	015	M	Sea.Gen.Hosp.	WI
S	3	0016	00320	Thayer	Orva	1905	Sep	24	023	M	Winchester, WA	IN
S	3	0032	00632	Theberge	Eva	1905	Dec	23	030	F	1624 12th Ave	CND
S	3	0187	03741	Thebus	Infant	1905	May	02	s/b	M	104 Seneca St	SEA
S	3	0020	00400	Thelan	Henry John	1905	Oct	03	066	M	925 20th Ave	GER
S	2	0104	2061	Theobald	Geo. L.	1901	Oct	13	023	M	Leary, WA	NY
S	2	139	2748	Thewlis	George	1902	May	05	067	M	711 31st Ave. S.	ENG
S		0032	00076	Thibault	Martha I.	1894	Feb	21	047	F	121 9th St.	
S	1	229	2341	Thiesen	Ernest	1891	May	09	04m	M	btwn 2 & 3, Union/Universty	Sea
S	2	341	2544	Thiston	Chas. F.	1891	Aug	26	03m	M	904 Charles St.	Sea
S	2	0084	00418	Thom	Gus A.	1897	Oct	29	043	M	Providence Hosp.	GER
S	3	0161	03215	Thomas	(Infant)	1907	Mar	30	s/b	M	Prov. Hosp.	WA
S	l	0001	00076	Thomas	Adel	1882	May	15	001	F	Seattle	US
S	3	0165	03289	Thomas	Catherine E.	1907	Apr	13	073	F	1007 Marion	PA
S	3	0104	2085	Thomas	Clarence J.	1904	Jun	24	05m	M	1126 33rd Ave.	NE
S	-	153	3012	Thomas	David	1902	Jul	19	040	M	661 Yesler Way	SCT
S	2	0057	00506	Thomas	Delia	1895	Nov	03	079	F	Interbay	
S	3	0095	01884	Thomas	E. ?	1906	Aug	11	086	M	St.Joseph Hosp.,Aberdeen,Wn	--
S	2	0067	1325	Thomas	E. Allie	1901	Mar	26	037	F	Arlington Hotel	NY
S	3	0155	03103	Thomas	Eliphalet A	1905	Jan	19	076	M	4425 Fremont Ave	NY
S	2	0057	01139	Thomas	F. E.	1901	Jan	23	052	M	Edgewater	CT
S	1	0001	00162	Thomas	Geo.	1883	Feb	07		M	Seattle	USA
S	1	0001	00517	Thomas	Gertrude	1886	Jan	19	008	F	3rd Ward Seattle	OR
S	-	176	3473	Thomas	H. D.	1902	Nov	15	065	M	1022 Spring St.	OH
S	2	0125	01964	Thomas	Harry	1899	Sep	08	019	M	nr Columbia & Lake Wash.	---
S	2	0043	00852	Thomas	Henry	1900	Oct	28	057	M	Prov. Hosp.	WLS
S	2	0078	00182	Thomas	infant	1897	May	19	05w	M	813 Alder St.	SEA
S	2	0094	00763	Thomas	J. D.	1898	Apr	16	068	M	2101 4th Ave. b.New So.	WLS
S		0036	00721	Thomas	J.W.	1903	Aug	17	064	M	2515½ First Avenue	MO
S		0008	00284	Thomas	Jno.W.	1892	Jul	12	09m	M	West Seattle	Sea
S	2	0059	00582	Thomas	John S.	1890	Dec	07	094	M	Fall City	
S		0019	00189	Thomas	John Sanford	1893	May	20	034	M	1528 3rd	OH
S	3	0155	03097	Thomas	Joseph	1905	Jan	20	04m	M	Western Ave, Foot Pike St	WA
S	2	0104	01171	Thomas	Katie Mrs.	1898	Sep	04	026	F	Anacortes, WA	IA
S	1	0001	00755	Thomas	Lewis	1889	Feb	05	048	M	Corner 4th & Pike St.	
S		0022	00274	Thomas	Lewis	1893	Jul	10	029	M	1116 Yesler	ENG
S	1	0001	00623	Thomas	Lisa	1888	Sep	21	022	F	Prov. Hospital	
S	2	0122	01870	Thomas	Lucy	1899	Aug	17	065	F	411 Battery St.	NC
S	2	0125	01957	Thomas	May	1899	Sep	29	02m	F	813 Alder St.	Sea
S	1	0001	00978	Thomas	Nellie	1889	Sep	28	011	F	5th St.	WA

S	R	Page	Recor	LastName	FirstNames	Deat	Mn	Dt	Age	S	DeathPlace	Bir
S	3	0006	00118	Thomas	Nelson	1905	Aug	31	074	M	2519 1st Ave	AR
S	2	0114	01566	Thomas	Rolla	1899	Mar	13	017	M	Oak Harbor	OR
S	-	162	3182	Thomas	Roscoe G.	1902	Aug	07	027	M	Mission, WA	---
S		0078	1553	Thomas	Rosie	1904	Feb	17	041	F	Providence Hospital	WA
S	2	0014	00266	Thomas	Walter	1900	Mar	21	045	M	Co. Hosp.	ENG
S		0047	00932	Thomas	William S.	1903	Sep	30	029	M	Providence Hospital	---
S	3	0073	01456	Thomas	Wm J.	1904	Jan	30	065	M	West Seattle b.No.Wales	WLS
S		0031	00007	Thomas	Wm.	1894	Jan	04	046	M	Prov. Hosp.	JAM
S		0133	2630	Thomason	Adolph	1902	Apr	04	034	M	1323 7th Ave. N.	NRY
S		0082	1641	Thompkins	Jeanette	1904	Mar	18	051	F	722 12th Ave. N.	VT
S		0012	00454	Thompson		1892	Nov	04	030	M	333 Rollin	NRY
S	2	0046	00029	Thompson	(Baby)	1895	Jan	26	01d	M	422 4th	Sea
S	3	0178	03548	Thompson	(Infant)	1907	May	25	01d	M	353 E. 59th	WA
S	3	0162	03236	Thompson	(Infant)	1907	Apr	03	03m	F	Hillman City	WA
S	2	0053	01049	Thompson	(inft)	1900	Dec	29	---	F	Ballard	sme
S	3	0185	03697	Thompson	A.	1907	Jun	12	021	M	Prov. Hosp.	---
S	1	0001	01222	Thompson	A.H.	1890	Mar	12	028	M	Jefferson btw 4th & 5th.	TN
S	2	0081	01607	Thompson	Ace	1901	Jun	16	022	M	1616 - 4 Ave.	IA
S	2	0075	00078	Thompson	Albert	1897	Feb	28	041	M	Seattle	SWD
S	2	0094	00787	Thompson	Andrew	1898	Apr	24	038	M	Providence Hosp.	SWD
S	3	0191	03816	Thompson	Anna Alvira	1905	Jun	14	001	F	2012 8th Ave	WA
S	2	0072	1437	Thompson	Baby	1901	Apr	24	11m	M	2209 8th Ave.	WA
S	3	0148	02956	Thompson	Bertha	1904	Dec	27	088	F	1510 14th Ave	NRY
S	2	0065	01282	Thompson	C. A.	1901	Mar	13	06m	M	Foot of Denny Way	SEA
S	1	0001	00969	Thompson	Caroline	1889	Sep	19	033	F	Corner 8th & Dearborn	
S	2	0098	00932	Thompson	Caroline	1898	Jun	16	051	F	Providence Hosp.	NRY
S	1	0001	01128	Thompson	Charles	1890	Jan	09	022	M	Grace Hosp.	
S		0098	1956	Thompson	Charles	1904	May	18	025	M	Wayside Mission Hospital	---
S	1	0001	00369	Thompson	Chas.	1884	Aug	11	047	M	Seattle	USA
S		0017	00090	Thompson	Chas.	1893	Mar	13	040	M	Prov. Hosp.	US
S	-	148	2913	Thompson	Christie	1902	Jun	28	075	F	105 W. Kilborn	NRY
S	3	0183	03652	Thompson	David A.	1905	May	16	063	M	1610 N 65th St	OH
S	3	0047	00925	Thompson	Dora (Mrs.)	1906	Feb	04	066	F	615 - 21st Ave.	VT
S			1380	Thompson	E. D.	1890	Jun	29	033	M	Jackson No.319	NS
S		0056	1112	Thompson	E.G.C.	1903	Nov	04	059	M	6th Avenue and Pike Street	ME
S		0005	00083	Thompson	Edgar D.	1903	Mar	27	037	M	Providence Hospital	OR
S		0050	00986	Thompson	Elizabeth (Mrs)	1903	Oct	11	079	F	40th Ave and E. Thomas St.	ENG
S	1	0001	00523	Thompson	Elma	1886	Feb	03	001	F	3rd Ward Seattle	
S		0005	00195	Thompson	Elsie	1892	May	17	13h	F	Drexel Ave. & Division St.	Sea
S	2	0051	00199	Thompson	Frank	1895	May	05	046	M	Division & McLean	US
S		129	2573	Thompson	Frank H. (Dr.)	1902	Mar	21	025	M	Seattle Gen. Hosp.	CND
S	1	0001	00545	Thompson	Geo.	1886	Mar	03	051	M	Prov. Hospital	RUS
S	1	288	2437	Thompson	George	1891	Jul	04	034	M	Pike St.	CND
S		0014	00517	Thompson	Gislie	1892	Dec	25	003	M	Light Thomas	
S	1	229	2343	Thompson	H. G.	1891	May	09	088	M	903 Plummer	CT
S	2	0126	2504	Thompson	Harry	1902	Feb	20	023	M	King Co. Hosp.	IL
S	2	0092	00699	Thompson	Helen E.	1898	Mar	16	02w	F	2617 1st Ave.	SEA
S	3	0108	02151	Thompson	Henry A. C.	1906	Oct	13	068	M	1307-12th Ave. S.	NH
S		0081	01612	Thompson	Hilda M.	1904	Mar	06	008	F	1408 1st Ave. W.	Sea
S	2	0082	00320	Thompson	Hurd	1897	Aug	23	009	M	Lake Union	MN
S	-	154	3018	Thompson	Ida	1902	Jul	25	035	F	ABC House, 3rd Ave.	SWD
S	3	0193	03860	Thompson	Infant	1905	Jun	01	---	M	912 9th Ave S	SEA
S	3	0046	00908	Thompson	Infant	1906	Feb	27	05d	M	800 Bellevue Place	Sea
S	3	0074	01480	Thompson	Infant	1906	Jun	11	-	F	Seattle General Hospital	Sea
S	2	145	2849	Thompson	J. G. Mrs.	1902	Apr	30	023	F	County Hosp.	---

S	R	Page	Recor	LastName	FirstNames	Deat	Mn	Dt	Age	S	DeathPlace	Bir
S		0013	00487	Thompson	Jas. P.	1892	Nov	27	033	M	Charlston	
S	3	0193	03849	Thompson	Jennie M. (Mrs.)	1905	Jun	28	028	F	Wellington, WA	PA
S	1	0001	00961	Thompson	John	1889	Jul	22	012			
S	2	0086	1712	Thompson	John	1904	Feb	29	057	M	Whatcom WA	SCT
S	1	0001	00512	Thompson	John G.	1886	Feb	10	050	M	Occidental Hotel	OH
S		0083	1663	Thompson	John W.	1904	Mar	26	071	M	4547 14th Ave. N.E.	PA
S	3	0148	02951	Thompson	LeRoy	1904	Dec	27	023	M	2322 Elliott Ave	IA
S	2	106	1229	Thompson	Lillian Russell	1898	Oct	30	008	F	Occidental Hotel	MA
S		0077	01541	Thompson	Mabel	1904	Feb	25	001	F	1610 4th Ave.	Sea
S	3	0075	01502	Thompson	Maria	1904	Feb	10	02m	F	15th Ave. N.	Sea
S	3	0088	01755	Thompson	Martin I.	1906	Aug	01	035	M	1329 21st S.	IA
S	2	126	2016	Thompson	Mary F.	1899	Oct	27	027	F	8th & Blanchard Sts.	WA
S	2	0001	00010	Thompson	Mary J.	1900	Jan	06	040	F	Fremont	SCT
S	2	0069	01385	Thompson	Maud Mary	1904	Jan	10	09m	F	814 26th Ave. No.	Sea
S		0029	00580	Thompson	Merrill	1893	Dec	13	042	M	Brighton Beach	
S	2	109	1356	Thompson	Minnie P.	1898	Dec	19	006	F	119 27th Ave.	Sea
S	3	0111	02220	Thompson	Mrs. Ida Lee	1906	Oct	25	052	F	3119 Day St.	IN
S	3	0173	03453	Thompson	Mrs. Lula A.	1907	May	08	038	F	707 Broadway	VT
S	3	0136	02705	Thompson	Nancy M.	1907	Jan	30	058	F	2304-65th St.	OH
S	1	0001	00952	Thompson	Ole	1889	Jul	27	023		Prov. Hosp.	
S		0016	00077	Thompson	Pearle	1893	Mar	05	10m	F	217 3rd	Sea
S	3	0018	00354	Thompson	Prudence Elizabeth	1905	Oct	11	089	F	1320 5th Ave W	VT
S	2	0004	00070	Thompson	R.	1900	Jan	01	045	M	Co. Hosp.	---
S	3	0109	02177	Thompson	Rachel E.	1906	Oct	18	011	F	311 W. Highland Dr.	MT
S	3	0061	01211	Thompson	Richard J.	1906	Apr	24	035	M	4014 Latona Ave.	ITL
S		0047	00938	Thompson	Sarah	1903	Sep	04	036	F	King County Hospital	MN
S		0002	00033	Thompson	Simon	1903	Mar	18	078	M	Monod Hospital	NRY
S	1	0001	00827	Thompson	T.C. Mrs	1889	Apr	12	038		Smithers Ave	
S	2	101	1036	Thompson	Thomas	1898	Jul	05	024	M	South Park	MN
S	3	0126	02507	Thompson	Thomas H	1904	Sep	12	04m	M	2612 E Valley St	Sea
S		0044	00879	Thompson	Thomas S.	1903	Sep	16	046	M	Providence Hospital	IN
S	3	0241	02803	Thompson	Tom A.	1907	Feb	06	013	M	912-9th Ave. S.	unk
S	2	0062	00101	Thompson	W.S.	1896	Mar	09	057	M	2112 First Ave	
S	2	122	1862	Thompson	Wm. G.	1899	Aug	08	040	M	Providence Hosp.	---
S	-	191	3758	Thompson	Wm. N.	1903	Jan	19	001	M	W. Kilbourne St.	WA
S	3	0003	00051	Thomson	George A.	1905	Aug	08	033	M	Providence Hosp.	CA
S		0115	02291	Thomson	Madaline Sophronia	1906	Nov	04	086	F	701 Yesler Way	KY
S	2	0039	00324	Thomson	Margaret E.	1894	Aug	01	030	F	616 McClair St	
S	2	121	1815	Thomson	W. G.	1899	Jul	22	053	M	119 Minor N.	NY
S	1	0001	00508	Thondy	Mrs.	1886	001	21	040	F	Seattle	
S	-	152	2981	Thorborn	Jas.	1902	Jul	05	022	M	Foot of Harrison St.	SCT
S	1	0001	01024	Thorburn	Margaret	1889	Oct	11	021	F	12th St.	
S	2	0083	00355	Thorinson	Rolf	1897	Sep	08	030	M	Providence Hosp.	---
S	2	0067	00293	Thorlow	M.O.	1896	Jul	09	037	M	Pt. Townsend	
S	2	0067	01323	Thormburg	D. Roy	1901	Mar	25	035	M	Prov Hosp	IA
S	2	0014	00280	Thorn	Annie	1900	Apr	03	041	F	2705 6th Av	WLS
S	3	0143	02854	Thorn	Frank A	1904	Nov	26	044	M	1715 17th Ave	VT
S		0023	00348	Thornbeck	Nellie	1893	Aug	12	026	F	Ballard	
S	1	0001	00717	Thorndyke	Chas.N.	1888	Dec	27	055	M	7th St.btw James-Jefferson	
S		0016	00073	Thorndyke	Pansy	1893	Feb	28	030	F	220 Wash.	
S		0084	01671	Thorne	D. S.	1904	Mar	22	058	M	Wayside Hospital	---
S	2	0050	00188	Thornell	Wm. R.	1895	Apr	29	039	M	Tacoma	
S	3	0131	02614	Thornton	(Infant)	1907	Jan	09	06d	F	St. Luke's Hosp.	WA
S		0024	00476	Thornton	Cyrenia	1903	Jun	19	075	F	1115 Madison Street	OH
S	2	188	3707	Thornton	Henry G.	1903	Jan	18	076	M	418 8th Ave.	OH

S	R	Page	Recor	LastName	FirstNames	Deat	Mn	Dt	Age	S	DeathPlace	Bir
S	3	0006	00112	Thornton	Infant	1905	Aug	29	01d	M	311 Blaine St	SEA
S	3	0103	02051	Thornton	John	1906	Aug	30	024	M	Malta, Mont	CND
S		0015	00004	Thornton	Joseph	1893	Jan	01	065	M	(b.Atlantic	
S	1		1962	Thornton	Joseph (Mrs.)	1890	Oct	29	065	F	14 Smith St.	IRL
S			1354	Thornton	Joseph Corbin	1890	Jun	17	023	M	2616 Front St.	IN
S	2	0006	00120	Thornton	Lilly G.	1900	Feb	05	04m	F	94 Main	SEA
S		132	2603	Thornton	Martin J.	1902	Mar	01	059	M	Anacortes, WA b,Baltimore	MD
S	3	0172	03429	Thornton	Michael	1905	Mar	31	063	M	1408 E Cherry St	CND
S	3	0134	02664	Thorogood	Arwilda L.	1907	Jan	22	009	F	609-1/2 Yesler Way	ID
S	3	0123	02457	Thorp	Dale	1904	Aug	23	030	M	S S Victoria, Puget Sound	WA
S	2	0081	00281	Thorp	Willie	1897	Jul	10	008	M	Eagle Harbor, WA b.E.Harbor	WA
S	3	0168	03349	Thorpe	Jennie M	1905	Mar	01	034	F	Providence Hosp	MA
S	2	0029	00567	Thorsen	Lena	1900	Jul	13	045	F	S. G. Hosp.	NRY
S	2	0068	01353	Thorsen	P. J.	1901	Mar		038	M	Tacoma	
S	3	0055	01095	Thorson	Buddy	1906	Mar	03	009	M	Burton, WA	WA
S	2	0044	00872	Thorsteinsen	Harris	1900	Oct	13	028	M	Ballard	IRL
S	3	0137	02738	Thorstenson	Hans	1904	Oct	25	031	M	Ballard	ICE
S	2	0068	1348	Thorstenson	O. A.	1901	Mar	27	002	M	Ballard	MN
S	2	144	2831	Thourp	Niels N.	1902	May	02	021	M	Goodele Sanitarium	DNK
S	2	0068	01356	Throckmorton	Infant	1903	Dec	22	---	F	905 9th Ave.	Sea
S	3	0050	00997	Throckmorton	Infant	1906	Feb	19	pm	M	Seattle General Hospital	Sea
S		134	2654	Thrush	Aggie	1902	Apr	14	034	F	1428-1/2 1st Ave.	WA
S	-	189	3725	Thurber	Julia B. (Mrs.)	1903	Jan	24	081	F	1410 12th Ave.	NY
S		0023	00327	Thurman	Minnie A.	1893	Aug	21	06m	F	Willard & Jones	
S		0025	00418	Thurtoon	Mary	1893	Sep	21	042	F	Anacortes	
S	2	0119	02372	Thygerson	Thuge	1904	Aug	23	040	M	214 23rd Ave	DNK
S		0011	00424	Thyson	F.P.	1892	Oct	10	056	M	318 Wilford	
S	3	0027	00529	Tibbetts	Charles B.	1905	Nov	02	047	M	Ballard	IN
S		0022	00302	Tibbetts	Joseph B.	1893	Aug	05	06m	M	203 Joy	Sea
S	2	0088	01746	Tibelitti	Camille	1904	Mar	30	015	M	George Town	ITL
S	2	0044	00877	Tichabery ?	J. D.	1900	Sep	05	064	M	Nome AK	---
S			1352	Tichbourn	Roy	1890	Jun	15	05m	M	Baker St.	Sea
S	2	0055	00374	Tichnor	Myron W.	1895	Sep	19	072	M	704 Olympic	
S	2	0115	2290	Tideman	Theodore	1901	Dec	23	070	M	Ballard	GER
S	3	0196	03920	Tidermand	August	1905	Jul	20	057	M	1321 7th Ave	NRY
S	2	107	1277	Tie	Look	1898	Nov	26	033	M	512 Washington St.	CHN
S	1	0001	01153	Tiedke	Charles	1890	Jan	25	048	M	Mascot Lodging House	GER
S	2	0067	1333	Tierney	A. Nomo	1901	Mar	30	02m	M	815 Alder St	WA
S		0036	00718	Tierney	Coleman	1903	Aug	16	022	M	Second Ave & Washington	---
S	1		2225	Tierney	Jack	1891	Mar	10	038	M	Providence Hosp.	---
S	2	0041	00805	Tierney	Mary	1900	Oct	04	045	F	Prov. Hosp.	ENG
S	2	0035	00179	Tiffany	Harry	1894	Apr	26	006	M	1113 Yesler Ave	Sea
S	2	389	2639	Tiffany	Mary A.	1891	Oct	12	060	F	King Co., WA	ME
S		0029	00581	Tilbetts	Chas.	1893	Dec	13	015	M	Gilman	WA
S		0041	00821	Tilbt (?)	(infant)	1903	Aug	13	s/b	F	314 - 8th Avenue S.	SEA
S	1		2205	Tiler	D. T.	1891	Mar	04	033	M	300 Street East	PA
S	2	127	2057	Till	infant	1899	Nov	08	06d	M	Old Rainier	Sea
S		0019	00157	Tilley	Etta E.	1893	Apr	24	014	F	Green & Baxter	
S	2	112	1473	Tillman	Geo.	1899	Feb	12	005	M	2119 1st Ave.	KS
S	1		1484	Tillman	Washington Gillman W.F.	1890	Aug	12	04m	M	Willow St.	Sea
S		0028	00535	Tilly	Baby	1893	Dec	09	16d	M	Green & Baxter	
S	3	0140	02784	Timens	Mollie	1907	Feb	03	013	F	Sea. Gen. Hosp.	WA
S	2	0084	01677	Timmons	Inft	1901	Jun	24	1wk	M	West Seattle	WA
S	2	124	1933	Timothy	infant	1899	Sep	17	01m	M	813 Alder St.	Sea
S	2	0089	1776	Timpe	Minnie G.	1904	Apr	05	024	F	Providence Hospital	MO

S	R	Page	Recor	LastName	FirstNames	Deat	Mn	Dt	Age	S	DeathPlace	Bir
S	3	0129	02579	Tinling	(Infant)	1906	Dec	08	pm	F	1209 Lake View	WA
S	2	0083	00357	Tinnie	infant	1897	Sep	09	04d	F	813 Alder St.	SEA
S	2	0088	00569	Tipperton	baby	1898	Jan	20	---	M	5th & Washington Sts.	SEA
S	3	0054	01069	Tipps	Blake	1906	Mar	26	053	M	Providence Hospital	
S		0011	00429	Tipton	Alice A.	1892	Oct	15	022	F	Seattle (b.Victoria,	BC
S	2	0052	01025	Tirashima	J.	1900	Dec	28	040	M	Prov. Hosp.	JPN
S		0064	1267	Tish	Eva Pearl	1903	Dec	13	001	F	2711 3rd Ave.	WA
S	2	0077	00150	Tisland	A. S.	1897	Apr	16	046	M	Providence Hosp.	NRY
S	1		1458	Title	Amanda (Mrs.)	1890	Aug	01	048	F	S. Green St.	---
S	2	0042	00838	Titreville	Ethel	1900	Oct	20	03m	F	W Pike St	SEA
S	2	0071	01409	Titsworth	B. B.	1901	Apr	14	024	M	S. G. Hosp.	KY
S	2	0093	00735	Titus	A. M. (Mrs.)	1898	Apr	05	061	F	307 1st Ave. W.	MI
S	2	0057	00510	Titus	Elinor	1895	Nov	06	10d	F	606 Jackson	Sea
S	2	129	2133	Titus	Hermon	1899	Dec	20	042	M	1315 1st Ave.	Sea
S	3	0025	00496	Tjeransen	Erick	1905	Nov	22	01d	M	1632 Dexter Ave.	SEA
S	3	0037	00740	Tjerensen	Olga Katarina	1906	Jan	11	024	F	1632 Dexter Ave.	SWD
S	3	0186	03714	Tjonsland	Anna	1905	May	31	022	F	Pacific Hosp.	DAK
S	2	0121	02411	Tlewellyn	Wm.	1902	Jan	31	039	M	1st Ave. S.	
S	2	382	2628	Toby	Nellie Purvis	1891	Oct	05	017	F	11th & Depot Sts./7th Ward	---
S			1369	Todd	Annie N.	1890	Jun	24	10m	F	Jackson St. b.St. Paul,	MN
S	2	0060	00023	Todd	Chas. C.	1896	Jan		027	M	1805 Lake	CND
S	3	0102	02021	Todd	Helen	1906	Sep	25	069	F	320 Garfield	NY
S	3	0049	00968	Todd	Henry	1906	Feb	16	073	M	King County Hospital	NC
S	2	0097	00878	Todd	John W.	1898	May	05	05m	M	West Seattle b.W.Seattle,	WA
S	3	0079	01572	Todd	Wm.	1906	Jun	07	072	M	York Sta.	SCT
S	2	0114	2276	Toe	Ah Dow	1901	Dec	26		M	Anacortes	
S	1	0001	00879	Toellner	Adolph	1889	May	13				
S	3	0135	02681	Togoro	Sasaki	1906	Dec	15	025	M	Smiths Cove	JPN
S	2	0067	1328	Toguyoc	Mark	1901	Mar	27	044	M	Prov Hosp	AUS
S		0082	1639	Toiviere	Augustine	1904	Mar	15	064	F	Providence Hospital	IRL
S	2	0126	2501	Tokikita	J.	1902	Feb	17	025	M	Near Edmonds	JPN
S	3	0018	00350	Tokiko	Oto	1905	Oct	09	01m	F	2311 4th Ave	SEA
S		0081	1616	Tokuhira	Denyo	1904	Mar	08	023	M	517 6th Ave. S.	JPN
S	2	0084	00408	Tolchard	Lucy	1897	Oct	23	082	F	304 30th Ave. S.	ENG
S	-	154	3038	Tolla	Carl	1902	Jul	05	061	M	Georgetown	ITL
S	1		1582	Tollefsen	Ole Tahan Arnhawt	1890	Sep	28	03m	M	Seattle	Tac
S	2	0108	2147	Tollner	Edward	1901	Nov	29	054	M	Prov. Hosp.	WA
S		0028	00538	Tomero	Jas.	1893	Dec	10	052	M	3rd & Jackson	
S	-	156	3062	Tomich	infant	1902	Mar	08	000	M	2300 Elliott Ave.	SEA
S	2	118	1704	Tominiato	Matsuzo	1899	May	17	035	M	Seattle Gen. Hosp.	JPN
S		0018	00135	Tomita	Henry	1893	Apr	06	027	M	Prov. Hosp.	
S	3	0174	03477	Tomita	Masaru	1907	May	13	001	M	612-7th Ave. S.	HI
S	2	0059	01189	Tomita	T	1901	Feb	14	043	M	519 Jackson	JPN
S	3	0171	03409	Tomkins	Kate	1907	Apr	24	029	F	Grank Forks, BC	---
S	-	147	2878	Tomlin	Garfield	1902	Jun	07	048	M	372 E. Aloha	---
S	2	0013	00259	Tomlinson	Henrietta	1900	Mar	13	048	F	Los Angeles, CA	---
S		0023	00350	Tomlinson	Louisa	1893	Aug	17	065	F	Victoria, B.C.	CND
S	2	0093	00715	Tomold	Lyde	1898	Mar	05	nr-	F	Ballard, WA b.Ballard,	WA
S		0005	00179	Tompkins	Baby	1892	May	02	001	F	Boulevard (b.Boulevard	
S	3	0119	02367	Tompkins	Jacob M.	1906	Nov	25	056	M	Seattle Gen. Hosp.	NY
S	2	0053	00297	Tompkins	R.V.	1895	Aug	02	037	M	Seattle Gen. Hosp	MA
S		0116	02314	Ton	Jacob	1906	Nov	09	070	M	143 E. 62nd	HLD
S		0196	3857	Ton Chin Sin		1903	Feb	25	01m	M	219 Wash. St	SEA
S	2	0088	1748	Tonaslin	Infant	1901	Jul	01	26d	M	1306 - 7th	Sea
S	3	0155	03090	Tong	Mar Ying	1905	Jan	16	045	M	3rd Ave & Washington St	CHN

S	R	Page	Recor	LastName	FirstNames	Deat	Mn	Dt	Age	S	DeathPlace	Bir
S	2	0060	00034	Tonkow	Fanny	1896	Jan	30	032	F	613 S. 8th St	GER
S	2	0085	1698	Tonolio	Marco	1904	Mar	23	021	M	Providence Hospital	ITL
S	3	0154	03075	Toohig	Jeremiah	1907	Mar	17	c40	M	Wayside Emer. Hosp.	unk
S		0022	00429	Tookey	Peter	1903	Jun	01	036	M	Puget Sound	---
S	3	0139	02774	Tool	John B	1904	Nov	08	044	M	Wayside Emergency Hosp	NY
S	3	0176	03517	Tooley	Everett A.	1907	May	20	040	M	Seattle Gen. Hosp.	NY
S		0098	1961	Toome	Joe	1904	May	01	040	M	Foot of Yesler Way	---
S	3	0104	02068	Toothaker	Infant	1904	Jun	17	07d	F	419 13th Ave.	Sea
S	2	0075	00046	Tootie	infant	1897	Feb	03	04m	F	813 Alden St.	SEA
S	2	126	2505	Topp	Dorothy B.	1902	Feb	21	076	F	Los Angeles	CA
S		0008	00302	Toqust	Alfred Emanuel	1892	Jul	23	21m	M	Duwamish (b.Duwamish	
S	3	0180	03597	Toreson	Jens	1907	May	08	021	M	Kittitas Co.	NRY
S	2	123	2453	Torgerson	Marion	1902	Feb	17	001	F	716 Maynard Ave.	USA
S	2	178	3510	Torgusson	Ole	1902	Nov	24	079	M	135 Dexter Ave.	NRY
S	2	0075	1499	Torhand	S. L.	1901	May	06	027	F	233 Taylor	WI
S	2	0047	00932	Torney	Charles	1900	Nov	21	057	M	Wayside Mission	PA
S	2	124	1922	Tortasse	Alphonse	1899	Sep	08	049	M	Providence Hosp.	FRN
S	2	0047	00040	Torteusen	Maria	1895	Jan	28	4.5	F	Columbia b.Columbia	WA
S	3	0191	03819	Tousley	(Infant)	1907	Jun	14	s/b	M	Seattle Gen. Hosp.	Sea
S	3	0058	1159	Tower	Carrie	1903	Nov	23	055	F	2203 15th Ave. W.	NY
S		0064	1277	Tower	Ella A.	1903	Dec	16	050	F	2253 15th Ave. West	IL
S	3	0013	00241	Tower	Ira Sankey	1905	Sep	16	01m	M	2253 15th Ave W	SEA
S	1	0001	00897	Towle	Mattie L.	1889	Jun	17	001	F		
S	3	0135	02686	Towne	Alice Cynthia	1907	Jan	24	046	F	616 Terry Ave.	MA
S	2	0060	00011	Towne	Eben Davis	1896	Jan	07	04d	M	616 10th	Sea
S	2	0072	00476	Towne	Nellie M.	1896	Nov	14	035	M	616 Terry Ave.	ME
S	3	0079	01576	Townes	E.G.	1906	Jun	09	051	M	King Co. Hosp.	CND
S	2	0079	00220	Townsend	Arthur	1897	Jun	16	022	M	916 Jefferson St.	OR
S	-	168	3308	Townsend	Benj. R. (Col.)	1902	Sep	08	069	M	Snohomish, WA	---
S	2	0088	1741	Townsend	George	1901	Jul	31	024	M	11th & Main	GA
S	3	0127	02524	Townsend	James P.	1906	Dec	27	044	M	Minor Hosp.	MI
S	3	0169	03384	Townsley	Cecil	1905	Mar	15	040	M	Pacific Hosp, Ward 6	ENG
S	3	0029	00565	Towsley	Infant	1905	Nov	25	s/b	F	416 Spring St	SEA
S	3	0018	00357	Toyota	Kikuye	1905	Oct	12	04m	F	6th Ave S & Weller St	SEA
S	2	0121	02406	Tozier	Fred	1904	Aug	03	037	M	504 1/2 Union St	MN
S	3	0060	01194	Tracey	Michael	1906	Apr	19	033	M	Providence Hosp.	unk
S	3	0052	01022	Tracie	Uri J.	1906	Mar	08	072	M	911 James St.	CND
S	3	0105	02089	Tracker	Infant	1904	Jun	26	01d	F	411 Midvale Ave.	Sea
S		198	3899	Tracy	A.D.	1903	Feb	23	076	M	South Park	NY
S	3	0076	1516	Tracy	John Joseph	1904	Feb	15	011	M	Providence Hospital	SD
S		0048	00952	Tracy	Joseph	1903	Sep	19	022	M	Port Blakley, WA	MO
S	3	0183	03656	Tracy	Margaret Agnes	1907	Jun	04	025	F	2200-7th Ave.	MN
S		0022	00440	Tracy	Marie A.	1903	Jun	05	052	F	1506 First Avenue	IL
S		0014	00520	Tracy	Stella M.	1892	Dec	28	011	F	7th & Pike	
S	2	0086	01706	Tracy	WM	1901	Jul	11	044	M	1121 - 10 Av S	SCT
S	-	161	3167	Trammeld	Tekle May	1902	Aug	17	10m	F	Ballard, WA	MI
S	1	0001	00549	Tranier	Anna	1887	Aug	29		F		
S		116	2320	Trapp	Samuel L.	1904	Aug	10	050	M	6th Ave. N. & Halliday Ave.	KY
S	3	0180	03593	Trappe	Emile	1905	Apr	17	030	M	Edmonds, WA	SWD
S	2	114	1564	Trask	Laymont B.	1899	Mar	05	035	M	Tacoma, WA	ME
S	2	0082	00322	Trask	Mary C.	1897	Aug	24	044	F	General Hosp.	IN
S		0020	00388	Travercie	Wm. W	1903	May	10	046	M	Smith's Cove	MA
S	3	0029	00563	Traversa	Infant	1905	Nov	21	s/b	F	703 6th Ave N	SEA
S		0020	00209	Travill	Effie	1893	May	31	025	F	2119 Front	
S	2	187	3693	Treadwell	Samuel P.	1903	Jan	10	077	M	319 Kilbourne	CT

S	R	Page	Recor	LastName	FirstNames	Deat	Mn	Dt	Age	S	DeathPlace	Bir
S		0048	00958	Treanor	Franklin H.	1903	Sep	26	18d	M	South Park	SEA
S	1	0001	00343	Treat	Olive	1884	May	07	19m	F	Seattle	USA
S	3	0153	03063	Treen	Mrs Nina	1905	Jan	05	059	F	409 11th Ave N E	MA
S	3	0033	00654	Trefethen	Harriet Olivia	1905	Dec	03	076	F	1528 E Madison St	ME
S		0015	00022	Trefethen	Infant	1893	Jan	21	01w	M	Pike	Sea
S	3	0080	01582	Treleau	Geo	1906	Jun	18	029	M	Sedro Woolley	--
S		0006	00107	Treloar	John	1903	Mar	18	060	M	York Station	---
S	3	0100	01994	Trenne	Justine G.	1906	Sep	17	068	F	509 East Blaine	GER
S	1		1565	Treppman	Amil	1890	Sep	19	09m	M	Corner Front & Depot Sts.	Sea
S		0028	00548	Trethawey	Infant	1903	Jun	10	s/b	M	214 - 20th Avenue N.	SEA
S	-	152	2984	Trethewey	Samuel C.	1902	Jul	10	05m	M	2313 5th Ave.	SEA
S	2	113	1513	Trevor	Grace E.	1899	Mar	09	026	F	Providence Hosp.	OR
S	1	0001	00359	Trew	Everett	1884	Jul	22	07m	M		
S	2	0099	1977	Trice	Bella (Mrs.)	1899			027	F	Roche Harbor	CND
S	2	0065	00202	Trigg	Arthur M.	1896	May	22	050	M	Fremont	ENG
S	3	0130	02600	Trimbell	Melvin	1907	Jan	04	016	M	Providence Hosp.	SD
S	1		2221*	Trimble	Wm.	1891	Mar	08	065	M	Providence Hosp.	---
S		0002	00051	Trimborn	Lenard Francis	1892	Jan	30	04m	M	1618 2nd	
S	2	0085	01692	Tripp	Francis L.	1904	Mar	11	051	M	Wayside Mission	NY
S	3	0165	03294	Tripp	Lizzie, Mrs	1905	Feb	04	052	F	916 E James St	ENG
S	3	0002	00036	Tripp	Thelma T.	1905	Aug	02	004	F	1302 Harrell St	SEA
S	1		1515	Trobridge	Noble	1890	Aug	26	024	M	-	---
S	2	0074	1480	Trombly	Aug.	1901	Apr	29	030	F	So. Park	IL
S		0050	00995	Tromburg	Gladys	1903	Oct	12	03h	F	111 Kilbourne Avenue	SEA
S		0099	1976	Trotter	C. S.	1904	May	16	028	M	Providence Hospital	IA
S	2	0120	02403	Trotter	Catherine	1904	Aug	01	075	F	125 Dexter Ave	NY
S		0020	00202	Troup	Mary Helen	1893	May	30	030	F	818 McClaire (b.Portland	
S	2	0057	00512	Trow	Warren B.	1895	Nov	10	063	M	22nd St Land.	
S	1	0001	00105	Trowel	Jack	1882	Aug	24	040	M	Seattle	
S	2	0040	00375	Troy	Patrick	1894	Aug	30	033	M	Prov. Hosp	IRL
S		197	3379	Trozzi	Raphael	1903	Feb	01	040	M	Charleston, WA	ITL
S	2	0086	01701	Truax	Geo. A.	1901	Jul	08	073	M	1501 Main	NY
S		0008	00304	Truax	Ida V.	1892	Jul	24	007	F	Rear 1007 7th	MN
S	1		No #	Truckey	Catherine	1890	Oct	23	034	F	Madison & Williamson Sts.	---
S	3	0003	00044	Truckey	Frances Mildred	1905	Aug	06	002	F	2318 5th Ave	Sea
S	2	0066	00248	Truckey	John	1896	Jun	14	004	M	2221 8th St	Sea
S	3	0103	02046	Trudgeon	Walter	1906	Aug	08	030	M	Whitehorse, Y.T.	CND
S		0022	00296	True	Frank	1893	Jul	16	016	M	Renton (b.Fremont,	NE
S	2	0071	00443	Truesdale	Francis	1896	Oct	03	03m	F	Lewis County b.Lewis Co.	WA
S	1		1561	Truman	Frank	1890	Sep	15	02m	M	222 Columbia	Sea
S	3	0177	03533	Truman	Hannah	1907	May	23	069	F	707-2nd Ave. W.	PA
S	1	0001	00458	Truman	William	1885	May	21	046	M	Seattle	USA
S		109	2174	Trumbull	Josie	1904	Jul	04	032	F	2142 6th Ave. W.	MN
S	3	0134	02670	Trump	Infant	1904	Oct	20	01d	F	2704 1/2 1st Ave	SEA
S		0026	00435	Trunbull	Erma	1893	Oct	08	02m	F	1002 Howell	Sea
S	2	182	3589	Tryme	A. G.	1902	Dec	21	063	M	3528 Densmore Ave.	MS
S	2	0015	00287	Tsula	Keyatano	1900	Apr	05	035	M	Prov. Hosp.	JPN
S	3	0123	02446	Tsunehara	Y.	1906	Dec	07	024	M	Seattle Gen. Hosp.	JPN
S	3	0159	03163	Tsuruhara	Joko	1907	Mar	31	022	M	216-5th Ave. S.	JPN
S	3	0083	01645	Tsuyama	Yoshimasa	--	--	--	--	M	Prov. Hosp.	JPN
S	2	125	1987	Tubbs	Mary M.	1899	Oct	08	02m	F	613 Maynard	Sea
S	2	0087	1727	Tuck	Alice	1904	Mar	10	019	F	Bow WA	---
S		136	2681	Tuck	Ho Gan	1902	Apr	24	030	M	1st Ave. N. & Norman	CHN
S	2	0092	00696	Tuck	Serena	1898	Mar	25	067	F	210 7th Ave.	MN
S	3	0006	00110	Tucker	Adelaide	1905	Aug	29	009	F	225 9th Ave N	MT

S	R	Page	Recor	LastName	FirstNames	Deat	Mn	Dt	Age	S	DeathPlace	Bir
S		0059	1177	Tucker	Alfred F.	1903	Nov	28	070	M	Monod Hosp.	NY
S	3	0139	02763	Tucker	Benjamin	1907	Jan	25	056	M	Chewanah, WA	---
S	2	0076	1508	Tucker	Harriet	1901	May	09	062	F	Edgewater	NY
S	3	0167	03337	Tucker	Julia S	1905	Feb	21	041	F	Foster, King Co, WA	IA
S	3	0072	1434	Tuckwell	Mary T.	1904	Jan	06	068	F	1803 Harvard Ave.	IRL
S	1	0001	00581	Tuesday	Mrs. May	1888	Aug	11	047	F	Corner 7th & Madison	
S		0005	00172	Tuffanelli	Carrie	1892	Apr	27	025	F	West & Seneca	
S	2	126	2510	Tuffin	Horace Y.	1902	Feb	04		M	Valdez, Alaska	IA
S	2	0026	00505	Tugarden	Sarah	1900	Jun	19	053	F	Prov. Hosp.	IA
S	2	118	1693	Tulip	Jos.	1899	May	13	055	M	6th Ave. S. & Weller St.	---
S	3	0145	02904	Tulip	Lucy	1904	Dec	07	044	F	Corn. 2nd Ave S & Conn St	WA
S	2	0041	00426	Tully	John	1894	Sep	27	082	M	Prov. Hosp	
S	3	0190	03799	Tully	Michael	1905	Jun	22	040	M	Wayside Emerg. Hosp.	---
S		0053	01050	Tun Took		1903	Sep	27	049	M	Providence Hospital	CHN
S	3	0072	01440	Tupper	Wm. H.	1906	May	18	041	M	Near Ceres, Cal.	IL
S	2	108	1333	Turnbull	Estelle S.	1898	Dec	17	035	F	517 30th W.	MN
S		0005	00160	Turnbull	Robert	1892	Apr	22	070	M	County farm	US
S	1	0001	00406	Turner		1884	Nov	05	19m	F	Seattle	NE
S		0114	02275	Turner	(Infant)	1906	Oct	08	s/b	M	5506 15th N.E.	WA
S	3	0180	03591	Turner	(Infant)	1907	May	06	07m	M	Tacoma, WA	WA
S	1		2217	Turner	A. C.	1891	Mar	07	069	M	708 Houston St., 4th Ward	---
S	2	0083	1653	Turner	Aaron	1901	Jun	13	077	M	Ballard	KY
S	2	0069	00372	Turner	Amos	1896	Sep	05	-59	M	2102 6th St.	SEA
S	3	0127	02526	Turner	Archibald	1904	Sep	18	01m	M	1158 East Lake Ave	Sea
S		0049	00981	Turner	Berthena	1903	Oct	06	049	F	2812 Tenth Avenue N.	MI
S	2	0045	00889	Turner	Carl	1900	Nov	02	025	M	Prov. Hsop.	OH
S	2	0064	00163	Turner	Charles	1896	Apr	23	019	M	1310 12th St	
S	3	0131	02611	Turner	Charles	1907	Jan	07	060	M	1206 1st Ave.	VA
S	2	0039	00325	Turner	Chas.	1894	Aug	02	038	M	Clifton House	
S	2	0075	00044	Turner	Chas. S.	1897	Feb	02	061	M	9th & Madison Sts.	NY
S	2	118	1714	Turner	E. A.	1899	May	28	047	M	15th S. & College	ME
S	3	0046	00901	Turner	Edmund H.	1906	Feb	26	073	M	2025 1st Avenue	ENG
S		0015	00035	Turner	Eliz.	1893	Jan	24	064	F	Ballard	
S	3	0095	1900	Turner	Ella	1904	May	04	049	F	1517 3rd Ave.	VA
S	3	0039	00761	Turner	Ewart McGreagor	1906	Jan	18	08m	M	1156 Eastlake Ave	SEA
S	3	0153	03064	Turner	Gideon V	1905	Jan	05	080	M	2812 10th Ave N B:N.B.	CND
S		0056	1114	Turner	Hattie	1903	Nov	06	037	F	707-Sixth Avenue S.	IL
S	2	0057	00491	Turner	Henry	1895	Oct	01	006	M	Ballard	MO
S		0108	02164	Turner	Infant	1904	Jun	07	s/b	F	2117-1/2 1st Ave.	Sea
S		194	3825	Turner	John	1903	Feb	10	043	M	1921 Second Avenue W.	MN
S	2	0089	1767	Turner	John A.	1901	Jul	13	017	M	Ballard	MO
S		0081	1619	Turner	Kelsey	1904	Mar	08	021	M	612 Columbia St.	MN
S	2	115	1602	Turner	Mary E.	1899	Apr	11	058	F	403 Olympia Ave.	---
S	3	0064	01261	Turner	Oscar	1906	Apr	08	019	M	Fern Hill, Tacoma	SWD
S	3	0241	02819	Turner	Talethia	1907	Feb	09	067	F	150 Kilbourne	PA
S	2	0058	00556	Turner	Wm. I.	1895	Dec	12	032	M	1574 Chestnut	
S	3	0061	01204	Turney	David	1906	Apr	22	067	M	1207 Aloha St.	MA
S	2	0008	00153	Turney	John (Mrs)	1900	Feb	05	---	F	Juneau, AK	IN
S		0006	00103	Turre	J.	1903	Mar	15	040	F	Tacoma	ITL
S	3	0179	03564	Turrell	George F.	1907	May	27	c25	M	Pacific Hosp.	---
S	2	0013	00248	Tusaudt	Wm	1900	Mar	03	056	M	Ballard	CND
D		0027	00534	Tusselman	Frank A	1903	Jun	03	058	M	Reno, Nevada	OH
S	3	0127	02538	Tustin	Fred Page	1906	Dec	31	058	M	Colman Bldg	ENG
S	2	0098	1953	Tustin	Mary J. (Mrs.)	1901	Sep	24	063	F	Port Wrangle	MO
S	2	141	2795	Tutman	Oliver	1902	May	15	036	M	Seattle Gen. Hosp.	FIN

S	R	Page	Recor	LastName	FirstNames	Deat	Mn	Dt	Age	S	DeathPlace	Bir
S		0064	01266	Tuttle	Charles Lee	1903	Dec	12	03d	M	3600 12th Ave. W.	Sea
S	2	123	1901	Tuttle	Frances G.	1899	Aug	13	072	F	Portland, OR	OR
S	2	186	3658	Tuttle	infant	1902	Dec	12	s/b	M	2402 Queen Anne Ave.	SEA
S		0044	00876	Twanabae	C.	1903	Sep	15	s/b	F	Sth Avenue S and Lane St	Sea
S		0019	00375	Twin	R.H.	1903	May	31	065	M	Seattle General Hospital	---
S		0030	00585	Twitchell	Floyd Fred	1903	Jul	16	027	M	923 - 32nd Avenue S.	MN
S		0059	01181	Twitchell	Nettie	1903	Nov	01	043	F	235 29th Ave.	MN
S	3	0156	03111	Twitchell	Polly A	1905	Jan	22	081	F	Pacific Hosp	NY
S	-	174	3420	Twohy	W. S.	1901	Aug	16	041	M	Teller City, AK (or AL)	---
S	2	0040	00384	Twombly	Cleo	1894	Aug	12	002	M	Ryer Park	
S	2	0076	00091	Twombly	Lula	1897	Feb	27	024	F	Seattle	---
S	2	0042	00432	Twombly ??	Freddie	1894	Sep	04	03m		Riverpark b.Riverpark	WA
S	-	169	3335	Tyler	Clarance A.	1902	Oct	06	019	M	520 Union St.	CA
S	3	0024	00461	Tyler	Columbus Tyler	1905	Nov	05	053	M	253 18th Ave	MA
S	2	0057	01130	Tyler	Henry	1901	Jan	30	083	M	228 Nob Hill	CT
S	2	0060	00021	Tyler	Infant	1896	Jan	17	06h	F	7th & Cherry	Sea
S	2	0085	1694	Tyler	John	1904	Mar	18	078	M	Green Lake	NJ
S	2	0079	00201	Tyler	Lucie L.	1897	May	27	063	F	Fort Steilacoom, WA	---
S	2	0056	00478	Tyner	Laura B.	1895	Oct	15	031	F	714 S. 8th	VA
S	2	0035	00175	Tyner	Ray	1894	Apr	20	10m	M	714 S. 8th St.	Sea
S	-	161	3165	Tyrel	Ella Nora	1902	Aug	17	028	F	Str. Queen	CA
S		0041	00815	Tyson	A.L.	1903	Aug	30	030	M	Race Track	---
S	2	0099	1972	Tyson	Julia	1900	Sep	01	034	F	Co. Hosp.	MA
S	2	0073	00529	T_____? (nr)	Michael	1896	Dec	30	065	M	near Wash. ____city	IRL
S	1		2001	T_____(?)	Ellen Josephine	1890	Nov	17	08m	F	Clara St. b.Battle Creek,	MN
S	3	0011	00218	U Tin	---	1905	Sep	06	048	M	Providence Hosp	---
S	2	117	2325	Uamamoto	J.	1902	Jan	10	051	M	Monad Hosp.	JPN
S		0061	01207	Uasaki	Y. I.	1903	Nov	14	023	M	Kirkland WN	JAP
S	2	0057	01134	Ubrett	L. S.	1901	Jan	21	004	M	2013 1st Ave	CO
S	1		1493	Udness	Johana	1890	Aug	17	021	F	Cor Oak & Harrison Sts.	NRY
S	3	0056	1123	Udness	Peter	1903	Nov	11	064	M	Ft. of John St.	NRY
S	3	0160	03186	Ulin	Erick	1905	Jan	16	072	M	Georgetown, WA	SWD
S	2	0047	00070	Ulin	Frederica	1895	Feb	24	057	F	908 8th	GER
S	3	0183	03661	Ulleland	Amanda	1905	May	19	001	F	1815 8th Ave	SEA
S	3	0049	00967	Ullman	Clara	1906	Feb	11	003	F	York Station, King Co., Wn.	WA
S	2	128	2096	Ullman	Emily	1899	Dec	01	065	F	Beacon Hill	GER
S	3	0040	00787	Ullrich	Pauline (Mrs.)	1906	Jan	02	034	F	320 Howard Ave	WI
S	2	0072	1435	Ulnes	W. F.	1901	Apr	23	044	M	S. G. Hosp.	NRY
S	2	0052	01037	Ulrich	Louis	1900	Dec	02	039	M	Lawson, WA	IN
S	2	115	1572	Ulrick	Peter	1899	Mar	23	035	M	County Hosp.	---
S	2	140	2775	Ulsky	John	1902	May	11	019	M	Providence Hosp.	SWD
S		0024	00367	Ulvestad	Mary E.	1893	Sep	05	040	F	City jail	WI
S	2	120	2388	Ulvia	Josephine	1902	Jan	10	019	F	King Co. Hosp.	FIN
S	3	0197	03937	Umbrico	Juerino	1905	Jul	26	09m	M	1125 20th Ave S	SEA
S	2	0036	00224	Umekusu	Nakamura	1894	May	24	033	M	Prov Hosp	JPN
S	2	114	2264	Undahl	Martinia M.	1901	Dec	18	057	F	1420 16th Av.	NRY
S	2	0097	1932	Underwood	B. B.	1901	Sep	04	055	M	Prov. Hosp.	NY
S	-	149	2929	Underwood	baby	1902	Jun	01	04d	F	Ballard, WA b.Ballard,	WA
S		0033	00106	Underwood	Hansen	1894	Mar	09	084	M	Fremont	
S	2	0073	00536	Underwood	Mrs.	1896	Dec	05	030	F	Duwamish, WA	PA
S	3	0021	00410	Underwood	William	1905	Oct	21	071	M	509 5th Ave	IRL
S	2	0122	02434	Ung	Gow	1904	Aug	05	035	M	South Park, WA	CHN
S	1		1973	Ungee	B. L.	1890	Nov	03	025	M	Snohomish Junction	--
S	1	0001	00644	Unknown		1888	Oct	08	06w		btw Blanchard & Lenora St.	
S	1	0001	00677	Unknown		1888	Nov	07	035		Wash. St.	

S	R	Page	Recor	LastName	FirstNames	Deat	Mn	Dt	Age	S	DeathPlace	Bir
S	1	0001	01185	Unknown		1890	Feb	22	035	M	Jackson St.	
S		0012	00449	Unknown		1892	Oct	31	035	M	Beacon Hill	
S		0011	00395	Unknown		1892	Sep	25	05h	M	909 Box	Sea
S		0010	00388	Unknown		1892	Sep	21	s/b	F		
S		0012	00430	Unknown		1892	Oct		04d	M	1610 Harrison	Sea
S		0013	00485	Unknown		1892	Nov	25		M	Commercial & Weller	
S		0018	00130	Unknown		1893	Apr	01	20d	F	210 S. 14th	
S		0021	00260	Unknown		1893	Jun	01		M	Duammish River	
S	2	0043	00478	Unknown		1894	Oct	27		M	West St. House	
S	2	0048	00116	Unknown		1895	Mar	26		M	Squire Ave & Barclay St	
S	2	0048	00092	Unknown		1895	Mar			M	Lake Washington	
S	2	0062	00085	Unknown		1896				M	Queen Anne Hill	
S	2	0066	00246	Unknown		1896	Jun	13		M	Nr Alki Point	
S	2	0067	00279	Unknown		1896	Jul	21		M	Foot Stewart St	
S	2	0064	00169	Unknown		1896	Apr			M	Elliott Bay	
S	2	0101	02001	Unknown		1901	Oct	11	040	M	Elliott Bay	USA
S	2	0070	1393	Unknown		1901	Apr			F		
S	-	156	3067	Unknown		1902	Jul	29	036	M	Interbay	
S		0031	00001	Unknown		Unk	Unk			M		
S			1285	Unknown	-	1890	May	14	-	M	Providence Hospital	---
S			1323	Unknown	-	1890	May	08	-	M	Seattle	---
S	2	406	2672	Unknown	-	1891	Nov	06	038	M	Ballard, WA	---
S	1	241	2367	Unknown	-	1891	May	24	-	M	-	Sea
S	2	0001	00014	Unknown	-	1892	Jan	-	-	-	Kinear Park	---
S	2	0100	00986	Unknown	-	1898	Jul	10	060	F	Lake Washington	---
S	2	106	1223	Unknown	-	1898	Oct	25	040	M	Clancy's Saloon	---
S	2	122	1856	Unknown	-	1899	Aug	05	-	M	Elliott Bay	---
S	2	121	1828	Unknown	-	1899	Jul	11	-	M	Western Washington	---
S	2	127	2049	Unknown	-	1899	Nov	03	-	M	Smith's Cove, WA	---
S	2	0073	00519	Unknown	---	1896	Dec	18	050	F	In Bay	---
S	2	0074	00014	Unknown	---	1897	Jan	12	---	M	found foot of Wall St.	SEA
S	2	0039	00774	Unknown	---	1900	Sep	28	035	M	Elliott Bay	---
S	2	0040	00781	Unknown	---	1900	Sep	04	060	M	G.N. Train	---
S	2	0040	00787	Unknown	---	1900	Sep	18	030	M	Van Asselt, WA	---
S	2	0042	00835	Unknown	---	1900	Oct	18	03m	M	813 Alder St	SEA
S	3	0193	03850	Unknown	---	1905	Jun	29	050	M	South Park	---
S	2	0077	00127	Unknown	-----	1897	Mar	--	---	M	Lake Washington	unk
S	3	0123	02448	Unknown	----	1904	Aug	27	026	M	Van Asselt	---
S	2	0038	00746	Unknown	-----	1900	Sep	12	040	M	N. P. Frt Yards	---
S	2	0006	00111	Unknown	-----	1900	Feb	12	030	M	Arlington Dock	---
S	2	0004	00069	Unknown	-----	1900	Jan	01	040	M	Lester, WA	---
S	2	0026	00507	Unknown	-----	1900	Jun	20	040	M	Elliott Bay	---
S	2	0020	00391	Unknown	-----	1900	May	05	024	M	Floating on Bay	---
S	2	0012	00235	Unknown	-----	1900	Mar	25	030	M	Palmer House	---
S	1	254	2375	Unknown	?	-	-	-	-	-	found at King & Commercial	---
S	1		2122	Unknown	?	-	-	-	-	M	-	---
S	1		2121	Unknown	?	-	-	-	-	M	near Smith Cove	---
S			1332	Unknown	?	1890	Jun	-	-	M	Madison St.	---
S	1		1500	Unknown	?	1890	Aug	-	-	M	Stillaguamish River	---
S			1420	Unknown	?	1890	Jul	?	s/b	-	-	---
S	1		2119	Unknown	?	1891	Jan	31	-	-	-	---
S	1	283	2428	Unknown	?	1891	-	-	07m	M	-	---
S	2	0072	00498	Unknown	Allie	1896	Nov	26	028	F	King County,WA	ENG
S		0017	00339	Unknown	Baby	1903	May	12	06m	F	Foot of Blanchard	---
S		112	2245	Unknown	Baby	1904	Jul	29	---	M	Found at Foot of Clay St.	WA

S	R	Page	Recor	LastName	FirstNames	Deat	Mn	Dt	Age	S	DeathPlace	Bir
S	3	102	2044	Unknown	Baby	1904	Jun	03	---	M	Found at 12 Av.& Prospect	---
S		0063	1253	Unknown	Billy "The Dago"	1903	Dec	03	058	M	Cor.of 2nd Av.& Washington	---
S	2	0079	1577	Unknown	Boy	1901	May	05	016	M	Weston	
S	1		2226	unknown	child	1891	Mar	10	-	M	Day Nursery	Sea
S		0010	00361	Unknown	child	1892	Aug	27	s/b		shore of Lake Union	
S		0019	00171	Unknown	Child	1893	Apr	15			Olympia	
S	2	0050	00170	Unknown	Child	1895	Apr	27	01d	M	Elliott Bay	Sea
S	2	108	1301	Unknown	child	1898	Nov	26	-	-	McKinley Hill	---
S		0031	00615	Unknown	Child	1903	Jul	26		M	Foot of Denny	---
S	3	0139	02769	Unknown	Fetus	1907	Jan	29	s/b	F	Foot of Blanchard	---
S	2	112	2239	Unknown	Foetus	1901	Dec			M	Seattle	SEA
S	3	0058	01157	Unknown	Foetus	1903	Nov	un	un	-	unknown	Sea
S	3	0074	01471	Unknown	Foetus	1904	Jan	11	s/b	F	unknown	Sea
S	3	0074	1469	Unknown	Foetus	1904	Jan	11	s/b	-	unknown	---
S	3	0074	1468	Unknown	Foetus	1904	Jan	11	s/b	-	unknown	---
S	3	0074	01472	Unknown	Foetus	1904	Jan	11	s/b	F	unknown	Sea
S	2	109	2167	Unknown	Infant				s/b	M	Found In Bay	SEA
S	2	0033	00645	Unknown	Infant	1900	Aug	11	021	M	813 Alder St.	SEA
S		193	3805	Unknown	Infant	1903	Jan	24	s/b	M		Sea
S		0008	00160	Unknown	Infant	1903	Apr	05	--	M	Ft. of Denny	SEA
S	3	0138	02758	Unknown	Infant	1904	---	--	---	M	Foot of Madison St	SEA
S	3	0174	03477	Unknown	Infant	1905	Mar	21	s/b	M	Union St between 1st & 2nd	SEA
S	3	0187	03745	Unknown	Infant	1905	May	21	s/b	F	Manhatten Hotel	SEA
S	3	0188	03746	Unknown	Infant	1905	May	31	nb	F	Utah & Stacy Sts	SEA
S	3	0129	02577	Unknown	Infant	1906	Dec	07	pm	M	5th Ave. & Yesler Way	WA
S	3	0130	02586	Unknown	Infant	1906	Dec		s/b	F	Foot of Union (Found 19th)	
S	3	0073	01448	Unknown	Infant	1906	May	14	--	F	5th Ave.So. & Main St.	Sea
S	3	0171	03418	Unknown	Infant	1907	Apr	17	?	-	Foot of Denny Way	---
S	3	0161	03206	Unknown	Infant	1907	Mar		s/b	F	unknown (found on the 11th)	unk
S	3	0161	03207	Unknown	Infant	1907	Mar		s/b	F	Unknown (found on the 12th)	unk
S	3	0181	03609	Unknown	Infant (found)	1905	Apr	13	s/b	M	1st Ave S & Conn.St(found)	UN
S	3	0072	01429	Unknown	Isaac	1906	May	06	055	M	Woodinville	un
S	3	0072	1438	Unknown	Lucy A. ?	1906	May	16	025	F	Wide Hollow Pct, N.Yakima	un
S		116	2313	Unknown	Male	1904	Aug	05	045	M	Galbraith Dock	---
S	1	229	2319	unknown	Mamie	1891	Apr	28	035	F	Providence Hosp.	---
S		0019	00364	Unknown	Man	----	---	--	---	M	Picked up ft of King Street	---
S	2	0033	00646	Unknown	man	1900	Aug	12	030	M	White Star Dock	---
S	2	0079	1564	Unknown	Man	1901	May	14	040	M	3 Miles N. Ballard	
S	2	0080	1588	Unknown	Man	1901	Jun	01	040	M	Foot of Pine St.	
S	2	0070	1398	Unknown	Man	1901	Mar	01	045	M	City Dock	
S	2	116	2319	Unknown	Man	1902	Jan	09	035	M	30th & E. Cherry	
S	2	123	2458	Unknown	Man	1902	Jan	??	45a	M	Elliott Bay	
S	2	121	2412	Unknown	Man	1902	Feb	01	40a	M	Providence Hosp.	
S	-	170	3340	Unknown	man	1902	Oct	07	035	M	near Washington Iron Works	---
S		0040	00794	Unknown	Man	1903	Aug	24		M	Kirkland	---
S		0051	1022	Unknown	Man	1903	Oct	23	40?	M	Smiths Cove	---
S	2	0066	01310	Unknown	Man	1903	Dec	28	040	M	413 Yesler Way	---
S		0011	00220	Unknown	Man	1903	Mar	?	---	M	Elliott Bay	---
S		0194	03811	Unknown	Man	1903	Feb	02	045	M	Foot of King Street	Sea
S		0024	00474	Unknown	Man	1903	Jun	17	25?	M	Found foot of Main Street	---
S		0024	00463	Unknown	Man	1903	---	--	---	M	Foot of Madison	---
S	2	0071	1408	Unknown	Man	1904	Jan	21	---	M	Foot of Stewart St.	---
S	3	0092	1827	Unknown	Man	1904	Apr	24	40?	M	409 Yesler Way	---
S	3	102	2045	Unknown	Man	1904	Jun	05	---	M	Foot of Washington St.	---
S	2	0121	02421	Unknown	Man	1904	Jun	01	---	M	Near Renton	---

S	R	Page	Recor	LastName	FirstNames	Deat	Mn	Dt	Age	S	DeathPlace	Bir
S	2	0119	02371	Unknown	Man	1904	Aug	20	025	M	1422 1/2 First Ave	---
S	3	0168	03350	Unknown	Man	1905	Mar	01	---	M	West Lake Ave	---
S	3	0061	01205	Unknown	Man	1906	Apr	23	040	M	9th Ave.So.& Holgate St.	unk
S	3	0192	03834	Unknown	Man	1906	Jan	03	---	M	Wreck SS Valencia, Vanc.,BC	---
S	3	0192	03835	Unknown	Man	1906	Jan	03	---	M	Wreck SS Valencia, Vanc.,BC	---
S	3	0048	00949	Unknown	Man	1906	Jan	23	045	M	Cape Beale, B.C.	---
S	3	0184	03673	Unknown	Man	1907	Jun	07	035	M	Kangley, WA	---
S	3	0190	03785	Unknown	Man	1907	Jun	21	---	M	Kennydale, WA	---
S	3	0177	03523	Unknown	Man	1907	May	21	c45	M	Maran Bros. Shipyards	---
S	3	0169	03368	Unknown	Man	1907	Apr	20	c55	M	Found foot of Connectict St	---
S	3	0133	02653	Unknown	Man	1907	cJa	01	Adl	M	Elliott Bay nr Sunset Mills	---
S		100	2001	Unknown	Nel's	1904	May	14	035	M	Maple Valley WN	---
S	2	121	2419	Unknown	Woman	1902	Feb	04	35a	F	Elliott Bay	
S		0064	1269	Unknown	Woman	1903	Dec	13	040	F	Wayside Mission Hospital	---
S	3	0023	00449	Unknown (foetus)	---	1905	Oct	18	p/m	M	Alley bet Pike,Union,1st,2n	SEA
S	2	176	3476	Unknown child	-	1902	Nov	15	03d	M	2223 2nd Ave.	SEA
S	3	0030	00581	Unknown Infant		1905	Dec	07	01d	M	Minor Ave & Pike St	SEA
S	3	0029	00569	Unknown Infant		1905	Dec	02	01d	M	Washington Bldg	SEA
S	3	0063	1258	Unknown Infant		1906	Apr	03	01d	M	Ballard, Wn.	WA
S	2	0088	1753	Unknown Man		1901	Jul	20	45?	M	Eagle Gorge	USA
S	2	0068	01357	Unknown Man		1901	Apr	01	040	M	Railroad & Main	
S	2	0084	1679	Unknown Man		1901	Jul		040	M	Lake Union	
S	2	128	2547	Unknown Man		1902	Mar		40a	M	Elliott Bay	
S		0022	00432	Unknown Man		1903	---	--	---	M	---	---
S	3	0125	02497	Unknown man		1904	Sep	06	---	M	Smiths Cove	---
S	3	0130	02591	Unknown Man		1904	Sep	13	020	M	Kirkland, WA	---
S	3	0063	01255	Unknown Man		1906	Apr	01	030	M	Argo Station,King Co., WA	--
S	3	0048	00958	Unknown Man		1906	Jan	27	--	M	Cooks Landing, King Co.,Wn.	
S	3	0126	02514	Unknown Man		1906	Dec	23	035	M	1st Ave. S. & Stacy	
S	2	101	1049	Unknown man	-	1898	Aug	02	040	M	Grant St. Bridge	---
S	-	172	3391	Unknown man	--	1902	Oct	04	035	M	1301 Grant St.	---
S		195	3838	Unknown Man	--	1903	Feb	09	045	M	Wayside Mission	--
S		197	3393	Unknown Man	--	1903	Feb	27	040	M	S. Seattle	--
S	3	0175	03491	Unknown Man	--	1905	Apr	03	---	M	Found at Pier #4	---
S	3	0045	00883	Unknown Man	--	1906	Feb	18	035	M	Grant St.nr Lake Washington	--
S	3	0100	01995	Unknown Man	--	1906	Sep	18	--	M	R.R. Ave. & Wash.	--
S	3	0095	01898	Unknown Man	--	1906	Aug	20	50	M	Duwamish St, Wash.	--
S	3	0090	01794	Unknown Man	--	1906	Aug	13	045	M	1st Ave. S. & R.R. Way	--
S	3	0099	01964	Unknown Man	--	1906	Sep	07	40	M	Westlake Blvd. & Galer	--
S	2	0097	00872	Unknown man	---	----	---	--	---	M	Elliott Bay	---
S	2	0045	00887	Unknown Man	---	1900	Nov	02	035	M	City Dock	---
S	3	0196	03915	Unknown Man	---	1905	Jul	19	055	M	Opposite Faye Bruhn & Co.	---
S	3	0183	03654	Unknown Man	---	1905	May	07	040	M	6th Ave S & Weller	UN
S	3	0033	00641	Unknown Man	---	1905	Dec	27	040	M	Railroad Ave & Jackson St	---
S	3	0032	00624	Unknown Man	---	1905	Dec	20	038	M	Seattle Gen. Hosp.	---
S	3	0030	00600	Unknown Man	---	1905	Dec	14	035	M	Foot of King Street	---
S	3	0012	00229	Unknown Man	---	1905	Sep	10	035	M	Yesler Way, foot of	---
S	3	0153	03048	Unknown Man	---	1907	Mar	10	c40	M	413 Main St.	unk
S	3	0147	02940	Unknown Man	---	(Found 1907	Feb	16	unk	M	Near Lake Sta., King Co.,WA	unk
S	2	0098	00939	Unknown man	----	1898	Jun	20	035	M	Lake Union	
S	3	0018	00351	Unknown Man (found)	---	1905	Oct	07	a45	M	Vine St, foot of	UN
S	3	0103	02048	Unknown Men (eight)		1906	Jan	22	/24	M	Near Cape Beale, VancouvrIs	BC
S	3	0103	02049	Unknown Women (nr)	--	1906	Jan	22	/24	F	Near Cape Beale, VancouvrIs	BC
S			1306	Unknown, supposed to be Cheney		1890	May	14	-	M	Providence Hospital	---
S	3	0011	00216	Unknownn (Skeleton)	---	1905	Sep	01	---	-	Columbia St, bet 1st & 2nd	---

S	R	Page	Recor	LastName	FirstNames	Deat	Mn	Dt	Age	S	DeathPlace	Bir
S	3	0128	02554	Unkown Man	--	1904	Sep	19	060	M	Western Hotel	---
S	2	0073	00508	Unnamed	infant	1896	Dec	10	00h	M	Edgewater b.Edgewater	WA
S	3	0050	00987	Updegraff	H.H.	1906	Feb	10	075	M	Millers Bay, Kitsap Co., Wn	IN
S	2	114	1553	Upper	Dorothy	1899	Mar	29	002	F	122 E. Spruce	---
S	3	0094	01880	Upper	Infant	1904	Apr	06	s/b	M	cor. Broadway & Thomas St.	Sea
S	1		2147	Upper	Maggie Mabel	1891	Feb	16	015	F	Lewis St. b.Jarvis,	ON
S	2	122	2435	Upton	Baby	1902	Feb	11	06h	M	Queen Anne Ave.	SEA
S		132	2609	Upton	C. (Mrs.)	1902	Mar	15	039	F	King Co. Hosp.	IRL
S	2	141	2797	Upton	Ellen	1902	May	21	056	F	2714 King St.	IRL
S	3	0147	02936	Urabe	Senkichi	1907	Feb	28	020	M	Sea. Gen. Hosp.	JPN
S	2	184	3618	Uray	Nadine	1902	Dec	31	07m	F	518 Terrace	SEA
S	2	176	3482	Urdstrom	Joseph	1902	Nov	18	017	M	King County Hosp.	MN
S	3	0092	1842	Uren	Bertha	1904	Apr	04	024	F	110-1/2 2nd Ave.	WI
S	2	0042	00436	Urey	Chas.	1894	Sep	12	062	M	River Park b.River Park	WA
S	3	0043	00853	Urie	Infant	1906	Feb	08	20d	F	303 Seneca St b.Renton	WA
S	3	0008	00154	Uris	Peter	1905	Aug	10	060	M	Hillman City	SWD
S		0193	03810	Urley	J.W.	1903	Feb	02	063	M	6606 2nd Avenue N.E.	NC
S	2	176	3494	Urlson	Wm.	1902	Nov	04	040	M	Str. Ohio	---
S		0004	00072	Urnnie	D.L.	1903	Mar	16	042	M	Providence Hospital	MI
S	-	164	3233	Urquhart	John	1902	Sep	09	040	M	Seattle Gen. Hosp.	CHL
S	3	0051	01006	Ursprung	Peter H.	1906	Mar	03	048	M	Lake Union b.Bavaria)	GER
S		0034	00144	Usgoodly	Ed	1894	Mar	20	03m	M	Ballard (b.Ballard	
S	2	0019	00378	Usher	John	1900	May	01	027	M	S. G. Hosp.	MO
S	2	125	1954	Utley	Della M.	1899	Sep	29	07m	F	1510 Terry St.	Sea
S	2	0101	2018	Utley	Henry M.	1901	Oct	21	040	M	Gen. Hosp.	IL
S	3	0136	02701	Vacca	(Infant)	1907	Jan	28	6+h	F	Rainier Blvd & Sandal Place	WA
S		133	2627	Vacca	Potenza	1902	Apr	02	030	F	End of 30th Ave.	ITL
S	2	0056	01107	Vacoa	Jos.	1901	Jan	22	19m	M	24 Ave S	SEA
S	3	0177	03536	Vagedes	Dorothea	1907	May	24	053	F	Providence Hosp.	GER
S		0028	00528	Vahlbusch	August	1893	Dec	05	043	M	2213 7th St.	GER
S	2	0024	00476	Vahlbusch	Louis	1900	Jun	03	025	M	2213 7th Av	MD
S	2	0077	00132	Vail	David H.	1897	Mar	30	043	M	1008 Temperance	---
S		0009	00332	Vail	Sally	1892	Aug	08	02m	F	1954 Blanchard	Sea
S	3	0166	03325	Valentine	Castane	1905	Feb	20	036	M	Georgetown, WA	ITL
S	1		2036	Valentine	Edith (Mrs.)	1890	Dec	08	033	F	Budweiser House, Wash. St.	---
S	2	0042	00837	Valentine	Francis	1900	Oct	20	017	M	Prov. Hosp.	IL
S	3	0110	02189	Valentine	Harry Eugene	1906	Oct	21	001	M	Green Lake Hosp.	WA
S	1	0001	00154	Valentine	J.F.	1883	Jul	29	035	M	Seattle	AUS
S	2	0094	00780	Valentine	John	1898	Apr	22	060	M	424 Aloha St.	ON
S	1	0001	01058	Valentine	Lucy Delane Mrs.	1889	Nov	07	029	F	Pine St.	
S		193	3809	Valentine	Marjorie	1903	Jan	31	10M	F	5567 Wallingford	Sea
S	3	0014	00276	Valentine	Mary E.	1905	Sep	02	076	F	Pacific Hosp.	USA
S	2	0079	00204	Valentine	W. M.	1897	May	26	039	M	Elliott Bay	IA
S	-	162	3176	Valentine	W. M.	1902	Jul	29	040	M	Kenmore, WA	NY
S	3	0148	02960	Vallee	Mrs. Sophia	1907	Feb	09	035	F	Renton, WA	IA
S	3	0163	03244	Vallun	R.L.	1907	Apr	06	062	M	Prov. Hosp.	SWD
S	1	0001	00574	Valvis	Charlotte H.	1888	Aug	07	09m		Corner 10th & Jackson St.	
S	3	0127	02541	Van Alstine	Daniel H	1904	Sep	23	042	M	2558 Holiday Ave	WI
S	2	0035	00166	Van Alstine	Edna	1894	Apr	15	002	F	2558 Madison	Sea
S	3	0016	00311	Van Alstine	Katherine	1905	Sep	13	038	F	King Co. Hosp.	NY
S	3	0133	02657	Van Alstine	Myrtle	1907	Jan	21	013	F	2026-1/2 Madison	WA
S	2	180	3560	Van Asselt	Henry	1902	Dec	07	085	M	1621 15th Ave.	HLD
S	2	0048	00950	Van Brocklin	Chas. S.	1900	Nov	29	05m	M	410 E. Pine	SEA
S	2	0120	02392	Van Brocklin	Hazel	1904	Aug	29	012	F	402 First Ave	Sea
S	2	0011	00218	Van Brocklin	John W.	1900	Mar	--	062	M	Prov. Hosp.	NY

S	R	Page	Recor	LastName	FirstNames	Deat	Mn	Dt	Age	S	DeathPlace	Bir
S	2	119	1728	Van Buskirk	Eva	1899	May	25	012	F	Ballard, WA	WI
S	3	0062	01229	Van Court	G.A.	1906	Apr	28	046	M	Wayside Emergency Hospital	NY
S	3	0149	02977	Van de Putte	Frank	1904	Dec	07	008	M	1010 East Olive St	WA
S	3	0149	02974	Van de Putte	Jeanette	1904	Dec	04	009	F	1010 East Olive St	WA
S	3	0143	02858	Van de Sutte	Phillip	1904	Nov	30	005	M	1010 Olive St	WA
S	3	0175	03487	Van Den Berg	Johannes Otto	1907	May	13	042	M	Wayside Emerg. Hosp.	---
S	1		2215	Van Densen	Lizzie	1891	Mar	06	055	F	910 2nd St., 3rd Ward	---
S	2	0092	1829	Van dePutts	Celine	1901	Aug	12	07m	F	133 22nd Ave. N.	???
S	-	165	3238	Van Derventer	Mary Ann	1902	Sep	12	076	F	760 John St.	NY
S	3	0093	01841	Van Deventer	Florence	1906	Aug	25	003	F	2419 1st Ave. N.	IA
S	1	0001	00774	Van Doran	Delia Mrs.	1889	Feb	26	071	F		
S	1	0001	00396	Van Dusen	Lloyd	1884	Sep	26	024	M	Seattle	USA
S	3	0013	00243	Van Dusen	Mary S.	1905	Sep	17	055	F	2221 4th Ave	CND
S	1	0001	00210	Van Dycke	Geo	1883	Jun	21	004	M	Seattle	USA
S	3	0185	03692	Van Dyke	Charles	1907	Jun	11	043	M	Prov. Hosp.	---
S		0024	00380	Van Frieberg	Edward	1893	Sep	09	07m	M	1310 S. 10th	Sea
S	2	130	2146	Van Gelder	Jacob	1899	Dec	30	065	M	Seattle Gen. Hosp.	GER
S	2	120	1782	Van Horn	Gladys E.	1899	Jun	06	005	F	Roslyn, WA	---
S	3	0072	01443	Van Houten	Byron C.	1904	Jan	25	055	M	133 14th Ave. N.	NY
S	1	0001	00729	Van Kirk	M.D.	1889	Jan	10	082		820 Charles St.	
S	3	0164	03269	Van Leuvan	Francis Francisco	1905	Feb	20	012	M	Providence Hosp	MI
S	3	0178	03555	Van Meer	Abbie	1907	May	22	064	F	N. Main & Park Place	CND
S	1		2176	Van Mourick	W. D.	1891	Feb	25	047	M	Elliot Bay	HLD
S	3	0124	02471	Van Ness	Ernest	1903	May	16	020	M	South Park, WA	IN
S	3	0057	01129	Van Ness	John M.	1906	Mar	03	068	M	So. Park	NY
S	2	0007	00140	Van Rastman	Bismark	1900	Feb	24	02m	M	803 Yesler	SEA
S	3	0178	03568	Van Sant	Albert	1905	Apr	16	079	M	Cor 20th Ave & Marion St	OH
S	2	104	2078	Van Santen	Albert	1901	Nov	01	002	M	Magnolia Bluff	SD?
S	2	0066	01321	Van Sickle	Susanna	1903	Dec	15	077	F	510 Wall St.	NY
S	3	0137	02731	Van Trump	Christina L.	1907	Jan	03	026	F	Columbia, WA	WA
S	3	0109	02176	Van Tuyl?	Michael	1906	Oct	17	076	M	131 Dorffel Dr.	OH
S	3	0092	01832	Van Vlick	Anna	1906	Aug	13	060	F	2211 Queen Anne	VA
S	3	0050	00981	Van Wyck	Laura	1906	Jan	22	026	F	Cape Beale, B.C.	
S	-	175	3454	Vanamberg	Mattie	1902	Nov	06	062	F	1900 15th Ave.	VT
S	2	0079	1580	Vance	B. Hennetta	1901	May	26	091	F	Brighton Beach	NJ
S	2	364	2589	Vance	Frank	1891	Sep	14	032	M	7th Ward, Seattle	---
S			1353	Vand	Hatein	1890	Jun	16	020	F	American Hotel/Wash. St.	---
S		108	2162	Vanderhurst	Robert Lee	1904	Jun	28	039	M	King Co. Hospital	US
S	3	0083	01660	Vanderpool	Agnes H.	1906	Jul	19	001	F	Rainier Sta.	WA
S	-	174	3416	Vandervert	Mrs.	1901	Dec	04	027	F	Nome, AK	---
S		0084	01670	Vandervoork	Wm. F.	1904	Mar	22	050	M	Providence Hospital	---
S	3	0161	03211	Vandiest	Infant	1905	Jan	19	s/b	M	604 Pike St	SEA
S		0059	1171	Vandyke	Fannie	1903	Nov	26	078	F	2829 9th Ave. So.	NRY
S			1338	Vanhorn	Mary Ann	1890	Jun	05	08h	F	Corner Dexter & McClellan	WA
S	3	0102	02026	Vannce	Infant	1904	May	24	s/b	M	120 10th Ave. N.	Sea
S		0020	00383	Vanorman ?	Clatie P. ?	1903	May	08	023	M	Georgetown	MI
S	3	0138	02750	Vanovermark	Phillip	1907	Jan	20	c45	M	Van Asselt, WA	---
S	-	153	3004	Vaquero	Victor	1902	Jul	17	023	M	Green Lake	VNZ
S	2	124	1917	Varnes	Frances A.	1899	Sep	05	058	F	1432 ? Ave.	ENG
S		0031	00028	Varney	Caroline	1894	Jan	17	078	F		
S	3	0013	00242	Vasser	Albert G.	1905	Sep	16	02m	M	1022 King St	WA
S	2	0069	01374	Vasser	Helen May	1904	Jan	08	02m	F	2609 Norman St.	Sea
S	2	0091	00662	Vater	Robt James	1898	Feb	23	003	M	Dunlap P O	SEA
S	2	0042	00828	Vaugh	Chas John	1900	Oct	13	08m	M	2d & Jackson	SEA
S	3	0108	02146	Vaughan	Charles	1906	Oct	12	023	M	619 W. Blaine	WA

S	R	Page	Recor	LastName	FirstNames	Deat	Mn	Dt	Age	S	DeathPlace	Bir
S	2	114	2279	Vaughan	Jas. (Mrs.)	1901	Dec	05	068		Issaquah	
S		0012	00440	Vaughan	Sardis	1892	Oct	14	068	M	128 Taylor	
S	3	0140	02794	Vaughan	Vivian	1904	Nov	14	016	F	619 W Blaine St	TX
S	2	0037	00724	Vaughn	(Baby)	1900	Aug	18	s/b	M	Ballard	sme
S	3	0193	03846	Vaughn	Ceron T.	1905	Jun	24	044	M	Portland, OR	---
S	2	111	1417	Vaughn	Gladys	1899	Jan	21	012	F	Edgewater	MI
S		0033	00079	Vaughn	Lottie M.	1894	Feb	23	10h	F	807 Pike St.	Sea
S	2	0001	00033	Vaughn	Mamie	1892	Jan	19	024	F	Box St.	---
S	2	110	1392	Vaughn	Sylvia	1899	Jan	09	016	F	Fremont	OH
S	3	0170	03396	Vaughn	Walter V.	1907	Apr	14	09m	M	242 E. Wilbert, Ballard, WA	WA
S	2	0105	2090	Vck How	Lee	1901	Nov	06	051	M	Prov. Hosp.	CHN
S			1251	Vece	Raphael	1890	Apr	19	029	M	Providence Hospital	ITL
S	3	0046	00920	Vedder	Mart	1906	Feb	27	040	M	Providence Hospital	IN
S		0011	00219	Veitze	Richard	1903	Apr	28	024	M	Green Lake	GER
S		0051	1009	Vena	Minnie	1903	Oct	18	027	F	Providence Hospital	ITY
S	3	0148	02957	Veness	Chester James	1904	Dec	28	05m	M	326 Queen Anne Ave	SEA
S	3	0053	01051	Venter	Elizabeth	1906	Mar	24	078	F	707 Stewart St.	GER
S	2	0003	00055	Venter	Michael	1900	Jan	28	084	M	571 Stewart	GER
S	2	0088	1749	Verbeek	Paul Robert	1904	Mar	29	025	M	Rainier Beach	GER
S	2	0091	00660	Verde	Alex	1898	Feb	19	026	M	Issaquah, WA	ITL
S	2	0035	00176	Vernon		1894	Apr	23	39h	M	West Ft. ? St.	Sea
S	-	152	2988	Vernon	Archie	1902	Jul	09	009	M	1301 E. Alder	OR
S	2	180	3549	Vernon	infant	1902	Nov	24	---	M	430 24th N.	SEA
S		0117	02328	Vestel	Lula May	1906	Nov	14	030	F	1542-19th S.	WA
S	2	0017	00336	Vestney	(Infant)	1900	Apr	24	11d	M	2323 1st	SEA
S		0113	02256	Vetter	Gertrude	1906	Oct	19	050	F	W. Seattle	MI
S		113	2254	Vickers	Hannah Mary	1904	Jul	19	022	F	319 Battery	CND
S		0053	1053	Vickers	Mary H.	1903	Oct	29	043	F	Seattle General Hospital	---
S	2	0063	00144	Vicory	Ethel M.	1896	Apr	11	004	F	215 W. Grant	Sea
S	3	0120	02390	Viele	John C.	1906	Nov	15	044	M	White River, Nr Orilla, WA	---
S		0029	00585	Viele	Mary M.	1893	Dec	21	038	F		MI
S	3	0174	03465	Vierow	Agnes	1907	May	10	001	F	Seattle Gen. Hosp.	WA
S	1	229	2332	Vilas	Spencer	1891	May	03	007	M	Lake Washington	---
S	2	0119	2376	Villec	A.	1902	Jan	31	072	M	Prov. Hosp.	FRN
S	1	254	2371	Villecco	Donato	1891	May	29	039	M	Columbus House	ITL
S	3	0161	03211	Vincent	(Infant)	1907	Mar	17	s/b	M	Prov. Hosp.	WA
S	2	0077	00140	Vincent	Chas.	1897	Apr	06	038	M	1428-1/2 3rd Ave.	OH
S	2	0001	00005	Vincent	Emma (Mrs.)	1892	Jan	05	067	F	Bell & 3rd Sts.	---
S	3	0197	03940	Vincent	Infant	1905	Jul	28	01d	F	118 Queen Anne Ave	SEA
S	3	0155	03097	Vincent	Mrs. Clara	1907	Mar	21	036	F	Providence Hosp.	KS
S	3	0172	03440	Vincent	Pauline	1905	Mar	17	056	F	1210 9th Ave S	BLG
S	2	102	2030	Vincent	Sadie	1901	Oct	02	017	F	Seattle Gen.	KS
S		0009	00333	Vincent	W. Harold	1892	Aug	09	08m	M	1216 Lake View	Sea
S		0060	1198	Vine	Samuel	1903	Nov	02	064	M	West Seattle	IRL
S	2	0101	1027	Vinerd	Doris	1898	Jul	30	04m	F	2716 Elliot Ave.	Sea
S	2	0001	00015	Vineyard	Nelson	1900	Jan	08	046	M	2716 Elliott Ave.	---
S	3	0034	00667	Vining	Jessie Iona	1905	Nov	23	001	F	Santa Barbara, CA	SEA
S	3	0059	01164	Vinnett	Katherine Ellen	1906	Apr	07	005	F	1607 Grant St.	MN
S	3	0032	00633	Vinnett	William	1905	Dec	26	011	M	1257 1st Ave S	WI
S	1	0001	00567	Vinton	Mattie	1887			026	F		
S	3	0161	03208	Violante	Infant	1905	Jan	10	s/b	F	1001 1/2 16th Ave S	SEA
S	3	0069	01366	Violette	Charlotte	1906	May	18	041	F	Prov. Hosp.	CND
S	2	0119	02376	Virgil	Infant	1904	Aug	26	04m	F	1012 E 65th St	Sea
S	2	309	2479	Visard	H.	1891	Jul	22	045	M	Travelers Saloon	---
S	1		2037	Vivian	Martin	1890	Dec	10	085	M	cor. Elaine & Aloha Sts.	USA

S	R	Page	Recor	LastName	FirstNames	Deat	Mn	Dt	Age	S	DeathPlace	Bir
S	3	0167	03345	Vivolo	Infant	1905	Feb	16	s/b	M	1125 29th Ave S	SEA
S		0043	00850	Vlasich	Jerry	1903	Sep	06	03m	M	1421-11th Avenue	SEA
S	2	0074	1466	Vockroth	M. R.	1901	Apr	05	001	F	West Seattle	WA
S	3	0191	03808	Vogel	G. F.	1907	Jun	26	027	M	Georgetown, WA	NE
S	3	0167	03326	Vogel	Mary Agnes	1907	Apr	17	013	F	1505 Western Ave.	NY
S	3	0176	03513	Vogt	Edith Frances	1907	May	19	020	F	Lake Washington	IA
S		0100	02005	Voisenvert	E.	1904	May	18	038	M	K. C. Hosp.	FRN
S		0041	00807	Volker	George	1903	Aug	05	024	M	Edgewood, WA	MN
S	1		1588	Vollmann	Emil	1890	Oct	01	10m	M	12th & B Sts.	Sea
S		0010	00193	Vollrath	Anna	1903	Apr	17	026	F	1120 Sturgess Road	NRY
S	3	0163	03252	Vollrath	Elizabeth H.	1907	Apr	07	05m	F	1517-17th Ave. S.	WA
S		0020	00227	Von Colson	Hinrich	1893	Jun	05	074	M	1735 14th	
S		136	2699	Von Detlemia	Mary L.	1902	Apr	30	033	F	Seattle Gen. Hosp.	SWD
S	2	0037	00727	Von Schon	Ludwig H.	1900	Aug	21	033	M	Arlington Dock	SWD
S	2	0039	00770	Vonderheid	Geo.	1900	Sep	26	044	M	Prov. Hosp.	OH
S	2	0064	01263	VonNeider	C. A.	1901	Mar	05	016	M	Prov. Hosp.	MO
S	2	0039	00776	VonSkotinaki	Sophie	1900	Sep	19	029	F	1324 3d Av	FIN
S	2	0044	00541	Vopni	Hulda	1894	Nov	29	004	F	John & Banner	ICE
S	3	0153	03047	Vordorfer	Laura	1907	Mar	10	025	F	3828 Bagley Ave.	IL
S		0033	00663	Vorgeski	Francheski	1903	Jul	29	035	M	Fourth and Washington	RUS
S	3	0178	03550	Vorwerk	Martha	1905	Apr	28	005	F	Providence Hosp	GER
S	1	229	2342	Vosburgh	Mrs. Louise K.	1891	May	09	039	F	Providence Hosp.	---
S	3	0002	00025	Vospes	Infant	1905	Jul	25	---	M	1118 E James St	SEA
S	-	166	3265	Voss	Louisa	1902	Sep	27	08m	F	124 N. 22nd St.	SEA
S	3	0194	03877	Vroman	George	1905	Jul	03	047	M	Wayside Emerg. Hosp.	---
S	2	126	2026	W---nes (?)	Dora	1899	Oct	01	024	F	Georgetown	---
S	-	171	3375	Wabraushek	Antone W.	1902	Oct	29	070	M	1814 Broadway	BOH
S	-	190	3748	Wack	Chas.	1903	Jan	03	056	M	Seattle Gen. Hosp.	GER
S		0008	00157	Wacker	Alberta	1903	Apr	04	054	F	415 1/2 Fifth Avenue	SEA
S	3	0003	00049	Waddingham	Wm M.	1905	Aug	07	015	M	223 Belmont Ave N	CA
S	1	0001	00839	Wade	Geo.	1889	May	03			Grace Hosp.	
S	1	0001	00832	Wade	George	1889	Apr	23			Grace Hosp.	
S	3	0025	00486	Wade	Grace E. (Mrs.)	1905	Nov	18	025	F	Seattle Gen. Hosp.	SEA
S	2	0083	00375	Wade	Harry	1897	Sep	26	09m	M	813 Alder St. b.Snohomish,	WA
S	3	0102	02029	Wade	Harry M.	1906	Sep	27	051	M	204 E.Lake Ave.	PA
S	3	0030	00585	Wade	Henry B.	1905	Dec	08	081	M	4718 Brooklyn Ave	IN
S	2	0062	01224	Wadel	Leon	1901	Feb	26	039	M	419 Jefferson	GER
S		0005	00170	Wadelle	J.O.	1892	Apr	26	062	M	McMinnville, OR	
S	3	0085	01681	Wadeworth	Frank	1906	Jul	12	032	M	Providence Hosp.	MN
S	3	0071	1417	Wadleigh	Helen	1904	Jan	24	003	F	1609 12th Ave.	CA
S	2	180	3550	Waef	Albert	1902	Nov	27	037	M	Yuma, AZ	---
S		0045	00898	Wafer	Ada Margaret	1903	Sep	23	07m	F	123 Blewitt Avenue	SEA
S		0053	01051	Wager	C.O.	1903	Oct	25	067	M	Providence Hospital	NRY
S	1		2117	Wagner	Annie A.	1891	Jan	27	06m	F	1719 Front St.	USA
S	3	0105	02099	Wagner	Frank Henry	1906	Sep	26	038	M	2433 East Valley	OH
S	-	152	2989	Wagner	Helen	1902	Jul	12	028	F	Providence Hosp.	CA
S	1	0001	00825	Wagner	Ida	1889	Apr	09	004	F	Front & Virginia St.	
S		0011	00394	Wagner	Mary Luela	1892	Sep	24	029	F	St.Mary's Hosp/San Fran.CA	MO
S	3	0163	03251	Wagner	Minnie, Mrs	1905	Feb	11	019	F	714 University	MN
S	2	0089	00618	Wagner	Mollie C.	1898	Feb	12	037	F	Sea. Gen. Hosp.	PA
S	3	0051	01013	Wagner	Nellie (Mrs.)	1906	Mar	05	024	F	Providence Hospital	IA
S	1	0001	00843	Wagner	Sophronia	1889	May	12	026	f	2nd & Pine St.	
S	1	0001	00487	Wagner	William	1885	Sep	05	045	M	Hospital	USA
S	2	0081	00310	Wagner	Wm.	1897	Aug	16	050	M	Police Headquarters	---
S		0019	00159	Wagnild	Olif	1893	Apr	26	004	M	534 Lake	

S	R	Page	Recor	LastName	FirstNames	Deat	Mn	Dt	Age	S	DeathPlace	Bir
S	1	0001	01131	Wah	Chinn Bing	1890	Jan	06	042	M	West St.	CHN
S	3	0017	00328	Wahlstrom	Infant	1905	Sep	18	s/b	M	544 18th Ave	SEA
S	2	0016	00310	Wainscott	Marg't	1900	Apr	11	074	F	Brooklyn	ENG
S	2	108	3123	Wait	Simon	1898	Dec	14	077	M	2815 3rd St.	CND
S	3	0185	03694	Waite	Alberta	1907	Jun	12	028	F	111-16th S.	WI
S	2	122	1839	Waite	Lucinda Mrs.	1899	Jul	26	073	F	Cheney, WA	---
S	2	0031	00609	Waite	Purinah ? F.	1900	Jul	20	063	F	Everett	OH
S	-	189	3733	Waite	Ruby	1903	Jan	26	020	F	Seattle Gen. Hosp.	MN
S	2	0120	02389	Waitt	Capt. William J	1904	Aug	28	064	M	Providence Hosp	ME
S			1301	Wakefield	Ada	1890	May	07	001	F	Lake Union	KS
S	-	154	3017	Wakefield	Frank B.	1902	Jul	24	015	M	Lake Washington/Leschi Park	MN
S	3	0133	02663	Wakefield	Harry Lloyd	1904	Oct	17	03m	M	1027 1/2 Main St	SEA
S	2	0062	00103	Wakefield	John	1896	Mar	12	057	M	Prov. Hosp.	
S	3	0079	01570	Wakeman	Sarah Ann	1906	Jun	04	060	F	Macann	--
S	2	0304	2469	Walber	Georgia	1891	Jul	16	04m	M	917 Yesler Ave.	Sea
S	3	0179	03573	Walby	Lena	1905	Apr	23	022	F	Wayside Emerg Hosp	OR
S	3	0145	02887	Walch	Infant	1904	Nov	23	s/b	M	1809 Queen Anne Ave	SEA
S	3	0007	00129	Walch	Mabel	1905	Aug	19	022	F	102 Harrison St	AUT
S	2	0115	2297	Walch	Michael	1901	Dec	29	020	M	2216 8th Ave.	SEA
S	2	112	2224	Walcott	A. C.	1901	Dec	20	064	M	Fremont	NY
S	1	0001	00192	Wald	Chas.	1883	May	15	004	M	Seattle	USA
S	2	0009	00168	Wald	Herbert S	1900	Mar	01	06m	M	2106 Elliott	SEA
S	2	0080	1597	Walden	Eliza	1901	Jun	08	07m	F	166 - 23 Ave.	MT
S		0114	02264	Walden	J.D.	1906	Oct	29	029	M	Pasco, WA	MO
S	3	0181	03621	Walden	Margaret E.	1905	May	03	074	F	534 24th Ave S	KY
S	2	0088	1756	Walden	May	1901	Jul	25	023	F	King Co. Hosp.	CA
S	1	0001	00047	Waldon		1882	Feb	14		M	Providence Hosp.	
S			1292	Waldron	Eddie	1890	May	05	03h	M	Seattle	Sea
S	2	0046	00026	Waldron	Infant	1895	Jan	24	06w	M	410 Terrace	Sea
S	2	0085	00463	Waldron	Maraurita J.	1897	Nov	21	02m	F	nr Wash. Iron Works	SEA
S	2	0104	2062	Waldron	Mrs. Wm.	1901	Oct	14	061	F	King Co. Hosp.	KY
S	3	0173	03447	Waldron	W R	1905	Mar	05	068	M	Georgetown	KY
S	2	178	3499	Waldruff	H. O.	1902	Nov	15	030	M	Seattle Gen. Hosp.	---
S	2	0083	00377	Wales	Albert N.	1897	Sep	27	043	M	Bailey Block	---
s	1	0001	00350	Waley	Bertran	1884	Jun	18	18m	F		USA
S	2	139	2751	Walkenhorst	Freddie	1902	May	06	001	M	9th Ave. S. & Walker St.	OH
S	2	0041	00418	Walker	Allie	1894	Sep	21	03m	F	Glinous 2nd Add	Sea
S	2	0034	00677	Walker	Almaretta	1900	Aug	23	001	F	2012 2nd Av	SEA
S	2	0052	00268	Walker	Almira D.	1895	Jul	06	021	F	1609 4th	SD
S		0019	00366	Walker	Cecil G.	1903	May	26		M	1600 Warren Avenue	---
S		0030	00590	Walker	Chas H.	1903	Jul	19	029	M	1315½ Third Avenue	CND
S		0112	02244	Walker	Doris	1904	Jul	20	09m	F	2018 Charles	Sea
S	2	0057	00501	Walker	F.C.	1895	Oct	27	049	M	Kitsap Co.	NY
S		0084	01676	Walker	Fred	1904	Mar	27	050	M	Wayside Mission Hospital	---
S	2	119	1730	Walker	Geo. B.	1899	May	29	066	M	W. Seattle	---
S	1	192	2267	Walker	Gilbert C.	1891	Apr	02	025	M	Leland House	---
S	3	0072	01421	Walker	Harold	1906	May	25	012	M	Prov. Hosp.	WA
S	2	0063	00130	Walker	J.P.	1896	Mar	19	021	M	Port Angeles	IL
S	2	119	2366	Walker	Jho.	1902	Jan	30	043	M	Interbay Brewery	GER
S		114	2282	Walker	John P.	1904	Jul	16	042	M	King Co. Hospital	CND
S	2	0040	00374	Walker	Julius H.	1894	Aug	29	060	M	Brooklyn	
S		0023	00329	Walker	Margaret E.	1893	Aug	24	048	F	Latona	ME
S	3	0076	01510	Walker	Marian Jean	1906	Jun	20	010	F	1532 - 31st So. b.Tacoma	WA
S	2	0043	00857	Walker	Sally	1900	Oct	30	034	F	519 27th Av S	AL
S	2	0059	01164	Wall	F. John	1901	Feb	01	041	M	Rainier Grand Hotel	MA

S	R	Page	Recor	LastName	FirstNames	Deat	Mn	Dt	Age	S	DeathPlace	Bir
S		0039	00781	Wall	J.	1903	Aug	02	041	M	Seattle General Hospital	ENG
S	-	148	2906	Wall	Robert	1902	Jun	21	030	M	3rd & Seneca Sts.	NY
S	3	0155	03091	Wall	Willie J.	1907	Mar	21	003	M	Eitel Building	MT
S	3	0196	03922	Wallace	Adam	1905	Jul	19	070	M	Palmer Crossing	SCT
S	2	113	1524	Wallace	Ann	1899	Mar	14	072	F	506 24th Ave.	---
S	2	0123	1890	Wallace	baby	1899	Aug	31	16h	M	2216 7th Ave.	Sea
S	2	0022	00423	Wallace	Dorcas	1900	May	21	044	F	Prov. Hosp.	ME
S	3	0057	01127	Wallace	Emma Rachael	1906	Mar	01	035	F	Brighton Beach, King Co.,WA	WV
S	3	0143	02848	Wallace	Harry E.	1907	Feb	13	059	M	Foot of King St.	NY
S	1	0001	01230	Wallace	Infant	1890	Mar	03	01d	M	2320 Waller St.	SEA
S	3	0081	01619	Wallace	Infant	1906	Jul	06	01d	M	307 Terry N.	Sea
S	1		2185	Wallace	J. M.	1891	Mar	30	044	M	cor. 7th & Weller Sts.	---
S		0002	00035	Wallace	Jas W.	1903	Mar	11	038	M	103 - 23rd Avenue	IL
S	3	0046	00905	Wallace	Jennie B. (Mrs.)	1906	Feb	23	040	F	173 - 27th Ave.	IL
S	3	0041	00815	Wallace	John	1906	Jan	23	022	M	SS Valencia, Shipwreck	UN
S	2	334	2530	Wallace	Leon	1891	Aug	17	05w	M	Day Nursery	Sea
S		0026	00434	Wallace	Mary	1893	Oct	08	072	F	712 10th	
S	2	0077	1530	Wallace	N.	1901	May	16	065	M	Prov. Hosp.	MA
S	3	0156	03107	Wallace	Richard	1907	Mar	24	014	M	Providence Hosp.	UT
S	3	0168	03360	Wallace	Rosella M.	1907	Apr	28	041	F	719-22nd Ave.	IN
S	3	0145	02891	Wallace	William Hilt	1907	Feb	21	019	M	905-13th Ave. N.	NE
S	2	110	2195	Waller	Kate (Mrs.)	1901	Dec	06	063	F	122 16th Ave. N.	NS
S	2	0079	00195	Waller	O. H.	1897	May	04	030	M	Salmon Bay	---
S	3	0056	01108	Wallgren	Edward	1906	Mar	13	022	M	Skyhomish, WA	SWD
S		133	2634	Wallick	infant	1902	Apr	04	09h	M	Columbia	WA
S	2	0035	00181	Wallick	Ralph H.	1894	Apr	29	001	M	1411 Washington	
S			1257	Wallingford	Richard N.	1890	Apr	10	010	M	1512 Front St	---
S	3	0065	01286	Walsh	Annie M.	1906	Apr	30	045	F	North Yakima, Wn.	unk
S	1	0001	00348	Walsh	Chas.	1884	Jun	07	034	M	Seattle	IRE
S	3	0145	02899	Walsh	Edward	1904	Dec	08	065	M	422 4th Ave	IRL
S	1	216	2314	Walsh	Frank	1891	Apr	22	054	M	Providence Hosp.	---
S		0055	1098	Walsh	Infant	1903	Oct	24	s/b	F	1129 Queen Anne	SEA
S		0080	01592	Walsh	Infant	1904	Feb	03	s/b	F	308 39th Ave. West	Sea
S	2	0004	00074	Walsh	John E.	1900	Jan	07	041	M	Byron, WA	IRL
S	2	0121	2409	Walsh	Joseph	1902	Feb	02	02d	M	519 Yesler	SEA
S	2	0076	00095	Walsh	M. H.	1897	Mar	01	045	F	Providence Hosp.	WA
S		0013	00502	Walsh	Mary S.	1892	Dec	10	038	F	109 S. 6th	
S	3	0135	02689	Walsh	Nellie F (Mrs)	1904	Oct	20	031	F	Providence Hosp	NY
S	2	0067	1329	Walsh	Patrick	1903	Dec	03	065	M	King Co. Hosp.	IRL
S		193	3801	Walters	Baby	1903	Jan	19	s/b	F	4011 Brooklyn	Sea
S	3	0187	03726	Walters	Bernard	1907	Jun	20	001	M	Broadway Hosp.	WA
S	2	100	1015	Walters	Chas.	1898	Jul	27	022	M	Skikomish	ENG
S	2	120	2387	Walters	George	1902	Jan	12	036	M	Oak Lake	MI
S	2	0121	02424	Walters	George	1904	Jul	22	054	M	--- O'Brien, WA	WA
S		108	2155	Walters	Harward C.	1904	Jun	12	052	M	Tacoma WA	PA
S	2	0040	00792	Walters	Infant	1900	Sep	27	s/b	M	Ballard	sme
S	3	0183	03653	Walters	Minerva	1907	Jun	03	044	F	40 E. State	IN
S	2	0093	1858	Walters	Nathan F.	1901	Aug	18	035	M	Nome Alaska	
S		113	2246	Walton	Elizabeth N.	1904	Jul	30	030	F	Providence Hospital	IL
S	2	139	2750	Walton	Horace W.	1902	May	05	11d	M	2012 8th Ave.	SEA
S	3	0167	03334	Waltz	Andrew J.	1907	Apr	22	073	M	518 Prospect	ME
S	2	0073	00510	Waltz	Annie	1896	Dec	11	036	F	Edgewater	GER
S			1368	Wampler	Lloyd	1890	Jun	23	09m	M	2517 Front St.	WA
S	2	362	2585	Warbas	Mary C.	1891	Sep	13	064	F	414 10th St.	MA
S	1	0001	00602	Ward	Baby	1888	Aug	30	02m			

S	R	Page	Recor	LastName	FirstNames	Deat	Mn	Dt	Age	S	DeathPlace	Bir
S		0024	00469	Ward	Dora Evelyn	1903	Jun	14	004	F	165 Cremona, Fremont	SEA
S	2	0085	00445	Ward	Edith	1897	Nov	07	030	F	Providence Hosp.	---
S	3	0133	02660	Ward	Edward	1907	Jan	19	040	M	509-5th Ave.	---
S	3	0056	01118	Ward	Ellean	1906	Mar	25	015	F	Brighton Beach, WA	MI
S	3	0193	03865	Ward	Infant	1905	Jun	12	---	F	3103 E Madison St	SEA
S	2	0036	00709	Ward	Kirk C.	1900	Aug	13	049	M	San Jose, CA	KY
S	2	0122	02432	Ward	Martha	1904	Aug	03	061	F	Georgetown, WA	OH
S	3	0147	02929	Ward	Mrs A	1904	Dec	16	048	F	6172 80th Ave	OH
S	2	0094	1876	Ward	Phillip	1901	Sep	06	001	M	160 28th Ave. W.	SEA
S	2	0008	00146	Ward	Robt. Gary	1900	Feb	26	022	M	304 29th Ave S	NY
S		0032	00042	Ward	Sarah	1894	Jan	28	065	F		IL
S		133	2638	Ward	Wm.	1902	Apr	06	032	M	2nd Ave. & Yelser Way	CA
S	3	0191	03817	Wardall	Armona C.	1905	Jun	16	002	F	5522 N Terrace St	SEA
S	1	204	2286	Warden	James	1891	Apr	10	058	M	Grace Hosp.	USA
S	2	0121	2402	Warden	Lulu Miss	1901	Nov	26	030	F	Victoria BC	CA
S	-	154	3029	Wardner	Edwin C. H.	1902	Jul	13	035	M	Lake Washington	USA
S	2	137	2714	Ware	Jas. H.	1902	Apr	23	001	M	South Park	WA
S	2	0097	00903	Ware	John A.	1898	Jun	02	050	M	Sea. Gen. Hosp.	MA
S		0051	01006	Ware	Julia M.	1903	Oct	16	050	F	920 - 23rh Avenue S.	ME
S	2	114	1548	Ware	Mary A.	1899	Mar	26	047	F	Providence Hosp.	---
S	3	0095	01901	Ware	T. W.	1904	May	04	068	M	Seattle Gen. Hospital	CND
S	3	0084	01665	Waring	Helen	1906	Jul	22	059	F	812 15th N.	NY
S	3	0186	03715	Waring	Martha Edith	1907	Jun	17	035	F	970-20th Ave.	MN
S	3	0157	03139	Warmack	Elizabeth	1905	Jan	31	075	F	925 72nd Ave E	TN
S	2	128	2086	Warmer	N. E.	1899	Nov	25	056	M	420 Fairview Ave.	NRY
S	1		2233	Warner		1891	Mar	13	12h	F	1016 Columbia St.	Sea
S	2	0056	00392	Warner	(Infant)	1895	Sep	30	01h	F	1316 Marion	Sea
S	3	0098	01939	Warner	Annie	1906	Sep	04	038	F	Seattle Gen. Hosp.	GER
S	3	0095	01893	Warner	Dora (Mrs.)	1906	Aug	19	074	F	West Seattle, Wash.	GER
S		0010	00358	Warner	Herbert F.	1892	Aug	26	017	M	812 High (b.Providence,	RI
S	3	0040	00788	Warner	Hobart	1906	Jan	03	071	M	1839 53rd Ave N	CT
S	2	435	2730	Warner	infant	1891	Dec	21	02m	M	109 Wall St.	Sea
S	-	151	2963	Warner	infant	1902	Jun	26	s/b	M	Monod Hosp.	SEA
S	3	0138	02750	Warner	Infant	1904	Oct	22	s/b	M	Ballard, WA	SEA
S	2	159	3132	Warner	John	1902	Aug	25	035	M	Providence Hosp.	GER
S		0198	3904	Warner	Mary Laura	1903	Feb	09	s/b	F	510 Minor Avenue N	SEA
S	1	0001	00741	Warner	Wm.	1889	Jan	18	029	M	McKenzie House	
S	2	0082	00345	Warner	Wm. H.	1897	Sep	01	073	M	616 Columbia St. b.N.Y.C.,	NY
S		0026	00463	Warnick	AE	1893	Oct	29	025	M	Greens Add.	ENG
S	3	0183	03647	Warnsholdt	Harold	1905	May	14	005	M	Providence Hosp.	WA
S	-	191	3757	Warren	---	1903	Jan	18	---	M	209 26th S.	SEA
S	-	168	3315	Warren	baby	1902	Sep	03	s/b	M	Seattle Gen. Hosp.	SEA
S		0013	00488	Warren	Dixon C.	1892	Dec	02	002	M	1005 7th St. (b. St.Paul	
S		0036	00706	Warren	Edward	1903	Aug	14	042	M	Providence Hospital	US
S	2	125	2483	Warren	Edward Maxwell	1902	Feb	17	031	M	310 11th Ave.	
S	2	0034	00671	Warren	Eleanor	1900	Aug	21	016	F	S. G. Hosp.	ND
S		0026	00450	Warren	Etta A.	1893	Oct	19	032	F	802 McClair	MI
S	2	101	1053	Warren	Harold	1898	Aug	06	001	M	812 Highland Dr.	Sea
S	3	0069	01367	Warren	Harry	1906	May	18	02m	M	2703-1/2 - 1st Ave.	Sea
S	1		1461	Warren	Hazel A.	1890	Aug	03	05m	M	108 Dearborn	Sea
S	2	0042	00822	Warren	Infant	1900	Oct	11	01d	F	666 Wash St	SEA
S	2	143	2799	Warren	Jasper N.	1902	May	21	065	M	Fremont, WA	---
S	2	0042	00824	Warren	John	1900	Oct	12	09m	M	115 Yesler Way	OR
S			1400	Warren	Joseph Warren	1890	Jul	13	05m	M	First St.	Sea
S	2	0056	01111	Warren	M.	1901	Jan	23	037	M	2810 West St	ENG

S	R	Page	Recor	LastName	FirstNames	Deat	Mn	Dt	Age	S	DeathPlace	Bir
S	2	426	2712	Warren	Margaret	1891	Dec	04	024	F	Kittetus Co., WA b.King Co.	WA
S		0013	00472	Warren	Mary Adel	1892	Nov	19	009	F	Grant St.	KS
S	2	0038	00276	Warren	Michael D.	1894	Jul	08	045	M	Madrona Park	IRL
S	1	229	2322	Warren	Mrs. A. N.	1891	Apr	30	032	F	Drexel Ave., Wash. Heights	NRY
S		196	3369	Warren	Mrs. Bertha	1903	Feb	10	023	F	Providence Hospital	GER
S	2	0035	00685	Warren	Raymond	1900	Aug	28	04m	M	112 Taylor Av	SEA
S		0016	00307	Warren	Sussan F.	1903	May	02	082	F	609 - 10th Avenue W.	TN
S	3	0160	03200	Warren	Wm	1907	Mar	31	28d	M	Crittenden Home, Dunlap, WA	WA
S	2	120	2386	Warwick	Georgie	1902	Jan	15	02d	M	Ballard	SEA
S		0049	00971	Wasgrein	Infant	1903	Sep	19	s/b	M	Wayside Mission Hospital	SEA
S	2	0088	00557	Washington	George	1898	Jan	15	051	M	foot of Republican St.	---
S	3	0076	01506	Washington	Jacob	1906	Jun	17	053	M	1224 Occidental Ave.	un
S	3	0079	01579	Washington	Patrick	1906	Jun	11	059	M	3rd & Chestnut	IRL
S	1	0001	00040	Wasson	Carl	1882	Jan	05		M	Providence Hosp.	US
S	3	0021	00413	Wasson	Mary Elva	1905	Oct	27	019	F	100 42nd Ave N	MN
S	1	241	2351	Watanabe	Hoshi	1891	May	15	002	M	btwb 7 & 8,nr Main St.	JPN
S		0009	00178	Watanabe	Miss Lake	1903	Apr	11	020	F	Providence Hospital	JPN
S	2	0056	00399	Water	W.	1895	Sep	27	059	M	East side Lake Wash.	GER
S	2	103	1109	Waterhouse	O. A.	1898	Aug	27	063	M	San Francisco, CA	ME
S	2	0065	01287	Waterhouse	O. A.	1901	Mar	12	050	F	S. G. Hosp.	MT
S		0008	00310	Waterhouse	Oliver	1892	Jul	27	022	M	712 3rd	
S	3	0137	02740	Waterman	Alvin	1904	Oct	25	063	M	Hillman City	WI
S	2	0056	00472	Waterman	Delos	1895	Oct	09	068	M	Prov Hosp	
S	2	0119	02368	Waters	Louisa	1904	Aug	23	045	F	2009 Ingersoll Place	IN
S	2	0092	00697	Waters	Sara	1898	Mar	15	003	F	Woodland Park	LPD
S	1		1467	Waters	W. A.	1890	Aug	07	061	M	Providence Hospital	---
S	2	0019	00361	Watkins	Ebenezer	1899	Feb	10	066	M	Hammett, WA	WLS
S		0013	00474	Watkins	Fanny L.	1892	Nov	23	040	F	1312 Smith St.	VA
S	2	0090	00648	Watkins	Fanny L.	1892	Nov	25	040	F	1312 6th Ave.	---
S		0108	02165	Watkins	Infant	1904	Jun	08	s/b	M	914 Dearborn	Sea
S	3	0080	01597	Watkins	John H.	1906	Jun	28	s/b	M	308 22nd	Sea
S	3	0177	03527	Watkins	Ruthven E.	1907	May	21	037	M	2119-1st Ave. N.	GA
S	2	0121	2414	Watling	Daisy Miss	1902	Feb	03	026	F	Greenlake	MN
S		0030	00587	Watling	Thomas C.	1903	Jul	16	061	M	724 Blewitt Street	CND
S	3	0161	03214	Watnabe	(Infant)	1907	Mar	26	s/b	M	218-5th Ave. S.	WA
S	2	143	2807	Watsen	John M.	1902	May	24	068	M	Seattle Gen Hosp.	SCT
S		0010	00369	Watson	Alfred Mortimer	1892	Sep	03	001	M	West Seattle (b.King Co.	
S	3	0172	03427	Watson	Amy Eliza	1907	May	02	070	F	Brighton	CND
S		0027	00492	Watson	Annie R.	1893	Nov	13	073	F	2554 Madison	
S		0039	00772	Watson	Charles	1903	Aug	20	032	M	Green Lake	IA
S		0018	00123	Watson	Chas.	1893	Mar	15	035	M	White River	
S	2	0064	00191	Watson	D.W.	1896	May	11	035	M	Alley Pike & Union	KS
S		0053	1058	Watson	E.D.	1903	Oct	04	047	M	West. WA Home/Insane	KY
S	3	0191	03813	Watson	Edward T.	1905	Jun	12	067	M	Wayside Emerg. Hosp.	NY
S		0012	00467	Watson	Edwin	1892	Nov	14	028	M	1611 4th St.	NH
S	2	0045	00569	Watson	Eliza	1894	Dec	23	086	F	1011 Howell	IRL
S	2	0084	00396	Watson	Elizabeth	1897	Oct	07	068	F	220 Marion St.	ENG
S	1		1437	Watson	Ellen	1890	Jul	23	026	F	Morning Star Alley b.Portld	OR
S	2	0066	00247	Watson	Geo. H.	1896	Jun	13	048	M	8th & James	
S	3	0016	00303	Watson	Grace Audrey	1905	Sep	07	003	F	Brighton Beach	WA
S	2	103	1117	Watson	Harriet	1898	Sep	04	03m	F	1136 10th Ave.	Sea
S	3	0017	00326	Watson	Henry	1905	Aug	30	056	M	Treadwell, AK	GBR
S	2	0069	01375	Watson	Infant	1904	Jan	08	03d	-	1907 10th Ave. No.	Sea
S	3	0058	01142	Watson	Infant	1906	Mar	15	s/b	F	543 - N.73 St.	Sea
S	1		1577	Watson	infant (s/o Harry Watson)	1890	Sep	23	s/b	M	-	Sea

S	R	Page	Recor	LastName	FirstNames	Deat	Mn	Dt	Age	S	DeathPlace	Bir
S	3	0183	03651	Watson	Isabella	1907	Jun	03	078	F	123 W. Highland Dr.	ENG
S	3	0122	02438	Watson	J. Howard	1906	Dec	05	048	M	Providence Hosp.	OH
S	3	0145	02881	Watson	John Thomas	1907	Feb	19	04m	M	Minor Hosp.	WA
S	1	0001	00740	Watson	Jule F.	1889	Jan	17	021	M		
S	2	0106	02107	Watson	L. C.	1901	Nov	16	048	M	Prov. Hosp.	USA
S	2	0040	00383	Watson	Marg P.	1894	Aug	11	064	F	Pt. Gamble	
S	3	0136	02707	Watson	Rosa Mrs.	1907	Jan	31	052	F	Seattle Gen. Hosp.	MI
S	2	0073	1451	Watson	Sadie	1901	Apr	29	015	F	515 Seneca	KS
S	3	0167	03328	Watson	Spenser F.	1907	Apr	21	007	M	561 Lee St.	CO
S	3	0082	01634	Watson	Wm. Rice	1906	Jul	12	054	M	709 Belmont N.	MI
S	2	0100	1983	Watsunaga	G.	1901	Oct	03	025	M	Seattle Gen.	JPN
S	3	0151	03019	Watt	Geo. C.	1907	Mar	04	044	M	Wayside Hosp.	IL
S	3	0081	01603	Watting	Mary N.	1906	Jul	01	059	F	3817 Aurora b.Navo ?	
S	3	0064	01280	Waugh	John	1906	Apr	23	017	M	King Co. Hospital	WA
S	3	0162	03228	Waugh	Taliesym	1907	Apr	01	016	M	106-1/2-1st Ave. S.	WA
S		0048	00964	Waughop	John W.	1903	Sep	01	063	M	R.M.S. (Mouna) at Seattle	IL
S		0050	01001	Way	George	1903	Oct	14	035	M	Wayside Mission Hospital	ITY
S	3	0169	03367	Way	Mrs Kate	1905	Mar	07	026	F	1034 E 66th St	WA
S		0046	00921	Way	Russell H.	1903	Sep	17	080	M	123 Seventh Avenue S.	NY
S	2	0101	1052	Wea	Dea	1898	Aug	05	052	M	Seattle Gen. Hosp.	CHN
S	2	338	2538	Wead	baby	1891	Aug	23	02w	M	Brooklyn St.	Sea
S	2	0003	00047	Weary	Conrad	1900	Jan	23	060	M	Queen City Hotel	---
S		0005	00086	Weatherly	W.	1903	Mar	30	032	M	Seattle General Hospital	IL
S	3	0144	02881	Weaver	Annie	1904	Nov	13	017	F	Skykomish, WA	---
S		0004	00078	Weaver	Jas.	1903	Mar	21	071	M	Providence Hospital	MO
S	1	0001	00999	Webb	Charles Edwin	1889	Oct	11	020	M	Madison St.	MI
S	2	0002	00034	Webb	Floyd A.	1900	Jan	18	039	M	29th & Madison Sts.	WI
S		114	2278	Webb	John K.	1904	Jan	14	024	M	Ft. St. Michael, Alaska	IN
S	2	0098	00912	Webb	L. A.	1898	Jun	05	040	M	Frmont, WA	---
S	3	0022	00424	Webb	Mary	1905	Oct	15	046	F	Westboro, MO	UN
S	3	0063	01242	Webb	Mary M.	1906	Apr	19	067	F	502 Highland Drive	NY
S	2	103	1131	Webb	Minnie	1898	Sep	12	025	F	City Jail	OR
S		0033	00648	Webb	Peyton A.	1903	Jul	03	---		St. Michaels, Alaska	---
S	3	0032	00625	Webb	Willard	1905	Dec	22	03m	M	2642 Day St	SEA
S		0013	00469	Webber		1892	Nov	17	03d	F	813 Alder	Sea
S	1		1542	Webber	Arthur	1890	Sep	03	035	M	Providence Hospital	---
S	2	113	1523	Webber	Catherine	1899	Mar	14	021	F	2518 2nd Ave.	WI
S	2	0011	00211	Webber	David	1900	Mar	16	057	M	Prov. Hosp.	WLS
S	2	0122	2422	Webber	Elizabeth	1902	Feb	06	063	F	7th Ave. & Harrison	GER
S	3	0129	02572	Webber	Emily	1904	Sep	07	059	F	14 W Harrison St	ME
S		134	2659	Webber	Frank	1902	Apr	16	062	M	Seattle Gen. Hosp.	GER
S	2	105	1189	Webber	Inez A.	1898	Oct	06	023	F	1416 4th Ave.	ME
S		0035	00687	Webber	Jerusha	1903	Aug	08	043	F	1710 E. Spruce	KY
S	3	0057	01124	Webber	Martin	1905	Dec	14	058	M	Fairbanks, AK	NY
S	2	0078	00185	Webber	Max	1897	May	23	048	M	614 Olive St.	GER
S	3	0163	03257	Webber	Mrs. Abbie May	1907	Apr	07	027	F	206-23rd Ave. N.	MN
S	2	123	1903	Webber	Mrs. S. F.	1899	Aug	14	051	F	Colby, WA	---
S	3	0125	02496	Weber	Anna (Mrs.)	1906	Dec	17	083	F	221-6th Ave. N.	GER
S		0002	00031	Weber	Eva B.	1903	Mar	16	062	F	917 - 23rd Avenue	GER
S	3	0150	02988	Weber	Frank	1904	Dec	28	035	M	Providence Hosp	NY
S		0029	00572	Weber	Guy	1893	Dec	28	017	M	Prov. Hosp.	MI
S	3	0143	02842	Weber	Henry A.	1907	Feb	12	039	M	Prov. Hosp.	IN
S	3	0098	01937	Weber	Infant	1906	Sep	03	06d	M	1121 Howell	WA
S	2	145	2842	Weber	Jas. W.	1902	May	16	016	M	W. Seattle	CA
S	3	0126	02515	Weber	Jennie E	1904	Sep	17	023	F	1030 Seller St	KS

S	R	Page	Recor	LastName	FirstNames	Deat	Mn	Dt	Age	S	DeathPlace	Bir
S	2	180	3542	Weber	John M.	1902	Nov	27	079	M	322 Westlake Ave.	GER
S	2	0087	1737	Webster	A. P.	1901	Jul	29	041	F	Prov. Hosp.	RI
S	3	0071	01412	Webster	Amelia	1906	May	13	029	F	Wayside Emergency Hospital	GER
S	3	0090	01792	Webster	Charles Martin	1906	Aug	13	020	M	Seattle Gen. Hosp.	SD
S	-	174	3418	Webster	Etta E.	1902	Aug	09	037	F	Dawson, AK	WI
S		0007	00123	Webster	Geo. E	1903	Mar	08	050	M	Enumclaw	MA
S			1399	Webster	George Mason	1890	Jul	02	004	M	605 Farm St.	ENG
S	2	0094	00778	Webster	Gertrude	1898	Apr	20	031	F	1016 Jackson St.	---
S	3	0175	03491	Webster	J.	1907	May	15	057	M	Wayside Emerg. Hosp.	---
S	2	0040	00797	Webster	Jas. J.	1900	Sep	?	040	M	Elliott Bay	---
S	1		2235	Webster	John	1891	Mar	15	075	M	3rd & Madison Sts.	---
S		0062	1239	Webster	Martha F.	1903	Dec	04	01m	F	1921 Terry Ave.	NH
S	2	0093	00725	Webster	Mary	1898	Mar	26	067	F	West Seattle	---
S	1	0001	00524	Webster	Phoebe A.	1886	Feb	03	068	F	2nd Ward Seattle	NY
S	3	0161	03225	Webster	Ross E	1905	Feb	05	018	M	1308 Denny Way	KS
S	2	0085	01688	Webster	Wm. A.	1904	Mar	03	01m	M	Seattle Gen.Hosp b.PtOrchrd	
S	1	0001	00068	Weddlestradt	Fred	1882	May	07	inf	M	Seattle	GER
S	3	0185	03687	Wedlund	George	1907	Jun	11	030	M	812-1/2 Main	Sea
S		0005	00185	Wee	Lung	1892	May	07	025	M	So. 5th St.	CHN
S	3	103	2061	Weed	Lillie Gertrude	1904	Jun	12	042	F	1308 Yakima Ave.	WI
S	2	182	3576	Weeks	Thos.	1902	Dec	12	047	M	Providence Hosp.	---
S	1	0001	01176	Weenich	Estella	1890	Feb	20	019	F	Prov.Hosp.	GER
S	3	0104	02067	Wegeland	Andrew	1906	Sep	14	043	M	Bellingham	--
S		0019	00162	Wegert	Ella Rosa	1893	Apr	28	002	F	5th & Lincoln	
S		0028	00550	Wehlenbeck	Albert C	1903	Jul	01	010	M	74 N. Wall Street	ND
S	3	0144	02866	Weible	Augusta	1904	Nov	06	071	F	231 Chestnut St, Ballard	GER
S	2	0073	00507	Weide	infant	1896	Dec	10	03h	F	2024 9th St.	SEA
S	3	0057	1129	Weiden	J. W.	1903	Nov	14	026	M	Ft. of Wall St.	SWD
S	3	0169	03377	Weiderman	Herman F	1905	Mar	12	046	M	417 Eastlake Ave, Ward 2	GER
S	3	0092	01830	Weigel	Dorothy	1906	Aug	19	09m	F	1308 College	WA
S		0031	00021	Weigelt	H.A.	1894	Jan	13	073	M	Edgewater	GER
S	3	0169	03371	Weikel	Mrs. Hannah J.	1907	Apr	30	039	F	41 Genessee	IA
S	3	0127	02544	Weiller	Albert	1904	Sep	26	058	M	South Seattle	---
S	2	0002	00024	Weinerd	Amelia	1900	Jan	14	028	F	518 Harrison St.	NE
S	3	0171	03423	Weinhardt	Ruth Anna Alice	1905	Mar	29	09m	F	434 E 32nd	WA
S	-	154	3025	Weir	James D.	1902	Jul	27	034	M	911 Jackson St.	ENG
S	3	0165	03293	Weisel	Jennie	1905	Feb	04	048	M	2136 Fifth Ave	USA
S	1	0001	00569	Weisenberger	P.	1888	Aug	02	060		Prov. Hospital	
S	2	0041	00420	Weisfeldt	Susie	1894	Sep	22	003	F	Prov. Hosp	
S	2	129	2110	Weiss	Lambert	1899	Dec	07	056	M	1410 2nd Ave.	---
S	3	0148	02951	Weiss	Louise	1907	Feb	05	048	F	Columbia, WA	NY
S		0017	00340	Weiss	Moritz	1903	May	16	060	M	Wayside Mission	GER
S	3	0158	03151	Weiss	Robert	1907	Mar	31	017	M	Prov. Hosp.	'GER
S	3	0079	01564	Weiss	Wm.	1906	Jun	29	042	M	Wayside Emergency Hospital	IL
S	2	0044	00545	Weissman	Annie T.	1894	Nov	30	036	F	Laurelhurst/Lk Wash	GER
S		0020	00215	Weist	NR	1893	May	04	041	M	So. Sea.	
S		113	2252	Weiteman	Mary Elizabeth	1904	Jul	12	021	F	Providence Hospital	AL
S	2	180	3544	Weix	Mary E.	1902	Nov	29	039	F	Providence Hosp.	WI
S	1	0001	00131	Weizler	Infant son of John	1882	Dec	04	002	M	Seventh St.	USA
S			1398	Weizner	Ernest	1890	Jul	01	-	M	Brook St. b.Oakland,	CA
S	2	0086	00485	Welborn	Howard	1897	Nov	20	007	M	Ballard, WA	WA
S		0020	00398	Welby	John	1903	May	23	033	M	Black River Junction	---
S	3	0198	03964	Welch	Alfred	1905	Jul	13	058	M	210 Taylor Ave	ENG
S	-	191	3765	Welch	C. G.	1903	Jan	30	058	M	Seattle Gen. Hosp.	---
S	2	0084	00420	Welch	Catherine	1897	Oct	31	065	F	109 W. Pike St.	IRL

S	R	Page	Recor	LastName	FirstNames	Deat	Mn	Dt	Age	S	DeathPlace	Bir
S	3	0167	03322	Welch	Elizabeth	1907	Apr	20	030	F	Seattle Gen. Hosp.	US
S	2	0012	00226	Welch	Geo.	1900	Mar	19	002	M	1408 5th	CND
S	3	0069	01374	Welch	Horton	1906	May	23	07d	M	2607 - 3rd Ave.	Sea
S		198	3900	Welch	Israel	1903	Feb	28	070	M	King County Hospital	TN
S	2	0048	00102	Welch	James	1895	Mar	14	054	M	1208 6th	IRL
S		0131	2600	Welch	Jno.	1902	Mar	03	073	M	County Hosp.	IRL
S	3	0126	02519	Welch	Katherine	1904	Sep	16	028	F	Monad Hosp	CA
S	1		1504	Welcome	Hurbert	1890	Aug	21	035	M	Jefferson & Broadway Sts.	---
S	1	0001	00051	Welden	Levi	1882	Feb	15		M	Seattle	US
S	2	0072	00490	Welland	Else	1896	Nov	28	071	F	10th Ave. S.	NRY
S	2	0043	00844	Welland	Josephine	1900	Oct	23	030	F	9th & Jefferson	NY
S	2	0055	00373	Weller	W.W.	1895	Sep	18	050	M	808 8th St.	ME
S	1	229	2320	Welling	John	1891	Apr	29	022	M	509 Main St.	---
S	3	0093	01859	Wellington	Frank R.	1906	Aug	27	055	M	802 6th Ave.S.	NY
S		0003	00080	Wellington	John	1892	Feb	26	050	M	No.13 S.12th	
S	3	0017	00324	Wellman	John	1905	Sep	28	058	M	No. San Juan, CA	NY
S	2	0098	00923	Wells	Benj. F.	1898	Jun	11	010	M	1624 4th Ave.	SEA
S	2	0077	00148	Wells	Chas. M.	1897	Apr	13	064	M	6th & Spring Sts.	PA
S	1	0001	00340	Wells	Clara	1884	May	13	018	F	Seattle	USA
S	3	0151	03021	Wells	D C	1904	Dec	03	034	M	McMurray, Snohomish Co	---
S	3	0151	03019	Wells	D C	1904	Dec	03	034	M	McMurray, Snohomish Co	IA
S	2	0035	00194	Wells	Edgar	1894	Apr	28		M		
S		0032	00075	Wells	Edith	1894	Feb	21	28d	F	Pacific St.&S.2nd (b.Tacoma	
S	2	0095	00812	Wells	Eva A.	1898	Apr	26	---	F	Tacoma, WA	---
S	2	0052	01032	Wells	H. F.	1900	Dec	23	070	M	Prov. Hosp.	US
S	2	115	1577	Wells	Herbert	1899	Mar	25	-	M	Skagway	---
S	2	110	2184	Wells	Herbert Royalanah	1901	Dec	03	013	M	113 7th Ave.	ND
S	2	0040	00364	Wells	Infant	1894	Aug	24	01h	M	115 Pine St	Sea
S		0008	00154	Wells	Irene A.	1903	Apr	04	06m	F	1916 1/2 First Avenue	SEA
S	2	0086	00475	Wells	Jas. L.	1897	Nov	28	038	M	3rd Ave. & Yesler Way	IN
S	2	0039	00327	Wells	Lucy	1894	Aug	02	069	F	1114 Valley	
S	3	0191	03802	Wells	Max	1907	Jun	22	023	M	Portland, OR	---
S	2	130	2154	Wells	Richard	1899	Dec	15	030	M	Cedar Mt.	---
S	2	0094	00788	Wells	Wm. A. W.	1898	Apr	25	076	F	1112 12th Ave.	NH
S	2	121	1810	Wells	Wm. R.	1899	Jul	19	028	M	Providence Hosp.	---
S		0114	02269	Welsh	(Infant)	1906	Oct	10	s/b	M	716 Rainier Blvd.	WA
S	3	0121	02403	Welsh	(Infant)	1906	Nov	05	s/b	M	1228 King	WA
S	1	241	2352	Welsh	Daniel	1891	May	15	028	M	S. 5th St.	NY
S	2	113	1495	Welsh	Geo. (M.D.)	1899	Feb	04	059	M	Renton, WA	---
S	2	0041	00411	Welsh	Helen	1894	Sep	16	080	F	Prov. Hosp.	
S	2	0075	00072	Welsh	Henry	1897	Feb	23	037	M	Lytell House	IRL
S	2	359	2579	Welsh	Jenny S.	1891	Sep	10	06m	F	605 Pike St.	Sea
S		0035	00684	Welsh	Mrs.	1903	Aug	07	067	F	Seattle General Hospital	SWD
S	3	0075	01499	Welton	J.	1904	Feb	08	024	M	water front	un-
S	2	0052	00241	Weltz	Olintio	1895	Jun	17	09m	F	413 Lincoln	Sea
S	2	183	3602	Wemple	F. C.	1902	Dec	26	032	M	315 Washington St.	IA
S	3	0138	02763	Wendh	Elbert	1904	Nov	03	03m	M	N 63rd St & Latona Ave	SEA
S	2	0053	00291	Wendler	Paul	1895	Jul	15	029	M	Ballard	GER
S	-	167	3291	Wendlund	Edith	1901	Sep	28	001	F	Superior, WI	WI
S	3	0057	1126	Wendt	Annie	1903	Nov	12	036	F	Providence Hospital	NRY
S	2	140	2759	Wendt	Florence	1902	Apr	30	09m	F	16th Ave. S.	SEA
S	3	0083	01653	Wendt	Marshall H.	1906	Jul	18	021	M	356 John	IL
S	-	165	3236	Wenhauft	Frank	1902	Sep	10	039	M	Providence Hosp.	GER
S	-	169	3329	Wenlund	Malinda	1902	Oct	05	03m	F	1305 Sturgis Ave.	SEA
S		0003	00114	Wenn	Leo	1892	Mar	21	002	M	6 Street (b.Skagit Co., WA	

S	R	Page	Recor	LastName	FirstNames	Deat	Mn	Dt	Age	S	DeathPlace	Bir
S	-	151	2969	Wenneholm	W. O.	1902	Jul	02	049	M	1220 Lane St.	---
S	1		2210	Wennerholm	Fredrick	1891	Mar	06	030	M	110 Lake Ave.	Sea
S	2	0070	1396	Wennerholm	M. Annie	1901	Apr	08	044	F	1220 Lane	SWD
S		137	2709	Wennstrom	Francis E.	1902	Apr	09	030	F	Valentine Station	TN
S			1326	Wensler	John	1890	May	13	001	M	7th & Madison	Sea
S	2	188	3703	Wenzin	Jennie (Mrs.)	1903	Jan	16	029	F	314 5th Ave.	SWD
S			1282	Wenzler	Eva	1890	Apr	27	002	F	Madison & 3rd	OH
S	3	0173	03458	Weppler	Mrs. Emma	1907	May	09	025	F	Seattle Gen. Hosp.	---
S	2	375	2611	Werdildalde	Nellie	1891	Sep	29	001	F	310 Lombard St./7th Ward	BC
S	2	0064	01269	Werett	Polley	1901	Mar	06	048	F	422 4th Ave	ENG
S	3	0012	00223	Wergin	Augusta	1905	Sep	09	076	F	Providence Hosp.	GER
S	-	172	3386	Werman	Mary E.	1902	Oct	29	039	F	Seattle Gen. Hosp.	WA
S	2	0091	00692	Wermerlblad	Fred	1898	Mar	11	072	M	11th Ave. James & Jefferson	SWD
S	3	0182	03621	Werneke	Phoebe	1907	May	29	059	F	W.W. Hosp. fr I, Steilacoom	---
S	2	0019	00366	Werner	Alice L.	1900	Apr	05	032	F	South Seattle	OR
S	3	0046	00917	Werner	Emma	1906	Feb	27	033	F	Providence Hospital	GER
S		0028	00539	Wernett	Joseph	1893	Dec	10	030	M	Lake Union	
S	3	0155	03096	Wernli/Wernell	John R.	1907	Mar	21	038	M	Minor Hosp.	SWT
S		0116	02313	Wersteet	John	1906	Nov	09	059	M	Aboard St. Reider	SWD
S	1	0001	00596	Werth	Louisa Pauline	1888	008	26	001		Corner of Wall & West St.	
S		0004	00148	Wesley	Hazel Lane	1892	Apr	17	022	F	570 Main	DE
S	2	0080	00245	Wessler	Julius	1897	Jun	15	045	M	Ravena Park, WA	GER
S	1	0001	01121	West	Bridget	1890	Jan	11	024	F	108 Orion St	ON
S	2	0029	00569	West	Edw'd A.	1900	Jul	14	036	M	Police Station	NY
S	2	0089	00607	West	Eva Mildred	1898	Feb	07	07m	F	811 Spencer St.	SEA
S	2	0088	1753	West	Frances	1904	Mar	27	061	F	W.Wash Hosp. for Insane	OH
S	2	0042	00438	West	Hamilton P	1894	Sep	24	05h	M		
S	2	121	1812	West	Harry C.	1899	Jul	21	061	M	Providence Hosp.	---
S	2	113	1510	West	Hazel	1899	Mar	07	007	F	2213 8th Ave.	Sea
S	2	120	2382	West	Infant	1902	Jan	02	s/b	M	South Park	SEA
S	2	0073	00531	West	Jno. A.	1896	Dec	31	054	M	1216 13th Ave.	SWD
S	2	0037	00257	West	John P.	1894	Jun	19	001	M	1634 9th	Sea
S	2	0077	01533	West	Leo Fred	1901	May	19	018	M	72 Columbia	WA
S	3	0133	02655	West	Louisa	1907	Jan	17	053	F	1502-13th Ave.	ENG
S	-	151	2972	West	O. Frederick	1902	Jul	03	010	M	201 29th N.	SEA
S	2	0089	00592	West	Oscar	1898	Jan	26	11m	M	Salmon Bay b.Salmon Bay,	WA
S	3	0048	00948	West	Raymond F.	1906	Jan	18	022	M	Eel River, CA	IN
S	3	0159	03172	West	Thomas C.	1907	Mar	09	056	M	Pleasnt Bch, WA	NS
S	]	0047	00942	West	William	1903	Sep	08	024	M	WA Hospital for the Insane	CA
S	2	424	2708	Westberg	Frank Alfred	1891	Dec	02	06w	M	627 Taylor St.	Sea
S	2	0089	00613	Westberg	Wm.	1898	Feb	10	21d	M	627 23rd Ave.	SEA
S	2	0088	00543	Westbrook	Addie	1898	Jan	08	035	F	116 7th Ave. N.	WI
S	1	290	2442	Westbrook	infant	1891	Jul	06	s/b	F	114 Blanchard St.	Sea
S	3	0146	02911	Westbrook	Maria L	1904	Dec	12	063	F	1310 E Denny Way	NY
S	-	151	2973	Westcott	Daniel	1902	Jul	04	004	M	Occidental & Norman Sts.	AL
S	3	0127	02540	Westerlund	Lewis	1906	Dec	31	053	M	6th Ave. N. & Halliday	SWD
S	2	101	1056	Westerman	Clarence E.	1898	Aug	09	05m	M	1603 4th Ave.	Sea
S	3	0173	03453	Western	Henry	1905	Mar	15	066	M	King County Hosp	NRY
S	3	0132	02638	Western	Maria E	1904	Oct	09	001	F	1112 E Cherry St	WA
S	3	0177	03532	Westfall	Pauline	1905	Apr	21	18d	F	427 23rd Ave	SEA
S	2	0092	1824	Westfalls	Arthur	1901	Aug	31	021	M	Prov. Hosp.	OR
S	3	0165	03294	Westland	Agnes	1907	Apr	14	029	F	Metropolitan Hosp.	MI
S	2	0090	1782	Westman	Arthur	1901	Aug	04	011	M	714 Denney Way	Sea
S	2	0055	00358	Westman	Levina	1895	Sep	08	11h	F	2917 Jckson	Sea
S	3	0065	01300	Weston	Chester	1906	Apr	28	079	M	Bremerton, Wn.	MI

S	R	Page	Recor	LastName	FirstNames	Deat	Mn	Dt	Age	S	DeathPlace	Bir
S	2	0078	00180	Westover	Infant	1897	May	16	07d	F	705 Windom St.	SEA
S		0012	00235	Westover	Melburn	1903	Apr	12	022	M	Seattle General Hospital	BC
S	3	0112	02231	Westridge?	---	1906	Jan	24	adt	M	Nr Cape Beale, Vancouver Is	unk
S	2	0029	00571	Wethers	Laura H.	1900	Jul	14	032	F	724 Seneca	MO
S		0015	00038	Wetmore	Infant	1893	Jan	27	02m		S. Seattle	Sea
S	2	0081	00296	Wetmore	Seymore (?)	1897	Aug	01	070	M	Providence Hosp.	---
S		0026	00441	Wetnall	Hannah	1893	Oct	14	024	F	New England Hotel	ENG
S	2	0068	1342	Wey	J. James	1901	Mar	01	057	M	Ballard	IRL
S	3	0009	00161	Weyerhorst	Charles	1905	Apr	15	001	M	Butte, MT	PA
S	2	0070	00422	Whalan	Richard	1896	Oct	15	038	M	General Hosp.	IRL
S	3	0014	00266	Whalen	Edward	1905	Sep	25	045	M	1418 Western Ave	---
S	3	0176	03513	Whalen	J P	1905	Apr			M	Wayside Emergency Hosp	---
S		0117	02327	Whalen	Stephen	1906	Nov	13	050	M	Wayside Hosp.	---
S	2	0067	00292	Whaley	Wm. S.	1896	Jul	08	020	M	Medina	MO
S	2	0070	1383	Whaney		1901	Apr	04	002	M	311 - 1 Ave	WA
S	3	0189	03771	Whatmore	John	1907	Jun	29	056	M	Seattle Gen. Hosp.	---
S		0028	00508	Wheatley	Jas. L.	1893	Nov	26	028	M	S. 22nd Wash.	
S		0034	00674	Wheaton	Catherine	1903	Aug	04	042	F	516 Melrose Avenue N.	CND
S	3	0127	02525	Wheeler	(Infant)	1906	Dec	28	10d	M	1415-4th Ave. W.	WA
S	2	0049	00132	Wheeler	A.	1895	Mar	23		F	Samish Island	
S	2	114	2271	Wheeler	Arthur	1901	Dec	11		M	Skaway, AK.	USA
S	2	0080	00249	Wheeler	E. G.	1897	Jul	07	060	M	504 27th Ave. S.	NY
S	-	148	2905	Wheeler	Florence	1902	Jun	21	005	F	1010-1/2 E. Thomas	IL
S	2	0052	01026	Wheeler	G.	1900	Dec	28	01d	F	S. G. Hosp.	SEA
S	3	0184	03677	Wheeler	Geo W.	1905	May	23	053	M	2231 Western Ave	NY
S	2	0065	01289	Wheeler	Hannah	1901	Mar	15	037	F	Prov. Hosp.	US
S	3	0105	02121	Wheeler	Harry	1889	Aug	04	04m	M	Seattle	Sea
S	3	0132	02626	Wheeler	Hester A.	1907	Jan	14	074	F	1623 Terry Ave.	OH
S		109	2176	Wheeler	John Franklin	1904	Jul	04	023	M	817 4th Ave.	SD
S	3	0109	02162	Wheeler	Mary E.	1906	Oct	15	053	F	1911 E. Pine	CT
S	1		1509	Wheeler	Mary Jane	1890	Aug	23	074	F	408 Bell St.	---
S	2	0057	01121	Wheeler	N. A.	1901	Jan	26	068	M	Prov. Hosp.	VT
S		0032	00058	Wheeler	Nina	1894	Feb	07	001	F		(b.Whatcom
S		100	1987	Wheeler	S. J.	1904	May	31	075	M	Wayside Mission Hospital	---
S	2	0040	00783	Wheelock	B.	1900	Sep	11	030	M	Co. Hosp.	NY
S		0029	00547	Whelan	Chas.	1893	Dec	14	029	M	Prov. Hosp.	
S	3	0199	03976	Whelan	James	1905	Jul	04	003	M	West Seattle	SD
S	2	0041	00402	Wheldon	W.M.	1894	Sep	04	034	M	1518 Jones St.	
S	2	0068	00335	Whipple	Chas.	1896	Aug	24	08m	M	2468 2nd Ave.	SEA
S	2	111	1448	Whipple	John C.	1899	Jan	25	032	M	Elliott Bay	---
S	2	114	1531	Whipple	Julia	1899	Mar	19	058	F	1322 11th Ave. S.	OH
S	1	294	2450	Whipple	Lus (Lois?)	1891	Jul	09	032	F	S. 12th St.	USA
S	2	0061	00070	Whitaker	Infant	1896	Feb	19	03d	F	2110 Republican	Sea
S	-	166	3274	Whitaker	James	1902	Sep	08	038	M	Providence Hosp.	ENG
S	2	114	1559	Whitaker	Laura W.	1899	Mar	31	025	F	County Hosp.	---
S	3	0004	00071	Whitcomb	Ellen L.	1905	Aug	02	048	F	2101 6th Ave	ME
S		112	2243	Whitcomb	John Benjamin	1904	Jul	30	070	M	533 14th Ave. N.	IL
S	1	0001	00748	White	(nr)	1889	Jan	30			near Grace Hosp.	
S	2	371	2603	White	A.	1891	Sep	20	045	M	Grace Hosp./7th Ward	PA
S	2	0081	1616	White	A. John	1901	Jun	20	043	M	? Weller	MA
S	2	0092	00688	White	Alice	1898	Mar	24	018	F	1430 4th Ave.	CND
S	3	0145	02902	White	Anna M	1904	Dec	08	034	F	823 20th Ave	IN
S	3	0098	01927	White	Anne Elizabeth	1906	Sep	01	062	F	1122 Pike	MD
S	1		2135	White	Arthur S.	1891	Feb	08	025	M	416 Yesler Ave.b.Kansas Cty	MO
S	3	0014	00279	White	Charles E. (Capt.)	1905	Sep	09	062	M	Providence Hosp.	SWD

S	R	Page	Recor	LastName	FirstNames	Deat	Mn	Dt	Age	S	DeathPlace	Bir
S	2	0088	00549	White	Chas. A.	1898	Jan	11	067	M	404 30th Ave.	SWD
S	2	0081	1618	White	Corie O.	1901	Jun	20	045	F	Brooklyn	MN
S	1		2000	White	David G.	1890	Nov	17	048	M	-	---
S	3	0099	01972	White	Devitto E.	1906	Sep	15	020	M	8th & Orchard	IA
S	2	397	2655	White	Dollie	1891	Oct	25	04d	F	Gould & Silver Sts./7 Ward	Sea
S	3	0184	03669	White	Edith May	1905	May	20	003	F	Nan S. Landing	MI
S		0032	00053	White	Emma	1894	Jan	29	032	F	S. Seattle	OH
S	3	0176	03507	White	Eva Ellen	1907	May	19	020	F	2026 Boren Ave.	MI
S	2	103	1119	White	Exie	1898	Sep	05	010	F	Fremont, WA	IN
S	3	0044	00872	White	Florence M.	1906	Feb	16	033	F	Prov. Hosp.	Sea
S	3	0052	01035	White	Francis	1906	Mar	17	004	M	300 - 7th Ave.No.	MN
S	1	0001	00014	White	Frank	1881	Oct	17	057	M	Providence Hosp.	BLG
S	2	0070	00395	White	Frank DeWitt	1896	Sep	29	019	M	922 John St.	IL
S	2	0058	00560	White	Geo	1895	Dec	15	034	M	Yesler Ave bet. 3rd & 4th	
S	2	0001	00016	White	George	1892	Jan	10	-	M	County Farm	---
S	2	0062	00091	White	Hannah E.	1896	Mar	04	068	F	500 Heuston	
S	1		1566	White	Hazel B.	1890	Sep	19	02m	F	224 Clay St.	Sea
S	3	0034	00670	White	Henry A.	1905	Dec	02	067	M	Brighton Beach	IN
S	2	139	2742	White	Ina	1902	May	02	01m	F	2909 8th Ave.	MI
S	2	115	1591	White	infant	1899	Apr	07	pm	M	Maternity Hosp.	Sea
S	3	0092	01829	White	Infant	1906	Aug	21	s/b	M	Wayside Emergency Hosp.	WA
S	2	111	2205	White	J. Houghton	1901	Dec	11	023	M	Seattle Gen. Hosp.	ENG
S	2	115	1605	White	Jas.	1899	Apr	12	065	M	1012 Olive St.	---
S		194	3821	White	Jerome M.	1903	Feb	07	079	M	514 North Lake Avenue	OH
S	3	0172	03428	White	Joe Ambrose	1907	May	02	09m	M	821 N. 44th	WA
S		0005	00194	White	John	1892	May	17	050	M	Grace Hosp.	
S		0021	00238	White	John	1893	Jun	15	041	M		
S	3	0089	01767	White	John S.	1906	Aug	07	043	M	Lincoln Hotel	OH
S	1	0001	00728	White	Joseph H.	1889	Jan	10	088	M	7th St.	
S		0031	00013	White	Marguento	1894	Jan	10	11d	F	1021 Broadway	Sea
S	2	0092	1825	White	Martin	1901	Aug	05	063	M	West Seattle	KY
S		0008	00279	White	Nettie	1892	Jul	09	019	F		
S	3	0188	03755	White	Patrick A.	1907	Jun	26	054	M	Sea. Gen. Hosp. (b.CapeTown	AFR
S	2	120	1780	White	S. S. M.D.	1899	Jun	30	-	M	Juneau, AK	---
S	2	128	2095	White	Samuel	1899	Oct	25	-	M	Skagway, AK	---
S		0027	00497	White	Thos.	1893	Nov	17	053	M	Commercial & Charles	
S		0033	00081	White	W.N.	1894	Feb	26	057	M	5th & Mall	
S	3	0180	03594	White	William	1905	Apr	18	030	M	King Co. Hosp.	IN
S	3	0022	00427	White	William W.	1905	Oct	18	075	M	Oakland, CA	PA
S		196	3866	White	Willis	1903	Feb	08	003	M	3913 - 15th Avenue N.E.	SEA
S		0031	00006	White	Wm.	1894	Jan	04	004	M	126 Taylor	Sea
S	2	0085	00465	White	Wm.	1897	Nov	24	069	M	2nd Ave. & James St.	SCT
S	-	151	2968	White	Wm. R.	1902	Jul	02	035	M	Seattle Hotel	IA
S	2	114	2270	Whited	Geo. L.	1901	Dec	30	025	M	Prov. Hosp.	NY
S	3	0183	03665	Whitehead	Ella	1905	May	18	035	F	Providence Hosp.	UN
S	3	0162	03233	Whitehead	Jane E.	1907	Apr	02	049	F	2602 E. Aloha	ENG
S	2	0061	00042	Whitehead	Martha	1896	Jan	10	068	F	Redmond	
S		0082	01637	Whitehouse	Chas. Ernest Herbert	1904	Mar	15	001	M	525 21st Ave. No.	Sea
S	3	0090	01785	Whitehouse	George Herbert	1906	Aug	11	039	M	Seattle General Hosp.	ENG
S	2	0045	00576	Whiteman	Jas H.	1894	Dec	17	037	M	Ft Steilacoom	O.
S	2	0067	01330	Whitemore	C. B.	1903	Dec	08	040	M	King Co. Hosp.	IRL
S	2	315	2491	Whiteside	Agnes	1891	Jul	29	026	F	324 Orion St.	---
S	2	0035	00696	Whitesides	Jos	1900	Jun	28	057	M	Nome, AK	---
S	2	0063	01243	Whitford	J. W.	1901	Feb	21	046	M	Co. Hosp.	CND
S	3	0027	00523	Whiting	W. L. (Mrs.)	1905	Nov	12	047	F	Providence Hosp.	CA

S	R	Page	Recor	LastName	FirstNames	Deat	Mn	Dt	Age	S	DeathPlace	Bir
S		0029	00561	Whitley	Pearl M.	1893	Dec	24	006	F	Front & Pine	ID
S	2	0087	1736	Whitman	Chas C.	1901	Jul	29	07d	M	1508 - 4th	WA
S	-	152	2990	Whitmore	Jas. E.	1902	Jul	14	033	M	1425 4th Ave.	IL
S		0100	1989	Whitmore	L.	1904	May	31	072	M	Wayside Mission Hospital	---
S	2	0001	00003	Whitmore	Mabel	1900	Jan	03	077	F	1535 23rd Ave.	NY
S	2	0044	00540	Whitney		1894	Nov	29	043	M	1308 12th	CND
S	2	0110	2193	Whitney	Geo. B.	1901	Dec	05	035	M	2215 8 Ave.	WI
S	2	314	2490	Whitney	infant	1891	Jul	29	06m	M	1st Ward	---
S	3	0102	02037	Whitney	James	1904	Jun	02	001	M	805 Maynard Ave.	Sea
S	2	0118	02354	Whitney	Lizzie	1904	Aug	19	031	F	128 Taylor Ave	IRL
S	-	190	3747	Whitney	Luthur J.	1903	Jan	02	060	M	105 Seneca St.	---
S	2	0044	00527	Whitney	Mary B	1894	Nov	09	068	F	1308 12 St.	
S	2	0097	1938	Whitney	T. W.	1901	Sep	22	043	M	Seattle General Hosp.	WI
S		0003	00090	Whiton	John M.	1892	Mar	06	043	M	Cor. 5th & Howard	
S	3	0024	00475	Whittaker	Edward	1905	Nov	12	020	M	Pacific Hosp.	UN
S	2	0004	00078	Whitten	T. Thos	1900	Jan	12	034	M	Skagway, AK	---
S		133	2629	Whittier	Martha J.	1902	Apr	03	046	F	1113 Yesler Way	CA
S		0010	00363	Whittington	Charlotte Louise	1892	Aug	29	032	F	12th & Seneca (b.Washington	DC
S	2	0063	01247	Whittington	F.	1901	Feb	19	040	F	Auburn	KY
S	2	0061	00041	Whittle	Alfred	1896	Jan	08	042	M	Ballard	ENG
S	3	0069	01377	Whittlesey	Katherine K.	1906	May	22	071	F	Pacific Hosp.	VT
S	3	0109	02173	Whittlesey	Laura Harriett	1906	Oct	18	05m	F	124 W. Thomas	CA
S	2	0079	1571	Whittlessy	Infant	1901	May	14		M	Abbencle S.C.	
S		0023	00441	Whittmann	Anna	1903	Jun	05	061	F	28th and Massachusetts	HUN
S	1	0001	00401	Whitworth	Mary E.	1884	Oct	02	066	F	Seattle	ENG
S	1	0001	00377	Whitworth	Mary E.	1884	Oct	23	066	F	Seattle	ENG
S	1	0001	00442	Whorton	Isabelle C.	1885	Apr	03		F	Seattle	
S	3	0082	01625	Whrich	Infant	1906	Jul	12	01d	F	1824 25th Ave.	Sea
S	3	0084	01677	Whrich	Irene	1906	Jul	25	10m	F	2641 E. Valley	WA
S		0009	00166	Whytal	Ambrose H.	1903	Apr	08	069	M	228 Boylston N.	NS
1	2	116	1621	Whyte	Benj.	1899	Apr	18	001	M	922 Weller St.	---
S		0018	00148	Whyte	Jessie W.	1893	Apr	19	004	F	214 Dexter	
S	2	161	3158	Wibert	Elsa	1902	Aug	12	09m	F	Ballard, WA b.Ballard, WA	
S	2	333	2527	Wick	E. D.	1891	Aug	17	045	M	Columbia St.	FIN
S	1	0001	01001	Wick	Louis	1889	Oct	18	035	M	Prov. Hosp.	
S	2	107	1265	Wicke	Leo	1898	Nov	15	02m	M	32nd Ave. & Yesler St.	Sea
S	2	0083	1651	Wicker	Anna	1901	Jun	20	022	F	Columbia City	IA
S	2	0103	1114	Wickerstrom	Nels	1898	Sep	02	040	M	Providence Hosp.	SWD
S		0060	01199	Wicklund	Jacob H.	1903	Nov	04	001	M	Byron Station	Sea
S	2	0106	2105	Wickman	Carl	1901	Nov	15	05m	M	2325 1/2 - 1st Ave.	SEA
S		0010	00359	Wickman	Florence	1892	Aug	27	07h	F	Seattle	Sea
S	2	0092	00689	Wickmars	Wm. T.	1898	Mar	24	052	M	3rd & Minor Sts.	---
S	2	113	2251	Wickser	David	1901	Dec	26	04m	M	323 9th Av.	SEA
S	2	0108	2152	Wickstrom	Louise	1901	Nov	05	054	F	West Seattle	SWD
S	1	0001	00030	Wickstrom	Mrs.	1881	Nov	17	035	F	Seattle	GER
S		0050	00999	Widala	Erick	1903	Oct	13	028	M	Providence Hospital	FIN
S	2	0078	00191	Widger	baby	1897	May	29	088	F	Ravenna Park	CND
S		0031	00032	Wiedmann		1894	Jan	18	003	F	Seattle	US
S	2	0080	1592	Wieg	Catherine	1901	Jun	04	076	F	131 Eastlake	GER
S		0023	00347	Wieler	Henry	1893	Aug	12	045	M	W. Seattle	
S	3	0150	02995	Wiemann	Henry	1907	Mar	12	074	M	3141 E. Madison	GER
S	3	0140	02787	Wierman	Ira H.	1907	Feb	04	030	M	Foot of Harrison St.	MI
S	-	148	2898	Wiestling	Georgiana	1902	Jun	16	057	F	9th Ave. & Madison	PA
S	1	0001	00551	Wiggin	Kate E.	1887	Sep	08	063	F	3rd Ward	
S			1426	Wighifle	Annie J.	1890	Jul	18	002	F	Fremont b.N. Yakima, WA	

S	R	Page	Recor	LastName	FirstNames	Deat	Mn	Dt	Age	S	DeathPlace	Bir
S	3	0038	00744	Wightson	Lydia A.	1906	Jan	10	073	F	17th Ave S & Hill St	ME
S		0008	00283	Wigstrom	Maud M.	1892	Jul	12	06m	F	Pine St.	Sea
S	3	0053	01056	Wigun	Infant	1906	Mar	26	01d	M	1819 Minor Ave.	Sea
S	3	0159	03168	Wiik	Martin N	1905	Jan	28	040	M	Foot of Seneca St	---
S	3	0164	03283	Wikland	Eric	1905	Feb	25	043	M	2112 20th Ave S	SWD
S	2	0029	00579	Wilber	Benj. R.	1900	Jul	21	050	M	3rd & Cherry	NY
S		0097	1935	Wilberg	Martin L.	1904	May	14	058	M	Providence Hospital	NRY
S	-	172	3392	Wilbers	Minnie	1902	Apr	06	001	F	Ballard, wa	SD
S	3	0163	03250	Wilbert	Mrs. Mary M.	1907	Apr	06	044	F	Sea. Gen. Hosp.	CND
S	2	0095	00789	Wilbur	Lucile	1898	Apr	27	09m	F	710 11th Ave.	MI
S	3	0165	03290	Wilcox	Charles R.	1907	Apr	13	046	M	1110 Massachusetts	ENG
S	2	0092	1831	Wilcox	Chas.	1901	Aug	12	050	M	Prov. Hosp.	SEA
S	2	0022	00430	Wilcox	Geo. W.	1900	May	25	036	M	514 1/2 12th Av	IA
S	2	0037	00740	Wilcox	Geo. W.	1900	Sep	06	040	M	Prov. Hosp.	NY
S	1	229	2339	Wilcox	Gertrude	1891	May	08	12m	F	608 Columbia b.St. Paul,	MN
S	3	0074	01463	Wilcox	Howard R.	1906	Jun	06	003	M	2019-1/2 - 8th Ave.	WA
S		0114	02266	Wilcox	J. Agnes	1906	Oct	28	079	F	Tacoma, WA	---
S	2	0025	00495	Wilcox	J. E.	1900	Jun	13	053	M	1703 7th Av	IA
S	2	0039	00767	Wilcox	Jacob H.	1900	Sep	24	058	M	1116 Franklin St	ME
S	2	0036	00714	Wilcox	Jennie	1900	Aug	26	059	F	Snoqualmie	VT
S	2	0055	00378	Wilcox	Lemuel	1895	Sep	23	077	M	704 Spring	NY
S	2	107	1273	Wilcox	Lucy	1898	Nov	22	068	F	26th Ave. E. Union	---
S	1	0001	00447	Wilcox	Maria	1885	Apr	14	035	F	Seattle	VA
S	2	107	1280	Wilcox	Urban F.	1898	Nov	27	070	M	910 4th Ave. N. b.Columbus,	OH
S	3	0026	00515	Wild	John Vetruvius	1905	Oct	29	029	M	Moran Bros Wharf	---
S	3	105	2105	Wild	Maggie	1904	Jun	30	033	F	1813 10th Ave. W.	---
S	3	0018	00348	Wildberger	Infant	1905	Oct	07	07d	M	710 10th Ave	SEA
S	2	0101	1047	Wilder	Abbie E.	1898	Aug	02	005	F	1712 E. Spring St.	Sea
S	2	129	2128	Wilder	Albert L.	1899	Dec	17	034	M	413 E. Spring St.	ME
S	3	0169	03372	Wilder	E H	1905	Mar	09	035	M	Cor 4th & Cherry St	---
S	3	0161	03222	Wilder	Infant	1905	Feb	02	01d	F	912 16th Ave	SEA
S	2	125	1960	Wilder	Ruth C.	1899	Sep	30	003	F	1712 Spring St.	---
S		0043	00863	Wilderman	Julius	1903	Sep	13	018	M	First Avenue S.	MN
S	3	0098	01928	Wildfelt	Joseph	1906	Sep	02	038	M	Grt.Northern Dock, Interbay	KS
S		0059	01174	Wilding	Infant	1903	Nov	27	01m	M	106 7th Ave. No.	Sea
S	2	0009	00169	Wiler	John E	1900	Mar	02	049	M	807 Madison	OH
S		0041	00809	Wilet	Hiram	1903	Aug	13	009	M	Lake Sammamish	MI
S	2	0080	00256	Wiley	John	1897	Jul	13	039	M	720 21st Ave.	IA
S	-	147	2886	Wiley	Mollie J.	1902	Jun	11	052	F	Green Lake	VA
S		0036	00723	Wilhelm	Esther	1903	Aug	18	04m	F	810 Howard N.	SEA
S	3	0127	02527	Wilhite	Marie J.	1906	Dec	28	035	F	1807-11th Ave. W.	IL
S	2	179	3517	Wilke	Geo.	1902	Nov	02	044	M	King County Hosp.	GER
S	3	0061	01215	Wilkening	Annie (Mrs.)	1906	Apr	24	054	F	1416 Sixth Ave.	IRL
S	3	0056	1115	Wilkening	Marie Ellen	1903	Nov	08	022	F	Providence Hospital	IA
S	3	0094	1871	Wilkey	Louis H.	1904	Apr	30	069	M	Ballard	GER
S	-	161	3174	Wilkie	Henrietta	1902	Aug	24	062	F	Ballard, WA	GER
S	2	0068	1345	Wilkie	Maggie	1901	Mar	11	029	F	Ballard	IA
S	3	0074	01478	Wilkin	Franto	1904	Jan	01	040	M	Found on Water Front	un-
S	2	0110	2199	Wilkin	W. L.	1901	Dec	07	064	M	1010 University	OH
S	3	0181	03622	Wilkins	H. H.	1905	May	04	053	M	Seattle Gen. Hosp.	OH
S	3	0182	03626	Wilkins	Infant	1905	May	05	01d	F	1521 15th Ave	SEA
S		0046	00923	Wilkins	J.F.	1903	Sep	23	047	M	Wayside Mission Hospital	IA
S	3	0098	01955	Wilkins	Jane (Mrs.)	1906	Sep	09	072	F	556 Roy	WLS
S		0007	00131	Wilkinson	Charlie	1903	Mar	13	s/b	M	2474 Sixth Avenue N	SEA
S		0059	1173	Wilkinson	George Wa.	1903	Nov	29	062	M	3816 Evanston Ave.	OH

S	R	Page	Recor	LastName	FirstNames	Deat	Mn	Dt	Age	S	DeathPlace	Bir
S	3	0133	02662	Wilkinson	Infant	1904	Oct	11	03m	F	Wayside Emergency Hosp	SEA
S	2	107	1272	Wilkinson	Rudolph	1898	Nov	21	14d	M	813 Alder St.	Sea
S	1	0001	00653	Wilkison	Sadie	1888	Oct	18	9mo	F	12th St.	
S	2	109	2169	Will	Infant	1901	Nov	05	s/b	M	Fremont	SEA
S	1	0001	00248	Will	James	1883	Aug	29	018	M	Snohomish	
S	1	0001	00923	Willand	John G.	1889	Jul	02	10m	M	Mill & 14th	
S	2	0073	00538	Willard	A. M.	1896	Dec	07	034	F	Steilacoom, WA	---
S	2	0073	00539	Willard	Angeline	1896	Dec	07	035	F	Steilacoom, WA	OR
S		0101	2014	Willard	Charles A.	1904	May	03	032	M	Lester WN	---
S	2	0103	2059	Willard	Chas.	1901	Oct	11	060	M	King Co. Hosp.	NY
S	2	0001	00003	Willard	Gilbert O.	1892	Jan	03	07m	M	Ballard, WA	WA
S	2	116	2310	Willard	Lydia J.	1902	Jan	06	076	F	526 Boren Ave. N.	VT
S	2	0087	00529	Willard	May	1897	Dec	24	---	F	Brush, CO	---
S	3	0182	03631	Willard	Rufus, Dr.	1905	May	08	069	M	1136 18th Ave	IL
S	3	0095	01896	Willers	Infant	1906	Aug	19	s/b	-	South Seattle, Wn.	WA
S	2	0091	00682	Willett	Eugene	1898	Mar	09	035	M	Seattle Nat. Bank Bldg.	---
S		0117	02327	Willette	Edward Joseph	1904	Aug	10	01m	M	2641 E. Valley St.	Sea
S	2	0022	00421	Willetts	Geo. W.	1900	May	20	049	M	Prov. Hosp.	NY
S	2	0072	1428	Willey	Rochie	1901	Apr	20	006	M	Prov. Hosp.	IL
S	2	0120	02391	Willhelm	Robert	1904	Aug	29	09m	M	2000 Second Ave	WSe
S			1422	William	Ch.	1890	Jul	16	06w	M	Ash St.	Sea
S	2	0053	01054	William	Jas. B.	1900	Dec	31	035	M	Co. Hosp.	MI
S	2	347	2555	Williams		1891	Aug	31	s/b	M	6th btwn Lenora & Union Sts	Sea
S	2	184	3623	Williams	Adelane A.	1902	Dec	13	049	F	Providence Hosp.	CA
S		0096	01909	Williams	Alec	1904	May	06	020	M	Wayside Mission Hospital	FIN
S		0079	01574	Williams	Alfred H. B.	1904	Feb	04	10m	M	Van Asselt b.Van Asselt	
S	2	141	2778	Williams	Alto Miss	1902	May	16	038	F	Providence Hosp.	KS
S	2	0076	00101	Williams	Arthur	1897	Mar	06	10m	M	Fremont, WA	WA
S	2	104	1154	Williams	baby	1898	Sep	24	03m	M	Green Lake	Sea
S			1279	Williams	Burton F.	1890	Apr	21	034	M	-	---
S	2	180	3574	Williams	C. A.	1902	Dec	03	059	M	foot of Jackson St.	---
S		0027	00541	Williams	C.B.	1903	Jun	15	056	F	Brighton Beach	MI
S	2	130	2156	Williams	Carrie D.	1899	Dec	20	039	F	Spokane, WA	---
S	3	0150	02986	Williams	Carroll	1904	Dec	26	045	M	2105 1/2 First Ave	---
S	3	0118	02357	Williams	Charles	1906	Nov	25	040	M	Seattle Gen.	ENG
S	3	0187	03736	Williams	Charles F. (Private)	1905	Apr	26	028	M	Ft Liscum, AK	---
S	3	0126	02508	Williams	Chester O	1904	Sep	13	001	M	2405 Fifth Avenue West	Sea
S	3	0148	02944	Williams	Cliffe	1907	Jan	28	018	F	Cherry Valley, WA	MO
S	1	0001	00323	Williams	David	1884	Mar	17	030	M		USA
S	2	0037	00242	Williams	E.	1894	Jun	03	035	F	Commercial & Weller	
S	3	0027	00537	Williams	E. (Mr.)	1905	Nov	15	056	M	Burlington, WA	---
S	3	0137	02733	Williams	Edith	1907	Jan	06	030	F	Near Ravenna Park	ENG
S	1	0001	00641	Williams	Edward	1888	Oct	06	050	M	Prov. Hosp.	
S	2	0036	00226	Williams	Elizabeth E.	1894	May	27	035	F	611 Alton	
S	3	0172	03437	Williams	Ellen	1907	May	03	003	F	507 Dexter Ave.	WI
S	2	0051	00207	Williams	Emma	1895	May	15	033	F	Masonic Temple	
S		0022	00291	Williams	Frederick	1893	Jul	31	055	M	Lake Wash.	SWD
S	2	0065	01281	Williams	Geo. L.	1901	Mar	12	016	M	419 27th Ave	OR
S	1	0001	00432	Williams	Geo.M.	1885	Mar	05	004	M	Seattle	
S	3	0130	02605	Williams	Georgette	1904	Sep	30	003	M	Snoqualmie, WA	WA
S	2	118	1699	Williams	Gertrude	1899	May	15	002	F	516 Maynard	---
S	3	0004	00062	Williams	Grace	1905	Aug	12	09m	F	68th & Fremont	SEA
S	2	140	2763	Williams	Grace Ellen	1902	May	11	020	F	619 Union St.	CA
S	3	0124	02469	Williams	Gwennie H. (Mrs.)	1906	Dec	14	063	F	421 Pike	WLS
S		132	2612	Williams	Harold B.	1902	Mar	18	10m	M	Ballard, WA	WA

S	R	Page	Recor	LastName	FirstNames	Deat	Mn	Dt	Age	S	DeathPlace	Bir
S		0027	00483	Williams	Harry	1893	Nov	08	046	M	Prov. Hosp.	
S	1	0001	00298	Williams	Henry B.	1883	Oct	30	046	M	Seattle	USA
S	2	0084	00412	Williams	infant	1897	Oct	24	01d	F	6th Ward	SEA
S	2	0059	01179	Williams	Infant	1901	Feb	09	03d	F	Ross	sme
S		0098	01954	Williams	Infant	1904	May	22	01d	F	514 John St.	Sea
S	2	0008	00156	Williams	Jack	1900	Feb	06	030	M	Kent	---
S		0037	00726	Williams	James	1903	Aug	19	044	M	Wayside Mission	OR
S		0032	00632	Williams	James	1903	Jul	30	069	M	Providence Hospital	ENG
S	2	0005	00081	Williams	Jas	1900	Jan	18	054	M	Renton, WA	NY
S	2	0081	01612	Williams	Jas.	1901	Jun	17	050	M	105 - 5 Ave.	
S	2	0070	00425	Williams	Jas. M.	1896	Oct	18	058	M	220 Aloha St.	RI
S	3	0158	03161	Williams	Jeannette, Mrs	1905	Jan	21	061	F	3rd Ave & Columbia St	WLS
S	1	0001	00187	Williams	Jessie	1883	Mar	14	09m		Seattle	USA
S	3	0163	03245	Williams	Jessie M.	1907	Apr	06	064	F	1015-5th Ave. N.	ON
S	1		1552	Williams	John	1890	Sep	11	049	M	1806 11th St.	---
S	2	189	3721	Williams	John	1903	Jan	22	045	M	Wayside Mission	ENG
S	3	0162	03230	Williams	John Thomas	1905	Feb	08	11m	M	1716 25th Ave S	SEA
S	2	0056	00391	Williams	Kate	1895	Sep	30	05m	F	2nd & Cedar	Sea
S	2	0028	00558	Williams	Kenneth F.	1900	Jul	11	04m	M	409 Low St.	SEA
S	2	0015	00295	Williams	Kid	1900	Apr	08	038	M	Wayside Mission	---
S	3	0188	03742	Williams	Kittie	1907	Jun	22	036	F	Providence Hosp.	IN
S	2	0010	00184	Williams	L. M.	1900	Mar	05	069	M	412 6th Ave	MI
S	2	0059	00572	Williams	Lucy	1895	Dec	25	021	F	King Co.	
S	2	0080	00261	Williams	M. E.	1897	Jul	17	054	F	1705 Madison St.	SCT
S	2	0080	00268	Williams	M. J.	1897	Jul	22	062	F	904 Charles St.	NH
S	3	0143	02846	Williams	Margaret E.	1907	Feb	12	002	F	915 Plummer	CA
S	2	0070	1394	Williams	Marshall	1904	Jan	13	051	M	Seattle Gen. Hosp.	---
S	1	204	2291	Williams	Mary	1891	Apr	11	004	F	Orphans Home	USA
S	3	0111	02216	Williams	Mary	1906	Oct	22	c30	F	Wayside Emer. Hosp.	unk
S	1	0001	00704	Williams	Mr.	1888	Dec	12	032	M	Pest House	
S	2	104	1149	Williams	Mrs. C.	1898	Sep	20	067	F	814 Pike St.	IL
S		0055	1086	Williams	Mrs. E.B.	1903	Sep	11	048	M	Nome, AK	---
S	2	0050	00180	Williams	Nellie	1895	Apr	11		F	Co. Hosp.	
S	2	143	2814	Williams	Nellie May	1902	May	07	027	F	Providence Hosp.	CA
S	2	0097	01929	Williams	Patsy (Mrs.)	1901	Sep	28	058	F	411 1/2 Yesler Way	TX
S	2	0079	00221	Williams	R. T.	1897	Jun	16	045	M	400 21st Ave.	ENG
S	2	0096	01917	Williams	Reta	1901	Sep	25	02m	F	520 1st Ave. S.	SEA
S	2	0047	00049	Williams	Richard	1895	Feb	07	03h	M	8th & Charles	Sea
S	3	0111	02219	Williams	Richard	1906	Oct	30	089	M	750-16th Ave. N.	ENG
S	-	165	3240	Williams	Rosana M.	1902	Sep	10	029	F	Wayside Mission	CA
S	-	174	3419	Williams	S. B.	1902	Oct	10	068	M	King County Hosp.	NC
S	3	0054	01072	Williams	Sarah Salena	1906	Mar	29	068	F	22nd Ave.So. & Walker St.	OH
S	2	0034	00155	Williams	Thomas	1894	Apr	06	064	M	2100 Depot	ENG
S	3	0111	02204	Williams	Thomas	1906	Oct	22	045	M	Sea. Gen.	unk
S		0030	00592	Williams	Walter	1903	Jul	05	042	M	City Park	ENG
S	1	0001	00861	Williams	Will	1889	Apr	18	038	M	Newcastle House	
S		0015	00016	Williams	Willard D.	1893	Jan	18	003	M	5th & Yesler	MO
S	3	0133	02649	Williams	William H.	1907	Jan	13	072	M	2312 Boylston N.	VA
S		0020	00399	Williams	Wm.	1903	May	24	050	M	Palmer	---
S	2	0067	1334	Williamsberg	Rosey	1901	Mar	30	001	F	517 King St	IL
S	-	163	3196	Williamson	Angus	1902	Aug	29	076	M	King County Hosp.	SCT
S	3	0065	01283	Williamson	Axel	1906	Apr	25	065	M	Kirkland, Wn.	SWD
S	2	0006	00114	Williamson	Dan'l R.	1900	Feb	22	067	M	Latona	NY
S	0	0001	00161	Williamson	Jessie	1883	Feb	05		M	Seattle	SEA
S	2	0001	00034	Williamson	Julia	1892	Jan	21	068	F	1829 9th St.	IRL

S	R	Page	Recor	LastName	FirstNames	Deat	Mn	Dt	Age	S	DeathPlace	Bir
S	3	0188	03757	Williamson	Margaret (Mrs.)	1905	Jun	06	072	F	802 12th Ave	ENG
S	3	0036	00719	Williamson	Minerva S.	1906	Jan	05	080	F	7713 Aurora Ave	WV
S	3	0024	00470	Williamson	Sarah	1905	Nov	10	069	F	914 26th Ave S	MO
S		0018	00120	Williamson	W.F.	1893	Mar	09	001	M	Ogden, UT	
S	2	0050	00190	Williamson	Wm.	1895	May	01	006	M	Commercial St. b.Kitsap Co.	
S	2	120	2392	Willis	Baby	1902	Jan	20	002	F	Ballard	SEA
S	2	0094	00786	Willis	Mamie	1898	Apr	24	010	F	221 Battery St.	---
S	2	0092	00696	Willis	R. L.	1898	Mar	14	049	M	1228 Weller St.	---
S	2	0079	1568	Willis	Willard	1901	May	20	001	M	Ballard	WA
S		0048	00963	Willison	Aline	1902	Dec	13	02m	F	Dawson, Y.T.	YT
S	3	0079	01580	Willison	Henry C.	1906	Jun	11	060	M	Pt. Townsend	--
S	2	0099	00960	Williss	Anna	1898	Jun	07	005	F	So. Seattle	WI
S	2	0049	00974	Willman	Gertie W.	1900	Dec	03	03m	F	2012 6th Ave	WA
S	3	0188	03748	Willock	Minnie M.	1907	Jun	24	038	F	Wayside Emerg.	MO
S	2	140	2771	Willoughby	Richard G.	1902	May	13	066	M	Monod Hosp.	VA
S	2	0122	02426	Willowa	Greta	1904	Aug	02	079	F	Chico, Wn	SWD
S	3	0077	01535	Willright	Annie E.	1906	Jun	27	025	F	1914 - 14th W.	NY
S	3	0182	03623	Wills	(Infant)	1907	May	01	s/b	F	1829 Queen Anne	WA
S	2	0122	02436	Wills	A C	1904	Aug	11	043	M	Georgetown	NJ
S	3	0188	03754	Wills	Eleanor F.	1907	Jun	26	057	F	Wayside Emerg.	VT
S	3	0172	03438	Wills	Hamilton	1907	May	03	091	M	828-67th Ave. N.E.	IRL
S	3	0163	03252	Wills	Infant	1905	Feb	10	---	F	Seattle General Hosp	SEA
S	3	0058	01145	Wills	Infant	1906	Mar	27	s/b	F	1229 Yeslter Way	Sea
S		0061	01208	Wills	Mary	1903	Nov	13	034	F	Spokane WN	Sea
S	2	0046	00034	Willson	Carroll J.	1895	Jan	31	05m	M	1220 Main	Sea
S	1	0001	00388	Willson	John	1884	Oct	27	040	M		
S	2	0087	1728	Willson	Wm.	1901	Jul	25	049	M	Prov. Hosp.	ENG
S		0018	00125	Wilmerding	W.E.	1893	Mar	24	045	M	Sidney, Kitsap Co.	
S	3	0169	03379	Wilmore	Josiah Harrison	1907	Apr	04	077	M	Bellingham, WA	---
S	2	187	3679	Wilmot	Guy	1903	Jan	04	03m	M	5850 Wallingford	SEA
S	2	0084	1680	Wilmot	L. A.	1901	Jul	01	052	M	Green Lake	NB
S		0033	00649	Wilmott	James	1903	Jul	05	049	M	King County Hospital	NY
S	3	0059	01176	Wilms	Clara	1906	Apr	14	036	F	2115 N.64th St.	MN
S	3	0189	03778	Wilson	(Infant)	1907	Jun	28	10d	M	Spruce St. & Rivenna	WA
S	2	0061	01212	Wilson	A.	1901	Feb	23	065	M	S. G. Hosp.	USA
S	2	115	1593	Wilson	Addie L.	1899	Apr	08	035	F	111 16th Ave. S.	---
S	2	0096	1910	Wilson	Adeline	1901	Sep	21	048	F	86 Blanchard St.	NY
S	-	154	3045	Wilson	Alfred Ed.	1902	Jul	13	06m	M	Georgetown b.Georgetown, WA	
S		0117	02322	Wilson	Andrew	1906	Nov	06	036	M	406-5th Ave.	FIN
S	2	0048	00086	Wilson	Anice	1895	Mar	05	045	F	Prov Hosp	
S	2	116	1639	Wilson	Anna M.	1899	Apr	24	036	F	132 N. Broadway	IA
S	3	0093	01854	Wilson	Armine Taylor	1906	Aug	25	054	M	6702 Phinney Ave.	IL
S	2	0053	01053	Wilson	August	1900	Oct	26	022	M	?, WA	---
S	2	0078	1547	Wilson	B. Jos.	1901	May	23	046	M	Bellovue Hotol	KY
S	2	0091	00681	Wilson	baby	1898	Mar	09	01d	F	427 Minor Ave.	SEA
S	2	0077	00153	Wilson	C. C.	1897	Apr	17	050	M	505 21st Ave.	IA
S	1	0001	01188	Wilson	C.M.	1890	Feb	27	025	M	Latona	
S	2	0087	01731	Wilson	Carl Dean	1904	Mar	12	010	M	Georgetown b.Van Asselt	
S	3	0173	03446	Wilson	Charles	1905	Mar	01	026	M	King County Hosp	MN
S	1		2003	Wilson	Charles W.	1890	Nov	19	025	M	Kennedy St. b.Alleghany, PA	
S	2	0066	00267	Wilson	Chas	1896	Jul	06	055	M	S. 6th & Wash.	
S	3	0088	01760	Wilson	Chas.or Wilhelm Orlong	1906	Aug	06	035	M	Providence Hosp.	FIN
S	2	0043	00471	Wilson	Chester F.	1894	Oct	27		M	West St House	
S		0026	00447	Wilson	Clara	1893	Oct	17	001	F	1006 Lake	
S	2	188	3697	Wilson	David L.	1903	Jan	12	070	M	3rd Ave. & Pike St.	IN

S	R	Page	Recor	LastName	FirstNames	Deat	Mn	Dt	Age	S	DeathPlace	Bir
S	2	0033	00648	Wilson	Della May	1900	Aug	13	026	F	807 4th Ave	NE
S	3	0153	03060	Wilson	Ellen	1905	Jan	04	06m	F	631 W Ewing St	MI
S	2	0121	02415	Wilson	Ernest	1904	Aug	20	06m	M	4328 Phinney Ave	Sea
S	2	112	2232	Wilson	Frank R.	1901	Dec	21	049	M	137 22 Ave. N.	IL
S		109	2172	Wilson	G. E.	1904	Jul	02	019	M	1622 Dearborn	OH
S	2	0013	00250	Wilson	Geo	1900	Mar	05	---	M	Columbia City	CND
S	1		2017	Wilson	George	1890	Nov	26	02m	M	-	Sea
S	1	0001	00606	Wilson	Georgie	1888	Aug	31	05w	M	Lake Union	
S	-	162	3192	Wilson	Hannah	1902	Aug	30	069	F	512 1st Ave. S.	ENG
S		0098	1957	Wilson	Helen	1904	May	19	029	M	Wayside Mission Hospital	---
S	2	122	1847	Wilson	Helen Mrs.	1899	Jul	19	059	F	207 Taylor	NY
S	-	169	3318	Wilson	infant	1902	Sep	03	s/b	M	Monod. Hosp.	SEA
S	3	0128	02555	Wilson	Infant	1904	Sep	24	01m	F	Green Lake	SEA
S	3	0010	00186	Wilson	Infant	1905	Aug	15	s/b	M	Westlake Ave, John & Thomas	SEA
S	3	0056	01103	Wilson	Infant	1906	Mar	08	10d	M	Ravenna, WA	WA
S		0006	00111	Wilson	Inft	1903	Feb	20	s/b	M	Ballard	Bal
S	2	0117	02339	Wilson	Ivy M	1904	Aug	16	017	F	Ravena Park, WA	WA
S	1	0001	00361	Wilson	J.A.	1884	Jul	30	18m			
S		0013	00248	Wilson	J.M.	1903	Apr	02	066	M	Van Asselt	OH
S	2	100	1004	Wilson	James T.	1898	Jul	24	070	M	1112 King St.	USA
S		0028	00542	Wilson	Jeremiah	1903	Jun	15	040	M	Bangor, Washington	WV
S	2	128	2077	Wilson	Jessie A.	1899	Nov	20	032	F	103 21st Ave.	IL
S		0005	00188	Wilson	John	1892	May	11	078	M	1207 Main	ENG
S	2	0028	00552	Wilson	John	1900	Jul	07	038	M	Police Station	---
S	2	0069	1368	Wilson	John R.	1904	Jan	05	022	M	New Haven Hotel	IL
S		0044	00884	Wilson	John W.	1903	Sep	16	033	M	Providence Hospital	NB
S	2	105	1193	Wilson	Kate Hyde	1898	Oct	07	050	F	Seattle, WA	VT
S	1	0001	00455	Wilson	L.G.	1885	May	13		F	Seattle	
S	3	0019	00368	Wilson	Lavada Lee (Mrs.)	1905	Oct	17	023	F	2028 24th Ave S	AR
S	2	0056	00482	Wilson	Lester	1895	Oct	21	05w	F	813 Alder St b.Tacoma	
S	3	0072	01439	Wilson	Leta	1906	May	18	008	F	Georgetown b.King Co.	
S	-	176	3458	Wilson	Levi P.	1902	Nov	07	10m	M	208 Main St.	SEA
S	1	0001	00152	Wilson	Louisa	1883	Jul	15		F	Seattle	USA
S		108	2150	Wilson	Mary	1904	Jun	29	040	F	W. Wash. Hosp. for Insane	---
S		0031	00037	Wilson	Mary A.	1894	Jan	25	044	F	7th & Pike (b.London	
S	3	0126	02503	Wilson	Mary Emma (Mrs.)	1906	Dec	24	046	F	915 E. Columbia	OH
S	1	0001	00919	Wilson	Mary Mrs.	1889	Jul	01	025	F	1113 7th	
S		0053	1049	Wilson	Maud	1903	Oct	23	030	F	Seattle General Hospital	ENG
S	3	0097	01925	Wilson	Melvina E.	1906	Sep	02	069	F	755 80th St.N. b.Ontario	CND
S	2	0058	00538	Wilson	Mertice	1895	Nov	29	042	M	Prov. Hosp.	
S	-	167	3280	Wilson	Minnie	1902	Sep	19	028	F	Monod. Hosp.	MO
S	3	0150	02983	Wilson	Mrs. Josephine M.	1907	Feb	23	060	F	Youngstown	OH
S	2	0021	00418	Wilson	O. T.	1900	May	19	057	M	5th & Main	---
S	2	0074	1467	Wilson	Oscar	1901	Apr	19	08d	M	Ballard	WA
S		0020	00394	Wilson	Peter B.	1903	May	18	028	M	Paulsbo	SWD
S		0051	1007	Wilson	Ralph	1903	Oct	16	17d	M	Seattle General Hospital	WA
S	3	0183	03650	Wilson	Roy Horace	1905	May	15	007	M	2931 Densmore Ave	SD
S	3	0102	02040	Wilson	Sprague L.W.	1906	Sep	28	012	M	212 Virginia	WA
S		0016	00064	Wilson	Thomas	1893	Feb	27	034	M	Grace Hosp.	SCT
S		197	3375	Wilson	Thos A.	1903	Feb	23	065	M	Seattle General Hospital	PA
S	3	0135	02699	Wilson	Tracy Allyn	1904	Oct	29	015	M	Ravenna Park	WA
S	2	0047	00045	Wilson	Veazie	1895	Feb	04	030	M	Joy & Dinsun	MN
S	3	0151	03010	Wilson	W.J.	1907	Mar	02	024	M	Prov. Hosp.	CT
S		0083	1649	Wilson	Walter H.	1904	Mar	12	026	M	307 Columbia	IL
S	2	116	1637	Wilson	Wesley	1899	Apr	23	058	M	Providence Hosp.	PA?

S	R	Page	Recor	LastName	FirstNames	Deat	Mn	Dt	Age	S	DeathPlace	Bir
S		196	3859	Wilson	William	1903	Feb	27	039	M	Providence Hospital	TN
S		0099	1967	Wilson	William Edward	1904	May	30	064	M	609 10th Ave N.	NY
S	3	0172	03435	Wilson	William Galbraith	1905	Mar	10	045	M	207 Maynard	OH
S	1		2144	Wilson	Willie	1891	Feb	14	14m	M	15th & Dearborn Sts.	---
S	2	0032	00632	Wilson	Wm.	1900	Aug	07	028	M	Rainier Grand Hotel	ENG
S	3	0095	1891	Wilton	Mary	1904	May	01	081	F	615 5th Ave. N.	CND
S	3	0131	02620	Wiltse	C D	1904	Oct	03	045	M	5th & Madison St	MI
S	2	0095	00818	Wimple	Chas. E.	1898	May	02	060	M	1409 5th Ave.	OH
S	3	0077	1530	Winans	Alethia V.	1904	Feb	21	007	F	1111 15th Ave.	VA
S		0101	02019	Winans	Infant	1904	May	03	s/b	M	420 Federal Ave.	Sea
S	3	0031	00617	Wincapaw	John S.	1905	Dec	21	073	M	Pacific Hosp.	ME
S		0045	00886	Windass	Dorothy	1903	Sep	17	02m	F	1735 - 12th Avenue S.	CA
S	3	0063	1247	Windblad	Marie (Mrs.)	1906	Apr	27	059	F	145 - 29th Ave.	SWD
S		0017	00091	Winde	Jas.	1893	Mar	12		M	Prov. Hosp.	
S	3	0174	03472	Windell	Infant	1905	Mar	06	s/b	M	1113 E John St	SEA
S	3	0107	2136	Windmiller	Maria	1904	Jun	13	076	F	Ballard	GER
S		0006	00198	Wineholt	Samuel	1892	Mar	18	048	M	Elliott Bay	PA
S	2	0026	00518	Winff	Max	1900	Jun	07	052	M	Co. Hosp.	GER
S	3	0102	02038	Wing	Mary E. (Mrs.)	1906	Sep	29	070	F	821 7th Ave.	OH
S	3	0089	01766	Wing	Winifred	1906	Aug	06	029	F	Miner Hosp.	OR
S	2	0069	00375	Wingard	E.	1896	Sep	10	035	M	National Hotel	---
S		0059	01175	Wingate	Donald	1903	Nov	29	14m	M	75th St. & Sunnyside Ave.	Sea
S	2	0016	00305	Winge	Odine	1900	Apr	10	038	F	Prov. Hosp.	NRY
S	2	0129	2570	Winge	Welby F.	1902	Mar	21	040	M	Prov. Hosp.	
S	3	0180	03604	Wingert	Adam B.	1905	Apr	14	070	M	Hillman City	PA
S	2	0099	00950	Winhagen	Paul	1898	Jun	25	047	M	314 Bellevue Ave.	GER
S	2	0087	00511	Winkler	Chas. W.	1897	Dec	27	036	M	2nd Ave. S. & King St.	CO
S		0020	00196	Winkler	Hannah	1893	May	26	061	F	Prov. Hosp.	
S	2	0088	00576	Winshel	Samuel	1898	Jan	28	055	M	Minor & Harrison Sts.	SWD
S		0032	00071	Winslow	Frank E.	1894	Feb	16	007	M	Fremont	
S	1	204	2277	Winslow	J. H.	1891	Apr	06	-	M	Maitland House, Frt & Stewt	---
S	2	106	1238	Winslow	Martha J.	1898	Oct	07	058	F	Everett, WA	VT
S	2	0059	01184	Winsor	Elizabeth	1901	Feb	09	088	F	2106 6th Ave	IRL
S		0011	00393	Winston	Amy	1892	Sep	23	05w	F	Baker St.	Sea
S	2	0081	00289	Winston	L. A.	1897	Jul	27	070	F	Ballard, WA	IL
S	2	0009	00166	Winston	Percival	1900	Mar	01	01d	M	216 Virginia	SEA
S		0038	00760	Winter	Charles H.	1903	Aug	03	037	M	Corner 2nd and James Sts	MN
S	1	0001	00214	Winter	J.J.	1883	Jun	09		M	Seattle	
S	2	0068	01353	Wintermeyer	Infant	1903	Dec	17	---	M	468 Maple Leaf Ave.	Sea
S	2	0121	1833	Wintermute	Jacob M.	1899	Jul	20	082	M	Lowell	NJ
S		0016	00062	Winters	Florena	1893	Feb	25	08m	F	1428 7th St. (b.Kitsap Co.	
S	3	0147	02937	Winters	George	1907	Feb	21	039	M	Wayside Emer. Hosp.	unk
S		0027	00505	Winters	Infant	1893	Nov	26	010	M	Madison & Williamson	Sea
S	2	0070	00410	Winters	R. K.	1896	Oct	07	042	M	2114 4th Ave.	---
S	1		1490	Wirth	Sarah	1890	Aug	14	060	F	Corner Albert & 3rd Sts.	WLS
S	2	0060	00028	Wisbey	Mary A.	1896	Jan	24	083	F	Denny Fuhrman	KY
S		0110	2189	Wisdahl	John	1904	Jul	12	032	M	Seattle Gen. Hospital	NRY
S		0037	00731	Wise	Arthur	1903	Aug	19	03m	M	671 Washington	SEA
S	2	0116	2304	Wise	Chas.	1902	Jan	01	063	M	S. Seattle	GER
S		0040	00797	Wise	Daniel A.	1903	Aug	27	08m	M	Georgetown	WA
S	3	0105	2093	Wise	Mamie	1904	Jun	21	11m	F	2131 6th Ave.	WA
S	2	0092	1832	Wise	Rosa (Mrs.)	1901	Aug	12	034	F	Prov. Hosp.	CA
S	1	0001	00903	Wiseman	Willie Newell	1889	Jun	22			6th & Battery	
S	2	0089	1771	Wisen	Francis A.	1904	Apr	04	066	M	Seattle Gen. Hospital	SWD
S	2	106	1246	Wismimskie	Jennie	1898	Oct	12	018	F	Ballard, WA	GER

S	R	Page	Recor	LastName	FirstNames	Deat	Mn	Dt	Age	S	DeathPlace	Bir
S	3	0132	02636	Wismolek	Jacob	1904	Oct	09	076	M	1515 5th Ave	PER
S	3	0111	02214	Wismslek	Johanna	1906	Oct	28	076	F	7th & CA St. S., Sea (b.Per	sia
S	3	0139	02779	Wisner	Winfield	1904	Nov	11	082	M	1015 Yesler Way	NY
S	2	0030	00589	Wiswell	Helen G.	1900	Jul	24	08m	F	Brooklyn	ME
S	3	0151	03009	Wiswell	Mrs. Olivia	1907	Mar	02	063	F	945-13th Ave. N.	IN
S	3	0152	03023	Witacher	Mrs. Julia	1907	Mar	05	042	F	Wayside Emer.	unk
S	3	0162	03221	Witherell	S.K.	1907	Mar	29	036	M	Summerset & Corliss	IL
S	2	0087	00513	Witherell	Sarah	1897	Dec	28	057	F	517 2nd Ave.	ME
S	2	0047	00931	Witherell	Thomas	1900	Nov	21	045	M	Wayside Mission	MA
S	3	0153	03045	Witt	Thomas	1907	Mar	10	025	M	Wayside Emer. Hosp.	unk
S			1318	Wittaner	Frederick	1890	May	20	001	M	Seattle	Sea
S	1	0001	00795	Wittaner	T.	1889	Mar	12	003		Corner 4th & Wash. St.	
S	1	0001	00943	Wittanor	Eperhardt	1889	Jul	15	015		1804 Howell St.	
S	1		2177	Witteck	Joe	1891	Mar	01	01m	M	10th St. nr Norman St.	Sea
S		0009	00346	Witten	Jessie	1892	Aug	18	008	F	115 Virginia	OR
S	2	0050	00183	Wittenborn	Bertha	1895	Apr	20	10m	F	Ballard b.Ballard	WA
S		0020	00397	Wittenborn	Henrietta Louise	1903	May	22	016	F	Ballard	WE
S	3	0123	02460	Wittich	Fred	1906	Dec	11	045	M	Foot of Charles	WA
S	1	0001	00118	Wittinymon		1882	Sep	13	004		Seattle	
S		0039	00779	Wittler	Edward	1885	Feb	05	001	M	St. Louis, MO	---
S	3	0018	00343	Wittmann	May	1905	Oct	05	021	F	724 16th Ave	ID
S	1	0001	00019	Wixstrom	Ann N.	1881	Nov	16	044	F	Seattle	SWD
S	3	0128	02551	Wize	Henry John	1906	Dec	05	046	M	New Westminster	
S	3	0103	02053	Wize	Margaret	1906	Aug	31	044	F	Van Asselt b.Ontario	CND
S		0005	00175	Wnatila	John	1892	Apr	26	030	M	Grace Hosp.	AUS
S	2	0041	00410	Woeck	Amelia	1894	Sep	15	026	F	92 Hyde	WI
S	2	0054	00339	Woessner	John	1895	Aug	13	029	M	Spokane	
S		0109	02166	Wolcott	Infant	1904	Jun	10	s/b	M	3652 Phinney	Sea
S	2	0067	1324	Wolf	Fred	1901	Mar	25	083	M	Brooklyn	PA
S	3	0154	03066	Wolf	Hazel R.	1907	Mar	15	002	F	7415 Woodlawn	NE
S	2	0097	00879	Wolf	J. V. E.	1898	May	06	061	M	St. Ann's Hosp., Juneau, AK	---
S	2	389	2638	Wolf	James	1891	Oct	10	04w	M	208 East St./2nd Ward	Sea
S	3	0091	1814	Wolf	Mrs. Lilian	1904	Apr	20	029	F	Providence Hospital	RUS
S		0020	00213	Wolf	NR	1893	May	03	021	F		
S		0004	00127	Wolfe	B.S.	1892	Apr	01	011	M	Cor. Lane & 22nd	MN
S	3	0029	00577	Wolfe	Elizabeth	1905	Dec	07	031	F	1229 9th Ave W	WI
S	2	144	2835	Wolfe	Henry	1902	May	04	045	M	S. Seattle	---
S	2	158	3100	Wolfe	infant	1902	Aug	13	10m	M	1229 9th W.	SEA
S	3	0039	00773	Wolfe	Israel	1906	Jan	24	006	M	1005 Yesler Way NE	BRC
S	3	0034	00676	Wolfe	James	1905	Dec	08	045	M	Skyhomish, WA	UN
S	3	0053	01050	Wolfe	Madora	1906	Mar	24	051	F	2218 - 38th Ave.	IA
S	2	0076	00104	Wolfe	Wm.	1897	Mar	11	044	M	Providence Hosp.	---
S	1		2189	Wolff	Edward	1891	Mar	31	055	M	Providence Hosp.	---
S	-	166	3273	Wolffe	Caroline V.P.	1902	Sep	02	048	F	Monod Hosp.	WI
S	3	0091	01815	Woll	Anna	1906	Aug	18	07m	F	4200 23rd Ave. W.	WA
S	2	0098	00933	Woll	Fred'k	1898	Jun	16	21d	M	522 24th Ave.	SEA
S	3	0091	01810	Wollaston	Stanley	1904	Apr	20	010	M	938 21st Ave.	ENG
S	2	111	1441	Womach	Archie	1899	Jan	20	008	M	Columbia City	---
S	3	0093	1850	Womach	L.	1904	Apr	16	069	M	Seattle Gen. Hospital	IA
S	3	0168	03357	Womacks	Cliff E.	1907	Apr	27	c32	M	Found foot of Jackson St.	---
S	2	0097	00902	Wonder	Mrs. Anna	1898	Jun	01	055	F	407 6th Ave.	---
S	2	0039	00764	Wong	John	1900	Sep	23	040	M	318 5th Av S	CHN
S	2	0034	00667	Wong	Pay	1900	Aug	19	044	M	S. G. Hosp.	CHN
S	-	171	3360	Wong	Tone	1902	Oct	22	053	M	4th S. & Washington Sts.	CHN
S	3	0153	03047	Wong Hong Tung	---	----	---	--	---	M	Seattle	CHN

S	R	Page	Recor	LastName	FirstNames	Deat	Mn	Dt	Age	S	DeathPlace	Bir
S	3	0004	00066	Wong Hop	---	1905	Aug	13	049	M	Union Railroad Depot	CHN
S	3	0152	03036	Woo Quan Bong?	---	1896	Jul	28	---	M	Seattle	CHN
S	3	0153	03056	Woo Yung Gee	---	----	---	--	---	M	Seattle	CHN
S	3	0153	03051	Woo Yuon Yon	---	----	---	--	---	M	Seattle	CHN
S	3	0040	00781	Wood	A. C.	1906	Jan	28	056	M	1612 Terry Ave	NB
S	3	0079	01573	Wood	Addie	1906	Jun	08	050	F	Station "O", SE Seattle	CND
S	2	0076	00111	Wood	Clara	1897	Mar	22	026	F	General Hosp.	---
S	3	0049	00976	Wood	Cremora	1906	Feb	24	019	M	Sedro Wolley, Wn.	--
S		0083	01653	Wood	Dorris	1904	Mar	20	008	F	Arlington Hotel	Sea
S		0021	00261	Wood	F.	1893	Jul	01	05m	F	Green Lake (b.Green Lake	
S	2	0014	00276	Wood	Frank	1900	Apr	02	025	M	Olympic Place	---
S	3	0001	00015	Wood	Fred'k	1905	Mar	20	17d	F	Nome, AK	AK
S	1		2071	Wood	G. C.	1891	Jan	02	07w	M	215 Poplar St.	Sea
S	3	0184	03675	Wood	G. M.	1905	May	26	076	M	316 Green Lake Blvd	CND
S	2	0075	00065	Wood	Grace	1897	Feb	18	014	F	Green Lake	---
S	3	0157	03133	Wood	Infant	1905	Jan	10	02d	F	Wayside Emergency Hosp	SEA
S	2	0061	00052	Wood	J.J.	1896	Feb	04	048	M	Seattle Gen Hosp	NY
S	2	0031	00613	Wood	James H.	1900	Jul	07	074	M	Sunnydale, WA	ENG
S	2	0010	00186	Wood	John	1900	Mar	--	045	M	Prov. Hosp.	---
S	3	0166	03309	Wood	John	1907	Apr	16	080	M	Wayside Emerg. Hosp.	IRL
S	1	0001	00385	Wood	Mary A.	1884	Oct	20	049	F	Seattle	
S	3	0125	02489	Wood	Mary A. (Mrs.)	1906	Dec	19	082	F	227-2nd Ave. N.	IRL
S		114	2268	Wood	Mary E.	1904	Jul	12	060	F	West Seattle	NY
S			1289	Wood	Olive May	1890	May	07	11m	M	Depot & Water Sts.	Sea
S	3	0077	01531	Wood	Sarah J.	1906	Jun	26	068	F	316 E. Greenlake Blvd.	CND
S	1	0001	00636	Wood	Stella	1888	Oct	03	09m	F		SEA
S		0019	00372	Wood	Stuart	1903	May	30	028	M	Seattle General Hospital	ENG
S	2	0063	00139	Wood	Valentine	1896	Apr	08	02m	M		
S			1276	Wood	Walter	1890	Apr	14	010	M	Madison & Spring Sts.	---
S		0005	00161	Wood	Wm. Wallingford	1892	Apr	22	002	M	2nd & Stewart	Sea
S	1		2011	Woodard	Blanch (Miss)	1890	Nov	23	011	F	corner Spring & Madison Sts	---
S	3	103	2063	Woodard	Ethel M.	1904	Jun	14	019	F	4th Ave.	ME
S	3	0107	02137	Woodbury	Alvin	1906	Oct	09	080	M	1942-6th Ave. W.	VT
S	2	0073	00517	Woodcock	C. P.	1896	Dec	17	081	F	1601 Yesler St.	MO
S		0005	00157	Woodcock	Chas.	1892	Apr	22	036	M	Ballard	ME
S		0010	00374	Woodcock	Elizabeth	1892	Sep	10	069	M	Joy & Chestnut	
S	2	124	1919	Woodcock	Eunice	1899	Sep	06	040	F	100 7th Ave. N.	CND
S		0055	1094	Woodhouse	Infant	1903	Oct	11	s/b	M	3101 Yesler Way	SEA
S	2	0065	00229	Woodhouse	Mrs. G.H.	1896	May	26		F	Victoria, BC	
S	2	0107	2131	Woodhouse	Thelma May	1901	Nov	22	08m	F	108 W. Mercer	SEA
S	3	0009	00172	Woodin	Blanche	1905	Aug	29	029	F	South Park	MI
S	3	0173	03460	Woodin	Chester	1907	May	09	03m	M	Minor Hosp.	WA
S	2	0057	00508	Wooding	Chas.	1895	Nov	05	032	M	Latona	CND
S	2	0039	00344	Wooding	Hazel	1894	Aug	13	002	F	1024 Weller	Sea
S	2	129	2564	Wooding	Mary	1902	Mar	19	080	F	Latona	PA
S	3	0126	02521	Woodlyn	Infant	1904	Sep	04	11d	F	Green Lake	Sea
S	3	0159	03181	Woodman	W N	1905	Jan	05	063	M	Ballard	ENG
S		0001	00001	Woodridge	Marguerette	1903	Mar	01	004	F	Green Lake	Sea
S	2	0047	00059	Woodrow	Rosa	1895	Feb	14	036	F	Prov Hosp	CND
S	2	0095	00814	Woodruff	Emma	1898	May	01	044	F	10th Ave. & ?	ENG
S	3	0074	01469	Woodruff	Frank Elisha	1906	Jun	08	023	M	1633 Seventeenth	IL
S	3	0032	00629	Woodruff	R. N.	1905	Dec	21	056	M	Providence Hosp.	---
S	1	0001	00974	Woods	Annie	1889	Sep	27	019	F	Corner 7th & Virginia	WA
S	3	0091	1807	Woods	Beatrice	1904	Apr	19	035	F	Providence Hospital	AR
S	3	0159	03176	Woods	Earl V.	1907	Mar	14	021	M	Phoenix, WA	unk

S	R	Page	Recor	LastName	FirstNames	Deat	Mn	Dt	Age	S	DeathPlace	Bir
S	2	116	1638	Woods	Edwd	1899	Apr	23	029	M	Richilieu Hotel	---
S		0007	00244	Woods	Geo.	1892	Jun	16	034	M	So. Seattle	
S	2	421	2702	Woods	John	1891	Nov	28	-		M nr Blk River Junc. b.London	ENG
S	3	0184	03674	Woods	John R.	1907	Jun	08	070	M	Occidental, WA	---
S	-	154	3044	Woods	Louise	1902	Jul	12	027	F	King County Hosp.	WA
S	2	128	2542	Woods	Mary	1902	Mar	07	012	F	3818 9th Ave. NE	MA
S	3	0168	03365	Woods	Mervin Thomas	1905	Mar	07	014	M	804 1/2 Spruce St	WA
S		0006	00113	Woods	N.M.	1903	Mar	22	019	F	Ballard	SD
S	3	0098	01949	Woods	Sadie (Mrs.)	1906	Sep	05	--	F	1218 Occidental Av.	--
S	2	0053	00306	Woods	Wm.	1895	Aug	08	028	M	Prov. Hosp.	
S	2	125	2484	Woodsum	Lucinta	1902	Feb	23	080	F	721 Lake View Ave.	ME
S	2	0001	00012	Woodward	Caroline H.	1892	Jan	09	085	F	164 Lake St.	NH
S	2	0099	00974	Woodward	Frank G.	1898	Jul	03	019	M	Sea. Gen. Hosp.	---
S	2	0066	1323	Woodward	Theodore	1903	Dec	21	052	M	218-1/2 Columbia St.	MI
S	1		2131	Woodward	Wm. Andrew	1891	Feb	07	04m	M	1111 8th St.	Sea
S		0023	00450	Woodworth	W.A.	1903	Jun	10	025	M	Pest House	---
S	1	0001	00384	Woody	May R.	1884	Oct	15	029	F	Seattle	
S	2	0067	00286	WooGouBong		1896	Jul	28	048	M	6th & Wash	
S	1		1562	Woolery	Annie (Mrs.)	1890	Sep	16	021	F	Baxter Barker	---
S	2	0057	00526	Woollen	Isaac	1895	Nov	22	079	M	119 Market	
S	2	0085	1696	Woolman	John	1901	Jul	06	040	M	Foot of Main	
S		0041	00812	Woon Wong		1903	Aug	15	031	M	Str. Fremont	CHN
S		0007	00239	Wooten	Carrie	1892	Jun	15		F	Irving Ave.	Sea
S	2	187	3686	Worcester	Rosina Helen	1903	Jan	08	001	F	4333 3rd Ave. N.W.	SEA
S			1345	Worck	Annie	1890	Jun	12	030	F	Hyde St.	WI
S		0052	1042	Word	Belle	1903	Oct	15	042	F	Wayside Mission Hospital	KS
S	2	0119	02383	Word	E	1904	Aug	27	026	M	Wayside Emergency Hosp	---
S	2	0088	00574	Worde	infant	1898	Jan	23	02w	F	Lakeside & Superior Ave.	SEA
S	2	0085	00457	Work	Hugh A.	1897	Nov	16	002	M	119 Minor Ave. N.	SEA
S		0030	00595	Workman	Esther	1903	Jul	22	003	F	Van Asselt	WA
S	2	0092	1838	Workman	Lewis Dawson	1901	Aug	14	003	M	Van Asslett	???
S	2	0059	01193	Wornell	Baby	1901	Feb	16	03d	M	430 26th Ave S	SEA
S	1	0001	00200	Worrn	Harry		Apr	20	045	M	Seattle	ENG
S		136	2697	Worth	Wm. R.	1902	Apr	28	048	M	Wayside Mission	PA
S		0083	1646	Worthington	Effie	1904	Mar	20	046	F	1644 20th Ave.	KY
S	2	0049	00156	Worthington	Harry	1895	Apr	13	002	M	Nr N. end of Dexter St	
S		0115	02299	Wray	Charles	1906	Nov	05	044	M	Prov. Hosp.	CA
S	2	0019	00372	Wray	Chas. Acre	1900	Apr	29	05m	M	British Waters b Skagway	---
S	2	117	1646	Wray	Mary F.	1899	Apr	29	009	F	Rainier Hts	KS
S	3	0127	02527	Wren	Annie E	1904	Sep	19	041	F	Providence Hosp	TX
S	3	0186	03720	Wren	Clarence	1907	Jun	18	018	M	Prov. Hosp.	---
S	-	148	2916	Wren	Ella	1902	Jun	12	034	F	Providence Hosp.	MO
S	1	0001	00239	Wren	Lery	1883	Aug	03	17d	M	Seattle	SEA
S	2	0019	00371	Wriedt ?	Mattie	1900	Apr	28	055	F	King Co.	GER
S	3	0191	03814	Wright	(Infant)	1907	Jun	01	s/b	F	1808 E. Harrison	Sea
S	3	0095	01889	Wright	Anna	1906	Aug	17	003	F	Lummi Island, Wash.	--
S	3	0169	03370	Wright	Arthur	1907	Apr	30	013	M	431-23rd Ave. S.	OR
S	2	138	2727	Wright	B-L	1902	Apr	28	070	M	327 8th Ave. N.	NH
S	2	145	2843	Wright	Earl Perry	1902	May	17	07m	M	Ballard, WA b.Ballard, WA	
S	3	0154	03072	Wright	Edmond	1905	Jan	06	029	M	519 James St	IRL
S	2	0087	1722	Wright	Edmund	1901	Jul	20	093	M	510 - 2 Av W	MA
S	3	0022	00437	Wright	Elmer C.	1905	Sep	17	027	M	Unalaklik, AK	OH
S	2	0043	00842	Wright	F. Chastain	1900	Oct	23	073	F	906 Howard	VT
S		0064	01282	Wright	Frank Stewart	1903	Dec	17	05m	M	1531 Broadway	Sea
S	2	0088	01755	Wright	Infant	1904	Mar	09	---	F	718 11th Ave.	Sea

S	R	Page	Recor	LastName	FirstNames	Deat	Mn	Dt	Age	S	DeathPlace	Bir
S	2	0019	00369	Wright	James	1900	Apr	21	066	M	Bellevue, WA	SCT
S	2	0095	00796	Wright	John	1898	Mar	27	050	M	Str. Utopia	---
S	2	0018	00359	Wright	Joseph	1900	Apr	22	063	M	Co. Hosp.	GER
S	2	0070	1386	Wright	Lizzie	1901	Apr	05	027	F	2014 Nye Place	ENG
S	3	0148	02952	Wright	Margarite	1904	Dec	28	01d	F	317 Eighth Ave S	SEA
S		0050	00993	Wright	Marion Ross	1903	Oct	12	01m	F	1504 Fifth Avenue	SEA
S		0019	00367	Wright	Mary J	1903	May	26	072	F	11827 - 14th Avenue	IRL
S	2	0049	00123	Wright	May Vinira	1895	Mar	03	019	F	McMurray	
S	1	0001	00877	Wright	Thomas	1889	May	12	10w	M	4th & Bell	
S	2	0057	00521	Wright	Thos.	1895	Nov	18	068	M	Prov Hosp	
S	2	101	1034	Wright	Thos.	1898	Jul	31	060	M	Gold Dust Lodging House	USA
S	2	119	1722	Wright	W. W.	1899	May	03	037	M	County Hospital	---
S	2	128	2087	Wright	Wm.	1899	Nov	26	075	M	1501 14th Ave.	USA
S	2	0073	1454	Wrigley	E.	1901	Apr	12	030	M	Juanita	NY
S	2	0084	1680	Wrigley	Martha	1904	Mar	29	067	F	216 10th Ave. H.	NY
S	2	120	1792	Wriskfield	Jas.	1899	Jul	03	028	M	Providence Hosp.	---
S	2	117	2329	Wunderlich	George	1902	Jan	12	048	M	514 Boren	GER
S	3	0125	02497	Wurster	Harold	1906	Dec	19	010	M	N. 39th St. & 1st Ave. N.E.	OR
S	2	0035	00177	Wurtle	R.	1894	Apr	24	059	F	1111 Columbia	--
S	3	0041	00813	Wusthoff	Frederick W., Jr.	1906	Jan	18	025	M	Black River Junction	SEA
S		0027	00470	Wyant	Joshua	1893	Oct	20	022	M	So. Park	
S	3	0062	01236	Wyatt	Ellen	1906	Apr	07	046	F	1134 Tenth Ave.	ENG
S	2	121	1818	Wyatt	Etta May	1899	Jul	25	027	F	Seattle Gen. Hosp.	IA
S	2	0036	00221	Wyatt	Frederick	1894	May	22	035	M	1st Ward	ENG
S	3	0184	03675	Wyatt	Richard James A.	1907	Jun	08	09m	M	2511-2nd Ave.	WA
S		0053	1054	Wyburn	Joseph	1903	Oct	28	048	M	Wayside Mission Hospital	ENG
S	1	0001	00038	Wyckoff	L.V.	1882	Jan	20		M	Seattle	US
S	2	112	1479	Wylie	Lee	1899	Feb	16	015	M	213 W. Battery St.	WA
S		0017	00114	Wyman	John A.	1893	Mar	30	067	M	314 Spring	ME
S		0039	00769	Wyman	Marguerite	1903	Aug	14	033	F	Providence Hospital	MN
S	1	0001	00764	Wyshame	Ada B.	1889	Feb	16	021	F		
S		0017	00079	Wzig (NR)	Lespold	1893	Mar	05	035	M	3rd & Yesler	
S	2	128	2105	W_nerholm	baby	1899	Dec	04	020	M	1419 Willow & Cherry Sts.	SEA
S		0010	00389	Yaber	Etta	1892	Sep	21	031	F	1412 2nd	NH
S		0005	00183	Yager	John	1892	May	07	035	M	Yesler Ave.	
S	1		1501	Yager	K.	1890	Aug	19	030	M	Providence Hospital	TX
S	2	0091	1819	Yagi	Frank	1901	Aug	28	030	M	Alley Between Cherry&James	JPN
S	3	0082	01626	Yahl	Mary	1906	Jul	08	057	F	Prov. Hosp.	GER
S	2	0046	00023	Yakimota		1895	Jan	23	050	M	Prov. Hosp.	JPN
S	2	0057	01138	Yakoto	Yeichi	1901	Jan	23	019	M	Edmonds, WA	JPN
S	-	172	3389	Yale	Claude	1902	Oct	01	025	M	Elliott Bay	WA
S	3	0181	03617	Yamada	Shizuki	1905	May	01	11m	F	411 Main St	SEA
S	2	113	1501	Yamakawa	A.	1899	Mar	03	018	M	Seattle Gen. Hosp.	JPN
S		0050	00996	Yamamoto	Ichehei	1903	Oct	13	021	M	Seattle General Hospital	JPN
S	2	0026	00501	Yamamoto	S.	1900	Jun	16	11m	M	121 W Wash.	SEA
S	2	0046	00911	Yamans	Infant	1900	Nov	13	02m	M	Central Hotel	SEA
S	2	121	2417	Yamasaki	T.	1902	Feb	03	026	M	Prov. Hosp.	JPN
S	3	0125	02493	Yamashita	Noboru	1904	Sep	08	07m	F	664 Jackson St	SEA
S	2	125	1958	Yamashita	R.	1899	Sep	30	026	M	Providence Hosp.	JPN
S	2	0065	01285	Yamashita	Y ?	1901	Mar	13	029	M	S. G. Hosp.	JPN
S	2	0120	02400	Yamazaki	O	1904	Aug	31	040	M	Seattle Gen Hosp	JPN
S	2	0089	00606	Yandell	John	1898	Feb	07	058	M	118 Bell St.	MT
S		0116	02311	Yane	Rena	1906	Nov	08	031	F	Well St. House, Wstrn &Well	CA
S	3	0053	01048	Yangle	Martin Jr.	1906	Mar	23	001	M	Union Depot	MN
S		0095	01905	Yank	Infant	1904	May	05	05d	F	1111 Washington St.	Sea

S	R	Page	Recor	LastName	FirstNames	Deat	Mn	Dt	Age	S	DeathPlace	Bir
S	2	106	1218	Yank	Wm. E.	1898	Oct	24	001	M	802 9th Ave. S.	---
S		0055	1096	Yansko	Infant	1903	Oct	16	s/b	M	Interbay	SEA
S	3	0009	00170	Yarnall	Joseph	1905	Aug	27	074	M	WW Hosp. for Insane	OH
S	2	103	2045	Yarnell	Joseph	1901	Oct	29	043	M	Seattle Gen. Hosp.	IL
S	2	113	2248	Yashitomi	S.	1901	Dec	25	048	M	418 Jefferson	JPN
S	3	0073	1454	Yasuhara	Y.	1904	Jan	22	039	M	McMurray WA	JPN
S	3	0168	03354	Yasumori	Y	1905	Mar	03	029	M	2nd Ave S & Jackson St	JPN
S	2	0065	01294	Yasumoto	T.	1901	Mar	16	025	M	S. G. Hosp.	JPN
S	-	154	3042	Yater	Iver	1902	Jul	07	025	M	Falls City, WA	WI
S		0009	00169	Yaw	Pong Quong	1903	Apr	09	046	M	WaChong Blk.	CHN
S	2	0048	00085	Yaye	Miss	1895	Mar	02	022	F	224 King	JPN
S	3	0161	03201	Yeast	(Infant)	1907	Mar	04	s/b		6561-4th Ave. N.E.	WA
S	3	0140	02804	Yee	Ming	1904	Nov	16	047	M	224 Washington St	CHN
S	2	397	2654	Yee Chung	-	1891	Oct	22	030	M	311 Jackson St./1st Ward	CHN
S	3	0153	03053	Yee Chung	---	1891	Oct	22	---	M	Seattle	CHN
S		0059	01180	Yeend	Frank	1903	Nov	02	020	M	Seattle G.Hosp. b.WallaWall	
S	3	0053	01041	Yeerds	Herman	1906	Mar	16	045	M	Wayside Emergency Hospital	
S	1	0001	00427	Yehler	Anna	1885	Feb	04	072	F	Seattle	USA
S	3	0242	02823	Yen	Ching	1907	Feb	11	024	M	414-1/2 Washington	WA
S	2	0041	00809	Yenemoto	Fusavo	1900	Oct	07	030	M	S. G. Hosp.	JPN
S	3	0052	01021	Yenter	Virginia	1906	Mar	08	020	F	Pacific Hospital	NV
S	3	0078	01555	Yeo	Richard	1906	Jun	12	061	M	Sea.Gen.Hosp.	CND
S	2	113	2256	Yep	How	1901	Dec	28	048	M	5th Bet. Yesler & Wash.	CHN
S	-	170	3342	Yerberry	Ellen	1902	Oct	08	045	F	9th Ave. N. E.	MN
S	-	148	2904	Yerke	Elizabeth	1902	Jun	21	109	F	1416-1/2 10th Ave. S.	GER
S	2	0049	00152	Yerkes	Baby	1895	Apr	12	06w	F	336 Wilford	Sea
S	2	0115	2300	Yerts	Wm. Thos.	1901	Dec	31	088	M	805 E. Newton	ME
S	-	149	2933	Yeschick	John	1902	Jun	21	---	M	Stampede, WA	---
S		0014	00509	Yesler	Henry L.	1892	Dec	16	082	M	James St.	
S	2	126	2508	Yesler	Richard	1902	Feb	24	013	M	Bremerton	MO
S	3	0102	02031	Yetmunsen	Arnold	1906	Sep	28	001	M	3014 22nd Av.W.	Sea
S	3	0149	02974	Ymbresht	Paul	1907	Feb	15	c55	M	Quartermasters Harbor	GER
S		0016	00067	Yod	Michael M.	1893	Feb	10	027	M	Preston	NRY
S	3	0145	02892	Yoio "Yorio"	Samuel "Saverio"	1907	Feb	21	c30	M	1st & Holgate	ITL
S	1		2084	Yok	King	1891	Jan	11	01y	F	Wash. St btwn 5th & 6th Sts	Sea
S	3	0054	01074	Yokoo	Chiyukichi	1906	Mar	30	030	M	5th Ave. & Main St.	JPN
S	3	0119	02361	Yokoyama	H.	1906	Nov	28	034	M	Seattle Gen. Hosp.	JPN
S	2	0037	00738	Yon	Leong	1900	Sep	05	044	M	Western & Pike	CHN
S		101	2011	Yoo	Fung	1904	May	23	040	M	LaConner WA	CHN
S	3	0020	00397	York	Hattie Mary B.	1905	Oct	30	028	F	713 23rd Ave S	MI
S		0013	00506	York	Marie	1892	Dec	13	06h	F	Prov. Hosp.	Sea
S	2	419	2699	York	Nellie	1891	Nov	27	.5h	F	2616 Front St./6th Ward	Sea
S	2	0082	00326	York	Ruth	1897	Aug	27	003	F	705 Yakima Ave.	---
S	2	0128	02546	York	Walter	1904	Sep	17	023	M	Providence Hosp	MO
S	2	0078	00175	Yose	baby	1897	May	07	01d	M	Pike btwn 8th & 9th Sts.	SEA
S		0006	00222	Yost	Geo.M.	1892	May	31	029	M	Union City, WA	VA
S	2	180	3554	Youmans	Eunice	1902	Dec	03	075	F	112 10th Ave. S.	NY
S	2	109	1342	Young	Andrew B.	1898	Dec	21	076	M	816 4th Ave.	---
S	3	0135	02696	Young	Anna May	1907	Jan	23	026	F	Providence Hosp.	---
S	2	0044	00515	Young	Asbury	1894	Nov	07	060	M	Greenlake	O.
S	2	185	3652	Young	Birdie (Mrs.)	1902	Dec	05	027	F	S. Seattle	IL
S	3	0176	03516	Young	Charles	1907	May	19	c55	M	207-1st Ave. S.	---
S	3	0163	03260	Young	Clarence B.	1907	Apr	08	016	M	Sea. Gen.	IA
S	2	0089	1777	Young	Clark W.	1900	Oct	21	035	M	Fort Davis, Alaska	
S	2	0036	00232	Young	E.J.	1894	May	10	037	M	Orillia, WA	

S	R	Page	Recor	LastName	FirstNames	Deat	Mn	Dt	Age	S	DeathPlace	Bir
S	3	0008	00151	Young	Edith E.	1905	Aug	07	001	F	Crittenden Home	WA
S	2	0058	00558	Young	Edith L.	1895	Dec	14	007	F	Leary Ave nr Gauer	CA
S	2	105	1179	Young	Edmond	1898	Sep	18	032	M	Georgetown, WA	SWD
S	3	0077	01527	Young	Edward G.	1906	Jun	21	02m	M	2610 Jackson	WA
S	2	113	1497	Young	Eliza Ann	1899	Feb	05	-	F	Chicago	---
S	2	434	2729	Young	Elizabeth	1891	Dec	19	082	F	1104 Kenny St. b.Rutland,	VT
S	1		2067	Young	Elmer B.	1891	Jan	01	04m	M	Tacoma, WA b.Olympia,	WA
S	2	0082	00318	Young	Elsie H.	1897	Aug	21	004	F	20th Ave. & Denny St.	---
S	2	0075	00040	Young	Emma H.	1897	Jan	23	029	F	Ballard, WA	GER
S	-	171	3372	Young	Etta	1902	Oct	28	048	F	1418 9th Ave. W.	NB
S	3	0004	00074	Young	Etta May	1905	Aug	13	037	F	33rd Ave & Norman St	WI
S	3	0092	1833	Young	Frances E.	1904	Apr	26	054	F	Providence Hospital	NY
S	2	0051	00212	Young	Fredie M.	1895	May	18	001	M	Yesler Ave & Chestnut	Sea
S		0031	00004	Young	Geo. W.	1894	Jan	03	062	M	Arlington Hotel	
S	3	0172	03439	Young	Hannah W, Mrs	1905	Mar	22	071	F	612 Broadway	PA
S	2	0001	00008	Young	Horace H.	1900	Jan	05	046	M	928 20th Ave.	ME
S	2	0089	00608	Young	Huldah A.	1898	Feb	07	072	F	816 4th Ave.	ME
S	2	0074	00038	Young	I. M.	1897	Jan	13	031	F	Berkley, CA	WA
S	2	186	3668	Young	infant	1902	Dec	26	s/b	F	605 Columbia St.	SEA
S	2	0076	1510	Young	Inft.	1901	May	10	010	F	1412 31 Av S	WA
S	-	154	3039	Young	J. A.	1902	Jul	06	053	M	King County Hosp.	MA
S	2	0079	1572	Young	J. C.	1901	May	26	063	M	Kirkland	MA
S	3	0191	03824	Young	James W.	1905	Mar	26	050	M	Dawson, YT	CND
S	3	0191	03823	Young	James W. (Mrs.)	1905	Mar	23	048	F	Dawson, YT	CND
S	1		1532	Young	John	1890	Aug	05	020	M	Providence Hospital	---
S	3	0068	01359	Young	John	1906	May	16	055	M	1518 - 19th Ave.So.	HLD
S		0099	01983	Young	John D.	1904	May	26	27d	M	1121 34th Avenue b.KingCo.	
S		0099	1969	Young	Josephine B.	1904	May	17	060	F	1702 13th Ave. S.	MA
S	2	0066	00239	Young	M.E.	1896	Jun	04	08m	F	104 9th St	Sea
S		0097	1929	Young	Mabel F.	1904	May	14	017	F	322 20th Ave.	ENG
S	-	190	3752	Young	Mamie Anna	1903	Jan	04	027	F	605 Columbia St.	OH
S	2	0039	00773	Young	Martha	1900	Sep	28	040	F	Prov. Hosp.	CND
S	3	0123	02452	Young	Martin W	1904	Aug	01	---	M	Fort Liscum, AK	---
S	2	0030	00593	Young	Mary R.	1900	Jul	27	042	F	515 Bell St	OH
S	3	0140	02797	Young	Nathiel B	1904	Nov	16	072	M	1918 Fourth Ave	NH
S	3	0175	03488	Young	O'Della S	1905	Apr	03	014	F	1706 Broadway	WA
S	3	0151	03009	Young	Oliver S	1904	Dec	21	077	M	Lowell, Snohomish Co, WA	---
S	3	0034	00666	Young	Samuel J.	1905	Dec	28	050	M	King St, foot of	---
S	2	0096	00849	Young	Sarah	1898	May	18	060	F	1703 14th Ave.	KY
S	-	146	2862	Young	Thos. S.	1902	May	27	035	M	12th Ave S. & Judkins	CND
S	6	0075	01486	Young	Violet	1906	Jun	12	06m	F	1423 - 23rd Ave.	Sea
S	2	0094	00747	Young	Walter	1898	Apr	11	010	M	Lake Union	---
S	2	103	1127	Youngerman	Louis	1898	Sep	10	036	M	Seattle Gen. Hosp.	IA
S	3	0172	03430	Younggren	Nora	1905	Mar	16	039	F	2028 Lupt Ave	SWD
S		0013	00254	Youngher	Barbara	1903	Apr	10	067	F	Portland, OR	GER
S	2	0038	00756	Youngs	C. W.	1900	Sep	16	072	M	209 30th Av S	KY
S		0022	00431	Youngs	Frank	1903	Jun	01	045	M	First and Madison Streets	OH
S	2	106	1220	Youngstrom	Oleo	1898	Oct	24	030	M	Seattle Gen Hosp.	---
S		0009	00324	Younsley	Florence	1892	Aug	02	001	F	426 Taylor	Sea
S	3	0037	00730	Youtas	Nicholas	1906	Jan	09	046	M	Wayside Emerg. Hosp.	GRC
S	3	0081	01615	Yowekichi	Ogawa	1906	Jul	03	047	M	"Kaga Maru" ship @ G.N.Dock	JPN
S	2	0046	00038	Yuen	Chas.	1895	Jan	24			Cle Elum	
S		0059	1165	Yung	Hung (Chinaman)	1903	Nov	25	031	M	Wayside Mission	CHN
S		0018	00346	Yung	Wong	1903	May	20	050	M	Fourth Avenue & Main	CND
S	3	0134	02672	Yunoki	S	1904	Oct	21	026	M	Seattle General Hosp	JPN

S	R	Page	Recor	LastName	FirstNames	Deat	Mn	Dt	Age	S	DeathPlace	Bir
S	3	0133	02659	Yzuichen	Falio	1905	May	10	061	M	Providence Hosp.	PHL
S	3	0157	03129	Zaar	August	1905	Jan	26	036	M	1116 E Thomas St	SWD
S		0035	00699	Zachan	Henry	1903	Aug	13	066	M	10th Avenue S	SEA
S	3	0042	00824	Zachary	Henry	1906	Jan	12	021	M	North Bend, WA	UN
S	2	0056	00481	Zacher	Ed.G.	1895	Oct	18	062	M	1715 2nd St	GER
S	2	0065	1295	Zaehan	Mary	1903	Dec	23	050	F	10th Ave. So. & Walker	GER
S	3	0041	00816	Zahn	Frederick	1906	Jan	23	077	M	Santa Rosa, CA	GER
S	2	0078	1543	Zan	Frank	1901	May	22	034	M	Prov. Hosp.	ITL
S	3	0137	02724	Zanda	John	1907	Jan	13	048	M	Co. Hosp. Georgetown	AUS
S	2	331	2524	Zander	Godfrey	1891	Aug	15	072	M	Providence Hosp.	GER
S		135	2672	Zarl	infant	1902	Apr	22	03d	M	108 Bell	SEA
S	3	0187	03726	Zaroski	Stanislaw	1905	May	18	035	M	Ballard	RUS
S	2	0064	01280	Zaspel	Emma	1901	Mar	12	057	F	1627 9th Av	GER
S	-	146	2874	Zauner	Anna B.	1902	Jun	06	011	F	111 Lenora	SEA
S		0009	00180	Zeek	Amos J.	1903	Apr	12	030	M	921 - 21st Avenue S.	TX
S		111	2212	Zeek	Josie N.	1904	Jul	20	074	M	6576 4th Ave. NE	IN
S	1	0001	01152	Zeigler	J.M.	1890	Jan	29		M	City Prison	
S	3	0131	02609	Zeller	Maggie E	1885	Dec	05	011	F	Skagit County	PA
S	1	0001	01039	Zemp	Fred	1889	Oct	22	028	M		
S		0031	00019	Zenger	Betta	1894	Jan	09	029	F	517 Wilford	WI
S	1	0001	01020	Zengs	Fred	1889	Oct	21	028	M	Hospital	NY
S	2	100	1985	Zenner	Victor	1901	Oct	03	01m	M	E. Helen St.	SEA
S	2	0073	00522	Zernner	M.	1896	Dec	25	004	F	near portage, Lake Wash.	SEA
S	2	103	1110	Zerwickh	Vashti	1898	Aug	28	009	F	Sunnydale, WA	Sea
S	1		1466	Zesinger	William H.	1890	Aug	06	4.5	M	-	WA
S	-	156	3075	Zeufeldt	Geo.	1902	Aug	03	11m	M	1918 7th Ave.	SEA
S	2	0095	00799	Zibarth	August	1898	Apr	03	027	M	Chilcoot Pass, AK	ME
S	3	0069	01363	Zicarello	Dominic	1906	May	17	03m	M	313 Maynard Ave.	Sea
S	2	0051	00229	Ziegler		1895	May	18	04h	M	Ballard b.Ballard	
S		0197	03382	Zieman	Chas	1903	Feb	07	045	M	Kent, WA	NY
S	2	0121	02416	Zigler	Edgar J	1904	Aug	20	065	M	620 11th Ave	OH
S	3	0154	03081	Zimbleman	Peter	1905	Jan	11	060	M	2014 N 60th St	---
S	2	0050	00175	Zimmerman		1895	Mar	29	001	M	Smith Park b.Smith Park	WA
S	2	0049	00133	Zimmerman		1895	Mar	29	001	M	South Park b.South Park	WA
S		0010	00354	Zindorf	A.B.L.	1892	Aug	23	017	M	Everett	Sea
S		0111	02206	Zingre	Christina	1904	Jul	16	073	M	2803-1/2 Jackson	GER
S	2	0042	00439	Zingre	Jacob	1894	Oct	01	070	M	Green Lake	SWT
S	1	0254	02370	Zintek	Alex	1891	May	25	041	M	Ballard	---
S		0020	00212	Zipert	Charles	1893	May	01	051	M	Cloverdale	
S	2	0098	01949	Zipise	Joseph	1901	Sep	22	001	M	Georgetown	WA
S		0007	00122	Zolezzi	A	1903	Feb	03	040	M	Cape Flattery	ITL
S		0031	00015	Zoon	Carl	1894	Jan	10	06m	M	10th & Chas.	Sea
S		0012	00431	Zoon	Otto	1892	Oct	15	07m	M	10th & Norman	Sea
S	3	0192	03832	Zrywacs	Valenty	1907	May	29	049	M	104 B St., Ballard, WA	PLD
S	3	0025	00491	Zubick	Stanislay F.	1905	Nov	17	021	M	Providence Hosp.	PLD
S	3	0098	01941	Zubik	Stainslow	1905	Nov	17	--	M	Providence Hosp.	PLD
S	1	0001	01065	ZZ		1889	Nov	30	02d		717 Jefferson , Seattle	SEA
S	1	0001	01086	ZZ		1889	Dec	17	019	M	Wall & Depot St.	SWD
S		0003	00095	ZZ		1892	Mar	08	04h	F	2615 Water	Sea
S		0019	00192	ZZ		1893	May	22	02d	M	Clay St.	Sea
S	2	0042	00457	ZZ	Infant	1894	Oct	15	08h	M	510 S. 12th St	Sea
S	2	0053	00301	ZZ	Infant Helen	1895	Aug	07	02w	F	813 Alder	Sea
S	2	0053	00302	ZZ	Infant Millie	1895	Aug	08	03m	F	813 Alder	Sea
S	2	105	2096	ZZ	Jimmie	1901	Nov	08	04m	F	813 Alder	SEA
S	2	0058	00531	ZZ	Matthew	1895	Nov	26	03w	M	813 Alder	Sea

S	R	Page	Recor	LastName	FirstNames	Deat	Mn	Dt	Age	S	DeathPlace	Bir
S	2	0053	00287	ZZ	Ransome	1895	Jun	26	050	M	Near Sunnydale	VT
S	1		01959	ZZ ?	(newborn) twins	1890	Oct	28	pm	M	10th btwn Plummer & Charles	Sea
K	3	0120	02382	ZZ ?	Mary	1906	Nov	06	c60	F	Near West Seattle	---
S	2	0076	00094	ZZ Infant	Annie ?	1897	Mar	01	04m	F	813 Alder St.	WA
S		0002	00064	ZZ Infant	found in bay					M		
S	2	0109	1335	ZZ Infant	Ida	1898	Dec	19	03m	F	813 Alder St.	Sea
S		0007	00124	ZZ Infants	(4)	1903	Mar		s/b		Seattle - Found in Bay	WA
S		0018	00155	ZZ No Name		1893	Apr	23	05h	F	7th & Lane	
S	2	0100	01019	ZZ No Name		1898	Jul	28	s/b	F	Ballard, WA	WA
S		0012	00455	ZZ NR		1892	Nov	04	001	F		Sea
S	1	0001	00684	ZZ NR	Anna (child)	1888	Nov	17	001	F	foot of Pike St.	
S		0012	00466	ZZ NR	Anna Holmes	1892	Nov	14	024	F	511 Madison	TN
S	1	0001	00702	ZZ NR	Bessie	1888	Dec	11	005	F	1118 West St.	
S		0026	00432	ZZ NR	Chas.	1893	Oct	07	042	M	508 5th	
S		0012	00436	ZZ NR	F.	1892	Oct	18	013	M		
S		0012	00432	ZZ NR	John	1892	Oct	16	066	M	Lewis & Carrie	
S		0012	00456	ZZ NR	Louise	1892	Nov	05	007	F	214 Dexter	Sea
S		0023	00321	ZZ NR	Margurite	1893	Aug	18	07w	F	Knight & Randolph	Sea
S	1	0001	00709	ZZ NR	Sam	1888	Dec	19		M	found in bay	
S	1	0001	01177	ZZ Old Indian	Woman	1890	Feb	01			Prov. Hosp.	
S	2	0086	00503	ZZ-	infant	1897	Dec	13	---	M	402 Broadway	SEA
S	3	0140	02801	ZZ-	Infant	1904	Oct	31	---	M	Foot of Colubmia	SEA
S	3	0113	02242	ZZ-	Mary (Indian)	1906	Oct	06	050	F	West Seattle	unk
S	1	0001	01061	ZZ- -	Lottie	1889	Nov	28	002	F	6th btw Pike & Pine St.	
S	2	0079	00198	ZZ--	Mary (Sister)	1897	May	15	052	F	St Vincent Hosp. b.Portland	OR
S		0023	00316	ZZ-ensen?	Infant of Joseph & Lena	1893	Aug	16	12d	M	Ft. of Harrison St.	Sea